디자인 : 동서랑 미술팀/표지그림 : 뇌고(雷鼓). 강운구 사진—열화당 「韓國樂器」에서

World Book 7

三國史記
삼국사기
김부식/신호열 역해

동서문화사

성왕(?~554, 재위 523~554) 표준영정   백제 제26대 왕. 삼국사기 권 제26-백제본기 제4

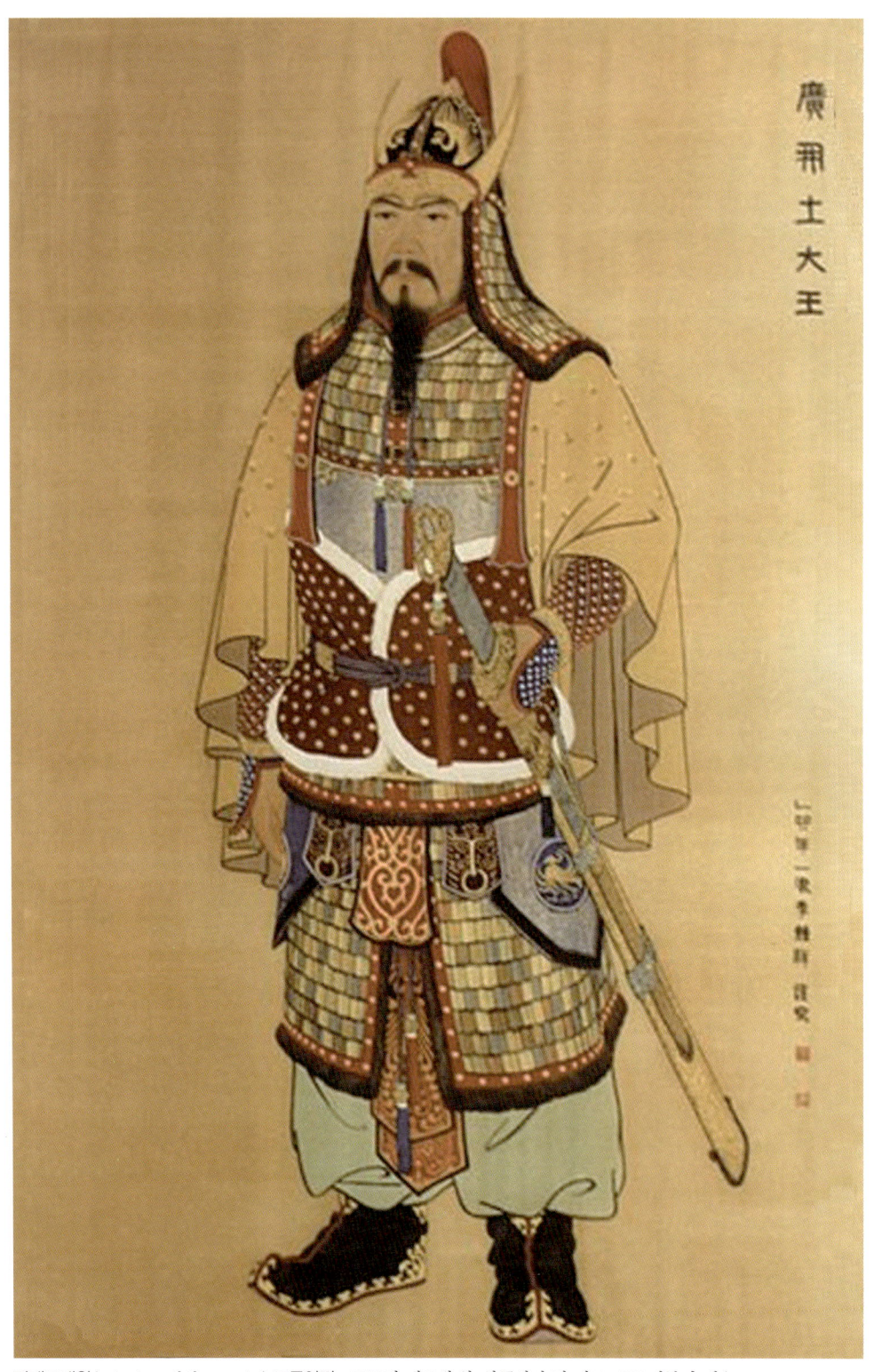

광개토대왕(374~412, 재위 391~412) 표준영정   고구려 제19대 왕. 삼국사기 권 제18-고구려본기 제6

선덕여왕(?~647, 재위 632~647) 표준영정 신라 제27대 왕. 삼국사기 권 제5-신라본기 제5

김부식(1075~1151) 표준영정　고려 중기의 문신·학자·문인

《삼국사기》를 읽는 이들에게

김부식(金富軾)과 《삼국사기(三國史記)》

《삼국사기》 저자 김부식의 자는 입지(立之), 호는 뇌천(雷川), 시호는 문열(文烈)이다. 경주(慶州) 사람으로 고려 문종(文宗) 29년(1075)에 좌간의대부(左諫議大夫) 근(覲)의 셋째아들로 태어났다. 김부식의 형제는 부필(富弼), 부일(富佾), 부식, 부의(富儀 : 初名은 富轍) 넷으로 모두 고려 예종을 거쳐 인종을 보필한 학자이며 명신들이다. 다같이 재능이 뛰어나 일찍이 과거에 급제하였다.

김부식은 처음 직한림원(直翰林院)이 되고, 예종 6년(1111)에 서장관(書狀官)으로 추밀부사(樞密府使) 김연(金緣)을 따라 송(宋)나라를 다녀온 뒤 감찰어사(監察御史)에 올랐다. 그때 금(金)나라가 요(遼)를 쳐 이기고 점점 강성해져서 고려에 국교를 청해 왔다. 그러나 북쪽 오랑캐라며 모든 대신들이 반대를 하였으나 임금에게 상소히어 금나라와 국교를 열도록 하였다.

인종이 태자로 있을 때 첨사부사직(詹事府司直)이 되어 글을 가르쳤고, 인종이 즉위하자 어사중승(御史中丞)으로 승진되고, 이(吏)·호(戶)·예(禮) 3부(三府)의 상서(尚書)와 한림학사 및 승지를 역임했다. 묘청(妙淸)이 새 도읍을 서경(西京)에 두자는 주장에 적극 반대했다. 인종 13년(1135)에 묘청이 서경에서 난을 일으켰을 때는 평서 10책(平西十策)을 상소하고 서경정토대장(西京征討大將)이 되어 묘청의 난을 진압하는 공을 세워 금대(金帶)를 하사받았다.

그는 특히 시문에 능했다. 금나라 사신 한방(韓昉)이 왔을 때 접대사로서 한방과 함께 머무르며 수십 편의 시를 지어 서로 주고받아 한방을 크게 감탄케 하였다.

김부식은 묘청의 난을 평정한 공로로 수충정난정국공신(輸忠定難靖國功臣)의 호를 받고, 검교태보수태위문하시중 판상서이부사(檢校太保守太尉門

下侍中判尙書吏部事)에 승진되었다. 그뿐 아니라 감수국사상주국 겸 태자태보(監修國史上柱國兼太子太保)의 직도 겸하게 되었다. 그리고 인종 16년(1138)에는 집현전태학사태자태사(集賢殿太學士太子太師)의 벼슬을 받았다. 그 뒤 벼슬이 지추밀원사(知樞密院事)에 이르렀으며, 그가 의종(毅宗) 5년(1151)에 죽자 왕은 심히 슬퍼하며 그에게 수사공상서좌복야 정당문학판상서예부 수국사주국(守司空尙書左僕射政堂文學判尙書禮部修國史柱國)이란 벼슬을 추증하였다.

그런데 김부식이 《삼국사기》를 편찬하게 된 데에는 인종의 뜻이 많이 작용하였다. 즉 인종 20년(1142)에 김부식은 세 번이나 왕에게 글을 올려 늙은 것을 이유로 벼슬에서 물러날 것을 간청했다. 인종은 마지못해 그의 청을 허락하고 동덕찬화공신(同德贊化功臣)의 칭호를 내렸는데 이때 왕은 김부식에게 이렇게 분부하였다.

"경은 나이 비록 많다 하나 뛰어난 학식과 훌륭한 뜻을 가지고 있으니 뛰어난 학자들과 함께 신라·고구려·백제 삼국의 역사를 짓도록 하오."

인종은 김부식의 재주와 학식을 아낀 나머지 일찍부터 생각하고 있던 우리 역사의 정리를 결심하게 된 것 같다. 여기서 인종 임금의 뜻과, 김부식의 학식과 재주, 그리고 김부식이 벼슬에서 물러나 한가한 시간을 가질 수 있었던 여러 여건 등이 갖추어짐으로써 이 귀중한 우리의 역사는 마침내 세상에 나오게 되었던 것이다.

《삼국사기》를 편찬하게 된 근본 뜻은 김부식이 편찬을 끝낸 뒤 인종 임금에게 올린 《삼국사기》의 표문에 이미 지적되어 있다. 즉 중국 것은 잘 알면서도 우리 것은 거의 돌아보지 않고 있는 그 즈음의 귀족 지도층의 그릇된 생각과 태도를 개탄한 끝에 이어

"더구나 신라·고구려·백제는 나라를 세워 셋이 서로 대치해 있으면서 능히 예로써 중국에 통했기 때문에 범엽(范曄)의 《한서(漢書)》와 송기(宋祁)의 《당서(唐書)》에 다같이 3국에 대한 열전(列傳)이 있지만, 이들 역사책은 자기 나라 것만 자세히 쓰고 다른 나라 것은 간략히 하여 제대로 싣지 않았다. 또 그 고기(古記)로 말하면 글이 거칠고 서투르며 뜻이 잘 통하지 않을 뿐 아니라, 사적이 빠지고 없어지고 해서 이로써 임금의 선악과 신하의 충사(忠邪)와 나라의 안위와 인민의 이란(理亂)이 제대로 나타나지 않고 있다. 이로써

뒷 사람들을 권면하고 징계할 수 없으니, 마땅히 삼장(三長 : 史家에 필요한 才智, 學問, 識見)의 인재를 얻어 한 나라의 역사를 완성하여 이를 만세에 남겨주어 해와 별처럼 밝히고 싶다."

 이렇게 말한 인종의 뜻을 들고 있다. 이것이 인종의 말로 되어 있으므로 오늘날 우리들은 그렇게 믿을 수밖에 없다. 그러나 어쩌면 김부식 자신의 의견임에도 짐짓 임금의 뜻인 듯한 것인지도 알 수 없다. 김부식은 일을 착수한 다음, 3년 뒤인 인종 23년(1145)에《삼국사기》50권을 지어 올렸다. 인종은 이를 읽고 크게 기뻐하며 내시를 보내 화주(花酒)를 하사하고 그의 노고를 칭찬했다.

 인종이 죽고 의종이 즉위하자 왕은 김부식을 낙랑군개국후(樂浪郡開國侯)에 책봉하고 식읍(食邑)까지 주었으며 다시 인종실록(仁宗實錄)을 지어 올리라고 분부하였다. 김부식이 죽은 것은 앞에 말한 대로 의종 5년이었는데 그는 문집 20권을 남겼다. 그러나 이 문집은 오늘날 전해지지 않고 있다.

《삼국사기》의 시대적 배경과 김부식의 사관(史觀)

 《삼국사기》는, 고려 17대 인종(1123~1146)의 명을 받아 집현전태학사감수국사(集賢殿太學士監修國史)인 김부식이 최산보(崔山甫), 이온문(李溫文), 허홍재(許洪材) 등의 학자를 비롯, 도합 10명의 보좌관들을 거느리고, 신라·고구려·백제의 역사를 당시에 전하고 있던 고기(古記)와 유적(遺籍), 또는 중국의 여러 역사책에 실려 있는 기록들을 보충하고 간추리고 정리하여 사마천(司馬遷)의《사기(史記)》체제로 엮은 기전체(紀傳體)의 역사책이다.

 그런데 우리의 가장 오랜 역사책이요, 또 우리의 옛 정사(正史)라고 할 수 있는 이런 방대하고도 뜻깊은 사업을 이룩하게 한 데는 그만한 시대적 요구와 배경이 필요했다.

 대개 역사라는 것은 한 시대가 끝나면 그 다음 시대를 담당한 사람이 이를 편찬하게 되고, 한 임금이 죽으면 그 뒤를 이은 임금 대에 와서 실록(實錄)을 만드는 것이 상례이고 또 불가피한 일이다. 그것은 그 나라가 망한 뒤가 아니면 올바른 평가를 내릴 수 없고, 그 임금이 죽은 뒤가 아니면 그 임금의 행적을 정당하게 기록할 수 없기 때문이다.

통일 신라가 망하고 그 뒤를 이은 고려 때에 와서 《삼국사기》가 편찬된 것은 마땅한 일이지만, 그것이 고려가 건국된 지 200년이 지나서야 비로소 착수하게 되었음은 너무 늦은 감이 없지 않다. 그러나 그것은 무력으로 얻어진 나라가 기반을 굳히고 문화의 꽃을 피우기까지에는 그만한 시간이 필요했기 때문이다. 한편 고려 초기에 이미 편찬되었다고 생각되는 《구삼국사(舊三國史)》가 있었기 때문이었는지도 모른다.

사실 고려는 11대 문종 때에 이르러 전제(田制), 관제(官制), 병제(兵制) 등 모든 제도가 세부까지 완비되고 중앙집권적 국가 체제가 완성되었다. 이에 국운이 융성하고 문화의 발달도 볼 만하였으며, 자연히 무(武)를 경시하고 문(文)을 숭상하는 풍조가 생겼다. 따라서 이 《삼국사기》가 편찬된 17대 인종 시대는 고려 문화의 황금기라고 볼 수 있는 시대였다. 인종의 부왕인 예종(睿宗)은 윤관(尹瓘)을 시켜 북방의 여진(女眞)을 치게 하고 그곳에 9성(城)을 쌓는 등 국방에 힘을 기울이는 한편, 특히 학문을 좋아하여 학교를 세우고 교육에 힘을 기울여 많은 학자와 문신(文臣)들을 배출하게 되었다. 김부식 같은 역사가가 나타나게 된 것도 우연한 일은 아니다.

《삼국사기》가 늦게 이룩된 또 하나의 이유는 역사와 내 나라 문화에 대해 관심을 돌리지 않은 데도 있었다. 김부식이 《삼국사기》의 편찬을 끝내고 임금에게 올린 글에서 우리는 이 사실을 직접 볼 수 있다.

"오늘의 학사(學士)와 대부(大夫)들이 오경(五經)과 제자(諸子)의 글이며, 진한(秦漢) 역대의 역사에 있어서는 혹 널리 알리고 자세하게 말하는 사람이 있으나, 우리 나라 일에 있어서는 망연하여 그 시말(始末)을 모르고 있으니 참으로 한심한 일이다."

이렇게 인종이 김부식에게 《삼국사기》의 편찬을 맡긴 그 진의를 밝히고 있다.

고려 태조가 나라 이름을 '고려'라 하고 평양에 서경(西京)을 두도록 한 것은 그의 건국 이념이 고구려의 옛 영토를 다시 찾는 데 있었기 때문이다. 인종이 묘청(妙淸)의 서경천도(西京遷都)와 칭제건원(稱帝建元), 그리고 금(金)나라를 치려는 주장에 한때 찬성하여 서울을 송도에서 평양으로 옮기려 했던 것만 보더라도, 이 시대가 주체 의식에 눈을 뜨고 내것을 소중히 아는 시대였으며, 인종 임금 또한 그러한 의욕에 차 있던 인물이었음을 알 수 있다. 《삼국사기》는 이러한 시대적 배경과 이러한 임금의 의욕에 의해 세상에 나오게 된 것이라 볼 수 있다.

여기서 김부식이 《삼국사기》의 편찬을 맡아 스스로 확립하지 않을 수 없었던 그의 역사관(歷史觀)을 알아보기로 하자. 김부식은 이 책의 편찬을 끝낸 뒤 인종에게 올리는 글의 서두에 다음과 같이 말하고 있다.

"옛날 열국(列國)에서도 또한 저마다 사관(史官)을 두어 사실을 기록하였습니다. 그러므로 맹자(孟子)도 말하기를 '진(晋)나라의 사승(史乘)과 초(楚)나라의 도올(檮杌)과 노(魯)나라의 춘추(春秋)가 모두 한가지다'라고 했습니다."

이 말은 즉 김부식이 《삼국사기》를 편찬하는 기본적인 태도를 설명하는 것이다. 김부식은 공자와 맹자의 유교를 토대로 한 선악의 도덕사관(道德史觀)에 가치 기준을 두고 있다. 한문으로 의사를 표기할 도리밖에 없었던 당시의 지식층으로서는 유교적인 덕치주의(德治主義)의 입장에 서는 것이 마땅했을 것이다. 그러므로 김부식은 유교적인 윤리관에 입각하여 군후(君后)의 선악과 신자(臣子)의 충사(忠邪)를 가려내고 있다. 이러한 김부식의 역사관을 가리켜 후세의 학자들이 모화사상(慕華思想)이니 사대주의(事大主義)니 하는 것은 그릇된 해석이라고 하겠다. 도리어 김부식은 유교의 도덕관에 입각한 그 나름대로의 합리적 사관(史觀)을 확립하고 《삼국사기》를 편찬했다는 의미에서 그를 높이 평가해야 할 것이다.

김부식이 〈삼국사기를 올리는 글〉에서 "고기(古記)는 글이 거칠고 서툴어 사적(事迹)이 빠지고 없어진 것이 많다"고 한 점을 주의해야 한다. 이 말은 그가 많이 참고했을 것이라고 짐작되는 고려 초기에 엮어진 《구삼국사기》나 또는 《삼한고기(三韓古記)》·《해동고기(海東古記)》·《신라고기(新羅古記)》 등을 가리키는 것이며, 이들 고기들이 설화적(說話的)이고 어떠한 역사관의 확립 아래 씌어진 것이 아니라 삼국(三國)이 모두 자기 나라의 건국에 대한 이야기와 그 역사를 자랑삼아 적어 놓은 것임을 짐작할 수 있게 한다. 이들 고기들과 비교할 때 김부식의 《삼국사기》는 뚜렷한 역사관에 바탕을 두고 체계적으로 편찬된, 우리 나라 역사책의 새로운 체제라고 할 수 있다. 고려 후기의 여러 사서나 조선시대의 많은 사서들이 모두 《삼국사기》와 거의 같은 역사관의 입장을 취했다는 것을 보더라도 김부식의 《삼국사기》가 우리 나라 사서의 주류를 이루었다고 보아야 할 것이다. 사학가로서 김부식의 의의는 바로 여기에 있다.

그러나 《삼국사기》를 읽어 보면 이러한 의문을 느끼지 않을 수 없다. 곧, 고구려의 후신임을 자칭했고 또 그럴 수도 있었을 것임에도 불구하고, 고구려보다 신라의 역사를 앞세우고 또 신라적 전통의 계승자로서의 고려를 내세우고 있는 점이다. 그렇다고 김부식이 《삼국사기》의 3국 중에서 어느 한 나라를 정통(正統)으로 삼은 것은 아니다. 모두 동일한 입장에 놓고 다루고 있다. 그러나 신라의 건국(建國)이 가장 오래다는 이유로 신라·고구려·백제의 순으로 다루었는데, 이것은 역사적 사실과 일치하지 않는다. 고구려의 건국이 더 앞서고 있다는 것은 다 알고 있는 사실이기 때문이다.

아마 김부식이 신라를 앞세운 것은 그 자신이 신라 왕족의 후계였다는 편파적인 사견에 부합시키려고 한 것이 아니라, 3국 통일의 대업을 성취한 신라를 후삼국의 분열을 통일한 고려의 정통(正統)으로 받아들이려는 그의 독특한 유교적 윤리와 합리성을 부합시킨 결과가 아닌가 생각된다. 그리고 3국 통일의 중추적 역할을 한 김유신(金庾信)에 관한 내용이 열전(列傳) 10권 중에 3권을 차지했다는 것은, 김부식이 3국 통일을 중요시했다는 하나의 뚜렷한 예로 볼 수 있다. 그러나 이것은 후세의 사가들에 의해서 비판을 받기도 했다. 말하자면 신라는 독자적인 힘으로 3국을 통일한 것이 아니라 외세(外勢)인 당나라의 힘을 빌려 국가 통일을 성취했다는 의미에서, 그것은 우리 민족이 의타주의와 사대주의의 폐습을 가져오게 된 계기가 되지 않았느냐고 보는 학자들이 많다. 도리어 고구려와 같은 투쟁적 기상이 더 바람직한 것이 아니었겠느냐고 보는 견해가 많은 것이다.

이러한 의미에서 볼 때 신라보다 고구려를 고려의 정통으로 계승하는 것이 옳다고 주장하는 사가들의 견해도 전혀 그릇된 생각은 아니다.

여기서 김부식이 《삼국사기》를 편찬할 때 참조할 수 있었던 사료(史料)들을 생각하지 않을 수 없다. 첫째 신라의 사료는 풍부하게 남아 있었고 쉽게 입수했을 것으로 짐작된다. 그것은 별로 전란을 겪지 않았을 뿐 아니라 신라의 마지막 경순왕(敬順王)이 고려 태조에게 귀의하여 평화적으로 나라를 내놓고 항복했기 때문에 신라의 사서(史書)들이 그대로 간직되어 있었을 것으로 믿어지기 때문이다. 그것은 《삼국사기》 열전 부분에, 신라 화랑(花郞)들에 대한 전기(傳記)가 상세히 실려 있는 것을 보아도 알 수 있다. 이것은 김대문(金大問)의 《화랑세기(花郞世紀)》나 김장청(金長淸)의 《김유신행록(金庾信行錄)》이 그대로 손상 없이 보존되었다는 것을 말해 준다. 이와 반대로 고구려와 백제의 사료들은 나당 연합군(羅唐聯合軍)과의 전화(戰火)로 많이 소실되어 없어졌을 것이 분명하다. 이런 점으로 볼 때 고구려와 백제보다 신라에 대한 것이 더 상세히 기록되었던 것은 불가피한 사실이라고 인정할 수밖에 없다.

아무튼 김부식이 신라·고구려·백제를 똑같이 객관적으로 다루면서도 신라를 앞세웠다는 것은 그가 한민족으로서의 통일 국가를 중요시한 그의 역사관에 입각했음을 입증한다. 《삼국사기》는 고려 17대 인종의 민족적 자각과 주체성에 힘입고, 김부식의 유교적 도덕 사관에 입각하여 편찬된 귀중한 역사책이다. 후세에 김부식의 사대성을 논하는 사가들이 적지 않으나, 도리어 김부식은 인종의 하명을 받아 민족적 자각과 주체성을 《삼국사기》의 여러 곳에 부각시킨 점이 많다고 보는 것이 옳은 견해일 것이다.

《삼국사기》 기본 사료(史料)와 그 간행

삼국시대에 관한 역사책으로는 김부식 이전에, 아마 고려 초기에 편찬되었을 것으로 짐작되는 《구삼국사(舊三國史)》가 있어서 이것이 기본 자료가 되었을 것으로 짐작되지만, 《삼국사기》에 이에 대한 언급이 없으므로 단정적으로 말할 수는 없다. 그러나 저자가 수록한 사실 내용 가운데, 고구려에는 옛날부터 기록하여 온 《유기(留記)》 100권과 영양왕 때(600) 태학박사(太學博士) 이문진(李文眞)이 《신집(新集)》 5권을 편찬했다는 기록이 있고, 백제는 근초고왕 때(346~375) 박사 고흥(高興)이 나라의 중요한 일들을 기록하여 《서기(書記)》를 만들었다는 기록이 있으며, 신라는 진흥왕 때(531)에 거칠부(居柒夫)가 《국사(國史)》를 편찬했다는 기록이 있으므로, 옛날에 삼국이 각각 역사를 편찬하고 있었음을 알 수 있다.

만일 이들 기록이 김부식이 《삼국사기》를 편찬할 당시까지 전해졌다면 이것이 기초 자료가 되었을 것은 너무도 당연할 일이지만, 김부식 당시는 백제와 고구려가 망한 지 500년이 훨씬 넘고, 통일신라가 고려로 넘어온 지도 200년이 넘었으므로 과연 그 문헌들이 제대로 남아 있었을지는 의문이다.

그리고 우리가 《삼국사기》 기록을 통해 자료로 이용된 것을 알 수 있는 것은, 우리 쪽 것으로 《삼한고기(三韓古記)》·《신라고기(新羅古記)》와 김대문의 《화랑세기》·《계림잡전(鷄林雜傳)》·《고승전(高僧傳)》·《악본(樂本)》·《한산기(閑山記)》와 최치원(崔致遠)의 《제왕연대력(帝王年代歷)》과 그 《문집》 등이 있고, 다른 나라 것으로는 《삼국지(三國志)》·《후한서(後漢書)》·《진서(晋書)》·《위서(魏書)》·《송서(宋書)》·《양서(梁書)》·《남북사(南北史)》·《수서(隋書)》·《당서(唐書)》·《신당서(新唐書)》·《통전(通典)》·《책부원구(册府元龜)》·《자치통감(資治通鑑)》과 《고금군국지(古今郡國志)》·신라국기《新羅國記)》 등이 있다.

다음 《삼국사기》의 간행(刊行)에 대해서도 확실한 것을 알 수 없다. 인종의 특명으로 이루어진 것인만큼 비록 편찬이 끝나고 오래지 않아 인종이 세상을 떴다고는 하나, 그 뒤를 이은 의종에 의해 곧 발간이 되었을 것으로 추측이 된다. 그러나 뒤에 따른 자세한 설명이 없고, 또 이 번역본의 대본으로 쓰인 《교정삼국사기(校正三國史記)》 저자인 김택영(金澤榮)은, 세상에 전해지고 있는 《삼국사기》에 빠진 글자와 글귀가 많고 주석으로 보이는 것이 본문에 들어가 있는가 하면, 편찬자인 김부식의 생각과는 배치되는 기록 방법들을 들어, 김부식이 살아 있는 동안에는 간행을 보지 못하다가 정중부(鄭仲夫)의 난(의종 24년)을 만나 원고가 없어졌는데, 그 뒤 흩어지고 불완전한 원고를 주워 모아 다른 사람들이 다시 편찬했으리라 추측하고 있다.

그러나 송나라 왕응린(王應麟)이 지은 《옥해(玉解)》에 순희(淳熙) 원년(1174: 鄭仲夫의 난이 있은 4년 뒤)에 《해동삼국사기(海東三國史記)》가 들어왔다는 사실이 기록되었으니 이것이 《삼국사기》를 가리킨 것이라면 늦어도 그 이전에 간행이 되었을 것이 분명하다.

그 뒤 고려 말까지 《삼국사기》를 얼마나 간행했는지는 알 수 없고, 조선왕조에 들어와 간행된 사실이 보인다. 그 첫번은 태조 2년(1393) 7월에 경주부사(慶州府使) 진의귀(陳義貴)가 안렴사(按廉使) 심효생(沈孝生)으로부터 완본(完本) 한 질을 얻어 책판(册版: 本版)을 새기기 시작하였으나 곧 전근하게 되었고, 그해 10월 후임으로 부임한 김거두(金居斗)가 관찰사(觀察使) 민개(閔開)의 지시를 받아 간행 작업을 계속한 끝에 이듬해(1394) 4월 이를 완성하여 세상에 펴내게 되었다. 그 뒤 중종(中宗) 7년(1512)에 경주진병마

절제사(慶州鎭兵馬節制使) 이계복(李繼福)이 성주목사(星州牧使) 권주(權輳)가 보내준 완본으로, 경상감사 안당(安塘)과 도사(都事) 박전(朴佺)의 후원을 받아 이를 다시 간행하였다. 이 책이 현재 우리 나라에서 발견된 가장 오래된 것인데, 이 간본(刊本)이 옥산서원(玉山書院)에 소장되어 있다.
여기에 대본으로 쓰게 된 《교정삼국사기》의 원본은 앞에 말한 태조 때 진의귀가 착수하고 김거두가 완성한 경주본임을 기록을 통해 알 수 있다.

《삼국사기》의 가치와 그 의의

《삼국사기》는 《삼국유사》와 함께 우리 나라에서 가장 오래된 역사 책일 뿐 아니라, 그 체계가 잘 정비된 정사(正史)로서 삼국시대의 역사를 연구하는 데 기본적인 사료가 되어 있다. 우리는 이 기록을 통해 우리 민족 국가와 사회의 문화발전상을 알 수 있고, 그 당시의 모든 내용들을 거울삼아 좋은 점을 살리고 좋지 못한 점을 반성하여 보다 나은 미래를 창조할 수 있는 점에서 커다란 가치를 인정하게 되는 것이다.
그러나 이 책을 통해 몇 가지 흠이 되는 점을 발견할 수 있다면, 그 중에서 가장 우리의 마음을 아프게 하는 것은, 편찬자의 역사관이, 김부식이 표문에서 말한 그런 주체의식이 뚜렷하지 않고 모화사상(慕華思想)에 젖어 있다는 점이다. 그러나 이런 점을 들어, 김부식의 본래의 편찬과는 다른, 후세 사람들의 수정이라고 주장하는 교정본의 저자 김택영은 김부식의 참다운 의도를 되살려 교정본을 내게끔 된 것이다. 다음에 《교정삼국사기》에 대한 해설을 덧붙여 둔다.

《교정삼국사기》와 김택영(金澤榮)

《교정삼국사기(校正三國史記)》는 구한말의 유학자요 사가인 김택영(金澤榮)이 원본 《삼국사기》에 잘못 기록된 점을 교정해서, 새로 출판하여 붙인 이름이다.
김택영은 자(字)를 우림(于霖), 호를 창강(滄江), 또는 소호당주인(韶護堂主人)이라 했고, 1850년(哲宗 1年)에 태어나 1927년에 세상을 뜬 분이다.
김택영은 19세 때부터 문장에 능했고, 23세 때부터 평양과 금강산 등 명승 고적을 찾아다니며 수양을 쌓는 한편, 뛰어난 문장을 더욱 가다듬었다 한다. 1891년 뒤늦게 진사(進士)에 급제하여, 1894년에는 편사국주사(編史局主事)가 되었고, 1895년에 중추원서기관 겸 내각기록국 서적과장(中樞院書記官兼內閣記錄局書籍課長)을 지냈다. 1896년에는 관직에서 물러나 고향으로 내려가 있었다. 7년 후인 1903년(光武 7年) 홍문관찬집소 문헌비고속찬위원(弘文舘纂輯所文獻備考續撰委員)으로 있으면서 정3품 통정대부(通政大夫)가 되었다. 2년 후인 1905년에는 학부편집위원(學部編輯委員)을 겸하게 되었다. 을사조약 이후 통감정치(統監政治) 아래 일본의 간섭을 받던 나라 사정을 한탄하던 끝에 1908년(隆熙 2年) 청(淸)나라로 건너가게 되었다.

그가 《삼국사기》 교정본을 내게 된 것은, 위에 소개한 그의 경력을 통해서 얻은 지식과 연구를 바탕으로 벼슬에 뜻을 잃고 고국을 잃은 그의 쓸쓸한 여생을, 조국을 그리워하며 독립자주정신을 일깨우려 하는 우국충정에서 이루어진 것이라 볼 수 있다. 비록 성격과 정도의 차이는 있을망정, 사마천(司馬遷)이 《사기(史記)》를 짓게 된 동기와 비슷한 점이 있었음을 우리는 짐작할 수 있다.

그는 이밖에도 《숭양기구전(崧陽耆舊傳)》을 교정하기도 했고, 그가 지은 《한국소사(韓國小史)》와 《한사계(韓史綮)》는 특히 유명하다.

《교정삼국사기》의 서문을 쓴 중국인 이계담(李繼冊)은 그의 서문에서 다음과 같이 말하고 있다.

"……내가 지난날 남청서원(南菁書院)에서 공부하고 있을 때, 같은 사(舍)에 있는 학생의 책상에서 고려(高麗) 김부식(金富軾)이 지은 《삼국사기》를 얻어 보게 되었다. 그 문자(文字)와 의례(義例)가 용문(龍門 : 司馬遷을 말한다)에 아주 근접해 있음을 보고 흥미를 가지고 읽게 되었는데, 그 가운데 의심이 나면서도 그것을 밝힐 수 없는 곳이 무려 수십 곳이나 있었다. 이것을 고증할 만한 다른 책이 없는 것이 안타까울 뿐이었고, 또 그때 막 삼례(三禮)를 열심히 연구하고 있던 참이라 미처 참고해 볼 겨를마저 없어 깊이 생각지 못하고 그대로 덮어 두었다. 그런데 한국 유민(遺民) 김창강(金滄江)이란 분이……이곳 남통(南通)으로 와 숨어 산 지 여러 해였는데, 최근 삼국사(三國史)를 정성들여 교정하여 고치고, 다시 고국에 있는 유명한 학자 하회봉(河晦峯)과 같은 사람들과 편지를 주고받으며 참조와 정정을 거듭한 끝에, 일이 완성되자 그것을 내게 보여 주고 또 내게 서문을 청해 왔다. 나는 그 책을 읽고 나서, 앞서 내가 본 책이 잘못된 글자와 빠진 글귀와, 그리고 옆의 주석이 잘못 본문에 끼어 들어간 것이 많았음을 알게 되었고, 그로 인해 나의 수십 년 동안 가슴 속에 쌓여 있던 의심이 하루 아침에 활짝 밝아졌으니 그 유쾌함이 어떠하겠는가. 나는 이미 그가 지닌 지식의 정밀함에 탄복했고, 더욱이 그 어려운 일을 해낸 데 대해 감탄했다. 한(漢)나라 유향(劉向)이 금문(今文)과 고문(古文)을 바로잡는 데는 많은 어려움이 있었지만, 그래도 나라의 명령에 의해 넉넉한 생활을 해가며 편안한 가운데 필요한 자료의 공급을 받으면서 심심 소일로 했으니, 그 처지가 비교적 호사스러웠고, 그 일은 그리 어려운 것이 아니었다. 그러나 창강과 같은 사람은 좋은 때에 태어나지 못하여 나라 망한 슬픔을 당해야 했고 혹은 궁벽한 골짜기에 숨어 살기도 하며, 혹은 남의 나라에서 객지 생활을 해야 했다. 종묘와 사직은 이미 없어지고, 문헌마저 의지할 만한 것이 없는지라, 하나밖에 없는 책을 바탕으로 유문(遺文)을 수호(守護)하여 애써 빗질을 하며 명심탐색(冥心探索)하였으니, 그 어려움은 아마 유씨(劉氏 : 유향(劉向))보다 백배나 더했을 것이다. 내가 하고 싶은 말은, 도(道)는 갔다가 돌아오지 않는 일이 없고, 세상은 언덕이 있으면 편평해지지 않는 법이 없으니, 한국 인사들이 참으로 이 책을 얻어 읽고 금석(今昔)에 대한 생각을 일으키고, 흥망의 이치를 깨달아 모두 분발하는 마음을 품어 천심을 돌이키기를 꾀한다면, 창강 등 여러분이 오늘에만 공이 있는 것이 아니고 뒷날에 이룩함이 있을 것이니, 어찌 위대하지 않겠는가. 이로써 서문을 짓는다."

이상과 같은 내용인데 우리는 이 서문을 통해 김창강의 의도가 어디에 있었고, 또 그의 고심과 노력이 얼마나 컸는가를 짐작할 수 있을 것이다.
이계담이란 분은 바로 김창강이 망명 생활을 하던 남통(南通)이란 곳에 살던 학자로서, 그가 이 서문을 지은 것이 중화민국 5년 병진(丙辰) 3월로 되어 있다. 이 해는 한일합방이 있은 지 7년 뒤인 1916년에 해당한다. 김창강과 함께 교정에 애쓴 하겸진(河謙鎭 : 앞에 나온 하회봉(河晦峯))의 서문은 같은 해 정월(正月)이라고 되어 있으니, 이 책의 교정이 끝난 것은 그 전해인 1915년일 것으로 추측된다.

한편 창강 본인은 서문 대신에 이명집(李明集)에게 보낸 편지 답장을 먼저 보이고, 그 다음 교정에 함께 힘써 준 하겸진에게 준 편지와, 옛 사람들의 삼국사에 대한 비평을 반박하는 글을 보이고 있다.

이 중 중요한 내용과 참고가 될 만한 것을 간추리면 다음과 같다.

먼저 이명집에 대한 답장 내용을 대충 소개하면

"당신이 앞서, 내가 돈을 거두어 김부식의 《삼국사기》를 다시 출간하고 그 틀린 것을 바로잡는 일을 가지고 그것이 어리석은 짓임을 말하더니, 이제 다시금 논난(論難)하며 내가 엮은 《한국역대소사(韓國歷代小史)》가 이미 삼국사의 잘못된 것을 많이 바로잡았으므로 사람들이 소사를 즐겨보며 그로써 간편한 길을 택하고 다시 삼국사에는 유의하지 않게 되었다고 하니, 나는 이 말을 듣고 너무도 걱정이 되고 너무도 기가 막혀 감히 말을 다해 다시 실례를 한다."

고 전제하고, 《삼국사기》 문장의 뛰어난 예로 〈온달전(溫達傳)〉을 들어, 그것은 《전국책(戰國策)》이나 《사기(史記)》에 넣어 두더라도 거의 구별이 안 될 정도라고 칭찬한 다음, 그러나 한 가지 유감인 것은 그 속에 빠진 글자와 글귀가 있고, 옆에 주를 단 것이 잘못 본문으로 된 것이 있으며, 그 밖에도 한두 가지 김부식의 손으로 되지 않은 것이 있는 것 같다고 했다.

우리는 여기서 김부식의 손으로 되지 않은 것이 있다는 사실을 잘 새겨 들을 필요가 있다고 생각한다. 그것은 아마 교정본 가운데 가장 두드러진 특색을 이루고 있는 연호(年號)와 왕호(王號)를 두고 한 말일 것이다.

누구나 평하고 있듯이 《삼국사기》의 기록이 사대주의적인 성격을 띠고 있다는 것은 아무도 부정할 수 없다. 그러한 성격을 지적하려면 한이 없겠지만, 그 중에서 가장 명확한 사실은 우리 역사에 중국 연호가 주(主)가 되어 있는 것이다. 이것을 교정본은 전부 삭제해 버리고 대신 우리 나라 임금의 연대를 기록한 것이다.

이것은 어쩌면 조선왕조가 중국의 지배를 받아오며 자의든 타의든 중국 연호를 우리 연호처럼 쓰고 있는 사대사상에 어떤 반발감 같은 것을 느끼고, 또 일본에 강점당한 우리 민족에게 주체의식과 조국 광복의 염원을 심어 주기 위한 의식적인 생각에서였을지도 모른다.

그러나 그렇다고 김부식의 그런 생각을 잘못된 것이라 하여 이를 고칠 수는 없는 일이다. 그래서였든 또는 그가 말한 그대로의 생각에서였든, 그는 그 이유로써 다음과 같은 말을 하고 있다.

"가만히 그 까닭을 생각해 보면, 대개 그 역사가 고려 인종(仁宗) 말년에 이루어졌으나, 인종은 이내 죽어 미처 간행을 못했고, 뒤를 이은 의종(毅宗)은 무도한 임금이라서 문사(文史)에 마음을 둘 수 없었으며, 갑자기 정중부(鄭仲夫)의 난을 만나는 바람에 마침내 그 원고를 간행하지 못한 채 잃어버리고 말았다. 그 뒤에 그의 본집에 남아 있던 제대로 안 된 원고들을 가지고 다시 꾸며 간행하게 되었던 것 같다."

중국 연호를 김부식의 본의가 아니라 하여 없애는 한편, 중국 황제에 대한 천자(天子)라는 말도 다른 말로, 예를 들면 당(唐)나라 천자를 당제(唐帝)라는 말로 바꾸어 표현한 점이다.

그런가 하면 신라의 왕들에게 붙인 대왕(大王)이란 말들을 정당한 표현이 아니라 하여 대개 왕이란 말로 고쳤는데, 이런 것들이 아마 "그밖에 한두 가지 김부식이 한 것 같지 않은 것이 있다(其外一二亦有不類金氏之所爲者)"는 말일 것으로 생각된다.

대왕(大王)에서 대(大)를 없앤 것도 냉철하고 공정해야 할 역사에서, 편파적으로 과장된 칭호를 쓸 수 없다는 이유에서였는지도 모르고, 어쩌면 일본의 정책적인 의도에서 이루어진 한국 말기의 '대한제국'이니 '황제'니 하는 칭호들이 비위에 거슬렸던 때문이었는지도 모른다.

그리고 같은 답장에서

"······이가 빠진 술잔이나 코가 이지러진 칼이 땅 속에서 나오면, 이것을 얻은 사람은 반드시 털고 문지르고 깁고 때워 높이 받드는데 이는 그것이 옛 것이기 때문이다. 그런데 하물며 글과 역사임에랴······"

하고, 우리의 귀중한 역사적 기록을 잘못 평하고 잘못 인식하는 사람들을 일깨우고 있다.

그리고 끝으로

"당신의 청명(淸明)과 박아(博雅)로서, 이 일에 있어서 나와 의견을 달리할 리가 없는데, 글이 어려워하고 있는 것은 돈을 거두는 한 가지 일 때문일 것이다. 그러나 사람이 한두 금(金) 낸다고 해서 반드시 굶게 될 것도 아니므로, 이 역사가 닦아지는 것을 보지 못하면 장차 천추만세의 더러움을 무릅쓰고 원통함을 머금은 것이 될 것이다……"
하고 통절한 심정을 말하고 있는 것은, 우리가 알고 우리가 생각하고 있는 것 이상의 비장한 각오와 깊은 뜻이 있음을 엿볼 수 있게 한다.

다음에 창강과 뜻을 같이하여 교정사업에 적극 참여해 온 하회봉에게 보낸 편지 가운데는, 이명집을 통해 그의 인격과 학식이 뛰어남을 들었으나, 만리타국에 외로이 있는 신세가 되어 서로 함께 할 수 없고, 또 나이 늙어 언제 죽을지 모르는 몸이라 혹시 《삼국사기》 교정하는 일을 끝내지 못할까 염려되어, 이명집을 통해 나를 대신해 나눠서 교정을 보아 줄 것을 청했었는데, 말이 끝나기 전에 쾌히 승낙을 해주었으니 고맙기 한량없다는 말을 하고 자기의 뜻한 바를 다음과 같이 밝히고 있다.

"……《삼국사기》란 것은, 과거 한국 개혁 이전 사람들은 모두 이를 천하게 여겨 즐겨 읽지 않았고, 이기(李芑)와 같은 사람은 말하기를 《동국통감(東國通鑑)》을 누가 읽을 사람이 있느냐고 했으니, 그 누가 염려하여 그 잘못을 바로잡겠는가. 세상에서 이 역사를 말하는 사람은 반드시 멀리 난생설(卵生說)이 정당한 것이 될 수 없음을 가지고 비평을 한다. 그러나 이것은 김공(金公)도 이미 그것은 부득이해서 쓰게 된 사실을 말했고, 더구나 중국 고사에는 역시 사람의 몸뚱이에 소의 머리라든가, 검은 새〔玄鳥〕가 알을 떨어뜨렸다는 것과 같은 글이 있는데, 이런 것은 어째서 덮어 두고 말하지 않는 것일까?"

중국 것이면 무조건 다 좋고, 우리 것이면 덮어놓고 깎아 내리려고 하는 정신나간 사람들의 그릇된 인식을 꼬집고 나서, 그런 것은 문제가 될 것이 없지만 우리가 바로잡아야 할 것을 예로 들어 말하면, 신라시조기(新羅始祖紀)에 "5년 봄 정월에, 용이 알영(閼英) 우물에 나타나 오른쪽 갈비로 여아를 탄생하니 노구가 보고 이상히 여겨 거두어 기르며 우물 이름으로써 이름을 삼았다. 자라남에 덕과 인물이 뛰어난지라 시조가 듣고 맞아들여 왕비를 삼았다"고 했다. 이 글대로 하면, 알영이 봄 정월에 태어나서 그해에 시조의 왕비가 된 것이니 이럴 리가 있겠는가. 이로써 '봄 정월' 밑에 '납알영위비선시(納閼英爲妃先是)' 일곱 글자(알영을 맞아들여 비를 삼았다. 이에 앞서)가 없어진 것을 알 수 있다고 하고, 다시 여러 가지 의심나는 점을 열거한 다음, 김공의 문장이 정인지(鄭麟趾) 무리의 몇 배나 뛰어나 있는데 이렇게 엉터리일 수가 없다고 단정한 다음, 우리가 힘써 이를 바르게 고쳐 김공의 유원(幽冤)을 풀어주고, 한편으로는 남은 백성(나라가 망했음을 말함)들의 바라는 생각을 더해 주자고 했다.

끝으로 권양촌(權陽村)·서사가정(徐四佳亭)과 같은 조선 초기의 유명한 학자들이 《삼국사기》를 혹평하며, 거서간(居西干), 차차웅(次次雄)과 같은 방언과 속담을 고쳐 쓰지 않은 것 등을 들고 있는 것을 지적하고 이를 개탄하였다. "그럼 선우(單于)니 가한(可汗)이니 하는 것도 다 천자니 황제니 하고 고쳐야 한단 말인가" 하고 중국 역사에도 얼마든지 있는 것은 덮어둔 채 우리의 역사적 참기록을 전부 중국식으로 고쳐야만 될 것으로 아는 한학자들의 그릇된 편견을 지적하였다. 끝으로 중국 학자들이 김공이 쓴 〈온달전〉을 보고 천하기문(天下奇文)이라고 칭찬한 사실을 들고 있다.

이상으로 우리는 이 《교정삼국사기》가 어떤 역사관과 동기에서 이루어졌는가를 살펴보았다. 김창강의 숨은 노고와 남다른 숨은 뜻을 높이 평가해야 할 것으로 생각한다.

삼국사기
차례

《삼국사기》를 읽는 이들에게
삼국사기를 올리는 글

삼국사기 권 제1—신라본기(新羅本紀) 제1 / 29
시조(始祖) 혁거세거서간(赫居世居西干) / 29 남해차차웅(南解次次雄) / 32
유리이사금(儒理尼師金) / 34 탈해이사금(脫解尼師今) / 36
파사이사금(婆娑尼師金) / 38 지마이사금(祗摩尼師今) / 41
일성이사금(逸聖尼師今) / 42

삼국사기 권 제2—신라본기(新羅本紀) 제2 / 53
아달라이사금(阿達羅尼師今) / 53 벌휴이사금(伐休尼師今) / 54
내해이사금(奈解尼師今) / 56 조분이사금(助賁尼師今) / 58
첨해이사금(沾解尼師今) / 59 미추이사금(味鄒尼師今) / 61
유례이사금(儒禮尼師今) / 62 기림이사금(基臨尼師今) / 63
흘해이사금(訖解尼師今) / 64

삼국사기 권 제3—신라본기(新羅本紀) 제3 / 73
내물이사금(奈勿尼師今) / 73 실성이사금(實聖尼師今) / 75
눌지마립간(訥祗麻立干) / 77 자비마립간(慈悲麻立干) / 79
소지마립간(炤知麻立干) / 81

삼국사기 권 제4—신라본기(新羅本紀) 제4 / 90
지증마립간(智證麻立干) / 90 법흥왕(法興王) / 92 진흥왕(眞興王) / 94
진지왕(眞智王) / 98 진평왕(眞平王) / 99

삼국사기 권 제5—신라본기(新羅本紀) 제5 / 113
선덕왕(善德王) / 113 진덕왕(眞德王) / 118 태종무열왕(太宗武烈王) / 122

삼국사기 권 제6—신라본기(新羅本紀) 제6 / 138
문무왕(文武王) 상 / 138

삼국사기 권 제7—신라본기(新羅本紀) 제7 / 157
문무왕(文武王) 하 / 157

삼국사기 권 제8-신라본기(新羅本紀) 제8 / 184

신문왕(神文王)/184 효소왕(孝昭王)/188 성덕왕(聖德王)/190

삼국사기 권 제9-신라본기(新羅本紀) 제9 / 207

효성왕(孝成王)/207 경덕왕(景德王)/209

혜공왕(惠恭王)/214 선덕왕(宣德王)/217

삼국사기 권 제10-신라본기(新羅本紀) 제10 / 224

원성왕(元聖王)/224 소성왕(昭聖王)/228

애장왕(哀莊王)/229 헌덕왕(憲德王)/232

흥덕왕(興德王)/237 희강왕(僖康王)/239

민애왕(閔哀王)/240 신무왕(神武王)/241

삼국사기 권 제11-신라본기(新羅本紀) 제11 / 251

문성왕(文聖王)/251 헌안왕(憲安王)/254

경문왕(景文王)/255 헌강왕(憲康王)/258

정강왕(定康王)/260 진성왕(眞聖王)/261

삼국사기 권 제12-신라본기(新羅本紀) 제12 / 270

효공왕(孝恭王)/270 신덕왕(神德王)/272 경명왕(景明王)/272

경애왕(景哀王)/275 경순왕(敬順王)/276

삼국사기 권 제13-고구려본기(高句麗本紀) 제1 / 286

시조(始祖) 동명성왕(東明聖王)/286 유리왕(琉璃王)/290

삼국사기 권 제14-고구려본기(高句麗本紀) 제2 / 301

대무신왕(大武神王)/301 민중왕(閔中王)/307

모본왕(慕本王)/308

삼국사기 권 제15-고구려본기(高句麗本紀) 제3 / 313

대조대왕(大祖大王)/313 차대왕(次大王)/319

삼국사기 권 제16 — 고구려본기(高句麗本紀) 제4 / 325
신대왕(新大王)/325   고국천왕(故國川王)/327   산상왕(山上王)/330

삼국사기 권 제17 — 고구려본기(高句麗本紀) 제5 / 339
동천왕(東川王)/339   중천왕(中川王)/342   서천왕(西川王)/344
봉상왕(烽上王)/345   미천왕(美川王)/347

삼국사기 권 제18 — 고구려본기(高句麗本紀) 제6 / 356
고국원왕(故國原王)/356   소수림왕(小獸林王)/358
고국양왕(故國壤王)/359
광개토왕(廣開土王)360   장수왕(長壽王)/362

삼국사기 권 제19 — 고구려본기(高句麗本紀) 제7 / 373
문자왕(文咨王)/373   안장왕(安臧王)/376   안원왕(安原王)/377
양원왕(陽原王)/378   평원왕(平原王)/379

삼국사기 권 제20 — 고구려본기(高句麗本紀) 제8 / 387
영양왕(嬰陽王)/387   영류왕(榮留王)/397

삼국사기 권 제21 — 고구려본기(高句麗本紀) 제9 / 406
보장왕(寶臧王) 상/406

삼국사기 권 제22 — 고구려본기(高句麗本紀) 제10 / 425
보장왕(寶臧王) 하/425

삼국사기 권 제23 — 백제본기(百濟本紀) 제1 / 442
시조(始祖) 온조왕(溫祚王)/442   다루왕(多婁王)/448   기루왕(己婁王)/449
개루왕(蓋婁王)/450   초고왕(肖古王)/451

삼국사기 권 제24 — 백제본기(百濟本紀) 제2 / 460
구수왕(仇首王)/460   고이왕(古尒王)/461   책계왕(責稽王)/464
분서왕(汾西王)/464   비류왕(比流王)/465   계왕(契王)/466
근초고왕(近肖古王)/466   근구수왕(近仇首王)/467   침류왕(枕流王)/468

삼국사기 권 제25—백제본기(百濟本紀) 제3 / 474
　　진사왕(辰斯王)/474　아신왕(阿莘王)/475
　　전지왕(腆支王)/477　구이신왕(久尒辛王)/478
　　비유왕(毗有王)/478　개로왕(蓋鹵王)/479

삼국사기 권 제26—백제본기(百濟本紀) 제4 / 491
　　문주왕(文周王)/491　삼근왕(三斤王)/492
　　동성왕(東城王)/493　무녕왕(武寧王)/496
　　성왕(聖王)/497

삼국사기 권 제27—백제본기(百濟本紀) 제5 / 504
　　위덕왕(威德王)/504　혜왕(惠王)/506
　　법왕(法王)/506　무왕(武王)/506

삼국사기 권 제28—백제본기(百濟本紀) 제6 / 515
　　의자왕(義慈王)/515

삼국사기 권 제29—연표(年表) 상 / 531

삼국사기 권 제30—연표(年表) 중 / 547

삼국사기 권 제31—연표(年表) 하 / 563

삼국사기 권 제32—잡지(雜志) 제1 / 578
　　제사(祭祀)/578　악(樂)/582

삼국사기 권 제33—잡지(雜志) 제2 / 594
　　복색(服色)/594　거기(車騎)/599
　　기용(器用)/601　옥사(屋舍)/601

삼국사기 권 제34—잡지(雜志) 제3 / 607
　　지리(地理) 1/607

삼국사기 권 제35—잡지(雜志) 제4 / 622
  지리(地理) 2/622

삼국사기 권 제36—잡지(雜志) 제5 / 637
  지리(地理) 3/637

삼국사기 권 제37—잡지(雜志) 제6 / 650
  지리(地理) 4—고구려(高句麗)/650   백제(百濟)/658

삼국사기 권 제38—잡지(雜志) 제7 / 677
  직관(職官) 상/677

삼국사기 권 제39—잡지(雜志) 제8 / 694
  직관(職官) 중/694

삼국사기 권 제40—잡지(雜志) 제9 / 705
  직관(職官) 하—무관(武官)/705   외관(外官)/715

삼국사기 권 제41—열전(列傳) 제1 / 728
  김유신(金庾信) 상/728

삼국사기 권 제42—열전(列傳) 제2 / 741
  김유신(金庾信) 중/741

삼국사기 권 제43—열전(列傳) 제3 / 753
  김유신(金庾信) 하/753

삼국사기 권 제44—열전(列傳) 제4 / 763
  을지문덕(乙支文德)/763   거칠부(居柒夫)/765   거도(居道)/766
  이사부(異斯夫)/767   김인문(金仁問)/767   김양(金陽)/770
  흑치상지(黑齒常之)/773   장보고(張保皐)/774   사다함(斯多含)/777

삼국사기 권 제45-열전(列傳) 제5 / 784
을파소(乙巴素)/784　김후직(金后稷)/785　녹진(祿眞)/786
밀우(密友)·유유(紐由)/788　명림답부(明臨答夫)/790
석우로(昔于老)/791　박제상(朴堤上)/792
귀산(貴山)/794　온달(溫達)/796

삼국사기 권 제46-열전(列傳) 제6 / 804
강수(强首)/804　최치원(崔致遠)806　설총(薛聰)/810

삼국사기 권 제47-열전(列傳) 제7 / 817
해론(奚論)/817　소나(素那)/818　취도(驟徒)/819
눌최(訥催)/821　설계두(薛罽頭)/822　김영윤(金令胤)/822
관창(官昌)/824　김흠운(金歆運)/825
열기(裂起)/826　비녕자(丕寧子)/827
죽죽(竹竹)/829　필부(匹夫)/830　계백(堦伯)/830

삼국사기 권 제48-열전(列傳) 제8 / 837
향덕(向德)/837　성각(聖覺)/838　실혜(實兮)/838
물계자(勿稽子)/839　백결선생(百結先生)/840　검군(劍君)/840
김생(金生)/841　솔거(率居)/842　효녀(孝女) 지은(知恩)/842
설씨녀(薛氏女)/843　도미(都彌)/845

삼국사기 권 제49-열전(列傳) 제9 / 850
창조리(倉助利)/850　개소문(蓋蘇文)/851

삼국사기 권 제50-열전(列傳) 제10 / 857
궁예(弓裔)/857　견훤(甄萱)/863

발문/883

□ 일러두기

1. 이 책은 조선사학회 간행본인 《교정삼국사기(校正三國史記)》를 저본(底本)으로 하고 지금까지 간행된 관계서를 참고로 하여 번역하였다.
2. 번역은 될 수 있는 대로 원문에 충실했고 또 현대적 감각에 맞도록 쉽게 하려고 노력하였다.
3. 원문의 주(註)는 〔 〕로 묶어 풀이했으며 역자의 주(註)는 *표를 하여 각권 번역문 말미(末尾)에 국한문 혼용으로 간략하게 풀이하였다.
4. 독자의 편의를 위해 권별(卷別)로 번역문 뒤에 원문을 수록하였다. 단 연표는 교정본(校正本)이 너무 간략하여 원본(原本)을 따랐으며 서기(西紀) 난을 첨가한 정도로 그쳤다.
5. 고유명사와 중요한 말은 ( ) 안에 원문의 한자를 써 넣어 독자의 이해를 돕도록 하였다.
6. 번역문에서 '지금', '현재'니 하는 시제(時制)는 원저자 김부식이 이 《삼국사기》를 저술할 때를 지칭한 것이다.

삼국사기를 올리는 글

　수충정난정국찬화공신개부의동삼사 검교태사수태보 문하시중 판상서사 겸 이례부사 집현전태학사 감수국사 상주국 치사신(輸忠定難靖國贊化功臣開府儀同三司 檢校太師守太保 門下侍中 判尚書事兼吏禮部事 集賢殿太學士 監修國史 上柱國 致仕臣) 김부식은 말씀드립니다. 옛날 열국(列國)에서도 또한 저마다 사관(史官)을 두어 사실을 기록하였습니다. 그러므로 맹자도 말하기를 "진(晋)나라의 승(乘)과 초(楚)나라의 도올(檮杌)과 노(魯)나라의 춘추(春秋)가 모두 한 가지이다"라고 했습니다. 생각하옵건대 이 해동(海東)의 3국도 지나온 해가 길고 오래므로 마땅히 그 사실을 방책(方策)에 기록해야 됩니다. 이에 노신에게 명하여 편집하게 하였사오나, 스스로 부족함을 생각하여 할 바를 알지 못하겠습니다. 엎드려 생각하옵건대 성상폐하께옵서는 당우(唐虞)의 문사(文思)를 바탕으로 하시고, 하우(夏禹)의 근검(勤儉)을 본받으시어 밤낮으로 여가에 널리 전고(前古)를 보시고 말씀하시기를 "오늘의 학사 대부들이 오경(五經)과 제자(諸子)의 글이며 진한(秦漢) 역대의 역사에 있어서는 혹 널리 알고 자세하게 말하는 사람이 있으나, 우리 나라 일에 있어서는 망연하여 그 시말을 모르고 있으니 참으로 한심한 일이다. 더구나 신라·고구려·백제는 나라를 세워 셋이 서로 대치해 있으면서 능히 예로써 중국에 통했기 때문에 범엽(范曄)의《한서(漢書)》와 송기(宋祁)의《당서(唐書)》에 다같이 3국에 대한 열전이 있지만 이들 역사책은 자기 나라 것만 자세히 쓰고 다른 나라 것은 간략히 하여 제대로 싣지 않았다. 또 그 고기(古記)로 말하면 글이 거칠고 서투르며 뜻이 통하지 않을 뿐 아니라 사적(事迹)이 빠지고 없어지고 해서 이로써 임금의 선악과 신하의 충사(忠邪)와 나라의 안위와 인민의 이란(理亂)이 제대로 나타나지 않고 있다. 이로써 뒷사람들을 권면하고 징계할 수 없으니, 마땅히 삼장(三長 : 史家에 필요한 才·學·識)의 인재를 얻어 한 나라의 역사를 완성하여 이를 만세에 남겨주어 해와 별처럼 밝히고 싶다"고 하였습니다. 신 같은 사람은 본래 뛰어난 재주가 못되옵고 또 깊은 학식도 없사오며, 늘그막에 이르러 날로 혼몽(昏蒙)을 더하여, 글 읽기를 비록 부지런히 하나 책만 덮으면 곧 잊게 되고, 붓을 잡아도 힘이 없어 종이를 대해도 써 내려가기가 어렵습니다. 신의 학술이 서툴고 천박하기 이같고 앞의 말과 지나간 일들이 유매(幽昧)하기 저와 같으니, 이런 까닭으로 정신을 가다듬고 힘을 다하여 겨우 편집을 끝냈사오나 끝내 볼 만한 것이 없어 참으로 스스로 부끄러울 뿐입니다. 엎드려 바라건대 성상폐하께옵서는 거칠게 만들어진 것을 양찰하옵시고 망녕되이 만든 죄를 용서하여 주옵소서. 비록 족히 명산(名山)에 비장할 것은 못되오나 바라옵건대 장독을 덮는 일이 없게 하옵소서. 간절한 망녕된 뜻은 하늘과 해가 굽어 비추고 있습니다. 삼가 본기(本紀) 28권, 연표(年表) 3권, 지(志) 9권, 열전(列傳) 10권을 찬술(撰述)하여 표와 함께 올리옵니다. 위로 천람(天覽)을 입게 되오니 부끄럽고 떨리고 땀나고 어리둥절함을 감당할 길이 없습니다. 신 김부식은 황공하여 머리를 조아리며 삼가 글을 올리옵니다.

進三國史記表
　輸忠定難靖國贊化功臣開府儀同三司 檢校太師守太保 門下侍中 判尙書事兼吏禮部事 集賢殿太學士 監修國史 上柱國 致仕臣 金富軾言伏以 古之列國 亦各置史官 以記事 故孟子曰 晉之乘 楚之檮杌 魯之春秋一也 惟此海東三國 歷年長久 宜具事實 著在方策 乃命老臣俾之編集 自顧缺爾 不如所爲 伏惟聖上陛下 性唐虞之文思 體夏禹之勤儉 宵旰餘暇 博覽前古 以謂今之學士大 夫其於五經諸子之書 秦漢歷代之史 或有淹通而詳說之者 至於吾邦之事 却茫然不知其始末 甚可歎也 況惟新羅氏 高句麗氏 百濟氏 開基鼎峙 能以禮通於中國 故范曄漢書 宋祁唐書 皆有列傳 而詳內畧外 不以具載 又其古記 文字蕪拙 事迹闕亡 是以君后之善惡 臣下之忠邪 邦業之安 危人民之理亂 皆不得發露以垂勸戒 宜得三長之才 克成一家之史 貽之萬世 炳若日星 如臣者 本匪長才 又無奧識 洎至遲暮 日益昏蒙 讀書雖勤 掩卷卽忘 操筆無力 臨紙難下 臣之學術 蹇淺如此 而前言往事 幽昧如彼 是故疲精竭力 僅得成編 訖無可觀 祇自媿耳 伏望聖上陛下 諒狂簡之裁 赦妄作之罪 雖不足藏之名山 庶無使墁之醬瓿 區區妄意 天日照臨 謹撰述 本紀二十八卷 年表三卷 志九卷 列傳十卷 隨表以聞 上塵天覽 無任慚愧 戰汗屛營之至 臣金富軾 誠惶誠恐 頓首頓首 謹上表.

삼국사기 권 제1

신라본기(新羅本紀) 제1

시조(始祖) 혁거세거서간(赫居世居西干), 남해차차웅(南解次次雄), 유리이사금(儒理尼師今), 탈해이사금(脫解尼師今), 파사이사금((婆娑尼師今), 지마이사금(祇摩尼師今), 일성이사금(逸聖尼師今)

시조(始祖) 혁거세거서간(赫居世居西干)

 시조(始祖)의 성(姓)은 박씨(朴氏)요, 휘(諱)는 혁거세(赫居世)다. 전한(前漢) 효선제(孝宣帝) 오봉(五鳳) 원년(元年) 갑자(甲子) 4월 병진일〔혹은 정월 15일이라고도 함〕에 즉위하니 명칭은 거서간(居西干)이요 나이는 13세였다. 국호(國號)를 서나벌(徐那伐)이라 하였다.
 이에 앞서 조선의 유민(遺民)이 산골짜기 사이에 나누어 살아 여섯 마을을 이루었다. 첫째는 알천(閼川) 양산촌(楊山村), 둘째는 돌산(突山) 고허촌(高墟村), 셋째는 취산(觜山) 진지촌(珍支村)〔혹은 于珍村이라고도 함〕, 넷째는 무산(茂山) 대수촌(大樹村), 다섯째는 금산(金山) 가리촌(加利村), 여섯째는 명활산(明活山) 고야촌(高耶村)이다. 이것을 진한(辰韓)의 육부(六部)라고 하였다. 고허촌장 소벌공(蘇伐公)이 양산(楊山) 기슭 나정(蘿井) 옆의 수풀 사이에서 말(馬)이 무릎꿇고 울부짖는 것을 보고 쫓아갔다. 어느새 말은 보이지 않고 다만 큰 알(卵) 하나가 있어서 그 알을 쪼개자 어린아이가 나왔다. 곧 소벌공이 거두어 길렀는데 나이 10여 세가 되자 유별나게 숙성하였다. 육부 사람들이 그가 이상하게 태어났다 해서 높이 받들어

오다가 이때에 와서 그를 임금으로 세웠다. 진한 사람들이 호(瓠)를 박이라 하므로 처음 그 알의 크기가 박(瓠)만 하였으니 박(朴)을 성으로 삼았다. 거서간은 진한의 말로 왕이란 뜻이다〔혹은 貴人을 이르는 말이라 한다〕.

4년(기원전 54년) 여름*1 4월 초하루 신축일에 일식이 있었다.

5년 봄 정월, 용이 알영 우물에 나타났다. 그 용의 오른쪽 갈빗대에서 여자아이가 나오므로 어떤 할머니가 이를 보고 이상히 여겨 주워다 길렀는데, 그 우물 이름을 따서 여자아이의 이름을 알영이라 지었다. 자랄수록 얼굴에 덕기가 있으므로 시조가 이를 듣고 맞아들여 비를 삼았다. 과연 행실이 어질어 내조를 잘하니 한때 사람들이 이성(二聖 : 시조(始祖)와 비(妃)를 말함)이라 일렀다.

8년, 왜인(倭人)이 군사를 이끌고 와서 변방을 침범하려다가 시조가 성덕(聖德)이 있다는 말을 듣고 이내 돌아갔다.

9년 봄 3월, 혜성(彗星)이 왕량(王良)*2에 나타났다.

14년 여름 4월, 혜성이 삼(參)*3에 나타났다.

17년, 왕이 6부를 순무하는데 왕비 알영도 수행하였다. 농사와 양잠을 권장하여 토지의 이익을 극진하게 하였다.

19년 봄 정월, 변한(卞韓)이 나라를 바치고 항복하였다.

21년, 경성(京城)을 쌓고 이름을 금성(金城)이라 하였다. 이 해에 고구려 시조(高句麗始祖) 동명(東明)이 즉위하였다.

24년 여름 6월 그믐 임신일에 일식이 있었다.

26년 봄 정월, 금성에 궁실을 지었다.

30년 여름 4월 그믐 기해일에 일식이 있었다. 낙랑(樂浪) 사람이 군사를 거느리고 내침하다가, 변방 백성들이 밤에도 문을 닫지 않고 들에는 곡식이 그대로 쌓여 있음을 보고서 서로 이르기를 "이 지방 백성은 서로 도둑질을 할 줄 모르니 도가 있는 나라라고 할 만하다. 우리가 몰래 군사를 끌고 와서 습격한다는 것은 도둑과 다름없는 짓이니 부끄러운 일이 아니냐?" 하고 돌아갔다.

32년 가을 8월 그믐 을묘일에 일식이 있었다.

38년 봄 2월, 호공(瓠公)을 보내어 마한(馬韓)을 예방하니 마한왕(馬韓王)은 호공을 꾸짖으며 "진(辰)·변(卞) 두 나라는 우리의 속국인데 근년에 와서 조공을 바친 일이 없으니 사대(事大)의 예가 이러할 수 있소?" 하였다. 호공이 대답하기를 "우리 나라는 이성(二聖)이 일어나심으로부터 인사(人事)가 바로 서고 천시(天時)도 화평하며, 창고에는 곡식이 가득하고 백성들은 서로 공경하고 사양하여, 진한의 유민으로부터 변한·낙랑·왜(倭) 들까지도 두려워하지 않는 자가 없지만, 우리 왕이 겸허하여 하신(下臣)을 보내어 인사를 차리니 예로 보아 과하다 하겠거늘, 오히려 대왕이 성내어 무기로써 협박하시니 이 무슨 뜻이오?"라고 하였다. 도리어 왕이 분하게 여겨 죽이려고 하다가 좌우가 간(諫)하여 말리므로 이를 중지하고 드디어 돌아가게 하였다. 예전에 중국 사람들 중 진(秦)나라의 난리에 시달려 동쪽으로 건너온 자가 많았는데 대개 마한의 동쪽에 잡리잡아 진한과 더불어 섞여 살았다. 그들이 이에 이르러 차츰 번성해지므로 마한이 시기하여 문책이 있었던 것이다. 호공은 그 족성(族姓)이 확실치 않으며 본디 왜국 사람으로 처음에 박을 허리에 차고 바다를 건너왔기 때문에 호공이라 칭하였다.

39년, 마한왕이 죽었다. 어떤 자가 왕에게 일러 말하기를 "서한왕(西韓王: 말한)이 이전에 우리 사자를 욕보였으니 지금 그 죽음을 틈타 들이치면 그 나라는 쉽게 평정될 것입니다" 하니 왕은 "남의 재앙을 나의 다행으로 여기는 것은 어질지 못한 짓이오" 하고 따르지 않았으며 사자를 보내어 조상하였다.

40년, 백제(百濟) 시조 온조(溫祚)가 즉위하였다.

43년 봄 2월 그믐 을유일에 일식이 있었다.

53년, 동옥저(東沃沮)의 사자가 와서 좋은 말 20필을 바치면서 하는 말이 "과군(寡君)*4이 남한(南韓: 신라·가야 등 여러 나라)에 성인이 나셨다는 소문을 듣고 그 까닭으로 신을 시켜 찾아뵙게 한 것이오"라고 하였다.

54년 봄 2월 기유일에 혜성이 하고(河鼓: 견우성)에 나타났다.

56년 봄 정월 초하루 신축일에 일식이 있었다.

59년 가을 9월 그믐 무신일에 일식이 있었다.

60년 가을 9월, 용(龍) 두 마리가 금성 우물 속에 나타나더니 소나기가 쏟아지고 번개치고 성 남문에 벼락이 떨어졌다.

61년 봄 3월, 거서간이 죽었다. 담암사(曇巖寺) 북쪽에 있는 사릉(蛇陵)에 장사지냈다.

남해차차웅(南解次次雄)

　남해차차웅(南解次次雄)〔자충(慈充)이라고도 한다. 김대문(金大問)은 말하기를 "자충은 무당을 말하는 방언(方言)이다. 세인이 무당으로써 귀신을 섬기고 제사를 받들기 때문에 두려워하여 드디어 존장자를 자충이라 하게 되었다" 함〕이 즉위하니 이는 혁거세의 적자(嫡子 : 정실 아내가 낳은 자식)이다. 몸이 장대하고 성질이 침후(沈厚)하며 지혜가 많았다. 남해차차웅의 어머니는 알영부인(閼英夫人)이요 비는 운제부인(雲帝夫人)〔혹은 아루부인(阿婁夫人)〕이다. 아버지의 뒤를 이어 즉위하고 동시에 원년(元年)이라 일컬었다.

　사신(史臣 : 찬술자 자신)은 논한다.

　임금이 즉위하면 그 해를 넘기고 다음 해부터 원년이라 칭한다. 이 법은 춘추(春秋)에 자세히 나와 있다. 이는 선왕(先王)의 고칠 수 없는 전칙(典則)이다. 그런데 상서(尙書) 이훈편(伊訓篇)에 "성탕(成湯)이 죽었으니 태갑 원년(太甲元年)이다"라는 것이 보이고 그 정의(正義 : 공영달의 주해)에는 "성탕이 죽었으니 그 해가 바로 태갑 원년이다"라고 하였다. 그러나 맹자(孟子)에는 "성탕이 죽자 태정(太丁)은 들어서지 못하고 외병(外丙)은 2년, 중임(仲壬)은 4년이라" 하였으니 아마도 상서가 낙장(落張)되어 정의도 따라서 잘못된 설이 나온 듯싶다. 혹은 말하기를 "옛적에 임금이 즉위하고 그 달을 넘기면 원년이라 하기도 하고, 그해를 넘겨서 원년이라 하기도 한다"고 하였다. 달을 넘겨서 원년을 칭한 것은 "성탕이 죽었으니 태갑 원년"〔成湯旣歿 太甲元年〕이라는 그것이다. 맹자에 "태정이 들어서지 못했다"〔太丁未立〕는 것은 태정이 미치 즉위하지 못하고 죽었다는 것이요, "외병 2년 중임 4년"〔外丙二年 仲壬四年〕은 그 두 사람이 다 태정의 아들임을 말한 것이다. 태갑의 두 형이 하나는 두 살 때 죽고 하나는 네 살 때 죽었기 때문에 태갑이 탕의 뒤를 계승하게 된 것이다. 사기(史記)에는 중임·외병을 두 임금으로 만들었으나 이것은 잘못된 것이다. 전자(前者)로 치면 선군이 돌아간 해를 즉위 원년이라 칭한 것이니 옳지 않고, 후자로 치면 상나라 예법을 따랐다고 할 수 있다.

　원년(4년) 가을 7월, 낙랑의 군사가 와서 금성을 여러 겹으로 포위했다.

왕은 좌우에 말하기를 "이성(二聖)이 돌아가시고 외로운 이 몸이 백성들의 추대를 받아 외람되게 왕위에 앉게 되니 위태롭고 두려움이 마치 큰 냇물을 건너는 것 같소. 지금 이웃 나라가 와서 침범하는 것도 나의 부덕한 탓이니 이를 어찌하리오" 하니, 좌우의 대답이 "적이 우리의 상사(喪事)를 다행으로 삼아 함부로 군사를 끌고 왔으니 하느님이 반드시 돕지 않을 것입니다. 두려워할 것이 없습니다" 하였다. 이윽고 적이 회군하여 돌아갔다.

3년 봄 정월, 시조(始祖)의 사당을 세웠다. 겨울 10월 초하루 병진일에 일식이 있었다.

5년 봄 정월, 왕은 석탈해(昔脫解)가 어질다는 말을 듣고 장녀(長女)로써 맏사위를 삼았다.

7년 가을 7월, 탈해로 대보(大輔)를 삼고, 군국 정사(軍國政事)를 맡겼다.

8년, 봄·여름이 가물었다.

11년, 왜인이 병선 100여 척을 거느리고 와서 바닷가 민가를 침략하므로 육부의 강병을 발동하여 막았다. 낙랑은 이쪽 내부가 비었으리라 생각하고 와서 금성을 공격하여 매우 위급하게 되었는데, 밤에 유성(流星)이 적의 진영에 떨어지니 군중들은 모두 겁을 내어 물러가 알천(閼川)에 모여 돌무더기 스무 개를 만들어 놓고 돌아갔다. 6부(六部)의 군사 1,000명이 뒤쫓아 토함산(土含山) 동쪽을 지나 알천에 당도하여 돌무더기를 보고서 적의 수효가 많은 줄로 알고 이내 중지하였다.

13년 가을 7월 그믐 무자일에 일식이 있었다.

15년, 도성에 가뭄이 들었다. 가을 7월, 누리(풀무치 비슷한 해충)가 일어〔蝗災〕백성이 굶주리므로 창고에 보관했던 곡식을 풀어 구원하였다.

16년 봄 2월, 북명(北溟 : 지금의 원산) 사람이 밭을 갈다가 예왕(濊王)의 인(印)을 주워 왕에게 바쳤다.

19년, 괴질이 크게 발생하여 사람이 많이 죽었다. 겨울 11월, 얼음이 얼지 아니하였다.

20년 가을, 태백성(太白星)이 태미성(太微星)의 위치로 들어갔다.

21년 가을 9월, 누리가 있었다. 왕이 죽으니 사릉원(蛇陵園) 안에 장사지냈다.

유리이사금(儒理尼師金)

유리이사금(儒理尼師金)이 즉위하니 남해(南解)의 태자이다. 어머니는 운제부인이요, 왕비는 갈문왕(葛文王) 일지(日知)의 딸이다〔혹은 비(妃)의 성은 박(朴)이요, 허루왕(許婁王)의 딸이라고도 함〕. 처음 남해가 죽고 유리가 들어서게 될 때, 대보 탈해가 본래 덕망이 있는 까닭으로 그 자리를 양보하니 탈해가 말하기를 "신기(神器)와 대보(大寶)는 보통 사람이 감당 못하는 바요. 내가 듣건대 성지(聖智)의 인물일수록 이〔齒〕가 많다고 하니 시험삼아 떡을 씹어 보오" 하였다. 마침내 유리의 잇금〔齒理〕이 많으니 이에 좌우와 더불어 받들어 세우고 호를 이사금이라 하였다.

〔고전(古傳)은 이러하고 김대문의 말은 "이사금은 방언이요 잇금이라고 한 것은 옛날 남해가 죽을 때에 아들 유리와 사위 탈해에게 이르는 말이, 나 죽은 뒤에는 너희 박·석 두 집안이 연치(年齒)로 연장자를 가려 왕위를 계승케 하라" 하였다. 그 뒤 김씨가 역시 흥기하여 이 3성이 연치의 많음에 따라 서로 왕위를 계승하였다. 그러므로 이사금이라고 칭하였다"고 하였다.〕

2년(25년) 봄 2월, 친히 시조의 사당에 제사하고 대사령(大赦令)을 내렸다.

5년 겨울 11월, 왕이 국내를 순시하다가 한 할머니가 굶주림과 추위에 못 이겨 죽게 된 것을 보고서 "내가 하찮은 몸으로 윗자리에 있어 백성을 잘 보살피지 못하고 노인이나 어린이로 하여금 이 지경에 이르게 하였으니 모두 나의 허물이다" 말하고, 자기 옷을 벗어 입혀 주고 자기 먹을 음식을 내어 먹이고, 따라서 유사(有司 : 할)에게 명하여 곳곳마다 방문하여 홀아비, 홀어미, 고아, 노인, 병자로서 자활(自活)할 수 없는 자를 급양(給養)하게 하였다. 이에 이웃나라 백성이 소문을 듣고 찾아오는 자가 많았다. 이 해에 백성들이 즐겁고 편안하여 비로소 도솔가(兜率歌)를 지었다. 이것이 가악(歌樂)의 시초였다.

9년 봄, 육부의 명칭을 고치고 이어서 성을 내려 주었다. 양산부는 양부(梁部)로 고치고 성은 이씨(李氏), 고허부는 사량부(沙梁部)로 고치고 성은 최씨(崔氏), 대수부는 점량부(漸梁部)로〔모량(牟梁)이라고도 함〕 고치고 성은 손씨(孫氏), 우진부는 본피부(本彼部)로 고치고 성은 정씨(鄭氏), 가리부는 한지부(漢祇部)로 고치고 성은 배씨(裵氏), 명활부는 습비부(習比部)로 고치고 성은 설씨(薛氏)로 하였다. 또 관을 설치하여 17등급을 두었다.

  1은 이벌찬(伊伐湌), 2는 이척찬(伊尺湌), 3은 잡찬(迊湌), 4는 파진찬(波珍湌), 5는 대아찬(大阿湌), 6은 아찬(阿湌), 7은 일길찬(一吉湌), 8은 사찬(沙湌), 9는 급벌찬(級伐湌), 10은 대내마(大奈麻), 11은 내마(奈麻), 12는 대사(大舍), 13은 소사(小舍), 14는 길사(吉士), 15는 대오(大烏), 16은 소오(小烏), 17은 조위(造位)이다.

  왕이 육부를 정한 다음 한가운데를 갈라 둘로 나누고서 왕녀 두 사람으로 하여금 각기 부내의 여자를 거느리고 끼리끼리 편을 지어, 가을 7월 16일부터 날마다 일찌감치 대부(大部)의 뜰에 모여 길쌈을 하고 한밤중에 파하였다. 8월 15일이 되면 그 성적의 다소를 고사(考査)하여 진 편이 음식을 장만하여 이긴 편에게 사례하도록 하였다. 그날 밤에는 노래·춤 온갖 놀이가 벌어진다. 그것을 가배(嘉俳)라 일렀다. 그때 진 편에서 한 여자가 나와 춤추고 탄식하며 '회소 회소(會蘇會蘇 : 모이는 뜻)'라고 하였는데 그 소리가 애절하고 청아하였다. 뒷사람이 그 소리로 인하여 노래를 짓고 이름을 회소곡(會蘇曲)이라고 하였다.

  11년, 서울에서 땅이 벌어지더니 샘이 솟았다. 여름 6월, 큰물이 졌다.

  13년 가을 8월, 낙랑이 북쪽 변방을 침범하여 타산성(㲱山城)이 함락되었다.

  14년, 고구려 왕 무휼(無恤 : 大武神王)이 낙랑을 습격하여 없애니 그 나라 사람 5,000명이 와서 의탁하므로 육부에 나누어 살게 하였다.

  17년 가을 9월, 화려(華麗)·불내(不耐) 두 고을 사람이 합세하여 기병을 이끌고 북쪽 경계를 침범하자, 맥국(貊國)의 거수(渠帥 : 추장)가 군사를 거느리고 하서(河西)에서 목을 받아쳐 무너뜨렸다. 그래서 왕은 기뻐하여 맥국과 화친을 맺었다.

  19년 가을 8월, 맥국의 거수가 새와 짐승을 사냥하여 바쳤다.

  31년 봄 2월, 혜성이 자궁(紫宮 : 자미성)에 비추었다.

  33년 여름 4월, 용이 금성 안 우물에 나타나더니 이윽고 폭우가 서북방에서 몰려왔다. 5월, 태풍이 불어 나무가 꺾였다.

  34년 가을 9월, 왕이 몸이 불편하여 신료들에게 부탁하기를 "탈해는 국척

(國戚)의 신분이요 대신의 지위에 있으면서 누차 공로와 명예를 나타내었소. 그에 비하면 내 두 아들의 재질이 그에 못미치니 내가 죽거든 탈해를 대위(大位)에 오르도록 하오. 부디 나의 유훈을 잊지 마오"라고 하였다. 겨울 10월, 왕이 죽자 사릉원 안에 장사지냈다.

탈해이사금(脫解尼師今)

탈해이사금(脫解尼師今)〔또는 吐解라고도 함〕이 즉위하였다. 나이는 62세요, 성은 석씨, 비는 아효부인(阿孝夫人)이다. 탈해는 본디 다파나국(多婆那國)에서 태어났는데 그 나라는 왜국 동북방 1천 리에 있었다. 처음 그 나라 왕이 여인국(女人國) 왕녀에게 장가들어 아내로 삼았더니 7년 만에 태기가 있어 큰 알 하나를 낳았다. 왕은 말하기를 "사람으로서 알을 낳았으니 상서롭지 못한 일이다. 마땅히 버려라" 하였으나 왕비는 차마 그렇게 못하였다. 비단으로 알을 싸고 보물을 아울러 넣어서 독 속에 담아 바닷물에 띄워 갈 데로 가게 하였다. 그래서 그 독이 처음에 금관국(金官國) 해변에 밀려 들었으나 금관 사람들이 괴이하게 여겨 가져가지 아니하였다. 또 진한(辰韓) 아진포구(阿珍浦口)에 닿으니 이 해는 시조 혁거세가 재위한 지 39년이 되는 해였다. 때마침 해변에 사는 노모(老母)가 줄로 끌어당기어 해안에 매고 독을 열어 보니 작은 아이 하나가 들어 있으므로 노모가 데려다 길렀다. 장성하자 키가 9자요 풍신이 청수하고 지식이 남보다 뛰어났다.

누가 말하기를 "이 아이는 성씨를 알 수 없으니, 처음 독이 떠내려 올 때 까치가 울며 따랐으므로, 작(鵲)의 한편을 떼어 석(昔)으로 성을 삼고 또 얽어 맨 독 안에서 풀려 나왔으니 탈해라고 이름하여 마땅하다"고 하였다. 탈해는 맨처음 고기잡이를 업으로 삼아 그 노모를 공양하였는데, 조금도 게을리하는 기색이 없었다. 노모는 이르기를 "너는 보통 사람이 아니다. 골상이 특수하니 학문에 종사하여 공명을 세워야 한다"고 하였다. 이에 학문에 전력하여 지리(地理)까지 알게 되었다. 양산 아래 있는 호공(瓠公)의 집터를 보니 길지(吉地)이므로 속임수를 써서 빼앗아 살았다. 그 땅이 뒤에 월성(月城)이 되었다. 남해왕 5년에 왕은 그의 어짊을 듣고 사위로 삼았다. 7년에 등용하여 대보(大輔)로 삼고 정사를 위촉하였다. 유리왕이 죽을 때에 하는 말이 "선왕의 유언에 '내가 죽은 뒤에는 아들 사위를 막론하고 나이 많고 어진 자로써 왕위를 계승케 하라' 하였다. 이 까닭으로 내가 먼저 즉위하게 된 것이다. 이제는 마땅히 이 자리를 물려 주어야 한다"고 하였다.

2년(58년) 봄 정월, 호공을 등용하여 대보로 삼았다. 2월, 친히 시조의 사당에 제사지냈다.

3년 봄 3월, 왕이 토함산에 오르니 검은 구름이 마치 일산처럼 피어 왕의 머리 위에 떠 있다가 오랜 뒤에 흩어졌다. 여름 5월, 왜국과 더불어 화친을 맺고 사절을 교환하였다. 6월, 혜성이 천선(天船)*5에 나타났다.

5년 가을 8월, 마한의 장수 맹소(孟召)가 복암성(覆巖城)을 바치고 항복하였다.

7년 겨울 10월, 백제 왕이 땅을 개척하여 낭자곡성(娘子谷城)에 이르러 사자를 신라에 보내 회견할 것을 요청했으나 왕은 가지 아니하였다.

8년 가을 8월, 백제가 군사를 보내 와산성(蛙山城)을 치고, 겨울 10월에 또 구양성(狗壤城)을 공격하므로 왕은 기병 2,000명을 보내 쫓아냈다. 12월, 지진이 있었다. 눈이 오지 않았다.

9년 봄 3월, 왕이 밤에 들으니 금성 서편 시림(始林) 숲 사이에서 닭울음 소리가 났다. 새벽녘에 호공을 보내 알아보게 하였다. 금색으로 된 작은 궤짝 하나가 나뭇가지에 걸린 채 흰 닭이 그 아래에서 울고 있었다. 호공이 돌아와 보고하자 왕은 사람을 시켜 궤짝을 가져다 열어보았다. 작은 사내아이가 궤짝 속에 들어 있었다. 그런데 아이의 얼굴이 매우 잘생겼다. 왕은 기뻐하며 좌우에 이르기를 "이야말로 하늘이 내게 보내준 훌륭한 아이 아닌가" 하고 거두어 길렀다. 장성하자 총명하고 지략(智略)이 많으므로, 알지(閼智)라 이름을 짓고 금독(金櫝)에서 나왔으니 성을 김씨(金氏)라 하였다. 시림(始林)을 고치어 계림(鷄林)이라 하고 이로써 국호를 삼았다.

10년, 백제가 와산성을 쳐 빼앗고 200명의 군사를 두어 지켰는데, 얼마 안 가서 되찾았다.

11년 봄 정월, 귀척(貴戚 : 임금의 인척) 박씨들에게 국내의 주(州)·군(郡)을 나누어 다스리게 하고 명칭을 주주(州主)·군주(郡主)라 하였다. 2월 순정(順貞)을 이벌찬으로 앉히고 정사를 위임하였다.

14년, 백제가 내침하였다.

17년, 왜인이 목출도(木出島)를 침범하므로 왕은 각간(角干) 우오(羽烏)를 보내어 막게 했는데 이기지 못하고 우오는 전사하였다.

18년 가을 8월, 백제가 변방을 침략하므로 군사를 보내어 막았다.

19년, 크게 가뭄이 들어 백성이 굶주리므로 창고의 곡식을 풀어 구호하였다. 겨울 10월, 백제가 신라의 서쪽 경계인 와산성을 쳐 빼앗았다.

20년 가을 9월, 군사를 보내어 백제를 쳐서 와산성을 되찾고, 백제에서 신라에 와서 사는 자 200여 명을 모두 죽였다.

21년 가을 8월, 아찬 길문(吉門)이 가야(加耶) 병사와 황산진(黃山津) 입구에서 싸워 1,000여 명을 잡았다. 길문으로 파진찬을 삼았으니 그 공에 대한 상(賞)이다.

23년 봄 3월, 혜성(彗星)이 동방에 나타나고 또 서방에 나타났다가 20일 만에 사라졌다.

24년 여름 4월, 서울에 큰바람이 불었다. 성의 동문이 저절로 무너졌다. 가을 8월에 왕이 죽으니 성 북쪽 양정(壤井) 언덕에 장사지냈다.

파사이사금(婆娑尼師金)

파사이사금(婆娑尼師金)이 즉위하니 유리왕의 둘째아들〔혹은 유리왕의 아우 나노(奈老)의 아들이라고도 함〕이다. 비는 김씨(金氏)로 사성부인(史省夫人)이니 갈문왕(葛文王) 허루(許婁)의 딸이다. 처음 탈해가 죽자 신료들은 유리왕의 태자 일성(逸聖)을 세우려고 했으나 어떤 사람 말이 "일성은 비록 적자이지만 위엄과 총명이 파사만 못하다"고 하므로 드디어 파사를 세웠다. 파사가 절검(節儉)하여 쓰임새를 줄이고 백성을 사랑하니 국민이 아름답게 여겼다.

2년(81년) 봄 2월, 친히 시조의 사당에 제사지냈다. 3월, 주(州)·군(郡)을 순무하여 창고 문을 열어 기민(飢民)에게 곡식을 나누어 주고, 죄수를 조사하여 두 가지 사형죄에 해당되지 않는 자는 다 용서하였다.

3년 봄 정월, 영을 내리기를 "지금 창고의 곡물은 다 떨어지고 병기는 녹이 슬었으니 혹시 수해나 가뭄의 재앙, 변방에서 무슨 경보가 있으면 무엇으로써 막아 내겠느냐. 마땅히 유사(有司 : 관리)를 시켜 농사와 누에치기를 권장하고 군비를 마련하여 뜻밖의 변에 대비토록 하라"고 하였다.

5년 봄 2월, 명선(明宣)으로 이찬을 삼고 윤량(允良)으로 파진찬을 삼았다. 여름 5월, 고타군주(古陁郡主)가 푸른 소〔靑牛〕를 바쳤다. 남신현(南新縣)에는 보리〔麥〕 농사가 잘 되어 크게 풍년이 드니 나그네가 양식을 싸가지고 다니지 않았다.

6년 봄 정월, 백제가 변방을 침범하였다. 2월, 길원(吉元)으로 아찬을 삼았다. 여름 4월, 객성(客星)이 자미(紫微 : 자미성)에 들었다.

8년 가을 7월, 영을 내리기를 "짐이 부덕한 몸으로 이 나라를 다스려, 서쪽으로 백제와 이웃하고 남쪽으로 가야와 접근하고 있는데, 덕으로 무마하지 못하고 위엄으로 무섭게도 못하니 마땅히 성루(城壘)를 튼튼히 하여 적의 침략에 대비토록 하라"고 하였다. 이 달에 가소(加召)·마두(馬頭)의 2개 성을 쌓았다.

11년 가을 7월, 특사 10명을 나누어 보내어, 주(州)·군주(郡主)로서 공무를 게을리하여 농토를 많이 묵힌 자를 조사하여 좌천시켰다.

14년 봄 정월, 윤량(允良)으로 이찬을, 계기(啓其)로 파진찬을 삼았다. 2월, 고소부리군(古所夫里郡)을 순행하여 친히 나이 많은 사람들을 방문하고 곡식을 주었다. 겨울 10월, 서울에 지진이 있었다.

15년 봄 2월, 가야적(加耶賊)이 마두성을 포위하므로 아찬 길원을 시켜 기병 1,000명을 거느리고 가 쳐 물리쳤다. 가을 8월, 알천에서 열병(閱兵)을 하였다.

17년 가을 7월, 남쪽에서 불어오는 폭풍으로 금성 남쪽에 있는 큰 나무가 뽑혔다. 9월, 가야 사람이 남쪽 변방을 습격하므로 가성주(加城主) 장세(長世)를 보내어 막아내게 하였는데, 적에게 죽임을 당하니 왕은 노하여 용사 5,000명을 인솔하고 나아가 싸워 무너뜨리고 노획(虜獲)을 많이 하였다.

18년 봄 정월, 군사를 일으켜 가야를 치려 하다가 그 나라 왕이 사신을 보내어 사죄하므로 이내 중지하였다.

19년 여름 4월, 서울에 가뭄이 들었다.

21년 가을 7월, 우박이 쏟아져 나는 새가 죽었다. 겨울 10월, 서울에 지진이 일어나 민가를 무너뜨려 죽은 자가 있었다.

22년 봄 2월, 성을 쌓고 월성(月城)이라 이름하였다. 가을 7월, 왕이 월성으로 이거하였다.

23년 가을 8월, 음집벌국(音汁伐國)이 실직곡국(悉直谷國)과 경계를 다투어 왕에게 찾아와 판결해 줄 것을 요청하니 왕은 난처하게 여긴 나머지 금관국(金官國) 수로왕(首露王)이 노숙한 나이라 지식이 많으려니 생각하고 불러 문의하니, 수로왕이 의견을 내세워 다투던 그 땅을 음집벌국에 소속케 하였다. 이에 왕은 육부에 명하여 수로왕을 대접하게 하니 오부는 다 이찬을 주(主)로 삼고 오직 한기부(漢祇部)만이 지위 낮은 자를 주(主)로 삼으므로 수로왕은 성내어 종인 탐하리(耽下里)에게 명하여 한지부주인 보제(保齊)를 죽이게 하고 돌아갔다. 그 종은 도망하여 음집벌주 타추간(陀鄒干)의 집에 의탁하고 있으므로 왕은 사람을 시켜 그를 내놓으라고 하였는데, 보내주지 않으므로 왕은 성내의 군사로써 음집벌국을 치니 그 주(主)가 군중과 더불어 스스로 항복하였다. 실직(悉直)·압독 두 나라 왕이 와서 항복하였다. 겨울 10월, 복사꽃·오얏꽃이 피었다.

25년 봄 정월, 별이 비오듯이 떨어졌으나 땅에까지 내려오지는 않았다. 가을 7월, 실직이 배반하므로 군사를 풀어 평정하고 그 잔당을 남쪽 변두리로 옮기었다.

26년 봄 정월, 백제가 사신을 보내어 화친을 청하였다. 2월, 서울에 눈이 석 자가 왔다.

27년 봄 정월, 압독(押督)에 순행하여 세궁민에게 구호 양곡을 나누어 주었다. 3월, 압독에서 돌아왔다. 가을 8월, 마두성주(馬頭城主)를 시켜 가야를 쳤다.

29년 여름 5월, 큰물이 져서 백성이 굶주리므로 사자를 10도에 파송하여 창곡을 풀어 구호하였다. 군사를 보내어 비지국(比只國)·다벌국(多伐國)·초팔국(草八國)을 쳐 합병시켰다.

30년 가을 7월, 누리가 곡식을 해치므로 왕은 산천에 두루 제사하여 기도를 드렸더니 누리가 없어지고 풍년이 들었다.

32년 여름 4월, 성문이 저절로 무너졌다. 5월부터 가을 7월까지 비가 오지 않았다.

33년 겨울 10월, 왕이 죽으니 사릉원(蛇陵園) 안에 장사지냈다.

지마이사금(祇摩尼師今)

지마이사금(祇摩尼師今)〔혹은 祇味라고도 함〕은 파사왕의 적자이다. 어머니는 사성부인(史省夫人)이요, 비는 김씨 애례부인(愛禮夫人)이니 갈문왕 마제(摩帝)의 딸이다. 처음 파사왕이 유찬(楡湌)의 늪으로 사냥가는 데 태자도 수행하였다. 사냥을 마치고 한기부(韓歧部)를 지나니 이찬 허루(許婁)가 음식 대접을 하여 술이 얼근할 적에 허루의 아내가 젊은 딸 자식을 데리고 나와 춤을 추니 이찬 마제의 아내 역시 큰 딸을 데리고 나왔다. 태자는 마제의 딸을 보고 기뻐하니 허루가 마땅찮게 생각하므로 왕은 허루에게 이르기를 "이 땅은 이름이 대포인데 공이 여기서 미주성찬(美酒盛饌)을 장만하여 즐겁게 해주니 마땅히 주다(酒多)의 위(位)를 주어 계급이 이찬의 자리에 있게 해야겠다" 하였다. 그리고 마제의 딸로써 태자의 짝을 정하였다〔주다(酒多)는 뒤에 각간(角干)이라 하였음〕.

2년(113년) 봄 2월, 친히 시조의 사당에 제사하였다. 창영(昌永)을 등용하여 이찬을 삼고 정사에 참여케 하였다. 옥권(玉權)을 파진찬으로, 신권(申權)을 일길찬으로, 순선(順宣)을 급찬으로 삼았다. 3월, 백제가 사신을 보내어 예방하였다.

3년 봄 3월, 우박이 내려 보리가 상하였다. 여름 4월, 큰물이 졌다. 죄수를 조사하여 죽을 죄를 제외하고 나머지는 다 용서하였다.

4년 봄 2월, 가야가 남쪽을 침범하였다. 가을 7월, 왕은 친히 가야를 치기 위하여 보기병(步騎兵)을 거느리고 황산하(黃山河)를 지나가는데 미리 숲속에 가야군 복병(伏兵)이 기다리고 있었다. 왕은 이를 모르고 곧장 나가니 복병이 일어나 여러 겹으로 에워싸므로 왕은 군사를 지휘하여 들이쳐 포위를 뚫고 나아갔다.

5년 가을 8월, 장수를 보내어 가야를 침범케 하고 왕은 정병 1만 명을 거느리고 뒤따랐으나 가야는 성문을 굳게 닫고 지키고, 때마침 비마저 오래 내려 군사를 돌려 되돌아왔다.

9년 봄 2월, 큰 별이 월성 서쪽에 떨어지는데 소리가 우레 같았다. 3월, 서울에 큰 병이 유행하였다.

10년 봄 정월, 익종(翌宗)을 이찬으로, 흔연(昕連)을 파진찬으로, 임권(林權)을 아찬으로 삼았다. 2월, 대증산성(大甑山城)을 쌓았다. 여름 4월, 왜인이 동쪽 변방을 침범하였다.

11년 여름 4월, 대풍이 동에서 불어와 나무를 꺾고 기왓장을 날리다가 저녁 무렵에 그쳤다. 도성 사람들이 왜병이 많이 쳐들어온다는 헛소문에 놀라 다투어 산골짜기로 도망가므로 왕은 이찬 익종 등으로 하여금 그들을 설득하게 하여 중지시켰다. 가을 7월, 누리가 곡물을 상하게 하여 흉년이 드니 도둑이 많았다.

12년 봄 3월, 왜국과 강화(講和)하였다. 여름 4월, 서리가 내렸다. 5월, 금성 동편의 민가가 내려앉아 못이 되고 연(蓮)이 생겨났다.

13년 가을 9월 그믐 경신일에 일식이 있었다.

14년 봄 정월, 말갈의 대부대가 북쪽 경계에 쳐들어와 관민을 죽이고 약탈하곤 하였다. 가을 7월, 말갈이 또 대령책(大嶺柵)을 습격하여 이하(泥河)를 넘어서니 왕은 백제에게 서신을 전달하고 구원을 요청하자, 백제는 장군 5명을 보내어 도와주게 하였다. 적은 그 소식을 듣고 물러갔다.

16년 가을 7월 초하루 갑술일에 일식이 있었다.

17년 가을 8월, 장성(長星)[6]이 종일토록 나타났다. 겨울 10월, 서울 동편에 지진이 있었다. 11월, 뇌성이 들렸다.

18년 가을, 이찬 창영이 죽었다. 파진찬 옥권을 이찬으로 삼아 정사에 참여케 하였다.

20년 여름 5월, 큰비가 내려 민가가 떠내려갔다.

21년 봄 2월, 궁의 남문이 화재(火災)를 입었다.

23년 봄·여름이 가물었다. 가을 8월, 왕이 죽었으나 아들이 없었다.

일성이사금(逸聖尼師今)

일성이사금(逸聖尼師今)이 즉위하였다. 일성이사금은 유리왕의 맏아들〔갈문왕 일지의 아들이라고도 함〕이요, 비는 박씨이니 지소례왕(支所禮王)의 딸이다.

원년(134년) 9월, 대사령을 내렸다.

2년 봄 정월, 친히 시조의 사당에 제사하였다.

3년 봄 정월, 웅선(雄宣)을 등용하여 이찬으로 삼아 내외병마사(內外兵馬事)를 겸임케 하고 근종(近宗)을 일길찬으로 삼았다.

4년 봄 2월, 말갈이 변방에 들어와 장령(長嶺)의 오책(五柵)을 불태웠다.

5년 봄 2월, 금성에 정사당(政事堂)을 설치하였다. 가을 7월, 알천 서쪽에서 열병식을 크게 거행하였다. 겨울 10월, 북으로 순행하여 태백산(太白山)에 제사하였다.

6년 가을 7월, 서리가 내려 콩이 상했다. 8월, 말갈이 장령을 습격하여 민가를 노략질하고, 겨울 10월에 또 내침했으나 뇌성이 심하여 그대로 물러갔다.

7년 봄 2월, 장령에 목책(木柵)을 세워 말갈을 방비하였다.

8년 가을 9월 그믐 신해일에 일식이 있었다.

9년 가을 7월, 여러 신하를 불러 말갈을 칠 의논을 하는데 이찬 웅선이 옳은 일이 아니라고 하여 이에 중지하였다.

10년 봄 2월, 궁궐을 수축하였다. 여름 6월 을축일에 형혹성(熒惑星)*[7]이 진성(鎭星)*[8]을 범하였다. 겨울 11월, 뇌성이 울렸다.

11년 봄 2월, 영을 내려 "농사는 정치의 근본이요 밥먹기는 오로지 백성이 하늘로 여기는 것이니 여러 주군(州郡)은 제방(堤坊)을 수리하고 농토를 널리 개척하라" 하였고 또 "민간에서 금은 주옥(金銀珠玉)을 사용 못하도록 하라"고 명령하였다.

12년 봄·여름이 가물었다. 남방이 가장 심하여 백성이 굶주리므로 곡식을 실어 보내어 나누어 주었다.

13년 겨울 10월 압독이 배반하므로 군사를 발동하여 평정하고 그 잔당을 남방으로 옮겼다.

14년 가을 7월, 여러 신하에게 명하여 각기 "지혜와 용맹이 장수될 만한 자를 천거하라"고 하였다.

15년 박아도(朴阿道)를 봉하여 갈문왕을 삼았다〔신라가 왕을 추봉하는 경우에는 모두 갈문왕이라고 칭하는데 그 뜻은 미상이다).

16년 봄 정월, 득훈(得訓)을 사찬으로, 선충(宣忠)을 내마로 삼았다. 가을 8월, 혜성이 천시(天市)에 비쳤다. 겨울 11월, 천둥이 치고 서울에 큰 병이 유행하였다.

17년 여름 4월부터 비가 오지 않다가 가을 7월에야 비가 왔다.

18년 봄 2월, 이찬 웅선이 죽었다. 대선(大宣)을 이찬으로 삼아 내외병마사를 겸지(兼知)케 하였다. 3월, 우박이 내렸다.

20년 겨울 10월, 궁문이 화재를 입었다. 혜성이 동방에 나타나고 또 동북방에 나타났다.

21년 봄 2월, 왕이 죽었다.

주

* 1. 사시(四時)를 밝혀 놓은 것은 노사(魯史) 춘추(春秋)의 예에 따른 것임.
* 2. 별 이름으로서 천사성(天駟星) 곁의 한 별.
* 3. 별 이름으로서 28수(宿)의 하나.
* 4. 덕이 적은 임금이라는 뜻. 사신이 타국을 상대하여 자기 임금을 칭하는 겸사(謙辭)임.
* 5. 별 이름.
* 6. 혜성임. 《한서》
* 7. 화성(火星)의 별명임. 《사기》.
* 8. 토성(土星)의 별명임. 《사기》.

三國史記 卷 第一

新羅本紀 第一 始祖 赫居世居西干 南解次次雄 儒理尼師今 脫解尼師今 婆娑尼師今 祇摩尼師今 逸聖尼師今.

始祖 姓朴氏 諱赫居世 前漢孝宣帝五鳳元年甲子 四月丙辰(一曰正月十五日)

卽位 號居西干 時年十三 國號徐那伐 先是 朝鮮遺民 分居山谷之間爲六村 一曰閼川楊山村 二曰突山高墟村 三曰觜山珍支村(或云于珍村) 四曰茂山大樹村 五曰金山加利村 六曰明活山高耶村 是爲辰韓六部 高墟村長蘇伐公 望楊山麓蘿井傍林間 有馬跪而嘶 則往觀之 忽不見馬 只有大卵 剖之 有嬰兒出焉 則收而養之 及年十餘歲 歧嶷然夙成 六部人 以其生神異 推尊之 至是 立爲君焉 辰人謂瓠爲朴 以初大卵如瓠故 以朴爲姓 居西干 辰言王(或云呼貴人之稱).

四年 夏四月辛丑朔 日有食之.

五年 春正月 龍見於閼英井 右脇誕生女兒 老嫗見而異之 收養之 以井名名之 及長有德容 始祖聞之 納以爲妃 有賢行能內輔 時人謂之二聖.

八年 倭人行兵 欲犯邊 聞始祖有神德 乃還.

九年 春三月 有星孛于王良.

十四年 夏四月 有星孛于參.

十七年 王巡撫六部 妃閼英從焉 勸督農桑 以盡地利.

十九年 春正月 卞韓以國來降.

二十一年 築京城 號曰金城 是歲 高句麗始祖東明立.

二十四年 夏六月壬申晦 日有食之.

二十六年 春正月 營宮室於金城.

三十年 夏四月己亥晦 日有食之 樂浪人將兵來侵 見邊人夜戶不扃 露積被野 相謂曰 此方民不相盜 可謂有道之國 吾儕潛師而襲之 無異於盜 得不愧乎 乃引還.

三十二年 秋八月乙卯晦 日有食之.

三十八年 春二月 遣瓠公聘於馬韓 馬韓王讓瓠公曰 辰卞二韓 爲我屬國比年不輸職貢 事大之禮 其若是乎 對曰 我國自二聖肇興 人事修 天時和 倉庾充實 人民敬讓 自辰韓遺民 以至卞韓 樂浪 倭人 無不畏懷 而吾王謙虛 遣下臣修聘 可謂過於禮矣 而大王赫怒 劫之以兵 是何意耶 王憤欲殺之 左右諫止乃許歸 前此 中國之人 苦秦亂 東來者衆 多處馬韓東 與辰韓雜居 至是 寖盛 故馬韓忌之 有責焉 瓠公者未詳其族姓 本倭人 初以瓠繫腰 渡海而來 故稱瓠公.

三十九年 馬韓王薨 或說上曰 西韓王前辱我使 今當其喪征之 其國不足平也 上曰 幸人之災 不仁也 不從乃遣使 弔慰.

四十年 百濟始祖溫祚立.

四十三年 春二月乙酉晦 日有食之.

五十三年 東沃沮使者來 獻良馬二十匹曰(十 新(鑄字)本作百 未知孰是) 寡君聞南韓有聖人出(聞 舊(木板)本 作問 蓋誤也) 故遣臣來享.

五十四年 春二月己酉 星孛于河鼓.

五十六年 春正月辛丑朔 日有食之.

五十九年 秋九月戊申晦 日有食之.

六十年 秋九月二龍見於金城井中 暴雷雨 震城南門.

六十一年 春三月 居西干升遐 葬蛇陵 在曇巖寺北(曇 新書(木板)本缺 今補之).

南解次次雄立(次次雄 或云慈充 金大問云 方言謂巫也 世人以 巫事鬼神 尙祭祀 故畏敬之 遂稱尊長者 爲慈充) 赫居世嫡子也 身長大 性沈厚 多智略 母閼英夫人 妃雲帝夫人(一云阿婁夫人) 繼父卽位 稱元.

論曰 人君卽位 踰年稱元 其法 詳於春秋 此先王不刊之典也 伊訓曰 成湯旣沒 太甲元年 正義曰 成湯旣沒 其歲 卽太甲元年 然孟子曰 湯崩 太丁未立 外丙二年 仲壬四年 則疑若尙書之脫簡 而正義之誤說也 或曰 古者 人君卽位 或踰月稱元年 或踰年而稱元年 踰月而稱元年者 成湯旣沒 太甲元年 是也 孟子云 太丁未立者 謂太丁未立而死也 外丙二年 仲壬四年者 皆謂 太丁之子 太甲二兄 或生二年 或生四年而死 太甲所以得繼湯耳 史記便謂此仲壬 外丙爲二君 誤也 由前 則以先君終年 卽位稱元 非是 由後 則可謂得商人之禮者矣.

元年 秋七月 樂浪兵至 圍金城數重 王謂左右曰 二聖棄國 孤以國人推戴 謬居於位 危懼若涉川水 今鄰國來侵 是孤之不德也 爲之若何 左右對曰 賊幸我有喪 妄以兵來(妄 舊本作妾 誤也) 天必不祐 不足畏也 賊俄而退歸.

三年 春正月 立始祖廟 冬十月丙辰朔 日有食之.

五年 春正月 王聞脫解之賢 以長女妻之.

七年 秋七月 以脫解爲大輔 委以軍國政事.

八年 春夏 旱.

十一年 倭人遣兵船百餘艘 掠海邊民戶 發六部勁兵以禦之 樂浪謂內虛 來攻金城甚急 夜有流星 墜於賊營 衆懼而退 屯於閼川之上 造石堆二十而去 六部兵一千人追之 自吐含山東至閼川 見石堆知賊衆 乃止.

十三年 秋七月戊子晦 日有食之.

十五年 京城旱 秋七月 蝗 民饑 發倉廩救之.

十六年 春二月 北溟人耕田 得濊王印獻之.

十九年 大疫 人多死 冬十一月 無氷.

二十年 秋 太白入太微.

二十一年 秋九月 蝗 王薨 葬蛇陵園內.

儒理尼師今立 南解太子也 母雲帝夫人 妃日知葛文王之女也(或云妃姓朴許婁王之女) 初南解薨 儒理當立 以大輔脫解素有德望 推讓其位 脫解曰 神器大寶 非庸人所堪 吾聞聖智人多齒 試以餠噬之 儒理齒理多 乃與左右奉立之 號尼師今 古傳如此 金大問則云 尼師今方言也 謂齒理 昔南解將死 謂男儒理 壻脫解曰 吾死後 汝朴昔二姓 以年長而嗣位焉 其後 金姓亦興 三姓以齒長相嗣 故稱尼師今.

二年 春二月 親祀始祖廟 大赦.

五年 冬十一月 王巡行國內 見一老嫗飢凍將死 曰予以眇身居上 不能養民 使老幼至於此極 是予之罪也 解衣以覆之 推食以食之 仍命有司 在處存問 鰥寡孤獨老病不能自活者 給養之 於是 鄰國百姓聞而來者 衆矣 是年 民俗歡康 始製兜率歌 此歌樂之始也.

九年 春 改六部之名 仍賜姓 楊山部爲梁部 姓李 高墟部爲沙梁部 姓崔 大樹部爲漸梁部(一云牟梁) 姓孫 于珍部爲本彼部(于 新本作干) 姓鄭 加利部爲漢祇部 姓裵 明活部爲習比部 姓薛 又設官 有十七等 一伊伐湌 二伊尺湌 三迊湌 四波珍湌 五大阿湌 六阿湌 七一吉湌 八沙湌 九級伐湌 十大奈麻 十一奈麻 十二大舍 十三小舍 十四吉士 十五大烏 十六小烏 十七造位 王旣定六部 中分爲二 使王女二人 各率部內女子 分朋造黨 自秋七月旣望 每日早集大部之庭(大 恐六之誤) 績麻 乙夜而罷 至八月十五日 考其功之多少 負者置酒食 以謝勝者 於是 歌舞百戲 皆作謂之嘉俳 是時 負家一女子起舞 歎曰會蘇會蘇 其音哀雅 後人因其聲而作歌 名會蘇曲.

十一年 京都地裂 泉湧 夏六月 大水.

十三年 秋八月 樂浪犯北邊 攻陷朶山城.

十四年 高句麗王無恤 襲樂浪滅之 其國人五千來投 分居六部.

十七年 秋九月 華麗-不耐二縣人 連謀率騎兵犯北境 貊國渠帥以兵 要曲河西敗之 王喜 與貊國結好.

十九年 秋八月 貊帥獵得禽獸 獻之.

三十一年 春二月 星孛于紫宮.

三十三年 夏四月 龍見金城井 有頃 暴雨自西北來 五月 大風拔木.

三十四年 秋九月 王不豫 謂臣寮曰 脫解身聯國戚 位處輔臣 屢著功名 朕之二子 其才不及遠矣 吾死之後 俾卽大位 以無忘我遺訓 冬十月 王薨 葬蛇陵園內.

脫解尼師今立(一云 吐解) 時年六十二 姓昔 妃阿孝夫人 脫解 本多婆那國所生也 其國在倭國東北一千里 初其國王娶女國王女爲妻 有娠七年 乃生大卵 王曰 人而生卵不祥也 宜棄之 其女不忍 以帛裹卵並寶物 置於櫝中 浮於海 任其所往 初至金官國海邊 金官人怪之不取 又至辰韓阿珍浦口 是始祖赫居世在位三十九年也 時海邊老母 以繩引繫海岸 開櫝見之 有一小兒在焉 其母取養之 及壯身長九尺 風神秀朗 智識過人 或曰 此兒不知姓氏 初櫝來時 有一鵲飛鳴而隨之 宜省鵲字 以昔爲氏 又解韞櫝而出 宜名脫解 脫解 始以漁釣爲業 供養其母 未嘗有懈色 母謂曰 汝非常人 骨相殊異 宜從學以立功名 於是 專精學問 兼知地理 望楊山下瓠公宅 以爲吉地 設詭計 以取而居之 其地後爲月城 至南解王五年 聞其賢 以其女妻之 至七年 登庸爲大輔 委以政事 儒理將死曰 先王顧命曰 吾死後 無論子壻 以年長且賢者 繼位是以 寡人先立 今也 宜傳其位焉.

二年 春正月 拜瓠公爲大輔 二月 親祀始祖廟.

三年 春三月 王登吐含山 有玄雲如蓋 浮王頭上 良久而散 夏五月 與倭國結好交聘 六月 有星孛于天船.

五年 秋八月 馬韓將孟召 以覆巖城降.

七年 冬十月 百濟王拓地 至娘子谷城 遣使請會 王不行.

八年 秋八月 百濟遣兵 攻蛙山城 冬十月 又攻狗壤城 王遣騎二千 擊走之 十二月 地震 無雪.

九年 春三月 王夜聞 金城西始林樹間 有鷄鳴聲 遲明 遣瓠公視之 有金色小櫝掛樹枝 白鷄鳴於其下 瓠公還告 王使人取櫝開之 有小男兒在其中 姿容奇偉 上喜 謂左右曰 此豈非天遺我以令胤乎 乃收養之 及長聰明多智略 乃名閼智 以

其出於金櫃姓金氏 改始林名鷄林 因以爲國號.

十年 百濟攻取蛙山城 留二百人居守 尋取之.

十一年 春正月 以朴氏貴戚 分理國內州郡 號爲州主—郡主 二月 以順貞爲伊伐湌 委以政事.

十四年 百濟來侵.

十七年 倭人侵木出島 王遣角干羽烏禦之 不克 羽烏死之.

十八年 秋八月 百濟寇邊 遣兵拒之.

十九年 大旱 民饑 發倉賑給 冬十月 百濟攻西鄙蛙山城 拔之.

二十年 秋九月 遣兵伐百濟 復取蛙山城 自百濟來居者二百餘人 盡殺之.

二十一年 秋八月 阿湌吉門與加耶兵 戰於黃山津口 獲一千餘級 以吉門爲波珍湌 賞功也.

二十三年 春二月 彗星見東方 又見北方 二十日乃滅.

二十四年 夏四月 京都大風 金城東門自壞 秋八月 王薨 葬城北壤井丘.

婆娑尼師今立 儒理王第二子也(或云儒理弟奈老之子也) 妃金氏 史省夫人 許婁葛文王之女也 初脫解薨 臣僚欲立儒理太子逸聖 或謂逸聖雖嫡嗣 而威明不及婆娑 遂立之 婆娑節儉省用 而愛民 國人嘉之.

一年 春二月 親祀始祖廟 三月 巡撫州郡 發倉賑給 慮獄囚 非二罪悉原之.

三年 春正月 下令曰 今倉廩空匱 戎器頑鈍 儻有水旱之災 邊鄙之警 其何以禦之 宜令有司勸農桑 練兵革 以備不虞.

五年 春二月 以明宣爲伊湌 允良爲波珍湌 夏五月 古陁郡主獻靑牛 南新縣麥連歧 大有年 行者不賫糧.

六年 春正月 百濟犯邊 二月 以吉元爲阿湌 夏四月 客星入紫微.

八年 秋七月 下令曰 朕以不德 有此國家 西鄰百濟 南接加耶 德不能綏 威不足畏 宜繕葺城壘 以待侵軼 是月 築加召—馬頭二城.

十一年 秋七月 分遣使十人 兼察州郡主不勤公事 致田野多荒者 貶黜之.

十四年 春正月 拜允良爲伊湌 啓其爲波珍湌 二月 巡幸古所夫里郡 親問高年 賜穀 冬十月 京都地震.

十五年 春二月 加耶賊圍馬頭城 遣阿湌吉元 將騎一千擊走之 秋八月 閱兵於閼川.

十七年 秋七月 暴風自南 拔金城南大樹 九月 加耶人襲南鄙 遣加城主長世 拒之 爲賊所殺 王怒 率勇士五千 出戰敗之 虜獲甚多.

十八年 春正月 擧兵 欲伐加耶 其國主遣使請罪 乃止.

十九年 夏四月 京都旱.

二十一年 秋七月 雨雹 飛鳥死 冬十月 京都地震 倒民室有死者.

二十二年 春二月 築城名月城 秋七月 王移居月城.

二十三年 秋八月 音汁伐國與悉直谷國爭疆 詣王請決 王難之謂 金官國首露王 年老 多智識 召問之 首露立議 以所爭之地 屬音汁伐國 於是 王命六部 會饗首露王 五部皆以伊湌爲主 唯漢祇部 以位卑者主之 首露怒 命奴耽下里 殺漢祇部主保齊而歸 奴逃依音汁伐主陀鄒干家 王使人索其奴 陀鄒不送 王怒 以兵伐音汁伐國 其主與衆自降 悉直－押督二國王來降 冬十月 桃李華.

二十五年 春正月 衆星隕如雨 不至地 秋七月 悉直叛 發兵討平之 徙其餘衆於南鄙.

二十六年 春正月 百濟遣使請和 二月 京都雪三尺.

二十七年 春正月 幸押督賑貧窮 三月 至自押督 秋八月 命馬頭城主 伐加耶.

二十九年 夏五月 大水 民飢 發使十道 開倉賑給(倉 新舊本作食 誤也) 遣兵伐比只國－多伐國－草八國 幷之.

三十年 秋七月 蝗害穀 王遍祭山川 以祈禳之 蝗滅 有年.

三十二年 夏四月 城門自毀自五月 至秋七月 不雨.

三十三年 冬十月 王薨 葬蛇陵園內.

祇摩尼師今立(或云祇味) 婆娑王嫡子 母史省夫人 妃金氏 愛禮夫人 葛文王摩帝之女也 初婆娑王獵於楡湌之澤 太子從焉 獵後 過韓歧部 伊湌許婁饗之 酒酣 許婁之妻 携少女子出舞(携 新舊本皆作推門 蓋携之誤也) 摩帝伊湌之妻 亦引出其女 太子見而悅之 許婁不悅 王謂許婁曰 此地名大庖 公於此 置盛饌美醞 以宴衎之 宜位酒多 在伊湌之上 以摩帝之女 配太子焉 酒多 後云角干.

二年 春二月 親祀始祖廟 拜昌永爲伊湌 以參政事 玉權爲波珍湌 申權爲一吉湌 順宣爲級湌 三月 百濟遣使來聘.

三年 春三月 雨雹 麥苗傷 夏四月 大水 慮囚 除死罪餘悉原之.

四年 春二月 加耶寇南邊 秋七月 親征加耶 帥步騎度黃山河 加耶人伏兵林薄

以待之 王不覺直前 伏發圍數重 王揮軍奮擊 決圍而退.

　五年 秋八月 遣將侵加耶 王帥精兵一萬 以繼之 加耶嬰城固守 會久雨 乃還.

　九年 春二月 大星墜月城西 聲如雷 三月 京都大疫.

　十年 春正月 以翌宗爲伊湌 昕連爲波珍湌 林權爲阿湌 二月 築大甑山城 夏四月 倭人侵東邊.

　十一年 夏四月 大風東來 折木飛瓦 至夕而止 都人訛言 倭兵大來 爭遁山谷 王命伊湌翌宗等諭止之 秋七月 飛蝗害穀 年饑 多盜.

　十二年 春三月 與倭國講和 夏四月 隕霜 五月 金城東民屋陷爲池 芙蕖生.

　十三年 秋九月庚申晦 日有食之.

　十四年 春正月 靺鞨大入北境 殺掠吏民 秋七月 又襲大嶺柵 過於泥河 王移書百濟請救 百濟遣五將軍助之 賊聞而退.

　十六年 秋七月甲戌朔 日有食之.

　十七年 秋八月 長星竟天 冬十月 國東地震 十一月 雷.

　十八年 秋 伊湌昌永卒 以波珍湌玉權爲伊湌 以參政事.

　二十年 夏五月 大雨 漂沒民戶.

　二十一年 春二月 宮南門災.

　二十三年 春夏 旱 秋八月 王薨 無子.

　逸聖尼師今立 儒理王之長子(或云日知葛文王之子) 妃朴氏 支所禮王之女.

　元年 九月 大赦.

　二年 春正月 親祀始祖廟.

　三年 春正月 拜雄宣爲伊湌 兼知內外兵馬事 近宗爲一吉湌.

　四年 春二月 靺鞨入塞 燒長嶺五柵.

　五年 春二月 置政事堂於金城 秋七月 大閱閼川西 冬十月 北巡 親祀太白山.

　六年 秋七月 隕霜殺菽 八月 靺鞨襲長嶺 虜掠民口 冬十月 又來 雷甚乃退.

　七年 春二月 立柵長嶺 以防靺鞨.

　八年 秋九月辛亥晦 日有食之.

　九年 秋七月 召羣公 議征靺鞨 伊湌雄宣上言不可 乃止.

　十年 春二月 修葺宮室 夏六月乙丑 熒惑犯鎭星 冬十一月 雷.

　十一年 春二月 下令 農者政本 食惟民天 諸州郡修完堤防 廣闢田野 又下令

禁民間用金銀珠玉.

　十二年　春夏　旱　南地最甚　民飢　移其粟賑給之.

　十三年　冬十月　押督叛　發兵討平之　徙其餘衆於南地.

　十四年　秋七月　命臣寮　各擧智勇堪爲將帥者.

　十五年　封朴阿道爲葛文王(新羅追封王　皆稱葛文王　其義未詳).

　十六年　春正月　以得訓爲沙湌　宣忠爲奈麻　秋八月　有星孛于天市　冬十一月　雷　京都大疫.

　十七年　自夏四月　不雨　至秋七月　乃雨.

　十八年　春二月　伊湌雄宣卒　以大宣爲伊湌　兼知內外兵馬事　三月　雨雹.

　二十年　冬十月　宮門災　彗星見東方　又見東北方.

　二十一年　春二月　王薨.

삼국사기 권 제2

신라본기(新羅本紀) 제2

아달라이사금(阿達羅尼師今), 벌휴이사금(伐休尼師今), 내해이사금(奈解尼師今), 조분이사금(助賁尼師今), 첨해이사금(沾解尼師今), 미추이사금(味鄒尼師今), 유례이사금(儒禮尼師今), 기림이사금(基臨尼師今), 흘해이사금(訖解尼師今)

아달라이사금(阿達羅尼師今)

아달라이사금(阿達羅尼師今)이 즉위하였다. 일성이사금(逸聖尼師今)의 맏아들이다. 신장은 7자요, 콧대는 우뚝하여 독특한 형상을 지녔다. 어머니는 박씨이니 지소례왕(支所禮王)의 딸이요, 비(妃)는 박씨 내례부인(內禮夫人)이니 지마왕(祇摩王)의 딸이다.

원년(154년) 3월, 계원(繼元)을 이찬으로 삼아 군국 정사를 맡겼다.
2년 봄 정월, 친히 시조의 사당에 제사하고 대사령을 내렸다. 흥선(興宣)을 일길찬으로 삼았다.
3년 여름 4월, 서리가 내렸다. 계립령(鷄立嶺) 길을 개통(開通)하였다.
4년 봄 2월, 감물(甘勿)·마산(馬山) 2개 현을 신설하였다. 3월, 장령진(長嶺鎭)을 순행하여 수비병들을 위로하고 각각 군복을 내려주었다.
5년 봄 3월, 죽령(竹嶺)을 개통하였다. 왜인이 예방하였다.
7년 여름 4월, 폭우가 내려 알천 물이 넘쳐 민가가 떠내려갔다. 금성 북문이 저절로 무너졌다.

8년 가을 7월, 누리가 곡식을 해쳤다. 바다에 물고기가 많이 죽어 떠밀려 왔다.

9년, 사도성(沙道城)을 순행하여 수비병들을 위로하였다.

11년 봄 2월, 용이 서울에 나타났다.

12년 겨울 10월, 아찬 길선(吉宣)이 반역을 도모하다가 발각되자 사형(死刑)이 두려워 백제로 달아났다. 왕이 글월을 보내어 잡아 보낼 것을 요구하였으나 백제는 듣지 않으므로 왕이 노하여 군사를 보내어 치려 하니 백제는 성문을 굳게 닫고 나오지 않았다. 우리 군사도 양식이 떨어져 돌아왔다.

13년 봄 정월 초하루 신해일에 일식이 있었다.

14년 가을 7월, 백제가 서울 서쪽 변두리의 두 성을 공격하여 깨뜨리고 백성 1,000명을 사로잡아 갔다. 8월, 일길찬 흥선을 시켜 군사 2만 명을 거느리고 가서 백제를 치게 하고 왕은 또 기병 8,000명을 인솔하여 한수(漢水)로부터 육박하니 백제는 크게 겁내어 사로잡아 갔던 백성들을 돌려보내고 화친을 빌었다.

15년 여름 4월, 이찬 계원이 죽었다. 흥선을 이찬으로 삼았다.

17년 봄 2월, 시조의 사당을 중수하였다. 가을 7월, 서울에 지진이 있었고 서리와 우박이 내려 곡식을 해쳤다. 겨울 10월, 백제가 변방을 침략하였다.

18년 봄, 곡식이 귀하여 백성이 굶주렸다.

19년 봄 정월, 구도(仇道)를 파진찬으로 삼고 구수혜(仇須兮)를 일길찬으로 삼았다. 2월, 시조의 사당에 제사가 있었다. 서울에 유행병이 크게 번졌다.

20년 여름 5월, 왜국 여왕(倭國女王) 비미호(卑彌乎)가 사신을 보내왔다.

21년 봄 정월, 흙비가 내렸다. 2월, 가뭄이 들어 우물물이 말랐다.

31년 봄 3월, 왕이 죽었다.

벌휴이사금(伐休尼師今)

벌휴이사금(伐休尼師今)〔혹은 발휘(發暉)라고도 함〕이 즉위하였으니 성은 석씨요, 탈해왕의 아들인 각간 구추(仇鄒)의 아들이다. 어머니의 성은 김씨이니 지진내례부인(只珍內禮夫人)이다. 아달라왕이 죽고 아들이 없으니 나라 사람들이 추대하여 세웠다. 왕은 풍운(風雲)을 점쳐 물리치고 가뭄 들 것과 농사의 풍흉(豊凶)을 미리 알며, 또 사람의 간사하고 바름을 알아 사람들이 성인(聖人)이라 일컬었다.

2년(185년) 봄 정월, 친히 시조의 사당에 제사하고 대사령을 내렸다. 2월, 파진찬 구도와 일길찬 구수혜를 등용하여 좌우 군주(左右軍主)로 삼아 소문국(召文國)을 쳤다. 군주(軍主)의 명칭이 이에서 비롯되었다.

3년 봄 정월, 주군(州郡)을 순행하여 풍속을 살폈다. 여름 5월 그믐 임신일에 일식이 있었다. 가을 7월, 남신현(南新縣)에서 가화(嘉禾)*[1]를 바쳤다.

4년 봄 3월, 주·군에 영을 내리어 "토목(土木) 일을 하기 위하여 농사철을 빼앗지 말라" 하였다. 겨울 10월, 북녘 지방에 큰눈이 내려 깊이가 한 길이나 되었다.

5년 봄 2월, 백제가 모산성(母山城)을 공격하므로 파진찬 구도를 시켜 군사를 내어 막았다.

6년 가을 7월, 구도는 백제와 구양(狗壤)에서 싸워 이겨 500여 명을 베거나 사로잡았다.

7년 가을 8월, 백제가 서쪽 경계인 원산향(圓山鄉)을 습격하고 다시 내쳐 부곡성(缶谷城)을 에워싸므로 구도는 날랜 군사 500명을 거느리고 가서 쳤다. 백제 군사가 거짓 달아나는데 구도는 이를 모르고 와산까지 쫓아갔다가 백제에게 참패하고 말았다. 왕은 구도가 실패한 까닭으로써 좌천시켜 부곡 성주를 삼고 설지(薛支)를 좌군주(左軍主)로 삼았다.

8년 가을 9월, 치우기(蚩尤旗)*[2]가 각(角 : 28수의 하나)과 항(亢 : 28수의 하나)의 사이에 나타났다.

9년 봄 정월, 국량(國良)을 등용하여 아찬으로 삼고 술명(述明)을 일길찬으로 삼았다. 4월, 서울에 눈이 내려 깊이가 석 자였다. 여름 5월, 큰물이 져 여러 곳에 산이 무너졌다.

10년 봄 정월 초하루 갑인일에 일식이 있었다. 3월, 한지부(漢祗部) 여자가 한꺼번에 4남 1녀를 낳았다. 6월, 왜국에 큰 흉년이 들어 그 나라 사람으로 음식을 빌러 온 자가 1,000여 명이었다.

11년 여름 6월 그믐 을사일에 일식이 있었다.

13년 봄 2월, 궁궐을 중수하였다. 3월, 가물었다. 여름 4월, 대궐 남쪽 나무에 벼락이 떨어지고 또 금성 동문에 벼락이 떨어졌다. 왕이 죽었다.

내해이사금(奈解尼師今)

내해이사금(奈解尼師今)이 즉위하니 벌휴왕(伐休王)의 손자이다. 어머니는 내례부인(內禮夫人)이요, 비는 석씨니 조분왕(助賁王)의 누이다. 얼굴이 웅장하고 행동이 점잖으며 월등한 재주가 있었다. 전왕(伐休)의 태자 골정(骨正)과 둘째아들 이매(伊買)는 먼저 죽고, 대손(大孫 : 嫡孫)도 아직 어리므로 이매의 아들을 세우니 이가 바로 내해이사금이었다. 이해 정월에서 4월까지 비가 오지 않다가, 왕이 즉위하는 날에야 큰비가 내리니 백성들이 기뻐하였다.

2년(197) 봄 정월, 시조의 사당에 참배하였다.

3년 여름 4월, 시조의 사당 앞에 있는 쓰러져 있던 버들이 절로 일어났다. 5월, 나라 서쪽에 홍수가 져서 수재를 당한 고을에는 1년의 조세를 면제하고 가을 7월에 특사를 보내어 위문하였다.

4년 가을 7월, 백제가 국경을 침범하였다.

5년 가을 7월, 태백(太白 : 金星)이 낮에 나타났다. 서리가 내려 풀이 죽었다. 9월 초하루 경오일에 일식이 있었다. 알천(閼川)에서 크게 열병(閱兵)을 행하였다.

6년 봄 2월, 가야국이 화친을 청하였다. 3월 초하루 정묘일에 일식이 있었다. 크게 가뭄이 들자 내외의 감옥살이를 조사하여 가벼운 죄는 용서하였다.

8년 겨울 10월, 말갈(靺鞨 : 東濊)이 국경을 침범하였다. 복사꽃·오얏꽃이 피었다. 괴질이 유행하였다.

10년 봄 2월, 진충(眞忠)을 등용하여 일벌찬으로 삼아 국정에 참여토록 하였다. 가을 7월, 서리와 우박이 내려 곡식을 죽였다. 태백(太白 : 별)이 달을 범하였다. 8월, 금성에서 여우가 울고 또 시조의 사당 앞에서도 울었다.

12년 봄 정월, 왕의 아들 이음(利音 : 혹은 奈音이라고도 함)을 등용하여 이벌찬을 삼고 내외병마사(內外兵馬使)를 겸하게 하였다.

13년 봄 2월, 서방의 군·읍을 순시하고 열흘이 지나서야 돌아왔다. 여름 4월, 왜인이 국경을 침범하므로 이벌찬 이음을 보내어 군사를 거느리고 가서 막았다.

14년 가을 7월, 포상(浦上)의 팔국(八國 : 경상남도 해안지역)이 공모하여 가라국(加羅國)을 침범하니 가라국 왕자가 와 구원을 요청하므로 왕은 태자 우로(于老)와 이벌찬 이음을 시켜 육부(六部)의 군사를 거느리고 가 구원하여 팔국의 장군을 쳐 죽이고 포로가 되었던 6,000명을 보내 주었다.

15년 봄·여름이 가물어서 특사를 보내 군·읍의 감옥에 갇힌 죄수를 조사하여 두 가지 사형죄를 제외하고 나머지는 다 용서하였다.

16년 봄 정월, 훤견(萱堅) 등을 등용하여 이찬으로 삼고 윤종(允宗)을 일길찬으로 삼았다.

17년 봄 3월, 가야국이 왕자를 보내어 볼모로 잡혔다. 여름 5월, 큰비가 내려 집들이 무너지고 떠내려가기도 하였다.

19년 봄 3월, 폭풍이 불어 나무 가지가 꺾였다. 가을 7월, 백제가 나라 서쪽에 있는 요거성(腰車城 : 경북 상주)을 공격하여 성주 설부(薛夫)를 죽이니 왕은 이벌찬 이음을 시켜 정병 6,000명을 거느리고 백제를 쳐 사현성(沙峴城)을 깨뜨렸다. 겨울 12월, 뇌성이 있었다.

23년 가을 7월, 무고(武庫)에 비치된 병기가 저절로 밖으로 나왔다. 백제인이 와 장산성(獐山城 : 지금의 慶山)을 포위하니 왕은 몸소 군사를 거느리고 가 쳐 쫓아 버렸다.

25년 봄 3월, 이벌찬 이음이 죽었다. 충훤(忠萱)을 이벌찬으로 삼고 병마사를 겸직케 하였다. 가을 7월, 양산(楊山) 서쪽에서 열병식을 크게 거행하였다.

27년 여름 4월, 우박이 내려 콩과 보리가 상하였다. 남신현(南新縣) 사람이 죽은 뒤 한 달을 지나서 다시 살아났다. 겨울 10월, 백제 군사가 우두주(牛頭州 : 강원도 춘천)로 쳐들어오니 이벌찬 충훤이 군사를 거느리고 가서 대항하다가 웅곡(熊谷)에 이르러 적에게 패하고 홀로 살아 돌아왔다. 그 이유로 좌천하여 진(鎭)의 주(主)로 삼고, 연진(連珍)을 이벌찬으로 삼아 병마사를 겸직케 하였다.

29년 가을 7월, 이벌찬 연진(連珍)이 백제와 봉산(烽山) 아래에서 싸워 이기고 1,000명의 머리를 베었다. 8월, 봉산성을 쌓았다.

31년 봄부터 비가 오지 아니하다가 가을 7월에야 비가 왔다. 백성이 굶주리므로 창고의 곡식을 풀어 나눠주었다. 겨울 10월, 내외의 감옥살이하는 자를 조사하여 가벼운 죄는 용서하였다.

32년 봄 2월, 서남의 군·읍을 순행하고 3월에 돌아왔다. 파진찬 강훤(康萱)을 등용하여 이찬을 삼았다.

34년 여름 4월, 뱀이 남고(南庫)에서 사흘 동안 울었다. 가을 9월, 지진이 있었다. 겨울 10월, 큰눈이 내려 깊이가 다섯 자나 되었다.

35년 봄 3월, 왕이 죽었다.

조분이사금(助賁尼師今)

조분이사금(助賁尼師今 : 또는 諸貴라고도 함)이 즉위하니 성은 석씨요 벌휴이사금의 손자다. 아버지는 갈문왕 골정(骨正 : 忽爭이라고도 함)이요 어머니는 김씨 옥모부인(玉帽夫人)이니 갈문왕 구도의 딸이요, 비는 아미혜부인(阿彌兮夫人)이니 내해왕(奈解王)의 딸이다. 내해왕이 임종시에 사위 조분에게 왕위를 계승하라는 유언이 있었기 때문에 즉위하게 되었다. 왕은 키가 크고 풍채가 아름다우며 일을 당하면 밝게 처결하니 나라 사람이 경외하였다.

원년(230), 연충(連忠)을 등용하여 이찬으로 삼고 군국(軍國) 정사를 맡겼다. 가을 7월, 시조의 사당에 참배하였다.

2년 가을 7월, 이찬 우로(于老)를 대장군으로 삼아 감문국(甘文國)을 쳐부수고 그 땅을 군으로 만들었다.

3년 여름 4월, 왜병이 갑자기 쳐들어와 금성을 에워싸므로 왕이 몸소 출전하니 적이 무너져 달아나므로 날랜 기병을 보내어 추격하여 1,000여 명의 머리를 베었다.

4년 여름 4월, 큰바람이 불어 지붕의 기왓장을 날렸다. 5월, 왜병이 동쪽 변두리를 침략하였다. 가을 7월, 이찬 우로가 왜병과 사도(沙道 : 경북 盈德)에서 싸우면서 바람을 따라 불을 놓아 적의 배를 태우니 적이 물에 빠져 달아나다 죽었다.

6년 봄 정월, 동으로 순무하여 백성들을 보살폈다.

7년 봄 2월, 골벌국왕(骨伐國王 : 골벌국은 지금의 永川) 아음부(阿音夫)가 많은 사람을 거느리고 와 항복하므로 집과 농토를 주어 안정시키고 그 땅을 군(郡)으로 만들었다.

8년 가을 8월, 누리가 곡식을 해쳤다.

11년 백제가 서쪽 변두리를 침범하였다.

13년 가을, 큰 풍년이 들었다. 고타군(古陁郡 : 安東)에서 가화(嘉禾)를 진상하였다.

15년 봄 정월, 이찬 우로를 서불한(舒弗邯 : 이벌찬의 별칭)으로 삼고 병마사를 겸직케 하였다.

16년 겨울 10월, 고구려가 북족 변두리를 침범하니 우로는 군사를 거느리고 나가 쳤으나 이기지 못하고 물러와 마두책(馬頭柵)을 지켰다. 그날 밤에 날씨가 몹시 춥기로 우로는 병사들을 위로하고 몸소 장작을 피워 따스하게 해주니 병사들이 매우 감격하였다.

17년 겨울 10월, 동남방에 흰 기운이 필련(匹練 : 한 필의 마전 한 비단) 같이 떠돌았다. 11월, 서울에 지진이 있었다.

18년 여름 5월, 왕이 죽었다.

첨해이사금(沾解尼師今)

첨해이사금(沾解尼師今)이 즉위하니 조분왕(助賁王)의 동복 아우이다.

원년(247) 가을 7월, 시조의 사당에 참배하였다. 아버지 골정(骨正)을 봉하여 세신갈문왕(世神葛文王)을 삼았다.

사신(史臣)은 논한다.

한(漢)나라 선제(宣帝)가 즉위하니 유사(有司 : 담당 관리)가 아뢰기를 "남의 뒤를 잇게 되면, 바로 그 아들이 되는 것이므로 소생 부모(所生父母 : 낳은 부모)를 낮추어 제사도 못 모시는 것이니 이는 조상을 높이는 뜻에서입니다. 그러므로 황제의 생부(生父)는 친(親)이라 칭하고 시호는 도(悼)라 하며 생모(生母)는 도후(悼后)라 하여 제후왕(諸候王)에 견주는 것입니다" 하였다. 이것이 경서(經書)의 뜻과 합치하여 만세의 법이 되었으니, 그러므로 후한(後漢) 광무제(光武帝)와 송영종(宋英宗)이 법을 받아 행하였다. 그런데 신라는 왕의 친족 신분으로 들어와 대통(大統)을 이어받는 임금이 모두 그 생부를 봉하여 왕이라 칭하였고, 이에 그치는 것만이 아니라 그 외구(外舅 : 장인)까지 봉한 자도 있다. 이는 예가 아니니 법이 될 수 없다.

2년 봄 정월, 이찬 장훤(長萱)을 서불한으로 삼아 국정에 참여케 하였다. 2월, 고구려에 사신을 보내어 화친을 맺었다.

3년 여름 4월, 왜인이 서불한(舒弗邯) 우로(于老)를 죽였다. 가을 7월, 남당(南堂 : 혹은 都堂이라고도 함)을 대궐 남쪽에 지었다. 양부(良夫)를 이찬으로 삼았다.

5년 봄 정월, 비로소 남당에서 정사를 의논하였다. 한지부 사람 부도(夫道)가 집이 가난하되 아첨하는 바 없고 문서와 수학에 익숙하여 이름이 당시에 드러나니, 왕이 불러 아찬을 삼고 물장고(物藏庫)의 사무를 위촉하였다.

7년 여름 4월, 용이 대궐 안 동쪽 못에 나타났다. 금성 남쪽에 있는 쓰러졌던 버들이 저절로 일어났다. 5월에서 7월까지 비가 오지 않으므로 시조의 사당 및 명산에 기도하고 제사지내니 이내 비가 왔다. 흉년이 들어 도둑이 많았다.

9년 가을 9월, 백제가 침략하니 일벌찬 익종(翊宗)이 괴곡(槐谷)의 서쪽에서 마주쳐 싸우다 전사하였다. 겨울 10월, 백제가 봉산성(烽山城)을 공격하였으나 함락시키지 못하였다

10년 봄 3월, 동해에서 큰 고기 세 마리가 잡혔는데 길이가 세 길이요 높이가 한 길 두 자였다. 겨울 10월 그믐에 일식이 있었다.

13년 가을 7월, 가물고 누리가 일었다. 흉년이 들어 도둑이 많았다.

14년 여름, 큰비가 내려 30여 곳에서 산이 무너졌다. 가을 7월, 혜성이 동방에 나타나 25일 만에 사라졌다.

15년 봄 2월, 달벌성(達伐城)을 쌓고 내마 극종(克宗)을 성주로 삼았다.

3월, 백제가 사신을 보내어 화친을 청하였으나 들어 주지 않았다. 겨울 12월 28일 왕이 갑자기 병이 나서 죽었다.

미추이사금(味鄒尼師今)

미추이사금(味鄒尼師今 : 혹은 味照라고도 함)이 즉위하니 성은 김씨이다. 어머니의 성은 박씨이니 갈문왕 이칠(伊柒)의 딸이요, 비 광명부인(光明夫人)은 석씨이니 조분왕(助賁王)의 딸이다. 그 선조 알지가 계림에서 출생하자 탈해왕이 데려다가 궁중에서 길러 뒤에 대보(大輔)를 삼았다. 알지가 세한(勢漢)을 낳고, 세한이 아도(阿道)를 낳고, 아도가 수류(首留)를 낳고, 수류가 욱보(郁甫)를 낳고, 욱보가 구도(仇道)를 낳으니 구도는 바로 미추의 아버지이다. 첨해왕(沾解王)이 아들이 없으니 나라 사람들이 미추를 세웠다. 김씨가 나라를 차지한 것이 이에서 비롯되었다.

원년(262) 봄 3월, 용이 대궐 안 동쪽 못에 나타났다. 가을 7월, 금성 서문에 불이 나서 민가(民家) 100여 호가 연소되었다.

2년 봄 정월, 이찬 양부(良夫)를 승진시켜 서불한으로 삼고 내외병마사를 겸임케 하였다. 2월, 친히 국조(國祖)의 사당에 제사하고 대사령을 내렸다. 선친 구도(仇道)를 봉하여 갈문왕(葛文王)으로 삼았다.

3년 봄 2월, 동으로 순행하여 바다에 제사[*3][望海]하였다. 3월, 황산(黃山)을 순행하여 늙은이와 가난하여 살아갈 수 없는 자를 찾아서 구제하였다.

5년 가을 8월, 백제가 봉산성을 공격하므로 성주 직선(直宣)이 장정 200명을 거느리고 나가 치니 적이 패해 달아났다. 왕은 그 보고를 듣고 직선을 승진시켜 일길찬으로 삼았다. 그리고 군사들에게 후한 상을 내렸다.

7년 봄·여름, 비가 오지 않으므로 여러 신하들을 남당(南堂)에 모이게 하고 친히 정사와 형벌의 득실(得失)을 물었다. 또 특사 다섯 명을 보내어 백성의 질고(疾苦)를 순문(巡問)하였다.

11년 봄 2월, "무릇 농사에 방해되는 일은 일체 없애라"는 영을 내렸다. 가을 7월, 서리와 우박이 내려 곡식을 해쳤다. 겨울 11월, 백제가 변방을 침범하였다.

15년 봄 2월, 신하들이 궁실(宮室)을 새로 건축할 것을 청하니 왕은 백성을 괴롭히는 일이라 하여 듣지 않았다.

17년 여름 4월, 폭풍이 불어 나무가 뽑혔다. 겨울 10월, 백제의 군사가 와서 괴곡성(槐谷城)을 포위하므로 파진찬 정원(正源)을 시켜 군사를 거느리고 막았다.

19년 여름 4월, 날이 가물어 죄수들을 감형하였다.

20년 봄 정월, 홍권(弘權)을 승진시켜 이찬으로, 양질(良質)을 일길찬으로, 광겸(光謙)을 사찬으로 삼았다. 2월, 사당에 참배하였다. 가을 9월, 양산(楊山) 서쪽에서 열병식을 크게 거행하였다.

22년 가을 9월, 백제가 변방을 침범하고, 겨울 10월에 또 괴곡성을 포위하므로 일길찬 양질을 시켜 군사를 거느리고 가 막았다.

23년 봄 2월, 나라 서쪽의 여러 성을 순무하였다. 겨울 10월, 왕이 죽으니 대릉(大陵 : 혹은 竹長陵 이라고도 함)에 장사지냈다.

유례이사금(儒禮尼師今)

유례이사금(儒禮尼師今)이 즉위하였다 (고기(古記)에는 제3왕, 제14왕의 휘(諱)가 모두 유리(儒理)로 되어 있다. 혹은 유례(儒禮)라고도 하였으니 어느 것이 옳은지 모르겠다). 유례이사금은 조분왕의 맏아들이다. 어머니 성은 박씨이니 갈문왕 내음(奈音)의 딸이다. 박씨가 일찍이 밤길을 걸을 때에 별빛이 입으로 들어오더니 이내 태기가 있었고, 낳던 날 저녁에는 이상한 향기가 방 안에 가득하였다.

2년(285) 봄 정월, 시조의 사당에 참배하였다. 2월, 이찬 홍권을 승진시켜 서불한으로 삼고 국가의 기무(機務)를 위촉하였다.

3년 봄 정월, 백제가 사신을 보내어 화친을 간청하였다. 3월, 가물었다.

4년 여름 4월, 왜병이 일례부(一禮部)를 습격하여 불지르고 민간인 1,000명을 잡아갔다.

6년 여름 5월, 왜병이 들어온다는 소식을 듣고 선박과 무기를 수선하였다.

7년 여름 5월, 큰물이 져서 월성(月城)이 무너졌다.

8년 봄 정월, 말구(末仇)를 이벌찬으로 삼았다. 말구가 진실하고 충성하고 지략이 있으니 왕은 항상 찾아가 정치의 요강(要綱)을 물었다.

9년 여름 6월, 왜병이 사도성을 쳐 함락하니 왕은 일길찬 대곡(大谷)을 시켜 군사를 거느리고 가 구원하여 안전케 하였다. 가을 7월, 가물고 누리가 일었다.

10년 봄 2월, 사도성을 개축하고 사벌주(沙伐州)의 호민(豪民) 80여 호를 이주시켰다.

11년 여름, 왜병이 쳐들어 와 장봉성(長峯城)을 공격하였으나 이기지 못하였다. 가을 7월 다사군(多沙郡)에서 가화(嘉禾 : 낟알이 많이 붙은 벼)를 진상하였다.

12년 봄, 왕이 신하들에게 이르기를, "왜병이 자주 우리 성읍을 침범하여 백성들을 괴롭히니, 내가 백제와 더불어 상의하여 일시에 함께 바다를 건너 그 나라를 공격했으면 싶은데 어떻겠소?" 하자, 서불한 홍권은 "우리가 수전(水戰)에 익숙하지 못하온데 모험하여 멀리 쳐들어갔다가 생각지 않은 위태로움이 있을까 두렵습니다. 하물며 백제는 속임수가 많을 뿐 아니라 항상 우리 나라를 삼킬 마음이 있으니 또한 꾀를 같이 하기 어려울 줄 아옵니다" 하고 아뢰니 왕은 좋은 말이라 하였다.

14년 봄 정월, 지량(智良)을 이찬으로, 장흔(長昕)을 일길찬으로, 순선(順宣)을 사찬으로 삼았다. 이서고국(伊西古國 : 지금의 淸道)이 와서 금성을 공격하므로 대병(大兵)을 일으켜 방어하였으나 쉽게 물리치지 못하고 있던 차 갑자기 딴 군사가 몰려왔다. 그 수효는 이루 헤아릴 수가 없었으며 사람마다 머리에 댓잎을 꽂았다. 그 군사가 우리 군사와 더불어 함께 적을 쳐부수고서 어디로 갔는지 알 길이 없으며, 누가 단지 댓잎 수만 개가 죽장릉(竹長陵 : 미추왕릉)에 쌓인 것을 보았다는 것이다. 이로 인하여 나라 사람들은 "선왕께서 신병(神兵)을 보내어 싸움을 도운 것이라"고 일렀다.

15년 봄 2월, 서울에 심한 안개가 끼어 사람을 구별 못하다가 5일 만에 걷혔다. 겨울 12월, 왕이 죽었다.

기림이사금(基臨尼師今)

기림이사금(基臨尼師今 : 또는 基立이라고도 함)이 즉위하니 조분이사금(助賁尼師今)의 손자이다. 아버지는 이찬 걸숙(乞淑 : 걸숙은 조분왕의 손자라고도 함)이다. 천성이 관후하여 사람들이 다 칭송하였다. 유리왕이 죽으니 왕위를 계승하였다.

2년(299) 봄 정월, 장흔(長昕)을 승진시켜 이찬으로 삼고 내외병마사를 겸임케 하였다. 2월, 시조의 사당에 제사하였다.

3년 봄 정월, 왜국과 더불어 사절을 교환하였다. 2월, 비열홀(比列忽)을 순행하여 친히 나이 많은 자와 가난하고 곤궁한 자들을 묻고 등급을 가려 곡식을 주었다. 3월, 우두주에 이르러 태백산에 망제를 올렸다. 낙랑·대방(帶方) 두 나라가 와 항복하였다.

5년 봄·여름 가물었다.

7년 가을 8월, 지진 끝에 샘이 솟았다. 9월, 서울에 지진이 있어 민가가 무너지고 죽은 자도 있었다.

10년 국호를 신라(新羅)로 복구하였다.

13년 여름 5월, 왕이 병이 들어 낫지 않으므로 내외의 죄인을 석방하였다. 6월, 왕이 죽었다.

흘해이사금(訖解尼師今)

흘해이사금(訖解尼師今)이 즉위하니 내해왕의 손자이다. 아버지는 각간(角干) 우로(于老)요 어머니는 명원부인(命元夫人)이니 조분왕의 딸이다. 우로가 임금을 섬기면서 공을 세워 여러 번 서불한이 되었다. 그는 흘해의 용모가 준수하고 심담(心膽)이 명민(明敏)하여 하는 일이 보통 사람과 다름을 보고 제후에게 이르기를 "우리 가문을 일으킬 자는 반드시 이 아이일 것이다" 하였다. 이때 기림왕이 죽고 아들조차 없으므로 여러 신하들이 상의하기를, 흘해는 어리지만 노성(老成)의 덕을 지녔다 하고 그를 받들어 세웠다.

2년(311) 봄 정월, 급리(急利)를 아찬으로 삼아 정무를 위촉하고 내외병마사를 겸관케 하였다. 2월, 친히 시조의 사당에 제사하였다.

3년 봄 3월, 왜국 왕이 사신을 보내어 아들을 두고 구혼하므로 아찬 급리의 딸을 보내주었다.

4년 가을 7월, 가물고 황충이 일어 백성이 주리므로 특사를 보내어 곡식을 나누어 주었다.

5년 봄 정월, 아찬 급리를 승진시켜 이찬으로 삼았다. 2월, 대궐을 중수하다가 비가 오지 않으므로 중지하였다.

8년 봄·여름 가뭄이 드니 왕은 몸소 죄수를 조사하여 다수 용서하였다.

9년 봄 2월, 영을 내리기를 "지난해는 가뭄으로 연사(年事)가 순조롭지 못하였거니와 지금 땅기운이 풀려 농사가 바야흐로 시작되는 때이니 무릇 백성을 괴롭히는 일은 다 정지하라"고 하였다.

21년 비로소 벽골지(碧骨池)를 만들었는데 둑의 길이가 1,800 보였다.

28년 2월, 사신을 보내어 백제를 예방하였다. 3월, 우박이 내렸다. 여름 4월, 서리가 내렸다.

35년 봄 2월, 왜국에서 사신을 보내어 청혼하였으나 여자가 이미 출가했다는 이유로 거절하였다. 여름 4월, 폭풍이 불어 대궐 남쪽의 큰 나무가 뽑혔다.

36년 봄 정월, 강세(康世)를 승진시켜 이벌찬으로 삼았다. 2월, 왜왕이 절교한다는 글월을 보내왔다.

37년 왜병이 갑자기 풍도(風島)에 들어와 변방의 민가를 약탈하고 또 내쳐 금성을 포위 공격하였다. 왕이 군사를 내어 싸우려고 하는데 이벌찬 강세가 아뢰기를 "멀리서 오는 적이라 그 서슬을 당해낼 수 없사오니 싸움을 늦추어 그 군사가 힘이 빠질 때까지 기다려야 할 것 같습니다" 하니 왕은 옳게 여겨 문을 닫고 나가지 아니하였다. 적이 양식이 떨어져 퇴각하려 하자 강세를 시켜 날랜 군사를 거느리고 추격하여 쫓아 버렸다.

39년, 대궐 안의 우물물이 갑자기 넘쳐흘렀다.

41년 봄 3월, 왜가리가 월성 모퉁이에 깃들었다. 여름 4월, 큰비가 열흘 동안 계속 내려 평지에 물이 3, 4자를 넘어 관가와 민가가 떠내려가고, 산이 13개소나 무너졌다.

47년 여름 4월, 왕이 죽었다.

㈜

*1. 주성왕(周成王) 때에 강숙(康叔)이 이무동류(異畝同類)의 화(禾)를 올리니 주공이

천자의 명으로써 가화(嘉禾)에 대한 서(書)를 지었으므로 역대(歷代)에 상서(祥瑞)로 삼았음.
* 2. 별 이름인데 혜성과 모양이 같으나 뒤가 굽으며 기(旗)를 닮았다. 이 별이 나타나는 지방에는 병화(兵禍)가 있다 하였음.《진서(晉書)》각항(角亢)은 각수(角宿)나 항수(亢宿)를 말함.
* 3. 망(望)은 제사의 일종임.《서경》.

三國史記 卷 第二

新羅本紀 第二 阿達羅尼師今 伐休尼師今 奈解尼師今 助賁尼師今 沾解尼師今 味鄒尼師今 儒禮尼師今 基臨尼師今 訖解尼師今

阿達羅尼師今立 逸聖長子也 身長七尺 豊準 有奇相 母朴氏 支所禮王之女 妃朴氏 內禮夫人 祇摩王之女也.

元年 三月 以繼元爲伊飡 委軍國政事.

二年 春正月 親祀始祖廟(舊本無始字) 大赦 以興宣爲一吉飡.

三年 夏四月 隕霜 開鷄立領路.

四年 春二月 始置甘勿一馬山二縣 三月 巡幸長嶺鎭 勞戍卒 各賜征袍.

五年 春三月 開竹嶺 倭人來聘.

七年 夏四月 暴雨 閼川水溢 漂流人家 金城北門自毀.

八年 秋七月 蝗害穀 海魚多出死.

九年 巡幸沙道城 勞戍卒.

十一年 春二月 龍見京都.

十二年 冬十月 阿飡吉宣謀叛 發覺懼誅 亡入百濟 王移書求之 百濟不許 王怒出師伐之 百濟嬰城守不出 我軍糧盡 乃歸.

十三年 春正月辛亥朔 日有食之.

十四年 秋七月 百濟襲破國西二城 虜獲民口一千而去 八月 命一吉飡興宣 領兵二萬伐之 王又率騎八千 自漢水臨之 百濟大懼 還其所掠男女 乞和.

十五年 夏四月 伊飡繼元卒 以興宣爲伊飡.

十七年 春二月 重修始祖廟 秋七月 京師地震 霜雹害穀 冬十月 百濟寇邊.
十八年 春 穀貴 民飢.
十九年 春正月 以仇道爲波珍湌 仇須兮爲一吉湌 二月 有事始祖廟 京都大疫.
二十年 夏五月 倭女王卑彌乎 遣使來聘.
二十一年 春正月 雨土(舊本作王 蓋吳也) 二月 旱 井泉渴.
三十一年 春三月 王薨.

伐休(一作發暉)尼師今立 姓昔 脫解王子仇鄒角干之子也 母姓金氏 兄珍內禮夫人 阿達羅薨 無子 國人立之 王占風雲 預知水旱及年之豊儉 又知人邪正 人謂之聖.
二年 春正月 親祀始祖廟 大赦 二月 拜波珍湌仇道――吉湌仇須兮 爲左右軍主 伐召文國 軍主之名 始於此(軍主以下七字 亦見智證麻立干六年條).
三年 春正月 巡幸州郡 觀察風俗 夏五月壬申晦 日有食之 秋七月 南新縣進嘉禾.
四年 春三月 下令州郡 無作土木之事 以奪農時 冬十月 北地大雪 深一丈.
五年 春二月 百濟來攻母山城 命波珍湌仇道 出兵拒之.
六年 秋七月 仇道與百濟 戰於狗壤 勝之 殺獲五百餘級.
七年 秋八月 百濟襲西境圓山鄕 又進圍缶谷城 仇道率勁騎五百擊之 百濟兵佯走 仇道追及蛙山 爲百濟所敗 王以仇道失策 貶爲缶谷城主 以薛支爲左軍主.
八年 秋九月 蚩尤旗見于角亢.
九年 春正月 拜國良爲阿湌 述明爲一吉湌 四月 京都雪 深三尺 夏五月 大水 山崩十餘所.
十年 春正月甲寅朔 日有食之 三月 漢祇部女一産四男一女 六月 倭人大饑 來求食者千餘人.
十一年 夏六月乙巳晦 日有食之.
十三年 春二月 重修宮室 三月 旱 夏四月 震宮南大樹 又震金城東門 王薨.

奈解尼師今立 伐休王之孫也 母內禮夫人 妃昔氏 助賁王之妹 容儀雄偉 有俊才 前王太子骨正及第二子伊買 先死 大孫尙幼少 及立伊買之子 是爲奈解尼師今 是年 自正月至四月 不雨 及王卽位之日 大雨 百姓歡慶.

二年 春正月 謁始祖廟.

三年 夏四月 始祖廟前 臥柳自起 五月 國西大水 免遭水州縣一年租調 秋七月 遣使撫問.

四年 秋七月 百濟侵境.

五年 秋七月 太白晝見 隕霜殺草 九月庚午朔 日有食之 大閱於閼川.

六年 春二月 加耶國請和 三月丁卯朔 日有食之 大旱 錄內外繫囚 原輕罪.

八年 冬十月 靺鞨犯境 桃李華 人大疫.

十年 春二月 拜眞忠爲一伐湌 以參國政 秋七月 霜雹殺穀 太白犯月 八月 狐鳴金城及始祖廟庭.

十二年 春正月 拜王子利音(或云奈音) 爲伊伐湌 兼知內外兵馬事.

十三年 春二月 西巡郡邑 浹旬而返 夏四月 倭人犯境 遣伊伐湌利音 將兵拒之.

十四年 秋七月 浦上八國 謀侵加羅(加羅 勿稽子傳皆作阿羅) 加羅王子來請救 王命太子于老 與伊伐湌利音 將六部兵 往救之 擊殺八國將軍 奪所虜六千人還之.

十五年 春夏 旱 發使錄郡邑獄囚 除二死餘悉原之.

十六年 春正月 拜萱堅爲伊湌 允宗爲一吉湌.

十七年 春三月 加耶送王子爲質 夏五月 大雨 漂毀民屋.

十九年 春三月 大風折木 秋七月 百濟來攻國西腰車城 殺城主薛夫 王命伊伐湌利音 率精兵六千伐百濟 破沙峴城 冬十二月 雷.

二十三年 秋七月 武庫兵物自出 百濟人來圍獐山城(圍 舊本作國 誤也) 王親率兵 出擊走之.

二十五年 春三月 伊伐湌利音卒 以忠萱爲伊伐湌 兼知兵馬事 秋七月 大閱楊山西.

二十七年 夏四月 雹傷菽麥(菽 舊本作湌) 南新縣人死 歷月復活 冬十月 百濟兵入牛頭州 伊伐湌忠萱將兵拒之 至熊谷 爲賊所敗 單騎而返 貶爲鎭主 以連珍爲伊伐湌 兼知兵馬事.

二十九年 秋七月 伊伐湌連珍與百濟 戰烽山下破之 殺獲一千餘級 八月 築烽山城.

三十一年 春 不雨 至秋七月 乃雨 民飢 發倉廩賑給 冬十月 錄內外獄囚原輕罪.

三十二年 春二月 巡狩西南郡邑 三月 還 拜波珍湌康萱爲伊湌.
三十四年 夏四月 蛇鳴南庫三日 秋九月 地震 冬十月 大雪 深五尺.
三十五年 春三月 王薨.

助賁尼師今(一云諸貴)立 姓昔氏 伐休尼師今之孫也 父骨正(一作忽爭)葛文王 母金氏 玉帽夫人 仇道葛文王之女 妃阿爾兮夫人 奈解王之女也 前王將死遺言 以壻助賁繼位 王身長美儀采 臨事明斷 國人畏敬之.
元年 拜連忠爲伊湌 委軍國事 秋七月 謁始祖廟.
二年 秋七月 以伊湌于老爲大將軍 討破甘文國 以其地爲郡.
三年 夏四月 倭人猝至圍金城 王親出戰 賊潰走 遣輕騎追擊之 殺獲一千餘級.
四年 夏四月 大風飛屋瓦 五月 倭兵寇東邊 秋七月 伊湌于老與倭人 戰沙道 乘風縱火焚舟 賊赴水死盡.
六年 春正月 東巡撫恤.
七年 春二月 骨伐國王阿音夫 率衆來降 賜第宅一田莊安之 以其地爲郡.
八年 秋八月 蝗害穀.
十一年 百濟侵西邊.
十三年 秋 大有年 古陀郡進嘉禾.
十五年 春正月 拜伊湌于老爲舒弗邯 兼知兵馬事
十六年 冬十月 高句麗侵北邊 于老將兵出擊之 不克 退保馬頭柵 其夜苦寒 于老勞士卒 躬燒柴煖之 羣心感激.
十七年 冬十月 東南有白氣如匹練 十一月 京都地震.
十八年 夏五月 王薨.

沾解尼師今立 助賁王之同母弟也.
元年 秋七月 謁始祖廟 封父骨正爲世神葛文王.
論曰 漢宣帝卽位 有司奏 爲人後者 爲之子也 故降其父母 不得祭 尊祖之義也 是以 帝所生父稱親 諡曰悼 母曰悼后 比諸侯王 此合經義 爲萬世法 故後漢光武帝 宋英宗法而行之 新羅自王親 入繼大統之君 無不封崇其父稱王 非特如此而己 封其外舅者亦有之 此非禮 固不可以爲法也.
二年 春正月 以伊湌長萱爲舒弗邯 以參國政 二月 遣使高句麗結和.

三年 夏四月 倭人殺舒弗邯于老 秋七月 作南堂於宮南(南堂或云都堂) 以良夫爲伊湌.

五年 春正月 始聽政於南堂 漢祇部人夫道者 家貧無詔 工書算著名於時 王徵之爲阿湌 委以物藏庫事務.

七年 夏四月 龍見宮東池 金城南臥柳自起 自五月至七月 不雨 禱祀祖廟及名山 乃雨 年饑 多盜賊.

九年 秋九月 百濟來侵 一伐湌翊宗逆戰於槐谷西 爲賊所殺 冬十月 百濟攻烽山城 不下.

十年 春三月 國東海出大漁三 長三丈 高丈有二尺 冬十月晦 日有食之.

十三年 秋七月 旱蝗 年荒 多盜.

十四年 夏 大雨 山崩四十餘所 秋七月 星孛于東方 二十五日而滅.

十五年 春二月 築達伐城 以奈麻克宗爲城主 三月 百濟遣使請和 不許 冬十二月二十八日 王暴疾薨.

味鄒尼師今立一云味照 姓金 母朴氏 葛文王伊柒之女 妃昔氏 光明夫人 助賁王之女 其先閼智 出於雞林 脫解王得之 養於宮中 後拜爲大輔 閼智生勢漢 勢漢生阿道 阿道生首留 首留生郁甫 郁甫生仇道 仇道則味鄒之考也 沾解無子 國人立味鄒 此金氏有國之始也.

元年 春三月 龍見宮東池 秋七月 金城西門災 延燒人家百餘區(百 舊本作三百).

二年 春正月 拜伊湌良夫爲舒弗邯 兼知內外兵馬事 二月 親祀國祖廟 大赦 封考仇道爲葛文王.

三年 春二月 東巡幸望海 三月 幸黃山 問高年及貧不能自存者 賑恤之.

五年 秋八月 百濟來攻烽山城 城主直宣率壯士二百人 出擊之 賊敗走 王聞之 拜直宣爲一吉湌 厚賞士卒.

七年 春夏 不雨 會羣臣於南堂 親問政刑得失 又遣使五人 巡問百姓苦患.

十一年 春二月 下令 凡有害農事者 一切除之 秋七月 霜雹害穀 冬十一月 百濟侵邊.

十五年 春二月 臣寮請改作宮室 上重勞人不從.

十七年 夏四月 暴風拔木 冬十月 百濟兵來圍槐谷城 命波珍湌正源 領兵拒之.

十九年 夏四月 旱 錄囚.

二十年 春正月 拜弘權爲伊湌 良質爲一吉湌 光謙爲沙湌 二月 謁廟 秋九月 大閱楊山西.

二十二年 秋九月 百濟侵邊 冬十月 圍槐谷城 命一吉湌良質 領兵禦之.

二十三年 春二月 巡撫國西諸城 冬十月 王薨 葬大陵(一云竹長陵).

儒禮尼師今立(古記 第三─第十四二王同諱 儒理或云儒禮 未知孰是) 助賁王長子 母朴氏 葛文王奈音之女 嘗夜行 星光入口 因有娠 載誕之夕 異香滿室.

二年 春正月 謁始祖廟 二月 拜伊湌弘權爲舒弗邯 委以機務.

三年 春正月 百濟遣使 請和 三月 旱.

四年 夏四月 倭人襲一禮部 (部 疑是郡之誤) 縱火燒之 虜人一千而去.

六年 夏五月 聞倭兵至 理舟楫 繕甲兵.

七年 夏五月 大水 月城頹毀.

八年 春正月 拜末仇爲伊伐湌 末仇忠貞有智略 王常訪問政要.

九年 夏六月 倭兵攻陷沙道城 命一吉湌大谷 領兵救完之 秋七月 旱蝗.

十年 春二月 改築沙道城 移沙伐州豪民八十餘家.

十一年 夏 倭兵來攻長峯城 不克 秋七月 多沙郡進嘉禾.

十二年 春 王謂臣下曰 倭人屢犯我城邑 百姓不得安居 吾欲與百濟謀 一時浮海 入擊其國 如何 舒弗邯弘權 對曰 吾人不習水戰 冒險遠征 恐有不測之危 況百濟多詐 常有呑噬我國之心 亦恐難與同謀 王曰 善.

十四年 春正月 以智良爲伊湌 長昕爲一吉湌 順宣爲沙湌 伊西古國來攻金城 我大舉兵防禦 不能壞 忽有異兵來 其數不可勝紀 人皆珥竹葉 與我軍同擊賊 破之 後不知其所歸 人或見竹葉數萬積於竹長陵 由是國人謂 先王以陰兵助戰也.

十五年 春二月 京都大霧 不辯人 五日而霽 冬十二月 王薨.

基臨(一云基立)尼師今立 助賁尼師今之孫也 父乞淑伊湌(一云乞淑助賁之孫也) (用 恐伊之誤) 性寬厚 人皆稱之.

二年 春正月 拜長昕爲伊湌 兼知內外兵馬事 二月 祀始祖廟.

三年 春正月 與倭國交聘 二月 巡幸比列忽 親問高年及貧窮者 賜穀有差 三月 至牛頭州 望祭太白山 樂浪─帶方兩國歸服.

五年 春夏 旱.

七年 秋八月 地震 泉湧 九月 京都地震 壞民屋有死者.

十年 復國號新羅.

十三年 夏五月 王寢疾彌留 赦內外獄囚 六月 王薨.

　訖解尼師今立 奈解王孫也 父于老角干 母命元夫人 助賁王女也 于老事君有功 累爲舒弗邯 見訖解狀貌俊異 心膽明敏 爲事異於常流 乃謂諸侯曰 興吾家者必此兒也 至是 基臨薨 無子 羣臣議曰 訖解幼有老成之德 乃奉立之.

二年 春正月 以急利爲阿湌委以政要 兼知內外兵馬事 二月 親祀始祖廟.

三年 春三月 倭國王遣使 爲子求婚 以阿湌急利女送之.

四年 秋七月 旱蝗 民飢 發使救恤之.

五年 春正月 拜阿湌急利爲伊湌 二月 重修宮闕 不雨乃止.

八年 春夏 旱 王親錄囚 多原之.

九年 春二月 下令 向以旱災 年不順成 今則土膏脈起 農事方始 凡所勞民之事 皆停之.

二十一年 始開碧骨池 岸長一千八百步.

二十八年 春二月 遣使聘百濟 三月 雨雹 夏四月 隕霜.

三十五年 春二月 倭國遣使請婚 辭以女旣出嫁 夏四月 暴風拔宮南大樹.

三十六年 春正月 拜康世爲伊伐湌 二月 倭王移書絕交.

三十七年 倭兵猝至風島 抄掠邊戶 又進圍金城 急攻 王欲出兵相戰 伊伐湌康世曰 賊遠至 其鋒不可當 不若緩之待其師老 王然之 閉門不出 賊食盡 將退 命康世 率勁騎 追擊走之.

三十九年 宮井水暴溢.

四十一年 春三月 鸛巢月城隅 夏四月 大雨浹旬 平地水三四尺 漂沒官私屋舍 山崩十三所(十三 新本作三十).

四十七年 夏四月 王薨.

삼국사기 권 제3

신라본기(新羅本紀) 제3

내물이사금(奈勿尼師今), 실성이사금(實聖尼師今), 눌지마립간(訥祇麻立干), 자비마립간(慈悲麻立干), 소지마립간(炤知麻立干)

내물이사금(奈勿尼師今)

내물이사금(奈勿尼師今 : 혹은 나밀(那密)이라고도 함)이 즉위하니 성은 김씨요 갈문왕(葛文王) 구도(仇道)의 손자이다. 아버지는 각간 말구(末仇)요, 어머니는 김씨 휴례부인(休禮夫人)이요, 비는 김씨, 미추왕의 딸이다. 흘해왕이 죽고 아들이 없어, 내물이 계승하였다(말구는 미추이사금과 형제간임).

사신(史臣)은 논한다.

아내를 택하되 자기와 같은 성을 택하지 않는 것은 분별을 도탑게 하자는 뜻에서이다. 그러므로 노공(魯公)이 오(吳)나라 왕실에 장가든 것과 진후(晉侯 : 平公)가 사희(四姬)를 둔 것에 대하여 진(陳)의 사패(司敗)와 정(鄭)의 자산(子産)은 몹시 나무랐다. 신라의 경우는 같은 성씨를 취할 뿐 아니라 친사촌이나 고종사촌·이종사촌도 맞아들여 아내로 삼았으니, 비록 외국의 풍속이 각각 다르다 할지라도 중국의 예법으로 따지면 크게 어긋난 일이다. 저 흉노의 풍속에 어미도 간음하고, 자식도 간음하는 행동은 또 이보다 더 심한 것이다.

2년(357) 봄, 왕이 특사를 보내어 홀아비, 홀어미, 고아를 위문하고 각각 곡식 세 가마씩 나눠 주었으며, 부모에게 효도하고 형제간에 우애하여 특이한 행적을 나타낸 자에겐 일급 직(職)을 내렸다.

3년 봄 2월, 친히 시조의 사당에 제사하였다. 그때 붉은 구름이 사당 위에 서리고 신기한 새가 사당 뜰에 모였다.

7년 여름 4월, 시조의 사당 뜰 나무들이 서로 가지를 어울려 이었다.

9년 여름 4월, 왜병 대부대가 쳐들어온다는 소문을 듣고 왕은 대항하지 못할까 염려한 나머지 허수아비 수천 개를 만들어 옷을 입히고 무기를 들려 토함산(吐含山) 아래 열지어 세우고 용사 1,000명을 부현(斧峴) 동쪽 벌판에 잠복시켰다. 왜인들은 자기들의 많은 병력만 믿고 곧장 진격하여 왔다. 이때 복병이 불시에 일어나 돌격하니 왜인이 대패하여 달아나므로 추격하여 몰살시켰다.

11년 봄 3월, 백제인이 내방하였다. 여름 4월, 큰물이 져서 산 13개소가 무너졌다.

13년 봄, 백제가 사신을 보내어 좋은 말 두 필을 진상하였다.

17년 봄·여름, 크게 가물어 흉년이 드니 백성이 굶주려 도망가는 자가 많으므로 사자(使者)를 보내어 창고의 곡식을 풀어 나누어 주었다.

18년, 백제 독산성주(禿山城主)가 주민 300명을 인솔하고 와서 항복하므로 왕은 이를 받아들여 육부에 나누어 살게 하였다. 백제 왕은 글월을 보내어 "두 나라가 친목하여 형제가 되기로 언약하였는데 이제 대왕이 도망간 우리 백성들을 받아들이니 친목의 뜻과는 전혀 배치되는 것이라 대왕이 바라던 바가 아니오. 돌려보내시오" 하였다. 회답에 "백성이란 것은 상심(常心)이 없소. 그러므로 생각해 주면 오고 귀찮게 여기면 가는 것이 그들의 굳은 소신이오. 대왕은 자기 백성의 불안을 걱정하지 않고서 과인만 어찌 그리 심히 책망하오?" 하였다. 백제 왕은 그 말을 듣고 다시 말을 하지 않았다. 여름 5월, 서울에는 고기가 비와 함께 떨어졌다.

21년 가을 7월, 부사군(夫沙郡)에서 뿔이 하나인 사슴을 진상하였다. 크게 풍년이 들었다.

24년 여름 4월, 양산에서 뱁새가 황새를 낳았다.

26년, 봄·여름에 가물어 흉년이 드니 백성이 굶주렸다. 위두(衛頭)를 보내 부진(符秦 : 前秦)에 가서 토산물을 바쳤다. 부견(苻堅 : 秦王)이 위두에게 묻기를 "그대 말에 의하면 해동(海東)의 사정도 예와 같지 않으니 어찌된 까닭인가?" 하였다. 위두는 "역시 중국과 같이 시대가 변하면 명칭도 바뀌기 마련이오. 어찌 예와 같겠소" 대답하였다.

33년 여름 4월, 서울에 지진이 있었다. 6월, 또 지진이 있었다. 겨울에 얼음이 얼지 않았다.

34년 봄 정월, 서울에 유행병이 크게 돌았다. 2월, 흙비가 왔다. 가을 7월, 누리로 인하여 곡식이 알차지 못하였다.

37년 봄 정월, 고구려에서 사신이 오니 왕은 고구려가 강성한 까닭에 이찬 대서지(大西知)의 아들인 실성(實聖)을 보내어 볼모로 삼았다.

38년 여름 5월, 왜인이 들어와 금성을 포위하여 닷새를 경과하였다. 장병들이 다 나아가 싸우기를 청하자 왕은 "이제 적이 배를 떠나 육지로 깊이 들어와서 사지에 처해 있으니 그 서슬을 당하지 못한다" 하고 성문을 굳게 닫았다. 적이 소득이 없어 물러가므로 왕은 먼저 날랜 기병 200명을 보내어 적이 돌아가는 길을 막고, 또 보병 1,000명을 보내어 독산(獨山)으로 쫓아가 협공하여 크게 무너뜨리니 죽이고 사로잡기를 매우 많이 하였다.

40년 가을 8월, 말갈이 북변(北邊)을 침범하므로 군사를 보내어 실직(悉直:삼척)의 들에서 싸워 크게 무너뜨렸다.

42년 가을 7일, 북쪽 변방 하슬라(何瑟羅:강릉)가 가뭄과 누리로 인하여 흉년이 드니 백성이 굶주리므로 죄수들을 석방하고 1년의 조세를 면제하였다.

44년 가을 7월, 황충이 온 들을 덮을 듯이 많았다.

45년 가을 8월, 혜성이 동방에 나타났다. 겨울 10월, 왕의 애마가 무릎을 꿇고 눈물을 흘리며 슬피 울었다.

46년 봄·여름 가물었다. 가을 7월, 고구려에 볼모로 잡혔던 실성이 돌아왔다.

47년 봄 2월, 왕이 죽었다.

실성이사금(實聖尼師今)

실성이사금(實聖尼師今)이 즉위하니 알지(閼智)의 후손이요, 이찬 대서지(大西知)의 아들이다. 어머니는 이리부인(伊利夫人 : 伊는 金로도 썼음)이니 아간(阿干)

석등보(昔登保)의 딸이요, 비는 미추왕(味鄒王)의 딸이다. 실성은 신장이 7자 5치요, 성품이 명철하고 원대한 견식이 있었다. 내물왕이 죽고 그 아들이 아직 어리므로 나라 사람들이 실성을 세워 왕위를 계승케 하였다.

원년(402) 3월, 왜국과 우호를 맺고 내물왕의 아들 미사흔(未斯欣)을 볼모로 보냈다.

2년 봄 정월, 미사품(未斯品)을 서불한으로 삼고 군국(軍國)의 일을 맡겼다. 가을 7월, 백제가 변방을 침범하였다.

3년 봄 2월, 친히 시조의 사당에 참배하였다.

4년 여름 4월, 왜병이 쳐들어와 명활성(明活城 : 경주 명활산성)을 공격하다가 이기지 못하고 물러가니, 왕은 기병을 거느리고 독산의 남쪽에서 이를 요격하여 두 번 싸워 무너뜨리고 300여 명을 죽였다.

5년 가을 7월, 서울 서쪽에서 누리가 곡물을 해쳤다. 겨울 10월, 서울에 지진이 있었다. 11월, 얼음이 얼지 않았다.

6년 봄 3월, 왜인이 동쪽 변방을 침범하였다. 여름 6월, 또 남쪽 변방을 침범하여 100명을 잡아갔다.

7년 봄 2월, 왕은 왜국인이 대마도(對馬島)에다 진영을 설치하고 무기와 군량을 저장하여 우리를 습격할 모의를 한다는 말을 듣고 그들이 발동하기 전에 정병을 뽑아 보내어 그 무기창을 쳐부수려고 하였다. 이때 서불한 미사품이 아뢰기를 "신이 듣기를, 무기는 흉기요 전쟁은 위태한 일이라 합니다. 하물며 바다를 건너가서 남을 치다가 만약 한 번 잘못되면 후회 막급 아니옵니까? 신의 생각으로는, 험한 곳에 관문을 설치하고 그들이 들어오면 방어하여 침략을 못하게 하고, 우리쪽에 이롭게 될 때 나아가 사로잡을 수 있도록 하는 것만 같지 못합니다. 이는 이른바 남을 끌지언정 남에게 끌리지 않는 것으로서 꾀로서는 상책입니다" 하였다. 왕은 그에 따랐다.

11년 내물왕의 아들 복호(卜好)를 고구려에 볼모로 보냈다.

12년 가을 8월, 구름이 낭산(狼山)에 일어 마치 누각(樓閣)과도 같이 보이며 향기가 풍겨 오래도록 사라지지 않으니, 왕은 말하기를 "여기는 반드시 신선이 내려와 노니는 모양이니 응당 복지(福地)일 것이다. 이 뒤로는 수목을 베어내지 못하도록 하라고 하였다. 평양주(平壤州 : 不明)에 대교(大橋)

를 새로 놓았다.

14년 가을 7월, 혈성원(穴城原)에서 열병식을 크게 거행하고, 또 금성 남문(南門)에 거둥하여 활쏘는 것을 구경하였다. 8월, 왜인과 풍도(風島)에서 싸워 이겼다.

15년 봄 3월, 동해(東海) 가에서 큰 물고기를 잡았는데 뿔이 돋치고 하도 커서 수레에 가득 찼다. 여름 5월, 토함산 한구석이 무너지면서 샘물이 터져 나왔는데 세 길이나 높이 솟았다.

16년 여름 5월, 왕이 죽었다.

눌지마립간(訥祇麻立干)

눌지마립간(訥祇麻立干)이 즉위하였다〔김대문(金大問)의 말에 의하면 마립이란 방언에 궐(橛 : 말뚝)이요 그 궐은 함조(諴操 : 말뚝표)라고 하는데 위(位)에 준하여 설치한다. 즉 왕의 궐은 주(主)가 되고 신의 궐은 아래에 진열한다. 그를 본떠 이름이 된 것이라고 하였음〕. 눌지마립간은 내물왕의 아들이다. 어머니는 보반부인(保反夫人 : 내례길포(內禮吉怖)라고도 함)이니 미추왕의 딸이요, 비는 실성왕의 딸이다. 내물왕 37년에 실성을 고구려에 볼모로 보냈는데 실성이 돌아와 왕이 되자 내물왕이 자기를 볼모로 보낸 것을 원망하였다. 그 아들에게 앙갚음을 하려고 사람을 시켜 고구려에 있을 때 알았던 사람을 초청하여 비밀히 알리기를 "눌지(訥祇)를 보거든 죽여 달라" 하였다. 드디어 눌지로 하여금 중로에 나가 마중하도록 하였다. 고구려 사람은 눌지의 외양과 풍신이 명랑하고 단아하여 군자의 풍도가 있음을 보고 드디어 말하기를 "귀국 왕이 나더러 그대를 죽이라고 하였으나 지금 그대를 보니 차마 죽이지 못하겠다" 하고 이내 돌아갔다. 눌지는 이를 원망하여 도리어 왕을 죽이고 스스로 왕이 되었다.

2년(418) 봄 정월, 친히 시조의 사당에 참배하였다. 왕의 아우 복호(卜好)가 고구려에서 내마(奈麻) 박제상(朴堤上)과 함께 돌아왔다. 가을, 왕의 아우 미사흔(未斯欣)이 왜국에서 도망해 왔다.

3년 여름 4월, 우곡(牛谷)에서 물이 솟았다.

4년 봄·여름 크게 가물었다. 가을 7월, 서리가 내려 농작물을 죽이니 백성이 굶주리다 못해 자손을 파는 자까지 있었다. 죄수를 조사하여 죄를 용서해 주었다(慮囚)*1.

7년 여름 4월, 남당(南堂)에서 늙은이들을 초청하였는데 왕은 친히 음식을 나눠주고 등급을 정하여 곡식과 비단을 주었다.

8년 봄 2월, 사신을 고구려에 보내어 수호(修好) 관계를 맺었다.

13년 시제(矢堤)를 신축(新築)하였는데 둑의 길이는 2,170보였다.

15년 여름 4월, 왜병이 와서 동쪽 변방을 침범하여 명활성을 에워쌌으나 소득없이 물러갔다. 가을 7월, 서리와 우박이 내려 곡물을 해쳤다. 16년 봄, 식량이 귀하여 사람들이 소나무 껍질을 벗겨 먹었다.

17년 여름 5월, 미사흔이 죽으니 서불한을 증직(贈職)하였다. 가을 7월, 백제가 사신을 보내와 화친을 청해 이에 따랐다.

18년 봄 2월, 백제 왕이 좋은 말 두 필을 보내오고, 가을 9월, 또 흰 매를 보내왔으므로 왕은 겨울 10월, 황금과 명주(明珠)로써 보답하였다.

19년 봄 정월, 태풍이 불어 나무가 뽑혔다. 2월, 역대의 원·능(園陵)을 수리하였다. 여름 4월, 친히 시조의 사당에 제사하였다.

20년 여름 4월, 우박이 내렸다. 죄수의 정상을 조사하였다.

22년 여름 4월, 우두군(牛頭郡 : 훈)에서는 산에서 물이 갑자기 밀려와 민가 50여 호가 떠내려갔다. 서울에서는 태풍이 불고 우박이 내렸다. 백성에게 우차(牛車)를 만드는 법을 가르쳤다.

24년 왜인이 남쪽 변두리를 침범하여 사람을 잡아가고, 여름 6월 또 동쪽 변두리를 침범하였다.

25년 봄 2월, 사물현(史勿縣 : 훈)에서 꼬리가 긴 흰 꿩을 진상하니 왕은 아름답게 여겨 현리(縣吏)에게 곡물을 하사하였다.

28년 여름 4월, 왜병이 금성을 포위한 지 10일 만에 군량이 떨어져 물러가니 왕이 군사를 내어 추적하려 하자 좌우 신하들이 아뢰기를 "병가(兵家)의 말에 궁한 도둑은 추격하지 말라 하였으니 그냥 두는 것이 좋겠습니다" 하였다. 왕은 듣지 않고 기병 수천 명을 거느리고 독산의 동으로 쫓아가 부딪쳐 싸우다가 적에게 패하여 장병의 희생자가 반을 넘었다. 왕은 당황하여 말을 버리고 산으로 오르자 적이 여러 겹을 에워쌌는데 갑자기 안개가 끼어

지척을 구별 못하게 되므로 적은 신이 돕는다 여겨 군사를 거두어 물러갔다.

34년 가을 7월, 고구려의 변장(邊將)이 실직(悉直:삼척)의 들에서 사냥을 하는데 하슬라 성주 삼직(三直)이 군사를 내어 그를 엄습하여 죽였다. 고구려 왕은 이를 듣고 노하여 사신을 보내어 문책하기를 "나는 대왕과 더불어 우호를 맺어 지극히 기뻐하고 있는데, 이제 군사를 내어 나의 변장을 죽이니 이 무슨 의리요?" 하였다. 그리고 군사를 일으켜 우리 서방 변경을 침범하니 왕은 겸손한 말로써 사과하니 그냥 물러갔다.

36년 가을 7월, 대산군(大山郡)에서 좋은 나락을 진상하였다.

37년 봄·여름이 가물었다. 가을 7월, 이리떼가 시림(始林)에 모여들었다.

38년 가을 7월, 서리와 우박이 내려 곡물이 상하였다. 8월, 고구려가 북변을 침범하였다.

39년 겨울 10월, 고구려가 백제를 침범하니 왕은 군사를 보내어 백제를 구원하였다.

41년 봄 2월, 태풍이 불어 나무가 뽑혔다. 여름 4월, 서리가 내려 보리가 상하였다.

42년 봄 2월, 지진이 있어 금성 남문(南門)이 저절로 무너졌다. 가을 8월, 왕이 죽었다.

자비마립간(慈悲麻立干)

자비마립간(慈悲麻立干)이 즉위하니 눌지왕의 맏아들이다. 어머니는 김씨로 실성왕의 딸이다.

2년(459) 봄 2월, 시조의 사당에 참배하였다. 여름 4월, 왜인이 병선 100여 척을 이끌고 와서 동변을 습격하고 내처 월성을 포위하여 사면에 화살을 빗발같이 퍼부었다. 왕은 굳이 성을 지키니 적이 물러가기 시작하므로 군사를 내어 쳐 무너뜨리고 달아나는 자를 추격하여 해구(海口)에 다다르니 적의 반수 이상이 물에 빠져 죽었다.

4년 봄 2월, 왕은 서불한 미사흔의 딸을 맞아들여 왕비를 삼았다. 여름 4월, 용이 금성 우물 속에서 나타났다.

5년 여름 5월, 왜인이 활개성(活開城)을 습격하여 깨뜨리고 사람 1,000명을 사로잡아갔다.

6년 봄 2월, 왜인이 삽량성(歃良城 : 梁山)을 침범하여 이기지 못하고 물러가니, 왕은 벌지(伐智)와 덕지를 시켜 군사를 거느리고 길가에 숨어 있다가 들이쳐 크게 무너뜨렸다. 왕은 왜인이 자주 국내를 침범하는 까닭으로 바닷가에 두 성을 쌓았다. 가을 7월, 열병식을 크게 거행하였다.

8년 여름 4월, 큰물이 져서 산 17개 소가 무너졌다. 5월, 사벌군(尙州)에 황충이 몹시 일었다.

10년 봄, 유사(有司)에게 명하여 군함을 수리하였다. 가을 9월, 하늘빛이 붉어지더니 큰 별이 북에서 동남으로 흘렀다.

11년 봄, 고구려가 말갈과 더불어 북변의 실직성(悉直城 : 三陟)을 습격하였다. 가을 9월, 하슬라 사람으로 나이 15세 이상된 자를 징발하여 이하(泥河 : 泥川이라고도 함)에 성을 쌓았다.

12년 봄 정월, 서울 안에 방(坊)과 리(里)의 이름을 정하였다. 여름 4월, 서울 서쪽에 큰물이 져서 민가가 무너지고 떠내려가곤 하였다. 가을 7월, 왕은 수재를 겪은 고을을 순시하여 위문하였다.

13년 삼년산성(三年山城 : 삼년은 일을 시작하여 3년에 걸렸기 때문에 붙인 명칭이다)을 쌓았다.

14년 봄 2월, 모로성(芼老城)을 쌓았다. 3월, 서울에서 땅이 저절로 갈라져 넓이는 두 길이요, 구정물이 솟았다. 겨울 10월, 유행병이 크게 번졌다.

16년 봄 정월, 아찬 벌지(伐智), 급찬 덕지(德智)를 좌우 장군(左右將軍)으로 삼았다. 가을 7월, 명활성을 수축하였다.

17년 일모(一牟)·사시(沙尸)·광석(廣石)·답달(畓達)·구례(仇禮)·좌라(坐羅)에 성을 쌓았다. 가을 7월, 고구려 왕 거련(巨連 : 長壽王)이 친히 군사를 거느리고 백제를 공격하니 백제왕 경(慶 : 蓋鹵)이 아들 문주(文周)를 보내어 원조를 청하므로 왕은 구원병을 내보냈는데 미처 당도하기 전에 백제가 이미 함락되고 경도 역시 살해당하였다.

18년 봄 정월, 왕은 명활성으로 이거(移居)하였다.

19년 여름 6월, 왜인이 동쪽 변두리를 침범하니 왕은 장군 덕지를 시켜 쳐 무너뜨리고 200여 명을 죽이고 사로잡았다.

20년 여름 5월, 왜인이 병력을 동원하여 다섯 길로 들어와 침략하였으나 마침내 소득없이 물러갔다.

21년 봄 2월, 밤에 붉은 빛이 필연(匹練 : 빛) 같이 되어 땅에서 하늘까지 닿았다. 겨울 10월, 서울에 지진이 있었다.

22년 봄 2월 3일 왕이 죽었다.

소지마립간(炤知麻立干)

소지마립간(炤知麻立干)이 즉위하니 자비왕의 맏아들이다. 어머니는 김씨이니 서불한 미사흔의 딸이요, 비는 선혜부인(善兮夫人)이니 이벌찬 내숙(乃宿)의 딸이다. 소지는 어려서부터 효행이 있고 겸손과 공손함으로 처세하니 사람들이 다 굴복하였다.

원년(479), 대사령을 내리고 모든 관원에게 벼슬 한 계급씩 올려 주었다.

2년 봄 2월, 시조의 사당에 제사하였다. 여름 5월, 서울에 가뭄이 들었다. 겨울 10월, 백성이 굶주리므로 창곡을 내어 나누어 주었다. 11월, 말갈이 북변을 침범하였다.

3년 봄 2월, 비열성(比列城)에 거둥하여 군사를 위문하고 군복을 하사하였다. 3월, 고구려가 말갈과 더불어 북변을 침략하여 호명(狐鳴 : 청송군 호명사)을 비롯하여 7개 성을 빼앗고 또 미질부(彌秩夫 : 興海)로 진군하므로 우리 군사는 백제·가야의 구원병과 더불어 길을 나눠 방어하니 적이 패하여 물러가므로, 추격하여 이하(泥河)의 서쪽에서 쳐부수고 1,000여 명의 목을 베었다.

4년 봄 2월, 태풍이 불어 나무가 뽑혔다. 금성 남문이 불탔다. 여름 4월, 오랫동안 비가 끊임없이 내리므로 내외 관원을 시켜 죄수의 정상을 조사케 하였다. 5월, 왜인이 변경을 침범하였다.

5년 여름 4월, 큰물이 졌다. 가을 7월, 큰물이 졌다. 겨울 10월, 일선(一善 : 善山) 땅을 순행하여 이재민들을 위문하고 곡식을 하사하되 등급이 있었다. 11월, 천둥이 있었다. 서울에 병이 성행하였다.

6년 봄 정월, 오함(烏含)을 이벌찬으로 삼았다. 3월, 토성(土星)이 달을 범하였다. 우박이 내렸다. 가을 7월, 고구려가 북변을 침범하니 우리 군사는 백제군과 더불어 모산성(母山城) 아래서 합력하여 크게 부쉈다.

7년 봄 2월, 구벌성(仇伐城)을 쌓았다. 여름 4월, 친히 시조의 사당에 제사지내고 사당지기 20호를 더 두었다. 5월, 백제의 사신이 와서 수호(修好) 관계를 맺었다.

8년 봄 정월, 이찬 실죽(實竹)을 승진시켜 장군을 삼고, 일선 땅의 장정 3,000명을 징발하여 삼년·굴산 두 성을 개축하였다. 2월, 내숙을 이벌찬으로 삼고 국정에 참여케 하였다. 여름 4월, 왜인이 변경을 침범하였다. 가을 8월, 낭산(狼山) 남쪽에서 열병식을 크게 거행하였다.

9년 봄 2월, 내을(奈乙)에 신궁(神宮)을 신설하였다. 내을은 시조가 태어난 곳이다. 3월, 비로소 사방에 우역(郵驛)을 두고 소속 관원을 시켜 관도(官道 : 驛路)를 닦았다. 가을 7월, 월성(月城 : 半月城)을 수축하였다. 겨울 10월, 천둥이 있었다.

10년 봄 정월, 왕은 월성으로 이거하였다. 2월, 일선군(一善郡 : 善山)을 순시하여 홀아비·홀어미·고아·외토리를 위문하고 등급을 나눠 곡식을 하사하였다. 3월, 일선에서 돌아와, 거쳐온 고을의 감옥살이하는 죄인들에게 사형죄를 제외하고 다 용서하였다. 여름 6월, 동양(東陽)에서 눈 여섯 가진 거북을 진상했는데 그 거북 배 아래 글자가 찍혀 있었다. 가을 7월, 도나성(刀那城)을 쌓았다.

11년 봄 정월, 놀고 먹는 백성들을 몰아다 농사터로 보냈다. 가을 9월, 고구려가 북변을 습격하여 과현(戈峴)에 이르렀고, 겨울 10월, 호산성(狐山城)을 함락하였다.

12년 봄 2월, 비라성(鄙羅城)을 중수하였다. 3월, 용이 추라정(鄒羅井 : 경주 南七里)에 나타났다. 처음으로 서울에 점포를 열어 화물을 거래케 하였다.

14년 봄·여름에 가뭄이 드니 왕은 자기를 책하는 뜻에서 먹는 반찬을 평상시보다 줄였다.

15년 봄 3월, 백제왕 모대(牟大 : 東城王)가 사신을 보내어 혼인을 청하므로 왕은 이벌찬 비지(比智)의 딸을 보내주었다. 가을 7월, 임해(臨海)·장령(長嶺) 두 진영을 신설하여 왜적을 방비하였다.

16년 여름 4월, 큰물이 졌다. 가을 7월, 장군 실죽(實竹) 등이 고구려와 살수(薩水)의 들에서 싸워 이기지 못하고 물러가 견아성(犬牙城)을 지키니, 고구려 군사가 포위하였는데 백제왕 모대가 군사 3,000명을 보내어 구원하여 포위망을 벗어나게 되었다.

17년 봄 정월, 왕은 친히 신궁(神宮)에 제사하였다. 가을 8월, 고구려가 백제의 치양성(雉壤城)을 포위하니, 백제는 우리에게 원조를 청하므로, 왕은 장군 덕지를 시켜 군사를 거느리고 가 구원하여 고구려 군사가 물리쳤다. 백제 왕은 사신을 보내어 감사를 표하였다.

18년 봄 2월, 가야국에서 흰 꿩을 보내왔는데 꼬리가 다섯 자였다. 3월, 궁실을 중수하였다. 여름 5월, 큰비로 인하여 알천 물이 넘어 민가 200여 호가 떠내려갔다. 가을 7월, 고구려가 우산성(牛山城)을 공격하니 장군 실죽이 나가 이하(泥河 : 강릉)에서 쳐부쉈다. 8월, 남녘 들을 순시하여 농사를 구경하였다.

19년 여름 4월, 왜인이 변경을 침범하였다. 가을 7월, 가뭄이 들고 누리가 일었다. 여러 관원에게 명령하여, 재주가 능히 목민(牧民 : 백성을 다스리는 일)할 수 있는 자를 각각 한 사람씩 천거하게 하였다. 8월, 고구려가 우산성(牛山城)을 쳐 함락하였다.

22년 봄 3월, 왜인이 장봉진(長峯鎭)을 침략하여 함락되었다. 여름 4월, 폭풍이 불어 나무가 뽑혔다. 용이 금성 우물에 나타났다. 서울에는 누런 안개가 사방을 덮었다. 가을 9월, 왕이 날이군(捺已郡 : 榮州)에 행차한 일이 있었다. 그때 군민 파로(波路)가 딸이 있었는데 이름은 벽화(碧花), 나이는 16세, 얼굴이 국색(國色)이었다. 그 아버지가 딸에게 비단옷을 입혀 수레에 앉히고 채색 비단으로 덮어씌워 왕께 바쳤다. 왕은 음식물을 바치는 줄로 여기고 열어보니 단정한 어린 계집애였으므로 이상히 여겨 받지 않았다. 환궁한 뒤 생각이 나서 두세 번 미행하여 그 집에 가게 되었다. 길이 고타군(古陁郡)을 경유하게 되어 어떤 할멈의 집에 자면서 "요새 사람들이 국왕을 어떻다고 하는가?" 하고 물었다. 할멈이 말하기를 "모두가 성인으로 여기지만 저는 의심합니다. 왜냐하면 왕이 날이의 딸을 가까이하여 자주 변복하고 다닌다고 하오. 무릇 용이 고기의 탈을 쓰면 어부에게 잡히게 되는 것이거늘 이제 왕이 만승(萬乘)의 지위로서 자중할 줄 모르니, 그를 성인이라 한다면 누군들 성인이 아니겠소?"라고 하였다. 왕은 그 말을 듣고 크게 부끄러이 여겨 몰래 그 계집을 데려다 별실에 두었는데, 이제 와서 아들 하나를 낳았다. 겨울 11월, 왕이 죽었다.

주

*1. 여수(慮囚)는 녹수(錄囚)와 같은 말로 죄수를 용서한다는 뜻임.

三國史記 卷 第三

新羅本紀 第三 奈勿尼師今 實聖尼師今 訥祇麻立干 慈悲麻立干 照知麻立干

奈勿(一云那密)尼師今立 姓金 仇道葛文王之孫也 父末仇角干 母金氏 休禮夫人 妃金氏 味鄒王女 訖解薨 無子 奈勿繼之(末仇味鄒尼師今兄弟也).
論曰 取妻不取同姓 以厚別也 是故 魯公之取於吳 晉候之有四姬 陳司敗—鄭子產 深譏之 若新羅 則不止取同姓而已 兄弟子—姑姨從姊妹 皆聘爲妻 雖外國各異俗 責之以中國之禮 則大悖矣 若匈奴之烝母報子 則又甚於此矣.
二年 春 發使 撫問鰥寡孤獨 各賜穀三斛 孝悌有異行者 賜職一級.
三年 春二月 親祀始祖廟 紫雲盤旋廟上 神雀集於廟庭.
七年 夏四月 始祖廟庭樹連理.
九年 夏四月 倭兵大至 王聞之 恐不可敵 造草偶人數千 衣衣持兵 列立吐含山下 伏勇士一千於斧峴東原 倭人恃衆直進 伏發擊其不意 倭人大敗走 追擊殺之幾盡.
十一年 春三月 百濟人來聘 夏四月 大水 山崩十三所.
十三年 春 百濟遣使 進良馬二匹.
十七年 春夏 大旱 年荒 民飢 多流亡 發使 開倉廩賑之.
十八年 百濟禿山城主 率人三百來投 王納之 分居六部 百濟王移書曰 兩國和好 約爲兄弟 今大王納我逃民 甚乖和親之意 非所望於大王也 請還之 答曰 民者無常心 故思則來斁則去 固其所也 大王不患民之不安 而責寡人 何其甚乎 百濟聞之 不復言 夏五月 京都雨魚.
二十一年 秋七月 夫沙郡進一角鹿 大有年.
二十四年 夏四月 楊山有小雀生大鳥.
二十六年 春夏 旱 年荒 民飢 遣衛頭入苻(苻舊本作符 今改之)秦 貢方物. 苻堅問衛頭曰 卿言海東之事 與古不同 何耶 答曰 亦猶中國時代變革—名號改

易 今焉得同.

三十三年 夏四月 京都地震 六月 又震 冬 無氷.
三十四年 春正月 京都大疫 二月 雨土 秋七月 蝗 穀不登.
三十七年 春正月 高句麗遣使 王以高句麗强盛 送伊湌大西知子實聖爲質.
三十八年 夏五月 倭人來圍金城 五日不解 將士皆請出戰 王曰 今賊棄舟深入 在於死地 鋒不可當 乃閉城門 賊無功而退 王先遣勇騎二百 遮其歸路 又遣步卒 一千 追於獨山 夾擊大敗之 殺獲甚衆.
四十年 秋八月 靺鞨侵北邊 出師 大敗之於悉直之原.
四十二年 秋七月 北邊何瑟羅旱蝗 年荒 民飢 曲赦囚徒 復一年租調.
四十四年 秋七月 飛蝗蔽野.
四十五年 秋八月 星孛于東方 冬十月 王所嘗御內廐馬 跪膝流淚哀鳴.
四十六年 春夏 旱 秋七月 高句麗質子實聖還.
四十七年 春二月 王薨.

實聖尼師今立 閼智裔孫 大西知伊湌之子 母伊利夫人(伊 一作企) 昔登保阿 干之女 妃味鄒王女也 實聖身長七尺五寸 明達有遠識 奈勿薨 其子幼少 國人立 實聖 繼位.
元年 三月 與倭國通好 以奈勿王子未斯欣爲質.
二年 春正月 以未斯品爲舒弗邯 倭以軍國之事 秋七月 百濟侵邊.
三年 春二月 親謁始祖廟.
四年 夏四月 倭兵來攻明活城 不克而歸 王率騎兵 要之獨山之南 再戰破之 殺獲三百餘級.
五年 秋七月 國西蝗害穀 冬十月 京都地震 十一月 無氷.
六年 春三月 倭人侵東邊 夏六月 又侵南邊 奪掠一百人.
七年 春二月 王聞倭人於對馬島置營 貯以兵革資糧 以謀襲我 我欲先其未發 揀精兵 擊破兵儲 舒弗邯未斯品曰 臣聞兵凶器 戰危事 況涉巨浸 以伐人 萬一 失利 則悔不可追 不若依嶮設關 來則禦之 使不得侵猾 便則出而禽之 此所謂致 人而不致於人 策之上也 王從之.

十一年 以奈勿王子卜好 質於高句麗.

十二年 秋八月 雲起狼山 望之如樓閣 香氣郁然 久而不歇 王謂是必仙靈降遊 應是福地 從此後 禁人斬伐樹木 新城平壤州大橋.

十四年 秋七月 大閱於穴城原 又御金城南門觀射 八月 與倭人戰於風島 克之.

十五年 春三月 東海邊獲大魚 有角 其大盈車 夏五月 吐含山崩 泉水湧 高三丈.

十六年 夏五月 王薨.

訥祗麻立干立(金大問云 麻立者 方言謂橛也 橛謂誠操 准位而置 則王橛爲主 臣橛列於下 因以名之)(橛謂以下四字遺事(南解王條)作橛標) 奈勿王子也 母保反夫人(一云內禮吉怖) 味鄒王女也 妃實聖王之女 奈勿王三十七年 以實聖質於高句麗 及實聖還爲王 怨奈勿質己於外國 欲害其子以報怨 遣人 招在高句麗時相知人 因密告 見訥祗則殺之 遂令訥祗往 逆於中路 麗人見訥祗形神爽雅 有君子之風 遂告曰 爾國王使我害君 今見君 不忍賊害 乃歸 訥祗怨之 反弑王 自立.

二年 春正月 親謁始祖廟 王弟卜好自高句麗 與堤上奈麻還來 秋 王弟未斯欣自倭國逃還.

三年 夏四月 牛谷水湧.

四年 春夏 大旱 秋七月 隕霜殺穀 民飢 有賣子孫者 慮囚原罪.

七年 夏四月 養老於南堂 王親執食 賜穀帛有差.

八年 春二月 遣使高句麗修聘.

十三年 新築矢堤 岸長二千一百七十步.

十五年 夏四月 倭兵來侵東邊 圍明活城 無功而退 秋七月 霜雹殺穀.

十六年 春 穀貴 人食松樹皮.

十七年 夏五月 未斯欣卒 贈舒弗邯 秋七月 百濟遣使請和 從之.

十八年 春二月 百濟王送良馬二匹 秋九月 又送白鷹 冬十月 王以黃金一明珠報聘百濟.

十九年 春正月 大風拔木 二月 修葺歷代園陵 夏四月 祀始祖廟.

二十年 夏四月 雨雹 慮囚.

二十二年 夏四月 牛頭郡山水暴至 漂流五十餘家 京都大風雨雹 教民牛車之法.

二十四年 倭人侵南邊 掠取生口而去 夏六月 又侵東邊.

二十五年 春二月 史勿縣進長尾白雉 王嘉之 賜縣吏穀.

二十八年 夏四月 倭兵圍金城十日 糧盡乃歸 王欲出兵追之 左右曰 兵家之說曰 窮寇勿追 王其舍之 不聽 率數千餘騎 追及於獨山之東 合戰爲賊所敗 將士死者過半 王蒼黃棄馬上山 賊圍之數重 忽昏霧 不辨咫尺 賊謂有陰助 收兵退歸.

三十四年 秋七月 高句麗邊將獵於悉直之原 何瑟羅城主三直出兵 掩殺之 麗王聞之怒 使來告曰 孤與大王修好至歡也 今出兵殺我邊將 是何義耶 乃興師侵我西邊 王卑辭謝之 乃歸.

三十六年 秋七月 大山郡進嘉禾.

三十七年 春夏 旱 秋七月 羣狼入始林.

三十八年 秋七月 霜雹害穀 八月 高句麗侵北邊.

三十九年 冬十月 高句麗侵百濟 王遣兵救之.

四十一年 春二月 大風拔木 夏四月 隕霜傷麥.

四十二年 春二月 地震 金城南門自毀 秋八月 王薨.

慈悲麻立干立 訥祇王長子 母金氏 實聖之女也.

二年 春二月 謁始祖廟 夏四月 倭人以兵船百餘艘 襲東邊 進圍月城 四面矢石如雨 王城守 賊將退 出兵擊敗之 追北至海口 賊溺死者過半.

四年 春二月 王納舒弗邯未斯欣女爲妃 夏四月 龍見金城井中.

五年 夏五月 倭人襲破活開城 虜人一千而去.

六年 春二月 倭人侵歃良城(歃 當作歃) 不克而去 王命伐智-德智 領兵伏候於路 要擊大敗之 王以倭人屢侵疆埸 緣邊築二城 秋七月 大閱.

八年 夏四月 大水 山崩一十七所 五月 沙伐郡蝗.

十年 春 命有司 修理戰艦 秋九月 天赤 大星自北流東南.

十一年 春 高句麗與靺鞨襲北邊悉直城 秋九月 徵何瑟羅人年十五己上 築城於泥河(泥河一名泥川).

十二年 春正月 定京都坊里名 夏四月 國西大水 漂毀民戶 秋七月 王巡撫經水州郡.

十三年 築三年山城(三年者 自興役始終 三年訖功 故名之).

十四年 春二月 築芼老城 三月 京都地裂 廣袤二十(二十 舊本作二 從新本)丈 濁水湧 冬十月 大疫

十六年 春正月 以阿飡伐智一級飡德智爲左右將軍 秋七月 葺明活城.
　十七年 築一牟一沙尸一廣石一沓達一仇禮一坐羅等城 秋七月 高句麗王巨連親率兵攻百濟 百濟王慶 遣子文周求援 王出兵救之 未至百濟已陷 慶亦被害.
　十八年 春正月 王移居明活城.
　十九年 夏六月 倭人侵東邊 王命將軍德智擊敗之 殺虜二百餘人.
　二十年 夏五月 倭人擧兵 五道來侵 竟無功而還.
　二十一年 春二月 夜赤 光如匹練 自地至天 冬十月 京都地震.
　二十二年 春二月三日 王薨.

　炤知(一云毗處)麻立干立 慈悲王長子 母金氏 舒弗邯未斯欣之女 妃善兮夫人 乃宿伊伐飡女也 炤知幼有孝行 謙恭自守 人咸服之.
　元年 大赦 賜百官爵一級.
　二年 春二月 祀始祖廟 夏五月 京都旱 冬十月 民饑 出倉穀賑給之 十一月 靺鞨侵北邊.
　三年 春二月 幸比列城 存撫軍士 賜征袍 三月 高句麗與靺鞨入北邊 取狐鳴等七城 又進軍於彌秩夫 我軍與百濟加耶援兵 分道禦之 賊敗退 追擊破之泥河西 斬首千餘級.
　四年 春二月 大風拔木 金城南門火 夏四月 久雨 命內外有司慮囚 五月 倭人侵邊.
　五年 夏四月 大水 秋七月 大水 冬十月 幸一善界 存問遭災百姓 賜穀有差 十一月 雷 京都大疫.
　六年 春正月 以烏含爲伊伐飡 三月 土星犯月 雨雹 秋七月 高句麗侵北邊 我軍與百濟合擊於母山城下 大破之.
　七年 春二月 築仇伐城 夏四月 親祀始祖廟 增置守廟二十家 五月 百濟來聘.
　八年 春正月 拜伊飡實竹爲將軍 徵一善界丁夫三千 改築三年一屈山二城 二月 以乃宿爲伊伐飡 以參國政 夏四月 倭人犯邊 秋八月 大閱於狼山之南.
　九年 春二月 置神宮於奈乙 奈乙始祖初生之處也 三月 始置四方郵驛 命所司修理官道 秋七月 葺月城 冬十月 雷.
　十年 春正月 王移居月城 二月 幸一善郡 存問鰥寡孤獨 賜穀有差 三月 至自一善 所歷州郡獄囚 除二死悉原之 夏六月 東陽獻六眼龜 腹下有文字 秋七月

築刀那城.

十一年 春正月 驅遊食百姓歸農 秋九月 高句麗襲北邊 至戈峴 冬十月 陷狐山城.

十二年 春二月 重築鄙羅城 三月 龍見鄒羅井 初開京師市肆(肆 新舊本皆缺 據通鑑補之) 以通四方之貨.

十四年 春夏 旱 王責己減常膳.

十五年 春三月 百濟王牟大 遣使請婚 王以伊伐湌比智女送之 秋七月 置臨海一長嶺二鎮 以備倭賊.

十六年 夏四月 大水 秋七月 將軍實竹等 與高句麗 戰薩水之原 不克 退保犬牙城 高句麗兵圍之 百濟王牟大 遣兵三千 救解圍.

十七年 春正月 王親祀神宮 秋八月 高句麗圍百濟雉壤城 百濟請救 王命將軍德智 率兵以救之 高句麗衆潰 百濟王遣使來謝.

十八年 春二月 加耶國送白雉 尾長五尺 三月 重修宮室 夏五月 大雨 閼川水漲 漂沒二百餘家 秋七月 高句麗來攻牛山城 將軍實竹出擊泥河上 破之 八月 幸南郊觀稼.

十九年 夏四月 倭人犯邊 秋七月 旱蝗 命羣官 擧才堪牧民者各一人 八月 高句麗攻陷牛山城.

二十二年 春三月 倭人攻陷長峯鎭 夏四月 暴風拔木 龍見金城井 京都 黃霧四塞 秋九月 王幸捺巳(巳 當作已)郡 郡人波路有女子 名曰碧花年十六歲 眞國色也 其父衣之以錦繡置轝 冪以色絹獻王 王以爲饋食開見之 歙然幼女 怪而不納 及還宮 思念不已 再三微行 往其家幸之 路經古陁郡 宿於老嫗之家 因問曰 今之人以國王 爲何如主乎 嫗對曰 衆以爲聖人 妾獨疑之 何者 竊聞王幸捺已之女 屢微服而來 夫龍爲魚服 爲漁者所制 今王以萬乘之位 不自愼重 此而爲聖 孰非聖乎 王聞之大慙 則潛逆其女(逆 新本作迎 共無妨) 置於別室 至生一子 冬十一月 王薨

삼국사기 권 제4

신라본기(新羅本紀) 제4

지증마립간(智證麻立干), 법흥왕(法興王), 진흥왕(眞興王), 진지왕(眞智王), 진평왕(眞平王)

지증마립간(智證麻立干)

지증마립간(智證麻立干)이 즉위하니 성은 김씨요 휘는 지대로(智大路 : 혹은 지도로(智度路) 또는 지철로(智哲老))이다. 내물왕의 증손이요, 갈문왕 습보(習寶)의 아들이요, 소지왕(炤知王)의 재종제(再從弟 : 육촌 동생)이다. 어머니는 김씨 조생부인(鳥生夫人)이니 눌지왕의 딸이요, 비는 박씨 연제부인(延帝夫人)이니 이찬 등흔(登欣)의 딸이다. 왕은 체격이 장대하고 담력이 월등하였다. 소지왕이 죽고 아들이 없으므로 왕위를 계승하였다. 그때 나이는 64세였다.

사신(史臣)은 논한다.

신라 왕 가운데 거서간(居西干)이 하나, 차차웅(次次雄)이 하나, 이사금(尼師今)이 열여섯, 마립간(麻立干)이 넷이다. 그런데 신라 말의 명유(名儒) 최치원(崔致遠)의 저작인 제왕연대력(帝王年代曆)에는 다 아무 왕이라 칭하고 거서간 등은 아예 말하지 않았으니, 아마도 그 말이 야비하여 족히 청할 바 못된다는 성심다. 그렇지만 저 좌전(左傳)과 한서(漢書)는 중국의 사서이지만 오히려 초어(楚語 : 楚나라 말)의 곡어도(穀於菟)[1]와 흉노어(匈奴語)의 탱리고도(撐犁孤塗)[2] 등이 들어 있으니, 이제 신라 사적을 기록할 때는 그 방언을 남겨 두는 것이 또한 당연한 일일 것이다.

3년(502) 봄 3월, 순장(殉葬: 신하나 종을 산 채로 함께 장사지냄)을 금지하라는 영을 내렸다. 종전에는 국왕이 죽으면 남녀 각각 5명씩을 순장하였는데 이제 금지하게 된 것이다. 친히 신궁(神宮)에 제사지냈다. 3월, 주(州)·군(郡)의 주(主)에게 각각 농사를 권장할 것을 명하였다. 비로소 소를 이용하여 밭을 갈았다.

4년 겨울 10월, 여러 신하가 아뢰기를 "시조께서 창업한 이래 국호(國號)를 정하지 못하고 혹은 사라(斯羅) 혹은 사로(斯盧), 혹은 신라(新羅)라 하였는데, 신등(臣等)은 '신(新)'은 덕업(德業)을 일신(日新)한다는 뜻이요, '라(羅)'는 사방을 망라한다는 뜻이 있는 것이니 그로써 국호를 정하는 것이 마땅할 줄로 생각되옵니다. 또 예로부터 국가를 지닌 분은 다 제왕(帝王)이라 칭하였는데, 우리 시조께서 나라를 세워 제22대에 이르도록 다만 방언만을 칭하고 존호를 바로잡지 못하였으니, 지금 여러 신하의 총의(總意)에 의하여 삼가 신라국왕(新羅國王)이라는 존호(尊號)를 올리시옵소서" 하니 왕은 응낙하였다.

5년 여름 4월, 상복법(喪服法)을 제정하여 선포하였다. 가을 9월, 역부(役夫)를 징발하여 파리(波里: 三陟부근)·미실(彌實: 興海)·진덕(珍德)·골화(骨火: 永川) 등 12개 성을 쌓았다.

6년 봄 2월, 왕은 친히 국내의 주·군·현을 정하였다. 실직주(悉直州)를 신설하고 이사부(異斯夫)를 군주(君主)로 삼았다. 군주의 명칭이 이에서 시작되었다(벌휴이사금(伐休尼師今) 2년조에도 이와 같은 구절이 보이나 지증왕(智證王) 때의 사실로 봄이 옳다). 겨울 11월, 비로소 유사를 시켜서 얼음을 저장하여 쓰게 하고 또 배(船)를 만들어 이용하도록 하였다.

7년 봄·여름이 가물어 백성이 굶주리므로 창곡을 풀어 구제하였다.

10년 봄 정월, 서울에 동시(東市)를 신설하였다. 3월, 맹수의 피해를 제거키 위하여 함정을 만들었다. 가을 7월, 서리가 내려 콩이 죽었다.

11년 여름 6월, 우산국(于山國)이 항복하고 해마다 토산물을 바치기로 하였다. 우산국은 명주(溟州) 동쪽 해도(海島)인데 혹은 울릉도(鬱陵島)라고도 한다. 땅은 사방 100리로 천험(天險)을 믿고 항복하지 않으므로 이찬 이사부가 하슬라주(何瑟羅州: 강릉)의 군주가 되자 우산국 사람들이 미련하고 악하여 위엄만으로는 오게 하기 어려우니 꾀로써 굴복시킬 수밖에 없다. 이에 나무를 깎아 사자의 우상을 많이 만들어 여러 병선에 나눠 싣고 가서 그 나라 해안에 대어 놓고 속여 말하기를 "너희가 항복하지 않으면 이 맹수를 풀어 밟아 죽이게 할 것이다" 하니 그 나라 사람이 겁내어 바로 항복하였다.

15년 봄 정월, 아시촌(阿尸村 : 慶州安康 부근)에 소경(小京)을 신설하고, 가을 7월에 6부 및 남방의 인구를 옮기어 도시의 모양을 갖추었다. 왕이 죽으니 시호(諡號)를 지증(智證)이라 하였다. 신라의 시호법(諡號法)이 이에서 처음으로 비롯되었다.

법흥왕(法興王)

법흥왕(法興王)이 즉위하니 휘는 원종(原宗 : 책부원구(册府元龜)에는 성은 모(募) 이름은 태(泰)라 하였음)이요 지증왕의 맏아들이다. 어머니는 연제부인, 비는 박씨 보도부인(保刀夫人)이다. 왕은 키가 7자요 성품이 관후하여 백성들을 사랑하였다.

3년(516) 봄 정월, 친히 신궁에 제사하였다. 용이 양산 우물 속에 나타났다.

4년 여름 4월, 비로소 병부(兵部)를 신설하였다.

5년 봄 2월, 주산성(株山城)을 쌓았다.

7년 봄 정월, 율령(律令)을 선포하고 비로소 백관의 공복(公服)에 주(朱)·자(紫)의 차서(次序)를 정하였다.

8년 양(梁)나라에 사신을 보내어 토산물을 바쳤다.

9년 봄 3월, 가야국 왕이 사신을 보내어 혼인을 청하므로 이찬 비조부(比助夫)의 누이를 보내주었다.

11년 가을 9월, 왕이 국경 남쪽을 순시하고 국토를 개척하였다. 가야국 왕이 와서 회견(會見)하였다.

12년 봄 2월, 대아찬 이등(伊登)을 사벌주 군주(沙伐州軍主)로 삼았다.

15년 비로소 불법(佛法)을 시행하였다. 처음 눌지왕 시대에 묵호자(墨胡子)라는 승려가 고구려에서 일선군(一善郡 : 善山)으로 오니 군민 모례(毛禮)가 자기 집에 토굴 방을 만들고 거기 머물게 하였다. 때마침 양나라에서 사신을 보내어 옷감과 향(香)을 전했는데, 여러 신하가 그 향의 이름과 또는 소용처를 몰라 사람을 시켜 돌아다니며 향의 유래를 널리 알아보게 하였다. 묵호자가 보고 그 명칭을 일러 주며 말하기를 "이것을 피우면 향기가 대단하여 신성(神聖)께 정성을 통할 수 있으며 그 신성은 삼보(三寶)에서 더 나을 것이 없으니 이 삼보는 첫째 불타(佛陀), 둘째 달마(達摩) 셋째 승가(僧伽)요. 만약 소원을 두고 이것을 피우면 반드시 영험이 있으리다" 하였다.

그때 왕녀가 병이 들어 위독하니 왕은 묵호자를 시켜 향을 피우며 맹세를 표하게 하였더니 과연 병이 곧 낫는지라 왕은 매우 기뻐하며 후히 사례하였다. 묵호자는 나와서 모례를 보고 얻은 물건을 주며 말하기를 "나는 지금 갈 데가 있으니 작별하오" 하고 간 곳 없이 사라졌다.

비처왕(毗處王 : 昭知王라고도 함) 때 아도(阿道 : 我道라고도 함)라는 승려가 제자 3명과 함께 역시 모례의 집에 왔었는데, 그 모습이 묵호자와 비슷하였다. 그는 몇 년을 머물러 있다가 병든 바도 없이 죽었고, 그 제자 3명은 그대로 남아 있어 경률(經律)을 강독하니 신봉자가 때때로 있었다. 이에 와서 왕(法興王)도 역시 불교를 흥기(興起)시키려 하니 여러 신하가 믿지 않으며 말썽을 부리자 왕이 난처하게 여겼다.

근신(近臣) 이차돈(異次頓 : 처도(處道)라고도 함)이 아뢰기를 "소신(小臣)을 베어 중의(衆議)를 일정케 하십시오" 하니 왕은 "도를 일으키자는 것이 근본인데 무죄한 사람을 죽인단 말이오?" 하자, 이차돈은 "만일 도(道)만 행하게 된다면 신은 죽어도 유감이 없습니다" 하였다. 왕은 이에 여러 신하를 불러 물으니 모두 하는 말이 "요새 보면 소위 승려란 것들이 머리 깎고 검정 옷을 입고 의론이 기괴합니다. 이는 상도(常道)가 아니니 지금 만약 버려두면 후회가 있을지 모릅니다. 신 등은 중죄(重罪)를 입는 한이 있더라도 감히 명령을 받들지 못하겠습니다" 하였다. 그런데 이차돈만은 "지금 여러 신하들의 말이 옳지 못하오. 무릇 비상한 사람이 있은 연후에 비상한 일도 있는 것이거늘, 듣건대 불교는 이치가 깊다 하니 믿어야 될 줄 아오" 하였다.

왕은 "여러 사람의 말이 일치되어 깨뜨릴 수 없는데 그대 홀로 딴 말을 하니 양편을 들어 줄 수는 없소" 하고 드디어 형리(刑吏)를 시켜 목을 베게 하였다. 이차돈이 죽음에 다다르자 "나는 불법을 위해 형을 받으니 불도가 신령하다면 내가 죽은 뒤에 반드시 이상한 일이 있으리라" 하였다. 급기야 목을 베자 피가 솟는데 흰젖과 같으므로 여러 사람이 보고 괴이하게 여겨 다시는 불교를 비방하지 않았다(이는 김대문의 계림잡전(鷄林雜傳)에 의거하여 쓴 것이다. 한내마(韓奈麻) 김용행(金用行)의 아도화상비(我道和尚碑)의 기록과는 전혀 다르다).

16년, 살생을 금지하는 영을 내렸다.

18년 봄 3월, 유사(有司)에게 명하여 제방(堤防)을 수리하였다. 여름 4월, 이찬 철부(哲夫)를 승진시켜 상대등(上大等 : 首相)으로 삼고 국사를 맡아 하게 하였다. 상대등의 관(官)이 이에서 비롯되었다(요즘의 재상과 같았음).

19년, 금관국주(金官國主) 김구해(金仇亥)가 비(妃) 및 세 아들 노종(奴宗)·무덕(武德)·무력(武力)과 함께 국고에 보관했던 보물을 가지고 와 항복하니, 왕은 예를 다하여 대접하고 상등(上等)의 위를 제수하였으며 그 나라를 그의 식읍으로 만들어 주었다. 아들 무력은 벼슬이 각간에 이르렀다.

21년 상대등 철부가 죽었다.

23년 비로소 연호를 건원(建元) 원년이라 칭하였다.

25년 봄 정월, 지방 관리들에게 가족을 데리고 가서 거주해도 좋다는 허락을 내렸다.

27년 가을 7월, 왕이 죽으니 시호(諡號)는 법흥(法興)이라 하고, 애공사(哀公寺) 북봉(北峯)에 장사지냈다.

진흥왕(眞興王)

진흥왕(眞興王)이 즉위하니 휘(諱)는 삼맥종(三麥宗 : 혹은 深麥夫라고도 함)이요, 그때 나이는 7세이다. 법흥왕의 아우 갈문왕 입종(立宗)의 아들인데 어머니는 김씨로 곧 법흥왕의 딸이다. 비는 박씨 사도부인(思道夫人)이다. 나이 7세에 법흥왕의 뒤를 이으니 왕태후(법흥왕비)가 정무(政務)를 섭행(攝行)하였다.

원년(540) 8월, 대사령을 내리고 문무백관들의 벼슬을 한 계급씩 올려 주었다. 겨울 10월, 지진이 있었다. 복사꽃·오얏꽃이 피었다.

2년 봄 3월, 눈이 한 자나 내렸다. 이사부(異斯夫)를 승진시켜 병부령으로 삼고, 내외병마사를 관장하게 하였다. 백제가 사신을 보내어 화친을 청하므로 허락하였다.

5년 봄 2월, 흥륜사가 완성되었다. 3월, 누구에게나 제 집을 떠나 승려가 되는 것을 허락하였다.

6년 가을 7월, 이찬 이사부가 말하기를 "국사(國史)는 군신의 선악을 기록하여 만대에 보여 주는 것이니 지금 편찬하지 않으면 후대에서 무엇으로 보겠습니까?" 하니, 왕이 절실히 느끼고 대아찬 거칠부(居柒夫) 등을 시켜 널리 문사를 모집하여 국사(國史)를 편찬케 하였다.

　9년 봄 2월, 고구려가 예인(穢人)과 더불어 백제의 독산성을 공격하여, 백제가 구원을 청하므로, 왕은 장군 주령(朱玲)을 보내어 정병 3,000명을 거느리고 가서 치게 함으로써 많이 베거나 사로잡았다.

　10년 봄, 양(梁)나라가 사신을 시켜 유학승(留學僧) 각덕(覺德)과 함께 부처의 사리(舍利)를 보내오므로 왕은 여러 관원을 데리고 흥륜사(興輪寺) 앞 길에 나가 맞아들였다.

　11년 봄 정월, 백제가 고구려의 도살성(道薩城 : 天安)을 빼앗았다. 3월, 고구려가 백제의 금현성(金峴城 : 全義)을 함락하였다. 왕은 두 나라 군사가 다 피곤함을 틈타 이사부로 하여금 군사를 거느리고 가서 쳐 두 성을 빼앗고 더욱 높이 성을 쌓고 무장병 1,000명을 두어 지키게 하였다.

　12년 봄 정월, 연호를 고쳐 개국(開國)이라 하였다. 3월, 왕이 순행 중에 낭성(娘城 : 淸州)에 머물러 우륵(于勒) 및 그 제자 이문(尼文)이 음악을 안다는 말을 듣고 특별히 불러들여, 왕이 하림궁(河臨宮)에서 주악(奏樂)을 시키니 두 사람이 각각 새 노래를 만들어 연주하였다. 이에 앞서 가야국 가실왕(嘉實王)이 12현금(十二絃琴)을 만들어 12개월의 율(律)[3]을 본뜨고 우륵을 시켜 곡조를 만들게 하였는데, 그 나라가 어지럽게 되자 우륵은 악기를 가지고 우리 나라로 들어왔던 것이다. 그 악기의 이름은 가야금(加耶琴)이다. 왕은 거칠부 등으로 하여금 고구려를 치도록 하여 10개 고을을 빼앗았다.

　13년 왕은 계고(階古)·법지(法知)·만덕(萬德) 세 사람을 시켜 우륵에게서 음악을 배우게 하니, 우륵은 그 사람들의 능력을 헤아려 계고에게는 가야금을, 법지에게는 노래를, 만덕에게는 춤을 가르쳤다. 과업(課業)이 완성되자 왕은 이들에게 명하여 연주시켜 보고서 "전에 낭성(娘城)에서 듣던 그 소리와 다름이 없다" 하며 후히 상을 주었다.

　14년 봄 2월, 왕은 유사에게 명하여 월성 동쪽에 신궁을 신축케 하였다. 황룡(黃龍)이 그 땅에 나타나므로 왕은 의심하여 불사(佛寺)로 고치고 황룡사(皇龍寺)라는 절이름을 내렸다. 가을 7월, 백제의 동북 변읍을 탈취하여 신주(新州)를 만들고 아찬 무력(武力)을 군주로 삼았다. 겨울 10월, 왕은 백제 왕의 딸을 맞아들여 소비(小妃)로 삼았다.

15년 가을 7월, 명활성을 수축하였다. 백제 왕 명롱(明襛 : 聖王)이 가량(加良 : 대가야)과 함께 와 관산성(管山城 : 지금의 沃川)을 공격하니, 군주(軍主) 각간 우덕(于德), 이찬 탐지(耽知) 등이 마주쳐 싸움이 이롭지 못하게 되자, 신주(新州)의 군주 김무력(金武力)이 주병(州兵)을 이끌고 달려갔다. 싸움이 시작되자 비장인 삼년산군(三年山郡 : 지금의 報恩)의 고우(高于) 도도(都刀)가 번개같이 공격하여 백제 왕을 죽였다. 이에 여러 군사가 승세에 힘입어 크게 이기고 좌평(佐平) 4명, 병졸 2만 9,600명을 베어 한 필의 말도 돌아가지 못하였다.

16년 봄 정월, 완산주를 비사벌(比斯伐 : 지금의 昌寧)에 신설하였다. 겨울 10월, 왕은 북한산을 순행하여 국경선을 정하였다. 11월, 북한산에서 돌아왔다. 지나온 주·군에 교서를 내려 "1년의 세납을 면제하고 죄수 중 두 가지 사형죄에 해당한 자만 제외하고 나머지는 다 용서하라" 하였다.

17년 가을 7월, 비열홀주(比列忽州 : 州治는 安邊)를 신설하고 사찬(沙飡) 성종(成宗)을 군주(軍主)로 삼았다.

18년 국원(國原 : 충주)을 소경(小京)으로 만들었다. 사벌주(상주)를 폐하고 감문주(甘文州 : 金泉郡 開寧)를 신설함과 동시에 사찬 기종(起宗)을 군주로 삼았다. 신주(新州 : 州治는 廣州)를 폐하고 북한산주를 신설하였다.

19년 봄 2월, 귀족의 자제와 육부의 호민(豪民)을 이주시켜 국원(國原)을 튼튼하게 만들었다. 내마 신득(身得)이 포(砲)와 노(弩)를 만들어 바치므로 이를 성 위에 비치하였다.

23년 가을 7월, 백제가 변경의 민가를 침략하므로 왕은 군사를 내어 항전(抗戰)하여 1,000여 명을 죽이거나 사로잡았다. 9월, 가야가 배반하니 왕은 이사부를 시켜 토벌하게 하고 사다함으로 부장을 삼았다. 사다함이 기병 5,000을 거느리고 앞질러 전단문(栴檀門)에 들어가 백기를 꽂으니 온 성중이 겁내어 어찌할 바를 모르다가 이사부가 군사를 끌고 들이닥치므로 일시에 다 항복해 버렸다. 공을 논한 바 사다함이 가장 크므로 왕은 좋은 전토(田土)와 사로잡은 포로 200명을 주었다. 사다함은 세 번을 사양하였으나 왕이 강권하니, 이에 그 포로를 받아 양민을 만들고 전토는 병사들에게 나눠 주니 나라 사람들이 아름답게 여겼다.

25년 사신을 북제(北齊)에 보내어 조공하였다.

26년 봄 2월, 북제 무성황제(武成皇帝)는 조서를 내려 사지절동이교위 낙랑군공신라왕(使持節東夷校尉樂浪郡公新羅王)이란 관작을 주었다. 가을 8월, 아찬 춘부(春賦)에게 명하여 국원을 지키게 하였다. 9월, 완산주를 폐하고 대야주(大耶州)를 신설하였다. 진(陳)나라는 사신 유사(劉思)와 승려 명관(明觀)을 함께 보내와 예방케 하고 불경 1,700여 권을 전달하였다.

27년 봄 2월, 지원(祗園), 실제(實際) 두 절이 완성되었다. 왕자 동륜(銅輪)을 세워 왕태자로 삼았다. 사신을 진나라에 보내어 토산물을 바쳤다. 황룡사가 준공되었다.

28년 봄 3월, 사신을 진나라에 보내어 토산물을 바쳤다.

29년 연호를 고쳐 대창(大昌)이라 하였다. 여름 6월, 사신을 진나라에 보내 토산물을 바쳤다. 겨울 10월, 북한산주를 폐하고 남천주(南川州)를, 비열홀주를 폐하고 달홀주(達忽州)를 신설하였다.

31년 여름 6월, 사신을 진나라에 보내어 토산물을 바쳤다.

32년 사신을 진나라에 보내어 토산물을 바쳤다.

33년 봄 정월, 연호를 홍제(鴻濟)라 하였다. 3월, 왕태자 동륜이 죽었다. 사신을 북제에 보내어 조공하였다. 겨울 10월 20일, 전사한 장병을 위하여 팔관연회(八關筵會)*4를 외사(外寺)에 베풀고 7일 만에 끝마쳤다.

35년 봄 3월, 황룡사의 장륙불상(丈六佛像)이 완성되었는데 동(銅)의 중량은 3만 5,700근이고 도금(鍍金)의 중량이 1만 198푼이었다.

36년 봄·여름이 가물었다. 황룡사의 장륙불상이 눈물을 흘려 발치까지 내려왔다.

37년 봄, 원화(源花)를 받들기 시작하였다. 처음에 임금이나 신하가 모두 사람을 알 수 없음을 고민한 나머지 끼리끼리 떼지어 놀게 하고 그 속에서 행동을 관찰하여 뽑아 쓸 셈으로 미녀 남모(南毛), 준정(俊貞) 두 사람을 간택하여 그를 중심으로 도중(徒衆) 300여 명을 모이게 하였다. 두 계집이 서로 경쟁하고 질투하다가 준정은 마침내 남모를 자기 집으로 꾀어 술을 강권하여 취하게 한 뒤 끌어다가 강물에 던져 죽여 버렸다. 그로 인하여 준정도 사형에 처하게 되니 도중은 화목을 상실하여 해산되었다.

그 뒤 다시 미모의 남자를 데려다 곱게 꾸며 화랑(花郞)이라 칭하고 그를 떠받들게 하니, 도중이 구름처럼 모여들었다. 혹은 도의(道義)로써 연마하고 혹은 가악(歌樂)으로써 즐기며 산천을 유람하여 먼 지방까지 가지 않는 데가 없었다. 이렇게 하여 그들의 바르고 바르지 않음을 알게 되어 그 중 착실한 자만을 뽑아 조정에 천거하였다〔김대문의 화랑세기에 "어진 재상, 충신도 이에서 나왔고 양장용졸(良將勇卒)도 이에서 나왔다" 하였고, 최치원의 난랑비서(鸞郞碑序)에 "나라에 현묘한 도가 있으니 그 이름은 풍류(風流)이다. 교(敎)를 만든 근원은 선사(仙史)에 자세히 실려 있거니와 그 핵심은 유불선 3교를 포함하고 중생을 교화하는 것이다. 이를테면 집에 들면 부모에게 효도하고 벼슬하면 나라에 충성하는 것은 노사구(魯司寇 : 孔子)의 지(旨)요, 무위(無爲)의 사(事)에 처하고 불언(不言)의 교를 행하는 것은 주주사(周柱史 : 老子)의 종(宗)이요, 모든 악한 일은 행하지 않고 착한 일만을 수행하는 것은 축건태자(竺乾太子 : 釋迦)의 화(化)이다" 하였다. 당나라 영호징(令狐澄)의 신라국기(新羅國記)에는 "귀인의 자제 중에 아름다운 자를 뽑아 분을 발라 곱게 꾸미어 이름을 화랑(花郞)이라 칭하였다. 온 국민이 다 그를 높이어 섬겼다" 하였다〕. 안홍법사(安弘法師)가 수(隋)에 들어가 불법을 공부하고 호승(胡僧) 비마라(毗摩羅) 등과 함께 돌아와 능가승만경(稜伽僧鬘經)과 부처의 사리(舍利)를 바쳤다.

가을 8월, 왕이 죽으니 시호를 진흥(眞興)이라 하고 애공사(哀公寺) 북봉(北峯)에 장사지냈다. 왕은 어린 나이에 즉위하여 한결같은 마음으로 부처를 받들다가 말년에 와서는 머리를 깎고 가사(袈裟)를 입고 법운(法雲)이라 자칭하며 여생을 마쳤다. 왕비 역시 그를 본받아 여승이 되어 영흥사(永興寺)에 머물다가 죽으니 나라 사람들이 예로써 장사지냈다.

진지왕(眞智王)

진지왕(眞智王)이 즉위하니 휘는 사륜(舍輪 : 혹은 금륜(金輪))이요 진흥왕의 둘째아들이다. 어머니는 사도부인(思道夫人)이요 비는 지도부인(知道夫人)이다. 왕태자가 일찍 죽었기 때문에 왕이 죽자 진지가 왕위를 잇게 되었다.

원년(576)에 이찬 거칠부(居柒夫)를 상대등으로 삼고 국사를 위촉하였다. 2년 봄 2월, 왕은 친히 신궁에 제사지냈다. 대사령을 내렸다. 겨울 10월,

백제가 서변의 주·군을 침범하므로 이찬 세종(世宗)에게 명하여 군사를 내어 일선군(一善郡) 북쪽에서 쳐부수고 3,700명의 목을 베었다. 내리서성(內利西城)을 쌓았다.

3년 가을 7월, 사신을 진(陳)나라에 보내어 토산물을 바쳤다. 백제의 알야산성(閼也山城)을 쳤다.

4년 봄 2월, 백제가 웅현성(熊峴城)·송술성(松述城)을 쌓아, 산산성(蒜山城)·마지현성(麻知峴城)·내리서성(內利西城)의 통로를 막았다. 가을 7월 17일, 왕이 죽으니 시호는 진지(眞智)라 하고 영경사(永敬寺) 북쪽에 장사지냈다.

진평왕(眞平王)

진평왕(眞平王)이 즉위하니 휘는 백정(白淨)이요 진흥왕의 태자 동륜(銅輪)의 아들이다. 어머니는 김씨 만호부인(萬呼夫人 : 혹은 만내(萬內))이니 갈문왕 입종(立宗)의 딸이요, 비는 김씨 마야부인(摩耶夫人)이니 갈문왕 복승(福勝)의 딸이다. 왕은 특이한 형상을 지녀 신체가 장대하고 지식(志識)이 침착명달(明達)하였다.

원년(579) 8월, 이찬 노리부(弩里夫)로 상대등을 삼고, 모제(母弟) 백반(伯飯)을 진정갈문왕(眞正葛文王), 국반(國飯)을 진안갈문왕(眞安葛文王)에 봉하였다.

2년 봄 2월, 친히 신궁에 제사지냈다. 이찬 후직(后稷)으로 병부령(兵部令)을 삼았다.

3년 봄 정월, 비로소 위화부(位和府)를 설치하였다(요즘의 吏部와 같음).

5년 봄 정월, 비로소 선부서(船府署)를 설치하고 대감(大監)과 제감(弟監) 각각 1명씩 두었다.

6년 봄 2월, 연호를 고쳐 건복(建福)이라 하였다. 3월, 조부령(調府令) 1명을 두어 납세를 관장케 하고 승부령(乘府令) 1명을 두어 거마(車馬)를 관장케 하였다.

7년 봄 3월, 날이 가물어 왕은 정전(正殿)을 물러나 음식을 평상시보다 줄이고 남당(南堂)에 앉아 친히 죄수의 실태를 조사하여 많이 용서하였다. 가을 7월, 고승(高僧) 지명(智明)이 불법을 구하기 위하여 진(陳)나라에 들어갔다.

8년 봄 정월, 예부령 2명을 두었다. 여름 5월, 천둥치고 벼락치고 별이 떨어지고 비가 왔다.

9년 가을 7월, 대세(大世)와 구칠(仇柒) 두 사람이 해외로 달아나 버렸다. 대세는 내물왕의 7세손이요 이찬 동대(冬臺)의 아들인데, 자질이 준수하고 표일하여 젊어서부터 세속을 벗어날*5 뜻을 가졌다. 그는 친구인 승려 담수(淡水)에게 말하기를 "이 신라 산골 사이에 묻히어 일생을 마친다면 저 넓은 바다를 모르는 못 속의 고기나 넓은 산림을 모르는 농 안의 새와 무엇이 다르겠는가. 나는 장차 배를 타고 바다를 건너 오(吳)·월(越) 지방으로 가서 스승을 만나 명산에 수도하여 속세의 탈을 벗고 신선이 되면 표연히 바람을 타고 저 허공으로 날 것이니, 이야말로 천하의 신기한 놀음이요 장관(壯觀)일 것이다. 그대는 나의 뒤를 따르겠는가?" 하니 담수는 달갑게 여기지 아니하였다.

대세는 물러나와 다시 동지를 구하다가 마침 구칠이란 사람을 만났다. 사람됨이 굳고 특별한 데가 있으므로 드디어 함께 남산의 절에 가서 머물었다. 하루는 갑자기 비바람이 쳐서 낙엽이 물에 떠 있음을 보고 대세가 구칠에게 말하기를 나는 "그대와 함께 서방으로 유람갈 생각이 있으니 지금 각기 잎 하나씩 가져다 물에 띄워 이것을 배라고 하고 누가 먼저 가고 뒤에 갈 것인지를 결정하자"고 하였다. 이윽고 대세의 것이 앞서니 대세는 웃으며 "내가 먼저 간다"고 하였다. 구칠은 성을 내며 "나도 남자인데 어찌 못 간단 말이냐" 하니 대세는 함께 갈 수 있음을 짐작하고 가만히 그 뜻을 말하였다. 구칠은 "나의 소원이다" 하고 드디어 서로 친구가 되어 남해에서 배를 타고 떠났는데, 어디로 갔는지 알 수 없었다.

10년 겨울 12월, 상대등 노리부가 죽었다. 이찬 수을부(首乙夫)를 상대등으로 삼았다.

11년 봄 3월, 원광법사(圓光法師)가 불법을 구하러 진(陳)에 들어갔다. 가을 7월, 서울 서쪽(낙동강유역)에 홍수가 나서 민가 3만 360호가 떠내려가고 사망자가 200여 명에 달하였다. 왕은 사자를 보내어 곡식을 주어 구호하였다.

13년 봄 2월, 영객부(領客府)를 신설하고 영(令) 2명을 두었다. 가을 7월, 남산성(南山城)을 쌓았는데 주위가 2,854보였다.

15년 가을 7월, 명활성은 주위를 3,000보로, 서형산성(西兄山城)은 주위를 2,000보로 각각 개축하였다.

16년 수제(隋帝)는 조서를 내려 왕에게 상개부낙랑군공신라왕(上開府樂浪郡公新羅王)을 제수하였다.

18년 봄 3월, 고승 담육(曇育)이 불법을 연구하려 수나라에 들어갔다. 사신을 수나라에 보내어 토산물을 바쳤다. 겨울 10월, 영흥사에 화재가 나서 350호가 연소되니 왕은 친히 가서 구원하였다.

19년, 삼랑사(三郞寺)가 완성되었다.

22년, 고승 원광(圓光)이, 조빙사(朝聘使)로 갔던 내마 제문(諸文)과 대사 횡천(橫川)과 함께 돌아왔다.

24년 대내마 상군(上軍)을 사신으로 삼아 수에 보내어 토산물을 바쳤다. 가을 8월, 백제가 와서 아막성(阿莫城)을 치니 왕은 군사를 보내 마주쳐 싸워 크게 무너뜨렸으나 귀산(貴山)과 추항(箒項)은 전사하였다. 9월, 고승 지명(智明)이 수나라에 갔던 사신 상군(上軍)과 함께 돌아오니 왕은 지명공의 계행(戒行)을 존경하여 대덕(大德)으로 삼았다.

25년 가을 8월, 고구려가 북한산성을 침범하니 왕은 친히 군사 1만 명을 거느리고 가 막았다.

26년 가을 7월, 대내마 만세(萬世)·혜문(惠文) 등을 보내어 수나라에 조회(朝會)하였다. 남천주(南川州)를 폐하고 다시 북한산주(北漢山州)를 두었다.

27년 봄 3월, 고승 담육(曇育)이 수나라에 갔던 사신 혜문과 함께 돌아왔다. 가을 8월, 군사를 보내어 백제를 침범하였다.

30년, 왕은 고구려가 자꾸 국내를 침범함을 걱정하여 수나라의 병력을 빌려서 고구려를 정복할 요량으로 원광에게 군사를 빌리는 글월을 지으라고 하였다. 원광이 말하기를 "제가 살자고 남을 없애는 것은 불가의 할 짓이 아니라 빈도(貧道 : 승려의 자칭)가 대왕의 나라에서 대왕의 수초(水草)를 먹고 사는데 감히 명령에 복종하지 않으리까" 하고 글을 지어 바쳤다. 2월, 고구려가 북변을 침범하여 주민 8,000명을 사로잡아 갔다. 4월, 고구려가 우명산성(牛鳴

山城)을 빼앗았다.

31년 봄 정월, 모지악(毛只嶽) 아래에서 땅이 타면서 너비가 4보, 길이가 8보, 깊이가 5자이더니 10월 15일에 이르러 사라졌다.

33년, 왕이 수나라에 사신을 보내어 글월을 올리고 군사를 청하니 수 양제(煬帝)는 허락하였다. 출병한 사실은 고구려본기에 실려 있다. 겨울 10월, 백제의 군사가 들어와 가잠성(椵岑城)을 포위하여 100일을 지나자, 현령 찬덕(讚德)이 굳게 지키다가 힘이 다하여 죽고 성도 함락되었다.

35년 봄에 가뭄이 있었다. 여름 4월, 서리가 내렸다. 가을 7월, 수나라의 사신 왕세의(王世儀)가 황룡사에 와서 백고좌(百高座: 불도를 수업하는 會場)를 마련하고 원광 등의 법사를 청하여 불경에 대해 설명을 들었다.

36년 봄 2월, 사벌주를 철폐하고 일선주를 두었다. 그리고 일길찬 일부(日夫)를 군주로 삼았다. 영흥사 소불(塑佛)이 저절로 무너지더니 얼마 안 가서 진흥왕비(眞興王妃) 비구니(比丘尼)가 죽었다.

37년 봄 2월, 3일 동안 큰잔치를 베풀고 술과 음식을 하사하였다. 겨울 10월, 지진이 있었다.

38년 겨울 10월, 백제 군사가 들어와 모산성(母山城)을 공격하였다.

40년 북한산주의 군주(軍主) 변품(邊品)이 가잠성을 회복할 계획으로 군사를 일으켜 백제와 싸우는데, 해론(奚論)이 종군하여 적의 진영에 달려가 힘껏 싸우다 죽었다. 해론은 찬덕의 아들이다.

43년 가을 7월, 왕은 당(唐)나라에 사신을 보내 토산물을 바치니 당 고조(高祖)는 친히 위로하고 통직산기상시(通直散騎常侍) 유문소(庾文素)를 파견하는 동시에 국서 및 그림병풍, 비단 300필을 보내왔다.

44년 봄 정월, 왕은 친히 황룡사에 들렀다. 2월, 이찬 용수(龍樹)를 내성사신(內省私臣)으로 삼았다. 당초 금왕(今王) 7년에 대궁(大宮)·양궁(梁宮)·사량궁(沙梁宮)의 3궁에 각각 사신(私臣)을 두었는데, 이때에 이르러 내성사신(內省私臣) 한 사람만 두어 3궁을 겸관케 하였다.

45년 봄 정월, 병부(兵部)에 대감 2명을 두었다. 겨울 10월, 사신을 당나라에 보내어 조공을 바쳤다. 백제가 늑로현(勒弩縣)을 습격하였다.

46년 봄 정월, 시위부(侍衛府)에 대감 6명, 상사서(賞賜署)에 대정(大正) 1명과 대도서(大道署)에 대정 1명을 두었다. 3월, 당 고조는 사신을 보내어 왕을 책봉하여 주국낙랑군공신라왕(柱國樂浪郡公新羅王)을 삼았다. 겨울 10월, 백제병이 들어와 우리의 속함(速含)·앵잠(櫻岑)·기잠(岐岑)·봉잠(烽岑)·기현(旗懸)·혈책(穴柵) 등 6성을 포위하여 3성은 혹은 항복하고 혹은 함락되었으며, 급찬 눌최(訥催)는 봉잠·앵잠·기현 3성의 군사를 합쳐 굳게 지키다가 감당 못하고 전사하였다.

47년 겨울 11월, 사신을 당나라에 보내어 조공을 바치고 고구려가 길을 가로막고 입조(入朝)치 못하게 하는 것과 자주 신라를 침입한다고 호소하였다.

48년 가을 7월, 사신을 당나라에 보내어 조공을 바치니 당 고조는 주자사(朱子奢)를 보내와 고구려와 화친할 것을 유시하였다. 8월, 백제가 주재성(主在城)을 공격하니 성주 동소(東所)가 항거하여 싸우다 죽었다. 고허성(高墟城)을 쌓았다.

49년 봄 3월, 큰바람이 불고 흙비가 5일간이나 내렸다. 여름 6월, 당나라에 사신을 보내어 조공을 바쳤다. 가을 7월, 백제의 장군 사걸(沙乞)이 서변의 두 성(城)을 빼앗고 남녀 300여 명을 사로잡아 갔다. 8월, 서리가 내려 곡물이 상하였다. 겨울 11월, 사신을 당나라에 보내어 조공하였다.

50년 봄 2월, 백제가 가잠성을 포위하니 왕은 군사를 내어 쳐부수었다. 여름에 크게 가물어 시장을 옮기고 용을 그려 비 오기를 빌었다. 가을과 겨울에 백성이 굶주려 아들 딸을 팔기까지 하였다.

51년 가을 8월, 왕은 대장군 용춘(龍春)·서현(舒玄)과 부장군 유신(庾信)을 보내어 고구려 낭비성(娘臂城)을 치자, 고구려군이 성을 나와 진을 벌이는데 군세가 매우 왕성하여 우리 군사는 바라보고 두려워해서 사뭇 싸울 마음이 없었다. 유신은 말하기를 "나는 듣건대 옷깃을 떨쳐야 옷이 발라지고 벼리를 들어야 고물이 퍼진다 하니 내가 그 벼리와 옷깃이 되어야 하겠다" 하고 말 위에서 칼을 뽑아 들고 적의 진영으로 곧장 달려 세 번 들어갔다가 세 번 돌아나왔다. 들어갈 때마다 혹은 적장의 머리를 베고 혹은 적의 깃발을 빼앗으니 여러 군사가 승세를 타서 북을 두들겨 외치며 나가 쳐서 9,000여 명을 베어 죽이자 그 성이 마침내 항복하였다. 9월, 사신을 당나라에 보내어 조공하였다.

52년, 대궐 뜰의 땅이 갈라졌다.

53년 봄 2월, 흰 개가 대궐 담 위에 올라갔다. 여름 5월, 이찬 칠숙(柒宿)이 아찬 석품(石品)과 함께 반역을 도모하니, 왕이 미리 알고 칠숙을 잡아 내어 동시(東市)*6에서 목을 베고 아울러 구족(九族)을 멸하였다. 아찬 석품은 도망하여 백제의 국경까지 갔다가 처자가 보고 싶어 낮에는 숨고 밤에 걸어 총산(叢山)으로 되돌아와, 어떤 나무꾼 하나를 만나 자기옷을 벗어 주고 나무꾼의 헌옷과 바꿔 입은 뒤 나무를 지고 몰래 제 집에 들어가다가 잡혀 사형을 받았다. 가을 7월, 사신을 당나라에 보내어 미녀 2명을 바치니 위징(魏徵:唐의名臣)은 받지 않는 것이 옳다 하므로 상(上:唐太宗)은 기뻐하여 이르기를 "저 임읍(林邑)에서 바친 앵무새도 모진 추위에 울부짖으며 제 나라로 가고자 하는데, 하물며 두 여자가 멀리 친척을 이별함에서랴" 하고 사신에게 당부하여 돌려보냈다. 흰 무지개가 대궐 안 우물 속에 꽂히고 토성(土星)이 달을 범하였다.

54년 봄 정월, 왕이 죽으니 시호를 진평왕(眞平王)이라 하고 한지(漢只)에 장사지냈다. 당 태종(太宗)은 조서를 내려 좌광록대부(左光祿大夫)를 추증하고 비단 200필을 부조하였다(고기(古記)에는 정관(貞觀) 6년 임진 정월에 죽었다 하고 신당서(新唐書)나 자치통감(資治通鑑)에는 다 정관 5년 신묘에 신라왕 진평이 죽었다 하니 어찌 그리 틀릴까).

주

*1. 초어(楚語)에 젖(乳)을 곡(穀)이라 하고 어(於)라 칭함. 《좌전(左傳)》
*2. 흉노 말에 하늘을 탱리(撐犁), 아들을 고도(孤塗)라 칭함. 《한서(漢書)》
*3. 율려(律呂)의 약칭인데 성음(聲音)을 바르게 하는 악기임.
*4. 불법(佛法)을 받드는 자가 재(齋)하는 것으로, 팔악(八惡)을 관폐(關閉)하여 법우(法遇)를 일으키지 않는 것을 이름.
*5. 원문은 '방외지(方外志)'로서 '세외(世外)'란 말과 같음. 《장자(莊子)》
*6. 한(漢)나라의 조암(鼂錯)이 동시(東市)에서 조의(朝衣)를 입고 참형(斬刑)당했기 때문에 대신(大臣)의 참형을 동시조의(東市朝衣)라 함.

三國史記 卷 第四

新羅本紀 第四 智證麻立干 法興王 眞興王 眞智王 眞平王

智證麻立干立 姓金氏 諱智大路(或云智度路 又云智哲老) 奈勿王之曾孫 習寶葛文王之子 炤知王之再從弟也 母金氏 鳥生夫人 訥祗王之女 妃朴氏 延帝夫人 登欣 伊湌女 王體鴻大 膽力過人 前王薨 無子 故繼位 時年六十四歲.

論曰 新羅王稱居西干者一 次次雄者一 尼師今者十六 麻立干者四 羅末名儒崔致遠作帝王年代曆 皆稱某王 不言居西干等 豈以其言鄙野不足稱也 曰左 漢中國史書也 猶存楚語穀於菟-匈奴語撐犁孤塗等 今記新羅事 其存方言 亦宜矣.

三年 春三月 下令禁殉葬 前國王薨 則殉以男女各五人 至是禁焉 親祀神宮 三月 分命州郡主 勸農 始用牛耕.

四年 冬十月 群臣上言 始祖創業已來 國名未定 或稱斯羅 或稱斯盧 或言新羅 臣等以爲 新者德業日新 羅者網羅四方之義 則其爲國號宜矣 又觀自古有國家者 皆稱帝稱王 自我始祖立國 至今二十二世 但稱方言 未正尊號 今群臣一意 謹上號新羅國王 王從之.

五年 夏四月 制喪服法 頒行 秋九月 徵役夫 築波里-彌實-珍德-骨火等十二城.

六年 春二月 王親定國內州郡縣 置悉直州 以異斯夫爲軍主 軍主之名 始於此(君主以下七字 疊見于伐休尼師今二年條 然 按以此爲是) 冬十一月 始命所司藏氷 又制舟楫之利.

七年 春夏 旱 民饑 發倉賑救之.

十年 春正月 置京都東市 三月 設檻穽 以除猛獸之害 秋七月 隕霜殺菽.

十一年 夏五月 地震 壞人屋有死者 冬十月 雷.

十三年 夏六月 于山國歸服 歲以土宜爲貢 于山國 在溟州正東海島 或名鬱陵島 地方一百里 恃嶮不服 伊湌異斯夫爲何瑟羅州軍主 謂于山人愚悍 難以威來 可以計服 乃多造木偶獅子 分載戰船 抵其國海岸 誑告曰 汝若不服 則放此猛獸踏殺之 國人恐懼則降.

十五年 春正月 置小京於阿尸村 秋九月 徙六部及南地人戶充實之 王薨 諡曰智證 新羅諡法 始於此.

法興王立 諱原宗 (册府元龜 姓募名泰 (泰 遺事王曆作秦)) 智證王元子 母延帝夫人 妃朴氏 保刀夫人 王身長七尺 寬厚愛人.

三年 春正月 親祀神宮 龍見楊山井中.

四年 夏四月 始置兵部.

五年 春二月 築株山城.

七年 春正月 頒示律令 始制百官公服 朱紫之秩.

八年 遣使於梁貢方物.

九年 春三月 加耶國王遣使請婚 王以伊湌比助夫之妹送之.

十一年 秋九月 王出巡南境拓地 加耶國王來會.

十二年 春二月 以大阿湌伊登爲沙伐州軍主.

十五年 肇行佛法 初訥祇王時 沙門墨胡子 自高句麗 至一善郡 郡人毛禮 於家中 作窟室安置 於時 梁遣使 賜衣著香物 群臣不知其香名與其所用 遣人賫香徧問 墨胡子見之 稱其名目曰 此焚之 則香氣芬馥 所以達誠於神聖 所謂神聖未有過於三寶 一曰佛陀 二曰達摩 三曰僧伽 苦燒此發願 則必有靈應 時王女病革 王使胡子焚香表誓 王女之病尋愈 王甚喜 餽贈尤厚 胡子出見毛禮 以所得物贈之 因語曰 吾今有所歸 請辭 俄而不知所歸 至毗處王時 有阿道(一作我道)和尙 與侍者三人 亦來毛禮家 儀表似墨胡子 住數年 無病而死 其侍者三人留住 講讀經律 往往有信奉者 至是 王亦欲興佛教 群臣不信 喋喋騰口舌 王難之 近臣異次頓(或云處道)奏曰 請斬小臣 以定衆議 王曰 本欲興道 而殺不辜非也 答曰 若道之得行 臣雖死無憾 王於是 召群臣問之 僉曰 今見僧徒 童頭異服 議論奇詭 而非常道 今若縱之 恐有後悔 臣等雖卽重罪 不敢奉詔 異次頓獨曰 今群臣之言非也 夫有非常之人 然後有非常之事 今聞佛教淵奧 恐不可不信 王曰 衆人之言 牢不可破 汝獨異言 不能兩從 遂下吏將誅之 異次頓臨死曰 我爲法就刑 佛若有神 吾死必有異事 及斬之 血從斷處湧 色白如乳 衆怪之 不復非毁佛事 (此據金大問鷄林雜傳所記書之 㪥(㪥 恐與字之誤)韓奈麻金用行所撰我道和尙碑所錄 殊異).

十六年 下令禁殺生.

十八年 春三月 命有司修理堤防 夏四月 拜伊湌哲夫爲上大等 摠知國事 上大等官 始於此 如今之宰相.

十九年 金官國主金仇亥 與妃及三子 長曰奴宗 仲曰武德 季曰武力 以國帑寶物來降 王禮待之 授位上等 以本國爲食邑 子武力仕至角干.

二十一年 上大等哲夫卒.

二十三年 始稱年號 云建元元年.
二十五年 春正月 教許外官携家之任.
二十七年 秋七月 王薨 諡曰法興 葬於哀公寺北峰.

眞興王立 諱彡麥宗(或作深麥夫) 時年七歲 法興王弟葛文王立宗之子也 母夫人金氏 法興王之女 妃朴氏 思道夫人 王幼少 王太后攝政.
元年 八月 大赦 賜文武官爵一級 冬十月 地震 桃李華.
二年 春三月 雪一尺 拜異斯夫爲兵部令 掌內外兵馬事 百濟遣使請和 許之.
五年 春二月 興輪寺成 三月 許人出家爲僧尼 奉佛.
六年 秋七月 伊湌異斯夫 奏曰 國史者 記君臣之善惡 示褒貶於萬代 不有修撰 後代何觀 王深然之 命大阿湌居柒夫等 廣集文士 俾之修撰.
九年 春二月 高句麗與穢人 攻百濟獨山城 百濟請救 王遣將軍朱玲 領勁卒三千擊之 殺獲甚衆.
十年 春 梁遣使與入學僧覺德 送佛舍利(新舊本皆作逸 今據海東高僧傳改之) 王使百官 奉迎興輪寺前路.
十一年 春正月 百濟拔高句麗道薩城 三月 高句麗陷百濟金峴城 王乘兩國兵疲 命伊湌異斯夫 出兵擊之 取二城 增築 留甲士一千戍之.
十二年 春正月 改元開國 三月 王巡守次娘城 聞于勒及其弟子尼文知音樂 特喚之 王駐河臨宮 令奏其樂 二人各製新歌奏之 先是 加耶國嘉悉王 製十二弦琴 以象十二月之律 乃命于勒製其曲 及其國亂 操樂器投我 其樂名加耶琴 王命居柒夫等 侵高句麗 乘勝取十郡.
十三年 王命階古-法知-萬德三人(法 樂志作注) 學樂於于勒 干勒量其人之所能 教階古以琴 教法知以歌 教萬德以舞 業成 王命奏之 曰與前娘城之音無異 厚賞焉.
十四年 春二月 王命所司 築新宮於月城東 黃龍見其地 王疑之改爲佛寺 賜號曰皇龍 秋七月 取百濟東北鄙 置新興(興 恐州之訛 濟紀作州) 以阿湌武力爲軍主 冬十月 娶百濟王女爲小妃.
十五年 秋七月 修築明活城 百濟王明禯與加良 來攻管山城 軍主角干于德-伊湌耽知等 逆戰失利 新州軍主金武力 以州兵赴之 及交戰 裨將三年山郡高于都刀 急擊殺百濟王 於是 諸軍乘勝大克之 斬佐平四人-士卒二萬九千六百人

匹馬無反者.

十六年 春正月 置完山州於比斯伐 冬十月 王巡幸北漢山 拓定封疆 十一月 至自北漢山 教所經州郡 復一年租調 曲赦 除二罪皆原之.

十七年 秋七月 置比列忽州 以沙湌成宗爲軍主.

十八年 以國原爲小京 廢沙伐州 置甘文州 以沙湌起宗爲軍主 廢新州 置北漢山州.

十九年 春二月 徙貴戚子弟及六部豪民 以實國原 奈麻身得作砲弩上之 置之城上.

二十三年 秋七月 百濟侵掠邊戶 王出師拒之 殺獲一千餘人 九月 加耶叛 王命異斯夫討之 斯多含副之 斯多含領五千騎 先馳入栴檀門 立白旗 城中恐懼 不知所爲 異斯夫引兵臨之 一時盡降 論功 斯多含爲最 王賞以良田及所虜二百口 斯多含三讓 王强之 乃受其生口 放爲良人 田分與戰士 國人美之.

二十五年 遣使北齊朝貢.

二十六年 春二月 北齊武成皇帝詔 以王爲使持節東夷校尉樂浪郡公新羅王 秋八月 命阿湌春賦 出守國原 九月 廢完出州 置大耶州 陳遣使劉思與僧明觀 來聘 送釋氏經論千七百餘卷.

二十七年 春二月 祇園 實際二寺成 立王子銅輪爲王太子 遣使於陳貢方物 皇龍寺畢功.

二十八年 春三月 遣使於陳貢方物.

二十九年 改元大昌 夏六月 遣使於陳貢方物 冬十月 廢北(一)漢山州 置南川州 又廢比列忽州 置達忽州.

三十一年 夏六月 遣使於陳獻方物.

三十二年 遣使於陳貢方物.

三十三年 春正月 改元鴻濟 三月 王太子銅輪卒 遣使北齊朝貢 冬十月二十日 爲戰死士卒 設八關筵會於外寺 七日罷.

三十五年 春三月 鑄成皇龍寺丈六像 銅重三萬五千七斤 鍍金重一萬一百九十八分 三十六年 春夏 旱 皇龍寺丈六像 出淚至踵.

三十七年 春 始奉源花 初君臣病無以知人 欲使類聚群遊 以觀其行義 然後擧而用之 遂簡美女二人 一曰南毛 一曰俊貞 聚徒三百餘人 二女爭娟相妬 俊貞引南毛於私第 强勸酒至醉 曳而投河水以殺之 俊貞伏誅 徒人失和罷散 其後 更取

美貌男子 粧飾之 名花郎以奉之 徒衆雲集 或相磨以道義 或相悅以歌樂 遊娛山水 無遠不至 因此 知其人邪正 擇其善者 薦之於朝 故金大問花郎世記曰 賢佐忠臣 從此而秀 良將勇卒 由是而生 崔致遠鸞郎碑序曰 國有玄妙之道 曰風流 設敎之源 備詳仙史 實乃包含三敎 接化群生 且如入則孝於家 出則忠於國 魯司寇之旨也 處無爲之事 行不言之敎 周柱史之宗也 諸惡莫作 諸善奉行 竺乾太子之化也 唐令狐澄新羅國記曰 擇貴人子弟之美者 傅粉粧飾之 名曰花郎 國人皆尊事之也 安弘法師 入隋求法 與胡僧毘摩羅等二僧廻 上稜伽勝鬘經及佛舍利 秋八月 王薨 諡曰眞興 葬于哀公寺北峰 王幼年卽位 一心奉佛 至末年祝髪 被僧衣 自號法雲 以終其身 王妃亦效之爲尼 住永興寺 及其薨也 國人以禮葬之.

眞智王立 諱舍輪(或云金輪) 眞興王次子 母思道夫人 妃知道夫人 太子早卒 故眞智立.

元年 以伊湌居柒夫爲上大等 委以國事.

二年 春二月 王親祀神宮 大赦 冬十月 百濟侵西邊州郡 命伊湌世宗出師 擊破之於一善北 斬獲三千七百級 築內利西城.

三年 秋七月 遣使於陳以獻方物 與(與 恐侵之誤)百濟閼也山城.

四年 春二月 百濟築熊峴城-松述城 以梗蒜山城-麻知峴城-內利西城之路 秋七月十七日 王薨 諡曰眞智 葬于永敬寺北.

眞平王立 諱白淨 眞興王太子銅輪之子也 母金氏 萬呼(一云萬內)夫人 葛文王立宗之女 妃金氏 摩耶夫人 葛文王福勝之女 王生有奇相 身體長大 志識沈毅明達.

元年 八月 以伊湌弩里夫爲上大等 封母弟伯飯爲眞正葛文王 國飯爲眞安葛文王.

二年 春二月 親祀神宮 以伊湌后稷爲兵部令.

三年 春正月 始置位和府 如今吏部.

五年 春正月 始置船府署大監-弟監 各一員.

六年 春二月 改元建福 三月 置調府令一員 掌貢賦 乘府令一員 掌車乘.

七年 春三月 旱 王避正殿減常膳 御南堂親錄囚 秋七月 高僧智明入陳求法.

八年 春正月 置禮部令二員 夏五月 雷震 星隕如雨.

九年 秋七月 大世-仇柒二人適海 大世 奈勿王七世孫 伊湌冬臺之子也 資俊逸 少有方外志 與交遊僧淡水曰 在此新羅山谷之間 以終一生 則何異池魚籠鳥 不知滄海之浩大 山林之寬閑乎 吾將乘桴泛海 以至吳越 侵尋追師 訪道於名山 若凡骨可換 神仙可學 則飄然乘風於泬寥之表 此天下之奇遊壯觀也 子能從我乎 淡水不肯 大世退而求友 適遇仇柒者 耿介有奇節 遂與之遊南山之寺 忽風雨 落葉泛於庭潦 大世與仇柒言曰 吾有與君西遊之志 今各取一葉爲之舟 以觀其行之先後 俄而大世之葉在前 大世笑曰 吾其行乎 仇柒勃然曰 予亦男兒也 豈獨不能乎 大世知其可與 密言其志 仇柒曰 此吾願也 遂相與爲友 自南海乘舟而去 後不知其所往.

十年 冬十二月 上大等弩里夫卒 以伊湌首乙夫爲上大等.

十一年 春三月 圓光法師入陳求法 秋七月 國西大水 漂沒人戶三萬三百六十 死者二百餘人 王發使賑恤之.

十三年 春二月 置領客府令二員 秋七月 築南山城 周二千八百五十四步.

十五年 秋七月 改築明活城 周三千步 西兄山城 周二千步.

十六年 隋帝詔 拜王爲上開府樂浪郡公新羅王.

十八年 春三月 高僧曇育入隋求法 遣使如隋貢方物 冬十月 永興寺火 延燒三百五十家 王親臨救之.

十九年 三郎寺成.

二十二年 高僧圓光隋朝聘使奈麻諸文-大舍橫川 還.

二十四年 遣使大奈麻上軍 入隋進方物 秋八月 百濟來攻阿莫城 王使將士逆戰 大敗之 貴山-箒項死之 九月 高僧智明 隨入朝使上軍還 王尊敬明公戒行爲大德.

二十五年 秋八月 高句麗侵北漢山城 王親率兵一萬 以拒之.

二十六年 秋七月 遣使大奈麻萬世-惠文等 朝隋 廢南川州 還置北(一)漢山州.

二十七年 春三月 高僧曇育 隨入朝使惠文還 秋八月 發兵侵百濟.

三十年 王患高句麗屢侵封場 欲請隋兵以征高句麗 命圓光修乞師表 光曰 求自存而滅他 非沙門之行也 貧道在大王之土地 食大王之水草 敢不惟命是從 乃述以聞 二月 高句麗侵北境 虜獲八千人 四月 高句麗拔牛鳴山城.

三十一年 春正月 毛只嶽下地燒 廣四步 長八步 深五尺 至十月十五日滅.

三十三年 王遣使隋 奉表請師 隋煬帝許之行兵 事在高句麗紀 冬十月 百濟兵來圍椵岑城百日 縣令讚德固守 力竭死之 城沒.

三十五年 春 旱 夏四月 降霜 秋七月 隋使王世儀至皇龍寺 設百高座 邀圓光等法師 說經.

三十六年 春二月 廢沙伐州 置一善州 以一吉湌日夫爲軍主 永興寺塑佛自壞 未幾 眞興王妃比丘尼死.

三十七年 春二月 賜大酺三日 冬十月 地震.

三十八年 冬十月 百濟來攻母山城.

四十年 北(一)漢山州軍主邊品 謀復椵岑城 發兵與百濟戰 奚論從軍 赴適 力戰死之 論 讚德之子也.

四十三年 秋七月 王遣使大唐朝貢方物 高祖親勞問之 遣通直散騎常侍庾文素來聘 賜以璽書及畵屛風－錦綵三百段.

四十四年 春正月 王親幸皇龍寺 二月 以伊湌龍樹爲內省私臣 初 王七年 大宮－梁宮－沙梁宮三所 各置私臣 至是 置內省私臣一人 兼掌三宮.

四十五年 春正月 置兵部大監二員 冬十月 遣使大唐朝貢 百濟襲勒弩縣.

四十六年 春正月 置侍衛府大監六員 賞賜署大正一員 大道署大正一員 三月 唐高祖降使 册王爲柱國樂浪郡公新羅王 冬十月 百濟兵來圍我速含－櫻岑－岐岑－烽岑－旗懸－穴柵等六城 於是 三城或沒或降 級湌訥催 合烽岑－櫻岑－旗懸三城兵堅守 不克死之.

四十七年 冬十一月 遣使大唐朝貢 因訟高句麗塞路 使不得朝 且數侵入.

四十八年 秋七月 遣使大唐朝貢 唐高祖遣朱子奢來 詔諭與高句麗連和 八月 百濟攻主在城 城主東所拒戰死之 築高墟城.

四十九年 春三月 大風雨土 過五日 夏六月 遣使大唐朝貢 秋七月 百濟將軍沙乞拔西鄙二城 虜男女三百餘口 八月 隕霜殺穀 冬十一月 遣使大唐朝貢.

五十年 春二月 百濟圍椵岑城 王出師擊破之 夏大旱 移市 畵龍祈雨 秋冬 民飢 賣子女.

五十一年 秋八月 王遣大將軍龍春－舒玄 副將軍庾信 侵高句麗娘臂城 麗人出城列陣 軍勢甚盛 我軍望之懼 殊無鬪心 庾信曰 吾聞振領而裘正 提綱而網張 吾其爲綱領乎 乃跨馬拔劍 向敵陣直前 三入三出 每入 或斬將或搴旗 諸軍乘勝鼓噪進擊 斬殺五千餘級 其城乃降 九月 遣使大唐朝貢.

五十二年 大宮庭地裂.

五十三年 春二月 白狗上于宮墻 夏五月 伊湌柒宿與伊(伊 當作阿) 湌石品謀叛 王覺之 捕捉柒宿 斬之東市 幷夷九族 阿湌石品亡至百濟國境 思見妻子 晝伏夜行 還至叢山 見一樵夫 脫依換樵夫敝衣 衣之負薪 潛至於家 被捉伏刑 秋七月 遣使大唐獻美女二人 魏徵以爲 不宜受 上喜曰 彼林邑獻鸚鵡 猶言苦寒思歸其國 況二女遠別親戚乎 付使者歸之 白虹飮于宮井 土星犯月.

五十四年 春正月 王薨 諡曰眞平 葬于漢只 唐太宗詔贈左光祿大夫 賻物段二百.(古記云 貞觀六年壬辰正月卒 而新唐書資理(理 避高麗成宗諱治) 通鑑皆云 貞觀五年辛卯羅王眞平卒 豈其誤耶)

삼국사기 권 제5

신라본기(新羅本紀) 제5

선덕왕(善德王), 진덕왕(眞德王), 태종무열왕(太宗武烈王)

선덕왕(善德王)

선덕왕(善德王)이 즉위하니 휘는 덕만(德曼)이요 진평왕의 장녀이다. 어머니는 김씨 마야부인이다. 덕만은 성품이 너그럽고 인자하여 밝고 민첩하였다. 왕이 죽고 아들이 없으니 나라 사람들이 추대하여 세우고 성조황고(聖祖皇姑)라는 칭호를 올렸다. 전왕(前王) 때에 당나라에서 얻어온 모란꽃 그림과 그 종자를 덕만에게 보였더니 덕만이 "이 꽃은 아름답긴 하나 향기가 없습니다" 하였다. 왕은 웃으며 "네가 어떻게 아느냐?" 하니 대답하기를 "이 꽃은 뛰어나게 곱지만 그림에 나비와 벌이 없으니 이는 반드시 향기가 없는 꽃일 것입니다" 하였다. 그 종자를 심어보니 과연 덕만의 말과 같았다. 그의 선견지명이 이러하였다.

원년(632) 2월, 대신 을제(乙祭)에게 국정을 맡아하게 하였다. 여름 5월에 가물다가 6월에야 비가 왔다. 겨울 10월, 사자를 보내어 국내의 홀아비·홀어미·고아·외토리로 자활력을 갖지 못한 자에게 곡식을 나누어 주었다. 12월, 사신을 당나라에 보내어 조공하였다.
　2년 봄 정월, 친히 신궁에 제사지냈다. 대사령을 내리고 모든 주·군의 1년간 잡세를 면제하였다. 2월, 서울에 지진이 있었다. 가을 7월, 사신을 당나라에 보내어 조공하였다. 8월, 백제가 서쪽 변방을 침범하였다.

3년 봄 정월, 연호를 인평(仁平)이라 하였다. 분황사가 완성되었다. 3월, 밤알 같은 큰 우박이 쏟아졌다.

4년, 당제(唐帝)가 지절사(持節使)를 보내어 왕을 주국낙랑군공신라왕(柱國浪郡公新羅王)으로 봉하여 부왕의 봉작을 계승케 하였다. 영묘사(靈廟寺)가 완성되었다. 겨울 10월, 이찬 수품(水品)·용수(龍樹 : 혹은 용춘(龍春))를 보내어 주·현을 돌아보게 하였다.

5년 봄 정월, 이찬 수품(水品)을 등용하여 상대등으로 삼았다. 3월, 왕이 병이 들었으나 기도와 약의 효험이 없으므로 황룡사에다 백고좌(百高座)를 베풀고 중을 모아 인왕경(仁王經)을 강론하게 하였다. 그리고 도세승(度世僧)*1 100명을 허락하였다. 여름 5월, 개구리 떼가 대궐 서쪽 옥문지(玉門池)에 모여드니 왕은 듣고 좌우 신하(左右臣下)에게 이르기를 "개구리의 불거진 눈은 병사의 형상이라 내 일찍이 들으니 서남 변방에도 옥문곡이라는 골짜기가 있는데 혹 백제군이 몰래 그곳에 들어왔는지 알 수 없다" 하고 이내 장군 알천(閼川)을 시켜 가서 수색케 하였더니 과연 백제 장군 우소(于召)가 독산성을 습격하려고 군사 500명을 거느리고 와서 그곳에 잠복하였으므로 알천이 들이쳐 다 잡아 베었다. 자장법사(慈藏法師)가 불법을 구하기 위해 당나라로 들어갔다.

6년 봄 정월, 이찬 사진(思眞)을 승진시켜 서불한으로 삼았다. 가을 7월, 알천을 승진시켜 대장군으로 삼았다.

7년 봄 3월, 칠중성(七重城) 남쪽에서 돌이 저절로 35보를 옮겨갔다. 가을 9월, 공중에서 노란꽃이 쏟아졌다. 겨울 10월, 고구려가 북변의 칠중성(七重城)을 침범하니 백성들이 놀라 산으로 도망가므로 왕이 대장군 알천에게 명하여 불러들이게 하였다. 11월, 알천은 고구려 군사와 칠중성 밖에서 싸워 이겨 많이 죽이거나 사로잡았다.

8년 봄 2월, 하슬라주로 북소경(北小京)을 만들고 사찬 진주(眞珠)로 하여금 지키게 하였다. 가을 7월, 동해 바닷물이 갑자기 붉게 되고 또 더워져서 물고기들이 죽었다.

9년 여름 5월, 왕은 자제들을 당에 보내어 태학(太學)에 입학시킬 것을 요청하였다. 이때 당 태종은 천하의 선비를 많이 불러들여 학관(學官)을 만들고 자주 국자감(國子監)에 행차하였다. 그들로 하여금 학문을 강론케 하여 학생이 경서 한 질 이상을 능통케 되면 다 관리에 보충케 하고, 학사 1,200간을 증축하고 학생의 수효를 늘려 3,260명에 달하게 하니 이에 따라 사방의 학도가 구름같이 당나라의 수도에 모여들었다. 그러므로 왕은 소문을 듣고서 이 청을 했던 것이다. 이때에 고구려·백제도 자제를 당에 보내어 입학시켰다.

11년 봄 정월, 사신을 당에 보내어 토산물을 바쳤다. 가을 7월, 백제 의자왕(義慈王)이 대군을 발동하여 서울 서쪽의 40여 성을 쳐서 빼앗았다. 8월, 백제는 또 고구려와 합세하여 당항성(黨項城)을 빼앗아 신라에서 당(唐)으로 이어지는 통로를 끊으려 하므로 왕은 사신을 보내어 당 태종에게 급박한 사정을 알렸다. 이 달에 백제 장군 윤충(允忠)이 군사를 거느리고 대야성을 쳐서 함락시키니 도독 이찬 품석(品釋), 사지 죽죽(竹竹), 용석(龍石)이 모두 전사하였다. 겨울, 왕은 백제를 쳐 대야성의 원수를 갚으려고 이찬 김춘추(金春秋)를 고구려에 보내어 군사를 요청하였다. 처음 대야성의 패전 때 도독 품석의 아내도 죽었는데 그는 곧 춘추의 딸이었다. 춘추는 그 소식을 듣고 기둥에 의지해서 종일토록 눈 한번 깜박이지 아니하더니 이윽고 하는 말이 "대장부가 어찌 백제를 못 없앤단 말이냐" 하고, 곧 왕에게 나아가 아뢰기를 "신은 고구려에 가서 군사를 청하여 백제에 대한 원한을 갚고야 말 겠습니다" 하니 왕이 허락하였다.

고구려 고장왕(高臧王)은 본래 춘추의 명망을 들었는지라 먼저 호위를 엄하게 하고서 접견하니 춘추는 아뢰기를 "지금 백제가 무도하여 독사나 돼지처럼 되어 우리 강토를 침범하므로 우리 임금이 대국의 병마를 얻어 그 부끄럼을 씻고자 하여 소신으로 하여금 하집사(下執事)에게 명령을 전달케 한 것이옵니다" 하였다. 고구려 왕은 죽령은 본시 우리 땅이니 너희가 만약 죽령 서북의 땅을 반환한다면 군사를 내줄 수도 있다"고 하였다. 춘추가 대답하기를 "신은 우리 임금의 명령을 받들어 군사를 청한 것이온데 대왕은 환란을 구하여 이웃끼리 좋게 지낼 생각은 아니하고 다만 사신을 위협하여 땅을 반환하라고 강요하시니 신은 죽음이 있을 따름이오, 그 밖에는 모르겠소" 하였다. 고구려 왕은 춘추의 말이 불손함에 노하여 별관에 가두었다.

춘추는 몰래 사람을 시켜 본국 왕에게 고하니, 왕은 대장군 김유신에게 명하여 결사대 1만 명을 거느리고 달려가게 하였다. 유신이 군사를 몰고 한강을 지나 고구려 남쪽 경계에 들어서니, 고구려 왕은 듣고 춘추를 석방하여 돌려 보냈다. 유신을 승진시켜 압량주 군주(押梁州軍主)로 삼았다.

　12년 봄 정월, 사신을 당에 보내어 토산물을 바쳤다. 3월, 불법을 구하기 위해 당에 들어갔던 고승 자장이 돌아왔다. 가을 9월, 사신을 당에 보내어 글월을 올리기를 "고구려 백제가 폐국(敝國)을 능멸히 여겨 누차 수십 성을 습격하였는데, 이번에 또 양국이 합세하여 기어이 폐국을 타취할 목적으로 이 9월을 기하여 대병을 움직일 모양이오. 폐국의 사직이 반드시 온전치 못할 것이므로 삼가 배신(陪臣)을 보내어 대국에 의지하는 바이오. 원컨대 한쪽 군사를 내어 구원해 주소서" 하였다. 당제(唐帝)는 사신에게 묻기를 "나는 실로 그대가 양국의 침해를 받고 있음을 슬프게 여겨 자주 사신을 보내어 3국이 화친할 것을 종용해 왔으나 고구려·백제가 돌아서면 변의하여 기어이 그대 나라를 없애고 땅을 나눠 가질 생각만 하고 있소. 그대 나라는 어떠한 묘책을 써서 멸망의 화를 면하겠소?" 하였다. 사신은 아뢰기를 "우리 임금이 사세가 궁하고 꾀가 다하여 오직 위급한 현상을 대국에 아뢰어 보전하는 길만을 바랄 뿐이오" 하였다. 당제는 "내가 변방에 있는 군사를 조금 내어 거란(契丹), 말갈 군을 거느리고 곧장 요동으로 쳐들어가면 그대 나라의 포위는 자연 풀릴 것이다. 그렇게 되면 그대들이 1년 동안은 그 급박을 늦출 수 있을 것이니 이것이 첫째의 방책이요, 내가 또 그대에게 수천의 붉은 군복과 붉은 기를 줄 터이니 양국의 군사가 쳐들어올 때 그 옷을 입히고 그 기를 꽂으면 그들이 보고서 우리 군사가 왔다 하여 반드시 모두 달아날 것이니 이것이 둘째의 방책이요, 그대의 임금이 여자이기 때문에 이웃 나라들이 경멸히 여기는 바 되어 해마다 편할 날이 없으니 내가 나의 친족 한 사람을 보내어 임시 그대들의 임금으로 삼고 군사를 파견하여 지키다가 그대 나라의 안정을 기다려 그대에게 맡겨 스스로 지키게 하리니 이것이 셋째의 방책이다. 그대가 잘 생각하여 어느 하나를 택하라" 하였다.

　사신은 다만 "그러겠습니다" 하고 확실한 대답이 없으니 당제는 그 사신이 용렬하고 무식하여 위급을 아뢰고 군사를 요청할 만한 자격이 없음을 한탄하였다.

　13년 봄 정월, 사신을 당에 보내어 토산물을 바쳤다. 당 태종은 사농승상(司農丞相) 이현장(里玄奬)을 보내어 조서를 고구려에 전달하였는데 그 조서는 다음과 같다.

"신라는 우리 나라에 귀순하여 조공을 게을리하지 않으니 백제와 함께 곧 싸움을 정지하는 것이 좋소. 만약 다시금 공격한다면 명년에 군사를 내어 그대 나라를 치겠소."

연개소문(淵蓋蘇文)은 현장에게 이르기를 "고구려와 신라는 틈이 난 지 하마 오래요. 지난날 수나라가 우리를 침범하였을 때 신라는 그 틈을 타서 우리 500리의 땅을 빼앗고 성읍을 다 차지하였으니 그 땅과 성을 반환치 않으면 이 전쟁은 그칠 날이 없을 것이오" 하였다. 개소문은 끝내 응하지 않았다. 가을 9월, 왕은 유신으로 대장군을 삼아 군사를 거느리고 백제를 쳐서 크게 이기고 7개 성을 빼앗았다.

14년 봄 정월, 사신을 당에 보내어 토산물을 바쳤다. 이때 김유신이 백제 군사를 부수고 돌아와 미처 왕을 보기도 전에 백제 대군이 또 변경을 침범하니 왕은 유신에게 명하여 다시 출동하게 하였다. 유신은 드디어 집에도 들르지 못한 채 바로 가 쳐부숴 2,000명의 머리를 베고 3월에 돌아와 왕에게 보고하였는데, 아직 자기 집에 돌아가기도 전에 또 백제가 다시 침범한다는 급보가 있었다. 왕은 사세가 급하므로 다시 유신에게 말하기를 "존망이 공의 한몸에 매였으니 수고를 꺼리지 말고 부디 가서 해결하오" 하였다. 유신은 또 집에 들르지 못하였는데, 밤낮으로 군사를 훈련시켜 서쪽으로 떠날 때 길이 자기 집 문앞을 지나게 되니 온 집안 남녀가 나와 바라보며 눈물을 흘렸으나 유신은 돌아보지도 않고 지나갔다.

3월, 황룡사탑을 창건하니 이는 자장의 청에 따른 것이었다. 여름 5월, 당태종이 친히 고구려를 정벌하므로 왕은 군사 3만 명을 내어 도왔는데, 백제는 그 틈을 타서 서울 서쪽의 7개 성을 습격하여 빼앗아갔다. 겨울 11월, 이찬 비담(毗曇)을 승진시켜 상대등으로 삼았다.

16년 봄 정월, 비담·염종(廉宗) 등은 여왕이 정치를 잘못한다 하여 반역을 도모하여 병력으로 대궐을 쳤으나 성공하지 못하였다. 8일, 왕이 죽으니 시호를 선덕(善德)이라 하고 낭산(狼山)에 장사지냈다 (당서(唐書)에는 정관 21년에 죽었다 하였고 통감에는 25년에 죽었다 하였는데, 본사(本史)로써 참고하면 통감이 잘못되었다).

사신(史臣)은 논한다.

신이 들으니 옛날에 여와씨(女媧氏)가 있었으나 이는 바로 천자(天子)가 아니고 복희씨(伏羲氏)를 도와 구주를 다스렸을 따름이었다. 저 여치(呂雉: 漢高祖의 妃 呂后), 무조(武曌: 唐高宗의 妃 武后)도 어리고 약한 임금을 만나 조정에 나앉아 법령을 내고 들이고 하였으나 사서에 공공연히 왕이라 일컫지 않고 다만 고황후(高皇后) 여씨(呂氏), 측천황후(則天皇后) 무씨(武氏)로만 썼다. 천도(天道)로도 양(陽)은 강하고 음(陰)은 유하며, 인사(人事)로도 사내는 높고 계집은 낮은데 어찌 할머니들이 안방을 나와서 국가의 정사를 결단하는 것을 용허하겠는가. 신라가 여자를 추대하여 왕위에 앉힌 것은 진실로 난세의 일이니, 그러고도 나라가 망하지 않은 것은 요행이다. 서경(書經)에 "암탉이 운다"*² 하였고 역경(易經)에 "여윈 돼지가 껑충껑충한다"(牝鷄之晨 羸豕孚蹢躅)*³ 하였으니 이 어찌 경계하지 아니할 수 있겠는가?"

진덕왕(眞德王)

진덕왕(眞德王)이 즉위하니 휘는 승만(勝曼)이요, 진평왕의 동복동생 갈문왕 국반(國飯 : 혹은 국분(國芬))의 딸이고, 어머니는 박씨 월명부인(月明夫人)이다. 승만은 자질이 고우며 신장은 일곱 자요, 손 길이가 무릎 아래까지 내려갔다.

원년(647) 정월 17일, 비담을 베고 연루자 30명을 죽였다. 2월, 이찬 알천을 승진시켜 상대등으로 삼고, 대아찬 수승(守勝)을 우두주 군주(牛頭州軍主)로 삼았다. 당 태종은 지절사(持節使)를 보내어 전왕에게 광록대부(光祿大夫)를 추증하고 따라서 왕을 책봉하여 주국낙랑군공(柱國樂浪郡公)을 삼았다. 가을 7월, 사신을 당에 보내어 사은하였다. 연호를 고치어 태화(太和)라 하였다. 8월, 혜성이 남방에 나타나고 또 뭇별이 북으로 흘렀다. 겨울 10월, 백제군이 무산(茂山)·감물(甘勿)·동잠(桐岑) 세 성을 포위하니, 왕은 김유신을 보내어 보(步)·기(騎)병 1만 명을 거느리고 대항하게 하였다. 우리 군사가 모진 싸움으로 기운이 빠지게 되자 유신의 부하 비녕자(丕寧子) 및 그 아들 거진(擧眞)이 적진에 들어가 맹렬히 싸우다 죽으니, 군사들이 드디어 용감히 공격하여 적군 3,000여 명을 참수하였다. 11월, 왕은 친히 신궁(神宮)에 제사지냈다.

2년 봄 정월, 사신을 당에 보내어 조공을 바쳤다. 3월 백제 장군 의직(義直)이 서쪽 변두리를 침범하여 요거성(腰車城)을 비롯하여 20여 성을 함락시키니, 왕은 근심되어 압독주 도독(押督州都督) 유신에게 명하여 해결하도록 하였다. 그래서 유신은 군사를 훈련하여 길을 떠났다. 의직이 가로막으므로 유신은 군사를 세 갈래로 나누어 협공하니 백제군이 패하여 달아나므로 유신은 추격하여 거의 다 죽였다. 왕이 기뻐하여 군사들에게 등급을 가려 상을 내렸다.

겨울, 한질허(邯帙許)를 당에 입조케 하니 당제는 어사를 시켜 묻되 "신라가 우리 조정을 섬기면서 어찌하여 연호를 따로 쓰느냐" 하므로 질허가 말하기를 "일찍이 대국이 정삭(正朔)*4을 반포하지 않았으므로 선조 법흥왕 이래 사사로 연호를 써 온 것이온데, 만약 대국이 명령을 내린다면 소국이 어찌 감히 그러하겠습니까" 하니 태종은 수긍하였다.

이찬 김춘추(金春秋) 및 그 아들 문왕(文汪)을 당에 입조케 하니 태종은 광록경(光祿卿) 유형(柳亨)을 시켜 성밖에 나아가 맞아들여 수고를 위로하게 하였다. 춘추가 당도하자 태종은 그의 의표(儀表)가 영특함을 보고 후히 대접하였다. 춘추가 태학에 나아가서 제향(祭享)의 절차와 경의(經義)에 대한 강론을 관청(觀聽)할 것을 요청하자, 태종은 이를 허락하고 따라서 자기가 지은 온천명(溫泉銘) 및 진사비(晉祠碑)와 아울러 새로 편찬한 진서(晉書)를 하사하였다. 어느 날 또 불러들여 한가로이 만나보고 금과 비단을 더욱 후히 주며 묻기를 "그대에게 소회(所懷:할말)가 있소?" 하므로 춘추는 무릎을 꿇고 아뢰었다. "신의 본국이 바다 한구석에 떨어져 있어 천조(天朝)를 섬긴 적이 오래이온데 백제가 강성하고 교활하여 침략만 일삼으며, 더구나 지난해에는 대군을 거느리고 깊숙이 들어와 수십 성을 쳐 무너뜨리고 대국에 입조하는 그 길조차 막았습니다. 만약 폐하께옵서 군사를 내어 악한 무리를 제거하지 않으시면 저희 나라 백성들은 다 포로가 되고 말 것이며, 산 넘고 바다 건너 조공을 바치는 일도 다시 바랄 수 없는 일입니다" 하니, 태종은 깊이 느끼고 출병할 것을 허락하였다.

춘추가 또 예복(禮服)을 고치어 중국의 제도에 따르게 하여 달라고 청하자, 이에 내전에서 값진 의복을 내어 춘추 및 그 일행에게 주고 조서를 내려 벼슬을 제수하여 춘추는 특진(特進)을, 문왕은 좌무위장군(左武衞將軍)을 삼았다. 그들이 환국하게 되자 조서를 내려 3품 이상의 관원으로 하여금 송별연을 베풀게 하여 대접이 극진하였다. 춘추는 아뢰기를 "신의 자식이 7형제가 있으니 원컨대 성상의 곁을 시위(侍衛)케 하여 주소서" 하니 태종은 이에 그 아들 문왕을 숙위(宿衛)로 명하였다. 춘추가 돌아올 때 해상에서 고구려 순찰병을 만났는데 춘추의 수행원 온군해(溫君解)가 고관(高冠)을 쓰고 대의(大衣)를 입고 배 위에 앉았으니 순찰병이 춘추로 알고 잡아 죽였다. 춘추는 작은 배를 타고 본국으로 돌아오자 왕은 듣고 통탄하여 온군해에게 대아찬을 추증하고 그 자손에게 상을 후히 주었다.

3년 봄 정월, 비로소 중국의 의관을 착용하였다. 가을 8월, 백제 장군 은상(殷相)이 군사를 거느리고 와서 석토성(石吐城) 등 7개 성을 함락시켰다. 왕은 대장군 김유신과 장군 진춘(陳春)·죽지(竹旨)·천존(天存) 등을 시켜 나가 막게 하였다. 그러나 부딪쳐 싸워 열흘이 지나도 물러가지 아니하므로 군사를 내어 도살성(道薩城) 아래 진을 치고, 유신이 군중에게 이르기를 "오늘 반드시 백제의 첩자가 올 것이니 너희는 모르는 척하고 누구냐는 검문도 말라" 하였다. 그리고 곧 사람을 시켜 진중에 돌아다니며 말하기를 "견고한 적의 성이 움직이지 않으니 구원병을 기다려 명일에 결전하자" 하였다. 첩자가 이를 듣고 돌아가 은상에게 보고하자 은상 등은 증원군이 있다고 여겨 의구심이 없지 않았다. 이에 유신 등이 나가 쳐 백제군을 대패시키니, 사로잡은 장사의 수효가 100명에 달하고, 군사 8,980명의 머리를 베고, 전마 1만 필을 빼앗고, 무기 등속은 이루 헤아릴 수 없는 정도였다.

4년 여름 4월, 조서를 내려 진골(眞骨)이 작위에 있을 때 아홀(牙笏 : 상아로 만든 홀)을 손에 갖도록 하였다. 6월, 사신을 당에 보내어 백제 군사를 쳐부순 것을 알리고, 또 왕은 오언(五言)의 태평송(太平頌)을 지어 비단에 써서 춘추의 아들 법민(法敏)을 보내어 당제(唐帝)에게 올렸다. 그 글은 다음과 같다.

거룩할사 당나라 큰 업을 개창하여
황가의 정치 경륜 높고 창성쿠려.
싸움을 끝맺어 천하를 안정하고
백왕(百王)의 뒤를 이어 문치를 닦았도다.

천도를 통어하니 귀한 비 내리고
　　만물을 다스리니 물체마다 광채로다.
　　어질음 깊고 깊어 일월과 어울리고
　　운수는 맞추어 해마다 태평하고.
　　큰 깃발 잔 깃발 저리도 혁혁하며
　　징소리 북소리 저리도 쟁쟁한가.
　　명령을 어기는 저 바깥 되놈들은
　　하늘이 죄를 내려 엎어지고 말 거로세.
　　멀거나 가깝거나 풍속 마냥 순박하고
　　여기저기 다투어 상서를 바치도다.
　　촛불같이 밝아라 옥같이 화(和)하여라.
　　일월과 오성이 만방을 돌듯이
　　산악의 기운받아 재상들 태어나고
　　임금님은 충량한 신하만을 믿으시네.
　　삼황오제 뭉치어 한덩이 덕이 되니
　　길이길이 빛나리 우리 당나라.

　고종은 아름답게 여기고 범민에게 대부경(大府卿)을 제수하여 돌려 보냈다. 이 해에 비로소 중국의 연호 영휘(永徽)를 사용하게 되었다.
　사신(史臣)은 논한다.
　하·은·주 3대 때 정삭(正朔)을 고치고 후대에 연호를 일컬은 것은 다 통일성을 크게 만들어 백성들의 이목을 새롭게 하자는 까닭이었다. 그러므로 때를 타고 함께 맞서서 천하를 다투거나 또는 간웅(姦雄)이 틈을 타고 나와 신기(神器)를 노리는 처지가 아니면, 천자의 나라에 소속된 편방 소국은 사사로이 연호를 이름지어 쓸 수 없는 것이다. 신라의 경우는 일심으로 중국을 섬기어 사행과 조공이 길에 끊이지 아니하면서도 법흥왕이 연호를 자칭하였으니 의심스러운 일이다. 그 뒤에도 그릇된 그대로 여러 해를 지났으며 태종의 꾸지람을 듣고서도 오히려 머뭇거리다가 이제와서야 비로소 당의 연호를 시행하였으니 비록 마지못해 한 일이기는 하나 돌이켜 생각하면 허물을 지었지만 능히 고쳤다고 할 수 있을 것이다.

5년 봄 정월, 1일에 왕이 조원전(朝元殿)에 나앉아 백관의 신정 축하를 받았다. 신년 하례가 이에서 시작되었다. 2월, 품주(稟主)를 집사부(執事部)로 고치고 파진찬 죽지(竹旨)를 승진시켜 집사중시(執事中侍)로 삼아 기밀에 속한 사무를 관장케 하였다. 파진찬 김인문(金仁問 : 김춘추의 둘째아들)이 당에 들어가 조공하고 이내 숙위로 머물러 있었다.

6년 봄 정월, 파진찬 천효(天曉)를 좌리방부령(左理方府令)으로 삼았다. 사신을 당에 보내어 조공하였다. 3월, 서울에 큰눈이 왔다. 대궐의 남문이 까닭없이 무너졌다.

7년 겨울 11월, 사신을 당에 보내어 금총포(金總布)를 헌납하였다.

8년 봄 3월, 왕이 죽으니 시호를 진덕이라 하고 사량부에 장사지냈다. 당 고종이 부음을 듣고 영광문(永光門)에서 추도식을 거행하고 대상승(大常丞) 장문수(張文收)로 사절을 삼아 조제(弔祭)케 하며 전왕(前王)에게 개부의동삼사(開府儀同三司)를 추증하고 채단(綵段) 300필을 하사하였다. 나라 사람이 시조 혁거세로부터 진덕왕까지 28왕을 성골(聖骨)이라 하고, 무열왕으로부터 말왕까지는 진골(眞骨)이라 한다〔당의 영호징(令狐澄)의 신라기에 "그 나라 왕족은 제1골이라 하고 나머지 귀족은 제2골이라 한다" 하였음〕.

태종무열왕(太宗武烈王)

태종무열왕(太宗武烈王)이 즉위하니 휘는 춘추(春秋)요, 진지왕의 아들 이찬 용춘(龍春 : 또는 용수(龍樹))의 아들(당서(唐書)에는 진덕(眞德)의 아우로 되었으니 그것은 잘못된 것임)이다. 어머니는 천명부인(天命夫人)이니 진평왕의 딸이요, 비는 문명부인(文明夫人)이니 각찬 서현(舒玄)의 딸이다. 왕의 의표가 영특하여 어려서부터 세상을 바로잡을 뜻을 품었다. 진덕왕을 섬겨 벼슬이 이찬에 이르고 당의 황제는 특진관을 제수하였다. 진덕왕이 죽자 여러 사람이 이찬 알천에게 섭정을 청하나 알천은 굳이 사양하며 "나는 나이도 이미 늙었고 이렇다 할 덕행도 없으니, 지금 덕망이 융숭한 춘추공 같은 이는 실로 세상을 바로잡을 영걸이라 할 수 있다" 하므로, 드디어 왕으로 추대하니 춘추는 세 번 사양하다가 마지못해 즉위하였다.

원년(654) 여름 4월, 왕의 아버지를 문흥대왕(文興大王), 어머니를 문정태후(文貞太后)로 추봉하였다. 대사령을 내렸다. 5월, 이방부령(理方府令) 양수(良首) 등으로 하여금 법률을 세밀히 연구하여 이방부격(理方府格) 60여 조를 수정하였다. 당이 사신을 보내어 예를 갖추어 책봉하여 개부의동삼사신라왕(開府儀同三司新羅王)을 삼으니 왕은 사신을 당에 보내어 감사를 표하였다.

2년 봄 정월, 이찬 김강(金剛)을 승진시켜 상대등으로 삼고, 파진찬 문충(文忠)을 중시(中侍)로 삼았다. 고구려가 백제·말갈과 군사를 모아 우리 북방 경계를 침범하여 성을 빼앗으니 왕은 사신을 보내어 당에 들어가 구원을 청하였다. 3월, 당은 영주도독(營州都督) 정명진(程名振)을 보내어 군사를 거느리고 고구려를 공격하였다. 장자 법민(法敏)을 세워 태자를 삼고 서자 문왕은 이찬, 노차(老且)는 해찬(海湌), 인태(仁泰)는 각찬(角湌), 지경(智鏡)·개원(愷元)은 각각 이찬을 삼았다. 겨울 10월, 우수주(牛首州:^春_川)에서 흰사슴을 진상하고 굴불군(屈弗郡:^{安東郡}_{臨河面})에서 흰 돼지를 진상하였는데 머리는 하나, 몸은 둘, 발은 여덟이었다. 왕녀 지조(智照)가 대각찬 김유신에게 시집갔다. 월성 안에 고루(鼓樓)를 세웠다.

3년 김인문이 당에서 돌아와 드디어 군주(軍主)에 임명되어 장산성(獐山城:^{경북}_{慶山})을 쌓았다. 가을 7월, 왕자 우무위장군 문왕을 당에 보내어 조회하였다.

4년 가을 7월, 일선군에 큰물이 져서 물에 빠져 죽은 자가 300여 명이었다. 동쪽 토함산에서 땅이 타다가 3년 만에 불이 사라졌다. 흥륜사의 문이 저절로 무너졌다. 북쪽에 있는 바위가 무너져 산산이 부서지면서 쌀이 되므로 먹어 보니 묵은 창고미와 같았다.

5년 봄 정월, 중시 문충(文忠)을 이찬으로 바꾸고, 문왕을 중시로 삼았다. 3월, 왕은 하슬라 땅이 말갈과 연접하여 백성이 편안치 못하므로 경(京)의 명칭을 없애고 주를 만들어 도독을 두어 지키게 하였다. 그리고 또 실직(悉直:^삼_척)으로 북진(北鎭)을 만들었다.

6년 여름 4월, 백제가 자주 경계선을 침범하니 왕은 장차 칠 작정으로 사신을 당에 보내어 군사를 청하였다. 가을 8월, 아찬 진주(眞珠)로 병부령을 삼았다. 9월, 하슬라주에서 흰 새를 진상하였다. 공주(公州) 기군강(基郡

江)에서 강 속의 큰 물고기가 나와 죽었는데 길이가 백 자였다. 그 물고기를 먹은 자는 다 죽었다. 겨울 10월, 왕이 조정에 앉아 당에 청병한 답신이 아직 없으므로 근심하는 빛이 외모에 나타나자, 갑자기 작고한 신하 장춘(長春)·파랑(罷郎)과 같은 사람이 왕 앞에 나타나 아뢰기를 "신이 비록 죽은 백골이나마 나라에 보답할 마음이 있사옵기로 어제 당에 가서 황제가 대장군 소정방 등에게 명하여 군사를 거느리고 내년 5월에 백제를 치기로 한 것을 알아 냈습니다. 대왕께서 이처럼 기다리고 계시므로 알려드리는 것입니다" 하고 말이 끝나자 사라져 버렸다. 왕은 매우 이상히 여겨 두 집 자손에게 후히 상을 주고 따라서 소속 관원으로 하여금 한산주에 장의사(莊義寺)를 창건하여 그들의 명복을 빌게 하였다.

 7년 봄 정월, 상대등 김강이 죽으니 이찬 김유신을 승진시켜 상대등으로 삼았다. 3월, 당 고종이 좌무위장군 소정방을 신구도행군대총관(神丘道行軍大總管)으로, 김인문을 부대총관으로 임명하여 좌효위장군(左驍衛將軍) 유백영(劉伯英) 등 수륙군(水陸軍) 13만 명을 거느리고 백제를 치게 함과 동시에, 칙지를 내려 왕을 우이도행군총관(嵎夷道行軍摠管)을 삼아 군사를 거느리고 나아가 성원케 하였다. 여름 5월, 왕은 유신(庾信)·진주(眞珠)·천존(天存) 등과 더불어 군사를 거느리고 서울을 떠나 6월, 남천정(南川停)에 주둔하였다. 정방(定方)은 협주(莢州 : 山東省 掖縣)에서 출발하여 천리를 잇는 전선을 거느리고 동을 향하여 물길을 따라 내려왔다. 왕은 태자 법민을 보내어 병선 100척을 거느리고 나아가 덕물도에서 소정방을 영접하게 하였다. 소정방은 법민에게 이르기를 "나는 7월 10일에 백제 남쪽에 당도하여 군사와 회합하여 의자왕의 도성을 쳐부수려 하오" 하므로, 법민은 말하기를 "우리 대왕이 지금 대군을 고대하고 계시는 터이라 만약 대장군이 오셨다는 말을 들으시면 반드시 잠자리에서 식사를 하고 오시리다" 하였다. 정방은 기뻐하며 법민을 환송하여 신라병을 징발케 하였다. 법민이 돌아와서 "정방의 군의 위세가 매우 성대하오" 하고 말하자 왕은 기쁨을 금치 못하여 또 태자로 하여금 대장군 김유신, 장군 품일(品日)·흠춘(欽春 : 또는 흠순(欽純)) 등과 더불어 정병 6만을 거느리고 응원케 하고 왕은 금돌성(今突城 : 尙州 白華山)에 진주하였다.

 가을 7월, 김유신 등이 군사를 이끌고 황산의 평야로 나가니 백제의 장군 계백(堦伯)이 군사를 거느리고 와 먼저 요지를 점령하여 세 개의 진영을 만들고 기다리므로, 김유신 등은 군사를 세 길로 나누어 네 번을 싸웠으나 다 이롭지 못하여 병사들은 힘이 빠지게 되었다. 장군 흠순이 그 아들 반굴(盤屈)에게 이르기를 "신하가 되면 충신이 되어야 하고 자식이 되면 효자가 되어야 한다. 위태함을 보면 목숨을 바치는 것만이 충과 효를 다 갖추는 길이다" 하자, 반굴은 "삼가 명령을 받들겠습니다" 하고 이에 진중으로 들어가 힘껏 싸우다 죽었다.

좌장군 품일이 그 아들 관창(官昌 : 또는 관장(官狀))을 불러 말 앞에 세우고 여러 장수에게 보이면서 "우리 아이가 나이는 겨우 16세이나 의기는 자못 용감하다. 오늘의 싸움에 있어 능히 삼군의 표본이 되겠느냐?" 하였다. 관창은 "그렇게 하렵니다" 하고 갑마 단창(甲馬單槍)으로써 바로 적진에 달려들다가 적에게 사로잡히어 계백에게 이끌려 갔다. 계백은 갑옷을 벗긴 뒤 그가 젊고 또 날램을 아끼어 차마 죽이지 못하며 탄식하는 말이 "신라는 대적할 수 없는 나라다. 소년도 저러한데 하물며 장년이랴" 하고 살려 보내게 하였다. 관창은 와서 자기 부친에게 고하기를 "제가 적진 중에 들어가서 장수의 목을 못베고 깃발도 못 뽑았으니 어찌 죽음을 두려워함이 아니겠습니까" 하고 말이 끝나자 손으로 우물물을 움켜 마시고서 다시 적진을 향해 뛰어들어 날래게 싸우니 계백이 사로잡아 목을 베어 말안장에 달아서 돌려 보냈다.

품일은 그 머리를 붙들고 피눈물루 옷소매를 적시며 "우리 아이 면목이 살아 있는 것 같다. 능히 나라일에 죽었으니 다행하다" 하니 삼군이 보고 강개하여 죽을 뜻을 품고 북을 치며 나아갔다. 백제군을 크게 무너뜨려 계백은 전사하고 좌평 충상(忠常)·상영(常永) 등 20여 명을 사로잡았다. 이 날에 소정방이 부총관 김인문과 함께 기벌포(伎伐浦 : 장항)에 도착하여 백제군을 만나 싸워 크게 무너뜨렸다. 김유신 등이 당군의 진영에 이르니 소정방은 늦게 왔다는 이유를 들어 신라 독군(督軍) 김문영(金文穎 : 穎은 혹 永이라고도 씀)의 목을 군문 앞에서 베려 하므로 김유신은 여러 사람에게 말하기를 "대장군이 황산의 싸움을 보지 못하고 늦게 왔다고 죄를 주려는 모양이나, 나는 결코 죄없이 욕을 받을 수 없다. 반드시 당군과 먼저 싸움을 결정한 다음에 백제를 부수겠다" 하고 군문 앞에서 창을 짚고 서자 성난 머리칼은 꼿꼿이 서고 허리에 찬 보검은 저절로 움직여 칼집을 벗어났다. 소정방의 우장군 동보량(董寶亮)이 소정방의 발을 밟을 듯이 서서 말하기를 "신라군이 변란을 일으킬 모양입니다" 하니 소정방은 드디어 문영의 죄를 묻지 아니하였다.

　백제 왕자 좌평 각가(覺伽)로 하여금 편지를 소정방에게 보내어 퇴병해 줄 것을 애걸하자 정방은 껄껄 웃었다. 12일, 당군이 우리 군사와 함께 나아가 백제 도성을 포위하기 위해 소부리(所夫里) 벌에 당도하였다. (소정방은 꺼리어 전진하지 않으므로) 김유신이 회유하여 양국 군사들이 네 길로 나란히 쳐들어갔다. 백제 왕자가 또 상좌평(上佐平)을 시켜 많은 음식을 보내왔는데 소정방은 이를 물리쳤다. 왕의 서자는 몸소 좌평 6명과 함께 앞에 나와 죄주기를 청하였으나 또 물리쳤다. 13일, 백제 의자왕은 좌우를 거느리고 밤에 도망하여 달아나 웅진성을 보존하고, 의자왕의 아들 융(隆)이 대좌평(大佐平) 천복(天福) 등과 함께 나와 항복하였다. 법민은 융을 말 앞에 꿇리고 그 낯에 침을 뱉으며 꾸짖기를 "지난날 네 아비가 무죄한 내 누이를 죽여 옥(獄) 속에 묻은 일이 있다. 그리하여 나로 하여금 20년간을 마음 졸이며 머리를 앓게 하였다. 오늘날 네 목숨은 나의 손에 달렸다" 하자 융은 땅에 엎드려 아무런 대답이 없었다. 18일, 의자왕은 태자 및 웅진 방령군(熊津方領軍) 등을 인솔하고 웅진성(熊津城)에서 나와 항복하였다. 왕은 의자왕이 항복하였다는 소문을 듣고 금돌성으로부터 소부리성에 이르러 제감 천복(天福)을 당에 보내어 전공(戰功)을 보고하였다.

　8월 2일, 큰 잔치를 베풀고 장병을 위로하는데 왕과 정방 및 여러 장군은 당상에 앉고, 의자 및 그 아들 융은 당하에 앉히고 의자를 시켜 술을 따르게 하니, 백제의 좌평 등 여러 신하는 목메어 눈물을 흘리지 않는 자 없었다. 이 날 모척(毛尺)을 잡아 베어 죽였다. 모척은 본디 신라 사람으로 백제로 도망하여 대야성의 검일(黔日)과 공모하여 성을 함락되도록 하였기 때문에 죽인 것이다. 또 금일을 잡아내어 그 죄를 세어 말하기를 "네가 대야성에 있으면서 모척과 공모하고 백제의 군사를 끌어들여 창고를 불살라서 성중이 먹을 것이 없게 함으로써 패전하였으니 그 죄목이 하나이고, 품석 부부를 협박하여 죽였으니 그 죄목이 둘이고, 백제군과 함께 본국을 공격하였으니 그 죄목이 셋이다" 하고 찢어 죽여 시체를 강물에 던졌다.

　남은 적이 남잠(南岑)·정현(貞峴)·(글자빠짐)성에 의거하고 또 좌평 정무(正武)가 무리를 모아 두시(豆尸) 원악(原嶽)에 진을 치고 당나라와 신라인을 노략질했다. 26일, 임존(任存 : 大𣾷)의 큰 울짱을 쳤으나 적군이 많고 지세가 험해 이길 수 없었다. 9월 3일, 소정방이 낭장 유인원(劉仁願)에게 군사 1만 명을 주어 사비성(泗沘城)을 지키게 하니 왕자 인태(仁泰)와 사찬 일원(日原), 급찬 길나(吉那)로 하여금 군사 7,000명으로써 보좌케 하였다. 소정방은 백제왕 및 왕족과 신료(臣僚) 등 93명, 백성 1만 2,000명을 데리고 사비성으로부터 배를 타고 당으로 돌아가는데, 김인문, 사찬 유돈(儒敦), 대내마 중지(中知) 등이 동행하였다. 23일, 백제의 잔당이 사비에 들어오니 유인원이 군사를 내어 쳐 쫓았다. 적이 후퇴하여 사비의 남령(南嶺)에 올라가 4, 5개의 기지를 만들고 거기에 모여 틈을 노리며 성읍을 약탈하니 백제 사람이 배반하여 이에 호응하는 자도 20여 성에 달하였다. 당제(唐帝)가 좌위중랑장(左衞中郞將) 왕문도(王文度)를 보내 웅진도독(熊津都督)을 삼았다. 왕문도는 삼년산성에 도착하여 조서를 전하는데, 왕문도는 동쪽을 향하여 서고 왕은 서쪽을 향하여 섰다. 황제의 명령을 전한 뒤에 왕문도는 왕에게 선물을 주려 하다가 갑자기 병이 나서 죽으니 그의 수행원이 대리하여 일을 끝마쳤다.

10월, 왕은 태자 및 군사를 거느리고 이례성(爾禮城 : 논산군 연산면)을 공격하여 열흘 만에 그 성을 빼앗고 관을 두어 지키니 백제의 20여 성이 겁내어 다 항복하였다. 30일, 사비 남쪽 마루에 있는 적군의 기지를 들이쳐 1,500명의 머리를 베었다. 11월 1일, 고구려가 칠중성을 쳐들어오니 군주 필부(匹夫)가 싸우다 죽었다. 5일, 왕은 계탄(鷄灘 : 붕여)을 건너 왕흥사잠성(王興寺岑城)에 있는 적을 공격하여 마침내 이기고 700명의 머리를 베었다. 22일, 왕은 백제에서 돌아와 전공을 따져서 계금(罽衿) 졸선복(卒宣服)에게 급찬을, 군사(軍師) 두질(豆迭)에게 고간(高干)을 주었는데 그들은 모두 전사하였다. 유사지(儒史知)·미지활(未知活)·보홍이(寶弘伊)·설유(屑儒) 등 네 명에게 등급을 나누어 관직을 주었다. 그리고 백제의 관민도 다 그 재능을 헤아려 등용하니, 좌평 충상(忠常)·상영(常永), 달솔 자간(自簡)은 일길찬의 위를 제수받아 총관에 보직되고, 은솔(恩率) 무수(武守)는 대내마의 위를 제수받아 대감에 보직되고, 은솔 인수(仁守)는 대내마의 위를 제수받아 제감에 보직되었다.

8년 봄 2월, 백제의 잔적이 사비성을 치니, 왕은 이찬 품일을 대장군으로 삼고 잡찬 문왕, 대아찬 양도(良圖), 아찬 충상 등은 부장, 잡찬 문충은 상주장군(上州將軍)으로 삼고, 아찬 진왕(眞王)은 부장, 아찬 의복(義服)은 하주장군(下州將軍)으로 삼고 무훌(武欻)·욱천(旭川) 등을 남천대감(南川大監)으로 삼고, 문품(文品)은 서당장군(誓幢將軍)으로 삼고, 의광(義光)은 낭당장군(郎幢將軍)으로 삼아 가서 구원케 하였다. 3월 5일, 중로에 이르러 품일은 휘하의 군사를 나누어 먼저 떠나 두량윤성(豆良尹城)〔尹은 伊로도 되었음〕 남쪽으로 가서 진을 살펴보는데, 백제군이 신라의 진이 정돈되지 않음을 바라보고 갑자기 나와 불의에 들이치니, 우리 군사가 놀라 무너져 달아났다. 12일, 대군이 고사비성 밖에 주둔하였다가 두량윤성을 진격하였으나 한달 엿새가 되도록 이기지 못하였다.

　여름 4월, 군사를 돌이키는데 대당(大幢)·서당(誓幢)은 먼저 떠나고 하주군(下州軍)은 뒤에 떨어져 빈골양(賓骨壤: $^{古卑}_{東}$)에 이르렀다. 백제군을 만나 싸워 패하여 후퇴하였는데 죽은 자는 적었으나 무기와 치중(輜重)을 잃은 것이 매우 많았다. 상주낭당(上州郎幢)은 각산(角山)에서 적을 만나 진격하여 이기고 드디어 백제군의 기지에 들어가 2,000명의 머리를 베었다. 왕은 우리 군이 패했다는 소식을 듣고 크게 놀라 장군 김순(金純)·진흠(眞欽)·천존(天存)·죽지(竹旨)를 보내고 군사를 증원하여 구원케 한 바, 김순 등은 가시혜진(加尸兮津)에 이르러 군이 퇴각한다는 소식을 듣고 가소천(加召川)까지 갔다가 돌아왔다. 왕은 여러 장군의 패적(敗績)을 들어 벌주되 등급을 두었다.

　5월 9일, 고구려 장군 뇌음신(惱音信)이 말갈 장군 생해(生偕)와 합군하여 술산성(述山城)을 공격하다가 이기지 못하고 옮기어 북한산성을 공격하여 포차(抛車)를 벌려 놓고 돌팔매를 날리어 맞은 곳에는 담장과 집이 곧장 무너지니, 성주의 대사(大舍) 동타천(冬陁川)이 사람을 시켜 마름쇠를 성밖에 던져서 인마가 잘 못다니게 하였다. 또 안양사(安養寺)의 창고를 헐어 그 재목을 실어다가 성의 무너진 곳마다 다락을 만들어 굵은 줄로써 그물 맺듯이 엮어서 우마(牛馬)의 가죽이나 솜옷 등속을 걸어 매고 그 안에다 활과 포를 준비하여 지켰다. 그때 성안에는 남녀 2,800명만이 있었는데 성주 동타천이 능히 어린이와 노약자들을 격려하여 강대한 적과 대항하기를 무릇 20일에 이르렀으나 군량은 떨어지고 힘은 지쳤다. 동타천이 지성으로 하느님께 축원하자 문득 큰 별이 적의 진영에 떨어지고 또 적은 공포심이 들어 포위를 해제하고 떠났다. 왕은 동타천을 가상히 여겨 대내마의 위에 올렸다. 압독주(押督州)를 대야(大耶)로 옮기고 아찬 종정(宗貞)을 도독으로 삼았다.

6월, 대관사(大官寺)의 우물물이 변하여 피가 되고, 금마군(金馬郡)에서는 땅에서 피가 흘러 너비가 5보쯤 되었다. 왕이 죽으니 시호를 무열(武烈)이라 하고 영경사(永敬寺) 북쪽에 장사지냈으며, 호를 태종(太宗)이라 하였다. 당 고종은 부음(訃音)을 듣고 낙성문(洛城門)에서 추도식을 거행하였다.

주

*1. 속세를 도월(度越)하여 중이 된다는 뜻임.
*2. 서경(書經) 목서(牧誓)에 "암탉은 새벽이 없는 법이니 암탉이 울면 집안이 어지럽다"(牝鷄無晨 牝鷄之晨惟家之索)라 했는데 이는 주(紂)가 달기(妲己)의 말만 믿고 정사를 하였기 때문에 생긴 말임.
*3. 주역 구괘(姤卦)에 있는 말로, 즉 영약(羸弱)한 돼지가 비록 강맹(强猛)하지 못하지만 본디 음조(陰躁)한 물건이라 그 마음은 늘 척촉에 있다는 것임.
*4. 정월(正月) 삭일(朔日)인데, 고대(古代)에 왕자(王者)가 역성(易姓)되면 정삭(正朔)을 고친다. 이를테면 하(夏)는 인월(寅月)을 세수(歲首)로 하여 인통(人統)이 되고, 은(殷)은 축월(丑月)을 세수(歲首)로 하여 지통(地統)이 되고, 주(周)는 자월(子月)을 세수로 하여 천통(天統)이 된 것과 같은데, 이것을 삼통(三統)이라고도 한다. 진(秦)은 해월(亥月)로 세수를 삼아 한(漢)의 초기에도 그대로 쓰다가 무제(武帝)가 고쳐서 하정(夏正)을 청말(淸末)까지 썼다.

三國史記 卷 第五

新羅本紀 第五 善德王 眞德王 太宗王

善德王立 諱德曼 眞平王長女也 母金氏 摩耶夫人 德曼性 寬仁明敏 王薨 無子 國人立德曼 上號聖祖皇姑 前王時 得自唐來牡丹花圖幷花子 以示德曼 德曼

曰 此〈花〉〈雖〉〈絶〉〈艷〉〈而〉〈必〉〈無〉〈香〉氣 王笑曰 爾何以〈知〉之 〈對〉〈曰〉〈圖〉〈畵〉〈無〉蜂〈蝶〉〈故〉〈知〉之 大抵女有國色 〈男〉〈隨〉〈之〉 〈花〉〈有〉〈香〉〈氣〉〈蜂〉〈蝶〉〈隨〉〈之〉(〈 〉〈 〉...,參攷遺事及通鑑 意補)故也 此花絶艷 而圖畵又無蜂蝶 是必無香花 種植之果如所言 其先識如此.

元年 二月 以大臣乙祭摠持國政 夏五月 旱 至六月 乃雨 冬十月 遣使 撫問國內鰥寡孤獨不能自存者 賑恤之 十二月 遣使入唐朝貢.

二年 春正月 親祀神宮 大赦 復諸州郡一年租調 二月 京都地震 秋七月 遣使大唐朝貢 八月 百濟侵西邊.

三年 春正月 改元仁平 芬皇寺成 三月 雹 大如栗.

四年 唐遣使持節 册命王爲柱國樂浪郡公新羅王 以襲父封 靈廟寺成 冬十月 遣伊湌水品－龍樹(一云龍春) 巡撫州縣.

五年 春正月 拜伊湌水品爲上大等 三月 王疾 醫禱無效 於皇龍寺 設百高座 集僧 講仁王經 許度僧一百人 夏五月 蝦蟆大集宮西玉門池 王聞之 謂左右曰 蝦蟆怒目 兵士之相也 吾甞聞西南邊 亦有地名玉門谷者 〈其〉〈或〉〈有〉〈隣〉〈國〉〈兵〉(其或以下六字 意補) 潛入其中乎 乃命將軍閼川〈弼〉〈呑〉〈率〉〈兵〉〈往〉〈搜〉〈之〉(弼呑以下七字 參照遺事及通鑑 以補之) 果百濟將軍于召欲襲獨山城 率甲士五百人 來伏其處 閼川掩擊盡殺之 慈藏法師 入唐求法.

六年 春正月 拜伊湌思眞爲舒弗邯 秋七月 拜閼川爲大將軍.

七年 春三月 七重城南 大石自移三十五步 秋九月 雨黃花 冬十月 高句麗侵北邊七重城 百姓驚擾 入山谷 王命大將軍閼川 安集之 十一月 閼川與高句麗兵戰於七重城外 克之 殺虜甚衆.

八年 春二月 以何瑟羅州爲北小京 命沙湌眞珠鎭之 秋七月 東海水赤 且熱 魚鼈死.

九年 夏五月 王遣子弟於唐 請入國學 是時 太宗大徵天下名儒爲學官 數幸國子監 使之講論 學生能明一大經已上 皆得補官 增築學舍千二百間 增學生萬三千二百六十員 於是 四方學者雲集京師 於是 高句麗－百濟－高〈昌〉－〈吐〉蕃(昌及吐 據唐書儒學傳補之) 亦遣子弟入學.

十一年 春正月 遣使大唐獻方物 秋七月 百濟王義慈大擧兵 攻取國西四十餘城 八月 又與高句麗謀 欲取黨項城 以絶歸唐之路 王遣使 告急於太宗 是月 百濟將軍允忠 領兵 攻拔大耶城 都督伊湌品釋－舍知竹竹－龍石等死之 冬 王將

伐百濟 以報大耶之役 乃遣伊湌金春秋於高句麗 以請師 初大耶之敗也 都督品
釋之妻死焉 是春秋之女也 春秋聞之 倚柱而立 終日不瞬 人物過前而不之省 旣
而言曰 嗟乎大丈夫 豈不能呑百濟乎 便詣王曰 臣願奉使高句麗 請兵 以報怨於
百濟 王許之 高句麗王高臧 素聞春秋之名 嚴兵衛而後見之 春秋進言曰 今百濟
無道 爲長蛇封豕 以侵軼我封疆 寡君願得大國兵馬 以洗其恥 乃使下臣致命於
下執事 麗王謂曰 竹嶺本是我地分 汝若還竹嶺西北之地 兵可出焉 春秋對曰 臣
奉君命 乞師 大王無意救患以善隣 但威劫行人 以〈要〉〈歸〉地 臣有死而已 不知
其他 臧怒其言之〈不〉〈遜〉(◇◇ 據通鑑 追補之) 〈囚〉之別館 春秋潛使人告本國
王 王命大將軍金庾信 領死士一萬人赴地 庾信行軍過漢江 入高句麗南境 麗王
聞之 放春秋以還 拜庾信爲押梁州軍主.

　十二年 春正月 遣使大唐獻方物 三月 入唐求法高僧慈藏還 秋九月 遣使大唐
上言 高句麗−百濟 侵凌臣國 累遭攻襲數十城 兩國連兵 期之必取 將以今玆九
月大擧 下(下, 册府元龜作臣)國社稷 必不獲全 謹遣陪臣 歸命大國 願乞偏師
以存救援 帝(帝 新舊本 幷作而 據册府元龜改之)謂使人曰 我實哀爾爲二國所
侵 所以頻遣使人 和爾三國 高句麗−百濟 旋踵翻悔 意在呑滅 而分爾土宇 爾
國設何奇謀 以免顚越 使人曰 吾(吾 册府元龜作臣)王事窮計盡 唯告急大國 冀
以全之 帝曰 我少發邊兵 摠契丹靺鞨 直入遼東 爾國自解 可緩爾一年之圍 此
後知無繼兵 還肆侵侮 四國俱擾 於爾未安 此爲一策 我又能給爾數千朱袍丹幟
二國兵至 建而陳之 彼見者 以爲我〈兵〉(◇ 據册府元龜補之) 必皆奔走 此爲二
策 百濟國恃(恃 同書作負)海之隘(隘 同書作險) 不修機械 男女紛(紛 同書作
分)雜 互(互 同書作好)相燕聚 我以數十百船 載以甲卒 銜枚泛海 直襲其地 爾
國以婦人爲主 爲隣國輕侮 失主延寇 靡歲休寧 我遣一宗支(支 册府元龜作枝)
與(與 同書作以)爲爾國主 而自不可獨王(王 同書作往) 當遣兵營護 待爾國安
任爾自守 此爲三策 爾宜思之 將從何事 使人但唯而無對 帝嘆(嘆 同書作難)其
庸鄙非乞師−告急之才也.

　十三年 春正月 遣使大唐獻方物 太宗遣司農丞相里玄奬 齎璽書 賜高句麗曰
新羅委命國家 朝貢不闕 爾與百濟 宜卽戢兵 若更攻之 明年當出師 擊爾國矣
蓋蘇文謂玄奬曰 高句麗−新羅怨隙已久 往者 隋室相侵 新羅乘釁 奪高句麗五
百里之地 城邑皆據有之 非返地還城 此兵恐未能已 玄將曰 已往之事 焉可追論
蘇文竟不從 秋九月 王命庾信爲大將軍 領兵伐百濟 大克之 取城七.

十四年 春正月 遣使大唐貢獻方物 庾信自伐百濟還 未見王 百濟大軍復來寇邊 王命〈拒〉〈之〉(◊◊ 最近諸本皆補作庾信 然文意不順 今改補之) 遂不至家 往伐破之 斬首二千〈級〉〈三〉〈月〉〈還〉〈命〉(◊◊...據庾信傳 補之 ◊於王 未得歸家 又〈急〉報百濟復來侵 王以事急 乃曰 國之存亡 繫公一身 庶不憚勞 往其圖之 庾信又不歸家 晝夜鍊兵 〈西行〉道過宅門 一家男女 瞻望涕泣 公不顧而歸 三月 創造皇龍寺塔 從慈藏之請也 夏五月 太宗親征高句麗 王發兵三萬以助之 百濟乘虛 襲取國西七城 冬十一月 拜伊飡毗曇爲上大等.

十六年 春正月 毗曇–廉宗等 謂女主不能善理 因謀叛擧兵 不克 八日 王薨 諡曰善德 葬于狼山.(唐書云 貞觀二十一年卒 通鑑云 二十五(五 當作二)年卒 以本史考之 通鑑誤也)

論曰 臣聞之 古有女媧氏 非正是天子 佐伏羲理九州耳 至若呂雉 武曌 値幼弱之主 臨朝稱制 史書不得公然稱王 但書高皇后呂氏–則天皇后武氏者 以天言之 則陽剛而陰柔 以人言之 則男尊而女卑 豈可許姥嫗出閨房 斷國家之政事乎 新羅扶起女子 處之王位 誠亂世之事 國之不亡 幸也 書云 牝鷄之晨 易云 羸豕孚蹢躅 其可不爲之戒哉.

眞德王立 名勝曼 眞平王母弟 國飯(一云國芬)葛文王之女也 母朴氏 月明夫人 勝曼姿質豐麗 長七尺 垂手過膝.

元年 正月十七日 誅毗曇 坐死者三十人 二月 拜伊飡閼川爲上大等 大阿飡守勝爲牛頭州軍主 唐太宗遣使持節 追贈前王爲光祿大夫 仍冊命王爲柱國 封樂浪郡王 秋七月 遣使入唐謝恩 改元太和 八月 彗星出於南方 又衆星北流 (以下十六字缺) 冬十月 百濟兵圍茂山–甘勿–桐岑三城 王遣庾信 率步騎一萬以拒之 苦戰氣竭 庾信麾下丕寧子及其子擧眞入敵陣 急格死之 衆皆奮擊 斬首三千餘級 十一月 王親祀神宮.

二年 春正月 遣使大唐朝貢 三月 百濟將軍義直 侵西邊 陷腰車等一十餘城 王患之 命押督州都督庾信 以謀之 庾信於是 訓勵士卒 將以發行 義直拒之 庾信分軍 爲三道 夾〈擊〉〈之〉〈百〉〈濟〉(◊◊ 據新本補之)兵敗走 庾信追北 殺之幾盡 王悅 賞〈賜〉〈士〉〈卒〉有差 冬 使邯帙許 朝唐 太宗勅御使 問新羅臣事大朝 何以別稱年號 帙許言 曾是天朝未頒正朔 是故 先祖法興王以來 私有紀年 若大朝有命 小國又何敢焉 太宗然之 遣伊飡金春秋及其子文王(王 通鑑作汪 下同)

朝唐 太宗遣光祿卿柳亨 郊勞之 旣至 見春秋儀表英偉 厚待之 春秋請詣國學
觀釋尊及講論 太宗許之 仍賜御製溫湯及晉祠碑幷新撰晉書 嘗召燕見 賜以金帛
尤厚 問曰 卿有所懷乎 春秋跪奏曰 臣之本國 僻在海隅 伏事天朝 積有歲年 而
百濟强猾 屢肆侵凌 况往年 大擧深入 攻陷數十城 以塞朝宗之路 若陛下不借天
兵翦除凶惡 則敝邑人民盡爲所虜 則梯航述職無復望矣 太宗深然之 許以出師
春秋又請改其章服 以從中華制 於是 內出珍服 賜春秋及其從者 詔授春秋爲特
進 文王爲左武衛將軍 還國 詔令三品已上 燕餞之 優禮甚備 春秋奏曰 臣有七
子 願使不離聖明〈宿〉衛 乃命其子文注(注 通鑑作汪)與大監◇◇ 〈春〉〈秋〉〈還〉
〈至〉〈海〉〈上〉(◇◇ 據通鑑補之) 遇高句麗邏兵 春秋從者溫君解 高冠大衣 坐於
船上 邏兵見以爲春秋 捉殺之 春秋乘小船 至國 王聞之 嗟痛 追贈君解爲大阿
湌優賞其子孫.

三年 春正月 始服中朝衣冠 秋八月 百濟將軍殷相 率衆來 攻陷石吐等七城
王命大將軍庾信─將軍陳春─竹旨─天存等 出拒(拒 舊本作相 訛也)之 轉鬪經
旬 不解 進屯於道薩城下 庾信謂衆曰 今日必有百濟人來 諜汝等佯不知 勿敢誰
何 乃使徇于軍中曰 堅壁不動 明日待援軍 然後決戰 諜者聞之 歸報殷相 相等
謂有加兵 不能不疑懼 於是 庾信等進擊 大敗之 殺虜將士一百人 斬軍卒八千九
百八十級 獲戰馬一萬匹 至若兵仗 不可勝數.

四年 夏四月 下敎 以眞骨在位者 執牙笏 六月 遣使大唐 告破百濟之衆 王織
錦 作五言大平(平 舊本作乎 訛誤也)頌 遣春秋子法敏 以獻唐皇帝 其辭曰
〈大〉(大 唐書作巨 據舊唐書及遺事改)〈唐〉〈開〉洪業 巍巍皇猷昌 止戈戎衣(衣
遺事作威)定 修文〈繼〉(繼 同書作契)〈百〉〈王〉〈統〉天崇雨施 理物體含章 深仁
諧(諧 舊唐書作偕)日月(月 舊本作用) 撫運邁時康(時康 同書作陶唐 遺事作虞
唐) 幡旗何(何 舊唐書作旣)赫赫 鉦(鉦 遺事作錚)鼓何鍠鍠 外夷違命者 剪覆
被天殃 淳風疑(疑 兩唐書作凝)幽顯 遐邇競呈祥 四時和玉燭 七曜巡萬方 維嶽
降宰輔 維帝任忠良 五三成一德 昭我唐家皇(皇 舊唐書作光) 高宗嘉焉 拜法敏
爲大府卿 以還 是歲 始行中國永徽年號.

論曰 三代更正朔 後代稱年號 皆所以大一統 新百姓之視聽者也 是故 苟非乘
時幷起兩立而爭天下 與夫姦雄乘間而作 覬覦神器 則偏邦小國 臣屬天子之邦者
固不可以私名年 若新羅以一意事中國 使航貢篚 相望於道 而法興自稱年號 或
矣 厥後 勝愆襲謬 多歷年所 聞太宗之誚讓 猶且因循 至是然後 奉行唐號 雖出

於不得已 而抑可謂過而能改者矣.

五年 春正月朔 王御朝元殿 受百官正賀 賀正之禮 始於此 二月 改稟主爲執事部 仍拜波珍湌竹旨爲執事中侍 以掌機密事務◇◇◇〈遣〉(遣 據通鑑補之)波珍湌金仁問 入唐朝貢 仍留宿衛.

六年 春正月 以波珍湌天曉爲左理方府令 遣使大唐朝貢 三月 京都大雪 王宮南門 無故自毁.

七年 冬十一月 遣使大唐 獻金總布.

八年 春三月 王薨 諡曰眞德 葬沙梁部 唐高宗聞之 爲擧哀於永光門 使大常丞張文收 持節弔祭之 贈開府儀同三司 賜綵殷三百 國人謂始祖赫居世至眞德二十八王 謂之聖骨 自武烈至永(永 疑是末之誤)王 謂之眞骨 唐令狐澄新羅記曰 其國王族 謂之第一骨 餘貴族 第二骨.

太宗武烈王立 諱春秋 眞智王子伊湌龍春(一云龍樹)之子也(唐書以爲眞德之弟 誤也) 母天明夫人 眞平王女 妃文明夫人 舒玄角湌女也 王儀表英偉 幼有濟世志 事眞德位歷伊湌 唐帝授以特進 及眞德薨 群臣請閼川伊湌攝政 閼川固讓曰 臣老矣 無德行可稱 今之德望崇重 莫若春秋公 實可謂濟世英傑矣 遂奉爲王 春秋三讓 不得已而就位.

元年 夏四月 追封王考爲文興大王 母爲文貞太后 大赦 五月 命理方府令良首等 詳酌律令 修定理方府格六十餘條 唐遣使持節 備禮 冊命爲開府儀同三司新羅王 王遣使入唐表謝.

二年 春正月 拜伊湌金剛爲上大等 波珍湌文忠爲中侍 高句麗與百濟靺鞨 連兵 侵軼我北境 取三十三城 王遣使入唐求援 三月 唐遣營州都督程名振一左右衛中郎將蘇定方 發兵擊高句麗 立元子法敏爲太子 庶子文王爲伊湌 老且(且 遺事及通鑑作旦)爲海湌 仁泰爲角湌 智鏡一愷元 各爲伊湌 冬十月 牛首州獻白鹿 屈弗郡進白猪 一首二身八足 王女智照 下嫁大角湌庾信 立鼓樓月城內.

三年 金仁問自唐歸 遂任軍主 監築獐山城 秋七月 遣子右(右 當作左 見前)武衛將軍文王 朝唐.

四年 秋七月 一善郡大水 溺死者三百餘人 東吐含山地燃 三年而滅 興輪寺門自壞 (◇◇◇)北巖崩碎爲米 食之如陳倉米.

五年 春正月 中侍文忠改爲伊湌 文王爲中侍 三月 王以何瑟羅地連靺鞨 人不

能安 罷京爲州 置都督以鎭之 又以悉直爲北鎭.

　六年 夏四月 百濟頻犯境 王將伐之 遣使入唐乞師 秋八月 以阿湌眞珠爲兵部令 九月 何瑟羅州進白鳥 公州基郡江中 大魚出死 長百尺 食者死 冬十月 王坐朝 以請兵於唐不報 憂形於色 忽有人於王前 若先臣長春罷郎者 言曰 臣雖枯骨 猶有報國之心 昨到大唐 認得 皇帝命大將軍蘇定方等 領兵 以來年五月 來伐百濟 以大王勤佇如此 故玆控告 言畢而滅 王大驚異之 厚賞兩家子孫 仍命所司 創漢山州莊義寺 以資冥福.

　七年 春正月 上大等金剛卒 拜伊湌金庾信爲上大等 三月 唐高宗命左武衞大將軍蘇定方 爲神丘道行軍大摠管 金仁問爲副大摠管 帥左驍衞將軍劉伯英等 水陸十三萬〈軍〉〈以〉〈伐〉〈百〉(缺字中 以伐百三字 依通鑑補之)濟 勅王爲嵎夷道行軍摠管 何(何 當作使)將兵 〈爲〉〈之〉〈聲〉〈援〉(爲之以下四字 據通鑑補之) 夏五月二十六日 王與庾信―眞珠―天存等 領兵出京 六月十八日 次南川停 定方發自萊州 舳艫千里 隨流東下 二十一日 王遣太子法敏 領兵船一百艘 迎定方於德物島 定方謂法敏曰 吾欲以七月十日 至百濟南 與大王兵會 屠破義慈都城 法敏曰 大王立待大軍 如聞大將軍來 必蓐食而 至 定方喜 還遣法敏 徵新羅兵馬 法敏至言 定方軍勢甚盛 王喜不自勝 又命太子與大將軍庾信―將軍品日―欽春(春或作純)等 率精兵五萬應之 王次今突城 秋七月九日 庾信等進軍於黃山之原 百濟將軍堦(堦 列傳作階)伯擁兵而至 先據險 設三營 以待 庾信等 分軍爲三道 四戰不利 士卒力竭 將軍欽純謂子盤屈曰 爲臣莫若忠 爲子莫若孝 見危致命 忠孝兩全 盤屈曰 謹聞命矣 乃入陣 力戰死 左將軍品曰 喚子官狀(一云官昌) 立於馬前 指諸將曰 吾兒年纔十六 指氣頗勇 今日之役 能爲三軍標的乎 ◇◇〈官〉〈狀〉(◇◇... 據通鑑補之)曰唯 以甲馬單槍 徑赴敵陣 爲賊所〈擒〉 生致階伯 階伯俾脫冑 愛其少且勇 不忍加害 乃嘆曰 新羅不可敵也 少年尙如此 況壯士乎 乃許生還 官狀告父曰 吾入敵中 不能斬將搴旗者 非畏死也 言訖 以手掬井水飮之 更向敵陳疾鬪 階伯擒斬首 繫馬鞍以送之 品曰執其首 流血濕袂 曰吾兒面目如生 能死於王事 幸矣 三軍見之 慷慨有死志 鼓噪進擊 百濟衆大敗 階伯死之 虜佐平忠常―常永等二十餘人 是日 定方與副摠管金仁問等 致伎伐浦 遇百濟兵 逆擊大敗之 庾信等至唐營 定方以庾信等後期 將斬新羅督軍金文穎(或作永)於軍門 庾信言於衆曰 大將軍不見黃山之役 將以後期爲罪 吾不能無罪而受辱 必先與唐軍決戰 然後破百濟 乃杖鉞軍門 怒髮如植 其腰間寶劍 自躍出鞘 定方右

將董寶亮躡足曰 新羅兵將有變也 定方乃釋文穎之罪 百濟王子使左平覺伽 移書於唐將軍 哀乞退兵 十二日 唐羅軍◇◇◇圍義慈都城 進於所夫里之原 定方有所〈忌〉〈不〉〈能〉前 庾信說之 二軍勇敢 四道齊振 百濟王子又使上佐平 致饔饎豐腆 定方却之 王庶子躬與佐平六人 詣前乞罪 又揮之 十三日 義慈率左右 夜遁走 保熊津城 義慈子隆與大佐平千福等 出降 法敏跪隆於馬前 唾面罵曰 向者汝父枉殺我妹 埋之獄中 使我二十年間 痛心疾首 今日汝命在吾手中 隆伏地無言 十八日 義慈率太子及熊津方領軍等 自熊津城來降 王聞義慈降 二十九日 自今突城 至所夫里城 遣弟監天福 露布於大唐 八月二日 大置酒勞將士 王與定方及諸將 坐於堂上 坐義慈及子隆於堂下 或使義慈行酒 百濟佐平等群臣 莫不嗚咽流涕 是日 捕斬毛尺 毛尺本新羅人 亡入百濟 與大耶城黔日 同謀陷城 故斬之 又捉黔日 數曰 汝在大耶城 與毛尺謀 引百濟之兵 燒亡倉庫 令一城乏食致敗 罪一也 逼殺品釋夫妻 罪二也 與百濟來攻本國 罪三也 以〈四〉支解 投其尸於江水 百濟〈餘〉賊〈據〉南岑-貞峴◇◇◇城 又佐平正武聚衆 屯豆尸原嶽 抄掠唐羅人 二十六日 攻任存大柵 兵多地險 不能克 但攻破小柵 九月三日 郞將劉仁願以兵一萬人 留鎭泗沘城 王子人泰與沙湌日原-級湌吉那 以兵七千 副之 定方以百濟王及王族-臣寮九十三人-百生一萬二千人 自泗沘 乘船廻唐 金仁問與沙湌儒敦-大奈麻中知等 偕行 二十三日 百濟餘賊入泗沘 謀掠生降人 留守仁願出唐羅人 擊走之 賊退 上泗沘南嶺 竪四五柵 屯聚 伺隙 抄掠城邑 百濟人叛而應者二十餘城 唐皇帝遣左衛中郞將王文度爲熊津都督 二十八日 至三年山城傳詔 文度面東立 大王面西立 錫命後 文度欲以宣物授王 忽疾作 便死 從者攝位 畢事 十月九日 王率太子及諸軍 攻爾禮城 十八日 取其城 置官守 百濟二十餘城震懼 皆降 三十日 攻泗沘南嶺軍柵 斬首一千五百人 十一月一日 高句麗侵攻七重城 軍主匹夫 死之 五日 王行渡雞灘 攻王興寺岑城 七日乃克 斬首七百人 二十二日 王來自百濟 論功 以闕衿卒宣服爲級湌 軍師豆迭爲高于(于當作干) 戰死 儒史知-未知活-寶弘伊-屑儒等四人 許職有差 百濟人員 竝量才任用 佐平忠常-常永-達率自簡 授位一吉湌充職摠管 恩率武守 授位大奈麻充職大監 恩率仁守 授位大奈麻充職弟監.

八年 春二月 百濟殘賊 來攻泗沘城 王命伊湌品日爲大幢將軍 迊湌文王-大阿湌良圖-阿湌忠常等 副之 迊湌文忠爲上州將軍 阿湌眞王副之 阿湌義服爲下州將軍 武釵-旭川等爲南川大監 文品爲誓幢將軍 義光爲郞幢將軍 往救之 三

月五日 至中路 品日分麾下軍 先行 往豆良尹(一作伊)城南 相營地 百濟人望陣不整 猝出急擊不意 我軍驚駭潰北 十二日 大軍來屯古沙比城外 進攻豆良尹城一朔有六日 不克 夏四月十九日 班師 大幢誓幢先行 下州軍殿後 至賓骨壤 遇百濟軍 相鬪敗退 死者雖少 先(先 當作失)亡兵械輜重甚多 上州郞幢遇賊於角山 而進擊克之 遂入百濟屯堡 斬獲二千級 王聞軍敗 大驚 遣將軍金純-眞欽-天存-竹旨 濟師救援 至加尸兮津 聞軍退至加召川 乃還 王以諸將敗績 論罰有差 五月九日(一云十一日) 高句麗將軍惱音信與靺鞨將軍生偕 合軍 來攻述川城不克 移攻北漢山城 列抛車 飛石 所當陣屋輒壞 城主大舍冬陁川 使人 擲鐵蒺蔾於城外 人馬不能行 又破安養寺廩廥 輸其材 隋城壞處 卽構爲樓櫓 結絙網 懸牛馬皮-綿衣 內設弩砲以守 時城內只有男女二千八百人 城主冬陁川 能激勵少弱 以敵强大之賊 凡二十餘日 然糧盡力疲 至誠告天 忽有大星 落於賊營 又雷雨以震 賊疑懼 解圍而去 王嘉將冬陁川 擢位大奈麻 移押督州於大耶 以阿飡宗貞爲都督 六月 大官寺井水爲血 金馬郡地流血廣五步 王薨 諡曰武烈 葬永敬寺北 上號太宗 高宗聞訃 擧哀於洛城門.

삼국사기 권 제6

신라본기(新羅本紀) 제6

문무왕(文武王) 상(上)

문무왕 상

　문무왕(文武王)이 즉위하니 휘는 법민(法敏)이요 태종왕(太宗王)의 맏아들이다. 어머니는 김씨 문명왕후(文明王后)로서 소판(蘇判) 서현(舒玄)의 막내딸이자 유신(庾信)의 누이다. 언니(寶姬)가 꿈에 서형산(西兄山 : 慶州西岳) 마루턱에 올라앉아 오줌을 누니 그 오줌이 서울 안에 가득 찼다. 그 꿈을 깨고 나서 그 아우 문희(文姬)에게 그런 이야기를 하니 문희는 농담으로 "내가 언니의 그 꿈을 사고 싶다" 하고 그 값으로 비단 치마를 주었다. 며칠 지난 뒤 김유신은 태종왕과 더불어 공을 차다가 태종의 옷고름을 잡아 떨어뜨렸다. 김유신이 말하기를 "내 집이 다행히 근처에 있으니 가서 옷고름을 답시다" 하고 함께 집으로 가서 술상을 베풀고 조용히, 보희(寶姬)를 불러 바늘과 실을 가지고 와서 꿰매게 하였다. 보희는 일이 있어 나오지 못하고 문희가 앞에 나와 옷고름을 다는데 그의 수수한 단장과 날씬한 옷맵시는 곱고 빛나 사람을 비추었다. 태종은 볼수록 눈에 들므로 이에 청혼하여 대례를 갖추었더니 곧 태기가 있어 사내아이를 낳았다. 이가 바로 법민(法敏)이었다.
　비(妃)는 자의왕후(慈儀王后)이니 파진찬 선품(善品)의 딸이다. 법민은 의표가 영특하고 총명하여 계략이 많았다. 태종(太宗) 원년에 파진찬으로 병부령(兵部令)에 승진하였고, 얼마 안되어 봉(封)을 받아 태자가 되었다. 7년에 태종이 당(唐)나라 장군 소정방(蘇定方)과 함께 백제를 평정할 때 법민이 종군하여 큰 공을 세우고 이에 이르러 즉위하였다.

  원년(661) 6월, 당에 들어가 숙위하던 인문(仁問)·유돈(儒敦) 등이 돌아와 왕께 아뢰기를 "당제가 이미 소정방으로 하여금 35도(道)의 수·육군을 영솔하고 고구려를 치게 하고, 드디어 왕이 명하여 군사를 거느리고 서로 응원하라고 하니, 비록 상중일지라도 황제의 칙명을 어기기는 어렵습니다"라고 하였다. 가을 7월, 김유신(金庾信)을 대장군으로 삼고, 인문(仁問)·진주(眞珠)·흠돌(欽突)을 대당장군(大幢將軍)으로 삼고, 천존(天存)·죽지(竹旨)·천품(天品)을 귀당총관(貴幢摠管)으로 삼고, 품일(品日)·충상(忠常)·의복(義服)을 상주총관(上州摠管)으로 삼고, 진흠(眞欽)·중신(衆臣)·자간(自簡)을 하주총관(下州摠管)으로 삼고, 군관(軍官)·수세(藪世)·고순(高純)을 남천주총관(南川州摠管)으로 삼고, 술실(述實)·달관(達官)·문영(文穎)을 수약주총관(首若州摠管)으로 삼고, 문훈(文訓)·진순(眞純)을 하서주총관(河西州摠管)으로 삼고, 진복(眞福)을 서당총관(誓幢摠管)으로 삼고, 의광(義光)을 낭당총관(郎幢摠管)으로 삼고, 위지(慰知)를 계금대감(罽衿大監)으로 삼았다. 함자도총관(含資道摠管) 유덕민(劉德敏)이 와서 평양에 군량을 수송하라는 칙명을 전달하였다.

  8월, 왕은 여러 장군을 인솔하고 시이곡정(始飴谷停)에 이르러 머물렀다. 때마침 정탐이 와서 고하기를 "백제의 잔적이 옹산성(甕山城)을 점거하여 길을 막고 있으니 나가서는 안됩니다" 하므로 왕이 먼저 사신을 보내어 타일렀으나 항복하지 않았다. 9월 19일, 왕은 웅현정(熊峴停)에 진주하여 여러 총관, 대감을 모이게 하고 친히 나가 맹세하였다. 그리고 25일, 진군하여 옹산성을 포위하고 27일에 이르러 먼저 그의 큰 기지를 불사르고 수천 명을 베어 죽이니 드디어 항복하고 말았다. 전공을 논하여 각간이나 이찬으로 총관이 된 자에게는 칼을 주고, 잡찬이나 파진찬이나 대아찬으로 총관이 된 자에게는 창을 주고, 그 이하는 각각 관위에 따라 일품씩 올려 주었다. 그리고 웅현에 성을 쌓았다.

  상주총관 품일이 일모산군(一牟山郡) 태수 대당(大幢), 사시산군(沙尸山郡) 태수 철천(哲川) 등과 함께 군사를 거느리고 우술성(雨述城)을 공격하여 1,000명의 머리를 베었다. 백제의 달솔 조복(助服), 은솔 파가(波伽)가 군중을 데리고 와 항복하므로 조복에게 급찬의 벼슬을 주어, 고타야군(古陁耶郡) 태수를 제수하고 파가(波伽)에게도 역시 급찬을 줌과 동시에 전택(田宅)과 의물(衣物)을 주었다. 겨울 10월 29일, 왕은 당제의 사신이 왔다는 기별을 듣고 드디어 서울에 돌아왔다. 당의 사신은 왕에게 조상하고 따라서 칙명으로 전왕에게 제사하고 비단 500필을 부조하였다. 김유신 등은 군사를 쉬고 명령을 대기하였다.

2년 봄 정월, 당의 사신이 왕을 책봉하여 개부의동삼사상주국낙랑군공신라왕(開府儀同三司上柱國樂浪郡公新羅王)을 삼았다. 이찬 문훈(文訓)을 승진시켜 중시(中侍)로 삼았다. 왕이 유신·인문·양도 등 9명의 장군에게 명하여 수레 2,000대에 쌀 4,000섬, 조(租) 2만 2,000여 섬을 싣고 평양으로 가게 하였다. 유신 등은 풍수촌(風樹村)에 유숙하였는데 얼음은 미끄럽고 길은 험하여 수레가 갈 수 없으므로 군량을 모두 소와 말에 바꾸어 실었다. 그리하여 칠중하(七重河)를 건너 산양(蒜壤)에 이르렀다. 귀당제감(貴幢弟監) 성천(星川)과 군사(軍師) 술천(述川) 등이 적의 군사를 이현(梨峴)에서 만나 쳐 죽였다. 2월, 먼저 보기감(步騎監) 열기(裂起) 등 15명을 보내어 당의 군영에 달려가게 하고, 양오(楊隩)에 당도하였다. 아찬 양도(良圖)와 대감 인선(仁仙) 등을 보내어 군량을 전달하고, 소정방에게 은(銀) 5,700푼, 세포(細布) 30필, 머리칼(다리) 30냥, 우황 19냥 등을 증정하였다. 정방은 군량을 받자마자 파하고 돌아가게 되니 유신 등도 당군(唐軍)이 돌아간다는 말을 듣고 역시 발길을 돌이켜 과천(瓠川)을 건넜는데 고구려 군사의 머리를 베고 소형(小兄) 아달혜(阿達兮) 등을 사로잡고 수만의 병기를 빼앗았다. 전공을 따지어 본피궁(本彼宮)에 소속된 재물·전장(田莊)·노복을 반분하여 김유신과 김인문에게 상을 주었다. 영묘사(靈廟寺)가 화재를 만났다.

탐라국주(耽羅國主) 좌평(佐平) 도동음률(徒冬音律)〔율(律)은 진(津)이라고도 함〕이 와서 항복하였다. 탐라가 백제 무덕왕(武德王) 시대로부터 이제까지 백제에 소속되었던 까닭으로 좌평의 관직을 쓰게 되었는데 이에 이르러 항복하여 속국이 되었다.

3월, 대사령을 내렸다. 왕은 이미 백제를 평정하였으므로 관에 명령하여 큰 잔치를 베풀었다. 가을 7월, 이찬 김인문을 보내어 당에 들어가 토산물을 바쳤다. 8월, 백제의 잔적이 내사지성(內斯只城)에 모여 반란을 꾸미므로 흠순(欽順) 등 19명의 장군을 보내어 쳐부수었다. 대당총관 진주와 남천주 총관 진흠(眞欽)이 병을 핑계하고 한가히 놀며 군사를 돌보지 않으므로 드디어 베어 죽이고 아울러 그 족속을 없앴다. 사찬 여동(如冬)이 그 어머니를 때리더니 하늘에서 번개가 치고 비가 내려 그를 벼락쳐 죽였다. 그런데 그 몸 위에 '수묵당(須墨堂)'의 석 자가 씌어 있었다. 남천주에서 흰 까치를 바쳤다.

　3년 봄 정월, 장창(長倉)을 남산의 신성(新城)에 지었다. 부산성(富山城)을 쌓았다. 2월, 흠순·천존이 군사를 거느리고 백제의 거열성(居列城)을 쳐 빼앗음과 동시에 적군 700여 명의 머리를 베었다. 또 거물성(居勿城)·사평성(沙平城)을 쳐 항복을 받았다. 또 덕안성(德安城)을 쳐 적군 1,070명의 머리를 베었다. 여름 4월, 당나라에서 우리나라를 계림대도독부(鷄林大都督府)로 만들고 왕을 계림주대도독으로 삼았다. 5월, 영묘사 문에 낙뢰가 있었다. 백제 장군 복신(福信)과 승려 도침(道琛)이 옛 왕자 부여풍(餘餘豊)을 맞아다가 임금으로 세우고 머물러 웅진성(熊津城)을 지키는 당나라 낭장(郞將) 유인원(劉仁願)을 포위하니, 당제(唐帝)는 검교대방주자사(檢校帶方州刺史) 유인궤(劉仁軌)에게 조서(詔書)를 내려 전도독(前都督) 왕문도(王文度)의 군사를 통솔케 하였다. 그리하여 인궤는 우리 군사와 더불어 백제의 진영으로 향하여 싸움마다 적진을 함락시켜 닥치는 곳에는 감히 겨룰 자가 없었다. 복신(福信) 등은 포위했던 인원을 포기하고 물러가 임존성(任存城)을 지키더니 이윽고 복신은 도침을 죽여 그 군사를 병합하는 한편 배반하고 도망한 자들을 다시 불러들여 형세가 매우 확장되므로 인궤는 인원과 합세하여, 우선 군사를 휴식케 하고 당에 증원병을 청하였다.

　당제는 조서를 내려 우위장군(右衛將軍) 손인사(孫仁師)를 보내어, 군사 40만 명을 거느리고 덕물도(德物島)에 이르러 웅진부성(熊津府城)으로 나아가고 왕은 김유신 등 29명의 장군(30명이라고도 함)을 거느리고 그들과 합세하여 두릉윤성(豆陵尹城)〔능(陵)을 낭(良)이라고도 함〕, 주류성(周留城) 등을 공격하여 다 항복 받았다. 부여풍은 몸을 빼어 도망가고 왕자 충승(忠勝)·충지(忠志) 등은 여러 부하들과 함께 항복하였으나, 유독 지수신(遲受信)이 임존성을 지키어 함락되지 아니하므로, 겨울 10월부터 치기 시작하여 이기지 못하고 11월에야 함락시켰다. 그리고 군사를 돌이켜 설리정(舌利停)

〔설(舌)은 후(后)로도 되었음〕에 이르러 등급을 정하여 공을 따져 상을 줌과 아울러 대사령을 내렸다. 의복을 마련하여 머물러 있는 당군에게 나눠 주었다.

4년 봄 정월, 김유신이 노퇴(老退)를 청하였으나 허락하지 아니하고 궤장(几杖)을 하사하였다. 아찬 군관(軍官)으로 한산주도독을 삼았다. 교서를 내려 부인들도 중국의 의상을 입게 하였다. 2월, 관에 명령하여 여러 왕의 능원(陵園)에 각각 민가(民家) 20호 씩을 이사시키도록 하였다. 3월, 백제의 잔당이 사자산성을 점거하고 배반하니 웅주도독이 군사를 풀어 쳐부쉈다. 지진이 있었다. 성천(星川)·구일(丘日) 등 28명을 웅진부성에 보내어 당의 음악(音樂)을 배우게 하였다. 가을 7월, 왕은 장군 인문·품일·군관·문영 등에 명하여 일선·한산 두 고을의 군사를 거느리고 웅진부성의 군사와 합력하여 고구려의 돌사성(突沙城)을 쳐서 없앴다. 8월 14일에 지진이 있어 민가가 무너졌는데 남쪽 지방이 더욱 심하였다. 국민이 자유로 재물과 전답을 불사(佛寺)에 시주하지 못하도록 하였다.

5년 봄 2월, 중시(中侍) 문훈(文訓)이 은퇴하였다. 이찬 진복(眞福)으로 중시를 삼았다. 이찬 문왕(文王)이 죽으니 왕자의 예로 장사하였다. 당제는 사신을 보내와 조상하고 겸하여 자의(紫衣) 한 벌, 허리띠〔腰帶〕한 개, 채단 100필, 생초 200필을 부조하니 왕은 당의 사신에게 금과 비단을 더욱 후히 주었다. 가을 8월, 왕은 칙사 유인원, 웅진도독 부여륭과 더불어 웅진의 취리산(就利山)에 모여 백마(白馬)를 잡아서 맹세하면서 먼저 천지의 신과 천곡(川谷)의 신에게 제사지내고 그 피를 마셨다.

그 맹문(盟文)은 다음과 같다.

"지난날 백제의 선왕이 순역(順逆)의 이치에 어두워 선린(善隣)을 돈독히 하지 않고 또 인친(姻親)과 화목하지 않고 고구려와 결탁하며 왜국과 상통하여, 함께 잔인하고 포학한 행동만 일삼는 동시에 신라의 성읍을 침략하여 거의 편할 날이 없었다. 천자께서는 한 사람이라도 의지할 곳을 잃으면 민망히 여기고 죄없는 백성을 가련히 여겨 자주 사신을 보내어 화친을 하도록 타일렀으나, 산하가 험하고 거리가 먼 것만을 믿고 천도(天道)를 무시하므로 황제가 노하여 삼가 하늘의 벌을 대신한 것이다. 깃발이 향하는 곳에 한번 싸워 크게 평정하였으니 마땅히 그 궁궐을 늪으로 만들어 후예(後裔)를 경계하고, 또 뿌리를 뽑아 후세에 교훈을 보일 일이나, 그러나 유순한 자를 회유하고 배반한 자를 치는 것은 선왕(先王)의 아름다운 전례요, 망한 나라를 일으키고 끊어지는 대를 잇게 하는 것은 선철(先哲)의 통규(通規)이다. '일은 반드시 옛것을 따라야 한다'는 말이 옛책에 전해 온다. 따라서 전백제대사가정경(前百濟大司稼正卿) 부여륭(扶餘隆)을 세워 웅진도독을 삼아 선조의 제사를 받들게 하고 고토(故土)를 보존케 하니, 신라와 서로 의논하여 길이 우방(友邦)이 됨과 동시에 묵은 감정을 풀고 새로 화친을 맺을 것이며, 각각 조명을 받들어 길이 속국이 되어야 한다. 그리하여 파견된 사신 우위위장군(右威衞將軍) 노성현공(魯城縣公) 유인원을 보내어 친히 권유하고 천자의 성지(聖旨)를 선포케 하니, 부디 혼인을 언약하고 맹세를 거듭하여 짐승을 잡아 피를 바르고 함께 시종(始終)을 돈독히 하여 재앙과 환난을 나누어 걱정하며 은의(恩義)를 형제와 같이 하라. 정성껏 명령을 받들어 조금도 어기지 말고, 맹세한 뒤로는 서로 절개를 지킬지어다. 만약 맹약을 어기고 딴 생각을 가져 군사를 일으켜 변경을 침범하는 일이 있다면, 신명이 굽어보고 백 가지 재앙을 내리어 자손을 기르지도, 사직을 지키지도 못할 것이며, 제사조차 끊어져 씨도 없게 될 것이다. 그러므로 금서철권(金書鐵卷 : 철판에 글자를 새겨 금을 칠함)을 만들어 종묘에 보관하니 자손 만대에 감히 어김이 없도록 하라. 신이여, 듣고 흠향하사 복을 내리소서."

 이는 유인궤의 글이다. 피 바르는 일이 끝나자 제물과 폐백을 제단의 북쪽에 묻고 그 글월은 우리 종묘에 보관하였다. 이때 유인궤는 우리 신라 및 백제, 탐라, 왜국의 네 나라 사신을 거느리고 배를 타고 서쪽으로 돌아가 태산(泰山)에서 제사에 참례하였다.

 왕자(王子) 정명(政明)을 세워 태자(太子)를 삼고 대사령을 내렸다. 겨울, 일선(一善)·거열(居列) 두 고을 백성을 동원하여 군수품을 하서주(河西州)로 수송하였다. 견포(絹布)는 10심(十尋)을 한 필로 했었는데 고치어 길이 7보(七步), 너비 두 자를 한 필로 하게 하였다.

 6년 봄 2월, 서울에 지진이 있었다. 여름 4월, 영묘사가 화재를 입었다. 대사령을 내렸다. 천존(天存)의 아들 한림(漢林)과 유신의 아들 삼광(三光)이 모두 내마의 관직으로 당에 들어가 숙위가 되었다. 왕은 백제가 평정됨에 따라 고구려를 없애고자 군사를 당에 청하였다. 겨울 12월, 당은 이적

(李勣)으로 요동도행군대총관(遼東道行軍大摠管)을 삼고 사열소상(司列小常) 백안륙(伯安陸)과 학처준(郝處俊)을 부총관으로 삼아 그들로 하여금 고구려를 치게 하였다. 고구려의 귀신(貴臣) 연정토(淵淨土)가 12성 763호, 3,543명을 가지고 와 항복하므로, 정토(淨土) 및 수행 관원 24명에게 의물(衣物)·양식(糧食)·가옥(家屋)을 마련해 주어 서울 및 주·부(州府)에 편히 살게 해주고 그 12성도 아울러 군사를 보내어 지키게 하였다.

7년 가을 7월, 사흘 동안 큰 잔치를 베풀었다. 당제(唐帝)는 칙지를 내려 지경(智鏡)·개원(愷元)을 장군으로 삼아 요동의 싸움에 출전케 하니, 왕은 곧 지경에게 파진찬을, 개원에게 대아찬을 각각 제수하였다. 또 당제는 대아찬 일원(日原)에게 칙지를 내려 운휘장군(雲麾將軍)을 삼으니 왕이 일원에게 궁정에서 칙명을 받으라고 하였다. 대내마 집항세(汁恒世)를 보내어 당에 들어가 조공하였다. 당 고종은 유인원·김인태(金仁泰)에게 명하여 비열도(卑列道)로 가게 하고, 또 우리 군사로 하여금 다곡(多谷)·해곡(海谷)를 경유하여 평양(平壤)에 모이게 하였다.

가을 8월, 왕은 대각간 김유신 등 30명의 장군을 인솔하여 서울을 떠났다. 9월, 한성정(漢城停)에 이르러 이적을 기다렸다. 겨울 10월, 이적이 평양성 북쪽 200리 지점에 도착하여 이동혜촌주(介同兮村主) 대내마(大奈麻) 강심(江深)을 시켜 거란(契丹)의 기병 80여 명을 거느리고 아진함성(阿珍含城)을 지나 한성에 이르러 편지를 전하고 출병할 것을 독촉하니 왕은 응종하였다. 11월, 장새(獐塞)에 이르러 이적이 귀국하였다는 말을 듣고 왕도 돌아오게 되었다. 따라서 강심에게 급찬의 직위를 제수하고 곡식 500석을 주었다. 12월, 중시(中侍) 문훈(文訓)이 죽었다. 당의 유진장군(留鎭將軍) 유인원이 천자의 칙명을 전달하고 왕에게 고구려 정벌에 대하여 협조하라 하며 대장군의 정절(旌節)을 주었다.

8년 봄, 원기(元器)와 정토(淨土)를 당에 보냈더니 정토는 돌아오지 아니하고 원기만 돌아왔다. 당으로부터 "이후로는 여자를 헌납하지 말라"는 칙지가 있었다. 3월, 파진찬 지경을 승진시켜 중시로 삼았다. 비열홀주(比列忽州)를 설치하고 인하여 파진찬 용문(龍文)을 총관으로 삼았다. 여름 4월, 혜성이 천선(天船)을 지키고 있었다. 6월, 요동도안무부대사 요동행군부대총관 겸 웅진도안무대사행군총관 우상검교태자좌중호 상주국낙성현개국남

(遼東道安撫副大使遼東行軍副大摠管兼熊津道安撫大使行軍摠管右相檢校太子左中護上柱國樂城縣開國男) 유인궤는 황제의 칙지를 받들고 숙위하던 사찬 김삼광(金三光)과 함께 당항진(黨項津)에 도착하니 왕은 각간 김인문으로 하여금 대례(大禮)로서 영접케 하였다. 이날 우상(右相)은 약속을 마치고 천강(泉岡)으로 떠났다. 대각간 김유신을 대당 대총관(大幢大摠管)으로 삼고 각간 김인문·흠순·천존·문충(文忠)과 잡찬 진복(眞福)·파진찬 지경, 대아찬 양도·계개원·흠돌(欽突)로 대당총관을 삼고, 이찬 진순(陳純)〔純을 春이라고도 함〕, 죽지(竹旨)를 경정총관(京停摠管)으로 삼고 이찬 품일(品日)·잡찬 문훈(文訓), 대아찬 천품(天品)을 귀당총관으로 삼고, 이찬 인태(仁泰)를 비열도총관으로 삼고, 잡찬 군관(軍官), 대아찬 도유(都儒), 아찬 용장(龍長)을 한성주행군총관(漢城州行軍摠管)으로 삼고, 잡찬 숭신(崇信), 대아찬 문영(文穎)과 아찬 부세(副世)를 비열성주행군총관(卑列城州行軍摠管)으로 삼고, 파진찬 선광(宣光), 아찬 장순(長順)·순장(純長)을 하서주행군총관(河西州行軍摠管)으로 삼고, 파진찬 의복(宜福), 아찬 천광(天光)을 서당총관(誓幢摠管)으로 삼고, 아찬 일원(日原)·흥원(興元)을 계금당(罽衿幢) 총관으로 삼았다.

유인원이 귀간(貴干) 미힐(未肹)을 보내어 고구려의 대곡(大谷) 한성(漢城) 등 2군 12성이 항복하였음을 아뢰니 왕은 일길찬 진공(眞功)을 시켜 치하하였다. 인문·천존·도유(都儒) 등은 일선주(一善州) 등 7군 및 한성주(漢城州)의 병마를 거느리고 당의 군영으로 달려갔다. 27일, 왕은 서울을 떠나 당의 군영으로 갔다. 29일, 각도의 총관이 길을 떠나는데 왕은 유신이 풍병(風病)을 앓고 있으므로 서울에 머물게 하였다. 인문 등은 이적과 만나 영류산(嬰留山)〔지금 西京 북쪽 20여 리 있음〕아래로 진군하였다. 가을 7월 16일, 왕은 한성에 행차하여, 여러 총관에게 교서를 내려 당의 대군과 회합하게 하였다. 문영 등은 사천(蛇川)의 들에서 고구려 군사를 만나 마주 싸워 크게 부셨다. 9월 21일, 당의 대군과 합세하여 평양을 포위하니, 고구려 왕은 먼저 천남산(泉男產) 등을 보내어 이적에게 와서 항복하겠다고 청하였다. 그리하여 이적은 고구려왕 보장(寶臧)과 왕자 복남(福男)·덕남(德男), 대신 등 20여 만의 인구를 데리고 당으로 돌아가는데, 각간 김인문과 대아찬 조주(助州)가 이적을 따라가게 되고, 인태·의복·수세(藪世)·천광(天

光)·흥원(興元)도 수행하였다. 처음 대군이 고구려를 평정할 무렵 왕은 한성을 떠나 평양으로 향하여 힐차양(肹次壤)에 다다라 당의 여러 장군이 이미 돌아갔다는 말을 듣고 도로 한성으로 왔다.

겨울 10월, 유신에게 태대각간(太大角干)을, 인문에게 대각간(大角干)의 위를 제수하고 그 밖의 이찬과 장군 등은 모두 각간을 삼고, 소판(蘇判) 이하는 모두 직위를 한 계급씩 올려주었다. 대당소감(大幢少監) 본득(本得)은 사천(蛇川) 싸움에 공이 제일이요, 한산주소감(漢山州少監) 박경한(朴京漢)은 평양성 안에서 군주 술탈(述脫)을 죽여 공이 제일이요, 흑악령(黑嶽令) 선극(宣極)은 평양성(平壤城) 대문 싸움에 공이 제일이므로 다 일길찬의 위를 제수하고 벼 1,000섬을 하사하였다. 서당당주(誓幢幢主) 김둔산(金遁山)은 평양 군영 싸움에 공이 제일이므로 사찬의 위를 제수하고 벼 700섬을 하사하였으며, 군사(軍師) 남한산(南漢山) 북거(北渠)는 평양성 북문 싸움에 공이 제일이므로 술간(述干)의 위를 제수하고 조 1,000섬을 하사하고, 부양(斧壤) 군사 구이(仇杞)는 평양 남교(南橋) 싸움에 공이 제일이므로 술간(述干)의 위를 제수하고 조 700섬을 하사하고, 가군사(假軍師) 비열홀(比列忽) 세활(世活)은 평양 소성(少城) 싸움에 공이 제일이므로 고간(高干)의 위를 제수하고 조 600섬을 하사하고, 한산주소감(漢山州少監) 김상경(金相京)은 사천에서 전사하여 공이 제일이므로 일길찬의 위를 증(贈)하고 벼 1,000섬을 하사하였다.

아술(牙述) 사람 사찬 구율(求律)은 사천의 싸움에 다리 밑으로 들어가 물을 건너 적과 더불어 격투하여 크게 이겼으나 군령이 없이 자유로 위지에 들어갔기 때문에 공은 비록 제일이지만 기록에 오르지 못하니 분김에 목매어 죽으려 하다가 곁에 있는 사람의 구원을 입어 죽지 못하였다. 25일, 왕이 서울로 돌아오는 길에 욕돌역(褥突驛)에 머무르니 국원(國原)의 사신(仕臣) 대아찬 용장(龍長)이 사사로 잔치를 베풀고 왕 및 여러 시종관을 대접하였다. 풍악이 시작되자 내마 긴주(緊周)의 아들 능안(能晏)이 15세의 나이로 가야(加耶)의 춤을 추었다. 왕은 보니 그 외양이 단정하고 화려하므로 앞에 불러앉히고 등을 어루만지며 금잔에 술을 부어 권하고 폐백을 매우 후히 주었다.

11월 5일, 왕은 사로잡은 고구려 사람 7,000명을 데리고 서울로 돌아왔다. 6일, 문무백관을 거느리고 선조의 사당에 조알(朝謁)하며 고하기를 "삼가 선왕의 뜻을 이어 당과 함께 의병을 일으켜 백제와 고구려에 죄를 물었사옵니다. 원흉이 죄에 굴복하고 나라가 안정되었으므로 감히 이와 같이 아뢰오니 신이여! 들으시옵소서"라 하였다. 12월, 영묘사가 화재를 입었다.

9년 정월, 신혜법사(信惠法師)를 정관대서성(政官大書省)으로 삼았다. 이때 당나라 승려 법안(法安)이 와서 당제(唐帝)의 명을 전하고 자석(磁石)을 구하였다. 2월 왕은 군신을 모아 놓고 교서를 내렸다.

교서의 내용은 다음과 같다.

"지난날 신라는 두 나라에 가로막혀 북(北)에서 치고 서(西)에서 침범하여 잠깐도 편한 세월이 없었다. 병사들의 백골(白骨)은 원야(原野)에 쌓여 있고 몸과 머리는 정계(庭界:먼곳)에서 둘로 나뉘었다. 선왕께서 천승(千乘)의 귀중한 신분을 잃으시고 바다를 건너 당조(唐朝)에 들어가 군사를 청하였던 것은, 본시 두 나라를 평정하여 길이 싸움이 없게 함과 동시에 역대의 깊은 원수를 갚고 백성의 잔명을 보전하려 함이었다. 그리하여 백제는 비록 평정되었으나 고구려는 아직 없애지 못하다가 부덕한 내가 유업을 굳건히 이어받아 선왕의 못 이루신 뜻을 완수하였다. 이제 두 적국이 평정되고 사방이 편안하니 싸움에서 공을 세운 자에게는 이미 상을 주었고, 전사한 영혼에게는 벼슬을 추증하였다. 다만 저 감옥 속에서는 아직 읍고(泣辜)[1]의 은혜를 입지 못하고, 가쇄(枷鎖)의 고통을 받는 자가 아직 경신(更新)의 혜택을 받지 못하였다. 이 일을 생각할 때 침식이 불안하니 국내의 죄수를 특사하여 총장(總章) 2년 2월 21일 새벽 이전에 오역(五逆)의 죽을 죄를 범한 자들을 제외하고 현재 갇히어 있는 자는 죄의 대소를 막론하고 다 놓아주며, 전번 대사령이 있은 이후 죄를 범하여 관직을 박탈당한 자도 아울러 복직케 하고, 도둑질한 자는 그 몸만을 석방하고, 재물을 상환할 길이 없는 자는 증수하는 한계에 있지 않으며(곧 물리지 않는다는 뜻), 또 백성 가운데 집이 가난하여 남의 곡식으로 사는 자, 흉년이 든 자는 원금과 이자 모두 탕감하고, 풍년이 든 고장에 사는 자는 금년 추수기에 가서 원금만을 반환하게 하고 이자는 받지 말라. 이제부터 한 달을 한하여 소속 관원들은 받들어 시행하라."

여름 5월, 천정(泉井:지금의 德源)·비(比:安邊)·각련(各連:지금의 회양) 등 3군에 기근이 들어 창고를 열어 구휼하였다. 급찬 지진산(祗珍山) 등을 당에 보내어 자석

(磁石) 두 상자를 바쳤다. 그리고 당제가 우리에게 백제의 토지와 인민을 임의로 취득한다고 책망하므로 또 각간 흠순(欽純)과 파진찬 양도(良圖)를 당에 보내어 사과하였다. 겨울, 당의 사신이 와서 조서를 전달하고 쇠뇌 기술자 사찬 구진천(仇珍川)과 함께 당으로 갔다. 당제는 목로(木弩)를 만들게 하여 쏘아보니 30보밖에 나가지 못하였다. 당제가 묻기를 "듣자니 그대 나라에서는 쇠뇌를 만들어 쏘면 1,000보를 나간다는데 지금 겨우 30보밖에 나가지 못하니 웬일이냐?"고 하자, 구진천이 대답하기를 "재료가 좋지 못한 때문입니다. 만약 본국에서 목재를 가져온다면 그렇게 만들 수 있습니다"라고 하므로 당제는 사신을 보내어 목재를 청구하니 왕은 곧 대내마 복한(福漢)을 보내어 목재를 보냈다. 당제는 다시 만들게 하여 쏘아 보니 60보 밖을 더 못 가므로 그 이유를 물은 바 대답하기를 "신도 역시 무슨 까닭으로 그러는지 알지 못하겠사오나 아마도 그 목재가 바다를 거쳐올 때 습기를 머금었던 까닭이 아닌가 하옵니다" 하였다. 당제는 그가 일부러 만들지 않는가 의심하여 중죄를 주겠다고 위협하였으나 끝끝내 그의 재능을 다 발휘하지 못하고 말았다.

　10년 봄 정월, 당 고종이 흠순에게는 본국으로 돌아갈 것을 허락하고 양도만은 억류하여 감옥에 가두어, 마침내 옥에서 죽었다. 3월, 사찬 설조유(薛鳥儒)가 고구려 태대형(太大兄) 고연무(高延武)와 함께 각기 정병 1만 명을 거느리고 압록강을 건너 옥골(屋骨)에 당도하니 말갈병이 먼저 개돈양(皆敦壤)에 와서 기다리고 있었다. 여름 4월 4일에 그들과 싸워 우리 군사가 크게 이기니 베고 얻은 것이 이루 헤아릴 수 없었다. 이윽고 당의 군사가 뒤를 이어 오므로 우리 군사는 물러가 백성(白城)을 지켰다.

　6월, 고구려 수림성(水臨城) 사람 대형(大兄) 검모잠(劍牟岑)이 잔민(殘民)을 수합하여 궁모성(窮牟城)으로부터 패강(浿江) 남쪽에 이르러 당의 관인(官人)과 승려 법안(法安)을 죽였다. 그리고 신라로 향하여 서해(西海)의 사야도(史冶島)에 이르러 고구려 대신 연정토(淵淨土)의 아들 안승(安勝)을 만나보고 한성(漢城) 안으로 맞아들여 받들어 임금을 삼았다. 그리고 소형(小兄) 다식(多式) 등을 보내어 애걸하기를 "망한 나라를 일으키고 끊어진 세대를 잇게 하는 것은 천하(天下)의 공의(公義)이오니 오직 대국(大國: 신라)에 바랄 뿐입니다. 우리나라 선왕은 도(道)를 잃어 멸망하였으므로 지금 신

(臣) 등은 본국의 귀족 안승(安勝)을 맞아 받들어 임금으로 삼았으니 귀국의 울타리가 되어 길이길이 충성을 다하겠습니다" 하므로 왕은 서울 서쪽 금마저(金馬渚 : 益山)에 살게 하였다.

한지부(漢祗部)의 여인이 한꺼번에 3남 1녀를 낳으니 왕은 조 200섬을 하사하였다. 가을 7월, 왕은 백제의 잔당이 배반할까 의심하여 대아찬 유돈(儒敦)을 웅진도독부에 보내어 화친을 청하였으나 듣지 아니하고 드디어 사마칭군(司馬稱軍)을 보내어 정탐하게 하였다. 왕은 그들이 우리를 노리려는 것을 알고 칭군을 억류하여 보내주지 아니하고 군사를 움직여 백제를 토벌하였다. 그리하여 품일·문충(文忠)·중신(衆臣)·의관(義官) 등은 63성을 빼앗아 그 백성을 내지(內地)로 옮기고, 천존(天存)·죽지(竹旨) 등은 7성을 빼앗고 2,000명의 머리를 베었으며, 군관(軍官)·문영(文穎) 등은 12성을 빼앗고 적병(狄兵 : 唐軍에 속한 蕃兵)을 쳐서 7,000명의 머리를 베고 전마(戰馬)와 무기를 매우 많이 취득하였다. 왕이 돌아올 때 중신·의관·달관(達官)·흥원(興元) 등이 이 싸움에서 ◇◇◇사영(寺營)으로 물러난 일이 있었으므로 그 죄는 마땅히 사형이지만 특사하여 면직만 시켰다. 창길우◇◇◇◇일(倉吉于◇◇◇一)에게 각각 급찬 벼슬을 주고 차등을 두어 조(租)를 내렸다. 사찬 수미산(須彌山)을 보내어 안승(安勝)을 고구려 왕으로 책봉하였다. 그 책문은 다음과 같다.

"함형 원년(咸亨元年) 경오(庚午) 가을 8월 1일 신축(辛丑)에 신라왕은 고구려 사자(嗣子) 안승에게 책명(冊名)을 전달하노라. 공(公)의 태조(太祖) 중모왕(中牟王)은 일찍이 비산(比山)에게 덕을 쌓고 남해(南海)에서 공을 세워 위풍이 청구(靑丘)에 떨치고 인교(仁敎)는 현도(玄菟)에 덮이었다. 그 뒤 대대 자손이 서로 계승하여 본손(本孫), 지손(支孫)이 끊이지 아니하여 개척한 땅은 천 리나 되고 역사는 800년을 헤아렸다. 남건(南建)·남산(南產) 형제에 이르러 화근이 집안에서 일어나고 틈은 골육 사이에서 생기어 나라가 망하고 종묘와 사직이 없어지고, 민생은 동요되어 마음붙일 곳이 없었다. 공은 산으로 들로 난리를 피해 다니며 이웃나라에 외로운 몸을 던졌으니 그 유리 신고(流離辛苦)한 자취는 진문공(晉文公)과 같고, 망한 나라를 다시 일으킨 사실은 위후(衛侯)와 대등하다 하겠다. 무릇 백성은 임금이 없어서는 아니되고 하늘은 반드시 사람을 돌보아 명(命)함이 있을 것이다.

선왕(<small>보장
왕</small>)의 정사(正嗣)로 오직 공이 있을 뿐이니 제사를 맡을 이가 공이 아니고 누구이랴. 삼가 사신 일길찬 김수미산(金須彌山) 등을 그곳에 보내어 책(策)을 펴서 공으로 고구려 왕을 삼으니, 공은 아무쪼록 유민(遺民)을 어루만지고 옛업을 일으키어 길이 이웃이 되어 형제와 같이 밀접하게 지내라. 공경하고 공경할지어다. 겸하여 멥쌀 2,000섬과 갑구마(甲具馬) 한 필과 능직(綾織) 5필, 견세포(絹細布) 각각 10필, 면(綿) 15칭(稱)을 보내니 왕은 영수(領受)하라."

12월, 토성(土星)이 달(月) 안으로 들어갔다. 서울에 지진이 있었다. 중시 지경(智鏡)이 퇴직하였다. 왜국(倭國)이 국호를 고치어 일본(日本)이라 하였다. 그들 말이 "해돋이와 가까운 곳이어서 그와 같이 이름을 지었다"고 한다. 한성주총관(漢城州摠管) 수세(藪世)가 백제를 약취하여 본국을 배반하고 그곳으로 가려다가 발각되니 대아찬 진주(眞珠)를 보내어 수세를 죽였다. (註의 缺字는 未詳)

주

*1. 읍죄(泣罪)와 같은 말임. 《설원(說苑)》에 "우(禹)가 외출하다가 죄인을 보고 수레를 내려 위문하며 울었다" 하였다.

三國史記 卷 第六

新羅本紀 第六 文武王 上

文武王立 諱法敏 太宗王之元子 母金氏 文明王后 蘇判舒玄之季女 庾信之妹也 其妹(妹 當作姊 通鑑亦作姊)夢登西兄山頂坐 旋流徧國內 覺與季言夢 季戲曰 予願買兄此夢 因與錦裙爲直 後數日 庾信與春秋公蹴鞠 因踐落春秋衣紐 庾信曰〈吾〉〈家〉〈幸〉近 請往綴紐 因與俱往宅 置酒 從容喚〈寶〉〈姬〉〈特〉(◇◇…據通鑑及新本補之)針線來縫 其姊有故不進 其季進前縫綴 淡粧輕服 光艶炤人 春秋見而悅之 乃請婚成禮 則有娠生男 是謂法敏 妃慈儀王后 波珍善品之女也

法敏姿表英特 聰明多智略 永徽初如唐 高宗授以大府卿 太宗元年 以波珍

法敏爲兵部令 尋封爲太子 顯慶五年 太宗與唐將蘇定方平百濟 法敏從之 有大功 至是卽位.

元年 六月 入唐宿衛仁問−儒敦等至 告王皇帝已遣蘇定方 領水陸三十五道兵 伐高句麗 遂命王擧兵相應 雖在服 重違皇帝勅命 秋七月十七日 以金庾信爲大將軍 仁問−眞珠−欽突爲大幢將軍 天存−竹旨−天品爲貴幢摠管 品日−忠常−義服爲上州摠管 眞欽−衆臣−自簡爲下州摠管 軍官藪世高純爲南川州摠管 述實達官文穎爲首若州摠管 文訓闕眞純爲河西州摠管 眞福爲誓幢摠管 義光爲郎幢摠管 慰知爲罽衿大監 八月 大王領諸將 至始飴谷停留 〈時〉〈有〉使來告曰 百濟殘賊據甕(甕 庾信傳作瓮)山〈城〉〈遮〉〈路〉〈不〉〈可〉〈前〉 〈大〉(◇〉〈◇〉… 據庾信傳補之)王先遣使諭之 不服 九月十九日 大王進次熊峴停 集諸摠管大監 親臨誓之 二十五日 進軍圍甕山城 至二十七日 先燒大柵 斬殺數千人 遂降之 論功 賜角干−伊湌爲摠管者劍 迊湌−波珍湌−大阿湌爲摠管者戟 已下各一品位 築熊峴城 上州摠管品日與一牟山郡大守大幢−沙尸山郡大守哲川等 率兵攻雨述城 斬首一千級 百濟達率助服−恩率波伽 與衆謀降 賜位助服級湌 仍授古陁耶郡大守 波伽級湌 兼賜田宅衣物 冬十月二十九日 大王聞唐皇帝使者至 遂還京 唐使弔慰 兼勅祭前王 贈雜彩五百段 庾信等休兵 待後命 含資道摠管劉德敏至 傳勅旨 輸平壤軍粮.

二年 春正月 唐使臣在館 至是 冊命于爲開府儀同三司上柱國樂浪郡干新羅王 拜伊湌文訓爲中侍 王命庾信與仁問−良圖等九將軍 以車二千餘兩 載米四千石−租二萬二千餘石 赴平壤 十八日 宿風樹村 氷滑道險 車不得行 並載以牛馬 二十三日 渡七重河 至䔉壤 貴幢弟監星川−軍師述川等 遇賊兵於梨峴 擊殺之 二月一日 庾信等至獐塞 距平壤三萬六千步 先遣步騎監裂起等十五人 赴唐營 是日 風雪寒冱 人馬多凍死 六日 至楊隩 庾信遣阿湌良圖 大監仁仙等 致軍粮 贈定方以銀五千七百分−細布三十匹−頭髮三十兩 牛黃十九兩 定方得軍粮便罷還 庾信等 聞唐兵歸亦還 渡瓠川 高句麗兵追之 廻軍對戰 斬首一萬餘級 虜小兄阿達兮等 得兵械萬數 論功 中分本彼宮財貨−田莊−奴僕 以賜庾信−仁問 靈廟寺災 耽羅國主佐平徒冬音律(一作津)來降 耽羅 自武德以來 臣屬百濟 故以佐平爲官號 至是 降爲屬國 三月 大赦 王以旣平百濟 命所司設大酺 秋七月 遣伊湌金仁問入唐貢方物 八月 百濟殘賊 屯聚內斯只城作惡 遣欽純等十九將軍 討破之 大幢摠管眞珠−南川州摠管眞欽 詐稱病 閑放不恤國事 遂誅之 竝夷其

族 沙湌如冬打母 天雷雨震死 身上題須堂三字 南川州獻白鵲.(黑字 未詳)

　三年 春正月 作長倉於南山新城 築富山城 二月 欽純一天存領兵 攻取百濟居列城 斬首七百餘級 又攻居勿城一沙平城降之 又攻德安城 斬首一千七十級 夏四月 大唐以我國爲鷄林大都督府 以王爲鷄林州大都督 五月 震靈廟寺門 百濟故將福信及浮圖道琛 迎故王子扶餘豊立之 圍留鎭郎將劉仁願於熊津城 唐皇帝詔仁軌 檢校帶方州刺史 統前都督王文度之衆與我兵 向百濟營 轉鬪陷陳(陣) 所向無前 信等釋仁願圍 退保任存城 旣而 福信殺道琛 幷其衆 招還叛亡 勢甚張 仁軌與仁願合 解甲休士 乃請益兵 詔遣右威衞將軍孫仁師 率兵四十萬 至德物島 就熊津府城 王領金庾信等二十八(一云三十)將軍與之合 攻豆陵(一作良)尹城一周留城等諸城皆下之 扶餘豊脫身走 王子忠勝一忠志等率其衆降 獨遲受信據任存城 不下 自冬十月二十一日攻之 不克 至十一月四日班師 至舌(一作后)利停 論功行賞有差 大赦 製衣裳 給留鎭唐軍.

　四年 春正月 金庾信請老 不允 賜几杖 以阿湌軍官爲漢山州都督 下敎婦人亦服中朝衣裳 二月 命有司徙民於諸王陵園 各二十戶 角干金仁問一伊湌天存與唐勅使劉仁願 百濟夫餘隆 同盟于熊津 三月 百濟殘衆 據泗沘山城叛 熊津都督發兵 攻破之 地震 遣星川一丘日等二十八人於府城 學唐樂 秋七月 王命將軍仁問一品日一軍官一文穎等 率一善一漢山二州兵 與府城兵馬 攻高句麗突沙城滅之 八月十四日 地震 壞民屋 南方尤甚 禁人擅以財貨一田地一施佛寺.

　五年 春二月 中侍文訓致仕 以伊湌眞福爲中侍 伊湌文王卒 以王子禮葬之 唐皇帝遣使來弔 兼進贈紫衣一襲一腰帶一條一彩綾羅一百匹一絹二百匹 王贈唐使者金帛尤厚 秋八月 王與勅使劉仁願一熊津都督扶餘隆 盟于熊津就利山 初百濟自扶餘璋與高句麗連和 屢侵伐封場 我遣使入朝求救 相望于路 及蘇定方旣平百濟 軍廻 餘衆又叛 王與鎭守使劉仁願一劉仁軌等 經略數年 漸平之 高宗詔扶餘隆 歸撫餘衆 及令與我和好 至是 刑白馬而盟 先祀神祇及川谷之神 而後歃血 其盟文曰 往者 百濟先王 迷於逆順 不敦隣好 不睦親姻 結託高句麗 交通倭國 兵(兵 當作共 兩唐書勅天地瑞祥等書亦作共)爲殘暴 侵削新羅 剽(剝 兩唐書作破)邑屠城 略無寧歲 天子憫一物之失所 憐百姓之無辜 頻命行人 遣其和好 負嶮恃遠 侮慢天經 皇赫斯怒 龔(龔 舊唐書及册府元龜作恭)行弔伐 旌旗所指 一戎大定 固可瀦宮汚宅 作誡(誠 天地瑞祥志作範)來裔 塞源拔本 垂訓後昆 然懷柔伐叛 前王之令典 興亡繼絶 往哲之通規 事必師古 傳諸曩册 故 立(立 天

地瑞祥志作授)前百濟大司稼正卿扶餘隆 爲熊津都督 守其祭祀 保其桑梓 依倚 新羅 長爲與國 各除宿憾 結好和親 各承詔命 永爲藩服 仍遣使人右威衞將軍魯 城縣公劉仁願 親臨勸誘(誘 舊唐書作諭)寔(寔 同書作具)宣成旨 約之以婚姻 申之以盟誓 刑牲歃血 共敦終始 分災恤患 恩若弟兄 祇奉綸言 不敢失墜 旣盟 之後 共保歲寒 若有背盟(背盟 舊唐書作棄信不恒 天地瑞祥志作乖背不恒) 二 三其德 興兵動衆 侵犯邊陲 明神監(監 同書作鑒)之 百殃是降 子孫不育(育 同 書作昌) 社稷無守 禋祀磨滅 罔有遺餘 故作金書鐵券 藏之宗廟 子孫萬代 無敢 違祀(祀 當作犯 同上書亦作犯) 神之聽之 是饗(饗 冊府元龜及遺事作享)是福 劉仁軌之辭也 歃訖 埋牲幣於壇之壬地 藏其書於我之宗廟 於是 仁軌領我使者 及百濟—耽羅—倭人四國使 浮海西還 以會祠泰山 立王子政明爲太子 大赦 冬 以一善—居列二州民 輸軍資於河西州 絹布 舊以十尋爲一匹 改以長七步—廣二 尺爲一匹.

六年 春二月 京都地震 夏四月 靈廟寺災 大赦 天存之子漢林—庾信之子三光 皆以奈麻 入唐宿衛 王以旣平百濟 欲滅高句麗 請兵於唐 冬十二月 唐以李勣爲 遼東道行軍大摠管 以司列少常伯安陸郝處俊副之 以擊高句麗 高句麗貴臣淵淨 土 以城十二—戶七百六十三—口三千五百四十三 來投 淨土及從官二十四人 給 衣物—糧料—家舍 安置王都及州府 其八(八 通鑑作十二)城完〈竝〉〈◇〉據通鑑 補之)遣士卒鎭守.

七年 秋七月 大酺三日 唐皇帝勅以智鏡—愷元爲將軍 赴遼東之役 王卽以智 鏡爲波珍湌 愷元爲大阿湌 又皇帝勅以日原大阿湌爲雲麾將軍 王命於官庭受命 遣大奈麻汁恒世 入唐朝貢 高宗命劉仁願—金仁泰 從卑列道 又徵我兵 從多 谷—海谷二道 以會平壤 秋八月 王領大角干金庾信等三十將軍 出京 九月 至漢 城停 以待英公 冬十月二日 英公到平壤城北二百里 差遣爾同兮村主大奈麻江深 率契丹騎兵八十餘人 歷阿珍含城 至漢城 移書以督兵期 大王從之 十一月十一 日 至獐塞 聞英公歸 王兵亦還(還 舊本作遇 今依通鑑校正) 仍授江深位級湌 賜粟五百石 十二月 中侍文訓卒 唐留鎭將軍劉仁願 傳宣天子勅命 助征高句麗 仍賜王大將軍旌節.

八年 春 阿麻來服 遣元器與淨土 入唐 淨土留不歸 元器還 有勅此後禁獻女 人 三月 拜波珍湌智鏡爲中侍 置比列忽州 仍命波珍湌龍文爲摠管 夏四月 彗星 守天船 六月十二日 遼東道安撫副大使遼東行軍副大摠管兼熊津道安撫大使行軍

摠管右相檢校太子左中護上柱國樂城縣開國男劉仁軌 奉皇帝勅旨 與宿衛沙湌金三光 到黨項津 王使角干金仁問 廷(廷 往也)迎之以大禮 於是 右相約束訖 向泉岡 二十一日 以大角干金庾信 大幢爲(爲者 當在大幢上)大摠管 角干金仁問-欽純-天存-文忠-迊湌眞福-波珍湌智鏡-大阿湌良圖-愷元-欽突爲大幢摠管 伊湌陳純(一作春)-竹旨爲京停摠管 伊湌品日-迊湌文訓-大(大 舊本作天 誤也)阿湌天品爲貴幢摠管 伊湌仁泰爲卑列道摠管 迊湌軍官-大阿湌都儒-阿湌龍長爲漢城州行軍摠管 迊湌崇信-大阿湌文穎-阿湌福世爲卑列城州行軍摠管 波珍湌宣光-阿湌長順-純長爲河西州行軍摠管 波珍湌宣福-阿湌天光爲誓幢摠管 阿湌日原 興元爲罽衿幢摠管 二十二日 府城劉仁願 遣貴干(于 當作干)未肹 告高句麗大谷◇漢城等二郡十二城歸服 王遣一吉湌眞功稱賀 仁問-天存-都儒等 領一善州等七郡及漢城州兵馬 赴唐軍營 二十七日 王發京赴唐兵 二十九日 諸道摠管發行 王以庾信病風留京 仁問等遇英公 進軍於嬰留山下(嬰留山在今西京北二十里) 秋七月十六日 王行次漢城州 教諸摠管 往會大軍 文穎等 遇高句麗兵於蛇川之原 對戰大破之 九月二十一日 與大軍合圍平壤 高句麗王 先遣泉男産等 詣英公請降 於是 英公以王寶臧-王子福男-德男-大臣等二十餘萬口 廻唐 角干金仁問-大阿湌助州 隨英公歸 仁泰-義福-藪世-天光-興元隨行 初大軍平高句麗 王發漢城指平壤 次肹次壤 聞唐諸將已歸 還至漢城 冬十月二十二日 賜庾信位太大角干 仁問大角干 已外伊湌將軍等 竝爲角干 蘇判已下 竝增位一級 大幢少監本得 蛇川戰功第一 漢山州少監朴京漢 平壤城內 殺軍主述脫功第一 黑嶽令宣極 平壤城大門戰功第一 竝授位一吉湌 賜租一千石 誓幢幢主金遁山 平壤軍營戰功第一 授位沙湌 賜租七百石 軍師南漢山北渠 平壤城北門戰功第一 授位述干 賜粟一千石 軍師斧壤仇杞 平壤南橋戰功第一 授位述干 賜粟七百石 假軍師比列忽世活 平壤少城戰功第一 授位高干 賜粟五百石 漢山州少監金相京 蛇川戰死功第一 贈位一吉湌 賜租一千石 牙述沙湌求律 蛇川之戰 就橋下涉水出 與賊鬪大勝 以無軍令 自入危道 功雖第一而不錄 憤恨欲經死 旁人救之不得死 二十五日 王還國次褥突驛 國原仕臣龍長大阿湌 私設筵 饗王及諸侍從及樂作 奈麻緊周子能晏 年十五歲 呈加耶之舞 王見容儀端麗 召前撫背 以金盞勸酒 賜幣帛頗厚 十一月五日 王以所虜高句麗人七千入京 六日 率文武臣寮 朝謁先祖廟 告曰 祇承先志 與大唐同擧義兵 問罪於百濟高句麗 元兇伏罪 國步泰靜 敢玆控告 神之聽之 十八日 賚死事者 少監已上

十◇◇匹 從者二十四 十二月 靈廟寺災.

九年 春正月 以信惠法師爲政官大書省 唐僧法安來 傳天子命 求磁石 二月二十一日 大王會群臣下敎 往者 新羅隔於兩國 北伐西侵 暫無寧歲 戰士曝骨 積於原野 身首分於庭界 先王愍百姓之殘害 忘千乘之貴重 越海入朝 請兵絳闕 本欲平定兩國 永無戰鬪 雪累代之深讐 全百姓之殘命 百濟雖平 高句麗未滅 寡人承克定之遺業 終已成之先志 今兩敵旣平 四隅靜泰 臨陣立功者 並已酬賞 戰死幽魂者 追以冥資 但囹圄之中 不被泣辜之恩 枷鎖之苦 未蒙更新之澤 言念此事 寢食未安 可赦國內 自摠章二年二月二十一日昧爽已前 犯五逆罪死已下 今見囚禁者 罪無小大 悉皆放出 其前赦已後 犯罪奪爵者 並令依舊 盜賊人但放其身 更無財物可還者 不在徵限 其百姓貧寒 取他穀米者 在不熟之地者 子母俱不須還 若在熟處者 至今年收熟 只還其本 其子不須還〈今〉〈月〉三十日爲限 所司奉行 夏五月 泉井一比〈列〉〈忽〉-〈各〉連等 三郡民饑 發倉賑恤 遣祇珍山級湌等 入唐 獻磁石二箱 又遣欽純角干-良圖波珍湌 入唐謝罪 冬 唐使到 傳詔 與弩師仇珍川沙湌廻 命造木弩 放箭三十步 帝問曰 聞在爾國 造弩射一千步 今纔三十步 何也 對曰 材不良也 若取材本國 則可以作之 天子降使求之 卽遣福漢大奈麻 獻木 乃命改造 射至六十步 問其故 答曰 臣亦不能知其所以然 殆木過海爲濕氣所侵者歟 天子疑其故不爲 劫之以重罪 而終不盡呈其能 頒馬阹九(九 按凡之誤也)一百七十四所 屬所內二十二 官十 賜庾信太大角干六 仁問太角干五 角干七人各三 供(供 疑是伊之訛)湌五人各二 蘇判四人各二 波珍湌六人-大阿湌十二人各一 以下七十四所 隨宜賜之.

十年 春正月 高宗許欽純還國 留囚良圖 終死于圓獄 以王擅取百濟土地遺民 皇帝責怒 再留使者 三月 沙湌薛烏儒 與高句麗太〈大〉〈兄〉〈高〉延武 各率精兵一萬 度鴨淥江 至屋骨◇◇◇靺鞨兵 先至皆敦壤 待之 夏四月四日 對戰 我兵大克之 斬獲不可勝計 唐兵繼至 我兵退保白城 六月 高句麗水臨城人年(年 當作牟) 岑大兄 收合殘民 自窮牟城 至浿江南 殺唐官人及僧法安等 向新羅 行〈至〉(◇ 據通鑑補之)西海史冶島 見高句麗大臣淵淨土之子安勝 迎致漢城中 奉以爲君 遣小兄多式等 哀告曰 興滅國繼絕世 天下之公義也 惟大國是望 我國先王以失道見滅 今臣等 得國貴族安勝 奉以爲君 願作藩屛 永世盡忠 王處之國西金馬渚

漢祇部女人 一産三男一女 賜粟二百石 秋七月 王疑百濟殘衆反覆 遣大阿湌儒
敦於熊津都督府 請和 不從 乃遣司馬禰(禰 下文作祢 通鑑作彌)軍窺覘 王知謀
我 止禰軍不送 擧兵討百濟 品日-文忠-衆臣-義官-天官等 攻取城六十三
徙其人於內地 天存-竹知等 取城七 斬首二千 軍官-文穎 取城十二 擊狄兵
斬首七千級獲戰馬兵械甚多 王還 以衆臣-義官-達官-興元等◇◇◇(於王
興？)寺營退却 罪當死 赦之免職 倉吉于◇◇◇◇一 各授位級湌 賜租有差 遣沙
湌順彌山 封安勝爲高句麗王 其册曰 維咸亨元年歲次庚午秋八月一日辛丑 新羅
王致命高句麗嗣子安勝 公太祖中牟王 積德比(比 當作北)山 立功南海 威風振
於靑丘 仁敎被於玄菟 子孫相繼 本支不絶 開地千里 年將八百 至於建產兄第
禍起蕭墻釁成骨肉 家國破亡 宗社湮滅 生人波蕩 無所託心 公避危難於山野 投
單身於隣國 流離辛苦 迹同晉文 更興亡國 事等衛侯 夫百姓不可以無主 皇天必
有以眷命 先王正嗣 唯公而已 主於祭祀 非公而誰 謹遣使一吉湌金順彌山等 就
披策 命公爲高句麗王 公宜撫集遺民 紹興舊緖 永爲隣國 事同昆第 敬哉敬哉
兼送粳米二千石-甲具馬一匹-綾五匹-絹細布各十匹-綿十五稱 王其領之 十
二月 土星入月 京都地震 中侍智鏡退 倭國更號日本 自言 近日所出以爲名 漢
城州摠官藪世 取百濟◇◇◇◇◇◇國 適彼事覺 遣大阿湌眞 珠誅之(十二◇◇◇
貢書所六(六 當作云)◇◇僵事同異可攷).

삼국사기 권 제7

신라본기(新羅本紀) 제7

문무왕 하(文武王 下)

문무왕 하

11년(671) 봄 정월, 이찬 예원(禮元)을 발탁하여 중시(中侍)로 삼았다. 군사를 일으켜 백제를 침범하여 웅진(熊津) 남쪽에서 싸우다가 당주(幢主) 부과(夫果)가 죽었다. 말갈병이 설구성(舌口城)을 포위하였다가 이기지 못하고 물러가는데, 성중 사람이 군사를 내어 쳐 300여 명을 베어 죽였다. 당의 군사가 백제를 구원하러 온다는 소문을 듣고, 대아찬 진공(眞功) 등을 보내어 군사를 거느리고 옹포(甕浦)를 지키게 하였다.

여름 4월, 흥륜사(興輪寺) 남문에 벼락이 떨어졌다. 6월, 장군 죽지(竹旨) 등을 보내어 군사를 거느리고 백제 가림성(加林城)의 농작물을 밟아 없애다가 드디어 당의 군사와 석성(石城)에서 싸워 적병 5,300명의 머리를 베고, 백제의 장군 2명과 당의 과의(果毅) 6명을 사로잡았다. 가을 7월 26일, 대당총관(大唐摠管) 설인귀(薛仁貴)가 우리나라 중 임윤법사(琳潤法師) 편에 편지를 보내 왔다.[*1]

"행군총관 설인귀는 신라 왕에게 글월을 드리나이다. 청풍만리 대해(大海) 삼천리에 황제의 기약이 있어 이곳에 왔는데, 들건대 왕은 사심(邪心)이 움직여 변방에서 또 싸움을 일으켰다 하니, 이것은 허위가식이 없는 자로(子路)의 말을 저버림이요 위나라 은사 후영(侯嬴)의 약속을 잃는 일이외다. 형(兄 : 王)은 역적 우두머리가 되고 제(弟 : 昷)는 충신이 되었소이다. 멀리 화악(花萼 : 불가분의 관계)의 그늘이 나뉘고 헛되이 상사(相思)의 달빛이 비추었으니, 피차 관계를 말하자면 그야말로 탄식을 더할 뿐이외다. 선왕(先王 : 武烈王) 개부(開府 : 唐에서 내린 관작)는 전국민과 꾀하고 백성(百城)은 전전긍긍하여 서쪽으로는 백제의 침입, 북쪽으로는 고구려의 입구(入寇)에 놀라 지방 천리 곳곳에서 칼날을 다투니, 누에치는 아낙네는 뽕따는 시기를, 농부는 밭갈 때를 잃게 되었소이다. 선왕의 나이가 60에 가까워 석양이 짙어갈 때 항해의 위험을 무릅쓰고 멀리 험한 파도를 넘어 마음을 중화(中華)의 땅에 기울이고, 이마를 대궐문에 두드리어 그 외롭고 약함을 갖추어 말하되 고구려와 백제의 침략에 대해 의론하니 그 정겨움도 듣기에 슬픔을 이기지 못하게 했던 것이외다. 우리 태종(太宗) 문황제(文皇帝)께옵서 기량(器量)이 천하에 웅장하고 정신이 우주에 왕성하여, 반고의 구변(九變)과 같고 거령(巨靈)의 일장(一掌)과 같았으며, 기우는 자를 붙잡고 약한 자를 구원하기에 날로 겨를이 없소이다. 그리하여 선군(先君 : 武烈王)을 불쌍히 여기시와 소청을 받아들이며 경거(輕車)·준마(駿馬)와 미의(美衣)·좋은 약으로 하루 사이에도 빈번히 특별 대우를 하였소이다. 선왕도 또한 그 은혜를 이어 군사를 대하여 일으키니 서로 맺어짐이 어수(魚水)와 같고 금석(金石)보다 명백했습니다. 당나라 궁궐의 천겹 자물쇠와 도성 만호(萬戶)의 문빗장 속에 술잔치로 머물고, 대궐 뜰에서 담소하며 병마(兵馬)를 함께 말하고 시기를 나누어 성원하니, 하루 아침에 대격(大擊)하여 수륙 양방으로 창칼을 접하외다. 이때 요새 밖의 초목은 꽃이 지고 유관(楡關)의 느릅열매는 협(莢 : 果皮)에 올랐습니다. 앞서 주필(駐蹕)의 역(役 : 唐太宗의 遼東親征)에 문제(文帝 : 唐太宗)가 친히 행군하여 타인의 불쌍함을 조벌(弔伐)한 것은 깊은 의리였소이다. 그 후 얼마 아니하여 산해(山海)가 달라지고 일월이 회피하여 성인(聖人 : 天子)*²이 무(武)를 언(偃 : 休)하게 되었으며, 그때 왕(王 : 文武王)도 역시 가업을 이어 바위와 칡처럼 서로 의지하여 성진(聲塵 : 싸우는 군사)을 함께 일으킬 때 우선 병마를 정련하여 다같이 선친의 뜻을 좇았습니다. 이 수십 년 동안에 중국은 지칠 대로 지쳤으나 때로 곳간을 열고 물품을 날로 공급하였던 것입니다.

창도(蒼島 : 조선반도)의 땅으로 인하여 중국의 군사를 일으키니 유익(有益)함은 적고 무용(無用)을 탐하므로 어찌 그칠 줄을 모르겠습니까마는 선군의 신의를 잃을까 두려워한 것입니다. 지금은 강적이 이미 청소되고, 원수가 나라를 잃었으며, 병마(兵馬)와 옥백(玉帛)을 왕도 또한 지녔으니 마땅히 심력(心力)을 변하지 말고 중외(中外)가 서로 돕고 병기를 녹여 없애며 허실(虛室)로써 주의를 삼으면 자연히 자손을 편안케 하는 양책이 될 것이며, 어진 사가(史家)의 칭찬을 받을지니 어찌 아름답지 않으리이까.

이제 왕은 안전한 터전을 버리고 정상(正常)을 지키는 계책을 싫어하고, 멀리 천명(天命)을 어기고 가까이 부언(父言)을 저버리며, 천시(天時)를 무시하고 이웃 나라를 업신여기고, 한 모퉁이 궁벽한 땅에서 집집마다 병력을 징발하고 해마다 무기를 휘둘러 과부가 곡식을 운반하고 어린아이가 둔전(屯田)하게 되니, 지키려 해도 버틸 것이 없고 나가 싸우려 해도 막아 낼 길 없으며, 얼음으로써 잃음을 메우고 있음으로써 없음을 보충하자니 대소(大小)가 맞지 않고 순역(順逆)이 뒤바뀌어, 마치 탄환(彈丸)을 가지고 쫓아가는 자가 험한 고정(枯井)이 앞에 있음을 못보고, 매미를 잡으려는 당랑(螳螂)이 참새가 저를 노린다는 것을 모르는 격이니 이는 왕이 자신의 역량을 모르는 까닭이외다. 선왕이 세상에 있을 적에, 일찍부터 제(帝)의 은애를 입고도 속으로 옳지 못한 마음을 품어, 거짓 정성을 나타내는 예로써 대하여 자기 사욕에 따라 당제(唐帝)의 지극한 공을 탐하고, 먼저 은혜를 빌려 후에 배신을 도모한 것이라면, 이는 선군의 잘못일 것이외다. 그러나 그 맹세는 반드시 하수(河水)가 띠처럼 좁아질 때까지 변치 않고, 의분(義分)은 추상과 같았을 것이외다.

임금의 명을 어기는 것은 충성이 아니고 아비 마음을 배신하는 것은 효가 아닐진대, 왕은 한 몸에 두 이름을 겹쳐 가졌으니 어찌 스스로 편안할 수가 있으리오. 왕의 부자(父子)가 하루 아침에 떨치고 일어나는 것은 이 모두 제(帝)의 정의(情意)가 멀리 미치고 위력이 서로 지탱하며, 주군(州郡)을 연결하여 서로 얼크러진 까닭이외다. 이로부터 왕은 책명(册名)을 채용함으로써 신(臣)을 칭하게 되고, 경서를 읽고 시례(詩禮)를 상비(詳備)하면서 의를 듣고도 좇지 아니하고, 선을 보고도 가볍게 여기며, 종횡의 권모술수를 듣고 이목과 정신을 번거롭게 하여 고귀한 집안의 지위를 소홀히 하고, 귀신이 엿보는 화를 불러들입니다. 선군의 성업(盛業)을 받들어 생각을 달리하며, 대내적으로는 의심스런 신하를 제거하고 대외적으로는 강적을 불러들이니 어찌 그것을 지혜라 할 수 있으리까. 또 고구려의 안승(安勝)은 아직 나이 어리고, 나라 망한 후 촌락과 성읍에 사는 인구가 반이나 줄었으니, 스스로 거취에 의심을 품고 산하(山河)의 중첩에 견디지 못한 것이외다. 나 인귀(仁貴)의 병선은 드디어 돛을 펴고 기를 나부끼며 북방 해안을 돌면서 지난날의 패전을 가엾게 여겨 군사를 차마 증원시키지 못하였건만, 도리어 외국의 원조를 의뢰하니 이 무슨 잘못이리까. 황제의 덕은 끝이 없고 그 어진 풍도는 멀리까지 미치며, 사랑의 따스함은 햇볕과 같고 햇살은 봄꽃과 같아, 멀리 신라·고구려의 소식을 듣고 근심하면서도 믿지 아니하여 이에 신으로 하여금 자세한 상황을 살피게 하였소이다. 왕은 사인(使人)을 시켜 묻지도 않고 술과 고기를 보내 우리 군사를 먹이지도 아니하고, 군사를 마침내 조그만 언덕과 강기슭에 숨겨 숲속을 벌레처럼 기고 잡초 무성한 언덕에서 헐떡거리면서 스스로 후회할 칼날을 일으켜 서로 군사를 갖추고 있을 생각이 없소이다. 당나라 대군이 움직이기 전에 유격대가 먼저 바다를 향해 강물에 오르니 고기가 놀라고 새들이 도망하였소이다. 이런 형세라면 인사도 소망하는 대로 할 수 있고 망동(妄動)도 다행히 그칠 수 있을 것이외다. 무릇 큰일을 꾀하는 자는 작은 이익을 탐하지 않고, 높은 절의를 지키는 자는 영특한 기개가 있으니 반드시 난봉(鸞鳳)과 같은 서조(瑞鳥)를 길들이지 않으면 승냥이나 이리가 엿보게 마련입니다.

고장군(高將軍)의 한병(漢兵)과 이근행(李謹行)의 번병(蕃兵)과 오초(吳楚)의 뱃노래와 유병(幽幷)의 악한 소년들이 사면으로 구름처럼 뭉치어 배를 타고 내려와 험한 곳에 의거하여 수(戍)자리를 만들고 땅을 개척하여 농사를 짓는다면 이야말로 왕의 다스리기 어려운 고질일 것입니다.

왕이 만약 사유를 갖추어 피차(彼此)를 명확히 진술한다면, 인귀는 일찍이 대가를 모시어 친히 위임을 받은 일이 있으니 글월로 기록하여 아뢰오면 일이 반드시 환하게 풀릴 터인데, 왜 이렇게도 조급히 굴어 스스로 복잡케 하는 것입니까.

오호라, 전날에는 충의(忠義)의 사람이더니 지금에 와서는 역신이 되었구려. 처음에는 길하다가 종말에는 흉하게 된 것을 한스럽게 여기며, 본디는 같았던 마음이 나중에 달라지니 또한 이것을 원망하외다. 가을 바람 높고 찬 기운 급습하며, 나뭇잎 떨어지고 세월은 무정하여 산 위에 올라 멀리 바라보니 회포가 언짢소이다. 왕은 심지(心智)가 맑고 풍채가 준수하니 겸손의 의를 지키고 도를 따르는 마음이 있다면, 제사가 때에 따라 오고 제후의 사직이 변함 없을 것이오. 길(吉)을 택하여 복을 받아들이는 것이 왕의 양책(良策)일 것이외다. 치열한 싸움 중에도 심부름꾼이 왕래하니 이제 왕의 소속 승려인 임윤(琳潤)에게 편지를 주어 약간의 심회를 선포하는 바이외다."
  왕의 답장은 다음과 같았다.
  "선왕(先王)이 정관(貞觀) 22년에 들어가 당(唐)에 조회하고 태종(太宗) 문황제(文皇帝)의 은칙(恩勅)을 직접 받았는데 그에 이르기를 '짐이 지금 고구려를 정벌하려 하는 것은 다른 까닭이 아니라 그대 신라가 양국 사이에 끼여 매양 침략을 당하여 편안한 해가 없음을 가엾게 여겨서이다. 산천이나 토지는 짐의 탐내는 바 아니요, 옥백과 자녀는 나도 가지고 있는 것이니 내이 양국을 평정하면 평양 이남과 백제의 토지를 모두 그대 신라에 주어 길이 편안하게 하려고 한다' 하여 계책을 알리고 군사 행동의 시기를 정해 주었소. 신라의 백성이 이 은칙을 듣고 사람마다 힘을 기르며 집마다 용(用)을 기다리고 있던 바, 큰 사업이 끝나지 못한 채 문황제께서 먼저 돌아가시고 금상폐하께서 즉위하시자 다시금 전은(前恩)을 계속하여 자주 애호를 입되 오히려 지난날보다 더한 바가 있었소. 형제와 자질(子姪)들이 재보와 관작을 받게 되니 영총(榮寵)의 지극함은 옛날에도 없었던 일이오라 몸이 가루가 되고 뼈가 부서져도 전쟁이 용무에 극진히 하여 간(肝)과 뇌(腦)를 땅에 발라서라도 만분의 일이나마 갚으려 하였던 것이외다.
  현경(顯慶) 5년에 이르러, 성상폐하께서 선황의 뜻이 종(終)을 짓지 못한 것으로 느끼시고 전일의 끼친 서업(緖業)을 달성코자 하여 장수를 명하여 병선을 띠우고 수군을 크게 일으키므로, 선왕(先王)이 나이 늙고 힘이 약하여 군무에 종사하기 어려웠으나, 전일의 은덕에 감격하여 힘써 국경에까지 나아가 모(某 : 문무왕)를 보내어 군사를 거느리고 대군을 응접케 하였던 것이외다. 그리하여 동서(東西)가 서로 향응하고 수륙(水陸)이 함께 나아가 수군이 겨우 강의 어구에 들어올 때 육군은 벌써 대적을 깨뜨리고 양군이 함께 왕도(王都)에 이르러 한 나라를 평정하였던 것이외다. 평정한 뒤 선왕은 대총관 소정방과 함께 의논한 끝에 한병(漢兵) 1만 명을 머물게 하고, 신라역시 왕제(王弟) 인태(仁泰)를 보내어 군사 7,000명을 거느리고 함께 웅진성을 지키게 되었던 것이외다.

대군(大軍)이 돌아간 뒤 적신(賊臣) 복신(福信)이 강서(江西)에서 일어나 패잔병을 규합하여 부성(府城)을 에워싸면서, 먼저 바깥 진지를 깨뜨려 군수품을 다 빼앗고, 다시 부성을 공격하여 거의 함락될 지경에 놓여 있었으며, 더구나 부성(府城)과 가까운 사방에 성을 만들어 두루 지키므로 부성에 출입할 수도 없었소. 모(某)가 군사를 거느리고 가서 적의 포위를 뚫음과 동시에 사면에 있는 적의 성을 모두 깨뜨려 먼저 그 위급을 구해내고, 다시 군량을 운반하여 드디어 1만의 한병(漢兵)으로 호구(虎口)에 맡겨질 난경(難境)을 면케 하였고, 진(鎭)을 지키는 굶주린 군사로 자식을 바꾸어 잡아 먹는 일이 없게 하였던 것이외다.

　6년에 이르러 복신의 도당이 차츰 불어 강동의 땅을 침범하여 빼앗으니 웅진의 한병 1,000명이 가서 적을 치다가 적에게 대패를 당하여 한 사람도 돌아오지 못하였으며, 패배한 이래로 웅진부로부터 군사를 보내달라는 청이 밤낮을 계속하였소. 그때 신라에는 유행병이 한창 번져 병마를 징발할 수 없음에도 불구하고 쓰라린 청을 거역하기 어려워 드디어 군사를 거느리고 주류성(周留城)을 포위하였던 바, 적은 아군의 수효가 적음을 알고 곧 나와 치는지라, 우리는 병마만 상실하고 이득없이 돌아오니 남방의 여러 성이 한꺼번에 배반하여 복신에게 소속되었소. 복신은 승세를 타고 다시 부성을 포위하니 이로 인하여 웅진을 내왕하는 길이 끊기어 소금 된장이 다 떨어졌으므로 우리는 곧 장정을 모집하여 몰래 소금을 보내어 그 곤경을 구했사외다.

　6월에 이르러 선왕이 돌아가서 장례가 겨우 끝나고 상복을 벗지 아니한 까닭으로 부름에 응하지 못하였던 바, 군사를 거느리고 북으로 돌아오라는 칙지가 내리고, 함자도총관(含資道摠管) 유덕민(劉德敏) 등이 부임하여 칙지를 받들고 와 신라로 하여금 평양에 군량을 공급케 하였소. 이때 웅진의 사인(使人)이 와서 부성의 위태로운 사정을 갖추어 진술하니 유총관은 모(某)와 더불어 상의하므로 스스로 말하기를 "만약 먼저 평양에 군량을 보내면 곧 웅진의 교통이 끊어질 염려가 있고, 웅진의 교통이 만약 끊어지면 머물러 지키는 한병이 곧 적의 수중에 들어갈 것"이라고 하였소. 유총관은 드디어 모와 동반하여 먼저 옹산성을 쳤고 옹산성이 함락되자 즉시 웅진에 성을 쌓아서 웅진의 도로를 개통케 하였사외다. 12월에 이르러 웅진에 군량이 다 떨어졌으나 그렇다고 해서 먼저 웅진으로 운송하면 칙지를 어기는 것이 두렵고, 만약 평양으로 운송한다면 웅진에 양식이 곧 끊어질 염려가 있으므로, 그 까닭에 늙고 약한 자를 시켜 웅진에 운송하고 강하고 건장한 정병은 평양에 운송키로 하였던 바 웅진에 군량을 보낼 적에는 노상에서 눈을 만나 인마(人馬)가 다 얼어 죽고 하나도 돌아오지 못하였던 것이외다.

용삭(龍朔) 2년 정월에 이르러 유총관은 신라의 양하도총관(兩河道摠管) 김유신(金庾信) 등과 함께 평양에 군량을 운송하는데, 그에 한 달을 걸치어 비가 내리고 바람은 몹시 추워 사람과 말이 얼어죽으니 가지고 가던 군량을 손쉽게 전달할 수가 없었고, 평양의 대군이 또 돌아가려 한다 하므로 신라의 병마도 양식이 다하여 역시 회군하던 도중에 병사들은 주리고 추워 수족이 얼어터지고 노상에서 죽는 자도 이루 헤아릴 수 없었소. 행군(行軍)이 호로하(瓠瀘河)에 다다르자 고구려 병마가 곧 뒤를 쫓아와 언덕 위에 진을 치므로 신라의 병사는 오랫동안 피로하였으나 적이 멀리 쫓아올까 두려워서 적이 물을 건너기 전에 먼저 건너가 서로 부딪치어 앞 군사가 잠깐 교전하자 적병이 와해되니 드디어 군사를 거두고 돌아왔소이다.

이 군사가 집에 돌아온 뒤 한 달이 못되어 웅진 부성에서 자주 곡식 종자를 청구하므로 전후에 보낸 것이 수만 가마에 달하였으니, 남으로 웅진에 보내고 북으로 평양에 바치어 조그마한 신라가 양쪽으로 이바지하는 바람에 인력(人力)이 극히 피곤하고, 우마(牛馬)가 기의 다 죽고, 농작(農作)이 시기를 잃어 연곡(年穀)이 제대로 익지 못하고, 곳간에 저장된 양곡은 수출로 다 나갔는지라 신라의 백성은 풀뿌리도 오히려 부족하였지만 웅진의 한병은 양식이 여유가 있었소. 또 유진(留鎭)의 한병은 집을 떠난 지 오래 되어서 의복이 다 해져 온전한 옷이라곤 없으므로 신라는 백성에게 권유하여 철에 맞는 옷을 보내주었소. 도호(都護) 유인원(劉仁願)이 멀리 와서 외로운 성을 지키자니 사면은 모두 적이라 늘 백제의 침략을 당하는데 언제나 신라의 구원을 입었고 1만의 한병이 4년을 신라에 의식(衣食)을 기댔으니 인원 이하 병사 이상이 가죽과 뼈는 비록 중국에서 성장했으나 피와 살은 모두 신라의 육성이라 할 수 있을 것이외다. 국가(唐)의 은덕은 비록 한이 없지만 신라의 충성도 또한 알아 주어야 할 것이외다.

용삭 3년에 이르러 총관 손인사(孫仁師)가 군사를 거느리고 와서 부성을 구원할 적에 신라의 병마도 또한 일어나 함께 치기로 하여 주류성(周留城)

아래 다다랐는데, 이때 왜국(倭國)의 해군이 와 백제에 협조하여 1,000척의 왜선이 백사(白沙)에 정박하고 백제의 정병은 언덕 위에서 그 배를 지키므로, 신라의 날랜 기병이 한(漢)의 선봉이 되어 먼저 언덕의 진을 부수니 주류성은 기운이 떨어져 곧 항복하고 말았소. 남방이 이미 평정되어 군사를 돌이켜 북을 치자 임존성(任存城) 하나만이 고집을 부리고 항복하지 아니하므로 양군이 협력하여 그 성을 쳤으나 워낙 굳게 지키어 항거하기 때문에 깨뜨리지 못하였던 것이오. 신라는 바로 돌아가려 하던 차 두대부(杜大夫)가 말하기를 '칙명에 의하면 백제가 평정된 다음에 함께 서로 모여 맹세하도록 하라 하였으니 임존성(任存城)이 비록 항복하지 아니했더라도 함께 맹세하는 것이 옳다' 하였소. 신라는 생각하기를 '칙지에 평정된 다음에 서로 맹회하라 했는데 임존성이 아직 항복하지 아니하였으니 이미 평정되었다고 할 수 없으며, 더군다나 백제는 심히 간사하여 반복이 무상하니 지금 서로 모여 맹세한다 하여도 뒤로 배꼽을 씹을 우려가 있을 것이다' 하여 맹세를 정지할 것을 주청하였던 것이외다.

인덕(麟德) 원년에 이르러 다시 엄한 칙지가 내리어 맹세하지 아니한 것을 책망하므로 곧 사람을 보내어 웅령(熊嶺)에 단을 쌓아 서로 모여 맹세하게 하고 맹세한 곳으로 양국의 경계선을 삼았던 것이외다. 맹세하는 일은 원하는 바 아니었지만 감히 칙지를 어길 수 없었기 때문이었소. 또 취리산(就利山)에 단을 쌓고 칙사(勅使) 유인원을 상대로 피를 바르며, 산하(山河)로써 서로 맹세하고, 한계선을 그어 푯말을 세우고, 길이 경계를 정하고 백성들이 거주하여 각각 산업을 경영하기로 했던 것이외다.

건봉(乾封) 2년에 이르러 대총관 영국공(英國公) 이적(李勣)이 요동(고구려)을 친다는 소문을 듣고 모(某)는 한성주(漢城州)에 가서 군사를 보내어 국경에 집합시켜 놓았소. 신라의 병마만이 홀로 쳐들어갈 수 없어 먼저 정탐을 세 차례나 배를 태워 내보내어 대군의 동정을 살피게 하였더니, 전함이 모두 돌아와 고하기를 대군은 아직 평양에 도착하지 않았다 하므로 우선 고구려의 칠중성(七重城)을 쳐서 도로(道路)를 개통하고 대군이 올 때까지 기다리기로 하였소. 그 성이 거의 부서지려던 차에 영공의 사인(使人) 강심(江深: 신라인)이 와서 말하기를 '대총관이 처분을 받들 것이니 신라의 병마는 성을 칠 것 없이 곧 평양으로 와서 군량을 공급하라'고 하여 드디어 군량을 전달하고 모임에 다다르게 하였는데, 행진이 수곡성(水谷城)에 이르러 대군이 이미 돌아갔단 말을 듣고 신라의 병마도 곧 철수하여 돌아왔던 것이외다.

건봉(乾封) 3년에 이르러 대감(大監) 김보가(金寶嘉)를 시켜 바닷길로 요동에 가서 영공(英公)의 진퇴(進退)를 취하여 처분을 받든 바 신라의 병마는 평양으로 집합하라는 것이었고, 5월에 이르러 유우상(劉右相) 인궤(仁軌)가 와서 신라의 병마를 징발하여 함께 평양으로 가게 되자 모두 역시 한성주(漢城州)에 가서 병마를 검교(檢校)하였던 것이외다. 이때 번한(蕃漢)의 모든 군사가 사수(蛇水)에 다 모였으므로 남건(男建)은 군사를 내어 한번 싸워 승부를 결정하려 들자 신라의 병마가 홀로 선봉이 되어 먼저 대부대를 깨뜨리니, 평양 성중의 기운이 꺾였고 영공은 뒤에서 신라의 날쌘 기병 500명을 뽑아 먼저 성안으로 들여보내어 드디어 평양을 깨뜨리고 큰 공을 이루게 되었던 것이외다. 이에 대하여 신라의 병사는 모두 말하기를 '전쟁이 시작된 지 벌써 9년이 경과하여 인력(人力)은 지칠 대로 지쳤지만 끝끝내 양국을 평정하여 누대(累代)의 숙망이 이제 이루어졌으니, 반드시 나라도 충성을 다한 혜택을 입을 것이요, 개인도 힘을 바친 상을 받을 것이다' 하였소이다. 영공(英公)은 망각하고 말하기를 '신라가 전번에 군기(軍期)를 위반하였으니 역시 계산해서 공을 정해야 할 것이다' 하자 신라의 병사는 이 말을 듣고 다시 공포심이 더하였던 것이오. 또 공을 세운 군장(軍將)의 이름이 모두 등록되어 중국으로 불리어 들어갔는데 제경(帝京)에 도착하자마자 말하기를 '지금 신라는 아무도 공 있는 자가 없다' 하여 군장이 도로 돌아오니 백성들은 또다시 공포심을 더하였던 것이오. 또 비열성은 본시 신라의 땅인데 고구려가 빼앗아 30여 년이 되었으므로 신라는 도로 이 성을 찾아 내어 백성을 옮기고 관리를 두어 수비하였지만 당이 또 이 성을 빼앗아 도로 고구려에게 주었으며 또 신라가 백제를 없애고 고구려를 평정할 때까지 충성을 다하고 힘을 바쳐 국가(國家)를 저버린 바 없는데 무슨 죄로 일조에 버림을 받는지 알 수가 없소. 비록 이와 같이 원통하고 억울하나 끝끝내 배반할 마음은 없었던 것이외다.

총장(總章) 원년(元年 : 신라 문무왕 8년)에 이르러 백제는 예전에 모여 맹세하던 곳에서 봉(封)을 옮기고 푯말은 바꾸어 전지(田地)를 침식하며 우리 노비(奴婢)를 꾀고 우리 백성을 달래어 내지에 숨겨 두고 자주 와서 색출해 가면서도 끝내 돌려보내지 아니하였소. 또 소식을 전하기를 '국가(國家)가 선박을 수리하는 것은 왜국(倭國)을 치기 위해서라고 칭탁하나 실은 신라를 치려 하는 것이다' 하니 백성들은 듣고 놀라 편안치 못하고, 또 백제의 부녀자를 가져다 신라 한성도독(漢城都督) 박도유(朴都儒)에게 안겨주고 신라의 병기를 훔쳐내어 한 고을땅을 습격하기로 서로 공모하였는데, 다행히 사전에 발각되어 곧 도유를 베어 죽였기로 그 꾀가 이루어지지 못하였던 것이외다.

함형(咸亨) 원년(元年: 신라 문무왕 10년) 6월에 이르러 고구려가 반역을 도모하여 한(漢)의 관원을 모조리 죽이므로 신라는 곧 군사를 일으키고자 하면서 먼저 웅진(熊津)에 알리기를 '고구려가 배반한 이상 쳐부수지 않을 수 없으니 피차가 다 황제의 신하이므로 함께 적을 치는 것이 사리에 합당할 것이며, 군사를 일으키는 일도 상의가 있어야 할 것이니 청컨대 관원을 이곳에 보내어 서로 계획을 정하게 하라' 하였더이다. 백제의 사마(司馬) 예군(禰軍)이 이곳에 와서 함께 상의한 끝에 "군사를 일으키게 되면 피차간에 의심이 생길 우려가 있으니 마땅히 쌍방의 관원으로 하여금 서로 볼모를 잡히도록 하자"고 하므로 곧 김유돈(金儒敦)과 부성(府城: 웅진)의 백제 주부(主簿) 수미(首彌)·장귀(長貴) 등을 부(府)로 보내어 볼모잡히는 일을 논의케 한 결과 백제는 볼모잡히는 일을 허락하면서도 성중에는 여전히 군사를 집합시키고 그 성 아래 이르기만 하면 밤에 나와 치곤 하였소.

7월에 이르러 입조사(入朝使) 김흠순(金欽純) 등이 와서 경계선을 그으려 하는데 지도를 검사하여 백제의 옛 땅은 전부 돌려주라 하니 황하가 아직 띠와 같이 되지 않고 태산이 아직 숫돌과 같이 되지 아니하여 3, 4년간에 한 번 주고 한 번 빼앗으니 신라 백성은 다 실망하고 모두 말하기를 '신라와 백제는 누대(累代)의 깊은 원수인데 지금 백제의 현상을 보면 따로 한 나라로 자립할 모양이니 백 년 이후에는 자손이 반드시 그에게 먹히게 될 것이외다. 신라가 이미 국가(唐)의 주(州)인 이상 갈라서 두 나라를 만들 수는 없는 일이니 원컨대 한 나라가 되어 길이 후환이 없도록 하여 달라' 하였소. 지난해 9월에 이 사실을 상세히 기록하여 사신을 보내어 아뢰게 하였던 바 중도에 표류를 당하여 도로 오고 말았소. 또다시 사신을 보냈으나 역시 도달하지 못하였으며, 그 뒤에는 바람이 차고 물결이 거칠어 미처 보고하지 못하고 말았소. 백제는 없는 사실을 날조하여 '신라가 배반한다'고 고하였으니 신라는 앞으로 귀신(貴臣)의 동정을 잃고 뒤로 백제의 참소를 입어 나아가나 물러가나 허물만 보이고 충성(忠誠)을 펴지 못하며 그럴듯한 참소만이 날로 성청(聖聽)을 거스릴 뿐이요, 두 마음 없는 충성은 일찍이 한 번도 통하지 못하였던 것이외다.

사인 임윤(琳潤)이 돌아와, 주신 서한을 전달하여 비로소 총관이 풍파를 무릅쓰고 멀리 해외(海外)에 오신 것을 알게 되었으니, 도리상 사인(使人)을 교외에 보내어 맞아들이고 술과 고기를 대접하는 것이 당연하나, 멀리 이역에 처한 탓으로 예를 이루지 못하고 때로는 영접조차 못하게 됨을 괴이하게 여기지 마시오. 총관의 서한을 읽어본즉 분명 신라를 반역으로 여겼으니 원래 본뜻이 아니므로 척연(惕然)히 놀랄 따름이외다. 자기의 공로를 헤아린다면 사욕(斯辱)의 조롱을 당할까 싶고, 입을 함봉하고 꾸지람을 받자니 역시 불행한 운명에 들까 하여 이제 원통하고 억울함을 대략 아뢰고, 배반한 적이 없었다는 것을 갖추어 기록하는 바이외다. 국가가 한 사람의 사신을 보내어 사유를 물어 보지도 아니하고, 곧 수만의 군사로 하여금 소혈(巢穴)을 뒤엎으려 하여 큰 배, 작은 배가 바다와 강을 연결하고 저 웅진을 구원한다 하고 이 신라를 치니, 아! 양국(兩國)이 평정되지 않아서는 발종지시(發蹤指示)*3의 사명을 맡고, 들짐승이 다 없어지니 사냥개가 고기파는 사람에게 핍박을 당하는 격이며, 백제의 잔적(殘賊)은 옹치(雍齒)*4의 상을 받고, 한(漢)에 희생된 신라는 정공(丁公)*5의 죽음을 당한 것이외다. 태양은 비록 빛을 주지 아니하지만 해바라기와 콩잎의 본심은 오히려 향일(向日)의 정성을 품고 있사외다. 총관은 영웅(英雄)의 빼어난 기운을 받고 장상(將相)의 포부를 지니고 칠덕(七德)을 겸비하고 구류(九流)를 다 통한 분으로서 천벌(天罰)을 대행함에 있어 어찌 함부로 죄 아닌 죄를 가하리까? 천병(天兵)이 출동하기 전에 먼저 이유를 물었으니 보내온 글월을 인연하여 감히 배반하지 아니하였다는 것을 진술하는 바이니, 청컨대 총관은 자세히 생각하시어 사실을 갖추어 제(帝)에게 아뢰시오. 계림주대도독 좌위대장군개부의등삼사 상주국 신라왕 김법민(金法敏)은 사림."

소부리주(所夫里州)를 설치하고, 아찬 진왕(眞汪)을 도독으로 삼았다. 9월, 당의 장수 고간(高侃) 등이 말갈병 4만 명을 거느리고 평양에 도착하여 참호를 깊이 파고 성루(城壘)를 높이 쌓고는 대방(帶方)을 침범하였다. 겨울 10월 6일, 당의 수송선 70여 척을 공격하여 낭장(郎將) 겸이대후(鉗耳大侯)와 군사 백여 명을 사로잡았으며 물에 빠져 죽은 자도 이루 헤아릴 수 없었다. 이 싸움에 급찬 당천(當千)의 전공이 제일을 차지하여 사찬의 직위를 제수하였다.

12년 봄 정월, 왕이 장수를 보내어 백제의 고성성(古省城)을 공격하여 이겼다. 2월, 백제 가림성(加林城)을 공격하였으나 이기지 못하였다. 가을 7월, 당의 장수 고간(高侃)이 군사 1만 명을, 이근행(李謹行)이 군사 3만 명을 거느리고 한때 평양에 와서 8개의 진영을 만들어 주둔하였다. 8월, 당군은 한시성(韓始城)·마읍성(馬邑城)을 공격하여 이기고 군사를 몰아 백수성(白水城)과 500보 거리에다 진영을 만들었다. 우리의 군사는 고구려와 더불어 마주 싸워 수천 명의 머리를 베니 고간 등이 물러갔다. 석문(石門)까지 쫓아가서 싸우다가 우리 군사가 패하여 대아찬 효천(曉川), 사찬 의문(義文)과 산세(山世), 아찬 능신(能申)과 두선(豆善), 일길찬 안나함(安那含)과 양신(良臣) 등이 전사하였다. 한산주(漢山州)에 주장성(晝長城 : $^{南漢}_{山城}$)을 쌓았는데 주위가 4,360보였다. 9월, 혜성이 일곱 번이나 북방에 나타났다. 왕이 먼젓번에 백제가 당에 가서 군사를 청하여 우리 나라를 침범할 때 정세가 급박한 까닭으로 미처 주청하지 못하고 군사를 내어 이를 토벌하였는데 이로 말미암아 대조(大朝)에 죄를 얻게 되었다. 그래서 왕은 급찬 원천(原川), 내마 변산(邊山) 및 억류되었던 병선낭장(兵船郎將) 겸이대후, 내주사마(萊州司馬) 왕예(王藝), 본열주장사(本烈州長史) 왕익(王益), 웅주도독부사마(熊州都督府司馬) 예군(禰軍), 증산사마(曾山司馬) 법총(法聰)과 군사 170명을 당에 보내어 표(表)를 올리고 죄를 청하였다.

그 표는 아래와 같다.

"신모(臣某)는 죽을 죄를 무릅쓰고 삼가 아뢰옵니다. 지난날 신의 처지가 위급하여 거꾸로 매달린 형상과 같았는데 멀리 구원해 주심을 입어 멸망당할 것을 면하였사오니, 몸이 가루가 되고 뼈가 부서져도 그 은혜를 갚을 길이 없사오며, 머리가 깨져 재가 되고 먼지가 된다 한들 어찌 그 덕택을 다 보답하오리까. 그러하오나 원한 깊은 백제가 신의 나라에 침범하여 천병(天兵 : $^{唐}_{兵}$)을 이끌어 신을 없애고 부끄러움을 씻으려 하므로 신은 파멸 지경에 놓여 스스로 살 길을 찾으려 한 것이온데, 억울하게도 역적의 누명을 입고 드디어 용서할 수 없는 죄를 쓴 것이옵니다.

　신은 이 사유를 아뢰지 못하고 먼저 형벌을 받는다면 살아서 왕명을 거역한 신하가 되고 죽어서 은혜를 저버린 귀신이 될 것이므로, 삼가 사실을 기록하여 죽음을 무릅쓰고 아뢰오니 바라옵건대 잠깐 귀를 기울여 들으시와 연유를 명확히 살피시옵소서. 신은 전대(前代)로부터 조공을 끊이지 아니하다가 근자에 와서 백제 때문에 두 번째 공납을 빠뜨리게 되어 드디어 성조(聖朝)로 하여금 조서를 내고 장수를 명하여 신의 죄를 성토하게 되었사오니 죽어도 형(刑)은 남음이 있을 것이옵니다. 종남산(終南山)의 대(竹)로도 신의 죄는 다 기록할 수 없사옵고, 포야(褒斜 : 終南山 골짜기)의 숲으로도 신의 형구(刑具)를 만드는 데는 오히려 부족하오며, 종묘와 사직을 못(池)으로 만들고 신의 사지를 찢어 죽여도 제(帝)가 이 사정에 귀를 기울여 친히 판단해 주신다면 죽음을 달갑게 받겠사옵니다. 신의 친여(襯輿 : 棺과 상여)가 곁에 있고 머리에 진흙이 마르지 아니한 채 피눈물을 흘리면서 조정에 대죄하여 형명(刑命)을 기다리겠사옵니다. 엎드려 생각하옵건대 황제께옵서 밝으심이 일월과 같으시와 햇빛을 받아들일 수 있는 곳을 다 비춤을 받고 덕은 천지와 일치하여 동식물(動植物)이 모두 양육의 은혜를 입으며, 좋아하는 덕은 곤충(昆蟲)에게까지 미치고 죽이기를 싫어하는 인(仁)은 어조(魚鳥)에게까지 흘러가는 터이오니, 만약 놓아 주시는 용서를 내리시어 몸뚱이를 보전하는 은덕을 베푸시면 비록 죽어도 산 것과 다름이 없사옵니다. 바라기 어려운 일이오나 감히 소회를 아뢰어 황공한 마음을 누르지 못하옵니다. 삼가 원천 등을 보내어 글월을 올리어 사죄하고 칙지를 기다리옵니다. 모(某 : 文武王)는 돈수돈수(頓首頓首) 사죄사죄(死罪死罪)."

　겸하여 은(銀) 3만 3,500푼, 구리(銅) 3만 3000푼, 바늘(針) 400개, 우황(牛黃) 120푼, 금(金) 120푼, 40승 포목 6필, 30승 포목 60필을 진상하였다. 이해에 곡식이 귀하여 백성이 주렸다.

　13년 봄 정월, 큰 별이 황룡사(皇龍寺)와 재성(在城 : 月城)의 중간에 떨어졌다. 강수(强首)를 승진시켜 사찬으로 삼고 해마다 벼 200석을 하사하였다. 2월, 서형산성(西兄山城)을 증축하였다. 여름 6월, 호랑이가 대궐 뜰에 들어와 잡아 죽였다. 가을 7월 1일, 김유신이 죽었다. 아찬 대토(大吐)가 배반하여 당에 붙으려다가 사실이 탄로되어 사형에 처해지고 그 처자는 천인

(賤人)에 편입되었다. 8월, 파진찬 천광(天光)을 중시로 삼았다. 사열산성(沙熱山城)을 증축하였다. 9월, 국원성(國原城)·북형산성(北兄山城)·소문성(召文城)·이산성(耳山城), 수약주(首若州)의 주양성(走壤城: 질암성(迭巖城)이라고도 함), 달함군(達含郡)의 주잠성(主岑城), 거열주(居烈州)의 만흥사산성(萬興寺山城), 삽량주(歃良州)의 골쟁현성(骨爭峴城)을 쌓았다. 왕은 대아찬 철천(徹川) 등을 보내어 병선 100척을 거느리고 서해(西海)를 지키게 하였다. 당병이 말갈·거란병과 함께 북쪽 변경을 내침하여 무릇 아홉 번 싸움 끝에 우리 군사가 승리하여 2000여 명의 머리를 베었고, 호로(瓠瀘)·왕봉(王逢) 두 강에 빠져 죽은 당병(唐兵)은 이루 셀 수 없었다. 겨울, 당병이 고구려 우잠성(牛岑城)을 쳐서 항복받았다. 거란·말갈병이 대양성(大楊城)·동자성(童子城)을 쳐 없앴다. 비로소 외사정(外司正)을 두되 주(州)에 2인, 군(郡)에 1인으로 하였다.

14년 봄 정월, 당에 들어가 숙위하던 대내마 덕복전(德福傳)이 역술(曆術)을 배우고 와서 신력(新曆)으로 고쳐 썼다. 당제는 왕이 고구려의 반도(叛徒)를 받아들이고 또 백제의 옛땅을 점령하여 사람을 보내어 지키게 하였다 하여 크게 성내어 왕의 관작을 박탈한다는 조서를 내리고, 왕의 아우 우효위원외대장군임해군공(右驍衛員外大將軍臨海郡公) 인문(仁問)이 경사(京師: 長安)에 있으므로 그를 세워 신라왕을 만들어 본국으로 돌아가게 하고, 좌서자동중서문하삼품(左庶子同中書門下三品) 유인궤(劉仁軌)를 계림도대총관(鷄林道大摠管)으로 삼고 위위경(衛尉卿) 이필(李弼), 우령군대장군(右領軍大將軍) 이근행을 부관으로 삼아 군사를 거느리고 가서 치게 하였다. 2월, 대궐 안에 못을 파고 산을 만들어 화초를 심고 진귀한 새와 짐승을 길렀다. 가을 7월, 큰 바람이 황룡사 불전을 넘어뜨렸다. 8월, 서형산(西兄山) 아래서 열병식을 크게 거행하였다. 9월, 의안법사(義安法師)를 명하여 대서성(大書省)으로 삼고 안승(安勝)을 봉하여 보덕왕(報德王)으로 삼았다〔10년에 안승을 봉하여 고구려 왕으로 삼았으니 이제 와서 두 번째 봉한 것이다. 보덕이란 말은 귀명(貴命) 등의 말과 같은 것인지 혹은 지명(地名)인지 알 수 없다〕.

영묘사 앞길에 거둥하여 군대를 사열하고 아찬 설수진(薛秀眞)의 육진병법(六陣兵法)을 관람하였다.

15년 봄 정월, 동(銅)으로 백관(百官) 및 주군(州郡)의 인(印)을 새기어 반포하였다. 2월, 유인궤가 칠중성(七重城)에서 우리 군사를 깨뜨렸다. 인궤는 군사를 이끌고 돌아가고 조서를 내려 이근행으로 안동진무대사(安東鎭撫大使)를 삼아 경략케 하였다. 왕은 이에 사신을 보내어 조공하고 또 사죄하니 당제는 용서하고 왕의 관작을 회복시켰다. 김인문은 중로(中路)에서 이 소식을 듣고 도로 돌아가고 이때에 왕은 이미 다시 임해군공(臨海郡公)으로 봉받았다. 그러나 백제의 땅을 많이 탈취하고 드디어 고구려의 남쪽 경계까지 맞대어 주(州)·군(郡)을 만들었다. 당병이 거란·말갈병과 함께 침범해 온다는 소식을 듣고 구군(九軍)을 내어 대기하였다. 가을 9월, 설인귀(薛仁貴)는 숙위학생 풍훈(風訓)의 부친 김진주(金眞珠)가 본국에서 사형받은 이유로 풍훈을 끌어들여 향도(鄕導)를 삼고 와서 천성(泉城)을 치므로 우리 장군 문훈(文訓) 등이 마주 싸워 이겨 1,400명의 머리를 베고 병선 40척을 빼앗았다. 인귀가 포위망을 헤치고 후퇴하여 달아나므로 전마(戰馬) 1,000필을 얻게 되었다. 29일 이근행이 군사 20만 명을 거느리고 매초성(買肖城)에 와 주둔하므로 우리 군사가 쳐서 쫓아 버리고 전마(戰馬) 3만 380필을 얻었으며, 그밖의 병기도 얻은 것이 이와 비슷하였다. 사신을 당에 보내어 토산물을 바쳤다. 안북하(安北河)에 잇대어 관성(關城)을 설치하고 또 철관성(鐵關城)을 쌓았다. 말갈병이 아달성(阿達城)에 들어와 강탈하므로 성주(城主) 소나(素那)가 나가 싸우다 죽었다. 당병이 거란·말갈병과 함께 와 칠중성을 에워쌌으나 이기지는 못하고 우리 소수(小守) 유동(儒冬)이 전사하였다.
  말갈이 또 적목성(赤木城)을 에워싸니 현령(縣令) 탈기(脫起)가 백성을 거느리고 대항하여 싸우다가 힘이 다하여 모두 함께 죽었다. 당병이 또 석현성(石峴城)을 포위하여 빼앗으니 현령 선백(仙伯), 실모(悉毛) 등이 힘껏 싸우다 죽었다. 또 우리 군사가 당병과 벌인 대소전 18회 모두 승리하여 6,047명의 머리를 베고 전마 200필을 취득하였다.
  16년 봄 2월, 고승(高僧) 의상(義相)이 어명을 받들어 부석사(浮石寺)를 창건하였다. 가을 7월, 혜성이 북하(北河)·적수(積水)의 사이에 나타났는데 길이가 6, 7보였다. 당병(唐兵)이 도림성(道臨城)에 내침하여 없애니 현령(縣令) 거시지(居尸知)가 싸우다가 죽었다. 양궁(壤宮)을 지었다. 겨울 11

월, 사찬 시득(施得)이 수군을 거느리고 설인귀와 소부리주 기벌포(伎伐浦)에서 싸워 패했으나, 또 나아가 대소전 22회 모두 승리하여 4,000여 명의 머리를 베었다. 재상 진순(陳純)이 퇴직을 청하였으나 허락하지 아니하고 궤장(几杖)을 하사하였다.

17년 3월, 강무전(講武殿) 남문에서 활쏘는 것을 관람하였다. 비로소 좌사록관(左司祿舘)을 설치하였다. 소부리주에서 흰 매를 바치었다.

18년 봄 정월, 선부(船府)를 만들고 영(令) 1명을 두어 선박에 관한 사무를 관장케 하며, 좌우이방부(左右理方府)에 경(卿) 한 사람씩을 더 두었다. 북원(北原)에 소경(小京)을 설치하고 대아찬 오기(吳起)로 하여금 지키게 하였다. 3월, 대아찬 춘장(春長)을 승진시켜 중시로 삼았다. 여름 4월, 아찬 천훈(天訓)을 무진주 도독으로 삼았다. 5월, 북원에서 이상한 새를 바쳤는데 날개에 무늬가 있고 정강이에 털이 났다.

19년 봄 정월, 중시(中侍) 춘장(春長)이 병으로써 사직하므로 서불한(舒弗邯) 천존(天存)을 중시로 삼았다. 2월, 사신을 보내어 탐라국(耽羅國)을 경략하였다. 궁궐을 중수하여 극히 웅장하고 화려하게 되었다. 여름 4월, 형혹성(熒惑星)이 우림성(羽林星) 자리를 지켰다. 6월, 태백성(太白星)이 달로 들어갔다. 유성(流星)이 삼대성(參大星)을 범하였다. 가을 8월, 태백성이 달로 들어갔다. 각간 천존이 죽었다. 동궁(東宮)을 새로 설치하고 비로소 안팎 여러 문의 액호(額號)를 제정하였다. 사천왕사(四天王寺)가 낙성되었다. 남산성(南山城)을 증축하였다.

20년 봄 2월, 이찬 김군관(金軍官)을 승진시켜 상대등으로 삼았다. 3월, 보덕왕 안승에게 금은기(金銀器) 및 각색 비단 100필을 하사하고 드디어 왕의 누이[혹은 잡찬 김의관(金義官)의 딸이라 함]로 아내를 삼게 함과 동시에 교서를 내렸다. 그 교서는 다음과 같다.

"인륜의 근본은 부부로부터 비롯하며 왕화(王化)의 기업(基業)은 후사(後嗣)가 가장 중요한 것이다. 왕(王:앓)은 작소(鵲巢)*6의 자리가 비었으므로 계명(鷄鳴:賢妻의 內助)*7이 마음속에 있으리니 오래 내조의 의를 비워 두고 기가(起家)의 업을 궐하여서는 안될 것이다. 지금 좋은 때 길한 날에 옛 법도를 따라 과인의 누이로 왕의 배필을 삼게 하노니 왕은 아무쪼록 함께 심의(心義)를 돈독히 하여 종사를 받들고 자손이 무성하여 길이 반석의 태세를 굳건히 하면 어찌 거룩하고 아름다운 일이 아니겠느냐."

여름 5월, 고구려 왕 안승은 대장군 연무(延武) 등을 보내어 표를 다음과 같이 올렸다.

"신 안승은 아뢰옵니다. 대아찬 김관장으로부터 선포하신 교지와 아울러 내려주신 교서를 받자오니 외생공(外生公 : 甥姪)으로 하읍(下邑)의 내주(內主 : 媤人)를 만드시어 4월 15일에 이곳에 도착케 되었사오니 기쁨과 두려움이 가슴에 어울려 어찌할 바를 모르겠습니다. 그윽이 생각하옵건대 제녀(帝女)가 규(嬀)*8에 내려오고 왕희가 제(齊)*9에 하가(下嫁)하는 것은 그 상대자가 신성한 덕이 드러났기 때문이요, 범상한 사람에게 관한 것은 아니었습니다. 신은 본래 품행과 재능이 하나도 고울 것 없는 용렬한 인간입니다. 다행히 좋은 때를 만나 성인의 덕화에 젖어, 매양 특수한 은택을 입었사오니 갚자 해도 갚을 길이 없는 터이온데, 거듭 사랑을 입어 인친(姻親)을 허락하시어 번화하게 경사(慶事)를 표하고 화목한 덕을 이루어 길한 달 좋은 때에 천한 가문으로 오게 되니, 억천 년 만나기 어려운 일을 하루아침에 얻은 것은, 바라지도 못하던 일이요, 뜻밖의 기쁨이옵니다. 이 어찌 신의 하나둘 부형(父兄)만이 그 주심을 받았겠습니까. 진실로 선조 이하가 다 기뻐할 바입니다. 신은 교지(敎旨)를 받지 못하였기로 입조(入朝)하지 못하옵고 기쁨을 견딜 수 없어 삼가 대장군 태대형(太大兄) 연무(延武)를 보내어 표를 올리어 아뢰옵니다."

가야군에 금관소경(金官小京)을 설치하였다.

21년 봄 정월 초하루가 종일토록 어두워 밤과 같았다. 사찬 무선(武仙)이 정병 3,000명을 거느리고 비열홀을 방위하였다. 우사록관을 설치하였다. 여름 5월, 지진이 있었다. 유성(流星)이 삼대성(參大星)을 범하였다. 6월, 천구성(天狗星)이 서남쪽에 떨어졌다. 왕은 서울을 새롭게 만들고자 하여 승려 의상(義相)에게 문의하니 의상은 대답하기를 "비록 초야모옥(草野茅屋)에 있을지라도 정도를 행하면 복업이 장구할 것이요, 만약 그렇지 못하면 아무리 사람을 수고롭게 하여 높은 성을 쌓을지라도 유익한 바 없을 것입니다" 하므로 왕은 곧 역사를 중지하였다.

가을 7월 1일, 왕이 죽으니 시호를 문무(文武)라 하였다. 모든 신하들이 왕의 유언에 따라서 동해구(東海口)의 큰 돌 위에 장사하였다(세속의 전설에는, '왕이 화(化)하여 용(龍)이 되었다' 하여 그 돌을 대왕석(大王石)이라 지칭한다).

왕의 유조(遺詔)는 다음과 같다.

"부덕한 몸이 어지러운 운(運)을 만나고 전쟁의 때를 당하여 서를 치고 북을 토벌하여 국토를 안정시키고 배반하는 자를 죄주고 협조하는 자를 불러들여 원근(遠近)이 다 편안케 되었으니, 위로는 조종(祖宗)의 끼치신 염려를 위로하고 아래로는 부자(父子)의 묵은 원한을 갚았으며, 상(賞)은 널리 산 사람과 죽은 사람에게 모두 미치고, 벼슬은 안이나 밖이 다 균등하고, 무기를 녹여 농기(農器)를 만들고, 백성을 인수(仁壽)의 지역에 있게 하였다. 호세를 가볍게 하고, 출역을 생략하여 집은 부요하고 인구가 늘며, 인간이 편안하고 국내가 염려없으며, 창고의 곡식은 산더미같이 쌓이고 감옥은 죄수가 없어 풀만이 우거졌으니 유현(幽顯 : 暗處와 明處)에 부끄러움이 없고, 사인(士人)을 저버린 바도 없다고 할 수 있다. 그 동안 풍상(風霜)에 쪼들리어 고질(痼疾)을 이루고 정무(政務)에 노심(勞心)하여 다시 병이 뿌리깊게 되었던 것이다. 운(運)은 가고 이름만 남는 것은 고금이 한가지라 황천에 돌아간들 무슨 한이 있으랴. 태자는 일찍이 빛난 덕을 지니고 오랫동안 동궁(東宮)에 있었으니 위로 여러 재상과 아래로 뭇 관원들은 죽은 사람을 보내는 의(義)를 어기지 말고 산 사람을 섬기는 예를 결하지 말 것이며, 종묘(宗廟)의 주(主)는 잠시라도 비어서는 안되는 것이니 태자는 곧 관 앞에서 왕위를 계승하도록 하라.

아! 산곡(山谷)은 변천되고 세대는 바뀌기 마련이다. 저 오왕(吳王) 합려(闔廬)의 북산(北山) 무덤에 채색의 금부(金鳧 : 황로)*10가 남아 있지 않고, 위왕(魏王) 조조(曹操)의 서릉(西陵) 망지(望地)*11에 동작(銅雀)의 명칭만 들을 뿐이라. 옛날 만기(萬機)를 총괄한 영웅도 마침내 한 무더기의 흙이 되어 초동과 목수(牧豎)는 그 위에서 노래하고, 여우·토끼는 그 곁을 구멍 뚫는다. 무덤이란 한갓 자재(資財)를 허비하여 역사의 조롱거리를 만드는 것일 뿐, 헛되이 인력만 수고롭게 하면서 죽은 넋을 살릴 수도 없는 것이니 고요히 생각하면 그지없이 슬픈 일이다.

이와 같은 종류는 내가 즐거하는 바 아니니 죽은 뒤 10일이 되거든 고문(庫門)의 바깥 뜰에서 서국(西國) 의식에 의하여 화장하고, 복(服)의 경중

(輕重)은 본래 정규(定規)가 있거니와 치상(治喪)하는 범절은 되도록 검약을 따를 것이며, 그 나머지 변성(邊城)의 진수(鎭守)와 주(州)·현(縣)의 과세(課稅)까지도 일에 필요한 것이 아니면 모두 폐하고, 율령(律令)과 격식(格式)도 불편한 것이 있으면 곧 개혁하라. 사방에 공포하여 이 뜻을 알게 하라. 소속 관원은 즉시 시행하라."

주

*1. 문무왕(文武王) 11년조(條) 설인귀서(薛仁貴書)는 원본과 차이가 너무도 많으나 교정본을 따랐음.

*2. 시경(詩經) 하무(下武)에 "하무유주(下武維周) 세유철왕(世有哲王)"이라 하였고, 소서(小序)에 "문왕(文王)을 계승한 것"이라 하였음.

*3. 사기(史記)에 "무릇 사냥을 할 때 짐승을 쫓아 잡는 것은 개요, 발종지시(發蹤指示)하는 것은 사람이다" 하였음.

*4. 진(秦)·한(漢) 때 사람인데 한 고조와 함께 기의(起義)하였다가 배반하였는데 그후 다시 고조에게 와서 전공을 세웠다. 그러나 고조는 불쾌하게 여겼다. 뒤에 고조가 천하를 평정하자 제장(諸將)이 혹시 배반할까 두려워서 먼저 옹치(雍齒)를 봉함으로써 군신(群臣)에게 포상의 본을 보였다.

*5. 항우의 휘하 장수로서 일찍이 한 고조를 추격해 궁박하니 고조는 돌아보며 말하기를 "어찌 이렇게도 곤욕을 주느냐" 하자 정공(丁公)이 물러났다. 뒤에 한이 초를 멸망시키자 정공은 고조를 찾았다. 그러나 고조는 정공을 즉시 참형에 처해 군중(軍中)에 조리돌리며 "남의 장수된 자는 정공을 본뜨지 말라" 하였음.

*6. 시경(詩經) 소남(召南)의 작소(鵲巢)를 이름인데 제후끼리의 혼인을 두고 읊은 것임.

*7. 시경(詩經) 제풍(齊風) 계명장(鷄鳴章)을 말한 것으로 제후의 비(妃)가 부왕(夫王)을 경계한 시임.

*8. 서경(書經) 요전(堯典)의 "이강이녀(釐降二女) 우규예(于嬀汭) 빈우우(嬪于虞)"에서 나온 것임.

*9. 주(周)나라 천자의 딸이 제(齊)나라 제후의 아들에게 시집 간 것을 이름. 시경(詩經) 소남하피농의(召南何彼襛矣)에 "하피농의(何彼襛矣) 당체지화(唐棣之華) 갈불숙옹(曷不肅雝) 왕희지거(王姬之車)"라 읊었음.

* 10. 월절서(越絶書)에 "오왕 합려(吳王闔廬)가 죽어서 호구산(虎丘山)에 장사를 지냈는데 혈지(血池)를 만들고 황금주옥(黃金珠玉)으로 부안(鳧鷂)을 만들어 띄웠다"고 하였다.

* 11. 업도고사(鄴都故事)에 조조(曹操)가 죽으면서 여러 아들에게 유언하기를 "매월 삭망(朔望)에 동작대(銅雀臺)에 올라 나의 서릉(西陵) 무덤을 바라보며 주포(酒脯)를 올리도록 하라" 하였다는 기록이 있음.

三國史記 卷 第七

新羅本紀 第七 文武王 下

十一年 春正月 拜伊飡禮元爲中侍 發兵侵百濟 戰於熊津南 幢主夫果死之 靺鞨兵來圍舌口城 不克將退 出兵擊之 斬殺三百餘人 聞唐兵欲來捄(捄 舊本作枚 據通鑑校正)百濟 遣大阿飡眞公—阿飡◇◇◇◇兵 守甕浦 白漁踐入◇◇◇◇◇◇◇◇◇—寸 夏四月 震興輪寺南門 六月 遣將軍竹旨等領兵 踐百濟加林城禾 遂與唐兵戰於石城 斬首五千三百級 獲百濟將軍二人—唐果毅六人 秋七月二十六日 大唐摠管薛仁貴 使琳潤法師寄書曰 行軍摠管薛仁貴 致書新羅王 淸風萬里 大海三千 天命有期 行邁此境 奉承機心稍動 窮武邊城 去由也之片言 失侯生之一諾 兄爲逆首 弟作忠臣 遠分花萼之陰 空照相思之月 興言彼此 良增歎詠 先王開府 謀猷一國 展轉百城 西畏百濟之侵 北警高麗之寇 地方千里 數處爭鋒 蠶女不及桑時 耘人失其疇序 年將耳順 楡景日侵 不懼船海之危 遠涉陽侯之險 瀝心華境 頓顙天門 具陳孤弱 明論侵擾 情之所露 聽不勝悲 太宗文皇帝 氣雄天下 神王宇宙 若盤古之力變 同巨靈之一掌 扶傾救弱 日不暇給 哀納先君 矜收所請 輕車駿馬 美衣上藥 一日之內 頻遇殊私 亦旣承恩 對揚軍事 契同魚水 明於金石 鳳鑰千重 鶴關萬戶 留連酒德 讌笑金除 參論兵馬 分期聲援 一朝大擧 水陸交鋒 于時 塞草分花 楡星上莢 駐蹕之戰 文帝親行 弔人恤隱 義之深也 旣而 山海異形 日月廻薄 聖人下武 王亦承家 嚴葛因依 聲塵共擧 洗兵刷馬 咸遵先志 數十年外 中國疲勞 帑藏時開 飛蒭日給 以蒼島之地 起黃圖之兵 貴於有益 貪於無用 豈不知止 恐失先君之信也 今强寇已淸 讐人喪國 士馬玉帛 王亦

有之 當應心膂不移 中外相輔 銷鏑而化 虛室爲情 自然貽厥孫謀 以燕翼子 良史之讚 豈不休哉 今王去安然之基 厭守常之策 遠乖天命 近棄父言 侮暴天時 侵欺隣好 一隅之地 僻左之陬 率戶徵兵 連年擧斧 孀姬輓粟 稚子屯田 守無所支 進不能拒 以得裨喪 以存補亡 大小乖敍 逆順乖敍 亦由持彈而往 暗於枯井之危 捕蟬而前 不知黃雀之難 此 王之不知量也 先王在日 早蒙天睠 審懷險詖之心 假以披誠之禮 從已私欲 貪天至功 苟希前惠 圖爲後逆 此先君之不長者也 必其誓河若帶 義分如霜 違君之命不忠 背父之心非孝 一身二名 何以自寧 王之父子 一朝振立 此幷天情遠及 威力相持 方州連郡 遂爲盤錯 從此 遞蒙册命 拜以稱臣 坐治經書 備詳詩禮 聞義不從 見善而輕 聽縱橫之說 煩耳目之神 忽高門之基 延鬼瞰之責 先君盛業 奉而異圖 內潰疑臣 外招强陣 豈爲智乎 又高麗安勝 年尙幼沖 遺甿殘郭 生人減半 自懷去就之疑 匪堪襟帶之重 仁貴樓船 竟翼風帆 連旗 巡於北岸 矜其舊日傷弓之羽 未忍加兵 恃爲外援 斯何謬也 皇帝德澤無涯 仁風遠洎 愛同日景 炤若春華 遠聞消息 悄然不信 爰命下臣 來觀由委 而王不能行人相問牛酒犒師 遂便隱甲雀陂 藏兵江口 蚊行林薄 喘息萊丘 潛生自噬之鋒 而無相持之氣 大軍未出 游兵具行 望海浮江 魚驚鳥竄 以此形況 人事可求 沈迷狷惑 幸而知止 夫擧大事者 不貪小利 杖高節者 寄以英奇 必其鸞鳳不馴 豺狼有顧 高將軍之漢騎 李謹行之蕃兵 吳楚棹歌 幽幷惡少 四面雲合 方舟而下 依險築戍 闢地耕田 此 王之膏肓也 王若勞者歌 事屈而頓申 具論所由 明陳彼此 仁貴夙陪大駕 親承委寄 錄狀聞奏 事必昭蘇 何苦忽忽 自相縈擾 嗚呼 昔爲忠義 今乃逆臣 恨始吉而終凶 怨本同而未異 風高氣切 葉落年悲 憑山遠望 有傷懷抱 王以機晤(悟) 通鑑作悟) 淸明 風新爽秀 歸以流謙之義 存於順迪之心 血食依時 茅苴不易 占休納祐 王之策也 嚴鋒之間 行人來往 今遣王所部僧琳潤齎書 佇布一二 大王報書云 先王 貞觀二十二年 入朝 面奉太宗文皇帝恩勅 朕今伐高麗 非有他故 憐你新羅攝乎兩國 每被侵陵 靡有寧歲 山川土地 非我所貪 玉帛子女 是我所有 我平定兩國 平壤已南 百濟土地 竝乞你新羅 永爲安逸 垂以計會 賜以軍期 新羅百姓具聞恩勅 人人畜力 家家待用 大事未終 文帝先崩 今帝踐祚 復繼前恩 頻蒙慈造 有踰往日 兄弟及兒 懷金拖紫 榮寵之極 夐古未有 粉身碎骨 望盡驅馳之用 肝腦塗原 仰報萬分之一 至顯慶五年 聖上感先志之未終 成囊日之遺緖 泛舟命將 大發船兵 先王 年衰力弱 不堪行軍 追感前恩 勉强 至於界首 遣某領兵 應接大軍 東西唱和 水陸俱進 船兵纔入江口 陸軍已破

大賊 兩軍俱到王都 共平一國 平定已後 先王遂共蘇大摠管平章 留漢兵一萬 新羅亦遣弟仁泰 領兵七千 同鎭熊津 大軍廻後 賊臣福信 起於江西 取集餘燼 圍逼府城 先破外柵 摠奪軍資 復攻府城 幾將陷没 又於府城側近四處 作城圍守 於此府城得出入 某領兵往赴解圍 四面賊城 並皆打破 先救其危 復運粮食 遂使一萬漢兵 免虎吻之危難 留鎭餓軍 無易子而相食 至六年 福信徒黨漸多 侵取江東之地 熊津漢兵一千 往打賊徒 被賊摧破 一人不歸 自敗已來 熊津請兵 日夕相繼 新羅多有疫病 不可徵發兵馬 苦請難違 遂發兵衆 往圍周留城 賊知兵小 遂卽來打 大損兵馬 失利而歸 南方諸城 一時摠叛 並屬福信 福信乘勝 復圍府城 因卽熊津道斷 絶於鹽豉 卽募健兒 偸道送鹽 救其乏困 至六月 先王薨 送葬纔訖 喪服未除 不能應赴 勅旨發兵北歸 含資道摠管劉德敏等至 奉勑 遣新羅供運平壤軍粮 此時 熊津使人來 具陳府城孤危 劉摠管與某平章 自云 若先送平壤軍粮 卽恐熊津道斷 熊津若其道斷 留鎭漢兵 卽入賊手 劉摠管遂共某相隨 先打㲻(兌 當作瓮)山城 旣拔㲻(笁 當作瓮)山 仍於熊津(熊津 當作峴)造城 開通熊津道路 至十二月 熊津粮盡 先運熊津 恐違勅旨 若送平壤 卽恐熊津絶粮 所以 差遣老弱 運送熊津 强健精兵 擬向平壤 熊津送粮 路上逢雪 人馬死盡 百不一歸 至龍朔二年正月 劉摠管 共新羅兩(兩恐是兩之訛) 河道摠管金庾信等 同送平壤軍粮 當時 陰雨連月 風雪極寒 人馬凍死 所將兵粮 不能勝致 平壤大軍又欲歸還 新羅兵馬粮盡 亦廻 兵士饑寒 手足凍瘃 路上死者 不可勝數 行至瓠瀘河 高麗兵馬 尋後來趂 岸上列陣 新羅兵士 疲乏日久 恐賊遠趂 賊未渡河 先渡交刃 前鋒暫交 賊徒瓦解 遂收兵歸來 此兵到家 未經一月 熊津府城 頻索種子 前後所送 數萬餘斛 南運熊津 北供平壤 蕞小新羅 分供兩所 人力疲極 牛馬死盡 田作失時 年穀不熟 所貯倉粮 遭運並盡 新羅百姓 草根猶自不足 熊津漢兵 粮食有餘 又留鎭漢兵 離家日久 衣裳破壞 身無全褐 新羅勸課百姓 送給時服 都護劉仁願 遠鎭孤城 四面皆賊 恒被百濟侵圍 常蒙新羅解救 一萬漢兵 四年衣食新羅 仁願已下 兵士已上 皮骨雖生漢地 血肉俱是新羅 國家恩澤 雖復無涯 新羅效忠 亦足矜憫 至龍朔三年 摠管孫仁師 領兵來救府城 新羅兵馬 亦發同征 行至周留城下 此時 倭國船兵 來助百濟 倭船千艘 停在白沙 百濟精騎 岸上守船 新羅驍騎爲漢前鋒 先破岸陣 周留失膽 遂卽降下 南方已定 廻軍北伐 任存一城 執迷下降 兩軍幷力 共打一城 固守拒捍 不能打得 新羅卽欲廻還 杜大夫云 準勑 旣平已後 共相盟會 任存一城 雖未降下 卽可共相盟誓 新羅以爲

準勅 旣平已後 共相盟會 任存未降 不可以爲旣平 又且百濟 姦詐百端 反覆不恒 今雖共相盟會 於後恐有噬臍之患 奏請停盟 至麟德元年 復降嚴勅 責不盟誓 卽遣人於熊嶺 築壇 共相盟會 仍於盟處 遂爲兩界 盟會之事 雖非所願 不敢違勅 又於就利山 築壇 對勅使劉仁願 歃血相盟 山河爲誓 畫界立封 永爲疆界 百姓居住 各營產業 至乾封二年 聞大摠管英國公征遼 某往漢城州 遣兵集於界首 新羅兵馬 不可獨入 先遣細作三度 船相次發遣 覘候大軍 細作廻來 並云 大軍未到平壤 且打高麗七重城 開通道路 佇待大軍來至 其城垂垂欲破 英公使人江深來云 奉大摠管處分 新羅兵馬不須打城 早赴平壤 卽給兵粮 遣令赴會 行至水谷城 聞大軍已廻 新羅兵馬 遂卽抽來 至乾封三年 遣大監金寶嘉入海 取英公進止 奉處分 新羅兵馬 赴會平壤 至五月 劉右相來 發新羅兵馬 同赴平壤 某亦往漢城州 檢校兵馬 此時 蕃漢諸軍 摠集蛇水 男建出兵 欲決一戰 新羅兵馬 獨爲前鋒 先破大陣 平壤城中 挫鋒縮氣 於後 英公更取新羅驍騎五百人 先入城門 遂破平壤 克成大功 於此 新羅兵士並云 自征伐 已經九年 人力殫盡 終始平兩國 累代長望 今日乃成 必當國蒙盡忠之恩 人受效力之賞 英公漏云 新羅前失軍期 亦須計定 新羅兵士 得聞此語 更增怕懼 又立功軍將 並錄入朝 已到京下 卽云今新羅並無功夫 軍將歸來 百姓更加怕懼 又卑列之城 本是新羅 高麗打得三十餘年 新羅還得此城 移配百姓 置官守捉 又取此城 還與高麗 且新羅自平百濟 迄定高麗 盡忠效力 不負國家 未知何罪一朝遺棄 雖有如此冤枉 終無反叛之心 至總章元年 百濟於盟會處 移封易標 侵取田地 詃我奴婢 誘我百姓 隱藏內地 頻從索取 至竟不還 又通消息云 國家修理船艘 外託征伐倭國 其實欲打新羅 百姓聞之 驚懼不安 又將百濟婦女 嫁與新羅漢城都督朴都儒 同謀合計 偸取新羅兵器 襲打一州之地 賴得事覺 卽斬都儒 所謀不成 至咸亨元年六月 高麗謀叛 摠殺漢官 新羅卽欲發兵 先報熊津云 高麗旣叛 不可不伐 彼此俱是帝臣 理須同討凶賊 發兵之事 須有平章 請遣官人來此 共相計會 百濟司馬禰軍來此 遂共平章云 發兵已後 卽恐彼此相疑 宜令兩處官人 互相交質 卽遣金儒敦及府城百濟主薄首彌長貴等 向府 平論交質之事 百濟雖許交質 城中仍集兵馬 到彼城下 夜卽來打 至七月 入朝使金欽純等至 將畫界地 案圖披檢 百濟舊地 摠令割還 黃河未帶 太山未礪 三四年間 一與一奪 新羅百姓 皆失本望 並云 新羅百濟 累代深讐 今見百濟形況 別當自立一國 百年已後 子孫必見呑滅 新羅旣是國家之州 不可分爲兩國 願爲一家 長無後患 去年九月 具錄事狀 發使奏聞 被漂却來 更

發遣使 亦不能達 於後 風寒浪急 未及聞奏 百濟構架奏云 新羅反叛 新羅前失 貴臣之志 後被百濟之譖 進退見咎 未申忠款 似是之讒 日經聖聽 不貳之忠(忠 舊本作患訛也) 曾無一達 使人琳潤至 辱書仰承 摠管犯冒風波 遠來海外 理須 發使郊迎 致其牛酒 遠居異域 未獲致禮 時闕迎接 請不爲怪 披讀摠管來書 專 以新羅已爲叛逆 旣非本心 惕然驚懼 數自功夫 恐被斯辱之譏 緘口受責 亦入不 弔之數 今略陳冤枉 具錄無叛 國家不降一介之使 垂問元由 卽遣數萬之衆 傾覆 巢穴 樓船滿於滄海 艫舳連於江口 數彼熊津 伐此新羅 嗚呼 兩國未定平 蒙指 蹤驅馳 野獸今盡 反見烹宰之侵逼 賊殘百濟 反蒙雍齒之賞 殉漢新羅 已見丁公 之誅 大陽之曜 雖不廻光 葵藿本心 猶懷向日 摠管稟英雄之秀氣 抱將相之高材 七德兼備 九流涉獵 恭行天罰 濫加非罪 天兵未出 先問元由 緣此來書 敢陳不 叛 請摠管審自商量 具狀申奏 鷄林州大都督左衛大將軍開府儀同三司上柱國新 羅王金法敏白. 置所夫里州 以阿飡眞王爲都督 九月 唐將軍高侃等 率蕃兵四萬 到平壤 深溝高壘 侵帶方 冬十月六日 擊唐漕船七十餘艘 捉郎將鉗耳大侯一士 卒百餘人 其淪沒死者 不可勝數 級飡當千功第一 授位沙飡.

十二年 春正月 王遣將 攻百濟古省城 克之 二月 攻百濟加林城 不克 秋七月 唐將高保(保 當作侃)率兵一萬·李謹行率兵三萬 一時至平壤 作八營留屯 八月 攻韓始城 馬邑城 克之 進兵 距白水城五百許步 作營 我兵與高句麗兵逆戰 斬 首數千級 高保(保 當作侃)等退 追至石門戰之 我兵敗績 大阿飡曉川 沙飡義文 山世 阿飡能申 豆善 一吉飡安那含 良臣等死之 築漢山州晝長城 周四千三百六 十步 九月 彗星七出北方 王以向者百濟往訴於唐 請兵侵我 事勢急迫 不獲申奏 出兵討之 由是 獲罪大朝 遂遣級飡原川 奈麻邊山 及所留兵船郎將鉗耳大侯 萊 州司馬王藝 本烈州長史王益 熊津都督府司馬禰軍 曾山司馬法聰 軍士一百七十 人 上表乞罪曰 臣某死罪謹言 昔臣危急 事若倒懸 遠蒙拯救 得免屠滅 粉身 糜骨 未足上報鴻恩 碎首灰塵 何能仰酬慈造 然深讐百濟 逼近臣蕃 告引天兵 滅臣雪恥 臣在(在 通鑑作懼)破滅 自欲求存 枉被凶逆之名 遂入難赦之罪 臣恐 事意未申 先從刑戮 生爲逆命之臣 死爲背恩之鬼 謹錄事狀 冒死奏聞 伏願少垂 神聽 炤審元由 臣前代已來 朝貢不絶 近爲百濟 再虧職貢 遂使聖朝出言命將 討臣之罪 死有餘刑 南山之竹 不足書臣之罪 褒斜之林 未足作臣之械 瀦池宗社 屠裂臣身 事聽勅裁 甘心受戮 臣櫬轝在側 泥首未乾 泣血待朝 伏聽刑命 伏惟 皇帝陛下 明同日月 容光並蒙曲炤 德合乾坤 動植咸被亭毒 好生之德 遠被昆蟲

惡殺之仁 爰流翔泳 儻降服捨之宥 賜全腰領之恩 雖死之年 猶生之日 非所希冀 敢陳所懷 不勝伏劒之志 謹遣原川等 拜表謝罪 伏聽勅旨 某頓首頓首 死罪死罪 兼進貢銀三萬三千五百分 銅三萬三千分 針四百枚 牛黃百二十分 金百二十分 四十升布六匹 三十升布六十匹 是歲 穀貴人饑.

十三年 春正月 大星隕皇龍寺在城中間 拜强首爲沙湌 歲賜租二百石 二月 增築西兄山城 夏六月 虎入大宮庭 殺之 秋七月一日 庾信卒 阿湌大吐謀叛付唐 事泄伏誅 妻孥充賤 八月 以波珍湌天光爲中侍 增築沙熱山城 九月 築國原城 (古薍長城) 北兄山城 召文城 耳山城 首若州走壤城(一名 迭巖城) 達含郡主岑城 居烈州萬興寺山城 歃良州骨爭峴城 王遣大阿湌徹川等 領兵船一百艘鎭西海 唐兵與靺鞨契丹兵來侵北邊 凡九戰 我兵克之 斬首二千餘級 唐兵溺瓠瀘 王逢二河 死者不可勝計 冬 唐兵攻高句麗牛岑城 降之 契丹靺鞨兵 攻大楊城 童子城 滅之 始置外司正 州二人 郡一人 初 太宗王滅百濟 罷戍兵 至是復置.

十四年 春正月 入唐宿衛大奈麻德福傳 學曆術還 改用新曆法 王納高句麗叛衆 又據百濟故地 使人守之 唐高宗大怒 詔削王官爵 王弟右驍衛員外大將軍臨海郡公仁問 在京師 立以爲新羅王 使歸國 以左庶子同中書門下三品劉仁軌 爲鷄林道大摠管 衛尉卿李弼 右領軍大將軍李謹行 副之 發兵來討 二月 宮內穿池造山種花草 養珍禽奇獸 秋七月 大風 毀皇龍寺佛殿 八月 大閱於西兄山下 九月 命義安法師爲大書省 封安勝爲報德王(十年 封安勝 高句麗王 今再封 不知報德之言 若歸命等耶 或地名耶) 幸靈廟寺前路 閱兵 觀阿湌薛秀眞六陣兵法.

十五年 春正月 以銅鑄百司及州郡印 頒之 二月 劉仁軌破我兵於七重城 仁軌引兵還 詔以李謹行爲安東鎭撫大使 以經略之 王乃遣使 入貢 且謝罪 帝赦之 復王官爵 金仁問中路而還 改封臨海郡公 然多取百濟地 遂抵高句麗南境爲州郡 聞唐兵與契丹靺鞨兵來侵 出九軍待之 秋九月 薛仁貴以宿衛學生風訓之父金眞珠伏誅於本國 引風訓爲鄕導 來攻泉(泉 當作白水)城 我將軍文訓等 逆戰勝之 斬首一千四百級 取兵船四十艘 仁貴解圍退走 得戰馬一千匹 二十九日 李謹行率兵二十萬 屯買肖城 我軍擊走之 得戰馬三萬三百八十匹 其餘兵仗稱是 遣使入唐 貢方物 緣安北河設關城 又築鐵關城 靺鞨入阿達城劫掠 城主素那逆戰死之 唐兵與契丹靺鞨兵 來圍七重城 不克 小守儒冬死之 靺鞨又圍赤木城 滅之 縣令脫起率百姓 拒之 力竭俱死 唐兵又圍石峴城 拔之 縣令仙伯 悉毛等 力戰死 又我兵與唐兵大小十八戰 皆勝之 斬首六千四十七級 得戰馬二百匹.

十六年 春二月 高僧義相奉旨創浮石寺 秋七月 彗星出北河積水之間 長六七許步 唐兵來攻道臨城 拔之 縣令居尸知死之 作壤宮 冬十一月 沙飡施得領船兵與薛仁貴 戰於所夫里州伎伐浦 敗績 又進 大小二十二戰 克之 斬首四千餘級 宰相陳純乞致仕 不允 賜几杖.

十七年 春三月 觀射於講武殿南門 始置左司祿館 所夫里州獻白鷹.

十八年 春正月 置船府令一員 掌船楫事 加左右理方府卿各一員 置北原小京 以大阿飡吳起守之 三月 拜大阿飡春長爲中侍 夏四月 阿飡天訓爲武珍州都督 五月 北原獻異鳥 羽翮有文脛有毛.

十九年 春正月 中侍春長病免 舒弗邯天存爲中侍 二月 發使 略耽羅國 重修宮闕 頗極壯麗 夏四月 熒惑守羽林 六月 太白入月 流星犯參大星 秋八月 太白入月 角干天存卒 創造東宮 始定內外諸門額號 四天王寺成 增築南山城.

二十年 春二月 拜伊飡金軍官爲上大等 三月 以金銀器及雜綵百段 賜報德王安勝 遂以王妹妻之(一云 迊飡金義官之女也) 下教書曰 人倫之本 夫婦攸先 王化之基 繼嗣爲主 王 鵲巢位曠 鷄鳴在心 不可久空內輔之儀 永闕起家之業 今良辰吉日 率順舊章 以寡人妹女爲伉儷 王宜共敦心義 式奉宗祧 克茂子孫 永豐盤石 豈不盛歟 豈不美歟 夏五月 高句麗王使大將軍延武等 上表曰 臣安勝言 大阿飡金官長至 奉宣教旨 幷賜教書 以外生公爲下邑內主 仍以四月十五日至此 喜懼交懷 罔知攸寘 竊以帝女降嬀 王姬適齊 本揚聖德 匪關凡才 臣本庸流 行能無算 幸逢昌運 沐浴聖化 每荷殊澤 欲報無階 重蒙天寵 降此姻親 遂卽穠華表慶 肅雝成德 吉月令辰 言歸幣館 億載難遇 一朝獲申 事非望始 喜出意表 豈惟一二父兄實受其賜 其自先祖已下 寔寵喜之 臣未蒙教旨 不敢直朝 無任悅豫之至 謹遣臣大將軍太大兄延武 奉表以聞 加耶郡置金官小京.

二十一年 春正月朔 終日黑暗如夜 沙飡武仙率精兵三千 以戍比列忽 置右司祿館 夏五月 地震 流星犯參大星 六月 天狗落坤方 王欲新京城 問浮屠義相 對曰 雖在草野茅屋 行正道 則福業長 苟爲不然 雖勞人作城 亦無所益 王乃止役 秋七月一日 王薨 諡曰文武 群臣以遺言葬東海口 (口 遺事作中) 大石上 俗傳王化爲龍 仍指其石爲大王石 遺詔曰 寡人運屬紛紜 時當爭戰 西征北討 克定疆封 伐叛招攜 聿寧遐邇 上慰宗祧之遺顧 下報父子之宿冤 追賞遍於存亡 疏爵均於內外 鑄兵戈爲農器 驅黎元於仁壽 薄賦省徭 家給人足 民間安堵 域內無虞 倉廩積於丘山 囹圄成於茂草 可謂無愧於幽顯 無負於士人 自犯冒風霜 遂成痼疾

憂勞政敎 更結沈痾 運往名存 古今一揆 奄歸大夜 何有恨焉 太子早蘊離輝 久居震位 上從群宰 下至庶寮 送往之義勿違 事居之禮莫闕 宗廟〈社〉〈稷〉(◇◇舊本此行字數不等 恐缺二字今意補)之主 不可暫空 太子卽於柩前 嗣立王位 且山谷遷貿 人代椎(椎 當作推 通鑑亦作推)移 吳王北山之墳 詎見金鳧之彩 魏主西陵之望 唯聞銅雀之名 昔日萬機之英 終成一封之士 樵牧歌其上 狐兎穴其旁 徒費資財 貽譏簡牘 空勞人力 莫濟幽魂 靜而思之 傷痛無已 如此之類 非所樂焉 屬纊之後十日 便於庫門外庭 依西國之式 以火燒葬 服輕重 自有常科 喪制度 務從儉約 其邊城 鎭遏及州縣課稅 於事非要者 竝宜量廢 律令格式 有不便者 卽便改張 布告遠近 令知此意 主者施行

삼국사기 권 제8

신라본기(新羅本紀) 제8

신문왕(神文王), 효소왕(孝昭王), 성덕왕(聖德王)

신문왕(神文王)

 신문왕(神文王)이 즉위하니 휘(諱)는 정명(政明 : 明之라고도 함. 字는 日怊)이요, 문무대왕(文武大王)의 맏아들이다. 어머니는 자의왕후(慈儀王后)〔의(儀)는 의(義)로도 씀〕요, 비는 김씨, 소판(蘇判) 흠돌(欽突)의 딸이다. 왕은 태자로 있을 때에 장가를 들었는데, 비는 오랫동안 아들을 못 낳고 뒤에 그 부친이 난리를 꾸민 이유로 인하여 궁중을 떠났다. 왕은 문무왕 5년에 태자가 되고 이번에 왕위를 계승하게 되었다. 당나라 고종은 사신을 보내어 왕을 책봉하여 신라왕을 삼고 따라서 전왕의 관작을 계승케 하였다.

 원년(681) 8월, 서불한 진복(眞福)을 승진시켜 상대등으로 삼았다. 8일 소판 김흠돌, 파진찬 흥원(興元), 대아찬 진공(眞功) 등이 반역을 꾀하다가 발각되어 사형에 처해졌다. 13일 보덕왕(報德王 : 安勝)이 소형(小兄) 수덕개(首德皆)를 사신으로 보내어 역적 평정을 축하하였다. 16일 교서를 내렸다. 그 교서는 다음과 같다.
 "공 있는 자에게 상주는 것은 왕성(往聖 : 先王)의 좋은 규칙이요, 죄 있는 자를 벌 주는 것은 선왕의 아름다운 법통이라 과인은 미약한 몸과 얇은 덕으로 숭고한 터전을 사수(嗣守)하게 되니, 마음놓고 식사도 못하며 일찍 일어나고 늦게 자며 고굉(股肱)과 더불어 아무쪼록 국가를 편안케 하려는데 어찌 상복중(喪服中)에 서울에서 난리가 일어날 줄을 뜻하였으랴. 적의 괴수 흠돌·흥원·진공 등은 벼슬이 재능으로 올라간 것도 아니요, 실상은 왕의 은혜로 올라간 것인데도 능히 시종(始終)을 삼가 부귀를 보전치 못하고 도리어 불인(不仁) 불의(不義)하며 위복(威福)을 만들고 관료들을 경멸하고 상하를 무시하더니, 근일에는 끝없는 그 야욕과 악한 심성을 자행하여, 흉하고 간사한 자를 불러들이고 궁중의 내시들과 결탁하여 화가 안팎을 통하고 악은 악끼리 서로 도와 기일을 정하고 반역을 실행하려 하였다. 과인은 위로 천지의 도움을 힘입고 아래로 조종(祖宗)의 보호를 받아, 악이 쌓이고 죄가 가득찬 흠돌 등의 꾀가 전부 드러났으니 이는 곧 인(人), 신(神)이 다같이 버리는 바요, 천지(天地)도 용납하지 않는 것이다. 정의(正義)를 침범하고 풍속을 손상케 함이 이보다 더할 수 없으므로, 군사를 모집하여 효경(梟獍) 같은 놈들을 제거코자 한 바 혹은 산곡으로 도피하고 혹은 대궐 뜰에 돌아와 항복하였다. 그러나 연루된 자를 모두 색출하여 주멸하고, 따라서 3, 4일 사이로 죄수가 다 없어지고 말았다. 부득이한 일로 백성을 놀라게 하였으니 부끄러운 마음 조석(朝夕)인들 잊을소냐. 지금은 역도가 소탕되고 예나 제나 근심이 없으니 모집된 병마를 속히 놓아 보내고 사방에 포고하여 이 뜻을 알게 하라."

28일, 이찬 군관(軍官)을 베어 죽였다. 그 교서는 다음과 같다.

"윗사람을 섬기는 법은 충정을 다함을 근본으로 삼고 신하된 의(義)는 두 마음을 갖지 않음을 종(宗)으로 삼는다. 병부령 이찬 군관이 반서(班序)에 인연하여 윗자리에 올랐으나, 능히 임금의 잘못을 바로잡아 깨끗한 본분을 다하지도 못하고, 목숨을 저버리고 몸을 잊어 가면서 단성(丹誠)을 사직에 나타내지도 못하며, 도리어 역적 흠돌 등과 교섭하여 반역의 사실을 알면서도 진작 고발하지 아니하였으니, 나라를 걱정하는 마음이 없고 공(公)에 따를 뜻이 없는 것이다. 어찌 재상의 자리에 눌러앉아 국가의 헌장(憲章)을 흐리게 할까보냐. 당연히 사형에 처하여 후인(後人)을 징계하여야 할 것이니 군관 및 적자(嫡子) 한 사람만 스스로 목숨을 끊도록 하고 사방에 포고하여 두루 알게 하라."

겨울 10월, 시위감(侍衛監)을 폐하고 장군(將軍) 6명을 두었다.

2년 봄 정월, 왕이 친히 신궁에 제사하였다. 대사령을 내렸다. 여름 4월,

위화부령(位和府令) 2명을 두어 관리를 선거(選擧)하는 사무를 관장케 하였다. 5월, 태백성이 달을 범하였다. 6월, 국학(國學)을 설립하고 경(卿) 1명을 두었다. 또 공장부감(工匠府監) 1명과 채전감(彩典監) 1명을 두었다.

3년 봄 2월, 순지(順知)를 중시(中侍)로 삼았다. 일길찬 김흠운(金欽運)의 작은딸을 맞아들여 부인으로 삼았는데, 먼저 이찬 문영(文穎)과 파진찬 삼광(三光)을 보내어 기일(期日)을 정하고, 대아찬 지상(知常)을 시켜 채단을 바치니 폐백이 15수레, 쌀·기름·꿀·간장·된장·포육(脯肉)·식혜가 135수레, 벼가 150수레였다. 여름 4월, 평지에 눈이 한 자 가량 내렸다. 5월 7일, 이찬 문영과 개원(愷元)을 그 집에 보내어 부인(夫人)으로 책봉하고, 그날 묘시(卯時)에 파진찬 대상(大常)·손문(孫文)과 아찬 좌야(坐耶)·길숙(吉叔) 등을 보내어 각기 자기 아내와 딸과 급량(及梁)·사량(沙梁) 두 부락의 여인네 각각 30명을 데리고 가서 맞이하여 오는데, 수레를 타고 좌우로 시종하는 관인 및 부녀자들이 매우 성대하였다. 왕궁의 북문에 당도하자 수레에서 내려 대궐 안으로 들어갔다. 겨울 10월, 보덕왕 안승을 불러 소판을 삼고, 성을 김씨로 정해 주고 서울에 머무르게 함과 동시에, 좋은 집과 좋은 밭을 하사하였다. 혜성이 오거성(五車星) 방위에 나타났다.

4년 겨울 10월, 저녁 어두울 무렵부터 새벽까지 유성이 가로세로 번득였다. 11월, 안승의 족자(族子) 장군 대문(大文 : 혹은 실복(悉伏))이 금마저(金馬渚)에서 반역을 꾀하다가 일이 발각되어 사형을 당하였다. 남은 도당들이 대문의 죽음을 보자, 관리를 살해하고 읍을 점령하여 배반하므로 왕은 장사(將士)를 시켜 치게 하였는데, 당주(幢主) 핍실(逼實)은 전사하고 마침내 그 성은 함락되었다. 백성을 국남(國南)의 주, 군으로 옮기고 그 땅을 금마군(金馬郡)이라 하였다.

5년 봄, 다시 완산주를 설치하고 용원(龍元)을 총관으로 삼았다. 거열주(居列州)를 나눠 청주(菁州)를 설치하였는데 비로소 구주(九州)가 갖추어져 대아찬 복세(福世)를 총관으로 삼았다. 3월, 서원소경(西原小京)을 설치하고 아찬 원태(元泰)를 사신(仕臣 : 小京의 長官)으로 삼았다. 남원소경(南原小京)을 설치하고 여러 주, 군의 민호(民戶)를 옮겨 나누어 살게 하였다. 봉성사(奉聖寺)가 낙성되었다. 4월, 망덕사(望德寺)가 낙성되었다.

6년 봄 정월, 이찬 대장(大莊)〔장(莊)은 장(將)이라고도 함〕을 중시로 삼앉다. 예작부경(例作府卿) 2명을 두었다. 2월, 석산(石山)·마산(馬山)·고산(孤山)·사평(沙平) 4현을 설치하고 사비주(泗沘州)는 군으로, 웅천군(熊川郡)은 주로, 발라주(發羅州)는 군으로, 무진군(武珍郡)은 주로 만들었다. 사신을 당에 보내어 예기(禮記)와 아울러 문장(文章)에 관한 서적을 청하였더니 측천무후(則天武后)는 소속 관원에게 명령하여 길흉(吉凶)에 대한 요례(要禮)를 등사(謄寫)하고 또 문관(文舘), 사림(詞林)에서 규계(規誡)가 될 만한 글월을 선택하여 50권을 만들어 주게 하였다.

7년 봄 2월, 태자(太子)가 탄생하였다. 이날은 일기가 음침하여 천둥과 번개가 쳤다. 3월, 일선주(一善州)를 없애고 다시 사벌주(沙伐州)를 설치하여 파진찬 관장(官長)을 총관으로 삼았다. 여름 4월, 음성서(音聲署)의 장(長)을 고치어 경(卿)이라 하였다. 대신을 조묘(祖廟)에 보내어 제사지냈다. 그 제문은 다음과 같다.

"왕 모(某 : 神文王)는 머리를 조아리며 재배하고 삼가 태조대왕(太祖大王)·진지대왕(眞智大王)·문흥대왕(文興大王)·태종대왕(太宗大王)·문무대왕(文武大王)의 영(靈)께 아뢰옵니다. 모는 천박(賤薄)한 자질로 숭고한 기업(基業)을 이어받게 되어 자나깨나 우로(憂勞)와 근면(勤勉)으로 편안할 겨를이 없사온 바, 조상이 두호하시고 천지가 복을 내려 주심에 힘입어 사방이 안정되고, 백성은 화목하며, 이역(異域)에서 찾아와 보물을 바치고, 형벌도 청명(淸明)하고 송사도 휴식(休息)되어 오늘에 이르렀사옵니다. 요즈음 법도는 임금의 다스림을 잃었고 의(義)는 하늘의 경계에 어긋나서 성상(星象)은 괴이하게 나타나고 화수(火宿 : 太陽)는 빛을 감추니, 두렵고 떨리는 마음이 마치 못이나 골짜기에 다다른 듯하옵니다. 삼가 모관(某官) 모(某)로 하여금 변변치 않은 제물을 받들어 계시는 듯한*1 영(靈)께 드리오니 엎디어 바라옵건대 미미한 정성을 통찰하시고, 못난 이 몸을 아껴 주시와 사시(四時)의 기후가 고르고 오사(五事)의 징조(徵兆)가 어김없고 곡식이 풍성하고 질병이 물러가고 의식이 족하고 예의가 갖추어지고 내외가 편안하고 도둑이 없어지고 후손에게 넉넉함을 끼쳐 기리 많은 복을 누리게 하여 주옵소서. 삼가 아뢰옵니다."

5월, 교서를 내려 문무관(文武官)에게 전토(田土)를 주되 등급을 두었다. 가을에 사벌, 삽량 두 주(州)에 성을 쌓았다.

8년 봄 정월, 중시 대장(大莊)이 죽었다. 이찬 원사(元師)를 중시로 삼았다. 2월, 선부경(船府卿) 1명을 두었다.

9년 봄 정월, 교서를 내려 내외관(內外官)의 녹읍(祿邑)을 없애고 해마다 등급을 매기어 벼를 주는 것을 상례(常例)로 삼게 하였다. 가을 윤9월 26일, 장산성(獐山城)에 거둥하였다. 서원경(西原京)에 성을 쌓았다. 왕이 서울을 달구벌(達句伐)로 옮기려 하였으나 실현되지 못하였다.

10년 봄 2월, 중시 원사가 병으로 면직하니 아찬 선원(仙元)이 중시가 되었다. 겨울 10월, 전야산군(轉也山郡)을 설치하였다.

11년 봄 3월 1일, 왕자 이홍(理洪)을 봉하여 태자로 삼았다. 13일, 대사령을 내렸다. 사화주(沙火州)에서 흰 참새를 바쳤다. 남원성(南原城)을 쌓았다.

12년 봄, 대가 말랐다. 당(唐) 중종(中宗)은 사신을 보내어 말로 칙명을 전하기를 "우리 태종(太宗) 문황제(文皇帝)의 신성한 공덕은 천추를 뛰어넘었소. 그러므로 돌아가시던 날에 묘호(廟號)를 태종(太宗)이라 하였던 것이오. 그대 나라 선왕(先王) 김춘추가 태종황제와 시호를 같이 한 것은 대단히 참람된 일이니 하루빨리 고쳐야 하오" 하였다. 왕은 여러 신하와 함께 의논하고 답하기를 "소국의 선왕 춘추(春秋)의 시호가 우연히 성조(聖祖)의 묘호를 범하여 고치라는 칙명이 계시니 신이 어찌 감히 복종치 않겠소. 그러하오나 선왕 춘추는 매우 현덕(賢德)이 있었고, 더구나 양신(良臣) 김유신을 얻어 함께 정사를 다스려 삼한(三韓)을 통일하였으니 그 공업이 많지 않다 아니할 수 없으므로, 별세하던 날에 일국(一國)의 신민이 슬픔을 누르지 못하여 추존한 호(號)라 그 호가 성조(聖祖)와 서로 저촉됨을 깨닫지 못하였던 것이오. 이제 교칙을 듣고 송구함을 이기지 못하오며 사신(使臣)의 복명(復命)을 엎디어 바라올 뿐이오"라고 아뢰었더니, 그 뒤로는 별다른 조칙이 없었다. 가을 7월, 왕이 죽으니 시호를 신문(神文)이라 하고 낭산(狼山)의 동쪽에 장사지냈다.

효소왕(孝昭王)

효소왕(孝昭王)이 즉위하니 휘는 이홍(理洪)〔홍(洪)은 공(恭)으로도 씀〕

이요, 신문왕(神文王)의 태자(太子)이다. 어머니의 성은 김씨요, 신목왕후(神穆王后)이니 일길찬 김흠운(金欽運)[운(運)을 운(雲)으로도 씀]의 딸이다. 신문왕이 죽자 왕위에 올랐다. 당의 측천(則天)이 사신을 보내어 조제(弔祭)하고 따라서 왕을 책봉하여 신라왕보국대장군행좌표도위대장군 계림주도독(新羅王輔國大將軍行左豹韜尉大將軍鷄林州都督)으로 삼았다. 좌우이방부(左右理方府)를 좌우의방부(左右議方府)로 고쳤다. 이는 이(理)의 글자가 왕의 휘를 범한 까닭이다.

원년(692) 8월, 대아찬 원선(元宣)을 중시로 삼았다. 고승(高僧) 도증(道證)이 당에서 돌아와 천문도(天文圖)를 바쳤다.

3년 봄 정월, 왕이 친히 신궁(神宮)에 제사하고 대사령을 내렸다. 문영(文穎)을 상대등으로 삼았다. 김인문이 당에서 죽으니 나이 66세였다. 겨울, 송악(松嶽)·우잠(牛岑) 두 성을 쌓았다.

4년 자월(子月 : 11월)로 세수(歲首)를 삼았다. 개원(愷元)을 승진시켜 상대등을 삼았다. 겨울 10월, 서울에 지진이 있었다. 중시 원선이 늙어 퇴직하였다. 서(西), 남(南) 두 시(市)를 설치하였다.

5년 봄 정월, 이찬 당원(幢元)을 중시로 삼았다. 여름 4월, 서쪽 지방에 가뭄이 들었다.

6년 가을 7월, 완산주(完山州)에서 가화(嘉禾 : 열매가 많이 달린 벼)를 진상하였는데 포기는 다른데도 이삭이 맞붙었다. 9월, 임해전(臨海殿)에서 여러 신하들과 잔치를 하였다.

7년 봄 정월, 이찬 체원(體元)을 우두주총관(牛頭州摠管)으로 삼았다. 2월, 서울에 지동(地動)이 있었고 큰 바람이 불어 나무가 꺾였다. 중시 당원이 늙어 퇴직하므로 대아찬 순원(順元)을 중시로 삼았다. 3월, 일본국 사신이 와 조회하므로 왕은 숭례전에서 그들을 인견하였다. 가을 7월, 서울에 큰 물이 졌다.

8년 봄 2월, 백기(白氣)가 하늘에 뻗치고 혜성이 동쪽에 나타났다. 사신을 당에 보내어 토산물을 바쳤다. 가을 7월, 동해 바닷물이 핏빛으로 되었다가 5일 만에 정상으로 돌아왔다. 9월, 동해 물이 맞부딪치어 소리가 서울에까지 들리고 병고(兵庫) 속에서 북과 나팔이 절로 울었다. 신촌(新村) 사람

미힐(美肹)이라는 자가 무게가 100푼(百分)에 달하는 황금 한 덩이를 얻어 나라에 바치므로 그에게 남변(南邊) 제일위(第一位)를 제수하고 벼 100석을 하사하였다.

9년, 다시 인월(寅月 : 정월)로 세수(歲首)를 삼았다. 여름 5월, 이찬 경영(慶永)〔영(永)은 현(玄)이라고도 함〕이 반역을 꾀하다가 사형을 받고 중시 순원도 연좌로 파면을 당하였다. 6월, 세성(歲星)이 달(月) 안에 들었다.

10년 봄 2월, 혜성이 달 안에 들었다. 여름 5월, 영암군태수(靈巖郡太守) 일길찬 제일(諸逸)이 공(公)을 위배하고 사(私)를 영위하므로 곤장 100대를 때려 섬으로 내쫓았다.

11년 가을 7월, 왕이 죽으니 시호를 효소(孝昭)라 하고 망덕사(望德寺) 동쪽에 장사지냈다〔《당서(唐書)》에는 장안(長安) 2년에 이홍(理洪)이 죽었다 하였고 모든 고기(古記)에는 임인(壬寅) 7월 27일에 죽었다 하였는데 통감에는 3년(703년)에 죽었다 하였다. 이는 통감이 잘못된 것이다〕.

성덕왕(聖德王)

성덕왕(聖德王)이 즉위하니 휘는 흥광(興光)이다. 본명은 융기(隆基)였는데 당(唐) 현종(玄宗)의 이름과 같은 까닭에 선천(先天 : 唐睿宗 末年 年號) 연간에 고쳤다〔《당서(唐書)》에는 김지성(金志誠)이라 하였음〕. 신문왕(神文王)의 둘째아들이요, 효소왕(孝昭王)의 동복 아우이다. 효소왕이 죽고 아들이 없으므로 나라 사람들이 그를 추대하여 세웠다. 당의 측천(則天)이 효소왕의 부음을 듣고 추도식을 거행하고 2일간 조회를 정지하고 사신을 보내어 조상함과 동시에 왕을 책봉하여 신라왕이라 하고 선형(先兄)의 장군도독(將軍都督)의 호를 그대로 인습케 하였다.

원년(702) 9월, 대사령을 내리고 문무관(文武官)에게 관작 1급씩 올려 주고 모든 주군(州郡)의 1년간 조세를 면제하였다. 아찬 원훈(元訓)을 중시로 삼았다. 겨울 10월, 삽량주(歃良州)에서 도토리 열매가 변하여 밤이 되었다.

2년 봄 정월, 왕이 친히 신궁에 제사지냈다. 사신(使臣)을 당에 보내어 토산물을 바쳤다. 가을 7월, 영묘사가 화재를 입었다. 서울에 큰물이 져서 빠져 죽은 자가 많았다. 중시 원훈이 퇴직하고 아찬 원문(元文)이 중시가 되었다. 일본국 사신이 왔는데 모두 204명이었다. 아찬 김사양(金思讓)을 당에 보내어 조공하였다.

3년 봄 정월, 웅천주에서 금빛의 영지(靈芝)를 진상하였다. 3월, 당에 갔던 김사양이 돌아와 최승왕경(最勝王經)을 올렸다. 여름 5월, 승부령(乘府令) 소판(蘇判) 김원태(金元泰)의 딸을 맞아들여 왕비(王妃)로 삼았다.

4년 봄 정월, 중시 원문이 죽었다. 아찬 신정(信貞)을 중시로 삼았다. 3월, 사신을 당에 보내어 조공하였다. 여름 5월, 가물었다. 가을 8월, 노인(老人)에게 주식(酒食)을 하사하였다. 9월, 교서를 내려 살생(殺生)을 금지시켰다. 사신을 당에 보내어 토산물을 바쳤다. 겨울 10월, 동쪽 주와 군이 굶주려 유리 분산하는 자가 많으므로 사신을 보내어 곡식을 나눠주었다.

5년 봄 정월, 이찬 인품(仁品)을 상대등으로 삼았다. 나라 안의 백성이 굶주리므로 창고의 곡식을 풀어 나눠주었다. 3월, 뭇별이 서쪽으로 흘렀다. 여름 4월, 사신을 당에 보내어 토산물을 바쳤다. 가을 8월, 중시 신정(信貞)이 병으로 면직되고 대아찬 문량(文良)이 중시가 되었다. 사신을 당에 보내어 토산물을 바쳤다. 곡식이 익지 못하였다. 겨울 10월, 사신을 당에 보내어 토산물을 바쳤다. 12월, 대사령을 내렸다.

6년 봄 정월, 굶어 죽는 백성이 많으므로 조를 1인당 하루 석 되씩 7월까지 주게 하였다. 2월, 대사령을 내렸다. 백성에게 오곡의 종자를 주되, 차등이 있었다. 겨울 12월, 사신을 당에 보내어 토산물을 바쳤다.

7년 봄 정월, 사벌주(沙伐州)에서 서지(瑞芝)를 진상하였다. 2월, 지진이 있었다. 여름 4월, 진성(鎭星)이 달을 범하였다. 대사령을 내렸다.

8년 봄 3월, 청주(菁州)에서 흰 매를 진상하였다. 여름 5월, 가물었다. 6월, 사신을 당에 보내어 토산물을 바쳤다. 가을 8월, 죄수를 석방하였다.

9년 봄 정월, 천구성(天狗星)이 삼랑사(三郞寺)의 북쪽에 떨어졌다. 사신을 당에 보내어 토산물을 바쳤다. 지진이 있었다. 죄수를 석방하였다.

10년 봄 3월, 큰눈이 내렸다. 여름 5월, 도살(屠殺)을 금하였다. 겨울 10월, 남쪽 주군을 순행하였다. 중시 문량(文良)이 죽었다. 11월, 왕은 백관을 훈계하는 글월을 지어 여러 신하에게 보였다. 12월, 사신을 당에 보내어 토산물을 바쳤다.

11년 봄 2월, 사신을 당에 보내어 조공하였다. 3월, 이찬 위문(魏文)을 중시로 삼았다. 당에서 사신 노원민(盧元敏)을 보내어 왕의 이름을 고치라는 칙명을 전달하였다. 여름 4월, 어가(御駕)가 온천(溫泉)에 거둥하였다. 가을 8월, 김유신의 아내를 봉하여 부인(夫人)을 삼고 해마다 곡식 1,000섬을 주었다.

12년 봄 2월, 전사서(典祀署)를 설치하였다. 사신을 당에 보내어 조공하니 현종은 누문에 나와 접견하였다. 겨울 10월, 당에 들어갔던 사신 김정종(金貞宗)이 돌아오는 편에 당제가 조서를 내려 왕을 책봉하여 표기장군특진 행좌위대장군사지절대 도독계림주제군사계림주자사상주국낙랑군공신라왕(驃騎將軍特進行左威衛大將軍使持節大 都督鷄林州諸軍事鷄林州刺使上柱國樂浪郡公新羅王)으로 삼았다. 겨울 10월, 중시 위문이 늙어 퇴직을 청하므로 들어 주었다. 12월, 대사령을 내렸다. 개성(開城)을 쌓았다.

13년 봄 정월, 이찬 효정(孝貞)을 중시로 삼았다. 2월, 상문사(詳文司)를 고쳐 통문박사(通文博士)를 만들고 서(書)·표(表)에 관한 사무를 맡게 하였다. 왕자 김수충(金守忠)을 당에 보내어 숙위케 하니 당 현종은 집과 비단을 내려주며 갖은 총애를 다하고 조당(朝堂)에서 잔치까지 베풀었다. 윤2월, 급찬 박유(朴裕)를 당에 보내어 신년(新年)을 축하하니 당에서 조산대부원외봉어(朝散大夫員外奉御)의 관직을 주어 돌려보냈다. 여름, 가뭄이 들고 유행병에 걸린 자가 많았다. 가을, 삽량주 산에 있는 상수리가 변하여 밤이 되었다. 겨울 10월, 당 현종이 우리 사자를 위하여 내전에서 잔치를 베풀고 재상 및 사품(四品) 이상의 여러 관원이 참여할 것을 칙명하였다.

14년 봄 3월, 김풍후(金楓厚)를 당에 보내어 조공하였다. 여름 4월, 청주에서 흰 까치를 진상하였다. 5월, 죄수를 석방하였다. 6월, 큰 가뭄이 드니 왕은 하서주(河西州) 용명악거사(龍鳴嶽居士) 이효(理曉)를 불러 임천사(林泉寺) 못 위에서 비를 빌게 하였던 바 과연 열흘 동안 비가 내렸다. 가을 9월, 태백성이 서자성(庶子星)을 가렸다. 겨울 10월, 유성이 자미성(紫微星)을 범하였다. 12월, 유성이 천창성(天倉星) 방위로부터 대미성(大微星) 방위에 들었다. 죄수를 석방하였다. 왕자 중경(重慶)을 봉하여 태자(太子)로 삼았다.

15년 봄 정월, 유성이 달에 부딪쳐 달이 빛을 잃었다. 3월, 사신을 당에 보내어 토산물을 바쳤다. 왕이 궁에서 성정왕후(成貞王后 : 또는 엄정(嚴貞))를 내보내는데 채단 500필, 밭 200결, 벼 1만 섬, 집 한 구(區)을 주었다. 그 집은 강신공(康申公)의 옛 집을 사서 준 것이다. 큰바람이 불어 나무가 뽑히고 기와가 날아가고 숭례전(崇禮殿)도 무너졌다. 당에 갔던 하정사(賀正使) 김풍후가 귀국하려 하니 당은 그에게 원외랑(員外郎)의 직을 주어 돌려보냈다. 여름 6월, 가물어서 또 거사(居士) 이효를 불러 빌게 하였더니 곧 비가 왔다. 죄수를 석방하였다.

16년 봄 2월, 의박사(醫博士)와 산박사(算博士) 각각 1명씩을 두었다. 3월, 신궁(新宮)을 개창(開創)하였다. 여름 4월, 지진이 있었다. 6월, 태자 중경(重慶)이 죽으니 시호를 효상(孝殤)이라 하였다. 가을 9월, 당에 갔던 대감 수충(守忠)이 돌아와 문선왕(文宣王) 10철(十哲) 72제자의 도상(圖像)을 바치므로 곧 대학(大學)에 안치하였다.

17년 봄 정월, 중시 효정(孝貞)이 퇴직하고 파진찬 사공(思恭)이 중시가 되었다. 2월, 왕이 서쪽 주와 군을 순행하여 몸소 늙은이와 홀아비·홀어미·고아·독거노인을 방문하고 등급을 매겨 물품을 내려주었다. 3월, 지진이 있었다. 여름 6월, 황룡사 탑에 벼락이 떨어졌다. 처음으로 물시계를 만들었다. 사신을 당에 보내어 조공하였더니 당은 수중랑장(守中郎將)의 직을 주어 돌려보냈다. 겨울 10월, 유성이 묘성(昴星)으로부터 규성(奎星)으로 들어가는데 잔별들이 따랐다. 천구성이 간방(艮方)에 떨어졌다. 한산주도독(漢山州都督)의 관내(管內)에 여러 성을 쌓았다.

18년 봄 정월, 사신을 당에 보내어 신년을 축하하였다. 가을 9월, 금마군 미륵사에 낙뢰가 있었다.

19년 봄 정월, 지진이 있었다. 상대등 인품(仁品)이 죽었다. 대아찬 배부(裵賦)로 상대등을 삼았다. 3월, 이찬 순원(順元)의 딸을 맞아들여 왕비로 삼았다. 여름 4월, 큰비가 내려 13개소의 산이 무너지고 우박이 쏟아져 벼 포기가 상하였다. 5월, 관원을 시켜 사람의 해골(骸骨)을 묻게 하였다. 완산주에서 흰 까치를 진상하였다. 6월, 왕비를 책봉하여 왕후로 삼았다. 가을 7월, 웅천주에서 흰 까치를 진상하였다. 황충이 곡물을 해쳤다. 중시 사공이 퇴직하고 파진찬 문림(文林)을 중시로 삼았다.

20년 가을 7월, 하슬라도(何瑟羅道)의 장정 2,000명을 징발하여 북쪽 경계에 장성을 쌓았다. 겨울, 눈이 오지 않았다.

21년 봄 정월, 중시 문림이 죽었다. 이찬 선종(宣宗)을 중시로 삼았다. 2월, 서울에 지진이 있었다. 가을 8월, 비로소 백성에게 정전(丁田)을 나누어 주었다. 겨울 10월, 대내마 김인일(金仁壹)을 당에 보내어 신년을 축하하고 아울러 토산물을 바쳤다. 모벌군성(毛伐郡城)을 쌓아 왜적(倭賊)의 침입을 막았다.

22년, 봄 3월, 왕은 사신을 당에 보내어 미녀(美女) 두 명을 바쳤는데 하나는 이름이 포정(抱貞)이니 내마 천승(天承)의 딸이요, 하나는 이름이 정완(貞菀)이니 대사 충훈(忠訓)의 딸이다. 그들에게 의복, 기구(器具), 노비(奴婢), 거마(車馬)를 주어 예자(禮資)를 갖추어 보냈다. 당 현종(玄宗)은 말하기를 "이 여자(女子)들이 다 왕의 고자매(姑姉妹)로서 친척을 이별하고 본국을 떠나왔으니 짐은 차마 머물러 있게 하고 싶지 않다" 하고 물건을 후히 주어 돌려보냈다. 정완의 비(碑)에 "효성왕(孝成王) 6년 즉 천보(天寶) 원년에 당으로 들어갔다" 하였으니 어느 것이 옳은지 알 수 없다.

여름 4월, 사신을 당에 보내어 과하마(果下馬)[2] 한 필과 우황(牛黃)·인삼(人蔘)·다리(장식머리), 조하주(朝霞紬), 어아주(魚牙紬), 누응령(鏤鷹鈴), 해표피(海豹皮), 금(金), 은(銀) 등을 바치고 표(表)를 올렸다. 그 표(表)에 "신은 바다 밖의 궁벽한 땅에 처하여 본래 천객(泉客)[3]의 구슬도 없고 빈인(賓人)[4]의 포목도 없으므로 감히 토산물(土產物)로 천관(天官)을 모독하고 노건(駑蹇)한 말(馬)로 용구(龍廄)를 더럽히게 하오니 적이 연시(燕豕)[5]에 견줄지라도 감히 초계(楚鷄)[6]와 같다 하오리까. 부끄러움을 깨달으니 송구한 땀이 더할 뿐이옵니다" 하였다. 지진이 있었다.

23년 봄, 왕자 승경(承慶)을 세워 태자를 삼았다. 대사령을 내렸다. 웅천주에서 서지(瑞芝)를 진상하였다. 2월, 김무훈(金武勳)을 당에 보내어 신년을 축하하였다. 무훈의 돌아오는 편에 현종이 글월을 보냈는데 "경(卿)이 매양 정삭(正朔)을 받들어 조공에 극진하니 그 마음씨를 생각컨대 깊이 가상할 만하다. 하물며 보내온 여러 물품이 모두 바다를 건너고 험한 산길을 거쳤으므로 정(精)하고도 화려하여 경의 성심(誠心)이 깊이 표현되었다. 지금 경에게 금포(錦袍), 금대(金帶) 및 채소(綵素) 2,000필을 내려, 바친 정성에 보답하노니 받을지어다"라 하였다. 겨울 12월, 사신을 당에 보내어 토산물을 바쳤다. 소덕왕비(炤德王妃)가 죽었다.

24년 봄 정월, 흰 무지개가 나타났다. 3월, 눈이 내렸다. 여름 4월, 우박이 내렸다. 중시 선종(宣宗)이 퇴직하여 이찬 윤충(允忠)을 중시로 삼았다. 겨울 10월, 지진이 있었다.

25년 여름 4월, 김충신(金忠臣)을 당에 보내어 신년을 축하하였다. 5월, 왕의 아우 김근질(金釿質)을 당에 보내어 조공하니 당은 낭장(郞將)의 직을 주어 돌려보냈다.

26년 봄 정월, 죄인을 특사하였다. 사신을 당에 보내어 신정을 축하하였다. 여름 4월, 일길찬 위원(魏元)을 대아찬으로 삼고, 급찬 대양(大讓)을 사찬으로 삼았다. 겨울 12월, 영창궁(永昌宮)을 수리하였다. 상대등 배부(裵賦)가 늙음을 핑계로 물러나기를 청하였으나 허락하지 아니하고 궤장(几杖)을 내려주었다.

27년 가을 7월, 왕의 아우 김사종(金嗣宗)을 당에 보내어 토산물을 바치고 겸하여 표를 올려 자제(子弟)를 국학(國學)에 입학시켜 달라고 청하니 당은 허락한다는 조서를 내리고 사자에게 과의(果毅)의 직을 주어 숙위로 머물게 하였다. 상대등 배부가 노퇴(老退)를 청하므로 허락하였다. 이찬 사공(思恭)을 상대등으로 삼았다.

28년 봄 정월, 사신을 당에 보내어 신년을 축하하였다. 가을 9월, 사신을 당에 보내어 조공하였다.

29년 봄 2월, 왕의 친족 지만(志滿)을 당에 보내어 조회하고 작은 말 다섯 필, 개 한 마리, 금(金) 2,000냥, 머리털(頭髮) 80냥, 해표피(海豹皮) 열 장을 바치니 당 현종은 지만에게 태복경(太僕卿)의 직을 제수하고 견(絹) 100필과 자포(紫袍), 면세대(綿細帶)를 주어 숙위로 머물게 하였다. 겨울 10월, 사신을 당에 보내어 토산물을 바치니 당제는 등급을 가리어 물품을 주었다.

30년 봄 2월, 김지량(金志良)을 당에 보내어 신년을 축하하니, 당제는 대복소경원외치(大僕少卿員外置)의 위를 제수하고 비단 60필을 주어 돌려 보내며 조서를 내렸다. 그 조서는 다음과 같다. "진상한 우황(牛黃)과 금은 등속은 표(表)에 갖추어 있음을 보았다. 경은 2명(二明 : 大婦)의 경복(慶福)이요, 삼한(三韓)의 선린(善隣)으로 당시에 인의(仁義)의 나라라 일컬으며 대대로 훈현(勳賢)의 업적을 나타냈다. 문장과 예악은 군자의 기풍을 떨쳤고 수호(修好)와 치충(致忠)은 근왕(勤王)의 절(節)을 다하였다. 굳건한 번병(藩屛)의 방위요, 진실한 충의의 표본이라 어찌 저 교화가 미치지 못한 먼 지역과 함께 말할 수 있으랴. 더욱이 의(義)를 사모함에 부지런하고 직분을 이행함에 더욱 삼가 산을 넘고 바다를 건너 머나먼 길도 지체한 바 없이 해마다 폐백과 보물을 드리며 우리 왕법(王法)을 지키고 국장(國章)을 따르니 간곡한 정성이 깊이 가상하다. 짐은 매양 새벽부터 일어나 어진이를 사모하여 밤중까지 옷을 벗지 아니하고 기다린다. 그 사람을 만나보고 계옥(啓沃)[7]을 빛나게 하려는 생각에서이다. 경을 만나면 나의 소회를 이룰까 하였더니 지금 사신이 와서 병에 걸리어 오지 못함을 알게 되니 멀리서 근심만 더할 뿐이라. 일기(日氣)가 따뜻하고 화창하니 아마 평복되었을 것으로 생각한다. 지금 경에게 능채(綾綵) 500필과 비단 2500필을 내려주노니 받을지어다." 여름 4월, 특사령을 내리고 노인들에게 술과 음식을 내려주었다. 일본국 병선(兵船) 300척이 바다를 건너와 우리 동변(東邊)을 습격하니 왕이 장병을 내보내어 크게 부수었다. 가을 9월, 백관에게 명하여 적문(的門)에 모이게 하고 거노(車弩) 쏘는 것을 구경하였다.

  31년 겨울 12월, 각간 사공(思恭), 이찬 정종(貞宗)·윤충(允忠)·사인(思仁)을 각각 장군으로 삼았다.

  32년 가을 7월, 당 현종은 발해·말갈이 바다를 건너와 등주(登州)를 침략하므로 대복원외경(大僕員外卿) 김사란(金思蘭)을 본국으로 돌아가게 하고, 따라서 왕에게 개부의동삼사영해군사(開府儀同三司寧海軍使)를 가수(加授)하여 군사를 거느리고 말갈의 남변을 치게 하였다. 그즈음 큰눈이 한 길이 넘게 내려 산길이 막힘으로써 군사의 죽은 자가 반이 넘었다. 그리하여 아무런 공이 없이 돌아왔다. 김사란은 본시 왕족으로 전날 입조(入朝)하였을 때 공손하고 예가 있어 숙위에 머물게 되었던 바 이번에 사신(使臣)의 임무를 맡게 되었던 것이다. 겨울 12월, 왕의 조카 지렴(志廉)을 당에 보내어 사은하였다. 처음 당제(唐帝)는 왕에게 흰 앵무새 암수 한 쌍과 자라수포(紫羅繡袍)와 금(金), 은(銀), 전(鈿), 기물(器物)과 서문금(瑞紋錦), 오색라채(五色羅綵) 도합 300여 단(段)을 하사하였으므로 왕은 표(表)를 올려 사례한 것이다. 그 표(表)는 다음과 같다. "엎디어 생각컨대 폐하는 도상(圖象)을 쥐고 즉위하시와 성문신무(聖文神武)로써 천년의 창성할 운수를 응하시고 만물의 아름다운 상서를 이루시니, 풍운(風雲)이 통하는 곳이면 다 지극한 덕을 받고 일월이 비추는 곳이면 모두 깊은 인(仁)을 입었사옵니다. 신의 지역(地域)은 봉호(蓬壺)가 가로막혔으나 천자(天慈)가 먼곳까지 흡족하고 중국(中國)을 섬기니 빛나는 황은(皇恩)이 궁벽한 데까지 미쳤사옵니다. 엎디어 경문(瓊文)을 보고 꿇어앉아 옥갑(玉匣)을 펼치니, 구천(九天)의 우로(雨露)를 머금었고 오채(五彩)의 원란(鵷鸞)을 띠었으며, 말 잘하는 신령한 새는 흰색, 파란색 둘 다 묘하여 혹은 장안(長安)의 즐거움을 일컫고 혹은 성주(聖主)의 은혜를 전달하며 나금(羅錦)의 문채와 금은(金銀)의 장식은 보는 자로 하여금 눈이 부시고 듣는 자로 하여금 마음을 놀라게 하옵니다. 실제로 선조(先祖)의 정성을 바친 공으로 후손에게까지 이 비상한 총애(寵愛)를 주신 것입니다. 공로는 티끌같이 미미하고 은덕은 태산같이 중하오니 본분을 헤아리건대 무엇으로 갚으오리까." 조서를 내려 지렴을 내전(內殿)으로 불러들여 대접하고 비단 한 묶음을 주었다.

 33년 봄 정월, 백관에게 교서를 내려 친히 북문에 들어와 진언(進言)케 하였다. 당에 머문 숙위좌령군위원외장군(宿衛左領軍衛員外將軍) 김충신(金忠信)이 당제께 표(表)를 올려 다음과 같이 아뢰었다. "신에게 내리신 처분을 받자옵건대, 신에게 부절(符節)을 가지고 본국에 가서 병마를 징발하여 말갈을 쳐 없애고 일의 진전에 따라 계속 보고하라는 것이었습니다. 신이 성지(聖旨)를 받자옵고 목숨을 다하기로 맹세하였던바 때마침 교대할 사람 김효방(金孝方)이 사망하였사옵기로 또다시 숙위에 머물게 되었던 것이옵니다. 신의 본국 왕이 신이 너무 오래 천정(天庭)에 시위한 까닭으로 종질(從姪) 지렴(志廉)을 사신으로 보내어 신과 교대하려고 지금 와 있사오니, 신은 곧 돌아가게 되었습니다. 매양 전자에 받던 처분을 생각하여 밤낮으로 잊지 않고 있사오니, 폐하께오서 앞서 제서(制書)를 내리시어, 본국왕 흥광(興光)에게 영해군대사(寧海軍大使)로 가봉(加封)하시고 정절(旌節)을 주어 흉적을 치게 하셨으니, 황제의 위엄이 미치는 곳은 멀어도 가까울뿐더러 임금이 명령을 내리시면 신하로서 감히 받들지 아니하오리까? 준동하는 이적(夷賊:발해)의 모계(謀計)는 이미 전일의 화를 후회하였을 것으로 생각되옵니다. 그러나 흉악을 제거하자면 근본을 다스려야 하고 법령을 베풀자면 오직 새로워야 하기 때문에 군사를 출동하는 경우에는 세 번의 승리를 귀히 여기는 것이며, 도둑을 놓아 주면 근심이 여러 대를 끼치는 것이옵니다. 엎디어 바라옵건대, 폐하께오서 신의 환국(還國)을 계기하여 신에게 부사(副使)의 직을 빌려주시어 어지(御旨)를 받들어 두 번째 이족(異族)에게 선포케 하신다면 어찌 사로(斯怒)를 더욱 떨치게 할 뿐이오리까. 진실로 무부(武夫)도 기운을 내어 반드시 그 소혈(巢穴)을 뒤엎고 황우(荒隅)를 안정케 할 것입니다. 그리하여 신의 미미한 정성을 완수하고 국가의 큰 이익이 된다면 신 등이 다시 배를 타고 바다를 건너 첩서(捷書)를 대궐에 올리며 털끝같은 공이나마 다하여 우로(雨露)의 은혜를 보답함이 이 신의 바라는 바이오니 폐하께오서 처분하시옵소서." 당제는 이를 허락하였다.

여름 4월, 대신 김단갈단(金端竭丹)을 당에 보내어 신년을 축하하니 당제는 내전에서 인견하고 위위소경(衛尉少卿)을 제수함과 동시에 비란포(緋襴袍), 평만은대(平漫銀帶) 및 견 60필을 하사하였다. 앞서 왕의 조카 지렴을 보내어 사은할 적에 소마(小馬) 두 필, 개(狗) 세 마리, 금(金) 500냥, 은(銀) 20냥, 포목 60필, 우황(牛黃) 20냥, 인삼(人蔘) 200근, 머리털 100냥, 해표피(海豹皮) 열여섯 장을 바쳤더니 이번에 지렴에게 홍로소경원외치(鴻臚少卿員外置)의 위(位)를 제수하였다.

34년 봄 정월, 형혹성(熒惑星)이 달에 부딪쳤다. 김의충(金義忠)을 당에 보내어 신정을 축하하였다. 2월, 부사(副使) 김영(金榮)이 당에서 죽으니 당제는 광록소경(光祿少卿)을 증직하였다. 의충이 돌아오는 편에 칙지(勅旨)를 내려 패강(浿江) 이남의 땅을 주었다.

35년 여름 6월, 사신을 당에 보내어 신년을 축하하고 따라서 표를 올려 감사의 뜻을 전달하였다. 그 표에 "엎디어 패강 이남의 지역을 내려주시는 은칙을 받았습니다. 신은 해우(海隅)에 생장하여 성조(聖祖)의 덕화에 젖었으니 비록 단심(丹心)과 소심(素心)으로 마음을 갖추었으나 공은 나타난 바 없고, 충정(忠貞)으로 일을 삼으나 상 받을 만한 수고가 못 됩니다. 폐하가 우로(雨露) 같은 은혜를 내리시고 일월(日月)과 같은 조서를 발부하시어 신에게 토지(土地)를 내리고 신의 읍거(邑居)를 넓혀 주시니 드디어 개간할 기약이 있어 농(農), 상(桑)이 자리잡게 되었습니다. 신은 사륜(絲綸)의 성지(聖旨)를 받들어 깊은 영총을 입었으며 분골쇄신이 되어도 보답할 길이 없습니다" 하였다. 겨울 11월, 왕의 종제(從弟) 대아찬 김상(金相)을 보내어 당에 조회케 하였는데 그가 도중에서 죽었다. 당제가 매우 슬퍼하여 위위경(衛尉卿)을 증직하였다. 이찬 윤충(允忠)·사인(思仁)·영술(英述)을 보내어 평양(平壤)·우두(牛頭) 두 주의 지세를 검찰(檢察)케 하였다. 개가 재성(在城)의 고루(高樓)에 올라 3일 동안 짖었다.

36년 봄 2월, 사찬 김포질(金抱質)을 당에 보내어 신정을 축하하고 토산물을 바쳤다. 왕이 죽으니 시호를 성덕(聖德)이라 하고 이거사(移車寺) 남쪽에 장사지냈다.

㊛

* 1. 원문은 "여재(如在)", 중용(中庸) 귀사신장(鬼思神章)에 '양양호(洋洋乎) 여재기상여재기좌우(如在其上如在其左右)'라 하였다.
* 2. 통감(通鑑) 한소제(漢昭帝) 원년주(元年註)에 "한구(漢廐)에 과하마(果下馬)가 있는 데 높이가 석 자다. 그로써 가련(駕輦)을 했다" 하였음.
* 3. 교인(鮫人)을 이름. 《두보시(杜甫詩)》.
* 4. 파이(巴夷)를 이름인데 파인(巴人)은 부(賦)를 보(賨)라 부름. 《설문료(說文遼)》.
* 5. 동시(東豕)라고도 함. 후한서(後漢書)에 "요동에서 돼지가 새끼를 낳았는데 머리가 희므로 이상히 여겨 왕께 진상하려고 하동에 가보니 그곳 돼지가 다 희었다. 그래서 부끄러워하며 돌아왔다" 하였다.
* 6. 윤문자(尹文子) 대도편(大道篇)에 "초인(楚人)이 산꿩 짊어지고 가자, 길 가던 사람이 무슨 새냐고 물으니 봉황이라고 속였다. 그래서 길 가던 사람은 왕께 진상하려고 비싼 값을 주고 샀다" 하였다.
* 7. 대신(大臣)이 임금을 보좌하는 용어임. 서경(書經) 설명(說命)의 "계내심(啓乃心) 옥짐심(沃朕心)"에서 나왔음.

三國史記 卷 第八

新羅本紀 第八 神文王 孝明(明 ; 本文作昭)王 聖德王

神文王立 諱政明 (明之 字日怊) 文武大王長子也 母慈儀(一作義)王后 妃金氏 蘇判欽突之女 王爲太子時納之 久而無子 後坐父作亂 出宮 文武王五年立爲太子 至是繼位 唐高宗遣使册立爲新羅王 仍襲先王官爵.

元年 八月 拜舒弗邯眞福爲上大等 八日 蘇判金欽突 波珍湌興元 大阿湌眞功等 謀叛伏誅 十三日 報德王遣使小兄首德皆 賀平逆賊 十六日 下教日 賞有功者 往聖之良規 誅有罪者 先王之令典 寡人 以眇躬涼德 嗣守崇基 廢食忘餐 晨興晏寢 庶與股肱 共寧邦家 豈圖縗経之內 亂起京城 賊首欽突 興元 眞功等 位非才進 職實恩升 不能克愼始終 保全富貴 而乃不仁不義 作福作威 侮慢官寮 欺凌上下 比口(口 當作日) 逞其無厭之志 肆其暴虐之心 招納凶邪 交結近竪 禍通內外 同惡相資 剋日定期 欲行亂逆 寡人 上賴天地之祐 下蒙宗廟之靈 欽突等 惡積罪盈 所謀發露 此乃人神之所共棄 覆載之所不容 犯義傷風 莫斯爲甚 是以 追集兵衆 欲除梟鏡(鏡 當作獍) 或逃竄山谷 或歸降闕庭 然 尋枝究葉 並已誅夷 三四日間 囚首蕩盡 事不獲已 驚動士人 憂愧之懷 豈忘旦夕 今旣妖徒廓清 遐邇無虞 所集兵馬 宜速放歸 布告四方 令知此意 二十八日 誅伊湌軍官 敎書曰 事上之規 盡忠爲本 居官之義 不二爲宗 兵部令伊湌軍官 因緣班序 遂升上位 不能拾遺補闕 效素節於朝廷 授命忘軀 表丹誠於社稷 乃與賊臣欽突等交涉 知其逆事 曾不告言 旣無憂國之心 更絕徇公之志 何以重居宰輔 濫濁憲章 宜與衆棄 以懲後進 軍官及嫡子一人 可令自盡 布告遠近 使共知之 冬十月 罷侍衛監 置將軍六人.

二年 春正月 親祀神宮 大赦 夏四月 置位和府令二人 掌選擧之事 五月 太白犯月 六月 立國學 置卿一人 又置工匠 府監一人 彩典監一人.

三年 春二月 以順知爲中侍 納一吉湌金欽運少女爲夫人 先差伊湌文穎 波珍湌三光定期 以大阿湌智常納采 幣帛十五輿米酒油蜜醬豉脯醯一百三十五輿租一百五十車 夏四月 平地雪一尺 五月七日 遣伊湌文穎 愷元抵基宅 册爲夫人 其日卯時 遣波珍湌大常 孫文 阿湌坐耶 吉叔等 各與妻娘及梁 沙梁二部嫗各三十人 迎來夫人 乘車左右侍從官人及娘嫗甚盛 至王宮北門 下車入內 冬十月 徵報德王安勝爲蘇判 賜姓金氏 留京都 賜甲第 良田 彗星出五車.

四年 冬十月 自昏及曙 流星縱橫 十一月 安勝族子將軍大文 在金馬渚 謀叛 事發伏誅 餘人見大文誅死 殺害官吏 據邑叛 王命將士討之 逆鬪 幢主逼實死之

陷其城 徙其人於國南州郡 以其地爲金馬郡(大文或云悉伏).

五年 春 復置完山州 以龍元爲摠管 挺居列州以置菁州 始備九州 以大阿湌福世爲摠管 三月 置西原小京 以阿湌元泰爲仕臣 置南原小京 徙諸州郡民戶分居之 奉聖寺成 夏四月 望德寺成.

六年 春正月 以伊湌大莊(一作將)爲中侍 置例作府卿二人 二月 置石山 馬山 孤山 沙平四縣 以泗沘州爲郡 熊川郡爲州 發羅州爲郡 武珍郡爲州 遣使入唐 奏請禮記幷文章 則天令所司 寫吉凶要禮 幷於文館詞林 採其詞涉規誡者 勒成五十卷賜之.

七年 春二月 元子生 是日 陰沈昧暗 大雷電 三月 罷一善州 復置沙伐州 以波珍湌官長爲摠管 夏四月 改音聲署長爲卿 遣大臣於祖廟 致祭曰 王某 稽首再拜 謹言太祖大王 眞智大王 文興大王 太宗大王 文武大王之靈 某以虛薄 嗣守崇基 寤寐憂勤 未遑寧處 奉賴宗廟獲(獲 當作護)持 乾坤降祿 四邊安靜 百姓雍和 異域來賓 航琛奉職 刑淸訟息 以至于今 比者 道喪君臨 義乖天鑒 怪成星(星 當在成上)象 火宿沈輝 戰戰慄慄(慄慄 舊本作慓慓 蓋訛誤也) 若墜淵谷 謹遣使某官某 奉陳不腆之物 以虔如在之靈 伏望炤察微誠 矜恤眇末 以順四時之候 無愆五事之徵 禾稼豐而疫癘消 衣食足而禮義備 表裏淸謐 盜賊消亡 垂裕後昆 永膺多福 謹言 五月 敎賜文虎(虎 避高麗惠宗諱武)官僚田有差 秋 築沙伐 歃良二州城.

八年 春正月 中侍大莊卒 伊湌元師爲中侍 二月 加船府卿一人.

九年 春正月 下敎 罷內外官祿邑 逐年賜租有差 以爲恒式 秋閏九月二十六日 幸獐山城 築西原京城 王欲移都達句伐 未果.

十年 春二月 中侍元師病免 阿湌仙元爲中侍 冬十月 置轉也山郡.

十一年 春三月一日 封王子理洪爲太子 十三日 大赦 沙火州獻白雀 築南原城.

十二年 春 竹祐(祐 當作枯) 唐中宗遣使 口勅曰 我太宗文皇帝 神功聖德 超出千古 故上僊之日 廟號太宗 汝國先王金春秋 與之同號 尤爲僭越 須急改稱 王與群臣同議 對曰 小國先王 春秋諡號 偶與聖祖廟號相犯 勅令改之 臣敢不惟命是從 然念先王春秋頗有賢德 況生前得良臣金庾信 同心爲政 一統三韓 其爲功業 不爲不多 捐館之際 一國臣民 不勝哀慕 追尊之號 不覺與聖祖相犯 今聞敎勅 不勝恐懼 伏望使臣復命闕庭 以此上聞 後更無別勅 秋七月 王薨 諡曰神文 葬狼山東.

孝昭王立 諱理洪(一作恭) 新文王太子 母姓金氏 神穆王后 一吉湌金欽運(一云雲)女也 唐則天遣使 弔祭 仍冊王爲新羅王輔國大將軍行左豹韜尉大將軍鷄林州都督 改左右理方府爲左右議方府 理犯諱故也.

元年 八月 以大阿湌元宣爲中侍 高僧道證自唐廻 上天文圖.

三年 春正月 親祀神宮 大赦 以文穎爲上大等 金仁問在唐卒 年六十六 冬 築松岳 牛岑二城.

四年 以立子月爲正 拜愷元爲上大等 冬十月 京都地震 中侍元宣退老 置西南二市.

五年 春正月 伊湌幢元爲中侍 夏四月 國西旱.

六年 秋七月 完山州進嘉禾 異畝同穎 九月 宴群臣於臨海殿.

七年 春正月 以伊湌體元爲牛頭州摠管 二月 京都地動 大風折木 中侍幢元退老 大阿湌 順元爲中侍 三月 日本國使至 王引見於崇禮殿 秋七月 京都大水.

八年 春二月 白氣竟天 星孛于東 遣使朝唐貢方物 秋七月 東海水血色 五日復舊 九月 東海水戰 聲聞王都 兵庫中鼓角自鳴 新村人美盻 得黃金一枚 重百分 獻之 授位南邊第一 賜租一百石.

九年 復以立寅月爲正 夏五月 伊湌慶永(永一作玄)謀叛 伏誅 中侍順元緣坐罷免 六月 歲星入月.

十年 春二月 彗星入月 夏五月 靈嚴郡太守一吉湌諸逸背公營私 刑一百杖 入島.

十一年 秋七月 王薨 諡曰孝昭 葬于望德寺東.(觀(觀 當作舊)唐書云 長安二年 理洪卒 諸古記云 壬寅七月二十七日卒 而通鑑云 大足三年卒 則通鑑誤)

聖德王立 諱興光 本名隆基 與玄宗諱同 先天中改焉(唐書言 金志誠) 神文王第二子 孝昭同母弟也 孝昭薨 無子 國人立之 唐則天聞孝昭薨 爲之擧哀 輟朝二日 遣使弔慰 冊王爲新羅王 仍襲兄將軍都督之號.

元年 九月 大赦 增文武官爵一級 復諸州郡一年租稅 以阿湌元訓爲中侍 冬十月 歃良州櫟(櫟 當作橡 參看聖德王十三年條)實變爲栗.

二年 春正月 親祀神宮 遣使入唐貢方物 秋七月 靈廟寺災 京都大水 溺死者衆 中侍元訓退 阿湌元文爲中侍 日本國使至 摠二百四人 遣阿湌金思讓朝唐.

三年 春正月 熊川州進金芝 三月 入唐金思讓廻 獻最勝王經 夏五月 納乘府令蘇判(判 舊本作叛 今校正)金元泰之女爲妃.

四年 春正月 中侍元文卒 以阿湌信貞爲中侍 三月 遣使入唐朝貢 夏五月 旱 秋八月 賜老人酒食 九月 下敎禁殺生 遣使如唐獻方物 冬十月 國東州郡饑 人多流亡 發使賑恤 五年 春正月 伊湌仁品爲上大等 國內饑 發倉廩賑之 三月 衆星西流 夏四月 遣使入唐 貢方物 秋八月 中侍信貞(貞 舊本作眞 今校正)病免 以大阿湌文良爲中侍 遣使入唐貢方物 穀不登 冬十月 遣使入唐貢方物 十二月 大赦.

六年 春正月 民多饑死 給粟人一日三升 至七月 二月大赦 賜百姓五穀種子有差 冬十二月 遣使入唐貢方物.

七年 春正月 沙伐州進瑞芝 二月 地震 夏四月 鎭星犯月 大赦.

八年 春三月 菁州獻白鷹 夏五月 旱 六月 遣使入唐貢方物 秋八月 赦罪人.

九年 春正月 天狗隕三郞寺北 遣使入唐貢方物 地震 赦罪人.

十年 春三月 大雪 夏五月 禁屠殺 冬十月 巡狩國南州郡 中侍文良卒 十一月 王製百官箴示群臣 十二月 遣使入唐貢方物.

十一年 春二月 遣使入唐朝貢 三月 以伊湌魏文爲中侍 大唐遣使盧元敏 勅改王名 夏四月 駕幸溫水 秋八月 封金庾信妻爲夫人 歲賜穀一千石.

十二年 春二月 置典祀署 遣使入唐朝貢 玄宗御樓門以見之 冬十月 入唐使金貞宗廻 降詔書 封王爲驃騎將軍特進行左威衛大將軍使持節大都督鷄林州諸軍事鷄林州刺史上柱國樂浪郡公新羅王 冬十月 中侍魏文請老 從之 十二月 大赦 築開城.

十三年 春正月 伊湌孝貞爲中侍 二月 改詳文司(司 職官志作師)爲通文博士 以掌書表事 遣王子金守忠入唐宿衛 玄宗賜宅及帛以寵之 賜宴于朝堂 閏二月 遣級湌朴裕入唐賀正 賜朝散大夫員外奉御還之 夏旱 人多疾疫 秋 歃良州山橡實化爲栗 冬十月 唐玄宗宴我使者于內殿 勅宰臣及四品以上諸官預焉.

十四年 春三月 遣金楓厚入唐朝貢 夏四月 菁州進白雀 五月 赦 六月 大旱 王召河西州龍鳴嶽居士理曉 祈雨於林泉寺池上 則雨浹旬 秋九月 太白掩庶子星 冬十月 流星犯紫微 十二月 流星自天倉入大微 赦罪人 封王子重慶爲太子.

十五年 春正月 流星犯月 月無光 三月 遣使入唐獻方物 出成貞(一云嚴貞)王后 賜彩五百匹 田二百結 租一萬石 宅一區 宅買康申公舊居賜之 大風拔木飛瓦

崇禮殿毀 入唐賀正使金楓厚欲歸國 授員外郞還之 夏六月 旱 又召居士理曉祈禱 則雨 赦罪人.

十六年 春二月 置醫博士 算博士各一員 三月 創新宮 夏四月 地震 六月 太子重慶卒 諡曰孝殤 秋九月 入唐大監守忠廻 獻文宣王 十哲 七十二弟子圖 卽置於大學.

十七年 春正月 中侍孝貞退 波珍湌思恭爲中侍 二月 王巡撫國西州郡 親問高年及鰥寡孤獨 賜物有差 三月 地震 夏六月 震皇龍寺塔 始造漏刻 遣使入唐朝貢 授守中郞將 還之 冬十月 流星自昴入于奎 衆小星隨之 天狗隕方 築漢山州都督管內諸城.

十八年 春正月 遣使入唐 賀正 秋九月 震金馬郡彌勒寺.

十九年 春正月 地震 上大等仁品卒 大阿湌裵賦爲上大等 三月 納伊湌順元之女爲王妃 夏四月 大雨 山崩十三所 雨雹傷禾苗 五月 命有司埋骸骨 完山州進白鵲 六月 冊王妃 爲王后 秋七月 熊川州獻白鵲 蝗蟲害穀 中侍思恭退 波珍湌文林爲中侍.

二十年 秋七月 徵何瑟羅道丁夫二千 築長城於北境 冬 無雪.

二十一年 春正月 中侍文林卒 伊湌宣宗爲中侍 二月 京都地震 秋八月 始給百姓丁田 冬十月 遣大奈麻金仁壹入唐 賀正幷獻方物 築毛伐郡城 以遮日本賊路.

二十二年 春三月 王遣使入唐 獻美女二人 一名抱貞 父天承奈麻 一名貞菀 父忠訓大舍 給以衣着 器具 奴婢 車馬 備禮資遣之 玄宗曰 女皆王姑姉妹 違本(本 通鑑作親)屬(屬 新唐書作俗) 別本國(本國 作所報) 朕不忍留 厚賜還之 貞菀碑云 孝成六年 天寶元年 歸唐 未知孰是 夏四月 遣使入唐 獻果下馬一匹 牛黃 人蔘 美髢 朝霞紬 魚牙紬 鏤鷹鈴 海豹皮 金銀等 上表曰 臣鄕居海曲 地處遐陬 元無泉客之珍 本乏寶人之貨 敢將方產之物 塵瀆天官 駑蹇之才 滓穢龍廐 竊方燕豕 敢類楚雞 深覺靦顏 彌增戰汗 地震.

二十三年 春 立王子承慶爲太子 大赦 熊川州進瑞芝 二月 遣金武勳入唐賀正 武勳還 玄宗降書曰 卿每承正朔 朝貢闕庭 言念所懷 深可嘉尙 又得所進雜物等 泛踰越滄波 跋涉草莽 物旣精麗 深表卿心 今賜卿錦袍金帶及綵素共二千匹 以答誠獻 至宜領也 冬十二月 遣使入唐獻方物 炤德王妃卒.

二十四年 春正月 白虹見 三月 雪 夏四月 雹 中侍宣宗退 伊湌允忠爲中侍 冬

十月 地動.

　二十五年 夏四月 遣金忠臣入唐賀正 五月 遣王弟金釿(釿 册府元龜作欽)質入唐朝貢 授郞將還之

　二十六年 春正月 赦罪人 遣使入唐賀正 夏四月 以一吉湌魏元爲大阿湌 級湌大讓爲沙湌 冬十二月 修永昌宮 上大等裴賦請老 不許 賜几杖.

　二十七年 秋七月 遣王弟金嗣宗入唐獻方物 兼表請子弟入國學 詔許之 授嗣宗果毅 仍留宿衛 上大等裴賦請老 從之 以伊湌思恭爲上大等.

　二十八年 春正月 遣使入唐賀正 秋九月 遣使入唐朝貢.

　二十九年 春二月 遣王族(族 册府元龜作姪)志滿朝唐 獻小馬五匹 狗一頭 金二千兩 頭髮八十兩 海豹皮十張 玄宗授志滿大僕卿 賜絹一百匹 紫袍 錦細帶 仍留宿衛 冬十月 遣使朝唐貢獻方物 玄宗賜物有差.

　三十年 春二月 遣金志良入唐賀正 玄宗授大僕少卿員外置 賜帛六十匹 放還 降詔書曰 所進牛黃及金銀等物 省表具之 卿二明慶祚 三韓善隣 時稱仁義之鄉 世著勳賢之業 文章禮樂 闡君子之風 納款輸忠 效勤王之節 固藩維之鎭衛 諒忠義之儀表 豈殊方懪(懪 通鑑作悍)俗 可同年而語耶 加以慕義克勤 述職愈謹 梯山航海 無倦於阻修 獻幣貢琛 有常於歲序 守我王度 垂諸國章 乃眷懇誠 深可嘉尙 朕每晨興佇念 宵衣待賢 想見其人 以光啓沃 俟卿覯止 允副所懷 今使至 知嬰疾苦 不遂抵命 言念遐潤 用增憂勞 時候暄和 想瘳復也 今賜卿綾綵五百匹 帛二千五百匹 宜卽領取 夏四月 赦 賜老人酒食 日本國兵船三百艘 越海襲我東邊 王命將出兵大破之 秋九月 命百官會的門 觀射車弩.

　三十一年 冬十二月 以角干思恭 伊湌貞宗 允忠 思仁各爲將軍.

　三十二年 秋七月 唐玄宗 以渤海 靺鞨越海入寇登州 遣太僕員外卿金思蘭歸國 仍加授王 爲開府儀同三司寧海軍使 發兵擊靺鞨南鄙 會大雪丈餘 山路阻隘 士卒死者過半 無功而還 金思蘭本王族 先因入朝 恭而有禮 因留宿衛 及是 委以出疆之任 冬十二月 遣王姪志廉朝唐謝恩 初帝賜王 白鸚鵡雄雌各一隻及紫羅繡袍 金銀鈿器物 瑞紋錦 五色羅綵 共三百餘段 王上表謝曰 伏惟陛下 執象開元 聖文神武 應千齡之昌運 致萬物之嘉祥 風雲所通 咸承至德 日月所炤(炤 册府元龜作照) 共被深仁 臣地隔蓬壺 天慈洽遠 鄉睠華夏 睿渥覃幽 伏視(視 册府元龜作親) 瓊文 跪披玉匣 含九宵之雨露 帶五彩之鵷鸞 辯惠靈禽 素蒼兩妙 或稱長安之樂 或傳聖主之恩 羅錦彩章 金銀寶鈿 見之者爛目 聞之者驚心 原其

獻款之功 實由先祖 錫此非常之寵 延及末孫 微效似塵 重恩如嶽 循涯揣分 何以上酬 詔饗志廉內殿 賜以束帛.

三十三年 春正月 敎百官親入北門 奏對 入唐宿衛左領軍衛員外將軍金忠信上表曰 臣所奉進止 令臣執節本國 發兵馬 討除靺鞨 有事續奏者 臣自奉聖旨 誓將致命 當此之時爲替人金孝方身亡 便留臣宿衛 臣本國王 以臣久侍天庭 遣使從姪志廉 代臣 今已到訖 臣卽合還 每思前所奉進上(上 當作止通鑑亦作止) 無忘夙夜 陛下先有制 加本國王興 光寧海軍大使 錫之旌節 以討凶殘 皇威載臨 雖遠猶近 君則有命 臣敢不祇 蠢爾夷俘 計已悔禍 然除惡務本 布憲惟新 故出師 義貴乎三捷 縱敵 患貽於數代 伏望陛下 因臣還國 以副使假臣 盡將天旨 再宣殊裔 豈惟(惟 舊本作稚 蓋訛也)斯怒益振 固亦武夫作氣 必傾其巢穴 靜此荒隅 遂夷臣之小誠 爲國家之大利 臣等復乘桴桴滄海 獻捷丹闕 效毛髮之功 答雨露之施 臣所望也 伏惟陛下圖之 帝許焉 夏四月 遣大臣金端竭(端竭 冊府元龜作端竭)丹入唐賀正 帝宴見於內殿 授衛尉少卿 賜緋襴袍 平漫銀帶及絹六十匹 先時 遣王姪志廉謝恩 獻小馬兩匹 狗三頭 金五百兩 銀二十兩 布六十匹 牛黃二十兩 人蔘二百斤 頭髮一百兩 海豹皮一十六張 及是 授志廉鴻臚少卿員外置.

三十四年 春正月 熒惑犯月 遣金義忠入唐賀正 二月 副使金榮 在唐身死 贈光祿少卿 義忠廻 勅賜浿江以南地.

三十五年 夏六月 遣使入唐賀正 仍附表陳謝曰 伏奉恩勅 賜浿江以南地境 臣生居海裔 沐化聖朝 雖丹素爲心 而功無可效 以忠貞爲事 而勞不足賞 陛下降雨露之恩 發日月之詔 錫臣土境(境 冊府元龜作壤) 廣臣邑居 遂使墾闢有期 農桑得所 臣奉絲綸之旨 荷榮寵之深 粉骨糜身 無由上答 冬十一月 遣從弟大阿湌金相朝唐 死于路 帝深悼之 贈衛尉卿 遣伊湌允忠思仁英述 檢察平壤牛頭二州地勢 狗登在城鼓樓 吠三日.

三十六年 春二月 遣沙湌金抱質入唐賀正 旦(旦 恐且之訛)獻方物 王薨 諡曰聖德 葬移車寺南.

삼국사기 권 제9

신라본기(新羅本紀) 제9

효성왕(孝成王), 경덕왕(景德王), 혜공왕(惠恭王), 선덕왕(宣德王)

효성왕(孝成王)

효성왕(孝成王)이 즉위하니 휘는 승경(承慶)이고 성덕왕(聖德王)의 둘째 아들이요, 어머니는 소덕왕후(炤德王后)이다. 대사령을 내렸다. 3월, 사정부(司正府)의 승(丞)과 좌우의방부(左右議方府)의 승(丞)을 좌(佐)로 고쳤다. 이찬 정종(貞宗)을 상대등으로 삼고, 아찬 의충(義忠)을 중시(中侍)로 삼았다. 여름 5월, 지진이 있었다. 가을 9월, 유성(流星)이 태미성(太微星)에 들어갔다. 겨울 10월, 당에 갔던 사찬 포질(抱質)이 돌아왔다. 12월, 사신을 당에 보내어 토산물을 바쳤다.

2년(738) 봄 2월, 당제 현종(玄宗)은 성덕왕의 승하 소식을 듣고 오래도록 애석히 여기며 좌찬선대부(左贊善大夫) 형도(邢璹)를 보내어 홍로소경(鴻臚少卿)의 자격으로 가서 조제(弔祭)하게 하고 태자 태보(太保)의 관작을 추증하였다. 그리고 또 사왕(嗣王)을 책봉하여 개부의동삼사신라왕(開府儀同三司新羅王)을 삼았다. 형도가 출발할 적에 황제는 시(詩) 서문(序文)을 짓고 태자 이하 백관(百官)들은 다 시(詩)를 지어 전송하였다. 그리고 당제는 형도에게 이르기를 "신라는 군자(君子)의 나라가 되어 기서(記書)를 잘 알아 중국과 유사하다. 경이 유교(儒敎)에 독실하므로 부절(符節)을 가지고 가게 하는 것이니 마땅히 경의(經義)를 강론하여 대국의 유교(儒教)가 이와 같이 성하다는 점을 알리시오" 하였다. 또 신라 사람이 바둑을 잘 둔다 해서 솔부병조참군(率府兵曹參軍) 양계응(楊季膺)을 명하여 부관(副官)으로 삼아 보내어 국중(國中)의 고수(高手)들이 다 그 밑에 드니, 이에 왕은 형도 등에게 금보(金寶)와 약물(藥物)을 후히 선사하였다. 당은 사신을 보내어 왕비 박씨(朴氏)를 책봉하였다. 3월, 김원현(金元玄)을 당에 보내어 신정을 축하하였다. 여름 4월, 당의 사신 형도가 노자도덕경(老子道德經) 등 서적을 왕에게 드렸다. 흰 무지개가 해를 꿰었다. 소부리군(所夫里郡)에서 강물이 피로 변하였다.

3년 봄 정월, 조고(祖考)의 사당에 참배하였다. 중시 의충이 죽었다. 이찬 신충(信忠)으로 중시를 삼았다. 선천궁(善天宮)이 낙성되었다. 형도에게 황금 30냥, 포목 50필, 인삼 100근을 주었다. 2월, 왕의 아우 헌영(憲英)을 승진시켜 파진찬을 삼았다. 3월, 이찬 김순원(金順元)의 딸 혜명(惠明)을 맞아들여 왕비로 삼았다. 여름 5월, 파진찬 헌영을 봉하여 태자로 삼았다. 가을 9월, 완산주에서 흰 까치를 바쳤다. 여우가 월성궁(月城宮) 안에서 울다가 개에게 물려 죽었다.

4년 봄 3월, 당은 사신을 보내어 부인 김씨를 책봉하여 왕비로 삼았다. 여름 6월, 진성(鎭星)이 헌원(軒轅)의 큰 별에 부딪쳤다. 가을 7월, 붉은 비단 옷을 입은 한 여인이 예교(隷橋) 아래서 나와 조정(朝政)을 비방하고 효신공(孝信公)의 문 앞을 지나가더니 갑자기 보이지 않았다. 8월, 파진찬 영종(永宗)이 반역을 도모하다가 사형을 당하였다. 이에 앞서 영종의 딸이 후궁으로 들어갔는데, 왕이 매우 사랑하여 은총이 날로 더하므로 왕비가 질투 끝에 자기 족속과 함께 모의하여 죽여 버렸다. 영종은 왕비의 족속을 원망하여 배반하게 되었던 것이다.

5년 여름 4월, 대신 정종(貞宗), 사인(思仁)에게 명하여 노병(弩兵)을 사열하였다.

6년 봄 2월, 동북쪽에 지진이 있어 소리가 우레와 같았다. 여름 5월, 유성(流星)이 삼대성(參大星)을 범했다. 왕이 죽으니 시호를 효성(孝成)이라 하고, 유명(遺命)에 의하여 법류사(法流寺) 남쪽에서 화장하고 유골은 동해에 뿌렸다.

경덕왕(景德王)

경덕왕(景德王)이 즉위하니 휘는 헌영(憲英)이요 효성왕의 동복 동생이다. 효성왕이 아들이 없어서 헌영으로 태자를 삼았다. 그러므로 효성왕이 돌아가니 위를 이어받게 되었다. 비는 이찬 순정(順貞)의 딸이다.

원년(742) 겨울 10월, 일본국 사신이 왔는데 받아들이지 아니하였다.

2년 봄 3월, 주력공(主力公)의 집에서 소가 한꺼번에 송아지 세 마리를 낳았다. 당 현종은 찬선대부(贊善大夫) 위요(魏曜)를 보내와 조문하고 따라서 신왕(新王)을 책봉하여 신라왕을 삼고 선왕의 관작을 인습(因襲)케 하였다. 그 제서(制書)는 다음과 같다. "고개부의동삼사사지절대도독 계림주제군사겸지절영해군사신라왕(故開府儀同三司使持節大都督鷄林州諸軍事兼持節寧海軍使新羅王) 김승경(金承慶)의 아우 헌영(憲英)은 대대로 업적(業績)이 인덕(仁德)으로써 빛나고, 마음을 예(禮)로써 통솔하며, 대현(大賢)의 풍교(風敎)는 조리(條理)에 더욱 밝고, 의관(衣冠)은 본래 중국의 의식을 인습(因襲)하였다. 사신을 보내어 해동(海東)의 보물을 바치고, 운려(雲呂)에 의하여 조정(朝廷)과 통하며, 대대로 참다운 신하가 되고 여러 번 충절을 나타냈다. 지난날 그 형(兄)이 강토를 이어받아 몸이 죽고 후사(後嗣)가 없으니 아우가 계승하는 것이 오직 상경(常經)이로다. 이에 빈회(賓懷)를 따라 책명(册命)으로써 우대하노니, 마땅히 옛 업을 지켜 번장(藩長)의 명칭을 이어받을 것이며, 따라서 특수한 예(禮)를 더하여 한관(漢官)의 칭호를 주는 바이다. 선형(先兄)의 신라왕개부의동삼사사지절대도독 계림주제군사겸충지절영해군사(新羅王開府儀同三司使持節大都督鷄林州諸軍事兼充持節寧海軍事)를 승습(承襲)할지어다." 그리고 아울러 어주효경(御註孝經) 한 질을 내려주었다.

여름 4월, 서불한 김의충(金義忠)의 딸을 맞아들여 왕비를 삼았다. 가을 8월, 지진이 있었다. 겨울 12월, 왕의 아우를 당에 보내어 신년을 축하하니 당은 좌청도솔부원외장사(左淸道率府員外長史)의 직을 제수하고 녹포(綠袍)와 은대(銀帶)를 주어 돌려보냈다.

3년 봄 정월, 이찬 유정(惟正)으로 중시를 삼았다. 윤 2월, 사신을 당에 보내어 신년을 축하하고, 아울러 토산물을 바쳤다. 여름 4월, 왕이 친히 신궁에 제사하였다. 사신을 당에 보내어 말을 바쳤다. 겨울, 요성(妖星)이 중천에 나타났는데, 크기가 닷말들이 항아리만하더니 열흘이 지나 사라졌다.

4년 봄 정월, 이찬 김사인(金思仁)을 승진시켜 상대등을 삼았다. 여름 4월, 서울에 우박이 왔는데 크기가 달걀 같았다. 5월, 가물었다. 중시 유정이 퇴직하자 이찬 대정(大正)으로 중시를 삼았다. 가을 7월, 동궁(東宮)을 수리하고 또 사정부(司正府), 소년감전(少年監典), 예궁전(穢宮典)을 설치하였다.

5년 봄 2월, 사신을 당에 보내어 신정을 축하하고 아울러 토산물을 바쳤다. 여름 4월, 대사령을 내렸다. 큰 잔치가 있었는데 도승(度僧)이 150명이었다.

6년 봄 정월, 중시를 고쳐 시중(侍中)이라 하였다. 국학(國學)의 모든 부문에 박사(博士)와 조교(助敎)를 두었다. 사신을 당에 보내어 신정을 축하하고, 아울러 토산물을 바쳤다. 3월, 진평왕(眞平王)의 능묘(陵墓)에 낙뢰가 있었다. 가을, 가물었다. 겨울, 눈이 오지 않았다. 민간에 기근이 들고 또 유행병이 성행하므로 특사(特使)를 10도(十道)에 보내어 백성을 보살피게 하였다.

7년 봄 정월, 천구성(天狗星)이 땅에 떨어졌다. 가을 8월, 태후(太后 : ^(孝成王妃 金氏))가 영명신궁(永明新宮)으로 이거(移居)하였다. 비로소 정찰(貞察) 1명을 두어 백관(百官)의 기강을 바로잡게 하였다. 아찬 정절(貞節) 등을 보내어 북방(北方)을 검찰하였다. 비로소 대곡성(大谷城) 등 14군현(郡縣)을 설치하였다.

8년 봄 3월, 폭풍이 불어 나무가 뽑혔다. 천문박사(天文博士) 1명과 누각박사(漏刻博士) 6명을 두었다.

9년 봄 정월, 시중 대정이 직을 사면하자 이찬 조량(朝良)으로 시중을 삼았다. 2월, 어룡성(御龍省)에 봉어(奉御) 2명을 두었다.

11년 봄 3월, 급찬 원신(原神)·용방(龍方)으로 대아찬을 삼았다. 가을 8월, 동궁아관(東宮衙官)을 두었다. 겨울 10월, 창부(倉部)에 사(史) 3명을 더 두었다.

12년 가을 8월, 일본국 사신이 내조(來朝)하였으나 오만하고 무례하므로 왕이 접견치 않으니 사신이 그대로 돌아갔다. 무진주(武珍州)에서 흰 꿩을 바쳤다.

13년 여름 4월, 서울에 크기가 달걀만한 우박이 내렸다. 5월, 성덕왕(聖德王)의 비를 세웠다. 우두주(牛頭州)에서 서지(瑞芝)를 바쳤다. 가을 7월, 왕은 관(官)에 명령하여 영흥사(永興寺), 원연사(元延寺) 두 절을 수리하였다. 8월 가물고 황충(누리)이 일었다. 시중 조량(朝良)이 퇴직하였다.

14년 봄, 곡식이 귀하여 백성이 주렸다. 웅천주(熊川州) 사람 향덕(向德)이 가난하여 부모를 봉양하지 못하므로 자기 다리 살을 베어 그 부친을 먹였다. 왕은 그 말을 듣자 물품을 후히 하사하는 동시에 정문(旌門)을 세우게 하였다. 망덕사(望德寺) 탑(塔)이 저절로 움직였다〔당(唐) 영호징(令狐澄)의 신라국기(新羅國記)에 "그 나라에서 당을 위하여 이 절을 세웠으므로 이름을 이렇게 지은 것이다. 두 탑이 마주서서 높이는 13층인데 갑자기 움직여 합쳤다 떨어졌다 하며 수일 동안 넘어질 듯하였다. 그 해에 안록산(安祿山)이 난을 일으켰으니 아마 그것의 반응인가 한다" 하였음〕. 여름 4월, 사신을 당에 보내어 신년을 축하하였다. 가을 7월, 죄인을 특사하고 늙고 병든 자와 홀아비·홀어미·고아를 위문하여 곡식을 내려주되 차등이 있게 하였다. 이찬 김기(金耆)로 시중을 삼았다.

15년 봄 2월, 상대등 김사인(金思仁)이 근년에 재이(災異)가 자주 나타남을 들어 글월을 올려 시정(時政)의 득실(得失)을 호되게 따지니 왕이 아름답게 받아들였다. 왕은 당 현종이 촉(蜀)에 주재(駐在)한다는 말을 듣고 사신을 당에 보내어 강(江)을 거슬러 성도(成都)에 이르러 조공하니, 현종은 오언십운(五言十韻)의 시(詩)를 지어 친히 써서 왕에게 보내 주었다. 그 글에 "신라 왕이 해마다 조공을 닦고 예악명의(禮樂名義)를 실천하므로 이를 아름답게 여겨 시 한 수를 준다" 하였다. 그 시에, '사유(四維)*¹에 위도(緯度)로 나누어 놓으니 만상(萬象)은 중추(中樞)에 포함되었도다. 온 천하 빠짐없이 옥백(玉帛)을 만들고, 산길로 바다길로 상도(上都)를 찾네. 머나먼 동쪽 나라 그리어 보니 오랜 세월 황도(黃圖)에 부지런하도다. 아득아득 이 땅의 막바지라면 가물가물 저 바다 한구석일래. 명분과 의리를 지키는 나라 일진대 강산이 다르다고 사이 있으랴. 사신은 가서 풍교(風敎)를 전해주고 사람은 와서 전모(典謨)를 배워가네. 의관만 보아도 문명을 알고 유교(儒

敎)를 높이는 충성과 마음 그 정성 하느님도 굽어 보시리. 어질도다, 덕이란 외롭지 않아 지닌 모(旄)는 작목(作牧)을 연상케 하고 후한 선물 생추(生蒭)*²에 견줄 만하네. 새파란 뜻을 더욱 중히 여기어 서글픈 세상에도 변치를 마소'라 하였다. 당제가 촉(蜀)에 행차하였을 때에 신라는 천리를 멀다 아니하고 행재소까지 가서 조알하였기 때문에 그 지극한 정성을 가상히 여기어 시를 지어 주었던 것이다. 그 이른바 "새파란 뜻을 더욱 중히 여기어 서글픈 세상에도 변치를 마소"라는 것은 바로 옛시에 "거세고 찬바람 앞에 굳센 풀을 알 수 있고, 어지러운 세상에 곧은 신하 나타난다"는 그 뜻이 아니겠는가. 선화(宣和 : 宋徽宗의 연호) 중에 입당사(入唐使) 김부의(金富儀 : 撰者 金富軾의 아우)가 이 시의 각본(刻本)을 가지고 변경(汴京)에 가서 관반학사(館伴學士) 이병(李邴)에게 보였더니 이병은 이것을 황제께 올리었다. 황제는 양부(兩部) 및 여러 학사에게 선시(宣示)한 후 선교(宣敎)를 내리기를 "진봉시랑(進奉侍郎)이 바친 시는 진정 명황(明皇 : 唐玄宗)의 글씨"라 하며 감탄하였다. 여름 4월, 큰 우박이 내렸다. 대영랑(大永郎)이 흰 여우를 진상하므로 남변(南邊) 제일의 직위를 제수하였다.

 16년 봄 정월, 상대등 김사인이 병으로 퇴직하였다. 이찬 신충(信忠)으로 상대등을 삼았다. 3월, 내외 여러 관원의 월봉(月俸)을 없애고 다시 녹읍(祿邑)을 주었다. 가을 7월, 영창궁(永昌宮)을 중수하였다. 8월, 조부(調府)에 사(史) 2명을 더 두었다. 겨울 12월, 사벌주(沙伐州)를 상주(尙州)로 고치고 1주(州) 10군(郡) 30현(縣)을 거느리게 하고, 삽량주(歃良州)를 양주(良州 : 梁州라고도 함)로 만들어 주 1, 소경(小京) 1, 군 12, 현 34를 거느리게 하고, 청주(菁州)를 강주(康州)로 만들어 주 1, 군 11, 현 27을 거느리게 하고, 한산주(漢山州)를 한주(漢州)로 만들어 주 1, 소경 1, 군 27, 현 46을 거느리게 하고, 수약주(首若州)를 삭주(朔州)로 만들어 주 1, 소경 1, 군 11, 현 27을 거느리게 하고, 웅천주(熊川州)를 웅주(熊州)로 만들어, 주 1, 소경 1, 군 13, 현 29를 거느리게 하고, 하서주(河西州)를 명주(溟州)로 만들어 주 1, 군 9, 현 25를 거느리게 하고, 완산주(完山州)를 전주(全州)로 만들어 주 1, 소경 1, 군 10, 현 31을 거느리게 하고, 무진주(武珍州)를 무주(武州)로 만들어 주 1, 군 14, 현 44를 거느리게 하였다.

 17년 봄 정월, 시중 김기(金耆)가 죽고 이찬 염상(廉相)이 시중이 되었다. 2월, 교서를 내려 "내외 관원을 막론하고 휴가로 만 60일을 넘긴 자는 관직을 해임하라" 하였다. 여름 4월, 의관(醫官)으로서 학술을 정구(精究)한 자를 뽑아 내공봉(內供奉)에 보직(補職)하고 율령박사(律令博士) 2명을 두었다. 가을 7월 23일, 왕자가 탄생하였다. 크게 천둥이 울고 번개가 치더니 불사(佛寺) 16개소에 낙뢰(落雷)가 있었다. 8월, 사신을 당(唐)에 보내어 조공하였다.

18년 봄 정월, 병부(兵部)와 창부(倉部)의 경(卿), 감(監)을 고쳐 시랑(侍郎)이라 하고, 대사(大舍)를 낭중(郎中)이라 하였으며, 집사사지(執事舍知)를 고쳐 집사원외랑(執事員外郎)이라 하고, 집사사(執事史)를 집사랑(執事郎)이라 하였다. 조부(調部)·예부(禮部)·승부(乘部)·선부(船府)·영객부(領客府)·좌우의방부(左右議方府)·사정부(司正府)·위화부(位和府)·예작전(禮作典)·대학감(大學監)·대도서(大道署)·영창궁(永昌宮) 등의 대사(大舍)를 고쳐 주부(主簿)라 하고, 상사서(賞賜署)·전사서(典祀署)·음성서(音聲署)·공장부(工匠府)·채전(彩典) 등의 대사(大舍)를 주서(主書)라 하였다. 2월, 예부(禮部)의 사지(舍知)를 사례(司禮)로, 조부(調府)의 사지(舍知)를 사고(司庫)로, 영객부(領客府)의 사지를 사의(司儀)로, 승부(乘府)의 사지를 사목(司牧)으로, 선부(船府)의 사지를 사주(司舟)로, 예작부(例作府)의 사지(舍知)를 사례(司例)로, 병부(兵部)의 노사지(弩舍知)를 사병(司兵)으로, 창부(倉府)의 조사지(租舍知)를 사창(司倉)으로 고쳤다. 3월, 혜성이 나타나더니 가을에 가서야 사라졌다.

19년 봄 정월, 도성(都城)의 동쪽에서 북치는 소리와 같은 소리가 나니 여러 사람들이 '귀신의 북'이라고 하였다. 2월, 궁중(宮中)에 큰 못을 파고 또 궁 남쪽 문천(蚊川) 위에 월정교(月淨橋)·춘양교(春陽橋) 두 다리를 놓았다. 여름 4월, 시중 염상이 퇴직하였다. 이찬 김옹(金邕)으로 시중을 삼았다. 가을 7월, 왕자 건운(乾運)을 봉하여 태자를 삼았다.

20년 봄 정월 초하루, 무지개가 해를 꿰고 해에 둥근 고리가 있었다. 여름 4월, 혜성이 나타났다.

21년 여름 5월, 오곡(五谷)·휴암(鵂巖)·한성(漢城)·장새(獐塞)·지성(池城)·덕곡(德谷)의 6개 성을 쌓고 각각 태수(太守)를 두었다. 가을 9월, 사신을 당에 보내어 조공하였다.

22년 여름 4월, 사신을 당에 보내어 조공하였다. 가을 7월, 서울에 큰 바람이 불어 기와가 날아가고 나무가 뽑혔다. 8월, 복사꽃과 오얏꽃이 두 번째 피었다. 상대등 신충(信忠), 시중 김옹(金邕)이 다 면직되었다. 대내마 이순(李純)은 왕의 총신이었는데, 갑자기 하루 아침에 세속을 버리고 산중에 들어가 여러 번 불러도 나오지 않은 채 머리를 깎고 중이 됨과 동시에 왕을 위하여 단속사(斷俗寺)를 창건하고 거기에 살았다. 그 뒤에 왕이 음악을 좋아한다는 소문을 듣고 곧 궁문(宮門)에 나아가 간하기를 "신은 들으니 옛날 걸주(桀紂)가 주색에 빠져 음탕과 안락을 그칠 줄 모르다가 마침내 정사가 문란하고 국가가 패망하였다 하옵니다. 앞에 가던 수레가 엎어지면 뒤에 가는 수레는 마땅히 경계해야 할 것이 아니겠습니까? 엎디어 바라옵건대 대왕께옵서 허물을 고치시고 스스로 새롭게 하시어 나라의 수명을 영구하게 하옵소서" 하였다. 왕은 그 말을 듣고 감탄하여 음악을 정지하고 정전(正殿)으로 불러들여 도(道)의 진리와 세상을 다스리는 방법을 듣고 여러 날 만에 그치었다.

23년 봄 정월, 이찬 만종(萬宗)으로 상대등을 삼고 아찬 양상(良相)으로 시중을 삼았다. 3월, 패성(孛星)이 동남방에 나타났다. 용이 양산(楊山) 아래 나타났다가 얼마 후에 날아갔다. 겨울 12월 11일, 유성(流星)이 나타났는데 혹은 크고 혹은 적어 구경하는 자도 능히 셀 수 없었다.

24년 여름 4월, 지진이 있었다. 사신을 당제는 보내어 조공하였더니 당제는 그 사신에게 검교예부상서(檢校禮部尙書)의 직을 제수하였다. 6월, 유성(流星)이 심성(心星)을 범했다. 이 달에 왕이 죽으니 시호를 경덕(景德)이라 하고 모지사(毛祇寺) 서쪽 언덕에 장사지냈다〔고기(古記)에는 '영태(永泰) 원년에 죽었다' 하였고 구당서(舊唐書) 및 자치통감(資治通鑑)에는 모두 '대력(大曆) 2년에 신라 왕 헌영(憲英)이 죽었다' 하였으니 어찌 그리 잘못되었을까〕.

혜공왕(惠恭王)

혜공왕(惠恭王)이 즉위하니 휘는 건운(乾運)이요, 경덕왕의 적자(嫡子: 정실이 낳은 아들)다. 어머니는 김씨 만월부인(滿月夫人)이니 서불한 의충(義忠)의 딸이다. 즉위할 때 나이 8세였다. 태후가 섭정하였다.

원년(765)에 대사령을 내렸다. 왕이 태학(太學)에 거둥하여 박사(博士)로 하여금 상서(尙書)를 강의케 하였다.

2년 봄 정월, 두 개의 해[日]가 한꺼번에 나타났다. 대사령을 내렸다. 2월, 왕이 친히 신궁에 제사를 지냈다. 양리공(良里公)의 집에서 암소가 송아지를 낳았는데 다리가 다섯이고 한 다리는 위로 쳐들리었다. 강주(康州)에서 땅이 꺼져 못이 되었는데, 가로 세로 50여 자이고 물은 검푸른 빛이었다. 겨울 10월, 하늘에서 북치는 것 같은 소리가 들렸다.

3년 여름 6월, 지진이 있었다. 가을 7월, 이찬 김은거(金隱居)를 당에 보내어 토산물을 바치고 책명(冊命)을 가(加)해 주기를 청하니 당제(唐帝)는 자신전(紫宸殿)에 어림(御臨)하여 인견하였다. 세 별이 대궐 뜰에 떨어져 서로 부딪치는데 그 빛이 불살이 솟구쳐 퍼지는 것 같았다. 9월, 김포현(金浦縣)에서 벼이삭이 다 쌀로 변하였다.

4년 봄, 혜성이 동북방에 나타났다. 당 대종(代宗)이 창부낭중(倉部郎中) 귀숭경(歸崇敬)으로 하여금 어사중승지절(御史中丞持節)을 겸직시켜 책서(冊書)를 주어 보내어 왕을 개부의동삼사신라왕(開府儀同三司新羅王)으로 책봉하고 겸하여 왕모(王母) 김씨를 대비(大妃)로 책봉하였다. 여름 5월, 사형 이하의 죄수를 특사하였다. 6월, 서울에서 우레와 우박이 초목을 상하게 하고, 큰 별이 황룡사(皇龍寺) 남쪽에 떨어졌으며, 지진 소리가 우레와 같고 우물물이 다 마르고, 호랑이가 궁중(宮中)에 들어왔다. 가을 7월, 일길찬 대공(大恭)이 그 아우 아찬 대렴(大廉)과 함께 모반하여 도당을 모아 왕궁(王宮)을 포위한 지 33일 만에 관군이 쳐서 평정하고 구족(九族)을 베어 죽였다. 9월, 사신을 당에 보내어 조공하였다. 겨울 10월, 이찬 신유(神猷)로 상대등을 삼고 이찬 김은거(金隱居)로 시중을 삼았다.

5년 봄 3월, 왕이 임해전(臨海殿)에서 여러 신하들과 연회를 베풀었다. 여름 5월, 누리가 일고 가물어 백관에게 명하여 각각 아는 사람을 천거하도록 하였다. 겨울 11월, 치악현(雉岳縣)에서 쥐 8,000마리 가량이 평양을 향하여 갔다. 눈이 오지 않았다.

6년 봄 정월, 왕이 서원경(西原京)에 거둥하면서 지나온 주(州)와 현(縣)

의 죄수를 특사하였다. 3월, 흙비가 내렸다. 여름 4월, 왕이 서원(西原)에서 환도(還都)하였다. 5월 11일, 혜성이 오거성(五車星) 북쪽에 나타났다가 6월 12일에 사라졌다. 29일, 호랑이가 집사성(執事省)에 뛰어들어 잡아 죽였다. 가을 8월, 대아찬 김융(金融)이 반역을 도모하다가 사형에 처해졌다. 겨울 11월, 서울에 지진이 있었다. 12월, 시중 김은거(金隱居)가 퇴직하고 이찬 정문(正門)으로 시중을 삼았다.

8년 봄 정월, 이찬 김표석(金標石)을 당에 보내어 신년을 축하하니 당 대종(代宗)은 위위원외소경(衛尉員外少卿)의 직을 주어 돌려보냈다.

9년 여름 4월, 사신을 당에 보내어 신정을 축하하고 금은, 우황(牛黃), 어아주(魚牙紬), 조하주(朝霞紬) 등 토산물을 바쳤다. 6월, 사신을 당에 보내어 사은하니 당제는 연영전(延英殿)에서 인견하였다.

10년 여름 4월, 사신을 당에 보내어 조공하였다. 가을 9월, 이찬 양상(良相)을 승진시켜 상대등을 삼았다. 겨울 10월, 사신을 당에 보내어 새해를 축하하니 당제는 연영전에서 인견하고 원외위위경(員外衛尉卿)을 제수하여 돌려보냈다.

11년 봄 정월, 사신을 당에 보내어 조공하였다. 3월, 이찬 김순(金順)으로 시중을 삼았다. 여름 6월, 사신을 당에 보내어 조공하였다. 이찬 김은거가 반역하다 사형을 받았다. 가을 8월, 이찬 염상(廉相)이 시중 정문(正門)과 함께 반역을 도모하다가 사형을 받았다.

12년 봄 정월 교서를 내려 "백관의 칭호를 모두 그전대로 하는 것이 합당하다" 하였다. 감은사(感恩寺)에 거둥하여 바다에 망제(望祭)를 지냈다. 2월, 왕이 국학(國學)에 거둥하여 강의를 들었다. 3월, 창부(倉部)에 사(史) 8명을 더 두었다. 가을 7월, 사신을 당에 보내어 토산물을 바쳤다. 겨울 10월, 사신을 당에 보내어 조공하였다.

13년 봄 3월, 서울에 지진이 있었다. 여름 4월, 또 지진이 있었다. 상대등 김양상(金良相)이 소(疏)를 올려, 시정(時政)을 극론(極論)하였다. 겨울 10월, 이찬 주원(周元)으로 시중을 삼았다.

15년 봄 3월, 서울에 지진이 있어 민가가 무너지고 죽은 자도 100여 명이었다. 태백성(太白星)이 달로 들어갔다. 왕이 백좌(百座)의 법회(法會)를 베풀었다.

16년 봄 정월, 누런 안개가 끼었다. 2월, 흙비가 내렸다. 왕은 어려서 즉위하고 장성하여서는 음악과 여색(女色)에 빠져 유흥(遊興)이 도를 넘으니 기강이 문란하고 재앙이 자주 나타나며 인심이 이반되고 사직이 위태하므로, 이찬 김지정(金志貞)이 모반하여 도당을 모아 궁궐을 포위하였다. 여름 4월, 상대등 김양상이 이찬 경신(敬信)과 더불어 군사를 일으켜 지정(志貞) 등을 베어 죽였다. 왕과 후비(后妃)는 난병(亂兵)에게 피살되니 양상 등이 왕의 시호를 혜공왕(惠恭王)이라 하였다. 원비(元妃) 신보왕후(新寶王后)는 이찬 유성(維誠)의 딸이요, 차비(次妃)는 이찬 김장(金璋)의 딸인데 그들이 궁에 들어온 연월(年月)은 사(史)에 전하지 아니한다.

선덕왕(宣德王)

선덕왕(宣德王)이 즉위하니 성은 김씨요, 휘는 양상(良相)이다. 내물왕의 10세손이다. 아버지는 해찬(海湌) 효방(孝芳)이요, 어머니는 김씨 사소부인(四炤夫人)으로서 성덕왕(聖德王)의 딸이다. 비(妃)는 구족부인(具足夫人)이니 각간 양품(良品)의 딸이다〔아찬 의공(義恭)의 딸이라고도 함〕. 대사령을 내리고 아버지를 추봉(追封)하여 개성대왕(開聖大王)이라 하였으며 어머니 김씨를 높이어 정의태후(貞懿太后)라 하고 아내를 왕비로 삼았다. 이찬 경신(敬信)을 상대등으로 삼고 아찬 의공(義恭)을 시중(侍中)으로 삼았으며, 어룡성봉어(御龍省奉御)를 고쳐 경(卿)이라 하다가 다시 경(卿)을 감(監)으로 고쳤다.

2년 봄 2월, 왕이 몸소 신궁에 제사지냈다. 가을 7월, 특사를 보내어 패강(浿江) 이남의 주(州)와 군(郡)을 안무(安撫)하였다.
3년 봄 윤정월, 사신을 당에 보내어 조공하였다. 2월, 왕이 한산주(漢山州)를 순행하고 민호(民戶)를 패강진(浿江鎭)으로 옮기었다. 가을 7월, 시림(始林)의 벌에서 크게 열병식을 거행하였다.
4년 봄 정월, 아찬 체신(體信)으로 대곡진군주(大谷鎭軍主)를 삼았다. 2월, 서울에 눈이 석 자나 내렸다.
5년 여름 4월, 왕이 손위(遜位)하려 하다가 여러 신하가 세 번이나 표를 올려 간하므로 중지하였다.

  6년 봄 정월, 당 덕종(德宗)은 호부낭중(戶部郞中) 개운(蓋塤)을 지절사(持節事)로 보내어 왕을 책봉하고 검교대위계림주자사 영해군사신라왕(檢校大尉鷄林州刺史寧海軍事新羅王)을 삼았다. 이 달 왕은 병이 들어 점점 위중하므로 조서를 다음과 같이 내렸다. "과인은 본시 비박(菲薄)한 자질로 대보(大寶)에 마음이 없었으나 여러 사람의 추대를 회피키 어려워서 부득이 즉위하였던 것이다. 왕위에 있은 이래로 연사(年事)는 순성(順成)치 못하고 민생은 곤궁하니 이는 모두 나의 덕이 민망(民望)에 부합되지 못하고 정치가 천심(天心)과 합치되지 못하였기 때문이다. 항상 위(位)를 선양(禪讓)하고 밖으로 물러나려 하였으나 여러 신하들이 매양 지성으로써 만류하므로 머뭇거리며 이제까지 이르렀는데, 갑자기 병에 걸려 일어나지 못하게 되었다. 죽고 사는 것은 명(命)일진대 다시 무엇을 한탄하랴. 죽은 뒤에 불법(佛法)에 의거하여 화장하고 유골은 동해에 뿌려 달라" 하였다. 13일에 임종하니 시호는 선덕(宣德)이라 하였다.

주

*1. 감여가(堪輿家)가 소용하는 나종(羅種)의 사우(四隅)에 건곤간손(乾坤艮巽)을 넣어 기호로 했는데 그것을 사유(四維)라 말함.

*2. 시경(詩經) 소아(小雅) 백구(白駒)에 "생추일속기인여옥(生芻一束其人如玉)"이라 하였음.

三國史記 卷 第九

新羅本紀 第九 孝成王 景德王 惠恭王 宣德王

  孝成王立 諱承慶 聖德王第二子 母炤德王后 大赦 三月 改司正丞及左右議方府丞 並爲佐 以伊湌貞宗爲上大等 阿湌義忠爲中侍 夏五月 地震 秋九月 流星入大微 冬十月 入唐沙湌湌抱質廻 十二月 遣使入唐獻方物.

  二年 春二月 唐玄宗聞聖德王薨 悼惜久之 遣左贊善大夫邢璹 以鴻臚少卿 住

弔祭 贈太子太保 且册嗣王爲開付儀同三司新羅王 璹將發 帝製詩序 太子已下 百寮 咸賦詩以送 帝謂璹曰 新羅號爲君子之國 頗知書記 有類中國 以卿惇儒故 持節住 宜演經義 使知大國儒敎之盛 又以國人善碁 詔率府兵曹參軍楊季膺(膺 新舊唐書竝作鷹)爲副 國高奕皆出其下 於是 王厚贈璹等金寶藥物 唐遣使 詔册 王妃朴氏(以上六字 似是據於唐書 而與下文不合) 三月 遣金元玄入唐賀正 夏 四月 唐使臣邢璹 以老子道德經等文書 獻于王 白虹貫日 所夫里郡河水變血.

三年 春正月 拜祖考廟 中侍義忠卒 以伊飡信忠爲中侍 善天宮成 賜邢璹黃金 三十兩布五十匹人蔘一百斤 二月 拜王弟憲英爲坡珍飡 三月 納伊飡順元女惠明 爲妃 夏五月 封波珍飡憲英爲太子 秋九月 完山州獻白鵲 狐鳴月城宮中 狗咬殺 之.

四年 春三月 唐遣使册夫人金氏爲王妃 夏五月 鎭星犯軒轅大星 秋七月 有一 緋衣女人 自隸橋下出 謗朝政 過孝信公門 忽不見 八月 波珍飡永宗謀叛 伏誅 先是 永宗女入後宮 王絶愛之 恩渥日甚 王妃嫉妬 與族人謀殺之 永宗怨王妃宗 黨 因此叛.

五年 夏四月 命大臣貞宗思仁 閱弩兵.

六年 春二月 東北地震 有聲如雷 夏五月 流星犯參大星 王薨 諡曰孝成 以遺 命 燒柩於法流寺南 散骨東海.

景德王立 諱憲英 孝成王同母弟 孝成無子 立憲英爲太子 故得嗣位 妃伊飡順 貞之女也.

元年 冬十月 日本國使至 不納.

二年 春三月 主力公宅牛 一産三犢 唐玄宗遣贊善大夫魏曜 來弔祭 仍册立王 爲新羅王 襲先王官爵 制曰 故開府儀同三司使持節大都督雞林州諸軍事兼持(持 上恐脫充字參看下文)節寧海軍使新羅王金承慶弟憲英 奕業(業 當作葉)懷仁 率 心常禮 大賢風敎 條理尤明 中夏軌儀 衣冠素襲 馳海琛而遣使 準雲呂而通朝 代爲純臣 累效忠節 頃者 兄承土宇 沒而絶嗣 弟膺繼及 抑惟常經 是用賓懷 優 以册命 宜用舊業 俾承藩長之名 仍加殊禮 載錫漢官之號 可襲兄新羅王開府儀 同三司使持節大都督雞林州諸軍事兼充持節寧海軍使 幷賜御注孝經一部 夏四月 納舒弗邯金義忠女爲王妃 秋八月 地震 冬十二月 遣王弟入唐賀正 唐授左淸道 率府員外長史 賜綠袍銀帶 遣還.

三年 春正月 以伊湌推正爲中侍 閏二月 遣使入唐 賀正竝獻方物 夏四月 親祀神宮 遣使入唐 獻馬 冬 妖星出中天 大如五斗器 浹旬乃滅.

四年 春正月 拜伊湌金思仁爲上大等 夏四月 京都雹 大如鷄子 五月 旱 中侍惟正退 伊湌大正爲中侍 秋七月 葺東宮 又置司正府小年監典穢宮典.

五年 春二月 遣使入唐賀正幷獻方物 夏四月 大赦 賜大酺 度僧一百五十人.

六年 春正月 改中侍爲侍中 置國學諸業博士助敎 遣使入唐 賀正竝獻方物 三月 震眞平王陵 秋旱 冬無雪 民饑且疫 出使十道 安撫.

七年 春正月 天狗落地 秋八月 太后移居永明新宮 始置貞察一員 糾正百官 遣阿湌貞節等檢察北邊 始置大谷城等十四郡縣.

八年 春三月 暴風拔木 三月 置天文博士一員漏刻博士六員.

九年 春正月 侍中大正免 伊湌朝良爲侍中 二月 置御龍省奉御二員.

十一年 春三月 以級湌原神龍方爲大阿湌 秋八月 置東宮衙官 冬十月 加置倉部史三人.

十二年 秋八月 日本國使至 慢而無禮 王不見之乃廻 武珍州獻白雉.

十三年 夏四月 京都雹 大如鷄卵 五月 立聖德王碑 牛頭州獻瑞芝 秋七月 王命官修葺永興元廷二寺 八月 旱蝗 侍中朝良退.

十四年 春 穀貴 民饑 熊川州向德 貧無以爲養 割股肉飼其父 王聞 賜賚頗厚 仍使旌表門閭 望德寺塔動 (唐令狐澄新羅國記曰 其國爲唐立此寺 故以爲名 兩塔相對 高十三層 忽震動開合 如欲頃倒者 數日 其年祿山亂 疑其應也) 夏四月 遣使入唐賀正 秋七月 赦罪人 存問老疾鰥寡孤獨 賜穀有差 以伊湌金耆爲侍中.

十五年 春二月 上大等金思仁 以比年災異屢見 上疏 極論時政得失 王嘉納之 王聞玄宗在蜀 遣使入唐 泝江至成都 朝貢 玄宗御製御書五言十韻詩 賜王曰 嘉新羅王歲修朝貢 克踐禮樂名義 賜詩一首 四維分景緯 萬象含中樞 玉帛遍天下 梯航歸上都 緬懷阻寺陸 歲月勤黃圖 漫漫窮地際 蒼蒼連海隅 興言名義國 豈謂山河殊 使去傳風敎 人來習典謨 衣冠知奉禮 忠信識尊儒 誠矣天其鑑 賢哉德不孤 擁旄同作牧 厚貺比生蒭 益重靑靑志 風霜恒不渝 帝幸蜀時 新羅能不遠千里朝聘行在所 故嘉其至誠 賜之以詩 其云益重靑靑志 風霜恒不渝者 豈古詩疾風知勁草 叛(叛 當作板)蕩識貞臣之意乎 宣和中 入朝使臣金富儀 將刻本入汴京 示館伴學士李椰李邴上皇帝 因宣示兩府乃諸學士訖 傳宣曰 進奉侍郎所上詩 眞明皇書 嘉嘆不已 夏四月 大雹 大永郞獻白狐 授位南邊第一.

十六年 春正月 上大等思仁病免 伊飡信忠爲上大等 三月 除內外群官月俸 復賜祿邑 秋七月 重修永昌宮 八月 加調府史二人 冬十二月 改沙伐州爲尙州 領州一 郡十 縣三十 歃良州爲良州 領州一 小京一 郡十二 縣三十四 菁州爲康州 領州一 郡十一 縣二十七 漢山州爲漢州 領州一 小京一 郡二十七 縣四十六 首若州爲朔州 領州一 小京一 郡十一 縣二十七 熊川州爲熊州 領州一 小京一 郡十三 縣二十九 河西州爲溟州領州一 郡九 縣二十五 完山州爲全州 領州一 小京一 郡十 縣三十一 武珍州爲武州 領州一 郡十四 縣四十四.(良州一 作梁州)

十七年 春正月 侍中金耆卒 伊飡廉相爲侍中 二月 下敎 內外官請暇滿六十日者 聽解官 夏四月 選醫官精究者 充內供奉 置律令博士二員 秋七月二十三日 王子生 大雷電 震佛寺十六所 八月 遣使入唐朝貢.

十八年 春正月 改兵部 倉部卿監爲侍郎 大舍爲郎中 改執事舍知爲執事員外郎 執事史爲執事郎 改調府 禮部 乘府 船府 領客府 左右議方府 司正 位和府 禮作典 大學監 大道署 永昌宮等大舍爲主薄 賞賜署 典祀署 音聲署 工匠府 彩典等大舍爲主書 二月 改禮部舍知爲司禮 調府舍知爲司庫 領客府舍知爲司儀 乘府舍知爲司牧 船府舍知爲同(同 當作司)舟 例作府舍知爲司例 兵部弩舍知爲司兵 倉部租舍知爲司倉 三月 慧星見 至秋乃滅.

十九年 春正月 都城寅方 有聲如伐鼓 衆人謂之鬼鼓 二月 宮中穿大池 又於宮南蚊川之上 起月淨 春陽二橋 夏四月 侍中廉相退 伊飡金邕爲侍中 秋七月 封王子乾運爲王太子.

二十年 春正月朔 虹貫日日有珥 春正月 彗星出.

二十一年 春正月 築五谷 鵂嵓 漢城 獐塞 池城 德谷六城 各置太守 秋九月 遣使入唐朝貢.

二十二年 夏四月 遣使入唐朝貢 秋七月 京都大風 飛瓦拔樹 八月 桃李再花 上大等信忠 侍中金邕免 大奈痲李純爲王寵臣 忽一旦 避世入山 累徵不就 剃髮爲僧 爲王創立斷俗寺居之 後聞王好樂 卽詣宮門 諫奏曰 臣聞 昔者桀紂 荒于酒色 淫樂不止 由是 政事凌遲 國家敗滅 履轍在前 後車宜戒 伏望大王改過自新 以永國壽 王聞之感歎 爲之停樂 便引之正室 聞說道妙 以及理世之方 數日乃止.

二十三年 春正月 伊飡萬宗爲上大等 阿飡良相爲侍中 三月 星孛于東南 龍見

楊山下 俄而飛去 冬十二月十一日 流星或大或小 觀者不能數.

二十四年 夏四月 地震 遣使入唐朝貢 帝授使者檢校禮部尚書 六月 流星犯心 是月 王薨 諡曰景德 葬毛祇寺西岑(古記云 永泰元年乙巳卒 而舊唐書及資理(理 避高麗成宗諱治)通鑑皆云 大曆二年 新羅王憲英卒 豈其誤耶)

惠恭王立 諱乾運 景德王之嫡子 母金氏 滿月夫人 舒弗邯義忠之女 王卽位時 年八歲 太后攝政.

元年 大赦 幸太學 命博士講尙書義.

二年 春正月 二日竝出 大赦 二月 王親祀神宮 良里公家 牝牛生犢五脚 一脚向上 康州地陷成池 縱廣五十餘尺 水色靑黑 冬十月 天有聲如鼓.

三年 夏六月 地震 秋七月 遣伊飡金隱居入唐貢方物 仍請加冊命 帝御紫震(震 當作宸)殿 宴見 三星隕王庭 相擊 其光如火迸散 九月 金浦縣禾實皆米.

四年 春 彗星出東北 唐代宗遣倉部郞中歸崇敬 兼御史中丞 持節賫册書 册王爲開府儀同三司新羅王 兼册王母金氏爲大妃 夏五月 赦殊死已下罪 六月 京都雷雹 傷草木 大星隕皇龍寺南 地震聲如雷 泉井皆渴 虎入宮中 秋七月 一吉飡大恭與弟阿飡大廉叛 集衆圍王宮三十三日 王軍討平之 誅九族 九月 遣使入唐朝貢 冬十月 以伊飡神猷爲上大等 伊飡金隱居爲侍中.

五年 春三月 燕群臣於臨海殿 夏五月 蝗旱 命百官各擧所知 冬十一月 雉岳縣鼠八十許向平壤 無雪.

六年 春政月 王幸西原京 曲赦所經州縣繫囚 三月 雨土 夏四月 王至自西原 五月十一日 彗星出五章(章 當作車)北 至六月十二日滅 二十九日 虎入執事省 捉殺之 秋八月 大阿飡金融叛 伏誅 冬十一月 京都地震 十二月 侍中隱居退 伊飡正門爲侍中.

八年 春正月 遣伊飡金標石朝唐賀正 代宗授衛尉員外少卿 放還.

九年 夏四月 遣使如唐賀正 獻金銀 牛黃 魚牙紬 朝霞等方物 六月 遣使如唐謝恩 代宗引見於延英殿.

十年 夏四月 遣使餘唐朝貢 秋九月 拜伊飡良相爲上大等 冬十月 遣使餘唐賀正 見于延英殿 授員外衛尉卿 遣之.

十一年 春正月 遣使如唐朝貢 三月 以伊飡金順爲侍中 夏六月 遣使朝唐 伊飡金隱居叛 伏誅 秋八月 伊飡廉相與侍中正門謀叛伏誅.

十二年 春正月 下敎 百官之講(講 當作號) 盡合復舊 幸感恩寺望祭海 二月 幸國學聽號(號 當作講) 三月 加倉部史八人 秋七月 遣使朝唐獻方物 冬十月 遣使入唐朝貢.

十三年 春三月 京都地震 夏四月 又震 上大等良相上疏 極論時政 冬十月 伊湌周元爲侍中.

十五年 春三月 京都地震 壞民屋 死者百餘人 太白入月 設百座法會.

十六年 春正月 黃霧 二月 雨土 王幼少卽位 及壯淫于聲色 巡遊不度 綱紀紊亂 災異屢見 人心反側 社稷杌隉 伊湌金志貞叛 聚衆圍犯宮闕 夏四月 上大等金良相與伊湌敬信擧兵 誅志貞等 王餘后妃爲亂兵所害 良相等 諡王爲惠恭王 元妃新寶王后 伊湌維誠之女 次妃伊湌金璋之女 史失入宮歲月.

宣德王立 姓金氏 諱良相 奈勿王十世孫也 父海湌孝芳 母金氏 四炤夫人 聖德王之女也 妃具足夫人 角干良品之女也(一云義恭阿湌之女) 大赦 追封父爲開聖大王 尊母金氏爲貞懿太后 妻爲王妃 拜伊湌敬信爲上大等 阿湌義恭爲侍中 改御龍省奉御爲卿 又改卿爲監.

二(二 舊本作三 今校正)年 春二月 親祀神宮 秋七月 發使 安撫浿江南州郡.

三年 春閏正月 遣使入唐朝貢 二月 王巡幸漢山州 移民戶於浿江鎭 秋七月 大閱於始林之原.

四年 春正月 以阿湌體信爲大谷鎭軍主 二月 京都雪 三尺.

五年 夏四月 王欲遜位 群臣三上表諫 乃止.

六年 春正月 唐德宗 遣戶部郎中蓋塤 持節 册命王爲檢校大尉雞林州刺史寧海軍使新羅王 是月 王寢疾彌留 乃下詔曰 寡人本惟菲薄 無心大寶 難逃推戴 作其卽位 居位以來 年不順成 民用窮困 此皆德不符民望 政未合天心 常欲禪讓退居于外 群官百辟 每以誠止 未果如意 因循至今 忽遘疾疹 不寤不興 死生有命 顧復何恨 死後 依佛制燒火 散骨東海 至十三日 薨 諡曰宣德.

삼국사기 권 제10

신라본기(新羅本紀) 제10

원성왕(元聖王), 소성왕(昭聖王), 애장왕(哀莊王), 헌덕왕(憲德王), 흥덕왕(興德王), 희강왕(僖康王), 민애왕(閔哀王), 신무왕(神武王)

원성왕(元聖王)

원성왕(元聖王)이 즉위하니 휘는 경신(敬信)이요, 내물왕의 12세손(十二世孫)이다. 어머니는 박씨 계오부인(繼烏夫人)이요, 비(妃)는 김씨, 각간 신술(神述)의 딸이다. 처음 혜공왕 말년에 반신(叛臣)들이 발호하니 선덕왕(宣德王)이 그때 상대등의 직에 있으면서 제거할 것을 앞장서서 부르짖었다. 경신도 거기에 참여하여 난을 평정한 공이 있었고 선덕왕이 즉위하게 되자 곧 상대등이 되었다. 선덕왕이 죽고 아들이 없으므로 여러 신하가 후사(後嗣)를 논의하여 왕의 족자(族子) 주원(周元)을 세우려고 하였으나, 주원의 집은 서울 북쪽 20리 지점에 있어 때마침 큰비가 내려 알천(閼川)의 물이 넘실거리므로 주원이 건너오지 못하였다. 어떤 사람은 말하기를 "무릇 임금의 대위(大位)에 나아가기란 실로 인모(人謀)로 되는 것이 아니다. 오늘의 폭우(暴雨)를 보면 하늘이 혹시 주원을 세우지 못하게 하려 함이 아닌가? 지금 상대등 경신은 전왕의 아우요, 덕망이 본래 높아 인군(人君)의 체모를 지니고 있다"고 하자, 이에 중론(衆論)이 일치되어 받들어 세워 왕위를 계승하게 하였다. 그리고 나서 얼마 아니하여 비가 그쳐 나라 사람들이 모두 만세를 불렀다.

원년 봄 2월, 고조(高祖) 대아찬 법선(法宣)을 추봉하여 현성대왕(玄聖大王)으로, 증조(曾祖) 이찬 의관(義寬)을 신영대왕(神英大王)으로, 조부(祖父) 이찬 위문(魏文)을 흥평대왕(興平大王)으로, 부(父) 일길찬 효양(孝讓)을 명덕대왕(明德大王)으로 추봉하고, 어머니 박씨를 소문태후(昭文太后)라 하였으며, 아들 인겸(仁謙)을 세워 왕태자(王太子)로 삼았다. 성덕대왕(聖德大王), 개성대왕(開聖大王)을 모신 이묘(二廟)를 헐어 버리고, 시조대왕(始祖大王), 태종대왕(太宗大王), 문무대왕(文武大王)과 할아버지 흥평대왕, 아버지 명덕대왕을 모시어 오묘(五廟)를 만들었다. 그리고 문무(文武) 백관에게 관작 한 계급씩을 올려 주고, 이찬 병부령 충렴(忠廉)을 승진시켜 상대등을 삼고 이찬 제공(悌恭)을 시중으로 삼았다. 제공이 사직하므로 이찬 세강(世强)을 시중으로 삼았다. 3월, 전왕비(前王妃) 구족왕후(具足王后)를 외궁(外宮)으로 내보내고 벼 3만 4,000석을 주었다. 패강진(浿江鎭)에서 붉은 까마귀를 진상(進上)하였다. 총관(總管)을 고쳐 도독(都督)이라 하였다.

2년(786) 여름 4월, 동녘 지방에 우박이 내려 뽕잎과 보리가 다 상하였다. 김원전(金元全)을 당에 보내어 토산물을 진상하니, 당제는 교서를 내렸다. 그 교서에 "신라왕 김경신(金敬信)에게 칙(勅)한다. 김원전이 와서 표(表) 및 진상한 물건들을 모두 보았다. 경은 습속의 신의에 돈독하고 뜻은 정순(貞純)을 지켜, 일찍이 우리 국가를 받들어 능히 성교(聖敎)를 따르고 번복(藩服)을 안무(安撫)하여 다 유풍(儒風)을 받게 하며, 예법이 성행하고 지방이 안전하다. 따라서 갖은 정성을 다 기울여 술직(述職 : 天子에 대한 職貢報道)은 빠짐없고 사신을 자주 보내어 공헌(貢獻)을 닦으며, 비록 넓고 넓은 바다와 멀고먼 길일망정 폐백의 왕래는 옛 전통을 따르고 충성과 공효가 더욱 현저하니 참으로 깊이 감탄하는 바다. 짐은 만방에 군림(君臨)하여 백성의 부모가 되었으니 중외(中外)를 막론하고 궤(軌)와 문(文)을 합동하여 태평을 이룩하고 함께 인수(仁壽)의 지역에 오르기를 기약하노라. 경은 마땅히 역내(域內)를 안보(安保)하고, 백성을 보살피며 영구히 번신(藩臣)이 되어 해예(海裔)를 편안케 할지어다. 지금 경에게 나금능채(羅錦綾綵) 등 30필과 옷 한 벌과 은합 한 개를 내리노니 마땅히 영수하고, 비(妃)에게 금채능라(金綵綾羅) 등 20필과 압금선(押金線) 수라군의(繡羅裙衣 : 금실로 수 놓은 비단옷) 한 벌과 은대접

한 개, 대재상(大宰相) 한 사람에게 옷 한 벌과 은대접 한 개, 차재상(次宰相) 2인에게 각각 옷 한 벌, 은대접 한 개씩을 내리노니 경이 받아서 나누어 주라. 무더운 여름에 경의 편안을 빌며 재상 이하에게도 아울러 안부 전하라. 편지라서 할 말을 다 못한다" 라 하였다. 가을 7월, 가물었다. 9월, 서울에 흉년이 들어 백성이 굶주리므로 조 3만 3,240섬을 내어 구휼해 주었다. 겨울 10월, 또 조 3만 3,000섬을 내어 나눠주었다. 대사(大舍) 무오(武烏)가 병법(兵法) 15권, 화령도(花鈴圖) 2권을 바치므로 그를 굴압현령(屈押縣令)으로 제수하였다.

3년 봄 2월, 서울에 지진이 있었다. 친히 신궁에 제사하고 대사령을 내렸다. 여름 5월, 태백성이 낮에 보였다. 가을 7월, 황충(누리)이 곡물을 해쳤다. 8월 초하루 신사일에 일식이 있었다.

4년 봄, 비로소 독서삼품과(讀書三品科)를 정하여 벼슬길에 나서도록 하였다. 내용인즉 춘추좌씨전(春秋左氏傳) 또는 예기(禮記), 문선(文選) 등을 읽어 그 뜻에 정통하고 겸하여 논어(論語), 효경(孝經)에 밝은 자가 상품(上品)이 되고, 곡례(曲禮), 논어(論語), 효경(孝經)을 읽은 자가 중품(中品)이 되고, 곡례(曲禮), 효경(孝經)을 읽은 자가 하품(下品)이 되는 것이며, 만약 오경(五經), 삼사(三史), 제자(諸子), 백가(百家)의 서적을 널리 통한 자이면 등급을 초월하여 뽑아 쓴다는 것이었다. 전에는 다만 활쏘기로 사람을 뽑아 썼으나 이제 와서 제도를 고치었다. 가을, 서울 지방에 가뭄이 들고, 황충이 일고, 도둑이 많으므로 왕은 사자를 보내어 안무하였다.

5년 봄 정월 초하루 갑진일에 일식이 있었다. 한산주 백성이 굶주리므로 곡식을 내어 나눠주었다. 가을 7월, 서리가 내려 곡물을 해쳤다. 9월, 자옥(子玉)을 양근현(楊根縣)의 소수(小守)로 삼으니 집사사(執事史) 모초(毛肖)가 반박하기를 "자옥(子玉)은 문예(文藝)로 발신한 사람이 아니니 분우(分憂: 지방 행정이라는 뜻)의 직책을 맡기는 것은 옳은 일이 아닙니다"라 하였다. 그러나 시중(侍中)의 의논이 "비록 문예 출신은 아니지만 일찍이 당에 들어가 학생(學生)이 되었으니 쓸 수 있지 아니한가?" 하므로 왕은 받아들였다.

사신(史臣)은 논(論)한다.

배운 다음에 도(道)를 알게 되고, 도를 안 다음에 일의 본말(本末)을 명확히 판단할 수 있다. 그러므로 배운 다음에 벼슬하는 자는 온갖 일에 대하여 근본을 앞세우기 때문에 끝은 저절로 발라지는 것이다. 이를테면 그물의 한 벼리를 들면 모든 고(目)가 따라서 발라지는 것과 같다. 배우지 못한 자는 이와 반대로, 일의 앞뒤, 본말의 순서가 있음을 알지 못하고 다만 구구히 정신을 지엽 말단에 허비하여 혹은 거둬들이는 것만으로 이익을 삼고, 혹은 세밀히 밝히는 것만을 제일로 여긴다. 아무리 나라를 이롭게 하고 백성을 편안케 하려 하지만 도리어 해롭게 하는 셈이 되고 만다. 이러므로 학기(學記)의 말은 "근본에 힘쓰는 것으로 끝맺음을 했고" 서경(書經)에 "배우지 아니한 자는 담장에 낯을 대고 서 있는 것 같고, 사물에 임하면 번거로울 뿐이다" 하였으니 모초의 이 한 말이 만세의 모범이 될 수 있는 것이다.

6년 봄 정월, 종기(宗基)로 시중을 삼았다. 벽골제(碧骨堤)를 증축하는데 전주(全州) 등 일곱 고을 사람을 징발하여 역사(役事)를 시작하였다. 웅천주(熊川州)에서 붉은 까마귀를 진상하였다. 3월, 일길찬 백어(伯魚)를 북국(北國 : 발해)에 사신으로 보냈다. 크게 가물었다. 여름 4월, 태백진성(太白辰星)이 동정(東井)에 모이었다. 5월, 조(粟)를 내어 한산(漢山), 웅천(熊川) 두 고을의 굶주린 백성에게 나눠 주었다.

7년 봄 정월, 왕태자가 죽으니 시호를 혜충(惠忠)이라 하였다. 이찬 제공(悌恭)이 반역하여 사형을 받았다. 웅천주 대사(大舍) 향성(向省)의 아내가 흰끼번에 남이 3명을 낳았다. 겨울 10월, 서울에 눈이 서 자나 내려 얼어죽은 사람이 있었다. 시중 종기가 면직되자 대아찬 준옹(俊邕)을 시중으로 삼았다. 11월, 서울에 지진이 있었다. 내성시랑(內省侍郎) 김언(金言)을 삼중아찬(三重阿湌)으로 삼았다.

8년 가을 7월, 사신을 당에 보내어 미녀(美女) 김정란(金井蘭)을 바쳤다. 정란의 얼굴은 절색이요, 몸에서 향내가 났다. 8월, 왕자 의영(義英)을 봉하여 태자로 삼았다. 상대등 충렴이 죽으니 이찬 세강(世强)을 상대등으로 삼았다. 시중 준옹이 병으로 면직되자 이찬 숭빈(崇斌)을 시중으로 삼았다. 겨울 11월 초하루 임자일(壬子日)에 일식이 있었다.

9년 가을 8월, 큰바람에 나무가 꺾이고 벼가 쓰러졌다. 내마 김뇌(金惱)가 흰 꿩을 진상하였다.

10년 봄 2월, 지진이 있었다. 태자 의영이 죽으니 시호를 헌평(憲平)이라 하였다. 시중 숭빈이 면직되고 잡찬 언승(彦昇)을 시중으로 삼았다. 가을 7

월, 비로소 봉은사(奉恩寺)를 창립하였다. 한산주(漢山州)에서 흰 까마귀를 진상하였다. 대궐 서쪽에 망은루(望恩樓)를 세웠다.

11년 봄 정월, 혜충태자(惠忠太子)의 아들 준옹을 봉하여 태자로 삼았다. 여름 4월, 가물었다. 친히 죄수의 정상을 살피었다. 6월에 들어 비로소 비가 왔다. 가을 8월, 서리가 내려 곡물에 해를 입혔다.

12년 봄, 서울에 흉년이 들고 병이 유행하므로 왕은 창곡(倉穀)을 내어 구호하였다. 여름 4월, 시중 언승을 병부령(兵部令)으로 삼고 이찬 지원(智原)을 시중으로 삼았다.

13년 가을 9월, 서울 동쪽에서는 황충(蝗蟲)이 곡물(穀物)을 해쳤다. 홍수가 나서 산이 무너졌다. 시중 지원이 면직되고 아찬 김삼조(金三朝)를 시중으로 삼았다.

14년 봄 3월, 대궐 남쪽의 누교(樓橋)가 화재를 만났다. 망덕사(望德寺)의 두 개의 탑(塔)이 서로 부딪쳤다. 여름 6월, 가물었다. 굴자군(屈自郡) 대사(大舍) 석남오(石南烏)의 아내가 한꺼번에 남아 3명 여아 1명을 낳았다. 겨울 12월 29일, 왕이 죽으니 시호를 원성(元聖)이라 하고, 유명(遺命)에 의하여 봉덕사 남쪽에서 화장하였다. 당서에는 "정원(貞元) 14년에 경신이 죽었다" 하였고, 통감에는 "정원(貞元) 16년에 경신(敬信)이 죽었다" 하였다. 본사(本史)로 상고하면 통감이 잘못된 것이다.

소성왕(昭聖王)

소성왕(昭聖王)〔소성(昭成)으로도 씀〕이 즉위하니 휘는 준옹(俊邕)이요, 원성왕의 태자 인겸(仁謙)의 아들이다. 어머니는 김씨요, 비(妃)는 김씨 계화부인(桂花夫人)이니, 대아찬 숙명(叔明)의 딸이다. 원성대왕 원년, 아들 인겸을 봉하여 태자로 삼았는데 7년에 이르러 죽으니 원성왕이 그 아들 준옹을 궁중에서 길렀다. 준옹은 원성왕 5년에 사신으로 당(唐)에 가고, 대아찬의 지위를 받았으며, 6년에 파진찬으로 재상이 되고, 7년에 시중, 8년에 병부령이 되었으며, 11년에 태자가 되고 원성왕이 돌아가자 왕위를 계승하였다.

원년(799) 봄 3월, 청주(菁州) 거로현(居老縣)을 국학생의 녹읍(祿邑)으로 만들었다. 냉정현령(冷井縣令) 염철(廉哲)이 흰 사슴을 진상하였다. 여름 5월, 선고(先考) 혜충태자(惠忠太子)를 추봉하여 혜충대왕(惠忠大王)이라 하였다. 우두주도독(牛頭州都督)이 사신을 보내어 아뢰기를 "소와 같은 이상한 짐승이 몸은 길고 우뚝하며 꼬리는 길이가 석 자 가량이요, 털은 없고, 코는 긴데 현성천(峴城川)에서 오식양(烏食壤)으로 향하여 갔다"고 하였다. 가을 7월, 9자쯤 되는 인삼을 얻자 매우 기이(奇異)하게 여겨 사신을 당(唐)에 보내어 진상하였더니 당제(唐帝)는 인삼이 아니라 하여 받지 아니하였다. 8월, 어머니 김씨를 추봉하여 성목태후(聖穆太后)라 하였다. 한산주(漢山州)에서 흰 까마귀를 올렸다.

2년 봄 정월, 비(妃) 김(金)씨를 봉하여 왕후로 삼았다. 충분(忠芬)을 시중으로 삼았다. 여름 4월, 폭풍이 나무를 꺾고 기와를 날렸다. 서란전(瑞蘭殿)에서 발[簾]이 날아간 곳을 알 수 없었다. 임해(臨海)·인화(仁化) 두 문이 무너졌다. 6월, 왕자를 봉하여 태자로 삼았다. 왕이 죽으니 시호를 소성(昭聖)이라 하였다.

애장왕(哀莊王)

애장왕(哀莊王)이 즉위하니 휘는 청명(淸明)이요, 소성왕(昭聖王)의 태자이다. 어머니는 김씨 계화부인(桂花夫人)이다. 즉위하던 때 나이 13세이므로 아찬 병부령 언승(彦昇)이 섭정하였다. 처음 원성왕이 죽자, 당나라 덕종(德宗)은 사봉랑중겸어사중승(司封郎中兼御史中丞) 위단(韋丹)을 시켜 부절(符節)을 가지고 가서 조문케 하고, 또 왕 준옹(俊邕)을 책봉하여 개부의동삼사검교태위신라왕(開府儀同三司檢校太尉新羅王)으로 삼게 하였다. 위단이 훈주(鄆州)에 도착하여 신왕이 돌아갔다는 소식을 듣고 도로 돌아갔다. 가을 7월, 왕은 이름을 중희(重熙)로 고쳤다. 8월, 앞서 입당숙위학생(入唐宿衛學生) 양열(梁悅)에게 두힐(豆肹) 소수(小守)를 제수하였다. 처음 당 덕종이 봉천(奉天)으로 피난할 때에 양열이 호종한 공이 있으므로 당제는 우찬선대부(右贊善大夫)의 직을 제수하여 돌려보냈다. 그러므로 왕이 뽑아 썼다.

2년(801) 봄 2월, 왕이 시조의 사당에 참배하였다. 태종대왕(太宗大王)·문무대왕(文武大王)을 모시는 이묘(二廟)를 따로 세우고, 시조대왕(始祖大王)과 왕의 고조(高祖) 명덕대왕(明德大王), 증조(曾祖) 원성대왕(元聖大王), 황조(皇祖) 혜충대왕(惠忠大王), 황고(皇考) 소성대왕(昭聖大王)을 모시는 오묘(五廟)를 만들었다. 병부령 언승을 어룡성사신(御龍省私臣)으로 삼았다가 얼마 안되어 상대등(上大等)으로 삼았다. 대사령을 내렸다. 여름 5월 초하루 임술일(壬戌日)에 당연히 일식이 있을 텐데 일식을 하지 아니하였다. 가을 9월, 형혹성(熒惑星)이 달로 들어가고 별이 떨어지고 비가 왔다. 무진주(武珍州)에서 붉은 까마귀를 진상하였다. 우두주(牛頭州)에서 흰 꿩을 진상하였다. 겨울 10월, 심한 추위로 송죽(松竹)이 다 얼어 죽었다. 탐라국(耽羅國)에서 사신을 보내어 조공하였다.

3년 봄 정월, 왕이 친히 신궁에 제사지냈다. 여름 4월, 아찬 김주벽(金宙碧)의 딸을 후궁으로 맞아들였다. 가을 7월, 지진이 있었다. 8월, 가야산 해인사(海印寺)를 창건하였다. 삽량주(歃良州)에서 붉은 까마귀를 진상하였다. 겨울 12월, 균정(均貞)에게 대아찬을 제수하고 가왕자((假王子)로 만들어 일본에 볼모로 보내려 하자 균정이 사양하였다.

4년 여름 4월, 왕이 남녘 들에 거둥하여 보리 농사를 구경하였다. 가을 7월, 일본국과 사절을 교환하여 우호(友好)를 맺었다. 겨울 10월, 지진이 있었다.

5년 봄 정월, 이찬 수승(秀昇)을 시중으로 삼았다. 여름 5월, 일본국이 사신을 보내어 황금 300냥을 진상하였다. 가을 7월, 알천(閼川)에서 열병식을 크게 거행하였다. 삽량주에서 흰 까치를 진상하였다. 임해전(臨海殿)을 중수하고 동궁(東宮)의 만수방(萬壽房)을 새로 지었다. 우두주 난산현(蘭山縣)에서 엎어졌던 돌이 저절로 일어섰다. 웅천주 소대현(蘇大縣) 부포(釜浦)에서 물이 피빛으로 변하였다. 9월, 망덕사의 두 탑이 서로 부딪쳤다.

6년 봄 정월, 어머니 김씨를 봉하여 대왕후(大王后)를 삼고 비(妃) 박씨로 왕후를 삼았다. 이 해에 당(唐) 덕종(德宗)이 죽었다. 당제(唐帝) 순종(順宗)은 병부랑중겸어사대부(兵部郞中兼御史大夫) 원계방(元季方)을 보내어 슬픔을 알리고, 따라서 왕을 책봉하여 개부의동삼사검교대위사지절대도독 계림주제군사계림주자사 겸지절충녕해군사 상주국신라왕(開府儀同三司檢

校大尉使持節大都督鷄林州諸軍事鷄林州刺史兼持節充寧海軍事上柱國新羅王)
으로 삼고 그 어머니 숙(叔)씨를 대비(大妃)로 삼고〔왕모(王母)의 아버지 숙명(叔明)이 내물왕의 13세손이니 모친의 성이 김씨다. 아버지의 이름자를 따서 숙씨라 한 것은 오기〕 아내 박씨를 비로 삼았다. 가을 8월, 공법(公法) 20여 조를 포고하였다. 겨울 11월, 지진이 있었다.

7년 봄 3월, 일본국 사신이 오자 조원전(朝元殿)에서 인견하였다. 교서를 내려 "불사(佛寺)를 새로 짓지 못하고, 다만 수리하는 것만 허용하며 또 비단을 불사(佛事)에 사용하거나, 금·은으로 기구(器具)를 만드는 것을 금지하노니 마땅히 소속 관원으로 하여금 널리 알려 시행케 하라" 하였다. 당 헌종(唐憲宗)이 숙위왕자 김헌충(金憲忠)을 본국으로 돌려보냈다. 가을 8월, 사신을 당에 보내어 조공하였다.

8년 봄 정월, 이찬 김헌창(金憲昌)〔창(昌)은 정(貞)으로도 씀〕을 시중으로 삼았다. 2월, 왕이 숭례전(崇禮殿)에 앉아 음악을 감상하였다. 가을 8월, 큰눈이 내렸다.

9년 봄 2월, 일본국 사신이 오니 왕은 후대하였다. 김역기(金力奇)를 당에 보내어 조공하였다. 역기의 상언(上言)에 "정원(貞元) 16년에 조서를 내려 신의 고주(故主) 김준옹(金俊邕)을 책봉하여 신라왕을 삼고, 왕의 어머니 신씨(申氏)를 대비(大妃)로 삼고, 아내 숙씨(叔氏)를 왕비로 삼아 책사(册使) 위단(韋丹)이 가지고 오다가 중로(中路)에서 왕의 훙보(薨報)를 듣고 되돌아갔기 때문에, 그 책(册)이 지금 중서성(中書省)에 보관되어 있습니다. 지금 신이 본국으로 돌아가는 길이오니 그 책을 신에게 내리어 가지고 가게 해 주시옵기를 간청하는 바입니다" 라고 하였다. 칙명에 "김준옹 등의 책은 마땅히 홍로사(鴻臚寺)에 명령하여 중서성(中書省)에 가서 영수해 가지고 시(寺)에 와서 김역기에게 주어 그로 하여금 받들고 귀국하게 하라" 하였다. 따라서 왕의 숙부 언승 및 그 아우 중공(仲恭) 등에게 문극(門戟)을 내리고 본국(本國)으로 하여금 예(例)에 의하여 지급케 하였다〔신(申)씨는 김신술(金神述)의 딸이다. 신(神)자와 운(韻)이 같아서 신(申)으로 성씨를 삼은 것은 잘못된 것임〕. 12도에 사자(使者)를 보내어 여러 군(郡), 읍(邑)의 경계선을 정하였다. 가을 7월 초하루 신사일(辛巳日)에 일식(日蝕)이 있었다.

10년 봄 정월, 달이 필성(畢星)에 부딪쳤다. 여름 6월, 서형산성(西兄山城)의 염고(鹽庫)가 울어 황소 소리와 같았다. 벽사(碧寺)에서 두꺼비가 뱀을 잡아먹었다. 가을 7월, 대아찬 김육진(金陸珍)을 당에 보내어 은혜를 사(謝)하고 겸하여 토산물을 진상하였다. 크게 가물었다. 왕의 숙부 언승(彦昇)이 아우 이찬 제옹(悌邕)과 함께 군사를 거느리고 내전에 침입하여 난리를 일으켜 왕을 시해하고, 왕의 아우 체명(體明)이 왕을 시위하고 있으므로 아울러 그도 살해하였다. 왕을 추시(追諡)하여 애장(哀莊)이라 하였다.

헌덕왕(憲德王)

헌덕왕(憲德王)이 즉위하니 휘는 언승(彦昇)이요, 소성왕(昭聖王)의 동복 아우이다. 원성왕 6년에 사명을 받들고 당에 갔다 와서 대아찬의 직위를 받고 7년에 역신들을 베어 죽인 공으로 잡찬이 되고, 10년에 시중이 되고, 11년에 이찬으로 재상이 되고, 12년에 병부령이 되었으며, 애장왕 원년에 각간이 되고, 2년에 어룡성사신(御龍省私臣)이 되고, 얼마 안되어 상대등이 되었다가 이번에 애장왕을 죽이고 즉위하게 되었다. 비(妃)는 귀승부인(貴勝夫人)이니 각간 예영(禮英)의 딸이다. 이찬 김숭빈(金崇斌)으로 상대등을 삼았다. 가을 8월, 대사령을 내렸다. 이찬 김창남(金昌南) 등을 당(唐)에 보내어 슬픔을 알리니, 당제(唐帝)는 직방원외랑섭어사중승(職方員外郎攝御史中丞) 최정(崔廷)을 보냄과 동시에 입질(入質)한 왕자(王子) 김사신(金士信)을 부사로 만들어 부절(符節)을 가지고 가서 조문케 하고, 왕을 개부의동삼사검교대위지절대도독 계림주제군사겸지절충녕해군사 상주국신라왕(開府儀同三司檢校大尉持節大都督鷄林州諸軍使兼持節充寧海軍事上柱國新羅王)으로, 왕의 아내 정씨(貞氏)를 왕비로 책봉하고〔살피건대 왕비는 각간 예영(禮英)의 딸인데 지금 정씨(貞氏)라 한 것은 알 수 없음〕대재상(大宰相) 김숭빈(金崇賦) 등 세 명에게 문극(門戟)을 내려주었다.

2년(810) 봄 정월, 파진찬 양종(亮宗)을 시중으로 삼았다. 하서주(河西州)에서 붉은 까마귀를 진상하였다. 2월, 왕이 친히 신궁에 제사지내고 사자(使者)를 보내어 국내의 제방(堤防)을 수리하게 하였다. 가을 7월, 유성

(流星)이 자미성(紫微星)으로 들어갔다. 서원경(西原京)에서 흰 꿩을 진상하였다. 겨울 10월, 왕자 김헌장(金憲章)을 당에 보내어 금은으로 만든 불상 및 불경 등을 올리고 순종(順宗)을 위하여 복을 비는 것이라고 아뢰었다. 유성(流星)이 왕량성(王良星)으로 들어갔다.

3년 봄 정월, 시중 양종이 병으로 면직되니 이찬 원흥(元興)을 시중으로 삼았다. 2월, 이찬 웅원(雄元)을 완산주도독(完山州都督)으로 삼았다. 여름 4월, 처음으로 평의전(平議殿)에 어림(御臨)하여 정사(政事)에 관한 보고를 들었다.

4년 봄, 균정(均貞)을 시중으로 삼았다. 이찬 충영(忠永)이 나이 70이 되었으므로 궤장(几杖)을 내려주었다. 가을 9월, 급찬 숭정(崇正)을 북국(北國:발해)에 사신을 보냈다.

5년 봄 정월, 이찬 헌창(憲昌)을 무진주 도독으로 삼았다. 2월, 시조의 사당에 배알하였다. 현덕문(玄德門)이 화재를 입었다.

6년 봄 3월, 숭례전(崇禮殿)에서 여러 신하와 잔치를 열어, 흥에 겹자 왕은 거문고를 타고 이찬 충영(忠榮)은 일어나 춤추었다. 여름 5월, 서울 서쪽에 큰물이 져서, 사신을 보내어 수재(水災)를 겪은 주(州)와 군(郡)의 백성을 위문하고 1년간 조세를 면제토록 하였다. 가을 8월, 서울에 안개가 끼어 낮이 밤과 같았다. 무진주도독(武珍州都督) 헌창이 내직으로 들어와 시중이 되었다. 겨울 10월, 대사(大舍) 검모(黔牟)의 아내가 한꺼번에 남아 3명을 낳았다.

7년 봄 정월, 사신을 당에 보내어 조공하니 당제(唐帝)는 인견하고 등급을 나누어 잔치를 베풀었다. 여름 5월, 눈이 내렸다. 가을 8월 초하루 기해일(己亥日)에 일식이 있었다. 서변(西邊)의 주(州)와 군(郡)에 크게 흉년이 들어 도둑이 벌떼같이 일어났다. 군사를 내어 이를 쳐서 평정시켰다. 큰 별이 익진성(翼軫星) 사이에 나타나 경방(庚方)으로 향했는데 광망(光芒)의 길이는 6자 가량이요 너비는 두 치쯤 되었다.

8년 봄 정월, 시중 헌창이 외직으로 나가 청주도독(菁州都督)이 되었다. 장여(璋如)를 시중으로 삼았다. 흉년이 들어 백성들이 굶주리자 당나라 절강(浙江) 동쪽으로 건너가서 먹을 것을 찾는 자가 170명이었다. 한산주(漢山州) 당은현(唐恩縣)에서 길이 10자, 넓이 8자, 높이 3자 5치의 돌(石)이 저절로 100여 보나 옮겨졌다. 여름 6월, 망덕사(望德寺)의 두 탑(塔)이 서로 부딪쳤다.

9년 봄 정월, 이찬 김충공(金忠恭)을 시중으로 삼았다. 여름 5월, 비가 오지 아니하므로 산천에 두루 기도하였더니 가을 7월이 되자 비가 내렸다. 겨울 10월, 굶어 죽은 사람이 많아서 주·군에 명령하여 창곡을 풀어 구호케 하였다. 왕자 장렴(張廉)을 당(唐)에 보내어 조공하였다.

10년 여름 6월 초하루 계축일(癸丑日)에 일식이 있었다.

11년 봄 정월, 이찬 진원(眞元)이 나이 일흔이 되어서 궤장을 내려주고 이찬 헌정(憲貞)이 병으로 잘 걷지를 못하기 때문에 나이는 일흔이 못되었으나 금으로 장식한 자단장(紫檀杖)을 내려 주었다. 2월, 상대등 김숭빈(金崇斌)이 죽었다. 이찬 김수종(金秀宗)을 상대등으로 삼았다. 3월, 좀도둑이 곳곳에서 일어나므로 여러 주·군의 도독(都督), 태수(太守)에게 명령하여 잡게 하였다. 가을 7월, 당나라의 운주절도사(鄆州節度使) 이사도(李師道)가 반역하자 당제(唐帝)는 그를 토벌코자 하여 양주절도사(楊州節度使) 조공(趙恭)을 보내어 우리 병마를 징발하니, 왕은 칙지를 받들고 순천군장군(順天軍將軍) 김웅원(金雄元)으로 하여금 무장병 3만 명을 거느리고 가서 돕게 하였다.

12년 봄·여름이 가물었다. 겨울, 흉년이 들었다. 11월, 사신을 당에 보내어 조공하니 당 목종은 인덕전(麟德殿)에서 인견하고 등급을 나누어 잔치를 베풀었다.

13년 봄, 백성들이 굶주리어 자기 자손(子孫)을 팔아 생활하였다. 여름 4월, 시중 김충공이 죽었다. 이찬 영공(永恭)을 시중으로 삼았다. 청주도독 헌창을 웅천주도독으로 개임(改任)하였다. 가을 7월, 패강과 남천의 두 돌이 서로 충돌하였다. 겨울 12월 29일, 큰 우레가 있었다.

14년 봄 정월, 왕의 동모제(同母弟) 수종(秀宗)을 부군(副君)으로 삼아 월지궁(月池宮)에 들어와 살게 하였다(수종(秀宗)은 수승(秀昇)이라고도 함). 2월, 눈이 다섯 자나 오고 나무들이 말랐다. 3월, 웅천주도독 헌창이 자기 아버지 주원(周元)이 임금이 되지 못했다는 이유로 반역하였다. 그는 국호를 장안(長安)이라 정하고 연호를 경운(慶雲) 원년이라 하였다. 무진(武珍)·완산(完山)·청주(菁州)·사벌(沙伐) 네 주의 도독과, 국원(國原)·서원(西原)·금관(金官)의 사신(仕臣) 및 여러 군, 현의 수령을 협박하여 자기 소속을 만들자, 청주도독 향영(向榮)이 몸을 벗어나 추화군(推火郡)으로 달아나고, 한산(漢山)·우두(牛頭)·삽량(歃良)·패강(浿江)·북원(北原) 등에서는 먼저 헌창의 역모(逆謀)를 알아채고 군사를 일으켜 각자 수비하였다. 18일, 완산주(完山州) 장사(長史) 최웅(崔雄), 아찬 정연(正連)의 아들 영충(令忠) 등이 도망을 하여 서울에 와 고발하였다. 왕은 곧 최웅에게 급찬의 위와 속함군(速含郡) 태수(太守)의 직을, 영충(令忠)에겐 급찬의 위를 제수하고 드디어 장군 8명을 뽑아 서울의 팔방을 지키게 한 다음 군사를 출동시켰다. 일길찬 장웅(張雄)이 먼저 떠나고 잡찬 위공(衛恭), 파진찬 제릉(悌凌)은 그 뒤를 잇고 이찬 균정(均貞), 잡찬 웅원(雄元), 대아찬 우징(祐徵) 등은 삼군을 장악하여 나가 공격하고, 각간 충공(忠恭), 잡찬 윤응(允膺)은 문화 관문(蚊火關門)을 지켰다. 명기(明基)·안락(安樂) 두 화랑(花郞)은 각각 종군하기를 청하여 명기는 화랑들과 함께 황산(黃山)으로 가고, 안락(安樂)은 시미지진(施彌知鎭)으로 갔다. 이때 헌창이 자기 장수를 시켜 요로를 점령하고 기다렸다. 장웅은 도동현(道冬縣)에서 적병을 만나 쳐 부수고 위공·제릉은 장웅의 군사와 합세하여 삼년산성(三年山城)을 쳐서 이기고 군사를 이끌고 속리산(俗離山)으로 나아가 적병을 섬멸하였다. 그리고 균정 등은 적과 성산(星山)에서 싸워 전멸시키고 모든 군사가 함께 웅진(熊津)에 당도하여 적과 크게 싸워 베고 사로잡은 수효가 이루 헤아릴 수 없었다. 헌창은 겨우 몸을 빠져 성안으로 들어가 굳게 지키니, 모든 군사가 포위 공격하여 10일이 지나 성이 점차 함락되려 하자 헌창은 모면하지 못할 것을 알고 자살했다. 그러자 종자(從者)가 그 머리를 잘라, 신체와 각각 따로 숨겨 놓았다. 성이 함락되자 그 시체를 고총(古塚)에서 찾아내어 다시 베고, 종족과 도당 239명을 죽인 다음 그 백성을 다 놓아주고 전공(戰功)을 따져 차등대로 작(爵)과 상(賞)을 내렸다. 아찬 녹진(祿眞)에게 대아찬의 위를 주었으나 사양하고 받지 아니하였다. 삽량주 굴자현(屈自縣)은 적의 지대와 가까운 곳인데도, 난에 물들지 아니하였으므로 7년간 조세를 면제하였다[이에 앞서 청주태수 청사(廳舍) 남녘 못에 기이한 새가 나타나 몸 길이는 5자요, 빛은 검고, 머리는 다섯 살쯤 된 아이 머리만하고 부리 길이는 한 자 5치요, 눈은 사람 눈 같고 밥통은 닷되들이 그릇만 하였는데 3일 만에 죽었다. 이는 헌창(憲昌)이 패망할 징조라 하였음). 각간 충공의 딸 정교(貞嬌)를 맞아들여 태자비로 삼았다. 패강 산골에서 넘어진 나무가 움이 돋아 하룻밤 사이에 높이가 13자, 둘레가 4자 7치였다. 여름 4월 13일, 달빛이 핏빛 같았다. 가을 7월 12일, 해에 검은 무리가 있어 남북을 지향하였다. 겨울 12월, 주필(柱弼)을 당에 보내어 조공하였다.

15년 봄 정월 5일에 서원경(西原京)에서는 벌레가 하늘에서 떨어지고, 9일에는 흰 벌레, 검은 벌레, 붉은 벌레 세 종류가 눈 속에서 기어다니다가 빛을 보고 그치었다. 원순(元順)·평원(平原) 두 각간이 나이 일흔이 되어 퇴직을 청하므로 궤장을 내려주었다. 2월, 수성군(水城郡)과 당은현(唐恩縣)을 합병하였다. 여름 4월 12일, 유성(流星)이 천시성(天市星)에서 일어나 제좌(帝座)를 범한 후 천시성의 동북원(東北垣)에 있는 직녀성(織女星), 왕량성(王良星)을 지나 각도(閣道)에 이르러 셋으로 나뉘었는데, 북치는 소리와 같은 소리를 내고 사라졌다. 가을 7월, 눈이 내렸다.

17년 봄 정월, 헌창의 아들 범문(梵文)이 고달산적(高達山賊) 수신(壽神) 등 100여 명과 더불어 함께 반역을 꾀한 나머지 도성(都城)을 평양에 정하려는 목적으로 한산주(漢山州)를 공격하니 도독 총명(聰明)이 군사를 거느리고 가서 잡아 죽였다(평양(平壤)은 지금 양주(楊州)임). 3월, 무진주(武珍州) 마미지현(馬彌知縣)에서 여자가 아이를 낳았는데 머리가 둘, 몸뚱이가 둘, 팔이 넷이며 날 때에 하늘에서 우레소리가 크게 들렸다. 여름 5월, 왕자 김흔(金昕)을 당에 보내어 조공하고, 아뢰기를 "앞서 와 있는 대학생(大學生) 최이정(崔利貞)·김숙정(金叔貞)·박계업(朴季業) 등은 본국으로 돌려 보내주시고, 새로 입조한 김윤부(金允夫)·김입지(金立之)·박양지(朴亮之) 등 12명은 숙위(宿衞)로 머물러 있게 하여 주시되, 국자감(國子監)에서 학업을 익히게 하고 홍로시(鴻臚寺)에서 학비를 마련해 주도록 배려하여 주시옵기를 간청하옵니다" 하니 허락하였다. 가을, 삽량주에서 흰 까마귀를 진상하였다. 우두주 대양관군(大楊管郡) 사람인 내마 황지(黃知)의 아내가 한꺼번에 2남 2녀를 낳아서 벼 100석을 내려주었다.

18년 가을 7월, 우잠태수(牛岑太守) 백영(白永)에게 명령하여 한산(漢山) 이북의 주·군 사람 1만 명을 징발하여 패강을 중심으로 한 300리의 장성(長城)을 쌓게 하였다. 겨울 10월, 왕이 죽었다. 시호를 헌덕(憲德)이라 하고 천림사(泉林寺) 북쪽에 장사지냈다[고기(古記)에는 "18년을 왕위에 있었고 보력(寶曆) 2년 병오(丙午) 4월에 죽었다 하였고, 신당서(新唐書)에는 "장경(長慶)·보력(寶曆) 간에 신라왕 언승(彦昇)이 죽었다" 하였고, 자치통감이나 구당서에는 모두 태화(太和) 5년에 죽었다" 하였으니 어찌 그리 같지 아니한가].

흥덕왕(興德王)

흥덕왕(興德王)이 즉위하니 휘는 수종(秀宗)이었다가 뒤에 경휘(景徽)로 고쳤다. 헌덕왕(憲德王)의 동복 아우이다.

원년(826) 겨울 12월, 비(妃)인 장화부인(章和夫人)이 죽자 추봉하여 정목왕후(定穆王后)라 했으나, 왕은 사모하는 마음을 잊지 못하여 흥이 없이 지냈다. 신하들이 표(表)를 올려 새로 왕비를 맞아들이기를 청하니 왕은 말하기를 "외짝 새도 배필을 잃은 슬픔이 있거늘 하물며 좋은 배필을 잃고서 어찌 차마 무정하게 곧 재취할 수 있느냐" 하며 드디어 응낙하지 아니할뿐더러 또한 시녀(侍女)도 가까이하지 아니하니 좌우사령(左右使令)이 오직 횐수(宦竪)뿐이었다.

2년 봄 정월, 친히 신궁에 제사지냈다. 당나라 문종(文宗)은 왕의 죽음을 듣고 조회(朝會)를 폐하고 태자좌유덕겸어사중승(太子左諭德兼御史中丞) 원적(源寂)에게 명하여 부절(符節)을 가지고 가서 조문케 함과 동시에, 사왕(嗣王)을 책봉하여 개부의동삼사검교태위사지절대도독 계림주제군사겸지절충녕해군사신라왕(開府儀同三司檢校太尉使持節大都督雞林州諸軍事兼持節充寧海軍使新羅王)으로, 왕의 어머니 박씨를 대비(大妃)로, 아내 박씨를 왕비로 삼았다. 3월, 중 구덕(丘德)이 당에 가서 불경(佛經)을 가지고 돌아오니 왕이 여러 사찰의 승려들을 소집하여 나아가 맞아들였다. 여름 5월, 서리가 내렸다. 가을 8월, 태백성(太白星)이 낮에 보였다. 서울에 큰 가뭄이 들었다. 시중 영공(永恭)이 퇴직하였다.

3년 봄 정월, 대아찬 김우징(金祐徵)으로 시중을 삼았다. 2월, 사신을 당에 보내어 조공하였다. 3월, 눈이 석 자가 내렸다. 여름 4월, 청해진대사(淸海鎭大使) 궁복(弓福 : 혹은 보고(保皐))은 성이 장(張)씨인데 일찍이 당나라 서주(徐州)에 들어가 군중(軍中)의 소장(小將)이 되었다. 그 후 본국에 돌아와 왕을 뵙고 병졸 1만 명으로 청해(淸海)를 지키게 되었다. 지금의 완도(莞島)이다. 한산주(漢山州) 표천현(瓢川縣)에 요인(妖人)이 있어 당장에 부자가 되는 술법을 가졌다고 자칭하니 민중이 모두 현혹되었다. 왕은 그 소식을 듣고 이르기를 "좌도(左道)를 가지고 민중을 현혹시키는 자를 형에 처하는 것은 선왕의 법이다" 하고 그자를 먼 섬으로 귀양보냈다. 겨울 12월, 사신을 당에 보내어 조공하니 당 문종은 인덕전(麟德殿)으로 맞이하여 등급을 가려 잔치를 베풀었다. 당에 갔던 사신 대렴(大廉)이 차(茶) 종자를 가지고 돌아오자, 왕은 그것을 지리산(地理山)에 심게 하였다. 차가 선덕왕(善德王) 때로부터 있기는 했으나 이에 이르러 가장 성행하였다.

4년 봄 2월, 당은군(唐恩郡)을 당성진(唐城鎭)으로 고치고 사찬 극정(極正)으로 하여금 지키게 하였다.

5년 여름 4월, 왕의 몸이 불편하여 기도를 드리고 따라서 150명의 도승(度僧)을 허락하였다. 겨울 12월, 사신을 당에 보내어 조공하였다.

6년 봄 정월, 지진이 있었다. 시중 김우징이 면직되었다. 이찬 윤분(允芬)으로 시중을 삼았다. 2월, 왕자 김능유(金能儒)와 아울러 중 9명을 당(唐)에 보내어 조공하였다. 가을 7월, 당에 들어갔던 진봉사(進奉使) 김능유 등 일행이 돌아오다가 바다에 빠져 죽었다. 겨울 11월, 사신을 당에 보내어 조공하였다.

7년 봄·여름이 가물어 적지(赤地)가 되므로 왕은 정전(正殿)을 피하고 음식물을 평상시보다 줄였으며 내외의 죄수를 특사하였더니, 가을 7월에 들어서 비가 왔다. 8월, 흉년으로 굶주려 도둑이 곳곳에서 일어났다. 겨울 10월, 왕은 사자(使者)를 보내어 안무(安撫)하였다.

8년 봄, 국내가 크게 굶주렸다. 여름 4월, 왕은 시조의 사당에 참배하였다. 겨울 10월, 복사꽃과 오얏꽃이 피었다. 백성들이 유행병으로 많이 죽었다. 11월, 시중 윤분(允芬)이 퇴직하였다.

9년 봄 정월, 우징이 다시 시중이 되었다. 가을 9월, 왕이 서형산(西兄山) 아래 거둥하여 열병식을 크게 거행하고 무평문(武平門)에 어림(御臨)하여 활쏘는 것을 구경하였다. 겨울 10월, 남쪽 주군(州郡)을 순행(巡幸)하여 늙은이 및 홀아비·홀어미·고아를 방문하고 등급을 가려 곡식과 포목을 나눠 주었다.

10년 봄 2월, 아찬 김균정(金均貞)을 승진시켜 상대등으로 삼았다. 시중 우징이 자기 아버지 균정(均貞)의 입상(入相)으로 인해 표(表)를 올려 해직(解職)을 청하므로 대아찬 김명(金明)을 시중으로 삼았다.

11년 봄 정월 초하루 신축일(辛丑日)에 일식이 있었다. 왕자 김의종(金義琮)을 당에 보내어 은혜를 사(謝)하고 겸하여 숙위(宿衛)로 머물게 하였다. 여름 6월, 혜성이 동쪽으로 흘러갔다. 가을 7월, 태백성(太白星)이 달에 부딪쳤다. 겨울 12월, 왕이 돌아가니 시호를 흥덕(興德)이라 하고 유언에 의하여 장화왕비(章和王妃)의 능(陵)에 합장하였다.

희강왕(僖康王)

희강왕(僖康王)이 즉위하니 휘는 제륭(悌隆 : 혹은 제옹(悌顒))이다. 원성대왕(元聖大王)의 손자요, 이찬 헌정(憲貞 : 혹은 초노(草奴))의 아들이다. 어머니는 포도부인(包道夫人)이요, 비는 문목부인(文穆夫人)이니 갈문왕 충공(忠恭)의 딸이다. 처음 흥덕왕이 죽자 그의 사촌아우 균정과 사촌아우의 아들 제륭(悌隆)이 다 각기 임금이 되려고 하였다. 이에 시중 김명(金明), 아찬 이홍(利弘), 배선백(裴萱伯) 등은 제륭을 받들고, 아찬 우징 등은 조카 예징(禮徵) 및 김양(金陽)과 더불어 그 아버지 균정(均貞)을 받들어, 한때는 내전(內殿)에 들어와 서로 싸우다가 김양 등이 화살을 맞아 우징(祐徵) 등과 함께 도망가고 균정은 살해당하였다. 그런 후 제륭이 즉위하게 되었다.

2년(837) 봄 정월, 사형 이하의 죄수들은 모두 특사하고 아버지는 익성대왕(翌成大王)으로, 어머니 박씨는 순성태후(順成太后)로 추봉하였다. 시중 김명을 승진시켜 상대등을 삼고, 아찬 이홍을 시중으로 삼았다. 여름 4월, 당 문종(文宗)이 숙위로 갔던 왕자 김의종을 돌려 보냈다. 아찬 우징이 자기 아버지 균정의 피살로 인하여 원망하는 언사를 퍼뜨리니 김명·이홍 등이 불평하였다. 5월, 우징이 화를 당할까 두려워서 처자를 데리고 황산진구(黃

山津口)로 달아나 배를 타고 청해진대사(淸海津大使) 궁복을 찾아 의탁하였다. 6월, 균정의 매서(妹婿) 아찬 예징이 아찬 양순(良順)과 함께 도망하여 우징에게로 갔다. 당(唐) 문종은 숙위 김충신(金忠信) 등에게 등급을 나누어 채단을 하사하였다.

3년 봄 정월, 상대등 김명과 시중 이홍 등이 군사를 일으켜 난리를 꾸며 왕의 좌우를 해치니, 왕은 자기마저 온전하지 못할 것을 알고 궁중에서 목을 매어 자살하였다. 시호를 희강(僖康)이라 하고 소산(蘇山)에 장사지냈다.

민애왕(閔哀王)

민애왕(閔哀王)이 즉위하니 성은 김씨요, 휘는 명(明)이다. 원성대왕(元聖大王)의 증손이요, 대아찬 충공(忠恭)의 아들이다. 여러 번 벼슬이 승진하여 상대등이 되자 시중 이홍(利弘)과 함께 왕을 시해하고 스스로 왕이 되었다. 아버지를 추시(追諡)하여 선강대왕(宣康大王)이라 하고, 어머니 박씨 귀보부인(貴寶夫人)을 선의태후(宣懿太后)라 하고, 아내 김씨를 윤용왕후(允容王后)라 하였다. 이찬 김귀(金貴)를 승진시켜 상대등으로 삼고 아찬 헌숭(憲崇)을 시중으로 삼았다. 2월, 김양(金陽)이 병사를 모집하여 청해진에 들어가 아찬 우징을 배알하였다. 우징은 이때 청해진에서 김명(金明:민애왕)의 찬위를 듣고 진대사(鎭大使) 궁복에게 이르기를 "김명이 임금을 죽이고 스스로 왕위에 들어서고, 이홍도 군(君)·부(父)를 함부로 죽였으니 하늘을 함께 하고 살 수 없는 원수이다. 원컨대 장군의 병력을 내주어 군부(君父)의 원수를 갚게 하여 달라" 하니 궁복은 말하기를 "옛사람의 말에 '옳은 일을 보고도 하지 않는 것은 용기가 없는 자라' 하였다. 내 비록 용렬하나 명령을 좇겠다" 하고 드디어 군사 5,000명을 나누어 그 친구 정연(鄭年)에게 주어 돕게 하였다. 겨울 12월, 김양이 평동장군(平東將軍)이 되어 염장(閻長)·장변(張辨)·정연(鄭年)·낙금(駱金)·장건영(張建榮)·이순행(李順行)과 함께 군사를 거느리고 무주(武州) 철야현(鐵冶縣)에 당도하였다. 왕은 대감(大監) 김민주(金敏周)로 하여금 군사를 내어 맞아 싸우게 하였으나, 낙금·이순행이 기병 3,000명으로 돌격하여 거의 다 섬멸시켰다.

2년 봄 윤정월, 주야로 겸행하여 19일에 달벌(達伐)의 땅에 당도하였다. 왕은 김양의 군사가 온다는 소문을 듣고 이찬 대흔(大昕), 대아찬 윤린(允璘)·억훈(嶷勛) 등에게 명령하여 군사를 거느리고 가서 막게 하였다. 김양이 또 한번 싸워 크게 이기니 왕군(王軍)에서는 죽은 자가 반을 넘었다. 그 때 왕은 서녘 들 큰나무 아래 있다가 좌우(左右)가 다 흩어지고 홀로 서서 어찌할 바를 모르다가 월유택(月遊宅 : 離宮)으로 달려들었는데 병사가 왕을 찾아서 살해하였다. 여러 신하들이 예를 갖추어 고왕(故王)을 장사지내고 시호를 민애(閔哀)라 하였다.

신무왕(神武王)

신무왕(神武王)이 즉위하니 휘는 우징(祐徵)이다. 원성대왕(元聖大王)의 손자요, 상대등 균정(均貞)의 아들이요, 희강왕(僖康王)의 사촌 아우이다. 김양(金陽)·예징(禮徵) 등이 민애왕(閔哀王)을 죽이고 궁금(宮禁)을 숙청(肅淸)하고 예를 갖추어 맞아들여 즉위하게 되었다. 조부(祖父) 이찬 예영(禮英 : 혹은 효진(孝眞))을 추존하여 혜강대왕(惠康大王)이라 하고, 아버지 균정(均貞)은 성덕대왕(成德大王), 어머니 박(朴)씨 진교부인(眞矯夫人)은 헌목태후(憲穆太后)가 되고, 아들 경응(慶膺)을 세워 태자로 삼았다. 청해진대사 궁복을 봉하여 감의군사(感義軍使)를 삼고 식읍 2,000호로써 봉하였다. 이홍(利弘)이 겁을 내어 처자를 버리고 산중으로 도망하니 왕은 기병을 보내어 잡아 죽였다. 가을 7월, 사신을 당에 보내어 치청절도사(淄青節度使)에게 노비(奴婢)를 주었는데, 당제는 그 말을 듣고 먼 곳 사람을 불쌍히 여겨 본국에 돌려 보낼 것을 명령하였다. 왕이 병들어 누웠는데 꿈에 이홍이 활을 쏘아 등에 맞았다. 꿈을 깨자 등에 종기가 나서 이 달 23일에 죽으니 시호를 신무(神武)라 하고 제형산(弟兄山) 서북방에 장사지냈다.

사신(史臣)은 논한다.

구양자(歐陽子〔修〕)의 논에서 "노(魯)나라 환공(桓公)은 은공(隱公)을 죽이고 자립(自立)한 자이며, 선공(宣公)은 자적(子赤)을 죽이고 자립(自立)한 자, 정(鄭)나라 여공(厲公)은 세자(世子) 홀(忽)을 죽이고 자립한 자, 공손표(公孫剽)는 그 임금 간(衎)을 죽이고 자립한 자이다. 성인(聖人)

이 춘추(春秋)에 그들의 임금된 것을 빼지 아니한 것은 각각 그 사실을 전하여 후세로 하여금 믿게 함에서이다. 이 네 임금의 죄상을 감출 수 없음을 본다면 사람의 악한 행동이 거의 그칠 만도 하다"고 하였다. 신라의 언승(彦昇)이 애장왕을 죽여 즉위하고, 김명이 희강왕을 죽여 즉위하고, 우징이 민애왕을 죽여 즉위하였다. 지금 그 사실을 다 적어 두는 것은 역시 춘추의 뜻이다.

三國史記 卷 第十

新羅本記 第十 元聖王 昭聖王 哀莊王 憲德王 興德王 僖康王 閔哀王 神武王

元聖王立 諱敬信 奈勿王十二世孫 母朴氏 繼烏夫人 妃金氏 神述角干之女 初惠恭王末年 叛臣跋扈 宣德時爲上大等 首唱除君側之惡 敬信預之 平亂有功 洎宣德卽位 卽(卽 舊本作蓋誤刻)爲上大等 及宣德薨 無子 群臣議後 欲立王之族子周元 周元宅於京北二十里 會大雨 閼川水漲 周元不得渡 或曰 卽人君大位 固非人謀 今日暴雨 天其或者不欲立周元乎 今上大等敬信 前王之弟 德望素高 有人君之體 於是 衆議翕然 立之繼位 旣而雨止 國人皆呼萬歲 二月 追封高祖大阿湌法宣爲玄聖大王 曾祖伊湌義寬爲神英大王 祖伊湌魏文爲興平大王 考一吉湌孝讓爲明德大王 母朴氏爲昭文太后 立子仁謙爲王太子 毁聖德大王. 開聖大王二廟 以始祖大王 太宗大王 文武大王及祖興平大王 考明德大王爲五廟 增文武百官爵一級 拜伊湌兵部令忠廉爲上大等 伊湌悌恭爲侍中 悌恭免 伊湌世强爲侍中 三月 出前妃具足王后於外宮 賜租三萬四千石 浿江鎭進赤烏 改摠管爲都督

二年 夏四月 國東雨雹 桑麥皆傷 遣金元全入唐 進奉方物 德宗下詔書曰 勅新羅王金敬信 金元全至 省表及所進奉 具悉 卿俗敦信義 志秉貞純 夙奉邦家 克遵聲敎 撫玆藩服 皆稟儒風 禮法興行 封部寧乂 而竭誠向闕 述職無虧 累遣使臣 聿修貢獻 雖溟渤遐曠 道路悠長 贄幣往來 率循舊典 忠效益著 嘉歎良深 朕君臨萬方 作人父母 自中及外 合軌同文 期致大和 共躋仁壽 卿宜保安封內

勤恤蒼生 永作藩臣 以寧海裔 今賜卿羅錦綾綵等三十匹 衣一副 銀柩一口 至宜領之 妃錦綵綾羅等二十匹 押金線繡羅裙衣一副 銀椀一 大宰相一人 衣一副 銀榼一 次宰相二人 各衣一副 銀椀各一 卿宜領受分給 夏中盛熱 卿比平安好 宰相已下 並存問之 遣書指不多及 秋七月 旱 九月 王都民饑 出粟三萬三千二百四十石 以賑給之 冬十月 又出粟三萬三千石 以給之 大舍武烏獻兵法十五卷 花鈴圖二卷 授以屈押縣令.

三年 春二月 京都地震 親祀神宮 大赦 夏五月 太白晝見 秋七月 蝗害穀 八月辛巳朔 日有食之.

四年 春 始定讀書三品 以出身 讀春秋左氏傳 若禮記 若文選 而能通其義 兼明論語 孝經者爲上 讀曲禮 論語 孝經者爲中 讀曲禮 孝經者爲下 若博通五經三史 諸子百家書者 超擢用之 前祗以弓箭選人 至是改之 秋 國西旱蝗 多盜賊 王發使安撫之.

五年 春正月甲辰朔 日有食之 漢山州民饑 出粟以賙之 秋七月 隕霜傷穀 九月 以子玉爲楊根縣小守 執事史毛肖駁言 子玉不以文籍出身 不可委分憂之職 侍中議云 雖不以文籍出身 曾入大唐爲學生 不亦可用耶 王從之.

論曰 惟學焉然後 聞道 惟聞道然後 灼知事之本末 故學而後仕者 其於事也 先本而末自正 譬如擧一綱 萬目從而皆正 不學者反此 不知事有先後本末之序 但區區弊精神於枝末 或掊斂以爲利 或苛察以相高 雖欲利國安民 而反害之 是故學記之言 終於務本 而書亦言 不學牆面 涖事惟煩 則執事毛肖一言 可爲萬世之模範者焉.

六年 春正月 以宗基爲侍中 增築碧骨堤 徵全州等七州人興役 熊川州進赤烏 三月 以一吉飡伯魚使北國 大旱 夏四月 太白辰星聚于東井 五月 出粟賑漢山熊川二州饑民.

七年 春正月 王太子卒 諡曰惠忠 伊飡悌恭叛 伏誅 熊川州向省大舍妻 一產三男 冬十月 京都雪三尺 人有凍死 侍中宗基免 大阿飡俊邕爲侍中 十一月 京都地震 內省侍郎金言爲三重阿飡.

八年 秋七月 遣使入唐 獻美女金井蘭 其女國色身香 八月 封王子義英爲太子 上大等忠廉卒 伊飡世强爲上大等 侍中俊邕病免 伊飡崇斌爲侍中 冬十一月壬子朔 日有食之.

九年 秋八月 大風 折木偃禾 奈麻金惱獻白雉.

十年 春二月 地震 太子義英卒 諡曰憲平 侍中崇斌免 以迊湌彦昇爲侍中 秋七月 始創奉恩寺 漢山州進白烏 起望恩樓於宮西.

十一年 春正月 封惠忠太子之子俊邕爲太子 夏四月 旱 親錄囚 至六月 乃雨 秋八月 隕霜害穀.

十二年 春 京都飢疫 王發倉廩賑恤之 夏四月 侍中彦昇爲兵部令 伊湌智原爲侍中.

十三年 秋九月 國東蝗害穀 大水山崩 侍中智原免 阿湌金三朝爲侍中.

十四年 春三月 宮南樓橋災 望德寺二塔相擊 夏六月 旱 屈自郡石南烏大舍妻 一産三男一女 冬十二月 二十九日 王薨 諡曰元聖 以遺命 擧柩燒於奉德寺南 (唐書云 貞元十四年 敬信死 通鑑云 貞元十六年 敬信死 以本史考之 通鑑誤).

昭聖(或云 昭成)王立 諱俊邕 元聖王太子仁謙之子也 母金氏 妃金氏 桂花夫人 大阿湌叔明女也 元聖大王元年 封子仁謙爲太子 至七年卒 元聖養其子於宮中 五年 奉使入唐 受位大阿湌 六年波珍湌爲宰相 七年爲侍中 八年爲兵府爲令 十一年爲太子 及元聖薨繼位.

元年 春三月 以菁州居老縣爲學生祿邑 冷井縣令廉哲進白鹿 夏五月 追封考惠忠太子爲惠忠大王 牛頭州都督.遣使奏言 有異獸若牛 身長且高 尾長三尺許 無毛長鼻 自峴城川 向烏食壤去 秋七月 得人蔘九尺 甚異之 遣使如唐進奉 德宗謂非人蔘 不受 八月 追封母金氏爲聖穆太后 漢山州獻白烏.

二年 春正月 封妃金氏爲王后 以忠芬爲侍中 夏四月 暴風 折木蜚(蜚與飛通)瓦 瑞蘭殿簾 飛不知處 臨海 仁化二門壞 六月 封王子爲太子 王薨 諡曰昭聖.

哀莊王立 諱淸明 昭聖王太子也 母金氏 桂花夫人 卽位時年十三歲 阿湌兵部令彦昇攝政 初元聖之薨也 唐德宗遣司封郎中兼御史中丞韋丹 持節弔慰 且册命王俊邕爲開府儀同三司檢校大尉新羅王 丹至鄆州 聞王薨乃還 秋七月 王更名重熙 八月 授前入唐宿衞學生梁悅豆肸小守 初德宗幸奉天 悅從難有功 帝授右贊善大夫還之 古王擢用之.

二年 春二月 謁始祖廟 別立太宗大王 文武大王二廟 以始祖大王及王高祖明德大王 曾祖元聖大王 皇祖惠忠大王 皇考昭聖大王爲五廟 以兵部令彦昇爲御龍省私臣 未幾爲上大等 大赦 夏五月壬戌朔 日當食不食 秋九月 熒惑入月 星隕

如雨 武珍州進赤烏 牛頭州進白雉 冬十月 大寒 松竹皆死 耽羅國遣使 朝貢.

　三年 春正月 王親祀神宮 夏四月 以阿湌金宙碧女入後宮 秋七月 地震 八月 創加耶山海印寺 歃良州進赤烏 冬十二月 授均貞大阿湌爲假王子 欲以質倭國 均貞辭之.

　四年 夏四月 王幸南郊觀麥 秋七月 與日本國交聘結好 冬十月 地震.

　五年 春正月 以阿湌秀昇爲侍中 夏五月 日本國遣使 進黃金三百兩 秋七月 大閱於閼川之上 歃良州進白鵲 重修臨海殿 新作東宮萬壽房 牛頭州蘭山縣 伏石起立 熊川州蘇大縣釜浦水變血 九月 望德寺二塔戰.

　六年 春正月 封母金氏爲大王后 妃朴氏爲王后 是年 唐德宗崩 順宗遣兵部郎中兼御史大夫元季方 告哀 且冊王爲開府儀同三司檢校大尉使持節大都督鷄林州諸軍事鷄林州刺史兼持節充寧海軍使上桂國新羅王 其母叔氏爲大妃(王母父叔明奈勿王十三世孫 則母姓金氏 以父名爲叔氏 誤也) 妻朴氏爲妃 秋八月 頒示公式二十餘條 冬十一月 地震.

　七年 春三月 日本國使至 引見朝元殿 下敎 禁新創佛寺 唯許修葺 又禁以錦繡爲佛事 金銀爲器用 宜令所司 普告施行 唐憲宗 放宿衛王子金獻忠歸國 仍加試秘書監 秋八月 遣使入唐朝貢.

　八年 春正月 伊湌金憲昌(一作貞)爲侍中 二月 王坐崇禮殿觀樂 秋八月 大雪.

　九年 春二月 日本國使至 王厚禮待之 遣金力奇入唐朝貢 力奇上言 貞元十六年 詔冊臣故主金俊邕爲新羅王 母申氏爲大妃 妻叔氏爲王妃 冊使韋丹至中路 聞王薨却廻 其冊在中書省 今臣還國 伏請授臣以歸 勅金俊邕等冊 宜令鴻臚寺於中書省受領 至寺 宣援與金力奇 令奉歸國 仍賜王叔彥昇及其弟仲(仲與忠音相近 則似指忠恭(見下)) 恭等門戟 令本國准例給之(申氏金神述之女 以神字同韻申爲氏 誤) 發使十二道 分定諸郡邑疆境 秋七月辛巳朔 日有食之.

　十年 春正月 月犯畢 夏六月 西兄山城 鹽庫鳴 聲如牛 碧寺蝦蟇食蛇 秋七月 遣大阿湌金陸珍入唐 謝恩兼進奉方物 大旱 王叔父彥昇與弟伊湌悌邕 將兵入內作亂弑王 王弟體明 侍衛王幷害之 追諡王爲哀莊.

　憲德王立 諱彥昇 昭聖王同母弟也 元聖王六年 奉使大唐受位大阿湌 七年 誅逆臣爲迊湌 十年爲侍中 十一年伊湌爲宰相 十二年爲兵部令 哀莊王元年爲角干 二年爲御龍省私臣 未幾爲上大等 至是卽位 妃貴勝夫人 禮英角干女也 以伊

湌金崇斌爲上大等 秋八月 大赦 遣伊湌金昌南等入唐 告哀 憲宗遣職方員外郎
攝御史中丞崔廷 以其質子金士信副之 特節弔祭 册立王爲開府儀同三司檢校大
尉持節大都督雞林州諸軍事兼持節充寧海軍使上桂國新羅王 册妻貞氏爲妃 賜大
宰相金崇斌等三人門戟(按王妃禮英角干女也 今云貞氏 未詳).

二年 春正月 以波珍湌宗爲侍中 河西州進赤烏 二月 王親祀神宮 發使修葺
國內堤防 秋七月 流星入紫微 西原京進白雉 冬十月 遣王子金憲章入唐 獻金銀
佛像及佛經等 上言爲順宗祈福 流星入王良.

三年 春正月 侍中亮宗以病免 伊湌元興爲侍中 二月 以伊湌雄元爲完山州都
督 夏四月 始御平議殿聽政.

四年 春 以均貞爲侍中 以伊湌忠永年七十 賜几杖 秋九月 遣級湌崇正使北國

五年 春正月 以伊湌憲昌爲武珍州都督 二月 謁始祖廟 玄德門火.

六年 春三月 宴羣臣於崇禮殿 樂極 王鼓琴 伊湌忠榮起舞 夏五月 國西大水
發使慰問經水州郡人民.復一年租調.秋八月.京都風霧如夜.武珍州都督憲昌入爲侍
中 冬十月 黔牟大舍妻一産三男

七年 春正月 遣使朝唐 憲宗引見 宴賜有差 夏五月 下雪 秋八月己亥朔 日有
食之 西邊州郡大飢 盜賊蜂起 出軍討平之 大星出翼軫間 指庚 芒長六許尺 廣
二許寸.

八年 春正月 侍中憲昌出爲菁州都督 璋如爲侍中 年荒民飢 抵浙東求食者 一
百七十人 漢山州唐恩縣(縣 當作郡) 石長十尺 廣八尺 高三尺五寸 自移一百餘
步 夏六月 望德寺二塔戰.

九年 春正月 以伊湌金忠恭爲侍中 夏五月 不雨 遍祈山川 至秋七月乃雨 冬
十月 人多飢死 敎州郡發倉穀存恤 遣王子金張廉入唐朝貢.

十年 夏六月癸丑朔 日有食之.

十一年 春正月 以伊湌眞元年七十 賜几杖 以伊湌憲貞病不能行 年未七十 賜
金飾紫檀杖 二月 上大等金崇斌卒 伊湌金秀宗爲上大等 三月 草賊遍起 命郵州
郡都督太守捕捉之 秋七月 唐鄆州節度使李師道叛 憲宗將欲討平 詔遣楊州節度
使趙恭 徵發我兵馬 王奉勅旨 命順天軍將軍金雄元 率甲兵三萬以助之.

十二年 春夏 旱 冬 飢 十一月 遣使入唐朝貢 穆宗召見麟德殿 宴賜有差.

十三年 春 民餓 賣子孫自活 夏四月 侍中金忠恭卒 伊湌永恭爲侍中 菁州郡
督憲昌改爲熊川州都督 秋七月 浿江南川二石戰 冬十二月二十九日 大雷.

十四年 春正月 以母弟秀宗爲副君 入月池宮(秀宗或 云秀升) 二月 雪五尺 樹木枯 三月 熊川州都督憲昌 以父周元不得爲王 反叛 國號長安 建元慶雲元年 脅武珍 完山 菁 沙伐四州都督 國原 西原 金官仕臣及諸郡縣守令 以爲己屬 菁州都督向榮 脫身走推火郡 漢山 牛頭 歃良 浿江 北原等 先知憲昌逆謀 擧兵自守 十八日 完山長史崔雄 助阿湌正連之子令忠等 遁走王京告之 王卽授崔雄位 級湌 速含郡太守 令忠位級湌 遂差員將八人 守王都八方 然後出師 一吉湌張雄 先發 迊湌衛恭 波珍湌悌凌繼之 伊湌均貞 迊湌雄元 大阿湌祐徵等 掌三軍徂征 角干忠恭 迊湌允膺 守蚊火關門 明基 安樂二郞 各請從軍 明基與從衆赴黃山 安樂赴施彌知鎭 於是 憲昌遣其將 據要路以待 張雄遇賊兵於道冬峴 擊敗之 衛恭 悌凌合張雄軍 攻三年山城克之 進兵俗離山 擊賊兵滅之 均貞等與賊戰星(星疑是黃之訛)山 滅之 諸軍共至熊律 與賊大戰 斬獲不可勝計 憲昌僅以身免 入城固守 諸軍圍攻浹旬 城將陷 憲昌知不免自死 從者斷首與身各藏 及城陷 得其身於古塚誅之 戮宗族 黨與凡二百三十九人 縱其民 後論功爵賞有差 阿湌祿眞授位大阿湌 辭不受 以歃良州屈自郡近賊不汗於亂 復七年 先是 菁州太守廳事(事 與舍通用)南池中 有異鳥 身長五尺 色黑 頭如五歲許兒 喙長一尺五寸 目如人 嗉如受五升許器 三日而死 憲昌敗亡逃也 聘角干忠恭之女貞嬌爲太子妃 浿江山谷間 顚木生蘗 一夜高十三尺 圍四尺七寸 夏四月十三日 月色如血 秋七月十二日 日有黑暈指南北 冬十二月 遣杜弼入唐朝貢.

十五年 春正月五日 西原京有蟲 從天而墮 九日 有白黑赤三種蟲 冒雪能行 見陽而止 元順 平原二角干七十告老 賜几杖 二月 合水城郡唐恩縣(縣 當作郡) 夏四月十二日 流星起天市 犯帝座 過天市東北垣 織女 王良 至閣道分爲三 聲如擊鼓而滅 秋七月 雪.

十七年 春正月 憲昌子梵文 與高達山賊壽神等百餘人同謀叛 欲立都於平壤 功北漢山州(州 恐作城) 都督聰明 率兵捕殺之(平壤 今楊州也 太祖製莊義寺齋文 有高麗舊壤 平壤名山之句) 三月 武珍州馬彌知縣女人 産兒 二頭 二身 四臂 産時天大雷 夏五月 遣王子金昕入唐朝貢 遂奏言 先在大學生崔利貞 金叔貞 朴季業等 請訪還藩 其新赴朝金允夫 金立之 朴亮之等一十二人 請留宿衛 仍請配國子監習業 鴻臚寺給資粮 從之 秋 歃良州獻白烏 牛頭州大楊管郡 黃知奈麻妻 一産二男二女 賜租一百石.

十八年 秋七月 命牛岑太守白永 徵漢山北諸州郡人一萬 築浿江長城三百里

冬十月　王薨　諡曰憲德　葬于泉林寺北(古記云　在位十八年　寶曆二年　丙午四月卒　新唐書云　長慶　寶曆間　羅王彦昇卒　而資理(理　避高麗成宗諱治)通鑑及舊唐書皆云　大和五年卒　豈其誤耶).

　　興德王立　諱秀宗　後改爲景徽　憲德王同母弟也　冬十二月　妃章和夫人卒　追封爲定穆王后　王思不能忘　悵然不樂　羣臣表請再納妃　王曰　隻鳥有喪匹之悲　況失良匹　何忍無情遽再娶乎　遂不從　亦不親近女侍　左右使令　唯宦竪而已(章和姓金氏　昭聖王之女也)
　　二年　春正月　親祀神宮　唐文宗聞王薨廢朝　命太子左諭德兼御史中丞源寂　持節弔祭　仍册立嗣王　爲開府儀同三司檢校太尉使持節大都督鷄林州諸軍事　兼　持節充寧海軍使新羅王　母朴氏爲大妃　妻朴氏爲妃　三月　高句麗僧丘德入唐　齎經至　王集諸寺僧徒出迎之　夏五月　降霜　秋八月　太白晝見　京都大旱　侍中永恭退.
　　三年　春正月　大阿湌金祐徵爲侍中　二月　遣使入唐朝貢　三月　雪深三尺　夏四月　淸海大使弓福(弓福　列傳作張保皐)姓張氏(一名保皐)　入唐徐州爲軍中小將　後歸國謁王　以卒萬人　鎭淸海(淸海　今之莞島)　漢山州瓢川縣妖人　自言有速富之術　衆人頗惑之　王聞之曰　執左道以惑衆者刑之　先王之法也　投畀(畀　恐弃(棄)之訛)其人遠島　冬十二月　遣使入唐朝貢　文宗召對于麟德殿　宴賜有差　入唐廻使大廉持茶種子來　王使植地理山　茶自善德王時有之　至於此盛焉.
　　四年　春二月　以唐恩郡爲唐城鎭　以沙湌極正往守之.
　　五年　夏四月　王不豫祈禱　仍許度僧一百五十人　冬十二月　遣使入唐朝貢.
　　六年　春正月　地震　侍中祐徵免　伊湌允芬爲侍中　二月　遣王子金能儒幷僧九人朝唐　秋七月　入唐進奉使能儒等一行人　廻次溺海　冬十一月　遣使入唐朝貢.
　　七年　春夏　旱　赤地　王避正殿減常膳　赦內外獄囚　秋七月　乃雨　八月　飢荒　盜賊遍起　冬十月　王命使安撫之.
　　八年　春　國內大飢　夏四月　王謁始祖廟　冬十月　桃李再華　民多疫死　十一月　侍中允芬退.
　　九年　春正月　祐徵復爲侍中　秋九月　王幸西兄山下大閱　御武平門觀射　冬十月　巡幸國南州郡　存問耆老及鰥寡孤獨　賜穀布有差.
　　十年　春二月　拜阿湌金均貞爲上大等　侍中祐徵　以父均貞入相　表乞解職　大阿湌金明爲侍中.

十一年 春正月辛丑朔 日有食之 遣王子金義琮如唐 謝恩兼宿衛 夏六月 星孛于東 秋七月 太白犯月 冬十二月 王薨 諡曰興德 朝廷以遺言 合葬章和王妃之陵.

僖康王立 諱悌隆(一云 悌顒) 元聖大王孫伊湌憲貞(一云 草奴)之子也 母包道夫人 妃文穆夫人 葛文王忠恭之女 初興德王之薨也 其堂弟均貞 堂弟之子悌隆 皆欲爲君 於是侍中金明 阿湌利弘 裵萱伯等 奉悌隆 阿湌祐徵與姪禮徵及金陽 奉其父均貞 一時入內相戰 金陽中箭與祐徵等逃走 均貞遇害 而後悌隆乃得卽位.

二年 春正月 大赦獄囚誅(誅 當作殊)死已下 追封考爲翌成大王 母朴氏爲順成太后 拜侍中金明爲上大等 阿湌利弘爲侍中 夏四月 唐文宗放還宿衛王子金義琮 阿湌祐徵 以父均貞遇害 出怨言 金明 利弘等不平之. 五月 祐徵懼禍及 與妻子奔黃山津口 乘舟往依於淸海鎭大使弓福 六月 均貞妹壻阿湌禮徵 與阿湌良順亡投於祐徵 唐文宗賜宿衛金忠信等錦彩有差.

三年 春正月 上大等金明 侍中利弘等 與兵作亂 害王左右 王知不能自全 乃縊於宮中 諡曰僖康 葬于蘇山.

閔哀王立 姓金氏 諱明 元聖大王之曾孫也 大阿湌忠恭之子 累官爲上大等 與侍中利弘 逼王殺之 自立爲王 追諡考爲宣康大王 母朴氏貴寶夫人爲宣懿太后 妻金氏爲允容王后 拜伊湌金貴爲上大等 阿湌憲崇爲侍中 二月 金陽募集兵士 入淸海鎭 謁祐徵阿湌 祐徵在淸海鎭 聞金明簒(簒 舊本作纂 訛刻也)位 謂鎭大使弓福曰 金明弑君自立 利弘枉殺君父 不可共戴天也 願仗將軍之兵 以報君父之讎 弓福曰 古人有言 見義不爲無勇 吾雖庸劣 唯命是從 遂分兵五千人與其友鄭年曰 非子 不能平禍亂 冬十二月 金陽爲平東將軍 與閻長 張弁 鄭年 駱金 張建榮 李順行 統軍 至武州鐵冶(冶 舊本作治 訛刻也)縣 王使大監金敏周 出軍迎戰 遣駱金 李順行 以馬軍三千突擊 殺傷殆盡.

二年 春閏正月 晝夜兼行 十九日至于達伐之丘 王聞兵至 命伊湌大昕 大阿湌允璘 嶷勛等 將兵拒之 又一戰大克 王軍死者過半 時王在西郊大樹之下 左右皆散 獨立不知所爲 奔入月遊宅 兵士尋而害之 群臣以禮葬之 諡曰閔哀.

神武王立 諱祐徵 元聖大王孫均貞上大等之子 僖康王之從弟也 禮徵等旣淸宮禁 備禮迎之卽位 追尊祖伊湌禮英(一云 孝眞)爲惠康大王 考爲成德大王 母朴氏眞矯夫人爲憲穆太后 立子慶膺爲太子 封淸海鎭大使弓福爲感義軍使 食實封二千戶 利弘懼 棄妻子遁山林 王遣騎士追捕殺之 秋七月 遣使如唐 遺淄靑節度使奴婢 帝聞之 矜遠人 詔令歸國 王寢疾 夢利弘射中背 旣寤瘡發背 至是月二十三日 薨 諡曰(日 舊本作白 蓋誤刻)神武 葬于弟兄山西北.

論曰 歐陽子之論曰 魯桓公 弑隱公而自立者 宣公 弑子赤而自立者 鄭厲公 逐世子忽而自立者 衛公孫剽 逐其君衎而自立者 聖人於春秋 皆不絶其爲君 各傳其實 而使後世信之 則四君之罪 不可得而掩耳 則人之爲惡 庶乎其息矣 羅之彦昇 弑哀莊而卽位 金明 弑僖康而卽位 祐徵 弑閔哀而卽位 今皆書其實 亦春秋之志也.

삼국사기 권 제11

신라본기(新羅本紀) 제11

문성왕(文聖王), 헌안왕(憲安王), 경문왕(景文王), 헌강왕(憲康王), 정강왕(定康王), 진성왕(眞聖王)

문성왕(文聖王)

문성왕(文聖王)이 즉위하니 휘는 경응(慶膺)이다. 신무왕(神武王)의 태자요, 어머니는 정계부인(貞繼夫人 : 정종태후(定宗太后)라고도 함)이다.

원년(839) 8월, 대사령을 내렸다. 교시를 내리기를 "청해진대사(淸海鎭大使) 궁복(弓福)이 일찍이 군사로써 신고(神考 : 神武王)를 도와 선조(先朝)의 거적(巨賊)을 없앴으니 그 공로를 잊을 수 있느냐?" 하고 이에 그를 승진시켜 진해장군(鎭海將軍)을 삼고 겸하여 장복(章服)을 내려 주었다.

2년 봄 정월, 예징(禮徵)으로 상대등을 삼고 의종(義琮)을 시중으로 삼고, 양순(良順)을 이찬으로 삼았다. 여름 4월로부터 6월에 이르도록 비가 오지 않았다. 당 문종(文宗)은 홍로시(鴻臚寺)에 명하여 질자(質者) 및 연한이 차서 귀국하게 된 학생 105명을 돌려보냈다. 겨울 기근이 심하였다.

3년 봄, 서울에 병이 성행하였다. 일길찬 홍필(弘弼)이 반역을 도모하다가 일이 탄로되어 바다 섬으로 도망갔는데 잡으려 해도 좀처럼 잡히지 않았다. 가을 7월, 당나라 무종(武宗)은 명을 내려, 귀국할 신라 관리인 전입신라선위부사 충연주도독부사마사배어대(前入新羅宣慰副使 充兗州都督府司馬 賜緋魚袋) 김운경(金雲卿)을 치주장사(淄州長史)로 삼는 동시에, 그를 칙사

(勅使)로 삼아 왕을 책봉(册封)하여 개부의동삼사 검교태위사지절대도독 계림주제군사 겸지절충녕해군사상주국신라왕(開府儀同三司檢校太尉使持節大都督鷄林州諸軍事兼持節充寧海軍使上柱國新羅王)으로 삼고 아내 박씨를 왕비로 삼았다.

4년 봄 3월, 이찬 위흔(魏昕)의 딸을 맞아들여 왕비로 삼았다.

5년 봄 정월, 시중 의종(義琮)이 병으로 면직되고 이찬 양순(良順)을 시중으로 삼았다. 가을 7월, 호랑이 다섯 마리가 신궁원(神宮園)으로 뛰어들었다.

6년 봄 2월 초하루 갑인일(甲寅日)에 일식이 있었다. 태백성이 진성(鎭星)에 부딪쳤다. 3월, 서울에 우박이 내렸다. 시중 양순이 퇴직하고 대아찬 김여(金茹)를 시중으로 삼았다. 가을 8월, 혈구진(穴口鎭)을 설치하고 아찬 계홍(啓弘)을 진(鎭)의 두령으로 삼았다.

7년 봄 3월, 청해진대사 궁복의 딸을 맞아들여 차비(次妃)를 삼고자 하니 조신(朝臣)이 간하기를 "부부(夫婦)의 도(道)는 인간의 대륜(大倫)입니다. 그러므로 하우(夏禹)는 도산씨(塗山氏)로 인하여 흥기하고, 은탕(殷湯)은 신씨(藝氏)로 인하여 창성하였으며, 주유왕(周幽王)은 포사(褒姒)로 인하여 멸망되고, 진헌공(晉獻公)은 여희(驪姬)로 인하여 어지러웠으니 나라의 존망이 바로 이에 있습니다. 어찌 삼가지 아니할 수 있습니까. 지금 궁복은 섬 사람이온데 그 딸이 어찌하여 왕실의 배필이 된단 말입니까?" 하였다. 왕은 그 말을 따랐다. 겨울 11월, 천둥하고 눈은 오지 않았다. 12월 초하루, 해 셋이 한꺼번에 나타났다.

8년 봄, 누가 고발하기를 "궁복이, 왕이 자기 딸을 맞아들이지 아니한 것을 원망하고 진(鎭)을 점거하여 배반하려 한다" 하자 조정에서는 토벌하자니 예상치 못할 화가 있을까 염려되고 버려 두자니 죄를 용서할 수 없어 걱정만 하고 어찌할 줄을 몰랐다. 무주(武州) 사람 염장(閻長)이 날래고 힘세기로 당시에 유명한 자인데, 그가 와서 아뢰기를 "조정에서 신의 말을 들어주신다면 신은 한 명의 군사도 필요하지 않고 맨주먹으로 궁복의 목을 베어 바치겠습니다" 하니 왕은 허락하였다. 염장이 거짓으로 나라를 배반한 척하고 궁복에게 투신하니 궁복은 본래 장사를 사랑하는 터이라 아무런 의심 없이 그를 맞아들여 상객(上客)으로 대우하고 더불어 술마시며 실컷 즐겼다.

궁복이 취하게 되자 궁복의 칼을 빼앗아 목을 벤 뒤 그의 무리를 불러 놓고 설유하니 모두가 땅에 엎디어 감히 움직이지 못하였다.

9년 봄 2월, 평의(平議)·임해(臨海)의 두 전(殿)을 중수하였다. 여름 5월, 이찬 양순(良順), 파진찬 흥종(興宗) 등이 반역을 도모하다가 사형을 받았다. 가을 8월, 왕자를 봉하여 왕태자를 삼았다. 시중 김여(金茹)가 죽으니 이찬 위흔(魏昕)을 시중으로 삼았다.

10년 봄·여름 가물었다. 시중 위흔이 퇴직하니 파진찬 김계명(金啓明)을 시중으로 삼았다. 겨울 10월, 하늘에서 우레 소리와 같은 소리가 났다.

11년 봄 정월, 상대등 예징이 죽었다. 이찬 의정(義貞)을 상대등으로 삼았다. 가을 9월, 이찬 김식(金式)·대흔(大昕) 등이 반역을 도모하다가 사형을 받고 대아찬 흔린(昕隣)도 그 죄에 연좌되었다.

12년 봄 정월, 토성(土星)이 달에 들어갔다. 서울에 흙비가 내리고 큰바람이 불어 나무가 뽑혔다. 사형 이하의 죄수를 특사하였다.

13년 봄 2월, 청해진을 없애고 그 백성들을 벽골군(碧骨郡)으로 옮겼다. 여름 4월, 서리가 내렸다. 당에 들어간 사신 아찬 원홍(元弘)이 불경(佛經)과 불아(佛牙)를 가지고 돌아오니 왕은 교외(郊外)에 나아가 맞아들였다.

14년 봄 2월, 파진찬 진량(眞亮)을 웅주도독(熊州都督)으로 삼았다. 조부(調府)에 불이 났다. 가을 7월, 명학루(鳴鶴樓)를 중수하였다. 겨울 11월, 왕태자가 죽었다.

15년 여름 6월, 큰물이 졌다. 가을 8월, 서남쪽 주·군에 황충이 일었다.

17년 봄 정월, 사자(使者)를 보내어 서·남방의 백성들을 위문하였다. 겨울 12월, 진각성(珍閣省)에 불이 났다. 토성(土星)이 달에 들어갔다.

19년 가을 9월, 왕이 몸이 불편하여 유조(遺詔)를 내렸다. 그 조서에 "나는 미약한 몸으로 숭고한 지위에 처하자니 위로 하느님께 죄를 받을까 저어하고 아래로 백성에게 실망을 줄까 염려되어 밤낮으로 조심하는 것이 마치 깊은 못에 다다르고 엷은 얼음을 밟는 것 같았다. 다행히 삼사대부(三事大夫)와 백벽경사(百辟卿士)의 도움에 힘입어 왕위를 떨어뜨리지 아니하였던 바 이번에 갑자기 병이 들어 열흘이 넘었으니 헤아리지 못한 사이에 아침 이슬보다 쉽게 사라질까 싶다. 오직 선조(先祖)의 대업(大業)에 주인이 없어서는 안되고 군국(軍國)의 만기(萬機)는 잠시도 버려둘 수 없는 것이니, 서불한 의정(誼靖)은 선황(先皇)의 손자요, 나의 숙부로 효우(孝友)하고 명민(明敏)하며, 관후(寬厚)하고 인자(仁慈)하여, 오랫동안 재상으로 있으면서 국정(國政)을 협찬하였으니, 위로 종묘를 받들 만하고 아래로 창생을 무육(撫育)할 만하다. 이에 무거운 짐을 벗어 어질고 덕있는 분에게 맡기고 부탁할 수 있는 적임자를 얻었으니 다시 무슨 한이 있으리오. 하물며 생사 시종(生死始終)은 만물의 큰 기한이요 수명 장단(壽命長短)은 운명의 맡겨진 분수임에랴. 가는 자도 이치를 통달할 수 있거늘 생존한 자는 지나치게 슬퍼할 까닭이 없다. 너희들은 힘과 충성을 다하여 죽은 이를 보내고 산 이를 섬기어 혹시라도 예(禮)에 어김없도록 할 것이며, 국내에 포고하여 나의 소회를 명확히 알려라" 하였다. 그 뒤 7일이 지나서 죽으니 시호를 문성(文聖)이라 하고 공작지(孔雀趾)에 장사지냈다.

헌안왕(憲安王)

헌안왕(憲安王)이 즉위하니 휘는 의정(誼靖 : 혹은 우정(祐靖))이다. 신무왕(神武王)의 이복 아우요, 어머니는 조명부인(照明夫人)이니 선강왕(宣康王)의 딸이다. 문성왕(文聖王)의 고명(顧命)에 의하여 즉위하였다. 대사령을 내렸다. 이찬 김안(金安)을 승진시켜 상대등으로 삼았다.

2년(858) 봄 정월, 친히 신궁에 제사지냈다. 여름 4월, 서리가 내렸다. 5월에서 가을 7월까지 비가 오지 않았다. 당성군(唐城郡) 남쪽 해안에서 물고기가 잡혔는데, 길이는 40보, 높이는 6장(丈)이었다.

3년 봄, 곡식이 귀하여 백성이 주리므로 왕은 사신을 보내어 구호 양곡을 나눠주게 하였다. 여름 4월, 교서를 내려 제방(堤防)을 수리하고 농사를 권장케 하였다.

4년 가을 9월, 왕이 임해전(臨海殿)에서 여러 신하와 잔치할 때 왕족(王族) 응렴(膺廉)이 15세의 나이로 좌석에 참여하였다. 왕은 그의 뜻을 관찰하기 위해 갑자기 묻기를 "네가 얼마 동안 돌아다니면서 글을 배웠으니 혹시 착한 사람을 발견한 적이 있느냐?" 하였다. 대답하기를 "신이 일찍이 세 사람을 보고서 착한 행실이 있다고 여겼습니다" 하였다. 왕은 또 "어떻더냐?"고 물으니 응렴은 말하기를 "하나는 고귀한 집 자제로서 남과 사귐에 있어 자기를 먼저 내세우지 않고 남의 밑에 있으려 들며, 하나는 부잣집 사람인데 의복을 사치하게 입을 수 있는데도 항상 모시옷이나 베옷으로 만족하게 여기며, 하나는 세력과 영화를 누리면서도 그 세력을 빙자하여 남을 억압하려 한 적이 없습니다. 신이 본 바로는 이러하옵니다" 하였다. 왕은 말을 듣고 묵연히 있다가 왕후와 귓속말을 나누며 "내가 사람을 많이 겪었으나 응렴과 같은 자는 없었다" 하고 사위를 삼으려는 생각이 있었다. 응렴을 돌아보고 하는 말이 "아무쪼록 낭(郎)은 자중하라. 내게 딸이 있으니 아내로 줄 터이다" 하였다. 그리고 다시 술을 함께 마시면서 조용히 이르기를 "내게 두 딸이 있는데, 큰딸은 지금 나이 20세, 작은딸은 19세이다. 낭(郎)은 마음대로 고르도록 하라" 하였다. 응렴은 사양하다 못하여 일어나 절하고 사례한 뒤 바로 집에 돌아가 부모에게 알리니 부모는 말하기를 "듣건대 두 딸의 얼굴이 형이 아우만 못하다고 하니 만약 마지못할 경우라면 그 아우를 데려와야 한다"고 했다. 그러나 응렴은 의심하여 망설이다가 흥륜사(興輪寺)의 승려에게 물었다. 승려는 "언니를 맞아 오면 세 가지 이익이 있고, 반대로 아우를 맞아 오면 세 가지 손해가 있을 것이다" 하였다. 응렴은 드디어 왕께 이르기를 "신은 감히 결정할 수 없사옵고 오직 왕의 명령에 복종할 뿐이옵니다" 하였다. 이에 왕이 장녀가 하가(下嫁)하게 되었다.

5년 봄 정월, 왕은 병환이 차차 중하여지자 좌우에게 이르기를 "나는 불행히도 아들이 없고 딸만 있다. 우리나라 고사(故事)에 비록 선덕(善德)·진덕(眞德) 두 여왕이 있었으나 이는 새벽의 암탉과 같아서 가히 본받을 것이 되지 못한다. 사위 응렴이 나이는 비록 어리나 노성(老成)한 덕이 있으니 경(卿) 등이 섬기어 기필코 조종(祖宗)의 유업(遺業)을 떨어뜨리지 아니한다면 나는 죽어도 죽은 것이 아니다"라고 하였다. 이 달 29일 죽으니 시호를 헌안(憲安)이라 하고 공작지(孔雀趾)에 장사지냈다.

경문왕(景文王)

경문왕(景文王)이 즉위하니 휘는 응렴(膺廉 : 응(膺)은 응(凝)이라고도 함)이요, 희강왕자(僖康王子) 아찬 계명(啓明)의 아들이다. 어머니는 광화부인(光和夫人 : 광의(光義)라고도 함)

이요, 비는 김씨 영화부인(寧花夫人)이다.

원년(861) 봄 3월, 왕이 무평문(武平門)에 어림(御臨)하여 대사령(大赦令)을 내렸다.

2년 봄 정월, 이찬 김정(金正)을 상대등으로 삼고, 아찬 위진(魏珍)을 시중으로 삼았다. 2월 왕이 친히 신궁에 제사지냈다. 가을 7월, 사신을 당에 보내어 토산물을 바쳤다. 8월, 당에 간 사신인 아찬 부량(富良) 등 일행이 바다에 빠져 죽었다.

3년 봄 2월, 왕이 국학(國學)에 행차하여 박사(博士) 이하의 교관(敎官)으로 하여금 경의(經義)를 강론케 하고 등급을 나누어 물건을 내려주었다. 겨울 10월, 복사꽃과 오얏꽃이 피었다. 11월, 눈이 오지 않았다. 영화부인의 아우를 맞아들여 차비(次妃)로 삼았다. 어느 날에 왕은 흥륜사의 승려에게 묻기를 "스님의 이른바 세 가지 이익이란 무엇이오?" 하였다. 승려는 "그 당시 왕과 왕비가 소망(所望)한 것과 같이 된 것을 기뻐하여 총애가 더욱 깊었으니 하나요, 이로 인하여 대위(大位)를 계승하게 되었으니 둘이요, 마침내 얻으려던 둘째 딸까지 맞이하였으니 셋이 아닙니까?" 하자 왕은 크게 웃었다.

4년 봄 2월, 왕은 감은사(感恩寺)에 행차하여 바다에 망제(望祭)를 지냈다. 여름 4월, 일본국 사신이 도착하였다.

5년 여름 4월, 당나라 의종(懿宗)은 정사(正使)인 태자우유덕어사중승(太子右諭德御史中丞) 호귀후(胡歸厚)와 부사인 광록주부겸감찰어사(光祿主簿兼監察御史) 배광(裵光) 등을 보내어 선왕을 조제(弔祭)하고, 겸하여 비단 1,000필을 부조하고 왕을 책봉하여 개부의동삼사 검교태위지절대도독 계림주제군사상주국신라왕(開府儀同三司檢校太尉持節大都督鷄林州諸軍事上柱國新羅王)으로 삼고, 이내 관고(官誥: 사령서) 1통과 정절(旌節) 1부(副), 금채(錦綵) 500필, 의복 2벌, 금은기(金銀器) 7사(七事)를 왕에게 주고, 금채(錦綵) 50필, 의복 한 벌, 은기 2사를 왕비에게 주고, 금채 40필, 의복 한 벌, 은기 2사를 왕태자에게 주고, 금채 30필, 의복 한 벌, 은기 1사를 대재상(大宰相)에게 주고, 금채 20필, 의복 한 벌, 은기 1사를 차재상에게 주었다.

6년 봄 정월, 왕의 아버지를 봉하여 의공대왕(懿恭大王)으로 삼고, 어머니 박씨 광화부인을 광의왕태후(光懿王太后)를 삼았으며, 부인 김씨를 문의왕비(文懿王妃)로 삼고 왕자 정(晸)을 세워 왕태자로 삼았다. 15일 황룡사에 거둥하여 등(燈)을 구경하고 백관에 연회를 베풀었다. 겨울 10월, 이찬 윤흥(允興)이 아우 숙흥(叔興)·계흥(季興)과 더불어 반역을 도모하다가 일이 발각되자 대산군(岱山郡)으로 달아났으나 왕의 명령으로 쫓아가 잡아 죽이고, 그 일족을 없앴다.

7년 봄 정월, 임해전(臨海殿)을 중수하였다. 여름 5월, 서울에 병이 유행하였다. 가을 8월, 큰물이 져서 곡물이 제대로 익지 못하였다. 겨울 10월, 사자를 각 도에 나누어 보내 위문하게 하였다. 12월, 객성(客星)이 태백성에 부딪쳤다.

8년 봄 정월, 이찬 김예(金銳)·김현(金鉉) 등이 반역을 도모하다가 사형을 받았다. 여름 6월, 황룡사 탑에 번갯불이 떨어졌다. 가을 8월, 조원전(朝元殿)을 중수하였다.

9년 가을 7월, 왕자와 소판 김윤(金胤) 등을 당에 보내어 사은(謝恩)하고 겸하여 말 두 필, 부금(麩金)[사금(砂金)] 100냥, 은(銀) 200냥, 우황(牛黃) 15냥, 인삼(人蔘) 100근, 대화어아금(大花魚牙錦) 10필, 소화어아금(小花魚牙錦) 10필, 조하금(朝霞錦) 20필, 사십승백첩포(四十升白氎布) 40필, 삼십승저삼단(三十升紵衫段) 40필, 사척오촌두발(四尺五寸頭髮) 150냥, 삼척오촌두발(三尺五寸頭髮) 300냥, 금차두오색기대(金釵頭五色綦帶) 및 반흉(班胷) 각 10조(條), 응금쇄선자(鷹金鎖鏇子) 및 분삽홍도(紛鈒紅鞱) 20부(副), 신양응금쇄선자분삽오색도(新樣鷹金鎖鏇子紛鈒五色鞱) 30부, 응은쇄선자분삽홍도(鷹金鎖鏇子紛鈒紅鞱) 20부, 신양응은쇄선자분삽오색도(新樣鷹銀鎖鏇子紛鈒五色鞱) 30부, 요자은쇄선자분삽홍도(鷂子銀鎖鏇子紛鈒紅鞱) 20부, 신양요자은쇄선자분삽오색도(新樣鷂子銀鎖鏇子紛鈒五色鞱) 30부, 요자은쇄선자분삽홍도(鷂子銀鎖鏇子紛鈒紅鞱) 20부, 신양요자은쇄선자분삽오색도(新樣鷂子銀鎖鏇子紛鈒五色鞱) 30부, 금화응령자(金花鷹鈴子) 200과(顆), 금화요자령자(金花鷂子鈴子) 200과, 금루응미통(金鏤鷹尾筒) 50쌍(雙), 금루요자미통(金鏤鷂子尾筒) 50쌍, 은루응미통(銀鏤鷹尾筒) 50쌍, 은루요자미통(銀鏤鷂子尾筒) 50쌍, 계응배힐피(繫鷹緋纈皮) 100쌍, 계요자배힐피(繫鷂子緋纈皮) 100쌍, 실실전금침통(瑟瑟鈿金針筒) 30구(具), 금화은

침통(金花銀針筒) 30구, 침(針) 1,500을 진상하였다. 또 학생 이동(李同) 등 3명을 보내어 진봉사(進奉使) 김윤을 따라 당에 들어가 학업을 익히게 함과 동시에 서적을 구입할 자금조로 은 300냥을 주었다.

10년 봄 2월, 사찬 김인(金因)을 당에 보내어 숙위케 하였다. 여름 4월, 서울에 지진이 있었다. 5월, 왕비가 돌아갔다. 가을 7월, 큰물이 졌다. 겨울, 눈이 오지 않았고 백성들이 병에 걸린 자가 많았다.

11년 봄 정월, 왕은 유사(有司)를 시켜 황룡사의 탑을 개조하였다. 2월, 월상루(月上樓)를 중수하였다.

12년 봄 2월, 친히 신궁에 제사하였다. 여름 4월, 서울에 지진이 있었다. 가을 8월, 국내 주·군에 황충이 곡물을 해쳤다.

13년 봄, 백성이 굶주리고 또 병이 유행하므로 왕은 사자를 보내어 구호케 하였다. 가을 9월, 황룡사 탑이 낙성되어 9층 높이가 22장(丈)이었다.

14년 봄 정월, 상대등 김정(金正)이 죽었다, 시중 위진(魏珍)으로 상대등을 삼고, 인흥(藺興)으로 시중을 삼았다. 여름 4월, 당 희종(僖宗)이 사신을 보내어 선유(宣諭)하였다. 5월, 이찬 근종(近宗)이 반역을 도모하여 대궐을 침범하므로 금군(禁軍)을 내보내 쳐부수니 근종이 그 도당과 더불어 밤에 성을 벗어나므로 잡아들여 거열형(車裂刑)에 처하였다. 가을 9월, 월정당(月正堂)을 중수하였다. 최치원(崔致遠)이 당에서 등과(登科)하였다.

15년 봄 2월, 서울 및 서울 동쪽에 지진이 있었다. 패성(孛星:妖孛)이 동쪽에 나타났다가 20일 만에 사라졌다. 여름 5월, 용이 대궐 안 우물에 나타났다가 이윽고 운무가 사방에서 모이더니 날아가 버렸다. 가을 7월 8일, 왕이 죽으니 시호를 경문(景文)이라 하였다.

헌강왕(憲康王)

헌강왕(憲康王)이 즉위하니 휘는 정(晸)이요, 경문왕(景文王)의 태자(太子)이다. 어머니는 문의왕후(文懿王后)요, 아내는 의명부인(懿明夫人)이다. 왕은 천성이 총명하고 민첩하며 글읽기를 좋아하여 한번 본 것은 다 외었다. 즉위하자 이찬 위홍(魏弘)을 승진시켜 상대등으로 삼고, 대아찬 예겸(乂謙)을 시중으로 삼았다. 내외의 사형 이하 죄수에게 대사령을 내렸다.

2년(877) 봄 2월, 황룡사에서 재승(齋僧)이 백고좌(百高座)를 베풀고 불경(佛經)을 강의하니 왕은 친히 가서 강의를 들었다. 가을 7월, 사신을 당에 보내어 토산물을 바쳤다.

3년 봄 정월, 우리 고려(高麗) 태조왕(太祖王)이 송악군(松岳郡)에서 태어났다.

4년 여름 4월, 당 희종은 사신을 보내어 왕을 책봉하여 사지절개부의동삼사 검교대위대도독 계림주제군사신라왕(使持節開府儀同三司檢校大尉大都督鷄林州諸軍事新羅王)으로 삼았다. 가을 7월, 사신을 당에 보내어 조회하려다가 반적(反賊) 황소(黃巢)의 난이 일어났다는 소식을 듣고 드디어 중지하였다. 8월, 일본국에서 온 사신을 조원전(朝元殿)에서 인견하였다.

5년 봄 2월, 국학(國學)에 행차하여 박사(博士) 이하의 교관(教官)으로 하여금 경의(經義)를 강론케 하였다. 3월, 서울 동쪽의 주·군을 순행할 때 어디서 왔는지 알 수 없는 네 사람이 어가(御駕) 앞에 나아가 노래하며 춤추는데, 그 모양이 해괴하고 의관(衣冠)이 이상하여, 이를 본 사람들은 산해(山海)의 정령(精靈)이라고 하였다〔고기(古記)에는 "왕의 즉위(即位) 원년(元年)의 일이다" 하였음〕. 여름 6월, 일길찬 신홍(信弘)이 배반하다가 사형을 받았다. 겨울 10월, 준례문(遵禮門)에 거둥하여 활쏘는 것을 관람하였다. 11월, 혈성원(穴城原)에서 사냥하였다.

6년 봄 2월, 태백성(太白星)이 달에 부딪쳤다. 시중 예겸(乂謙)이 퇴직하니 이찬 민공(敏恭)을 시중으로 삼았다. 가을 8월, 웅주(熊州)에서 가화(嘉禾)를 진상하였다. 9월 9일, 왕은 좌우와 더불어 월상루(月上樓)에 올라 사방을 바라보니 서울에 민가가 즐비하고 풍악소리가 끊이지 않았다. 왕은 시중 민공을 돌아보며 "나는 들으니 지금 민간에서는 지붕을 기와로 덮고 짚을 쓰지 아니하며, 밥을 짓되 숯으로 짓고 나무를 쓰지 않는다 하니 과연 그러한가?" 하고 물었다. 민공은 "신도 역시 그와 같이 들었습니다" 하고 따라서 "황상(皇上)이 즉위한 이래 음양(陰陽)이 고르고 풍우(風雨)가 순조로워 해마다 풍년이 들고 백성은 먹을 것이 넉넉하며 변경(邊境)은 평온하고 시정(市井)은 안락하니 이는 모두 성덕(聖德)의 소치입니다" 라고 대답하였다. 왕은 기뻐하며 "이는 다 경들이 보좌한 결과이다. 내가 무슨 덕이 있었겠는가?"라 하였다.

7년 봄 3월, 임해전에서 여러 신하와 잔치를 벌였다. 술이 얼큰하자 왕은 거문고를 타고 좌우는 각각 가사를 지어 올리며 매우 즐겁게 놀고 파하였다.

8년 여름 4월, 일본국 왕은 사신을 보내어 황금 300냥, 명주(明珠) 10개를 진상하였다. 겨울 12월, 고미현(枯彌縣)에 사는 여인이 한꺼번에 남자 아기 셋을 낳았다.

9년 봄 2월, 왕은 삼랑사(三郞寺)에 거둥하여 문신들에게 각각 시(詩) 한 수 씩을 짓게 하였다.

11년 봄 2월, 호랑이가 대궐 안에 들어왔다. 3월, 최치원(崔致遠)이 돌아왔다. 겨울 10월, 임자일(壬子日), 태백성(太白星)이 낮에 보였다. 사신을 당에 보내어 반적(反賊) 황소를 쳐부순 것을 치하하였다.

12년 봄, 북진(北鎭)에서 알려오기를 "적국인(狄國人)이 진(鎭)에 들어와 판자조각을 나뭇가지에 걸어 놓고 갔습니다" 하고 그 판자조각을 가져다 바쳤다. 그 판자조각에는 글자 열다섯 자가 씌어 있었다. "보로국(寶露國)이 흑수국(黑水國)과 더불어 함께 신라국을 향하여 화친을 통하려 한다"는 내용이었다. 여름 6월, 왕의 몸이 불편하여 국내의 죄수를 특사하고 또 황룡사(皇龍寺)에 백고좌(百高座)를 베풀어 불경(佛經)을 읽게 하였다. 가을 7월 5일, 왕이 죽었다. 시호를 헌강(憲康)이라 하고 보리사(菩提寺) 동남쪽에 장사지냈다.

정강왕(定康王)

정강왕(定康王)이 즉위하니 휘는 황(晃)이요, 경문왕(景文王)의 둘째 아들이다.

원년 8월, 이찬 준흥(俊興)을 승진시켜 시중으로 삼았다. 나라 서쪽에 가뭄이 심하고 또 흉년이 들었다.

2년(886) 봄 정월, 황룡사에 백고좌를 베풀고 친히 거둥하여 불경에 대한 강의를 들었다. 한주(漢州)의 이찬 김요(金蕘)가 반란하므로 군사를 일으켜 잡아 죽였다. 여름 5월, 왕이 병이 위독해지자 시중 준흥(俊興)에게 이르기를 "나의 병이 위독하니 다시 일어나지 못할 것이다. 불행히 뒤를 이을 아들

은 없으나, 누이 만(曼)이 천자(天資)가 명민(明敏)하고 골격이 장부와 같
으니 경들은 마땅히 선덕(善德)·진덕(眞德)의 고사(故事)를 따라 즉위케 하
는 것이 옳을 것이다" 하였다. 가을 7월 5일, 왕이 죽으니 시호는 정강(定
康)이라 하고 보리사(菩提寺) 동남쪽에 장사지냈다.

진성왕(眞聖王)

진성왕(眞聖王)이 즉위하니 휘는 만(曼)이요, 정강왕(定康王)의 누이다.
〔최치원(崔致遠)의 문집(文集) 제2권 사추증표(謝追贈表)에 "신 탄(坦)은
아뢰옵니다. 신의 망부(亡父) 신(臣) 응(凝)을 추증하여 태사(太師)를 삼으
시고, 망형(亡兄) 신(臣) 정(晸)을 추증하여 태부(太傅)를 삼으신 어지(御
旨)를 받았습니다" 하였고, 또 납정절표(納旌節表)에 "신의 장형(長兄) 국
왕(國王) 정(晸)은 지난 광계(光啓) 3년 7월 5일에 갑자기 성대(聖代)를 버
리니, 신의 질(姪) 요(嶢)가 출생 후 아직 돌도 되지 못하였으므로 신의 중
형(仲兄) 황(晃)이 임시로 나라를 다스리다가 그도 2년이 못 되어 세상을
떠나게 되었습니다"고 하였다. 이로 보면 경문왕(景文王)의 휘는 응(凝)인
데 본기(本記)에는 응렴(膺廉)이라 하였고, 진성왕(眞聖王)의 휘는 탄(坦)
인데, 본기에는 만(曼)이라 하였고, 또 정강왕(定康王)은 광계(光啓) 3년에
죽었는데 본기에는 2년에 죽었다고 하니 어느 것이 옳은지 알 수 없다〕. 대
사령을 내리고 여러 주군(州郡)의 1년간 조세를 면제하였다. 황룡사에 백고
좌를 베풀고 왕이 친히 가서 불법을 들었다. 겨울에 눈이 오지 않았다.

2년(888) 봄 2월, 소량리(少梁里)에서 돌이 저절로 움직였다. 왕이 전부
터 각간 위홍(魏弘)과 가까이 지내더니 이때에 이르러 위홍을 내전(內殿)에
불러들여 일을 맡겼다. 이어서 그에게 명령하여 대구화상(大矩和尙)과 더불
어 향가(鄕歌)를 수집케 하고, 책이름은 삼대목(三代目)이라고 하였다. 위
홍이 죽으니 혜성대왕(惠成大王)으로 추시(追諡)하였다. 이후로 몰래 소년
미남자 2, 3명을 끌어들여 음란(淫亂)하며, 그 사람에게 요직을 주어 국정을
위임하니 이로 말미암아 아첨하는 무리가 뜻을 펴고, 뇌물이 공공연히 거래
되어 상(賞)과 벌(罰)이 공평하지 못하고 기강이 해이하였다〔때마침 어떤

무명씨(無名氏)가 시정(時政)을 비난하는 글을 만들어 한길에 걸어 놓으니 왕은 사람을 시켜 수색하였으나 잡히지 않았다. 어떤 자가 왕에게 아뢰기를 "이는 반드시 불우한 문인의 소행일 것입니다. 아마도 대야주(大耶州) 은사(隱士) 거인(巨仁)이 아닌가 합니다" 하였다. 왕은 명령하여 거인을 잡아 서울 감옥에 가두고 장차 형을 내리려 하자, 거인은 분하고 원통하여 감옥의 벽에 시를 썼다. 그 시에 "우공(于公)이 통곡하자 3년이 가물고 추연(鄒衍)이 슬퍼하자 5월에 서리로다. 오늘날 내 수심 이와 같아라. 하느님 말이 없어 아득만 하네"라 하였다. 그날 저녁에 갑자기 안개가 끼고 천둥치며 우박이 쏟아지니 왕은 두려워하여 거인을 석방시켜 돌려보냈다]. 3월 초하루 무술일(戊戌日)에 일식이 있었다. 왕이 몸이 불편하여 죄수를 조사하여 사형이하는 특사하고 도승(度僧) 60인을 허락하였더니 왕의 병이 드디어 나았다. 여름 5월, 가물었다.

3년 국내의 여러 주군에서 공세(貢稅)를 바치지 않아 국고가 비고 재정이 핍박하므로 왕은 사자를 보내어 독촉하여 이로 말미암아 도둑이 벌떼처럼 일어났다. 이때 원종(元宗)·애노(哀奴) 등이 사벌주(沙伐州)에 의거하여 반역하니 왕은 내마 영기(令奇)를 시켜 잡아들이게 하였다. 영기는 적의 진지를 바라보고 겁내어 나아가지 못하고, 촌주(村主) 우연(祐連)만이 힘껏 싸우다 죽었다. 왕은 칙지를 내려 영기를 베어 죽이고, 우연의 아들이 나이 10여 세이므로 그 아버지를 계승하여 촌주가 되게 하였다.

4년 봄 정월, 햇무리가 다섯 겹으로 둘렀다. 15일 황룡사에 거둥하여 등불을 관람하였다.

5년 겨울 10월, 북원(北原)의 적괴(賊魁) 양길(梁吉)이 그의 부장 궁예(弓裔)를 보내어 100여 명의 기병을 거느리고 북원의 동쪽 부락과 명주(溟州) 관내인 주천(酒泉) 등 10여 군현을 습격하였다. 궁예는 헌안왕(憲安王)의 아들이다.

6년 완산(完山)의 적 견훤(甄萱)이 주(州)를 점령하고 후백제(後百濟)라 자칭하니 무주(武州) 동남의 군현이 항복하여 그에게 소속되었다.

7년 병부시랑(兵部侍郞) 김처회(金處誨)를 당(唐)에 보내어 정절(旌節: 당나라가 선왕(先王)에게 준 것)을 바치게 하였는데 일행이 모두 바다에 빠져 죽었다.

8년 봄 2월, 최치원(崔致遠)이 시무(時務) 10여 조를 올리니 왕은 아름답게 받아들이고 치원에게 아찬을 제수하였다. 겨울 10월, 궁예가 북원(北原)에서 하슬라(何瑟羅)로 들어갔는데, 그 무리가 600여 명에 달하여 장군이라 자칭하였다.

  9년 가을 8월, 궁예가 저족(猪足)·생천(牲川) 두 고을을 쳐서 빼앗고, 또 한주(漢州) 관내에 있는 부약(夫若)·철원(鐵圓) 등 10여 군현을 깨뜨렸다. 겨울 10월, 헌강왕(憲康王)의 서자(庶子) 요(嶢)를 세워 태자로 삼았다. 전에 헌강왕이 사냥을 가다가 길가에서 얼굴이 아름다운 한 여자를 보고 마음에 들어 후거(後車)에 싣고 행궁(行宮)에 와서 야합(野合)하였는데 곧 태기가 있어 아들을 낳았다. 그 아이가 성장하면서 체모가 영특했으며, 이름은 요(嶢)라 하였다. 때마침 진성왕이 듣고 궁 안으로 불러들여 손으로 그 등을 어루만지며 "나의 형제 자매가 골상(骨相)이 남다른 점이 있다. 이 아이가 등뒤에 두 뼈가 솟았으니 헌강왕의 아들이 분명하다" 하고 관리에게 명령하여 예를 갖추어 높은 지위를 봉하게 하였다.

  10년, 적이 서·남쪽에서 일어나 붉은 바지를 입고 특이하게 구니 사람들이 적과적(赤袴賊)이라 칭하였다. 그들이 주·현을 무찌르고 서울의 서부인 모량리(牟梁里)까지 와서 민가를 약탈하여 갔다.

  11년 여름 6월, 왕은 좌우(左右)를 돌아보며 "근년 이래로 백성이 곤궁해지면 도둑이 봉기하니 이는 다 나의 부덕한 수치다. 어진이에게 왕위를 사양키로 하여 내 뜻이 결정되었다" 하고 위를 태자 요(嶢)에게 선위(禪位)하였다. 사신을 당(唐)에 보내어 표를 올리기를 "신 모(某)는 아룁니다. 희중(羲仲)의 관직에 처하는 것은 신의 본분이 아니옵고, 연릉계자(延陵季子)의 절개를 지키는 것만이 좋은 생각이라 믿습니다. 신의 조카 요(嶢)는 신의 망형(亡兄) 정(晸)의 아들로 나이는 지학(志學)에 가깝고 인품은 종사(宗社)를 일으킬 만하므로 밖에서 구하지 아니하고 드디어 안에서 등용하여 정사를 대행케 하여 나라의 재앙을 진정시키려는 바입니다" 하였다. 겨울 12월 을사일(乙巳日), 왕이 북궁(北宮)에서 죽으니 시호를 진성(眞聖)이라 하고 황산(黃山)에 장사지냈다.

三國史記 卷 第 十一

新羅本紀 第 十一 文聖王 憲安王 景文王 憲康王 定康王 眞聖王

　　文聖王立 諱慶膺 神武王太子 母貞繼夫人(一云 定宗太后) 八月 大赦 敎曰 淸海鎭大使弓福 嘗以兵助神考 滅先朝之巨賊 其功烈可忘耶 乃拜爲鎭海將軍 兼賜章服.
　　二年 春正月 以禮徵爲上大等 義琮爲侍中 良順爲伊飡 自夏四月至六月 不雨 唐文宗勅鴻臚寺 放還質子及年滿合歸國學生共一百五人 冬饑.
　　三年 春 京都疾疫 一吉飡弘弼謀叛 事發逃入海島 捕之不獲 秋七月 唐武宗 勅 歸國新羅官前入新羅 宣慰副使充(按冊府元龜及舊唐書 充上有前字)兗州都督府司馬賜緋漁袋金雲卿 可淄州長史仍爲使 冊王爲開府儀同三司檢校太尉使持節大都督鷄林州諸軍事 兼 持節充寧海軍使上柱國新羅王 妻朴氏爲王妃.
　　四年 春三月 納伊(倂 當作伊)飡魏昕之女爲妃.
　　五年 春正月 侍中義琮病免 伊飡良順爲侍中 秋七月 五虎入神宮園.
　　六年 春二月甲寅朔 日有食之 太白犯鎭星 三月 京都雨雹 侍中良順退 大阿飡金茹爲侍中 秋八月 置穴口鎭 以阿飡啓弘爲鎭頭.
　　七年 春三月 欲娶淸海鎭大使弓福女爲次妃 朝臣諫曰 夫婦之道 人之大倫也 故夏以塗山興 殷以藜氏昌 周以褒姒滅 晉以驪姬亂 則國之存亡 於是乎在 其可不愼乎 今弓福海島人也 其女豈可以配王室乎 王從之 冬十一月 雷 無雪 十二月朔 三日並出.
　　八年 春 淸海弓福 怨王不納女 據鎭叛 朝廷將討之 則恐有不測之患 將置之 則罪不可赦 憂慮不知所圖 武州人閻長者 以勇壯 聞於時 來告曰 朝廷幸聽臣 臣不煩一卒 持空拳 以斬弓福以獻 王從之 閻長佯叛國 投淸海 弓福愛壯士 無所猜疑 引爲上客 與之飮極歡 及其醉 奪弓福劍 斬訖 召其衆說之 伏不敢動.
　　九年 春二月 重修平議 臨海二殿 夏五月 伊飡良順 波珍飡興宗等叛 伏誅 秋八月 封王子爲王太子 侍中金茹卒 伊飡魏昕爲侍中.
　　十年 春夏 旱 侍中魏昕退 波珍飡金啓明爲侍中 冬十月 天有聲如雷.
　　十一年 春正月 上大等禮徵卒 伊飡義正爲上大等 秋九月 伊飡金式 大昕等叛 伏誅 大阿飡昕隣緣坐罪.

十二年 春正月 土星入月 京都雨土 大風拔木 赦獄囚誅(誅 當作殊)死已下.

　十三年 春二月 罷淸海鎭 徙其人於碧骨郡 夏四月 隕霜 入唐使阿湌元弘 賚佛經幷佛牙來 王出郊迎之.

　十四年 春二月 波珍湌眞亮爲熊川(川 當作州)都督 調府火 秋七月 重修鳴鶴樓 冬十一月 王太子卒.

　十五年 夏六月 大水 秋八月 西南州郡蝗.

　十七年 春正月 發使 撫問西南百姓 冬十二月 珍閣省災 土星入月.

　十九年 秋九月 王不豫 降遺詔曰 寡人以眇末之資 處崇高之位 上恐獲罪於天鑑 下慮失望於人心 夙夜兢兢 若涉淵冰 賴三事大夫 百辟卿士左右挾維 不墜重器 今者 忽染疾疹 至于旬日 恍惚之際 恐先朝露 惟祖宗之大業 不可以無主 軍國之萬機 不可以暫廢 顧惟舒弗邯誼靖 先皇之令孫 寡人之叔父. 孝友明敏 寬厚仁慈 久處古(古 恐當作台)衡 挾贊王政 上可以祗奉宗廟 下可以撫育蒼生 爰釋重負 委之賢德 付託得人 夫復何恨 況生死始終 物之大期 壽夭修短 命之常分 逝者可以達理 存者不必過哀. 伊爾多士 竭力盡忠 送往事居 罔或違禮 布告國內 明知朕懷 越七日 薨 諡曰文聖 葬于孔雀趾.

　憲安王立 諱誼靖(一作 祐靖) 神武王之異母弟也 母照明夫人 宣康王之女 以文聖顧命 卽位 大赦 拜伊湌金安爲上大等.

　二年 春正月 親祀神宮 夏四月 降霜 自五月至秋七月 不雨 唐城郡南河岸 有大魚出 長四十步 高六丈.

　三年 春 穀貴 人饑 王遣使賑救 夏四月 敎修完隄防 勸農.

　四年 秋九月 王會群臣於臨海殿 王族膺廉 年十五歲 預坐焉 王欲觀其志 忽問曰 汝游學有日矣 得無見善人者乎 答曰 臣嘗見三人 竊以爲有善行也 王曰何如 曰 一高門子弟 其與人也 不自先 而處於下 一家富於財 可以侈衣服 而常以麻紵自喜 一有勢榮 而未嘗以其勢加人 臣所見如此 王聞之默然 與王后耳語曰 朕閱人多矣 無如膺廉者 意以女妻之 顧謂膺廉曰 願郞自愛 朕有息女 使之薦枕 更置酒同飮 從容言曰 吾有二女 兄今年二十歲 弟十九歲 惟郞所娶 膺廉辭不獲 起拜謝 便歸家告父母 父母言 聞王二女容色 兄不如弟 若不得已 宜娶其弟 然尙疑未決 乃問興輪寺僧 僧曰 娶兄則有三益 弟則反是有三損 膺廉乃奏 臣不敢自決 惟王命是從 於是 王長女出降焉.

　五年 春正月 王寢疾彌留 謂左右曰 寡人不幸無男子有女 吾邦故事 雖有善德

眞德二女主 然近於牝雞之晨 不可法也 甥膺廉 年雖幼少 有老成之德 卿等立而事之 必不墜祖宗之令緖 則寡人死且不朽矣 是月二十九日 薨 諡曰憲安 葬于孔雀趾.

景文王立 諱膺廉(膺一作疑) 僖康王子啓明阿飡之子也 母曰光和(一云 光義)夫人 妃金氏 寧花夫人.

元年 三月 王御武平門 大赦.

二年 春正月 以伊飡金正爲上大等 阿飡魏珍(珍 下文作珍 字典元無珍字 蓋訛刻也)爲侍中 二月 王親祀神宮 秋七月 遣使如唐 貢方物 八月 入唐使阿飡富良等一行人溺沒.

三年 春二月 王幸國學 令博士已下 講論經義 賜物有差 冬十月 桃李華 十一月 無雪 納寧花夫人弟爲次妃 異日 王問興輪寺僧曰 師前所謂三益者何也 對曰 當時王及王妃 喜其如意 寵愛浸深一也 因此得繼大位二也 卒得娶嚮所求季女三也 王大笑.

四年 春二月 王幸感恩寺望海 夏四月 日本國使至.

五年 夏四月 唐懿宗降使 太子右諭德御史中丞胡歸厚 使副光祿主簿兼監察御史裵光等 弔祭先王 兼賻贈一千匹 册立王爲開府儀同三司檢校太尉持節大都督雞林州諸軍事上柱國新羅王 仍賜王官誥一道 旌節一副 錦綵五百匹 衣二副 金銀器七事 賜王妃錦綵五十匹 衣一副 銀器二事 賜王太子錦綵四十匹 衣一副 銀器一事 賜大宰相錦綵三十匹 衣一副 銀器一事 賜次宰相錦綵二十匹 衣一副 銀器一事.

六年 春正月 封王考爲懿恭大王 母朴氏光和夫人爲光懿王太后 夫人金氏爲文懿王妃 立王子晸爲王太子 十五日 幸皇龍寺看燈 仍賜燕百寮 冬十月 伊飡允興與弟叔興 季興謀逆 事發覺走岱山郡 王命追捕 斬之夷一族.

七年 春正月 重修臨海殿 夏五月 京都疫 秋八月 大水 穀不登 冬十月 發使分道撫問 十二月 客星犯太白.

八年 春正月 伊飡金銳 金鉉等 謀叛伏誅 夏六月 震皇龍寺塔 秋八月 重修朝元殿.

九年 秋七月 遣王子蘇判金胤等 入唐 謝恩兼進奉馬二匹 麩金一百兩 銀二百兩 牛黃十五兩 人蔘一百斤 大花魚牙錦一十匹 小花魚牙錦一十匹 朝霞錦二十

匹 四十升白氎布四十匹 三十升紵衫段四十匹 四尺五寸頭髮百五十兩 三尺五寸頭髮三百兩 金釵頭五色綦帶 幷班胷各一十條 鷹金鎖鏇子幷紛鐙紅韜二十副 新樣鷹金鎖鏇子紛鐙五色韜三十副 鷹銀鎖鏇子紛鐙紅韜二十副 新樣鷹銀鎖鏇子紛鐙五色韜三十副 鷂子銀鎖鏇子紛鐙紅韜二十副 新樣鷂子銀鎖鏇子紛鐙五色韜三十副 鷂子銀鎖鏇子紛鐙紅韜二十副 新樣鷂子銀鎖鏇子紛鐙五色韜三十副 金花鷹鈴子二百顆 金花鷂子鈴子二百顆 金鏤鷹尾筒五十雙 金鏤鷂子尾筒五十雙 銀鏤鷹尾筒五十雙 銀鏤鷂子尾筒五十雙 繫鷹緋纈皮一百雙 繫鷂子緋纈皮一百雙 瑟瑟鈿金針筒三十具 金花銀針筒三十具 針一千五百 又遣學生李同等三人 隨進奉使金胤 入唐習業 仍賜買書銀三百兩.

　十年 春二月 遣沙湌金因 入唐宿衛 夏四月 京都地震 五月 王妃卒 秋七月 大水 冬無雪 國人多疫.

　十一年 春正月 王命有司 改造皇龍寺塔 二月 重修月上樓.

　十二年 春正月 親祀神宮 夏四月 京師地震 秋八月 國內州郡蝗害穀.

　十三年 春 民饑且疫 王發使賑救 秋九月 皇龍寺塔成 九層 高二十二丈.

　十四年 春正月 上大等金正卒 以侍中魏珍爲上大等 藺興爲侍中 夏四月 唐僖宗 降使宜諭 五月 伊湌近宗 謀逆犯闕 出禁軍擊破之 近宗與其黨夜出城 追獲之車裂 秋九月 重修月正堂 崔致遠在唐登科.

　十五年 春二月 京都及國東地震 星孛于東 二十日乃滅 夏四月 龍見于宮井 須臾雲霧四合飛去 秋七月八日 王薨 諡曰景文.

　憲康王立 諱晸 景文王之太子 母文懿王后 妃懿明夫人 王性聰敏 愛看書 目所一覽 皆誦於口 卽位 拜伊湌魏弘爲上大等 大阿湌乂謙爲侍中 大赦 內外殊死已下.

　二年 春二月 皇龍寺齋僧 設百高座 講經 王親幸聽之 秋七月 遣使入唐貢方物.

　三年 春正月 我太祖大王生於松岳郡.

　四年(年 舊本作月 誤也) 夏四月 唐僖宗降使 冊封王爲使持節開府儀同三司檢校太尉大都督雞林州諸軍事新羅王 秋七月 遣使朝唐 聞黃巢賊起 乃止 八月 日本國使至 王引見於朝元殿.

　五年 春二月 幸國學 命博士已下講論 三月 巡幸國東州郡 有不知所從來.

四人 詣駕前歌舞(舞 舊本作歌 誤也) 形容可駭 衣巾詭異 時人謂之山海精靈 (古記謂王卽位元年事)夏六月 一吉湌信弘叛 伏誅 冬十月 御遵禮門觀射 十一月 獵穴城原.

六年 春二月 太白犯月 侍中乂謙退 伊湌敏恭爲侍中 秋八月 熊州進嘉禾 九月九日 王與左右登月上樓 四望 京都民屋相屬 歌吹連聲 王顧謂侍中敏恭曰 孤聞今之民間 覆屋以瓦不以茅 炊飯以炭不以薪 有是耶 敏恭對曰 臣亦甞聞之如此 因奏曰 上卽位以來 陰陽和風雨順 歲有年民足食 邊境謐靜 市井歡娛 此聖德之所致也 王欣然曰 此卿等輔佐之力也 朕何德焉.

七年 春三月 燕群臣於臨海殿 酒酣上鼓琴 左右各進歌詞 極歡而罷.

八年 夏四月 日本國王遣使 進黃金三百兩 明珠一十箇 冬十二月 枯彌縣女一產三男.

九年 春二月 王幸三郎寺 命文臣 各賦詩一首.

十一年 春二月 虎入宮庭 三月 崔致遠還 冬十月 壬子 太白晝見 遣使入唐賀破黃巢賊.

十二年 春 北鎭奏 狄國人入鎭 以片木掛樹而歸 遂取以獻 其木書十五字云 寶露國與黑水國人 共向新羅國和通 夏六月 王不豫 赦國內獄囚 又於皇龍寺 設百高座 講經 秋七月五日 薨 謚曰憲康 葬菩提寺東南.

定康王立 諱晃 景文王之第二子也 八月 拜伊湌俊興爲侍中 國西旱且荒.

二年 春正月 設百座於皇龍寺 親幸聽講 漢州伊湌金蕘叛 發兵誅之 夏五月 王疾病 謂侍中俊興曰 孤之病革矣 必不復起 不幸無嗣子 然妹曼天資明銳 骨法似丈夫 卿等宜倣善德 眞德古事 立之可也 秋七月五日 薨 謚曰定康 葬菩提寺東南.

眞聖王立 諱曼 憲康王之女弟也 (崔致遠文集第二卷 謝追贈表云 臣坦言伏奉制旨 追贈亡父臣凝 爲太師 亡兄臣晸爲太傅 又納旌節表云 臣長兄國王晸 以去光啓三年七月五日 奄御(御與馭通)聖代 臣姪男嶢 生未周晬 臣仲兄晃 權統藩垣 又未經朞月 遠謝明時 以此言之 景文王諱凝 本紀則云膺廉 眞聖王諱坦 本紀則云曼 又定康王晃 以光啓三年薨 本紀謂二年薨 皆不知孰是. 大赦 復諸州郡一年租稅 設百座皇龍寺 親幸聽法 冬 無雪.

二年 春二月 少梁里石自行 王素與角干魏弘通 至是 常入內用事 仍命與大矩和尙 修集鄕歌 謂之三代目云 及魏弘卒 追諡爲惠成大王 此後 潛引少年美丈夫兩三人. 淫亂 仍授其人以要職 委以國政 由是 侫倖肆志 貨賂公行 賞罰不公 紀綱壞弛 時有無名子 欺謗時政 搆辭 榜於朝路 王命人搜索 不能得 或告王曰 此必文人不得志者所爲 殆是大耶州隱者巨仁耶 王命拘巨仁京獄 將刑之 巨仁憤怨 書於獄壁曰 于公慟哭三年旱 鄒衍含悲五月霜 今我幽愁還似古 皇天無語但蒼蒼 其夕 忽雲霧震雷雨雹 王懼 出巨仁放歸 三月戊戌朔 日有食之 王不豫 錄囚徒 赦殊死已下 許度僧六十人 王疾乃瘳 夏五月 旱.

三年 國內諸州郡 不輸貢賦 府庫虛竭 國用窮乏 王發使督促 由是 所在盜賊蜂起 於是 元宗 哀奴等 據沙伐州叛 王命奈麻令奇捕捉 令奇望賊壘 畏不能進 村主祐連 力戰死之 王下勅斬令奇 祐連子年十餘歲 嗣爲村主.

四年 春正月 日暈五重 十五日 幸皇龍寺看燈.

五年 冬十月 北原賊帥梁吉 遣其佐弓裔 領百餘騎 襲北原東部落及溟州管內酒泉等十餘郡縣.

六年 完山賊甄萱 據州自稱後百濟 武州東南郡縣降屬.

七年 遣兵部侍郎金處誨遣唐納旌節 沒於海.

八年 春二月 崔致遠 進時務一十餘條 王嘉納之 拜致遠爲阿湌 冬十月 弓裔自北原入何瑟羅 衆至六百餘人 自稱將軍.

九年 秋八月 弓裔擊取猪是(是 當作足) 狌川二郡 又破漢州管內夫若 鐵圓等十餘郡縣 冬十月 立憲康王庶子嶢爲太子 初憲康王觀獵 行道傍見一女子 姿質佳麗 王心愛之 命後車載 到帷宮野合 卽有娠而生子 及長體貌魁傑 名曰嶢 眞聖聞之 喚入內 以手撫其背曰 孤之兄弟姊妹 骨法異於人 此兒背上 兩骨隆起 眞憲康王之子也 仍命有司 備禮封崇.

十年 賊起國西南 赤其袴以自異 人謂之赤袴賊 屠害州縣 至京西部牟梁里 劫掠人家而去.

十一年 夏六月 王謂左右曰 近年以來 百姓因窮 盜賊蜂起 比孤之不德也 避賢讓位 吾意決矣 禪位於太子嶢 於是 遣使入唐表奏曰 臣某言 居羲仲之官 非臣素分 守延陵之節 是臣良圖 以臣姪男嶢 是臣亡兄晸息 年將志學 器可與宗 不假外求 爰從內擧 近已俾權藩寄 用靖國災 冬十二月乙巳 王薨於北宮 諡曰眞聖 葬于黃山.

삼국사기 권 제12

신라본기(新羅本紀) **제12**

효공왕(孝恭王), 신덕왕(神德王), 경명왕(景明王), 경애왕(景哀王), 경순왕(敬順王)

효공왕(孝恭王)

효공왕(孝恭王)이 즉위하니 휘는 요(嶢), 헌강왕(憲康王)의 서자(庶子)이며, 어머니는 김씨이다. 대사령을 내리고 문무백관에게 관작 1계급씩을 올려 주었다.

2년(898) 봄 정월, 어머니 김씨를 추존하여 의명왕태후(義明王太后)로, 서불한 준흥(俊興)을 상대등으로, 아찬 계강(繼康)을 시중으로 삼았다. 가을 7월, 궁예가 패서도(浿西道) 및 한산주(漢山州) 관내에 있는 30여 성을 빼앗고 드디어 송악군(松岳郡)에 수도(首都)를 정하였다.

3년 봄 3월, 이찬 예겸(乂謙)의 딸을 맞아들여 왕비로 삼았다. 가을 7월, 북원(北原)의 적괴 양길(梁吉)이 궁예가 자기를 배반할까 꺼리어 국원 등 10여 성주(城主)와 상의하고 공격을 가하여 비뇌성(非惱城) 아래로 진군하였으나 마침내 패하여 달아났다.

4년 겨울 10월, 국원·청주(菁州)·괴양(槐壤)의 적괴 청길(淸吉)·신훤(莘萱) 등이 성(城)을 바쳐 궁예에게 항복하였다.

5년 궁예가 자칭 왕이 되었다. 가을 8월, 후백제왕(後百濟王) 견훤(甄萱)이 대야성(大耶城)을 공격하였으나 이기지 못하고 금성(錦城) 군사를 남으로 옮겨 변방 부락을 약탈하고 돌아갔다.

6년 봄 3월, 서리가 내렸다. 대아찬 효종(孝宗)을 시중으로 삼았다.

7년, 궁예는 도읍을 옮기려고 철원(鐵圓)·부양(斧壤) 등지의 산수를 주람(周覽)하였다.

8년, 궁예가 백관을 설치하는데 신라의 제도를 따랐다. 국호는 마진(摩震), 연호는 무태(武泰) 원년(元年)이라 하였다. 패강도(浿江道)의 10여 주·현이 궁예에게 항복하였다.

9년 봄 2월, 별이 비와 같이 떨어졌다. 여름 4월, 서리가 내렸다. 가을 7월, 궁예가 도성을 철원으로 옮겼다. 8월, 궁예가 군사를 보내어 우리 변읍(邊邑)을 약탈하여 죽령(竹嶺) 동북에 이르니, 왕은 국토가 날로 삭감(削減)됨을 듣고 심히 걱정하였으나 막아낼 힘이 없어 여러 성주(城主)에게 명령하기를 "부디 출전하지 말고 성벽을 굳게 지키라" 하였다.

10년 봄 정월, 파진찬 김성(金成)을 상대등으로 삼았다. 3월, 앞서 당에 들어가 급제한 김문울(金文蔚)이 공부원외랑기왕부자의참군(工部員外郎沂王府諮議參軍)의 관직에 있다가 책명사(册命使)로 보직되어 본국으로 돌아왔다. 여름 4월에서 5월까지 비가 오지 않았다.

11년 봄·여름 비가 오지 않았다. 일선군(一善郡) 이남의 10여 성을 다 견훤에게 빼앗겼다.

12년 봄 2월, 패성(孛星)이 동쪽에 나타났다. 3월, 서리가 내렸다. 여름 4월, 우박이 내렸다.

13년 여름 6월, 궁예가 장수로 하여금 병선을 출진시켜 진도군(珍島郡)을 항복시키고 또 고이도성(皐夷島城)을 깨뜨리게 하였다.

14년, 견훤이 친히 보기병(步騎兵) 3,000명을 거느리고 나주성(羅州城)을 포위하여 열흘이 되도록 풀지 않으므로 궁예가 수군(水軍)을 발동하여 쳐부수니 견훤이 군사를 이끌고 물러갔다.

15년 봄 정월 초하루 병술일(丙戌日)에 일식이 있었다. 왕이 천첩(賤妾)에게 빠져 정사를 돌보지 않으므로 대신(大臣) 은영(殷影)이 간(諫)하였으나 듣지 않는지라 은영은 그 첩(妾)을 잡아다가 죽였다. 궁예가 국호를 고쳐 태봉(泰封)이라 하고 연호를 수덕만세(水德萬歲)라 하였다.

16년 여름 4월, 왕이 죽으니 시호를 효공(孝恭)이라 하고 사자사(師子寺)

북쪽에 장사지냈다.

신덕왕(神德王)

신덕왕(神德王)이 즉위하니 성은 박씨요, 휘는 경휘(景暉), 아달라왕(阿達羅王)의 후손이다. 아버지 예겸(乂兼 : 혹은 예겸(銳謙))은 정강대왕(定康大王)을 섬겨 대아찬이 되었다. 어머니는 정화부인(貞和夫人)이요, 비는 김씨니 헌강대왕(憲康大王)의 딸이다. 효공왕이 죽고 아들이 없으므로 나라 사람들이 추대하여 즉위하였다.

원년(912) 5월, 아버지를 추존(追尊)하여 선성대왕(宣聖大王)으로, 어머니를 정화태후(貞和太后)로 삼았으며, 비(妃)를 의성왕후(義成王后)로 삼았다. 아들 승영(昇英)을 세워 왕태자로 삼고 이찬 계강(繼康)을 등용하여 상대등으로 세웠다.
2년 여름 4월, 서리가 내리고, 지진이 있었다.
3년 봄 3월, 서리가 내렸다. 궁예가 수덕만세의 연호를 고쳐 정개(政開) 원년(元年)이라 하였다.
4년 여름 4월, 참포(槧浦)의 물이 동해(東海)의 물과 서로 부딪쳐 물결이 20길을 솟구치다가 3일 만에 그쳤다.
5년 가을 8월, (후백제의) 견훤이 대야성(大耶城)을 공격하였으나 이기지 못하였다. 겨울 10월, 지진이 있었는데 우레소리 같았다.
6년 봄 정월, 태백성(太白星)이 달에 부딪쳤다. 가을 7월, 왕이 죽으니 시호를 신덕(神德)이라 하고 죽성(竹城)에 장사지냈다.

경명왕(景明王)

경명왕(景明王)이 즉위하니 휘는 승영(昇英)이요 신덕왕(神德王)의 태자이며, 어머니는 의성왕후(義成王后)이다.

원년(917) 가을 8월, 왕제(王弟)인 이찬 위응(魏膺)을 등용하여 상대등으로 삼고 대아찬 유렴(裕廉)을 시중으로 삼았다.

2년 봄 2월, 일길찬 현승(玄昇)이 반역하여 사형을 받았다. 여름 6월, 궁예의 막하(幕下) 인심이 갑자기 변하여 태조(太祖:王建)를 추대하니 궁예는 달아나다 자기 부하에게 피살되었다. 가을 7월, 상주(尙州)의 적수(賊帥) 아자개(阿玆蓋)가 (고려에) 사신을 보내어 태조에게 항복하였다.

3년, 사천왕사(四天王寺) 소상(塑像)이 쥐고 있던 활 시위가 저절로 끊어지고 벽에 그린 개가 짖는 듯한 소리를 냈다. 상대등 김성(金成)을 각간(角干)으로 삼고, 시중 언옹(彦邕)을 사찬으로 삼았다. 우리(고려) 태조는 도성(都城)을 송악군(松岳郡:開城)으로 옮겼다.

4년 봄 정월, 왕은 (고려) 태조와 사절(使節)을 교환하고 우호(友好)의 인사를 닦았다. 2월, 강주(康州:晉州) 장군 윤웅(閏雄)이 태조에게 항복하였다. 겨울 10월, 후백제왕(後百濟王) 견훤이 보기병(步騎兵) 1만 명을 거느리고 와서 대야성(大耶城)을 쳐 함락하고 진례성(進禮城)에 진군하니, 왕은 아찬 김률(金律)을 (고려에) 보내어 태조에게 구원을 청하였다. 태조는 장수를 보내어 구원하니 견훤이 소식을 듣고 이내 떠났다.

5년 봄 정월, 김률이 왕에게 아뢰기를 "신이 지난해 사명을 받들고 고려에 갔을 적에 고려 왕이 신에게 묻기를 '신라에 세 가지 보배가 있다고 들었소. 그것은 이른바 장륙존상(丈六尊像), 구층탑(九層塔) 및 성대(聖帶:眞平王옥대)를 말하는데 상과 탑은 지금도 있는 줄 알지만, 성대도 지금까지 남아 있소?' 하므로 신은 대답을 못하였습니다" 하였다. 왕은 듣고 여러 신하들에게 "그 성대는 어떠한 보물이냐"고 물었으나 잘 아는 자가 없었다. 때마침 황룡사(皇龍寺)에 나이 90을 넘은 승려가 있어 "내가 일찍이 들으니 보대(寶帶)는 바로 진평왕(眞平王)이 띠시던 것으로 역대에 전하여 지금 남고(南庫)에 비장되어 있다고 합니다" 하므로 왕은 드디어 곳간을 열게 하였으나 볼 수 없어서 다시 날을 가려 재계하고서야 볼 수 있었다. 그 띠는 금과 옥으로 장식하고 길이가 매우 길어 보통 사람은 띨 수도 없는 것이었다.

사신(史臣)은 논한다.

옛적에 명당(明堂)에 좌정하고 전국(傳國)의 옥새(玉璽)를 쥐고 구정(九鼎)을 벌여 놓고 한 것이 제왕의 성사(盛事)인 것도 같았다. 그러나 한유(韓愈)는 '천인(天人)의 마음을 돌이키고 태평(太平)의 터전을 이룩하는 것은 결코 위에 말한 삼기(三器)가 하는 것은 아니다'라고 논평하였으니, 삼기(三器)를 내세워 중하게 여기는 것은 과장하는 자의 언사에 불과하다. 하물며 이 신라의 이른바 삼보(三寶)는 역시 인위적인 사치에서 나온 것일 따름인데, 국가를 다스리는 데 있어 이것이 무엇에 필요한가? 맹자(孟子) 말씀에 '제후(諸侯)의 보배가 셋이니 토지(土地), 인민(人民), 정사(政事)다' 하였고, 초서(楚書)에 '초나라는 보배로 삼는 것이 아무것도 없고 오직 선(善)을 보배로 삼는다'고 하였다. 이것은 안에서 행하면 일국(一國)을 착하게 할 수 있고, 밖으로 미루어 나가면 천하를 윤택하게 할 것이니 이밖에 다시 무엇을 보배라 하겠는가. (우리) 태조는 신라(新羅) 사람의 말을 듣고 물어본 것이지 그것을 존숭(尊崇)히 여겨서 그런 것은 아니다.

2월, 말갈의 별부(別部) 달고(達姑)의 무리가 와서 북변을 침략하였다. 그때 태조의 장수 견권(堅權)이 삭주(朔州)를 지키다가 기병을 거느리고 가쳐서 크게 깨뜨려 한 필의 말도 돌려보내지 않았다. 왕이 기뻐하여 사신을 보내어 편지로 태조에게 사례하였다. 여름 4월, 서울에 큰바람이 불어서 나무가 뽑혔다. 가을 8월, 황충이 일고 가물었다.

6년 봄 정월, 하지성(下枝城: 安東郡豊山面)의 장군 원봉(元逢)과 명주(溟州)의 장군 순식(順式)이 (고려) 태조에게 항복하였다. 태조는 그 귀순을 생각하여 원봉의 본성을 순주(順州)라 하고 순식에게는 성(姓)을 내려 왕씨(王氏)라 하였다.

이 달, 진보성(眞寶城) 장군 홍술(洪述)이 태조에게 항복하였다.

7년 가을 7월, 명지성(命旨城) 장군 성달(城達), 경산부(京山府) 장군 양문(良文)이 태조에게 항복하였다. 왕은 창부시랑(倉部侍郎) 김락(金樂), 녹사참군(錄事參軍) 김유경(金幼卿)을 후당(後唐)에 보내 조회(朝會)하고 토산물을 바치니, 당(唐) 장종(莊宗)은 사신들에게 등급을 나누어 물건을 내려주었다.

8년 봄 정월, 사신을 후당에 보내어 조공하였다. 천주절도사(泉州節度使) 왕봉규(王逢規)도 후당에 사신을 보내어 토산물을 바쳤다.

여름 6월, 조산대부 창부시랑(朝散大夫 倉部侍郎) 김악(金岳)을 후당에 보내어 조공하니 당 장종은 조의대부시위위경(朝議大夫試衛尉卿)의 직을 제수하였다. 가을 8월, 왕이 죽으니 시호를 경명(景明)이라 하고 황복사(黃福

寺) 북쪽에 장사지냈다. 태조가 사신을 보내어 조제(弔祭)하였다.

경애왕(景哀王)

경애왕(景哀王)이 즉위하니 휘는 위응(魏膺)이요, 경명왕(景明王)의 동복 아우이다.

원년(924) 가을 9월, 사신을 보내어 태조에게 빙문(聘問)하였다. 겨울 10월, 친히 신궁에 제사지냈다. 대사령을 내렸다.
2년 겨울 10월, 고울부(高鬱府) 장군 능문(能文)이 태조에게 항복하므로 고맙게 타일러 돌려보냈다. 그 성이 신라의 서울과 아주 가까운 까닭이었다. 11월, 후백제주(後百濟主) 견훤이 자기 조카 진호(眞虎)를 고려(高麗)에 볼모잡히니 왕은 듣고 사신을 보내어 (고려) 태조에게 말하기를 "견훤이 본래 간사하여 반복(反覆)이 많으니 화친해서는 안된다"고 하였다. 태조도 그렇게 여겼다.
3년 여름 4월, 진호가 갑자기 죽으니 견훤은 "고려 사람이 일부러 죽였다"고 여기고 노하여 병력을 출동시켜 웅진(熊津)에 진군하니 태조는 여러 성에 명령하여 '굳게 지키고 나가 싸우지 말라'고 하였다. 왕은 사신을 고려에 보내어 말하기를 "견훤이 맹세를 어기고 병력을 출동하니 하늘이 결코 돕지 않을 것이오. 만약 대왕이 일고(一鼓)의 위엄을 떨친다면 견훤이 반드시 저절로 무너지고 말 것이오"라고 하니 태조는 사신에게 말하기를 "내가 견훤을 두려워하는 것이 아니라 그의 악(惡)이 가득 차서 저절로 쓰러지는 것을 기다리는 것이오"라고 하였다.
4년 봄 정월, 태조가 친히 백제를 치러 가니 왕은 군사를 내어 도와주었다. 2월, 병부시랑(兵部侍郎) 장분(張芬) 등을 후당에 보내어 조공하였더니, 후당은 장분에게 검교공부상서(檢校工部尙書)를 제수하였다. 3월, 황룡사(皇龍寺) 탑이 동요되어 북으로 기울었다. 여름 4월, 사신 임언(林彦)을 후당에 보내어 조공하니, 후당 명종은 중흥전(中興殿)으로 불러 들여 물건을 하사하였다. 강주(康州)의 관내에 있는 돌산(突山) 등 네 고을이 태조에게 귀순하였다. 가을 9월, 견훤이 고울부(高鬱府 : 지금의 永川郡)에서 우리 군사를 침범하므로 왕은 (고려) 태조에게 구원을 청하였고, 태조는 장수에게 강병 1만 명을 내주어 가서 구원케 하였다. 겨울 11월, 견훤은 구원병이 미처 도착하지 않은 틈을 타서 엄습하여 서울에 당도하였다. 왕은 비빈(妃嬪) 종척(宗戚)들과 더불어 포석정(鮑石亭)에서 잔치하고 놀다가 부지불각 중에 적병이 들이닥쳐 어찌할 바를 몰랐다. 왕과 왕비는 후궁으로 쫓겨 들어가고 종척 및 공경대부(公卿大夫)와 사녀(士女)들은 사방으로 흩어져 달아났다. 적병에게 사로잡힌 자는 귀천을 가릴 것 없이 모두 놀라고 두려워 엉금엉금 기어 노복(奴僕)이 되기를 애걸하였으나 해(害)를 면치 못하였다.

견훤은 군사를 풀어 공사(公私)의 재물을 다 약탈하고 자기는 궁궐에 들어가 처소를 정한 후 좌우(左右)에게 명령하여 왕을 수색케 하였다. 왕은 비첩(妃妾) 수명(數名)과 함께 후궁에 있다가 군중으로 잡혀왔다. 견훤은 왕을 핍박하여 자살케 하고, 왕비를 욕보이고, 그 부하들을 시켜 비첩들을 난음케 하고, 왕의 족제(族弟 : 金傳)를 세워 국사를 대리케 하니 그가 바로 경순왕(敬順王)이다.

경순왕(敬順王)

경순왕(敬順王)이 즉위하니 휘는 부(傅)요, 문성왕(文聖王)의 후손이며, 이찬 효종(孝宗)의 아들이다. 어머니는 계아태후(桂娥太后)이다. 경애왕(景哀王)이 죽으니 견훤의 천거로 즉위하게 되었다. 전왕의 시체를 서당(西堂)에 안치하고 여러 신하와 더불어 통곡하고 시호를 경애(景哀)라 하였으며, 남산 해목령(蟹目嶺)에 장사지냈다. (고려) 태조는 사신을 보내어 조제(弔祭)하였다.

원년(927) 겨울 11월, 아버지를 추존하여 신흥대왕(神興大王)으로 삼고 어머니로 왕태후로 삼았다. 12월, 견훤이 대목군(大木郡)에 침범하여 들에 쌓인 곡식을 다 불살랐다.

2년 정월, 고려 장군 김상(金相)이 초팔성(草八城 : 경남 합천군 초계면)의 도적 흥종(興宗)과 싸워 이기지 못하고 전사하였다. 여름 5월, 강주(康州) 장군 유문(有文)이 견훤에게 항복하였다. 6월, 지진이 있었다. 가을 8월, 견훤이 장군

관흔(官昕)을 시켜 양산성(陽山城)을 쌓으니 (고려) 태조는 명지성(命旨城) 장군 왕충(王忠)으로 하여금 군사를 거느리고 가 쳐서 쫓아냈다. 견훤이 대야성(大耶城) 아래로 나가 주둔하고 군사를 나누어 각처로 보내어 대목군의 농작물을 가져갔다. 겨울 10월, 견훤이 무곡성(武谷城)을 쳐 함락시켰다.

3년 여름 6월, 천축국(天竺國)의 삼장(三藏) 마후라(摩睺羅)가 고려에 왔다. 7월, 견훤이 의성부성(義城府城)을 치니 고려 장군 홍술(洪述)이 나가 싸우다가 이기지 못하고 죽었다. 순주(順州 : 안동 풍산) 장군 원봉(元逢)이 견훤에게 항복하자 태조가 듣고 노하였지만 원봉의 전공(前功)을 생각하여 용서하고 다만 순주를 고쳐 현을 삼았다. 겨울 10월, 견훤이 가은현(加恩縣)을 포위하였으나 이기지 못하고 돌아갔다.

4년 봄 정월, 재암성(載巖城) 장군 선필(善弼)이 고려에 아부하니 태조는 후한 예로 대접하며 상보(尙父)라 칭하였다. 처음 태조가 신라와 우호를 통하려 할 때 선필이 중간에서 인도하였다. 이때 와서 항복하므로 그의 공로를 생각하고, 또 늙은 까닭으로 이와 같이 우대하였던 것이다. 태조는 견훤과 고창군(古昌郡) 병산(甁山) 아래서 싸워 크게 이기고, 죽이고 사로잡은 자도 매우 많았다. 그에게 소속된 영안(永安)·하곡(河曲)·직명(直明)·송생(松生) 등 30여 현이 차례로 태조에게 항복하였다. 2월, (고려) 태조는 사신을 신라에 보내어 고창이 승첩(勝捷)을 고하니 왕은 이에 보답하는 동시에 서로 만나기를 청하였다. 가을 9월, 동쪽의 연해(沿海) 주·군 부락이 다 태조에게 항복하였다.

5년 봄 2월, (고려) 태조는 50여 기병을 거느리고 서울 경내에 와서 뵙기를 청하니 왕은 백관과 더불어 교외에 나아가 맞고 함께 궁중으로 들어와 서로 대하며 정례(情禮)를 극진히 하고 임해전(臨海殿)에 잔치를 베풀었다. 술이 취하자 왕은 "내가 하늘의 도움을 저버려 화란(禍亂)을 발생케 하였거니와 견훤이 불의를 자행(恣行)하여 우리 국가를 망치니 얼마나 통분할 일이오"라고 하며 눈물을 흘리니 좌우가 목메지 않는 자 없고 태조도 역시 눈물을 흘리며 위로하였다. 그래서 수십 일을 머물고 수레를 돌이켜 떠나니 왕은 혈성(穴城)까지 나가 전송하고, 종제 유렴(裕廉)으로 볼모를 만들어 수레 뒤에 따르게 하였다. 태조의 군사가 엄정(嚴正)하여 추호(秋毫)도 범치 아니하니 서울 사녀(士女)들이 서로 칭송하며, 전번 견씨가 왔을 때는 시호

(豹虎)를 만난 것 같더니 지금 왕공(王公)을 대하니 부모를 대하는 것 같다"고 하였다. 가을 8월, 태조는 사자를 보내어 (신라) 왕에게 금채(錦綵)와 안마(鞍馬)를 바치고 아울러 여러 군관과 장수에게 등급을 나누어 포백(布帛)을 선사하였다.

6년 봄 정월, 지진이 있었다. 여름 4월, 정사(正使) 집사시랑(執事侍郎) 김불(金昢)과 부사(副使) 사빈경(司賓卿) 이유(李儒)를 후당에 보내어 조공하였다.

7년, 후당 명종이 사자를 고려에 보내어 책명(册命)을 전하였다.

8년 가을 9월, 노인성(老人星)이 보였다. 운주(運州) 경계 30여 군·현이 (고려) 태조에게 항복하였다.

9년 겨울 10월, 왕은 사방의 토지가 다른 사람의 소유가 되어 나라는 약해지고 형세는 외로워져 스스로 마음을 놓지 못하므로 여러 신하와 상의하고 국토를 (고려) 태조에게 바쳐 항복하려 하니 여러 신하의 의론이 혹은 가하다, 혹은 불가하다 하였고, 왕자(麻衣太子)는 말하기를 "나라의 존망에는 반드시 천명이 있는 것이니 다만 충신·의사(義士)와 더불어 민심을 수습하여 스스로 굳게 하여 할 일을 다할 따름입니다. 어찌 1000년 사직(社稷)을 하루 아침에 경솔히 남에게 주어서야 되겠습니까?" 라고 하였다. 왕은 "이와 같이 외롭고 위태로운 형세로는 도저히 보전하지 못한다. 이미 강하지 못하고 또 약해지지도 못하여 죄없는 백성만 무참히 죽게 하는 것이니 나로서는 차마 할 수 없다" 하고 드디어 시랑(侍郎) 김봉휴(金封休)에게 글월을 주어 우리 태조에게 항복을 청하였다. 왕자는 울며 하직하고 곧 개골산(皆骨山)으로 들어가 바위를 의지하여 집을 만들고, 베옷과 나물밥으로 일생을 마쳤다. 11월, 태조는 왕의 항복 편지를 받고 대상(大相) 왕철(王鐵) 등을 보내어 맞게 하였다. 왕은 백관을 거느리고 서울에서 길을 떠나 우리 태조에 귀순할 때 향거(香車) 보마(寶馬)가 30리 거리를 잇달아 호종하는 사람은 길을 메우고 구경꾼은 담과 같이 둘렀다. 태조는 교외(郊外)까지 나와 신라왕을 위로하고 대궐 동쪽의 갑제(甲第: 으뜸가는 집) 1구(區)를 주고 장녀 낙랑공주(樂浪公主)를 아내로 삼게 하였다. 12월, 전(前) 신라왕(新羅王)을 봉하여 정승공(正承公)을 삼으니 지위가 태자의 위에 있게 되고 1,000석의 녹을 주고 시종(侍從) 원장(員將)들을 다 등용하고 신라를 경주(慶州)로 고쳐 공

의 식읍으로 만들었다. 처음 신라 왕이 항복할 때에 태조는 매우 기뻐하여
후한 예로 대접하고 사람을 시켜 고하기를 "이제 왕이 나라를 나에게 맡기
니 그 주심이 이보다 큰 것이 없소. 원컨대 서로 혼인을 맺어서 구생(舅甥)
의 정의를 영구히 하고자 합니다" 하였다. 왕의 대답이 "지대야군사(千知大
耶郡事)로 있는, 우리 백부(伯父)인 잡간 억렴(億廉)이 딸이 하나 있는데,
얼굴과 덕이 다 아름다우니 이가 아니고서는 내정(內庭)에 둘 만한 규수가
없습니다" 하였다. 태조는 드디어 맞아들여 아들을 낳으니 그가 바로 현종
(顯宗)의 아버지로서 후에 안종(安宗)이라 추봉한 이다. 경종(景宗)이 정승
공의 딸에게 장가들어 왕비로 맞아들이게 되자, 정승공을 봉하여 상부령공
(尙父令公)이라 하였다. 상부령공이 송(宋) 흥국(興國) 4년에 죽으니 시호
를 경순(敬順 : 혹은 효애(孝哀))이라 하였다.

  나라 사람들은 시조로부터 이에 이르기까지 삼대(三代)로 나누어, 시초
(始初)로부터 진덕왕(眞德王)까지의 스물여덟 왕을 상대(上代)라 이르고,
무열왕(武烈王)으로부터 혜공왕(惠恭王)까지의 여덟 왕을 중대(中代)라 이
르고, 선덕왕(宣德王)으로부터 경순왕(敬順王)까지의 스무 왕을 하대(下代)
라 일렀다고 하였다.

  사신(史臣)은 논한다.

  신라의 박(朴)씨, 석(昔)씨는 다 알(卵)에서 나왔다 하고 김(金)씨는 금
궤에 든 채 하늘에서 아래로 내려왔다 하고 혹은 금거(金車)를 타고 내려왔
다 하니 믿을 것이 못된다. 그러나 세속이 서로 전하고 전하여 실사(實事)
처럼 되었다. 정화(政和) 연간에 우리 조정이 상서(尙書) 이자량(李資諒)을
송조(宋朝)에 보내어 조공할 적에 신(臣) 부식(富軾)이 문한(文翰)에 대한
임무를 띠고 수행하여 우신관(佑神館)에 들러서 한간 대청에 여선(女仙)의
상(像)을 모셔 놓은 것을 보았다. 그때 관반학사(舘伴學士) 왕보(王黼)가
말하기를 "이는 귀국의 신인데 공(公)들이 아시오?" 하고, 또 말하기를 "옛
날 어느 황실의 여인이 남편없이 아이를 배어 남에게 의심을 받게 되자 배를
타고 진한(辰韓)으로 와서 아들을 낳았다오. 그 아이가 마침내 해동(海東)
의 시주(始主)가 되고 그 여인은 지선(地仙)이 되어 길이 선도산(仙桃山)에
있었다고 하오. 이것이 바로 그 상(像)이오" 라고 하였다. 신(臣)은 또 대
송국신사(大宋國信使) 왕양(王襄)의 '제동신성모문(祭東神聖母文)'을 보니

"어진이를 배어 나라를 창설했다"는 구절이 있다. 그 동신(東神)이 바로 선도산에 있는 신성(神聖)임을 알게 되었다. 그러나 그 아들이 어느 때에 왕이 되었는지 알 수 없다. 이제 다만 최초를 소급해 보면 윗자리에 있는 이가 자신에는 검약하고 남에게는 관후하며, 관(官)의 설치는 간단하고 정사의 시행은 평이(平易)하고 지성으로 중국을 섬겨 조회 방문하는 사신이 산길 바닷길에 끊어지지 아니하였으며, 항상 자제들을 보내어 대궐에 나아가 숙위(宿衛)케 하고 국학(國學)에 들어가 강습케 하였다. 이로써 성현(聖賢)의 풍화를 입고 미개의 습속을 고치어 예의(禮義)의 나라가 되었으며, 또 신라는 왕사(王師)의 위력을 의지하여 백제·고구려를 평정하고 그 땅을 차지하여 군·현을 만들었으니 거룩한 일이라 할 수 있다. 그러나 신라가 불교(佛教)를 신봉하여 그 폐단을 모르고 심지어 마을 구석까지 탑묘가 늘어나고 백성들은 모두 승려(僧侶)가 되어 병농(兵農)은 점점 줄어들고 국가는 날로 쇠약해지는 지경에 이르렀으니 어찌 어지럽고 또 망하지 아니하리오. 이때를 당하여 경애왕(景哀王)은 더구나 유흥과 향락에 빠져 궁인 및 좌우와 함께 포석정(鮑石亭)에서 술마시고 즐기면서 견훤의 습격을 알지도 못하였으니 문 밖에 한금호(韓擒虎), 다락 위의 장려화(張麗華)와 다를 것이 없다. 경순왕(敬順王)이 태조에게 귀순한 것은 비록 어찌할 수 없어 한 일이나 또한 아름다운 일이라 할 수 있다. 그때 만약 힘껏 싸워 죽음을 걸고 왕사(王師)를 항거하여 힘이 꺾이고 형세만 궁급한 지경에 이르렀다면 반드시 종족은 멸망되고 죄없는 백성에 해만 미쳤을 것이다. 그러나 명령을 기다리지 않고 미리 부고(府庫)를 봉쇄하고 군현을 기록하여 바쳤으니 조정에 대한 공과 민생에 대한 덕이 매우 크다 하겠다. 옛날 전씨(錢氏)가 오월(吳越)의 토지(土地)를 들어 송조(宋朝)에 바치니 소자첨(蘇子瞻)은 그를 충신이라 일렀다. 그런데 지금 신라의 공덕은 그보다 훨씬 더하다. 태조의 비빈(妃嬪)으로 들어온 이가 많았고, 그 자손도 역시 번성할 뿐 아니라 우리 현종(顯宗)은 신라의 외손으로 보위(寶位)에 올랐고 그 후 대통을 이은 이가 다 그 자손이었으니 어찌 음덕의 보답이 아니겠는가.

三國史記 卷 十二

新羅本記 第十 孝恭王 神德王 景明王 景哀王 敬順王

孝恭王立 諱嶢 憲康王之庶子 母金氏 大赦 增文武百官爵一級.

二年 春正月 尊母金氏爲義明王太后 以舒弗邯俊興爲上大等 阿湌繼康爲侍中 秋七月 弓裔取浿西道及漢山州管內三十餘城 遂都於松岳郡.

三年 春三月 納伊湌乂謙之女爲妃 秋七月 北原賊帥梁吉 忌弓裔貳已 與國原等十餘城主 謀攻之 進軍於非惱城下 梁吉兵潰走.

四年 冬十月 國原 菁(菁 弓裔傳作靑)州 槐壤賊帥淸吉莘萱等 擧城投(投 舊本作役訛也)於弓裔.

五年 弓裔稱王 秋八月 後百濟王甄萱 攻大耶城 不下 移軍錦城之南 奪掠沿邊部落而歸.

六年 春三月 降霜 以大阿湌孝宗爲侍中.

七年 弓裔欲移都 到鐵圓 斧壤 周覽山水.

八年 弓裔設百官 依新羅制〈所制官號 雖因羅制 殿(殿 當作多)有異者〉國號摩震 年號武泰元年(年 新舊本竝脫 今補之) 浿江(江 當作西 弓裔傳亦作西)道十餘州縣 降於弓裔.

九年 春二月 星隕如雨 夏四月 降霜 秋七月 弓裔移部於鐵圓 八月 弓裔行兵侵奪我邊邑 以至竹嶺東北 王聞疆場日削 甚患 然力不能禦 命諸城主 愼勿出戰 堅壁固守.

十年 春正月 以波珍湌 金成爲上大等 三月 前入唐及第金文蔚 官至工部員外郎沂王府諮議參軍 充册命使而還 自夏四月至午月 不雨.

十一年 春夏 無雨 一善郡以南十餘城 盡爲甄萱所取.

十二年 春二月 星孛于東 三月 隕霜 夏四月 雨雹.

十三年 夏六月 弓裔命將領兵船 降珍島郡 又破皐夷島城.

十四年 甄萱躬率步騎三千 圍羅州城 經旬不解 弓裔發水軍襲擊之 萱引軍而退.

十五年 春正月丙戌朔 日有食之 王嬖於賤妾不恤政事 大臣殷影諫不徒 影執其妾殺之 弓裔改國號封 年號水德萬歲.

十六年 夏四月 王薨 諡曰孝恭 葬于獅子寺北.

神德王立 姓朴氏 諱景暉 阿達羅王遠孫 父乂兼(一云 銳謙)事定康大王爲大阿湌 母貞和夫人 妃金氏 憲康大王之女 孝恭王薨 無子 爲國人推戴卽位.

元年 五月 追尊考爲宣聖大王 母爲貞和太后 妃爲義成王后 立子昇英爲王太子 拜伊湌繼康爲上大等.

二年 夏四月 隕霜 地震.

三年 春三月 隕霜 弓裔改水德萬歲爲政開元年.

四年 夏四月 槧浦水與東海水相擊 浪高二十丈許 三日而止.

五年 秋八月 甄萱攻大耶城 不克 冬十月 地震 聲如雷.

六年 春正月 太白犯月 秋七月 王薨 諡曰神德 葬于竹城.

景明王立 諱昇英 神德王之太子 母義成王后.

元年 八月 拜王弟伊湌 魏膺爲上大等 大阿湌裕廉爲侍中.

二年 春二月 一吉湌玄昇叛 伏誅 夏六月 弓裔麾下人心忽變 推戴太祖 弓裔出奔 爲下所殺 太祖卽位 稱元 秋七月 尙州賊帥阿玆蓋遣使 降於太祖.

三年 四天王寺塑像所執弓弦自絶 壁畫狗子有聲若吠者 貶上大等金成爲角干侍中彦邕爲沙湌 我太祖移都松岳郡.

四年 春正月 王與太祖 交聘修好 二月 康州將軍閏雄 降於太祖 冬十月 後百濟主甄萱 率步騎一萬 攻陷大耶城 進軍於進禮 王遣阿湌金律 求援於太祖 太祖命將出師救之 萱聞乃去.

五年 春正月 金律告王曰 臣往年奉使高麗 麗王問臣曰 聞新羅有三寶 所謂丈六尊像 九層塔 幷聖帶也 像塔猶存 不知聖帶今猶在耶 臣不能答 王聞之問群臣曰 聖帶是何寶物耶 無能知者 時有皇龍寺僧年過九十者 曰予嘗聞之 寶帶 是眞平大王所服也 歷代傳之 藏在南庫 王遂令開庫 不能得見 乃以別曰 齋祭然後見之 其帶粧以金玉 甚長 非常人所可束也.

論曰 古者 坐明堂 執傳國璽 列九鼎 其若帝王之盛事者也 而韓公論之曰 歸天人之心 興太平之基 決非三器之所能也 堅三器而爲重者 其誇者之詞耶 況此新羅所謂三寶 亦出於人爲之侈而已 爲國家 河須此耶 孟子曰 諸侯之寶三 土地 人民 政事 楚書曰 楚國無以爲寶 惟善以爲寶 若此者行之於內 足以善一國 推

之於外 足以澤四海 又何外物之足云哉 太祖聞羅人之說而問之耳 非以爲可尙者
也. 二月 鞊韃別部達姑衆 來寇北邊 時太祖將堅權 鎭朔州 率騎擊大破之 匹馬
不還 王喜 遣使移書 謝於太祖 夏四月 京都大風拔樹 秋八月 蝗旱.

六年 春正月 下枝城將軍元逢 溟州將軍順式 降於太祖 太祖念其歸順 以元逢
本城爲順州 賜順式姓曰王 是月 眞寶城將軍洪述 降於太祖.

七年 秋七月 命旨城將軍城達 京山府將軍良文等 降於太祖 王遣倉部侍郞金
樂 錄事參軍金幼卿 朝後唐貢方物 莊宗賜物有差.

八年 春正月 遣使入後唐祖貢 泉州節度使王逢規 亦遣使貢方物 夏六月 遣朝
散大夫倉部侍郞金岳 入後唐朝貢 莊宗授朝議大夫試衛尉卿 秋八月 王薨 諡曰
景明 葬于黃福寺北 太祖遣使弔祭.

景哀王立 諱魏膺 景明王同母弟也.
元年 九月 遣使聘於太祖 冬十月 親祀神宮 大赦.
二年 冬十月 高鬱府將軍能文 投於太祖 勞諭還之 以其城迫近新羅王都故也
十一月 後百濟主甄萱 以姪眞虎 質於高麗 王聞之 使謂太祖曰 甄萱反覆多詐
不可知親 太祖然之.

三年 夏四月 眞虎暴死 萱謂高麗人故殺 怒擧兵 進軍於熊津 太祖命諸城 堅
壁不出 王遣使曰 甄萱違盟擧兵 天必不祐 若大王奮一鼓之威 甄萱必自破矣 太
祖謂使者曰 吾非畏萱 俟惡盈而自僵(彊 當作僵 高麗史 通鑑亦作僵)耳.

四年 春正月 太祖親征百濟 王出兵助之 二月 遣兵部侍郞張芬等 入後唐朝貢
授張芬檢校工部尙書 副使兵部郞中朴術洪兼御史中丞 判官倉部員外郞李忠式兼
侍御史 三月 皇龍寺塔搖動北傾 太祖親破近嵓(嵓 麗史及通鑑作品)城 唐明宗
以權知康州事王逢規爲懷化大將軍 夏四月 知康州事王逢規 遣使林彦 入後唐朝
貢 明宗召對中興殿賜物 康州所管突山等四鄕 歸於太祖 秋九月 甄萱侵我軍於
高鬱府 王請救於太祖 命將出勁兵一萬往救 甄萱以救兵未至 以冬十一月 掩入
王京 王與妃嬪宗戚 遊鮑石亭宴娛 不覺賊兵至 倉猝不知所爲 王與妃奔入後宮
宗戚及公卿大夫士女四散 奔走逃竄 其爲賊所虜者 無貴賤皆駭汗匍匐 乞爲奴僕
而不免 萱又縱其兵 剽掠公私財物略盡 入處宮闕 乃命左右索王 王與妃妾數人
在後宮 拘致軍中 逼令王自盡 强淫王妃 縱其下亂其妃妾 乃立王之族弟 權知國
事 是爲敬順王.

敬順王立 諱傳 文聖大王之裔孫 孝宗伊湌之子也 母桂娥太后 爲甄萱所擧卽位 擧前王屍殯於西堂 與羣下慟哭 上諡曰景哀 葬南山蟹目嶺 太祖遣使弔祭. 元年 十一月 追尊考爲神興大王 母爲王太后 十二月 甄萱侵大木郡 燒盡田野積聚.

二年 春正月 高麗將金相 與草八城賊興宗戰 不克死之 夏五月 康州將軍有文 降於甄萱 六月 地震 秋八月 甄萱命將軍官昕 築城於陽山 太祖命旨城將軍王忠 率兵擊走之 甄萱 進屯於大耶城下 分遣軍士 芟取大木郡禾稼 冬十月 甄萱攻陷式谷城.

三年 夏六月 天竺國三藏摩睺羅 抵高麗 秋七月 甄萱攻義成(成 甄萱傳 及高麗史作城)府城 高麗將洪述出戰 不克死之 順州將軍元逢 降於甄萱 太祖聞之怒然以元逢前功宥之 但改順州爲縣 冬十月 甄萱圍加恩縣 不克而歸.

四年 春正月 載嚴城將軍善弼 降高麗 太祖厚禮待之 稱爲尙父 初太祖 將通好新羅 善弼引導之 至是降也 念其有功且老 故寵褒之 太祖與甄萱戰古昌郡甁山之下 大捷殺虜甚衆 其永安 河曲 直明 松生等三十餘郡縣 相次降於太祖 二月 太祖遣使告捷 王報聘兼請相會 秋九月 國東沿海州郡部落 進降於太祖.

五年 春二月 太祖率五十餘騎 至京畿通謁 王與百官郊迎 入宮相對 曲盡情禮 置宴於臨海殿 酒酣王言曰 吾以不天 寖致禍亂 甄萱恣行不義 喪我國家 何痛如之 因泫然涕泣 左右無不嗚咽 太祖亦流涕慰籍 因留數旬廻駕 王送至穴城 以堂弟裕廉爲質 隨駕焉 太祖麾下軍士肅正 不犯秋毫 都人士女 相慶曰 昔甄氏之來也 如逢豺虎 今王公之至也 如見父母 秋八月 太祖遣使 遺王以錦彩 鞍馬 幷賜羣僚將士布帛 有差.

六年 春正月 地震 夏四月 遣使執事侍郞金昢 副使司賓卿李儒 入唐朝貢.

七年 唐明宗 遣使高麗錫命.

八年 秋九月 老人星見 運州界三十餘郡縣 降於太祖.

九年 冬十月 王以四方土地盡爲他有 國弱勢孤 不能自安 乃與羣下 謀擧土降太祖 羣臣之議 或而爲可 或以爲不可 王子曰 國之存亡 必有天命 只合與忠臣義士 收合民心自固 力盡而後已 豈宜以一千年社稷 一旦輕以與人 王曰 孤危若此 勢不能全 旣不能强 又不能弱 至使無辜之民 肝腦塗地 吾所不能忍也 乃使侍郞金封休齎書 請降於太祖 王子哭泣辭王 徑歸皆骨山 倚巖爲屋 麻衣草食 以終其身 十一月 太祖受王書 送大相王鐵等 迎之 王率百寮 發自王都 歸于太祖 香車 寶馬 連亘三十餘里 道路塡咽 觀者如堵 太祖出郊迎勞 賜宮東甲第一區

以長女樂浪公主妻之 十二月 封爲正承(正承 麗史作政丞)公 位在太子之上 給祿一千石 侍從員將 皆錄用之 改新羅爲慶州 以爲公之食邑 初新羅之降也 太祖甚喜 旣待之以厚禮 使告曰 今王以國與寡人 其爲賜大矣 願結昏(昏與婚通)於宗室 以永甥舅之好 答曰 我伯父億廉匝干知大耶郡事 其女子德容雙美 非是無以備內政 太祖遂取之生子 是顯宗之考 追封爲安宗 至景宗獻和大王 聘正承公女納爲王妃 仍封正承公爲尙父令 公至 大宋興國四(四 當作三 遺事亦作三)年戊寅薨 諡曰敬順(一云 孝哀) 國人 自始祖至此分爲三代 自初至眞德二十八王謂之上代 自武烈至惠恭八王 謂之中代 自宣德至慶順二十王 謂之下代云.

　論曰 新羅朴氏昔氏 皆自卵生 金氏從天入金櫃而降 或云乘金車 此尤詭怪 不可信 然世俗相傳 爲之實事 政和中 我朝遣尙書李資諒 入宋朝貢 臣富軾 以文翰之任輔行 詣佑神館 見一堂設女仙像 館伴學士王黼曰 此貴國之神 公等知之乎 遂言曰 古有帝室之女 不夫而孕 爲人所疑乃泛海 抵辰韓生子 爲海東始主帝女爲地仙 長在仙桃山 此其像也 臣又見大宋國信使王襄祭東神聖母文 有娠賢肇邦之句 乃知東神則仙桃山神聖者也 然而不知其子王於何時 今但原厥初 在上者 其爲己也儉 其爲人也寬 其設官也略 其行事也簡 以至誠事中國 梯航朝聘之使 相續不絶 常遣子弟 造朝而宿衞 入學而講習 于以襲聖賢之風化 革鴻荒之俗爲禮義之邦 又憑王師之威靈 平百濟 高句麗 取其地郡縣之 可謂盛矣 而奉浮屠之法 不知其弊 至使閭里此其塔廟 齊民逃於緇褐 兵農浸小 而國家日衰 則幾何其不亂亡也哉 於是時也 景哀加之以荒樂 與宮人左右 出遊鮑石亭 置酒燕衎 不知甄萱至 與夫門外韓擒虎 樓頭張麗華 無以異矣 若敬順之歸命太祖 雖非獲已亦可嘉矣 向若力戰守死 以抗王師 至於力屈勢窮 則必覆其宗族 害及於無辜之民 而乃不待告命 封府庫 籍郡縣 以歸之 其有功於朝廷 有德於生民甚大 昔錢氏 以吳越入宋 蘇子瞻謂之忠臣 今新羅功德 過於彼遠矣 我太祖妃嬪衆多 其子孫亦繁衍 而顯宗自新羅外孫 卽寶位 此後繼統者 皆其子孫 豈非陰德之報者歟.

삼국사기 권 제13

고구려본기(高句麗本紀) 제1

시조(始祖) 동명성왕(東明聖王), 유리왕(琉璃王)

시조(始祖) 동명성왕(東明聖王)

시조(始祖) 동명성왕(東明聖王)의 성은 고(高)요, 휘(諱)는 주몽(朱蒙 : 추모(鄒牟) 혹은 상해(象解)라고도 함)이다. 이에 앞서 부여왕(扶餘王) 해부루(解夫婁)가 아들이 없으니, 명산 대천에 빌어 아들 낳기를 원하던 터에 그가 타고 있는 말이 곤연(鯤淵)에 이르러 큰 돌을 보고 마주 대하여 눈물을 흘렸다. 왕은 괴이하게 여겨 사람을 시켜 그 돌을 밀어 보니 거기에 노란 개구리 형상을 지닌 금색(金色) 와형(蛙形)〔와(蛙)는 와(蝸)라고도 함〕의 한 어린아이가 있었다. 왕은 기뻐하며 "이는 하늘이 내게 좋은 아들을 주신 것이로다" 하고 거두어 길렀다. 이름을 금와(金蛙)라 하였다. 그가 장성하자 태자로 삼았다. 그 뒤에 재상 아란불(阿蘭弗)이 아뢰기를 "일전에 천신이 내게 강림하여 말하기를 장차 내 자손으로 하여금 여기에다 나라를 세우게 할 계획이니 너는 부디 피해 가라. 동해 가에 가섭원(迦葉原)이라는 땅이 기름지고 오곡(五穀) 생산에 알맞으니 도읍할 만하다" 하였다. 왕은 드디어 그곳으로 도읍을 옮기고 국호를 동부여(東扶餘)라고 하였다. 그 구도(舊都)에는 어디서 왔는지 알 수 없는 사람이 자칭 천제(天帝)의 아들 해모수(解慕漱)라 하고서 도읍을 정하였다. 해부루가 죽고 금와가 왕위를 계승하였다. 이때 금와는 때마침 태백산(太白山 : 지금의 白頭山) 남쪽 우발수(優渤水)에서 한 여자를 만났다. 그의 내력을 물으니 여자는 "나는 본시 하백(河伯)의 딸로 이름은 유화(柳花)라고 합니다. 여러 아우들과 함께 나와 놀고 있을 때 한 남자가 자칭 천제(天帝)의 아들 해모수라 하고, 나를 웅심산(熊心山) 밑 압록(鴨綠) 강가의 집 속으로 꾀어 사욕을 채우고 가서는 돌아오지 않고 있습니다. 우리 부모는 나더러 아무런 소개도 없이 몸을 남에게 허락하였다고 하여 드디어 우발수로 귀양살이를 보낸 것입니다"라고 하였다.

금와는 이상하게 여기어 그를 방안에 가둬 두니 햇빛이 비치는지라 유화가 몸을 피하면 피하는 대로 햇빛이 따라와 비치곤 하였다. 그로 인하여 태기가 있어 알(卵) 하나를 낳으니 크기가 닷되들이만하였다. 왕은 그 알을 개나 돼지에게 주었더니 모두 먹지 아니하고, 또 길바닥에 버리자 소와 말이 다 피해 가고, 마지막에 들에다 버렸더니 새가 그 알을 날개로 품어주었다. 왕이 그 알을 깨 보려 하였으나 깨지지 아니하여 도로 그 어미에게 주었다. 그 어미가 물건으로 그 알껍데기를 싸서 따뜻한 곳에 두니 한 사내아이가 알을 깨고 나왔다.

그 아이의 생김이 영특하여 나이 겨우 7세에 숙성한 품이 보통 아이와 다르고, 제손으로 활과 화살을 만들어 백 번 쏘면 백 번 다 맞혔다. 부여의 속어에 활 잘 쏘는 자를 주몽이라 하므로 그로써 이름을 삼았다고 한다. 금와에게 아들 7형제가 있어 항상 주몽과 어울려 노는데 재주가 모두 주몽에게 미치지 못하였다.

그 장자 대소(帶素)가 왕께 아뢰기를 "주몽은 사람에게서 태어난 게 아니요, 그 위인이 무척 날래니 만약 미리 제거하지 않으면 후환이 있을까 염려되옵니다. 청컨대 빨리 조처하소서" 하였다. 그러나 왕은 듣지 아니하고 주몽을 시켜 말을 기르게 하였는데, 주몽이 말을 가려 준마(駿馬)는 사료를 적게 주어 여위게 하고 노마(駑馬)는 잘 먹여 살찌게 하였다. 그러자 왕은 살찐 것은 자기가 타고 여원 것은 주몽에게 주었다. 그 뒤 왕이 벌판에서 사냥할 적에 주몽은 활을 잘 쏘기 때문에 화살을 적게 주었는데 그가 잡은 짐승은 뜻밖에 많았다.

왕자 및 여러 신하들이 또 모해하려 하자 주몽의 어머니가 눈치를 채고 비밀스럽게 하는 말이 "나라 사람들이 장차 너를 해치고 말 터이니 네 재능으로 어디 간들 아니되겠느냐. 여기서 머뭇거리다가 욕을 당하는 것보다는 차라리 멀리 가서 뜻 있는 일을 하는 것이 좋겠다"고 하였다.

주몽은 드디어 오이(烏伊)·마리(摩離)·협보(陜父) 등 3인과 한 무리가 되어 길을 떠나 엄사수(淹㴲水 : 개사수(蓋斯水)라고도 함. 지금 압록(鴨綠)의 동북에 있음)에 이르러 물을 건너려 하였으나 다리가 없었다. 추병(追兵)에게 붙들릴까 염려되어 수신(水神)에게 아뢰기를 "나는 천제의 아들이요 하백의 외손으로 지금 도망가는 길인데 잡으러 오는 자가 뒤를 쫓고 있으니 어찌 하랴" 하였다. 그러자 물속에서 어별(魚鼈)이 수없이 떠오르더니 다리를 만들어 주었다. 주몽이 물을 건너자 어별이 곧 흩어졌다. 추격병들은 물을 건너지 못하였다.

주몽의 일행이 모둔곡(毛屯谷 : 《위서(魏書)》에는 보술수(普述水)라 했음)에 이르러 사람 셋을 만났다. 한 사람은 마의(麻衣)를 입고, 한 사람은 납의(衲衣)을 입고, 또 한 사람은 수조의(水藻衣)를 입었다. 주몽은 묻기를 "그대들은 어떠한 사람이며 성명은 무엇인가?" 하였다. 마의 입은 자는 이름이 재사(再思)라 하고, 납의를 입은 자는 이름이 무골(武骨)이라 하고, 수조의를 입은 자는 이름이 묵거(默居)라고 할 뿐 모두 성씨는 말하지 않았다. 주몽은 재사에게는 극(克)씨라는 성을, 무골에게는 중실(仲室)씨, 묵거에게는 소실(少室)씨의 성(姓)을 내려주었다. 그리고 여러 사람에게 말하기를 "내 바야흐로 대명(大命)을 이어받아 국가의 기업(基業)을 창건하려 하는 때에 마침 이 세 분의 어진 이를 만났으니 어찌 하느님의 주심이 아니겠느냐" 라고 하였다. 그리고는 그 재능을 헤아려 각각 용무를 맡기고 그들과 함께 졸본천(卒本川 : 《위서(魏書)》에는 흘승골성(紇升骨城)이라 했음)에 이르렀다.

그곳의 토지가 비옥하고 강산이 험고(險固)함을 보고 드디어 도읍하려 하였으나 미처 궁실을 지을 겨를이 없어 우선 비류수(沸流水) 위에 살며 국호를 고구려(高句麗)라 하고 고(高)씨를 성으로 삼았다[혹은 주몽이 졸본부여(卒本扶餘)에 당도하니 마침 왕이 아들이 없다가 주몽을 보고서 범상한 인물임을 알고 자기 딸을 아내로 주었다. 왕이 죽자 주몽이 왕위를 이었다고도 함]. 이때 주몽의 나이는 22세니, 바로 한나라 효원제(孝元帝) 건소(建昭) 2년이요, 신라 시조 박혁거세 21년인 갑신년(BC 37)이었다. 사방에서 소문을 듣고 와서 의탁하는 자가 많았다. 그 지역이 말갈 부락과 연접하여 있으므로 장차 침략의 피해를 입지 않을까 염려하여 이를 쳐서 물리치니 말갈이 겁내어 감히 침범하지 못하였다.

왕은 비류수 가운데 채소 잎이 흘러 내려오는 것을 보고 상류에 사람이 살고 있음을 알았다. 그래서 사냥을 하면서 찾아가 비류국에 이르니 국왕 송양(松讓)이 나와 보고 하는 말이 "내가 해우(海隅)에 떨어져 있는 까닭으로 군자(君子)를 얻어 보지 못하다가 오늘 뜻밖에 서로 만나니 또한 다행한 일이 아닌가. 그러나 그대는 어디서 왔는가"라고 하였다. 왕은 답하기를 "나는 천제(天帝)의 아들로 모처(某處)에 와서 도읍을 정하였다"고 하였다. 송양이 말하기를 "나는 여기서 여러 대 왕노릇을 하였다. 땅이 적어 두 임금은 용납될 수 없으니 그대는 도읍을 정한 역사가 얼마 되지 않은즉 우리 소속이 되는 것이 옳지 않은가" 하였다. 왕은 그 말에 분개하여 그와 언쟁을 벌이다가 또 서로 활을 쏘아 재주를 시험하니 송양이 능히 대항하지 못하였다.

2년(BC 36년) 여름 6월, 송양이 와서 나라를 바치고 항복하므로 그 땅으로 다물군(多勿郡)을 만들고 송양을 봉하여 지주(地主)를 삼았다. 고구려 말에 구토(舊土)를 회복하는 일을 '다물'이라 한다. 그 까닭에서 지어진 말이다.

3년 봄 3월, 황룡(黃龍)이 골령(鶻嶺)에 나타났다. 가을 7월, 상서로운 구름[慶雲]이 골령의 남쪽에 나타났는데 빛이 푸르고 붉었다.

4년 여름 4월, 구름과 안개가 사방에서 일어나 7일 동안이나 사람들이 서로 분별하지 못하였다. 가을 7월, 성곽(城郭)과 궁실을 지었다.

6년 가을 8월, 신작(神雀)이 궁정에 모였다. 겨울 10월, 왕은 오이와 부분노(扶芬奴)에 명하여 태백산 동남쪽에 있는 행인국(荇人國)을 쳐서 그 땅을 빼앗아 성읍을 만들었다.

10년 가을 9월, 난(鸞)새가 왕대(王臺)에 모여들었다. 겨울 11월, 왕은 부위염(扶尉猒)에게 명하여 북옥저를 쳐 없애고 그 땅에 성읍을 만들었다.

14년 가을 8월, 왕모(王母) 유화가 동부여에서 죽으니 그 나라 왕 금와는 태후(太后)의 예로 장사하고 드디어 신묘(神廟)를 세웠다. 겨울 10월, 사자를 부여에 보내어 토산물을 바치고 그 덕에 보답하였다.

19년 여름 4월, 왕자 유리(類利)가 부여에서 그 어머니와 함께 도망하여 돌아오니 왕은 기뻐하여 그를 세워 태자를 삼았다. 가을 9월, 왕이 죽으니 나이 40세였다. 용산(龍山)에 장사지내고 시호를 동명성왕(東明聖王)이라 하였다.

유리왕(琉璃王)

유리명왕(琉璃明王)이 즉위하니 휘는 유리(類利) 혹은 유류(孺留)라고도 한다. 주몽의 원자요, 어머니는 예씨(禮氏)이다. 처음 주몽이 부여에 있을 적에 예씨의 딸에게 장가들어 아이를 가졌는데 주몽이 떠난 뒤에 낳게 되었다. 이 아이가 바로 유리이다. 어린 나이에 언덕 위를 돌아다니며 새를 쏘다가 잘못 하여 물긷는 여인의 물동이를 깨뜨렸다. 여인이 꾸짖으며 "아비 없는 자식이라 이같이 버릇이 없다"고 하였다. 유리는 부끄러워 집에 돌아와 어머니께 말하기를 "우리 아버지는 어떤 분이며 지금 어느 곳에 계십니까?"라고 물었다.

어머니는 "너의 아버지는 보통 분이 아니시다. 이 나라에 용납되지 못할 것을 미리 알고 남방으로 피해 가서 나라를 개척하고 왕이 되셨다. 너의 아버지가 떠날 적에 '그대가 만약 사내아이를 낳거든 그 아이에게 내가 일곱 모가 난 돌 위 소나무 아래 유물을 감추어 두었으니 이것을 찾아내도록 이르시오. 이것을 찾은 자가 내 아들이오'라고 일러 주라 하더라"고 하였다. 유리는 그 말을 듣고 드디어 산골에 가서 찾다 못찾고 지쳐서 돌아왔다.

어느 날 아침, 마루 위에 있느라니 주춧돌 틈에서 소리가 나는 듯하여 가서 살펴보니 주춧돌이 일곱 모가 나 있었다. 곧 기둥 밑을 더듬어 도막칼 하나를 찾아냈다. 그 칼을 가지고 옥지(屋智)·구추(句鄒)·도조(都祖) 등 3명과 함께 길을 떠나 졸본(卒本)에 이르러 부왕에게 도막칼을 바쳤다. 왕은 자기가 갖고 있던 도막칼을 꺼내어 맞추어 보니 완전한 칼 하나가 되었다. 왕은 기뻐하며 유리를 세워 태자를 삼고 왕위를 계승하게 되었다.

2년(BC 18년) 가을 7월, 다물후(多勿侯) 송양(松讓)의 딸을 맞아들여 왕비를 삼았다. 9월, 서쪽으로 사냥을 나가서 흰 노루를 잡았다. 겨울 10월 신작(神雀)이 대궐의 뜰에 모였다. 백제 시조(百濟始祖) 온조(溫祚)가 왕이 되었다.

3년 가을 7월, 골천(鶻川)에 별궁을 지었다. 겨울 10월, 왕비 송씨(松氏)가 죽었다. 왕은 다시 두 여자를 계실(繼室)로 삼으니 한 사람은 화희(禾姬)로 골천인의 딸이고, 하나는 치희(雉姬)로 한인(漢人)의 딸이었다. 두 여자가 사랑을 다투어 서로 좋지 않게 지내므로 왕은 양곡(涼谷)에다 동서(東西) 두 궁을 짓고 각각 살게 하였다. 그 뒤 왕이 기산(箕山)에서 사냥하면서 7일 동안 돌아오지 못하였는데, 그 사이에 두 여자는 서로 다투었다. 이때 화희는 치희를 꾸짖으며 "너는 한가(漢家)의 비첩(婢妾)으로 어찌 그토록 무례하냐?" 하자 치희는 부끄럽고 분하여 도망을 갔다. 왕은 그 사실을 듣고 말을 달려 쫓아갔으나 치희는 노하여 돌아오지 아니하였다. 왕은 어느 날 나무 밑에서 쉬다가 꾀꼬리가 모여드는 것을 보고 느낌이 있어 이를 노래하였다. 그 노래는 이러하였다. "꾀꼬리 오락가락 암수 서로 즐기는데, 고독한 이내 신세 누구와 더불어 노닐거나."

11년 여름 4월, 왕은 여러 신하에게 말하기를 "선비(鮮卑 : 東胡의 일족)가 천험(天險)을 믿고 우리와 화친하지 아니하며, 자기네가 유리하면 나와서 침략하고 불리하면 들어가 지키어 우리나라의 걱정거리가 되었다. 만약 능히 이를 꺾는 자가 있다면 나는 장차 중한 상을 주리라" 하였다. 부분노(扶芬奴)가 나와 아뢰기를 "선비(鮮卑)는 험고(險固)한 나라요 그 국민은 날래고 우둔하니, 힘으로 싸우기는 어렵고 꾀로 굴복시키기는 쉽습니다" 하니 왕은 "그렇다면 어떻게 해야 하느냐"고 물었다. 부분노는 "마땅히 사람으로 하여금 거짓 배반하고 그곳에 가서 거짓말로 '우리는 나라도 작고 군사도 약하기 때문에 미리 겁을 내어 출동하기 어렵다'라고 하면 그들은 반드시 우리를 쉽게 여겨 방비하지 않을 것이니, 신이 그 틈을 타서 정병을 거느리고 샛길로 가서 산림(山林)에 의지하여 그 성을 노리고, 왕께서 약한 군사를 시켜 그 성남(城南)에 나타나시면 저들이 반드시 성을 비워 놓고 멀리 쫓아 나올 것입니다. 그럴 때 신은 정병(精兵)으로써 그 성에 달려들고, 왕께서는 몸소 날랜 기병을 거느리고 협공하면 이길 수 있습니다" 하였다. 왕은 이 말대로 하였다. 선비가 과연 성문을 열고 군사를 내어 추격하므로, 부분노가 군사를 거느리고 그 성에 달려드니 선비는 (이를) 바라보고 크게 놀라 군사를 돌이켜 달려 왔다. 부분노는 관문(關門) 앞에 서서 막아 싸워 많은 사람을 베어 죽이고, 왕은 기를 들고 북을 울리며 나오니, 선비는 앞뒤로 적(敵)을 맞아 계교도 다하고 힘도 꺾여 드디어 항복하고 속군이 되었다. 왕은 부분노의 공을 생각하여 식읍을 상으로 주었으나 부분노는 사양하며 "이는 왕의 덕입니다. 신이 무슨 공이 있사오리까" 하고 받지 아니하므로 왕은 황금 30근과 좋은 말 10필을 하사하였다.

13년 봄 정월, 형혹성(熒惑星)이 심성(心星)을 지켰다.

14년 봄 정월, 부여왕 대소(帶素)가 사신을 보내어 예방하고 서로 왕자를 볼모로 잡히자고 요구하였다. 왕은 부여의 강대함을 꺼리어 태자 도절(都切)을 볼모로 보내려 하는데 도절이 두려워하여 가지 아니하니, 대소는 노하였다. 겨울 11월, 대소는 군사 5만 명을 거느리고 내침하다가 큰눈이 내려 얼어죽는 자가 많으므로 물러가 버렸다.

19년 가을 8월, 교시(郊豕 : 祭天用 돼지)가 도망가니 왕은 탁리(託利)와 사비(斯卑)로 하여금 뒤를 쫓게 하여 장옥(長屋) 늪에서 잡자마자 칼로 다리를 끊었다. 왕은 듣고 노하며 "하느님께 제사할 짐승을 어디 함부로 상처를 입히느냐" 하고 드디어 두 사람을 구덩이 속에 던져 죽였다. 9월, 왕이 병이 드니 무당의 말이 "탁리와 사비가 병을 주었다"고 하였다. 왕은 그를 시켜 사과케 하였더니 과연 병이 나았다.

20년 봄 정월, 태자 도절이 죽었다.

21년 봄 3월, 교시가 (놓여) 달아나자 왕은 희생을 맡은 설지(薛支)로 하여금 쫓게 하여 국내(國內) 위나암(尉那巖)에 이르러 붙잡았다. 돼지를 국내 민가에 가두어 두고 돌아와 왕을 뵈오며 아뢰기를 "신이 돼지를 쫓아 국내 위나암에 이르니 그곳은 산수가 심험하고 땅은 오곡에 알맞으며 미록(麋鹿), 어별(魚鼈) 등 산물이 많았습니다. 왕이 만약 도읍을 그곳으로 옮긴다면 백성에게 헤아릴 수 없이 많은 이익이 있을 뿐 아니라 또한 병란의 걱정을 면할 줄 압니다"라고 하였다. 여름 4월, 왕은 위중림(尉中林)에서 사냥하였다. 가을 8월, 지진이 있었다. 9월, 왕은 국내를 순시하여 지세(地勢)를 살피고 돌아오는 길에 사물택(沙勿澤)에 당도하자, 한 장부(丈夫)가 택상(澤上)의 돌에 앉았다가 왕을 보고서 "왕의 신하가 되고 싶습니다" 하였다. 왕은 기꺼이 허락하고 그에게 사물(沙勿)의 이름과 위씨(位氏) 성을 주었다.

22년 겨울 10월, 왕은 수도를 국내 위나암으로 옮기고 그곳에 성을 쌓았다. 12월, 왕이 질산(質山)의 음지(陰地)에서 사냥하고 5일이 되도록 돌아오지 아니하였다. 대보(大輔) 협보(陜父)가 간하였다. "왕이 새로 도읍을 옮기어 백성이 아직 거처를 정돈치 못하고 있으니 마땅히 정사를 부지런히 해야 할 것이어늘, 이 일을 염두에 두지 아니하고 사냥만 일삼아 오래 돌아오지 아니하니, 만약 개과 자신(改過自新)하지 않으시면 정사가 문란하고 민심이 이반되어 선왕의 기업이 땅에 떨어질까 염려되옵니다" 하였다. 왕은 그 말을 듣자 크게 노하여 협보의 직(職)을 파면시키고 대신 관원(官園)의 사무를 맡아 보게 하였다. 협보는 분하여 남한(南韓)으로 가버렸다.

23년 봄 2월, 왕자 해명(解明)을 세워 태자로 삼고 대사령을 내렸다.

24년 가을 9월, 왕은 기산(箕山)의 들녘에서 사냥하다가 이상한 사람을 발견하였다. 그 사람은 두 겨드랑이에 날개가 달려 있었다. 그를 조정에 등용해 우(羽)씨 성을 주고 왕녀에게 장가들게 하였다.

27년 봄 정월, 왕태자 해명(解明)이 고도(古都 : 卒本)에 머물렀는데, 왕태자가 힘이 세고 용맹을 좋아하는지라 황룡국왕(黃龍國王)이 그 소문을 듣고 사람을 보내어 강궁(强弓)을 선사하였다. 해명이 그 사자 앞에서 활을 당기어 꺾으며 하는 말이 "내가 힘이 있는 게 아니라 활 자체가 굳세지 못하다"고 하였더니 황룡국왕이 무색하였다. 왕은 이를 듣고 노하여 황룡국왕에게 요청하기를 해명이 효도를 모르는 자식이니 나를 위해 죽여 달라고 말하였다. 3월, 황룡왕이 사자를 태자에게 보내어 서로 만나기를 청하였다. 태자가 가고자 하는데 어떤 사람이 간하기를 "지금 이웃 나라에서 까닭없이 만나자고 하니 그 뜻을 측량 못하겠다"고 하였다. 태자는 "하늘이 나를 죽이려 하지 않는데, 황룡왕이 나를 어찌하겠는가" 하고 드디어 길을 떠났다. 황룡왕이 처음에는 죽이려고 하였다가 태자를 대해 보고 감히 해치지를 못하고 우대하여 돌려보냈다.

28년 봄 3월, 왕은 사람을 보내어 해명에게 이르기를 "내가 도읍을 옮긴 것은 백성을 편안히 하여 국가의 기업을 굳건히 하자는 것이었다. 그런데 네가 나를 따라오지 않고 강한 힘만 믿고서 이웃 나라와 원망을 맺었으니 자식된 도리가 이럴 수 있느냐" 하고 이에 칼을 주어 자결케 하였다. 태자가 즉석에서 자살하려 하자 어떤 사람이 말리며 "대왕의 장자가 죽었으니 태자가 당연히 후계자가 될 것인데, 지금 사자의 한번 걸음으로 자결했다가 그것이 만약 중간의 조작이라면 어찌하리까" 하였다. 태자는 "먼저 황룡왕이 강궁을 보내왔을 때 나는 그가 우리 나라를 가벼이 여길까 염려하여 일부러 그 활을 꺾어 버린 것이다. 그런데 뜻밖에 부왕의 꾸지람을 입어, 지금 부왕은 나를 불효자로 여기시고 칼을 주어 자결케 하신 것이니, 아버지의 명령을 어찌 피할 수 있느냐" 하고 드디어 여진(礪津)의 동원(東原)에 가서 창을 땅에 꽂고 말을 달려 창끝에 찔려 죽으니 그때 나이 21세였다. 태자의 예로 동원에 장사지내고 사당을 세워 그 땅을 창원(槍原)이라 하였다.

사신(史臣)은 논한다.

효자가 어버이를 섬길 때는 부모의 좌우(左右)를 떠나지 않고 효도에 극진해야 한다. 저 옛날 주(周) 문왕(文王)이 세자(世子)가 된 것과 같이 해야 할 것이다. 그런데 해명(解明)이 별도(別都)에 있고 용맹을 좋아한다는 것으로 알려졌으니 죄를 얻기 당연하다 하겠다. 또 들으니 전(傳)에 이르기를 "사랑하는 자식일수록 옳은 방법으로 가르쳐 사도(邪道)에 들여보내지 아니하여야 한다" 하였다. 지금 왕은 처음부터 그렇게 가르치지 못하고 있다가 그가 약하게 되자 미워함이 너무 심하여 죽이고야 말았으니 이야말로 아비는 아비노릇을 못했고 자식은 자식노릇을 못하였다.

가을 8월, 부여왕 대소(帶素)가 사신을 보내어 왕을 책망하기를 "우리 선왕이 선군 동명왕과 서로 좋은 사이였음에도 불구하고 우리 신하를 꾀어 이곳으로 도망하여 인민(人民)과 성곽(城郭)을 완취(完聚)하여 국가를 세우려고 한 것이다. 무릇 나라는 대소(大小)가 있고 사람은 장유(長幼)가 있으니 소(小)로써 대(大)를 섬기는 것은 예(禮)요, 유(幼)로써 장(長)을 섬기는 것은 순(順)이다. 이제 왕이 만약 능히 예와 순으로 우리를 섬긴다면 하늘이 반드시 도와 국운이 길 것이고 그렇지 않으면 사직을 보전키 어려울 것이다"라고 하였다. 이에 대하여 왕은 스스로 생각하기를 나라를 세운 시일이 얼마 되지 아니하고, 백성과 병력이 아직 잔약하니 형편상 부끄러움을 참고 굴복하여 후일의 성과를 꾀해야 된다 하고, 드디어 여러 신하와 상의한 끝에 답하기를 "나는 바다 한구석에 떨어져 있어 예의를 듣지 못하다가 이제 대왕의 가르침을 받으니 감히 명령에 복종하지 않으리까" 하였다. 이때 왕자 무휼(無恤)이 나이 아직 어린데, 왕이 부여에 답하고자 하는 말을 듣고서 자청하여 그 사자를 보고 이르기를 "우리 선조는 신령의 자손이라 어질고 재주가 많았는데, 대왕이 시기하여 부왕에게 참소하여 말 먹이는 직책으로써 욕을 보이기 때문에 불안하여 나온 것이다. 이제 대왕은 옛 허물은 생각지 아니하고 다만 많은 병력만 믿고 우리 나라를 경멸히 여기니 청컨대 사자는 돌아가서 대왕께 아뢰어라. 지금 여기 누란(累卵)이 있으니 만일 대왕이 그 알들을 헐지 아니하면 신이 대왕을 섬길 것이고 그렇지 아니하면 섬기지 않겠다 하라"고 하였다. 부여왕은 그 말을 듣고 여러 신하에게 두루 물으니 한 노구(老嫗)가 대답하기를 "누란은 위태하다는 것이요, 그 알을 헐지 말라는 것은 편안하게 두라는 것이니, 그 뜻은 왕〔帶素〕이 자신의 위태로움을 모르고 굴복시키려는 것보다 그 위태로움을 안정으로 전환시켜 스스로 다스리는 것만 못하다는 것입니다"고 대답하였다.

29년 여름 6월, 모천(矛川)에서 검은 개구리가 붉은 개구리와 더불어 떼지어 싸워 검은 개구리가 이기지 못하고 죽으니, 사람들이 말하기를 흑(黑)은 북방의 빛이니 북부여(北扶餘)가 파멸될 징조라고 하였다. 가을 7월, 두곡(豆谷)에 별궁을 지었다.

31년 한(漢)의 왕망(王莽)이 우리 군사를 징발하여 호(胡:匈奴)를 정벌하려 할 때, 우리 군사들이 가려 하지 않았으나 강박하여 보냈기 때문에 다 도망하여 국경을 벗어나 법을 범하고 (漢의 郡縣에) 침략을 자행하니, 요서대윤(遼西大尹) 전담(全譚)이 추격하다가 도리어 그들에게 죽음을 당하였다. 이로 말미암아 한의 주군(州郡)이 우리에게 허물을 돌렸다. 엄우(嚴尤)는 왕망에게 아뢰기를 "맥인(貊人)의 범법(犯法)에 대하여는 마땅히 주군으로 하여금 그들을 위안토록 해야 할 것입니다. 지금 한부로 큰 죄를 내리면 그들은 끝내 배반할 것이며 따라서 부여의 족속에 반드시 화동(和同)하는 자가 있을 것이니 흉노(匈奴)를 없애지 못한 이때 부여 예맥이 다시 일어나면 이야말로 큰 걱정입니다" 하였다. 그러나 왕망은 듣지 아니하고 엄우에게 명하여 치게 하므로, 엄우가 우리 장수 연비(延丕)를 꾀어 목을 베어 장안(長安)에 전달하니〔전후한서(前後漢書) 및 남북사(南北史)에는 모두 구려후(句麗侯) 추(騶)를 꾀어 죽였다 하였음〕왕망이 기뻐하여 우리 왕의 칭호를 고쳐 하구려후(下句麗侯)라 하고 천하에 포고하여 모두 이 사실을 알게 하였다. 이로써 한의 변지를 침략하는 일은 더욱 심하였다.

32년 겨울 11월, 부여인이 침범해 오니 왕이 아들 무휼을 시켜 군사를 거느리고 가서 막게 하였다. 무휼은 병력이 적어 대적하지 못할까 염려해 특별한 꾀를 마련하여 친히 군사를 이끌고 산골짜기에 잠복하고 적을 기다렸다. 부여병이 곧장 학반령(鶴盤嶺) 밑으로 다가오자 복병이 뛰쳐나가 불의에 들이치니 부여병이 대패하여 말을 버리고 산으로 달아났다. 무휼은 군사를 풀어 모조리 잡아 죽였다.

33년 봄 정월, 왕자 무휼을 세워 태자를 삼고 군국의 정사를 맡겼다. 가을 8월, 왕은 오이(烏伊)·마리(摩離)에게 명하여 군사 2만 명을 거느리고 서쪽으로 가게 하였다. 양맥(梁貊)을 정벌하여 그 나라를 없애고 진격하여 한의 고구려현(高句麗縣)〔현도군(縣은 玄菟郡)에 속함〕을 쳐 빼앗았다.

37년 여름 4월, 왕자 여진(如津)이 물에 빠져 죽으니 왕은 애통하여 사람을 놓아 그 시체를 찾게 했으나 찾지 못하였다. 뒤에 비류(沸流) 사람 제수(祭須)가 발견하여 왕에게 알리니 예를 갖추어 왕골령(王骨嶺)에 장사지내고 제수에게 금 10근과 밭 10경(頃)을 하사하였다. 가을 7월, 왕은 두곡(豆谷)에 행차하였다. 겨울 10월, 왕이 두곡의 별궁에서 죽으니 두곡의 동원(東原)에 장사지내고 시호를 유리명왕(琉璃明王)이라 하였다.

三國史記 卷 第十三

高句麗本紀 第一 始祖 東明聖王 琉璃王

始祖東明聖王 姓高氏 諱朱蒙(一云 鄒牟 一云 象解(象解 恐當作衆牟)) 先是 扶餘王解夫婁 老無子 祭山川求嗣 其所御馬至鯤淵 見大石相對流淚 王怪之 使人轉其石 有小兒 金色蛙形(蛙一作蝸) 王喜曰 此乃天賚我令胤乎 乃收而養之 名曰金蛙 及其長立爲太子 後其相阿蘭弗曰 日者天降我曰 將使吾子孫 立國於此 汝其避之 東海之濱有地 號曰迦葉原 土壤䕺腴宜五穀 可都也 阿蘭弗遂勸王 移都於彼 國號東扶餘 其舊都有人 不知所從來 自稱天帝子解慕漱 來都焉 及解夫婁薨 金蛙嗣位 於是時 得女子於太白山南優渤水 問之曰 我是河伯之女 名柳花 與諸弟出遊 時有一男子 自言天帝子解慕漱 誘我於熊心山下(心 遺事作神) 鴨淥邊室中私之 卽往不返 父母責我無媒而從人 遂謫居優渤水 金蛙異之 幽閉於室中 爲日所炤 引身避之 日影又逐而炤之 因而有孕 生一卵 大如五升許 王棄之與犬豕 皆不食 又棄之路中 牛馬避之 後棄之野 鳥覆翼之 王欲剖之 不能破 遂還其母 以物裏之 置於暖處 有一男兒 破殼而出 骨表英奇 年甫七歲 嶷

然異常 自作弓矢射之 百發百中 扶餘俗語 善射爲朱蒙 故以名云 金蛙有七子 常與朱蒙遊戲 其伎能皆不及朱蒙 其長子帶素 言於王曰 朱蒙非人所生 其爲人 也勇 若不早圖 恐有後患 請除之 王不聽 使之養馬 朱蒙知其駿者 而減食令瘦 駑者善養令肥 王以肥者自乘 瘦者給朱蒙 後獵于野 以朱蒙善射 與其矢少 而朱 蒙殪獸甚多 王子及諸臣 又謀殺之 朱蒙母陰知之 告曰 國人將害汝 以汝才略 何往而不可 與其遲留而受辱 不若遠適以有爲 朱蒙乃與烏(鳥 下文及遺事並作 烏)伊·摩離·陜父等三人爲友 行至淹㴲水(一名蓋斯水 在今鴨綠東北) 欲渡無梁 恐爲追兵所迫 告水曰 我是天帝子 河伯外孫 今日逃走 追者垂及如何 於是 魚 鼈浮出成橋 朱蒙得渡 魚鼈乃解 追騎不得渡 朱蒙行至毛屯谷(魏書云至普(音 當作普)述水) 遇三人 其一人着麻衣 一人着衲衣 一人着水藻衣 朱蒙問曰 予等 何許人也 何姓何名乎 麻衣者曰 名再思 衲衣者曰 名武骨 水藻衣者曰 名默居 而不言姓 朱蒙賜再思姓克氏 武骨仲室氏 默居少室氏 乃告於衆曰 我方承景命 欲啓元基 而適遇此三賢 豈非天賜乎 遂揆其能 各任以事 與之俱至卒本川(魏書 云至紇升骨成) 觀其土壤肥美 山河險固 遂欲都焉 而未遑作宮室 但結廬於沸流 水上居之 國號高句麗 因以高爲氏(一云 朱蒙之至本扶餘 王無子 見朱蒙 知非 常人 以其女妻之 王薨 朱蒙嗣位) 時朱蒙年二十二歲 是漢孝元帝建昭二年 新 羅始祖赫居世二十一年甲申歲也 四方聞之 來附者衆 其地連靺鞨部落 恐侵盜爲 害 遂攘斥之 靺鞨畏服 不敢犯焉 王見沸流水中有菜葉逐流下 知有人在上流者 因以獵往尋 至沸流國 其國王松讓出見曰 寡人僻在海隅 未嘗得見君子 今日邂 逅相遇 不亦幸乎 然不識吾子自何而來 答曰 我是天帝子 來都於某所 松讓曰 我累世爲王 地小不足容兩主 君立都日淺 爲我附庸可乎 王忿其言 因與之鬪辯 亦相射以校藝 松讓不能抗.

二年 夏六月 松讓以國來降 以其地爲多勿都 封松讓爲主 麗語謂復舊土爲多 勿 故以名焉.

三年 春三月 黃龍見於鶻嶺 秋七月 慶雲見鶻嶺南 其色(色 舊本作 邑 今校 之)靑赤.

四年 夏四月 雲霧四起 人不辨色七日 秋七月 營作城郭宮室.

六年 秋八月 神雀集宮庭 冬十月 王命烏伊-扶芬奴 伐太白山東南荇人國 取 其地爲城邑.

十年 秋九月 鸞集於王臺 冬十一月 王命扶尉猒 伐北沃沮滅之 以其地爲城

邑.

　十四年　秋八月　王母柳花薨於東扶餘　其王金蛙　以太后禮葬之　遂立神廟　冬十月　遣使扶餘饋方物　以報其德.

　十九年　夏四月　王子類利　自扶餘與其母逃歸　王喜之　立爲太子　秋九月　王升遐　時年四十歲　葬龍山　號東明聖王.

　琉璃明王立　諱類利　或云孺留　朱蒙元子　母禮氏　初朱蒙在扶餘　娶禮氏女有娠　朱蒙歸後乃生　是爲類利　幼年出遊陌上彈雀　誤破汲水婦人瓦器　婦人罵曰　此兒無父　故頑如此　類利慙歸　問母氏　我夫何人　今在何處　母曰　汝父非常人也　不見容於國　逃歸南地　開國稱王　歸時謂予曰　汝若生男子　則言我有遺物　藏在七稜石上松下　若能得此者　乃吾子也　類利聞之　乃往山谷　索之不得　倦而還　一旦在堂上　聞柱礎間若有聲　就而見之　礎石有七稜　乃搜於柱下　得斷劍一段　遂持之與屋智・句鄒・都祖等三人　行至卒本　見父王　以斷劍奉之　王出所有斷劍合之　連爲一劍　王悅之　立爲太子　至是繼位.

　二年　秋七月　納多勿侯松讓之女爲妃　九月　西狩獲白獐　冬十月　神雀集王庭　百濟始祖溫祚立.

　三年　秋七月　作離宮於鶻川　冬十月　王妃松氏薨　王更娶二女以繼室　一曰禾姬　鶻川人之女也　一曰稚姬　漢人之女也　二女爭寵不相和　王於凉谷　造東西二宮　各置之　後王田於箕山　七日不返　二女爭鬪　禾姬罵稚姬曰　汝漢家婢妾　何無禮之甚乎　稚姬慙恨亡歸　王聞之　策馬追之　稚姬怒不還　王嘗息樹下　見黃鳥飛集　乃感而歌曰　翩翩黃鳥　雌雄相依　念我之獨　誰其與歸.

　十一年　夏四月　王謂群臣曰　鮮卑恃險　不我和親　利則出抄　不利則入守　爲國之患　若有人能折此者　我將重賞之　扶芬奴進曰　鮮卑險固之國　人勇而愚　難以力鬪　易以謀屈　王曰　然則爲之奈何　答曰　宜使人反間入彼　僞設我國小而兵弱　怯而難動　則鮮卑必易我　不爲之備　臣俟其隙　率精兵從間路　依山林以望其城　王使以羸兵　出其城南　彼必空城而遠追之　臣以精兵　走入其城　王親率勇騎挾擊之　則可克矣　王從之　鮮卑果開門出兵追之　扶芬奴將兵走入其城　鮮卑望之　大驚還奔　扶芬奴當關拒戰　斬殺甚多　王擧旗鳴鼓而前　鮮卑首尾受敵　計窮力屈　降爲屬國　王念扶芬奴功　賞以食邑　辭曰　此王之德也　臣何功焉　遂不受　王乃賜黃金三十斤一良馬一十匹.

十三年 春正月 熒惑守心星.

十四年 春正月 扶餘王帶素 遣使來聘 請交質子 王憚扶餘强大 欲以太子都切 爲質 都切恐不行 帶素恚之 冬十一月 帶素 以兵五萬來侵 大雪 人多凍死乃去.

十九年 秋八月 郊豕逸 王使託利─斯卑追之 至長屋澤中得之 以刀斷其脚筋 王聞之怒曰 祭天之牲 豈可傷也 遂投二人坑中殺之 九月 王疾病 巫曰 託利─ 斯卑爲祟 王使謝之 卽愈.

二十年 秋正月 太子都切卒.

二十一年 春三月 郊豕逸 王命掌牲薛支逐之 至國內尉那巖得之 拘於國內人 家養之 返見王曰 臣逐豕至國內尉那巖 見其山水深險 地宜五穀 又多麋鹿魚鱉 之產 王若移都 則不唯民利之無窮 又可免兵革之患也 夏四月 王田于尉中林 秋 八月 地震 九月 王如國內觀地勢 還至沙勿澤 見一丈夫坐澤上石 謂王曰 願爲 王臣 王喜許之 因賜名沙勿 姓位氏.

二十二年 冬十月 王遷都於國內 築尉那巖城 十二月 王田于質山陰 五日不返 大輔陝父諫曰 王新移都邑 民不安堵 宜孜孜焉 刑政之是恤 而不念此 馳騁田獵 久而不返 若不改過自新 臣恐政荒民散 先王之業墜地 王聞之震怒 罷陝父職 俾司官園 陝父憤去之南韓.

二十三年 春二月 立王子解明爲太子 大赦國內.

二十四年 秋九月 王田于箕山之野 得異人 兩腋有羽 登之朝 賜姓羽氏 俾尙 王女.

二十七年 春正月 王太子解明在古都 有力而好勇 黃龍國王聞之 遣使以强弓 爲贈 解明對其使者 挽而折之曰 非予有力 弓自不勁耳 黃龍王慙 王聞之怒 告 黃龍曰 解明爲子不孝 請爲寡人誅之 三月 黃龍王遣使 請太子相見 太子欲行 人有諫者曰 今隣國無故請見 其意不可測(測 舊本作則 是訛也)也 太子曰 天之 不欲殺我 黃龍王其如我何 遂行 黃龍王始謀殺之 及見不敢加害 禮送之.

二十八年 春三月 王遣人謂解明曰 吾遷都 欲安民以固邦業 汝不我隨 而恃剛 力 結怨於隣國 爲子之道 其若是乎 乃賜劍使自裁 太子卽欲自殺 或止之曰 大 王長子已卒 太子正當爲後 今使者一至而耐自殺 安知其非詐乎 太子曰 嚮黃龍 王 以强弓遺之 我恐其輕我國家 故挽折而報之 不意 見責於父王 今父王以我爲 不孝 賜劍自裁 父之命其可逃乎 乃往礪津東原 以槍插地 走馬觸之而死 時年二 十一歲 以太子禮 葬於東原 立廟 號其地爲槍原.

論曰 孝子之事親也 當不離左右以致孝 若文王之爲世子 解明在於別都 以好勇聞 其於得罪也宜矣 又聞之傳曰 愛子敎之以義方 弗納於邪 今王始未嘗敎之 及其惡成 疾之已甚 殺之而後已 可謂父不父 子不子矣.

秋八月 扶餘王帶素使來 讓王曰 我先王與先君東明王相好 而誘我臣逃至此 欲完聚以成國家 夫國有大小 人有長幼 以小事大者禮也 以幼事長者順也 今王若能以禮順事我 則天必佑之 國祚永終 不然 則欲保其社稷難矣 於是 王自謂立國日淺 民屠兵弱 勢合忍恥屈服 以圖後效 乃與群臣謀 報曰 寡人僻在海隅 未聞禮義 今承大王之敎 敢不唯命之從 時王子無恤 年尙幼少 聞王欲報扶餘言 自見其使曰 我先祖神靈之孫 賢而多才 大王妬害 讒之父王 辱之以牧馬 故不安而出 今大王不念前愆 但恃兵多 輕蔑我邦邑 請使者歸報大王 今有累卵於此 若大王不毀其卵 則臣將事之 不然則否 扶餘王聞之 徧問群下 有一老嫗 對曰 累卵者危也 不毀其卵者安也 其意曰 王不知己危 而欲人之來 不如易危以安而自理也.

二十九年 夏六月 矛川上有黑蛙 與赤蛙群鬪 黑蛙不勝死 議者曰 黑北方之色 北扶餘破滅之徵也 秋七月 作離宮於豆谷.

三十一年 漢王莽發我兵伐胡 吾人不欲行 强迫遣之 皆亡出塞 因犯法爲寇 遼西大尹田譚追擊之 爲所殺 州郡歸咎於我 嚴尤奏言 貊人犯法 宜令州郡 且慰安之 今猥被以大罪 恐其遂叛 扶餘之屬 必有和者 匈奴未克 扶餘·濊貊復起 此大憂也 王莽不聽 詔尤擊之 尤誘我將延丕斬(斬 舊本作斬 訛刻也)之 傳首京師 (兩漢書及南北史皆云誘句麗侯騶(騶 後漢書及梁書·北史作騶 魏志作騊)) 莽悅之 更名吾王爲下句麗侯 布告天下 令咸知焉 於是 寇漢邊地愈甚.

三十二年 冬十一月 扶餘人來侵 王使子無恤率師禦之 無恤以兵小 恐不能敵 設奇計 親率軍伏于山谷 以待之 扶餘兵直至鶴盤嶺下 伏兵發 擊其不意 扶餘軍大敗 棄馬登山 無恤縱兵盡殺之.

三十三年 春正月 立王子無恤爲太子 委以軍國之事 秋八月 王命烏伊-摩離領兵二萬 西伐梁貊滅其國 進兵襲取漢高句麗縣(縣屬玄菟郡).

三十七年 夏四月 王子如津溺水死 王哀慟 使人求屍不得 後沸流人祭須得之以聞 遂以禮葬於王骨嶺 賜祭須金十斤-田十頃 秋七月 王幸豆谷 冬十月 薨於豆谷離宮 葬於豆谷東原 號爲琉璃明王.

삼국사기 권 제14

고구려본기(高句麗本紀) 제2

대무신왕(大武神王), 민중왕(閔中王), 모본왕(慕本王)

대무신왕(大武神王)

대무신왕(太武神王 : 혹은 대해주류왕(大解朱留王))이 즉위하니 휘(諱)는 무휼(無恤)이요 유리왕(琉璃王)의 셋째아들이다. 낳으면서 총명하고 장성하면서 웅걸(雄傑)하고 큰 도량이 있었다. 유리왕 33년에 태자가 되니 그때 나이 11세였으며 이때에 이르러 즉위하였다. 어머니는 송씨(宋氏)이니 다물국왕(多勿國王) 송양(宋讓)의 딸이다.

2년(19) 봄 정월, 서울에 지진이 있었다. 대사령을 내렸다. 백제(百濟) 백성 1,000여 호가 와서 항복하였다.

3년 봄 3월, 동명왕(東明王)의 사당을 세웠다. 가을 9월, 왕이 골구천(骨句川)에서 사냥하다가 신마(神馬)를 얻어 이름을 거루(駏䮫)라 하였다. 겨울 10월, 부여왕(扶餘王) 대소(帶素)가 사신을 보내어 붉은 까마귀를 선사했는데 머리는 하나요 몸뚱이는 둘이었다. 처음 부여 사람이 이 까마귀를 얻어 자기 왕에게 바치니 누군가 말하기를 "까마귀는 원래 빛이 검은 것인데 지금 변하여 붉게 되고, 또 머리는 하나인데 몸이 둘이니 두 나라가 합병될 징조요, 임금께서는 아마도 고구려를 합병하실 모양입니다" 하였다. 대소는 기뻐하여 이것을 고구려에 보내고 겸하여 그의 말까지 전하니 왕(大武神王)은 여러 신하와 의논하고 답하기를 "검은 것은 북방의 빛인데 지금 변하여 남방의 빛이 되고, 또 붉은 까마귀는 상서로운 물건인데 그대가 얻어서 지니지 못하고 내게 보내주었으니 두 나라의 존망(存亡)은 두고 봐야 알 것이다" 하였다. 대소는 그 말을 듣고 놀라며 후회하였다.

  4년 겨울 12월, 왕이 군사를 내어 부여를 칠 때 비류수(沸流水) 가에 이르러 물가를 바라보니 어떤 여인이 솥(鼎)을 들고 유희(遊戲)하는 것 같았다. 그래서 가 보았더니 큰 솥만 남아 있는지라 그것으로 밥을 짓게 하였다. 그러자 불을 땔 것도 없이 저절로 더워져서 밥을 짓게 되어 온 군사를 배부르게 하였다. 갑자기 한 장부(壯夫)가 나타나 이르기를 "이 솥은 본시 내 집 물건인데 내 누이가 잃어버렸다. 지금 왕이 발견하였으니 짊어져다 드리겠다"고 하므로, 이에 부정씨(負鼎氏)의 성을 내려 주었다. 왕이 이물림(利勿林)에 당도하여 묵는데 밤중에 쇳소리(金聲)가 들려서 새벽녘에 사람을 시켜 찾아보게 하였더니 금새(金璽)와 병물(兵物) 등속을 주워 왔다. 왕은 "하늘이 준 것이다" 하고 절하고 받았다.

  길에 나서자 신장은 9자쯤 되고 얼굴은 희고 눈에 광채가 있어 보이는 한 사람이 왕에게 절하며 하는 말이 "신은 북명(北溟) 사람 괴유(怪由)입니다. 대왕께서 북으로 부여를 정벌하신다 하오니 신은 청컨대 종군하여 부여 왕의 머리를 베어 오겠습니다" 하므로 왕은 기뻐하며 허락하였다. 또한 사람이 나타나 말하기를 "신은 적곡(赤谷) 사람 마로(麻盧)입니다. 긴 창을 가지고 길을 인도하겠습니다" 하므로 왕은 또 허락하였다.

  5년 봄 2월, 왕은 군사를 부여국 남쪽에 진주시켰다. 그 지대가 진흙 수렁이 많으므로 왕은 평지를 택해 진영을 만들고 병마를 휴식하며 두려워하는 태도를 보이지 않았다. 부여 왕은 전국의 병력을 들고 나와 싸울 때 상대방의 헛점을 틈타서 엄습하려고 말을 채찍질하며 앞을 다투다가 진흙 속에 빠져 나가지도 물러가지도 못하게 되었다. 이때 왕은 괴유를 지휘하였다. 괴유가 칼을 빼어 고함을 지르며 돌격하자, 수많은 적군이 밀려 쓰러지며 능히 버텨내지 못했다. 곧장 나아가 부여 왕을 잡아 그 머리를 베었다. 부여 병사들은 왕을 잃고 기운이 꺾였으나 오히려 굴복치 않고 여러 겹으로 에워쌌다. 왕은 양식이 떨어져 군사들이 주리고 있음을 보고 걱정이 되어 어찌할 바를 모르다가 급기야 천신에게 도움을 빌었다. 갑자기 짙은 안개가 끼어 7일 동안 지척(咫尺)에서도 인물(人物)을 구별할 수 없을 정도였다. 왕은 이 틈을 타서 초우인(草偶人 : 짚으로 만든 허수아비)을 만들어 무기를 들려 진영 안팎에 세워 군사로 가장(假裝)해 놓았다. 그리고 샛길을 따라 소리없이 군사를 몰아 밤에 빠져나오다가 골두천에서 얻은 신마(神馬)와 비류원에서 얻은 큰 솥을 잃었다. 이물림에 당도하였으나 군사들이 주리어 쓰러질 지경에 이르렀으므로, 야수(野獸)를 잡아 나누어 먹곤 하였다.

왕이 환국한 뒤 여러 신하를 불러 술을 나누며 하는 말이 "나의 부덕으로 경솔히 부여를 정벌하려다가 비록 왕은 죽였으나 그 나라를 없애지 못했고 또 우리의 군수품을 많이 잃었으니 모두 나의 허물이오" 하고 드디어 친히 죽은 자를 조상하고 병든 자를 방문하며 백성들을 위로했다. 이로써 나라 사람들은 왕의 은덕을 느끼어 모두 나라일에 몸을 바치기로 하였다. 3월, 신마 거루(駏驤)가 부여마(扶餘馬) 100필을 거느리고 함께 학반령(鶴盤嶺) 밑 거회곡(車廻谷)으로 들어왔다. 여름 4월, 부여 왕 대소의 아우가 갈사수(曷思水) 가에 와서 나라를 건설하고 왕이 되었다. 이는 부여왕 금와의 막내아들인데 사(史)에 그 이름은 전하지 않는다. 당초 대소가 피살당할 때 그 아우는 나라가 장차 망할 것을 알고 종자 100여 명과 함께 압록곡(鴨綠谷)에 이르렀다. 그때 마침 해두국(海頭國) 왕이 나와 사냥하는 것을 보고 드디어 그를 죽이고 그 백성을 취하여 이곳에 와서 도읍을 정하니 이가 갈사왕(曷思王)이다.

가을 7월, 부여 왕의 종제(從弟)가 그 나라 백성에게 말하기를 "우리 선왕이 몸을 망치고 나라를 없애어 백성이 의지할 곳이 없고, 왕의 아우는 도망하여 갈사(曷思)에 도읍을 정하였고, 내 역시 불초하여 부흥시킬 수가 없다" 하고 드디어 만여 명과 함께 와서 항복하였다. 왕(大武神王)은 그를 봉하여 왕(제후)을 삼아 연나부(椽那部)에 안치하고 그의 등에 낙문(絡文)이 있으므로 낙씨(絡氏)라는 성(姓)을 내렸다. 겨울 10월, 괴유가 죽었다. 처음 괴유가 위독할 때 왕이 친히 가서 위문하니 괴유의 말이 "신은 북명(北溟)의 미천한 사람으로 누차 두터운 은혜를 입었으니 비록 죽더라도 생시와 같이 보답할 생각을 잊지 않겠습니다" 하므로 왕은 그 말을 착하게 여기고 또 큰 공로가 있으므로 북명산(北溟山) 남쪽에 장사지내고 유사(有司)에게 명하여 때에 따라 제사를 지내게 하였다.

8년 봄 2월, 을두지(乙豆智)를 등용하여 우보(右輔)를 삼고 군국(軍國)에 관한 사무를 위임하였다.

  9년 겨울 10월, 왕이 친히 개마국(蓋馬國)을 정벌하여 그 왕을 죽였다. 약탈 행위를 엄금하고 백성을 위안하며 그 땅을 군·현으로 만들었다. 12월, 구다국왕(句多國王)이 개마가 멸망한 것을 듣고 장차 해가 자기에게 미칠까 하여 나라를 바치고 항복하였다. 이로 말미암아 땅을 점점 더 넓게 개척하였다.

  10년 봄 정월, 을두지(乙豆智)로 좌보(左輔)를 삼고 송옥구(松屋句)로 우보를 삼았다.

  11년 가을 7월, 한나라 요동태수(遼東太守)가 군사를 거느리고 내침하므로 왕은 여러 신하를 불러 싸우느냐 지키느냐의 계책을 물으니, 우보 송옥구가 아뢰기를 "신이 듣건대 덕(德)을 믿는 자는 창성하고 힘을 믿는 자는 멸망한다 하옵니다. 지금 중국에 흉년이 들어 도둑이 봉기하는데 명분 없는 군사를 일으켰으니 이는 군신(君臣)간의 정책(定策)이 아니요, 반드시 변장(邊將)이 이익을 보려고 우리 나라를 함부로 침범한 것입니다. 천리(天理)를 거역하고 인도(人道)를 위반하면 그 군사는 반드시 공을 이루지 못하는 것이니, 험한 곳에 의거하여 기병(奇兵)을 사용하면 반드시 깨뜨릴 것입니다" 하였다. 좌보 을두지는 말하기를 "작은 나라가 굳세게 나가면 큰 나라에게 사로잡히고 마는 것입니다. 요컨대 대왕의 병력과 한의 병력을 비하면 어느 것이 많다 하겠습니까. 꾀로 칠 수는 있지만 힘으로 이기지는 못합니다" 하였다. 왕이 "꾀로 치자면 어떻게 해야 하느냐" 하니 두지는 말하기를 "지금 한병이 멀리 와서 처음 싸우는 것이라 그 서슬을 당할 수 없습니다. 대왕은 성문을 닫고 스스로 굳게 하여 그 군사가 힘이 풀리기를 기다렸다가 나가 치는 것이 옳겠습니다" 하였다.

  왕은 그렇게 여겨 위나암성(尉那巖城)에 들어가 수십 일을 굳게 지켰으나 한병은 포위를 풀지 않았다. 왕은 자기 편의 힘이 다하고 군사가 피로함을 보고 두지에게 이르기를 "형세가 지킬 수 없게 되었으니 어쩌면 좋으냐"고 하였다. 두지는 "한인(漢人)의 생각으로는 이곳이 암석(巖石) 지대이니 필시 샘물이 없으리라 여겨 이와 같이 장시간 포위하여 우리의 곤란을 기다리는 모양입니다. 물 속의 잉어(鯉魚)를 잡아내어 수초(水草)에 싸서 좋은 술 얼마와 함께 보내어 한군을 먹이게 하소서" 했다. 왕은 그 말에 따라 편지를 써서 보내기를 "내가 어리석고 어두운 탓으로 상국에 죄를 지어 장군으로

하여금 백만의 군사를 거느리고 이곳에 갑자기 나타나게 하니 그 후의를 받을 길이 없어 감히 변변치 못한 물건으로 좌우(左右 : 貴下)에게 이바지하는 바이오" 하였다.

이에 한장(漢將)은 성 안에 식수가 있어 갑자기 깨뜨릴 수 없다 생각하고 답장을 보내어 말했다. "우리 황제가 나를 용렬치 않게 보고 군사를 주어 대왕의 죄를 묻게 하여 이곳에 당도하였으나 열흘이 넘도록 요령을 얻지 못하다가 지금 보내 준 편지를 보니 말이 극히 공순하므로 구실을 만들어 어찌 황제께 아뢰지 아니하랴" 하고 드디어 물러갔다.

13년 가을 7월, 매구곡(買溝谷) 사람 상수(尙須)가 그의 아우 위수(尉須)와 종제(從弟) 우도(于刀)와 함께 찾아와서 항복하였다.

14년 겨울 11월, 우레소리가 나고 눈은 오지 않았다.

15년 봄 3월, 대신 구도(仇都)·일구(逸苟)·분구(焚求) 등 세 사람을 내쫓아 서민(庶民)을 만들었다. 세 사람은 앞서 비류부(沸流部)의 장(長)으로 삼았는데, 본래 탐심이 많고 야비하여 남의 처첩(妻妾), 우마, 재화(財貨)를 마구 빼앗아 마구 자기의 욕망을 채우고, 혹시 주지 않는 자가 있으면 즉시 잡아다 매를 때리니 당한 사람은 모두 분해하였다. 왕은 그 사실을 듣고 죽여 버리려 하다가 동명왕의 구신(舊臣)임을 생각하여 차마 극형은 가하지 못하고 내쫓는 것만으로 그쳤다. 그리고 남부사자(南部使者) 추발소(鄒勃素)를 대신하여 부장(部長)을 삼았다. 발소(勃素)는 도임(到任)하여 따로 큰 방을 만들어 거처하고 구도 등에 대하여는 죄인이라는 명목을 붙여 당(堂)에 오르지 못하게 하니, 구도 등이 앞에 나와 말하기를 "우리는 소인이라 짐짓 왕법(王法)을 범하였거니와 부끄러움과 뉘우침을 이기지 못하는 바이니, 원컨대 공은 허물을 용서하시어 다시 새로운 정신을 갖게 해 주시면 죽어도 한이 없겠습니다" 하였다. 발소는 그들을 끌어올리어 자리를 같이하며 이르기를 "사람이 어찌 과오가 없을 수 있으리오. 그러나 그 허물을 고친다면 이보다 착한 일이 없다" 하고 드디어 함께 벗이 되었다. 구도 등은 감격하여 다시 악한 행동을 하지 아니하였다. 왕은 듣고서 "발소가 위엄을 이용하지 아니하고 능히 지혜로써 악을 징계하니 능리(能吏)라 하겠다" 하고 대실씨(大室氏)의 성을 하사하였다.

여름 4월, 왕자 호동(好童)이 옥저(沃沮) 지방을 구경다닐 때 낙랑왕(樂

浪王) 최리(崔理)가 마침 순행하다가 호동을 보고 "그대의 얼굴을 보니 보통 사람(常人)이 아니오. 혹시 북국신왕(北國神王)의 아들이 아니오?" 하고 드디어 그를 데리고 돌아와 사위를 삼았다. 그 후 호동이 환국한 다음 몰래 사람을 보내어 최씨녀(崔氏女)에게 알리기를 "그대가 그대 나라 병기고에 들어가서 고각(鼓角)을 부숴 버린다면 내가 예를 갖추어 맞아들일 것이고 그렇지 못하면 그만두겠다" 하였다. 전부터 낙랑국에는 고각이 있어 만약 적병이 침입해 올 경우 저절로 울리기 때문에 부수게 한 것이다. 이에 최씨녀는 날선 칼을 가지고 병기고 속에 들어가 고면(鼓面)과 각구(角口)를 부수고 호동에게 알렸다. 호동은 왕에게 권하여 낙랑을 습격케 하였다. 최리는 고각이 울리지 아니하므로 방비하지 않고 있다가 군사가 엄습하여 성 아래 당도한 후에야 북과 호각이 다 부숴진 줄을 알았다. 그래서 드디어 그 딸을 죽이고 나와 항복하였다[혹은 말하기를 낙랑을 없애기 위하여 혼인을 청해 그 딸을 데려다가 자부(子婦)를 삼은 다음 그 자부를 시켜 본국에 가서 무기를 부수게 하였다고 함]. 겨울 11월, 왕자 호동이 자살하였다. 호동은 왕의 차비(次妃) 갈사왕(葛思王) 손녀의 소생인데 얼굴이 아름다워 왕이 매우 사랑하였다. 그 때문에 이름을 호동(好童)이라 하였다. 원비(元妃)가 생각하기를, 왕이 혹시 적통을 빼앗아 호동으로 태자를 삼을까 염려하여 왕께 참소하기를 "호동이 나를 예로써 대우하지 아니하니 아마도 나에게 음란하려는 것이 아닌가 합니다" 하니 왕은 "네가 낳은 자식이 아니기 때문에 미워하느냐"고 말하였다. 원비는 왕이 믿어 주지 않음을 알고 장차 화가 미칠까 두려워하여 눈물을 흘리며 하는 말이 "대왕은 비밀히 살펴보소서. 만약 이러한 일이 없다면 제가 죄를 받겠습니다" 하였다. 이에 대왕은 의심치 아니할 수 없어 죄를 주려고 하니 어떤 사람이 호동에게 이르기를 "그대는 왜 해명하지 않는가" 하였다. 호동은 "내가 만약 해명한다면 이는 어머니의 나쁜 점을 드러내고 왕에게 근심을 끼치는 것이니 효도라 하겠는가" 하고 드디어 칼에 엎드려 죽었다.

　사신(史臣)은 다음과 같이 논한다.
　지금 왕이 참소하는 말을 믿어 죄없는 사랑하는 자식을 죽였으니 그 어질지 못함은 말할 것도 없거니와, 호동도 죄가 없는 것은 아니니 왜냐하면 자식으로서 아비에게 꾸지람을 듣게 될 경우에는 마땅히 순(舜)임금이 고수

(瞽瞍)에게 대하듯이 하여 작은 매는 맞고 큰 매는 달아나 아버지를 불의(不義)에 빠뜨리지 않도록 해야 하는 것이다. 호동이 이렇게 할 것을 모르고 죽지 않을 자리에 죽었으니 소근(小謹)에 고집하고 대의(大義)에 어두웠다 할 수 있다. 공자(公子) 신생(申生)과 같은 처사라 하지 않을 수 없다.

12월, 왕자 해우(解憂)를 태자로 삼았다. 사신을 한(後漢)에 보내어 조공하니 광무제(光武帝)는 전과 같이 왕호(王號)를 쓰게 하였다. 이때는 건무(建武) 8년이었다.

20년, 왕이 낙랑을 습격하여 없앴다.

24년 봄 3월, 서울에 우박이 내렸다. 가을 7월, 서리가 내려 곡물이 상했다. 8월, 매화가 피었다.

27년 가을 9월, 후한 광무제가 군사를 보내어 바다를 건너 낙랑을 쳐서 그 땅을 빼앗아 군현으로 만들었다. 이에 따라 살수(薩水) 이남은 한에 속하게 되었다. 겨울 10월, 왕이 죽으니 대수촌원(大獸村原)에 장사지내고 시호를 대무신왕(大武神王)이라 하였다.

민중왕(閔中王)

민중왕(閔中王)이 즉위하니 휘는 해색주(解色朱)요 대무신왕(大武神王)의 아우다. 대무신왕이 죽고 태자가 어려 정사에 간여하지 못할 형편이므로, 나라 사람들이 추대하여 세웠다. 겨울 11월, 대사령을 내렸다.

2년(45) 봄 3월, 여러 신하와 잔치를 벌였다. 여름 5월, 서울 동쪽에 큰 물이 져서 백성이 주리므로 창고의 곡식을 풀어 나눠주었다.

3년 가을 7월, 왕은 동쪽으로 사냥 나가서 흰 노루를 잡았다. 겨울 11월, 혜성이 남방에 나타났다가 20일 만에 사라졌다. 12월, 서울에 눈이 오지 않았다.

4년 여름 4월, 왕은 민중원(閔中原)에서 사냥하였다. 가을 7월, 또 그곳에서 사냥하다가 석굴(石窟)을 발견하여 좌우 신하들을 돌아보며 하는 말이 "내가 죽거든 반드시 이곳에 장사지내고 아예 따로 능묘(陵墓)를 만들지 말라" 하였다. 9월, 동해(東海) 사람 고주리(高朱利)가 고래(鯨魚)를 바쳤는데 눈에서 밤에도 광채가 났다. 겨울 10월, 잠우(蠶友) 부락의 대가(大家) 대승(戴升) 등 1만여 호가 낙랑으로 가서 한에 항복하였다〔후한서에는 대가 대승(大加戴升) 등 만여 구(口)라 하였음〕.

　5년, 왕이 죽으니 왕후 및 여러 신하가 왕의 유명(遺命)을 어기기 어려워 드디어 석굴에 장사지내고 시호를 민중왕(閔中王)이라고 하였다.

모본왕(慕本王)

　모본왕의 휘는 해우(解憂 : 혹은 해애루 (解愛婁))이니 대무신왕의 원자(元子)이다. 민중왕이 죽으니 그 뒤를 이어 즉위하였다. 사람됨이 포학하고 어질지 못하여 국사를 돌보지 않아 백성들이 원망하였다.

　원년(48) 가을 8월, 큰물이 져서 20여 곳의 산이 무너졌다. 겨울 10월, 왕자 익(翊)을 세워 태자로 삼았다.

　2년 봄, 장수를 시켜 한의 북평(北平)·어양(漁陽)·상곡(上谷)·태원(太原)을 습격케 하다가, 요동태수(遼東太守) 채동(蔡彤)이 은혜와 신의로써 대하므로 다시 (漢과) 화친하였다. 3월, 폭풍이 불어 나무가 뽑혔다. 여름 4월, 서리가 내리고 우박이 왔다. 가을 8월, 사자를 보내어 국내의 굶주린 백성에게 곡식을 나눠 주었다.

　4년, 왕은 날이 갈수록 포학이 더하여 항상 사람을 깔고 앉거나 누울 때는 사람을 베고 누웠으며, 사람이 행여 움직이면 용서없이 죽이고 신하 중에 간하는 자가 있을 때는 활을 당겨 쏘았다.

　6년 겨울 11월, 두로(杜魯)가 왕을 죽였다. 두로는 모본(慕本) 사람으로 왕을 모시고 있었는데 혹시 자기가 살해당하지 않을까 염려하여 늘 울었다. 누군가 그에게 말하기를 "대장부가 왜 우느냐, 옛 사람의 말에 나를 어루만져 주면 임금이요, 나를 학대하면 원수라 하였다. 지금 왕은 포학하여 사람을 죽이니 백성들의 원수이다. 그대는 도모할지어다" 하였다. 두로는 칼을 품고 왕의 앞에 나아갔다. 왕이 두로를 끌어다 깔고 앉으므로 두로는 칼을 빼어 왕을 해하였다. 드디어 모본원(慕本原)에 장사지내고 시호를 모본왕(慕本王)이라 하였다.

三國史記 卷 第十四

高句麗本紀 第二 大武神王 閔中王 慕本王

大武神王立(或云大解朱留王) 諱無恤 琉璃王第三子 生而聰慧 壯而雄傑 有大略 琉璃王在位三十三年甲戌 立爲太子 時年十一歲 至是卽位 母松氏 多勿國王松讓女也.
二年 春正月 京都震 大赦 百濟民一千餘戶來投.
三年 春三月 立東明王廟 秋九月 王田骨句川 得神馬名駏驤 冬十月 扶餘王帶素 遣使送赤烏 一頭二身 初扶餘人得此烏 獻之王 或曰 烏者黑也 今變而爲赤 又一頭二身 幷二國之徵也 王其兼高句麗乎 帶素喜送之 兼示或者之言 王與群臣議 答曰 黑者北方之色 今變而爲南方之色 又赤烏瑞物也 君得而不有之 以送於我 兩國存亡 未可知也 帶素聞之 驚悔.
四年 冬十二月 王出師伐扶餘 次沸流水上 望見水涯 若有女人舁鼎游戲 就見之只有鼎 使之炊 不待火自熱 因得作食飽一軍 忽有一壯夫曰 是鼎吾家物也 我妹失之 王今得之 請負以從 遂賜姓負鼎氏 抵利(利 地理志作利)林宿 夜聞金聲 向明使人尋之 得金璽兵物等 曰天賜也 拜受之 上道有一人 身長九尺許 面白而目有光 拜王曰 臣是北溟人怪由 竊聞大王北伐扶餘 臣請從行 取扶餘王頭 王悅許之 又有人 曰臣赤谷人麻盧 請以長矛爲導 王又許之.
五年 春二月 王進軍於扶餘國南 其地多泥塗 王使擇平地爲營 解鞍休卒 無恐懼之態 扶餘王擧國出戰 欲掩其不備 策馬以前 陷濘不能進退 王於是 揮怪由 怪由拔劍號吼擊之 萬軍披靡不能支 直進執扶餘王斬頭 扶餘人旣失其王 氣力摧折 而猶不自屈 圍數重 王以糧盡士饑 憂懼不知所爲 乃乞靈於天 忽大霧 咫尺不辨人物七日 王令作草偶人 執兵立營內外爲疑(疑與擬通)兵 從間道潛軍夜出 失骨句川神馬·沸流源大鼎 至利勿林 兵饑不興 得野獸以給食 王旣至國 乃會群臣飮至曰 孤以不德 輕伐扶餘 雖殺其王 未滅其國 而又多失我軍資 此孤之過也 遂親弔死問疾 以存慰百姓 是以 國人感王德義 皆許殺身於國事矣 三月 神馬駏驤 將扶餘馬百匹 俱至鶴盤嶺下車廻谷 夏四月 扶餘王帶素弟 至曷思水濱 立國稱王 是扶餘王金蛙季子 史失其名 初帶素之見殺也 知國之亡將 與從者百餘人 至鴨淥谷 見海頭王出獵 遂殺之 取其百姓 至此始都 是爲曷思王 秋七月 扶

餘王從弟謂國人曰 我先王身亡國滅 民無所依 王弟逃竄 都於曷思 吾亦不肖 無以興復 乃與萬餘人來投 王封爲王 安置掾那部 以其背有絡文 賜姓絡氏 冬十月 怪由卒 初疾革 王親臨存問 怪由言 臣北溟微賤之人 屢蒙厚恩 雖死猶生 不敢忘報 王善其言 又以有大功勞 葬於北溟山陽 命有司以時祀之.

八年 春二月 拜乙豆智爲右輔 委以軍國之事.

九年 冬十月 王親征蓋馬國 殺其王 慰安百姓 毋虜掠 但以其地爲郡縣 十二月 句茶國王 聞蓋馬滅 懼害及己 擧國來降 由是 拓地浸廣.

十年 春正月 拜乙豆智爲左輔 松屋句爲右輔.

十一年 秋七月 漢遼東太守 將兵來伐 王會群臣 問戰守之計 右輔松屋句曰 臣聞 恃德者昌 恃力者亡 今中國荒儉 盜賊蜂起 而兵出無名 此非君臣定策 必是邊將規利 擅侵吾邦 逆天違人 師必無功 憑險出奇 破之必矣 左輔乙豆智曰 小敵之强 大敵之禽也 臣度大王之兵 孰與漢兵之多 可以謀伐 不可力勝 王曰 謀伐若何 對曰 今漢兵遠鬪 其鋒不可當也 大王閉(閉與閉通 通鑑以下諸本 皆作閉)城自固 待其師老 出而擊之可也 王然之 入尉邦巖城 固守數旬 漢兵圍不解 王以力盡兵疲謂豆智曰 勢不能守 爲之奈何 豆智曰 漢人謂我巖石之地 無水泉 是以 長圍以待吾人之困 宜取池中鯉魚 包以水草 兼旨酒若干 致犒漢軍 王從之 貽書曰 寡人愚昧 獲罪於上國 致令將軍 帥百萬之軍 暴露弊境 無以將厚意 輒用薄物 致供於左右 於是 漢將謂 城內有水 不可猝拔 乃報曰 我皇帝不以臣駑 下令出師 問大王之罪 及境踰旬 未得要領 今聞來旨 言順且恭 敢不藉口以報皇帝 遂引退.

十三年 秋七月 買溝谷人尙須 與其弟尉須及當弟于刀等 來投.

十四年 冬十一月 有雷無雪.

十五年 春三月 黜大臣仇都-逸苟-焚求等三人爲庶人 此三人爲沸流部長 資貪鄙 奪人妻妾·牛馬·財貨 恣(恣 舊本作忽 訛刻也)其所欲 有不與者 即鞭之 人皆忿怨 王聞之欲殺之 以東明舊臣 不忍致極法 黜退而已 遂使南部使者鄒敦素 代爲部長 敦素旣上任 別作大室以處 以仇都等罪人 不令升堂 仇都等詣前告曰 吾儕小人 故犯王法 不勝愧悔 願公赦過 以令自新 則死無恨矣 敦素引上之 共坐曰 人不能無過 過而能改 則善莫大焉 乃與之爲友 仇都等感愧 不復爲惡 王聞之曰 敦素不用威嚴 能以智懲惡 可謂能矣 賜姓曰大室氏 夏四月 王子好童 遊於沃沮 樂浪王崔理 出行因見之 問曰 觀君顔色 非常人 豈非北國神王

之子乎 遂同歸以女妻之 後好童還國 潛遣人 告崔氏女曰 若能入而國武庫 割破鼓角 則我以禮迎 不然則否 先是 樂浪有鼓角 若有敵兵則自鳴 故令破之 於是崔女將利刀 潛入庫中 割鼓面角口 以報好童 好童勸王 襲樂浪 崔理以鼓角不鳴不備 我兵掩至城下 然後知鼓角皆破 遂殺女子 出降 (或云 欲滅樂浪遂請婚 娶其女 爲子妻 後使歸本國 壞其兵物) 冬十一月 王子好童自殺 好童 王之次妃曷思王孫女所生也 顏容美麗 王甚愛之 故名好童 元妃恐奪嫡爲太子 乃讒於王曰 好童不以禮待妾 殆欲亂乎 王曰 若以他兒 憎疾乎 妃知王不信 恐禍將及 乃涕泣而告曰 請大王密候 若無此事 妾自伏罪 於是 大王不能不疑 將罪之 或謂好童曰 子何不自釋乎 答曰 我若釋之 是顯母之惡 貽王之憂 可謂孝乎 乃伏劍而死.

論曰 今王信讒言 殺無辜之愛子 其不仁 不足道矣 而好童不得無罪何則 子之見責於其父也 宜若舜之於瞽瞍 小杖則受 期不陷父於不義 好童不知出於此 而死非其所 可謂執於小謹 而昧於大義 其公子申生之譬耶.

十二月 立王子解憂爲太子 遣使入漢朝貢 光武(武 原作虎 蓋避高麗惠宗諱武)帝復其王號 是建(建 原作立 避麗太祖諱建)武八年也.

二十年 王襲樂浪滅之.

二十四年 春三月 京都雨雹 秋七月 隕霜殺穀 八月 梅花發.

二十七年 秋九月 漢光武帝 遣兵渡海伐樂浪 取其地爲郡縣 薩水已南 屬漢 冬十月 王薨 葬於大獸村(村 恐當作林)原 號爲大武神王.

閔中王諱 解色(色 遺事(王曆)及通鑑作邑)朱 大武神王之弟也 大武神王薨太子幼少 不克卽政 於是 國人推戴以立之 冬十一月 大赦.

二年 春三月 宴群臣 夏五月 國東大水 民饑 發倉賑給.

三年 秋七月 王東狩獲白獐 冬十一月 星孛于南 二十日而滅 十二月 京都無雪.

四年 夏四月 王田於閔中原 秋七月 又田見石窟 顧謂左右曰 吾死必葬於此 不須更作陵墓 九月 東海人高朱利獻鯨 魚目夜有光 冬十月 蠶友(友 當作支 地理志·後漢書作支)落部大家戴升等一萬餘家 詣樂浪投漢 (後漢書云 大加戴升等萬餘口).

五年 王薨 王后及群臣 重違遺命 乃葬於石窟 號爲閔中王.

慕本王 諱解憂(一云解愛婁) 大武神王元子 閔中王薨 繼而卽位 爲人暴戾不仁 不恤國事 百姓怨之.

元年 秋八月 大水 山崩二十餘所 冬十月 立王子翊爲王太子.

二年 春 遣將襲漢北平·漁陽·上谷·太原 而遼東太守蔡(蔡 後漢書作祭 當從漢書)彤 以恩信待之 乃復和親 三月 暴風拔樹 夏四月 隕霜雨雹 秋八月 發使賑恤 國內饑民.

四年 王日增暴虐 居常坐人 臥則枕人 人或動搖殺無赦 臣有諫者 彎弓射之.

六年 冬十一月 杜魯弑其君 杜魯慕本人 侍王左右 慮其見殺乃哭 或曰 大丈夫何哭爲 古人曰 撫我則后 虐我則讐 今王行虐 以殺人 百姓之讐也 爾其圖之 杜魯藏刀 以進王前 王引而坐 於是 拔刀害之 遂葬於慕本原 號爲慕本王.

삼국사기 권 제15

고구려본기(高句麗本紀) 제3

대조대왕(大祖大王), 차대왕(次大王)

대조대왕(大祖大王)

대조대왕(大祖大王 : 혹은 국조왕(國祖王))의 휘는 궁(宮)이요, 어릴 때 이름은 어수(於漱)이니 유리왕자(琉璃王子)인 고추가(古鄒加) 재사(再思)의 아들이요, 모태후(母太后)는 부여국 사람이다. 모본왕(慕本王)이 죽고 태자는 불초하여 사직(社稷)을 맡을 수 없으므로 나라 사람들은 궁을 맞아들여 왕위를 계승케 하였다. 왕은 갓났아서 능히 눈을 떠서 볼 줄 알고 어려서부터 숙성하였다. 나이 7세인 까닭으로 태후가 수렴청정(垂簾聽政)하였다.

3년(55) 봄 2월, 요서(遼西)에 10성을 쌓아 한병(漢兵)의 침입에 대비하였다. 가을 8월, 서울 남쪽에 황충이 일어 곡물을 해쳤다.

4년 가을 7월, 동옥저(東沃沮)를 공격하여 토지를 빼앗아 성읍을 만들었다. 국경을 넓혀 동으로 창해(滄海 : 東海)에 이르고 남으로 살수(薩水 : 淸川江)에 다다랐다.

7년 여름 4월, 왕이 고안연(孤岸淵)에 가서 고기잡이를 구경하고 붉은 날개가 돋친 뱅어를 얻었다. 가을 7월, 서울에 큰물이 져서 민가가 떠내려가고 잠겼다.

10년 가을 8월, 동쪽으로 사냥 나가서 흰 사슴을 잡았다. 서울 남쪽에 황충이 일어 곡물을 해쳤다.

16년 가을 8월, 갈사왕(葛思王)의 손자 도두(都頭)가 나라를 들어 항복하므로 도두를 우태(于台)로 삼았다. 겨울 10월, 뇌성이 있었다.

20년 봄 2월, 관나부(貫那部) 패자(沛者) 달가(達賈)를 보내어 조나(藻那)를 쳐서 그 나라 왕을 사로잡았다. 여름 4월, 서울에 가뭄이 들었다.

22년 겨울 10월, 왕은 환나부(桓那部)의 패자 설유(薛儒)를 보내어 주나(朱那)를 치게 하여 그 나라 왕자 을음(乙音)을 사로잡아 고추가(古鄒加)를 삼았다.

25년 겨울 10월, 부여의 사신이 와서 세뿔사슴〔三角鹿〕·긴꼬리토끼〔長尾兎〕를 바치니 왕은 상서로운 물건이라 하여 대사령을 내렸다. 11월, 서울에 눈이 석 자가 왔다.

46년 봄 3월, 왕은 동으로 책성(柵城)을 순행하였다. 책성의 서쪽 계산(罽山)에 이르러 흰 사슴을 잡고 책성에 당도하여 신하와 더불어 잔치를 벌였으며 책성을 지키는 관리들에게 등급을 나누어 물품을 하사하였다. 드디어 암석(岩石)에 공을 새기고 겨울 10월, 왕은 책성에서 돌아왔다.

50년 가을 8월, 사자를 책성에 보내어 백성을 무마하였다.

53년 봄 정월, 부여국 사신이 와서 범을 바쳤는데, 길이가 1장 2자요 털빛은 매우 선명하나 꼬리가 없었다. 왕이 장수를 보내어 한의 요동으로 쳐들어가 여섯 고을을 약탈케 했으나, 태수(太守) 경기(耿夔)가 군사를 내어 항거하여 왕군(王軍)이 패하였다. 9월, 경기가 맥인(貊人)을 격파하였다.

55년 가을 9월, 왕이 질산(質山)의 남쪽으로 사냥 나가서 붉은 노루를 잡았다. 겨울 10월, 동해곡(東海谷) 태수가 붉은 표범을 바쳤는데 꼬리 길이가 9자였다.

56년 봄, 크게 가물어 여름까지 이르니 땅은 적지(赤地)가 되고 백성이 굶주리므로 왕은 사자(使者)를 보내어 곡물을 나눠주었다.

57년 봄 정월, 사신을 한(漢)에 보내어 안재(安帝)의 가관식(加冠式)을 축하하였다.

59년, 사신을 한에 보내어 토산물을 조공하고 현도(玄兎)에 예속되기를 자원하였다〔통감(通鑑)에는 이해 3월에 고구려 왕 궁(宮)이 예맥(濊貊)과 더불어 현도를 침략하였다 하였는데, 이것은 예속되기를 원하였기 때문인지 혹은 침략을 한 것인지, 그렇지 않으면 그 중 하나가 잘못된 것인지는 알 수 없다].

62년 봄 3월, 일식이 있었다. 가을 8월, 왕은 남해(南海)로 사냥 나갔다. 겨울 10월, 남해에서 돌아왔다.

64년 봄 3월, 일식이 있었다. 겨울 12월, 눈이 다섯 자나 내렸다.

66년 봄 2월, 지진이 있었다. 여름 6월, 왕은 예맥과 더불어 한의 현도에 돌입하여 화려성(華麗城)을 공격하였다. 가을 7월, 황충과 우박이 곡물을 해쳤다. 8월, 소속 관원에게 명령하여 현량방정(賢良方正)한 자를 천거하고 홀아비 홀어미 고아 및 자활력이 없는 자를 방문하여 의식(衣食)을 나눠주게 하였다.

69년 봄, 한의 유주자사(幽州刺史) 풍환(馮煥), 현도태수(玄菟太守) 요광(姚光), 요동태수(遼東太守) 채풍(蔡諷) 등이 군사를 거느리고 내침하여 예맥의 거수(渠帥)를 죽이고 병마와 재물을 다 빼앗아갔다. 왕은 아우 수성(遂成)을 보내어 군사 2,000여 명을 거느리고 풍환·요광 등을 되받아치게 하였다. 수성이 사자를 적진에 보내어 거짓 항복하니 풍환 등이 믿었다. 수성은 이로 인해 험한 곳을 점령하여 대군을 차단하고 몰래 3,000명을 보내어 현도·요동 두 고을을 공격하여 그 성곽을 불사르고 2,000여 명을 죽이고 사로잡곤 하였다. 여름 4월, 왕이 선비(鮮卑) 8,000명을 데리고 가서 요대현(遼隊縣)을 공격하니 요동태수 채풍이 군사를 거느리고 신창(新昌)에 나타나 싸우다 죽었다. 공조연(功曹掾) 용단(龍端)과 병마연(兵馬掾) 공손포(公孫酺)가 몸으로써 채풍을 가려주다가 함께 진중에서 죽고 그 밖의 죽은 자도 100여 명이었다.

겨울 10월, 왕은 부여에 거둥하여 태후(太后)의 사당에 제사지내고, 백성 중 곤궁한 자를 찾아서 등급을 나누어 물건을 하사하였다. 숙신(肅愼)의 사신이 와서 붉은 여우 갑옷과 흰 매, 흰 말을 바치니 왕은 잔치를 베풀어 위로하여 보냈다. 11월, 왕은 부여에서 돌아왔다. 왕은 수성(遂成)에게 군국대사(軍國大事)를 통섭케 하였다. 12월, 왕이 마한(馬韓)·예맥의 1만여 기병을 거느리고 현도성을 포위하니 부여 왕이 아들 위구태(尉仇台)를 보내어 군사 2만 명을 거느리고 와서 한병과 합력하여 막아 싸우게 하니 우리 군사가 대패하였다.

70년, 왕이 마한·예맥과 함께 요동을 침범하니 부여 왕이 군사를 보내어 구원하여 우리 군사를 부쉈다〔마한은 백제 온조왕 27년에 없어졌는데 지금 고구려 왕과 더불어 군사 행동을 하였으니 없어졌다가 다시 일어난 것일까?〕.

71년 겨울 10월, 패자(沛者) 목도루(穆度婁)를 좌보로 삼고, 고복장(高福章)을 우보로 삼아 수성과 더불어 정사에 참여케 하였다.

72년 가을 9월 그믐 경신일(庚申日)에 일식이 있었다. 겨울 10월, 사신을 한에 보내어 조공하였다. 11월, 서울에 지진이 있었다.

80년 가을 7월, 수성이 왜산(倭山)에서 사냥하고 좌우와 더불어 잔치를 벌였다. 이에 관나우태(貫那于台) 미유(彌儒)와 환나우태(桓那于台) 어지류(菸支留)와 비류나조의(沸流那皂衣) 양신(陽神) 등이 가만히 수성에게 이르기를 "처음 모본왕이 죽자 태자가 불초하여 여러 관료들이 왕자 재사(再思)를 세우려고 하니 재사는 자신이 늙었다 하여 그 아들에게 사양하였소. 이것은 형이 늙으면 아우에게 물려주려는 것이었소. 지금 왕이 늙었으나 사양할 뜻이 없으니 그대는 도모하시오" 하였다. 수성은 말하기를 "적자(嫡子)가 승습하는 것이 천하의 상도거늘, 왕이 지금 늙었다 해도 적자가 있는데 어찌 감히 노리겠는가" 하였다. 미유는 "어진 아우가 형의 뒤를 계승한 일은 옛날에도 있었으니 그대는 의심하지 마오" 하니 수성이 수긍하였다. 이에 좌보패자 목도루가 수성이 다른 마음을 품은 것을 알고 병을 일컫고 벼슬에 나서지 않았다.

86년 봄 3월, 수성이 질양(質陽)에서 사냥하고 7일이 지나도록 돌아오지 않으며 유희와 오락에 절제가 없었다. 가을 7월, 또 기구(箕丘)에서 사냥하고 5일 만에 돌아오니 그 아우 백고(伯固)가 간하기를 "화와 복은 드나드는 문이 따로 없고 오직 사람이 불러들이는 것이오. 지금 그대가 왕의 아우로 백관의 으뜸이 되었소. 공로 역시 많으니 마땅히 충의(忠義)로써 마음을 갖고, 예양(禮讓)으로써 사욕을 극복하여 위로 왕의 덕과 같이하고 아래로 백성의 마음을 얻은 연후에라야 부귀가 몸을 떠나지 아니하고 화란(禍亂)이 일어나지 않을 것입니다. 그런데도 지금 이러한 생각은 없고 오락에만 탐내어 근심을 잊어버리니 적이 그대를 위하여 위태롭게 여기오" 하였다. 수성은 대답하기를 "사람치고 누가 부귀 환락을 원치 않으리요마는 그것을 얻는 자는 만에 하나도 없을 것이다. 지금 내가 환락할 수 있는 처지에 있으면서 능히 뜻대로 하지 못한다면 장차 무엇에 쓴단 말이냐" 하고 그 말을 받아들이지 아니하였다.

90년 가을 9월, 환도(丸都)에 지진이 있었다. 왕이 간밤 꿈에 한 표범이 범의 꼬리를 물어 끊는 것을 보고 깨어 그 길흉을 물었다. 누군가 말하기를 "범은 뭇짐승의 장이요 표범은 범의 동류로 작은 것이니, 생각컨대 왕의 족속이 아마도 대왕의 뒤를 끊으려고 음모하는 것이 아닙니까" 하였다. 왕은 기분이 좋지 않아 우보(右輔) 고복장(高福章)에게 이르기를 "내가 어젯밤 꿈에 본 바가 있는데 점 하는 자의 말이 이와 같으니 어찌하면 좋으냐"고 하였다. 고복장은 대답하기를 "착한 일을 하지 않으면 길도 흉으로 변하고, 착한 일을 하면 재앙이 오히려 복이 될 수도 있는 것입니다. 지금 대왕이 나라를 내 집과 같이 걱정하시고 백성을 내 자식과 같이 아끼시니, 비록 조그마한 이상이 있다 할지라도 무엇이 염려되오리까" 라고 대답하였다.

94년 가을 7월, 수성이 왜산 아래에서 사냥을 하며 좌우에게 이르기를 "대왕이 늙어도 죽지 않고 나이도 장차 저물어가니 더 기다릴 수 없다. 원컨대 좌우는 나를 위하여 도모하라" 하였다. 좌우가 다 말하기를 "명령을 따르겠습니다" 하였다. 이때 한 사람이 홀로 앞에 나아가 말하기를 "지금 왕자가 상서롭지 못한 말을 하였는데도 좌우가 바르게 간하지 못하고 다 '명령을 따르겠습니다'고 하니 이것은 간사스럽고 또 아첨하는 짓입니다. 내가 바른 말을 드리고자 하는데 의향이 어떠하십니까" 하였다. 수성은 말하기를 "그대가 바른 말을 해 준다면 나에게 약석(藥石)이 되는 것인데, 무슨 의심이 있겠는가" 하였다. 그 사람은 대뜸 "지금 대왕의 어지신 덕에 대하여 안팎이 딴 마음이 없는데, 그대가 비록 공이 있다 할지라도 간사하고 아첨하는 무리들을 거느리고 현명한 임금을 폐하려고 음모하니, 이야말로 실오리 하나로 만 근의 무게를 매어 거꾸로 끄는 것과 무엇이 다르겠소. 비록 어리석은 사람이라도 그것이 불가한 줄은 알 것입니다. 만약 왕자가 계획을 그치고 생각을 바꾸어 효순(孝順)으로 윗사람을 섬기면, 대왕이 왕자의 착한 점을 깊이 알게 되어 반드시 양위(讓位)할 마음을 갖게 될 것이요, 그렇지 않으면 화가 장차 미칠 것입니다" 하였다. 수성이 그 말을 즐겁게 듣지 않으니 좌우는 그 사람의 정직함을 시기하여 수성에게 참소하여 말하기를 "왕자께서 대왕이 늙었기 때문에 나라가 혹시 위태롭게 될까 봐 염려하여 후사를 계획하려는 것인데, 이 사람이 이와 같이 함부로 말하니 우리들은 오직 그 일이 탄로되어 화를 입을까 염려가 됩니다. 마땅히 그를 죽여 입을 없애야 하겠습니다" 하니 수성이 이를 응낙하였다. 가을 8월, 왕은 장수를 보내어 한의 요동군 서안평현(西安平縣)을 습격하여 대방령(帶方令)을 죽이고, 낙랑태수의 처자를 사로잡아 왔다. 겨울 10월, 우보 고복장이 왕에게 아뢰기를 "수성이 장차 배반할 모양이니 청컨대 먼저 없애소서" 하였다. 왕은 말하기를 "내가 이미 늙고 수성이 나라에 공이 있으니 장차 그에게 자리를 물려줄까 한다. 그대는 번거로운 염려를 말라" 하였다. 복장은 말하기를 "수성의 사람됨이 잔인하고 어질지 못합니다. 가령 오늘에 대왕의 위를 물려받는다면 명일에 대왕의 자손을 해칠 것이니, 대왕은 다만 어질지 못한 아우에게 은혜를 베푸실 것만 알고 죄없는 자손에게 화를 끼칠 것은 모르시는 일입니다. 원컨대 대왕께서 익히 생각하시옵소서" 하였다.

12월, 왕이 수성에게 이르기를 "나는 이미 늙어 만사에 지쳤다. 하늘의 운수가 너에게 돌아가 있고, 하물며 네가 안으로 국정에 참예하고 밖으로 군사(軍事)를 총리하며, 오랫동안 사직에 대한 공로가 있어 넉넉히 신민의 기대를 메울 수 있으니 내가 후임자를 잘 얻었다. 너는 그 위에 나아가 길이길이 아름답게 하라" 하고 드디어 위를 선양(禪讓)하고 별궁으로 물러나 대조대왕이라 칭하였다〔후한서에는 "안제(安帝) 건광(建光) 원년(元年)에 고구려 왕 궁(宮)이 죽고 아들 수성(遂成)이 들어서니, 현도태수 요광(姚光)이 그 국상(國喪)을 이용하여 군사를 일으켜 공격하자고 아뢰었으니, 의존하는 자들이 다 '허락하는 것이 옳다'고 하였다. 상서(尙書) 진충(陳忠)이 '궁이 전부터 사납고 교활하였는데도 요광이 능히 토벌하지 못하고 이제 죽은 후에 친다는 것은 의가 아니다. 마땅히 사람을 보내어 조문하고, 그 전죄를 문책함과 동시에 용서하여 더 추궁하지 말고 뒤에 잘 하는 길을 취하자'고 하니 안제는 그렇게 하였다. 이듬해 수성이 한의 포로를 돌려보냈다"고 하였다. 해동고기(海東古記)를 보면 "고구려 국조왕(國祖王) 고궁(高宮)은 후한 건무(建武) 29년 계사(癸巳)에 즉위하였는데, 그때 나이 7세이므로 국모(國母)가 정사를 대리하고 효환제(孝桓帝) 본초(本初) 원년 병술(丙戌)에 이르러 동복 아우 수성에게 위를 밀어 주었다. 그때 궁의 나이는 100세로 94년 동안 왕위에 있었다" 하였으니 안제(安帝) 건광(建光) 원년은 바로 궁의 재위 69년에 해당한다. 한서(漢書)의 기록이 고기(古記)와 서로 달라 맞지 아니하니 한서의 기록이 잘못된 모양이다].

차대왕(次大王)

차대왕(次大王)의 휘는 수성(遂成)이니 대조대왕(大祖大王)의 동복 아우다. 용장(勇壯)하고 위엄이 있으나 인자심(仁慈心)은 적었다. 대조대왕의 추양(推讓)을 받아 즉위하였는데 그때 나이 76세였다.

2년(147) 봄 2월, 관나패자(貫那沛者) 미유(彌儒)를 승진시켜 좌보(左輔)를 삼았다. 3월, 우보(右輔) 고복장(高福章)을 베어 죽였다. 복장이 죽임에 다다라서 탄식하며 "원통하다. 내가 대조대왕(大祖大王) 근신으로써 적란(賊亂)할 사람을 보고 어찌 묵묵히 말이 없었겠느냐. 한스럽게도 선왕이 내 말을 듣지 않아 이 지경에 이르게 된 것이다. 지금 그대가 처음 대위(大位)에 올랐으면 마땅히 새로운 정교(政敎)를 백성에 보여야 할 것이어늘 옳지 못하게 한 충신을 죽이니 내가 무도(無道)한 때에 살 바에는 차라리 속히 죽는 것만 같지 못하다" 하고 드디어 형을 받았다. 사방 사람들이 듣고 애석히 여기지 않는 자가 없었다. 가을 7월, 좌보 목도루(穆度婁)가 병을 칭탁하고 노퇴(老退)하므로, 환나우태(桓那于台) 어지류(菸支留)로 좌보를 삼고 관작을 가하여 대주부(大主簿)로 올렸다. 겨울 10월, 비류나(沸流那) 양신(陽神)을 중외대부(中畏大夫)로 삼고 관작을 가하여 우태로 승진시켰다. 모두 왕의 옛 친구들이다. 11월, 지진이 있었다.

3년 여름 4월, 왕이 사람을 시켜 대조대왕의 맏아들 막근(莫勤)을 죽이니 그 아우 막덕(莫德)이 (자기한테도) 화가 미칠 것을 두려워하여 제 손으로 목매어 죽었다.

사신(史臣)은 논한다.

옛날 송나라 선공(宣公)이 그 아들 여이(與夷)를 세우지 않고 그 아우 목공(穆公)을 세웠다. 이는 조그만 일을 차마 못하여 대사를 어지럽게 함으로써 여러 대의 난을 보게 하였다. 그러므로 춘추(春秋)에 대거정(大居正)이라 하였다. 이제 대조왕이 그 의(義)를 모르고 대위를 경솔히 하여 어질지 못한 아우에게 주었던 탓으로 화가 한 충신과 두 애자(愛子)에게 미쳤으니 얼마나 한탄스러운 일이냐.

가을 7월, 왕이 평유원(平儒原)에서 사냥하는데 흰 여우가 뒤를 따르며 울었다. 왕이 활을 쏘아 맞히지 못하고 무사(巫師)에게 길흉을 물었다. 무사는 "여우란 것은 요망스러운 짐승이니 길한 징조가 아니요, 하물며 그 빛이 희니 더욱 괴이한 일입니다. 그러나 하늘이 자상히 말을 못하므로 짐짓 요괴(妖怪)로써 보여주는 것은 임금된 이로 하여금 공구수성(恐懼修省)하여 스스로 새롭게 하라는 것입니다. 임금이 만약 덕을 닦으면 화가 도리어 복이 될 수 있는 것입니다"라고 말하였다. 왕은 "흉하면 흉하고 길하면 길할 것이지, 네가 아까는 요물이라 하다가 또 복이 될 수 있다 하니 이 무슨 거짓말이냐" 하고 드디어 그를 죽였다.

4년 여름 4월 그믐 정묘일(丁卯日)에 일식이 있었다. 5월, 오성(五星)이 동방에 모이니 천문을 맡아 보는 자가 왕이 성낼까 두려워서 아뢰기를 "이는 임금의 덕이요 나라의 복이라"고 하니 왕은 기뻐하였다. 겨울 12월, 얼음이 얼지 않았다.

8년 여름 6월, 서리가 내렸다. 겨울 12월, 천둥이 치고 지진이 있었다. 그믐날 객성(客星)이 달에 부딪쳤다.

13년 봄 2월, 혜성이 북두(北斗)에 나타났다. 여름 5월 그믐 갑술일에 일식이 있었다.

20년 봄 정월, 그믐에 일식이 있었다. 3월, 대조대왕이 별궁에서 죽으니 향년 119세였다. 겨울 10월, 연나조의(椽那皂衣) 명림답부(明臨答夫)가 백성들이 견디어 내지 못함을 이유로 왕을 시해하니 시호를 차대왕(次大王)이라 하였다.

三國史記 卷 第十五

高句麗本紀 第三 大祖大王 次大王

大祖大王(或云國祖王) 諱宮 小名於漱 琉璃王子古鄒加再思之子也 母太后

扶餘人也 慕本王薨 太子不肖 不足以主社稷 國人迎宮繼立 王生而開目能視 幼而岐嶷 以年七歲 太后垂簾聽政.

三年 春二月 築遼西十城 以備漢兵 秋八月 國南蝗害穀.

四年 秋七月 伐東沃沮 取其土地爲城邑 拓境東至滄海 南至薩水.

七年 夏四月 王如孤岸淵觀魚釣 得赤翅白魚 秋七月 京都大水 漂沒民屋.

十年 秋八月 東獵得白鹿 國南飛蝗害穀.

十六年 秋八月 曷思王孫都頭 以國來降 以都頭爲于台 冬十月 雷.

二十年 春二月 遣貫那部沛者達賈伐藻那 虜其王 夏四月 京都旱.

二十二年 冬十月 王遣桓那部沛者薛儒伐朱那 虜其王子乙音爲古鄒加.

二十五年 冬十月 扶餘使來 獻三角鹿·長尾兔 王以爲瑞物 大赦 十一月 京都雪三尺.

四十六年 春三月 王東巡柵城 至柵城西罽山 獲白鹿 及至柵城 與群臣宴飮 賜柵城守吏物段 有差 遂紀功於巖 乃還 冬十月 王至自柵城.

五十年 秋八月 遣使安撫柵城.

五十三年 春正月 扶餘使來 獻虎 長丈二 毛色甚明而無尾 王遣將入漢遼東 奪掠六縣 太守耿夔出兵拒之 王軍大敗 秋九月 耿夔擊破貊人.

五十五年 秋九月 王獵質山陽 獲紫獐 冬十月 東海谷守獻朱豹 尾長九尺.

五十六年 春 大旱 至夏赤地 民饑 王發使賑恤.

五十七年 春正月 遣使如漢 賀安帝加元服.

五十九年 遣使如漢 貢獻方物 求屬玄菟(通鑑言 是年三月 麗王宮與濊貊 寇玄菟 不知或求屬 或寇耶 抑一誤耶).

六十二年 春三月 日有食之 秋八月 王巡守南海 冬十月 至自南海.

六十四年 春三月 日有食之 冬十二月 雪五尺.

六十六年 春二月 地震 夏六月 王與濊貊襲漢玄菟 攻華麗城 秋七月 蝗雹害穀 八月 命所司 舉賢良·孝順 問鰥寡孤獨及老不能自存者 給衣食.

六十九年 春 漢幽州刺史馮煥·玄菟太守姚光·遼東太守蔡諷(諷 魏志作風)等將兵來侵 擊殺濊貊渠帥 盡獲兵馬財物 王乃遣弟遂成 領兵二千餘人 逆煥·光等 遂成遣使詐降 煥等信之 遂成因據險 以遮大軍 潛遣三千人 攻玄菟·遼東二郡 焚其城郭 殺獲二千餘人 夏四月 王與鮮卑八千人 往攻遼隊(隊 魏志作隧)縣 遼東太守蔡諷 將兵出於新昌 戰沒 功(功 後漢書作兵)曹掾龍端一兵馬緣公孫

酺 以身扞諷 俱沒於陣 死者百餘人 冬十月 王幸扶餘 祀太后廟 存問百姓窮困者 賜物有差 肅愼使來 獻紫狐裘及白鷹白馬 王宴勞以遣之 十一月 王至自扶餘 王以遂成統軍國事 十二月 王率馬韓－濊貊一萬餘騎 進圍玄菟城 扶餘王遣子尉仇台 領兵二萬 與漢兵幷力拒戰 我軍大敗.

七十年 王與馬韓 濊貊侵遼東 扶餘王遣兵救破之(馬韓 以百濟溫祚王二十七年滅 今與麗王行兵者 蓋滅而復興者歟).

七十一年 冬十月 以沛者穆度婁爲左輔 高福章爲右輔 令與遂成參政事.

七十二年 秋九月庚申晦 日有食之 冬十月 遣使入漢朝貢 十一月 京都地震.

八十年 秋七月 遂成獵於倭山 與左右宴 於是 貫那于台彌儒－桓那于台菸支留－沸流那皁衣陽神等 陰謂遂成曰 初慕本之薨也 太子不肖 群寮欲立王子再思 再思以老讓子者 欲使兄老弟及 今王旣已老矣 而無讓意 惟吾子計之 遂成曰 承襲必嫡 天下之常道也 王今雖老 有嫡子在 豈敢覬覦乎 彌儒曰 以弟之賢 承兄之後 古亦有之 子其勿疑 於是 左輔沛者穆度婁 知遂成有異心 稱疾不仕.

八十六年 春三月 遂成獵於質陽 七日不歸 戲樂無度 秋七月 又獵箕丘 五日乃反 其弟伯固諫曰 禍福無門 惟人所召 今子以王弟之親 爲百寮之首 位已極矣 功亦盛矣 宜以忠義存心 禮讓克己 上同王德 下得民心 然後 富貴不離於身 而禍亂不作矣 今不出於此 而貪樂忘憂 竊爲足下危之 答曰 凡人之情 誰不欲富貴而歡樂者哉 而得之者 萬無一耳 今吾居可樂之勢 而不能肆志 將焉用哉 遂不從.

九十年 秋九月 丸都地震 王夜夢 一豹齧斷虎尾 覺而問其吉凶 或曰 虎者百獸之長 豹者同類而小者也 意者王之族類 殆有謀絶大王之後者乎 王不悅 謂右輔高福章曰 我昨夢有所見 占者之言如此 爲之奈何 答曰 作不善則吉變爲凶 作善則災反爲福 今大王憂國如家 愛民如子 雖有小異 庸何傷乎.

九十四年 秋七月 遂成獵於倭山之下 謂左右曰 大王老而不死 吾齒卽將暮矣 不可待也 惟願左右爲我計之 左右皆曰 敬從命矣 於是 一人獨進曰 向王子有不祥之言 而左右不能直諫 皆曰 敬從命者 可謂姦且諛矣 吾欲直言 未知尊意如何 遂成曰 子能直言 藥石也 何疑之有 其人對曰 今大王之賢 內外無異心 子雖有功 率群下姦諛之人 謀廢明上 此何異將以單縷繫萬鈞之重而倒曳乎 雖復愚人 猶知其不可也 若王子改圖易慮 孝順事上 卽大王深知王子之善 必有揖讓之心 不然卽禍將及也 遂成不悅 左右妬其直 讒於遂成曰 王子以大王年老 恐國祚之危 欲爲後圖 此人妄言如此 我等惟恐漏洩 以致患也 宜殺以滅口 遂成從之 秋

八月 王遣將 襲漢遼東西安平縣 殺帶方令 掠得樂浪太守妻子 冬十月 右輔高福
章 言於王曰 遂成將叛 請先誅之 王曰 吾旣老矣 遂成有功於國 吾將禪位 子無
煩慮 福章曰 遂成之爲人也 忍而不仁 今日受大王之禪 卽明日害大王之子孫 大
王但知施惠於不仁之弟 不知貽患於無辜之子孫 願大王熟計之 十二月 王謂遂成
曰 吾旣老 倦於萬機 天之曆數 在汝躬 況汝內參國政 外摠軍事 久有社稷之功
充塞臣民之望 吾所付託 可謂得人 作(作 恐或汝之謀歟)其卽位 永孚于休 乃禪
位 退老於別宮 稱爲大祖大王(後漢書云 安帝建光元年 高句麗王宮死子遂成立
玄菟太守姚光上言 欲因其喪 發兵擊之 議者皆以爲可許 尙書陳忠曰 宮前桀
黠光 不能討 死而擊之 非義也 宜遣弔問 因責讓前罪 赦不加誅 取其後善 安帝
從之 明年 遂成還漢生口 案海東古記 高句麗國祖王高宮 以後漢建武二十九年
癸巳(巳 當作丑) 卽位 時年七歲 國母攝政 至孝桓帝本初元年丙戌 遜位讓母弟
遂成 時宮年一百歲 在位九十四年 則建光元年 是宮在位第六十九年 則漢書所
記與古記 抵梧不相符合 豈漢書所記誤耶).

次大王 諱遂成 大祖大王同母弟也 勇壯有威嚴 小仁慈 受大祖大王推讓 卽位
時年七十六.
　二年 春二月 拜貫那沛者彌儒爲左輔 三月 誅右輔高福章 福章臨死嘆曰 痛哉
冤乎 我當時爲先朝近臣 其可見賊亂之人 默然不言哉 恨先君不用吾言 以至於
此 今君甫陟大位 宜新政敎 以示百姓 而以不義 殺一忠臣 吾與其生於無道之時
不如死之速也 乃卽刑 遠近聞之 莫不憤惜 秋七月 左輔穆度婁 稱疾退老 以桓
那于台菸支留爲左輔 加爵爲大主簿 冬十月 沸流那陽神爲中畏大夫 加爵爲于台
皆王之故舊 十一月 地震.
　三年 夏四月 王使人殺大祖大王元子莫勤 其弟莫德 恐禍連及 自縊.
　論曰 昔宋宣公 不立其子與夷 而立其弟繆(繆 左傳作穆 疑是據公羊傳)公 小
不忍亂大謀 以致累世之亂 故春秋大居正 今大祖王不知義 輕大位 以授不仁之
弟 禍及一忠臣二愛子 可勝歎耶.
　秋七月 王田于平儒原 白狐隨而鳴 王射之 不中 問於師巫曰 狐者妖獸 非吉
祥況白其色 尤可怪也 然天不能諄諄其言 故示以妖怪者 欲令人君恐懼修省 以
自新也 君若修德 則可以轉禍爲福 王曰 凶則爲凶 吉則爲吉爾 旣以爲妖 又以
爲福 何其誣也 遂殺之.

四年 夏四月丁卯晦 日有食之 五月 五星聚於東方 日者畏王之怒 誣告曰 是君之德也 國之福也 王喜 冬十二月 無氷.

八年 夏六月 隕霜 冬十二月 雷地震 晦 客星犯月.

十三年 春二月 星孛于北斗 夏五月甲戌晦 日有食之.

二十年 春正月晦 日有食之 三月 大祖大王薨於別宮 年百十九歲 冬十月 椽那皂衣明臨答夫 因民不忍弑王 號爲次大王.

삼국사기 권 제16

고구려본기(高句麗本紀) 제4

신대왕(新大王), 고국천왕(故國川王), 산상왕(山上王)

신대왕(新大王)

　신대왕(新大王)의 휘는 백고(伯固 : 고(固)는 구(句)라고도 함)로 대조대왕(大祖大王)의 막내아우이다. 의표(儀表)가 영특하고 성품이 인자하였다. 당초 차대왕이 무도하여 백성이 따르지 아니하므로 왕제(王弟 : 伯固)는 화란(禍亂)이 있으면 해가 자기에게 미칠까 염려하여 산 속으로 도망하였다. 차대왕이 시해되자 좌보(左輔) 어시류(菸支留)가 여러 관료들과 의론하고 나서 사람을 보내 모셔 오게 하였다. 백고가 오자 어지류는 무릎을 꿇고 국새(國璽)를 드리며 "선왕께서 불행히 나라를 버리시니 비록 아들이 있으나 국가의 주인이 될 인물은 못됩니다. 무릇 인심은 지극히 어진이에게로 돌아가는 것이므로 삼가 머리를 조아리며 절하노니 청컨대 높은 자리에 나아가 주소서" 하였다. 이에 엎디어 세 번 사양한 뒤 즉위하니 그때 나이 77세였다.

　2년(166) 봄 정월, 명령을 내리기를 "나는 왕의 지친으로 태어났을 뿐이요, 본래 임금의 자격이 아니다. 지난날 (대조대왕이) 아우에게 정사를 부탁하여 자못 아들에게 끼치는 전통을 어기었으므로 몸에 해가 미칠까 두려워서 무리를 떠나 멀리 피했던 것이다. 이제 차대왕의 흉보를 듣게 되니 다만 슬픔이 그지없다. 뜻밖에 백성이 나를 즐거이 추대하고 여러 관료가 즉위할 것을 강권하여 하찮은 이 몸이 맞지 않는 숭고한 자리에 앉게 되니, 감히 마음놓을 겨를이 없어 깊은 물을 건너는 것 같다. 마땅히 은혜를 미루어 멀리 미치게 하고 뭇사람과 더불어 스스로 새롭게 해야 할 것이니 국내의 죄수들을 대사(大赦)하라" 하였다. 나라 사람들은 이 대사령을 듣고 모두 기뻐하여 경하하는 말이 "거룩하다, 새 임금(新大王)의 덕택이여"라 하였다. 처음 명림답부의 난에 차대왕의 태자 추안(鄒安)이 도망갔다가 새 임금의 대사령을 듣고 바로 왕께 나아가 고하기를 "지난날 나라에 화란이 있을 때 신이 죽지 못하고 산골로 도망갔다가 지금 새로운 정령(政令)을 듣고 감히 자수하오니, 비록 대왕께서 법에 의하여 죄를 단정하시어 저자에 버리실지라도 명령을 복종할 따름이며, 만약 죽이지 아니하고 먼곳으로 놓아 주신다면 죽은 자를 살리고 뼈에 살을 붙이는 은혜입니다. 이것이 신의 소원이지만 감히 바랄 수는 없사옵니다" 하였다.

왕은 곧 구산뢰(狗山瀨)·누두곡(婁豆谷) 두 곳을 주고 그를 봉하여 양국군(讓國君)이라 하였다. 명림답부를 승진시켜 국상(國相)으로 세우고 관작을 추가하여 패자(沛者)를 삼아 안팎의 병마를 관장케 하는 동시에, 겸하여 양맥(梁貊) 부락을 거느리게 하였다. 좌보·우보를 고치어 국상이라 하기는 이때가 처음이다.

3년 가을 9월, 왕이 졸본에 가서 시조 사당에 제사를 지냈다. 겨울 10월, 왕이 졸본에서 돌아왔다.

4년, 한의 현도군(玄菟郡) 태수(太守) 경림(耿臨)이 우리나라를 침범하여 우리 군사 수백 명을 죽이니 왕이 항복하고 현도에 소속되기를 청하였다.

5년, 왕은 대가(大加) 우거(優居)와 주부(主簿) 연인(然人) 등을 보내어 군사를 거느리고 가서 현도 태수 공손도(公孫度)를 도와 부산(富山)의 적을 치게 하였다.

8년 겨울 11월, 한나라 대군이 우리를 향해 오므로 왕은 여러 신하에게 전쟁과 수비 중 어느 것이 더 편리한가를 물었다. 공론(公論)은 "한병(漢兵)이 저들의 많은 수효만 믿고 우리를 경멸히 여기니 만약 나가 싸우지 아니하면 저것들이 우리가 겁낸다고 여겨 자주 올 것입니다. 또 우리나라는 산이 험하고 길이 좁으니 이는 이른바 한 사람이 문을 지키면 만 사람이라도 당적하기 어렵다는 것입니다. 한병이 비록 많지만 우리를 어찌할 수 없을 것이니 청컨대 군사를 내어 방어하소서" 하였다. 그런데 유독 명림답부는 "그렇지 않습니다. 한은 나라가 크고 백성도 많은데 지금 강병(强兵)을 거느리고 멀리 와 싸우니 그 서슬은 당할 수 없습니다. 또 병력이 많은 자는 싸워야 하고 병력이 적은 자는 지켜야 한다는 것은 병가의 상도(常道)입니다. 지금 한인이 천리 길에 군량을 수송하는 터이므로 오랜 시일을 버티지는 못할 것입니다. 만약 우리가 참호를 깊이 파고 보루를 높이 하며 적이 이용할 수 있는 전야(田野)의 모든 것을 없애고 차분히 기다린다면, 저들은 열흘이나 한 달도 못 가서 굶주리고 피곤하여 돌아가게 될 것입니다. 그때 우리는 날랜 군사를 내어 추격하면 뜻대로 될 것입니다" 하였다. 왕은 "그렇다"고 하며 그 말을 좇아 성문을 굳게 닫고 지켰다. 한병이 공격해 왔으나 이기지 못하고 군사들이 굶주려 마침내 끌고 돌아가므로, 답부는 수천 명의 기병을 거느리고 이를 추격하였다. 좌원(坐原)에서 싸워 한군을 크게 깨뜨리고 한 필의 말도 돌려보내지 아니하였다. 왕은 크게 기뻐하며 답부에게 좌원과 질산(質山)을 내려주어 식읍(食邑)을 삼게 하였다.

12년 봄 정월, 여러 신하들이 태자를 세우기를 청하였다. 3월, 왕자 남무(男武)를 세워 왕태자로 삼았다.

14년 겨울 10월 그믐 병자일(丙子日)에 일식이 있었다.

15년 가을 9월, 국상 명림답부가 죽으니 향년이 113세였다. 왕은 친히 그 집에 가서 주상하고 7일간 주회(朝會)를 파하는 한편, 예로써 질산에 장사지내고 20호를 두어 무덤을 지키게 하였다. 겨울 12월, 왕이 죽으니 고국곡(故國谷)에 장사지내고 시호를 신대왕(新大王)이라 하였다.

고국천왕(故國川王)

고국천왕(故國川王 : 혹은 국양(國襄))의 휘는 남무(男武 : 혹은 이이모(伊夷謨))이니 신대왕(新大王) 백고(伯固)의 둘째아들이다〔백고가 죽자 나라 사람들이 맏아들 발기(拔奇)가 불초하다는 이유를 들어, 이이모(伊夷謨)를 세워 왕을 삼았다. 한(漢) 헌제(獻帝) 건안(建安) 초에 왕의 형 발기(拔奇)가 맏이로서 왕위에 서지 못하게 된 것을 원망하여 소노가(消奴加)와 더불어 각각 빈민 3만여 구를 거느리고 공손강(公孫康)에게 가서 항복한 뒤 돌아와 비류수 가에 주거하였다〕. 왕은 신장이 아홉 자요, 자표(姿表)가 웅위하고 힘이 능히 큰 솥을 들며, 일에 임하여 맺고 끊음이 분명하되 관용(寬容)과 용맹을 아울러 갖추었다.

2년(180) 봄 2월, 부인 우씨(于氏)를 세워 왕후로 삼았다. 왕후는 제나부(提那部) 우소(于素)의 딸이었다. 가을 9월, 왕이 졸본(卒本)에 가서 시조(始祖)의 사당에 제사지냈다.

4년 봄 3월, 갑인일 밤에 적기(赤氣)가 대미성(大微星)을 관통하여 뱀과 같았다. 가을 7월, 혜성이 태미성 자리에 나타났다.

6년, 한의 요동태수가 군사를 일으켜 우리를 치니 왕은 왕자 계수(罽須)를 보내어 막게 하였으나 이기지 못하므로, 왕이 친히 정병을 거느리고 가서 한군과 더불어 좌원에서 싸워 무너뜨림과 동시에 베어 버린 적군의 머리가 산더미같이 쌓였다.

8년 여름 4월, 을묘일(乙卯日)에 형혹성(熒惑星)이 심성(心星)의 자리를 지켰다. 5월 그믐 임진일에 일식이 있었다.

12년 가을 9월, 서울에 눈이 여섯 자나 왔다. 중외대부(中畏大夫) 패자(沛者) 어비류(於畀留), 평자(評者) 좌가려(左可慮)가 모두 왕후의 친척으로, 나라의 권력을 잡고 그 자제들까지도 세도를 믿고서 교만하고 사치하여 남의 자녀와 전택(田宅)을 마구 약탈하니 국민이 원망하고 분개하였다. 왕이 듣고 노하여 베어 죽이려 하자, 좌가려 등이 4연나(椽那: 椽那部內의 4家)와 더불어 반역을 도모하였다.

13년 여름 4월, 좌가려 등이 무리를 모아 왕도를 공격하자, 왕은 기내(畿內)의 병마를 징발하여 난리를 평정하고 드디어 영(令)을 내리기를 "근자에 관직은 모두 사정(私情)으로 제수되고 위(位)는 덕으로써 승진되지 아니하여, 그 해독이 백성에게 흐르고 우리 왕가(王家)를 흔들게 하였으니 이는 나의 밝지 못한 소치이다. 너희 사부(四部)는 각각 현량(賢良)으로 사람을 천거하라" 하였다. 이에 사부 모두 동부(東部)의 안류(晏留)라는 사람을 천거하였다. 왕은 그를 불러들여 국정을 위촉하였다. 안류는 왕께 아뢰기를 "소신은 용렬하고 어리석어 진실로 대정(大政)에 참여할 자격이 못됩니다. 서압록곡(西鴨綠谷) 좌물촌(左勿村)에 사는 을파소(乙巴素)란 사람은, 유리왕의 대신 을소(乙素)의 손자로서 성질이 굳세고 지혜가 깊으나, 세상이 알아 주지 아니하므로 농사에 전력하여 넉넉히 살고 있으며, 대왕이 만약 나라를 다스리려면 이 사람 아니면 아니될 것입니다" 라고 하였다. 왕은 사신을 보내 겸손한 언사와 두터운 폐백으로써 맞아들여 중외대부를 제수하고 관작을 가하여 우태(于台)를 삼으며 이르기를 "내가 외람되이 선왕의 기업을 계승하여 신민의 위에 처하였으나 덕이 박하고 재주가 모자라 사리에 능통치 못하외다. 선생은 재주를 감추고 밝음을 숨긴 채 초야에 묻혀 있은 것이 오래였는데, 이제 나를 버리지 아니하고 선뜻 와 주니 나의 기쁨만이 아니라 사직과 민생의 복이외다. 청컨대 차분히 가르침을 받으려 하노니 공은 아무쪼록 마음을 다해 주시오" 하였다.

을파소는 비록 나라에 몸을 허할 생각은 가졌으나 자기가 받은 직책이 국사를 처리해 나갈 자리는 아니라 생각하고 이내 대답하기를 "신 같은 둔재로는 감히 엄명을 완수할 수 없사오니 원컨대 대왕은 현량한 사람을 가리어 고관을 제수하여 큰 업적을 이루소서" 하였다. 왕은 그 뜻을 짐작하고 드디어 국상으로 제수하여 정사를 맡게 하였다. 이에 조신(朝臣) 국척(國戚)들이 을파소가 신진으로서 구신(舊臣)을 틈낸다 하여 미워하였다. 이에 왕은 교서를 내리기를 "귀천을 막론하고 국상에게 복종하지 않는 자는 멸족의 죄를 주겠다" 하였다. 을파소는 물러나 사람들에게 말하기를 "때를 못 만나면 숨고 때를 만나면 벼슬하는 것은 선비의 상도이다. 지금 위에서 나를 후의로 대접하시는데 어찌 지난날 숨어 살던 생각을 다시 할 수 있겠는가" 하고 드디어 지성으로 나라를 받들어 정교(政敎)를 밝히고 상벌(賞罰)을 삼가니 백성이 편안하고 안팎이 무사했다. 겨울 10월, 왕은 안류에게 이르기를 "만약 그대의 한 마디 말이 아니었다면 내가 을파소를 만나 함께 정치를 할 수 없었을 것이다. 지금 여러 업적이 쌓인 것은 그대의 공이다" 하고 드디어 대사자(大使者)를 제수하였다.

사신(史臣)은 다음과 같이 논한다.

옛적에 명철한 임금은 현자(賢者)를 상례(常例)에 얽매이지 않고 또 의혹을 품지 않고 등용하였다. 이를테면 은나라 고종 때의 부열(傅說), 촉나라 선주 유비(劉備) 때의 공명(孔明), 진(秦)나라 부견(符堅) 때의 왕맹(王猛)들이 그들이다. 그런 후에야 현인들이 제자리에 있고 유능한 이가 그 직을 맡으며, 비로소 정교(政敎)를 수명(修明)하고 국가를 보전할 수 있게 된다.

이제 왕이 결연히 독단하여 을파소를 초야에서 발탁해 중론에도 불구하고 백관(百官) 위에 앉히고 또 그 추천한 이를 포상하니 이야말로 선왕(先王)의 법을 체득했다 하겠다.

16년 가을 7월, 서리가 곡식을 해쳐서 백성이 굶주리므로 창고를 열어 구제하였다. 10월, 왕이 질양(質陽)에 사냥가다가 길에 주저앉아 우는 자를 보았다. 어째서 울고 있는가 하고 왕이 물었다. 대답하기를 "신은 가난하여 품팔이로 어머니를 봉양하는데 금년에는 농사가 안되어 품팔이할 곳이 없으니 한 말 한 되 양식도 얻을 수가 없습니다. 그리하여 울고 있었지요" 하였다. 왕은 "내가 백성의 부모가 되어 백성으로 하여금 이런 극단에 이르게 하였으니 나의 허물이다" 하고 의식을 주어 위로하고, 이내 안팎의 관원에게 명령하여 환과고독(鰥寡孤獨)과 노병빈핍(老病貧乏)으로 스스로 살아갈 수 없는 자를 널리 조사하여 구호케 하였다. 또 소속 관리에게 명령하여 매년 봄 3월부터 가을 7월까지 관곡(官穀)을 내어 백성의 식구 다소에 따라 등급을 정하여 꾸어 주고 겨울 10월에 환납케 하여 이를 상례로 만드니 안팎이 다 크게 기뻐하였다.

19년 중국에 큰 난리가 일어나니 한인이 난을 피하여 몰려와서 의탁하는 자가 매우 많았다. 이때는 한나라 헌제(獻帝) 건안(建安) 2년이었다. 여름 5월, 왕이 죽으니 고국천원(故國川原)에 장사지내고 시호를 고국천왕(故國川王)이라 하였다.

산상왕(山上王)

산상왕(山上王)의 휘는 연우(延優 : 혹은 위궁(位宮))이며 고국천왕의 아우이다. 위서(魏書)에는 "주몽(朱蒙)의 후손 궁(宮)이 나면서 능히 눈을 뜨고 보았다. 이가 대조(大祖)가 되었다. 금왕(今王)이 바로 대조의 증손으로 역시 나면서 사람을 볼 줄 아는 게 증조 궁과 같았다. 고구려에서는 서로 같은 것을 위(位)라 부르므로 위궁(位宮)이라 이름하였다고 한다" 하였다. 고국천왕이 아들이 없으므로 연우가 이어받아 왕위에 앉게 되었다. 처음 고국천왕이 죽었을 때 왕후 우씨(于氏)가 비밀에 붙여서 발상(發喪)하지 아니하고 밤에 왕의 아우 발기(發岐)의 집에 가서 말하기를 "왕이 후사가 없으니 그대가 계승하는 것이 마땅하다"고 하니 발기는 왕이 죽은 것을 알지 못하고 대답하기를 "하늘의 운수는 돌아가는 데가 정해 있으니 함부로 논의하는 것이 아닙니다. 더구나 부인으로서 밤에 나돌아다니는 것을 어찌 예라 할 수 있으리까" 하였다. 왕후가 무색하여 바로 연우의 집으로 갔다. 연우가 일어나서 의관을 정제하고 문에 나와 맞아들여 자리에 앉히고 술을 대접하였다. 왕후는 "대왕이 죽고 아들이 없으니 발기가 집안 중 어른이라 당연히 뒤를 이어야 할 터인데 나더러 딴 마음이 있다고 포만무례(暴慢無禮)하므로 시숙을 보러 온 거요" 하였다. 이에 연우는 예를 더하여 친히 칼을 잡고 고기를 베다가 빗나가서 손가락을 상하니 왕후는 허리띠를 풀어 상한 손가락을 싸주고 돌아가려 하면서 연우에게 "밤이 깊어 생각지 못할 일이 있을까 염려되니 그대는 나를 궁중까지 데려다 주오" 하였다. 연우는 응낙하고 따라가니 왕후가 손을 잡고 궁중으로 들어갔다. 이튿날 동틀 무렵, 거짓 선왕(고국천왕)의 유명(遺命)이라 꾸미고 여러 신하들로 하여금 연우를 세우게 하여 왕을 삼았다.

　발기가 듣고 크게 노하여 군사를 내어 왕궁을 포위하며 외치기를 "형이 죽으면 아우가 이어받는 것이 예이거늘 너는 차서를 무시하고 마구 빼앗으니 큰 죄를 범하였다. 속히 나오라, 그렇지 않으면 너희 처자까지 죽여 버리겠다" 하였다. 연우는 3일 동안 문을 닫고 있고 국민들도 발기를 따르는 자가 없으니 발기는 어렵게 된 것을 알고 처자를 데리고 요동으로 달아났다. 태수 공손도(公孫度)에게 말하기를 "나는 고구려 남무(男武)의 동복 아우입니다. 남무가 아들이 없이 죽으니 나의 아우 연우가 형수 우씨와 공모하여 왕위에 나아가 천륜의 대의를 저버리므로 하도 분하여 상국(上國)에 와서 의탁하는 것이오니 원컨대 군사 3만 명을 빌려 주어 그를 공격하여 난을 평정케 하여 주소서" 하였다. 공손도는 "그리하라"고 하였다.

　연우는 아우 계수(罽須)를 보내어 군사를 거느리고 가서 막게 하였다. 한병이 크게 패하는지라 계수는 자신이 선봉이 되어 추격하였다.

　발기는 계수에게 "너는 지금 늙은 형을 해하려느냐"고 외쳤다. 계수는 형제의 정이 없을 수 없어 감히 해하지는 못하고 하는 말이 "연우가 왕위를 사양하지 아니한 것은 비록 의리는 아니지만, 형님은 한때의 분통으로 조국을 멸망시키려 드니 이 무슨 뜻이오? 죽은 뒤에 무슨 면목으로 선왕을 뵈옵겠소?" 하였다. 발기는 이 말에 부끄럽고 뉘우침을 이기지 못해 배천(裵川)으로 달아나 스스로 비수로 목찔러 죽었다. 계수는 슬피 울고 그 시체를 거두어 초장(草葬)을 하고 돌아왔다. 왕은 슬픔과 기쁨에 잠겨 계수를 내전(內殿)으로 불러들였다. 형제를 만나 보는 예를 갖추어 말하기를 "발기 형님이 딴나라의 군사를 청하여 국가를 침범하였으니 죄가 이만저만이 아니다. 지금 그대가 형님을 쳐서 이기고 놓아 주어 죽이지 아니하였으니 그로써 만족할 것이다. 그런데 그가 자살하자 매우 슬피 우니 도리어 나더러 무도(無道)하다 여기는 것이냐" 하였다. 계수가 슬픈 표정으로 눈물을 머금고 "신은 지금 한 마디 말씀을 올리고 죽겠습니다" 하고 대답하자 왕은 "무슨 말이냐" 했다.

계수는 "왕후가 비록 선왕의 유명으로 대왕을 세웠다 할지라도 대왕의 예로써 사양하지 않았으니 형제우공(兄弟友恭)의 의(義)가 없어진 것입니다. 신이 대왕의 미덕을 나타내려 하여 짐짓 시체를 거두어 초빈(草殯)한 것인데 어찌 이로 인하여 대왕의 노하심을 입을 줄이야 생각했겠습니까. 대왕이 만약 인(仁)으로써 악(惡)을 잊으시고 형의 상사에 맞는 예로써 장사지내신다면 누가 대왕에게 불의(不義)라 하겠습니까. 신이 이와 같이 말씀을 사뢰었으니 죽어도 산 것과 같습니다. 청컨대 나아가 유사(有司)에게 죽임을 받게 하여 주소서" 하였다.

왕은 그 말을 듣고 자리를 옮겨 앞으로 다가앉으며 온화한 얼굴로 타일렀다. "내가 불초하여 의혹이 없지 못하더니 지금 그대의 말을 들으니 진실로 허물을 알겠다. 그대는 노엽게 생각지 말라" 하자 계수가 일어나 절하고 왕도 역시 절하면서 실컷 즐기다가 파하였다. 9월, 왕이 담당 관리에게 명하여 발기의 상(喪)을 봉영(奉迎)하여 왕례(王禮)를 갖추어 배령(裵嶺)에 장사지내도록 하였다. 왕이 본디 우씨(于氏)로 말미암아 위를 얻었기 때문에 다시 장가를 들지 아니하고 우씨를 세워 왕후로 삼았다.

2년(198) 봄 2월, 환도성(丸都城)을 쌓았다. 여름 4월, 국내의 두 가지 죄(교살형·참형) 이하의 죄수를 특사하였다.

3년 가을 9월, 왕이 질양(質陽)으로 사냥을 나갔다.

7년 봄 3월, 왕에게 아들이 없으므로 산천에 기도하였다. 이달 15일 밤

꿈에 천신(天神)이 이르기를 "내가 너의 작은부인으로 하여금 사내를 낳게 할 터이니 걱정 말라" 하였다. 왕은 꿈을 깨고 나서 여러 신하에게 "꿈에 천신이 나에게 이와 같이 간곡히 말을 하였는데 작은부인이 없으니 어찌하랴" 하고 물었다. 을파소는 "천신의 명령이란 측량할 수 없으니 왕은 기다려 보소서" 하였다. 가을 8월, 국상 을파소가 죽자 국민이 울며 애통해하였다. 왕은 고우루(高優婁)로 국상을 삼았다.

 12년 겨울 11월, 교시(郊豕)가 빠져 달아나니 소속 관리가 그 뒤를 쫓아 주통촌(酒桶村)에 이르렀는데, 그 돼지가 이리저리 달아나 잡을 수가 없었다. 그때 나이 20세 가량 된 여자 하나가 아름답고 고운 얼굴로 웃으며 앞질러 잡으니 쫓아가던 자가 겨우 붙들게 되었다. 왕은 듣고 이상히 여기어 그 여자를 보려고 미행으로 밤에 그의 집에 당도하였다. 시종자를 시켜 말을 전하니 그 집에서는 왕이 온 것을 알고 감히 거역하지 못하였다. 왕은 그 안으로 들어가 처녀를 불러 가까이하려 하니 처녀는 고하기를 "대왕의 명령을 감히 어길 수는 없습니다만 만일 천행으로 아이가 들게 되거든 버리지 마시옵기를 원합니다" 하였다. 왕은 허락하고 그날 밤 자정에 일어나 환궁(還宮)하였다.

 13년 봄 3월, 왕후는 왕이 주통촌의 여자와 상관하였다는 것을 알고 질투하여 몰래 군사를 보내어 주이라고 하였다. 주통촌 여자가 이를 들어 알고 남자의 의복을 입고 도망하여 달아나니 쫓는 자가 따라와 해하려 하였다. 여자는 "너희들이 지금 와서 하는 짓이 왕의 명령이냐 왕후의 명령이냐. 지금 나의 뱃 속에 아이가 들었으니 실로 왕의 혈육이다. 나를 죽이는 것은 좋거니와 왕자도 죽이려느냐" 하고 물으니 병사가 감히 해하지 못하고 돌아와서 그대로 고하였다. 왕후는 노하여 기어이 죽이려 하였으나 결국 죽이지 못하였다. 왕은 이를 듣고 다시 여자의 집에 거둥하여 묻기를 "네게 지금 태기가 있다 하는데 누구의 아들이냐" 하니 여자는 "첩이 평생에 형제와도 동석을 안 하는데 하물며 감히 이성(異性)의 남자를 가까이하였겠습니까. 지금 뱃속에 든 아이는 실로 대왕의 혈육입니다" 라고 대답하였다. 왕은 위자(慰藉)와 증여를 매우 후하게 주고 돌아와 왕후에게 고하니 왕후는 죽이지 못하였다.

 가을 9월, 주통촌의 여자가 사내 아기를 낳으니 왕은 기뻐하며 "이는 하늘이 나에게 준 아들이다" 하였다. 시초에 교시(郊豕)의 사건으로 인하여 그 어머니를 알게 되었기로 그 아들을 교체(郊彘)라 이름하고 그 어미를 세워 소후(小后)로 삼았다. 처음 소후의 어미가 아이를 갖자 해산하기 전에 무당의 점이 "반드시 왕후를 낳겠다" 하니 어미가 기뻐했다. 그리고 딸을 낳으니 이름을 후녀(后女 : 小后를 이름)라 하였다. 겨울 10월, 왕이 도읍을 환도(丸都)로 옮기었다.

17년 봄 정월, 교체를 세워 왕태자를 삼았다.

21년 가을 8월, 한의 평주(平州) 사람 하요(夏瑤)가 백성 1,000여 호를 이끌고 와서 의탁하니 왕은 받아들여 책성(柵城)에 살게 하였다. 겨울 10월, 천둥과 지진이 있었고 혜성이 동북방에 나타났다.

23년 봄 2월, 그믐 임자일에 일식이 있었다.

24년 여름 4월, 기이한 새가 대궐의 뜰에 모였다.

28년, 왕손 연불(然弗 : 뒷날의 中川王)이 탄생하였다.

31년 여름 5월, 왕이 죽으니 산상릉(山上陵)에 장사지내고 시호를 산상왕(山上王)이라 하였다.

三國史記 卷 第十六

高句麗本紀 第四 新大王 故國川王 山上王

新大王 諱伯固(固 一作句) 大祖大王之季弟 儀表英特 性仁恕 初次大王無道 臣民不親附 恐有禍亂 害及於己 遂遯於山谷 及次大王被弑 左輔菸支留與群公議 遣人迎致 及至 菸支留跪獻國璽曰 先君不幸棄國 雖有子 不克有國家 夫人之心歸于至仁 謹拜稽首 請卽尊位 於是 俯伏三讓而後卽位 時年七十七歲.

二年 春正月 下令曰 寡人生忝王親 本非君德 向屬友于之政 頗乖胎厥之謨 畏害難安 離群遠遯 洎聞凶計 但極哀摧 豈謂百姓樂推 群公勸進 謬以眇末 據于崇高 不敢遑寧 如涉淵海 宜推恩而及遠 遂與衆而自新 可大赦國內 國人旣聞赦令 無不歡呼慶抃曰 大哉 新大王之德澤也 初明臨答夫之難 次大王太子鄒安逃竄 及聞嗣王赦令 卽詣王門 告曰 嚮國有災禍 臣不能死 遯于山谷 今聞新政 敢

以罪告 若大王據法定罪 棄之市朝 惟命是聽 若賜以不死 放之遠方 卽生死肉骨之惠也 臣所願也 非敢望也 王卽賜狗山瀨—婁豆谷(谷 通鑑作谷)二所 仍封爲讓國君 拜荅夫爲國相 加爵爲沛者 令知內外兵馬 兼領梁貊部落 改左右輔爲國相 始於此.

三年 秋九月 王始卒本 祀始組廟 冬十月 王至自卒本.

四年 漢玄菟郡太守耿臨來侵 殺我軍數百人 王自降乞屬玄菟.

五年 王遣大加優居·主簿然人等 將兵助玄菟太守公孫度 討富山賊.

八年 冬十一月 漢以大兵嚮我 王問群臣戰守孰便 衆議曰 漢兵恃衆輕我 若不出戰 彼以我爲怯數來 且我國山險而路隘 此所謂一夫當關 萬夫莫當者也 漢兵雖衆 無如我何 請出師禦之 荅夫曰 不然 漢國大民衆 今以強兵遠鬪 其鋒不可當也 而又兵衆者宜戰 兵少者宜守 兵家之常也 今漢人千里轉糧 不能持久 若我深溝高壘 清野以待之 彼必不過旬月 饑困而歸 我以勁卒薄之 可以得志 王然之 嬰城固守 漢人攻之不克 士卒飢餓 引還 荅夫帥數千騎追之 戰於坐原 漢軍大敗匹馬不反 王大悅 賜荅夫坐原及質山爲食邑.

十二年 春正月 群臣請立太子 三月 立王子男武爲王太子.

十四年 冬十月丙子晦 日有食之.

十五年 秋九月 國相荅夫卒 年百十三歲 王自臨慟 罷朝七日 乃以禮葬於質山 置守墓二十家 冬十二月 王薨 葬於故國谷 號爲新大王.

故國川王(或云國襄) 諱男武(或云伊夷謨) 新大王伯固之第二子[伯固薨 國人以長子拔奇不肖 共立伊夷謨(謨 魏志作模)爲王 漢獻帝建安初 拔奇怨爲兄而不得位 與消(消 魏志作涓)奴加 各將下戶三萬餘口 詣公孫康降 還住沸流水上]([ ]誤據魏志) 王身長九尺 姿表雄偉 力能扛鼎 莅事聽斷 寬猛得中.

二年 春二月 立妃于氏爲王后 后提(提 恐是掾之誤)那部于素之女也 秋九月 王如卒本 祀始祖廟.

四年 春三月甲寅夜 赤氣貫於大微如蛇 秋七月 星孛于大微.

六年 漢遼東太守 興師伐我 王遣王子罽須拒之 不克 王親帥精騎往與漢軍戰於坐原 敗之 斬首山積.

八年 夏四月乙卯 熒惑守心 五月壬辰晦 日有食之.

十二年 秋九月 京都雪六尺 中畏大夫沛者於畀留·評者左可慮 皆以王后親戚

執國權柄 其子弟 幷恃勢驕侈 掠人子女 奪人田宅 國人怨憤 王聞之怒欲誅之 左可慮等 與四椽那謀叛.

十三年 夏四月 [左可慮等]([ ]補闕) 聚衆攻王都 王徵畿內兵馬平之 遂下令曰 近者官以寵授 位非德進 毒流百姓 動我王家 此寡人不明所致也 令汝四部 各擧賢良在下者 於是 四部共擧東部晏留 王徵之 委以國政 晏留言於王曰 微臣庸愚 固不足以參大政 西鴨淥谷左勿村乙巴素者 琉璃王大臣乙素之孫也 性質剛毅 智慮淵深 不見用於世 力田自給 大王若欲理國 非此人則不可 王遣使 以卑辭重禮聘之 拜中畏大夫 加爵爲于台 謂曰 孤叨承先業 處臣民之上 德薄材短 未濟於理 先生藏用晦明 窮處草澤者久矣 今不我棄 幡然而來 非獨孤之喜幸 社稷生民之福也 請安承敎 公其盡心 巴素意雖許國 謂所受職不足以濟事 乃對曰 臣之駑蹇 不敢當嚴命 願大王選賢良 授高官以成大業 王知其意 乃除爲國相 令知政事 於是 朝臣國戚 謂素以新間舊 疾之 王有敎曰 無貴賤 苟不從國相者 族之 素退而告人曰 不逢時則隱 逢時則仕 士之常也 今上待我以厚意 其可復念舊隱乎 乃以至誠奉國 明政敎愼賞罰 人民以安 內外無事 冬十月 王謂晏留曰 若無子之一言 孤不能得巴素以共理 今庶績之凝(凝 舊刻作疑 誤也) 子之功也 乃拜爲大使者.

論曰 古先哲王之於賢者也 立之無方 用之不惑 若殷高宗之傅說─蜀先主之孔明─秦符堅之王猛 然後 賢在位能在職 政敎修明 而國家可保 今王決然獨斷 拔巴素於海濱 不撓衆口 置之百官之上 而又賞其擧者 可謂得先王之法矣.

十六年 秋七月 墮(墮 恐是隕之訛刻)霜殺穀 民飢 開倉賑給 冬十月 王畋于質陽 路見坐而哭者 問何以哭爲 對曰 臣貧窮 常以傭力養母 今歲不登 無所傭作 不能得升斗之食 是以哭耳 王曰 嗟乎 孤爲民父母 使民至於此極 孤之罪也 給衣食 以存撫之 仍命內外所司 博問鰥寡孤獨老病貧乏不能自存者 救恤之 命有司 每年自春三月至秋七月 出官穀 以百姓家口多少 賑貸有差 至冬十月 還納以爲恒式 內外大悅.

十九年 中國大亂 漢人避亂來投者甚多 是漢獻帝建安二年也 夏五月 王薨 葬于故國川原 號爲故國川王.

山上王 諱廷優(一名 位宮) 故國川王之弟也 魏書云 朱蒙裔孫宮 生而開目能視 是爲大祖 今王是大祖曾孫 亦生而視人 似曾祖宮 高句麗呼相似爲位 故名位

宮云 故國川王無子 故延優嗣立 初故國川王之薨也 王后于氏 秘不發喪 夜往王弟發岐宅 曰王無後 子宜嗣之 發岐不知王薨 對曰 天之曆數 有所歸 不可輕議 況婦人而夜行 豈禮云乎 后慙 便往延優之宅 延優起衣冠 迎門入座宴飮 王后曰 大王薨 無子 發岐作長當嗣 而謂妾有異心 暴慢無禮 是以見叔 於是 延優加禮 親自操刀割肉 誤傷其指 后解裙帶 裹其傷指 將歸 謂延優曰 夜深恐有不虞 子其送我至宮 延優從之 王后執手入宮 至翌日質明 矯先王命 令群臣 立延優爲王 發岐聞之大怒 以兵圍王宮 呼曰 兄死弟及禮也 汝越次篡奪大罪也 宜速出 不然則誅及妻孥 延優閉門三日 國人又無從發岐者 發岐知難 以妻子奔遼東 見太守公孫度(度 當作康見魏志) 告曰 某高句麗王男武之母弟也 男武死 無子 某之弟延優 與嫂于氏謀 卽位 以廢天倫之義 是用憤恚 來投上國 伏願假兵三萬 令擊之 得以平亂 公孫度從之 延優遣弟罽須 將兵禦之 漢兵大敗 罽須自爲先鋒 追北 發岐告罽須曰 汝今忍害老兄乎 罽須不能無情於兄弟 不敢害之 曰延優不以國讓 雖非義也 爾以一時之憤 欲滅宗國 是何意耶 身沒之後 何面目以見先人乎 發岐聞之 不勝慚悔 奔至裴川自刎死 罽須哀哭 收其屍 草葬訖而還 王悲喜 引罽須內中 宴見以家人之禮 且曰 發岐請兵異國 以侵國家 罪莫大焉 今子克之 縱而不殺足矣 及其自死哭甚哀 反謂寡人無道乎 罽須愀然銜淚而對曰 臣今請一言而死 王曰 何也 罽須曰 王后雖以先王遺命 立大王 大王不以禮讓之 曾無兄弟友恭之義 臣欲成人王之美 故收屍殯之 豈圖緣此逢大王之怒乎 大王若以仁忘惡 以兄喪禮葬之 孰謂大王不義乎 臣旣以言之 雖死猶生 請出受誅有司 王聞其言 前席而坐 溫顏慰諭曰 寡人不肖 不能無惑 今聞子之言 誠知過矣 願子無責 王子拜之 王亦拜之 盡歡而罷 秋九月 命有司奉迎發岐之喪 以王禮葬於裴嶺 王本因于氏得位 不復更娶 立于氏爲后.

二年 春二月 築丸都城 夏四月 赦國內二罪已下.

三年 秋九月 王畋于質陽.

七年 春三月 王以無子 禱於山川 是月十五夜 夢天謂曰 吾令汝少后生男勿憂 王覺語群臣曰 夢天語我諄諄如此 而無少后奈何 巴素對曰 天命不可測 王其待之 秋八月 國相乙巴素卒(卒 舊刻作率 訛也) 國人哭之慟 王以高優婁爲國相.

十二年 冬十一月 郊豕逸 掌者追之 至酒桶村 躑躅不能捉 有一女子 年二十許 色美而艷 笑而前執之 然後追者得之 王聞而異之 欲見其女 微行夜至女家 使侍人說之 其家知王來 不敢拒 王入室召其女 欲御之 女告曰 大王之命 不敢

避 若幸而有子 願不見遺 王諾之 至丙夜王起 還宮.

十三年 春三月 王后知王幸酒桶村女 妬之 陰遣兵士殺之 其女聞知 衣男服逃走 追及欲害之 其女問曰 爾等今來殺我 王命乎 王后命乎 今妾復有子 實王之遺體也 殺妾身可也 亦殺王子乎 兵士不敢害 來以女所言告之 王后怒必欲殺之 而未果 王聞之 乃復幸女家 問曰 汝今有娠 是誰之子 對曰 妾平生不與兄弟同席 況敢近異姓男子乎 今在腹之子 實大王之遺體也 王慰藉贈與甚厚 乃還告王后 竟不敢害 秋九月 酒桶女生男 王喜曰 此天賚子嗣胤也 始自郊豕之事 得以幸其母 乃名其子曰郊彘 立其母爲小后 初小后母孕未產 巫卜之曰 必生王后 母喜 及生名曰后女 冬十月 王移都於丸都.

十七年 春正月 立郊彘爲王太子.

二十一年 秋八月 漢平州人夏瑤 以百姓一千餘家來投 王納之 安置柵城 冬十月 雷 地震 星孛于東北.

二十三年 春二月壬子晦 日有食之.

二十四年 夏四月 異鳥集于王庭.

二十八年 王孫然弗生.

三十一年 夏五月 王薨 葬於山上陵 號爲山上王.

삼국사기 권 제17

고구려본기(高句麗本紀) 제5

동천왕(東川王), 중천왕(中川王), 서천왕(西川王), 봉상왕(烽上王), 미천왕(美川王)

동천왕(東川王)

동천왕(東川王 : 혹은 동양(東襄))의 휘는 우위거(憂位居)요, 어릴 때의 이름은 교체(郊彘)이니 산상왕(山上王)의 아들이다. 어머니는 주통촌(酒桶村) 사람으로 궁중에 들어와 산상왕의 소후(小后)가 되었다. 역사에는 그의 족성(族姓)이 전하지 아니한다. 선왕(前王 : 山上) 17년에 태자로 책봉되었다가 이에 이르러 왕위(王位)를 계승하였다. 왕의 성품은 너그럽고 어지니, 왕후(王后 : 于氏)가 왕의 마음을 실험코자 하여 왕이 외출할 때를 기다렸다가 사람을 시켜 왕의 노마(路馬)의 갈기를 잘라 버리게 하였다. 왕은 돌아와 보고 "말이 갈기가 없으니 가련하다" 하였다. 또 시자(侍者)를 시켜 수라상을 드릴 때에 일부러 국을 왕의 옷에 엎지르게 하였으나 역시 노하지 아니하였다.

2년(228) 봄 2월, 왕이 졸본에 가서 시조의 사당에 제사지내고 대사령을 내렸다. 3월, 우씨(于氏)를 봉하여 왕태후(王太后)를 삼았다.

4년 가을 7월, 국상 고우루(高優婁)가 죽었다. 우태(于台 : 官名) 명림어수(明臨於漱)로 국상을 삼았다.

8년, 위국(魏國)에서 사신을 보내어 화친하였다. 가을 9월, 우씨가 죽었다. 태후가 돌아갈 때의 유언이 "내가 절개를 잃었으니 장차 무슨 면목으로 국양왕(國襄王 : 고국천왕)을 지하에서 본단 말이냐. 만약 여러 신하가 차마 나를 구렁텅이에 버리지 아니하려거든 나를 산상왕 곁에 묻어주기 바란다" 하였으므로 드디어 그 말과 같이 장사지냈다. 무당의 말이 "국양왕이 나에게 강림(降臨)하여 말하기를 '어제 우씨가 천상(天上)으로 들어가는 것을 보고 분하고 얄미움을 견디지 못하여 그와 싸웠다. 물러와 생각하니 낯이 부끄러워 차마 나라 사람들을 볼 수 없다. 너는 조정에 아뢰어 (무슨) 물건으로 나를 가려 주게 하라' 하였다"고 하므로 이에 그 능(陵 : 고국천왕) 앞에 소나무를 일곱 겹으로 심었다.

10년 봄 2월, 오왕(吳王) 손권(孫權)이 사자 호위(胡衛)를 보내어 화친을 통하자고 하니 왕은 그 사자를 머물게 하였다가 가을 7월에 이르러 베어 죽이고 머리를 위(魏)에 전하였다.

11년, 사신을 위에 보내어 연호를 고친 하례를 드렸다. 이해는 경초(景初) 원년이었다.

12년, 위 태부(太傅) 사마의(司馬懿)가 무리를 거느리고 공손연(公孫淵)을 토벌하니 왕은 주부(主簿)와 대가(大加)를 보내어 군사 1,000명을 거느리고 가서 돕도록 하였다.

16년, 왕이 장수를 보내어 요동 서안평(西安平)을 습격하여 깨뜨렸다.

17년 봄 정월, 왕자 연불(然弗)을 세워 왕태자(王太子)로 삼고 국내의 죄수를 특사하였다.

19년 봄 3월, 동해(東海) 사람이 미녀(美女)를 바치니 왕이 후궁으로 받아들였다. 겨울 10월, 군사를 내어 신라 북변(北邊)을 침범하였다.

20년 가을 8월, 위(魏)가 유주자사(幽州刺史) 관구검(毌丘儉)을 시켜 군사 만 명을 거느리고 현도에 와 침범하니, 왕은 보기병(步騎兵) 2만 명을 거느리고 비류수 가에 가서 맞아 싸워 깨뜨리고 적군 3,000여 명의 머리를 베었다. 또 군사를 이끌고 양맥(梁貊)의 골짜기에서 싸워 무너뜨림과 동시에 베고 사로잡은 수효가 3,000여 명이었다. 왕은 여러 장수에게 이르기를 "위의 많은 군사가 도리어 우리 작은 군사만도 못하구나. 관구검이란 자는 위의 명장(名將)인데 오늘날 그의 목숨이 내 손에 달렸단 말이냐" 하고 철기(鐵騎) 5,000명을 거느리고 나아가 공격하였다. 관구검이 방진(方陣)을 만들고 결사적으로 싸워 우리 군사가 크게 무너지고 죽은 자가 1만 8,000여 명이나 되었다. 왕은 1,000여 명의 기병(騎兵)과 함께 압록원(鴨淥原)으로 달아났다. 겨울 10월, 관구검이 환도성을 함락하여 무찌르고 드디어 왕기(王頎)를 시켜 왕을 추격케 하였다. 왕이 남옥저(南沃沮)로 달아나는데 죽령(竹嶺)에 이르자 군사가 거의 분산(分散)되고 오직 동부(東部)의 밀우(密友)가 곁에 있어 왕에게 아뢰기를 "지금 추병(追兵)이 매우 절박하여 벗어나지 못할 형편이오니 신이 결사전을 벌여 적을 막겠습니다. 왕은 그 틈을 타서 도망하소서" 하였다. 드디어 결사대를 모집하여 함께 적진에 달려가 힘껏 싸우니 왕은 샛길로 빠져나와 산곡에 의거하여 흩어진 군사를 모아 자신을 방위하고 이르기를 "만약 밀우를 구해 오는 자가 있다면 후한 상을 주겠다" 하였다. 하부(下部) 유옥구(劉屋句)가 자청하여 "신이 가 보겠습니다" 하고 드디어 전지(戰地)에 가서 밀우가 땅에 쓰러져 있는 것을 보고 들쳐 업고 돌아왔다. 왕이 자기 무릎에 뉘었더니 한참만에 깨어났다.

　왕은 사잇길로 헤매다가 남옥저에 이르렀으나 위군이 쉬지 않고 쫓아오는지라 왕은 꾀도 다하고 힘도 꺾이어 어찌할 바를 몰랐다. 동부 사람 유유(紐由)가 나와 아뢰기를 "형세가 매우 위급하니 헛되이 죽어서는 안되겠습니다. 신이 어리석으나 한 꾀가 있습니다. 음식을 가지고 가서 위군을 대접하면서 기회를 노려 그 장수를 찔러 죽이겠습니다. 만약 신의 꾀가 성공하거든 왕은 들이쳐서 승부를 결단하소서" 하였다. 왕은 "그리하겠다"고 하였다. 유유는 위군의 진에 들어가 거짓 항복하며 "우리 임금이 대국에 죄를 짓고 도망하여 바닷가에 이르렀으나 몸둘 곳이 없어 장차 진전(陣前)에 와 항복을 청하고 죽음을 사법관(司法官)에게 맡기려 합니다. 이에 앞서 소신(小臣)을 시켜 변변치 못한 것이나마 드리어 종자(從者)의 음식을 삼도록 하려는 것입니다" 라고 하였다.

　위의 장수가 듣고 그의 항복을 받으려고 할 때 유유는 밥그릇 속에 감추어 간 칼을 빼어 위장의 가슴을 찌르고 더불어 함께 죽으니 위의 군사가 드디어 어지러워졌다. 왕은 군사를 세 길로 나누어 급히 공격하니 위군이 소란해지면서 진(陣)을 치지 못하고 낙랑으로부터 퇴각하였다.

　왕은 나라를 회복하고 공을 논하였는데, 밀우·유유를 제일로 삼아 밀우에게는 거곡(巨谷)·청목곡(靑木谷)의 땅을, 유옥구(劉屋句)에게는 압록·두눌하원(杜訥河原)을 주어 그들의 식읍을 만들게 하고, 유유에게는 벼슬을 추증하여 구사자(九使者)를 삼고 또 그 아들 다우(多優)를 대사자(大使者)로 삼았다. 이 싸움에서 위장(魏將)은 숙신(肅愼)의 남계(南界)에 이르러 돌을 새겨 공을 기록하고, 또 환도산(丸都山)에 이르러 불내성(不耐城)이라는 기념비를 세우고 돌아갔다.

처음 우리 신하 득래(得來)가 왕이 중국을 침범하는 것을 보고 자주 간하였으나 왕이 듣지 아니하니 득래는 탄식하며 "이 땅이 쑥밭이 될 것을 머지 않아 볼 것이다" 하고 드디어 탄식하며 죽었다. 관구검이 그 사실을 듣고 제군(諸軍)에게 명령하여 그 무덤을 헐지 못하게 하고 그 무덤의 나무를 베지 못하게 하였으며, 그 처자(妻子)를 찾아서 놓아 보냈다[괄지지(括地志)에 이르기를 불내성(不耐城)은 즉 국내성(國內城)이다. 그 성은 돌을 포개 쌓아 만든 것이라 하였다. 이는 즉 환도산(丸都山)과 국내성이 서로 인접한 까닭이다. 양서(梁書)에는 "사마의가 공손연을 토벌하니 왕이 장수를 보내어 서안평(西安平)을 습격하므로 관구검이 와 침범했다 하였고, 통감(通鑑)에는 득래(得來)가 왕을 간한 것을 들어 위궁(位宮) 때의 일이다" 하였으니 잘못된 것이다].

21년 봄 2월, 왕은 환도성이 난리를 겪어 다시 도읍할 수 없게 되었으므로 평양성(平壤城)을 쌓고 백성과 종묘 사직을 옮기었다. 평양(平壤)이란 곳은 본래 선인(仙人) 왕검(王儉)의 택지(宅地)였다. 누군가는 왕의 도읍을 왕검이라 한다고 한다.

22년 봄 2월, 신라가 고구려에 사신을 보내어 화친을 맺었다. 가을 9월, 왕이 죽으니 시원(柴原)에 장사지내고 묘호를 동천왕(東川王)이라 하였다. 국민이 그의 은덕을 기리어 슬퍼하지 않는 자 없고, 근신(近臣)은 자살하여 순장(殉葬)하고자 하는 자가 많았으나 신왕(新王)이 예가 아니라고 여겨 금지하였다. 장삿날이 되자 묘소에 와서 자살하는 자가 매우 많았으므로 군민이 나무를 베어 그 시체를 덮었는데 그래서 그 땅을 시원이라 이름하였다.

중천왕(中川王)

중천왕(中川王 : 혹은 중양(中壤))의 휘는 연불(然弗)이니 동천왕(東川王)의 아들이다. 외양이 준수하고 지혜와 책략이 있었다. 동천왕 17년에 왕태자로 책봉되었고, 22년 가을 9월에 왕이 죽자 즉위하였다. 겨울 10월, 연씨(椽氏)를 세워 왕후를 삼았다. 11월에 왕의 아우 예물(預物)·사구(奢句) 등이 반역을 도모하다가 사형을 받았다.

3년(250) 봄 2월, 왕은 국상 명림어수(明臨於漱)를 명하여 내외병마사(內外兵馬事)를 겸임케 하였다.

4년 여름 4월, 왕이 관나부인(貫那夫人)을 가죽주머니에 넣어 서해(西海)에 던져 버렸다. 관나부인은 얼굴이 아름다우며 머리털의 길이가 9자나 되고 왕이 총애하여 장차 소후(小后)로 세우려고 하였다. 왕후 연씨(椽氏)는 그가 사랑을 독차지할까 염려하여 왕에게 아뢰기를 "제가 들으니 서위(西魏)에서 장발미인(長髮美人)을 구하여 천금으로 사간다 하옵니다. 옛날 우리 선왕이 중국에 예를 다하지 못한 탓으로 병란을 입어 밖으로 달아나, 거의 사직을 잃을 뻔하지 않았습니까. 지금 왕이 그의 원하는 바에 순종하여 한 사람의 사신을 보내어 장발미인을 진상하면, 그는 반드시 기쁘게 받아들여 다시는 침범하는 일이 없을 것입니다" 하였다. 왕은 그 뜻을 알고 잠자코 대답하지 아니하였다. 관나부인은 이를 듣고 자기에게 해가 미칠까 염려하여 도리어 왕에게 왕후를 참소하는 말이 "왕후가 항상 저를 꾸짖으며 '농부의 딸이 어찌 여기 있을소냐. 만약 자진하여 돌아가지 아니하면 반드시 후회가 있으리라' 하니 생각컨대 왕후가 대왕의 외출을 기다려 저를 해하려 하는 성싶습니다. 어찌 하오리까" 하였다.

후에 왕이 기구(箕丘)에서 사냥을 하고 돌아오자, 관나부인이 가죽주머니를 들고 마중나와 울며 "왕후가 저를 이것에 담아서 바다에 던지려고 하니, 대왕께서 저의 가느다란 목숨을 살리어 제집으로 돌아가게 하여 주시면 다행이겠습니다. 어찌 감히 다시 좌우(左右)에 모시기를 바라오리까" 하였다. 왕은 그 말이 거짓임을 알고 노하여 부인에게 "네가 바다에 들어갈 것을 요구하느냐" 하고 사람을 시켜 바다에 던졌다.

7년 여름 4월, 국상 명림어수가 죽었다. 비류패자(沸流沛者) 음우(陰友)를 국상으로 삼았다. 가을 7월, 지진이 있었다.

8년, 왕자 약로(藥盧)를 세워 왕태자로 삼고 국내의 죄수를 특사하였다.

9년 겨울 11월, 연나부(椽那部)의 명림홀도(明臨笏覩)에게 공주를 주어 부마도위(駙馬都尉)를 삼았다. 12월, 눈이 오지 아니하였다. 괴질이 유행하였다.

12년 겨울 12월, 왕이 두눌(杜訥) 골짜기에서 사냥하였다. 위(魏)나라 장군 위지해(尉遲楷)가 군사를 거느리고 와서 치니 왕은 정병 5,000명을 뽑아 양맥의 골짜기에서 싸워 무너뜨리고 적군 8,000여 명의 머리를 베었다.

13년 가을 9월, 왕이 졸본(卒本)에 가서 시조의 사당에 제사지냈다.

15년 가을 7월, 왕이 기구에서 사냥하여 흰 노루를 잡았다. 겨울 11월, 천둥 치고 지진이 있었다.

23년 겨울 10월, 왕이 죽으니 중천(中川)의 벌에 장사지내고 묘호를 중천왕(中川王)이라 하였다.

서천왕(西川王)

서천왕(西川王 : 혹은 서양(西壤))의 휘는 약로(藥盧 : 혹은 약우(若友))이니 중천왕의 둘째아들이다. 성품이 총명하고 인자하여 나라 사람들이 사랑하고 공경하였다. 중천왕 8년에 태자로 책봉되고, 23년 겨울 10월에 왕이 죽자 즉위하였다.

2년(271) 봄 정월, 서부(西部 : 5部의 하나) 대사자(大使者) 우수(于漱)의 딸을 세워 왕후로 삼았다. 가을 7월, 국상 음우(陰友)가 죽었다. 9월, 상루(尙婁)로 국상을 삼았다. 상루는 음우(陰友)의 아들이다. 겨울 12월, 지진이 있었다.

3년 여름 4월, 서리가 내려 보리가 상하였다. 6월, 크게 가물었다.

4년 가을 7월 초하루 정유일(丁酉日)에 일식이 있었다. 백성이 굶주리므로 창곡(倉穀)을 풀어 나누어 주었다.

7년 여름 4월, 왕이 신성(新城 : 혹은 나라의 동북(東北)에 있는 대진(大鎭)이라 함)에 가서 사냥하여 흰 사슴을 잡았다. 가을 8월, 왕이 신성에서 돌아왔다. 9월, 신작(神雀)이 궁정(宮庭)에 모여들었다.

11년 겨울 10월, 숙신이 침범하여 변방 백성을 무찌르니 왕이 여러 신하에게 이르기를 "내가 조그만 몸으로 그릇되게 나라를 이어받아 덕이 백성을 편안케 하지 못하고, 위엄이 먼 곳까지 떨치지 못하여 저 이웃과 적국으로

하여금 나의 강토를 침략케 하였다. 꾀 있는 신하와 용맹스런 장수를 얻어 먼 곳 적을 제압하려 하니 그대들은 지혜와 용맹이 능히 장수감이 될 만한 자를 제각기 천거하라" 하였다. 여러 신하는 다 "임금님의 아우 달가(達賈)가 날래고 지혜로워 족히 대장이 될 만합니다" 하였다. 이에 왕은 달가를 보내어 적을 치게 하였다. 달가는 신기한 꾀를 내어 갑자기 들이쳐 단로성(檀盧城)을 점거하여 추장을 죽이고 600여 호를 부여의 남쪽 오천(烏川)에 옮기고 6, 7개소의 부락을 항복받아 복속시켰다. 왕은 크게 기뻐하여 달가로 안국군(安國君)을 삼아 내외병마사(內外兵馬事)를 맡게 하고 겸하여 양맥·숙신의 여러 부락을 통솔케 하였다.

17년 봄 2월, 왕의 아우 일우(逸友)·소발(素勃) 등 두 사람이 반역을 도모하여 거짓 병을 칭탁하고 온천(溫泉)에 가서 그 도당과 더불어 놀며 즐기는 것이 절제가 없고 말씨마저 고약하였다. 왕이 거짓 "국상(國相)을 삼는다" 하고 불러들여 그들이 오자 역사(力士)를 시켜 잡아 죽였다.

19년 여름 4월, 왕이 신성(新城)에 거둥하였다. 해곡태수(海谷太守)가 고래의 눈알을 바쳤는데 밤에도 광채가 있었다. 가을 8월, 왕은 동쪽으로 사냥가서 흰 사슴을 잡았다. 9월, 지진이 있었다. 겨울 11월, 왕이 신성에서 돌아왔다.

23년 왕이 죽으니 서천(西川)의 벌에 장사지내고 호를 서천왕(西川王)이라 하였다.

봉상왕(烽上王)

봉상왕(烽上王 : 혹은 치갈(雉葛))의 휘는 상부(相夫 : 혹은 삽실루(歃失婁))이니 서천왕(西川王)의 태자이다. 어릴 때부터 교만하고 방탕하며 의심이 많았다. 서천왕이 재위(在位) 23년에 죽으니 태자가 즉위하였다.

원년(292) 봄 3월, 안국군 달가(達賈)를 죽였다. 왕은 달가가 숙부(叔父)의 항렬에 있고 큰 공업(功業)이 있어 백성들이 우러러보는 까닭으로 시기하여 계획적으로 죽였다. 나라 사람들이 말하기를 "안국군이 아니었으면 우리가 양맥·숙신의 난리를 벗어나지 못하였을 것이다. 지금 그가 죽었으니 장차 뉘에게 의탁한단 말이냐" 하고 눈물을 뿌리고 서로 조상하지 않는 자가 없었다. 가을 9월, 지진이 있었다.

2년 가을 8월, 모용외(慕容廆)가 내침하였다. 왕은 신성에 가서 적을 피할 양으로 가다가 행차가 곡림(鵠林)에 이르렀다. 모용외가 왕이 서울을 떠난 것을 알고 군사를 이끌고 뒤를 쫓아 거의 미치게 되었다. 왕은 매우 두려워하던 차에 마침 신성재(新城宰) 북부 소형(北部小兄 : 벼슬이름) 고노자(高奴子)가 기병 500명을 거느리고 왕을 맞으러 가다가 적을 만나 들이치니 모용외의 군사가 패하여 물러갔다. 왕은 기뻐하여 고노자에게 관작을 더하여 대형(大兄)을 삼고 겸하여 곡림을 주어 식읍을 삼게 하였다. 9월, 왕은 아우 돌고(咄固)가 딴마음을 품었다 하여 사약(死藥)을 내리니 국민들은 돌고가 죄 없이 죽었다 하여 애통해하였다. 돌고의 아들 을불(乙弗)이 들 밖으로 달아났다.

3년 가을 9월, 국상 상루(尙婁)가 죽었다. 남부대사자(南部大使者) 창조리(倉助利)를 국상으로 삼고, 대주부(大主簿)로 벼슬을 올렸다.

5년 가을 8월, 모용외가 내침하여 고국원에 이르러 서천왕의 무덤을 보고 사람을 시켜 파헤쳐 보게 하였다. 역부(役夫) 중에 갑자기 죽는 자가 생기고 또한 광중에서 풍악소리가 들리므로 신(神)이 있을까 두려워서 드디어 군사를 이끌고 물러갔다. 왕은 여러 신하에게 말하기를 "모용외가 병력이 정강(精强)한데 자주 우리 강토를 침략하니 어찌해야 하느냐" 하였다. 상국(相國) 창조리는 "북부대형(北部大兄) 고노자가 어질고 또 날래니 대왕이 도둑을 막고 백성을 편안히 하려면 고노자가 아니고는 쓸 만한 자가 없습니다" 하고 아뢰었다. 왕은 고노자로 신성태수(新城太守)를 삼았다. 그는 정치를 잘하고 위엄이 떨치어 모용외가 다시 내침하지 못하였다.

7년 가을 9월, 서리와 우박이 곡물을 상하게 하여 백성이 굶주렸다. 겨울 10월, 왕이 궁실을 증축하여 자못 화려하고 사치스러웠다. 백성이 주리고 또 피곤하여서 여러 신하의 간언(諫言)이 잦았으나 왕은 듣지 않았다. 11월, 왕은 사람을 시켜 을불(乙弗)을 수색하여 죽이려 하였으나 잡지 못하였다.

8년 가을 9월, 귀신이 봉산(烽山)에서 울었다. 객성(客星)이 달에 부딪쳤다. 겨울 12월, 천둥치고 지진이 있었다.

9년 봄 정월, 지진이 있었다. 2월에서 7월까지 비가 오지 않아 흉년이 드니 백성들은 서로 잡아먹을 지경이었다. 8월, 왕이 국내의 15세 이상 남녀를 징발하여 궁실(宮室)을 수리하니, 백성은 식량의 결핍과 역사(役事)의 피곤으로 인하여 사방으로 분산되었다. 국상 창조리가 간하기를 "천재(天災)가 거듭 닥치고 연곡(年穀)은 되지 못하여 백성들이 의탁할 바를 잃어 장정은 사방으로 유리되고 노약은 구렁텅이에 구르니, 이야말로 하늘을 두려워하고 백성을 근심하며 공구(恐懼)하고 반성할 때입니다. 대왕께서는 이것을 생각지 않으시고 배고픈 사람을 몰아다가 토목의 역사에 괴롭히시니 백성의 부모되신 책임에 위반되는 것입니다. 더구나 가까운 이웃에 강경한 적국이 있으니 만약 우리의 퇴폐한 틈을 타서 오는 날이면, 사직과 민생을 어찌하시렵니까. 원컨대 대왕께서는 익히 생각하시옵소서" 하였다. 왕은 노하여 "임금이란 백성이 우러러보는 바이니 궁실이 웅장하지 않으면 위엄과 무게를 보일 수 없는 것이다. 지금 국상이 나를 나무라는 것은 대개 백성의 칭송을 구하려는 것이다" 했다. 창조리는 "임금이 백성을 돌보지 아니하면 인(仁)이 아니요, 신하가 임금께 간하지 아니하면 충(忠)이 아니옵니다. 신이 이미 국상의 자리에 있는 이상 감히 말씀드리지 않을 수 없습니다" 하였다. 왕은 웃으며 "국상이 백성을 위하여 죽으려 하는가. 다시 말이 없기를 바란다"고 하였다. 창조리는 왕이 고치지 못할 것을 알고 또 해가 미칠까 염려하여 물러나와 여러 신하와 꾀를 모아 왕의 자리에서 물러나게 하고 을불을 맞아 왕을 삼았다. 왕은 화를 면치 못할 것을 알고 목매어 죽으니 두 아들도 따라서 죽었다. 봉산(烽山) 벌에 장사지내고 호를 봉상왕(烽上王)이라 하였다.

미천왕(美川王)

미천왕(美川王 : 혹은 호양왕(好壤王))의 휘는 을불(乙弗 : 혹은 우불(憂弗))이니 서천왕의 아들 고추가(古鄒加) 돌고(咄固)의 아들이다. 처음에 봉상왕이 아우 돌고가 딴마음을 품은 줄로 의심하여 그를 죽이니 그의 아들인 을불은 해를 입을까 두려워하여 도망쳐 나왔다. 을불은 처음에 수실촌(水室村) 사람 음모(陰牟)의 집에 가서 고용살이를 하였다. 음모는 그가 어떤 사람인지 알지 못하고 무척 심하게 부렸다. 그 집 곁에 방죽이 있는데 개구리가 울면 을불로 하여금 밤에 기와조각이나 돌을 던지어 울지 못하게 하고, 낮에는 나무를 하게 하여 잠시도 쉬지 못하게 하였다. 을불은 괴로움을 견디지 못하여 1년 만에 음모의 집에서 나와 동촌(東村) 사람 재모(再牟)와 함께 소금장사를 하게 되었다. 하루는 배를 타고 압록에 이르러 소금을 가지고 육지에 내려, 강의 동쪽 사수촌(思收村) 사람 집에 기숙(寄宿)하였다. 그 집 노파가 소금을 청하므로 한 말 가량을 주었는데 재차 청하니 주지 아니하였다. 그 노파가 앙심을 품고 몰래 자기의 신을 소금 속에 넣어 두었다. 을불은 알지 못하고 소금을 지고 길을 가는데 노파가 쫓아와 신을 찾으며 그가 신을 감추었다 하여 압록재(鴨淥宰)에게 무고하였다. 압록재는 신값으로 소금을 뺏어 노파에게 주고 을불을 매를 때린 다음 놓아 주었다. 이때 을불은 얼굴이 파리하고 의복이 남루하여 누가 보아도 그가 왕손(王孫)임을 알지 못하였다.

이 무렵 국상 창조리가 장차 왕을 폐하려 하면서 먼저 북부(北部)의 조불(祖弗)과 동부(東部)의 소우(蕭友) 등을 시켜 을불을 산으로 들로 찾게 하였다. 비류하(沸流河) 가에 이르러 마침내 배 위에 한 장부(丈夫)가 있는 것을 보았다. 비록 얼굴은 여위었으나 행동거지가 보통이 아니었다. 소우 등은 이 사람이 을불이 아닌가 하고 나아가 절하며 "지금 국왕이 무도하여 국상은 여러 신하와 비밀히 의논하여 폐위하려 합니다. 왕손(王孫)의 소행이 검약하고 인자(仁慈)하여 사람을 사랑하니 조업(祖業)을 계승할 수 있다 하여 신 등을 보내어 받들어 모시게 한 것입니다" 하였다. 을불이 의심하여 "나는 야인(野人)이요, 왕손이 아닙니다. 다시 자세히 살펴보소서" 하였다. 소우 등은 "지금 주상(主上)은 인심을 잃은 지 오래되었습니다. 더이상 나라의 주인이 될 수 없으므로 여러 신하들이 왕손을 무척 기대하고 있으니 의심하지 마소서" 하고 드디어 받들어 모시고 돌아왔다.

창조리는 기뻐하여 그를 조맥(鳥陌) 남쪽 어느 집에 모셔두고 남이 알지 못하게 하였다. 가을 9월, 왕이 후산(侯山) 북쪽으로 사냥을 가는데 국상 창조리가 수행하여 여러 사람에게 이르기를 "나와 마음을 같이하는 자는 내가 하는 대로 하라" 하고 갈대잎을 관모에 꽂으니 여러 사람들이 모두 따라 그렇게 하였다. 창조리는 여러 사람의 마음이 다 같음을 알고서 함께 왕을 폐하여 별실(別室)에 가두고 군사로 하여금 수비케 한 다음 왕손 을불을 모셔다 옥새를 바치어 왕위에 앉게 하였다.

겨울 10월, 누런 안개가 사방에 꽉 찼다. 11월, 바람이 서북에서 불어와 모래를 날리고 돌을 굴리기를 6일 동안 계속하였다. 12월, 혜성이 동방에 나타났다.

3년(302) 가을 9월, 왕이 군사 3만 명을 거느리고 현도군(玄菟郡)을 침범하여 8,000명을 사로잡아 평양으로 옮기었다.

12년 가을 8월, 장수를 시켜 요동(遼東)의 서안평(西安平)을 습격하여 (그 땅을) 빼앗았다.

14년 겨울 10월, 낙랑군(樂浪郡)을 침범하여 그곳의 남녀 2,000여 명을 사로잡았다.

15년 봄 정월, 왕자 사유(斯由)를 세워 태자로 삼았다. 가을 9월, 남쪽 대방군(帶方郡)을 침범하였다.

16년 봄 2월, 현도성을 공격하여 깨뜨리니, 죽이고 사로잡은 수효가 매우 많았다. 8월, 혜성이 동북방에 나타났다.

20년 겨울 12월, 진(晉)의 평주자사(平州刺史) 최비(崔毖)가 도망하여 왔다. 처음 최비가 비밀히 아국(我國)과 단씨(段氏), 우문씨(宇文氏)를 권유하여 함께 모용외를 치도록 하여, 세 나라(고구려·단씨·우문씨) 군사가 나아가 극성(棘城)을 공격하였다. 모용외는 문을 닫고 스스로 지키면서 유독 우문에게 주육(酒肉)을 보내어 대접하였다. 다른 두 나라는 우문씨와 모용외의 사이에 어떠한 모의가 있는가 의심하여 각각 군사를 이끌고 돌아갔다. 우문씨의 대인(大人) 실독관(悉獨官)이 "두 나라의 군사는 비록 돌아갔으나 내가 혼자 쳐서 빼앗을 것이다" 하고 나섰다. 모용외는 그 아들 황(皝)과 장사(長史) 배의(裴嶷)에게 날랜 군사를 주어 선봉을 삼고, 자기는 대병을 거느리고 뒤를 치니 실독관이 크게 패하여 겨우 몸만 빠져 나왔다. 최비(崔毖)가 이 소식을 듣고 자기 형의 아들 최도(崔燾)를 시켜 극성에 가서 거짓으로 축하하게 하였다. 모용외가 무기를 가지고 협박하므로 최도는 두려워서 자수했다. 모용외는 최도를 돌려보내어 최비에게 이르기를 "항복하는 것은 상책이요 달아나는 것은 하책이다" 하고 군사를 이끌고 최도의 뒤를 쫓았다. 최비는 기병 수십 명과 함께 집을 버리고 도망하여 오고 그의 부하 군중은 모두 모용외에게 항복하였다. 모용외는 그 아들 인(仁)으로 하여금 요동을 지키게 하니 관부(官府)나 시리(市里)가 전과 같이 안정되었다. 우리(고구려)의 장수 여노(如孥)가 하성(河城)에 웅거하니 모용외는 장군 장통(張統)을 보내어 불의에 쳐서 사로잡고, 그의 부하 1,000여 호를 포로로 하여 극성으로 돌아갔다. 왕은 자주 군사를 동원하여 요동을 침범하니 모용외는 모용한(慕容翰)·모용인(慕容仁)을 보내어 토벌하였다. 왕이 화맹(和盟)하기를 청하자 모용한과 인이 드디어 물러갔다.

21년 겨울 12월, 군사를 보내어 요동을 침범하니 모용인이 막고 싸워 이를 깨뜨렸다.

31년, 후조(後趙)의 왕 석륵(石勒)에게 사신을 보내어 고시(楛矢:화살)를 바쳤다.

32년 봄 2월, 왕이 죽으니 미천(美川) 벌에 장사지내고 호를 미천왕(美川王)이라 하였다.

三國史記 卷 第十七

高句麗本紀 第五 東川王 中川王 西川王 烽上王 美川王

東川王(或云東襄) 諱憂位居 少名郊彘 山上王之子 母酒桶村人 入爲山上小后 史失其族姓 前王十七年立爲太子 至是嗣位 王性寬仁 王后欲試王心 候王出遊 使人截王路馬鬣 王還曰 馬無鬣可憐 又令侍者進食時 陽覆羹於王衣 亦不怒.

二年 春二月 王如卒本 祀始祖廟 大赦 三月 封于氏爲王太后.

四年 秋七月 國相高優婁卒 以于台明臨於漱爲國相..

八年 魏遣使 和親 秋九月 太后于氏薨 太后臨終遺言曰 妾失行 將何面目見國壤於地下 若群臣不忍擠於溝壑 則請葬我於山上王陵之側 遂葬之如其言 巫者曰 國壤降於予曰 昨見于氏歸于川(川 當作山 通鑑亦作山)上 不勝憤恚 遂與之戰 退而思之 顔厚不忍見國人 爾告於朝 遮我以物 是用植松七重於陵前.

十年 春二月 吳王孫權 遣使者胡衛 通和 王留其使 至秋七月斬之 傳首於魏.

十一年 遣使如魏 賀改年號 是景初元年也.

十二年 魏太傅(傅 魏志作尉)司馬宣王 率衆討公孫淵 王遣主簿大加 將兵千

人助之.

十六年 王遣將 襲破遼東西安平.

十七年 春正月 立王子然弗爲王太子 赦國囚(囚 當作內).

十九年 春三月 東海人獻美女 王納之後宮 冬十月 出師侵新羅北邊.

二十年 秋八月 魏遣幽州刺史母丘儉 將萬人 出玄菟來侵 王將步騎二萬人 逆戰於沸流水上敗之 斬首三千餘級 又引兵 再戰於梁貊之谷 又敗之 斬獲三千餘人 王謂諸將曰 魏之大兵 反不如我之小兵 母丘儉者 魏之名將 今日命在我掌握之中乎 乃領鐵騎五千 進而擊之 儉爲方陣 決死而戰 我軍大潰 死者一萬八千餘人 王以一千餘騎 奔鴨淥原 冬十月 儉功陷丸都城屠之 乃遣將軍王頎追王 王奔南沃沮 至于竹嶺 軍士分散殆盡 唯東部密友獨在側 謂王曰 今追兵甚迫 勢不可脫 臣請決死而禦之 王可遯矣 遂募死士 與之赴敵力戰 王間行(間行 密友紐由傳作僅得)脫而去 依山谷蒐散卒 自衛謂曰 若有能取密友者 厚賞之 下部劉屋句前對曰 臣試往焉 遂於戰地 見密友伏至 乃負而至 王枕之以股 久而乃蘇 王間行轉輾 至南沃沮 魏軍追不止 王計窮勢屈 不知所爲 東部人紐由進曰 勢甚危迫 不可徒死 臣有愚計 請以飮食往犒魏軍 因伺隙 刺殺彼將 若臣計得成 則王可奮擊決勝矣 王曰諾 紐由入魏軍詐降曰 寡君獲罪於大國 逃至海濱 措躬無地 將以請降於陳前 歸死司寇 先遣小臣 致不腆之物 爲從者羞 魏將聞之 將受其降 紐由隱刀食器 進前拔刀 刺魏將胸 與之俱死 魏軍遂亂 于分軍爲三道 急擊之 魏軍擾亂 不能陳(陳 與陣通) 遂自樂浪而退 王復國論功 以密友·紐由爲第一 賜密友巨谷·靑木谷 賜屋句鴨淥·杜訥河原以爲食邑 追贈紐由爲九使者 又以其子多優爲大使者 是役也 魏將到肅愼南界 刻石紀功 又到丸都山 銘不耐城而歸 初其臣得來 見王侵叛中國 數諫王不從 得來嘆曰 立見此地將生蓬蒿 遂不食而死 母丘儉令諸軍不壞其墓 不伐其樹 得其妻子 皆放遣之(括地志云 不耐城卽國內城也 城累石爲之 此卽丸都山與國內城相接 梁書 以司馬懿討公孫淵 王遣將襲西安平 母丘儉來侵 通鑑 以得來諫王 爲王位宮時事 誤也).

二十一年 春二月 王以丸都城經亂 不可復都 築平壤城 移民及廟社 平壤者本仙人王儉之宅也 或云 王(誤讀史記朝鮮傳)之都王險.

二十二年 春二月 新羅遣使結和 秋九月 王薨 葬於柴原 號曰東川王 國人懷其恩德 莫不哀傷 近臣欲自殺以殉者衆 嗣王以爲非禮禁之 至葬日 至墓自死者甚多 國人伐柴以覆其屍 遂名其地曰柴原.

中川王(或云中壤) 諱然弗 東川王之子 儀表俊爽 有智略 東川十七年立爲王太子 二十二年秋九月 王薨 太子卽位 冬十月 立椽氏爲王后 十一月 王弟預物一奢句等謀叛 伏誅.

三年 春二月 王命相明臨於漱 兼知內外兵馬事.

四年 夏四月 王以貫那夫人 置革囊投之西海 貫那夫人 顔色佳麗 髮長九尺 王愛之 將立以爲小后 王后椽氏恐其專寵 乃言於王曰 妾聞西魏求長髮 購以千金 昔我先生 不致禮於中國 被兵出奔 殆喪社稷 今王順其所欲 遣一介行李 以進長髮美人 則彼必欣納 無復侵伐之事 王知其意默不答 夫人聞之 恐其加害 反譖后於王曰 王后常罵妾曰 田舍之女 安得在此 若不自歸 必有後悔 意者后欲伺大王之出 以害於妾如之何 後王獵于箕丘而還 夫人將革囊 迎哭曰 后欲以妾盛此 投諸海 幸大王賜妾微命 以返於家 何敢更望侍左右乎 王問知其詐 怒謂夫人曰 汝要入海乎 使人投之.

七年 夏四月 國相明臨於漱卒 以沸流沛者陰友爲國相 秋七月 地震.

八年 立王子藥盧爲王太子 赦國內.

九年 冬十一月 以椽那明臨笏覩 尙公主 爲駙馬都尉 十二月 無雪 大疫.

十二年 冬十二月 王畋于杜訥之谷 魏將尉遲楷(名犯長 陵諱)(楷 原本無) 將兵來伐 王簡精騎五千 戰於梁貊之谷敗之 斬首八千餘級.

十三年 秋九月 王如卒本 祀始祖廟.

十五年 秋七月 王獵箕丘獲白獐 冬十一月 雷 地震.

二十三年 冬十月 王薨 葬於中川之原 號曰中川王.

西川王(或云西壤) 諱藥盧(一云 若友) 中川王第二子 性聰悟而仁 國人愛敬之 中川王八年立爲太子 二十三年冬十月 王薨 太子卽位.

二年 春正月 立西部大使者于漱之女爲王后 秋七月 國相陰友卒 九月 以尙婁爲國相 尙婁陰友子也 冬十二月 地震.

三年 夏四月 隕霜害麥 六月 大旱.

四年 秋七月丁酉朔 日有食之 民饑 發倉賑之.

七年 夏四月 王如新城(或云新城 國之東北大鎭也) 獵獲白鹿 秋八月 王至自新城 九月 神雀集宮庭.

十一年 冬十月 肅愼來侵 屠害邊民 王謂群臣曰 寡人以眇末之軀 謬襲邦基 德不能綏 威不能震 致此隣敵猾我疆域 思得謀臣猛將 以折遐衝 咨爾群公 各擧奇謀異略 才堪將帥者 群臣皆曰 王弟達賈勇而有智略 堪爲大將 王於是 遣達賈往伐之 達賈出奇掩擊 拔檀盧城 殺酋長 遷六百餘家於扶餘南烏川 降部落六七所 以爲附庸 王大悅 拜達賈爲安國君 知內外兵馬事 兼統梁貊－肅愼諸部落.

十七年 春二月 王弟逸友 素勃等二人謀叛 詐稱病往溫湯 與黨類戲樂無節 出言悖逆 王召之僞許拜相 及其至 令力士執而誅之.

十九年 夏四月 王幸新城 海谷太守獻鯨魚目 夜有光 秋八月 王東狩獲白鹿 九月 地震 冬十一月 王至自新城.

二十三年 王薨 葬於西川之原 號曰西川王.

烽上王(一云雉葛) 諱相夫(或云歃失婁) 西川王之太子也 幼驕逸多疑忌 西川王二十三年薨 太子卽位.

元年 春三月 殺安國君達賈 王以賈在諸父之行 有大功業 爲百姓所瞻望故 疑之謀殺 國人曰 微安國君 民不能免梁貊－肅愼之難 今其死矣 其將焉託 無不揮涕相弔 秋九月 地震.

二年 秋八月 慕容廆來侵 王欲往新城避賊 行至鵠林 慕容廆知王出 引兵追之 將及 王懼 時新城宰北部小兄高奴子 領五百騎迎王 逢賊奮擊之 廆軍敗退 王喜 加高奴子爵爲大兄 兼賜鵠林爲食邑 九月 王謂其弟咄固有異心 賜死 國人以咄固無罪 哀慟之 咄固子乙弗 出遯於野.

三年 秋九月 國相尙婁卒 以南部大使者倉助利爲國相 進爵爲大主簿.

五年 秋八月 慕容廆來侵 至故國原 見西川王墓 使人發之 役者有暴死者 亦聞壙內有樂聲 恐有神乃引退 王謂群臣曰 慕容氏兵馬精强 屢犯我疆場 爲之奈何 相國(相國 二字恐是顚倒)倉助利對曰 北部大兄高奴子賢且勇 大王若欲禦寇安民 非高奴子無可用者 王以高奴子爲新城太守 善政有威聲 慕容廆不復來寇.

七年 秋九月 霜雹殺穀 民饑 冬十月 王增營宮室 頗極侈麗 民饑且困 群臣驟諫 不從 十一月 王使人索乙弗殺之 不得.

八年 秋九月 鬼哭于烽山 客星犯月 冬十二月 雷 地震.

九年 春正月 地震 自二月至秋七月 不雨 年饑民相食 八月 王發國內男女年十五已上 修理宮室 民乏於食 困於役 因之以流亡 倉助利諫曰 天災荐至 年穀

不登 黎民失所 壯者流離四方 老幼轉乎溝壑 此誠畏天憂民 恐懼修省之時也 大王曾是不思 驅饑餓之人 困木石之役 甚乖爲民父母之意 而況比鄰有强梗之敵 若乘吾弊以來 其如社稷生民何 願大王熟計之 王慍曰 君者 百姓之所瞻望也 宮室不壯麗 無以示威重 今國相蓋欲謗寡人 以干百姓之譽也 助利曰 君不恤民非仁也 臣不諫君非忠也 臣旣承乏國相 不敢不言 豈敢干譽乎 王笑曰 國相欲爲百姓死耶 冀無復(復 舊本訛作後)言 助利知王之不悛 且畏及害 退與群臣同謀廢之 迎乙弗爲王 王知不免 自經 二子亦從而死 葬於烽(烽 舊本訛作洋)山之原 號曰烽上王.

美川王(一云好壤王) 諱乙弗(或云憂弗) 西川王之子古鄒加咄固之子 初烽上王疑弟(弟 舊本誤作弗)咄固有異心 殺之 子乙弗畏害出遁 始就水室村人陰牟家傭作 陰牟不知其何許人 使之甚苦 其家側草澤蛙鳴 使乙弗 夜投瓦石禁其聲 晝日督之樵採 不許暫息 不勝艱苦 周年乃去 與東村人再牟販鹽 乘舟抵鴨淥 將鹽下寄江東思收村人家 其家老嫗請鹽 許之斗許 再請不與 其嫗恨恚 潛以屨置之鹽中 乙弗不知 負而上道 嫗追索之 誣以匿屨 告鴨淥宰 宰以屨直 取鹽與嫗 決笞放之 於是 形容枯槁 衣裳藍縷 人見之不知其爲王孫也 是時 國相倉助利將廢王 先遣北部祖弗一東部蕭友等 物色訪乙弗於山野 至沸流河邊 見一丈夫在船上 雖形貌憔悴 而動止非常 蕭友等疑是乙弗 就而拜之曰 今國王無道 國相與群臣陰謀廢之 以王孫操行儉約 仁慈愛人 可以嗣祖業 故遣臣等奉迎 乙弗疑曰 予野人非王孫也 請更審之 蕭友等曰 今上失人心久矣(矣 舊本訛作英) 固不足爲國主 故群臣望王孫甚勤 請無疑 遂奉引以歸 助利喜 致於烏(烏 東國通鑑作鳥)陌南家 不令人知 秋九月 王獵於侯山之陰 國相助利從之 謂衆人曰 與我同心者效我 乃以蘆葉插冠 衆人皆插之 助利知衆心皆同 遂共廢王 幽之別室 以兵周衛 遂迎王孫 上璽綬 卽王位 冬十月 黃霧四塞 十一月 風從西北來 飛沙走石六日 十二月 星孛于東方.

　三年 秋九月 王率兵三萬侵玄菟郡 虜獲八千人 移之平壤.

　十二年 秋八月 遣將襲取遼東西安平.

　十四年 冬十月 侵樂浪郡 虜獲男女二千餘口.

　十五年 春正月 立王子斯由爲太子 秋九月 南侵帶方郡.

　十六年 春二月 攻破玄菟城 殺獲甚衆 秋八月 星孛于東北.

二十年 冬十二月 晉平州刺史崔毖來奔 初崔毖陰說我及段氏—宇文氏 使共攻慕容廆 三國進攻棘城 廆閉門自守 獨以牛酒 犒宇文氏 二(二 舊本作與)號國疑宇文氏與廆有謀 各引兵歸 宇文大人悉獨官曰 二國雖歸 吾當獨取之 廆使其子皝 與長史裴嶷 將精銳爲前鋒 自將大兵繼之 悉獨官大敗 僅以身免 崔毖聞之 使其兄子燾 詣棘城僞賀 廆臨之以兵 燾懼首服 廆乃遣燾歸 謂毖曰 降者上策 走者下策也 引兵隨之 毖與數十騎 棄家來奔 其衆悉降於廆 廆以其子仁鎭遼東 官府市里 案堵如故 我將如孥據于河城 廆遣將軍張統 掩擊擒之 俘其衆千餘家 歸于棘城 王數遣兵寇遼東 慕容廆遣慕容翰—慕容仁伐之 王求盟 翰—仁乃還.

二十一年 冬十二月 遣兵寇遼東 慕容仁拒戰 破之.

三十一年 遣使後趙石勒 致其楛矢.

三十二年 春二月 王薨 葬於美川之原 號曰美川王.

삼국사기 권 제18

고구려본기(高句麗本紀) 제6

고국원왕(故國原王), 소수림왕(小獸林王), 고국양왕(故國壤王), 광개토왕(廣開土王), 장수왕(長壽王)

고국원왕(故國原王)

고국원왕(故國原王 : 혹은 국강상왕(國岡上王))의 휘는 사유(斯由 : 유(劉)라고도 함)이다. 미천왕 15년에 태자로 책봉되고 32년 봄에 왕이 죽자 즉위하였다.

2년(332) 봄 2월, 왕이 졸본(卒本)에 가서 시조의 사당에 제사지내고 백성들 중 늙고 병든 자를 방문하여 곡식을 나누어 주었다. 3월, 왕이 졸본에서 돌아왔다.

4년 가을 8월, 평양성을 증축하였다. 겨울 12월, 눈이 오지 않았다.

5년 봄 정월, 서울 북쪽에 신성(新城)을 쌓았다. 가을 7월, 서리가 내려 곡물이 상하였다.

6년 봄 3월, 큰별이 서북(西北)으로 떨어졌다. 사신을 진(晉)나라에 보내어 토산물을 바쳤다.

9년, 연왕(燕王) 모용황(慕容皝)이 내침하여 그 군사가 신성에 당도하자, 왕이 화맹(和盟)을 요청하여 그냥 돌아갔다.

10년, 왕이 세자를 시켜 연왕 모용황에게 조회하게 하였다.

12년 봄 2월, 환도성(丸都城)을 수리하고 국내성(國內城)을 쌓았다. 가을 8월, 환도성으로 이거(移居)하였다. 겨울 10월, 연왕 모용황이 용성(龍城)

으로 도읍을 옮기자, 입위장군(立威將軍) 모용한(慕容翰)이, 먼저 고구려를 빼앗고 다음 우문씨(宇文氏)를 없앤 뒤라야 중원을 도모할 수 있다고 말하였다. 군중(軍衆)이 고구려에는 두 길이 있는데, 그 북쪽 길은 평탄하고 남쪽 길은 험하니 북쪽 길로 쳐들어가야 한다고 하자, 모용한은 "적이 상식으로 생각할 때 반드시 대군이 북쪽 길로 오리라 하여 당연히 북을 중히 여기고 남을 경홀하게 할 것이니, 왕은 날랜 군사를 거느리고 남쪽 길로 들어가 뜻밖에 들이치면 북부(北部)는 빼앗을 것도 없습니다. 따로 한 부대를 북쪽 길로 내보내면 설사 실패하더라도 그의 복심(腹心)이 이미 무너진 바엔 사지(四支)가 어떻게 할 수 없을 것입니다" 하였다. 모용황은 "그렇다"고 하였다.

11월, 모용황은 친히 정병 4만 명을 거느리고 모용한·모용패(慕容霸)로 선봉을 삼아 남쪽 길로 나아가고 따로 장사(長史) 왕우(王寓) 등을 보내어 군사 1만 5,000명을 거느리고 북쪽 길로 나아가 침범케 하였다. 왕은 아우 무(武)를 시켜 정병 5만 명을 거느리고 가서 북쪽 길을 막게 하고 자기는 약한 군사로써 남쪽 길을 방비하였다. 모용한 등이 먼저 와서 싸우고 모용황이 대군으로써 뒤를 이으니 우리 군사가 크게 패하였다. 좌장사(左長史) 한수(韓壽)가 우리 장군 아불화도가(阿佛和度加)를 죽이고 여러 군사가 승리한 기세를 틈타서 드디어 한도성에 입성하였다.

왕은 홀로 말을 타고 달아나 단웅곡(斷熊谷)으로 들어갔다. 적장 모여니(慕輿埿)는 쫓아가 왕모(王母) 주씨(周氏)와 왕비를 사로잡아 갔다. 이때 왕우 등이 북쪽에서 싸우다가 모두 패하여 죽으니, 모용황은 이로 말미암아 다시 더 추격하지 못하고 사자를 시켜 왕을 불렀으나 왕은 나오지 아니하였다. 모용황이 돌아가려 할 때에 한수가 말하기를 "고구려 땅은 수병(戍兵)을 두어 지키지는 못합니다. 지금 그 임금이 도망하고 백성은 흩어져 산골에 잠복하고 있으므로 대군이 떠나면 반드시 다시 모여 남은 힘을 수습할 것이니 오히려 걱정거리가 될 것입니다. 그러하오니 그 죽은 아비(^{미천}_왕)의 시체를 파내어 싣고 그 생모(生母)를 사로잡아 갔다가 그가 자신의 몸을 속박하여 항복해 오는 것을 본 다음에 돌려 주고, 은혜와 신의로써 무마하는 것이 상책입니다" 라고 했다. 모용황은 그 말에 따라 미천왕의 무덤을 파헤쳐 그 시체를 싣고, 그 부고(府庫)에 보관된 누대(累代)의 보물을 가지고는 남녀 5

만 명을 사로잡아 그 궁실을 불태운 뒤 환도성을 헐어 버리고 돌아갔다.

13년 봄 2월, 왕은 아우를 시켜 연(燕)에 들어가 칭신(稱臣)하고 진귀한 보물 천여 종을 바쳤다. 연왕 모용황은 그 아비의 시체만 돌려주고 그 어미는 억류하여 볼모로 잡았다. 가을 7월, 평양의 동황성(東黃城)으로 거처를 옮겼다〔성(城)은 지금 서경(西京) 동쪽 목멱산(木覓山) 가운데 있다〕. 사신을 진(晉)에 보내어 조공하였다. 겨울 11월, 눈이 다섯 자나 왔다.

15년 겨울 10월, 연왕 모용황이 모용각(慕容恪)을 시켜 공격해 와서 남소(南蘇)를 빼앗아 파수병을 두고 돌아갔다.

19년, 왕은 앞서 우리나라로 도망쳐 왔던 연의 동이호군(東夷護軍) 송황(宋晃)을 연나라로 돌려보냈다.

25년 봄 정월, 왕자 구부(丘夫)를 세워 왕태자로 삼았다. 겨울 12월, 왕은 사신을 연에 보내어 볼모로 잡히고 조공을 바쳐 왕모(王母)를 돌려달라고 청하였다. 연왕이 이를 허락하고 전중장군(殿中將軍) 도감(刀龕)을 시켜 왕모 주씨(周氏)를 호송하여 본국으로 돌려보냈다. 또 왕을 정동대장군영주자사(征東大將軍營州刺史)로 삼고 낙랑공왕(樂浪公王)으로 봉하였다.

39년 가을 9월, 왕이 군사 2만 명을 거느리고 남쪽으로 백제를 쳤으나 치양(雉壤)에서 싸워 패하였다.

40년, 진(秦)의 왕맹(王猛)이 연을 쳐부수니 연나라 태부(太傅) 모용평(慕容評)이 도망해 왔다. 왕은 그를 잡아서 진(秦)으로 보냈다.

41년 겨울 10월, 백제 왕이 군사 3만 명을 거느리고 와서 평양성을 공격하였다. 왕은 군사를 내어 막다가 적의 화살에 맞았다. 이달 23일, 왕이 죽으니 고국(故國)의 벌에 장사지냈다〔백제 개로왕(蓋鹵王)이 위(魏)에 올린 표(表)에 "고구려왕(高句麗王) '쇠(釗)'의 머리를 베었다"는 것은 지나친 말이다〕.

소수림왕(小獸林王)

소수림왕(小獸林王 : 혹은 소해주류왕(小解朱留王))의 휘는 구부(丘夫)이니 고국원왕(故國原王)의 아들이다. 몸이 장대하고 뛰어난 지략이 있었다. 고국원왕 25년에 태자로 책봉되었다. 41년에 왕이 죽자 태자가 즉위하였다.

2년(372) 여름 6월, 진왕(秦王) 부견(苻堅)이 사신과 중 순도(順道)를 시켜 불상(佛像)과 경문(經文)을 보내 오자, 왕은 사신을 보내어 회사(回謝)하고 토산물을 전하였다. 태학(太學)을 세워 자제를 교육하였다.

3년, 비로소 법률을 제정하여 포고하였다.

4년, 승려 아도(阿道)가 왔다.

5년 봄 2월, 비로소 초문사(肖門寺)를 창건하여 순도를 머물게 하고 또 이불란사(伊弗蘭寺)를 개창하여 아도를 머물게 하니, 이것이 해동불법(海東佛法)의 시초였다. 가을 7월, 백제의 수곡성(水谷城)을 공격하였다.

6년 겨울 11월, 백제의 북변을 침범하였다.

7년 겨울 10월, 눈은 오지 아니하고 우레가 있었다. 병이 유행하였다. 백제가 군사 3만 명을 거느리고 와서 평양성을 침범하였다. 11월, 남으로 백제를 쳤다. 사신을 진왕(秦王) 부견(苻堅)에게 보내어 조공하였다.

8년, 가뭄으로 백성이 굶주려 서로 잡아먹을 지경이었다. 가을 9월, 거란(契丹)이 북변을 침범하여 8개 부락을 함락시켰다.

13년 가을 9월, 혜성이 서북방에 나타났다.

14년 겨울 11월, 왕이 죽으니 소수림(小獸林)에 장사지내고 호를 소수림왕이라 하였다.

고국양왕(故國壤王)

고국양왕(故國壤王)의 휘는 이련(伊連: 혹은 어지지(於只支))이니 소수림왕(小獸林王)의 아우다. 소수림왕이 재위 14년에 죽고 아들이 없으니 아우 이련이 즉위하였다.

2년(385) 여름 6월, 왕이 군사 4만 명을 내어 요동(遼東)을 습격하였다. 이에 앞서 연왕(燕王) 수(垂)가 대방왕(帶方王) 좌(佐)를 시켜 용성을 지키게 하였던 바, 좌는 우리 군사가 요동을 습격한다는 소문을 듣고 사마(司馬) 학경(郝景)을 시켜 군사를 거느리고 가서 (요동을) 구원하게 하였다. 그러나 우리 군사는 이를 쳐부수고 드디어 요동·현도를 함락시켜 남녀 1만

명을 사로잡아 왔다. 겨울 11월, 연나라 장수 모용농(慕容農)이 군사를 거느리고 와서 침범하여 요동·현도 두 고을을 회복하였다. 처음에 유주(幽州)·기주(冀州)의 유민(流民)이 고구려에 많이 항복하므로 모용농이 범양(范陽)의 방연(龐淵)을 요동태수로 삼아 유민을 불러 위무케 하였다. 12월, 지진이 있었다.

3년 봄 정월, 왕자 담덕(談德)을 세워 태자를 삼았다. 가을 8월, 왕이 군사를 내어 남으로 백제를 쳤다. 겨울 10월, 복사꽃·오얏꽃이 피었다. 소가 망아지를 낳았는데 발이 여덟, 꼬리가 둘이었다.

5년 여름 4월, 크게 가물었다. 가을 8월, 황충이 일었다.

6년 봄, 흉년이 들어 사람이 서로 잡아먹을 지경이므로 왕은 창곡을 꺼내어 나누어 주었다. 가을 9월, 백제가 침범하여 남쪽 변방의 부락을 약탈하고 돌아갔다.

7년 가을 9월, 백제가 달솔(達率) 진가모(眞嘉謨)를 시켜 도압성(都押城)을 쳐부수고 200명을 사로잡아 갔다.

9년 봄, 사신을 신라에 보내어 인사를 닦으니 신라왕(新羅王)은 조카 실성(實聖)을 볼모로 보냈다. 3월, 교서를 내려 "불법(佛法)을 믿어 복을 구하라" 하였다. 유사(有司)에 명하여 국사(國社: 삭)를 세우고 종묘를 수리케 하였다. 여름 5월, 왕이 죽으니 고국양(故國壤)에 장사지내고 시호를 고국양왕이라 하였다.

광개토왕(廣開土王)

광개토왕(廣開土王)의 휘는 담덕(談德)이니 고국양왕(故國壤王)의 아들이다. 어려서부터 생김이 웅위하고 점잖으며 얽매이지 않는 뜻이 있었다. 고국양왕 3년에 태자로 책봉되었다. 9년에 왕이 죽으니 태자가 즉위하였다. 가을 7월, 남으로 백제를 쳐서 10성을 빼앗았다. 9월, 북으로 거란(契丹)을 쳐서 남녀 500명을 사로잡고 또 본국에서 흩어진 인구 1만 명을 타일러 데리고 돌아왔다. 겨울 10월, 백제의 관미성(關彌城)을 쳐서 함락시켰다. 그 성의 사면이 다 우뚝하고 바다물에 둘러싸였으므로 왕은 군사를 일곱 군데로 나누어 공격해 20일 만에 드디어 빼앗았다.

2년(393) 가을 8월, 백제가 남쪽 변읍을 침범하므로 장수를 시켜 막게 하였다. 평양(平壤)에 불사(佛寺) 아홉 군데를 창건하였다.

3년 가을 7월, 백제가 침범하자 왕은 정예 기병 5,000명을 거느리고 맞아 싸워 무너뜨렸다. 적군은 밤에 달아났다. 8월, 서울의 남쪽에 일곱 성을 쌓아 백제의 침략에 대비하였다.

4년 가을 8월, 왕이 패수(浿水 : 지금의 예성강) 가에서 백제와 싸워 크게 무너뜨리고 8,000여 명을 사로잡았다.

9년 봄 정월, 왕이 사신을 후연(後燕)에 보내어 조공하였다. 2월, 연왕 모용성(慕容盛)이 우리 왕의 예(禮)가 거만하다 하여 군사 3만 명을 거느리고 습격해 왔다. 표기대장군(驃騎大將軍) 모용희(慕容熙)로 선봉을 삼아 신성(新城)·남소(南蘇)의 두 성을 함락하고 700여 리의 땅을 개척하여 민가 5,000여 호를 옮겨 놓고 돌아갔다.

11년, 왕이 군사를 보내어 후연의 숙군성(宿軍城)을 치니 연의 평주자사(平州刺使) 모용귀(慕容歸)가 성을 버리고 도망갔다.

13년 겨울 11월, 군사를 내어 후연을 침범하였다.

14년 봄 정월, 후연 왕 모용희(慕容熙 : 盛의 숙부)가 (고구려의) 요동성을 공격해 와서 성이 함락되려 하자, 희는 장병에게 "성에 올라가지 말라. 그 성을 깎아내려 평지가 될 때까지 기다려라. 나와 황후가 수레를 타고 들어가련다"라고 명령하였다. 이로 말미암아 성중에서 삼엄한 수비를 하였으므로 연왕은 마침내 이기지 못하고 돌아갔다.

15년 가을 7월, 황충이 일고 가물었다. 겨울 12월, 연왕 희가 거란을 습격하여 형북(陘北)에 이르렀는데, 거란의 무리가 많은 것을 꺼려 돌아가려 하다가 드디어 치중병(輜重兵)을 버리고 경병(輕兵)으로 우리를 습격하였다. 연나라 군사는 전후 3,000여 리를 행군하여 병사와 말이 피로하고 추위에 얼어죽은 자가 길에 즐비하였는데, 우리 목저성(木底城)을 공격했으나 끝내 이기지 못하고 돌아갔다.

16년 봄 2월, 궁궐을 증수(增修)하였다.

17년 봄 3월, 사신을 북연(北燕)에 보내어 종족(宗族)의 정의를 나누니 북연의 왕 운(雲)이 시어사(侍御史) 이발(李拔)을 보내어 답례하였다. 운의 조부 고화(高和)는 고구려의 방계로 자칭 고양씨(高陽氏)의 후손이라 하여

고(高)로 성씨를 삼았다. 모용보(慕容寶)가 태자로 있을 적에 운이 무예(武藝)로써 동궁(東宮)을 모시었는데 보(寶)가 운을 아들로 삼고 성을 모용씨로 하게 하였다.

18년 여름 4월, 왕자 거련(巨連)을 세워 태자로 삼았다. 가을 7월, 서울의 동쪽에 독산성(禿山城) 등 여섯 성을 쌓고 평양의 민가를 옮겼다. 8월, 왕이 남으로 순행하였다.

22년 겨울 10월, 왕이 죽으니 호를 광개토왕(廣開土王)이라 하였다.

장수왕(長壽王)

장수왕(長壽王)의 휘는 거련(巨連)〔연(連)은 연(璉)으로도 씀〕이니 광개토왕(廣開土王)의 큰아들이다. 용모가 괴걸하고 지기가 고매(高邁)하였다. 광개토왕 18년에 태자로 책봉되었다. 22년, 왕이 죽자 즉위하였다.

원년(413) 장사(長史) 고익(高翼)을 진(晋)에 보내어 표(表)를 올리고 자백마(赭白馬)를 선물하였다. 진의 안제(安帝)는 왕을 고구려왕낙안군공(高句麗王樂安郡公)에 봉하였다.

2년 8월, 이상한 새가 왕궁(王宮)에 모여들었다. 겨울 10월, 왕이 사천(蛇川) 벌에서 사냥을 하였는데 흰 노루를 잡았다. 12월, 서울에 눈이 다섯 자나 왔다.

7년 여름 5월, 서울의 동쪽에 홍수가 났다. 왕은 사자를 보내어 위문하였다.

12년 봄 2월, 신라(實聖王)가 사신을 보내 예를 표하자, 왕은 특별히 후대하였다. 가을 9월, 크게 풍년이 드니 왕은 궁중에서 여러 신하들과 함께 잔치를 벌였다.

13년, 사신을 위(魏)에 보내어 조공하였다.

15년, 도읍을 평양으로 옮겼다.

23년 여름 6월, 왕은 사신을 위(魏)에 보내어 조공하고 또 위나라의 국휘(國諱 : 歷代帝諱)를 청하였다. 세조(世祖)는 그 정성을 가상히 여겨 제계(帝系)와 휘를 기록하여 주게 하고 원외산기시랑(員外散騎侍郞) 이오(李敖)를 보내어 왕을 봉하여 도독요해제군사 정동장군영호동이중랑장 요동군개국공고구려왕

(都督遼海諸軍事征東將軍領護東夷中郞將遼東郡開國公高句麗王)을 삼았다. 가을, 왕이 사신을 위(魏)에 보내어 은혜를 사례하였다. 위가 자주 연을 치니 연은 날로 위태로웠다. 연왕(燕王) 풍홍(馮弘)은 "만약 일이 급하게 되면 동으로 가서 고구려에 의탁하여 뒷일을 도모하겠다" 하고 비밀히 상서(尙書) 양이(陽伊)를 보내어 우리에게 받아 줄 것을 청하였다.

24년, 연왕이 사신을 위에 보내어 조공하고 시자(侍子 : 魏에 入侍할子弟)의 입송(入送)을 청하였다. 위주(魏主)는 허락하지 아니하고 장차 군사를 일으켜 토벌할 셈으로 사신을 우리에게 보내어 고유(告諭)하였다. 여름 4월, 위가 연의 백랑성(白狼城)을 공격하여 이기니 왕은 장수 갈로(葛盧)와 맹광(孟光)을 보내 군중 수만을 거느리고 양이를 따라 화룡(和龍)에 가서 연왕을 맞게 했다. 갈로와 맹광은 성중에 들어가 군졸들에 명령하여 떨어진 군복을 벗어 버리고 연의 무기고에 저장된 정교한 군수품을 가져다 나누어 주고 성중을 낱낱이 뒤졌다.

5월, 연왕은 용성(龍城)의 호구를 거느리고 동(고구려)으로 옮겼다. 이때 궁전에 불을 지르니 불은 10일 동안이나 꺼지지 아니하였다. 부인들에게 갑옷을 입혀 행렬의 가운데 있게 하고, 양이는 정병을 거느리고 밖을 가리게 서고, 갈로와 맹광은 기병을 거느리고 맨 뒤에서 수레를 타고 나아가니 행렬은 진후 80리였다. 위주(魏主)가 이를 듣고 산기상시(散騎常侍) 봉발(封撥)을 고구려에 보내어 연왕을 압송하라 하였다.

왕이 사신을 위에 보내어 글월을 주어 이르기를 풍홍과 함께 마땅히 왕법(王法)을 만들겠다고 하였다. 위주(魏主)는 고구려 왕이 조서(詔書)의 명령을 어겼다 하여 공격하기로 결의하고 농우(隴右)의 기병을 움직이려는 차에 유혈(劉絜), 낙평왕(樂平王) 비(丕) 등이 간하여 그만 중지하였다.

25년 봄 2월, 사신을 위에 보내 조공하였다.

26년 봄 3월, 처음 연왕 풍홍(馮弘)이 요동에 당도하자, 왕이 사신을 시켜 "용성왕(龍城王) 풍군(馮君)이 야외에 오시느라고 인마(人馬)가 얼마나 고단하였겠는가" 라고 하였다. 풍홍은 불쾌하게 여겨 천자에게 말을 내린다 칭하고 나무랐다. 왕은 그를 성밖에 있게 하였다가 얼마 아니되어 북풍(北豊 : 역시 요동 땅)으로 옮기었다. 풍홍이 본래 우리를 멸시하였으나 우리의 정형(政刑)과 상벌(賞罰)은 오히려 연나라에 못지 아니하였다. 왕은 드디어 그의 시인(侍人)을 빼앗고 그의 태자 왕인(王仁)을 데려다가 볼모로 삼았다. 풍홍은 원망하여 사자를 송(宋)에 보내어 표를 올리고 맞이해 주기를 청하였다. 송 태조(太祖)는 사자 왕백구(王白駒) 등을 보내어 그를 맞게 하고 아울러 우리에게 보내달라 하였다. 왕은 풍홍을 남으로 돌려보내지 않으려고 장수 손수(孫漱)·고구(高仇) 등에게 시켜 풍홍과 그 자손 10여 명을 북풍(北豊)에서 죽였다. 왕백구 등은 영솔한 군사 7,000여 명으로 하여금 손수와 고구를 불의에 쳐서 고구를 죽이고 손수를 사로잡았다. 왕은 백구 등이 독단으로 남의 장수를 죽였다 하여 잡아서 사신 편에 돌려보냈다. 송 태조는 고구려가 먼곳에 있는 나라이므로 그 뜻을 어기지 아니하려 하여 백구 등을 감옥에 가두었다가 얼마 후에 풀어주었다.

27년 겨울 11월, 사신을 위에 보내어 조공하였다. 12월, 또 사신을 위에 보내어 조공하였다.

28년, 신라 사람이 습격하여 변방의 장수를 죽이니 왕은 노하여 군사를 일으켜 토벌하려 하던 차에, 신라 왕이 사신을 보내어 사죄하므로 이를 중지하였다.

42년 가을 7월, 군사를 보내어 신라의 북변을 침범하였다.

43년, 사신을 송에 파견하여 조공하였다.

50년 봄 3월, 사신을 위에 보내어 조공하였다.

51년 송 세조(世祖)가 왕을 책봉하여 거기대장군개부의동삼사(車騎大將軍開府儀東三司)를 삼았다.

53년 봄 2월, 사신을 위에 보내어 조공하였다.

54년 봄 3월, 사신을 위에 보내어 조공하였다. 위나라의 문명태후(文明太后)가 현조(顯祖)의 육궁(六宮)이 미비(未備)하다 하여 왕에게 하교(下敎)해 왕녀를 바치라 하므로 왕은 글을 올리어 "딸은 이미 출가하였으니 아우의 딸을 바치겠다"고 하니 위는 이를 허락하였다. 안락왕(安樂王) 진(眞)과 상서(尙書) 이부(李敷) 등을 보내어 국경에서 여자를 맞이하는 폐백을 전달하였다. 누군가 왕에게 권하기를 "위나라가 옛날에 연나라와 혼인을 맺고 얼마 안 가서 쳐부순 일이 있으니 이것은 내왕하는 사이에 나라 지리(地理)를 소상히 알았기 때문입니다. 전감(前鑑)이 이처럼 멀지 않으니 방편을 들어 사양하는 것이 좋겠습니다" 하였다.

왕은 이내 글을 올려 조카딸이 죽었다고 칭탁하였다. 위나라는 그 말이 거짓이라고 의심하여 가산기상시(假散騎常侍) 정준(程駿)을 보내어 준절히 꾸짖고 "만약 그가 죽었거든 다시 왕의 집안의 숙녀를 뽑아 보내라" 하였다. 왕은 "만약 천자께서 전일의 허물을 용서하여 주신다면 삼가 명령을 받들겠습니다" 하였다. 때마침 현조(顯祖)가 죽자 그 일은 중지되었다.

55년 봄 2월, 사신을 위에 보내어 조공하였다.

56년 봄 2월, 왕이 말갈 군사 1만 명을 거느리고 신라의 실직주성(悉直州城)을 공격하여 빼앗았다. 여름 4월, 사신을 위에 보내어 조공하였다.

57년 봄 2월, 사신을 위에 보내어 조공하였다. 가을 8월, 백제군이 남변을 침범하였다.

58년 봄 2월, 사신을 위에 보내어 조공하였다.

59년 가을 9월, 백성 노각(奴各) 등이 도망하여 위에 항복하니 위는 그들에게 각각 전답과 집을 주었다.

60년 봄 2월, 사신을 위에 보내어 조공하였다. 가을 7월, 사신을 위에 보내어 조공하였다. 이때부터 바치는 물품이 배로 늘어났고 그에 대한 보답도 역시 차츰 증가하였다.

61년 봄 2월, 사신을 위에 보내어 조공하였다. 가을 8월, 사신을 위에 보내어 조공하였다.

62년 봄 3월, 사신을 위에 보내어 조공하였다. 가을 7월, 사신을 위에 보내어 조공하였다. 사신을 송(宋)에 보내어 조공하였다.

63년 봄 2월, 사신을 위에 보내어 조공하였다. 가을 8월, 사신을 위에 보내어 조공하였다. 9월, 왕이 군사 3만 명을 거느리고 백제를 침략하여 왕도(王都) 한성(漢城)을 함락시키고 그 왕 부여경(扶餘慶)을 죽이고 남녀 8,000명을 사로잡아 돌아왔다.

64년 봄 2월, 사신을 위에 보내어 조공하였다. 가을 7월, 사신을 위에 보내어 조공하였다. 9월, 사신을 위에 보내어 조공하였다.

65년 봄 2월, 사신을 위에 보내어 조공하였다.

66년, 사신을 송에 파견하여 조공하였다. 백제의 연신(燕信)이 항복해 왔다.

67년 봄 3월, 사신을 위에 보내어 조공하였다. 가을 9월, 사신을 위에 보내어 조공하였다.

68년 여름 4월, 남제(南齊)의 태조(太祖) 소도성(蘇道成)이 왕을 책봉하여 표기대장군(驃騎大將軍)을 삼았다. 왕은 사신 여노(餘奴) 등을 보내어 남제에 조공케 하였으나, 위의 광주(光州) 사람이 바다에서 여노 등을 잡아 대궐에 송치하였다. 위의 고조는 조서를 내려 왕을 책망하기를 "소도성이 몸소 그 임금을 죽이고 강좌(江左)에서 왕위를 빼앗으므로, 나는 지금 멸망한 나라를 다시 일으키고 끊어진 유씨(劉氏) 세대를 이어주려고 하는데, 그대는 국경을 넘는 외교를 펼쳐 멀리 역적과 상통하고 있으니 이 어찌 번신(藩臣)의 절개를 지키는 의(義)라 하겠소. 지금 이 한 가지 잘못으로써 그대의 옛날 정성을 덮을 수는 없으므로 즉시 돌려보내니, 아무쪼록 용서해 주는 걸 고맙게 여기고 지난 허물을 생각하여 밝은 법을 받들어 부하를 편안히 하여 그 동정(動靜)을 알리도록 하오" 하였다.

69년, 사신을 남제(南齊)에 보내어 조공하였다.

72년 겨울 10월, 사신을 위에 보내어 조공하였다. 위에서는 우리나라가 한창 강성하다고 하여, 여러나라 사신의 관저를 설치하면서 제(齊)의 사신을 제일로 하고 우리의 사신이 그 다음이었다.

73년 여름 5월, 사신을 위에 보내어 조공하였다. 겨울 10월, 사신을 위에 보내어 조공하였다.

74년 여름 4월, 사신을 위에 보내어 조공하였다.

75년 여름 5월 사신을 위에 보내어 조공하였다.

76년 봄 2월, 사신을 위에 보내어 조공하였다. 여름 4월, 사신을 위에 보내어 조공하였다. 가을 윤8월, 사신을 위에 보내어 조공하였다.

77년 봄 2월, 사신을 위에 보내어 조공하였다. 여름 6월, 사신을 위에 보내어 조공하였다. 가을 9월, 군사를 보내어 신라의 북변을 침범하여 호산성(狐山城)을 함락시켰다. 겨울 10월, 사신을 위에 보내어 조공하였다.

78년 가을 7월, 사신을 위에 보내어 조공하였다. 가을 9월, 사신을 위에 보내어 조공하였다. 12월, 사신을 위에 보내어 조공하였다.

79년 여름 5월, 사신을 위에 보내어 조공하였다. 가을 9월, 사신을 위에 보내어 조공하였다. 겨울 12월, 왕이 죽으니 향년 98세였다. 호를 장수왕(長壽王)이라 하였다. 위나라 효문(孝文)이 듣고 동교(東郊)에서 애도식(哀

悼式)을 거행함과 동시에 알자복사(謁者僕射) 이안상(李安上)을 보내어 왕을 책봉하여 거기대장군태부 요동군개국공고구려왕(車騎大將軍太傅遼東郡開國公高句麗王)을 추증하고 시호를 강왕(康王)이라 하였다.

三國史記 卷第十八

高句麗本紀 第六 故國原王 小獸林王 故國壤王 廣開土王 長壽王

故國原王(一云國岡上王) 諱斯由(或云劉(劉 恐當作釗 百濟蓋鹵王寄 魏主書作釗 魏書高句麗傳亦作釗)) 美川王十五年立爲太子 三十二年春王薨 卽位.
二年 春二月 王如卒本 祀始祖廟 巡問百姓老病賑給 三月 至自卒本.
四年 秋八月 增築平壤城 冬十二月 無雪.
五年 春正月 築國北新城 秋七月 隕霜殺穀.
六年 春三月 大星流西北 遣使如晉貢方物.
九年 燕王皝來侵 兵及新城 王乞盟 乃還.
十年 王遣世子 朝於燕王皝.
十二年 春二月 修葺丸都城 又築國內城 秋八月 移居丸都城 冬十月 燕王皝遷都龍城 立威將軍翰 請先取高句麗 後滅宇文然後 中原可圖 高句麗有二道 其北道平闊 南道險狹 衆欲從北道 翰曰 虜以常情料之 必謂大軍從北道 當重北而輕南 王宜帥銳兵 從南道擊之 出其不意 北(北 資治通鑑(晉紀)作丸 丸之訛刻)都不足取也 別遣偏師 出北道 從有蹉跌 其腹心已潰 四支無能爲也 皝從之 十一月 皝自將勁兵四萬 出南道 以慕容翰 慕容霸爲前鋒 別遣長史王寓等 將兵萬五千 出北道以來侵 王遣弟武 帥精兵五萬 拒北道 自帥羸兵以備南道 慕容翰等先至戰 皝以大衆繼之 我兵大敗 左長史韓壽 斬我將阿佛和度加 諸軍乘勝 遂入丸都 王單騎走入斷熊谷 將軍慕輿埿 追獲王母周氏及王妃而歸 會王寓等戰於北道 皆敗沒 由是 皝不復窮追 遣使招王 王不出 皝將還 韓壽曰 高句麗之地不可戍守 今其主亡民散 潛伏山谷 大軍旣去 必復鳩聚 收其餘燼 猶足爲患 請載其父尸 囚其生母而歸 俟其束身自歸 然後返之 撫以恩信 策之上也 皝從之 發美川王墓(墓 舊本作廟 誤也) 載其尸 收其府庫累世之寶 虜男女五萬餘口 燒其

宮室 毀丸都城而還.

十三年 春二月 王遣其弟稱臣入朝於燕 貢珍異以千數 燕王皝 乃還其父尸 猶留其母爲質 秋七月 移居平壤東黃城 城在今西京東木覓山中 遣使如晉朝貢 冬十一月 雪五尺.

十五年 冬十月 燕王皝 使慕容恪 來攻拔南蘇 置戍而還.

十九年 王送前東夷護軍宋晃于燕 燕王雋赦之 更名曰活 拜爲中尉.

二十五年 春正月 立王子丘夫爲王太子 冬十二月 王遣使詣燕 納質修貢 以請其母 燕王雋許之 遣殿中將軍刀(刀 資治通鑑作刁 刀蓋刁之訛)龕 送王母周氏歸國 以王爲征東大將軍營州刺史 對樂浪公王如故.

三十九年 秋九月 王以兵二萬 南伐百濟 戰於雉壤 敗績.

四十年 秦王猛伐燕 破之 燕太傅慕容評來奔 王執送於秦.

四十一年 冬十月 百濟王率兵三萬 來攻平壤城 王出師拒之 爲流矢所中 是月二十三日薨 葬于故國之原(百濟蓋鹵王表魏曰 梟斬釗首 過辭也).

小獸林王(一云小解朱留王) 諱丘夫 故國原王之子也 身長大有雄略 故國原王二十五年 立爲太子 四十一年王薨 太子卽位.

二年 夏六月 秦王苻(苻 舊本作符 今校之)堅遣使及浮屠順道 送佛像一經文 王遣使廻謝 以貢方物 立太學 教育子弟.

三年 始頒律令.

四年 僧阿道來.

五年 春二月 始創肖(肖 海東高僧傳作省)門寺 以置順道 又創伊弗蘭寺 以置阿道 此海東佛法之始 秋七月 攻百濟水谷城.

六年 冬十一月 侵百濟北鄙.

七年 冬十月 無雪雷 民疫 百濟將兵三萬 來侵平壤城 十一月 南伐百濟 遣使入苻(苻 舊本作符 今校之)秦 朝貢.

八年 旱 民饑相食 秋九月 契丹犯北邊 陷八部落.

十三年 秋九月 星孛于西北.

十四年 冬十一月 王薨 葬於小獸林 號爲小獸林王.

故國壤王 諱伊連 (或云於只支) 小獸林王之弟也 小獸林王在位十四年薨 無

嗣 弟伊連卽位.

　二年 夏六月 王出兵四萬襲遼東 先是 燕王垂命帶方王佐 鎭龍城 佐聞我軍襲遼東 遣司馬郝景 將兵救之 我軍擊敗之 遂陷遼東·玄菟 虜男女一萬口而還 冬十一月 燕慕容農 將兵來侵 復遼東·玄菟二郡 初 幽冀流民多來投 農以范陽龐淵爲遼東太守 招撫之 十二月 地震.

　三年 春正月 立王子談德爲太子 秋八月 王發兵南伐百濟 冬十月 桃李華 牛生馬 八足二尾.

　五年 夏四月 大旱 秋八月 蝗.

　六年 春 饑 人相食 王發倉賑給 秋九月 百濟來侵掠南鄙部落而歸.

　七年 秋九月 百濟遣達率眞嘉謨 攻破都押城 虜二百人以歸.

　九(據廣開土王碑 卽位在辛卯 則前王薨八年明矣)年 春 遣使新羅修好 新羅王遣姪實聖爲質 三月 下敎 崇信佛法求福 命有司 立國社修宗廟 夏五月 王薨 葬於故國壤 號爲故國壤王.

　廣開土王 諱談德 故國壤王之子 生而雄偉 有倜儻之志 故國壤王三年立爲太子 九(九 當作八)年王薨 太子卽位 秋七月 南伐百濟 拔十城 九月 北伐契丹 虜男女五百口 又招諭本國陷沒民口一萬而歸 冬十月 攻陷百濟關彌(彌 舊本作瀰)城 其城四面峭絶 海水環繞 王分軍七道 攻擊二十日乃拔.

　二年 秋八月 百濟侵南邊 命將拒之 創九寺於平壤.

　三年 秋七月 百濟來侵 王率精騎五千 逆擊敗之 餘寇夜走 八月 築國南七城 以備百濟之寇.

　四年 秋八月 王與百濟戰於浿水之上 大敗之 虜獲八千餘級.

　九年 春正月 王遣使入燕朝貢 二月 燕王盛以我王禮慢 自將兵三萬襲之 以驃騎大將軍慕容熙爲前鋒 拔新城·南蘇二城 拓地七百餘里 徙五千餘戶而還.

　十一年 王遣兵攻宿軍 燕平州刺史慕容歸 棄城走.

　十三年 冬十一月 出師侵燕.

　十四年 春正月 燕王熙來攻遼東 城且陷 熙命將士 毋得先登 俟剗平其城 朕與皇后乘輦(輦 資治通鑑作輦)而入 由是 城中得嚴備 卒不克而還.

　十五年 秋七月 蝗旱 冬十二月 燕王熙襲契丹 至陘北 畏契丹之衆欲還 遂棄輜

重 輕兵襲我 燕軍行三千餘里 士馬疲凍 死者屬路 攻我木底城 不克而還.

　十六年 春二月 增修宮闕.

　十七年 春三月 遣使北燕 且敍宗族 北燕王雲 遣侍御史李拔 報之 雲祖父高和 句麗之支屬 自云 高陽氏之苗裔 故以高爲氏焉 慕容寶之爲太子 雲以武藝侍東宮 寶子之 賜姓慕容氏.

　十八年 夏四月 立王子巨連爲太子 秋七月 築國東禿山等六城 移平壤民戶 八月 王南巡.

　二十二年 冬十月 王薨 號爲廣開土王.

　長壽王 諱巨連(一作璉) 開土王之元子也 體貌魁傑 志氣豪邁 開土王十八年 立爲太子 二十二年王薨 卽位.

　元年 遣長史高翼入晉奉表 獻赭白馬 安帝封王高句麗王樂安郡公.

　二年 秋八月 異鳥集王宮 冬十月 王畋于蛇川之原 獲白獐 十二月 王都雪 五尺.

　七年 夏五月 國東大水(水 舊本作氷 訛誤也) 王遣使存問.

　十二年 春二月 新羅遣使修聘 王勞慰之特厚 秋九月 大有年 王宴群臣於宮.

　十三年 遣使如魏貢.

　十五年 移都平壤.

　二十三年 夏六月 王遣使入魏朝貢 且請國諱 世祖嘉其誠款 使錄帝系及諱以與之 遣員外散騎侍郞李敖 拜王爲都督遼海諸軍事征東將軍領護東夷中郞將 遼東郡開國公高句麗王 秋 王遣使入魏謝恩 魏人數伐燕 燕日危蹙 燕王馮弘曰 若事急 且東依高句麗 以圖(圖 舊本作國 訛刻 今校之)後擧 密遣尙書陽伊 請迎於我.

　二十四年 燕王遣使入貢于魏 請送侍子 魏主不許 將擧兵討之 遣使來告諭 夏四月 魏攻燕白狼城 克之 王遣將葛盧·孟光 將衆數萬 隨陽伊至和龍 迎燕王 葛盧·孟光入城 命軍脫弊褐 取燕武庫精仗以給之 大掠城中 五月 燕王率龍城見戶東徙 焚宮殿 火一旬不滅 令婦人被甲居中 陽伊等勒精兵居外 葛盧·孟光帥騎殿後 方軌而進 前後八十餘里 魏主聞之 遣散騎常侍封撥來令送燕王 王遣使入魏奉表 稱當與馮弘 俱奉王化 魏主以王違詔 議擊之 將發隴右騎卒 劉契·樂平王丕等諫之 乃止.

二十五年 春二月 遣使入魏朝貢.

二十六年 春三月 初 燕王弘至遼東 王遣使勞之曰 龍城王馮君 爰適野次 士馬勞乎 弘慙怒 稱制讓之 王處之平郭 尋徙北豊 弘素侮我 政刑償罰 猶如其國 王乃奪其待人 取其太子王仁僞質 弘怨之 遣使如宋 上表求迎 宋太朝遣使者王白駒等迎之 幷令我資送 王不欲使弘南來 遣將孫漱·高仇等 殺弘于北豊 幷其子孫十餘人 白駒等 師所領七千餘人 掩討漱仇 殺仇 生擒漱 王以白駒等專殺 遣使執送之 太祖以遠國 不欲違其意 下白駒等獄 已而原之.

二十七年 冬十一月 遣使入魏朝貢 十二月 遣使入魏朝貢.

二十八年 新羅人襲殺邊將 王怒將擧兵討之 羅王遣使謝罪 乃止.

四十二年 秋七月 遣兵侵新羅北邊.

四十三年 遣使入宋朝貢.

五十年 春三月 遣使入魏朝貢.

五十一年 宋世祖孝武皇帝 策王爲車騎大將軍開府儀同三司.

五十三年 春二月 遣使入魏朝貢.

五十四年 春三月 遣使入魏朝貢 魏文明太后 以顯祖六宮未備 教王令薦其女 王奉表云 女已出嫁 求以弟女應之 許焉 乃遣安樂王眞·尙書李敷等 至境送幣 或勸王曰 魏昔與燕婚姻 旣而伐之 由行人具知 其夷險故也 殷鑑不遠 宜以方便辭之 工遂上書稱女死 魏疑其矯詐 又遣假散騎常侍程駿 切責之 若女審死者 聽更選宗淑 王云 若天子恕其前愆 謹當奉詔 會顯祖崩 乃止.

五十五年 春二月 遣使入魏朝貢.

五十六年 春二月 王以靺鞨兵一萬 攻取新羅悉直州城 夏四月 遣使入魏朝貢.

五十七年 春二月 遣使入魏朝貢 秋八月 百濟兵侵入南鄙.

五十八年 春二月 遣使入魏朝貢.

五十九年 秋九月 民奴各(各 魏書(高祖紀)作久)等 奔降於魏 各賜田宅 是魏高祖延興元年也.

六十年 春二月 遣使入魏朝貢 秋七月 遣使入魏朝貢 自此已後 貢獻倍前 其報賜亦稍加焉.

六十一年 春二月 遣使入魏朝貢 秋八月 遣使入魏朝貢.

六十二年 春三月 遣使入魏朝貢 秋七月 遣使入魏朝貢 遣使入宋朝貢.

六十三年 春二月 遣使入魏朝貢 秋八月 遣使入魏朝貢 九月 王帥兵三萬侵百

濟 陷王所都漢城 殺其王扶餘慶 虜男女八千而歸.

六十四年 春二月 遣使入魏朝貢 秋七月 遣使入魏朝貢 九月 遣使入魏朝貢.

六十五年 春二月 遣使入魏朝貢 秋九月 遣使入魏朝貢.

六十六年 遣使入宋朝貢 百濟燕信來投.

六十七年 春三月 遣使入魏朝貢 秋九月 遣使入魏朝貢.

六十八年 夏四月 南齊太祖蕭道成 策王爲驃騎大將軍 王遣使餘奴等 朝聘南齊 魏光州人 於海中 得餘奴等送闕 魏高祖 詔責王曰 道成親弑其君 竊位(位魏書(高句麗)作號)江左 朕方欲興滅國於舊邦 繼絶世於劉氏 而卿越境外交 遠通篡賊 豈是藩臣守節之義 今不以一過 掩卿舊款 卽送還藩 其感恩(恕 新本或作恩 當校之)思愆 祗承明憲 輯寧所部 動靜以聞.

六十九年 遣使南齊朝貢.

七十二年 冬十月 遣使入魏朝貢 時魏人 謂我方强 置諸國使邸 齊使第一 我使者次之.

七十三年 夏五月 遣使入魏朝貢 冬十月 遣使入魏朝貢.

七十四年 夏四月 遣使入魏朝貢.

七十五年 夏五月 遣使入魏朝貢.

七十六年 春二月 遣使入魏朝貢 夏四月 遣使入魏朝貢 秋閏八月 遣使入魏朝貢.

七十七年 春二月 遣使入魏朝貢 夏六月 遣使入魏朝貢 秋九月 遣兵侵新羅北邊 陷狐山城 冬十月 遣使入魏朝貢.

七十八年 秋七月 遣使入魏朝貢 九月 遣使入魏朝貢.

七十九年 夏五月 遣使入魏朝貢 秋九月 遣使入魏朝貢 冬十二月 王薨 年九十八歲 號長壽王 魏孝文聞之 制素委貌・布深衣 擧哀於東郊 遣謁者僕射李安上策贈車騎大將軍太傅遼東郡開國公高句麗王 諡曰康.

삼국사기 권 제19

고구려본기(高句麗本紀) 제7

문자왕(文咨王), 안장왕(安臧王), 안원왕(安原王), 양원왕(陽原王), 평원왕(平原王)

문자왕(文咨王)

문자명왕(文咨明王 : 혹은 명치호왕(明治好王))의 휘는 나운(羅雲)이니 장수왕의 손자요, 아버지는 왕자 고추대가(古鄒大加) 조다(助多)이다. 조다가 젊어서 죽으니 장수왕은 그(나운)를 궁중에서 길러 대손(大孫)으로 삼았다. 장수왕이 재위 79년에 죽으니 그 뒤를 이어 즉위하였다.

원년(492년) 봄 정월, 위(魏)의 효문제(孝文帝)가 사신을 보내 왕을 봉하여 사지절도독요해제군사 정동장군영호동이중랑장 요동군개국공고구려왕(使持節都督遼海諸軍事征東將軍領護東夷中郎將遼東郡開國公高句麗王)을 삼고 의관(衣冠)·복물(服物)·거기(車旗) 등의 장식물을 보냈다. 또 왕에게 조서를 내려 "세자를 보내어 조회케 하라" 하니, 왕은 "병이 있어 못 보낸다" 하고 종숙(從叔 : 당숙(堂叔)) 승천(升千)으로 하여금 사자를 따라 위에 가게 하였다. 여름 6월, 사신을 위에 보내어 조공하였다. 가을 8월, 사신을 위에 보내어 조공하였다. 겨울 10월 사신을 위에 보내어 조공하였다.

2년 겨울 10월, 지진이 있었다.

3년 봄 정월, 사신을 위에 보내어 조공하였다. 2월, 부여왕이 자기 처자와 함께 와서 나라를 들어 항복하였다. 가을 7월, 우리 군사가 신라 사람과 살

수(薩水) 벌에서 싸운 결과 신라가 패하여 견아성(犬牙城)을 지키니 우리 군사가 포위하였다. 백제가 군사 3,000명을 보내어 신라를 응원하므로 우리 군사는 물러났다. 남제(南齊)의 주(主)가 왕을 책봉하여 사지절산기상시도독 영평이주정동대장군낙랑공(使持節散騎常侍都督營平二州征東大將軍樂浪公)으로 삼았다. 사신을 위에 보내어 조공하였다. 겨울 10월, 복사꽃과 오얏꽃이 피었다.

4년 봄 2월, 사신을 위에 보내어 조공하였다. 크게 가물었다. 여름 5월, 사신을 위에 보내어 조공하였다. 가을 7월, 남으로 순행하여 바다에 망제(望祭)하고 돌아왔다. 8월, 군사를 보내어 백제의 치양성(雉壤城)을 포위하니 백제가 신라에 구원을 청하였다. 신라왕은 장군 덕지(德智)에게 명하여 군사를 거느리고 와서 구원하므로 우리 군사가 후퇴하여 돌아왔다.

5년 남제(南齊)의 주(主)가 왕을 승진시켜 거기장군(車騎將軍)을 삼았다. 사신을 제(齊)에 보내어 조공하였다. 가을 7월, 군사를 보내어 신라의 우산성(牛山城)을 치니, 신라 군사들이 이하(泥河)에서 반격하여 우리 군사가 패하였다.

6년 가을 8월, 군사를 보내어 신라의 우산성을 쳐서 빼앗았다.

7년 봄 정월, 왕자 흥안(興安)을 세워 태자로 삼았다. 가을 7월, 금강사(金剛寺)를 창건하였다. 8월 사신을 위에 보내어 조공하였다.

8년, 백제의 백성이 굶주림에 못이겨 2,000명이나 옮겨와 의탁하였다.

9년 가을 8월, 사신을 위에 보내어 조공하였다.

10년 봄 정월, 사신을 위에 보내어 조공하였다. 겨울 12월, 사신을 위에 보내어 조공하였다.

11년 가을 8월, 황충이 일었다. 겨울 10월, 지진이 나서 민가가 무너지고 죽은 자까지 있었다. 양(梁)의 고조(高祖)가 즉위하였다. 여름 4월, 양의 고조가 왕을 승진시켜 거기대장군을 삼았다. 겨울 11월, 백제가 국경을 침범하였다. 12월, 사신을 위에 보내어 조공하였다.

12년 겨울 11월, 백제가 달솔(達率:官名) 우영(優永)을 보내 군사 5,000명을 거느리고 와서 수곡성(水谷城)을 침범하였다.

13년 여름 4월, 사신을 위에 보내어 조공하니 위의 세종(世宗)은 사신 예실불(芮悉弗)을 동당(東堂)으로 불러들여 맞았다. 예실불이 나아가 아뢰기를 "소국(小國)이 대국(大國)에 정성을 다하여 여러 대를 내려오도록 지방의 산물이나마 조공을 어긴 일이 없었습니다. 다만 황금은 부여(扶餘) 소산이옵고 자개는 섭라(涉羅) 소산이온데, 부여는 물길(勿吉)에게 빼앗기고, 섭라는 백제에게 병합되었기로 이 두 가지 물품이 궐내에 들어오지 못하였던 것입니다. 두 적(賊)이 이렇게 만든 것입니다" 라고 하였다.

세종이 말하기를 "고구려는 대대로 제실(帝室)의 도움을 받아 해외를 전제(專制)하고 구이(九夷 : 東夷)를 모두 정복하였다. 작은 병이 비는 것은 큰 병의 수치라 하였으니 이것이 누구의 허물이냐. 지난날 조공이 충실치 못한 것은 책임이 연솔(連率 : 地方長官)에게 있으니 그대는 내 뜻을 그대의 군주에게 알리어 위엄과 무마의 수단을 다하여 해로운 무리들을 제거하고 동방의 백성을 편안케 할 것이며, 두 고을을 하루속히 복구시켜 토산물을 빠짐없이 바치도록 하라" 하였다.

15년 가을 8월, 왕이 용산(龍山) 남쪽에서 사냥하고 5일 만에 돌아왔다. 9월, 사신을 위에 보내어 조공하였다. 겨울 11월, 장수를 보내어 백제를 쳤는데, 큰눈이 내리어 군사들의 손발이 얼어터져 돌아왔다.

16년 겨울 10월, 사신을 위에 보내어 조공하였다. 왕은 장수 고로(高老)를 보내어 말갈과 함께 모의하고 백제의 한성을 치려고 횡악(橫岳) 아래 진주하니 백제가 군사를 내어 맞아 싸우므로 드디어 후퇴하였다.

17년, 양(梁) 고조(高祖)는 조서를 내려 이르기를 "고구려왕 낙랑군공 모(某)는 정성이 현저하고 조공이 끊임없으니 마땅히 계급을 높이어 조정의 법통을 넓혀야 한다. 무군대장군개부의동삼사(撫軍大將軍開府儀同三司)〔군(軍)은 동(東)으로도 씀〕를 봉함이 가하다"고 하였다. 여름 5월, 사신을 위에 보내어 조공하였다. 겨울 12월, 사신을 위에 보내어 조공하였다.

19년 여름 윤6월, 사신을 위에 보내어 조공하였다. 겨울 11월 사신을 위에 보내어 조공하였다.

21년 봄 3월, 사신을 양(梁)에 보내어 조공하였다. 여름 5월, 사신을 위에 보내어 조공하였다. 가을 9월, 백제의 가불(加弗)·원산(圓山) 두 성을 쳐서 함락하고 남녀 1,000여 명을 사로잡았다.

22년 봄 정월, 사신을 위에 보내어 조공하였다. 여름 5월, 사신을 위에 보내어 조공하였다. 겨울 12월, 사신을 위에 보내어 조공하였다.

23년 겨울 11월, 사신을 위에 보내어 조공하였다.

24년 겨울 10월, 사신을 위에 보내어 조공하였다.

25년 여름 4월, 사신을 양(梁)에 보내어 조공하였다.

26년 여름 4월, 사신을 위에 보내어 조공하였다.

27년 봄 2월, 사신을 위에 보내어 조공하였다. 3월, 폭풍이 불어 나무가 뽑히고 왕궁의 남문이 저절로 무너졌다. 여름 4월, 사신을 위에 보내어 조공하였다. 5월, 사신을 위에 보내어 조공하였다.

28년, 왕이 죽으니 호를 문자명왕(文咨明王)이라 하였다. 위의 영태후(靈太后)가 동당(東堂)에서 애도식을 거행하고 사신을 보내어 거기대장군을 추증하였다. 이때는 위의 숙종(肅宗 : 世宗의 아들)이 나이 10세이므로 태후가 조정에 나아가 정사를 처리하였다.

안장왕(安臧王)

안장왕(安臧王)의 휘는 흥안(興安)이니 문자명왕(文咨明王)의 맏아들이다. 문자명왕 7년에 태자로 책봉되었다가 28년에 왕이 죽자 즉위하였다.

2년(520) 봄 정월, 사신을 양(梁)에 보내어 조공하였다. 2월 양 고조(高祖)가 왕을 봉하여 영동장군도독녕평이주제군사고구려왕(營東將軍都督寧平二州諸軍事高句麗王)을 삼고, 사신 강주성(江注盛)를 시켜 왕에게 의관과 패검(佩劍)을 전해 주게 하였는데 위병(魏兵)이 바다에서 그 사신을 잡아 낙양(洛陽)에 압송하였다. 위가 왕을 봉하여 안동장군영호동이교위요동군개국공고구려왕(安東將軍領護東夷校尉遼東郡開國公高句麗王)으로 삼았다. 가을 9월, 사신을 양에 보내어 조공하였다.

3년 여름 4월, 왕이 졸본에 행차하여 시조의 사당에 제사지냈다. 5월, 왕이 졸본에서 돌아오면서 경유한 주읍(州邑)의 가난한 자에게 곡식을 나누어 주었는데 한 사람 앞에 한 가마씩 정하였다.

5년 봄, 가물었다. 가을 8월, 군사를 보내어 백제를 침범하였다. 겨울 10월, 백성이 굶주리므로 창곡을 꺼내어 구호하였다. 11월, 사신을 위에 보내어 조회하고 좋은 말 10필을 진상하였다.

8년 봄 3월, 사신을 양에 보내어 조공하였다.

9년 겨울 11월, 사신을 양에 보내어 조공하였다.

11년 봄 3월, 왕이 황성(黃城)의 동쪽에서 사냥하였다. 겨울 10월, 왕이 백제와 오곡(五谷)에서 싸워 이기고 적군 2,000여 명의 머리를 베었다.

13년 여름 5월, 왕이 죽으니 호를 안장왕(安臧王)이라 하였다〔이때는 양(梁)의 중대통(中大通) 3년이고 보태(普泰) 원년이다. 양서(梁書)에, "안장왕이 재위(在位) 8년인 보통(普通) 7년에 죽었다"는 것은 잘못이다〕.

안원왕(安原王)

안원왕(安原王)의 휘는 보연(寶延)이니 안장왕의 아우이다. 신장이 일곱 자 다섯 치요, 큰 역량이 있으므로 안장왕이 우애(友愛)하였다. 안장왕이 재위 13년에 죽고 계승할 아들이 없으므로 즉위하였다. 양(梁) 고조(高祖)가 조서를 내려 전왕의 관작을 이어받게 하였다.

2년(532) 봄 3월, 위제(魏帝)는 조서를 내려 왕을 사지절산기상시령호동이 교위요동군개국공고구려왕(使持節散騎常侍領護東夷校尉遼東郡開國公高句麗王)으로 책봉하고 의관과 거기(車旗) 등의 장식물을 보냈다. 여름 4월, 사신을 양에 보내어 조공하였다. 6월, 사신을 위에 보내어 조공하였다. 겨울 11월, 사신을 양에 보내어 조공하였다.

3년 봄 정월, 왕자 평성(平成)을 세워 태자로 삼았다. 2월, 사신을 위에 보내어 조공하였다.

4년 동위(東魏)가 조서를 내려 왕에게 표기대장군(驃騎大將軍)만을 더하고 나머지 관직은 다 전과 같이 하였다. 사신을 위에 보내어 조공하였다.

5년 봄 2월, 사신을 양에 보내어 조공하였다. 여름 5월, 서울 남쪽에 큰물이 져서 민가가 떠내려가고 죽은 자가 200여 명이었다. 겨울 10월, 지진이 있었다. 12월, 천둥이 치고 괴질이 성행하였다.

6년 봄·여름, 크게 가물었다. 사자를 보내 굶주린 백성을 구호케 하였다. 가을 8월, 황충이 일었다. 사신을 동위에 보내어 조공하였다.

7년 봄 3월, 백성이 굶주리므로 왕이 순행하며 곡식을 내어 구호하였다.

겨울 12월, 사신을 동위에 보내어 조공하였다.

9년 여름 5월, 사신을 동위에 보내어 조공하였다.

10년 가을 9월, 백제가 우산성(牛山城)을 포위하니 왕은 정병 5,000명을 보내어 물리쳤다. 겨울 10월, 복사꽃과 오얏꽃이 피었다. 12월, 사신을 동위에 보내어 조공하였다.

11년 봄 3월, 사신을 양(梁)에 보내어 조공하였다.

12년 봄 3월, 큰바람이 불어 나무가 뽑히고 기와가 날렸다. 여름 4월, 우박이 내렸다. 겨울 12월, 사신을 동위에 보내어 조공하였다.

13년 겨울 11월, 사신을 동위에 보내어 조공하였다.

14년 겨울 11월, 사신을 동위에 보내어 조공하였다.

15년 봄 3월, 왕이 죽으니 호를 안원왕(安原王)이라 하였다〔이 해는 양(梁)의 대동(大同) 11년, 동위(東魏)의 무정(武定) 3년이다. 양서(梁書)에 "안원왕(安原王)이 대청(大淸) 2년에 죽어서 그의 아들로 영동장군고구려왕 낙랑공(寧東將軍高句麗王樂浪公)을 삼았다" 한 것은 잘못된 것임〕.

양원왕(陽原王)

양원왕(陽原王: 혹은 양강상호왕(陽崗上好王))의 휘는 평성(平成)이니 안원왕(安原王)의 맏아들이다. 어려서부터 총명했는데 장성할수록 웅호(雄豪)한 풍도가 무리 가운데서 뛰어났다. 안원왕 재위 3년에 태자로 책봉되었고 15년에 왕이 죽으니 즉위하였다. 겨울 12월, 사신을 동위에 보내어 조공하였다.

2년(546) 봄 2월, 서울에서 배나무가 연리(連理: 양쪽 나무가 잇닿아 하나로 된 것)하였다. 여름 4월, 우박이 내렸다. 겨울 11월, 사신을 동위에 보내어 조공하였다.

3년 가을 7월, 백암성(白巖城)을 개축하고 신성(新城)을 수리하였다. 사신을 동위에 보내어 조공하였다.

4년 봄 정월, 동예(東濊) 병사 6,000명을 거느리고 백제의 독산성(獨山城: 충주(忠州))을 쳤으나, 신라 장군 주진(朱珍)이 와서 구원하므로 이기지 못하고 후퇴하였다. 가을 9월, 환도(丸都)에서 가화(嘉禾)를 진상하였다. 사신을 동위에 보내어 조공하였다.

5년, 사신을 동위에 보내어 조공하였다.

6년 봄 정월, 백제가 내침하여 도살성(道薩城)을 함락시켰다. 3월, 백제의 금현성(金峴城)을 공격하니 신라는 그 틈을 타서 우리 두 성(도살성과 금현성)을 빼앗았다. 여름 6월, 사신을 북제(北齊)에 보내어 조공하였다. 가을 9월, 북제는 왕을 봉하여 사지절시중표기대장군령호동이 교위요동군개국공고구려왕(使持節侍中驃騎大將軍領護東夷校尉遼東郡開國公高句麗王)으로 삼았다.

7년 여름 5월, 사신을 북제에 보내어 조공하였다. 가을 9월, 돌궐(突厥)이 와서 신성(新城)을 포위했으나 이기지 못하고 백암성으로 옮겨 공격하므로 왕은 장군 고흘(高紇)에게 군사 1만 명을 주어 대항케 하여 이기고 적군 1,000여 명의 머리를 베었다. 신라가 와서 10개의 성을 빼앗았다.

8년, 장안성(長安城)을 쌓았다.

10년 겨울, 백제의 웅천성(熊川城)을 공격하였으나 이기지 못하였다. 12월 그믐에 일식이 있었다. 얼음이 얼지 않았다.

11년 겨울 10월, 호랑이가 서울에 들어왔으므로 사로잡았다. 11월, 태백성(太白星 : 金星)이 낮에 나타났다. 사신을 북제에 보내어 조공하였다.

13년 여름 4월, 왕자 양성(陽成)을 세워 태자를 삼고 내전(內殿)에서 여러 신하들과 연회를 가졌다. 겨울 10월, 환도성(丸都城)의 간주리(干朱理)가 모반하다가 발각되어 사형에 처해졌다.

15년 봄 3월, 왕이 죽으니 호를 양원왕이라 하였다.

평원왕(平原王)

평원왕(平原王 : 혹은 평강상호왕(平岡上好王))의 휘는 양성(陽成 : 수(隋)·당서(唐書)에는 탕(湯)이라 하였음)이니 양원왕(陽原王)의 맏아들이다. 담력이 크고 말타기·활쏘기를 잘하였다. 양원왕 재위 13년에 태자로 책봉되고 15년에 왕이 죽자 즉위하였다.

2년(560) 봄 2월, 북제의 폐제(廢帝)가 왕을 봉하여 사지절령동이교위요동군공고구려왕(使持節領東夷校尉遼東郡公高句麗王)을 삼았다. 왕이 졸본(卒本)에 행차하여 시조의 사당에 제사지냈다. 3월, 왕이 졸본에서 돌아오다가 경유한 주·군의 죄수에 대하여 두 가지 사형에 해당한 죄(二死罪)를 진 자만을 제외하고 다 용서하였다.

3년 여름 4월, 희귀한 새가 궁정에 모여들었다. 6월, 큰물이 졌다. 겨울 11월, 사신을 보내 진(陳)에 조공하였다.

4년 봄 2월, 진 문제(文帝)가 조서를 내려 왕에게 영동장군(寧東將軍)을 제수하였다.

5년 여름, 크게 가뭄이 드니 왕은 음식을 평상시보다 줄이고 산천에 기도를 드렸다.

6년, 사신을 북제에 보내어 조공하였다.

7년 봄 정월, 왕자 원(元)을 세워 태자로 삼았다. 사신을 북제에 보내어 조공하였다.

8년 겨울 12월 사신을 진에 보내어 조공하였다.

12년 겨울 11월, 사신을 진에 보내어 조공하였다.

13년 봄 2월, 사신을 진에 보내어 조공하였다. 가을 7월, 왕이 패하(浿河)의 벌에서 사냥하고 50일 만에 돌아왔다. 8월, 궁실을 중수하다가 황충이 일고 가물므로 역사를 파하였다.

15년 사신을 북제에 보내어 조공하였다.

16년 봄 정월, 사신을 진에 보내어 조공하였다.

19년 왕이 사신을 주(周)에 보내어 조공하니 주 고조(高祖)는 왕을 봉하여 개부의동삼사대장군요동군개국공고구려왕(開府儀同三司大將軍遼東郡開國公高句麗王)으로 삼았다.

23년 봄 2월 그믐, 별이 비오듯 떨어졌다. 가을 7월, 서리와 우박으로 곡물이 다 죽었다. 겨울 10월, 백성이 굶주리니 왕은 순행하여 구호하였다. 12월, 사신을 수(隋)에 보내어 조공하니 고조(高祖)는 왕에게 대장군요동군공(大將軍遼東郡公)을 제수하였다.

24년 봄 정월, 사신을 수에 보내어 조공하였다. 겨울 11월, 사신을 수에 보내어 조공하였다.

25년 봄 정월, 사신을 수에 보내어 조공하였다. 2월, 명령을 내려 "급하지 않은 일은 뒤로 미루라" 하고 사자를 군·읍에 보내어 농사와 누에치기를 권장하였다. 여름 4월, 사신을 수에 보내어 조공하였다. 겨울, 사신을 수에 보내어 조공하였다.

26년 봄, 사신을 수에 보내어 조공하였다. 여름 4월, 수의 문제(文帝)가 우리 사자를 대흥전(大興殿)에서 접대하였다.

27년 겨울 12월, 사신을 진(陳)에 보내어 조공하였다.

28년, 도읍을 장안성(長安城 : 지금의 평양)으로 옮겼다.

32년, 왕은 진(陳)이 수나라에게 멸망하였다는 소식을 듣고 크게 두려워하여 무기를 수리하고 군량을 저축하여 막고 지킬 계책을 마련하였다. 수나라 고조는 왕에게 새서(璽書)를 내려 "비록 속국이라 칭하지만 정성이 극진하지 못하다"고 책망하고 또 "그 지방이 비록 땅이 좁고 인구는 적으나 지금 만약 왕을 폐한다면 그곳을 그대로 비워 둘 수도 없으므로 다시 관인(官人)을 선임하여 그곳에 보내어 백성을 무마케 해야 할 것이다. 왕이 만약 마음을 맑게 해 행동을 바꾸고 헌장(憲章)을 따른다면 곧 나의 어진 신하인데 무엇하러 딴 사람을 보내겠는가. 왕은 혹시 말하기를 요수(遼水)가 넓다 하겠지만 어찌 장강(長江)과 비교할 수 있으며, 고구려의 인민이 진국(陳國)보다 많겠는가? 내가 만약 남겨 두지 아니하고 왕의 지난 허물을 책망한다면 장군 한 사람만 보내어 족한데 무슨 많은 힘을 기다리겠는가. 이와 같이 은근히 효유하는 것은 왕으로 하여금 스스로 새롭게 하기 위해서다"라고 하였다. 왕은 새서를 받고 황공하여 표를 올리고 감사를 드리려 하다가 미처 못하였다. 왕이 겨울 10월에 죽으니 호를 평원왕(平原王)이라 하였다〔이 해는 개황(開皇) 10년이다. 수서(隋書) 및 통감(通鑑)에 "고조(高祖)가 개황(開皇) 17년에 새서를 내렸다" 한 것은 잘못된 것임〕.

三國史記 卷 第十九

高句麗本紀 第七 文咨王 安臧王 安原王 陽原王 平原王

文次明王(一云明治好王) 諱羅雲 長壽王之孫 父王子古鄒大加助多 助多早死 長壽王養於宮中 以爲大孫 長壽在位七十九年薨 繼立.

元年 春正月 魏孝文帝 遣使拜王 爲使持節都督遼海諸軍事征東將軍領護東夷中郎將遼東郡開國公 高句麗王 賜衣冠服物車旗之飾 又詔王遣世子入朝 王辭以

疾 遣從叔升干 隨使者詣闕 夏六月 遣使入魏朝貢 秋八月 遣使入魏朝貢 冬十月 遣使入魏朝貢.

二年 冬十月 地震.

三年 春正月 遣使入魏朝貢 二月 扶餘王及妻孥 以國來降 秋七月 我軍與新羅人 戰於薩水之原 羅人敗 保犬牙城 我兵圍之 百濟遣兵三千援新羅 我兵引退 齊帝策王 爲使持節散騎常侍都督營平二州征東大將軍樂浪公 遣使入魏朝貢 冬十月 桃李華.

四年 春二月 遣使入魏朝貢 大旱 夏五月 遣使入魏朝貢 秋七月 南巡狩 望祭而還 八月 遣兵圍百濟雉壤城 百濟請救於新羅 羅王命將軍德智 率兵來援 我軍退還.

五年 齊帝進王爲車騎將軍 遣使入魏朝貢 秋七月 遣兵攻新羅牛山城 新羅兵出擊泥河上 我軍敗北.

六年 秋八月 遣兵攻新羅牛山城 取之.

七年 春正月 立王子興安爲太子 秋七月 創金剛寺 八月 遣使入魏朝貢.

八年 百濟民饑 二千人來投.

九年 秋八月 遣使入魏朝貢.

十年 春正月 遣使入魏朝貢 冬十二月 遣使入魏朝貢.

十一年 秋八月 蝗 冬十月 地震 民屋倒墮 有死者 梁高祖卽位 夏四月 進王爲車騎大將軍 冬十一月 百濟犯境 十二月 遣使入魏朝貢.

十二年 冬十一月 百濟遣達率優永 率兵五千 來侵水谷城.

十三年 夏四月 遣使入魏朝貢 世宗引見其使芮悉弗於東堂 悉弗進曰 小國係誠天極 累葉純誠 地産土毛 無愆王貢 但黃金出自扶餘 珂則涉羅所産 扶餘爲勿吉所逐 涉羅爲百濟所幷 二品所以不登王府 實兩賊是爲 世宗曰 高句麗 世荷上獎(獎 魏書作將) 專制海外 九夷黠虜 悉得征之 瓶甖罍恥 誰之咎也 昔方貢之愆 責在連率 卿宜宣朕志於卿主 務盡威懷之略 揃披害群 輯寧東裔 使二邑還復舊墟 土毛無失常貢也.

十五年 秋八月 王獵於龍山之陽 五日而還 九月 遣使入魏朝貢 冬十一月 遣將伐百濟 大雪 士卒凍斃而還.

十六年 冬十月 遣使入魏朝貢 王遣將高老與(與 舊本作興 誤也)靺鞨 謀欲攻百濟漢城 進屯於橫岳下 百濟出師逆戰 乃退.

十七年 梁高祖下詔曰 高句麗王樂浪郡公某 乃誠款著 貢驛相尋 宜豊(豊 梁書作隆)秩命 式弘朝典 可撫軍(軍 同上書作東)(一作東)大將軍開府儀同三司 夏五月 遣使入魏朝貢 冬十二月 遣使入魏朝貢.

十八年 夏五月 遣使入魏朝貢.

十九年 夏閏五月 遣使入魏朝貢 冬十一月 遣使入魏朝貢.

二十一年 春三月 遣使入梁朝貢 夏五月 遣使入魏朝貢 秋九月 侵百濟陷加弗一圓山二城 虜獲男女一千餘口.

二十二年 春正月 遣使入魏朝貢 夏正月 遣使入魏朝貢 冬十二月 遣使入魏朝貢.

二十三年 冬十一月 遣使入魏朝貢.

二十四年 冬十月 遣使入魏朝貢.

二十五年 夏四月 遣使入梁朝貢.

二十六年 夏四月 遣使入魏朝貢.

二十七年 春二月 遣使入魏朝貢 三月 暴風拔木 王宮南門自毁 夏四月 遣使入魏朝貢 五月 遣使入魏朝貢.

二十八年 王薨 號爲文咨明王 魏靈太后擧哀於東堂 遣使策贈車騎大將軍 時魏肅宗年十歲 太后臨朝稱制.

安臧王 諱興安 文咨明王之長子 文咨在位七年立爲太子 二十八年王薨 太子卽位.

二年 春正月 遣使入梁朝貢 二月 梁高祖封王爲寧東將軍都督營平二州諸軍事高句麗王 遣使者江注(注 魏書及資治通鑑並作法)盛 賜王衣冠劍佩 魏兵就海中執之送洛陽 魏封王爲安東將軍領護東夷校尉遼東郡開國公高句麗王 秋九月 入梁朝貢.

三年 夏四月 王幸卒本 祀始祖廟 五月 王至自卒本 所經州邑貧乏者 賜穀人一斛.

五年 春 旱 秋八月 遣兵侵百濟 冬十月 饑 發倉賑救 十一月 遣使朝魏 進良馬十匹.

八年 春三月 遣使入梁朝貢.

九年 冬十一月 遣使入梁朝貢.

十一年 春三月 王畋於黃城之東 冬十月 王與百濟戰於五谷 克之 殺獲二千餘級.

十三年 夏五月 王薨 號爲安葬王(是梁中大通三年 魏普泰元年也 梁書云 安臧王在位第八年 普通七年卒 誤也).

安原王 諱寶延 安臧王之弟也 身長七尺五寸 有大量 安臧愛友之 安臧在位十三年薨 無嗣子 故卽位 梁高祖下詔襲爵.

二年 春三月 魏帝詔策使持節散騎常待領護東夷校尉遼東郡開國公高句麗王賜衣冠車旗之飾 夏四月 遣使入梁朝貢 六月 遣使入魏朝貢 冬十一月 遣使入梁朝貢.

三年 春正月 立王子平成爲太子 二月 遣使入魏朝貢.

四年 東魏詔加王驃騎大將軍 餘悉如故 遣使入魏朝貢.

五年 春二月 遣使入梁朝貢 夏五月 國南大水 漂沒民屋 死者二百餘人 冬十月 地震 十二月 雷 大疫.

六年 春夏 大旱 發使撫恤饑民 秋八月 蝗 遣使入東魏朝貢.

七年 春三月 民饑 王巡撫賑救 冬十二月 遣使入東魏朝貢.

九年 夏五月 遣使入東魏朝貢.

十年 秋九月 百濟圍牛山城 王遣精騎五千擊走之 冬十月 桃李華 十二月 遣使入東魏朝貢.

十一年 春三月 遣使入梁朝貢.

十二年 春三月 大風 拔木飛瓦 夏四月 雹 冬十二月 遣使入東魏朝貢.

十三年 冬十一月 遣使入東魏朝貢.

十四年 冬十一月 遣使入東魏朝貢.

十五 春三月 王薨 號爲安原王(是梁大同十一年 東魏武定三年也 梁書云 安原以大淸二年卒 以其子爲寧東將軍高句麗王樂浪公 誤也).

陽原王(或云陽崗上好王) 諱平成 安原王長子 生而聰慧 及壯雄豪過人 以安原在位三年立爲太子 至十五年王薨 太子卽位 冬十二月 遣使入東魏朝貢.

二年 春二月 王都梨樹連理 夏四月 雹 冬十一月 遣使入東魏朝貢.

三年 秋七月 改築白巖城 葺新城 遣使入東委朝貢.

四年 春正月 以濊兵六千 攻百濟獨山城 新羅將軍朱珍來援 故不克而退 秋九月 丸都進嘉禾 遣使入東魏朝貢.

五年 遣使入東魏朝貢.

六年 春正月 百濟來侵 陷道薩城 三月 攻百濟金峴城 新羅人乘間 取二城 夏六月 遣使入北齊朝貢 秋九月 北齊封王爲使持節侍中驃騎大將軍領護東夷校尉遼東郡開國公高句麗王.

七年 夏五月 遣使入北齊朝貢 秋九月 突厥來圍新城 不克 移攻白巖城 王遣將軍高紇領兵一萬 拒克之 殺獲一千餘級 新羅來攻取十城.

八年 築長安城.

十年 冬 攻百濟熊川城 不克 十二月晦 日有食之 無氷.

十一年 冬十月 虎入王都 擒之 十一月 太白晝見 遣使入北齊朝貢.

十三年 夏四月 立王子陽成爲太子 遂宴群臣於內殿 冬十月 丸都城干朱理叛 伏誅.

十五年 春三月 王薨 號爲陽原王.

平原王(或云平崗上好王) 諱陽成(隋唐書作湯) 陽原王長子 有膽力善騎射 陽原王在位十三年立爲太子 十五年王薨 太子卽位.

二年 春二月 北齊廢帝封王爲使持節領東夷校尉遼東郡公高句麗王 王幸卒本祀始祖廟 三月 王至自卒本 所經州郡獄囚 除二死皆原之.

三年 夏四月 異鳥集宮庭 六月 大水 冬十一月 遣使入陳朝貢.

四年 春二月 陳文帝詔授王寧東將軍.

五年 夏 大旱 王減常膳 祈禱山川.

六年 遣使入北齊朝貢.

七年 春正月 立王子元爲太子 遣使入北齊朝貢.

八年 冬十二月 遣使入陳朝貢.

十二年 冬十一月 遣使入陳朝貢.

十三年 春二月 遣使入陳朝貢 秋七月 王畋於浿河之原 五旬而返 八月 重修宮室 蝗旱 罷役.

十五年 遣使入北齊朝貢.

十六年 春正月 遣使入陳朝貢.

十九年 王遣使入周朝貢 周高祖 拜王爲開府儀同三司大將軍遼東郡開國公高句麗王.

二十三年 春二月晦 星隕如雨 秋七月 霜雹殺穀 冬十月 民饑 王巡行撫恤 十二月 遣使入隋朝貢 高祖授王大將軍遼東郡公.

二十四年 春正月 遣使入隋朝貢 冬十一月 遣使入隋朝貢.

二十五年 春正月 遣使入隋朝貢 二月 下令 減不急之事 發使郡邑勸農桑 夏四月 遣使入隋朝貢 冬 遣使入隋朝貢.

二十六年 春 遣使入隋朝貢 夏四月 隋文帝 宴我使者於大興殿.

二十七年 冬十二月 遣使入陳朝貢.

二十八年 移都長安城.

三十二年 王聞陳亡大懼 理(理 隋書作治 史記則避成宗諱)兵積穀 爲拒守之策 隋高祖 賜王璽書 責以雖稱藩附 誠節未盡 且曰 彼之一方 雖地狹人少 今若黜王 不可虛置 終須更選官屬 就彼安撫 王若洒心易行 率由憲章 卽是朕之良臣 何勞別遣才彦 王謂遼水之廣 何如長江 高句麗之人 多少(多少不恐有何如二字) 陳國 朕若不存含育 責王前愆 命一將軍 何待多力 殷勤曉示(示 舊本作未 訛) 許王自新耳 王得書惶恐 將奉表陳謝 而未果 王在位三十二年 冬十月 薨 號曰平原王(是開皇十年 隋書及通鑑 書高祖賜璽書於開皇十七年 誤也).

삼국사기 권 제20

고구려본기(高句麗本紀) 제8

영양왕(嬰陽王), 영류왕(榮留王)

영양왕(嬰陽王)

영양왕(嬰陽王 : 혹은 평양왕(平陽王))의 휘는 원(元 : 혹은 대원(大元))이니 평원왕(平原王)의 맏아들이다. 풍신이 빼어나고 상냥하여 세상을 구제하고 백성을 편안케 할 것을 자부하였다. 평원왕 재위 7년에 태자로 책봉되었고, 32년에 왕이 죽자 즉위하였다. 수(隋) 문제(文帝)가 사신을 시켜 왕을 봉하여 개부의동삼사(開府儀同三司)로 삼고 요동군공(遼東郡公)의 관작을 계승케 하였으며 의복 한 벌을 내렸다.

2년(591) 봄 정월, 사신을 수에 보내어 표를 올려 사은하고 왕을 봉해 주기를 청하니 수제(隋帝)는 허락하였다. 3월, 왕을 책봉하여 고구려왕을 삼고 이어서 거복(車服)을 주었다. 여름 5월, 사신을 보내어 사은하였다.

3년 봄 정월, 사신을 수에 보내어 조공하였다.

8년 여름 5월, 사신을 수에 보내어 조공하였다.

9년, 왕이 말갈 군사 만여 명을 거느리고 수의 요서(遼西)를 침범하니 영주총관(營州摠管) 위충(韋冲)이 쳐서 물리쳤다. 수 문제가 이를 듣고 크게 노하여 한왕(漢王) 양(諒 : 문제의 넷째아들)과 왕세적(王世績)으로 원수(元帥)를 삼아 수륙군 30만 명을 거느리고 와서 토벌케 하였다. 여름 6월, 수제(隋帝)는 조서를 내려 왕의 관작을 삭제하였다. 한왕 양의 군사가 임유관(臨渝關)에 당도하자 장맛비를 만나 수송이 제대로 되지 못하여 진중에 양식이 떨어지고 또 유행병이 돌았는데, 주라후(周羅睺 : 水軍摠官)는 동래(東萊 : 산동성 萊州府)로부터 배를 타고 평양성으로 향하다가 역시 폭풍을 만나 배가 많이 침몰되었다. 가을 9월, 수의 군사가 돌아가는데 죽은 자가 10에 8, 9였다. 왕도 또한 두려워하여 사신을 보내어 사죄하고 표를 올리어 "요동 분토(遼東糞土)의 신하 아무개"라고 일컬으니 수 문제는 이에 군사를 철회하고 처음과 같이 대우하였다. 백제왕 창(昌)이 문제에게 사신을 보내어 군도(軍導)를 하겠다고 청하니, 수제는 조서를 내려 "고구려가 죄를 자복하므로 이미 용서해 주었으니 다시 칠 수는 없다" 하고 그 사신을 후대하여 돌려보냈다. 왕은 그 사실을 알고 백제의 경계를 침략하였다.

11년 봄 정월, 사신을 수에 보내어 조공하였다. 대학박사(大學博士) 이문진(李文眞)에게 명령하여 고사(古史)를 요약하게 하여 신집(新集) 5권을 만들었다. 건국 초기 문자를 쓰기 시작하던 때에 어떤 사람이 기사(記事)를 기록한 100권의 책자가 있어서 이름을 유기(留記)라 하였는데 이에 이르러 글을 다듬고 정리하였다.

14년, 왕이 장군 고승(高勝)을 보내어 신라의 북한산성(北漢山城)을 공격케 하였다. 신라 왕(진평왕)이 군사를 거느리고 한수(漢水)를 건너오고 성 안에서는 북을 두드리며 서로 호응하였다. 고승은 적군은 많고 아군은 적으므로 이기지 못할까 염려해 후퇴하였다.

18년 여름 4월, 군사를 보내어 백제의 송산성(松山城)을 쳤으나 함락시키지 못하였다. 석두성(石頭城)을 쳐서 남녀 3,000명을 사로잡았다.

18년, 수의 양제가 처음 계민(啓民 : 돌궐(突厥)의 可汗)의 장막에 행차하였을 때 우리 사자가 계민의 처소에 있었으므로 계민은 감히 숨기지 못하고 함께 수제를 만났다. 황문시랑(黃門侍郞) 배구(裵矩)가 제(帝)에게 아뢰기를 "고구려는 본디 기자(箕子)의 봉지(封地)로 한(漢)·진(晉) 시대에 군·현이 되었는데, 지금 와서 신하 노릇을 아니하고 딴 나라로 갈라섰으니 선제(先帝)께서 치려 한 적이 오래입니다. 다만 양량(楊諒)이 불초하여 출동한 군사가 공이 없이 되었으니, 폐하(陛下)에 이르러 어찌 탈취하지 아니하고 문명의 지역을 야만의 고을로 만들려 하십니까. 지금 그 사자가 계민에게 나라를 바치고 귀화한 것을 친히 보았으니 그들의 두려워하는 마음을 이용하여 협박해서 조회하도록 하는 것이 옳을 것입니다" 하였다. 제(帝)는 그 말에 따라 우홍(牛弘)을 시켜 어명을 전달하기를 "나는 계민이 성심으로 나라를 받들기 때문에 몸소 그 장막에 온 것이며, 명년에는 탁군(涿郡 : 지금의 북경)으로 가게 될 것이다. 그대는 돌아가는 날 그대 임금에게 아뢰어 속히 와서 조회하고 의구심을 갖지 않도록 하라. 존육(存育 : 봉호)하는 예는 마땅히 계민과 같이 할 것이고, 혹시 조회치 아니하면 장차 계민을 거느리고 너희 나라를 순행할 것이다" 하였으나 왕은 두려워하여 번속(藩屬)의 예를 빠뜨렸다. 이에 제는 토벌할 것을 의논하였다. 계민은 돌궐(突厥)의 가한(可汗 : 추장)이었다. 5월에 왕이 군대를 파견하여 백제의 송산성(松山城)을 쳤으나 함락시키지 못하고 석두성(石頭城)으로 옮겨 습격하고 남녀 3,000명을 사로잡아 왔다.

19년 봄 2월, 장수를 시켜 신라의 북쪽 경계를 습격하여 8,000여 명을 사로잡았다. 여름 4월, 신라의 우명산성(牛鳴山城)을 빼앗았다.

22년 봄 2월, 수의 양제(煬帝)가 조서를 내려 고구려를 토벌키로 하였다. 여름 4월, 양제의 거가(車駕)가 탁군의 임삭궁(臨朔宮)에 당도하니 사방의 군사들이 모두 탁군에 모여들었다.

23년 봄 정월 임오에, 수의 양제가 명을 내렸다.

"고구려의 무리가 혼미불공(昏迷不恭)하여 발해와 갈석(碣石) 사이에 사람을 모으고 요동 예맥 땅을 잠식하고 있다. 비록 한(漢)·위(魏) 때에 정벌을 거듭하여 그 소굴을 잠시 뒤엎어 놓아도 인구의 분산을 지리적으로 꾀함이 많아 그 종족이 또다시 모여들어 지난날의 취락을 회복하고 인구를 번식시켜 오늘에 이르렀다. 저 화양(華壤 : 요동·현도·낙랑 등지)을 돌아보니 모두 이류(夷類)가 되고 세월이 오래되어 적폐가 이미 가득해졌다. 천도(天道)는 음탕하고 간사한 자에게 화를 내리는 법이니 이미 망할 징조가 나타났다. 그의 어지럽힘과 패덕은 이루 헤아릴 수 없고 악을 가리우고 간사를 품는 것은 그래도 부족한 양 나날이 더해 간다. 철수의 엄함을 일찍이 면수(面受)한 적이 없고, 조회의 예를 손수 다하려 하지 않았다. 중국의 망명자를 꾀기를 그칠 줄 모르며, 변방에 척후를 늘어놓아 우리의 적 감시를 몹시 고달프게 하니, 관문(關門)의 딱따기 소리 고요치 못하고 백성이 이로 말미암아 업을 폐하게 되었다. 문제 때의 정벌에서 이미 그물을 벗어났고, 전금자(前擒者)로서의 주륙을 늦추고 후복자(後服者)로서의 주형(誅刑)을 가하지 않았으나, 일찍이 그 은혜를 생각지 않고 도리어 악을 길러 거란의 무리와 아울러서 우리의 해안 경비자를 죽이고 말갈의 족속과 친하여 요서를 침범하였다. 또 동방의 외방(外方)이 다 직공(職貢)을 닦고 벽해(碧海)의 빈(濱)이 한가지로 중국의 정삭을 받드는데, 고구려는 중간에서 드디어 다시 보물과 재화를 도적질하여 타국 사절의 왕래를 두절케 할 뿐 아니라 잔학함이 무고(無辜)에 이르러 성자(誠者)로 화를 만나게 한다. 사명을 받은 수레가 해동(海東)에 갔을 때 사행(使行)의 도정(道程)이 고구려를 지나면 고구려는 중간에서 길을 가로막고 사자(使者)를 거절하였다. 사군(事君)의 마음이 없고 보니 어찌 신하의 예를 다할 수 있으랴. 이래도 참을 수 있다면 그 무엇을 더 참지 못하랴. 또 고구려의 법령이 가혹하고 세금이 무거우며 힘있는 고관과 호족이 모두 국권을 잡고 붕당을 편애함으로써 풍속을 이루고, 뇌물이 시장과 같고 그 중에서 억울한 자는 말을 하지 못하여, 게다가 계속된 재난으로 백성들은 굶주리고 전쟁은 쉴 틈이 없으며, 부역은 기한이 없으므로 백성의 근력은 운반하는 일에 다 빼앗기고 몸은 구렁텅이에 굴러 모두가 고통 가운데 있으니 이에 누가 가서 좇으랴. 고구려 경내는 비참하고 송구하여 그 폐해에 견디지 못할 것이다. 고개를 돌리고 머리를 숙여 제각기 생명의 보존을 도모하고 있으므로 어린아이라도 모두 혹독함에 탄식할 것이다. 내가 마침 지방의 풍속을 살피기 위해 유(幽)·삭(朔:북방)에 왔던 터이라, 무고한 백성을 위로하고 죄인을 치기 위해 다시 올 필요는 없다. 이에 내가 친히 6사(六師)를 통솔하고 9벌(九伐)을 행하며 저 위급함을 건져 줌으로써 하늘뜻에 순응하여 고구려인을 섬멸하는 동시에 문제(文帝)의 정책을 이어가고자 한다.

지금 마땅히 규율을 시행하여 부대를 나누고 길에 오르면 발해를 덮어 우레와 같이 진동하면서 부여를 거쳐 번개와 같이 칠 것이다. 방패와 창을 살피고 갑마(甲馬)를 점검하고 군려(軍旅)를 경계한 후에 행군할 것이며, 재삼 훈시하여 필승을 다짐한 후에 싸움을 시작할 것이다.

대군을 두 패로 나누어 좌군 12대(隊)는 누방·장잠·명해·개마·건안·남소·요동·현도·부여·조선·옥저·낙랑 등도(等道)로 향하고, 우군 12대는 점선·함자·혼미·임둔·후성·제해·답돈·숙신·갈석·동이·대방·양평 등도로 향하여 계속 나아가 평양에 총집결하라."

그 수는 모두 113만 3,800명이니, 과장하여 200만이라 하고 그 군량을 운반하는 자는 이것의 곱이 되었다. 수나라에서는 남쪽 상건수(桑乾水 : 지금의 永定河) 위에 단을 모아 토지신에 제사지내고, 임삭궁(臨朔宮) 남쪽에서는 상제(上帝)를 제사지내고, 계성(薊城) 북쪽에서는 마조(馬祖)를 제사지낸 후 친히 지휘권을 주어 각각의 군에 대장·부장 각 1명, 기병 40대(隊)를 두었다. 1대는 100명이다. 10대를 1단(團)으로 하고 또 보병 80대를 4단으로 나누어 단에는 편장(偏將 : 部隊將) 1명씩을 두고, 단마다 개주(鎧冑)·영불(纓拂 : 單服等屬)·기번(旗旛)의 색깔을 달리 하고 매일 1군(軍)씩을 보내어 서로 40리 거리만큼 영(營)을 이어 점차로 나가게 하니 40일 만에 출동이 끝났다. 수미(首尾)가 상계(相繼)하고 고각(鼓角)이 서로 들리며 깃발이 960리에 뻗쳤다. 어영(御營)에는 모두 12위(衛)·3대(臺)·5성(省)·9시(寺)가 있어 내외·전후·좌우의 6군(軍)을 나누어 다음에 출발시키자 이 또한 80리에 뻗쳐 근자에 볼 수 없었던 출사(出師)의 일대 장관이었다.

2월, 수 양제가 군사를 통어하여 요수에 당도하고 여러 군사가 모두 모여 물가에 다다라 큰 진영을 만들었다. 그러나 우리 군사가 물을 사이로 해서 항거하여 지키므로 수의 군사가 건너지 못하였다. 수의 양제는 공부상서(工部尙書) 우문개(宇文愷)에게 명령하여 삼도(三道)의 부교(浮橋)를 요수의 서쪽 언덕에서 만들기 시작하여 완성되자 그 부교를 끌어 동쪽 언덕에 대려 했으나 한길 남짓이 모자라 언덕에 닿지 못하였다. 우리 군사 대다수가 몰려드니 수병(隋兵)의 용맹한 자들이 다투어 물속으로 쫓아와 접전하였지만, 우리 군사가 고지에서 공격하므로 수병은 언덕에 오르지 못하고 죽은 자가 매우 많았다. 맥철장(麥鐵杖)이 언덕에 뛰어올랐지만 전사웅(錢士雄)·맹차(孟叉) 등과 더불어 모두 전사했다. 수는 드디어 군사를 거두고 부교를 이끌고 다시 서쪽 언덕으로 나아가 소부감(少府監) 하주(何稠)에게 부교를 잇도록 했다. 이틀 만에 완성되자 모든 군사가 차례로 이어 나아가 동쪽 언덕에서 맹렬히 싸워 우리 군사가 크게 무너지니 죽은 자가 만 명 가량 되었다. 수의 모든 군사가 승세를 타고 전진하여 요동성을 포위했다. 수제가 요동에 이르러 조서를 내려 천하의 죄수를 특사하고, 형부상서(刑部尙書) 위문승(衛文昇) 등을 시켜 요좌(遼左)의 백성을 무마하여 10년의 세역을 면제해주고, 군·현을 설치하여 통섭(統攝)케 하였다. 여름 5월, 처음 수나라 여러 장수들이 동쪽으로 출동할 때 수의 양제가 훈계하기를 "일체 군사의 나가고 들어옴은 상주하여 회답을 기다렸다가 할 것이며 독단치는 말라" 하였다. 요동성 군사가 자주 나와 싸웠으나 불리하게 되어 성문을 닫고 굳게 지키니 수제는 모든 군사에게 명령하여 공격케 했다. 또 여러 장수들에게 명하기를 '고구려가 만일 항복하거든 마땅히 안무하여 받아들이고 함부로 군사를 놓아 노략질하지 못하게 하라' 하였다.

　요동성이 함락되게 되자, 성 안에 있던 사람들이 외치며 항복하기를 청하였다. 그러나 처음 여러 장수가 동으로 내려올 때 수제가 이르기를 "군사 행동은 모두 아뢰고서 행하라" 하였으므로 여러 장수가 감히 좋은 시기에 응하지 못하고 먼저 달려가 칙지를 받들기 위해 아뢰도록 하였다. 그에 대한 회보가 왔을 때에는 성중의 방어책도 또한 갖추어져 전과 같이 나와서 항전하였다. 두세 차례 이같이 거듭되자 봄이 지나 여름이 넘어섰는데도 성은 항복하지 아니하였다. 6월, 수제가 요동성 남쪽에 행차하여 그 성지와 형세를 관찰한 뒤 여러 장수를 불러 꾸짖기를 "그대들은 스스로 관작의 높음을 가지고, 또 구가세족(舊家世族)임을 믿고 나를 사리에 어둡고 어리석은 자로 대우하려 하느냐. 경도(京都)에 있을 때 그대들이 내가 오는 것을 좋아하지 않은 것은 아마 이 곤패(困敗)를 볼까 염려한 까닭이었을 것이다. 내가 지금 여기 온 것은 바로 그대들의 소행을 살펴 그대들의 목을 베려 함이다. 그대들이 지금 죽음을 두려워하여 진력치 아니하니 내가 그대들을 죽이지 못할 줄로 여기느냐" 하였다. 여러 장수가 다 벌벌 떨며 낯빛이 변하였다.

　수제는 성 서쪽 몇 리(里) 밖에 머물러 육합성(六合城)에 어거(御居)하였다. 이때 우리의 여러 성은 굳게 지키고 좀처럼 항복하지 아니하였다. 좌익위대장군(左翼衛大將軍) 내호아(來護兒)가 강회(江淮)의 수군(水軍)을 거느리고 수백 리에 뻗친 병선으로 바다에서 먼저 패수로 들어와 평양과 60리 거리의 지점에서 우리 군사와 서로 부딪쳐 크게 부수었다. 호아가 승세를 타서 성을 육박하려 하자 부총관(副摠管) 주법상(周法尙)이 말리며 제군(諸軍)의 도착을 기다려 함께 진격하자고 청하였다. 호아는 듣지 아니하고 정병 수만 명을 뽑아 곧장 성 밑으로 달려들었다.

　우리 장수는 나곽(羅郭) 안의 빈 절 속에 복병해 놓고 군사를 따로 내어 호아와 더불어 싸우다가 거짓 패하였다. 호아가 쫓아서 성 안에 들어와 군사를 풀어 사람을 사로잡고 물건을 약탈하느라고 대오가 흩어지게 되었다. 이

때 우리 복병이 터져나오자 호아는 크게 패하여 겨우 몸만 빠져나가고 살아 남은 군사는 수천 명에 불과하였다. 우리 군사는 적의 병선이 있는 곳까지 쫓아갔으나 주법상이 진영을 단속하고 있으므로 물러나고 말았다.

　호아는 군사를 이끌고 돌아가 해포(海浦)에 주둔하고 감히 다시 제군(諸軍)을 응접하지 못하였다. 좌익위대장군(左翊衛大將軍) 우문술(宇文述)은 부여도(扶餘道)로 향하고, 우익위대장군(右翊衛大將軍) 우중문(于仲文)은 낙랑도(樂浪道)로 나오고, 좌효위대장군(左驍衛大將軍) 형원항(荊元恒)은 요동도(遼東道)로 나오고, 우효위대장군(右驍衛大將軍) 설세웅(薛世雄)은 옥저도(沃沮道)로 나오고, 우둔위장군(右屯衛將軍) 신세웅(辛世雄)은 현도도(玄菟道)로 나오고, 우어위장군(右御衛將軍) 장근(張瑾)은 양평도(襄平道)로 나오고, 우무후장군(右武候將軍) 조효재(趙孝才)는 갈석도(碣石道)로 나오고, 탁군태수(涿郡太守) 검교좌무위장군(檢校左武衛將軍) 최홍승(崔弘昇)은 수성도(遂城道)로 나오고, 검교우어위호분랑장(檢校右禦衛虎賁郎將) 위문승(衛文昇)은 증지도(增地道)로 나와 모두 압록수(鴨綠水)의 서쪽에 모였다. 우문술 등의 군사는 여하(濾河)·회원(懷遠) 두 진에서 올 때 각 인마마다 100일치의 양식을 받고 또 갑옷과 무기와 아울러 의복·무기·천막을 받았다. 각각 사람 앞에 석 섬 이상의 부담이므로 무거워서 가지고 갈 수 없었다. 그리고 군중에 내린 명령이 "미속(米粟)을 버린 자는 목을 벤다" 하였으니 무거워서 가져갈 수 없는 병졸들은 모두 군막 밑에 구덩이를 파고 묻었다. 그러니 행진이 겨우 중로(中路)에 이르렀을 때 양식이 이미 떨어지게 되었다.

　왕은 대신(大臣) 을지문덕(乙支文德)을 시켜 그 진영에 나아가 거짓 항복케 하였다. 이것은 실상 그의 허실(虛實)을 관찰하려 함이었는데 우중문(于仲文)이 먼저 받은 수제(隋帝)의 밀서(密書)에 "만약 왕이나 문덕(文德)이 오는 기회가 있거든 반드시 사로잡아야 한다" 하였으므로 문덕을 잡으려 하였다. 위무사(慰撫使) 상서우승(尙書右丞) 유사룡(劉士龍)이 굳이 말리어 중문은 못내 그 청을 들어 주었다.

　문덕이 돌아가자 이내 후회하고 사람을 시켜 문덕을 속여 말하기를 "하고 싶은 말이 있으니 다시 오라" 하였으나 문덕은 돌아보지 아니하고 압록수를 건너가 버렸다. 중문, 우문술 등은 문덕을 놓치고 마음이 편안치 못하였다.

우문술은 군량이 다 되어가므로 돌아가려 했으나 중문의 의견은 "정병으로써 문덕을 추격하면 성공할 수 있다"는 것이었다. 우문술이 굳이 말리니 중문은 노하며 "장군이 10만의 병력을 가지고서 능히 소적(小賊)을 깨뜨리지 못한다면 무슨 낯으로 제를 뵙겠소. 나도 이 걸음이 반드시 성공할 수 없다는 것은 알고 있소. 옛날의 명장이 능히 성공한 것은 결정권이 한 사람에게 있기 때문이었소. 이렇듯 사람마다 각 마음을 갖고 있으니 어떻게 적을 이긴단 말이오" 하였다.

그때 수제가 중문이 계획성이 있다 하여 제군(諸軍)으로 하여금 절도(節度)를 품해서 하라고 하였기 때문에 이 말이 나오게 되었다. 이로 말미암아 우문술 등은 하는 수 없이 중문의 말을 좇아 여러 장수와 더불어 압록수를 건너 문덕을 추격하였다. 문덕은 우문술의 군사가 굶주린 기색이 있음을 보고 짐짓 지치게 하기 위하여 싸울 때마다 달아나기만 하니 이로 말미암아 우문술 등은 하루 사이에 일곱 번 싸워 다 승리하였다. 이미 손쉽게 승리한 것을 믿고 또 뭇사람의 의논에 몰려 급기야 동으로 나아가 살수를 건너 평양성과 30리 거리에 산을 의거하여 진영을 만들었다. 문덕이 다시 사신을 보내어 거짓 항복서를 올리고 우문술에게 청하기를 "만약 군사를 철회한다면 마땅히 왕을 모시고 행재소(行在所)에 가서 조회하겠나이다" 하였다.

우문술은 자기의 병졸이 지치고 지쳐 다시 싸울 수 없음을 보았고 또 평양성이 험하고 굳어 졸지에 함락시키기는 어려울 것으로 짐작하여 마침내 거짓 항복을 구실로 돌아가기로 하였다. 그리하여 방진(方陣)을 만들어 행군하자 문덕이 사방으로 유격해 우문술 등은 싸우다 가고, 가다 싸웠다. 가을 7월, 살수에 도착하여 군이 강을 반쯤 건널 무렵에 우리 군사가 뒤로부터 그 후군을 공격하니 적장 우둔위장군(右屯衛將軍) 신세웅(辛世雄)이 전사하였다. 이에 모든 군사가 무너져 걷잡을 수 없게 되었다. 남은 병사가 달아나 압록수에 당도하고 보니 하루낮 하룻밤에 450리를 걸은 셈이었다. 장군인 천수(天水) 사람 왕인공(王仁恭)이 후군이 되어 우리 군사를 공격하여 물리쳤다. 내호아도 우문술 등이 패했다는 말을 듣고 역시 군사를 끌고 도망하였고 오직 위문승의 1군(一軍)만이 홀로 온전하였다. 처음 9군(九軍)이 요(遼)에 도착했을 때는 무려 30만 5,000명이었는데 요동성에 되돌아왔을 때는 겨우 2,700명이 남았을 뿐이고, 수만으로 계산되던 물자와 기계도 거의 다 탕진되었다.

수제는 크게 노하여 우문술 등을 쇠사슬에 묶어 가지고 7월 25일에 군사를 이끌고 돌아갔다. 처음 백제의 무왕이 사신을 보내어 고구려 정토(征討)를 청했을 때, 양제는 백제를 시켜 고구려의 동정을 엿보게 하였다. 무왕은 이 무렵 안으로 우리와 잠통(潛通)하였다. 수나라 군사가 장차 출동하려 할 때 무왕은 그 신하 국지모(國知牟)를 수나라에 보내어 사기(師期 : 共會의 期會)를 청하니 양제는 크게 기뻐하여 상을 후히 내리고 상서기부랑(尙書起部郞) 석률(席律)을 백제에 보내어 회합 일자를 알려주었다. 수나라 군사가 요수를 건너올 때 또한 국경에 병비(兵備)를 엄히 하고 수나라를 원조한다고 말하였으나 실상은 양쪽을 다 쥐고 있었다. 수는 이번 군사 행동으로 오직 요수의 서쪽에 있는 우리의 무려라(武厲邏)를 함락시키고 요동군(遼東郡)과 통정진(通定鎭)을 설치하였을 따름이다.

24년 봄 정월, 수제는 조서를 내려 천하의 병력을 징발하여 탁군에 집합시키고 백성을 모집하여 효과(驍果 : 軍職名)를 만들고 요동의 고성(古城)을 수리하여 군량을 저장케 하였다. 2월, 양제가 시신에게 말하기를 "고구려의 작은 적이 상국(上國)을 업신여기니 지금 우리가 바다를 빼앗고 산을 옮기는 일도 능히 할 수 있으리라고 생각하는데, 하물며 이따위 적에 대해서랴" 하고 다시 치기를 의논하였다. 좌광록대부(左光祿大夫) 곽영(郭榮)이 간하며 아뢰기를 "오랑캐가 예도를 모르면 신하들이 알아서 처리할 일입니다. 천 근의 무게를 지닌 활을 갖고 다람쥐를 쏠 수는 없는 것이온데 어쩌자고 만승의 존귀하신 몸을 욕되게 하여 좀도둑과 상대하시려고 하십니까" 하였으나 수의 양제는 듣지 아니하였다.

여름 4월, 거가(車駕)가 요수를 건넜다. 우문술·양의신(楊義臣)을 보내어 평양으로 내닫게 하였다. 왕인공(王仁恭)이 부여도로 나와 군사를 전진시켜 신성(新城)에 이르자 우리 군사 수만이 항거하여 싸웠다. 인공(仁恭)은 날랜 기병 1,000명을 시켜 우리 군사를 쳐부수었다. 우리 군사가 성문을 닫고 굳게 지키니 수 양제는 여러 장수에게 명령하여 요동을 치게 하면서 형편에 따라 보고 없이 일을 처리하도록 하였다. 그리하여 비루(飛樓)·충(衝)·운제(雲梯)·지도(地道)를 가지고 사방으로 진격하여 밤낮을 쉬지 않았으나 우리 군사는 임기 응변으로 막아냈다[충제간(衝梯竿)의 길이는 열다섯 길이었는데, 효과(驍果) 심광(沈光)이 그 끝에 올라서서 성에 임하여 우리 군사와 단병(短兵)으로 접전하여 수십 명을 죽이므로, 우리 군사가 다투어 쳐서 떨어뜨렸으나 미처 땅에 닿기 전에 마침 간대 끝에 달린 줄을 붙잡고 다시 올라갔다. 수제는 이를 보고 장하게 여기어 곧 조산대부(朝散大夫)를 제수하였다]. 요동성이 오래도록 함락되지 아니하자 수제는 베주머니 수만 개를 만들게 하고 거기에 흙을 가득 담아 어량(魚梁)의 큰 길을 만들게 하였는데, 너비는 30보, 높이는 성과 가지런하게 하여 전사(戰士)로 하여금 올라가 싸우게 하였다. 또 팔륜누거(八輪樓車)를 만들게 하여 높이가 성을 벗어나 어량의 길을 끼고 성 안을 굽어보며 활을 쏘게 한 뒤, 기일을 두고 공격하려 하니 성내가 위태하였다.

그때 마침 수의 양현감(楊玄感)의 반역에 대한 글월이 전해 왔다. 수제는 크게 두려워하고 또 고관의 자제가 모두 현감의 휘하에 있다는 사실을 듣고 더욱 근심하였다. 병부시랑(兵部侍郞) 곡사정(斛斯政)이 본래 양현감과 사이가 좋았기 때문에 내심 불안을 느껴 고구려로 망명해 왔다. 수제는 밤에 비밀히 여러 장수를 소집하여 군사를 이끌고 돌아가게 하니, 군수품과 갑주·활·창과 공성구(攻城具)는 산처럼 쌓이고 영루(營壘)와 장막은 안도부동(安堵不動)한 채로 남아 있었다.

군중의 심리가 흉흉하여 다시 부서(部署)도 가릴 새 없이 제도(諸道)가 다 분산하는지라, 우리 군사는 즉시 이를 깨달았으나 감히 출격하지 못하고 단지 성내에서 북치며 떠들고만 있었다. 그러다가 이튿날 오시(午時)에야 차차 밖으로 나오기 시작하였는데 오히려 그때까지도 수군이 속이는 줄로 의심하였다. 이틀이 지나서야 드디어 수천 명의 군사를 내어 뒤를 쫓았으나 그 수가 많음을 꺼리어 감히 핍박치 못하고 항상 8, 90리의 거리를 두었다. 장차 요수(遼水)에 이르려 할 때 수의 친위군이 다 건너간 것을 알고 드디어 후군에게 육박하였는데, 그때 후군만 해도 수만 명이었다. 우리 군사가 들이쳐서 수천 명을 죽였다.

25년 봄 2월, 수의 양제가 백관에게 조서를 내려 또다시 고구려 정벌을 의논하였으나 며칠이 지나도록 감히 말하는 자가 없었다. 양제는 다시 조서를 내려 천하의 군사를 징발하여 여러 길로 나누어 나아가게 하였다. 가을 7월, 수제의 거가(車駕)가 회원진(懷遠鎭)에 머물렀다. 이 때 천하가 소란하여 징발한 군사가 대부분 기일을 어기고 당도하지 아니하였으며, 우리나라도 역시 지칠 대로 지쳐 있었다. 수의 내호아가 비사성(卑奢城)에 당도하자 우리 군사가 맞아 싸웠으나 내호아는 이를 쳐서 이기고 평양으로 육박할 태세를 보였다. 왕(영양왕)이 두려워하여 사신을 수제에게 보내어 항복을 청하고 이어 앞서 망명해 온 곡사정을 보내어 주니 수제는 크게 기뻐하여 사지절(使持節)을 보내어 내호아를 소환하였다. 8월, 수제는 회원진에서 군사를 돌이켰다. 10월에 수제가 서경(西京)에 돌아와 우리 사자 및 곡사정을 시켜 대묘(大廟)에 고유하고, 이내 우리 왕에게 와서 조회하라고 하였으나 왕이 끝내 응하지 아니하였다. 수제는 명령을 내려 장병에게 무장을 단속하고 다시 거사하기로 하다가 실행하지 못하였다.

29년 가을 9월, 왕이 죽으니 호를 영양왕(嬰陽王)이라 하였다.

영류왕(榮留王)

영류왕(榮留王)의 휘는 건무(建武 : 혹은 성(成))니 영양왕(嬰陽王)의 이복 아우이다. 영양왕이 재위 29년에 죽자 즉위하였다.

2년(619) 봄 2월, 사신을 당(唐)에 보내어 조공하였다. 여름 4월, 왕이 졸본에 행차하여 시조의 사당에 제사지냈다. 5월, 왕이 졸본에서 돌아왔다.

4년 가을 7월, 사신을 당(唐)에 보내어 조공하였다.

5년 사신을 당에 보내어 조공하니 당(唐) 고조(高祖)는 수말(隋末)의 전사(戰士)가 이 땅에 많이 잡혀 있음을 알고 왕에게 조서를 내렸다. 그 조서에 "나는 삼가 보명(寶命)을 받들고 솔토(率土)에 군림하여 삼령(三靈)을 공손히 하고 만국을 회유(懷柔)하므로 이 하늘 아래는 사랑하는 정이 균일하고, 일월이 비치는 곳에는 다 안락케 다스려 편안케 할 생각이다. 왕은 요좌(遼左)를 통섭하고 번방(藩邦)에 세거(世居)하여 연호를 받들어 쓸 것을 생각하고 멀리 조공의 예를 따라 짐짓 사자를 보내 산을 넘고 물을 건너 간곡한 정성을 다하니, 나는 매우 아름답게 여긴다. 이제 육합(六合)이 안녕하고 사해(四海)가 태평하여 옥백(玉帛)이 이미 통하고 도로(道路)가 막힘이 없으니, 바야흐로 화목을 이루고 길이 호의를 돈독히 하여 각각 강토를 보전하면 어찌 아름다운 일이 아니겠느냐. 다만 수말(隋末)에 병란이 끊임 없어 치고 싸우는 곳에서 각각 그 백성을 잃었고, 그리하여 부자, 형제, 내외가 유리 분산되어 많은 세월을 지내도록 원녀(怨女 : 無夫女)와 광부(曠夫 : 無妻夫)의 원망이 풀리지 아니하였다. 이제 양국이 화친을 통했으니 의로 보아 간격이 있을 수 없으므로 이곳에 있는 고구려 사람을 전부 찾도록 하였으니 바로 곧 보내줄 것이다. 왕도 그곳에 있는 이 나라 사람을 놓아 보내되 거두어 기르는 방법을 극진히 하고 용서와 자애의 도를 넓히도록 할지어다" 하였다. 이에 중국 사람을 남김없이 찾아내어 돌려보내니 그 수효가 수만 명에 이르렀다. 고조는 크게 기뻐하였다.

6년 겨울 12월, 사신을 당에 보내어 조공하였다.

7년 봄 2월, 왕은 사신을 당에 보내어 역서(曆書)를 반포해 줄 것을 청하니 당제(唐帝)는 형부상서(刑部尙書) 심숙안(沈叔安)을 보내어 왕을 책봉하여 상주국요동군공고구려국왕(上柱國遼東郡公高句麗國王)으로 삼고 도사(道士)에게 명령하여 천존(天尊)의 상(像)과 도교(道敎)의 법을 가지고 가서 노자(老子)를 강의케 하니 왕과 국민이 이를 청강하였다. 겨울 12월, 사신을 당에 보내어 조공하였다.

8년, 왕은 사신을 당에 보내어 불교와 도교의 가르치는 법을 배우게 해달라고 청하니 당제는 이를 허락하였다.

9년, 신라·백제가 사신을 당에 보내어 아뢰기를 "고구려가 길을 막고 조회를 못하도록 하며 또 자주 침략한다"고 하였다. 수제는 산기시랑(散騎侍郞) 주자사(朱子奢)에게 절(節)을 갖고 가 타이르게 하니 왕이 표를 올려 사죄하고 신라·백제 양국을 평화롭게 하여 줄 것을 청하였다.

11년 가을 9월, 사신을 당에 보내어 태종(太宗 : 李世民, 唐高祖의 아들)이 돌궐의 힐리가한(肹利可汗)을 사로잡은 것을 축하하고 겸하여 봉역도(封域圖 : 疆域圖)를 올리었다.

12년 가을 8월, 신라 장군 김유신(金庾信)이 와서 동쪽 변경을 침범하여 낭비성(娘臂城)을 깨뜨렸다. 9월, 사신을 당에 보내어 조공하였다.

14년, 당은 광주사마(廣州司馬) 장손사(長孫師)를 보내어 수나라 전사(戰士)의 해골을 묻고 위령제를 지냈으며 당시에 세웠던 경관(京觀 : 전승기념물)을 헐었다. 봄 2월, 왕이 여러 사람을 동원하여 장성(長城)을 쌓았는데, 동북으로 부여성(扶餘城)에서 동남으로 바다에 이르기까지 1,000여 리를 잇대니 무려 16년 만에 역사를 끝냈다.

21년 겨울 10월, 신라의 북변에 있는 칠중성(七重城)을 침범하니 신라 장군 알천(閼川)이 칠중성 밖에서 맞아 싸워 우리 군사가 패하였다.

23년 봄 2월, 세자(世子) 환권(桓權)을 당에 보내어 조공하니 태종(太宗)이 그를 위로하고 물건을 후히 주었다. 왕이 청년(靑年) 자제(子弟)들을 당에 보내어 국학(國學)에 입학할 것을 청하였다. 가을 9월, 해가 빛을 잃었다가 3일 뒤에 다시 밝아졌다.

24년 당제는 우리 태자가 입조하였다는 것을 알고 직방낭중(職方郞中) 진대덕(陳大德)을 보내어 답례하였다. 대덕이 우리나라 국경에 들어와 성읍(城邑)을 경유하면서 그 수관(守官)에게 좋은 비단을 후히 주며 말하기를 "내가 본시 산수를 좋아하니 이곳에 명승이 있다면 구경하고자 한다" 하였다. 수령들이 흔연히 인도하여 어느 곳이고 안 간 데가 없었다. 이로 말미암아 그 세세한 것까지 모두 알게 되었고, 중국인으로서 수말(隋末)에 종군하였다가 뒤떨어져 머물러 있는 자를 만나면 그를 위하여 친척의 생사를 일일이 일러 주니 그 사람들이 눈물을 흘렸다. 이로 인해 가는 곳마다 남녀들이 길가에 늘어서서 구경하였다.

왕은 무관의 호위를 성대히 하고 당나라 사자를 인견하였다. 대덕의 사행(使行)은 우리의 허실을 탐지하였으나 우리는 그 내용을 몰랐다. 대덕이 돌아가 아뢰니 당제는 크게 기뻐하였다. 대덕은 당제께 아뢰기를 "그 나라가 고창(高昌 : 지금의 중국 新疆의 Turfan에 있던 나라)이 망했다는 것을 듣고서 크게 두려워하여 사신에 대한 대접이 평상시보다 더하였습니다" 라고 하였다. 당제는 "고구려는 본시 사군(四郡)의 땅일 뿐이다. 내가 군사 수만을 내어 요동을 공격하면 그쪽에서 반드시 국력을 기울여 구원할 것이니 별도로 수군을 보내어 동래(東萊)로 나아가 바닷길로부터 평양으로 육박하여 수륙이 합세하면 탈취하기는 어렵지 않으나 다만 산동(山東) 주·현의 상처가 완전히 가시지 않았으므로 수고롭게 아니하려는 것이다" 하였다.

25년 봄 정월, 사신을 당에 보내어 조공하였다. 왕은 서부대인(西部大人) 개소문(蓋蘇文)을 시켜 장성(長城)의 역사를 감독케 하였다. 겨울 10월, 개소문이 왕을 죽였다. 11월, 당 태종은 왕의 죽음을 듣고 원중(苑中)에서 애도식을 거행하고 조서를 내려 물건 300단을 주고 사지절(使持節)을 보내어 조제(弔祭)하였다.

三國史記 卷 第二十

高句麗本紀 第八 嬰陽王 榮留王

嬰陽王(一云平陽) 諱元(一云大元) 平原王長子也 風神俊爽 以濟世安民自任 平原王在位七年立爲太子 三十二年王薨 太子卽位 隋文帝遣使 拜王爲上開府儀同三司 襲爵遼東郡公 賜衣一襲.

二年 春正月 遣使入隋 奉表謝恩進奉 因請封王 帝許之 三月 策封爲高句麗王 仍賜車服 夏五月 遣使謝恩.

三年 春正月 遣使入隋朝貢.

八年 夏五月 遣使入隋朝貢.

九年 王率靺鞨之衆萬餘 侵遼西 營州摠管韋沖 擊退之 隋文帝聞而大怒 命漢王諒-王世績(績 隋書及資治通鑑幷積)幷爲元帥 將水陸三十萬來伐 夏六月 帝下詔 黜王官爵 漢王諒軍 出臨渝關 値水潦 餽轉不繼 軍中乏食 復遇疾疫 周羅睺 自東萊 泛海趣平壤城 亦遭風船多漂沒 秋九月 師還 死者十八九 王亦恐懼 遣使謝罪 上表稱遼東糞土臣某 帝於是罷兵 待之如初 百濟王昌 遣使奉表 請爲軍導 帝下詔 諭以高句麗服罪 朕已赦之 不可致伐 厚其使而遣之 王知其事 侵掠百濟之境.

十一年 春正月 遣使入隋朝貢 詔大學博士李文眞 約古史爲新集五卷 國初始用文字 時有人記事一百卷 名曰留記 至是刪修.

十四年 王遣將軍高勝 攻新羅北漢山城 羅王率兵過漢水 城中鼓噪相應 勝以彼衆我寡 恐不克而退.

十八年 初煬帝之幸啓民帳也 我使者在啓民所 啓民不敢隱 與之見帝 黃門侍郎裵矩 說帝曰 高句麗本箕子所封之地 漢晉皆爲郡縣 今乃不臣 別爲異域 先帝欲征之久矣 但楊諒不肖 師出無功 當陛下之時 安可不取 使冠帶之境 遂爲蠻貊之鄕乎 今其使者 親見啓民擧國從化 可因其恐懼 脅使入朝 帝從之 勅牛弘宣旨

曰 朕以啓民誠心奉國故 親至其帳 明年當往涿郡 爾還日語爾王 宜早來朝 勿自疑懼 存育之禮 當如啓民 苟或不朝 將帥啓民 往巡彼土 王懼藩禮頗闕 帝將討之 啓民突厥可汗也 夏五月 遣師攻百濟松山城 不下 移襲石頭城 虜男女三千而還.

十九年 春二月 命將襲新羅北境 虜獲八千人 夏四月 拔新羅牛鳴山城.

二十二年 春二月 煬帝下詔 討高句麗 夏四月 車駕(駕 舊本作蓋)至涿郡之臨朔宮 四方兵皆集涿郡.

二十三年 春正月壬午 帝下詔曰 高句麗小醜 迷昏不恭 崇聚勃碣之間 荐食遼濊之境 雖復漢魏誅戮 巢穴暫傾 亂離多阻 種落還集 萃川藪於往代 播寔繁以訖今 睠彼華壤 翦爲夷類 歷年永久 惡稔旣淫 天道禍淫 亡徵已兆 亂常敗德 非可勝圖 掩慝懷姦 唯日不足 移告之嚴 未嘗面受 朝覲之禮 莫肯躬親 誘納亡叛 不知紀極 充斥邊垂 亟勞烽候 關柝以之不靜 生人爲之廢業 在昔薄伐 已漏天網 旣緩前禽之戮 未卽後服之誅 曾不懷恩 翻爲長惡 乃兼契丹之黨 虔劉海戍 習靺鞨之服 侵軼遼西 又靑丘之表 咸修職貢 碧海之濱 同稟正朔 遂復敛攘琛賮(賮 舊本作責 譌也) 遏絕往來 虐及弗辜 誠而遇禍 輶車奉使 爰暨海東 旌節所次 途經藩境 而擁塞道路 拒絕王人 無事君之心 豈爲臣之禮 此而可忍 孰不可容 且法令苛酷 賦歛煩重 强臣豪族 咸執國鈞 朋黨比周 以之成俗 賄貨如市 冤枉莫申 重以仍歲災凶 比屋饑饉 兵戈不息 徭役無期 力竭轉輸 身塡溝壑 百姓愁苦 爰誰適從 境內哀惶 不勝其弊 廻首面內 各懷性命之圖 黃髮稚齒 咸興酷毒之歎 省俗觀風 爰屆幽朔 弔人問罪 無俟再駕 於是 親摠六師 用申九伐 拯厥阽危 恊從天意 殄玆逋穢 剋嗣先謨 今宜授律啓行 分麾屆路 掩渤海而雷震 歷扶餘以電掃 比干(干 隋書作戈)按甲 誓旅而後行 三(三 同書作先)令五申 必勝而後戰 左十二軍 出鏤方·長岑·溟海·蓋馬·建安·南蘇·遼東·玄菟·扶餘·朝鮮·沃沮·樂浪等道 右十二軍 出黏蟬·含資·渾彌·臨屯·候城·提奚·踏頓·肅愼·碣石·東䁂·帶方·襄平等道 絡驛引途 摠集平壤 凡一百十三萬三千八百人 號二百萬 其餽輸者倍之 宜社於南桑乾水上 類上帝於臨朔宮南 祭馬祖於薊城北 帝親授節度 每軍 上將亞將各一人 騎兵四十隊 隊百人 十隊爲團 步卒八十隊 分爲四團 團各有偏將一人 其鎧冑纓拂旗旛 每團異色 日遣一軍 相去四十里 連營漸進 終四十日 發乃盡 首尾相繼 鼓角相聞 旌旗亘九百六十里 御營內 合十二衛 三臺五省 九寺 分隸內外前後左右六軍 次後發 又亘八十里 近古出師之盛 未之有也

二月 帝御師進至遼水 衆軍摠會 臨水爲大陣 我兵阻水拒守 隋兵不得濟 帝命工部尙書宇文愷 造浮橋三道於遼水西岸 旣成 引橋趣東岸 短不及岸丈餘 我兵大至 隋兵驍勇者 爭赴水接戰 我兵乘高擊之 隋兵不得登岸 死者甚衆 麥鐵杖 躍登岸 與錢士雄·孟叉等 皆戰死 乃歛兵 引橋 復就西岸 更命少府監何稠 接橋二日而成 諸軍相次繼進 大戰于東岸 我兵大敗 死者萬計 諸軍乘勝進圍遼東城 則漢之襄平城也 車駕到(到 隋書及資治通鑑 幷作度)遼 下詔赦天下 命刑部尙書衛文昇等 撫遼左之民 給復十年 建置郡縣 以相統攝 夏五月 初 諸將之東下也 帝戒之曰 凡軍事進止 皆須奏聞待報 無得專擅 遼東數出戰 不利 乃嬰城固守 帝命諸軍攻之 又勅諸將高句麗若降 則宣撫納 不得從兵 遼東城將陷 城中人輒言請降 諸將奉旨 不敢赴期(期 隋書(高麗傳)及資治通鑑 幷作機) 先令馳奏 比報至 城中守禦亦備 隨(隨 舊本作隋 譌也)出拒戰 如比再三 帝終不悟 旣而城久不下 六月己未 隋帝幸遼東城南 觀其城池形勢 因召諸將 詰責之曰 公等自以官高 又恃家世 欲以暗懦待我邪 在都之日 公等皆不願我來 恐見病敗耳 我今來此 正欲觀公等所爲 斬公輩爾 公今畏死 莫肯盡力 謂我不能殺公邪 諸將咸戰懼失色 帝因留止城西數里 御六合城 我諸城堅守不下 左翊衛大將軍來護兒 帥江淮水軍 舳艫數百里 浮海先進 入自浿水 去平壤六十里 與我軍相遇 進擊大破之 護兒欲乘勝趣其城 副摠管周法尙止之 請俟諸軍至俱進 護兒不聽 簡精甲數萬 直造城下 我將伏兵於羅郭內空寺中 出兵 與護兒戰 而僞敗 護兒逐之入城 縱兵俘掠 無復部伍 伏兵發 護兒大敗 僅而獲免 士卒還者 不過數千人 我軍追至船所 周法尙整陣待之 我軍乃退 護兒引兵 還屯海浦 不敢復留應接諸軍 左翊衛大將軍宇文述 出扶餘道 右翊衛大將軍于仲文 出樂浪道 左驍衛大將軍荊元恒 出遼東道 右翊衛大(大 愆也 資治通鑑無)將軍薛世雄出沃沮道 右屯衛將軍辛世雄出玄菟道 右禦衛將軍張瑾 出襄平道 右武侯將軍趙孝才 出碣石道 涿郡太守檢校左武衛將軍崔弘昇 出遂城道 檢校右禦衛虎賁郎將衛文昇 出增地道.

皆會於鴨淥水西 述等兵 自瀘河 懷遠二鎭 人馬皆給百日糧 又給排甲槍矟 幷衣資戎具火幕 人別三石已上 重莫能勝致 下令軍中 遺棄米粟者斬 士卒皆於幕下 掘抗埋之 纔行及中路 糧已將盡 王遣大臣乙支文德 詣其營 詐降 實欲觀虛實 于仲文 先奉密旨 若遇王及文德來者 必擒之 仲文將執 尙書右丞劉士龍 爲慰撫使 固止之 仲文遂聽 文德還 旣而悔之 遣人紿文德曰 更欲有言 可復來 文德不顧 濟鴨淥水而去 仲文與述等 旣失文德 內不自安 述以糧盡欲還 仲文議

以精銳追文德 可以有功 述固止之 仲文怒曰 將軍仗十萬之衆 不能破小賊 何顔以見帝 且仲文此行 固知無功 何則古之良將能成功者 軍中之事 決在一人 今人各有心 何以勝敵 時 帝以仲文有計畫 令諸軍諮禀節度 故有此言 由是 述等不得已而從之 與諸軍 渡水 追文德 文德見述軍士有饑色 故欲疲之 每戰輒走 述一日之中 七戰皆捷 旣恃驟勝 又逼群議 於是 遂進東濟薩水 去平壤城三十里 因山爲營 文德復遣使 詐降 請於述曰 若旋師者 當奉王 朝行在所 述見士卒疲弊 不可復戰 又平壤城險固 度難猝拔 遂因其詐而還 述等爲方陣而行 我軍四面鈔擊 述等且戰且行 秋七月 至薩水 軍半濟 我軍自後擊其後軍 右屯衞將軍辛世雄戰死 於是 諸軍俱潰 不可禁止 將士奔還 一日一夜 至鴨淥水 行四百五十里 將軍天水王仁恭 爲殿 擊我軍 却之 來護兒聞述等敗 亦引還 唯衞文昇一軍獨全 初 九軍到(到 隋書及資治通鑑作度)遼 凡三十萬五千 及還至遼東城 唯二千七百人 資儲器械 巨萬計 失亡蕩盡 帝大怒 鎖繫(繫 舊本作擊 譌也)述等 癸卯 引還 初百濟王璋 遣使請討高句麗 帝使之覘我動靜 璋內與我潛通 隋軍將出 璋使其臣國知(知 濟紀及資治通鑑作智)牟 入隋(隋 舊本作唐 譌也)請師期 帝大悅 厚加賞賜 遣尙書起部郞席律 詣百濟 告以期會 及隋軍渡遼 百濟亦嚴兵境上聲言助隋 實持兩端 是行也 唯於遼水西 拔我武厲邏 置遼東郡及通定鎭而已.

二十四年 春正月 帝昭徵天下兵 集涿郡 募民爲驍果 修遼東古城 以貯軍糧 二月 帝謂侍臣曰 高句麗小虜 悔慢上國 今拔海移山 猶望克果 況此虜乎 乃復議伐 左光祿大夫郭榮諫曰 戎狄失禮 臣下之事 千鈞之弩 不爲鼴鼠發機 奈何親辱萬乘 以敵小寇乎 帝不聽 夏四月 車駕度遼 遣宇文述與楊義臣 趣平壤 王仁恭出扶餘道 進軍至新成 我兵數萬拒戰 仁恭帥勁騎一千 擊破之 我軍嬰城固守 帝命諸將 攻遼東 聽以便宜從事 飛樓橦·雲梯·地道 四面俱進 晝夜不息 我應變拒之 二十餘日不拔 主客死者甚衆 衝梯竿長十五丈 驍果沈光 升其端 臨城 與我軍戰 短兵接 殺十數人 我軍競擊之 而墜未及地 過遇竿有垂絙 光接而復上 帝望見壯之 卽拜朝散大夫 遼東城久不下 帝遣造布囊百餘萬口 滿貯土 欲積爲魚梁大道 闊三十步 高與城齊 使戰士登而攻之 又作八輪樓車 高出於城 夾魚梁道 欲俯射城內 指期將攻 城內危蹙 會 楊玄感叛 書至 帝大懼 又聞達官子孫皆在玄感所 盆憂之 兵部侍郞斛斯政 素與玄感善 內不自安 來奔 帝夜密召諸將 使引軍還 軍資器械攻具 積如丘山 營壘帳幕 案(案 與安通)堵不動 衆心恟懼 無復部分 諸道分散 我軍卽時覺之 然不敢出 但於城內鼓噪 至來日午時 方漸出

外 猶疑隋軍詐之 經二日 乃出數千兵追躡 畏隋軍之衆 不敢逼 常相去八九十里 將至遼水 知御營畢度 乃敢逼後軍 時後軍猶數萬人 我軍隨而鈔擊 殺略數千人.

　二十五年 春二月 帝詔百寮 議伐高句麗 數日無敢言者 詔復徵天下兵 百道俱進 秋七月 車駕次懷遠鎭 時天下已亂 所徵兵多失期不至 吾國亦困弊 來護兒至卑奢城 我兵逆戰 護兒擊克之 將趣平壤 王懼遣使乞降 因(因 隋書及資治通鑑作囚)送斛斯政 帝大悅 遣使持節召護兒還 八月 帝自懷遠鎭班師 冬十月 帝還西京 以我使者及斛斯政 告大廟 仍徵王入朝 王竟不從 勅將帥嚴裝 更圖後擧 竟不果行.

　二十九年 秋九月 王薨 號曰嬰陽王.

　榮留王 諱建武(一云成) 嬰陽王異母弟也 嬰陽在位二十九年薨 卽位.
　二年 春二月 遣使如唐朝貢 夏四月 王幸卒本 祀始祖廟 五月 王至自卒本.
　四年 秋七月 遣使如唐朝貢.
　五年 遣使如唐朝貢 唐高祖 感隋末戰士多陷於此 賜王詔書曰 朕恭膺寶命 君臨率土 祇順三靈 懷柔萬國 普天之下 情均撫字 日月所炤 咸使乂安 王統攝遼左 世居藩服 思稟正朔 遠循職貢 故遣使者 跋涉山川 申布誠懇 朕甚嘉揖(揖 舊唐書作焉) 方今六合寧晏 四海淸平 玉帛旣通 道路無壅 方申緝(緝 同上書作輯 蓋相通也)睦 永敦聘好 各保疆埸 豈非盛美 但隋氏季年 連兵搆難 攻戰之所 各失其氓 遂使骨肉乖離 室家分析 多歷年歲 怨曠不申 今二國通和 義無阻異 在此所有高句麗人等 已令追括 尋卽遣送 彼處所有此國人者 王可放還 務盡綏(綏 同上書作撫)育之方 共弘仁恕之道 於是 悉搜括華人 以送之 數至萬餘 高祖大喜.
　六年 冬十二月 遣使如唐朝貢.
　七年 春二月 王遣使如唐 請班曆 遣刑部尙書沈叔安 策王爲上柱國遼東郡公高句麗國王 命道士 以天尊像及道法 住爲之講老子 王及國人聽之 冬十二月 遣使入唐朝貢.
　八年 王遣人入唐 求學佛老敎法 帝許之.
　九年 新羅 百濟遣使於唐 上言 高句麗閉道 使不得朝 又屢相侵掠 帝遣散騎侍郞朱子奢 持節諭和 王奉表射罪 請與二國平.
　十一年 秋九月 遣使入唐 賀太宗擒突厥頡利可汗 兼上封域圖.

十二年 秋八月 新羅將軍金庾信 來侵東邊 破娘臂城 九月 遣使入唐朝貢.

十四年 唐遣廣州司馬長孫師 臨瘞隋戰士骸骨 祭之 毀當時所立京觀 春二月 王動衆築長城 東北自扶餘城 東(東 當作西 舊唐書亦作西)南至海 千有餘里 凡一十六年畢功.

二十一年 冬十月 侵新羅北邊七重城 新羅將軍閼川逆之 戰於七重城外 我兵敗衄.

二十三年 春二月 遣世子桓權入唐朝貢 太宗勞慰 賜賚之特厚 王遣子弟入唐請入國學 秋九月 日無光 經三日復明.

二十四年 帝以我太子入朝 遣職方郎中陳大德答勞 大德入境 所至城邑 以綾綺厚餉官守者曰 吾雅好山水 此有勝處 吾欲觀之 守者喜導之 遊歷無所不至 由是悉得其纖曲 見華人隋末從軍沒留者 爲道親戚存亡 人人垂涕 故所至 士女夾道觀之 王盛陳兵衛 引見使者 大德因奉使 覘國虛實 吾人不知 大德還奏 帝悅 大德言於帝曰 其國聞高昌亡 大懼 館候之勤 加於常數 帝曰 高句麗 本四郡地耳 吾發卒數萬 攻遼東 彼必傾國救之 別遣舟師 出東萊 自海道 趣平壤 水陸合勢 取之不難 但山東州縣 凋瘵未復 吾不欲勞之耳.

二十五年 春正月 遣使入唐朝貢 王命西(西 列傳作東)部大人蓋蘇文 監長城之役 冬十月 蓋蘇文弑王 十一月 太宗聞王死 擧哀於苑中 招贈物三百段 遣使持節弔祭.

삼국사기 권 제21

고구려본기(高句麗本紀) 제9

보장왕(寶臧王) 상(上)

보장왕(寶臧王) 상

왕의 휘는 장(臧:혹은 보장(寶臧))이다. 나라를 잃은 까닭으로 시호는 없다. 건무왕(建武王:榮留王)의 아우 대양왕(大陽王)의 아들이다. 건무왕 재위 25년에 개소문(蓋蘇文)이 왕을 죽이고 장을 세워 왕위를 계승케 하였다. 신라가 백제를 칠 계획으로 김춘추(金春秋)를 보내와 원군을 청하였으나 왕은 듣지 않았다.

2년(643) 봄 정월, 왕의 아버지〔大陽〕를 봉하여 왕이라 하였다. 사신을 당에 보내어 조공하였다. 3월, 개소문이 왕께 고하기를 "유불도(儒佛道) 삼교(三敎)는 비유하면 솥발과 같아서 하나만 빠져도 되지 않습니다. 지금 유불은 아울러 흥왕하여도 도교(道敎)는 번성하지 못하니 이른바 천하의 도술(道術)을 갖췄다 할 수 없지 않습니까. 청컨대 사신을 당에 보내어 도교를 구득하여 국민을 가르치소서" 하였다. 왕은 그 말에 깊이 느끼고 당(唐)에 표를 올려 요청하였다. 당의 태종은 도사(道士) 숙달(叔達) 등 여덟 사람을 파견하고 동시에 노자(老子)의 도덕경(道德經)을 보내 주었다. 왕은 기뻐하여 승사(僧寺)에다 그들을 거처하게 하였다.

윤6월, 당 태종이 말하기를 "개소문이 그 임금을 죽이고 국정을 전제하니 진실로 참을 수 없는 일이다. 오늘의 병력으로 그를 탈취하는 것은 어렵지 않으나 다만 백성을 괴롭히지 않으려는 생각이다. 나는 거란·말갈을 시켜 그들을 침요(侵擾)케 하려는데 어떠하겠느냐" 하였다. 장손무기(長孫無忌)가 아뢰기를 "소문(蘇文)이 자기 죄가 크다는 것을 알고 있으므로 대국의 토벌을 두려워하여 수비를 단단히 하고 있을 것입니다. 폐하께오서 아직 은인자중하시면 저것들이 스스로 마음 놓고 반드시 다시 교만하여 더욱 그 악을 펼칠 것입니다. 그런 뒤에 토벌하여도 늦지 않을 것입니다" 하였다. 당제는 "좋은 생각이다" 하고 사지절(使持節)을 보내어 예를 갖추어 왕을 책봉하였다. 그 조서에 말하기를 "먼 곳 사람을 안아들이는 것은 옛 왕의 좋은 전통이요, 끊어진 대를 잇게 하는 것은 역대의 예법이다. 고구려 왕 장은 바탕이 너그럽고 민첩하여 학식이 자상하고 밝으며, 일찍 예교(禮敎)를 익히어 덕의(德義)로 소문나고 번방(藩邦)의 업을 계승함에 있어 정성이 현저하니, 마땅히 작명(爵名)을 더하여 전례를 따라야 하므로 상주국요동군공고구려왕(上柱國遼東郡公高句麗王)을 봉한다" 하였다. 가을 9월, 신라가 사신을 당에 보내어 아뢰기를 "백제가 우리 40여 성을 쳐 빼앗아가고, 다시 또 고구려와 군사를 연합하여 입조(入朝)하고 길마저 끊으려고 합니다" 하며 군사를 내어 구하여 줄 것을 청하였다. 15일 밤은 맑은데 달은 보이지 아니하고 뭇별이 서쪽으로 흘러 떨어졌다.

3년 봄 정월, 사신을 당에 보내어 조공하였다. 당제는 사농승(司農丞: 財穀을 맡은 관리) 상리현장(相里玄獎: 相里는 姓氏)에게 시켜 새서(璽書)를 왕에게 전하게 하며 말하기를 "신라는 우리나라에 귀의하여 조공이 끊이지 않으니 너희는 백제와 더불어 각각 휴전하는 것이 타당하다. 만약 다시 신라를 공격한다면 명년에 군사를 내어 그대 나라를 치겠다"고 하였다. 현장이 국내에 들어오자, 개소문은 이미 군사를 거느리고 신라를 공격하여 신라의 두 성을 깨뜨렸는데, 왕이 소환했기 때문에 그제서야 돌아왔다. 현장이 "신라를 침범치 말라"고 권유하니 개소문은 현장에게 이르기를 "우리는 신라와 더불어 틈이 난 지 이미 오래 되었소. 지난날 수(隋)군이 침략할 적에 신라는 그 틈을 타서 우리 500리 땅을 탈취하여 그 성읍을 다 차지하고 있소. 그들이 자진하여 우리의 땅을 돌려주지 않으면 아마도 싸움은 그치지 않을 것이오"라고 하였다. 현장은 "이미 지나간 일을 어찌 낱낱이 따지겠소. 오늘날 요동의 제성(諸城)이 본디는 다 중국의 군·현이었지만 중국도 오히려 말하지 않는데,

고구려만이 어찌 반드시 옛땅을 찾아야 하겠는가?"라고 하였다. 개소문은 끝까지 듣지 아니하였다.

현장이 돌아가 그 상황을 상세히 아뢰니 당제가 말하기를 "개소문은 그 임금을 죽이고 그 대신을 해하고 그 백성을 못살게 굴고, 지금 또 나의 명령을 어기니 토벌하지 않을 수 없다" 하였다. 가을 7월, 당제는 군사를 출발시키기 앞서 홍(洪)·요(饒)·강(江) 3주(三州)에 명령하여 병선 400척을 만들어 군량을 싣게 하였다. 영주도독(營州都督) 장검(張儉) 등을 보내어 유(幽)·영(營) 두 도독부의 군사와 거란, 해(奚), 말갈을 거느리고 먼저 요동을 공격하여 그 형세를 관찰케 하였다. 대리경(大理卿) 위정(韋挺)을 궤수사(餽輸使)로 삼아 하북(河北)의 여러 주는 모두 정의 명령을 받게 하면서 편의종사(便宜從事: 臨機處事)함을 허락하고, 또 소경(少卿)·소예(蕭銳)를 시켜 하남 제주(諸州)의 군량을 운반하여 바닷길로 들여보내게 하였다.

9월, 개소문이 당에 백금(白金)을 바치자 당나라 신하 저수량(褚遂良)이 아뢰기를 "개소문은 그 임금을 죽였으니 구이(九夷: 東夷)에게도 용납되지 못하는 바입니다. 지금 그를 토벌하려 하면서 그의 금을 받아들인다면 이것은 고정(郜鼎: 非禮로 받는 賂物)과 같은 종류가 되므로 신은 받을 수 없다고 생각합니다" 하였다. 당제는 그 말을 좇았다. 사신은 또 말하기를 "개소문이 관원 50명을 숙위(宿衛)에 편입시켜 달라고 보내왔습니다" 하였다. 제(帝)가 노하여 사신에게 말하기를 "너희들은 다 고무(高武: 榮留王)를 섬기어 관작까지 얻었으면서도 개소문이 고무를 죽였는데 너희들은 원수도 갚지 못하면서 지금 다시 유세(遊說)를 하여 대국을 속이려 하니 죄가 너희보다 더 큰 자 어디 있겠느냐" 하였다. 그러고는 모두 대리(大理: 刑曹)에 회부하였다.

겨울 10월, 평양의 눈빛이 붉었다. 당제 자신이 장수가 되어 직접 토벌코자 하면서 장안(長安)의 기로(耆老)를 불러 위로하며 말하기를 "요동은 옛날 중국 땅인데 막리지 연개소문이 그 왕을 시해하였으니 내가 직접 가서 이를 경략(經略)하려 한다. 따라서 부로(父老)와 약속하고 나의 원정에 따라 갈 자(子)와 손(孫)은 내가 이를 위무할 터이니 염려 말라" 하고 포(布)와 속(粟)을 후하게 내렸다. 여러 신하가 모두 떠나지 말 것을 권하였다. 당제는 "나는 알고 있다. 근본을 버리고 끝으로 나아가고, 높은 것을 두고 나직한 것을 취하고, 가까운 것을 놓고 먼 곳으로 가는 이 세 가지는 모두 상서롭지 못하다는 것이다. 고구려를 치는 것이 바로 그렇다는 것이다. 그러나 연개소문이 임금을 죽이고 또 대신을 죽였으니 일국(一國)의 백성이 고개를 쳐들고 구원(救援)을 고대하고 있다. 이 점을 논자(論者)는 생각지 못하고 있다" 하였다.

곧 북으로 곡식을 영주(營州)에 수송하고 동으로 고대인성(古代人城)에 저장하였다. 11월, 당제가 낙양에 이르렀다. 전 의주자사 정천도(鄭天璹)는 이미 치사(致仕)하였는데, 당제는 그가 일찍이 수의 양제를 따라서 고구려를 정벌하였기 때문에 행재소(行在所)에 오도록 불러서 물었다. 대답하기를 "요동은 길이 멀어 양곡을 수송하기가 곤란하고 동이(東夷)는 수성(守城)을 잘하여 갑자기 항복시킬 수가 없습니다" 하였더니 당제가 이르기를 "오늘은 수나라에 비할 바가 아니니 공(公)은 나의 의견에 좇기만 하라"고 하였다. 형부상서(刑部尙書) 장량(張亮)으로 평양도행군대총관(平壤道行軍大摠管)을 삼아서, 강회(江淮)·영협(嶺硤)의 군사 4만과 장안(長安)·낙양(洛陽)에서 모집한 군사 3,000과 병선 500척을 거느리고 내주(萊州: 지금의 산동)에서 바닷길로 평양에 들이닥치게 하였다.

또 태자첨사좌위솔(太子詹事左衛率) 이세적(李世勣)으로 요동도행군대총관(遼東道行軍大摠管)을 삼아 보기병 6만과 난(蘭)·하(河) 2주(州)의 항복한 호병(胡兵)을 거느리고 요동으로 가게 하니 양군이 합세하여 유주(幽州: 지금의 북경)로 모이게 하였다. 행군총관(行軍摠管) 강행본(江姜行本)과 소감(少監) 구행엄(丘行淹)을 보내어 먼저 군사들을 독려하여 안라산(安羅山)에서 운제(雲梯)와 충차(衝車)를 만들게 하였다.

이 때에 원근의 용사가 응모하고 또 공성 기계(攻城器械)를 바치는 자가 셀 수 없이 많았다. 당제는 모두 친히 손익을 따져서 편리한 것을 취하였다. 또 친히 조서를 지어 천하에 알리기를 "고구려 개소문의, 왕을 시해하고 백성을 학대함을 인정상 어찌 참을 수 있으리요. 지금 유주(幽州)와 소주(蘇州)에 순행하여 요(遼)·갈(碣)에서 그 죄를 묻고자 한다. 지나는 영돈(營頓)에서 노비(勞費)함이 없도록 하라" 하였다. 또 말하기를 "옛날 수양제는 그 신민을 잔학케 하고 고구려 왕은 그 백성을 인애(仁愛)하였다. 난을 일으킬 생각에 사로잡혀 있는 군대를 이끌고, 안정되고 평화스런 무리를 친 까닭에 성공하지 못하였다. 지금 필승의 도(道)를 대강 말하면 5가지가 있다.

1은 대(大)로써 소(小)를 치고, 2는 순(順)으로써 역(逆)을 토벌하며, 3은 치(治)로써 난(亂)을 틈타고, 4는 일(逸)로써 노(勞)를 적(敵)으로 삼고, 5는 열(悅)로써 원(怨)을 당하는 것이니, 어찌 이기지 못할 것을 두려워하리요. 백성에게 포고하노라, 의구(疑懼)하지 말라" 하였다. 이에 무릇 숙사공비(宿舍供備)의 구(具)는 태반으로 줄이고, 또 제군(諸軍)과 신라·백제·해(奚)·거란에 조서를 내려 길을 분담하여 공격케 했다.

4년 봄 정월, 이세적(李世勣)이 유주에 이르렀다. 봄 3월, 당제가 정주(定州)에 이르러 시신(侍臣)에게 말하기를 "요동은 본래 중국 땅인데 수나라가 네 번 군사를 출동하였으나 취하지 못하였다. 내가 지금 동정(東征)함은 중국을 위하여 자제(子弟)의 원수를 갚고, 고구려를 위하여 군부(君父)의 수치를 씻으려 할 뿐이다. 또 사방이 크게 평정되었는데, 오직 고구려만이 평정되지 않았으므로 내가 아직 늙지 아니한 때에 사대부의 여력을 빌려 이를 취하려 한다"고 하였다. 당제가 정주를 출발하면서 친히 궁시(弓矢)를 차고 손수 우의(雨衣)를 말 안장 뒤에 맸다. 이세적의 군사는 유성(柳城)을 떠나 형세를 과장하여 회원진(懷遠鎭)으로 나갈 듯이 하면서 몰래 군사를 숨겨 북쪽 용도(甬道)로 가서 불의에 뛰쳐 나오려고 하였다.

여름 4월, 이세적이 통정(通定)에서 요수를 건너 현도성에 이르자 우리 성읍이 크게 놀라 모두 문을 닫고 스스로 지켰다. 부대총관인 강하왕(江夏王) 도종(道宗)이 군사 수천 명을 거느리고 신성에 이르렀는데, 절충도위 조삼량(曺三良)이 10여 기를 이끌고 성문에 육박하자 성 안에서 놀라 감히 나오는 자가 없었다. 영주도독 장검(張儉)이 호병(胡兵)을 거느리고 선봉이 되었으며, 요수를 건너 건안성(建安城)으로 가서 아병(我兵)을 파하고 수천 명을 죽였다. 이세적과 강하왕 도종이 개모성을 쳐서 함락시키고 병사 1(2)만 명과 양곡 10만 석을 노획하고 그 땅을 개주(蓋州)라고 하였다.

한편 장량(張亮)은 수군(水軍)을 거느리고 동래에서 바다를 건너 비사성을 습격하였다. 성은 사면이 절벽이어서 오직 서문만이 오를 수 있었는데, 정명진(程名振)이 밤에 군사를 이끌고 오자 부총관 왕대도(王大度)가 먼저 올랐다. 5월에 성이 함락되고 남녀 8,000명이 함몰했다. 이세적이 진군하여 요동성 아래에 이르고, 당제가 요택(遼澤)에 이르렀다. 그곳은 진흙이 200여 리나 되어 인마가 지날 수 없었다. 장작대장(將作大匠) 염립덕(閻立德)

이 흙을 펴고 다리를 만들어서 행군을 멈추지 않고 요택의 동쪽으로 건널 수 있었다. 왕이 신성과 국내성의 보병과 기병 4만 명을 보내어 요동을 구원하니 강하왕 도종이 4,000의 기병를 거느리고 마주 나와 싸웠다. 군중(軍中)이 모두 중과(衆寡)가 현절(懸絶)하므로 심구(深溝)와 고루(高壘)에 의지하여 당제의 거가가 이르는 것을 기다리자 하였다. 그러나 도종(道宗)이 말하기를 "적이 많음을 믿고 우리를 가벼이 여기는 마음이 있고, 멀리 와서 피곤하게 있을 때 이를 치면 반드시 깨뜨릴 것이다. 마땅히 길을 깨끗이 하고 승여(乘輿)를 기다릴 것이지 어찌 적을 군부(君父)에게 맡길 것이냐" 하였다. 도위 마문거(馬文擧)가 말하기를 "사나운 적을 만나지 않으면 무엇으로써 장사임을 나타내리요" 하고 말을 채찍질하여 용맹스럽게 나섰다. 향하는 곳마다 모두 휩쓸자 중심(衆心)이 점점 안정되었다. 이윽고 합전(合戰)하니 행군총관 장군예(張君乂)가 퇴주하여 당의 군사가 패배하였다. 도종이 흩어진 군사를 수습하고 높은 곳에 올라가 아군의 진이 어지러운 것을 바라보고는 효기병(驍騎兵) 수천 명으로써 이를 쳤다. 이세적이 군사를 이끌고 와서 돕는 바람에 아군이 대패하여 죽은 자가 1,000여 명이었다.

당제가 요수를 건넌 후 다리를 철거하여 사졸의 마음을 굳게 하고, 마수산(馬首山)에 주둔하면서 강하왕 도종의 노고를 치하하였다. 마문거를 중랑장에 초배(超拜)하였으며, 장군예를 베어 죽였다. 당제는 친히 수백 명의 기병을 거느리고 요동성 아래에 이르렀다. 사졸들이 흙을 져다 호를 메우는 것을 보고, 그는 특히 무거운 것을 나누어서 친히 마상에서 이를 운반하여 주니 종관(從官)들은 더욱 다투어서 흙을 져다가 성 아래에 부었다.

이세적이 밤낮을 쉬지 않고 요동성을 공격하기 12일, 당제가 정병을 이끌고 합세하여 성을 수백 겹으로 둘러싸니 북소리와 고함 소리가 천지를 흔들었다. 성에는 주몽의 사당이 있고 사당에는 쇄갑(鎖甲)과 예리한 창이 있었는데, 망언(妄言)하기를 전연(前燕) 때에 하늘에서 내려보낸 것이라 하였다. 바야흐로 포위가 급하니 미녀를 단장하여 부신(婦神)을 삼았는데, 무당이 말하기를 "주몽이 기뻐하시니 성이 반드시 온전하리라" 하였다. 이세적이 포차를 벌여놓고 큰돌을 날려 300보를 넘으니 맞는 곳마다 곧 무너졌다. 우리 군사는 나무를 쌓아 다락을 만들고 그물로 얽어서 쳤으나 막을 수 없게 되자 충거(衝車)로 성 위의 집을 쳐서 부수었다. 이 때에 백제가 금휴개(金

縩鎧)를 바쳤고, 또 현금(玄金)으로 문개(文鎧)를 만들어서 사졸들이 입고 다녔다. 당제가 이세적과 만나자 갑옷의 광채가 태양에 빛났다. 남풍이 급히 불자 당제가 날랜 군사를 보내어 장대 끝에 올라가서 성의 서남루(西南樓)를 불사르니 불이 성중에 연소하였다. 장사를 지휘하여 성에 오르니 우리 군사가 역전하였으나 이기지 못하고, 죽은 자가 1만여 명이고 붙잡힌 승병(勝兵)이 1만여 명, 남녀(男女)가 4만 명, 양곡이 50만 석이었다. 그 성을 요주(遼州)라 하였다.

이세적이 진군하여 백암성의 서남쪽을 공격하고 당제가 그 서북쪽에 다다랐다. 성주 손대음(孫代音)이 몰래 심복을 보내어 항복하기를 청하였다. 성에 닿으면 도월(刀鉞:도끼)을 던지는 것을 신호로 삼겠다 하고 "내가 항복을 원하지만 성중에 따르지 않는 자가 있다"고 하였다. 당제가 당기(唐旗)를 그 사자에게 주면서 이르기를 "반드시 항복하려거든 마땅히 이것을 성 위에 세우라"고 하였다. 손대음이 당기를 세우니 성중 사람들은 당병이 이미 성에 오른 줄로 알고 모두 이에 따랐다. 당제가 요동성에서 이기자 백암성이 항복을 청하다가 이윽고 후회하였다. 당제가 그 반복함에 노하여 군중(軍中)에 명령하여 이르기를 "성을 취하면 마땅히 모든 사람과 물자로써 전사(戰士)에게 상을 주리라" 하였다.

이세적이 당제가 장차 그 항복을 받으려는 것을 보고 갑사(甲士) 수십 명을 거느리고 청하기를 "사졸이 다투어 시석(矢石)을 무릅쓰고 죽음을 돌보지 않은 것은 노획을 탐내기 때문인데, 지금 성이 거의 함락되려 할 때 어찌하여 그 항복을 받아서(항복하면 전투할 일이 없어지므로) 전사의 마음을 외롭게 합니까" 하였다. 당제가 말에서 내려 사과하기를 "장군의 말이 옳지만 군사를 놓아 사람을 죽이고 그 처자를 사로잡는 것은 내가 차마 못할 짓이다. 장군 휘하에 공이 있는 자는 내가 고물(庫物)로써 상을 줄 것이니 장군은 이 한 성을 속죄하여 주기 바란다" 하니 세적이 물러갔다. 성중의 남녀 만여 명을 얻어 물가에 장막을 치고 그들의 항복을 받은 후 이어 음식을 주며 80세 이상에게는 차등을 두어 비단을 주었다. 다른 성의 군사로서 백암성에 와 있는 자들도 모두 위로해서 양식과 무기를 주어 마음대로 가게 하였다.

이에 앞서 요동성 장사(長史)가 부하에게 피살되었는데 그 성사(省事)가

장사의 처자를 받들어 모시고 백암성으로 도망하였다. 당제는 그의 의로움을 어여삐 여겨 비단 5필을 주고 장사를 위하여 영여(靈輿)를 만들어서 평양으로 보냈다. 백암성을 암주(巖州)라 하고 손대음으로 자사를 삼았다. 처음 막리지(<ruby>莫<rt>개소</rt></ruby>)가 가시성(加尸城) 사람 700명을 보내어 개모성에 진수(鎭戍)케 하였는데, 이세적이 그들을 모두 노획하자 그들은 종군하여 스스로 공을 세울 것을 청하였다. 당제가 말하기를 "너희 집이 모두 가시성에 있으니 너희가 우리를 위하여 싸운다면 막리지가 반드시 너희 처자를 죽일 것이다. 한 사람의 힘을 얻기 위해 한 집안을 멸족시킴은 내가 차마 할 수 없다" 하고 모두 곡식을 주어 보냈다. 개모성은 개주(蓋州)라고 하였다.

당제가 안시성(安市城)에 진군하여 공격하니, 북부 누살(北部耨薩) 고연수(高延壽)와 남부 누살(南部耨薩) 고혜진(高惠眞)이 아군과 말갈병 15만 명을 거느리고 안시성을 구하려 하였다. 당제가 시신에게 말하기를 "지금 연수에게 방책이 있다면 세 가지가 있을 것이다. 군사를 이끌고 바로 나가 안시성과 연결하여 누를 만들고 높은 산 험한 곳에 의거해서 성중의 양식을 먹고 말갈병을 놓아 우리의 우마를 노략하면, 이를 쳐도 갑자기 함락시킬 수 없고 돌아가려면 이료(泥遼)가 장애가 되어 앉아서 우리 군사를 괴롭힐 것이니 이것이 상책이요, 성중의 병을 빼어 함께 밤에 도망함은 중책이다. 지능을 헤아리지 않고 와서 우리와 싸우는 것은 하책이다. 경들은 보라. 저들이 반드시 하책으로 나올 것이니 포로가 됨은 내 눈안에 있다" 하였다. 이 때에 대로(對盧) 고정의(高正義)는 연로하고 사물에 익숙하여 연수에게 말하기를 "진왕(秦王:<ruby>唐<rt>당</rt></ruby>)은 안으로 군웅을 제거하고, 밖으로 융적을 정복하고, 홀로 서서 황제가 되었으니 이는 세상에 출중한 사람입니다. 지금 국내의 무리를 이끌고 오니 대적할 수가 없습니다. 우리로서 취할 계략은 군사를 멈추어 싸우지 않고 시일을 오래 끌면서 기병(奇兵)을 나누어 보내어 그 양도(糧道)를 끊는다면 양식이 떨어져 적은 싸우려 해도 싸울 수 없고, 돌아가려 해도 길이 없으니 곧 이길 수 있습니다" 하였다. 그러나 연수는 듣지 않고 군사를 이끌고 곧장 나아가니 안시성과 40리 거리에 있었다. 당제는 그가 머뭇거리고 오지 아니할까 두려워하여 대장군 아사나(阿史那) 두이(杜尒)에게 명하여 돌궐의 기병 1,000명을 거느리고 가서 이를 유도케 하였다. 싸움이 시작되자 당군이 거짓 달아나므로 고연수가 "어울리기 쉽다" 하고 다투어 진격하여 안시성 동남 8리 되는 곳에 산을 의지하고 진을 쳤다.
　당제가 여러 장수를 불러 계획을 물었다. 장손무기(長孫無忌)가 대답하기를 "신(臣)은 들으니 적과 싸우려고 할 때에는 반드시 먼저 사졸의 정(情)을 살핀다고 합니다. 신이 마침 군영을 지나다가, 사졸들이 고구려 구원병이 이른다 함을 듣고 모두 칼을 빼고 기(旗)를 매며 얼굴에 희색이 나타남을 보았는데, 이는 필승의 병(兵)입니다. 폐하께서 20세 이전에 친히 출진하여 묘한 계략으로 승리를 거두셨음은 모두 위로 지략을 여쭙고 여러 장수가 폐하의 하교를 받들었기 때문이었으니, 오늘 일 역시 폐하의 지휘를 바랍니다" 하였다. 당제가 웃으며 말하기를 "제공이 사양을 하니 짐은 마땅히 제공을 위하여 헤아려 보리라" 하고 이에 무기 등과 더불어 수백의 기병을 거느리고 높은 곳에 올라가서 바라보고, 산천 형세와 복병할 수 있는 곳과 출입할 수 있는 곳을 살폈다. 아군은 말갈과 합병하여 진을 쳤는데 길이가 40리였다. 당제가 이를 바라보고 두려워하는 안색이 있었다.
　강하왕 도종이 말하기를 "고구려가 나라를 기울여서 왕사(王師)를 막으니 평양의 수비가 반드시 약할 것입니다. 원컨대 신에게 병졸 5,000명을 주시어 그 근본을 뒤엎으면 수십만의 무리를 싸우지 않고 항복시킬 수 있습니다" 하였다. 당제가 듣지 않고, 사람을 보내어 고연수를 속여 말하기를 "나는 그대 나라의 강신(强臣)이 왕을 시해했기 때문에 와서 문죄하려는 것이요, 교전하는 것은 나의 본심이 아니다. 이곳에 들어와서 추속(芻粟)이 보급되지 않기 때문에 몇 개 성을 취하였으나 그대 나라가 신례(臣禮)를 닦으면 잃은 것을 반드시 회복할 것이다" 하였다. 연수가 이를 믿고 다시는 방비를 하지 않았다. 당제가 밤에 문무신을 불러 일을 계획하였다. 이세적에게 명하여 보기병 1만 5,000명을 거느리고 서령(西嶺)에 진을 치게 하고, 장손무기와 우진달(牛進達)은 정병 1만 1,000명을 거느리고 기병(奇兵)이 되어 산 북쪽에서 협곡으로 나와 후면을 찌르게 하고, 당제는 스스로 보기병 4,000명을 거느리고 고각(鼓角)을 끼고 기치를 눕혀서 산으로 올랐다. 당제가 여러 군사들에게 명하기를 고각 소리가 들리면 일제히 나가서 힘껏 싸우도록 하였다. 그리고 유사에게 명해서 수항막(受降幕 : 항복 받는 天幕)을 조당(朝堂) 옆에 치게 하였다.
　이날 밤에 유성(流星)이 고연수의 부대에 떨어졌다. 아침에 고연수 등은 홀로 이세적의 군사가 적음을 보고 휘하에 명령을 내려 싸우려 하였다. 당제는 장손무기편 부대에서 먼지가 일어남을 보고, 고각을 불어 기치를 들게 하였다. 그러자 군사들이 북치고 고함지르며 일제히 나갔다. 연수 등이 두려워서 군사를 나누어 이를 막으려고 했으나, 그 진이 이미 어지러워졌다. 이 때 번개가 쳤다. 용문(龍門) 사람 설인귀(薛仁貴)가 이상한 옷을 걸치고 크게 소리치면서 진으로 깊이 들어오니 향하는 곳마다 맞서는 자가 없어 아군이 크게 흔들렸다. 대군이 이에 덮쳐 공격하므로 아군은 크게 무너져 죽은 자가 3만여 명이었다. 당제가 설인귀를 바라보고 유격장군을 삼았다. 연수 등이 남은 무리를 거느리고 산을 의지하여 스스로 굳게 지키므로 당제가 군사들에게 명하여 이를 포위케 하고, 장손무기는 교량을 모두 거두어 그 귀로를 끊었다. 고연수와 혜진은 그 무리 3만 6,800명을 거느리고 항복을 청하며 군문에 들어와 엎드려 명을 청하였다.

　당제가 누살 이하 관장(官長) 3,500명을 가려서 내지로 옮기고 나머지는 모두 놓아 평양(平壤)으로 돌아가게 하였으며, 말갈인 3,300명은 거두어서 모두 구덩이에 묻어 죽였다. 노획한 말이 5만 필, 소가 5만 마리, 명광개(明光鎧)가 만 벌, 기타 기계들도 이와 비슷하였다. 당제가 머물던 산은 이름을 고쳐 주필산(駐蹕山)이라 하고, 고연수로써 홍려경(鴻臚卿)을, 고혜진으로 사농경(司農卿)을 삼았다.

　당제가 백암성을 항복받고 이세적에게 말하기를 "내가 듣건대 안시성은 성이 험하고 군사가 정예하며, 그 성주는 재능과 용맹이 있어 막리지의 난에도 성을 지키고 불복하므로 막리지가 이를 쳤으나 함락시키지 못하고 그대로 두었다. 건안성(建安城)은 군사가 약하고 양식이 적으므로 만일 불의에 나아가 친다면 반드시 이길 것이다. 그대가 먼저 건안을 치는 것이 좋겠다. 건안이 함락되면 안시는 내 뱃속에 있는 것이니 이는 병법상 이른바 '성에는 치지 않는 것이 있다'고 한 것이다" 하였다. 이세적이 대답하기를, "건안은 남쪽에 있고, 안시는 북쪽에 있으며, 우리의 군량은 모두 안시성의 북방인 요동에 있는데, 지금 안시를 넘어 건안을 치다가, 만일 고구려인이 우리 양도를 끊는다면 장차 이를 어찌하겠습니까. 먼저 안시를 치는 것이 좋을 것이니 안시가 함락되면 북을 울리며 진군하여 건안을 취하게 될 것입니다" 하였다. 당제가 말하기를 "그대를 장수로 삼았으니 어찌 그대의 책략을 쓰지 않겠는가. 내 일을 그르치지 말라" 하였다. 그리하여 이세적이 드디어 안시를 쳤다.

　안시성 사람들은 당제의 깃발을 바라보고 곧 성 위로 올라가서 북을 치고 소리를 질렀다. 당제가 노하였다. 이세적이 청하기를 성이 함락되면 남자는 모두 구덩이에 넣어 죽이자고 하였다. 안시성 사람들이 이 말을 듣고 더욱 굳게 성을 지켰다. 공격을 오래하였으나 함락시키지 못하였다. 고연수와 고혜진이 당제에게 청하여 말하기를 "저희는 이미 몸을 대국(大國)에 맡겼으니 감히 정성을 바치지 않을 수 없습니다. 천자께서 어서 큰 공을 이루시어 저희가 처자식과 만날 수 있게 되기를 바랍니다. 안시성 사람들은 그 집을 돌보고 아끼어 스스로 싸우니 갑자기 함락시키기가 쉽지 않을 것입니다. 지금 저희가 고구려의 10여만 군세를 바라보기만 하고 무너져 패하여 나라 사람의 담이 꺾이었는데, 오골성(烏骨城)의 누살은 늙어서 능히 굳게 지키지 못할 것입니다. 군사를 이곳으로 옮겨, 아침에 도착하고 저녁이 되면 이길 것입니다. 그 나머지 통로(通路)에 있는 소성(小城)은 당의 군세를 바라보기만 하여도 무너질 것이니 그런 후에 그 물자와 양식을 거두고 북을 치며 기세 있게 나가면 평양은 끝내 지키지 못할 것입니다" 하였다.

　여러 신하들이 또한 말하기를 "장량(張亮)의 군사가 사성(沙城)에 있으니 이를 부르면 이틀이면 올 것입니다. 고구려가 두려워하고 있는 틈을 타서 힘을 합하여 오골성을 빼앗고, 압록수를 넘어 평양을 취함은 이 거사에 달려 있습니다" 하였다. 당제가 이에 따르려 하자, 홀로 장손무기가 말하기를 "천자의 친정(親征)은 제장(諸將)과 다르니, 위험을 무릅쓰고 행을 바랄 수는 없습니다. 지금 건안성과 신성의 무리가 10만 명이나 되니 만일 오골성으로 향한다면 모두 우리 뒤를 밟을 것이므로 먼저 안시를 깨뜨리고 건안을 취한 후 장구(長驅)하여 나아가는 것이 만전(萬全)의 계책입니다" 하니 당제가 중지하였다.

　여러 장수들이 안시성을 급히 쳤다. 당제가 성중에서 닭과 돼지의 울음소리를 듣고 세적에게 말하기를 "성을 포위한 지 오래되어 성중의 굴뚝연기가 날로 미약해지는데, 지금 닭·돼지 소리가 심히 시끄러운 것은 반드시 군사들을 잘 먹였다가 밤에 우리를 습격하려는 것이니, 마땅히 군사를 엄히 하여 이에 방비하라" 하였다. 이날 밤에 아군 수백 명이 성에 끈을 매달고 아래로 내려갔다. 당제가 이 소식을 듣고 스스로 성 아래에 이르러 군사를 모아 급히 치니 아군의 죽은 자가 수십 명이요, 나머지 군사는 달아났다. 강하왕 도종이 군사를 독려하여 성의 동남쪽 구석에 토산을 쌓고 성을 압박하니 성중에서도 역시 성의 높이를 더하여 막았다. 당의 사졸들이 분번(分番)하여 교전하기를 하루에 6, 7번 하고, 충거(衝車)와 돌쇠뇌로 그 성벽을 파괴하나 성중에서도 따라 목책을 세워서 빈 곳을 막았다. 도종이 발을 다치자 당제가 친히 침을 놓아 주었다. 도종은 토산 쌓기를 주야로 쉬지 않아 무릇 60일 동안 50만 명의 인력으로 완공하였다. 산마루는 성에서 몇 길 거리이며 성중을 아래로 굽어보게 되었다.

도종이 과의(果毅) 부복애(傅伏愛)로 하여금 군사를 거느리고 산마루에 머물면서 적에 대비케 하였는데, 산이 무너지면서 성을 덮쳐 성이 무너졌다. 이때 마침 부복애가 사사로이 근무처를 떠나 있었다. 아군 수백 명이 무너진 성에서부터 출전하여 드디어 토산을 빼앗고 주위를 깎아 지켰다. 당제가 노하여 부복애를 죽여 본보기로 삼았다. 여러 장수들에게 명하여 공격하기를 3일 동안 계속하였으나 이기지 못하였다. 도종이 맨발로 당제 앞에 나아가 죄를 청하니, 당제가 말하기를 "네 죄는 마땅히 죽어야 하겠으나, 나는 한무제가 왕회(王恢)를 죽인 것은 진목공이 맹명(孟明)을 등용한 것보다 못하다고 여기며, 또 개모성과 요동성을 깨뜨린 공이 있으므로 특별히 용서한다" 하였다. 당제는 요동 지방이 일찍 추워져 풀이 마르고 물이 얼어 병마(兵馬)가 오래 머물기 어렵고, 또 양식이 바닥나려 하므로 군사를 거두게 하였다. 먼저 요주(遼州:遼東城)와 개주(蓋州:蓋牟城)의 호구(戶口)를 선별해서 요수를 건너게 하고, 안시성 아래에서 병사들에게 시위하게 하고 돌아서니, 성중에서는 모두 숨어서 나오지 않았다. 성주가 성에 올라 송별의 예를 보이자, 당제는 성을 굳게 지킨 그들의 충심을 가상히 여겨 비단 100필을 주어 그 임금에 대한 충성을 격려하였다. 이세적과 도종에게 명하여 보기병 4만 명을 거느리고 후군을 삼게 하고 요동성에 이르러 요수를 건넜다.

요택(遼澤)에는 진흙과 물이 있어 거마가 건너지 못하였다. 무기에게 명하여 만 명을 거느리고 풀을 베어다가 길을 메우고, 물이 깊은 곳은 수레로 다리를 삼도록 하였다. 당제가 스스로 말의 칼집에다가 장작을 매어 일을 도왔다. 겨울 10월에 당제가 포구(蒲溝)에 이르러 말을 세우고 길 메우는 것을 독려하였다. 군사가 발착수(渤錯水)를 건너니 눈보라가 사나워 사졸들이 젖고, 죽는 자가 많았다. 명하여 길에 불을 놓고 군사들을 기다렸다. 무릇 현도·횡산·개모·마미·요동·백암·비사·협곡·은산·후황 등 10성을 함락하였고, 요주·개주·암주 등 3주 호구를 중국으로 옮겨 간 자가 7만 명이었다.

고연수는 항복한 뒤로부터 늘 분하여 탄식하더니 이어 근심으로 죽고, 고혜진은 끝내 장안에 이르렀다. 신성·건안·주필 등 3대전(大戰)에서 아군과 당의 병마로 사망한 자가 매우 많았다. 당제는 성공하지 못하였음을 깊이 뉘우치고 탄식하여 이르기를 "위징(魏徵)이 만일 있었다면 나로 하여금 이 원정을 하게 아니하였을 것이다" 하였다.

사신(史臣)이 논한다.

"당 태종은 성명(聖明)함이 세상에 드문 임금으로, 난을 평함은 은나라 탕왕(湯王), 주나라 무왕(武王)에 견줄 만하고, 정치로는 주나라 성왕(成王)과 강왕(康王)에 가까우며, 군사를 부릴 때는 기책(奇策)을 냄이 무궁하여 향하는 곳마다 적이 없었다. 그런데 동정(東征)의 공은 안시성에서 패하였으니, 그 성주는 가히 호걸로서 보통 사람이 아니라고 할 수 있다. 사기(史記)에 그 성명이 전하지 아니하니 이는 양자(楊子)가 이르기를 "제노(齊魯)의 대신이 사(史)에 그 이름이 전하지 않는다"고 함과 다름이 없다. 대단히 안타깝다.

5년 봄 2월, 당 태종은 서울에 돌아와 이정(李靖)에게 이르기를 "내가 천하의 병력을 가지고도 조그마한 오랑캐에게 곤욕을 당한 것은 무슨 까닭이오" 하고 물었다. 이정이 "이는 도종이 해명(解明)할 일입니다" 하고 대답하였다. 당제가 돌아보며 물으니 도종은 당제가 주필산(駐蹕山)에 머물러 있을 당시에 적의 빈 틈을 타서 평양을 빼앗기로 하였던 이야기를 낱낱이 아뢰었다. 당제는 한탄하며 말하기를 "당시에 내가 너무 조급해서 미처 생각지 못하였다" 하였다. 여름 5월, 왕과 막리지 개소문이 사신을 보내어 사죄하고 아울러 미녀 두 사람을 바쳤다. 당제는 이들을 도로 돌려보내며 사자에게 이르기를 "여자라는 것은 사람마다 중히 여기는 바다. 그러나 그 친척을 멀리 떠나옴으로써 저들의 마음이 상할 것이 가엾어서 나로서는 받아들일 수 없다" 하였다.

동명왕 어머니의 소상(塑像)이 3일 동안 피눈물을 흘렸다. 처음 당제가 원정 길에서 돌아가려 할 때 개소문에게 궁복(弓服)을 주었는데, 이를 받고서 사례도 않을뿐더러 더욱더 교만하고 방자하여, 비록 그가 사신을 시켜 표를 올렸으나 그 말이 대개 다 허황되고, 또 당의 사자를 접대할 때도 대단히 거만히 하고, 늘 변두리 틈을 엿보고, 자주 칙령을 내려서 신라를 치지 말라고 하였으나, 침략을 그치지 않으니 당의 태종은 그 조공을 받지 말라고 명령하고 다시 토벌할 것을 논의하였다.

三國史記 卷 第二十一

高句麗本紀 第九 寶藏王 上

王諱臧(或云寶臧) 以失國故 無諡 建武王弟大陽王之子也 建武王在位第二十五年 蓋蘇文弑之 立臧繼位 新羅謀伐百濟 遣金春秋乞師 不從.
二年 春正月 封父爲王 遣使入唐朝貢 三月 蘇文告王曰 三敎譬如鼎足 闕一不可 今儒釋幷興 而道敎未盛 非所謂備天下之道術者也 伏請遣使於唐 求道敎以訓國人 大王深然之 奉表陳請 太宗遣道士叔達等八人 兼賜老子道德經 王喜取僧寺館之 閏六月 唐太宗曰 蓋蘇父弑其君而專國政 誠不可忍 以今日兵力 取之不難 但不欲勞百姓 吾欲使契丹-靺鞨擾之何如 長孫無忌曰 蘇文自知罪大 畏大國之討 嚴設守備 陛下姑爲之隱忍 彼得以自安 必更驕惰 愈肆其惡 然後討之未晩也 帝曰善 遣使持節備禮册命 詔曰 懷遠之規 前王令典 繼世之義 列代舊章 高句麗國王臧 器懷韶敏 識宇詳正 早習禮敎 德義有聞 肇承藩業 誠款先著 宜加爵命 允玆故實 可上柱國遼東郡公(公 資治通鑑及册府元龜皆作王)高句麗王 秋九月 新羅遣使於唐言 百濟攻取我四十餘城 復與高句麗連兵 謀絶入朝之路 乞兵救援 十五日 夜明不見月 衆星西流.
三年 春正月 遣使入唐朝貢 帝命司農丞相里玄獎 賚璽書賜王曰 新羅委質國家 朝貢不乏 爾與百濟 各宜戢兵 若更攻之 明年發兵 擊爾國矣 玄獎入境 蓋蘇文已將兵擊新羅 破其兩城 王使召之乃還 玄獎 諭以勿侵新羅 蓋蘇文謂玄獎曰 我與新羅 怨隙已久 往者隋人入寇 新羅乘釁 奪我地五百里 其城邑皆據有之 自非歸我侵地 兵恐未能已 玄獎曰 旣往之事 焉可追論 今遼東諸城 本皆中國郡縣

中國尙且不言 高句麗豈得必求故地 莫離支竟不從 玄奬還 具言其狀 太宗曰 蓋蘇文弑其君 賊其大臣 殘虐其民 今又違我詔命(按資治通鑑命下更有侵暴隣國四字) 不可以不討 秋七月 帝將出兵 勑洪饒江三州 造船四百艘 以載軍糧 遣營州都督張儉等 帥幽・營二都督兵及潔丹・奚・靺鞨 先擊遼東 以觀其勢 以大理卿韋挺爲餽輸使(餽輸使 資治通鑑作餽運使) 自河北諸州 皆受挺節度 聽以便宜從事 又命少卿蕭銳 轉河南諸州糧入海 九月 莫離支貢白金於唐 褚遂良曰 莫離支弑其君 九夷所不容 今將討之 而納其金 此郜鼎之類也 臣謂不可受 帝從之 使者又言 莫離支遣官五十入宿衛 帝怒 謂使者曰 汝曹皆事高武有官爵 莫離支弑逆 汝曹不能復讐 今更爲之遊說 以欺大國 罪孰大焉 悉以屬大理 冬十月 平壤雪色赤 帝欲自將討之 召長安耆老 勞曰 遼東故中國地 而莫離支賊殺其主 朕將自行經略之 故與父老約(約 新舊本皆作納 據唐書校之) 子若孫從我行者 我能拊循之 無容恤也 則厚賜布粟 群臣皆勸帝毋行 帝曰 吾如之矣 去本以趣末 捨高以取下 釋近而之遠 三者爲不祥 伐高句麗是也 然蓋蘇文弑其君 又戮大臣以逞 一國之人 延頸待救 議者顧未亮耳 於是 北輸粟營州 東儲粟古大人城 十一月 帝至洛陽 前宜州刺史鄭天璹 已致仕 帝以其嘗從隋煬帝伐高句麗 召詣行在問之 對曰 遼東道遠 糧轉艱阻 東夷善守城 不可猝下 帝曰 今日非隋之比 公但聽之 以刑部尙書張亮爲平壤道行軍大摠管 帥江淮嶺 硤兵四萬 長安洛陽募士三千 戰艦五百艘 自萊州泛海趣平壤 又以太子詹事左衛率李世勣 爲遼東道行軍大摠管 帥步騎六萬及蘭・河二州降胡 趣遼東 兩軍合勢 大集於幽州 遣行軍摠管姜(姜 新舊本皆作江 據册府元龜・資治通鑑校正)行本 少監丘行淹 先督衆工(工 新舊本皆作士 據資治通鑑校之) 造梯衝於安羅(羅 同上書皆作蘿)山 時遠近勇士應募 及獻攻城器械者 不可勝數 帝皆親加損益 取其便易 又手詔諭天下 以高句麗蓋蘇文弑主虐民 情何可忍 今欲巡幸幽薊 問罪遼碣 所過營頓 無爲勞費 且言 昔隋煬帝殘暴其下 高句麗王仁愛其民 以思亂之軍 擊安和之衆 故不能成功 今略言必勝之道有五 一曰以大擊小 二曰以順討逆 三曰以理(理 原作治 避高麗成宗諱)乘亂 四曰以逸敵勞 五曰以悅富怨 何憂不克 布告元元 勿爲疑懼 於是凡頓舍供備之具 減者太半 詔諸軍及新羅百濟奚契丹 分道擊之.

四年 春正月 李世勣軍至幽州 三月 帝至定州 謂侍臣曰 遼東本中國之地 隋氏四出師 而不能得 朕今東征 欲爲中國報子弟之讎 高句麗雪君父之恥耳 且方隅大定 唯此未平 故 及朕之未老 用士大夫餘力以取之 帝發定州 親佩弓矢 手

結雨衣於鞍後 李世勣軍發柳城 多張形勢 若出懷遠鎭者 而潛師北趣甬道 出我不意 夏四月 世勣自通定 濟遼水至玄菟 我城邑大駭 皆閉門自守 副大摠管江夏王道宗 將兵數千至新城 折衝都尉曺三良 引十餘騎 直壓城門 城中驚擾(擾 舊本無) 無敢出者 營州都督張儉 將胡兵爲前鋒 進度(度 與渡通)遼水 趣建安城 破我兵殺數千人 李世勣·江夏王道宗 攻蓋牟城拔之 獲一(一 舊唐書及資治通鑑作二)萬人 糧十萬石 以其地爲蓋州 張亮帥舟師 自東萊渡海 襲卑沙城 城西面懸絶 惟西門可上 程名振引兵夜至 副摠管王大度先登 五月城陷 男女八千口沒焉 李世勣進至遼東城下 帝至遼澤 泥淖二百餘里 人馬不可通 將作大匠閻立德 布土作橋 軍不留行度澤東 王發新城·國內城步騎四萬救遼東 江夏王道宗 將四千騎逆之 軍中皆以爲 衆寡懸絶 不若深溝高壘 以待車駕之至 道宗曰 賊恃衆有輕我心 遠來疲頓 擊之必敗 當淸路 以待乘輿 乃更以賊遺君父乎 都尉馬文擧曰 不遇勁敵 何以顯壯士 策馬奔擊 所向皆靡 衆心稍安 旣合戰 行軍摠管張君乂(乂 舊本作又據唐書校之)退走 唐兵取𢫾 道宗收散卒 登高而望見 我軍陣亂 與驍騎數千衝之 李世勣引兵助之 我軍大敗 死者千餘人 帝度水 撤橋 以堅士卒之心 軍於馬首山 勞賜江夏王道宗 超拜馬文擧中郞將 斬張君乂 帝自將數百騎 至遼東城下 見士卒負土塡塹 帝分其尤重者於馬上持之 從官爭負土置城下 李世勣攻遼東城 晝夜不息 旬有二日 帝引精兵會之 圍其城數百重 鼓噪聲振天地 城有朱蒙祠 祠有鎖甲銛矛 妄言前燕丗天所降 方圍急 飾美女以婦神 巫言朱蒙悅城必完 勣列砲車 飛大石過三百步 所當輒潰 吾人積木爲樓 結絙罔(罔 通鑑作綱 與通也)不能拒 以衝車撞陴屋碎之 時百濟上金髹(髹 與髤通)鎧 又(又 舊本作丈據唐書校之)以玄金爲文鎧 士被以從 帝與勣會 甲光炫日 南風急 帝遣銳卒 登衝竿之末 爇其西南樓 火延燒城中 因揮將士登城 我軍力戰不克 死者萬餘人 見捉勝兵萬餘人 男女四萬口 糧五十萬石 以其城爲遼州 李世勣進攻白巖(巖 兩唐書作崖 册府元龜—唐書卷二一九四及資治通鑑皆作巖)城西南 帝臨其西北 城主孫代(代 册府元龜及兩唐書幷作伐 唯資治通鑑作 通鑑—史記恐誤也)音 潛遣腹心請降 臨城投(投 新舊本幷作捉)刀鉞爲信曰 奴願降 城中有不從者 帝以唐幟 與其使曰 必降者 宜立之城上 代音立幟 城中人以爲 唐兵已登城皆從之 帝之克遼東也 白巖城請降 旣而中悔 帝怒其反覆 令軍中曰 得城當悉以人物賞戰士 李世勣見帝將受其降 帥甲士數十人 請曰 士卒所以爭冒矢石 不顧其死者 貪虜獲耳 今城垂拔 奈何更受其降 孤戰士之心 帝下馬謝曰 將軍言是

也 然縱兵殺人而虜其妻孥 朕所不忍 將軍麾下有功者 朕以庫物賞之 庶因將軍 贖此一城 世勣乃退 得城中男女萬餘口 臨水設幄受其降 仍賜之食 八十已上 賜 帛有差 他城之兵在白巖者 悉慰諭給糧仗 任其所之 先是 遼東城長史 爲部下所 殺 其省事奉其妻子 奔白巖 帝憐其有義 賜帛五匹 爲長史造靈輿 歸之平壤 以 白巖城爲巖州 以孫代音爲刺史 初莫離支遣加尸城七百人 戍蓋牟城 李世勣盡虜 之 其人請從軍自效 帝曰 汝家皆在加尸 汝爲我戰 莫離支必殺汝妻子 得一人之 力 而滅一家 吾不忍也 皆廩賜遣之 以蓋牟城爲蓋州(疊出(見上)) 帝至安市城 進兵攻之 北部耨(耨 兩唐書作傉)薩高延壽 南部耨薩高惠眞 帥我軍及靺鞨兵十 五萬 救安市 帝謂侍臣曰 今爲延壽策有三 引兵直前 連安市城爲壘 據高山之險 食城中之粟 縱靺鞨掠吾牛馬 攻之不可猝下 欲歸則泥潦爲阻 坐困吾軍上策也 拔城中之衆 與之宵遯中策也 不度智能 來與吾戰下策也 卿曹觀之 彼必出下策 成擒在吾目中矣 時對盧高正義 年老習事 謂延壽曰 秦王內芟群雄 外服戎狄 獨 立爲帝 此命世之才 今據(據 資治通鑑作擧)海內之衆而來 不可敵也 爲吾計者 莫若頓兵不戰 曠日持久 分遣奇兵 斷其糧道 糧食旣盡 求戰不得 欲歸無路 乃 可勝 延壽不從 引軍直進 去安市城四十里 帝恐其低徊不至 命大將軍阿史那社 (社 舊本作杜 訛也)爾 將突厥千騎以誘之 兵始交而僞走 延壽曰(曰 舊作日 誤 也) 易與耳 競進乘之 至安市城東南八里 依山而陣 帝悉召諸將問計 長孫無忌 對曰 臣聞臨敵將戰 必先觀士卒之情 臣適行經諸營 見士卒聞高句麗至 皆拔刀 結旆 喜形於色 此必勝之兵也 陛下未冠 身親行陣 凡出奇制勝 皆上稟聖謀 諸 將奉成算耳 今日之事 乞陛下指蹤 帝笑曰 諸公以此見讓 朕當爲諸公商度 乃與 無忌等 從數百騎 乘高望之 觀山川形勢 可以伏兵及出入之所 我軍與靺鞨合兵 爲陣 長四十里 帝望之有懼色 江夏王道宗曰 高句麗傾國 以拒王師 平讓之守必 弱 願假臣精卒五千 覆其本根 則數十萬之衆 可不戰而降 帝不應 遣使紿延壽曰 我以爾國强臣弑其主故 來問罪至於交戰 非吾本心 入爾境 芻粟不給 故取爾數 城 俟爾國修臣禮 則所失必復矣 延壽信之 不復設備 帝夜召文武計事 命李世 勣 將步騎萬五千 陣於西嶺 長孫無忌·牛進達 將精兵萬一千爲奇兵 自山北出於 狹谷 以衝其後 帝自將步騎四千 狹鼓角偃旗幟登山 帝勅諸軍 聞鼓角齊出奮擊 因命有司 張受降幕於朝堂之側 是夜 流星墜延壽營 旦日 延壽等 獨見李世 勣軍少 勒兵欲戰 帝望見無忌軍塵起 命作鼓角擧旗幟 諸軍鼓噪幷進 延壽等懼 欲分兵禦之 而其陣已亂 會有雷電 龍門人薛仁貴著奇服 大呼陷陣 所向無敵 我

軍披靡 大軍乘之 我軍大潰 死者三萬餘人 帝望見仁貴 拜遊擊將軍 延壽等將餘衆 依山自固 帝命諸軍圍之 長孫無忌悉撤橋梁 斷其歸路 延壽·惠眞 帥其衆三萬六千八百人 請降 入軍門拜伏 請命 帝簡耨薩已下官長三千五百人 遷之內地 餘皆縱之 使還平壤 收靺鞨三千三百人 悉坑之 獲馬五萬匹 牛五萬頭 明光鎧萬領 它器械稱是 更名所幸山 曰駐蹕山 以高延壽爲鴻臚卿 高惠眞爲司農卿 帝之克白巖也 謂李世勣曰 吾聞安市 城險而兵精 其城主材勇 莫離支之亂 城守不服 莫離支擊之 不能下因而與之 建安兵弱而糧少 若出其不意 攻之必克 公可先攻建安 建安下 則安市在吾腹中 此兵法所謂城有所不攻者也 對曰 建安在南 安市在北 吾軍糧皆在遼東 今踰安市而攻建安 若麗人斷吾糧道 將若之何 不如先攻安市 安市下 則鼓行而取建安耳 帝曰 以公爲將 安得不用公策 勿誤吾事 世勣遂攻安市 安市人望見帝旗蓋 輒乘城鼓噪 帝怒 世勣請 克城之日 男子皆坑之 安市人聞之益堅守 攻久不下 高延壽·高惠眞 請於帝曰 奴旣委身大國 不敢不獻其誠 欲天子早成大功 奴得與妻子相見 安市人顧惜其家 人自爲戰 未易猝拔 今奴以高句麗十餘萬衆 望旗沮潰 國人膽破 烏骨城耨薩老耄 不能堅守 移兵臨之 朝至夕克 其餘當道小城 必望風奔潰 然後收其資糧 鼓行而前 平壤必不守矣 群臣亦言 張亮兵在沙城 召之信宿可至 乘高句麗恟懼 併力拔烏骨城 度鴨淥水 直取平壤 在此擧矣 帝將從之 獨長孫無忌以爲 天子親征繫於諸將 不可乘危徼幸 今建安新城之虜衆 猶十萬 若向(向 舊本作回 今校之)烏骨 皆躡吾後 不如先破安市 取建安 然後長驅而進 此萬全之策也 帝乃止 諸將急攻安市 帝聞城中雞彘聲 謂世勣曰 圍城積久 城中烟火日微 今雞彘甚喧 此必饗士 欲夜出襲我 宜嚴兵備之 是夜 我軍數百人 縋城而下 帝聞之自至城下 召兵急擊 我軍死者數十人 餘軍退走 江夏王道宗督衆 築(築 舊本作第 今校之)土山於城東南隅 浸逼其城 城中亦增高其城 以拒之 士卒分番交戰 日六七合 衝車礮石 壞其樓堞 城中隨立木柵 以塞其缺 道宗傷足 帝親爲之針 築山晝夜不息 凡六旬用功五十萬 山頂去城數丈 下臨城中 道宗使果毅傅伏愛 將兵屯山頂以備敵 山頹壓城 城崩 會伏愛私離所部 我軍數百人 從城缺出戰 逐奪據土山 塹而守之 帝怒斬伏愛以徇 命諸將攻之 三日不能克 道宗走跣脂旗下 請罪 帝曰 汝罪當死 但朕以漢武殺王灰 不如秦穆用孟明 且有破蓋牟遼東之功 故特赦汝耳 帝以遼左早寒 草枯水凍 士馬難久留 且糧食將盡 勅班師 先拔遼蓋二州戶口度遼 乃耀兵於安市城下而旋 城中皆屛跡不出 城主登城拜辭 帝嘉其固守 賜縑百匹 以勵事君 命世勣道宗 將

步騎四萬爲殿 至遼東度遼水 遼澤泥潦 車馬不通 命無忌將萬人 翦草塡道 水深處以車爲梁 帝自擊薪於馬鞘 以助役 冬十月 帝至蒲溝駐馬 督塡道 諸軍渡渤錯水 暴風雪士卒沾濕多死者 勅燃火於道 以待之 凡拔玄菟·橫山·蓋牟·磨米·遼東·白巖·卑沙·夾(夾 資治通鑑及東國通鑑幷作麥 譌也)谷·銀山·後黃十城 徙遼蓋巖三州戶口 入中國者七萬人 高延壽自降後 常憤歎尋以憂死 惠眞竟至長安 新城·建安·駐蹕三大戰 我軍及唐兵馬死亡者甚衆 帝以不能成功 深悔之嘆曰 魏徵若在 不使我有是行也.

論曰 唐太宗聖明 不世出之君 除亂比於湯武 致理幾於成康 至於用兵之際 出奇無窮 所向無敵 而東征之功 敗於安市 則其城主可謂豪傑非常者矣 而史失其姓名 與楊子所云齊魯大臣史失其名無異 甚可惜也.

五年 春二月 太宗還京師 謂李靖曰 吾以天下之衆 困於小夷何也 靖曰 此道宗所解 帝顧問道宗 具陳在駐蹕時 乘虛取平壤之言 帝悵然曰 當時恖恖吾不憶也 夏五月王及莫離支蓋金 遣使謝罪 幷獻二美女 帝還之 謂使者曰 色者人所重 然憫其去親戚 以傷乃心 我不取也 東明王母塑像 泣血三日 初帝將還 帝以弓服賜蓋蘇文 受之不謝 而又益驕恣 雖遣使奉表 其言率皆詭誕 又待唐使者倨傲 常窺伺邊隙 屢勅令不攻新羅 而侵凌不止 太宗詔勿受其朝貢 更議討之.

삼국사기 권 제22

고구려본기(高句麗本紀) 제10

보장왕(寶臧王) 하(下)

보장왕(寶臧王) 하

6년(647), 당 태종이 다시 군사를 출동하려고 하니 조정의 공의(公議)가 "고구려가 산을 의지하여 성을 쌓았기 때문에 쉽사리 깨뜨릴 수는 없습니다. 앞서 대가(大駕)가 친히 출전하였을 때 그 나라 사람들은 농사를 지을 수가 없었고, 함락된 성들은 실제로 곡식을 거두었으나 가뭄이 이어져서 고구려 백성의 태반은 식량이 바닥났습니다. 지금 만약 일개 부대를 파견하여 번갈아 자주 그 영역을 소란케 하면, 저들이 전쟁에 분주하여 농사를 폐하고 병영에 들어올 것이므로, 몇 년 사이에 천리의 들판이 황폐하게 되고 인심도 절로 이반될 것이니, 압록 북쪽은 싸우지 않고도 빼앗을 수 있을 것입니다" 하였다. 당제는 그 공의에 따라 좌무위대장군(左武衛大將軍) 우진달(牛進達)을 청구도행군대총관(靑丘道行軍大摠管)을 삼고, 우무위장군(右武衛將軍) 이해안(李海岸)을 부관(副官)으로 삼아 군사 만여 명을 주었다. 그들은 내주(萊州)에서 전선을 타고 바다를 건너 들어가게 하고, 또 태자첨사(太子詹事) 이세적(李世勣)을 요동도행군대총관(遼東道行軍大摠管)을 삼고, 우무위장군 손이랑(孫貳朗) 등을 부관으로 삼아 군사 3,000명을 거느리고 영주도독부(營州都督府)의 군사를 앞세워 신성도(新城道)로부터 들어가게 했다. 양쪽 군사는 다 바다에 익숙하고 잘 싸우는 자만을 뽑아서 배치하였다.

이세적의 군사가 요수를 건너 남소(南蘇) 등 두어 성을 경유하는데 모두 성을 등지고 항거하여 싸웠다. 이세적이 이를 쳐부수고 그 성곽을 불태우고 돌아갔다. 가을 7월, 우진달과 이해안(李海岸)이 우리 경계에 들어와 100여 번을 싸워서 석성(石城)을 빼앗고 진군하여 적리성(積利城) 아래 이르렀다. 아군 1만여 명이 출전하였으나 이해안이 공격하므로 우리 군사가 3,000명이나 죽었다. 당의 태종이 송주자사(宋州刺史) 왕파리(王波利) 등에게 명령하여 강남(江南) 열두 고을의 목공을 징발하여 큰 배 수백 척을 만들어 우리나라를 치려고 하였다. 겨울 12월, 왕이 둘째아들 막리지 임무(任武)를 당에 들여보내 사죄케 하니 당제가 허락하였다.

7년 봄 정월, 사신을 당에 보내어 조공하였다. 당제는 우무위대장군 설만철(薛萬徹)을 청구도행군대총관(靑丘道行軍大摠管)으로 삼고, 우위장군(右衞將軍) 배행방(裵行方)을 부관(副官)으로 삼아, 군사 3만여 명과 전선·전함을 거느리고 내주(萊州)에서 바닷길로 들어와 공격케 하였다. 여름 4월, 오호진장(烏胡鎭將) 고신감(古神感)이 군사를 거느리고 바다를 건너 공격하여 오다가 우리 보기병 5,000명을 만나 역산(易山)에서 싸워 깨뜨렸다. 그날 밤에 우리 군사 만여 명이 신감의 배를 습격하였으나 신감의 복병이 발동하는 바람에 실패하고 말았다. 당제가 "우리 나라가 극히 피곤에 빠졌다" 이르고 "명년에 30만 대병을 일으켜 한꺼번에 없애자"고 제의하자, 누군가가 "대군이 동정(東征)하자면 해를 지낼 군량의 준비가 필요합니다. 그러자면 마차로는 실어 나를 수 없고 마땅히 군함을 갖추어 바다로 운반할 수밖에 없습니다. 수말(隋末)에 검남(劍南)에는 유독 도둑이 없었고 요동 싸움에도 검남은 참여하지 아니하여 그 백성들의 살림살이가 풍부하니 마땅히 그들로 하여금 배를 만들게 해야 한다"고 하니 당제는 그 말을 따랐다.

가을 7월, 왕도(王都 : 평양)의 한 여인이 아들을 낳았는데 몸이 하나고 머리가 둘이었다. 당 태종이 좌령좌우부장사 강위(强偉)를 검남도(劍南道)에 보내어 나무를 베어 배를 만들게 하였다. 큰 것 중에는 길이가 100자, 너비가 그에 절반되는 것이 있었다. 따로 사자를 보내어 수로(水路)로 가서 무협(巫峽)으로부터 강주·양주에 이르러 내주(萊州)로 나아가게 하였다. 9월, 노루 떼가 강을 건너 서쪽으로 달아나고 늑대 떼가 서쪽을 향하여 가는데 사흘 동안 그치지 않았다. 당 태종이 장군 설만철(薛萬徹) 등을 보내어 (우리 나라를) 쳐들어왔는데, 바다를 건너 압록으로 들어와 박작성(泊灼城 : 지금의 안평 하구)

남쪽 40리에 이르러 진영을 만들고 주둔하였다. 박작성주 소부손(所夫孫)이 보기병 1만여 명을 거느리고 항거하였다. 설만철은 우위장군 배행방(裵行方)을 보내어 보졸 및 제군을 지휘해 승세를 타고 진격해 우리 군사를 무너뜨렸고 행방 등이 진격해 와서 포위하였다. 박작성은 산에 의지해 요새를 만들고 압록강을 등지어 굳건히 지키므로 어떠한 공격으로도 깨뜨리지 못하였다. 우리 장수 고문(高文)이 오골(烏骨)·안지(安地) 등 여러 성의 군사 3만여 명을 거느리고 지원하러 와서 이를 나누어 두 진을 설치하였다. 설만철의 군사도 나누어 맞싸우니 우리 군사가 패하여 무너졌다. 당제는 또 내주자사 이도유(李道裕)로 하여금 군량과 기계를 운반하여 오호도(烏胡島：요동반도남단)에 저장케 하고 장차 대군을 일으킬 계획을 세웠다.

8년 여름 4월, 당 태종이 죽었다. 태종의 유조(遺詔)로 요동의 전역(戰役)을 파하였다.

사신(史臣)은 논한다.
처음에 태종이 요동을 치려고 할 적에 간하는 자가 하나둘이 아니었고 또 안시성에서 회군한 뒤로는 성공하지 못하고 돌아온 것을 깊이 뉘우쳐 탄식하며 하는 말이 "만약 위징(魏徵)이 살아 있었다면 나로 하여금 이 걸음을 하지 않게 하였을 것이다" 하였다. 급기야 다시 치려고 할 때 사공(司空) 방현령(房玄齡)이 병중에 표를 올리어 간하기를 "노자(老子)의 말에, 만족할 줄 알면 욕되지 않고, 그칠 줄 알면 위험하지 않다 하였습니다. 폐하(陛下)의 위엄과 공덕이 이미 만족하다 할 만하며, 강토의 개척도 또한 그칠 만합니다. 또 폐하가 매양 한 명의 중한 죄수를 처결하심에 있어서도 반드시 세 번 다섯 번의 조사를 거치며, 소선(素膳)을 바치게 하고 음악을 중지시킨 것은 사람의 목숨을 중히 여기기 때문인 줄 압니다. 그러하온데 죄없는 병졸을 몰아다가 칼날 아래 쓸어넣어 간(肝)과 뇌(腦)로 땅을 덮게 하는 것은 불쌍하지 아니하옵니까. 가령 고구려가 신하의 직분을 어긴다면 죄를 주어도 가하고, 백성을 침해한다면 없애버려도 가하고, 다른 날에 중국의 걱정거리가 된다면 제거하여도 가합니다. 지금은 이 세 가지 조건이 없는데, 중국을 괴롭히고 있습니다. 다만 안으로는 전대(前代)를 위해 부끄럼을 씻고 밖으로는 신라를 위해 원수를 갚는 것을 목적으로 한다면 어찌 이득되는 바는 작고 손해보는 바는 크다 아니하겠습니까. 원컨대 폐하께서는 고구려가 스스로 새롭게 할 길을 용허하시어, 파도를 헤치고 갈 전선(戰船)을 불태우고 모집에 응한 군사를 해산하면 자연히 화이(華夷)가 기꺼이 의지하고 먼 데는 자숙하고 가까운 데는 편안해질 것입니다" 하였다. 양공(梁公 : 房玄齡)이 죽을 무렵에 하는 말이 이와 같이 진지하였으나 당제는 따르지 아니하였으니, 동국(東國)을 터만 남게 만들어야만 마음이 유쾌할 터이니 죽은 뒤에나 말겠다는 것이다. 사가(史家)의 논평에, 큰 것을 좋아하고 공(功)을 기뻐하여 군사를 먼 곳에 몰아세웠다는 것이 이를 두고 한 말이 아니겠는가. 유공권(柳公權)의 소설에 말하기를 "주필산의 전투에서 고구려가 말갈과 합군하여 40리를 뻗대니 태종이 바라보고 두려워하는 기색이 있었다" 하였고, 또 "육군(六軍)이 고구려에 눌리어 거의 일어나지 못하게 되자, 보고하는 자가 영공(英公)이 지휘하는 흑기(黑旗)가 포위를 당했다고 하니 당제가 크게 두려워하였다"고 하였다. 비록 스스로 빠져나왔으나 이와 같이 겁을 내었는데, 신구당서(新舊唐書)나 사마공(司馬公)의 자치통감(資治通鑑)에 (이를) 말하지 아니한 것은 (자기) 나라를 위하여 일부러 말하지 않은 것이 아니겠는가.

9년 여름 6월, 반룡사(盤龍寺)의 화상(和尙) 보덕(普德)은 국가에서 도교(道敎)만을 신봉하고 불법을 믿지 않는다고 하여 남쪽의 완산(完山 : 지금의 완산군) 고대산(孤大山)으로 옮기었다. 가을 7월, 서리와 우박이 곡물에 해를 입혀 백성이 굶주렸다.

11년 봄 정월, 사신을 당에 보내어 조공하였다.

13년 여름 4월, 사람이 간혹 말하기를 "마령(馬嶺) 위에서 신인(神人)을 보았는데 그 신인(神人)의 말이 "너희 군신(君臣)의 사치가 도를 넘으니 패망할 날이 멀지 않으리라" 하더라고 하였다. 겨울 10월, 왕이 장군 안고(安固)를 시켜 군사를 출동케 하고 말갈병과 합력케 하여 거란을 공격하니 송막도독(松漠都督) 이굴가(李窟哥)가 막아 싸워 우리 군사를 신성에서 크게 무너뜨렸다.

14년 봄 정월, 앞서 우리나라가 백제·말갈과 더불어 신라의 북쪽 경계를 침범하여 33성을 빼앗았더니 신라왕 김춘추가 당에 사신을 보내어 구원을 청하였다. 봄 2월, 당 고종은 영주도독 정명진(程名振)과 좌위중랑장(左衛中郞將) 소정방(蘇定方)을 시켜 군사를 거느려 공격케 하였다. 여름 5월, 정명진 등이 요수를 건너니, 우리 쪽에서 그 병력이 얼마 되지 않음을 보고 성문을 열고 귀단수(貴湍水)를 건너가 막아싸웠다. 정명진 등이 맹공을 퍼부어 크게 이기고 1,000여 명을 베어 죽인 다음 그 바깥 성과 촌락을 불사르고 돌아갔다.

15년 여름 5월, 서울에 쇠비〔鐵雨〕가 왔다. 겨울 12월, 사신을 당에 보내어 황태자의 책봉을 축하하였다.

17년 여름 6월, 당의 영주도독겸동이도호(營州都督兼東夷都護) 정명진, 우령군중랑장(右領軍中郞將) 설인귀가 군사를 거느리고 와서 공격하였으나 이기지 못하였다.

18년 가을 9월, 호랑이 아홉 마리가 한꺼번에 성에 들어와 사람을 잡아먹으므로 잡으려 하였으나 잡지 못하였다. 겨울 11월, 당의 우령군중랑장 설인귀 등이 내침하여 우리 장군 온사문(溫沙門)이 횡산(橫山)에서 싸워 격파하였다.

19년 가을 7월, 평양의 강물이 3일 동안 핏빛처럼 붉었다. 겨울 11월, 당의 좌효위대장군(左驍衛大將軍) 설필하력(契苾何力)이 패강도행군대총관(浿江道行軍大摠管)으로, 좌무위대장군(左武衛大將軍) 수정방이 요동두행군대총관(遼東道行軍大摠管)으로, 좌효위장군(左驍衛將軍) 유백영(劉伯英)이 평양도행군대총관(平壤道行軍大摠管)으로, 포주자사(蒲州刺吏) 정명진이 누방도총관(鏤方道摠管)이 되어 군사를 거느리고 길을 나누어 공격하여 왔다.

20년 봄 정월, 당(唐)은 하남북(河南北)·회남(淮南) 67주의 군사를 모집하여 4만 4000여 명을 얻어 평양과 누방(鏤方)의 행영으로 나아가게 하였다. 또 홍려경(鴻臚卿) 소사업(蕭嗣業)을 부여도행군총관(扶餘道行軍摠管)을 삼아 회흘(回紇) 등 여러 부병(部兵)을 거느리고 평양으로 가게 하였다. 여름 4월, 임아상(任雅相)을 패강도행군총관(浿江道行軍摠管)으로, 설필하력을 요동도행군총관으로, 소정방을 평양도행군총관으로 삼아 소사업 및 모든 호병(胡兵)과 함께, 도합 35군이 수륙(水陸)으로 길을 나누어 일제히 진격토록 하였다. 당제도 친히 대군을 거느리려고 하자 울주자사(蔚州刺史) 이군구(李君球)가 말을 올리기를 "고구려는 작은 나라인데 무엇 때문에 중국의 힘을 기울이려 합니까. 만일 고구려가 없어진다면 반드시 군사를 보내어 지켜야 하는데, 적게 보내면 위엄을 떨치지 못할 것이고 많이 보내면 백성이 불안해할 것이오니 이는 천하로 하여금 병역에 지치게 하는 것입니다. 신은 치는 것이 안 치는 것만 못하고, 없애는 것이 안 없애는 것만 못하다고 여깁니다"라 하였다. 무후(武后) 역시 당제에게 간하므로 당제는 드디어 중지하였다. 여름 5월, 왕은 장군 뇌음신(惱音信)을 보내어 말갈의 군사를 거느리고 신라의 북한산성(北漢山城)을 포위하여 열흘이 넘도록 풀지 않으니, 신라는 군량 수송이 끊어져 성중이 매우 위태하던 터에 갑자기 큰별이 우리의 진영에 떨어지고 또 비가 오고 뇌성 번개가 치므로 뇌음신 등은 놀라 군사를 이끌고 후퇴하였다. 가을 8월, 소정방이 패강(浿江)에서 우리 군사를 쳐부수어 마읍산(馬邑山)을 빼앗고 드디어 평양성을 포위하였다. 9월, 개소문이 그의 아들 남생(男生)을 시켜 정병 수만 명으로써 압록강을 지키니, 당의 전군이 건너오지 못하였다. 설필하력이 당도하자 마침 얼음이 두텁게 얼어 있으므로 설필하력은 군사들을 이끌고 얼음을 타고 강을 건너 고함치며 진격하니 그만 우리 군사가 무너졌다. 설필하력은 수십 리를 쫓아와 3만여 명을 살해하였다. 남은 군사들이 모조리 항복하고 남생은 겨우 몸만 빠져나왔다. 그 즈음에 "철군하라"는 당제의 조서가 있어 드디어 돌아갔다.

21년 봄 정월, 당의 좌효위장군백주자사옥저도총관(左驍衛將軍白州刺史沃沮道摠管) 방효태(龐孝泰)가 개소문과 사수(蛇水:合掌江) 가에서 싸워 전군이 죽고 그의 아들 13명도 모두 죽었다. (이때) 소정방이 평양을 포위하였다가 큰눈이 내리는 바람에 포위를 풀고 물러갔다. 전후의 원정에 모두 이렇다 할 공이 없이 물러갔다.

25년 왕은 태자 복남(福男: 신당서(新唐書)에는 남복(男福))을 당에 들여보내어 태산(泰山)의 제사를 모시었다. 개소문이 죽으니 그 아들 남생이 대신하여 막리지(莫離支)가 되었다. 남생이 처음으로 국정(國政)을 맡아 여러 성을 순찰할 적에 그 아우 남건(男建)·남산(男産)을 남기어 뒷일을 맡아 보게 하였다. 누군가 두 아우에게 이르기를 "남생이 두 아우가 자기 지위를 빼앗을까 두려워 제거하려 하고 있으니 먼저 계획을 세우는 것이 나을 것이다"라고 하였다. 두 아우는 처음엔 믿지 않았다. 또 남생에게 말하는 자가 있어 이르기를 "두 아우가 형이 돌아와서 자기들의 권리를 빼앗을까 염려하여 형을 가로막고 받아들이지 않으려 한다"고 하였다. 남생은 몰래 심복을 시켜 평양에 가서 동정을 살피게 하였다. 두 아우가 심부름꾼을 잡아 놓고 왕명으로 남생을 부르니 남생은 감히 돌아오지 못하였다. 남건이 스스로 막리지가 되어 군사를 일으켜 토벌하였다. 남생은 달아나 국내성을 점거하고 그 아들 헌성(獻誠)을 당(唐)에 보내어 애걸하였다. 6월, 당의 고종(高宗)은 좌효위대장군(左驍衛大將軍) 설필하력을 시켜 군사를 거느리고 와서 지원케 하자 남생은 몸을 빼어 당으로 달아났다. 가을 8월, 왕은 남건으로 막리지를 삼고 겸하여 내외병마사(內外兵馬事)를 맡게 하였다. 9월, 당제는 남생에게 조서를 내려 특진요동도독겸평양도안무대사(特進遼東都督兼平壤道安撫大使)를 제수하고 현도군공(玄菟郡公)을 봉하였다. 겨울 12월, 당 고종은 이적(李勣 : 世勣改名)을 요동도행군대총관겸안무대사(遼東道行軍大摠管兼安撫大使)로 삼고, 사열소상백(司列少常伯) 안륙(安陸)·학처준(郝處俊)을 부장(副將)으로 삼고, 방동선(龎同善)·설필하력을 아울러 요동도행군부대총관겸안무대사(遼東道行軍副大摠管兼安撫大使)로 삼고, 그 밖의 수륙제군총관병전량사(水陸諸軍摠管幷轉糧使) 두의적(竇義積)·독고경운(獨孤卿雲)·곽대봉(郭待封) 등은 아울러 이적의 처분을 받게 하고, 하북의 모든 고을의 조세는 모두 요동에 보내어 군용에 충당케 하였다.

26년 가을 9월, 이적은 신성(神城 : 撫順의 北關山城)을 함락하고 설필하력으로 하여금 지키게 하였다. 이적이 처음 요수를 건너면서 모든 장수에게 이르기를 "신성은 고구려 서변의 요지이니 먼저 취득하지 못하면 남은 성도 쉽게 빼앗지 못한다" 하고 드디어 이를 공격하였다. 그 성 사람 사부구(師夫仇) 등이 성주(城主)를 묶어 가지고 성문을 열고 나와서 항복하였다. 이적이 군사를 이끌고 진격하니 16개 성이 모두 항복하였다. 방동선·고간(高侃)은 계속 신성에 남아 있었는데, 천남건(泉男建)이 군사를 보내 그들의 진영을 습격하므로 좌무위장군 설인귀가 이를 격파했다. 고간은 군사를 몰아 금산(金山)에 당도하여 우리 군사와 더불어 싸웠으나 패하였다. 우리 군사가 승세를 타서 도망하는 자를 쫓으니 설인귀가 군사를 이끌고 옆에서 쳐서 우리 군사 5만여 명을 죽이고 남소(南蘇)·목저(木氐)·창암(蒼巖) 3성을 빼앗고 천남생(泉男生)의 군사와 합하였다. 곽대봉(郭待封)이 수군을 거느리고 다른 길로 해서 평양으로 들어갔다. 이적이 별장 풍사본(馮師本)을 시켜 양곡과 무기를 실어다 주게 하였다. 사본(풍사본)의 선박이 부서지고 시기를 잃으니 곽대봉의 군사들은 기근곤박(飢饉困迫)하여 글을 지어 이적에게 보내려고 하였으나, 남이 그 허실을 알게 될까 하여 이에 이합시(離合詩 : 字劃을 떼어서 지은 詩. 합하면 원뜻을 알게 됨)를 지어서 이적에게 보냈다. 이적이 노하여 말하기를 "군사가 바쁜 이때에 어찌 시를 일삼으리요. 반드시 이를 목 베리라" 하였다. 당의 행군관기통사사인(行軍管記通事舍人) 원만경(元萬頃)이 그 뜻을 풀어 보았다. 이적이 다시 양곡과 무기를 보내 주었다. 원만경이 격문을 지어 천남건에게 보내며 "압록의 천험을 지킬 줄 모른다"고 하니 천남건이 곧 회보하기를 "삼가 명령을 듣겠다" 하고 곧 군사를 움직여 압록강을 점거하므로 당의 군사가 건너오지 못하였다. 당 고종이 이를 듣고 원만경을 영남으로 귀양보냈다. 당의 학처준이 이끄는 군사는 안시성 아래 있었는데, 미처 진열(陣列)을 이루기 전에 우리 군사 3만 명이 습격해 오므로 군중(軍中)이 크게 놀랐다. 학처준은 호상(胡床)에 걸터앉아 마른 밥을 먹다가 정예 부대를 뽑아 이를 격파하였다.

27년 봄 정월, 당나라는 우상(右相) 유인궤(劉仁軌)로 요동도부대총관을 삼고 학처준, 김인문(金仁問)으로 부장(副將)을 삼았다. 2월, 이적 등이 우리 부여성(扶餘城)을 빼앗았다. 설인귀가 이미 금산에서 우리 군사를 격파하자 그 승세를 타서 3,000명을 거느리고 부여성을 치려 하니, 여러 장수들이 그 군사가 적으므로 이를 말렸다. 설인귀가 말하기를 "군사가 반드시 많아야 하는 것이 아니라 이를 어떻게 쓰는가에 달린 것이다" 하고 드디어 선봉이 되어 나아갔다. 우리 군사와 싸워 승리하여 부여성을 빼앗으니 부여도(扶餘道)의 40여 성이 모두 항복을 청하였다. 당의 시어사(侍御史) 가언충(賈言忠)이 사명을 받들고 요동으로부터 돌아왔다. 당제가 "군중(軍中)이 어떻더냐"고 물으니 가언충은 대답하기를 "반드시 이길 것입니다. 옛날 선제(先帝)께서 죄를 물으시려다가 뜻대로 되지 아니한 것은 적에게 흠이 없었기 때문입니다. 속담에 '군이 중개자가 없으면 중도에서 돌아온다' 하였는데, 지금 남생 형제가 자기들끼리 틈이 생겨서 우리의 앞잡이가 되어 적의 사정을 다 알게 되었고, 장수는 충성하고 군사는 힘을 다하기 때문에 신은 반드시 이긴다는 것입니다. 또 고구려의 비기(秘記)에 '900년이 채 못되어 80세의 대장에게 멸망하게 될 것이다' 하였으니, 고씨(高氏)가 한의 시대로

부터 나라를 지녀 지금 900년이 되었고, 이적의 나이 80세입니다. 또 고구려는 해마다 흉년이 들어 백성들은 늘 약탈하고 인신 매매까지 하며, 지진이 일어나고, 늑대·여우들이 성안에 들어오고, 들쥐가 문에서 살고 인심이 소란하니 이번 싸움이 마지막일 것입니다" 하였다. 천남건은 다시 군사 5만 명을 보내어 부여성을 지원하다가 이적 등과 설하수(薛賀水)에서 만나 싸워 패하니 죽은 자가 3만여 명에 이르렀다. 이적은 진군하여 대행성(大行城)을 공격하였다.

여름 4월, 혜성이 필(畢)·묘(昴) 사이에 나타나니, 당의 허경종(許敬宗)이 말하기를 "혜성이 동북방에 나타났으니 고구려가 반드시 망하게 될 징조다" 하였다.

가을 9월, 이적이 평양을 함락시켰다. 앞서 이적이 대행성을 항복시키니 다른 길로 나온 모든 군도 다 이적과 합세하여 나아가 압록책(鴨綠柵)에 당도하였다. 우리 군사가 항거했으나 이적 등은 이를 무너뜨리고 200여 리를 쫓아가 욕이성(辱夷城)을 빼앗자 여러 성들은 서로 도망하고 항복하곤 하였다. 설필하력이 먼저 군사를 이끌고 평양성 아래 당도하고 이적의 군이 뒤를 이어 평양을 한 달이 넘도록 포위하니, 보장왕이 천남산을 시켜 수령 98명을 거느리고 백기(白旗)를 들고 가서 이적에게 항복케 하였다. 이적은 예로써 내접했으나 천남건은 오히려 문을 닫고 지키며 자주 군사를 보내어 나가 싸웠으나, 모두 대패하였다. 천남건이 군사권을 중 신성(信誠)에게 맡겼는데, 신성은 소장(小將) 오사(烏沙)·요묘(饒苗) 등과 더불어 비밀히 사람을 시켜 이적에게 가서 내응을 하겠다고 청하였다. 그 뒤 5일에 신성이 성문을 열어 놓자 이적은 군사를 놓아 성에 올라가 고함치며 성을 불살랐다. 남건은 스스로 자살(刺殺)하려 했으나 죽지 않았다. 이적은 왕과 남건 등을 사로잡았다.

겨울 10월, 이적이 돌아가려고 하자, 당제는 명하여 먼저 왕을 소릉(昭陵:당태종의 능)에 바치게 하고, 군용(軍容)을 갖추어 승전곡을 울리면서 서울로 들어와서 대묘(大廟)에 바치게 하였다.

12월, 당제는 함원전(含元殿)에서 포로를 인계받았다. 왕에 대하여는 정사(政事)를 왕 자신이 한 것이 아니라고 하여 용서함과 동시에 사평대상백 원외동정(司平大常伯員外同正)을, 천남산은 사재소경(司宰少卿)을 삼고, 중

신성은 은청광록대부(銀靑光祿大夫)로, 천남생은 우위대장군(右衛大將軍)으로 삼았다. 이적 이하에게는 차등을 두어 상을 내리고 천남건은 검주(黔州)로 귀양보냈다. 5부(五部) 176성 69만여 호를 나누어 9도독부(都督府) 42주(州) 100현을 두고 안동도호부(安東都護部)를 평양에 설치하여 통섭하게 하였으며, 우리 측 장수로 공이 있는 자를 뽑아서 도독(都督), 자사(刺史), 현령(縣令)을 삼아 중국인과 함께 다스리게 하였다. 우위위대장군 설인귀로 검교안동도호(檢校安東都護)를 삼음과 동시에 군사 2만 명을 거느리고 지키게 하였다. 이것이 고종 총장(總章) 원년 무진년이었다.

　당나라 총장(總章) 2년 2월, 왕의 서자 안승(安勝)이 4,000여 호를 거느리고 신라에 항복하였다. 여름 4월, 고종은 우리나라 사람 3만 8,300호를 강회(江淮)의 남쪽과, 산남(山南)·경서(京西)·제주(諸州)의 광막한 땅으로 옮기었다.

　함형(咸亨) 원년 여름 4월에 이르러 검모잠(劍牟岑)이 국가를 부흥코자 하여 당을 배반하고 왕의 외손 안순(安舜)〔신라본기에는 승(勝)으로 되었음〕을 세워 임금을 삼았다. 당제가 대장군 고간(高侃)으로 동주도행군총관(東州道行軍摠管)을 삼아 군사를 일으켜 토벌하니 안순은 검모잠을 죽이고 신라로 도망하였다.

　2년 가을 7월, 고간은 안시성에서 우리의 남은 군사를 쳐부수었다.

　3년 12월, 고간이 우리의 남은 군사와 천산(泉山)에서 싸워 이를 깨뜨렸다. 신라가 군사를 보내어 우리를 구원했으나 고간이 공격하여 이기고 2,000명을 사로잡았다.

　4년 여름 윤5월, 연산도총관대장군(燕山道摠管大將軍) 이근행(李謹行)이 우리를 호로하(瓠瀘河)에서 깨뜨려 수천 명을 사로잡으니 남은 무리가 모두 신라로 달아났다.

　당나라 의봉(儀鳳) 2년 정축년(677) 봄 2월, 항복한 왕(보장왕)을 요동주도독(遼東州都督)을 삼고 조선왕(朝鮮王)에 봉하여 요동으로 돌려보내어 남은 군사를 무마케 하는 한편, 동국 사람으로 앞서 여러 주에 있었던 자들을 왕과 더불어 함께 돌아가게 하였다. 따라서 안동도호부(安東都護府)를 신성으로 옮기어 이를 통솔케 하였더니, 왕이 요동에 이르러 반역을 도모하여 몰래 말갈과 더불어 상통하였다. 당 개요(開曜) 원년에 왕을 공주(邛州)로 소환하였다. 당 영순(永淳) 초(682년)에 왕이 죽으니 당은 위위경(衛尉卿)을 증직하고 서울로 보내 힐리(頡利)의 묘소 왼편에 장사지내고 그 묘도(墓道)에 비를 세웠다. 그 나라 사람들은 하남(河南) 농석(隴石) 등 여러 고을로 분산되어 살고, 가난한 자는 안동성(安東城) 곁에 있는 옛성에 남았다가 많은 자가 신라에 가서 죽고 남은 군중은 말갈과 돌궐로 들어갔다. 고씨(高氏)의 군장(君長)이 드디어 끊어졌다. 당나라 수공(垂拱) 2년에 항왕(降王)의 손자 보원(寶元)을 조선군왕(朝鮮郡王)으로 삼고, 성력(聖曆) 초기에 좌응양위대장군(左鷹揚衛大將軍)으로 승진시켜 다시 충성국왕(忠誠國王)을 봉하고, 안동(安東)의 구부(舊部)를 통솔케 하였으나 부임하지 아니하였다. 이듬해 항왕(降王)의 아들 덕무(德武)를 안동도독으로 삼았더니 그 뒤 차츰 나라를 만들어 당 원화(元和) 13년에 이르러는 사신을 당에 보내어 악공(樂工)을 바치었다.

사신(史臣)은 논한다.

현도·낙랑은 본디 조선의 땅으로 기자(箕子)를 봉했던 곳이다. 기자가 그 백성에게 예의(禮義)·전잠(田蠶), 직작(織作)을 가르치고 8조(八條)의 금법(禁法)을 마련하였기 때문에, 그 백성이 서로 도둑질하지 않고 문호(門戶)를 닫아 두는 일이 없으며, 부녀들은 정숙하여 음탕하지 않고 접시와 그릇으로써 음식을 하였으니 이는 어진이의 교화(敎化)였다. 또한 천성이 유순하여 서남북(西南北)의 세 지방과 달랐다. 공자(孔子)가 도가 세상에 행해지지 못함을 슬퍼한 나머지, 배를 타고 바다를 건너 이 땅에 살려고 한 것은 이런 까닭에서였다. 그러나 주역괘(周易卦)가 효이(爻二)를 다예(多譽), 효사(爻四)를 다구(多懼)라 한 것은 군위(君位)에 가깝기 때문이다. 고구려가 진·한 이후로 중국의 동북 모퉁이에 개재(介在)하여, 그 북쪽 이웃은 모두 천자의 관리들이지만 세상이 어지러우면 영웅이 우뚝 일어나 이름과 위치를 함부로 차지하는 자들이니, 이른바 다구의 땅에 있다고 할 수 있다. 그런데 겸손해하는 뜻은 없이 그 봉강(封疆)을 침범하여 원수를 맺고 그 군·현에 들어가서 살고 하기 때문에 병란이 끊임 없고 화가 미치어 한시도 편안한 세월이 없었다. 급기야 동으로 옮겨서도 수·당의 통일을 무시하여 조명(詔命)을 거역하고 불순을 내보여 칙사를 토굴에 가두었으니, 뻣뻣하고 두려워하지 않음이 이와 같았다. 그러므로 자주 죄를 묻는 군사를 보내게 되었던 것이다. 비록 때로 신기한 꾀를 베풀어 대군을 함락시키기도 하였으나 마침내 왕이 항복하여 나라가 망하고야 말았다. 그러나 그 처음과 끝을 살펴보면 그 위아래가 화목할 적에는 비록 대국이라도 능히 빼앗지 못하였고, 나라에 의롭지 못하고 백성에게 어질지 못하여 뭇사람의 원망을 일으킬 때는 여지없이 붕궤(崩潰)하여 스스로 떨치지 못하였다. 그러므로 맹자의 말에 "천지와 지리가 인화만 못하다" 하였고, 좌씨(左氏)는 "나라가 흥할 때는 복이 오고 망할 때는 화가 온다. 나라가 흥할 때는 백성을 돌보기를 자기 몸이 상한 것같이 하니 이것은 복이고, 망할 때는 백성을 초개같이 여기니 이것은 화다" 라고 하였으니 흥미 있는 말이다. 그렇다면 무릇 국가를 지닌 이로서, 포학한 관리가 백성을 구박하거나 강성한 국척(國戚)이 백성을 괴롭게 하는 것을 그대로 두어 인심을 잃으면, 아무리 나라를 어지럽지 않게 하고 망하게 하지 않으려 해도, 역시 술을 많이 먹고 나서 취했다고 싫어하는 것과 무엇이 다르랴.

三國史記 卷 第二十二

高句麗本紀 第十 寶臧王 下

六年 太宗將復行師 朝議以爲 高句麗依山爲城 不可猝拔 前大駕親征 國人不得耕種 所克之城 實數其穀 繼以旱災 民太半乏食 今若數遣偏師 更迭擾其疆場 使彼疲於奔命 釋耒入堡 數年之間 千里蕭條 則人心自離 鴨淥之北 可不戰而取矣 帝從之 以左武衛大將軍牛進達 爲青丘道行軍大摠管 右武衛將軍李海岸副之 發兵萬餘人 乘樓船 自萊州泛海而入 又以太子詹事李世勣 爲遼東道行軍大摠管 右武衛將軍孫貳朗等副之 將兵三千人 因營州都督府兵 自新城道入 兩軍皆選習水善戰者配之 李世勣軍旣度遼 歷南蘇等數城 皆背城拒戰 世勣擊破之 焚其羅郭而還 秋七月 牛進達－李海岸 入我境 凡百餘戰 攻石城拔之 進至積利城下 我兵萬餘人出戰 李海岸 擊克之 我軍死者三千(三千 資治通鑑云斬首二千級)人 太宗勅宋州刺史王波利等 發江南十二州工人 造大船數百艘 欲以伐我 冬十二月 王使第二子莫離支任武 入謝罪 帝許之.

七年 春正月 遣使入唐朝貢 帝詔右武衞大將軍薛萬徹 爲靑丘道行軍大摠管 右衞將軍裴行方副之 將兵三萬餘人及樓船戰艦 自萊州泛海來擊 夏四月 烏胡鎭 將古神感 將兵浮海來擊 遇我步騎五千 戰於易山破之 其夜我軍萬餘人 襲神感 船 神感伏發乃敗 帝謂我困弊 議以明年發三十萬衆 一擧滅之 或以爲 大軍東征 須備經歲之糧 非畜乘所能載 宜具舟(舟 舊本作是 譌也)艦爲水轉 隋末 劍南獨 無寇盜 屬者 遼東之役 劍南復不預及 其百姓富庶 宜使之造舟艦 帝從之 秋七 月 王都女產子 一身兩頭 太宗遣左嶺左右府長史强偉於劍南道 伐木造舟艦 大 者或長百尺 其廣半之 別遣使行水道 自巫峽抵江楊 趣萊州 九月 群獐渡河西走 群狼向西行 三日不絕 太宗遣將軍薛萬徹等來伐 渡海入鴨淥 至泊灼(灼 或 作汋)城南四十里止營 泊灼城主所夫孫 帥步騎萬餘拒之 萬徹遣右衞將軍裴行方 領步卒及諸軍乘之 我兵潰 行方等進兵圍之 泊灼城因山設險 阻鴨淥水以爲固 攻之不拔 我將高文 率烏骨一安地諸城兵三萬餘人 來援 分置兩陣 萬徹分軍以 當之 我軍敗潰 帝又詔萊州刺史李道裕 轉糧及器械 貯於烏胡島 將欲大擧.

八年 夏四月 唐太宗崩 遺詔罷遼東之役.

論曰 初 太宗有事於遼東也 諫者非一 又自安市旋軍之後 自以不能成功 深悔 之歎曰 若使魏徵在 不使我有此行也 及其將復伐也 司空房玄齡 病中上表諫 以 爲老子曰 知足不辱 知止不殆 陛下威名功德 旣云足矣 拓地開疆 亦可止矣 且 陛下每決一重囚 必領三復五奏 進素膳止音樂者 重人命也 今驅無罪之士卒 委 之鋒刃之下 使肝腦塗地 獨不足矜憫乎 嚮使高句麗 違失臣節 誅之可也 侵擾百 姓 滅之可也 他日能爲中國患 除之可也 今無此三條 而坐煩中國 內爲前代雪恥 外爲新羅報讐 豈非所存者小 所損者大乎 願陛下許高句麗自新 焚凌波之船 罷 應募之衆 自然華夷慶賴 遠肅邇安 梁公將死之言 諄諄若此 而帝不從 思欲丘墟 東域而自快 死而後已 史論曰 好大喜功 勒兵於遠者 非此之謂乎 柳公權小說曰 駐蹕之役 高句麗與靺鞨合軍 方四十里 太宗望之 有懼色 又曰 六軍爲高句麗所 乘 殆將不振 候者告 英公之麾黑旗被圍 帝大恐 雖終於自脫 而危懼如彼 而新 舊書及司馬公通鑑 不言者 豈非爲國諱之者乎.

九年 夏六月 盤龍寺普德和尙 以國家奉道 不信佛法 南移完山孤大山 秋七月 霜雹害穀 民饑.

十一年 春正月 遣使入唐朝貢.

十三年 夏四月 人或言 於馬嶺上見神人 曰汝君臣 奢侈無度 敗亡無日 冬十

月 王遣將安固 出師及靺鞨兵擊契丹 松漠都督李窟哥禦之 大敗我軍於新城.

十四年 春正月 先是 我與百濟靺鞨 侵新羅北境 取三十三城 新羅王金春秋 遣使於唐求援 二月 高宗遣營州都督程名振·左衞中郞將蘇定方 將兵來擊 夏五月 名振等渡遼水 吾人見其兵少 開門度貴湍(湍 兩唐書·冊府元龜及資治通鑑皆作端)水逆戰 名振等奮擊大克之 殺獲千餘人 焚其外郭及村落而歸.

十五年 夏五月 王都雨鐵 冬十二月 遣使入唐 賀册皇太子.

十七年 夏六月 唐營州都督兼東夷都護程名振·右領軍中郞將薛仁貴 將兵來攻 不能克.

十八年 秋九月 九虎一時入城食人 捕之不獲 冬十一月 唐右領軍中郞將薛仁貴等 與我將溫沙門 戰於橫山破之.

十九年 秋七月 平壤河水血色 凡三日 冬十一月 唐左驍衞大將軍契苾何力爲浿江道行軍大摠管 左武衞大將軍蘇定方爲遼東道行軍大摠管 左驍衞將軍劉伯英爲平壤道行軍大摠管 蒲州刺史程名振爲鏤方道摠管 將兵分道來擊.

二十年 春正月 唐募河南北淮南六十七州兵 得四萬四千餘人 詣平壤·鏤方行營 又以鴻臚卿蕭嗣業爲扶餘道行軍摠管 帥回紇等諸部兵詣平壤 夏四月 以任雅相爲浿江道行軍摠管 契苾何力爲遼東道行軍摠管 蘇定方爲平壤道行軍摠管 與蕭嗣業及諸胡兵凡三十五軍 水陸分道幷進 帝欲自將大軍 蔚州刺史李君球立(立 唐書作建 蓋避高麗太祖諱建)言 高句麗小國 何至傾中國事之有 如高句麗旣滅 必發兵以守 小發則威不振 多發則人不安 是天下疲於轉戍 臣謂征之 未如勿征 滅之 未如勿滅 亦會武后諫 帝乃止 夏五月 王遣將軍惱音信 領靺鞨衆 圍新羅北漢山城 浹旬不解 新羅餉道絶 城中危懼 忽有大星 落於我營 又雷雨震擊 惱音信等 疑駭引退 秋八月 蘇定方破我軍於浿江 奪馬邑山 遂圍平壤城 九月 蓋蘇文遣其子男生 以精兵數萬守鴨淥 諸軍不得渡 契苾何力至 値氷大合 何力引衆乘氷度水 鼓噪而進 我軍潰奔 何力追數十里 殺三萬人 餘衆悉降 男生僅以身免 會有詔班師 乃還.

二十一年 春正月 左驍衞將軍白州刺史沃沮道摠管龐孝泰 與蓋蘇文 戰於蛇水之上 擧軍沒 與其子十三人皆戰死 蘇定方圍平壤 會大雪解而退 凡前後之行 皆無大功而退.

二十五年 王遣太子福男(新唐書云男福)入唐 侍祠泰山 蓋蘇文死 長子男生代爲莫離支 初知國政 出巡諸城 使其弟男建·男產 留知後事 或謂二弟曰 男生惡

二弟之逼 意欲除之 不如先爲計 二弟初未之信 又有告男生者 曰二弟恐兄還奪其權 欲拒兄不納 男生潛遣所親 往平壤伺之 二弟收掩得之 乃以王命召男生 男生不敢歸 男建自爲莫離支 發兵討之 男生走據國內城 使其子獻誠 詣唐求哀 六月 高宗命左驍衛大將軍契苾何力 帥兵應接之 男生脫身奔唐 秋八月 王以男建爲莫離支 兼知內外兵馬事 九月 帝詔男生 搜特進遼東都督兼平壤道安撫大使 封玄菟郡公 冬十二月 高宗以李勣爲遼東道行軍大摠管兼安撫大使 以司列少常伯安陸・郝處俊副之 龐同善・契苾何力 幷爲遼東道行軍副大摠管兼安撫大使 其水陸諸軍摠管幷轉糧使竇義積・獨孤卿雲・郭待封等 幷受勣處分 河北諸州租賦悉詣遼東給軍用.

二十六年 秋九月 李勣拔新城 使契苾何力守之 勣初渡遼 謂諸將曰 新城高句麗西邊要害 不先得之 餘城未易取也 遂攻之 城人師夫仇等 縛城主開門降 勣引兵進擊 一十六城皆下 龐同善・高侃 尙在新城 泉男建遣兵襲其營 左武衛將軍薛仁貴擊破之 侃進至金山 與我軍戰敗 我軍乘勝逐北 薛仁貴引兵橫擊之 殺我軍五萬餘人 拔南蘇・木氐・蒼巖三城 與泉男生軍合 郭待封以水軍 自別道趣平壤 勣遣別將馮師本 載糧仗以資之 師本船破失期 待封軍中飢窘 欲作書與勣 恐爲他所得 知其虛實 乃作離合詩以與勣 勣怒曰 軍事方急 何以詩爲 必斬之 行軍管記通事舍人元萬頃 爲釋其義 勣乃更遣糧仗赴之 萬頃作檄文曰 不知守鴨淥之險 泉男建報曰 謹聞命矣 卽移兵據鴨淥津 唐兵不得度 高宗聞之 流萬頃於嶺南 郝處俊在安市城下 未及成列 我軍三萬掩至 軍中大驚 處俊據胡床 方食乾糒 簡精銳擊敗之.

二十七年 春正月 唐以右相劉仁軌爲遼東道副大摠管 郝處俊・金仁問副之 二月 李勣等拔我扶餘城 薛仁貴旣破我軍於金山 乘勝將三千人 將攻扶餘城 諸將以其兵少止之 仁貴曰 兵不必多 顧用之何如耳 遂爲前鋒以進 與我軍戰勝之 殺獲我軍 遂拔扶餘城 扶餘川(川 冊府元龜作州 當從)中四十餘城皆請服 侍御史賈言忠 奉使自遼東還 帝問軍中云何 對曰 必克 昔先帝問罪 所以不得志者 虜未有釁也 諺曰 軍無媒中道廻 今男生兄弟鬩狠 爲我鄕導 虜之情僞 我盡知之 將忠士力 臣故曰 必克 且高句麗秘記曰 不及九百年 當有八十大將滅之 高氏自漢有國 今九百年 勣年八十矣 虜仍荐饑 人常(常 唐書作相)掠賣 地震裂 狼狐入城 蚡穴於門 人心危駭 是行不再擧矣 泉男建復遣兵五萬人 救扶餘城 與李勣等遇於薛賀水 合戰敗 死者三萬餘人 勣進攻大行城 夏四月 彗星見於畢昴之間 唐

許敬宗曰 彗見東北 高句麗將滅之兆也 秋九月 李勣拔平壤 勣旣克大行城 諸軍出他道者 皆與勣會 進至鴨淥柵 我軍拒戰 勣等敗之 追奔二百餘里 拔辱夷城 諸城遁逃及降者相繼 契苾何力先引兵 至平壤城下 勣軍繼之 圍平壤月餘 王臧遣泉男產 帥首領九十八人 持白幡詣勣降 勣以禮接之 泉男建猶閉門拒守 頻遣兵出戰皆敗 男建以軍事 委浮圖信誠 信誠與小將烏沙・饒苗等 密遣人詣勣 請爲內應 後五日 信誠開門 勣縱兵登城 鼓噪焚城 男建自刺不死 執王及男建等 冬十月 李勣將還 高宗命先以王等獻于昭陵 具軍容奏凱歌 入京師 獻于大廟 十二月 帝受俘于含元殿 以王政非已出赦 以爲司平大常伯員外同正 以泉男產爲司宰少卿 僧信誠爲銀靑光祿大夫 泉男生爲右衛大將軍 李勣已下封賞有差 泉男建流黔州 分五部・百七十六城・六十九萬餘戶爲九都督府・四十二州・百縣 置安東都護府於平壤以統之 擢我將帥有功者爲都督・刺史・縣令 與華人參理 以右威衛大將軍薛仁貴 檢校安東都護 摠兵二萬人 以鎭撫之 是高宗總章元年戊辰歲也 二年己巳二月 王之庶子安勝 率四千餘戶投新羅 夏四月 高宗移三(三 唐會要作二)萬八千三百戶於江淮之南及山南・京西諸州空曠之地 至咸亨元年庚午歲夏四月 劍牟岑欲興復國家 叛唐立王外孫安舜(羅紀作勝)爲主 唐高宗遣大將軍高侃(侃 新唐書作偘)爲東州道行軍摠管 發兵討之 安舜殺劍牟岑奔新羅 二年辛未歲秋七月 高侃破餘衆於安市城 三年壬申歲十二月 高侃與我餘衆戰于白氷(白氷 新唐書作泉 羅紀及資治通鑑幷作白水當從後者)山破之 新羅遣兵救我 高侃擊克之 虜獲二千人 四年癸酉歲夏閏五月 燕山道摠管大將軍李謹行破我人於瓠瀘河. 俘獲數千人 餘衆皆奔新羅 儀鳳二年丁丑歲春二月 以降王爲遼東州都督 封朝鮮王 遣歸遼東 安輯餘衆 東人先在諸州者 皆遣與王俱歸 仍移安東都護府於新城以統之 王至遼東謀叛 潛與靺鞨通 開耀元年 召還邛(邛 舊本作卭 蓋誤也)州 以永淳初死 贈衛尉卿 詔送至京師 葬頡利墓左 樹碑其阡 散徙其人於河南隴右諸州 貧者留安東城傍舊城 往往沒於新羅 餘衆散入靺鞨及突厥 高氏君長遂絶 垂拱二年 以降王孫寶元爲朝鮮郡王 至聖曆初 進左鷹揚衛大將軍 更封忠誠國王賜(賜 唐書作使)統安東舊部 不行 明年 以降王子德武爲安東都督 後稍自國 至元和十三年 遣使入唐獻樂工.

論曰 玄菟樂浪本朝鮮之地 箕子所封 箕子敎其民以禮義―田蠶―織作 設禁八條 是以 其民不相盜 無門戶之閉 婦人貞信不淫 飮食以籩豆 此仁賢之化也 而又天性柔順 異於三方 故孔子悼道不行 慾浮桴於海以居之 有以也夫 然而易之

爻二多譽 四多懼 近也 高句麗自秦漢之後 介在中國東北隅 其北鄰皆天子有司 亂世則英雄特起 僭竊名位者也 可謂居多懼之地 而無謙巽之意 侵其封場以讐之 入其郡縣以居之 是故 兵連禍結 略無寧歲 及其東遷 値隋唐之一統 而猶拒詔命 以不順 囚王人於土室 其頑然不畏如此 故屢致問罪之師 雖或有時設奇以陷大軍 而終於王降國滅而後止 然觀始末 當其上下和 衆庶睦 雖大國不能以取之 及其 不義於國 不仁於民 以興衆怨 則崩潰而不自振 故孟子曰 天時地利不如人和 左 氏曰 國之興也以福 其亡也以禍 國之興也 視民如傷 是其福也 其亡也 以民爲 土芥 是其禍也 有味哉斯言也 夫然則凡有國家者 縱暴吏之驅迫 强宗之聚斂 以 失人心 雖欲理而不亂 存而不亡 又何異强酒而惡醉者乎.

삼국사기 권 제23

백제본기(百濟本紀) 제1

시조(始祖) 온조왕(溫祚王), 다루왕(多婁王), 기루왕(己婁王), 개루왕(蓋婁王), 초고왕(肖古王)

시조(始祖) 온조왕(溫祚王)

백제 시조는 온조왕(溫祥王)이다. 그의 아버지는 추모(鄒牟) 혹은 고구려(高句麗) 주몽(朱蒙)이라 한다. 주몽은 북부여(北扶餘)에서 난리를 피하여 졸본부여(卒本扶餘)로 왔다. 졸본부여 왕에게는 아들이 없고 딸만 셋이 있었다. 주몽을 보고서 비상한 인물임을 알고 둘째 딸을 그의 아내로 주었다. 얼마 안되어 졸본부여 왕이 죽고 주몽이 왕위를 계승하게 되었다. 주몽이 아들 둘을 낳았는데 맏아들은 비류(沸流)요, 작은아들은 온조(溫祚)〔누군가는 주몽(朱蒙)이 졸본(卒本)에 와서 월군(越郡)의 딸에게 장가들어 두 아들을 낳았다고 함〕였다. 주몽이 북부여에 있을 적에 낳은 아들이 찾아와 태자(太子)가 되자, 비류와 온조는 태자에게 용납되지 못할까 염려한 나머지 오간(烏干)과 마려(馬黎) 등 열 사람의 신하〔十臣〕와 함께 남으로 떠났다. 그를 따르는 백성이 많았는데 드디어 한산(漢山)에 이르러 부아악(負兒嶽)에 올라 살 만한 땅을 찾았다. 비류는 바닷가에 살기를 원하였으나 열 사람의 신하가 간하는 말이 "이 하남(河南)의 땅은 북으로 한수(漢水)를 띠고 동으로 높은 산을 의거하였으며 남으로 기름진 들을 바라보고 서로 큰 바다가 막혔으니 얻어 보기 어려운 천험(天險), 지리(地利)의 형세인지라 여기에 도읍을 마련함이 좋겠습니다"라고 하였다. 그러나 비류는 듣지 아니하고 그 백성을 나눠 가지고 미추홀(彌鄒忽 : 仁川)로 가서 살았다. 온조는 하남 위례성(河南慰禮城)에 도읍을 정하고 열 신하로 보필을 삼았으며 국호(國號)를 십제(十濟)라고 하였다. 이때는 전한(前漢) 성제(成帝) 홍가(鴻嘉) 3년이었다. 비류는 미추홀이 토지가 습하고 물맛이 짜서 편히 살 수 없으므로 다시 돌아와 위례성을 둘러보니, 도읍이 자리잡히고 백성이 안락하므로 드디어 뉘우침 끝에 죽으니 그 백성이 다 위례성으로 돌아오고 말았다. 그 뒤 온조가 처음 올 때 백성이 즐겨 따랐다 하여 국호를 백제(百濟)로 고쳤다. 그 세계(世系)는 고구려와 함께 부여에서 나왔으므로 부여(扶餘)로 성씨를 삼았다〔일설에 시조는 비류왕(沸流王)이다. 그 아버지 우태(優台)는 북부여왕(北扶餘王) 해부루(解扶婁)의 서손(庶孫)이요, 어머니는 소서노(召西奴)이니 졸본(卒本) 사람 연타발(延陀勃)의 딸이다. 처음 우태에게 시집와서 아들 둘을 낳았는데 맏이는 비류(沸流)요 다음은 온조(溫祚)이다. 우태가 죽으니 졸본에서 홀로 살았다. 그 뒤 주몽이 부여에서 용납되지 못하자 전한(前漢) 건소(建昭) 2년 봄 2월에 남으로 달아나 졸본에 도착하여 도읍을 정하고 국호를 고구려(高句麗)라 하였다. 소서노를 데려다가 왕비로 삼았는데, 소서노가 주몽의 기업을 창건함에 대하여 자못 내조(內助)가 있었기 때문에 주몽의 사랑함과 대접이 특히 후하여 비류 등을 대하는 것도 자기 아들이나 같았다. 주몽이 부여에 있을 직에 예씨(禮氏)에게서 낳은 아들 유류(孺留)가 찾아오자 그를 세워서 태자를 삼아 왕위를 계승하게 하였다. 비류는 아우 온조에게 이르기를, 처음 대왕이 부여의 난리를 피하여 도망해서 이곳에 왔을 때 우리 어머니가 가산을 기울여 나라의 창업을 도왔다. 그 공로는 이만저만이 아니다. 지금 대왕이 세상을 싫어하여 나라가 유류에게 돌아가게 되었다. 우리가 부질없이 이곳에 머물러 무사마귀 모양으로 답답하게 지낼 것이 뭐냐. 어머니를 모시고 남으로 가서 터를 가려 따로 도읍을 세우는 것만 같지 못하다. 드디어 아우와 더불어 도당을 거느리고 패(浿), 대(帶) 두 강을 건너 미추홀에 이르러 자리를 잡고 살았다 한다. 북사(北史) 및 당서(唐書)에도 다 "동명(東明)의 후손으로 구태(仇台)가 있는데, 어짊과 신의에 돈독하였다. 처음 나라를 대방 고지(帶方故地)에 세웠다. 한 요동태수(遼東太守) 공손도(公孫度)가 딸을 그의 아내로 주어 드디어 동이(東夷)의 강국(強國)이 되었다"고 하였으니 어느 것이 옳은지 알 수 없다〕.

원년(BC 18년) 여름 5월, 동명왕(東明王)의 사당을 세웠다.

2년 봄 정월, 왕은 여러 신하에게 이르기를 "말갈(靺鞨)이 우리 북쪽 경계와 연접하여 있고, 그 사람들이 용감하면서도 간사하니 마땅히 무기를 수선하고 군량을 저축하여 막고 지킬 계책을 마련하라"고 하였다. 3월, 왕은 족숙(族叔) 을음(乙音)이 지식과 담력이 있다 하여 우보(右輔)의 직을 제수하고 병마(兵馬)의 일을 맡겼다.

3년 가을 9월, 말갈이 북쪽 경계를 침범하자, 왕은 강한 군사를 거느리고 급히 공격하여 크게 깨뜨렸다. 살아 돌아간 자가 열에 한둘도 안 되었다. 겨울 10월, 천둥이 치고 복사꽃과 오얏꽃이 피었다.

4년 봄과 여름이 가물어 흉년이 들고 병이 유행하였다. 가을 8월, 사신을 낙랑(樂浪)에 보내어 인사를 치렀다.

5년 겨울 10월, 북쪽 변경을 순무하며 사냥하다가 신록(神鹿)을 잡았다.

6년 가을 7월 그믐 신미일(辛未日)에 일식이 있었다.

8년 봄 2월, 말갈적(靺鞨賊 : 東論) 3,000명이 와서 위례성을 포위하니 왕은 성문을 굳게 닫고 출전하지 아니하였다. 열흘이 지나서 적이 군량이 떨어져 그대로 돌아가므로 왕은 날랜 군사를 뽑아 뒤를 쫓아 대부현(大斧峴)에서 싸워 단번에 이기고 500여 명을 사로잡았다. 가을 7월, 마수성(馬首城)을 쌓고 병산책(甁山柵)을 세웠다. 낙랑태수(樂浪太守)가 사람을 보내와 말하기를 "지난날에 서로 우리 땅에 가까이 와서 성(城)과 울짱(柵)을 세우니 혹시 침략의 의도가 있는 것이 아닌가. 만약 구의를 변치 아니하여 성을 헐고 울짱을 부수어버린다면 의심할 바 없겠지만, 그렇지 않다면 한번 싸워 승부를 결단하자"고 하니 왕은 회답하기를 "험(險)을 만들어 나라를 지키는 것은 고금의 상도이니 어찌 감히 이로써 우호에 변동이 있겠는가? 마땅히 귀국은 의심하지 아니하기 바란다. 만약 귀국에서 강함만 믿고 군사를 출동한다면 소국도 대비할 계책이 서 있다"고 하였다. 이로 말미암아 낙랑과 더불어 평화를 손상케 되었다.

10년 가을 9월, 왕은 사냥을 나가 신록을 잡아 마한(馬韓)에 보냈다. 겨울 10월, 말갈(靺鞨)이 북쪽 경계를 침략하니 왕은 군사 200명을 보내어 곤미천(昆彌川) 가에서 막아 싸우게 하였다. 우리 군사가 패하게 되자, 청목산(靑木山)에 의거하여 진을 확보하였다. 왕은 친히 기병 100명을 거느리고 봉현(烽峴)으로 나가 구원하니 적은 이를 보고 곧 돌아갔다.

  11년 여름 4월, 낙랑이 말갈을 시켜 병산(甁山) 울짱을 습격하여 쳐부수게 하고 100여 명을 죽였다. 가을 7월, 독산(禿山), 구천(狗川)의 두 울짱을 세워 낙랑의 통로를 막았다.

  13년 봄 2월, 서울에서 할멈이 사내로 변하고, 호랑이 다섯 마리가 성안으로 들어왔다. 왕모(王母)가 죽으니 나이 61세였다. 여름 5월, 왕이 신하에게 이르기를 "동으로는 낙랑이 있고 북으로는 말갈이 있어 강토를 침략하여 편한 날이 없는데, 하물며 궂은 징조가 자주 나타나고 국모마저 돌아가시니 형세가 아무래도 편안하지 아니할 것 같다. 반드시 도읍을 옮겨야겠다. 내가 어제 나가 한강의 남쪽을 순시한 바 토지가 매우 기름지다. 거기에 도읍하여 장구한 계책을 도모하는 것이 옳다"고 하였다. 가을 7월, 한산(漢山 : 廣州) 아래에 울짱을 세우고 위례성의 민가를 옮기었다. 8월, 사신을 마한에 보내어 천도(遷都)할 것을 알리고 드디어 경계를 그어 정하되 북으로 패하(浿河 : 일진成江) 남으로 웅천(熊川 : 安城), 서로 대해(大海), 동으로 주양(走壤 : 일진春川)을 한계로 하였다. 9월, 성궐(城闕)을 세웠다.

  14년 봄 정월, 도읍을 옮기었다. 2월, 왕은 부락을 순시하여 농사를 권장하였다. 가을 7월, 한상의 서북에 성을 쌓고 한성(漢城)의 백성을 나눠 살게 하였다.

  15년 봄 정월, 새로 궁궐을 지었는데, 검박하면서도 누추하지 않고 화려하면서도 사치스럽지 아니하였다.

  17년 봄, 낙랑이 내침하여 위례성(慰禮城 : 河北)에 불을 질렀다. 여름 4월, 사당을 세워 국모(國母)를 제사지냈다.

  18년 겨울 10월, 말갈이 엄습해 왔다. 왕은 군사를 거느리고 칠중하(七重河 : 일진강)에서 마주 싸워 추장(酋長) 소모(素牟)를 사로잡아 마한에 보내고 그 나머지 적들은 모두 무찔러 버렸다. 11월, 왕은 낙랑(樂浪)의 우두산성(牛頭山城)을 습격하기 위해 구곡(臼谷)에 당도하였으나 큰눈을 만나 바로 돌아왔다.

  20년 봄 2월, 왕이 큰 단을 쌓고 친히 천지 신명에게 제사를 지냈더니 이상하게 생긴 새 다섯 마리가 날아와 춤을 추었다.

22년 가을 8월, 석두(石頭)와 고목(高木) 두 성을 쌓았다. 9월, 왕은 기병 1,000명을 거느리고 부현(斧峴)의 동쪽에서 사냥을 하다가 말갈적을 만나 단번에 싸워 이기고 사로잡은 생구(生口:㭍)들을 장사(將士)에게 나눠 주었다.

24년 가을 7월, 왕은 웅천에 울짱을 세웠다. 마한왕(馬韓王)이 사신을 보내어 책망하기를 "왕이 당초 강을 건너왔을 때 발을 들여놓을 곳이 없으므로 내가 동북의 100리 땅을 갈라주어 안정케 하였소. 왕에 대한 대접이 이처럼 박하지 아니하였으니 마땅히 그에 보답할 바를 생각해야 할 터인데, 오히려 지금 나라가 완전하고 백성이 안정되어 나와 더불어 당적할 자 없다고 여겨 성지(城池)를 크게 만들고 우리의 진역을 침범하니 그러고도 의리가 있다 하겠는가?" 라고 하였다. 왕은 부끄럽게 여겨 그 울짱을 헐어 버렸다.

25년 봄 2월, 대궐 안에 있는 우물물이 갑자기 넘치고, 서울 민가에서 말이 송아지를 낳았는데 머리 하나에 몸뚱이가 둘이었다. 일관(日官)이 말하기를 "우물물이 갑자기 넘친 것은 대왕이 발흥할 징조요, 소가 머리 하나에 몸뚱이 둘인 까닭은 대왕이 이웃 나라를 합병할 응보(應報)입니다"라고 하였다. 왕은 듣고 기뻐하여 드디어 진한·마한을 합병할 마음이 들었다.

26년 가을 7월, 왕은 말하기를 "마한이 차차 약해가고 상하가 마음이 이탈되니 그 형세가 오래 가지 못하겠다. 혹시 다른 자에게 병합된다면, 마치 '입술이 없어지면 이가 시리다'는 격이 될 것이니 후회한들 무슨 소용 있겠는냐? 남보다 앞서 빼앗아 뒷곤란을 면하는 것이 낫다" 라고 하였다. 겨울 10월, 왕이 군사를 출동하여 표면으로는 사냥한다 핑계하고 몰래 마한을 습격하여 드디어 그 나라를 합병하였으나, 오직 원산(圓山)·금현(錦峴) 두 성은 굳게 지키고 항복하지 아니하였다.

27년 여름 4월, 원산·금현 두 성이 항복하므로 그 백성들을 한산의 북쪽으로 옮겼다. 마한(馬韓)이 드디어 망하였다. 가을 7월, 대두산성(大豆山城)을 쌓았다.

28년 봄 2월, 장자 다루(多婁)를 세워 태자를 삼고 내외병마사(內外兵馬事)를 맡겼다. 여름 4월, 서리가 내려 보리가 상하였다.

31년 봄 정월, 국내의 민가를 나누어 남, 북부를 만들었다. 여름 4월, 우박이 내리고, 5월 지진이 있었고 6월 또 지진이 있었다.

33년 봄·여름 크게 가물어 백성은 배가 고파 서로 잡아먹을 지경에다가 도둑은 떼로 일어났다. 왕이 무마하여 가라앉혔다. 가을 8월, 동·서 두 부락을 더 두었다.

34년 겨울 10월, 마한의 구장(舊將) 주근(周勤)이 우곡성(牛谷城)에 웅거하여 배반하자 왕이 몸소 군사 5,000명을 거느리고 가서 치니, 주근이 스스로 목을 매어 죽었다. 그 시체의 허리를 자르고 아울러 그 처자까지 죽였다.

36년 가을 7월, 탕정성(湯井城 : 溫陽)을 쌓고 대두성(大豆城)의 민가를 나누어 살게 하였다. 8월, 원산과 금현 두 성을 수리하고 고사부리성(古沙夫里城)을 쌓았다.

37년 봄 3월, 우박이 내렸는데 그 크기가 달걀만하였다. 우박을 맞은 새들이 모조리 죽었다. 여름 4월부터 가물다가 6월에야 비가 오니, 한수의 동북 부락이 흉년이 들어 민가 1,000여 호가 고구려로 도망해 갔다. 패수(浿水 : 예성강)와 대수(帶水 : 임진강) 사이는 텅 비어 사는 사람이 없었다.

38년 봄 2월, 왕이 순시차 동으로 주양, 북으로 패하(浿河)까지 갔다가 5순(五旬 : 50일) 만에 돌아왔다. 3월, 사자를 보내어 농업을 권장하고 급하지 않은 일이나 백성을 괴롭히는 일이 없게 하였다. 겨울 10월, 왕은 크게 단을 쌓고 천지 신명에게 제사지냈다.

40년 가을 9월, 말갈이 와서 술천성(述川城 : 驪州)을 공격하였다. 겨울 11월, 또 부현성(斧峴城)을 습격하여 100여 명을 죽이니, 왕은 날랜 기병 200명을 보내 막게 하였다.

41년 봄 정월, 우보(右輔 : 50相) 을음(乙音)이 죽었다. 북부(北部)의 해루(解婁)를 승진시켜 우보로 삼았다. 해루는 본시 부여 사람이다. 지식이 깊고 나이 70이 넘었으나 정력이 변함없으므로 등용하였다. 2월, 한수 동북쪽의 부락 사람 가운데 나이 15세 이상된 자를 징발하여 위례성을 수리하였다.

43년 가을 8월, 왕이 닷새 동안 아산(牙山)벌에서 사냥하였다. 9월, 기러기 100여 마리가 대궐에 모여드니 일관이 해석하기를 "기러기는 백성의 상(像)이니 장차 먼 지방 사람이 의탁하여 오는 일이 있을 것입니다" 하였다. 겨울 10월, 남옥저(南沃沮)의 구파해(仇頗解) 등 20여 호가 부양(斧壤 : 平康)에 와서 백성이 되기를 원하니 왕이 받아들여 한산(漢山 : 廣州)의 서쪽에 편히 살게 하였다.

45년 봄·여름, 크게 가물어 초목이 말라 탈 지경이었다. 겨울 10월, 지진이 일어나 가옥이 무너졌다.

46년 봄 2월, 왕이 죽었다.

다루왕(多婁王)

다루왕(多婁王)은 온조왕(溫祚王)의 아들로 생김이 관후하고 위엄이 있었다. 온조왕이 재위 28년에 태자를 삼았고 46년에 왕이 죽으니 왕위를 계승하였다.

2년(29) 봄 정월, 시조 동명왕의 사당에 배알하였다. 2월, 왕이 남단(南壇)에서 천지 신명에게 제사지냈다.

3년 겨울 10월, 동부(東部)의 흘우(屹于)가 말갈과 마수산(馬首山 : 金化) 서쪽에서 싸워 이겨서, 죽이고 노획한 것이 심히 많으므로 왕은 기뻐하여 흘우에게 말 10필과 벼 500섬을 상으로 주었다.

4년 가을 8월, 고목성(高木城)의 곤우(昆優)가 말갈과 싸워 크게 이기고 적군 200여 명의 목을 베었다. 9월, 왕이 횡악산(橫岳山) 아래에서 사냥하여 연거푸 두 마리 사슴을 맞히니 뭇사람이 감탄하였다.

6년 봄 정월, 맏아들 기루(己婁)를 세워 태자로 삼고 대사령을 내렸다. 2월, 서울 남쪽의 각 주·군에 명령하여 비로소 논을 만들게 하였다.

7년 봄 2월, 우보 해루가 죽으니 나이 90세였다. 동부(東部)의 흘우를 우보로 삼았다. 여름 4월, 동방에 붉은 기운이 떠돌았다. 가을 9월, 말갈이 마수성을 쳐서 함락하고 불을 놓아 백성의 가옥을 태웠다. 겨울 10월, 말갈이 또 병산책(甁山柵)을 습격하였다.

10년 겨울 10월, 우보 흘우를 좌보로 삼고 북부(北部)의 진회(眞會)를 우보로 삼았다. 11월, 지진이 일어나 소리가 우레 같았다.

11년 가을, 곡식이 성숙하지 못하였으므로 백성들이 사사로이 술 빚는 일을 금하였다. 겨울 10월, 왕이 동서 두 부락을 순무하고 가난하여 자력으로 살아 나갈 수 없는 자에게 1인당 두 섬의 곡식을 나눠주었다.

21년 봄 2월, 대궐 안의 큰 느티나무가 저절로 말라 죽었다. 3월, 좌보 흘우가 죽으니 왕이 매우 슬피 울었다.

28년 봄·여름이 가물었다. 죄수를 조사하여 죽을 죄도 용서해 주었다. 가을 8월, 말갈이 북쪽의 변읍을 침범하였다.

29년 봄 2월, 왕이 동부에 명을 내려 우곡성(牛谷城)을 쌓아서 말갈을 방비케 하였다.

36년 가을 10월, 왕은 국토를 개척하여 낭자곡성(娘子谷城: 청주)까지 미치고, 사자(使者)를 신라에 보내어 회견(會見)을 청하였으나 신라가 듣지 아니하였다.

37년, 왕이 군사를 보내어 신라의 와산성(蛙山城: 보은)을 공격하였으나 이기지 못하고, 군사를 옮겨 구양성(狗壤城: 옥천)을 공격하니, 신라가 기병 2,000명을 일으키므로 패주시켰다.

39년, 와산성을 쳐 빼앗고 200명의 군사를 남겨 지키게 하였으나 얼마 안 가서 신라에게 패하고 말았다.

43년, 군사를 보내어 신라를 침범하였다.

46년 여름 5월 그믐 무오일(戊午日)에 일식이 있었다.

47년 가을 8월, 군사를 보내어 신라를 침범하였다.

48년 겨울 10월, 다시 신라의 와산성을 쳐서 함락시켰다.

49년 가을 9월, 와산성이 두루 신라의 것이 되었다.

50년 가을 9월, 왕이 죽었다.

기루왕(己婁王)

기루왕(己婁王)은 다루왕(多婁王)의 맏아들로 의지와 학식이 크고 넓어 소소한 일에는 마음을 쓰지 아니하였다. 다루왕이 재위 6년에 태자를 삼았고 50년에 왕이 죽으니 왕위를 계승하였다.

9년(85) 봄 정월, 군사를 보내어 신라의 변경을 침범하였다. 여름 4월, 을사일(乙巳日) 객성(客星)이 자미성(紫微星)의 위치로 들어왔다.

11년 가을 8월 그믐 을미일(乙未日)에 일식이 있었다.

13년 여름 6월, 지진이 일어나 민가가 무너지고 죽은 자가 많았다.

14년 봄 3월, 크게 가뭄이 들어 보리가 되지 않았다. 여름 6월, 큰바람이 불어 나무가 뽑혔다.

16년 여름 6월 초하루 무술일(戊戌日)에 일식이 있었다.

17년 가을 8월, 횡악산(橫岳山)에서 커다란 돌 다섯 개가 한꺼번에 굴러 떨어졌다.

21년 여름 4월, 용(龍) 두 마리가 한강에 나타났다.

23년 가을 8월, 서리가 내려 곡물(穀物)이 상하였다. 겨울 10월, 우박이 내렸다.

27년 왕이 한산에서 사냥하여 신록(神鹿)을 잡았다.

29년 사신을 신라에 보내어 화친을 청하였다.

31년 겨울, 얼음이 얼지 않았다.

32년, 봄·여름이 가물어 흉년이 드니 백성들이 서로 잡아먹을 지경이었다. 가을 7월, 말갈이 우곡(牛谷)에 들어와 민가를 약탈해 갔다.

35년 봄 3월, 지진이 일어났다. 겨울 10월, 또 지진이 일어났다.

37년, 사신을 신라에 보내어 인사를 닦았다.

40년 여름 4월, 학이 도성 문 위에 집을 지었다. 6월, 큰비가 열흘 동안 쏟아져 한강물이 범람하여 백성의 집들이 무너지고 떠내려가곤 하였다. 가을 7월, 관리를 시켜 수해를 입은 전답들을 보수케 하였다.

49년, 신라가 말갈의 침략을 입게 되자, 국서를 보내 군사를 청하므로 왕은 5명의 장군을 보내어 지원케 하였다.

52년 겨울 11월, 왕이 죽었다.

개루왕(蓋婁王)

개루왕(蓋婁王)은 기루왕(己婁王)의 아들로 성품이 공손하고 조행(操行)이 방정했다. 기루왕이 재위 52년에 죽자 즉위하였다.

4년(131) 여름 4월, 왕이 한산에서 사냥하였다.

5년 봄 2월, 북한산성(北漢山城)을 쌓았다.

10년 가을 8월 경자일(庚子日)에 형혹성(熒惑星)이 남두성(南斗星)을 침범하였다.

28년 봄 정월 그믐 병신일(丙申日)에 일식이 있었다. 겨울 10월, 신라의 아찬(阿湌) 길선(吉宣)이 반역을 도모하다가 일이 탄로되어 도망해 왔다. 신라 왕이 글월을 보내와 길선을 돌려 달라고 청하였으나 보내주지 아니하였다. 신라 왕이 노하여 군사를 일으켜 내침했으나 여러 성이 굳게 지키고 나가지 아니하였더니 신라병이 군량이 떨어져 그대로 돌아갔다.

사신(史臣)은 논한다.

춘추시대(春秋時代)에 거복(莒僕)이 노(魯)나라로 도망해 왔다. 계문자(季文子)가 말하기를 "제 임금에게 예로써 대하는 자를 보면 임금 섬기기를 마치 효자가 부모를 봉양하듯이 하며, 제 임금에게 무례한 자를 보면 임금 죽이기를 매가 참새 쫓듯이 하는 법이다. 거복을 보니 선(善)을 꾀하지 않고 흉한 짓만 하고 있다" 하고 그를 쫓아 버렸다. 지금 길선(吉宣)도, 역시 간적(姦賊)한 놈인데 백제왕이 받아들여 숨겨 주었으니 이는 이른바 도적을 감추어 주고 장물을 갖는다는 셈이다. 이로 말미암아 이웃 나라의 정의를 손상하여 백성으로 하여금 난리에 빠지게 하였으니 너무나 현명하지 못한 처사이다.

39년 왕이 죽었다.

초고왕(肖古王)

초고왕(肖古王 : 혹은 소고왕(素古王))은 개루왕(蓋婁王)의 아들이다. 개루왕이 재위 39년에 죽으니 왕위를 계승하였다.

2년(167) 가을 7월, 몰래 군사를 보내어 신라 서쪽 변두리에 있는 두 성을 습격하여 남녀 1,000명을 사로잡아 왔다. 8월, 신라 왕이 일길찬(一吉湌) 흥선(興宣)을 시켜 군사 2만 명을 거느리고 와서 서울 동쪽의 여러 성을 침범하고, 신라 왕도 또 친히 정기병(精騎兵) 8,000명을 거느리고 뒤를 대어 한수에 이르렀다. 왕은 신라 병력이 많아 대적할 수 없음을 예측하고 사로잡았던 인원을 돌려보냈다.

5년 봄 3월 그믐 병인일(丙寅日)에 일식이 있었다. 겨울 10월, 군사를 내어 신라의 변읍을 침범하였다.

21년 겨울 10월, 구름이 없이 우레소리가 나고 혜성이 서북방에 나타났다가 20일 만에 사라졌다.

22년 여름 5월, 서울 안의 우물과 한강물이 다 말랐다.

23년 봄 2월, 대궐을 중수하였다. 군사를 일으켜 신라의 모산성(母山城)을 공격하였다.

24년 여름 4월 초하루 병오일(丙午日)에 일식이 있었다. 가을 7월, 우리 군사가 신라와 구양(狗壤 : 옥천)에서 싸웠으나 패배하여 죽은 자가 500여 명이었다.

25년 가을 8월, 군사를 내어 신라의 서쪽 경계인 원산(圓山 : 문경) 고을을 습격하고 나아가 부곡성(缶谷城 : 軍義/缶溪)을 포위하니, 신라 장군 구도(仇道)가 기병 500명을 거느리고 와서 항거하였다. 우리 군사가 거짓 퇴각하는 척하니 구도가 와산(蛙山 : 보은)까지 추격해 오므로 우리 군사가 반격하여 크게 이겼다.

26년 가을 9월, 치우기성(蚩尤旗星)이 각항성(角亢星)이 있는 자리에 나타났다.

34년 가을 7월, 지진이 일어났다. 군사를 보내어 신라의 변경을 침범하게 하였다.

39년 가을 7월, 군사를 내어 신라 요거성(腰車城 : 상주)을 공격하여 빼앗고 그 성주 설부(薛夫)를 죽였다. 신라 왕 내해(奈解)가 노하여 이벌찬(伊伐湌) 이음(利音)으로 장수를 삼아 6부의 정예 병사들을 거느리고 와서 우리 사현성(沙峴城)을 공격하였다. 겨울 10월, 혜성이 동정(東井)의 위치에 나타났다.

40년 가을 7월, 태백성(금성)이 달을 범하였다.

43년 가을, 누리가 일고 가물어 곡물이 순조롭게 성장하지 못하였다. 도적이 많이 일어나니 왕이 (백성들을) 무마하여 가라앉혔다.

44년 겨울 10월, 큰바람이 불어 나무가 뽑혔다.

45년 봄 2월, 적현(赤峴), 사도(沙道) 두 성을 쌓고 동부(東部)의 백성을 옮겨 살게 하였다. 겨울 10월, 말갈이 와서 사도성(沙道城)을 공격하였으나 이기지 못하자 성문을 불태우고 달아났다.

46년 가을 8월, 서울 남쪽에서 누리가 일어 곡물을 해치니 백성이 굶주렸다. 겨울 11월, 얼음이 얼지 아니하였다.

47년 여름 6월 그믐 경인일(庚寅日) 일식이 있었다.

48년 가을 7월, 서부(西部) 사람 구회(口會)가 흰 사슴을 잡아다가 바치니 왕이 상서로운 일이라 하여 곡식 100섬을 주었다.

49년 가을 9월, 북부(北部)의 진과(眞果)에게 명하여 군사 1,000명을 거느리고 말갈의 석문성(石門城)을 습격하게 하여 빼앗았다. 겨울 10월, 말갈의 날랜 기병들이 내침하여 술천(述川 : 역주)에 당도하였다.

왕이 죽었다.

三國史記 卷二十三

百濟本紀 第 一 始祖 溫祚王 多婁王 己婁王 蓋婁王 肖古王

百濟始祖溫祚王 其父鄒牟 或云朱蒙 自北扶餘逃難 至卒本扶餘 扶餘王無子 只有三女子 見朱蒙 知非常人 以第二女妻之 未幾扶餘王薨 朱蒙嗣位 生二子 長曰沸流 次曰溫祚(或云 朱蒙到卒本 娶越郡女 生二子) 及朱蒙在北扶餘所生子來爲太子 沸流・溫祚 恐爲太子所不容 遂與烏干・馬黎等十臣南行 百姓從之者多 遂至漢山 登負兒嶽 望可居之地 沸流欲居於海濱 十臣諫曰 惟此河南之地 北帶漢水 東據高岳 南望沃澤 西阻大海 其天險地利 難得之勢 作都於斯 不亦宜乎 沸流不聽 分其民 歸彌鄒忽以居之 溫祚都河南慰禮城 以十臣爲輔翼 國號十濟 是前漢成帝鴻嘉三年也 沸流以彌鄒土濕水鹹 不得安居 歸見慰禮 都邑鼎定 人民安泰 遂慙悔而死 其臣民皆歸於慰禮 後以來時百姓樂從 改號百濟 其世系與高句麗同出扶餘 故以扶餘爲氏(一云 始祖沸流王 其父優台 北扶餘王解扶婁庶孫 母召西奴 卒本人延陀勃之女 始歸于優台 生子二人 長曰沸流 次曰溫祚 優台死 寡居于卒本 後朱蒙不容於扶餘 以前漢建昭二年春二月 南奔至卒本 立都 號高句麗 娶召西奴爲妃 其於開基創業 頗有內助 故朱蒙寵接之特厚 待沸流等如己子 及朱蒙在扶餘所生禮氏子孺留來 立之爲太子 以至嗣位焉 於是沸流謂弟溫祚曰 始大王避扶餘之難 逃歸至此 我母氏傾家財助成邦業 其勤勞多矣 及大曰王厭世 國家屬於孺留 吾等徒在此 鬱鬱如疣贅 不如奉母氏南遊卜地 別立

國都 遂與弟率黨類 渡浿帶二水 至彌鄒忽以居之 北史及隋書皆云 東明之後有仇台 篤於仁信 初立國于帶方故地 漢遼東太守公孫度以女妻之 遂爲東夷强國 未知孰是).

元年 夏五月 立東明王廟.

二年 春正月 王謂群臣曰 靺鞨連我北境 其人勇而多詐 宜繕兵積穀爲拒守之計 三月 王以族父乙音有智識膽力 拜爲右輔 委以兵馬之事.

三年 秋九月 靺鞨侵北境 王帥勁兵 急擊大敗之 賊生遠者十一二 冬十月 雷 桃李華.

四年 春夏 旱 饑疫 秋八月 遣使樂浪修好.

五年 冬十月 巡撫北邊 獵獲神鹿.

六年 秋七月辛未晦 日有食之.

八年 春二月 靺鞨賊三千來圍慰禮城 王閉城門不出 經旬賊糧盡而歸 王簡銳卒 追及大斧峴 一戰克之 殺虜五百餘人 秋七月 築馬首城 竪瓶山柵 樂浪太守使告曰 頃者 聘問結好 意同一家 今逼我疆 造立城柵 或者其有蠶食之謀乎 若不渝舊好 隳城破柵 則無所猜疑 苟或不然 請一戰以決勝負 王報曰 設險守國 古今常道 豈敢以此有渝於和好 宜若執事之所不疑也 若執事恃强出師 則小國亦有以待之耳 由是 與樂浪失和.

十年 秋九月 王出獵獲神鹿 以送馬韓 冬十月 靺鞨寇北境 王遣兵二百拒戰於昆彌川上 我軍敗績 依靑木山自保 王親帥精騎一百 出烽峴救之 賊見之卽退.

十一年 夏四月 樂浪使靺鞨襲破瓶山柵 殺掠一百餘人 秋七月 設禿山拘川兩柵以塞樂浪之路.

十三年 春二月 王道老嫗化爲男 五虎入城 王母薨 年六十一歲 夏五月 王謂臣下曰 國家東有樂浪 北有靺鞨 侵軼疆境 少有寧日 況今妖祥屢見 國母棄養 勢不自安 必將遷國 予昨出巡觀漢水之南 土壤膏腴 宜都於彼 以圖久安之計 秋七月 就漢山下立柵 移慰禮城民戶 八月 遣使馬韓告遷都 遂畫定疆場 北至浿河 南限熊川 西窮大海 東極走壤 九月 立城闕.

十四年 春正月 遷都 二月 王巡撫部落 務勸農事 秋七月 築城漢江西北 分漢城民.

十五年 春正月 作新宮室 儉而不陋 華而不侈.

十七年 春 樂浪來侵 焚慰禮城 夏四月 立廟以祀國母.

十八年 冬十月 靺鞨掩至 王帥兵逆戰於七重河 虜獲酋長素牟送馬韓 其餘賊盡坑之 十一月 王欲襲樂浪牛頭山城 至臼谷 遇大雪乃還.

二十年 春二月 王設大壇 親祀天地 異鳥五來翔.

二十二年 秋八月 築石頭 高木二城 九月 王帥騎兵一千獵斧峴東 遇靺鞨賊 一戰破之 虜獲生口 分賜將士.

二十四年 秋七月 王作熊川柵 馬韓王遣使責讓曰 王初渡河 無所容足 吾割東北一百里之地安之 其待王不爲不厚 宜思有以報之 今以國完民聚 謂莫與我敵 大設城池 侵犯我封疆 其如義何 王慙 遂壞其柵.

二十五年 春二月 王宮井水暴溢 漢城人家馬生牛 一首二身 日者曰 井水暴溢者 大王勃興之兆也 牛一首二身者 大王幷隣國之應也 王聞之喜 遂有幷吞辰馬之心.

二十六年 秋七年 王曰 馬韓漸弱 上下離心 其勢不能久 儻爲他所幷 則脣亡齒寒 悔不可及 不如先人而取之 以免後艱 冬十月 王出師陽言田獵 潛襲馬韓 遂幷其國邑 唯圓山·錦峴二城 固守不下.

二十七年 夏四月 二城降 移其民於漢山之北 馬韓遂滅 秋七月 築大豆山城.

二十八年 春二月 立元子多婁爲太子 委以內外兵事 夏四月 隕霜害麥.

三十一年 春正月 分國內民戶爲南北部 夏四月 雹 五月 地震 六月 又震.

二十三年 春夏 大旱 民饑相食 盜賊大起 王撫安之 秋八月 加置東西二部.

三十四年 冬十月 馬韓舊將周勤據牛谷城叛 王躬帥兵五千討之 周勤自經 腰斬其尸 幷誅其妻子.

三十六年 秋七月 築湯井城 分大豆城民戶居之 八月 修葺圓山·錦峴二城 築古沙夫里城.

三十七年 春三月 雹 大如雞子 鳥雀遇者死 夏四月 旱 至六月乃雨 漢水東北部落饑荒 亡人高句麗者一千餘戶 浿帶之間空無居人.

三十八年 春二月 王巡撫 東至走壤 北至浿河 五旬而返 三月 發使勸農桑 其以不急之事擾民者 皆除之 冬十月 王築大壇 祀天地.

四十年 秋九月 靺鞨來攻述川城 冬十一月 又襲斧峴城 殺掠百餘人 王命勁騎二百拒擊之.

四十一年 春正月 右輔乙音卒 拜北部解婁爲右輔 解婁本扶餘人也 神識淵奧 年過七十 膂力不愆 故用之 二月 發漢水東北諸部落人年十五歲以上 修營慰禮

城.

四十三年 秋八月 王田牙山之原五日 九月 鴻鴈百餘集王宮 日者曰 鴻鴈民之象也 將有遠人來投者乎 冬十月 南沃沮仇頗解等二十餘家至斧壤納款 王納之 安置漢山之西.

四十五年 春夏 大旱 草木焦枯 冬十月 地震 傾倒人屋.

四十六年 春二月 王薨.

多婁王 溫祚王之元子 器宇寬厚有威望 溫祚王在位第二十八年立爲太子 至四十六年王薨 繼位.

二年 春正月 謁始祖東明廟 二月 王祀天地於南壇.

三年 冬十月 東部屹于與靺鞨戰於馬首山西克之 殺獲甚衆 王喜 賞屹于馬十匹 租五百石.

四年 秋八月 高木城昆優與靺鞨戰大克 斬首二百餘級 九月 王田於橫岳下 連中雙鹿 衆人歎美之.

六年 春正月 立元子己婁爲太子 大赦 二月 下令國南州郡 始作稻田.

七年 春二月 右輔解婁卒 年九十歲 以東部屹于爲右輔 夏四月 東方有赤氣 秋九月 靺鞨攻陷馬首城 放火燒百姓廬屋 冬十月 又襲甁山柵.

十年 冬十月 右輔屹于爲左輔 北部眞會爲右輔 十一月 地震聲如雷.

十一年 秋穀不成 禁百姓私釀酒 冬十月 王巡撫東西兩部 貧不能自存者給穀人二石.

二十一年 春二月 宮中大槐樹自枯 三月 左輔屹于卒 王哭之哀.

二十八年 春夏 旱 慮囚赦死罪 秋八月 靺鞨侵北鄙.

二十九年 春二月 王命東部 築牛谷城 以備靺鞨.

三十六年 冬十月 王拓地至娘子谷城 仍遣使新羅請會 不從.

三十七年 王遣兵攻新羅蛙山城 不克 移兵攻拘壤城 新羅發騎兵二千 逆擊走之.

三十九年 攻取蛙山城 留二百人守之 尋爲新羅所敗.

四十三年 遣兵侵新羅.

四十六年 夏五月戊午晦 日有食之.

四十七年 秋八月 遣將侵新羅.

四十八年 冬十月 又攻蛙山城拔之.
四十九年 秋九月 蛙山城爲新羅所復.
五十年 秋九月 王薨.

己婁王 多婁王之元子 志識宏遠 不留心細事 多婁王在位第六年立爲太子 至五十年王薨 繼位.
九年 春正月 遣兵侵新羅邊境 夏四月乙巳 客星入紫微.
十一年 秋八月乙未晦 日有食之.
十三年 夏六月 地震裂陷民屋 死者多.
十四年 春三月 大旱無麥 夏六月 大風拔木.
十六年 夏六月戊戌朔 日有食之.
十七年 秋八月 橫岳大石五 一時隕落.
二十一年 夏四月 二龍見漢江.
二十三年 秋八月 隕霜殺菽 冬十月 雨雹.
二十七年 王獵漢山獲神鹿.
二十九年 遣使新羅請和.
三十一年 冬 無氷.
三十二年 春夏 旱 年饑民相食 秋七月 靺鞨入牛谷 奪掠民口而歸.
三十五年 春三月 地震 冬十月 又震.
三十七年 遣使聘新羅.
四十年 夏四月 鸛巢于都城門上 六月 大雨浹旬 漢江水漲 漂毁民屋 秋七月 命有司補 水損之田.
四十九年 新羅爲靺鞨所侵掠 移書請兵 王遣五將軍救之.
五十二年 冬十一月 王薨.

蓋婁王 己婁王之子 性恭順有操行 己婁在位五十二年薨 卽位.
四年 夏四月 王獵漢山.
五年 春二月 築北漢山城.
十年 秋八月庚子 熒惑犯南斗一(一 衍文).
二十八年 春正月丙申晦 日有食之 冬十月 新羅阿湌吉宣謀叛 事露來奔 羅王

移書請之 不送 羅王怒出師來伐 諸城堅壁自守不出 羅兵絕糧而歸.

論曰 春秋時莒僕來奔魯 季文子曰 見有禮於其君者 事之如孝子之養父母也 見無禮於其君者 誅之如鷹鸇之逐鳥雀也 觀苢僕 不度於善而在於凶德 是以去之 今吉宣赤姦賊之人 百濟王納而匿之 是謂 掩賊爲藏者也 由是 失鄰國之和 使民困於兵革之役 其不明甚矣.

三十九年 王薨.

肖古王(一云素古)蓋婁王之子 蓋婁在位三十九年薨 嗣位.

二年 秋七月 潛師襲破新羅西鄙二城 虜獲男女一千而還 八月 羅王遣一吉湌興宣 領兵二萬 來侵國東諸城 羅王又親帥精騎八千繼之 掩至漢水 王度羅兵衆不可敵 乃還前所掠.

五年 春三月丙寅晦 日有食之 冬十月 出兵侵新羅邊鄙.

二十一年 冬十月 無雲而雷 星孛于西北 二十日而滅.

二十二年 夏五月 王都井及漢水皆竭.

二十三年 春二月 重修宮室 出師攻新羅母山城.

二十四年 夏四月丙午朔 日有食之 秋七月 我軍與新羅戰於拘壤敗北 死者五百餘人.

二十五年 秋八月 出兵襲新羅西境圓山鄕 進圍缶谷城 新羅將軍仇道帥馬兵五百拒之 我兵佯退 仇道追至蛙山 我兵反擊之大克.

二十六年 秋九月 蚩尤旗見于角亢.

三十四年 秋七月 地震 遣兵侵新羅邊境.

三十九年 秋七月 出兵攻新羅腰車城拔之 殺其城主薛夫 羅王奈解怒 命伊伐湌利音爲將 帥六部精兵 來攻我沙峴城 冬十月 星孛于東井.

四十年 秋七月 太白犯月.

四十三年秋 蝗旱 穀不順成 盜賊多起 王撫安之.

四十四年 冬十月 大風拔木.

四十五年 春二月 築赤峴 沙道二城 移東部民戶 冬十月 靺鞨來攻沙道城不克 焚燒城門而遁.

四十六年 秋八月 國南蝗害穀 民饑 冬十一月 無氷.

四十七年 夏六月庚寅晦 日有食之.

四十八年 秋七月 西部人茴會獲白鹿獻之 王以爲瑞 賜穀一百石.

四十九年 秋九月 命北部眞果領兵一千 襲取靺鞨石門城 冬十月 靺鞨以勁騎來侵至于述川 王薨.

삼국사기 권 제24

백제본기(百濟本紀) 제2

구수왕(仇首王), 사반왕(沙伴王), 고이왕(古尒王), 책계왕(責稽王), 분서왕(汾西王), 비류왕(比流王), 계왕(契王), 근초고왕(近肖古王), 근구수왕(近仇首王), 침류왕(枕流王)

구수왕(仇首王)

구수왕(仇首王 : 혹은 귀수(貴須))은 초고왕(肖古王)의 맏아들이다. 신장이 일곱 자이고 위엄과 거동이 유달리 빼어났다. 초고왕이 재위 49년에 죽으니 그가 즉위하였다.

3년(216) 가을 8월, 말갈이 와서 적현성(赤峴城)을 포위하므로 성주가 굳게 막으니 적이 물러갔다. 왕이 날랜 군사 800명을 거느리고 뒤쫓아 사도성(沙道城) 아래에서 싸워 깨뜨리고 적병을 매우 많이 죽였다.

4년 봄 2월, 두 울짱〔柵〕을 사도성 곁에 설치하였는데 동서의 거리가 10리쯤 되게 하고 적현성의 병력을 나누어 지키게 하였다.

5년 왕이 군사를 보내어 신라의 장산성(獐山城)을 포위하였다. 신라왕이 친히 군사를 거느리고 와서 공격하여 우리 군사를 깨뜨렸다.

7년 겨울 10월, 서울 서문이 화재를 당하였다. 말갈이 북변을 침범하므로 군사를 보내어 막게 하였다.

8년 여름 5월, 서울 동쪽에 큰물이 져서 산 40여 개소가 무너졌다. 6월,

그믐 무진일(戊辰日)에 일식이 있었다. 가을 8월, 한수(漢水)의 서쪽에서 열병식을 크게 거행하였다.

9년 봄 2월, 관리를 시켜 제방을 수리케 하였다. 3월, 명을 내려 농사를 권장하였다. 여름 6월, 서울에서 고기가 비와 함께 떨어졌다. 겨울 10월, 군사를 보내어 신라 우두진(牛頭鎭)에 들어가 민가를 약탈하니, 신라 장수 충훤(忠萱)이 군사 5,000명을 거느리고 웅곡(熊谷:_신_삽)에서 아군을 맞아 싸웠으나 크게 무너지자 단기(單騎)로 도망쳐 갔다. 11월 그믐 경신일(庚申日)에 일식이 있었다.

11년 가을 7월, 신라 일길찬(一吉湌) 연진(連珍)이 와서 침범하므로 우리 군사가 봉산(烽山) 밑에서 역습하였으나 이기지 못하였다. 겨울 10월, 태백성(太白星)이 낮에 나타났다.

14년 봄 3월, 우박이 내렸다. 여름 4월, 크게 가물므로 왕이 동명왕의 사당에 빌었더니 이내 비가 왔다.

16년 겨울 10월, 왕이 한천(寒泉)에서 사냥하였다. 11월, 큰 병이 유행하였다. 말갈이 우곡의 경계에 들어와 사람이나 재산을 마구 약탈하므로, 왕이 정병 300명을 보내어 막았으나 적의 복병이 협격하여 우리 군사를 크게 무너뜨렸다.

18년 여름 4월, 크기가 밤알만한 우박이 내려 새들이 맞아 죽었다.

21년 왕이 죽었다.

고이왕(古尒王)

고이왕(古尒王:_{혹은 고이왕}_(古爾王))은 개루왕(蓋婁王)의 둘째아들이다. 구수왕(仇首王)이 재위 21년에 죽으니 맏아들 사반(沙伴)이 위를 계승하였으나, 나이가 어려 정치를 해 나갈 수 없으므로, 초고왕(肖古王)의 동모제(同母弟)인 고이가 즉위하였다.

3년(236) 겨울 10월, 왕이 서해(西海)의 큰 섬에서 사냥하여 손수 사슴 40마리를 쏘았다.

5년 봄 정월, 천지 신명에게 제사지낼 적에 북과 피리를 사용하게 하였다.

2월, 왕이 부산(釜山 : 振威)으로 사냥가서 오순(五旬 : 50일) 만에 돌아왔다. 여름 4월, 대궐 문기둥에 낙뢰(落雷)가 있자 황룡(黃龍)이 그 문에서 날아 나왔다.

6년 봄 정월, 비가 오지 아니하였다. 여름 5월에야 비가 내렸다.

7년, 군사를 보내어 신라를 침범하였다. 여름 4월, 진충(眞忠)을 승진시켜 좌장(左將)을 삼고 내외병마사(內外兵馬事)를 맡겼다. 가을 7월, 석천(石川)에서 열병식을 크게 거행하였다. 그때 기러기 한 쌍이 천상(川上)에서 날므로 왕이 활을 쏘아 두 마리를 다 맞혔다.

9년 봄 2월, 나라 사람들에게 명하여 남택(南澤)에다 논을 개간토록 하였다. 여름 4월, 왕의 숙부(叔父) 질(質)을 우보(右輔)로 삼았다. 질은 천성이 충성스럽고 굳세어 일을 다룸에 실수가 없었다. 가을 7월, 서문에 나가 활 쏘기를 관람하였다.

10년 봄 정월, 크게 단을 만들고 천지 산천에 제사지냈다.

13년 여름, 몹시 가물어 보리가 영글지 않았다. 가을 8월, 위나라 유주자사(幽州刺史) 관구검(毌丘儉)이 낙랑태수 유무(劉茂), 삭방태수 왕준(王遵)과 함께 고구려를 쳤다. 왕은 그 틈을 타서 좌장(左將) 진충(眞忠)을 시켜 낙랑을 습격케 하여 변방 백성들을 잡아 왔다. 유무가 듣고 노하므로 왕은 이들이 침범해 올 것을 염려하여 그 백성들을 돌려보냈다.

14년 봄 정월, 남단(南壇)에서 천지 신명에게 제사지냈다. 2월 진충(眞忠)을 승진시켜 우보로 삼고, 진물(眞勿)로 좌장을 삼아 병마사를 맡겼다.

15년, 봄·여름이 가물었다. 겨울, 백성이 굶주리므로 창고의 곡식을 풀어 나눠 주고 또 1년간의 납세를 면제하였다.

16년 봄 정월 갑오일(甲午日)에 태백성이 달을 범하였다.

22년 가을 9월, 군사를 내어 신라를 침공하였다. 신라 군사와 괴곡(槐谷 : 槐山)에서 싸워 이를 무너뜨리고 그 장수 익종(翊宗)을 죽였다. 겨울 10월, 군사를 보내어 신라 봉산성(烽山城)을 공격하였으나 이기지 못하였다.

24년 봄 정월, 크게 가물어 수목이 다 말랐다.

25년 봄, 말갈의 추장 나갈(羅渴)이 좋은 말 10필을 바치니 왕은 사자를 우대하여 돌려보냈다.

26년 가을 9월, 붉고 푸른 구름이 대궐 동쪽에서 일어나 누각(樓閣)의 형상과 같았다.

27년 봄 정월, 내신좌평(內臣佐平)을 두어 선납(宣納:王命/出納)의 사무를, 내두좌평(內頭佐平)을 두어 고장(庫藏:재정)의 사무를, 내법좌평(內法佐平)을 두어 예의(禮儀)사무를, 위사좌평(衛士佐平)을 두어 숙위병(宿衛兵:親衛兵)의 사무를, 조정좌평(朝廷佐平)을 두어 형옥(刑獄)의 사무를, 병관좌평(兵官佐平)을 두어 외병마(外兵馬)의 사무를 관장케 하였다. 또 달솔(達率)·은솔(恩率)·덕솔(德率)·한솔(扞率)·내솔(奈率) 및 장덕(將德)·시덕(施德)·고덕(固德)·계덕(季德)·대덕(對德)·문독(文督)·무독(武督)·좌군(佐軍)·진무(振武)·극우(克虞)를 두었다.

따라서 여섯의 좌평(佐平)은 모두 1품, 달솔(達率)은 2품, 은솔(恩率)은 3품, 덕솔(德率)은 4품, 한솔(扞率)은 5품(五品), 내솔(奈率)은 6품, 장덕(將德)은 7품, 시덕(施德)은 8품, 고덕(固德)은 9품, 계덕(季德)은 10품, 대덕(對德)은 11품, 문독(文督)은 12품, 무독(武督)은 13품, 좌군(佐軍)은 14품, 진무(振武)는 15품, 극우(克虞)는 16품으로 정하였다. 2월, 명령을 내려 6품 이상은 자색의 옷을 입고, 은화(銀花)로 관을 꾸미고 11품 이상은 적색의 옷을, 16품 이상은 청색의 옷을 입게 하였다. 3월, 왕의 아우 우수(優壽)로 내신좌평(內臣佐平)을 삼았다.

28년 봄 정월 초하루[初吉日], 왕은 큰 소매가 달린 자색 도포에 청색 비단 바지를 입고, 금화(金花)로 꾸민 김정 비단의 관을 쓰고, 흰 가죽띠를 띠고, 검정 가죽신을 신고, 남당에 앉아서 정사에 관한 보고를 들었다. 2월, 진가(眞可)로 내두좌평(內頭佐平)을, 우두(優頭)로 내법좌평(內法佐平)을, 고수(高壽)로 위사좌평(衛士佐平)을, 곤노(昆奴)로 조정좌평(朝廷佐平)을, 유기(惟己)로 병관좌평(兵官佐平)을 삼았다. 3월, 사신을 신라에 보내어 화친을 청하였으나 받아들이지 아니하였다.

29년 봄 정월, 명령을 내려 무릇 관리로서 남의 재물을 받거나 도둑질을 한 자에게는 장물의 3배를 징수하고 종신토록 벼슬을 못하게 하였다.

33년 가을 8월, 군사를 보내어 신라의 봉산성을 공격하자 성주 직선(直宣)이 장정 200명을 거느리고 나와서 쳐서 무너뜨렸다.

36년 가을 9월, 혜성이 자궁(紫宮)에 나타났다.

39년 겨울 11월, 군사를 보내어 신라를 침범하였다.

45년 겨울 10월, 군사를 내어 신라를 공격하여 괴곡성(槐谷城)을 포위하였다.

50년 가을 9월, 군사를 보내어 신라의 변방을 침범하였다.

53년 봄 정월, 사신을 신라에 보내어 화친을 청하였다. 겨울 11월, 왕이 죽었다.

책계왕(責稽王)

책계왕(責稽王 : 혹은 청계왕(靑稽王))은 고이왕(古尒王)의 아들로 몸이 장대하고 뜻과 기개가 웅걸하였다. 고이왕이 죽자 즉위하였다. 왕이 장정들을 징발하여 위례성을 수리하였다. 고구려가 대방(帶方)을 치니 대방에서 우리에게 지원을 청하였다. 이에 앞서 왕이 대방 왕의 딸 보과(寶菓)에게 장가들어 부인으로 삼았기 때문에 "대방은 우리와 장인과 사위 관계의 나라이니 그 청을 듣지 않을 수가 없다" 하여 드디어 군사를 내어 지원하였다. 그러자 고구려가 원망하므로 왕은 그 침략을 염려하여 아차성(阿且城)과 사성(蛇城)을 수리하여 대비하였다.

2년(287) 봄 정월, 동명왕의 사당에 배알하였다.

13년 가을 9월, 한(漢)이 맥인(貊人)과 합세하여 내침하므로 왕이 나가 방어하다가 적병에게 해를 입어 죽었다.

분서왕(汾西王)

분서왕(汾西王)은 책계왕(責稽王)의 맏아들이다. 어려서부터 인자하고 총명하며 의표가 영특하여 왕은 그를 사랑하여 곁에서 떠나지 않게 하였다. 왕이 죽자 뒤를 이어 즉위하였다.

원년(298) 겨울 10월, 대사령을 내렸다.

2년 봄 정월, 동명왕(東明王)의 사당에 배알하였다.

5년 여름 4월, 혜성이 낮에 나타났다.

7년 봄 2월, 몰래 군사를 보내어 낙랑의 서쪽 현(縣)을 습격하여 빼앗았다.

겨울 10월, 왕은, 낙랑 태수가 보낸 자객(刺客)에게 해를 입어 죽었다.

비류왕(比流王)

비류왕(比流王)은 구수왕(仇首王)의 둘째아들로 성질이 너그럽고 인자하여 사람을 사랑하였다. 또 힘이 세어 활을 잘 쏘므로 오래도록 민간에 있었어도 명예가 널리 퍼졌다. 분서왕(汾西王)이 죽자 비록 아들이 있으나 모두 어리어 대를 잇게 할 수가 없었다. 그리하여 비류가 나라 사람들의 추대를 받아 즉위하였다.

5년(308) 봄 정월 초하루 병자일(丙子日)에 일식이 있었다.

9년 봄 2월, 사자를 보내어 백성의 질고를 묻고 환과고독(鰥寡孤獨)으로 스스로 살아갈 수 없는 자에게 1인당 석 섬의 곡식을 내려주었다. 여름 4월, 동명왕의 사당에 배알하였다. 해구(解仇)를 승진시켜 병관좌평(兵官佐平)으로 삼았다.

10년 봄 정월, 남교(南郊)에서 천지(天地)에 제사를 지냈는데 제사에 바칠 희생물을 왕이 친히 손질하였다.

13년 봄, 가물었으며 큰별이 서쪽으로 떨어졌다. 여름 4월, 서울에 우물 물이 넘치면서 검은 용이 그 가운데에서 나타났다.

17년 가을 8월, 대궐의 서쪽에 사대(射臺)를 쌓고 매월 초하루와 보름에 활쏘기를 익혔다.

18년 봄 정월, 왕의 서제(庶弟) 우복(優福)을 내신좌평(內臣佐平)으로 삼았다. 가을 7월, 태백성이 낮에 나타났다. 서울 남쪽에 황충이 곡물을 해쳤다.

22년 겨울 10월, 하늘에서 소리가 나는데 큰 물결이 서로 부딪치는 것 같았다. 11월, 왕이 구원(狗原) 북쪽에서 사냥하여 손수 사슴을 잡았다.

24년 가을 7월, 구름이 떴는데 붉은 까마귀가 해(日)를 끼고 있는 것 같았다. 9월, 내신좌평 우복이 북한성(北漢城)을 근거삼아 모반하니 왕이 군사를 보내어 토벌하였다.

28년, 봄·여름이 크게 가물어 초목이 시들고 강물이 말랐다. 가을 7월에 이르러 비가 왔다. 흉년이 들어 사람이 서로 잡아먹을 지경이었다.

30년 여름 5월, 별이 떨어졌다. 대궐에 화재가 나서 민가까지 태웠다. 가을 7월, 대궐을 수리하였다. 진의(眞義)를 내신좌평으로 삼았다. 겨울 12월, 우레가 있었다.

32년 겨울 10월 초하루 을미일(乙未日)에 일식이 있었다.

33년 봄 정월 신사일(辛巳日)에 혜성이 규성(奎星)의 위치에 나타났다.

34년 봄 2월, 신라가 사신을 보내 와 예를 차렸다.

41년 겨울 10월, 왕이 죽었다.

계왕(契王)

계왕(契王)은 분서왕(汾西王)의 맏아들이다. 천품이 굳세고 날래어 말을 잘 달리고 활을 잘 쏘았다. 당초 분서왕이 죽었을 때 계왕이 어리므로 왕위에 오르지 못하였다가, 비류왕이 재위 41년에 죽자 즉위하였다.

3년(346) 가을 9월, 왕이 죽었다.

근초고왕(近肖古王)

근초고왕(近肖古王)은 비류왕(比流王)의 둘째아들로 체모(體貌)가 기위(奇偉)하고 점잖으며 원대한 식견이 있었다. 계왕(契王)이 죽자 왕위를 계승하였다.

2년(347) 봄 정월, 천지 신명에게 제사지냈다. 진정(眞淨)을 승진시켜 조정좌평으로 삼았다. 진정은 왕후의 친척으로 성질이 사나웠다. 일에 부딪치면 까다롭고 세력을 믿어 자기 뜻대로 처리하니 나라 사람들이 미워하였다.

21년 봄 3월, 사신을 신라에 보내어 인사를 닦았다.

23년 봄 3월 초하루 정사일(丁巳日)에 일식이 있었다. 사신을 신라에 보내어 좋은 말 두 필을 선사하였다.

24년 가을 9월, 고구려 왕 사유(斯由)가 보병과 기병 2만 명을 거느리고 와서 치양(雉壤)에 주둔하고 군사를 나누어 민가를 약탈하므로, 왕이 태자(太子)에게 군사를 주어 곧장 치양에 이르러 급히 쳐부수게 하고 5,000명을 사로잡았다. 그리고 그 전리품은 장사(將士)들에게 나누어 주었다. 겨울 11월, 한수(漢水)의 남쪽에서 열병식을 크게 거행했는데 깃발은 다 황색(黃色)을 사용하였다.

26년, 고구려가 군사를 일으켜 쳐들어오므로 왕이 이를 듣고 군사를 패강(浿江 : 예성강) 가에 잠복시켜 그들의 도착을 기다렸다가 급히 들이치자 고구려 병이 패하였다. 겨울, 왕이 태자와 더불어 정병 3만을 거느리고 고구려를 침략하여 평양성을 공격하였다. 고구려 왕 사유가 힘껏 싸워 막아내다가 날아오는 화살에 맞아 죽었다. 이에 왕이 군사를 끌고 돌아왔다. 도읍을 한산(漢山 : 남한산)으로 옮기었다.

27년 봄 정월, 사신을 진(晉)나라에 보내어 조공하였다. 가을 7월, 지진이 일어났다.

28년 봄 2월, 사신을 진나라에 보내어 조공하였다. 가을 7월, 청목령(靑木嶺)에 성(城)을 쌓았다. 독산성주(禿山城主)가 300명을 거느리고 신라로 달아났다.

30년 가을 7월, 고구려가 와서 북변의 수곡성(水谷城)을 공격하여 함락시키자, 왕이 장수를 보내어 막았으나 이기지 못하였다. 왕이 또 대병력을 출동시켜 보복하려다가 흉년이 들어 결행하지 못하였다. 겨울 11월, 왕이 죽었다. 백제가 개국한 이래 문자(文字)의 기록이 없다가 박사(博士) 고흥(高興)에 의해 비로소 문자의 기록이 있었다.

근구수왕(近仇首王)

근구수왕(近仇首王 : 휘(諱)는 수(須))은 근초고왕(近肖古王)의 아들이다. 이에 앞서 고구려 국강왕(國岡王 : 故國原王) 사유(斯由)가 친히 내침하므로 근초고왕이 태자를 보내어 이를 막게 하여, 반걸양(半乞壤)에 이르러 싸우려 하였다. 고구려 사람 사기(斯紀)는 본래 백제 사람인데 어쩌다 국용마(國用馬)의 발굽을 상하게 하여 죄를 입을까 두려워서 고구려로 달아났다. 이때 백제로 도로 돌아와 태자에게 고하기를 "저쪽 군사가 비록 많으나 모두 수만을 채운 의병

(疑兵)일 따름이요, 그 중에 붉은 기를 단 군사가 가장 날래니 만약 그것만 부숴 버린다면 그 나머지는 그대로 두어도 저절로 무너질 것입니다" 하였다. 태자는 그 말에 따라 진격하여 고구려군을 크게 깨뜨리고 도망가는 자들을 쫓아 수곡성(水谷城)의 서북까지 당도하였다. 그때 장군 막고해(莫古解)가 말하기를 "일찍이 듣자 하니 도가(道家)의 말에 '만족할 줄을 알면 욕되지 아니하고 그칠 줄을 알면 위태하지 않다'고 했습니다. 지금 소득이 많은데 무엇하자고 더 많이 구하려 하십니까?" 하였다. 태자는 이를 옳게 여겨 추격을 중지하고 드디어 돌을 쌓아서 표를 만들고, 그 위에 올라 좌우를 돌아보며 "오늘 이후에 누가 다시 이곳에 올 것인가?" 라고 하였다. 그곳에 바윗돌이 패어 말굽같이 된 것이 있으므로 다른 사람들이 지금까지 태자의 말발자국이라고 부르고 있다. 근초고왕이 재위 30년에 죽으니 뒤이어 근구수왕이 즉위하였다.

2년(376) 왕의 장인 진고도(眞高道)를 내신좌평으로 삼고 정사를 맡겼다. 겨울 11월, 고구려가 북쪽 변두리를 침범하였다.

3년 겨울 10월, 왕이 군사 3만을 거느리고 고구려의 평양성을 침범하였다. 11월, 고구려가 내침하였다.

5년 봄 3월, 사신을 진(晉)나라에 보내어 조공케 하였으나 그 사신이 바다에서 사나운 바람을 만나 가지 못하고 되돌아왔다. 여름 4월, 종일토록 흙비가 내렸다.

6년, 큰 병이 유행하였다. 여름 5월, 땅이 벌어져 깊이 다섯 길이요, 너비 세 길이었다가 3일 만에 도로 아물었다.

8년 봄, 6월까지 비가 오지 아니하더니 백성이 굶주려 자식을 매매하는 자도 있으므로 왕이 관곡(官穀)을 내어 구제하였다.

10년 봄 2월, 해에 세 겹의 무리가 섰고, 대궐 안에 큰 나무가 저절로 뽑혔다. 여름 4월, 왕이 죽었다.

침류왕(枕流王)

침류왕(枕流王)은 근구수왕(近仇首王)의 원자(元子)이며 어머니는 아이부인(阿尒夫人)이다. 아버지를 이어 즉위하였다. 가을 7월, 사신을 진(晉)나라에 보내어 조공하였다. 9월 호승(胡僧) 마라난타(摩羅難陀)가 진(晉)에서 들어오니 왕이 그를 맞아들여 궁내에 모시고 예로 극진히 공경하였다. 불법(佛法)이 여기서 비롯하였다.

2년(385) 봄 2월, 한산(漢山)에 불사(佛寺)를 창건하고 도승(度僧) 10명을 두었다. 겨울 11월, 왕이 죽었다.

三國史記 卷 第二十四

百濟本紀 第二 仇首王, 沙伴王, 古尒王, 責稽王, 汾西王, 比流王, 契王, 近肖古王, 近仇首王, 枕流王

仇首王(或云貴須) 肖古王之長子 身長七尺 威儀秀異 肖古在位四十九年薨 即位.
三年 秋八月 靺鞨來圍赤峴城 城主固拒 賊退歸 王帥勁騎八百追之 戰沙道城下破之 殺獲甚衆.
四年 春二月 設二柵於沙道城側 東西相去十里 分赤峴城卒戍之.
五年 王遣兵圍新羅獐山城 羅王親帥兵擊之 我軍敗績.
七年 冬十月 王城西門火 靺鞨寇北邊 遣兵拒之.
八年 夏五月 國東大水 山崩四十餘所 六月戊辰晦 日有食之 秋八月 大閱於漢水之西.
九年 春二月 命有司修隄防 三月 下令勸農事 夏六月 王都雨魚 冬十月 遣兵入新羅牛頭鎭抄掠民戶 羅將忠萱領兵五千 逆戰於熊谷大敗 單騎而遁 十一月庚申晦 日有食之.
十一年 秋七月 新羅一吉湌連珍來侵 我軍逆戰於烽山下 不克 冬十月 太白晝見.
十四年 春三月 雨雹 夏四月 大旱 王祈東明廟 乃雨.
十六年 冬十月 王田於寒泉 十一月 大疫 靺鞨入牛谷界 奪掠人物 王遣精兵

三百拒之 賊伏兵夾擊 我軍大敗.

十八年 夏四月 雨雹 大如栗 鳥雀中者死.

二十一年 王薨.

古尒王 蓋婁王之第二子也 仇首王在位二十一年薨 長子沙伴嗣位 而幼少不能爲政 肖古王母弟古尒卽位.

三年 冬十月 王獵西海大島 手射四十鹿.

五年 春正月 祭天地用鼓吹 二月 田於釜山 五旬乃返 夏四月 震王宮門柱 黃龍自其門飛出.

六年 春正月 不雨 至夏五月 乃雨.

七年 遣兵侵新羅 夏四月 拜眞忠爲左將 委以內外兵馬事 秋七月 大閱於石川 雙鴈起於川上 王射之皆中.

九年 春二月 命國人開稻田於南澤 夏四月 以叔父質爲右輔 質性忠毅 謀事無失 秋七月 出西門觀射.

十年 春正月 設大壇 祀天地山川.

十三年 夏 大旱無麥 秋八月 魏幽州刺史毌丘儉與樂浪太守劉茂 朔(朔 當作帶)方太守王(王 當作弓)遵伐高句麗

王乘虛遣左將眞忠 襲取樂浪邊民 茂聞之怒 王恐見侵討 還其民口.

十四年 春正月 祭天地於南壇 二月 拜眞忠爲右輔 眞勿爲左將 委以兵馬事.

十五年 春夏 旱 冬 民饑 發倉賑恤 又復一年租調.

十六年 春正月甲午 太白襲月.

二十二年 秋九月 出師侵新羅 與羅兵戰於槐谷西敗之 殺其將翊宗 冬十月 遣兵攻新羅烽山城 不克.

二十四年 春正月 大旱 樹木皆枯.

二十五年 春 靺鞨長羅渴獻良馬十匹 王優勞使者以還之.

二十六年 秋九月 靑紫雲起宮東 如樓閣.

二十七年 春正月 置內臣佐平掌宣納事 內頭佐平掌庫藏事 內法佐平掌禮儀事 衞士佐平掌宿衛兵事

朝廷佐平掌刑獄事 兵官佐平掌外兵馬事 又置達率·恩率·德率·扞率·奈率·及將德·施德·固德·季德·對德·文督·武督·佐軍·振武·克虞 六佐平竝一品 達率二

品 恩率三品 德率四品 扞率五品 奈率六品 將德七品 施德八品 固德九品 季德十品 對德十一品 文督十二品 武督十三品 佐軍十四品 振武十五品 克虞十六品 二月 下令六品已上服紫 以銀花飾冠 十一品已上服緋 十六品已上服靑 三月 以王弟優壽爲內臣佐平.

二十八年 春正月 初吉 王服紫大袖袍 靑錦袴 金花飾烏羅冠 素皮帶烏韋履 坐南堂聽事 二月 拜眞可爲內頭佐平 優豆爲內法佐平 高壽爲衞士佐平 昆奴爲朝廷佐平 惟已爲兵官佐平 三月 遣使新羅請和 不從.

二十九年 春正月 下令 凡官人受財及盜者 三倍徵臟 禁錮終身.

三十三年 秋八月 遣兵攻新羅烽山城 城主直宣率壯士二百人 出擊敗之.

三十六年 秋九月 星孛于干紫宮.

三十九年 冬十一月 遣兵侵新羅.

四十五年 冬十月 出兵攻新羅 圍槐谷城.

五十年 秋九月 遣兵侵新羅邊境.

五十三年 春正月 遣使新羅請和 冬十一月 王薨.

責稽王(或云靑稽) 古尒王子 身長大 志氣雄傑 古尒薨 卽位 王徵發丁夫葺慰禮城 高句麗伐帶方 帶方請救於我 先是 王娶帶方王女寶菓爲夫人 故曰 帶方我舅甥之國 不可不副其請 遂出師救之 高句麗怨 王慮其侵寇 修阿旦城―蛇城備之.

二年 春正月 謁東明廟.

十三年 秋九月 漢與貊人來侵 王出禦爲敵兵所害薨.

汾西王 責稽王長子 幼而聰惠 儀表英挺 王愛之不離左右 及王薨繼而卽位 冬十月 大赦.

二年 春正月 謁東明廟.

五年 夏四月 彗星晝見.

七年 春二月 潛師襲取樂浪西縣 冬十月 王爲樂浪太守所遣刺客賊害薨.

比流王 仇首王第二子 性寬慈愛人 又强力善射 久在民間 令譽流聞 及汾西之終 雖有子皆幼不得立 是以 爲臣民推戴 卽位.

五年 春正月丙子朔 日有食之.

九年 春二月 發使巡問百姓疾苦 其鰥寡孤獨不能自存者 賜穀人三石 夏四月 謁東明廟 拜解仇爲兵官佐平.

十年 春正月 祀天地於南郊 王親割牲.

十三年 春 旱 大星西流 夏四月 王都井水溢 黑龍見其中.

十七年 秋八月 築射臺於宮西 每以朔望習射.

十八年 春正月 以王庶弟優福爲內臣佐平 秋七月 太白晝見 國南蝗害穀.

二十二年 冬十月 天有聲 如風浪相激 十一月 王獵於狗原北 手射鹿.

二十四年 秋七月 有雲如赤烏夾日 九月 內臣佐平優福據北漢城叛 王發兵討之.

二十八年 春夏 大旱 草木枯江水竭 至秋七月乃雨 年饑 人相食.

三十年 夏五月 星隕 王宮火連燒民戶 冬十月 修宮室 拜眞義爲內臣佐平 冬十二月 雷.

三十二年 冬十月乙未朔 日有食之.

三十三年 春正月辛巳 彗星見于奎.

三十四年 春二月 新羅遣使來聘.

四十一年 冬十月 王薨.

契王 汾西王之長子也 天資剛勇 善騎射 初汾西之薨也 契王幼不得立 比流王在位四十一年薨 卽位.

三年 秋九月 王薨.

近肖古王 比流王第二子也 體貌奇偉 有遠識 契王薨 繼位.

二年 春正月 祭天地神祇 拜眞淨爲朝廷佐平 淨王后親戚 性狠戾不仁 臨事苛細 恃勢自用 國人疾之.

二十一年 春三月 遣使聘新羅.

二十三年 春三月 丁巳朔 日有食之 遣使新羅送良馬二匹.

二十四年 秋九月 高句麗王斯由帥步騎二萬 來屯雉壤 分兵侵奪民戶 王遣太子以兵徑至雉壤 急擊破之 獲五千餘級 其虜獲分賜將士 冬十一月 大閱於漢水南 旗幟皆用黃.

二十六年 高句麗擧兵來 王聞之伏兵於浿河上 俟其至急擊之 高句麗兵敗北

冬 王與太子帥精兵三萬 侵高句麗攻平壤城 麗王斯由力戰拒之 中流矢死 王引軍退 移都漢山.

二十七年 春正月 遣使入晉朝貢 秋七月 地震.

二十八年 春二月 遣使入晉朝貢 秋七月 築城於靑木嶺 禿山城主率三百人奔新羅.

三十年 秋七月 高句麗來攻北鄙水谷城陷之 王遣將拒之 不克 王又將大擧兵報之 以年荒不果 冬十一月 王薨.

古記云 百濟開國已來 未有以文字記事 至是 得博士高興 始有書記 然高興未嘗顯於他書 不知其何許人也

近仇首王 (一云諱須) 近肖古王之子 先是 高句麗國岡王斯由親來侵 近肖古王遣太者拒之 至半乞壤將戰 高句麗人斯紀本百濟人 誤傷國馬蹄 懼罪奔於彼 至是還來 告太子曰 彼師雖多 皆備數疑兵而已 其驍勇唯赤旗 若先破之 其餘不攻自潰 太子從之 進擊大敗 追奔逐北 至於水谷城之西北 將軍莫古解諫曰 嘗聞道家之言 知足不辱 知止不殆 今所得多矣 何必求多 太子善之止焉 乃積石爲表 登其上顧左右曰 今日之後 疇克再至於此乎 其地有嚴石 罅若馬蹄者 他人至今呼爲太子馬迹 近肖古在位三十年薨 卽位.

二年 以王舅眞高道爲內臣佐平 委以政事 冬十一月 高句麗來侵不鄙.

三年 冬十月 王將兵三萬 侵高句麗平壤城 十一月 高句麗來侵.

五年 春三月 遣使朝晉 其使海上遇惡風 不達而還 夏四月 雨土竟日.

六年 大疫 夏五月 地裂 深五丈 橫廣三丈 三日乃合.

八年 春 不雨至六月 民饑 至有鬻子者 王出官穀 贖之.

十年 春二月 日有暈三重 宮中大樹自拔 夏四月 王薨

枕流王 近仇首王之元子 母曰阿尒夫人 繼父卽位 秋七月 遣使入晉朝貢 九月 胡僧摩羅難陀自晉至 王迎致宮內禮敬焉 佛法始於此.

二年 春二月 創佛寺於漢山 度僧十人 冬十一月 王薨

삼국사기 권 제25

백제본기(百濟本紀) 제3

진사왕(辰斯王), 아신왕(阿莘王), 전지왕(腆支王), 구이신왕(久尒辛王), 비유왕(毗有王), 개로왕(蓋鹵王)

진사왕(辰斯王)

진사왕(辰斯王)은 근구수왕(近仇首王)의 둘째아들이요, 침류왕(枕流王)의 아우이다. 사람됨이 굳세고 날래며 총명하고 인자하고 지략이 많았다. 침류왕이 죽으니 태자(太子 : 阿莘)가 어리므로 태자의 숙부 진사가 즉위하였다.

2년(386) 봄 국내 사람으로 나이 15세 이상 되는 자를 징발하여 관방(關防)을 설치하였는데, 청목령(靑木嶺)에서 시작하여 북으로 팔곤성(八坤城)까지 막고, 서쪽으로는 바다까지 이르렀다. 가을 7월, 서리가 내려 곡물을 해쳤다. 8월, 고구려가 내침하였다.

3년 봄 정월, 진가모(眞嘉謨)를 달솔로 삼고 두지(豆知)를 은솔로 삼았다. 가을 9월, 말갈(靺鞨 : 동예)과 관미령(關彌嶺)에서 싸웠으나 이기지 못하였다.

5년 가을 9월, 왕이 군사를 보내어 고구려의 남변을 침략하였다.

6년 가을 7월, 혜성이 북하성(北河星)의 위치에 나타났다. 9월, 왕은 달솔 진가모를 시켜 고구려를 쳐서 도곤성(都坤城)을 빼앗고 200명을 사로잡았다. 왕은 진가모에게 병관좌평(兵官佐平)을 제수하였다. 겨울 10월, 구원(狗原)에서 7일 동안 사냥하고 돌아왔다.

7년 봄 정월, 대궐을 중수하고 못을 파고 산을 만들어서 진기한 새와 이상한 꽃들을 길렀다. 여름 4월, 말갈이 북변의 적현성(赤峴城)을 쳐서 함락시켰다. 가을 7월, 서울 서쪽에 있는 큰 섬에서 사냥하면서 왕이 친히 사슴을 쏘았다. 8월, 다시 횡악(橫岳)의 서쪽에서 사냥하였다.

8년 여름 5월 초하루 정묘일(丁卯日)에 일식이 있었다. 가을 7월, 고구려 왕 담덕(談德)이 군사 4만 명을 거느리고 와서 북변을 공격하여 석현(石峴) 등 10여 성을 함락시켰다. 담덕이 군사를 부리는 데 능하다는 말을 듣고 왕이 나가 항거하지 못하니, 한수 북쪽의 여러 부락이 많이 떨어져 나갔다. 겨울 10월, 고구려가 관미성(關彌城)을 공격하여 빼앗았다. 왕은 구원(狗原)에서 사냥을 하였는데, 열흘이 되도록 돌아오지 아니하였다. 11월, 왕이 구원의 행궁(行宮)에서 죽었다.

아신왕(阿莘王)

아신왕(阿莘王 : 혹은 아방(阿芳))은 침류왕(枕流王)의 맏아들이다. 당초 한성(漢城)의 별궁에서 태어날 적에 신기한 광채가 밤에 비쳤다. 장성하자 의지가 호매(豪邁)하여 매나 말을 좋아하였다. 침류왕이 죽었을 적에 나이가 어렸으므로 수부 진사(辰斯)가 왕위를 계승하였는데 진사왕(辰斯王)이 8년 만에 죽자 마침내 즉위하게 되었다.

2년(393) 봄 정월, 동명왕의 사당에 배알하고 또 남단에서 천지 신명께 제사를 지냈다. 진무(眞武)를 좌장(左將)으로 삼고 병마사를 맡겼다. 진무는 왕의 외숙으로 침착하고 씩씩한 데다 도량이 컸으므로 당시 사람들이 복종하였다. 가을 8월, 왕이 진무에게 이르기를 "관미성은 우리 북변의 요지인데 지금 고구려의 소유가 되었으니 이야말로 나의 통석(痛惜)하는 바이다. 그대는 아무쪼록 마음을 써서 부끄럼을 씻게 하여 달라" 하였다. 드디어 군사 1만 명을 거느리고 고구려의 남변을 칠 계획을 세웠다. 진무는 몸소 병사들에 앞서 시석(矢石)을 무릅쓰고 석현 등 다섯 성을 회복하기 위해 먼저 관미성을 포위하였다. 고구려 사람들이 성문을 닫고 굳게 지키자, 진무는 군량이 이어지지 못하므로 군사를 끌고 돌아왔다.

3년 봄 2월, 맏아들 전지(腆支)를 세워 태자를 삼고 대사령을 내렸다. 서제(庶弟) 홍(洪)으로 내신좌평을 삼았다. 가을 7월, 고구려와 수곡성(水谷城) 아래에서 싸워 패하였다. 태백성이 대낮에 나타났다.

4년 봄 2월, 혜성이 서북방에 나타났다가 20일 만에 사라졌다. 겨울 8월, 왕은 좌장 진무 등을 시켜 고구려를 치게 했다. 고구려 왕 담덕(談德)이 친히 군사 7,000명을 이끌고 패수 가에 진을 치고 싸우니 우리 군사가 크게 패하여 죽은 자가 8,000명이었다. 겨울 11월, 왕은 패수 전역(戰役)의 실패를 보복할 뜻으로 친히 군사 7,000명을 거느리고 한수를 지나 청목령 아래 머물렀다. 이때 마침 큰눈이 내려 병졸들이 얼어죽는 자가 많으므로 회군하여 한산성(漢山城)에 이르러 군사를 위로하였다.

6년 여름 5월, 왕은 왜국과 화친을 맺고 태자 전지를 볼모로 보냈다. 가을 7월, 한수의 남쪽에서 열병식을 거행하였다.

7년 봄 2월, 진무로 병관좌평을 삼고 사두(沙豆)로 좌장(左將)을 삼았다. 3월, 쌍현성(雙峴城)을 쌓았다. 가을 8월, 왕은 장차 고구려를 치기 위해 군사를 이끌고 한산(漢山)의 북책(北柵 : 蛇城)에 당도하였다. 그날 밤에 큰 별이 진영 안에 떨어져 소리가 났다. 왕은 이를 불길하게 여겨 드디어 전역(戰役)을 중지하였다. 9월, 도성(都城) 사람들을 모아 서대(西臺)에서 활쏘기를 익혔다.

8년 가을 8월, 왕이 고구려를 침략하기 위해 크게 병마를 징발하자, 백성들은 전쟁에 지쳐 신라로 줄줄이 달아나서 호구가 줄어들었다.

9년 봄 2월, 혜성이 규루성(奎婁星)의 위치에 나타났다. 여름 6월 초하루 경신일(庚申日)에 일식이 있었다.

11년 여름, 크게 가뭄이 들어 벼가 타죽었다. 왕이 친히 횡악(橫岳)에 제사를 지내니 드디어 비가 왔다. 5월, 사신을 왜국에 보내어 큰 구슬을 구하였다.

12월 봄 2월, 왜국에서 사신이 오자, 왕은 이들을 맞아들여 특별히 후하게 위로하였다. 가을 7월, 군사를 보내어 신라 변경을 침범하였다.

14년 봄 3월, 흰 기운이 대궐에서 서쪽으로 비단을 펼쳐놓은 것같이 뻗쳤다. 가을 9월, 왕이 죽었다.

전지왕(腆支王)

전지왕(腆支王 : 혹은 직지(直支))〔양서(梁書)에는 휘를 영(映)이라고 했다〕은 아신왕의 원자(元子)이다. 아신왕이 재위 3년에 전지를 태자로 삼았고 6년에 왜국에 볼모로 보냈다. 14년에 왕이 죽자 왕의 둘째아우 훈해(訓解)가 정사를 대행하며 태자의 환국을 기다리는데, 막내아우 첩례(碟禮)가 훈해를 죽이고 스스로 왕이 되었다. 전지가 왜국에서 부음(訃音)을 듣고 울며 돌아가겠다고 청하자, 왜왕이 군사 100명으로 호송케 하여 국경에 도착하였다. 그때 한성(漢城) 사람 해충(解忠)이 와서 말하기를 "대왕이 세상을 떠나자, 왕의 아우 첩례가 형 훈해를 죽이고 스스로 왕이 되었으니 태자는 부디 경솔히 들어가지 마시오" 하였다. 전지는 왜국 군사를 머물게 하여 자신을 호위케 하고 해도(海島)에 의거하여 기다렸다. 나라 사람들이 첩례를 죽이고 전지를 맞아 즉위하게 하였다. 아내는 팔수부인(八須夫人)이니 아들 구이신(久尓辛)을 낳았다.

 2년(406) 봄 정월, 왕이 동명왕의 사당에 배알하고 남단에서 천지 신명에게 제사를 지냈으며 죄수에게 대사령을 내렸다. 2월, 사자를 진(晉 : 東晉)에 보내어 조공하였다. 가을 9월, 해충으로 달솔을 삼고 한성조(漢城租) 1,000섬을 주었다.
 3년 봄 2월, 서제(庶弟) 여신(餘信)으로 내신좌평을, 해수(解須)로 내법좌평을, 해구(解丘)로 병관좌평을 삼았다. 모두 왕의 친척이었다.
 4년 봄 정월, 여신을 상좌평(上佐平)으로 삼고 군국정사(軍國政事)를 맡겼다. 상좌평이란 관직은 이로부터 시작되었다〔지금의 재상과 같다〕.
 5년, 왜국이 사자를 시켜 야명주(夜明珠)를 보내오자, 왕은 사자를 후하게 대접하였다.
 11년 여름 5월 갑신일(甲申日)에 혜성이 나타났다.
 12년, 동진(東晉)의 안제(安帝)가 사신을 보내어 왕을 책봉하였는데, 사지절도독백제제군사진동장군백제왕(使持節都督百濟諸軍事鎭東將軍百濟王)으로 삼았다.
 13년 봄 정월 초하루 갑술일에 일식이 있었다. 여름 4월, 가물어 백성이 굶주렸다. 가을 7월, 동북 두 부락 사람으로 나이 15세 이상 된 자를 징발하여 사구성(沙口城)을 쌓게 하고 병관좌평 해구(解丘)로 하여금 감역케 하였다.

14년 여름, 사신을 왜국에 보내어 무명 10필을 선사하였다.

15년 봄 정월 무술일(戊戌日)에 혜성이 태미성(太微星)의 위치에 나타났다. 겨울 11월 초하루 정해일(丁亥日)에 일식이 있었다.

16년 봄 3월, 왕이 죽었다.

구이신왕(久尒辛王)

구이신왕(久尒辛王)은 전지왕(腆支王)의 원자이다. 전지왕이 죽자 뒤이어 즉위하였다.

8년(427) 겨울 12월, 왕이 죽었다.

비유왕(毗有王)

비유왕(毗有王)은 구이신왕(久尒辛王)의 맏아들[혹은 전지왕(腆支王)의 서자(庶子)라고도 하니 어느 것이 옳은지 알 수 없다]로 용모가 아름답고 구변이 있어 사람들로부터 추앙을 받았다. 구이신왕이 죽자 즉위하였다.

2년(428) 봄 2월, 왕이 사부(四部)를 순시하여 가난한 사람들에게 등급을 가려 곡식을 나누어 주었다. 왜국(倭國)의 사신이 왔는데 수행원이 50명이나 되었다.

3년 가을, 사신을 송(宋)에 보내어 조공하였다. 겨울 10월, 상좌평 여신(餘信)이 죽었다. 해수(解須)로 상좌평을 삼았다. 11월, 지진이 일어나고 큰바람이 불어 기왓장을 날렸다. 12월, 얼음이 얼지 않았다.

4년 여름 4월, 송(宋)의 문황제(文皇帝)는 왕이 다시 조공의 직책을 이행했다 하여 사신을 보내어 선왕 영(映)을 책봉하여 관작과 시호를 주었다.

7년 봄·여름, 비가 오지 아니하였다. 가을 7월, 신라에 사신을 보내어 화친을 청했다.

8년 봄 2월, 사자를 신라에 보내어 좋은 말 두 필을 선사하였다. 가을 9월, 또 희귀한 매를 선사하였다. 겨울 10월, 신라가 양금(良金)과 명주(明珠)로 예를 보답하였다.

14년 여름 4월 초하루 무오일(戊午日)에 일식이 있었다. 겨울 10월, 사신을 송에 보내어 조공하였다.

21년 여름 5월, 대궐의 남지(南池) 안에 수레바퀴 모양의 불이 일어났는데, 불꽃이 밤새도록 일다가 사라졌다. 가을 7월, 가물어 곡식이 익지 아니하니 백성들이 굶주려 신라로 들어간 자가 많았다.

28년, 별이 비같이 떨어지고 혜성이 서북에 나타났는데 그 길이가 두 길쯤 되었다. 가을 8월, 누리가 곡식을 해쳐 흉년이 들었다.

29년 봄 3월, 한산(漢山)에서 사냥하였다. 가을 9월, 흑룡(黑龍)이 한산에 나타났는데 잠깐 동안 구름과 안개가 끼어 어둡더니 날아가 버렸다. 왕이 죽었다.

개로왕(蓋鹵王)

개로왕(蓋鹵王 : 혹은 근개루(近蓋婁))의 휘는 경사(慶司)이니 비유왕(毗有王)의 맏아들이다. 비유왕이 재위 29년에 죽자 왕위를 이어받았다.

14년(468년) 겨울 10월 초하루 계유일(癸酉日)에 일식이 있었다.

15년 가을 8월, 장수를 보내어 고구려의 남변을 침범하였다. 겨울 10월, 쌍현성을 수리하고 청목령(靑木嶺)에 길게 책(柵 : 울뚱)을 설치하고 북한산성에 있는 군사를 나누어 지키게 하였다.

18년, 사신을 위에 보내어 글월을 전하여 말하기를 "신이 나라를 동쪽 끝에 세웠는데, 시랑(豺狼 : 고구려를 지칭함)이 길을 막으니 비록 대대로 신령의 교화는 받으나 번방(藩邦)의 예를 닦을 길이 없으니 운궐(雲闕)을 쳐다볼수록 쏠리는 정이 그지없사옵니다. 황제 폐하께옵서 하늘의 아름다움에 협찬 조화(協贊調和)하실 줄 생각하면 우러르는 심정 누를 길이 없사옵니다. 삼가 본국(本國)의 관군장군부마도위불사후장사(冠軍將軍駙馬都尉弗斯侯長史) 여례(餘禮)와 용양장군대방태수사마(龍驤將軍帶方太守司馬) 장무(張茂) 등을 보내어, 배를 띄우고 아득한 바닷길을 더듬으며 목숨은 자연의 운에 맡기고 만분지일의 정성을 진상하려 하는 것이오니, 바라건대 신명이 감동하시고 황령(皇靈)이 크게 보살피시어 대궐에 도달하여 신의 뜻을 펴게 된다면, 비록 그날로 죽어도 여한이 없겠습니다" 하였다.

또 이르기를 "신이 고구려와 더불어 근원이 부여에서 나왔으므로 선왕의 시대에는 옛 정의를 독실히 존중하였는데, 그 조부 소(釗: 고국원왕)가 이웃의 우호를 가벼이 버리고 친히 병졸을 거느리고 신의 땅을 침략하므로 신의 조부 수(須: 近仇首)가 군사를 정비하여 번개같이 가서 기회를 노려 공격해 시석(矢石)이 잠깐 부딪는 동안에 소의 머리를 베어 효시하게 되었던 것입니다. 이로부터는 감히 남으로 침범하지 못하더니 풍씨(馮氏: 燕)가 멸망하고 그 잔당마저 달아난 뒤부터는 그들이 차츰 번성해 드디어 능핍하는 꼴을 보게 되므로, 원망이 맺히고 화(禍)가 연달아 30여 년을 지나니 재정은 마르고 힘은 빠져 자연 군색해졌습니다. 만일 하늘 같은 황제의 자애가 안팎이 없이 멀리 미치지 않는 곳이 없다면 빨리 장병을 보내주시어 신의 나라를 구해 주소서. 비천하나마 마땅히 저의 딸을 후궁(後宮)으로 보낼 것이며, 아울러 자제(子弟)를 보내어 마굿간에서 말을 먹이게 하고, 한 자의 땅, 한 사람의 백성일지라도 감히 제것이라 여기지 않겠습니다" 하였다.

또 이르기를 "지금 연(璉: 長壽王)은 죄가 있어 나라는 스스로 어육(魚肉)이 되고 대신(大臣) 강족(强族)의 살육이 끊임없어 죄악이 쌓이고 백성들이 이반되고 있으니 이야말로 멸망의 시기요 손을 쓸 기회입니다. 게다가 풍족(馮族)의 병마는 조축(鳥畜)의 변(變)을 가지고 있고, 낙랑의 제군(諸郡)은 고향을 생각하는 마음을 품고 있으니, 천자의 위엄이 한번 움직여 토벌을 행한다면 싸울 것도 없을 것이며, 신도 비록 불민하오나 온갖 힘을 다하여 부하 군사를 거느리고 하풍(下風)을 받아 향응할 생각입니다. 또 고구려의 불의(不義)와 역사(逆詐)가 하나뿐이 아니어서 밖으로 외효번비(隗囂藩卑)의 언사를 쓰고 안으로 흉노시돌(匈奴豕突)의 행동을 품어 혹은 남으로 유씨(劉氏)와 통하고 혹은 북으로 연연(蠕蠕)과 약속하여 함께 입술과 이 모양으로 되어 왕법을 무시하고 있습니다. 옛날 당요(唐堯)는 지극하신 성인이었지만 단수(丹水)에서 벌을 내렸으며, 맹상군(孟嘗君)은 어진이라 칭하였지만 길가의 꾸짖음도 버리지 아니하였습니다. 한 방울의 흐르는 물도 일찌

감치 막아야 하는 것이니 지금 만약 빼앗지 아니하면 장차 후회를 남기게 될 것입니다. 지난 경진년 이후에 신의 나라 서쪽 경계인 소석산(小石山) 북국 해중(北國海中)에서 10여 명의 시체를 발견하고 아울러 의기(衣器)와 안륵(鞍勒)을 주워 살펴본 결과 고구려의 물건이 아니었습니다. 그 후, 들으니 바로 왕사(王使)가 신의 나라를 찾아오는데 도둑이 길을 가로막고 있으므로 바닷길을 택하다가 침몰을 당했다고 하니 비록 직접적인 것은 아니지만 분한 마음을 깊이 품었습니다. 옛날 송(宋)이 신주(申舟)를 죽이자 초(楚) 장왕(莊王)이 맨발로 걸었고, 새매가 놓아준 비둘기를 잡으니 신릉군(信陵君)이 식사를 아니했다고 합니다. 그들은 적을 이기고 고명을 세우는 것이 그지없이 아름다웠습니다. 조그마한 변방의 소국으로도 오히려 만대의 신의를 사모하거늘 하물며 폐하(陛下)는 기운이 천지와 합하고 형세가 산해(山海)를 기울일 수 있는데도 어찌하여 조그마한 아이들이 대국의 통로(通路)를 막고 있게 하십니까? 지금 그 말 안장 하나를 올리어 실제 증거를 보여드리는 것입니다" 하였다.

  현조(顯祖)는 외진 나라에서 모험을 무릅쓰고 조공해 온 것을 고맙게 여겨 예우가 더욱 후하였으며, 그 사자가 돌아오는 길에 사자 소안(邵安)을 시켜 함께 돌아오게 하였다. 이때 조서에 이르기를 "그대의 글을 얻어 보고 무양함을 알았으니 매우 기쁘오. 그대는 동녘 한모퉁이에 있어 오복(五服)의 밖에 처하였으나 산해(山海)를 마다 아니하고 대궐에 와서 정성을 바치니 지극한 뜻을 가상히 여겨 마음속에 두는 바이오. 나는 만세의 기업을 이어받아 사해(四海)에 군림하고 백성을 통솔하는 바 지금 천하가 조용하고, 팔방에서 모여들어 강보에 어린애를 싸서 등에 지고 오는 자가 이루 헤아릴 수 없소. 따뜻한 풍속과 강성한 병마는 모두 그대의 사신인 여례(餘禮) 등이 친히 듣고 본 바요. 그대가 고구려와 불목하여 자주 능욕과 침략을 받는다지만 진실로 의(義)에 순종하고 인(仁)으로써 지킨다면 어찌 도둑과 원수를 걱정하겠소. 전번의 사자는 먼 지방의 나라를 순무하려고 배를 타고 바다에 떠 갔는데 여러 해가 되도록 돌아오지 아니하니 생사 및 도착 여부는 똑똑히 알 수 없소. 그대가 보낸 말안장은 묵은 것과 비교해 보니 중국의 물건이 아니구려. 그러나 의심스러운 것을 가지고 반드시 그렇다고 트집잡으려는 것은 불가한 일이오. 계획의 요점은 별항에 갖추어져 있소" 하였다.

또 조서에 이르기를 "알았소. 고구려가 자기의 강함만을 믿고 함부로 침략하므로 그대는 위로 선군(先君 : 고국원왕)의 구원(舊怨)을 갚으려고 백성을 편안케 하는 큰 덕을 버리고 말았소. 전쟁이 여러 해 계속되니 먼 변경을 단속하기 어려울 것이오. 그래서 사신은 신포서(申包胥)의 정성을 겸비하고 나라는 초(楚)·월(越)보다 중한 사정이니, 응당 의(義)를 펴고 약(弱)을 도와 기회를 타서 선뜻 군사를 일으킬 일이오. 다만 고구려가 선조 때부터 속국으로 자처하여 토산물을 바쳐온 날이 오래이고 그대와는 예로부터 틈이 있다 하지만 상국(上國)에게 명령을 어긴 허물이 아직은 없소. 그대의 사명(使命)이 비로소 통하자 곧 도와 쳐달라고 청하는 것은 사리를 생각해 볼 때 역시 온당치 못하기 때문에 지난 해에 예(禮) 등을 평양에 보내어 그 연유를 알고자 하였던 것이오. 그러나 고구려의 여러 주청(奏請)이 말과 이치가 다 온당하므로 사자도 그 청을 막을 수 없고, 사법(司法)에서도 그에게 죄책을 지울 수 없었소. 그래서 그의 아룀을 들어주고 예 등에게 돌아올 것을 명령하였던 것이오. 만약 지금 다시 명령을 거역한다면 지난 과실이 더욱 드러날 것이니, 뒤에는 비록 스스로 변명한다 하더라도 죄를 벗어날 길이 없을 것이오. 그런 뒤에 군사를 일으켜 토벌하는 것이 의리상 당연하다고 생각하오.

구이(九夷)의 나라들은 해외(海外)에 세거(世居)하면서 황도(皇道)가 창달되면 직공(職貢)을 받들고, 은혜가 식으면 제 강토만 확보하기 때문에 견제만 하여 두는 일이 전전(前典)에 나타나 있으며, 세시(歲時)의 조공은 빠진 적이 오래되었소. 그대가 강약(强弱)의 형세와 지난날의 사적을 낱낱이 진술하였는데, 습속과 사정이 모두 다르므로 무엇을 주려고 해도 마음에 맞지 않는구려. 홍규대략(洪規大略)은 그 가운데 들어 있으며, 지금 중국이 통일되어 국내(國內)가 걱정이 없으므로 매양 동녘 끝에 위엄을 떨치고 국외에 깃발을 날려 편방(偏方)의 백성을 구해주고 황풍(皇風)을 먼 곳에 펼치려 하나 진실로 고구려가 재빨리 순종하므로 미처 정벌(征伐)을 꾀하지 못하였소. 지금 만약 조명(詔命)에 복종하지 않는다면 그대의 요구가 곧 내 뜻에 부합하는 것이오. 동시에 원수(元帥)의 행군이 장차 멀지 않으리니 아무쪼록 미리 준비하고 함께 일어나서 사태를 대기할 것이며, 때로 통신사(通信使)를 보내어 속히 저쪽 정세를 탐지토록 하오. 군사를 일으키는 날에 그대는 향도(鄕導)의 으뜸이 되고, 크게 승리한 뒤에는 또 원훈(元勳)의 상을 받으면 좋은 일이 아니겠소. 진상한 비단 포목 해물(海物)들은 보낸 대로 다 오지는 못하였으나 그대의 지극한 정성은 드러났소. 지금 여러 물건들을 별지와 같이 보내는 바이오" 하였다.

또 고구려 왕 연(璉 : 長壽王)에게 명령하여 안(安 : 魏의 使臣 이름)의 일행을 호송케 하였다. 안의 일행이 고구려에 이르자 연이 "옛날 여경(餘慶 : 개로왕)과 더불어 원수진 것이 있다" 하고 동으로 통과하지 못하게 하였다. 안 일행이 이에 모두 되돌아왔다. 이에 조서를 고구려에 보내 준절히 책망하였다. 그 후 안 등을 시켜 동래(東萊)에서 배를 타고 바닷길로 향하게 하여 왕(개로왕)에게 조서를 전하여 그 정성을 표창케 하였으나, 안 등이 바다에 이르렀을 때 바람을 만나 표류하다가 마침내 도착하지 못하고 귀국하였다. 왕은 고구려 사람이 자주 변경을 침략하므로 위(魏)에 표를 올려 군사를 청하였으나 받아들이지 아니하자 왕은 원망하여 드디어 조공을 끊었다.

21년 가을 9월, 고구려 왕 연(璉)이 군사 3만 명을 거느리고 와서 왕도(王都) 한성을 포위하였다. 왕은 성문(城門)을 닫고 능히 나가 싸우지 못하였다. 고구려 사람들이 군사를 네 길로 나누어 협공하고, 또 바람을 이용하여 불을 질러 성문을 태우니 사람들이 두려워하여 나가 항복하려는 자도 있었다. 왕은 궁박하여 어찌할 바를 몰랐다. 수십 명의 기병을 거느리고 문을 나서 서쪽으로 달아났으나 고구려 사람들이 쫓아가 살해하였다. 이에 앞서 고구려 장수왕이 백제를 도모하면서 그쪽에 간첩으로 갈 만한 자를 구하였다. 그때 승려 도림(道琳)이 모집에 응하여 말하기를 "소승(小僧)이 아직 도를 깨치지는 못하게 되었으므로 국은(國恩)이나 답하려고 생각하오니 원컨대 대왕께서 신을 불초하다고만 마시고 지도하여 시키시면 기필코 명령을 욕되게 않겠습니다" 하였다.

왕은 기뻐하여 "비밀히 백제를 꾀어라"고 시켰다. 이에 도림이 거짓 죄를 짓고 도망하는 척 백제로 들어갔다. 때마침 백제왕 근개루(近蓋婁 : 蓋鹵)가 바둑두기를 좋아하므로 도림은 왕의 문하에 나아가 말하기를 "신이 젊어서 바둑을 배워 자못 신묘한 경지에 이르렀으므로 한번 구경시켜 드리기를 원하옵니다" 하였다. 왕은 불러들여 바둑을 대해 보았더니 과연 국수(國手)였다. 드디어 존대하여 상객(上客)으로 받들고 매우 친근히 하며 늦게 서로 만난 것을 한탄하였다. 도림이 어느 날 모시고 앉자 조용히 말하기를 "신은 외국인이오나 황상(皇上)께오서 저를 멀리 아니하시고 은혜를 주심이 매우 거룩하온데 오직 하나의 기술만을 바칠 뿐이요, 털끝만한 도움을 드리지 못하였기에 지금 한 말씀을 드리고 싶으나 황상(皇上)의 뜻이 어떠하시온지 알지 못하옵니다" 하였다.

왕은 "말을 해보라. 만약 나라에 유리한 일이라면 바라는 바이다" 라고 말하였다. 도림은 말하기를 "대왕의 나라는 사방이 다 산악과 하해(河海)로 되어 있으니 이는 하늘이 마련한 험지(險地)요, 인력으로 된 형상이 아닙니다. 이러므로 이웃 나라들이 감히 엿볼 마음을 두지 않고 다만 받들어 섬기기를 원할 따름입니다. 그러니 왕께서는 마땅히 숭고(崇高)한 세력과 부유(富有)한 기업으로 사람의 시청(視聽)을 놀라게 해야 할 것이온데, 도리어 성곽도 수축하지 않고, 궁실도 꾸미지 않고, 선왕의 해골도 노지(露地)에 버려두고, 백성의 집들도 자주 강물에 무너지고 있으니, 신은 대왕을 위하여 좋게 여기지 않는 바입니다" 하였다.

왕은 "그렇다, 내가 장차 마련하리라" 하고 이에 국민을 모두 동원시켜 흙을 구워 성을 쌓고 곧 그 안에다 궁실(宮室)·누각(樓閣)·대사(臺謝)를 마련하였다. 굉장하고 화려하지 않은 것이 없으며, 또 큰 돌을 욱리하(郁里河)에서 가져와 곽을 만들어 아비의 뼈를 장사하고, 하수(河水)를 따라 제방을 쌓는데, 사성(蛇城)의 동에서 숭산(崇山)의 북까지 이르렀다. 이로써 창고가 텅 비고 백성이 궁곤하여 나라의 위태함이 알(卵)을 포개놓은 것보다 더 하였다.

이에 도림이 도망하여 본국으로 돌아가 아뢰니 장수왕이 기뻐하여 장차 치기로 하고 드디어 군사를 수신(帥臣)에게 주었다. 근개루는 이를 듣고 아들 문주(文周)에게 이르기를 "내가 어리석고 밝지 못한 탓으로 간사한 놈의 말을 신용하여 이 지경에 이르렀다. 백성은 쇠잔하고 군사는 약하니 비록 위태한 일이 있을지라도 누가 나를 위하여 힘껏 싸워 주겠는가. 나는 마땅히 사직을 위해 죽겠지만, 네가 여기서 함께 죽는 것은 아무 이익이 없는 일이다. 난리를 피하여 나라의 계통을 잇도록 하라" 하였다. 문주는 드디어 목협만치(木劦滿致), 조미걸취(祖彌桀取 : 목협·조미는 다 복성(複姓)이다. 수서(隋書)에 목협은 두 가지 성(姓)이라 하였으니 어느 것이 옳은지 모르겠다)와 더불어 남쪽으로 떠났다. 이때 고구려의 대로(對盧)인 제우(齊于)·재증걸루(再曾桀婁)·고이만년(古尒萬年 : 재증(再曾)·고이(高爾)는 다 복성(複姓)이다) 등이 군사를 거느리고 와서 북성(北城)을 공격하여 7일 만에 빼앗고 옮기어 남성(南城)을 공격하니 성중이 흉흉하였다. 왕이 도망해 나갔는데 고구려 장군 걸루 등이 왕을 보고 말에서 내려 절하고 조금 있다가 왕의 면상을 향하여 세 번 침을 뱉고 그 죄를 낱낱이 말한 다음 꽁꽁 묶어 아차성(阿且城) 아래로 압송하여 죽였다. 걸루와 만년(萬年)은 본국(백제) 사람으로 죄를 짓고 고구려로 도망한 자였다.

사신(史臣)은 논한다.

초(楚)나라 명왕(明王)이 도망했을 때에 운공(鄖公) 신(辛)의 아우 회(懷)가 왕을 죽이려 하면서 하는 말이 "평왕(平王)이 내 아비를 죽였으니 내가 그 아들을 죽이는 것도 당연하지 않은가?"라고 하였다. 신은 "임금이 신하를 죽이는데 뉘가 감히 원망하리오. 임금의 명령은 하느님의 명령이다. 만약 천명에 죽는다면 장차 누구를 원망하리오"라고 하였다. 걸루 등이 스스로 죄를 지어 제 나라에 용납되지 못할 것을 알고 적병을 끌어들여 전날의 임금을 묶어 죽였으니 그의 불의(不義)는 너무 심하다 하겠다. 그렇다면 오자서(伍子胥)가 영(郢)에 들어가 시체를 매질한 것은 어떻다고 보겠는가. 양자법언(楊子法言)에 이를 평하기를 "덕(德)에 따르지 못했다" 하였으니 이른바 덕이란 것은 인(仁)과 의(義)일 따름이니, 자서의 사나움은 운공의 어짐만 같지 못하다. 이로써 따지면 걸루 등이 불의라는 것은 명백하다 하겠다.

三國史記 卷 第二十五

百濟本紀 第三 辰斯王 阿莘王 腆支王 久尒辛王 毗有王 蓋鹵王

辰斯王 近仇首王之仲子 枕流之弟 爲人强勇 聰惠多智略 枕流之薨也 太子少 故叔父辰斯卽位.
二年 春 發國內人年十五歲已上 設關防 自靑木嶺 北距八坤城 西至於海 秋七月 隕霜害穀 八月 高句麗來侵.
三年 春正月 拜眞嘉謨爲達率 豆知爲恩率 秋九月 與靺鞨戰關彌嶺 不捷.
五年 秋九月 王遣兵侵掠高句麗南鄙.
六年 秋七月 星孛于北河 九月 王命達率眞嘉謨伐高句麗 拔都坤城 虜得二百

人 王拜嘉謨爲兵官佐平 冬十月 獵於狗原 七日乃返.

七年 春正月 重修宮室 穿池造山 以養奇禽異卉 夏四月 靺鞨攻陷北鄙赤峴城 秋七月 獵國西大島 王親射鹿 八月 又獵橫岳之西.

八年 夏五月丁卯朔 日有食之 秋七月 高句麗王談德帥兵四萬 來攻北鄙 陷石峴等十餘城 王聞談德能用兵 不得出拒 漢水北諸部落多沒焉 冬十月 高句麗攻拔關爾城 王田於狗原 經旬不返 十一月 薨於狗原行宮.

阿莘王(或云 阿芳) 枕流王之元子 初生於漢城別宮 神光炤夜 及壯志氣豪邁 好鷹馬 王薨時年少 故叔父辰斯繼位 八年薨 卽位.

二年 春正月 謁東明廟 又祭天地於南壇 拜眞武爲左將 委以兵馬事 武王之親舅 沈毅有大略 時人服之 秋八月 王謂武曰 關彌城者我北鄙之襟要也 今爲高句麗所有 此寡人之所痛惜 而卿之所宜用心而雪恥也 遂謀將兵一萬伐高句麗南鄙 武身先士卒以冒矢石 意復石峴等五城 先圍關彌城 麗人嬰城固守 武以糧道不繼 引而歸.

三年 春二月 立元子腆支爲太子 大赦 拜庶弟洪爲內臣佐平 秋七月 與高句麗戰於水谷城下敗績 太白晝見.

四年 春二月 星孛于西北 二十日而滅 秋八月 王命左將眞武等伐高句麗 麗王談德親帥兵七千 陣於浿水之上拒戰 我軍大敗 死者八千人 冬十一月 王欲報浿水之役 親帥兵七千人過漢水 次於靑木嶺下 會大雪 士卒多凍死 廻軍至漢山城 勞軍士.

六年 夏五月 王與倭國結好 以太子腆支爲質 秋七月 大閱於漢水之南.

七年 春二月 以眞武爲兵官佐平 沙豆爲左將 三月 築雙峴城 秋八月 王將伐高句麗 出師至漢山北柵 其夜大星落營中有聲 王深惡之 及止 九月 集都人習射於西臺.

八年 秋八月 王欲侵高句麗 大徵兵馬 民苦於役 多奔新羅 戶口衰減.(減 舊本作滅 今校之)

九年 春二月 星孛于奎婁 夏六月庚辰朔 日有食之.

十一年 夏 大旱 禾苗焦枯 王親祭橫岳 乃雨 五月 遣使倭國求大珠.

十二年 春二月 倭國使者至 王迎勞之特厚 秋七月 遣兵侵新羅邊境.

十四年 春三月 白氣自王宮西起 如匹練 秋九月 王薨.

腆支王(或云 直支) 梁書 名映(映 必是腆之訛) 阿莘之元子 阿莘在位第三年 立爲太子 六年出質於倭國 十四年王薨 王仲弟訓解攝政 以待太子還國 季弟 碟禮殺訓解 自立爲王 腆支在倭聞訃 哭泣請歸 倭王以兵士百人衛送 旣至國界 漢城人解忠來告曰 大王棄世 王弟碟禮殺兄自立 願太子無輕入 腆支留倭人自衛 依海島以待之 國人殺碟禮 迎腆支卽位 妃八須夫人 生子久尒辛.

二年 春正月 王謁東明廟 祭天地於南壇 大赦 二月 遣使入晉朝貢 秋九月 以解忠爲達率 賜漢城租一千石.

三年 春二月 拜庶弟餘信爲內臣佐平 解須爲內法佐平 解丘爲兵官佐平 皆王戚也.

四年 春正月 拜餘信爲上佐平 委以軍國政事 上佐平之職始於此 若今之冢宰.

五年 倭國遣使送夜明珠 王優禮待之.

十一年 夏五月甲申 彗星見.

十二年 東晉安帝遣使册命王爲使持節都督百濟諸軍事鎭東將軍百濟王.

十三年 春正月甲戌朔 日有食之 夏四月 旱 民饑 秋七月 徵東北二部人年十五已上 築沙口城 使兵官佐平解丘監役.

十四年 夏 遣使倭國 送白綿十匹.

十五年 春正月戊戌 星孛于大微 冬十一月丁亥朔 日有食之.

十六年 春正月 王薨.

久尒辛王 腆支王長子 腆支王薨 卽位.

八年 冬十二月 王薨.

毗有王 久尒辛王之長子(或云 腆支王庶子 未知孰是) 美姿貌 有口辯 人所推重 久尒辛王薨 卽位.

二年 春二月 王巡撫四部 賜貧乏穀有差 倭國使至 從者五十人.

三年 秋 遣使入宋朝貢 冬十月 上佐平餘信卒 以解須爲上佐平 十一月 地震 大風飛瓦 十二月 無氷.

四年 夏四月 宋文皇帝以王復修職貢 遣使册授先王映爵號.(腆支王十二年 東晉册命爲使持節道督百濟諸軍事鎭東將軍百濟王.)

七年 春夏 不雨 秋七月 遣使入新羅請和.

八年 春二月 遣使新羅 送良馬二匹 秋九月 又送白鷹 冬十月 新羅報聘以良金明珠.

十四年 夏四月戊午朔 日有食之 冬十月 遣使入宋朝貢.

二十一年 夏五月 宮南池中有火 焰如車輪終夜而滅 秋七月 旱 穀不熟 民饑流入新羅者多.

二十八年 星隕如雨 星孛于西北 長二丈許 秋八月 蝗害穀 年饑.

二十九年 春三月 王獵於漢山 秋九月 黑龍見漢江 須臾 雲霧晦冥 飛去 王薨.

蓋鹵王(或云 近蓋婁) 諱慶司 毗有王之長子 毗有在位二十九年薨 嗣.

十四年 冬十月癸酉朔 日有食之.

十五年 秋八月 遣將侵高句麗南鄙 冬十月 葺雙峴城 設大柵於靑木嶺 分北漢山城士卒戍之.

十八年 遣使朝魏上表曰 臣立(立 魏書作建 蓋避麗祖諱(建))國東極 豺狼隔路 雖世承靈化 莫由奉藩 瞻望雲闕 馳情罔極 涼風微應 伏惟皇帝陛下 協和天休 不勝係仰之情 謹遣私署冠軍將軍駙馬都尉弗斯侯長史餘禮‧龍驤將軍帶方太守司馬張茂等 投舫波阻 搜逕玄津 託命自然之運 遣進萬一之誠 冀神祇垂感 皇靈洪覆 克達天庭 宣暢臣志 雖旦聞夕沒 永無餘恨 又云 臣與高句麗 源出扶(扶 魏書作夫)餘 先世之時 篤崇舊款 其祖釗輕廢隣好 親率士衆 凌踐臣境 臣祖須 整旅電邁 應機馳擊 矢石暫交 梟斬釗首 自爾已來 莫敢南顧 自馮氏數終 餘燼奔竄 醜類漸盛 遂見凌逼 搆怨連禍 三十餘載 財殫力竭 轉自孱踧 若天慈曲矜 遠及無外 速遣一將 來救臣國 當奉送鄙女 執後宮 幷遣子弟 牧圉外廐 尺壤匹夫 不敢自有 又云 今璉有罪 國自魚肉 大臣彊族 戮殺無已 罪盈惡積 民庶崩離 是滅亡之期 假手之秋也 且馮族士馬 有鳥畜之戀 樂浪諸郡 懷首丘之心 天威一擧 有征無戰 臣雖不敏 志效畢力 當率所統 承風響應 且高句麗不義逆詐非一 外慕隗囂藩卑之辭 內懷凶禍豕突之行 或南通劉氏 或北約蠕蠕 共相脣齒 謀凌王略 昔唐堯至聖 致罰丹水 孟嘗稱仁 不捨塗詈 涓流之水 宜早壅塞 今若不取 將貽後悔 去庚辰年後 臣西界小石山北國海中 見屍十餘 幷得衣器鞍勒 視之非高句麗之物 後聞乃是王人來降臣國 長蛇隔路 以沈于海 雖未委當 深懷憤恚 昔宋戮申舟 楚莊徒跣 鷁撮放鳩 信陵不食 克敵立名 美隆無已 夫以區區偏鄙 猶慕萬

代之信 況陛下合氣天地 勢傾山海 豈令小竪 跨塞天逵 今上所得鞍一以實驗 顯祖以其僻遠冒險朝獻 禮遇尤厚 遣使者邵安 與其使俱還 詔曰 得表聞之 無恙甚善 卿在東遇 處五服之外 不遠山海 歸誠魏闕 欣嘉至意 用戢于懷 朕承萬世之業 君臨四海 統御群生 今宇內淸一 八表歸義 襁負而至者 不可稱數 風俗之和 士馬之盛 皆餘禮等親所見聞 卿與高句麗不穆 屢致凌犯 苟能順義 守之以仁 亦何憂於寇讐也 前所遣使 浮海以撫荒外之國 從來積年往而不返 存亡達否 未能審悉 卿所送鞍 比校舊乘 非中國之物 不可以疑似之事 以生必然之過 經略權要以具別旨 又詔曰 知高句麗阻疆 侵軼卿土 修先君之舊怨 棄息民之大德 兵交累載 難結荒邊 使兼申胥之誠 國有楚越之急 乃應展義扶微 乘機電擧 但以高句麗稱藩先祖 供職日久 於彼雖有自昔之釁 於國未有犯令之愆 卿使命始通 便求致伐 尋討事會 理亦未周 故往年遣禮等至平壤 欲驗其由狀 然高句麗奏請頻煩 辭理俱詣 行人不能抑其請 司法無以成其責 故聽其所啓 詔禮等還 若今復違旨 則過咎益露 後雖自陳 無所逃罪 然後興師討之 於義爲得 九夷之國世居海外 道暢則奉藩 惠戢則保境 故羈縻著於前典 梏貢曠於歲時 卿備陳疆弱之形 具列往代之迹 俗殊事異 擬貺乖衷 洪規大略 其致猶在 今中夏平一 宇內無虞 每慾陵威東極 懸旌域表 拯荒黎於偏方 舒皇風於遠服 良由高句麗卽敘 未及卜征 今若不從詔旨 則卿之來謀 載協朕意 元戎啓行 將不云遠 便可豫率同興 具以待事 時遣報使 速究彼情 帥擧之日 卿爲鄕導之首 大捷之後 又受元功之賞 不亦善乎 所獻錦布海物 雖不悉達 明卿至心 今賜雜物如別 又詔璉護送安等 安等至高句麗 璉稱昔與餘慶有讐 不令東過 安等於是皆還 乃下詔切責之 後使安等從東萊浮海 賜餘慶璽書 褒其誠節 安等至海濱 遇風飄蕩 竟不達而還 王以麗人屢犯邊鄙 上表乞師於魏 不從 王怨之 遂絶朝貢.

二十一年 秋九月 麗王巨璉帥兵三萬來圍王都漢城 王閉城門 不能出戰 麗人分兵爲四道夾攻 又乘風縱火 焚燒城門 人心危懼 或有欲出降者 王窘不知所圖 領數十騎出門西走 麗人追而害之 先是 高句麗長壽王陰謀百濟 求可以間諜於彼者 時浮屠道琳應募曰 愚僧旣不能知道 思有以報國恩 願大王不以臣不肖 指使之 期不辱命 王悅密使譎百濟 於是道琳佯逃罪 奔入百濟 時百濟王近蓋婁好博奕 道琳詣王門告曰 臣少而學碁 頗入妙 願有聞於左石 王召入對碁 果國手也 遂尊之爲上客 甚親昵之 恨相見之晩 道琳一日侍坐 從容曰 臣異國人也 上不我疏外 恩私甚渥 而惟一技之是效 未嘗有分毫之益 今願獻一言 不知上意如何耳

王曰 第言之 若有利於國 此所望於師也 道琳曰 大王之國四方皆山丘河海 是天設之險 非人爲之形也 是以四隣之國 莫敢有覦心 但願奉事之不暇 則王當以崇高之勢 富有之業 竦人之視聽 而城郭不葺 宮室不修 先王之骸骨權攢於露地 百姓之屋廬屢壞於河流 臣竊爲大王不取也 王曰諾 吾將爲之 於是盡發國人 烝土築城 卽於其內作宮室樓閣臺榭 無不壯麗 又取大石於郁里河 作槨以葬父骨 緣河樹堰 自蛇城之東 至崇山之北 是以倉庾虛竭 人民窮困 邦之陧杌甚於累卵 於是道琳逃還以告之 長壽王喜將伐之 乃授兵於帥臣 近蓋婁聞之 謂子文周曰 予愚而不明 信用姦人之言 以至於此 民殘而兵弱 雖有危事 誰肯爲我力戰 吾當死於社稷 汝在此俱死無益也 蓋避難以續國系焉 文周乃與木劦滿致 祖彌桀取(木劦·祖彌皆複姓 隋書以木劦爲二姓 未知孰是) 南行焉 至是 高句麗對盧齊于·再曾桀婁·古爾萬年(再曾·古爾皆複姓)等 帥兵來攻北城 七日而拔之 移攻南城 城中危恐 王出逃 麗將桀婁等 見王下馬拜 已向王面三唾之 乃數其罪 縛送於阿且(且 當作旦) 城下戕之 桀婁·萬年本國人也 獲罪逃竄高句麗.

論曰 楚明(明 當作昭)王之亡也 鄖公辛之弟懷 將弑王曰 平王殺吾父 我殺其子 不亦可乎 辛曰 君討臣 誰敢讐之 君命天也 苦死天命 將誰讐 桀婁等自以罪不見容於國 而導敵兵 縛前君而害之 其不義也甚矣曰然則伍子胥之入郢鞭尸何也 曰楊子法言評此 以爲不由德 所謂德者仁與義而已矣 則子胥之狼 不如鄖公之仁 以此論之 桀婁等之爲不義也明矣.

삼국사기 권 제26

백제본기(百濟本紀) **제4**

문주왕(文周王), 삼근왕(三斤王), 동성왕(東城王), 무녕왕(武寧王), 성왕(聖王)

문주왕(文周王)

문주왕(文周王 : 혹은 문주(汶洲))은 개로왕(蓋鹵王)의 아들이다. 처음 비유왕(毗有王)이 죽고 개로왕이 왕위를 계승하자, 문주가 보좌하여 상좌평(上佐平)의 직위에 이르렀다. 개로왕 재위 21년에 고구려가 내침하여 한성을 포위하자, 왕은 성을 굳게 지키는 한편 문주를 시켜 신라에 구원을 청하여 군사 1만 명을 얻어 가지고 돌아오게 하였다. 고구려 병사들이 비록 퇴각은 하였으나 성이 부서지고 왕마저 죽었으므로 드디어 즉위하였다. 왕은 성질이 유순하여 결단이 부족하나 백성을 사랑하므로 백성들도 그를 사랑하였다. 겨울 10월, 도읍을 웅진(熊津)으로 옮겼다.

2년(476) 봄 2월, 대두산성(大豆山城)을 수리하고 한강 북쪽에 있는 민가를 이주시켰다. 3월, 사신을 송(宋)에 보내어 조공하려 하였으나 고구려가 길을 막아 통과하지 못하고 돌아왔다. 여름 4월, 탐라국(耽羅國)에서 토산물을 바치니 왕은 기뻐하여 사자에게 은솔(恩率)의 관을 제수하였다. 가을 8월, 해구(解仇)를 승진시켜 병관좌평을 삼았다.

3년 봄 2월, 궁실을 중수하였다. 여름 4월, 왕의 아우 곤지(昆支)를 등용하여 내신좌평을 삼고, 맏아들 삼근(三斤)을 봉하여 태자로 삼았다. 5월, 흑룡(黑龍)이 웅진에 나타났다. 가을 7월, 내신좌평 곤지가 죽었다.

4년(衍文: 쓸데없는 글자) 8월, 병관좌평 해구가 권력을 쥐고 법을 문란케 하여 임금을 무시하는 생각을 가졌으나 왕이 이를 능히 제어하지 못하였다. 가을 9월, 왕이 사냥을 나가 밖에서 묵게 되자, 해구가 몰래 도적을 시켜 해치게 하여 드디어 죽었다.

삼근왕(三斤王)

삼근왕(三斤王: 혹은 임걸(壬乞))은 문주왕(文周王)의 맏아들이다. 문주왕이 죽자 왕위를 계승하였다. 그러나 나이 13세이므로 군국정사(軍國政事) 일체를 좌평 해구(解仇)에게 맡겼다.

2년(478) 봄, 좌평 해구가 은솔 연신(燕信)과 더불어 무리를 모아 대두성(大豆城)을 근거로 하여 반역하였다. 왕은 좌평 진남(眞男)을 시켜 군사 2,000명을 거느리고 가서 치게 하였으나 이기지 못하므로, 다시 덕솔 진로(眞老)를 시켜 정병 500명을 거느리고 해구를 격살케 하였다. 연신이 고구려로 달아나자 그 처자를 잡아다가 웅진(熊津) 저자에서 베어 죽였다.

사신(史臣)은 논한다.

춘추(春秋) 필법에 임금이 살해를 당했는데도 그 적을 치지 않는다면 이를 깊이 책망하였다. 왜냐하면 신자(臣子)가 없는 것이 되기 때문이다. 해구가 문주왕을 시해하였다. 그런데 문주왕의 아들 삼근이 왕위를 계승하여 해구를 베어 죽이지 못했을 뿐만 아니라 또 국정까지 위촉하고 한 성을 점령하여 반역하는 데까지 이른 연후에야 두 번이나 많은 병력을 일으켜 겨우 이겼다. 이른바 "서리를 밟고도 경계하지 아니하면 굳게 얼어버리는 때가 오며, 반짝이는 불을 꺼버리지 아니하다가 훨훨 타는 데까지 이르른다"는 것과 같이 그 유래(由來)가 깊다. 당(唐) 헌종(憲宗)의 죽음에 있어서도 3대를 지난 뒤에야 겨우 그 적을 죽이게 되었거늘 하물며 해우(海隅)의 궁벽한 곳에서 삼근 같은 어린애야 어찌 족히 따질 것 있으랴.

3월 초하루 기유일(己酉日)에 일식이 있었다.

3년 봄·여름, 크게 가물었다. 가을 9월, 대두성을 두곡(斗谷)에 옮기었다. 겨울 11월, 왕이 돌아갔다.

동성왕(東城王)

동성왕(東城王)의 휘는 모대(牟大 : 혹은 마모(摩牟))니 문주왕(文周王)의 아우 곤지(昆支)의 아들이다. 담력이 뛰어나고 활을 잘 쏘아 백발백중하였다. 삼근왕이 죽으니 즉위하였다.

4년(482) 봄 정월, 진로(眞老)를 승진시켜 병관좌평(兵官佐平)과 내외병마사(內外兵馬事)를 겸직하게 하였다. 가을 9월, 말갈이 한산성을 습격하여 깨뜨리고 300여 호를 약탈해 갔다. 겨울 10월, 큰눈이 한 길을 넘도록 내렸다.

5년 봄, 왕이 사냥을 나갔다가 한산성에 당도하여 군민을 위문하고 열흘이 넘어서 돌아왔다. 여름 4월, 웅진 북쪽에서 사냥하여 신록(神鹿)을 잡았다.

6년 봄 2월, 왕은 남제(南齊)의 고조(高祖) 도성(道成 : 蘇氏)이 고구려 왕 거련(巨連 : 장수왕)을 책봉하여 표기대장군(驃騎大將軍)을 삼았다는 말을 듣고, 사자를 보내어 표(表)를 올려 내속(內屬)이 되기를 청하니 허락하였다. 가을 7월, 내법좌평 사약사(沙若思)를 남제에 보내어 조공케 했으나, 약사는 서해중(西海中)에 이르러 고구려 군사를 만나 가지 못하였다.

7년 여름 5월, 사신을 신라에 보내어 예방케 하였다.

8년 봄 2월, 백가(苩加)를 위사좌평(衛士佐平)으로 삼았다. 3월, 사신을 남제에 보내어 조공하였다. 가을 7월, 궁실을 중수하고 우두성(牛頭城)을 쌓았다. 겨울 10월, 궁궐 남쪽에서 열병식을 크게 거행하였다.

10년, 위(魏)가 군사를 보내와 우리를 치다가 우리에게 패하였다.

11년 가을, 크게 풍년이 들었다. 서울 남쪽의 해촌(海村) 사람이 합영화(合潁禾 : 이삭이 합쳐진 벼)를 진상하였다. 겨울 10월, 왕은 단을 만들고 천지 신명에게 제사를 지냈다. 11월, 남당(南堂)에서 여러 신하들에게 연회를 베풀었다.

12년 가을 7월, 북부(北部) 사람으로 나이 15세 이상 되는 자를 징발하여 사현(沙峴), 이산(耳山) 두 성을 쌓았다. 9월, 왕이 서울 서쪽의 사비(泗沘 : 부여) 벌에서 사냥하였다. 연돌(燕突)에게 달솔을 제수하였다. 겨울 11월, 얼음이 얼지 않았다.

13년 여름 6월, 웅천(熊川 : 금강)이 넘쳐 서울의 200여 민가가 떠내려갔다. 가을 7월, 백성이 굶주려 신라로 도망간 자가 600여 호에 달하였다.

14년 봄 3월, 눈이 내렸다. 여름 4월, 큰바람에 나무가 뽑혔다. 겨울 10월, 왕이 우명곡(牛鳴谷)에 사냥하여 친히 사슴을 쏘았다.

15년 봄 3월, 왕이 사신을 신라에 보내어 혼인을 청하니 신라왕이 이찬(伊湌) 비지(比智)의 딸을 보냈다.

16년 가을 7월, 고구려가 신라와 살수(薩水 : 괴산청천) 벌에서 싸웠는데, 신라가 이기지 못하고 퇴각하여 견아성(犬牙城 : 문경서쪽)을 지키자, 고구려가 이를 포위하였다. 왕은 군사 3,000명을 보내어 구원하니 이윽고 고구려가 포위망을 풀었다.

17년 여름 5월 초하루 갑술일(甲戌日)에 일식이 있었다. 가을 8월, 고구려가 와서 치양성(雉壤城)을 포위하므로 왕은 사자를 신라에 보내어 구원을 청하였다. 신라 왕은 장군 덕지(德智)를 시켜 군사를 거느리고 가서 구원하게 하니 고구려 군사는 물러갔다.

19년 여름 5월, 병관좌평 진로가 죽었다. 달솔 연돌을 승진시켜 병관좌평을 삼았다. 여름 6월, 큰비가 내려 민가가 무너지고 떠내려가곤 하였다.

20년 웅진교(熊津橋)를 가설하였다. 가을 7월, 사정성(沙井城)을 쌓고 한솔(扞率) 비타(毗陁)를 시켜 지키게 하였다. 8월, 왕이 탐라(耽羅)가 조공의 예를 닦지 아니하므로 친히 치기 위하여 무진주(武珍州 : 광주)에 당도하였다. 탐라가 이를 듣고 사자를 보내어 죄를 청하므로 드디어 중지하였다[탐라는 곧 탐모라(耽牟羅)임]. 21년 여름, 크게 가물어 백성이 굶주려 서로 잡아먹을 지경이었고, 도적이 많이 일어나므로 신료(臣僚)들이 창곡을 풀어 나눠주기를 청하였으나 왕이 듣지 않았다. 한산 사람으로 고구려로 도망간 자가 2,000명이었다. 겨울 10월, 큰 병이 유행하였다.

22년 봄, 대궐의 동쪽에 임류각(臨流閣)을 지었는데, 그 높이가 다섯 길이었고 또 못을 파고 진귀한 새를 기르므로 간언하는 신하〔諫臣〕들이 상소하여 항의하였다. 그러나 받아들이지 않고 다시 또 간하는 자가 있을까 염려하여 대궐 문을 닫아버렸다.

사신(史臣)은 논한다.

"좋은 약이 입에는 쓰지만 병에 이롭고, 충성의 말이 귀에는 거슬리지만 행동에 이롭다"고 하였다. 이러므로 옛날 밝은 임금은 자기를 낮추어 정사를 물으며 안색을 화평히 하여 간언을 받아들였으니 오히려 사람이 말하지 아니할까 염려하여 감간(敢諫)의 북을 달고 비방(誹謗)의 표목을 세우는 것으로도 만족하지 않았다. 하물며 지금 모대왕(牟大王)은 간서(諫書)가 올라가도 살펴보지 않고 다시 문을 닫아 버리니 장자(莊子)의 말에 "허물을 보고도 고치지 아니하고 간언을 듣고도 더욱 심한 것을 잔인하다고 말한다"고 하였다. 그 말은 모대왕을 두고 이름인가.

여름 4월, 우두성에서 사냥하다가 비와 우박을 만나 중지하였다. 5월, 가물었다. 왕은 좌우(左右)와 더불어 임류각에서 잔치를 벌이고 밤이 이슥하도록 실컷 즐겼다.

23년 봄 정월, 서울에서 할멈이 여우로 변하여 도망갔다. 호랑이 두 마리가 남산에서 싸우므로 잡으려다 못잡았다. 3월, 서리가 내려 보리를 해쳤다. 여름 5월부터 가을까지 비가 오지 않았다. 7월, 탄현(炭峴)에 울짱〔柵〕을 만들어 신라를 방비하였다. 8월, 가림성(加林城 : 임천 성흥산성)을 쌓고 위사좌평 백가에게 지키도록 하였다. 겨울 10월, 왕이 사비(泗沘)의 동원(東原)에서 사냥하였다. 11월, 웅천의 북원에서 사냥하고 또 사비의 서원에서 사냥하다가 큰눈에 막혀 마포촌(馬浦村)에서 묵었다. 처음 왕이 백가(苩加)에게 가림성(加林城)을 지키게 하였으나, 백가는 가기를 싫어하여 병을 핑계로 사직하니 왕이 허락하지 않았다. 이로써 왕을 원망하더니 이에 이르러 사람을 시켜 왕을 칼로 찌르게 히어 12월에 이르러 (왕이) 죽었다. 시호는 동성왕이라 하였다〔책부원구(册府元龜)에 "남제(南齊) 건원(建元) 2년에 백제왕 모도(牟都)가 사신을 보내어 공물을 바쳤다. 조서에 "보명(寶命)이 새로워 은택이 먼 지역까지 덮었다. 모도는 동표(東表)에서 황가(皇家)의 울타리가 되고 먼 외지에서 직분을 지키므로 곧 사지절도독백제제군사진동대장군(使持節都督百濟諸軍事鎭東大將軍)을 제수한다" 하였다. 또 영명(永明) 8년에 백제왕 모대(牟大)가 사신을 보내어 표를 올리므로, 알자복사(謁者僕射) 손부(孫副)를 보내어 모대를 책봉하여 조부(祖父) 모도를 이어받아 백제 왕을 삼았다. 그 조서에 "어허, 그대는 대대로 충근(忠勤)을 이어받아 정성이 먼 지역에 나타나 바닷길이 조용하고 조공도 끊임없다. 이에 이전(彝典)에 따라 대명(大命)을 잇게 하노니 공경하여 아름다운 기업을 받을지어다. 신중하지 아니할 수 있겠는가?" 하였다. 그러나 삼한고기(三韓古記)에는 모도가 왕이 된 일이 없고 또 모대는 개로왕의 손자로 생각하나 실은 개로왕의 둘째

아들 곤지(昆支)의 아들이라 했고, 그 조부가 모도라는 말이 없음을 볼 때 제서(齊書)에 실린 것이 의문이 아닐 수 없다].

무녕왕(武寧王)

무녕왕(武寧王)의 휘는 사마(斯摩 : 혹은 융(隆))이니 동성왕(東城王)의 둘째아들이다. 신장이 8자요 안목이 그림과 같고 인자하고 관후하여 민심이 모두 쏠리었다. 동성왕이 재위 23년에 죽자 즉위하였다. 봄 정월, 좌평 백가가 가림성(加林城)을 점령하고 반역하므로 왕이 군사를 거느리고 우두성에 이르러 한솔 해명(解明)을 시켜 토벌케 하니 백가가 나와 항복하였다. 왕은 백가를 베어 백강(白江 : 금강입구)에 던졌다.

사신은 논한다.

춘추에 "남의 신하된 자는 통솔권이 있을 수 없다. 통솔을 한다면 반드시 베어 죽여야 한다" 라고 하였다. 백가 같은 원흉은 천지에 용납하지 못할 자인데, 즉시 죄를 주지 못하고 이에 이르러 스스로 모면하기 어려움을 알고 반역을 도모한 뒤에야 베게 되었으니 때늦은 일이다.

겨울 11월, 달솔 우영(優永)을 보내어 군사 5,000명을 거느리고 고구려의 수곡성(水谷城 : 新溪)을 습격하였다.

2년(502) 봄, 백성이 굶주리고 또 병이 유행하였다. 겨울 11월, 군사를 보내어 고구려의 변경을 침범하였다.

3년 가을 9월, 말갈이 마수책(馬首柵)을 불사르고 나아가 고목성(高木城)을 공격하자, 왕이 군사 5,000명을 보내어 이를 물리쳤다. 겨울, 얼음이 얼지 아니하였다.

6년 봄, 유행병이 크게 돌았다. 3월에서 5월까지 비가 오지 않아 못물이 마르고 백성이 굶주리므로 창곡을 풀어 구호하였다. 가을 7월, 말갈이 와서 고목성을 침범하여 깨뜨리고 600여 명을 죽이고 잡아갔다.

7년 여름 5월, 고목성 남쪽에 두 울짱을 세우고 또 장령성(長嶺城)을 쌓아서 말갈에 대비하였다. 겨울 10월, 고구려 장군 고로(高老)가 말갈과 공모하여 한성(漢城)을 칠 목적으로 횡악산(橫岳山) 아래 나와 주둔하니 왕이 군사를 내어 격퇴시켰다.

10월 봄 정월, 명령을 내려 제방을 완고히 만들게 하고 내외의 놀고 먹는 자들을 몰아 농사터로 보냈다.

12년 여름 4월, 사신을 양(梁)에 보내어 조공하였다. 가을 9월, 고구려가 가불성(加弗城)을 습격하여 빼앗고 군사를 이동하여 원산성(圓山城)을 깨뜨리며 약탈과 살상을 매우 많이 저질렀다. 왕은 날랜 기병 3,000을 이끌고 위천(葦川)의 북쪽에서 싸웠다. 고구려 인들이 왕의 군사가 적음을 보고 업신여겨 진도 만들지 않으므로 왕은 기계(奇計)를 써서 급히 쳐서 이를 대파하였다.

16년 봄 3월 초하루 무진일(戊辰日)에 일식이 있었다.

21년 여름 5월, 큰물이 졌다. 가을 8월, 황충이 곡물을 상하게 하여 백성이 굶주리게 되자 신라로 도망간 자가 900여 호였다. 겨울 11월, 사신을 양(梁)에 보내어 조공하고 표(表)를 올려 말하기를 "이에 앞서 고구려에게 패전을 당하여 여러 해를 쇠약하게 지내다가 이에 이르러 여러 번 고구려를 부수고 다시 강국(強國)이 되었다"고 일컬었다. 12월, 양 고조(高祖)는 조서를 내려 왕을 책봉하고 말하기를 "행도독백제제군사진동대장군백제왕(行都督百濟諸軍事鎭東大將軍百濟王) 여륭(餘隆)은 바다 밖의 한 속국으로 멀리 조공의 예를 닦으니 그 정성이 지극한지라 내가 아름답게 여긴다. 옛법에 따라 이에 영명(榮命)을 제수하여 사지절도독백제제군사 영동대장군(使持節都督百濟諸軍事寧東大將軍)이 가(可)하다"고 하였다.

22년 가을 9월, 왕이 호산(狐山)의 벌에서 사냥하였다. 겨울 10월, 지진이 있었다.

23년 봄 2월, 왕이 한성에 가서 좌평 인우(因友), 달솔 사오(沙烏) 등에게 명령하여 한북(漢北)의 주·군민으로 나이 15세 이상된 자를 징발하여 쌍현성(雙峴城)을 쌓게 하였다. 3월, 왕이 한성에서 돌아왔다. 여름 5월, 왕이 죽으니 시호를 무녕(武寧)이라 하였다.

성왕(聖王)

성왕(聖王)의 휘는 명농(明穠)이니 무녕왕(武寧王)의 아들이다. 지식이 뛰어나고 일에 결단력이 있었다. 무녕왕이 죽으니 왕위를 계승하였다. 나라 사람들이 성왕(聖王)이라 일컬었다. 가을 8월, 고구려 군사가 패수에 이르자 왕은 좌장 지충(志忠)을 시켜 보병과 기병 1만 명을 거느리고 가서 격퇴시키게 했다.

2년(524) 양(梁) 고조(高祖)가 조서를 내려 왕을 책봉하여 사지절도독백제제군사수동대장군백제왕(使持節都督百濟諸軍事綏東大將軍百濟王)으로 삼았다.

3년 봄 2월, 신라와 더불어 사절을 교환하였다.

4년 겨울 10월, 웅진성(熊津城)을 수리하고 사정책(沙井柵)을 세웠다.

7년 겨울 10월, 고구려 왕 흥안(興安 : 안장왕)이 몸소 병마(兵馬)를 통솔하고 내침하여 북변의 혈성(穴城)을 빼앗으므로 좌평 연모(燕謨)를 시켜 보·기병 3만을 거느리고 오곡(五谷) 벌에서 항전(抗戰)케 하였으나 이기지 못하고 죽은 자만 2,000여 명이었다.

10년 가을 7월 갑진일에 별이 비오듯 떨어졌다.

12년 봄 3월, 사신을 양(梁)에 보내어 조공하였다. 여름 4월, 정묘일(丁卯日)에 형혹성(熒惑星)이 남두성(南斗星)과 부딪쳤다.

16년 봄, 도읍을 사비(泗沘 : 혹은 소부리(所扶里))로 옮기고 국호를 남부여(南扶餘)라 하였다.

18년 가을 9월, 왕이 장군 연회(燕會)를 시켜 고구려 우산성(牛山城)을 공격케 하였으나 이기지 못하였다.

19년, 왕이 사신을 양(梁)에 보내어 조공하고 겸하여 표를 올려 모시박사(毛詩博士), 열반경의(涅槃經義)와 아울러 공장(工匠), 화사(畵師) 등을 청하니 받아들였다.

25년 봄 정월 초하루 기해일(己亥日)에 일식이 있었다.

26년 봄 정월, 고구려 왕 평성(平城 : 양원왕)이 예(濊)와 공모하여 한북(漢北)의 독산성(獨山城)을 공격하므로, 사자를 보내어 구원을 청하니 신라 왕이 장군 주진(朱珍)에게 명하여 군사 3,000명을 거느리고 가게 하였다. 주진은 밤낮으로 길을 재촉하여 독산성 아래 당도하자, 고구려 군사와 한번 싸워 크게 격파해 버렸다.

27년 봄 정월 경신일(庚申日)에 흰 무지개가 해를 꿰었다. 겨울 10월, 왕은 양(梁)나라에 후경(侯景)의 난리가 있는 줄을 모르고, 사신을 보내어 조공하였다. 사신이 당도하여 성과 궁궐이 무너져 있음을 보고 단문(端門) 밖에서 울부짖으니 길가는 사람이 보고서 눈물을 흘리지 않는 자가 없었다. 후경이 그 광경을 전해 듣고 크게 노하여 잡아 가두었는데, 후경의 난이 평정된 다음에야 환국하였다.

28년 봄 정월, 왕이 장군 달사(達巳)를 시켜 군사 1만을 거느리고 고구려 도살성(道薩城 : 지금의 천안)을 공격케 하여 빼앗았다. 3월, 고구려 군사가 금현성(金峴城)을 포위하였다.

31년 가을 7월, 신라가 (백제의) 동북 변읍을 빼앗아 신주(新州)를 설치하였다. 겨울 10월, 왕의 딸이 신라로 시집갔다.

32년 가을 7월, 왕이 신라를 침습하려 친히 보·기병 50명을 거느리고 밤에 구천(狗川 : 지금의 옥천 부근)에 당도하였으나, 신라의 복병이 일어나므로 서로 싸우다가 난병(亂兵)에게 (왕이) 해를 입어 죽었다. 시호를 성왕(聖王)이라 하였다.

三國史記 卷 第二十六

百濟本紀 第四 文周王 三斤王 東城王 武寧王 聖王

文周王(或作 汶洲) 蓋鹵王之子也 初毗有王薨 蓋鹵嗣位 文周輔之 位至上佐平 蓋鹵在位二十一年 高句麗來侵圍漢城 蓋鹵嬰城自固 使文周求救於新羅 得兵一萬廻 麗兵雖退 城破王死 遂卽位 性柔不斷 而亦愛民 百姓愛之 冬十月 移都於熊津.

二年 春二月 修葺大豆山城 移漢北民戶 三月 遣使朝宋 高句麗塞路 不達而還 夏四月 耽羅國獻方物 王喜 拜使者爲恩率 秋八月 拜解仇爲兵官佐平.

三年 春二月 重修宮室 夏四月 拜王弟昆支爲內臣佐平 封長子三斤爲太子 五月 黑龍見熊津 秋七月 內臣佐平昆支卒.

四年(四年 恐是衍文 據年 表在位不過 三年) 秋八月 兵官佐平解仇 擅權亂

法 有無君之心 王不能制 九月 王出獵宿於外 海仇使盜害之 遂薨.

三斤王(或云 壬乞) 文周王之長子 王薨 繼位 年十三歲 軍國政事一切委於佐平解仇.

二年 春 佐平解仇與恩率燕信聚衆 據大豆城叛 王明佐平眞男 以兵二千討之 不克 更命德率眞老 帥精兵五百 擊殺解仇 燕信奔高句麗 收其妻子 斬於熊津市.

論曰 春秋之法 君弒而賊不討 則深責之 以爲無臣子也 解仇賊害文周 其子三斤繼立 非徒不能誅之 又委之以國政 至於據一城以叛 然後再興大兵以克之 所謂履霜不戒 馴致堅冰 熒熒不滅 至于炎炎 其所由來漸矣 唐憲宗之弒 三世而後僅能殺其賊 況海隅之荒僻 三斤之童蒙又烏足道哉.

三月己酉朔 日有食之.

三年 春夏 大旱 秋九月 移大豆城於斗谷 冬十一月 王薨.

東城王 諱牟大(或作 摩牟) 文周王弟昆支之子 膽力過人 善射百發百中 三斤王薨 卽位.

四年 春正月 拜眞老爲兵官佐平 兼知內外兵馬事 秋九月 靺鞨襲破漢山城 虜三百餘戶以歸 冬十月 大雪丈餘.

五年 春 王以獵出至漢山城 撫問軍民 浹旬乃還 夏四月 獵於熊津北 獲神鹿.

六年 春二月 王聞南齊祖道成冊高句麗巨璉爲驃騎大將軍 遣使上表請內屬 許之 秋七月 遣內法佐平沙若思如南齊朝貢 若思至西海中 遇高句麗兵 不進.

七年 夏五月 遣使聘新羅.

八年 春二月 拜苩加爲衛士佐平 三月 遣使南齊朝貢 秋七月 重修宮室 築牛頭城 冬十月 大閱於宮南.

十年 魏遣兵來伐 爲我所敗.

十一年 秋 大有年 國南海村人獻合穎禾 冬十月 王設壇祭天地 十一月 宴群臣於南堂.

十二年 秋七月 徵北部人年十五歲已上 築沙峴 耳山二城 九月 王田於國西泗沘原 拜燕突爲達率 冬十一月 無氷.

十三年 夏六月 熊川水漲 漂沒王都二百餘家 秋七月 民饑 亡入新羅者六百餘家.

十四年 春三月 雪 夏四月 大風拔木 冬十月 王獵牛鳴谷 親射鹿.
十五年 春三月 王遣使新羅請婚 羅王以伊飡比智女歸之.
十六年 秋七月 高句麗與新羅戰薩水之原 新羅不克 退保犬牙城 高句麗圍之 王遣兵三千救 解圍.
十七年 夏五月甲戌朔 日有食之 秋八月 高句麗來圍雉壤城 王遣使新羅請救 羅王命將軍德智帥兵救之 麗兵退歸.
十九年 夏五月 兵官佐平眞老卒 拜達率燕突爲兵官佐平 夏六月 大雨 漂毀民屋.
二十年 設熊津橋 秋七月 築沙井城 以扞率毗陁鎭之 八月 王以耽羅不修貢賦 親征至武珍州 耽羅聞之 遣使乞罪 乃止.(耽羅卽耽牟羅)
二十一年 夏 大旱 民饑相食 盜賊多起 臣寮請發倉賑救 王不聽 漢山人亡入高句麗者二千 冬十月 大疫.
二十二年 春 起臨流閣於宮東 高五丈 又穿池養奇禽 諫臣抗疏 不報 恐有復諫者 閉宮門.
論曰 良藥苦口利於病 忠言逆耳利於行 是以古之明君 虛己問政 和顏受諫 猶恐人之不言 懸敢諫之鼓 立誹謗之木而已 今矣大王諫書上而不省 復閉門以拒之 莊子曰 見過不更 聞諫愈甚 謂之狼 其矣大王之謂乎.
夏四月 田於牛頭城 遇雨雹乃止 五月 旱 王與左右宴臨流閣 終夜極歡.
二十三年 春正月 王都老嫗化狐而去 二虎鬪於南山 捕之不得 三月 降霜害麥 夏五月 不雨至秋 七月 設柵於炭峴以備新羅 八月 築加林城 以衛士佐平苩加鎭之 冬十月 王獵於泗沘東原 十一月 獵於熊川北原 又田於泗沘西原 阻大雪 宿於馬浦村 初王以苩加鎭加林城 加不欲往 辭以疾 王不許 是以怨王 至是 使人刺王 至十二月乃薨 諡曰東城王.

武寧王 諱斯摩(或云 隆) 矣大王之第三子也 身長八尺 眉目如畵 仁慈寬厚 民心歸附 牟大在位二十三年薨 卽位 春正月 佐平苩加據加林城叛 王帥兵馬至牛頭城 命扞率解明討之 苩加出降王斬之 投於白江.
論曰 春秋曰 人臣無將 將而必誅 若苩加之元惡大憝 則天地所不容 不卽罪之 至是 自知難免謀叛 而後誅之 晚也.
冬十一月 遣達率優永 帥兵五千 襲高句麗水谷城.

二年 春 民饑且疫 冬十一月 遣兵侵高句麗邊境.

三年 秋九月 靺鞨燒馬首柵 進攻高木城 王遣兵五千擊退之 冬 無氷.

六年 春 大疫 三月至五月 不雨 川澤竭 民饑 發倉賑救 秋七月 靺鞨來侵破高木城 殺虜六百餘人.

七年 夏五月 立二柵於高木城南 又築長嶺城 以備靺鞨 冬十月 高句麗將高老與靺鞨謀 欲攻漢城 進屯於橫岳下 王出師戰退之.

十年 春正月 下令完固堤防 驅內外游食者歸農.

十二年 夏四月 遣使入梁朝貢 秋九月 高句麗襲取加弗城 移兵破圓山城 殺掠甚衆 王帥勇騎三千 戰於葦川之北 麗人見王軍少 易之不設陣 王出奇急擊 大破之.

十六年 春三月戊辰朔 日有食之.

二十一年 夏五月 大水 秋八月 蝗害穀 民饑 亡入新羅者九百戶 冬十一月 遣使入梁朝貢 先是爲高句麗所破 衰弱累年 至是上表 稱累破高句麗 始與通好 而更爲強國 十二月 高祖詔册王曰 行都督百濟諸軍事鎭東大將軍百濟王餘隆 守藩海外 遠修貢職 迺誠款到 朕有嘉焉 宜率舊章 授玆榮命 可使持節都督百濟諸軍事寧東大將軍.

二十二年 秋九月 王獵于狐山之原 冬十月 地震.

二十三年 春二月 王幸漢城 命佐平因友·達率沙烏等 徵漢北州郡民年十五歲已上 築雙峴城 三月 至自漢城 夏五月 王薨 諡曰武寧.

聖王 諱明禯 武寧王之子也 智識英邁能斷事 武寧薨 繼位 國人稱爲聖王 秋八月 高句麗兵至浿水 王命左將志忠 帥步騎一萬 出戰退之.

二年 梁高祖詔 册王爲持節都督百濟諸軍事綏東將軍百濟王.

三年 春二月 與新羅交聘.

四年 冬十月 修葺熊津城 立沙井柵.

七年 冬十月 高句麗王興安躬帥兵馬來侵 拔北鄙穴城 命佐平燕謨 領步騎三萬 拒戰於五谷之原 不克 死者二千餘人.

十年 秋七月甲辰 星隕如雨.

十二年 春三月 遣使入梁朝貢 夏四月丁卯 熒惑犯南斗.

十六年 春 移都於泗沘(一名 所夫里) 國號南扶餘.

十八年 秋九月 王命將軍燕會 攻高句麗牛山城 不克.

十九年 王遣使入梁朝貢 兼表請毛詩博士 涅槃等經義 並工匠·畫師等 從之.

二十五年 春正月己亥朔 日有食之.

二十六年 春正月 高句麗王平成與濊謀 攻漢北獨山城 王遣使請救於新羅 羅王命將軍朱珍領甲卒三千發之 朱珍日夜兼程 至獨山城下 與麗兵一戰 大破之.

二十七年 春正月庚申 白虹貫日 冬十月 王不知梁京師有寇賊 遣使朝貢 使人既至 見城闕荒毁 竝號泣於端門外 行路見者莫不灑淚 侯景聞之大怒執囚之 及景平方得還國.

二十八年 春正月 王遣將軍達己 領兵一萬 攻取高句麗道薩城 三月 高句麗兵圍金峴城.

三十一年 秋七月 新羅取東北鄙置新州 冬十月 王女歸于新羅.

三十二年 秋七月 王欲襲新羅 親帥步騎五十 夜至狗川 新羅伏兵發與戰 爲亂兵所害薨 諡曰聖.

삼국사기 권 제27

백제본기(百濟本紀) 제5

위덕왕(威德王), 혜왕(惠王), 법왕(法王), 무왕(武王)

위덕왕(威德王)

위덕왕(威德王)의 휘는 창(昌)이니 성왕의 맏아들이다. 성왕이 재위 32년에 죽으니 왕위를 계승하였다.

원년(554) 겨울 10월, 고구려가 크게 군사를 일으켜 웅천성(熊川城)을 공격해 왔으나 패하여 돌아갔다.

6년 여름 5월 초하루 병진일(丙辰日)에 일식이 있었다.

8년 가을 7월, 군사를 보내어 신라의 변경을 침략하자 신라병이 나와 아군을 무너뜨렸다. 죽은 자가 1,000여 명에 달하였다.

14년 가을 9월, 사신을 진(陳)에 보내어 조공하였다.

17년, 고제(高齊) 후주(後主)가 왕을 봉하여 사지절시중거기대장군대방군공백제왕(使持節侍中車騎大將軍帶方郡公百濟王)을 삼았다.

18년, 고제 후주가 또 왕을 사지절도독동청주제군사동청주자사(使持節都督東靑州諸軍事東靑州刺史)로 삼았다.

19년, 사신을 제(齊:북제)에 들여보내 조공하였다. 가을 9월 초하루 경자일(庚子日)에 일식이 있었다.

24년 가을 7월, 사신을 진(陳)에 보내 조공하였다. 겨울 10월, 신라 서변의 여러 고을을 침략하니 신라 이찬 세종(世宗)이 군사를 이끌고 와서 쳐부수었다. 11월, 사신을 우문주(宇文周 : 北周)에 보내 조공하였다.

25년, 사신을 우문주에 보내 조공하였다.

26년 겨울 10월, 장성(長星 : 혜성)이 밤낮으로 나타났다가 20일 만에 사라졌다. 지진이 있었다.

28년, 왕이 사신을 수(隋)에 보내어 조공하니 수의 고조(高祖)가 조서(詔書)를 내려 왕을 상개부의동삼사대방군공(上開府儀同三司帶方郡公)으로 봉하였다.

29년 봄 정월, 사신을 수에 보내어 조공하였다.

31년 겨울 11월, 사신을 진(陳)에 보내어 조공하였다.

36년, 수가 진(陳)을 평정하였다. 전선(戰船) 한 척이 표류하여 탐모라국(耽牟羅國 : 濟州島)에 온 일이 있었다. 그 배가 돌아갈 적에 국경을 경유하므로 왕이 노자를 매우 후히 주어 보내고, 동시에 사신을 보내어 표를 올려 진(陳)을 평정한 것을 축하하였다. 수 고조는 좋게 여겨 조서를 내려 말하기를 "백제왕이 진을 평정했다는 소식을 듣고 멀리서 표를 올렸다. 왕복이 지극히 어려워 만약 풍랑을 만난다면 손상을 입게 될 것이니, 백제왕의 마음과 행적이 순박하고 지극함은 내 이미 아는 바다. 서로의 거리는 비록 멀다지만 사정은 만난 거나 다름없으니 어찌 반드시 자주 사신을 보내와야만 하겠는가? 이후로는 해마다 입공(入貢)이 필요하지 않으며, 나도 회사(回使)를 보내지 않을 것이니 왕은 알고 있을지어다" 라고 하였다.

39년 가을 7월 그믐 임신일(壬申日)에 일식이 있었다.

41년 겨울 11월, 계미일(癸未日)에 혜성이 각항(角亢)의 위치에 나타났다.

45년 가을 9월, 왕은 수에서 요동 전역(戰役)을 일으킨다는 말을 듣고 장사(長史) 왕변나(王辯那)를 수에 보내어 표를 올려 향도(鄕導)가 되기를 청하였다. 수제(隋帝)는 글을 내려 이르기를 "지난 해에 고구려가 조공을 바치지 않고 신하된 예를 몰각했기 때문에 내가 장수를 시켜 토벌한 것인데, 고구려 군신이 공구(恐懼)하여 죄에 굴복하므로 내 이미 용서하였으니 싸움을 일으킬 수 없다"고 하고, 우리 사자를 후대하여 돌려보냈다. 고구려가 자못 그 사실을 알고 군사로써 국경을 침략하였다. 겨울 12월, 왕이 죽었다. 여러 신하가 의논하여 시호를 위덕(威德)이라 하였다.

혜왕(惠王)

혜왕(惠王)의 휘는 계명(季明)이니 성왕(聖王)의 둘째아들이다. 위덕왕(威德王)이 죽으니 즉위하였다.

2년(599) 왕이 죽었다. 시호를 혜(惠)라 하였다.

법왕(法王)

법왕(法王)의 휘는 선(宣 : 혹은 효순(孝順))이니 혜왕(惠王)의 맏아들이다. 대왕이 죽으니 아들 선이 왕위를 계승하였다〔수서(隋書)에는 선(宣)을 창왕(昌王)의 아들이라 하였음〕. 겨울 12월, 명령을 내려 살생을 금함과 동시에 민가에서 기르는 매, 비둘기 등속을 거두어 놓아주고 어렵(漁獵)의 도구를 불태웠다.

2년(600) 봄 정월, 왕흥사(王興寺)를 창건하고 도승 30명을 허락하였다. 크게 가물자 왕은 칠악사(漆岳寺)에 나가 비가 오기를 빌었다. 여름 5월, 왕이 죽으니 시호를 법(法)이라 하였다.

무왕(武王)

무왕(武王)의 휘는 장(璋)이니 법왕(法王)의 아들이다. 풍채와 의표가 영특하고 점잖으며 뜻과 기개가 호걸스러웠다. 법왕이 즉위하여 이듬해에 죽으니 왕위를 계승하였다.

3년(602) 가을 8월, 왕이 군사를 내어 신라의 아막산성(阿莫山城 : 또는 모산성(母山城))을 포위하니 신라 왕이 정병 수천 명을 보내어 항전하였다. 우리 군사가 이득을 보지 못하고 돌아왔다. 신라는 소타(小陀)·외석(畏石)·천산(泉山)·옹잠(甕岑) 네 성을 쌓고 우리 지역을 침범하므로 왕은 노하여 좌평 해수(解讐)로 하여금 보·기병 4만을 이끌고 가서 그 네 성을 공격하게 하였다. 신라 장군 건품(乾品)·무은(武殷)이 군사를 이끌고 항전하므로 해수는 군사를 거두어 천산(泉山) 서쪽의 대택(大澤) 안으로 후퇴하여 군사를 잠복시켜 놓고 기다렸다. 무은이 승세를 타서 무장병 1,000명을 이끌고 대택으로 추격해 오자 복병이 일어나 급히 치니 무은은 말에서 떨어지고 병졸들은 놀라 어찌 할 바를 몰랐다. 무은의 아들 귀산(貴山)이 크게 소리치기를 "내가 일찍이 스승(원광)에게 가르침받기를, 전장에서는 물러서지 않는다 했는데, 어찌 감히 도망쳐 스승의 가르침을 저버리겠는가" 하고 말을 자기 부친께 주고 곧 소장(小將) 추항(箒項)과 함께 창을 휘두르며 힘껏 싸우다 죽었다. 남은 군사가 이것을 보고 더욱 힘을 떨치어 우리 군사가 패하고 말았다. 해수는 겨우 몸을 빼어 말을 타고 돌아왔다.

6년 봄 2월, 각산성(角山城)을 쌓았다. 가을 8월, 신라가 동쪽 변읍을 침범하였다.

7년 봄 3월, 왕도(王都:부여)에 흙비가 와서 낮인데도 어두웠다. 여름 4월, 크게 가물어 흉년이 들었다.

8년 봄 3월, 한솔 연문진(燕文進)을 수에 보내어 조공하고 또 좌평 왕효린(王孝隣)을 보내어 조공하였으며, 겸하여 고구려를 토벌해 줄 것을 청하니 양제(煬帝)가 허락하고 고구려의 동정을 엿보라고 하였다. 여름 5월, 고구려가 와서 송산성(松山城)을 공격하였으나 이기지 못하고 군사를 옮기어 석두성(石頭城)을 습격하였다. 남녀 3,000명을 사로잡아 갔다.

9년 봄 3월, 사신을 수에 보내어 조공하였다. 수의 문림랑(文林郎) 배청(裵淸)이 사명을 받고 왜국에 가는데 우리 남쪽 길을 경유하였다.

12년 봄 2월, 사신을 수에 보내어 조공하였다. 수 양제가 장차 고구려를 치기로 하므로 왕이 국지모(國智牟)를 보내어 행군하는 기일을 물었다. 제는 기뻐하여 상을 후히 주고 상서기부랑(尙書起部郎) 석률(席律)을 보내 왕과 모의하게 하였다. 가을 8월, 적암성(赤嵒城)을 쌓았다. 겨울 10월, 신라의 가잠성(椵岑城)을 포위하여 성주(城主) 찬덕(讚德)을 죽이고 그 성을 없앴다.

13년, 수의 육군(六軍)이 요수를 건넜다. 왕은 군사를 국경에 배치하고 수를 돕는다고 외쳤으나 실상은 양단책(兩端策)을 쓰고 있었다. 여름 4월, 대궐 남문에 벼락이 떨어졌다. 5월, 큰물이 져서 인가가 떠내려갔다.

17년 겨울 10월, 달솔 백기(苩奇)를 시켜 군사 8,000명을 거느리고 신라의 모산성(母山城 : 운봉)을 공격케 하였다. 11월, 서울에 지진이 있었다.

19년, 신라 장군 변품(邊品) 등이 가잠성을 공격하여 도로 찾았는데 이때 (신라 장수) 해론(奚論)이 전사하였다.

22년 겨울 10월, 사신을 당에 보내어 과하마(果下馬)를 진상하였다.

24년 가을, 군사를 보내어 신라 늑로현(勒弩縣)을 침범하였다.

25년 봄 정월, 대신을 당(唐)에 보내어 조공하니 당 고조(高祖)는 그 정성을 아름답게 여겨 사신을 보내어 왕을 책봉하고 대방군공백제왕(帶方郡公百濟王)을 삼았다. 가을 7월, 사신을 당에 보내어 조공하였다. 겨울 10월, 신라의 속함(速含)·앵잠(櫻岑)·기잠(歧岑)·봉잠(烽岑)·기현(旗懸)·용책(冗柵) 등 6개 성을 공격하여 빼앗았다.

26년 겨울 11월, 사신을 당에 보내어 조공하였다.

27년, 사신을 당에 보내어 명광개(明光鎧 : 황칠(黃漆)한 갑옷)를 바치고, 고구려가 길을 막고 상국(上國)에 내조(來朝)할 것을 용허하지 않는다고 설명하였다. 고조는 산기상시(散騎常侍) 주자사(朱子奢)를 보내와 조서를 전하고 우리 및 고구려를 효유하여 그 원망을 풀게 하였다. 가을 8월, 군사를 보내어 신라 왕재성(王在城)을 공격하여 성주(城主) 동소(東所)를 잡아 죽였다. 겨울 12월, 사신을 당에 보내어 조공하였다.

28년 가을 7월, 왕은 장군 사걸(沙乞)을 시켜 신라 서변의 두 성을 빼앗게 하고 남녀 300명을 사로잡았다. 왕은 신라가 빼앗아 간 지역을 회복코자 크게 군사를 일으켜 웅진(熊津)에 나와 주둔하자, 신라 왕이 이를 듣고 사신을 보내어 급박한 사정을 당에 알렸다. 왕은 그 사실을 듣고 드디어 중지하였다. 가을 8월, 왕의 조카 복신(福信)을 당에 보내어 조공하니 당 태종(太宗)은 우리가 신라와 더불어 대대로 원수가 되어 자주 서로 치고 싸운다 하고, 왕에게 조서를 내려 이르기를 "왕이 대대로 군장(君長)이 되어 동쪽의 나라를 안무(安撫)하며, 멀고 먼 바다에 풍파가 가로막혀 있으나 충성이 지극하여 조공의 사신을 보내니 아름다운 행동을 생각할 때 매우 기쁘다. 나는 대명을 이어받아 사해에 군림(君臨)하여 정도(正道)를 넓히고 백성을 사랑하며 주거(舟車)가 통하고 풍우(風雨)가 미치는 곳에는 모두 오롯이 편안케 할 것을 기한다. 신라 왕(新羅王) 김진평(金眞平)은 나의 번신(蕃臣)이요 왕의 이웃 나라인데 군사를 보내어 쉬지 않고 싸운다고 들었다. 병력만 믿고 잔인성을 자행하는 것은 자못 나의 소망에 어그러지는 일이다. 나는 이미 왕의 조카 복신(福信) 및 고구려, 신라의 사신을 대하여 서로 왕래하고 화목할 것을 당부하였다. 왕은 아무쪼록 전일의 원혐을 잊고 나의 본 뜻을 인식하여 이웃으로서의 정의를 독실히 하고 곧 싸움을 그치도록 하라" 하였다. 왕은 이에 사신을 보내어 표를 올려 감사의 뜻을 표하고 비록 겉으로는 명령에 순종한다고 하였으나 속으로는 서로의 원혐이 예와 같았다.

29년 봄 2월, 군사를 보내어 신라의 가잠성을 쳤으나 이기지 못하고 돌아왔다.

30년 가을 9월, 사신을 당에 보내어 조공하였다.

31년 봄 2월, 사비(泗沘)의 궁(宮)을 중수하기 위하여 왕은 웅진성(熊津城)에 나아갔다. 여름, 가물므로 사비의 역사를 중지하였다. 가을 7월, 왕이 웅진성에서 돌아왔다.

32년 가을 9월, 사신을 당에 보내어 조공하였다.

33년 봄 정월 맏아들 의자(義慈)를 봉하여 태자로 삼았다. 2월, 마천성(馬川城)을 고쳐 쌓았다. 가을 7월, 군사를 일으켜 신라를 쳤으나 이롭지 못하였다. 왕은 생초(生草)의 벌에서 사냥하였다. 겨울 12월, 사신을 당에 보내어 조공하였다.

34년 가을 8월, 장병을 보내어 신라 서곡성(西谷城)을 공격하여 13일 만에 빼앗았다.

35년 봄 2월, 왕흥사(王興寺)가 낙성되었다. 절이 강물에 닿아 있어 채색의 꾸밈새가 굉장하고 화려하였다. 왕은 항상 배를 타고 그 절에 들러 향을 올렸다. 3월, 대궐 남쪽에 못을 파고 20여 리 밖에서 물을 끌어들였다. 그리고 사방의 언덕에 버들을 심고 못 가운데 섬을 쌓아서 방장선산(方丈仙山)에 비겼다.

37년 봄 2월, 사신을 당에 보내어 조공하였다. 3월, 왕이 좌우(左右) 신하를 인솔하고 사비하(泗沘河:큰강) 북포(北浦)에서 잔치를 벌였다. 그곳은 양쪽 언덕에 기암 괴석이 마주서고 기화이초(奇花異草)가 사이사이에 있어 마치 그림과 같았다. 왕은 술을 마시며 사뭇 즐거워서 거문고를 타고 스스로 노래를 하였으며, 시종들은 자주 춤을 추었다. 그때 사람들이 그 땅을 대왕포(大王浦)라 일렀다. 여름 5월, 왕은 장군 우소(于召)를 시켜 무장병 500명을 이끌고 가서 신라 독산성(獨山城)을 습격케 하였다. 우소가 옥문곡(玉門谷)에 당도하여 날이 저물자 말 안장을 풀고 군사를 휴식시키고 있는데, 신라 장군 알천(閼川)이 뜻밖에 군사를 이끌고 와서 들이쳤다. 우소가 큰 바위 위에 올라 활을 당겨 항거하다가 화살이 다 되어 적에게 사로잡히고 말았다. 6월, 가물었다. 가을 8월, 여러 신하와 망해루(望海樓)에서 잔치를 벌였다.

38년 봄 2월, 서울에 지진이 있었다. 3월, 또 지진이 일어났다. 겨울 12월, 사신을 당에 보내어 철갑(鐵甲)과 조부(雕斧)를 바치니 태종이 특별히 위로하고 금포(錦袍)와 아울러 채백(彩帛) 3,000단(段)을 주었다.

39년 봄 3월, 왕이 빈어(嬪御 : 후궁)들과 함께 큰 못에서 뱃놀이를 하였다.

40년 겨울 10월, 또 사자를 당에 보내어 금갑(金甲)과 조부를 바쳤다.

41년 봄 정월, 혜성이 서북쪽에 나타났다. 2월, 자제(子弟)를 당에 보내어 국학(國學)에 들어갈 것을 청하였다.

42년 봄 3월, 왕이 죽으니 시호를 무(武)라 하였다.

사신이 당에 들어가서 소복을 입고 글을 올리며 아뢰기를 "저희 임금 외신(外臣) 부여장(扶餘璋)이 죽었습니다" 라고 하였다. 제(帝)가 현무문(玄武門)에서 애도식을 거행하고 조서를 내리기를 "먼 사람을 안아들이는 길은 총명(寵命)보다 앞서는 것이 없고, 마지막을 장식하는 의(義)는 다른 지방이라 하여 간격이 있을 리 없다. 고주국대방군공백제왕부여장(故柱國帶方郡公百濟王扶餘璋)은 산을 넘고 바다를 건너 멀리 정삭(正朔)을 고하고 조공과 글월을 올려 능히 시종(始終)을 굳게 하였다. 갑자기 세상을 떠나게 되었다니 슬픔이 깊다. 상례(常例)에 더하여 애영(哀榮)을 표함이 마땅하다" 하고 광록대부(光祿大夫)를 추증(追贈)함과 동시에 부의(賻儀)가 매우 후하였다.

三國史記 卷 第二十七

百濟本紀 第五 威德王 惠王 法王 武王

威德王 諱昌 聖王之元子也 聖王在位三十二年薨 繼位.
元年 冬十月 高句麗大擧兵來攻熊川城 敗衄而歸.
六年 夏五月丙辰朔 日有食之.
八年 秋九月 遣兵侵掠新羅邊境 羅兵出擊敗之 死者一千餘人.
十四年 秋九月 遣使入陳朝貢.
十七年 高齊後主拜王 爲使持節侍中車騎大將軍帶方郡公百濟王.
十八年 高齊後主又以王 爲使持節都督東靑州諸軍事東靑州刺史.
十九年 遣使入齊朝貢 秋九月庚子朔 日有食之.
二十四年 秋七月 遣使入陳朝貢 冬十月 侵新羅西邊州郡 新羅伊湌世宗帥兵擊破之 十一月 遣使入宇文周朝貢.
二十五年 遣使入宇文周朝貢.
二十六年 冬十月 長星竟天 二十日而滅 地震.
二十八年 王遣使入隋朝貢 隋高祖詔拜王 爲上開府儀同三司帶方郡公.
二十九年 春正月 遣使入隋朝貢.
三十一年 冬十一月 遣使入陳朝貢.
三十三年 遣使入陳朝貢.
三十六年 隋平陳 有一戰船漂至耽牟羅國 其船得還 經于國界 王資送之甚厚 並遣使奉表賀平陳 高祖善之下詔曰 百濟王旣聞平陳 遠令奉表 往復至難 若逢風浪 便致傷損 百濟王心迹淳至 朕已委知 相去雖遠 事同言面 何必數遣使來相體悉 自今已後 不須年別入貢 朕亦不遣使往 王宜知之.
三十九年 秋七月壬申晦 日有食之.
四十一年 冬十一月癸未 星孛于角亢.
四十五年 秋九月 王使長史王辯那入隋朝獻 王聞隋興遼東之役 遣使奉表請爲軍道 帝下詔曰 往歲高句麗不供職貢 無人臣禮 故命將討之 高元君臣 恐懼畏服 歸罪 朕已赦之 不可致伐 厚我使者而還之 高句麗頗知其事 以兵侵掠國境 冬十二月 王薨 群臣議諡曰威德.

惠王 諱季 明王第二子 昌王薨 卽爲.
二年 王薨 諡曰惠.

法王 諱宣(或云孝順) 惠王之長子 惠王薨 子宣繼位(隋書以宣爲昌王之子.) 冬十二月 下令禁殺生 收民家所養鷹鷂放之 漁獵之具焚之.
二年 春正月 創王興寺 度僧三十人 大旱 王幸漆岳寺祈雨 夏五月薨 上諡曰法.

武王 諱璋 法王之子 風儀英偉 志氣豪傑 法王卽位翌年薨 子嗣位.
三年 秋八月 王出兵圍新羅阿莫山城(一名母山城) 羅王眞平遣精騎數千拒戰之 我兵失利而還 新羅築小陁·畏石·泉山·甕岑四城 侵逼我疆境 王怒令佐平解讐 帥步騎四萬 進攻其四城 新羅將軍乾品 武殷帥衆拒戰 解讐不利 引軍退於泉山西大澤中 伏兵以待之 武殷乘勝 領甲卒一千追至大澤 伏兵發急擊之 武殷墜馬 士卒驚駭 不知所爲 武殷子貴山大言曰 吾嘗受敎於師 曰士當軍無退 豈敢奔退以墜師敎乎 以馬授父 卽與小將箒項揮戈力鬪以死 餘兵見此益奮 我軍敗績 解讐僅免 單馬以歸.
六年 春二月 築角山城 秋八月 新羅侵東鄙.
七年 春三月 王都雨土 晝暗 夏四月 大旱 年饑.
八年 春三月 遣扞率燕文進入隋朝貢 又遣佐平孝鄰入貢 兼請討高句麗 煬帝許之 令覘高句麗動靜 夏五月 高句麗來攻松山城 不下 移襲石頭城 虜男女三千而歸.
九年 春三月 遣使入隋朝貢 隋文林郞裴淸奉使倭國 經我國南路.
十二年 春二月 遣使入隋朝貢 隋煬帝將征高句麗 王使國智牟入請軍期 帝悅 厚加賞錫 遣尙書起部郞席律來 與王相謀 秋八月 築赤嵒城 冬十月 圍新羅椵岑城 殺城主讚德 滅其城.
十三年 隋六軍度遼 王嚴兵於境 聲言助隋 實持兩端 夏四月 震宮南門 五月 大水 漂沒人家.
十七年 冬十月 命達率苩奇領兵八千 攻新羅母山城 十一月 王都地震.
十九年 新羅將軍邊品等來攻椵岑城復之 奚論戰死.
二十二年 冬十月 遣使入唐獻果下馬.

二十四年 秋 遣兵侵新羅勒弩縣.

二十五年 春正月 遣大臣入唐朝貢 高祖嘉其誠款 遣使就册爲帶方郡王百濟王 秋七月 遣使入唐朝貢 冬十月 攻新羅速含·櫻岑·歧岑·烽岑·旗懸·冗柵等六城取之.

二十六年 冬十一月 遣使入唐朝貢.

二十七年 遣使入唐獻明光鎧 因訟高句麗梗道路 不許來朝上國 高祖遣散騎常侍朱子奢 來詔諭我及高句麗 平其怨 秋八月 遣兵攻新羅王在城 執城主東所殺之 冬十二月 遣使入唐朝貢.

二十八年 秋七月 王明將軍沙乞拔新羅西鄙二城 虜男女三百餘口 王欲復新羅侵奪地分 大擧兵出屯於熊津 羅王眞平聞之 遣使告急於唐 王聞之乃止 秋八月 遣王姪福信入唐朝貢 太宗謂與新羅世讐 數相侵伐 賜王璽書曰 王世爲君長 撫有東蕃 海隅遐曠 風濤難阻 忠款之至 識貢相尋 尙想嘉猷 甚以欣慰 朕祗承寵命 君臨區宇 思弘正道 愛育黎元 舟車所通 風雨所及 期之遂性 咸使乂安 新羅王金眞平 朕之蕃臣 王之鄰國 每聞遣師征討不息 阻兵安忍 殊乖所望 朕已對王姪福信高句麗新羅使人 具勑通和 咸許輯睦 王必須忘彼前怨識朕本懷 共篤隣情 卽停兵革 王因遣使奉表陳謝 雖外稱順命 內實相仇如故.

二十九年 春二月 遣兵攻新羅椵峰(峰 羅紀作岑)城 不克而還.

三十年 秋九月 遣使入唐朝貢.

三十一年 春二月 重修泗沘之宮 王幸熊津城 夏 旱 停泗沘之役 秋七月 王至自熊津.

三十二年 秋九月 遣使入唐朝貢.

三十三年 春正月 封元子義慈爲泰子 二月 改築馬川城 秋七月 發兵伐新羅 不利 王田于生草之原 冬十二月 遣使入唐朝貢.

三十四年 秋八月 遣將攻新羅西谷城 十三日拔之.

三十五年 春二月 王興寺成 其寺臨水 彩飾壯麗 王每乘丹 入寺行香 三月 穿也於宮南 引水二十餘里 四岸植以楊柳 水中築島嶼 擬方丈仙山.

三十七年 春二月 遣使入唐朝貢 三月 王率左右臣寮 遊燕於泗沘河北浦 兩岸奇巖怪石錯立 間以奇花異草如畫圖 王飮酒極歡 鼓琴自歌 從者屢舞 時人謂其地爲大王浦 夏五月 王命將軍于召 帥甲士五百 往襲新羅獨山城 于召至玉門谷 日暮解鞍休士 新羅將軍閼川將兵掩至鏖擊之 于召登大石上 彎弓拒戰 失盡爲所

擒 六月 旱 秋八月 燕群臣於望海樓.

三十八年 春二月 王都地震 三月 又震 冬十二月 遣使入唐獻鐵甲雕斧 太宗優勞之 賜錦袍幷彩帛三千段.

三十九年 春三月 王與嬪御泛舟大池.

四十年 冬十月 又遣使於唐獻金甲雕斧.

四十一年 春正月 星孛于西北 二月 遣子弟於唐 請入國學.

四十二年 春三月 王薨 諡曰武 使者入唐 素服奉表曰 君外臣扶餘璋卒 帝擧哀玄武門 詔曰 懷遠之道 莫先於寵命 飾終之義 無隔於遐方 故柱國帶方郡王百濟王扶餘璋 棧山航海 遠稟正朔 獻琛奉贐 克固始終 奄致薨殞 追深愍悼 宣加常數 式表哀榮 贈光祿大夫 賻賜甚厚.

삼국사기 권 제28

백제본기(百濟本紀) 제6

의자왕(義慈王)

의자왕(義慈王)

　의자왕(義慈王)은 무왕(武王)의 맏아들인데 사람됨이 웅위 용감하고 담력과 결단력이 있었다. 무왕의 재위 33년에 봉함을 받아 태자가 되었다. 효도로써 어버이를 섬기고 형제와 더불어 우애하므로 당시에 해동증자(海東曾子)라는 칭호가 있었다. 무왕이 죽으니 태자가 왕위를 계승하였다. 당나라 태종(太宗)이 사부낭중(祠部郞中) 정문표(鄭文表)를 보내어 왕을 책봉하여 주국대방군공백제왕(柱國帶方郡公百濟王)을 삼았다. 가을 8월, 사신을 당에 보내어 글을 올려 감사를 표시하고 겸하여 토산물을 바쳤다.

　2년(642) 봄 정월, 사신을 당에 보내어 조공하였다. 2월, 왕이 주군(州郡)을 순시하고 죄수를 특사하여 사형만 제외하고 모두 풀어주었다. 가을 7월, 왕이 친히 군사를 거느리고 신라를 침범하여 하미후(下獼猴) 등 40여 성을 항복받았다. 8월, 장군 윤충(允忠)을 시켜 군사 1만 명을 거느리고 신라 대야성(大耶城: 陝川)을 공격케 하니, 성주 품석(品釋)이 처자와 더불어 나와 항복하였다. 윤충은 그들을 모두 죽이고 머리를 베어 서울로 보냈다. 또 남녀 1,000여 명을 생포하여 서울 서쪽 주현(州縣)에 나누어 살게 하고, 군사를 머물게 하여 그 성을 지키도록 하였다. 왕이 윤충의 공을 생각하여 상으로 말 20필과 곡식 1,000섬을 주었다.

3년 봄 정월, 사신을 당에 보내어 조공하였다. 겨울 11월, 왕이 고구려와 화친하고 신라 당항성(黨項城)을 빼앗아 당에 입조(入朝)하는 길을 막으려고 군사를 일켜 쳤다. 신라 왕 덕만(德曼 : 선덕왕)이 당에 사신을 보내어 지원을 요청하였다. 왕이 그 사실을 듣고 군사를 철수하였다.

4년 봄 정월, 사신을 당에 보내어 조공하였다. 당 태종은 사농승상(司農丞相) 이현장(里玄奬)을 보내어 양국에 고유(告諭)하니 왕은 글 올려 감사의 뜻을 전달하였다. 왕자 융(隆)을 세워 태자를 삼고 대사령을 내렸다. 가을 9월, 신라 장군 김유신(金庾信)이 군사를 거느리고 내침하여 7개 성을 빼앗았다.

5년 여름 5월, 왕은 당 태종이 친히 고구려를 치려고 신라의 군사를 징발한다는 말을 듣고 그 틈을 타서 신라의 7개 성을 습격하여 빼앗으니, 신라 장군 김유신이 내침하였다.

7년 겨울 10월, 장군 의직(義直)이 보·기병 3,000명을 이끌고 나아가 신라 무산성(茂山城 : 茂朱郡) 아래 주둔하고 군사를 나누어 감물(甘勿)·동잠(桐岑) 두 성을 공격하였다. 신라 장군 김유신이 친히 병졸을 격려하며 죽음을 결단코 싸워 크게 아군을 부수니, 의직(義直)이 한 필마(匹馬)로 돌아왔다.

8년 봄 3월, 의직이 신라 서변의 요거성(腰車城 : 尙州) 등 10여 성을 습격하여 빼앗았다. 여름 4월, 옥문곡(玉門谷)에 진군하자, 신라 장군 김유신이 이를 맞아 두 번 싸워 크게 무너뜨렸다.

9년 가을 8월, 왕은 좌장(左將) 은상(殷相)을 시켜 정병 7,000명을 거느리고 신라 석토성(石吐城) 등 7개 성을 쳐 빼앗게 하였다. 신라 장군 유신, 진춘(陳春)·천존(天存)·죽지(竹旨) 등이 이를 맞아 싸웠으나 이(利)를 보지 못하자 흩어진 군사를 수습하여 도살성 아래 주둔하고 두 번째 싸웠는데, 우리 군사가 무너졌다. 겨울 11월, 얼음이 얼지 않았다.

11년 사신을 당에 보내어 조공하였다. 그 사신이 돌아오는 편에 당 고종은 조서를 내려 왕에게 유시하였는데 그 조서는 이러하였다.

"해동 삼국이 개국한 지 세월이 오래되어 경계선을 나란히 하고는 있으나 지형(地形)은 들쭉날쭉하기가 실로 견아(犬牙)와 같다. 근래에 들어와 혐극(嫌隙)이 생겨서 전쟁이 서로 일어나니 조금도 편한 세월이 없고, 드디어 삼한(三韓)의 백성으로 하여금 목숨을 도마 위에 올려놓게 하며, 창을 겨누어 분풀이하는 일이 조석으로 잇달았다. 나는 하늘을 대신하여 만물을 다스리고 있는 터여서 민망스러움이 깊다. 지난 해 고구려, 신라 등의 사신이 아울러 입조하였을 때 나는 그들에게 원혐을 풀고 다시 친목을 돈독히 하라고 명령하였더니, 신라 사신 김법민(金法敏)이 말하기를 '고구려·백제가 입술에 이마냥 서로 의지하여 마침내 무기를 들고 서로 침략하여 오므로 대성진(大城鎭)이 모두 백제에게 병합되어 국토는 날로 줄어들고 위력마저 떨어져 있습니다. 원컨대 백제에게 조서를 내리시어 침탈해 간 성을 돌려주게 하옵소서. 만약 조서대로 시행하지 아니할 경우에는, 곧 군사를 일으켜 빼앗을 것이니 다만 옛 땅만 찾는다면 곧 서로 화친할 것을 청할 생각이옵니다' 하므로 나는 그 말이 이미 순한 이상 허락하지 아니할 수가 없었다. 옛날 제(齊) 환공(桓公)은 열국(列國)의 제후(諸候)이면서도 오히려 망한 나라를 살렸다. 하물며 나는 만국의 종주로서 어찌 위태로운 나의 속국을 구원하지 아니하겠느냐. 왕이 겸병(兼倂)한 신라의 성은 아울러 그 본국으로 반환하고, 신라가 잡아간 백제의 포로도 또한 왕에게 돌려 보낼 것이며, 그런 뒤에 근심을 풀어 버리고 싸움을 중지하여 백성은 어깨를 쉬는 소원을 얻고, 삼국은 전쟁을 하는 수고가 없어질 것이다. 피가 변계(邊界)에 흐르고 시체가 국경에 쌓이며, 농사와 길삼을 모두 폐지하여 남녀가 하염없음에 비하면 어찌 해를 같이하여 말할 수 있으랴. 왕이 만약 처분을 듣지 아니한다면 나는 법민의 소청에 의하여 그에 맡겨 싸움을 결단하도록 할 것이며, 또한 고구려와 약속하여 서로 구원을 못하게 할 것이며, 고구려가 만약 명령을 승복하지 않는다면 곧 거란 등 모든 속국에 명령하여 요수를 건너 깊이 침략하게 할 것이니, 왕은 내 말을 깊이 생각하여 스스로 복된 길을 찾아 좋은 계책을 도모하여 후회하는 일이 없도록 할지어다."

12년 봄 정월, 사신을 당에 보내어 조공하였다.
13년 봄, 크게 가물어 백성이 굶주렸다. 가을 8월, 왕이 왜국과 화친을 통하였다.
15년 봄 2월, 태자궁을 지극히 화려하게 수리하였고 망해정(望海亭)을 대궐의 남쪽에 세웠다. 여름 5월, 붉은 말이 북악(北岳) 오함사(烏含寺)에 들어가 울며 법당을 돌다가 며칠 만에 죽었다. 가을 7월, 마천성(馬天城)을 중수하였다. 8월, 왕이 고구려·말갈과 함께 신라의 30여 성을 쳐부수니, 신라 왕 김춘추가 사신을 당에 보내어 조회(朝會)하고 글을 올려 "백제가 고구려·말갈과 더불어 우리 북쪽 경계를 침범하여 30여 성(城)을 함락시켰다"고 말하였다.

16년 봄 3월, 왕이 궁녀와 더불어 황음탐락(荒淫耽樂)하여 술 마시기를 그칠 줄 모르므로, 좌평 성충(成忠 : 혹은 정충(淨忠))이 극단으로 간(諫)하니 왕이 성을 내어 성충을 옥중에 가두었다. 이로 말미암아 감히 말하는 자가 없었다. 성충은 말라 죽게 되자 글월을 올리기를 "충신은 죽는 마당에도 임금을 잊지 아니한다 하였으니 원컨대 한 말씀 아뢰고 죽겠습니다. 신은 항상 시변(時變)을 관찰하건대 반드시 난리가 있을 것입니다. 무릇 용병하는 법은 반드시 그 지형을 살펴 택해야 하는 것이니, 강의 상류(上流)로 나가서 적을 대항해야 보전할 수 있을 것입니다. 만약 타국의 군사가 들어오거든 육로로는 침현(沈峴)을 지나가지 못하게 하고, 수군(水軍)은 지벌포(伎伐浦)의 언덕을 들어서게 하지 말며, 그 요새를 의거하여 막아야 할 것입니다" 라고 하였다. 그러나 왕은 살피지 아니하였다.

17년 봄 정월, 왕의 중자(衆子 : 맏아들 외의 모든 아들) 41인을 등용하여 좌평을 삼고 각기 식읍을 주었다. 여름 4월, 크게 가물어 적지(赤地)가 되었다.

19년 봄 2월, 여러 마리의 여우가 궁중에 들어왔는데 그 중 흰 여우 한 마리는 상좌평(上佐平)의 책상에 앉았다. 여름 4월, 태자궁에서 암탉이 작은 참새와 더불어 교미하였다. 장병을 보내어 신라 독산(獨山)·동잠(桐岑) 두 성을 공격하였다. 5월, 서울 서남의 사비하(泗沘河)에서 큰 물고기가 죽어 나왔는데, 길이가 세 길이었다. 가을 8월, 여자의 시체가 생초진(生草津)에 떴다. 길이가 18자였다. 9월, 대궐 안에 있는 느티나무가 사람 우는 소리를 내고, 밤에 귀신이 대궐 남쪽 길에서 울었다.

20년 봄 2월, 서울의 우물물이 핏빛 같았고, 서해(西海) 바닷가에 작은 고기가 죽어나와 백성이 먹어도 다 못먹을 지경이었다. 사비하의 물빛이 붉어 핏빛 같았다. 여름 4월, 개구리 수만 마리가 나무 위에 모여들었다. 서울의 저자에서 사람들이 까닭없이 놀라 달아나는데 마치 누구에게 쫓기는 듯했다. 이에 넘어져 죽은 자가 백여 명이었고 잃어버린 재물 따위는 이루 헤아릴 수 없었다. 5월, 폭풍 폭우가 쏟아지며 천왕사(天王寺)·도양사(道讓

寺) 두 절의 탑에 벼락이 떨어지고 또 백석사(白石寺)의 강당에 벼락이 떨어졌으며, 동서의 검은 구름이 용과 같이 되어 공중에서 서로 싸웠다. 6월, 왕흥사(王興寺)의 여러 승려들은 모두, 마치 배 돛대가 큰 물을 따라 절문으로 들어오는 것 같은 광경을 보았다. 노루같이 생긴 개 한 마리가 서쪽에서 사비하 언덕 위로 와서 대궐을 향하여 짖다가 이윽고 행방을 감추었다. 서울에 개 떼가 노상(路上)에 모여 혹은 짖고 혹은 울다가 이슥하여 흩어졌다. 귀신 하나가 대궐 안에 들어와 "백제가 망한다. 백제가 망한다"고 크게 외치고 곧 땅 속으로 들어갔다. 왕이 괴이하게 여겨 사람을 시켜 땅을 파니 깊이가 석 자쯤 되는 곳에 거북이 한 마리가 있었다. 거북이 등에 글이 씌어 있었다. "백제는 둥근달 같고 신라는 초승달 같다"는 내용이었다. 왕이 무당에게 물으니 무당은 둥근달 같다는 것은 가득하다는 뜻이니 가득하면 도로 기우는 것이요, 초승달 같다는 것은 가득하지 않다는 뜻이니 가득하지 않으면 차차 차게 된다는 것입니다" 하였다. 왕이 성을 내어 무당을 죽여 버렸다. 누군가 말하기를 "둥근달 같다는 것은 성하다는 뜻이요, 초승달 같다는 것은 미약하다는 뜻이니 아마도 우리 국가는 번성하고 신라는 차차 미약해질 징조인가 합니다" 라고 하자 왕이 기뻐하였다.

　당 고종(高宗)이 조서를 내려 좌위대장군(左衞大將軍) 소정방(蘇定方)을 신구도행군대총관(神丘道行軍大摠管)으로 삼아, 좌위장군(左衞將軍) 유백영(劉伯英), 우무위장군(右武衞將軍) 풍사귀(馮士貴), 좌효위장군(左驍衞將軍) 방효공(龐孝公)을 인솔하고 군사 13만 명을 이끌고 와서 (백제를) 치게 하였다. 동시에 신라 왕 김춘추를 우이도행군총관(嵎夷道行軍摠管)을 삼아 그 나라 군사를 거느리고 와서 합세하게 하였다. 소정방이 군사를 이끌고 성산(城山 : 지금의 산동반도)으로부터 바다를 건너 서울 서쪽 덕물도(德物島 : 덕적도)에 도착하니, 신라 왕이 장군 김유신을 보내어 정병 5만을 거느리고 (백제 방면으로) 달려가게 하였다.

　왕이 듣고 여러 신하를 불러들여 방어할 대책을 물었다. 좌평 의직(義直)이 나아가 아뢰기를 "당병(唐兵)은 멀리 바다를 건너왔으니 물에 익숙하지 못한 자는 배에 머물러 있는 동안 반드시 피곤해졌을 것입니다. 그들이 처음 육지에 내리어 사기가 오르기 전에 급히 들이치면 뜻대로 될 수 있을 것입니다. 신라 사람은 대국의 원조를 믿고서 우리를 경멸히 여기는 마음이 있사온데, 만약 당나라 사람이 불리한 것을 보면 반드시 의구심이 들어 감히 용기 있게 나오지 못할 것입니다. 그러므로 먼저 당나라 사람과 결전하는 것이 옳을 줄 아옵니다" 하였다. 달솔 상영(常永) 등은 아뢰기를 "그렇지 아니합니다. 당병은 멀리 왔으므로 그 뜻이 속히 싸우고자 할 것이니 그 서슬을 당해내지 못할 것이며, 신라는 앞서 자주 우리 군사에게 패하였으므로 지금 우리 군사의 형세를 바라보면 두려워하지 않을 수 없을 것입니다. 그러니 오늘의 계획으로는 마땅히 당병의 길을 막아 그 군사가 힘이 빠질 때를 기다리고, 먼저 일부의 군사를 시켜 신라군을 공격하여 그 예기를 꺾은 뒤에 적당한 때를 기다렸다가 합하여 싸우면 군사도 온전하고 나라도 보전하게 될 것입니다" 하였다.

왕은 머뭇거리며 어느 꾀를 따라야 할 지 몰랐다. 그때 좌평 홍수(興首)가 죄를 얻어 고마미지(古馬彌知)의 고을로 귀양가 있었다. 사람을 그에게 보내어 "일이 급박하니 어찌하면 좋겠는가?" 하고 물었다. 홍수는 말하기를 "당병은 수효가 많고 군율이 엄하고 또 밝은데다가 더구나 신라와 함께 기각(掎角)이 되었으니 만약 평원광야(平原廣野)에서 대진한다면 승패를 알 수 없습니다. 백강(白江 : 혹은 기벌포(伎伐浦)), 탄현(炭峴 : 혹은 침현(沈峴))은 우리 나라의 요긴한 길목입니다. 한 지아비, 한 자루의 창이라도 만인이 당하지 못할 것이니, 마땅히 용사를 뽑아 보내어 그곳을 지키게 하여 당병으로 하여금 백강을 들어서지 못하게 하고, 신라병을 탄현으로 지나가지 못하게 하며, 대왕은 성문을 겹겹이 닫고 굳게 지켜 그들의 군량이 다 떨어지고 병졸이 지칠 때를 기다려서 들이치면 반드시 격파할 수 있습니다" 하였다.

이때 대신들은 이를 믿지 않고 말하기를 "홍수가 오랫 동안 옥중에 있기 때문에 임금을 원망하고 나라를 사랑하지 않을 것입니다. 그 말을 들을 수 없습니다. 당병으로 하여금 백강에 들어오게 하더라도 물결따라 내려오는 것이어서 여러 배를 나란히 하여 오지 못할 것이며, 신라군을 탄현에 오르게 하더라도 지름길을 경유하는 것이어서 여러 말을 나란히 하여 오지 못할 것입니다. 이때를 당하여 군사를 풀어 들이치면 비유컨대 농 안에 든 닭이나, 그물에 걸린 고기를 잡는 것과 같은 것입니다" 하였다. 왕은 "그렇다"고 대답하였다.

이윽고 당과 신라의 병사들이 벌써 백강·탄현을 지났다는 말을 듣고 장군 계백(階伯)을 보내어 결사대 5,000명을 거느리고 황산으로 나가 신라군과 싸우게 하였다. 네 번 부딪쳐 다 이겼으나 군사가 적고 힘이 꺾이어 드디어 패하고 계백은 전사하였다. 이에 병력을 합하여 웅진의 어귀를 막고 강가에 군사를 주둔케 하였다. 소정방이 강의 왼편 가장자리로 나와 산을 타고 진을 치니 우리 군사가 싸워서 크게 패하였다. 당군은 조수를 타고 배를 연달아 나아가게 하며 북을 치고 떠들어 댔다. 정방(定方)이 보·기병을 거느리고 곧장 도성(都城)으로 내달아 일사(一舍 : 30리쯤?)쯤 되는 곳에서 머물렀다. 우리 군사들이 모조리 나가 항거하였으나 또 패하여 죽은 자가 만여 명이었다. 당병이 승세를 타고 성을 육박하였다.

왕은 벗어나지 못할 것을 알자 "성충의 말을 듣지 아니하여 이 지경에 이르렀다"고 탄식하고 드디어 태자 효(孝)를 데리고 북쪽 변경으로 달아났다. 정방이 그 성을 포위하니 왕의 둘째아들 태(泰)가 자칭 왕이 되어 군사를 이끌고 굳게 지켰다. 태자(太子 : 孝)의 아들 문사(文思)가 왕자 융(隆)에게 이르기를 "왕이 태자를 데리고 밖으로 나갔는데 숙부(叔父)가 자의로 왕이 되니 만약 당병이 포위를 풀고 가면 우리들이 목숨을 보존할 수 있겠습니까?" 하고 드디어 좌우를 거느리고 밧줄에 매달려 성을 벗어났다. 백성들이 모두 그를 따르므로 태는 중지시킬 수가 없었다.

정방이 군사를 시켜 성곽에 뛰어올라 당의 깃발을 세우게 하니 태는 사뭇 다급하여 문을 열고 항복을 청하였다. 이에 왕 및 태자 효가 여러 성과 함께 모두 항복하였다. 정방은 왕 및 태자 효, 왕자 태·융·연(演)과 대신·장령 88인과 백성 1만 2,807명을 당경(唐京 : 長安)으로 압송하였다. 백제국은 본래 5부(五部) 37군 200성 76만 호가 있었는데, 이에 이르러 웅진·마한(馬韓)·동명(東明)·금련(金連)·덕안(德安)의 다섯 도독부로 나누어 설치하고 각각 주, 현을 통솔케 하는 동시에 거장(渠長)을 뽑아 도독(都督), 자사(刺史), 현령(縣令)을 삼아서 다스리게 하였다. 낭장(郎將) 유인원을 시켜 도성을 지키게 하고 또 좌위낭장(左衛郎將) 왕문도(王文度)로 웅진도독(熊津都督)을 삼아 남은 군중을 무마케 하였다. 정방은 포로를 인솔하고 당제에게 보이니 당제도 꾸짖은 끝에 용서하였다.

왕(의자왕)이 당(唐)에서 병들어 죽으니 금자광록대부위위경(金紫光祿大夫衛尉卿)의 직을 내리고 구신(舊臣)들의 조상을 허락하였다. 손호(孫皓), 진숙

보(陳叔寶)의 무덤 곁에 장사케 하고 아울러 비(碑)를 세우게 하였다. 융에게는 사가경(司稼卿)을 제수하였다. 왕문도가 바다를 건너와서 죽었으므로 유인궤(劉仁軌)로써 대신케 하였다. 무왕(武王)의 조카 복신(福信)이 일찍이 장수의 경력이 있는데, 이때 승(僧) 도침(道琛)과 더불어 주류성(周留城)을 근거지로 하여 배반함과 동시에, 일찍이 왜국에 볼모로 갔던 옛 왕자 부여풍(扶餘豊)을 맞아들여 임금으로 세웠다. 서북부(西北部)가 모두 이에 호응하여 군사를 이끌고 도성으로 가서 인원(仁願)을 포위하였다. 당은 조서를 내려 유인궤를 검교대방주자사(檢校帶方州刺史)로 기용하여 왕문도의 군사를 거느리고 편도(便道)로 신라병을 보내어 유인원을 구원하게 하였다.

인궤가 기뻐하며 "하늘이 이 늙은이를 부귀케 할 모양이다" 하고, 당력(唐曆) 및 묘휘(廟諱)를 청해 가지고 떠나면서 하는 말이 "내가 동이(東夷)를 평정하고 대당(大唐)의 정삭(正朔)을 해외에 반포코자 한다" 하였다. 드디어 군사를 이끌고 싸우면서 나아가니 복신 등이 웅진강(熊津江) 어귀에 두 개의 울짱〔柵〕을 세우고 항거하므로 인궤는 신라군과 함께 쳤다. 우리 군사가 후퇴하여 울짱 안으로 들어오는데 강물은 가로막히고 다리는 좁아 떨어져 물에 빠져 죽고, 싸워 죽고 한 자가 만여 명이었다. 복신 등은 드디어 도성의 포위를 해제하고 물러가서 임존성(任存城 : 대흥)을 지키고 신라병도 군량이 떨어져 돌아왔다. 때는 당(唐) 용삭(龍朔) 원년 3월이었다.

이때 도침(道琛)은 영군장군(領軍將軍)이라 자칭하고 복신은 상잠장군(霜岑將軍)이라 자칭하며 군중을 불러들여 그 세력을 더욱 확장시켰다. 사람을 시켜 인궤에게 고하기를 "듣자니 대당(大唐)이 신라와 더불어 약속하기를 백제에 대하여는 노소(老少)를 막론하고 다 죽인 다음에 나라만을 신라에게 준다 하였다고 하니, 어차피 죽게 될 바에야 싸워서 없어지는 것이 낫지 않겠는가? 그렇기 때문에 서로 단결하여 굳이 지키는 것이다" 하였다. 인궤는 글월을 만들어 재앙이 되고 복이 되는 이유를 낱낱이 진술하여 사신을 시켜 효유하였다. 도침은 많은 병력을 믿고 교만해진 마음으로 인궤의 사신을 외관(外館)에 두고 거만스레 회보하기를 "사자는 소관(小官)이고 나는 일국의 대장이니 한자리에서 만날 수 없다" 하고 서한에조차 답하지 아니한 채 그대로 돌려보냈다. 인궤는 자기의 병력이 적으므로 인원과 합세하여 군사를 휴식시키면서 글을 올려 신라와 함께 도모할 것을 청하였다.

신라 왕 김춘추는 조서를 받들고 그의 장수 김흠(金欽)에게 군사를 주어 인궤 등을 구원케 하였다. 김흠이 고사(古泗 : 古阜)에 당도하자 복신 등이 마주 쳐서 무너뜨리니, 김흠은 갈령도(葛嶺道)로부터 도망해 가고 신라는 감히 다시 나오지 못하였다. 이윽고 복신이 도침을 죽이고 그 군사를 합병하자, 부여풍이 능히 억제하지 못하고 다만 제사만 맡아 지낼 따름이었다. 복신 등은 인원 등이 구원 없이 외로운 성에 있음을 보고 사자를 보내어 위로하며 이르기를 "대사(大使) 등이 어느 때 환국하십니까? 마땅히 사람을 보내어 전송해 드리겠습니다" 하였다.

용삭 2년 7월, 인원·인궤 등이 복신의 잔당을 크게 깨뜨리고 웅진의 동쪽에서 지라성(支羅城 : 대덕군 진잠면), 윤성(尹城), 대산(大山)·사정(沙井) 등의 울짱 〔柵〕을 함락시키고 죽이고 사로잡은 자가 매우 많았다. 이에 드디어 군사를 나누어서 지키게 하였다. 복신 등은 진현성(眞峴城 : 지금의 진잠)이 강가에 있고 또 높고 험하여 요충에 해당된다 하여 군사를 증원하여 지키게 하였다. 인궤는 밤에 신라병을 독려하여 성 위에 육박하여 판첩(板堞 : 널빤지 성첩)을 세웠다가 새벽녘에 성 안으로 들어가 800명을 베어 죽이고 드디어 신라의 군량 수송로를 개통케 하였다. 인원이 군사를 더 보내 줄 것을 주청하니, 당 고종은 조서를 내려 치(淄)·청(靑)·내(萊)·해(海)의 병사 7,000명을 징발하여 좌위위장군(左威衛將軍) 손인사(孫仁師)를 시켜 군사를 거느리고 바다로 떠나가서 유인원의 병력을 증원케 하였다.

그때 복신은 이미 권세를 전제(專制)하더니 부여풍과 차츰 서로 시기하게 되었다. 복신은 병을 칭탁하여 깊숙한 방에 누워 있다가, 부여풍이 문병하러 오는 것을 기다려 죽이려고 하였다. 풍은 이를 미리 알고 심복들을 이끌고 갑자기 들이닥쳐 복신을 죽였다. 그리고는 사자를 고구려·왜국에 보내어 군사를 청하여 당병을 막았는데, (당의) 손인사가 중도에서 이를 맞아 격파하고 드디어 인원의 군사와 합세하자 사기가 크게 떨치었다. 이에 여러 장령들이 나아갈 바를 의논하자 누군가 말하기를 "가림성(加林城 : 聖興山城)은 수륙의 요충이 되니 먼저 공격하는 것이 사리에 합당하다" 하였다. 인궤가 말하기를 "병법에 실한 곳은 피하고 허한 곳을 치라 하였으니 가림성은 험고(嶮固)하므로로 공격하면 군사가 상하고 지키자면 오래 걸리게 된다. 주류성 (周留城 : 韓山)은 백제의 소굴로서 그 무리가 많이 모여 있으니 만약 이긴다면 여러 성이 저절로 항복하게 될 것이다" 하였다. 이에 손인사와 유인원 및 신라왕 김법민(金法敏 : 문무왕)은 육군을 거느리고 (그곳으로) 나아가고, 유인궤 및 별장 두상(杜爽), 부여륭은 수군과 군량을 실은 전선을 거느리고 웅진강(금강)에서 백강(금입구)으로 가서 육군과 합세하여 함께 주류성으로 달려갔다. 이때 왜병을 백강 어귀에서 만나 네 번 싸워 모두 이기고 배 400척을 불태우니 연기와 불길이 하늘을 덮고 바닷물이 붉어졌다.

왕 부여풍이 몸을 피해 도망하였는데 간 곳을 알지 못하였다. 혹은 고구려로 달아났다고도 하는데 그의 보검(寶劍)만을 얻었다. 왕자 부여충승(扶餘忠勝)·충지(忠志) 등이 그의 군사를 거느리고 왜인과 더불어 항복하였으나 유독 지수신(遲受信)만이 임존성(任存城)에 웅거하여 항복하지 않았다. 처음 흑치상지(黑齒常之)가 분산된 군중을 불러모으니 열흘 사이에 돌아와 붙는 자가 3만여 명이었다. 소정방이 군사를 보내어 공격하였으나 상지가 막아싸워 무너뜨리고 다시 200여 성을 탈취하니 정방이 이겨내지 못하였다.

상지가 별부장(別部長) 사탁상여(沙吒相如)와 함께 천험을 의지하여 복신에게 호응하였으나 이에 이르러 모두 항복하였다. 인궤가 복신에게 속마음을 털어보이며 그로 하여금 임존성(任存城)을 빼앗아 공을 세우게 하라 하고 곧 무기와 군량을 내주었다. 인사(仁師)가 말하기를 "야심(野心 : 배반할 심)은 본래 믿기 어려운데 만약 무기와 군량을 준다면 적의 편의를 도울 뿐이다"라고 하였다. 인궤는 "내가 상여와 상지의 상을 보건대 충성과 지모가 있으니 기회를 얻어 공을 세우게 하면 또 무엇을 의심하겠는가?" 라고 하였다. 두 사람이 마침내 그 성(임존성)을 함락시키니 지수신은 처자를 버리고 고구려로 달아나고 남은 무리는 모두 평정되었다. 인사(仁師) 등이 군사를 정돈하여 돌아가니 인궤에게 조명(詔命)하여 그로 하여금 머물러 군사를 거느리고 지키게 하였다. 이때 병화(兵火)로 인해 집집마다 살림이 줄어들고 시체가 수없이 쌓여 있었다. 인궤는 이내 명령하여 해골을 묻고, 호구를 적에 올리고, 마을을 정리하고, 관장(官長)을 두고, 도로를 통하게 하고, 교량을 일으켜 세우고, 제방을 막고, 저수지를 전과 같이 만들고, 농사와 길쌈을 권장하고, 빈궁한 자에게 곡식을 주고, 노약자를 부양하고, 당의 사직(社稷)을 세우고, 정삭(正朔)과 묘휘(廟諱)를 반포하였다. 당제는 부여륭(扶餘隆)으로 웅진도독을 삼고 귀국하게 하여 신라와의 옛 감정을 풀게 하고 나머지 사람들을 불러 돌아오게 하였다.

인덕(麟德) 2년, 부여륭은 신라 왕과 웅진성에서 만나 백마(白馬)의 피로써 맹세하였는데, 인궤는 맹세하는 글월을 짓고 드디어 금서철계(金書鐵契)를 만들어 신라의 종묘에 비치하였다. 맹세한 글월은 신라 본기(新羅本紀) 속에 적혀 있다. 인원 등이 돌아가니 부여륭은 군중이 흩어질 것을 두려워하여 역시 당경(唐京:長安)으로 돌아갔다. 의봉(儀鳳) 연간(年間 676~8)에 부여륭을 웅진도독부대방군왕(熊津都督府帶方郡王)을 삼아 본국으로 보내어 남은 백성을 안돈시키게 함과 동시에, 안동도호부(安東都護部)를 신성(新城:奉天東北)으로 옮겨 그가 통솔하게 하였다. 그때 신라가 강성하므로 융은 감히 본국에 들어가지 못하고 고구려에 머물다가 죽었다. 당 무후(武后:당의 則天武后)는 또 그의 손자 경(敬)에게 왕위를 계승케 하였는데, 그 땅이 이미 신라·발해·말갈의 소유가 되어 국계(國系)가 드디어 끊어졌다.

사신은 논한다.

신라의 고사(古事)에 "하늘이 금궤를 내려 주었으므로 성을 김씨(金氏)라 하였다"고 하였으나 그 말이 괴이하여 믿어지지 않는다. 신(臣)이 역사를 편수함에 있어 그 말이 오래도록 전해오기 때문에 깎아 내리지 못하였다. 그러나 또 들으니 신라 사람이 자칭 소호김천씨(小昊金天氏)의 후손인 까닭으로 성을 김씨라 하였다〔신라(新羅)의 국자박사(國子博十) 설인선(薛因宣)이 찬한 김유신(金庾信)의 비(碑) 및 박거물(朴居勿)의 찬과 요극일(姚克一)의 서(書)로 된 삼랑사(三郞寺) 비문(碑文)에 보임〕. 고구려 역시 고신씨(高辛氏)의 후손이므로 성을 고(高)씨라 하였다고 한다〔진서(晉書)의 재기(載記)에 보임〕. 고사(古史)에 "백제는 고구려와 함께 부여에서 나왔다" 하였고 또 이르기를 "진한(秦漢)의 난리 시대에 중국 사람이 많이 해동으로 도망했다" 하였으니 삼국의 조상이 옛 성인의 후예인지도 모르며, 어찌 그리 나라를 오래도록 향유(享有)하였던가. 백제 말엽에 이르러 도리에 맞지 아니하는 일이 많았고, 또 대대로 신라와 원수가 되어 고구려와 화호(和好)를 맺고 침범하여 이(利)와 편의에 따라서 신라의 중성(重城)과 거진(巨鎭)을 탈취하기를 마지않았으니 이른바 "어진이와 친하며 이웃과 좋게 지냄은 나라의 보배라"는 말과는 다르다. 이에 당나라 천자는 두 번째 조서를 내려 그 원혐을 풀라고 하였는데, 겉으로 따르는 척하고 안으로 어기어 대국에 죄를 지었으니 망함이 마땅하다 하겠다.

三國史記 卷 第二十八

百濟本紀 第六 義慈王

義慈王 武王之元子 雄勇有膽決 武王在位三十三年立爲太子 事親以孝 與兄弟以友 時號海東曾子 武王薨 太子嗣位 太宗遣祠部郎中鄭文表 册命爲柱國帶方郡王百濟王 秋八月 遣使入唐表謝 兼獻方物.

二年 春正月 遣使入唐朝貢 二月 王巡撫州郡 慮囚除死罪皆原之 秋七月 王親帥兵侵新羅 下獼猴等四十餘城 八月 遣將軍允忠領兵一萬 攻新羅大耶城 城主品釋與妻子出降 允忠盡殺之 斬其首傳之王都 生獲男女一千餘人 分居國西州縣 留兵守其城 王賞允忠功 馬二十匹 穀一千石.

三年 春正月 遣使入唐朝貢 冬十一月 王與高句麗和親 謀欲取新羅黨項城 以塞入朝之路 遂發兵攻之 羅王德曼遣使請救於唐 王聞之罷兵.

四年 春正月 遣使入唐朝貢 太宗遣司農丞相里玄獎 告諭兩國 王奉表陳謝 立王子隆爲太子 大赦 秋九月 新羅將軍庾信 領軍來侵取七城.

五年 夏五月 王聞太宗親征高句麗 徵兵新羅 乘其間襲取新羅七城 新羅遣將軍庾信來侵.

七年 冬十月 將軍義直帥步騎三千 進屯新羅茂山城下 分兵攻甘勿·桐岑二城 新羅將軍庾信親勵士卒 決死而戰大破之 義直匹馬而還.

八年 春三月 義直襲取新羅西鄙腰車等一十餘城 夏四月 進軍於玉門谷 新羅將軍庾信逆之再戰 大敗之.

九年 秋八月 王遣左將殷相帥精兵七千 攻取新羅石吐等七城 新羅將庾信·陳春·天存·竹旨等逆擊之 不利 收散卒屯於道薩城下再戰 我軍敗北 冬十一月 雷無氷.

十一年 遣使入唐朝貢 使還 高宗降璽書諭王曰 海東三國 開基日久 幷列疆界 地實犬牙 近代已來 遂構嫌隙 戰爭交起 略無寧歲 遂令三韓之氓 命懸刀俎 築戈肆憤 朝夕相仍 朕代天理物 載深矜忯 去歲高句麗新羅等使幷來入朝 朕命釋玆讐怨 更敦款睦 新羅使金法敏奏言 高句麗百濟脣齒相依 竟擧干戈 侵逼交至

大城重鎭 幷爲百濟所倂 疆宇日蹙 威力幷謝 乞詔百濟 令歸所侵之城 若不奉詔 卽自興兵打取 但得古地 卽請交和 朕以其言旣順 不可不許 昔齊桓列士諸侯 尙存亡國 況朕萬國之主 豈可不恤危藩 王所兼新羅之城幷宜還其本國 新羅所獲百濟俘虜亦遣還王 然後解患釋紛 韜戈偃革 百姓獲息肩之願 三蕃無戰爭之勞 比夫流血邊亭 積屍疆場 耕織幷廢 士女無聊 豈可同年而語哉 王若不從進止 朕已依法敏所請 任其與王決戰 亦令約束高句麗 不許遠相救恤 高句麗若不承命 卽令契丹諸藩度遼深入抄掠 王可深思朕言 自求多福 審圖良策 無貽後悔.

十二年 春正月 遣使入唐朝貢.

十三年 春 大旱 民饑 秋八月 王與倭國通好.

十五年 春二月 修太子宮極侈麗 立望海亭於王宮南 夏五月 騂馬入北岳烏含寺 鳴迊佛宇數日死 秋七月 重修馬川城 八月 王與高句麗‧靺鞨攻破新羅三十餘城 新羅王金春秋遣使朝唐 表稱百濟與高句麗‧靺鞨侵我北界 沒三十餘城.

十六年 春三月 王與宮人淫荒耽樂 飮酒不止 佐平成忠極諫 王怒囚之獄中 由是無敢言者 成忠瘐死 臨終上書曰 忠臣事不忘君 願一言而死 臣常觀時察變 必有兵革之事 凡用兵必審擇其地 處上流以延敵 然後可以保全 若異國兵來 陸路不使過沈峴 水軍不使入伎伐浦之岸 據其險隘以禦之 然後可也 王不省焉.

十七年 春正月 拜王庶子四十一人爲佐平 各賜食邑 夏四月 大旱赤地.

十九年 春二月 衆狐入宮中 一白狐坐上佐平書案 夏四月 太子宮雌雞與小雀交 遣將侵攻新羅獨山‧桐岑二城 五月 王都西南泗沘河大魚出死 長三丈 秋八月 有女屍浮生草津 長十八尺 九月 宮中槐樹鳴如人哭聲 夜鬼哭於宮南路.

二十年 春二月 王都井水血色 西海濱小魚出死 百姓食之不能盡 泗沘河水赤如血色 夏四月 蝦蟇數萬集於樹上 王都市人無故驚走 如有捕捉者 僵仆而死百餘人 亡失財物不可數 五月 風雨暴至 震天王‧道讓二寺塔 又震白石寺講堂 玄雲如龍 東西相鬪於空中 六月 王興寺衆僧皆見 若有船楫隨大水入寺門 有一犬狀如野鹿 自西至泗沘河岸 向王宮吠之 俄而不知所去 王都群犬集於路上 或吠或哭 移時卽散 有一鬼入宮中 大呼百濟亡百濟亡 卽入地 王怪之 使人掘地 深三尺許有一龜 其背有文 曰百濟同月輪 新羅如月新 王問之巫者曰 同月輪者滿也 滿則虧 如月新者未滿也 未滿則漸盈 王怒殺之 或曰 同月輪者盛也 如月新者微也 意者國家盛而新羅寖微者乎 王喜 高宗詔 左(武)衛大將軍蘇定方爲神丘道行軍大摠管 率左(驍)衛將軍劉伯英‧右武衛將軍馮士貴‧左驍衛將軍龐孝公 統

兵十三萬 以來征 兼以新羅王金春秋爲嵎夷道行軍摠管 將其國兵與之合勢 蘇定方引軍自城山濟海 至國西德物島 新羅王遣將軍金庾信 領精兵五萬以赴之 王聞之 會群臣 問戰守之宜 佐平義直進曰 唐兵遠涉溟海 不習水者在船必困 當其初下陸 士氣未平 急擊之 可以得志 羅人恃大國之援 故有輕我之心 若見唐人失利 則必疑懼而不敢銳進 故知先與唐人決戰可也 達率常永等曰 不然 唐兵遠來 意欲速戰 其鋒不可當也 羅人前屢見敗於我軍 今望我兵勢 不得不恐 今日之計 宜塞唐人之路 以待其師老 先使偏師擊羅軍 折其銳氣 然後伺其便而合戰 則可得以全軍而保國矣 王猶豫不知所從 時佐平興首得罪流竄古馬彌知之縣 遣人問之曰 事急矣 知之何而可乎 興首曰 唐兵旣衆 師律嚴明 況與新羅共謀掎角 若對陣於平原廣野 勝敗未可知也 白江·炭峴我國之要路也 一夫單槍 萬人莫當 宜簡勇士往守之 使唐兵不得入白江 羅人未得過炭峴 大王重閉固守 待其資糧盡 士卒疲 然後奮擊之 破之必矣 於時大臣等不信曰 興首久在縲絏之中 怨君而不愛國 其言不可用也 莫若使唐兵入白江 沿流而不得方舟 羅軍升炭峴 由徑而不得幷馬 當此之時 縱兵擊之 譬如殺在籠之鷄 離網之魚也 王然之 又聞唐羅兵已過白江·炭峴 遣將軍階伯帥死士五千出黃山 與羅兵戰四合皆勝 兵寡力屈竟敗 階伯死之 於時 合兵禦熊津口 瀕江屯兵 定方出左涯 乘山而陣與之戰 我軍大敗 王師乘潮 舳艫銜尾進·鼓而譟 定方將步騎直趨眞都城 一舍止 我軍悉衆拒之 又敗 死者萬餘人 唐兵乘勝薄城 王知不免 嘆曰 悔不用成忠之言 以至於此 遂與太子孝走北鄙 定方圍其城 王次子泰自立爲王 率衆固守 太子子文思謂王子隆曰 王與太子出而叔擅爲王 若唐兵解去 我等安得全 遂率左右縋而出 民皆從之 泰不能止 定方令士超堞立唐旗幟 泰窘迫開門請命 於時 王及太子孝與諸城皆降 定方以王及太子孝·王子泰·隆·演及大臣將士八十八人 百性一萬二千八白七人送京師 國本有五部·三十七郡·二百城·七十六萬戶 至是 析置熊津·馬韓·東明·金漣·德安五都督府 各統州縣擢渠長爲都督·刺史·縣令以理 命郞將劉仁願守都城 又以左衞郞將王文度爲熊津都督 撫其餘衆 定方以所俘見上 責而宥之 王病死 贈金紫光祿大夫衛尉卿 許舊臣赴臨 詔葬孫皓·陳叔寶墓側 幷爲竪碑 授隆司稼卿 文度濟海卒 以劉仁軌代之 武王從子福信嘗將兵 乃與浮屠道琛據周留城叛 迎古王子扶餘豐嘗質於倭國者 立之爲王 西北部皆應 引兵圍仁願於都城 詔起劉仁軌檢校帶方州刺史 將王文度之衆 便道發新羅兵 以救仁願 仁軌喜曰 天將富貴此翁矣 請唐曆及廟諱而行 曰吾欲掃平東夷 頒大唐正朔於海表 仁軌御軍嚴整

戰鬪而前 福信等立兩柵於熊津江口以拒之 仁軌與新羅兵合擊之 我軍退走 入柵阻水 橋狹墜溺及戰死者萬餘人 福信等乃釋都城之圍 退保任存城 新羅人以糧盡引還 時龍朔元年三月也 於是道琛自稱領車將軍 福信自稱霜岑將軍 招集徒衆 其勢益張 使告仁軌曰 聞大唐與新羅約誓 百濟無問老少一切殺之 然後以國付新羅 與其受死 豈若戰亡 所以聚結自固守耳 仁軌作書具陳禍福 遣使諭之 道琛等恃衆驕倨 置仁軌之使於外館 嫚報曰 使人官小 我是一國大將 不合參不答書 徒遣 仁軌以衆小與仁願合軍 休息士卒 上表請合新羅圖之 羅王春秋奉詔 遣其將金欽將兵救仁軌等 至古泗 福信邀擊退敗之 欽自葛嶺道循還 新羅不敢復出 尋而福信殺道琛 幷其衆 豐不能制 但主祭而已 福信等以仁願等孤城無援 遣使慰之曰 大使等何時西還 當遣相送 二年 七月 仁願·仁軌等 大破福信餘衆於熊津之東 拔支羅城及尹城·大山·沙井等柵 殺獲甚衆 乃令分兵以鎭守之 福信等以眞峴城臨江高嶮當衝要 加兵守之 仁軌夜督新羅兵 薄城板堞 比明而入城 斬殺八百人 遂通新羅饟道 仁願奏請益兵 詔發淄·靑·萊海之兵七千人 遣左威衛將軍孫仁師 統衆浮海 以益仁願之衆 時福信既專權 與扶餘豐寖相猜忌 福信稱疾臥於窟室 欲俟豐問疾緝殺 豐知之 帥親信掩殺福信 遣使高句麗·倭國乞師 以拒塘兵 孫仁師中路迎擊破之 遂與仁願之衆相合 士氣大振 於時諸將議所向 或曰 加林城水陸之衝 合先擊之 仁軌曰 兵法避實擊虛 加林嶮而固 攻則傷士 守則曠日 周留城百濟巢穴 郡聚焉 若克之諸城自下 於時 仁師·仁願及羅王金法敏 帥陸軍進 劉仁軌及別帥杜爽·扶餘隆 帥水軍及糧船 自熊津江往白江 以會陸軍 同趨周留城 遇倭人白江口 四戰皆克 焚其舟四百艘 煙炎灼天 海水爲丹 王扶餘豐脫身而走 不知所在 或云奔高句麗 獲其寶劍 王子扶餘忠勝·忠志等帥其衆 與倭人幷降 獨遲受信據任存城未下 初黑齒常之嘯聚亡散 旬日間歸附者三萬餘人 定方遣兵攻之 常之拒戰敗之 復取二百餘城 定方不能克 常之與別部將沙咤相如據嶮 以應福信 至是皆降 仁軌以赤心示之 俾取任存自效 卽給鎧仗糧糒 仁師曰 野心難信 若受甲濟粟 資寇便也 仁軌曰 吾觀相如·常之 忠而謀 因機立功尙何疑 二人訖取其城 遲受信委妻子奔高句麗 餘黨悉平 仁師等振旅還 詔留仁軌統兵鎭守 兵火之餘 比屋凋殘 殭屍如莽 仁軌始命瘞骸骨 籍戶口 理村聚 署官長 通道塗 立橋梁 補提堰 復坡塘 課農桑 賑貧乏 養孤老 立唐社稷 頒正朔及廟諱 民皆悅 各安其所 帝以扶餘隆爲熊津都督俾歸國平新羅古憾 招還遺人 麟德二年 與新羅王會熊津城 刑白馬以盟 仁軌爲盟辭 乃作金書鐵契 藏新羅廟中 盟辭見

新羅紀中 仁願等還 隆畏衆携散 亦歸京師 儀鳳中以隆爲熊津都督帶方群王 遣歸國安輯餘衆 仍移安東都護府於新城以統之 時新羅强 隆不敢入舊國 寄理高句麗死 武后又以其孫敬襲王 而其地已爲新羅·勃海·靺鞨所分 國系遂絶.

　論曰 新羅古事云 天降金櫃 故姓金氏 其言可怪而不可信 臣修史 以其傳之舊 不得刪落其辭 然而又聞 新羅人自以小昊金天氏後 故姓金氏 高句麗亦以高辛氏之後姓高氏 古史曰 百濟與高句麗同出扶餘 又云 秦亂漢離之時 中國人多竄海東 則三國祖先豈其古聖人之苗裔耶 何其享國之長也 至於百濟之季 所行多非道 又世仇新羅 與高句麗連和以侵軼之 囚利乘便 割取新羅重城巨鎭不已 非所謂親仁善隣國之寶也 於是唐天子再下詔平其怨 陽從而陰違之 以獲罪於大國 其亡也亦宜矣.

삼국사기 권 제29

연표(年表)

연표(年表) 상(上)

해동(海東)에 나라가 있은 지는 오래였다. 기자(箕子)가 주실(周室)에서 책봉을 받음으로부터 위만(衞滿)이 한초(漢初)에 왕이라고 칭할 때까지는 연대가 막연하고 문헌이 소략(疏略)하여 상고할 수 없다. 삼국이 정치(鼎峙 : 정립(鼎立). 셋이 벌여 섬)함에 이르러서는 전세(傳世)가 더욱 많아 신라는 56왕 992년이고, 고구려는 28왕 705년이고, 백제는 31왕 678년이다. 그 시종(始終)은 상고해 알 수 있으므로 3국의 연표(年表)를 짓는다(당(唐)의 가언충(賈言忠)이 한 말에 '고구려는 한(漢)시대에 나라를 가져 지금 900년이 되었다' 함은 잘못된 것이다).

年表 上

海東有國家久矣 自箕子受封於周室 衞滿僭號於漢初 年代綿邈 文字疎略 固莫得而詳焉 至於三國鼎峙 則傳世尤多 新羅五十六王 九百九十二年 高句麗二十八王 七百五年 百濟三十一王 六百七十八年 其始終可得而考焉 作三國年表 (唐賈言忠云 高麗自漢有國今九百年 誤也).

西紀	干支	中　國	新　羅	高句麗	百　濟
前57	甲子	漢宣 五鳳元年	始祖朴赫居世居 西干 卽位元年		
56	乙丑	2	2		
55	丙寅	3	3		
54	丁卯	4	4		
53	戊辰	甘露元年	5		
52	己巳	2	6		
51	庚午	3	7		
50	辛未	4	8		
49	壬申	黃龍元年	9		
48	癸酉	孝元帝奭 初元元年	10		
47	甲戌	2	11		
46	乙亥	3	12		
45	丙子	4	13		
44	丁丑	5	14		
43	戊寅	永光元年	15		
42	己卯	2	16		
41	庚辰	3	17		
40	辛巳	4	18		
39	壬午	5	19		
38	癸未	建昭元年	20		
37	甲申	2	21	始祖東明王 高朱蒙 卽位元年	
36	乙酉	3	22	2	

前35	丙戌	4	23	3	
34	丁亥	5	24	4	
33	戊子	竟寧元年 成帝驁	25	5	
32	己丑	建始元年	26	6	
31	庚寅	2	27	7	
30	辛卯	3	28	8	
29	壬辰	4	29	9	
28	癸巳	河平元年	30	10	
27	甲午	2	31	11	
26	乙未	3	32	12	
25	丙申	4	33	13	
24	丁酉	陽朔元年	34	14	
23	戊戌	2	35	15	
22	己亥	3	36	16	
21	庚子	4	37	17	
20	辛丑	鴻嘉元年	38	18	
19	壬寅	2	39	19 東明王薨 琉璃明王 卽位元年	
18	癸卯	3	40	2	始祖溫祚王 卽位元年
17	甲辰	4	41	3	2
16	乙巳	永始元年	42	4	3
15	丙午	2	43	5	4
14	丁未	3	44	6	5
13	戊申	4	45	7	6
12	己酉	元延元年	46	8	7
11	庚戌	2	47	9	8
10	辛亥	3	48	10	9
9	壬子	4	49	11	10

前8	癸丑	綏和元年	50	12	11
7	甲寅	2 孝哀帝欣	51	13	12
6	乙卯	建平元年	52	14	13
5	丙辰	2	53	15	14
4	丁巳	3	54	16	15
3	戊午	4	55	17	16
2	己未	元壽元年	56	18	17
1	庚申	2 孝平帝衎	57	19	18
西紀1	辛酉	元始元年	58	20	19
2	壬戌	2	59	21	20
3	癸亥	3	60	22	21
4	甲子	4	61 始祖赫居世薨 南解次次雄 卽位元年	23	22
5	乙丑	5	2	24	23
6	丙寅	孺子嬰王莽 居攝元年	3	25	24
7	丁卯	2	4	26	25
8	戊辰	3 初始元年	5	27	26
9	己巳	新室始 建國元年	6	28	27
10	庚午	2	7	29	28
11	辛未	3	8	30	29
12	壬申	4	9	31	30
13	癸酉	5	10	32	31
14	甲戌	天鳳元年	11	33	32
15	乙亥	2	12	34	33
16	丙子	3	13	35	34

17	丁丑	4	14	36	35
18	戊寅	5	15	37 琉璃明王薨 大武神王 卽位元年	36
19	己卯	6	16	2	37
20	庚辰	地皇元年	17	3	38
21	辛巳	2	18	4	39
22	壬午	3	19	5	40
23	癸未	4 劉聖公 更始元年	20	6	41
24	甲申	2	21 南解次次雄薨 儒理尼師今 卽位元年	7	42
25	乙酉	後漢 光武帝秀 建武元年	2	8	43
26	丙戌	2	3	9	44
27	丁亥	3	4	10	45
28	戊子	4	5	11	46 溫祚王薨 多婁王 卽位元年
29	己丑	5	6	12	2
30	庚寅	6	7	13	3
31	辛卯	7	8	14	4
32	壬辰	8	9	15	5
33	癸巳	9	10	16	6
34	甲午	10	11	17	7
35	乙未	11	12	18	8
36	丙申	12	13	19	9
37	丁酉	13	14	20	10

38	戊戌	14	15	21	11
39	己亥	15	16	22	12
40	庚子	16	17	23	13
41	辛丑	17	18	24	14
42	壬寅	18	19	25	15
43	癸卯	19	20	26	16
44	甲辰	20	21	27 大武神王薨 閔中王 卽位元年	17
45	乙巳	21	22	2	18
46	丙午	22	23	3	19
47	丁未	23	24	4	20
48	戊申	24	25	5 閔中王薨 慕本王 卽位元年	21
49	己酉	25	26	2	22
50	庚戌	26	27	3	23
51	辛亥	27	28	4	24
52	壬子	28	29	5	25
53	癸丑	29	30	6 慕本王薨 國祖王 卽位元年	26
54	甲寅	30	31	2	27
55	乙卯	31	32	3	28
56	丙辰	建武 中元元年	33	4	29
57	丁巳	2 孝明帝莊	34 儒理尼師今薨 脫解尼師今 卽位元年	5	30
58	戊午	永平元年	2	6	31
59	己未	2	3	7	32
60	庚申	3	4	8	33

61	辛酉	4	5	9	34
62	壬戌	5	6	10	35
63	癸亥	6	7	11	36
64	甲子	7	8	12	37
65	乙丑	8	9	13	38
66	丙寅	9	10	14	39
67	丁卯	10	11	15	40
68	戊辰	11	12	16	41
69	己巳	12	13	17	42
70	庚午	13	14	18	43
71	辛未	14	15	19	44
72	壬申	15	16	20	45
73	癸酉	16	17	21	46
74	甲戌	17	18	22	47
75	乙亥	18 孝章皇帝	19	23	48
76	丙子	建初元年	20	24	49
77	丁丑	2	21	25	50 多婁王薨 己婁王 卽位元年
78	戊寅	3	22	26	2
79	己卯	4	23	27	3
80	庚辰	5	24 脫解尼師今薨 婆娑尼師今 卽位元年	28	4
81	辛巳	6	2	29	5
82	壬午	7	3	30	6
83	癸未	8	4	31	7
84	甲申	元和元年	5	32	8
85	乙酉	2	6	33	9
86	丙戌	3	7	34	10

87	丁亥	章和元年	8	35	11
88	戊子	2 孝和皇帝肇	9	36	12
89	己丑	永元元年	10	37	13
90	庚寅	2	11	38	14
91	辛卯	3	12	39	15
92	壬辰	4	13	40	16
93	癸巳	5	14	41	17
94	甲午	6	15	42	18
95	乙未	7	16	43	19
96	丙申	8	17	44	20
97	丁酉	9	18	45	21
98	戊戌	10	19	46	22
99	己亥	11	20	47	23
100	庚子	12	21	48	24
101	辛丑	13	22	49	25
102	壬寅	14	23	50	26
103	癸卯	15	24	51	27
104	甲辰	16	25	52	28
105	乙巳	元興元年 孝殤帝隆	26	53	29
106	丙午	延平元年 孝安帝祐	28	55	30
107	丁未	永初元年	28	55	31
108	戊申	2	29	56	32
109	己酉	3	30	57	33
110	庚戌	4	31	58	34
111	辛亥	5	32	59	35
112	壬子	6	33 婆娑尼師今薨 祇摩尼師今 即位元年	60	36

113	癸丑	7	2	61	37
114	甲寅	元初元年	3	62	38
115	乙卯	2	4	63	39
116	丙辰	3	5	64	40
117	丁巳	4	6	65	41
118	戊午	5	7	66	42
119	己未	6	8	67	43
120	庚申	永寧元年	9	68	44
121	辛酉	建光元年	10	69	45
122	壬戌	延光元年	11	70	46
123	癸亥	2	12	71	47
124	甲子	3	13	72	48
125	乙丑	孝順帝保	14	73	49
126	丙寅	永建元年	15	74	50
127	丁卯	2	16	75	51
128	戊辰	3	17	76	52 己婁王薨 蓋婁王 即位元年
129	己巳	4	18	77	2
130	庚午	5	19	78	3
131	辛未	6	20	79	4
132	壬申	陽嘉元年	21	80	5
133	癸酉	2	22	81	6
134	甲戌	3	23 祇摩尼師今薨 逸聖尼師今 即位元年	82	7
135	乙亥	4	2	83	8
136	丙子	永和元年	3	84	9
137	丁丑	2	4	85	10
138	戊寅	3	5	86	11
139	己卯	4	6	87	12

140	庚辰	5	7	88	13
141	辛巳	6	8	89	14
142	壬午	漢安元年	9	90	15
143	癸未	2	10	91	16
144	甲申	建康元年 孝冲帝炳	11	92	17
145	乙酉	永嘉元年 孝質帝纘	12	93	18
146	丙戌	本初元年 孝桓帝志	13	94 國祖王遜位 次大王 卽位元年	19
147	丁亥	建和元年	14	2	20
148	戊子	2	15	3	21
149	己丑	3	16	4	22
150	庚寅	和平元年	17	5	23
151	辛卯	元嘉元年	18	6	24
152	壬辰	2	19	7	25
153	癸巳	永興元年	20	8	26
154	甲午	2	21 逸聖尼師今薨 阿達羅尼師今 卽位元年	9	27
155	乙未	永壽元年	2	10	28
156	丙申	2	3	11	29
157	丁酉	3	4	12	30
158	戊戌	延熹元年	5	13	31
159	己亥	2	6	14	32
160	庚子	3	7	15	33
161	辛丑	4	8	16	34
162	壬寅	5	9	17	35
163	癸卯	6	10	18	36

164	甲辰	7	11	19	37
165	乙巳	8	12	20 國祖王薨 次大王薨 新大王 即位元年	38
166	丙午	9	13	2	39 蓋婁王薨 肖古王 即位元年
167	丁未	永康元年	14	3	2
168	戊申	孝靈帝宏 建寧元年	15	4	3
169	己酉	2	16	5	4
170	庚戌	3	17	6	5
171	辛亥	4	18	7	6
172	壬子	熹平元年	19	8	7
173	癸丑	2	20	9	8
174	甲寅	3	21	10	9
175	乙卯	4	22	11	10
176	丙辰	5	23	12	11
177	丁巳	6	24	13	12
178	戊午	光和元年	25	14	13
179	己未	2	26	15 新大王薨 故國川王 即位元年	14
180	庚申	3	27	2	15
181	辛酉	4	28	3	16
182	壬戌	5	29	4	17
183	癸亥	6	30	5	18
184	甲子	中和元年	31 阿達羅尼師今薨 伐休尼師今 即位元年	6	19

185	乙丑	2	2	7	20
186	丙寅	3	3	8	21
187	丁卯	4	4	9	22
188	戊辰	5	5	10	23
189	己巳	6 洪農王辯立 改元光熹 又改元明寧, 孝獻帝協 改元永漢	6	11	24
190	庚午	初平元年	4	12	25
191	辛未	2	8	13	26
192	壬申	3	9	14	27
193	癸酉	4	10	15	28
194	甲戌	興平元年	11	16	29
195	乙亥	2	12	17	30
196	丙子	建安元年	13 伐休尼師今薨 奈解尼師今 卽位元年	18	31
197	丁丑	2	2	19 故國川王薨 山上王 卽位元年	32
198	戊寅	3	3	2	33
199	己卯	4	4	3	34
200	庚辰	5	5	4	35
201	辛巳	6	6	5	36
202	壬午	7	7	6	37
203	癸未	8	8	7	38
204	甲申	9	9	8	39
205	乙酉	10	10	9	40
206	丙戌	11	11	10	41
207	丁亥	12	12	11	42

208	戊子	13	13	12	43
209	己丑	14	14	13	44
210	庚寅	15	15	14	45
211	辛卯	16	16	15	46
212	壬辰	17	17	16	47
213	癸巳	18	18	17	48
214	甲午	19	19	18	49 肖古王薨 仇首王 卽位元年
215	乙未	20	20	19	2
216	丙申	21	21	20	3
217	丁酉	22	22	21	4
218	戊戌	23	23	22	5
219	己亥	24	24	23	6
220	庚子	延康元年 魏文帝曹丕 皇初元年	25	24	7
221	辛丑	2 蜀先主劉備 卽帝位於成都 建元章武	26	25	8
222	壬寅	3 吳文帝孫權 都武昌建元漢武 自此三國分矣	27	26	9
223	癸卯	4 蜀後主禪立 改元建興	28	27	10
224	甲辰	5	29	28	11
225	乙巳	6	30	29	12
226	丙午	7 明皇帝睿	31	30	13

227	丁未	太和元年	32	31 山上王薨 東川王 卽位元年	14
228	戊申	2	33	2	15
229	己酉	3 吳改元黃龍 遷都建業	34	3	16
230	庚戌	4	35 奈解尼師今薨 助賁尼師今 卽位元年	4	17
231	辛亥	5	2	5	18
232	壬子	6 吳改元嘉禾	3	6	19
233	癸丑	靑龍元年	4	7	20
234	甲寅	2	5	8	21 仇首王薨 古尒王卽位元年
235	乙卯	3	6	9	2
236	丙辰	4	7	10	3
237	丁巳	景初元年	8	11	4
238	戊午	2 蜀改元延熙 吳改元赤烏	9	12	5
239	己未	3 齊王芳	10	13	6
240	庚申	正始元年	11	14	7
241	辛酉	2	12	15	8
242	壬戌	3	13	16	9
243	癸亥	4	14	17	10
244	甲子	5	15	18	11
245	乙丑	6	16	19	12
246	丙寅	7	17	20	13

247	丁卯	8	18 助賁尼師今薨 沾解尼師今 即位元年	21	14
248	戊辰	9	2	22 東川王薨 中川王 即位元年	15
249	己巳	嘉平元年	3	2	16
250	庚午	2	4	3	17
251	辛未	3 吳改元太元	5	4	18
252	壬申	4 吳會稽王亮立 改元建興	6	5	19
253	癸酉	5	7	6	20
254	甲戌	6 高貴鄉公髦 正元元年	8	7	21
255	乙亥	2	9	8	22
256	丙子	甘露元年 吳改元太平	10	9	23
257	丁丑	2	11	10	24
258	戊寅	3 蜀改元景耀 吳主休立 改元永安	12	11	25
259	己卯	4	13	12	26
260	庚辰	5 陳留王奐 景元元年	14	13	27
261	辛巳	2	15 沾解尼師今薨	14	28
262	壬午	3	味鄒尼師今 即位元年	15	29

263	癸未	4 蜀改元炎興十月降於尸, 蜀二主四十三年	2	16	30
264	甲申	咸熙元年 吳主孫皓立 改元元興	3	17	31
265	乙酉	2 尸禪于晉 西晉世祖武皇帝炎泰始元年	4	18	32
266	丙戌	2 吳改元寶鼎	5	19	33
267	丁亥	3	6	20	34
268	戊子	4	7	21	35
269	己丑	5 吳改元建衡	8	22	36
270	庚寅	6	9	23 中川王薨 西川王 即位元年	37
271	辛卯	7	10	2	38
272	壬辰	8 吳改元鳳凰	11	3	39
273	癸巳	9	12	4	40
274	甲午	10	13	5	41

삼국사기 권 제30

연표(年表) 중(中)

西紀	干支	中國	新羅	高句麗	百濟
275	乙未	西晉咸寧元年 吳改元天册	味鄒尼師今 14	西川王 6	古尒王 42
276	丙申	2 吳改元天璽	15	7	43
277	丁酉	3 吳改元天紀	16	8	44
278	戊戌	4	17	9	45
279	己亥	5	18	10	46
280	庚子	太康元年 吳主降於晉吳 四主五十九年	19	11	47
281	辛丑	2	20	12	48
282	壬寅	3	21	13	49
283	癸卯	4	22	14	50
284	甲辰	5	23 味鄒尼師今薨 儒禮尼師今 卽位元年	15	51
285	乙巳	6	2	16	52
286	丙午	7	3	17	53 古尒王薨 責稽王 卽位元年
287	丁未	8	4	18	2
288	戊申	9	5	19	3
289	己酉	10	6	20	4

290	庚戌	大熙元年 孝惠帝衷 永熙元年	7	21	5
291	辛亥	永平元年 元康元年	8	22	6
292	壬子	2	9	23 西川王薨 烽上王 卽位元年	7
293	癸丑	3	10	2	8
294	甲寅	4	11	3	9
295	乙卯	5	12	4	10
296	丙辰	6	13	5	11
297	丁巳	7	14	6	12
298	戊午	8	15 儒禮尼師今薨 基臨尼師今 卽位元年	7	13 責稽王薨 汾西王 卽位元年
299	己未	9	2	8	2
300	庚申	永康元年	3	9 烽上王薨 美川王乙弗 卽位元年	3
301	辛酉	永寧元年	4	2	4
302	壬戌	太安元年	5	3	5
303	癸亥	2	6	4	6
304	甲子	永安元年 建武元年 永興元年	7	5	7 汾西王薨 比流王 卽位元年
305	乙丑	2	8	6	2
306	丙寅	光熙元年 孝懷帝熾	9	7	3
307	丁卯	永嘉元年	10	8	4
308	戊辰	2	11	9	5
309	己巳	3	12	10	6

310	庚午	4	13 基臨尼師今薨 訖解尼師今 卽位元年	11	7
311	辛未	5	2	12	8
312	壬申	6	3	13	9
313	癸酉	孝愍皇帝鄴 建興元年	4	14	10
314	甲戌	2	5	15	11
315	乙亥	3	6	16	12
316	丙子	4 前趙劉曜陷長安 愍帝明年爲劉聰 所殺西晉四主五 十二年	7	17	13
317	丁丑	5 東晉 中宗元皇帝睿 建武元年	8	18	14
318	戊寅	太興元年	9	19	15
319	己卯	2	10	20	16
320	庚辰	3	11	21	17
321	辛巳	4	12	22	18
322	壬午	永昌元年	13	23	19
323	癸未	肅宗皇帝紹 太寧元年	14	24	20
324	甲申	2	15	25	21
325	乙酉	3 顯宗皇帝衍	16	26	22
326	丙戌	咸和元年	17	27	23
327	丁亥	2	18	28	24
328	戊子	3	19	29	25
329	己丑	4	20	30	27
330	庚寅	5	21	31	27

331	辛卯	6	22	32 美川王薨 故國原王 卽位元年	28
332	壬辰	7	23	2	29
333	癸巳	8	24	3	30
334	甲午	9	25	4	31
335	乙未	咸康元年	26	5	32
336	丙申	2	27	6	33
337	丁酉	3	28	7	34
338	戊戌	4	29	8	35
339	己亥	5	30	9	36
340	庚子	6	31	10	37
341	辛丑	7	32	11	38
342	壬寅	8 康皇帝岳	33	12	39
343	癸卯	建元元年	34	13	40
344	甲辰	2 孝宗穆皇帝	35	14	41 比流王薨 契王 卽位元年
345	乙巳	永和元年	36	15	2
346	丙午	2	37	16	3 契王薨 近肖古王 卽位元年
347	丁未	3	38	17	2
348	戊申	4	39	18	3
349	己酉	5	40	19	4
350	庚戌	6	41	20	5
351	辛亥	7	42	21	6
352	壬子	8	43	22	7
353	癸丑	9	44	23	8
354	甲寅	10	45	24	9

355	乙卯	11	46	25	10
356	丙辰	12	47 訖解尼師今薨 奈勿尼師今 即位元年	26	11
357	丁巳	升平元年	2	27	12
358	戊午	2	3	28	13
359	己未	3	4	29	14
360	庚申	4	5	30	15
361	辛酉	5 哀皇帝丕	6	31	16
362	壬戌	隆和元年	7	32	17
363	癸亥	興寧元年	8	33	18
364	甲子	2	9	34	19
365	乙丑	3 廢帝海西公	10	35	20
366	丙寅	太和元年	11	36	21
367	丁卯	2	12	37	22
368	戊辰	3	13	38	23
369	己巳	4	14	39	24
370	庚午	5	15	40	25
371	辛未	簡文皇帝 咸安元年	16	41 故國原王薨 小獸林王 即位元年	26
372	壬申	2 孝武皇帝曜	17	2	27
373	癸酉	寧康元年	18	3	28
374	甲戌	2	19	4	29
375	乙亥	3	20	5	30 近肖古王薨 近仇首王 即位元年

376	丙子	大元元年	21	6	2
377	丁丑	2	22	7	3
378	戊寅	3	23	8	4
379	己卯	4	24	9	5
380	庚辰	5	25	10	6
381	辛巳	6	26	11	7
382	壬午	7	27	12	8
383	癸未	8	28	13	9
384	甲申	9	29	14 小獸林王薨 故國壤王 卽位元年	10 近仇首王薨 枕流王 卽位元年
385	乙酉	10	30	2	2 枕流王薨 辰斯王 卽位元年
386	丙戌	11	31	3	2
387	丁亥	12	32	4	3
388	戊子	13	33	5	4
389	己丑	14	34	6	5
390	庚寅	15	35	7	6
391	辛卯	16	36	8	7
392	壬辰	17	37	9 故國壤王薨 廣開土王 卽位元年	8 辰斯王薨 阿莘王 卽位元年
393	癸巳	18	38	2	2
394	甲午	19	39	3	3
395	乙未	20	40	4	4
396	丙申	21 諱德宗安皇帝	41	5	5
397	丁酉	隆安元年	42	6	6
398	戊戌	2	43	7	7
399	己亥	3	44	8	8

400	庚子	4	45	9	9
401	辛丑	5	46	10	10
402	壬寅	元興元年	47 奈勿尼師今薨 實聖尼師今 即位元年	11	11
403	癸卯	2	2	12	12
404	甲辰	3	3	13	13
405	乙巳	義熙元年	4	14	14 阿莘王薨 腆支王 即位元年
406	丙午	2	5	15	2
407	丁未	3	6	16	3
408	戊申	4	7	17	4
409	己酉	5	8	18	5
410	庚戌	6	9	19	6
411	辛亥	7	10	20	7
412	壬子	8	11	21	8
413	癸丑	9	12	22 廣開土王薨 長壽王 即位元年	9
414	甲寅	10	13	2	10
415	乙卯	11	14	3	11
416	丙辰	12	15	4	12
417	丁巳	13	16 實聖尼師今薨 訥祇麻立干 即位元年	5	13
418	戊午	14 恭帝德文	2	6	14
419	己未	元熙元年禪於宋 東晉十二主百四 年 西秦 改元建弘	3	7	15

420	庚申	宋高祖武帝 劉裕 永初元年	4	8	16 腆支王薨 久尒辛王 卽位元年
421	辛酉	2	5	9	2
422	壬戌	3 少帝義符	6	10	3
423	癸亥	景平元年	7	11	4
424	甲子	2 太宗文皇帝義隆 元嘉元年	8	12	5
425	乙丑	2	9	13	6
426	丙寅	3	10	14	7
427	丁卯	4	11	15	8 久尒辛王薨 毗有王 卽位元年
428	戊辰	5	12	16	2
429	己巳	6	13	17	3
430	庚午	7	14	18	4
431	辛未	8	15	19	5
432	壬申	9	16	20	6
433	癸酉	10	17	21	7
434	甲戌	11	18	22	8
435	乙亥	12	19	23	9
436	丙子	13	20	24	10
437	丁丑	14	21	25	11
438	戊寅	15	22	26	12
439	己卯	16	23	27	13
440	庚辰	17	24	28	14
441	辛巳	18	25	29	15
442	壬午	19	26	30	16
443	癸未	20	27	31	17
444	甲申	21	28	32	18

445	乙酉	22	29	33	19
446	丙戌	23	30	34	20
447	丁亥	24	31	35	21
448	戊子	25	32	36	22
449	己丑	26	33	37	23
450	庚寅	27	34	38	24
451	辛卯	28	35	39	25
452	壬辰	29	36	40	26
453	癸巳	30 元凶劭大初元年 世祖孝武皇帝駿	37	41	27
454	甲午	孝建元年	38	42	28
455	乙未	2	39	43	29 毗有王薨 蓋鹵王 即位元年
456	丙申	3	40	44	2
457	丁酉	大明元年	41	45	3
458	戊戌	2	42 訥祇麻立干薨 慈悲麻立干 即位元年	46	4
459	己亥	3	2	47	5
460	庚子	4	3	48	6
461	辛丑	5	4	49	7
462	壬寅	6	5	50	8
463	癸卯	7	6	51	9
464	甲辰	8 前廢帝子業	7	52	10
465	乙巳	永光元年 景和元年 太宗明皇帝彧泰 始元年	8	53	11
466	丙午	2	9	54	12

467	丁未	3	10	55	13
468	戊申	4	11	56	14
469	己酉	5	12	57	15
470	庚戌	6	13	58	16
471	辛亥	7	14	59	17
472	壬子	泰豫元年 後廢帝昱	15	60	18
473	癸丑	元徽元年	16	61	19
474	甲寅	2	17	62	20
475	乙卯	3	18	63	21 蓋鹵王薨 文周王 即位元年
476	丙辰	4	19	64	2
477	丁巳	5 順皇帝準 昇明元年	20	65	3 文周王薨 三斤王 即位元年
478	戊午	2	21	66	2
479	己未	3 南齊太祖高皇帝 道成 建元元年	22 慈悲麻立干薨 炤知麻立干 即位元年	67	3 三斤王薨 東城王 即位元年
480	庚申	2	2	68	2
481	辛酉	3	3	69	3
482	壬戌	4 世祖武皇帝賾	4	70	4
483	癸亥	永明元年	5	71	5
484	甲子	2	6	72	6
485	乙丑	3	7	73	7
486	丙寅	4	8	74	8
487	丁卯	5	9	75	9
488	戊辰	6	10	76	10
489	己巳	7	11	77	11

490	庚午	8	12	78	12
491	辛未	9	13	79 長壽王薨	13
492	壬申	10	14	文咨明王 卽位元年	14
493	癸酉	11	15	2	15
494	甲戌	廢帝鬱林王 隆昌元年 廢帝海陵王 昭文 延興元年 高宗明皇帝鸞 建武元年	16	3	16
495	乙亥	2	17	4	17
496	丙子	3	18	5	18
497	丁丑	4	19	6	19
498	戊寅	永泰元年廢帝	20	7	20
499	己卯	永元元年	21	8	21
500	庚辰	2	22 炤知麻立干薨 智證麻立干 卽位元年	9	22
501	辛巳	3 和帝寶融 中興元年	2	10	23 東城王薨 武寧王 卽位元年
502	壬午	2 梁高祖武皇帝衍 天監元年	3	11	2
503	癸未	2	4	12	3
504	甲申	3	5	13	4
505	乙酉	4	6	14	5
506	丙戌	5	7	15	6
507	丁亥	6	8	16	7
508	戊子	7	9	17	8
509	己丑	8	10	18	9

510	庚寅	9	11	19	10
511	辛卯	10	12	20	11
512	壬辰	11	13	21	12
513	癸巳	12	14	22	13
514	甲午	13	15 智證麻立干薨 法興王 卽位元年	23	14
515	乙未	14	2	24	15
516	丙申	15	3	25	16
517	丁酉	16	4	26	17
518	戊戌	17	5	27	18
519	己亥	18	6	28 文咨明王薨 安藏王 卽位元年	19
520	庚子	普通元年	7	2	20
521	辛丑	2	8	3	21
522	壬寅	3	9	4	22
523	癸卯	4	10	5	23 武寧王薨 聖王 卽位元年
524	甲辰	5	11	6	2
525	乙巳	6	12	7	3
526	丙午	7	13	8	4
527	丁未	大通元年	14	9	5
528	戊申	2	15	10	6
529	己酉	中大通元年	16	11	7
530	庚戌	2	17	12	8
531	辛亥	3	18	13 安藏王薨 安原王 卽位元年	9
532	壬子	4	19	2	10
533	癸丑	5	20	3	11

534	甲寅	6	21	4	12
535	乙卯	大同元年	22	5	13
536	丙辰	2	23 始稱建元元年	6	14
537	丁巳	3	24	7	15
538	戊午	4	25	8	16
539	己未	5	26	9	17
540	庚申	6	27 法興王薨 眞興王 卽位元年	10	18
541	辛酉	7	2	11	19
542	壬戌	8	3	12	20
543	癸亥	9	4	13	21
544	甲子	10	5	14	22
545	乙丑	11	6	15 安原王薨 陽原王 卽位元年	23
546	丙寅	中大同元年	7	2	24
547	丁卯	太淸元年	8	3	25
548	戊辰	2	9	4	26
549	己巳	3 太宗簡文皇帝綱	10	5	27
550	庚午	大寶元年	11	6	28
551	辛未	2 豫章王棟 天正元年 侯景太始元年 世祖孝元帝繹	12 改元開國	7	29
552	壬申	承聖元年	13	8	30
553	癸酉	2	14	9	31
554	甲戌	3 敬皇帝方智	15	10	32 聖王薨 威德王 卽位元年

555	乙亥	4 正陽侯天成元年 紹泰元年	16	11	2
556	丙子	太平元年	17	12	3
557	丁丑	陳高祖武皇帝 霸先 永正元年	18	13	4
558	戊寅	2	19	14	5
559	己卯	3 世祖文皇帝	20	15 陽原王薨 平原王 卽位元年	6
560	庚辰	天嘉元年	21	2	7
561	辛巳	2	22	3	8
562	壬午	3	23	4	9
563	癸未	4	24	5	10
564	甲申	5	25	6	11
565	乙酉	6	26	7	12
566	丙戌	天康元年 廢帝伯宗	27	8	13
567	丁亥	光大元年	28	9	14
568	戊子	2 高宗孝宣皇頊	29 改元大昌	10	15
569	己丑	太建元年	30	11	16
570	庚寅	2	31	12	17
571	辛卯	3	32	13	18
572	壬辰	4	33 改元鴻濟	14	19
573	癸巳	5	34	15	20
574	甲午	6	35	16	21
575	乙未	7	36	17	22
576	丙申	8	37 眞興王薨 眞智王 卽位元年	18	23
577	丁酉	9	2	19	24

578	戊戌	10	3	20	25
579	己亥	11	4 眞智王薨 眞平王 卽位元年	21	26
580	庚子	12	2	22	27
581	辛丑	13 隋高祖文皇帝楊堅 開皇元年	3	23	28
582	壬寅	14 後主叔寶	4	24	29
583	癸卯	至德元年	5	25	30
584	甲辰	2	6 改元建福	26	31
585	乙巳	3	7	27	32
586	丙午	4	8	28	33
587	丁未	禎明元年	9	29	34
588	戊申	2	10	30	35
589	己酉	3 陳氏滅	11	31	36
590	庚戌	隋開皇十年	12	32 平原王薨 嬰陽王 卽位元年	37
591	辛亥	11	13	2	38
592	壬子	12	14	3	39
593	癸丑	13	15	4	40
594	甲寅	14	16	5	41
595	乙卯	15	17	6	42
596	丙辰	16	18	7	43
597	丁巳	17	19	8	44
598	戊午	18	20	9	45 威德王薨 惠王 卽位元年

599	己未	19	21	10	2 惠王薨 法王 卽位元年
600	庚申	20	22	11	2 法王薨 武王 卽位元年
601	辛酉	仁壽元年	23	12	2
602	壬戌	2	24	13	3
603	癸亥	3	25	14	4
604	甲子	4 煬皇帝廣	26	15	5
605	乙丑	大業元年	27	16	6
606	丙寅	2	28	17	7
607	丁卯	3	29	18	8
608	戊辰	4	30	19	9

삼국사기 권 제31

연표(年表) 하(下)

西紀	干支	中 國	新 羅	高句麗	百 濟
609	己巳	5 隋大業	31 眞平王	20 嬰陽王	10 武王
610	庚午	6	32	21	11
611	辛未	7	33	22	12
612	壬申	8	34	23	13
613	癸酉	9	35	24	14
614	甲戌	10	36	25	15
615	乙亥	11	37	26	16
616	丙子	12	38	27	17
617	丁丑	13 恭皇帝侑 義寧元年	39	28	18
618	戊寅	唐高祖 神堯皇帝淵 武德元年	40	29 嬰陽王薨 榮留王卽位元年	19
619	己卯	2	41	2	20
620	庚辰	3	42	3	21
621	辛巳	4	43	4	22
622	壬午	5	44	5	23
623	癸未	6	45	6	24
624	甲申	7	46	7	25
625	乙酉	8	47	8	26
626	丙戌	9 太宗文武大聖 皇帝世民	48	9	27
627	丁亥	貞觀元年	49	10	28
628	戊子	2	50	11	29

629	己丑	3	51	12	30
630	庚寅	4	52	13	31
631	辛卯	5	53	14	32
632	壬辰	6	54 眞平王薨 善德王 卽位元年	15	33
633	癸巳	7	2	16	34
634	甲午	8	3 改元仁平	17	35
635	乙未	9	4	18	36
636	丙申	10	5	19	37
637	丁酉	11	6	20	38
638	戊戌	12	7	21	39
639	己亥	13	8	22	40
640	庚子	14	9	23	41
641	辛丑	15	10	24	42 武王薨 義慈王 卽位元年
642	壬寅	16	11	25 榮留王薨 寶藏王 卽位元年	2
643	癸卯	17	12	2	3
644	甲辰	18	13	3	4
645	乙巳	19	14	4	5
646	丙午	20	15	5	6
647	丁未	21	16 善德王薨 眞德王 卽位元年	6	7
648	戊申	22	2 改元太和	7	8
649	己酉	23 高宗大聖孝 皇帝治	3	8	9

650	庚戌	永徽元年	4 始行中國正朔	9	10
651	辛亥	2	5	10	11
652	壬子	3	6	11	12
653	癸丑	4	7	12	13
654	甲寅	5	8 眞德王薨 太宗王 卽位元年	13	14
655	乙卯	6	2	14	15
656	丙辰	顯慶元年	3	15	16
657	丁巳	2	4	16	17
658	戊午	3	5	17	18
659	己未	4	6	18	19
660	庚申	5	7	19	20 義慈王降唐 百濟亡
661	辛酉	龍朔元年	8 太宗王薨 文武王 卽位元年	20	
662	壬戌	2	2	21	
663	癸亥	3	3	22	
664	甲子	麟德元年	4	23	
665	乙丑	2	5	24	
666	丙寅	乾封元年	6	25	
667	丁卯	2	7	26	
668	戊辰	總章元年	8	27 寶藏王被擒於 唐高句麗亡	
669	己巳	2	9		
670	庚午	咸亨元年	10		
671	辛未	2	11		
672	壬申	3	12		
673	癸酉	4	13		
674	甲戌	上元元年	14		

675	乙亥	2	15		
676	丙子	儀鳳元年	16		
677	丁丑	2	17		
678	戊寅	3	18		
679	己卯	調露元年	19		
680	庚辰	永隆元年	20		
681	辛巳	開耀元年	21 文武王薨 神文王 卽位元年		
682	壬午	永淳元年	2		
683	癸未	弘道元年 中宗大聖皇帝顯 則天順聖皇后 武曌	3		
684	甲申	嗣聖元年 睿王旦 文明元年 光宅元年	4 光宅羅不行		
685	乙酉	垂拱元年	5		
686	丙戌	2	6		
687	丁亥	3	7		
688	戊子	4	8		
689	己丑	永昌元年	9		
690	庚寅	載初元年周 天授元年	10		
691	辛卯	2	11		
692	壬辰	如意元年 長壽元年	12 神文王薨 孝昭王 卽位元年		
693	癸巳	2	2		
694	甲午	延載元年	3		
695	乙未	證聖元年 天册萬歲元年	4 天册萬歲羅不行		

696	丙申	萬歲登封元年萬歲通天元年	5 登封羅不行
697	丁酉	神功元年	6
698	戊戌	聖曆元年	7
699	己亥	2	8
700	庚子	久視元年	9
701	辛丑	大足元年 長安元年	10
702	壬寅	2	11 孝昭王薨 聖德王 卽位元年
703	癸卯	3	2
704	甲辰	4	3
705	乙巳	唐中宗 神龍元年	4
706	丙午	2	5
707	丁未	景龍元年	6
708	戊申	2	7
709	己酉	3	8
710	庚戌	4 溫睿宗大聖孝皇帝 景雲元年	9
711	辛亥	2	10
712	壬子	太極元年 延和元年 玄宗大聖皇帝 隆基 先天元年	11
713	癸丑	開元元年	12
714	甲寅	2	13
715	乙卯	3	14
716	丙辰	4	15
717	丁巳	5	16
718	戊午	6	17

719	己未	7	18		
720	庚申	8	19		
721	辛酉	9	20		
722	壬戌	10	21		
723	癸亥	11	22		
724	甲子	12	23		
725	乙丑	13	24		
726	丙寅	14	25		
727	丁卯	15	26		
728	戊辰	16	27		
729	己巳	17	28		
730	庚午	18	29		
731	辛未	19	30		
732	壬申	20	31		
733	癸酉	21	32		
734	甲戌	22	33		
735	乙亥	23	34		
736	丙子	24	35		
737	丁丑	25	36 聖德王薨 孝成王 卽位元年		
738	戊寅	26	2		
739	己卯	27	3		
740	庚辰	28	4		
741	辛巳	29	5		
742	壬午	天寶元年	6 孝成王薨 景德王 卽位元年		
743	癸未	2	2		
744	甲申	3	3		
745	乙酉	4	4		
746	丙戌	5	5		

747	丁亥	6	6		
748	戊子	7	7		
749	己丑	8	8		
750	庚寅	9	9		
751	辛卯	10	10		
752	壬辰	11	11		
753	癸巳	12	12		
754	甲午	13	13		
755	乙未	14	14		
756	丙申	15 肅宗皇帝亨 至德元載	15 至德羅不行 猶用天寶		
757	丁酉	2	16		
758	戊戌	乾元元年	17		
759	己亥	2	18		
760	庚子	上元元年	19		
761	辛丑	2	20		
762	壬寅	寶應元年 代宗皇帝預	21		
763	癸卯	廣德元年	22 廣德羅不行 猶用寶應		
764	甲辰	2	23		
765	乙巳	永泰元年	24 景德王薨 惠恭王 卽位元年		
766	丙午	大曆元年	2		
767	丁未	2	3		
768	戊申	3	4		
769	己酉	4	5		
770	庚戌	5	6		
771	辛亥	6	7		
772	壬子	7	8		

773	癸丑	8	9		
774	甲寅	9	10		
775	乙卯	10	11		
776	丙辰	11	12		
777	丁巳	12	13		
778	戊午	13	14		
779	己未	14 德宗皇帝适	15		
780	庚申	建中元年	16 惠恭王薨 宣德王 卽位元年		
781	辛酉	2	2		
782	壬戌	3	3		
783	癸亥	4	4		
784	甲子	興元元年	5		
785	乙丑	貞元元年	6 宣德王薨 元聖王 卽位元年		
786	丙寅	2	2		
787	丁卯	3	3		
788	戊辰	4	4		
789	己巳	5	5		
790	庚午	6	6		
791	辛未	7	7		
792	壬申	8	8		
793	癸酉	9	9		
794	甲戌	10	10		
795	乙亥	11	11		
796	丙子	12	12		
797	丁丑	13	13		
798	戊寅	14	14 元聖王薨		

799	己卯	15	昭聖王 卽位元年		
800	庚辰	16	2 昭聖王薨 哀莊王 卽位元年		
801	辛巳	17	2		
802	壬午	18	3		
803	癸未	19	4		
804	甲申	20	5		
805	乙酉	21 順宗皇帝薨 永貞元年 憲宗皇帝純	6		
806	丙戌	元和元年	7		
807	丁亥	2	8		
808	戊子	3	9		
809	己丑	4	10 哀莊王薨 憲德王 卽位元年		
810	庚寅	5	2		
811	辛卯	6	3		
812	壬辰	7	4		
813	癸巳	8	5		
814	甲午	9	6		
815	乙未	10	7		
816	丙申	11	8		
817	丁酉	12	9		
818	戊戌	13	10		
819	己亥	14	11		
820	庚子	15 穆宗皇帝恒	12		
821	辛丑	長慶元年	13		
822	壬寅	2	14		

823	癸卯	3	15		
824	甲辰	4 敬宗皇帝湛	16		
825	乙巳	寶曆元年	17		
826	丙午	2 文宗皇帝昂	18 憲德王薨 興德王 卽位元年		
827	丁未	太和元年	2		
828	戊申	2	3		
829	己酉	3	4		
830	庚戌	4	5		
831	辛亥	5	6		
832	壬子	6	7		
833	癸丑	7	8		
834	甲寅	8	9		
835	乙卯	9	10		
836	丙辰	開成元年	11 興德王薨 僖康王 卽位元年		
837	丁巳	2	2		
838	戊午	3	3 僖康王薨 閔哀王 卽位元年		
839	己未	4	2 閔哀王薨 神武王卽位尋薨 文聖王卽位元年		
840	庚申	5 武宗皇帝炎	2		
841	辛酉	會昌元年	3		
842	壬戌	2	4		
843	癸亥	3	5		
844	甲子	4	6		

845	乙丑	5	7		
846	丙寅	6 宣宗皇帝忱	8		
847	丁卯	大中元年	9		
848	戊辰	2	10		
849	己巳	3	11		
850	庚午	4	12		
851	辛未	5	13		
852	壬申	6	14		
853	癸酉	7	15		
854	甲戌	8	16		
855	乙亥	9	17		
856	丙子	10	18		
857	丁丑	11	19 文聖王薨 憲安王 卽位元年		
858	戊寅	12	2		
859	己卯	13 懿宗皇帝漼	3		
860	庚辰	咸通元年	4		
861	辛巳	2	5 憲安王薨 景文王 卽位元年		
862	壬午	3	2		
863	癸未	4	3		
864	甲申	5	4		
865	乙酉	6	5		
866	丙戌	7	6		
867	丁亥	8	7		
868	戊子	9	8		
869	己丑	10	9		
870	庚寅	11	10		

871	辛卯	12	11		
872	壬辰	13	12		
873	癸巳	14 僖宗皇帝儇	13		
874	甲午	乾符元年	14		
875	乙未	2	15 景文王薨 憲康王 卽位元年		
876	丙申	3	2		
877	丁酉	4	3		
878	戊戌	5	4		
879	己亥	6	5		
880	庚子	廣明元年	6		
881	辛丑	中和元年	7		
882	壬寅	2	8 五月二十五日 知中國改年號 迺用中和二年		
883	癸卯	3	9		
884	甲辰	4	10		
885	乙巳	光啓元年	11		
886	丙午	2	12 憲康王薨 定康王 卽位元年		
887	丁未	3	2 定康王薨 眞聖王 卽位元年		
888	戊申	文德元年 昭宗皇帝曄	2		
889	己酉	龍紀元年	3		
890	庚戌	大順元年	4		
891	辛亥	2	5	弓裔始起投賊	

892	壬子	景福元年	6		後百濟 甄萱自稱王
893	癸丑	2	7 至中國改年號 迺爲景福二年		2
894	甲寅	乾寧元年	8		3
895	乙卯	2	9		4
896	丙辰	3	10		5
897	丁巳	4	11 眞聖王禪位 孝恭王 卽位元年		6
898	戊午	光化元年	2	弓裔都松嶽郡	7
899	己未	2	3		8
900	庚申	3	4		9
901	辛酉	天復元年	5	弓裔自稱王	10
902	壬戌	2	6	2	11
903	癸亥	3	7	3	12
904	甲子	天祐元年 哀皇帝祝	8	4 國號摩震	13
905	乙丑	2	9	5 弓裔移都鐵圓改 武泰爲 聖册元年	14
906	丙寅	3	10	6	15
907	丁卯	4 梁太祖皇帝朱晃 開平元年	11	7	16
908	戊辰	2	12	8	17
909	己巳	3	13	9	18
910	庚午	4	14	10	19
911	辛未	乾化元年	15	11 弓裔開國號 泰封	20

912	壬申	2 郢王友珪	16 孝恭王薨 神德王 卽位元年	12	21
913	癸酉	3 末帝瑱	2	13	22
914	甲戌	4	3	14 改元政開 太祖 爲百船將軍	23
915	乙亥	貞明元年	4	15	24
916	丙子	2	5	16	25
917	丁丑	3	6 神德王薨 景明王 卽位元年	17	26
918	戊寅	4	2	18 泰封亡	27
919	己卯	5	3		28
920	庚辰	6	4		29
921	辛巳	龍德元年	5		30
922	壬午	2	6		31
923	癸未	3 後唐 同光元年	7		32
924	甲申	2	8 景明王薨 景哀王 卽位元年		33
925	乙酉	3	2		34
926	丙戌	4 明宗皇帝亶 天成元年	3		35
927	丁亥	2	4 景哀王薨 敬順王 卽位元年		36
928	戊子	3	4		37

929	己丑	4	3		38
930	庚寅	長興元年	4		39
931	辛卯	2	5		40
932	壬辰	3	6		41
933	癸巳	4 閔帝從厚	7		42
934	甲午	應順元年 末帝從珂 淸泰元年	8		43
935	乙未	2	9 新羅亡		44
936	丙申	3 晉高祖石敬瑭天福元年			45 甄萱降高麗 神劍卽位 明年後百濟亡

삼국사기 권 제32

잡지(雜志) 제1

제사(祭祀), 악(樂)

제사(祭祀)

　신라 종묘(宗廟 : 역대 왕의 위패를 모시는 곳)의 제도를 상고해 보면 제2대 남해왕(南海王) 3년 봄에 비로소 시조 혁거세(赫居世) 사당을 세우고 춘하추동 사시에 제사를 지냈는데, 친누이 아로(阿老)를 주제자(主祭者)로 삼았고, 제22대 지증왕(智證王)이 시조의 탄생지 내을(奈乙)에다 신궁(神宮)을 창립하여 제향하였다. 제36대 혜공왕(惠恭王)에 이르러 비로소 5묘(五廟)의 제도를 정하였다. 미추왕(味鄒王)은 김씨(金氏)의 시조가 되고 태종대왕(太宗大王 : 武烈王), 문무대왕(文武大王 : 武烈王子)은 백제·고구려를 평정한 큰 공덕이 있다 하여 아울러 대대로 훼철(毁撤)하지 않는 신위(神位)로 삼고, 거기에 친묘(親廟 : 祖와 父) 둘을 더하여 5묘가 되었던 것이다. 제37대 선덕왕(宣德王)에 이르러 사직단(社稷壇 : 토지신을 모시는 곳)을 세웠고 또 (신라의) 사전(祀典)에도 나타났으니 다 경내의 산천에 그치고, 천신(天神)·지지(地祇)에까지 미치지 아니한 것은 대개 왕제(王制 : 禮記 篇名)에 "천자는 7묘요 제후는 5묘이니, 2소(二昭)·2목(二穆)과 태조의 묘를 합하여 다섯이 된다" 하였고, 또 "천자(天子)는 천지와 천하의 명산 대천에 제사하고 제후는 사직과 자기 영지 안에 있는 명산 대천만을 제사한다" 하였다. 이 까닭에 (신라는) 감히 예를 벗어나 시행하지는 못하였던 것 같다. 그러나 그 단당(壇堂)의 높고 낮음, 유문(壝門)의 내외, 위차(位次)의 존비, (제사의) 진설(陳設)·승강(昇降)의 절차, 존작(尊爵 : 酒器)·변두(籩豆 : 竹器와木器)·생뢰(牲牢 : 犧牲), 책축(册祝 : 祝文)의 예식(禮式)에 대하여는 추측할 길이 없고 다만 그 대략만을 기록하는 것이다.

1년(매년)에 여섯 차례씩 5묘에 제사하는데 정월 2일과 5일, 5월 5일, 7월 10일, 8월 1일과 15일이었다. 12월 인일(寅日)에는 신성(新城) 북문(北門)에서 팔착(八禶〔禈〕)에 제사하는데, 풍년에는 대뢰(大牢 : 소)를 쓰고 흉년에는 소뢰(小牢 : 羊)를 썼다. 입춘(立春) 뒤 해일(亥日)에는 명활성(경주동쪽)의 남쪽 웅살곡(熊殺谷)에서 선농제(先農祭)를 지내고, 입하(立夏) 뒤의 해일에는 신성(新城) 북문에서 중농제(中農祭)를 지내고는, 입추(立秋) 뒤 해일에는 산원(蒜園)에서 후농제(後農祭)를 지내고, 입춘 뒤 축일(丑日)에는 견수곡문(犬首谷門)에서 풍백제(風伯祭)를 지내고, 입하 후 신일(申日)에는 탁저(卓渚)에서 우사제(雨師祭)를 지내고, 입추 후 진일(辰日)에는 본피유촌(本彼遊村)에서 영성제(靈星祭)를 지냈다〔모든 제전(祭典)을 조사하여 보아도 다만 선농제(先農祭)만 있고 중농·후농이니 하는 것은 없다〕. 삼산(三山) 오악(五岳) 이하 명산대천(名山大川)을 나누어 대사(大祀)·중사(中祀)·소사(小祀)로 한다.

대사에 해당하는 삼산(三山)은 첫째 내력(奈歷)〔습비산(習比山)〕, 둘째 골화(骨火)〔절야화군(切也火郡)〕, 셋째 혈례(穴禮)〔대성군(大城郡)〕이다.

중사에 해당하는 오악(五岳) 동에 토함산(吐含山)〔대성군(大城郡)〕, 남에 지리산(地理山)〔청주(菁州)〕, 서에 계룡산(웅천주(熊川州)〕, 북에 태백산(太伯山)〔내이군(奈已郡)〕, 중앙에 부악(父岳)〔공산(公山)이라고도 함. 압독군(押督郡)〕이다.

사진(四鎭)은 동에 온말근(溫沫懃)〔아곡정(牙谷停)〕, 남에 해치야리(海恥也里)〔실제(悉帝)라고도 하는데 추화군(推火郡 : 밀양)〕, 서에 가야갑악(加倻岬岳)〔마시산군(馬尸山郡)〕, 북에 웅곡악(熊谷岳)〔비열홀군(比烈忽郡 : 安邊)〕이다.

사해(四海)는 동에 아등변(阿等邊)〔근오형변(斤烏兄邊)이니 퇴화군(退火郡 : 지금의 영일군)〕, 남에 형변(兄邊)〔거칠산군(居柒山郡)〕, 서에 미릉변(未陵邊)〔미산군(屎山郡 : 지금의 옥구군)〕, 북에 비례산(非禮山)〔실직군(悉直郡 : 지금의 삼척)〕이다.

사독(四瀆)은 동에 토지하(吐只河)〔참포(槧浦)이니 퇴화군(退火郡)〕, 남에 황산하(黃山河)〔삽량주(歃良州 : 지금의 梁山)〕, 서에 웅천하(熊川河)〔웅천주(熊

川州：지금의 공주)〕, 북에 한산하(漢山河)〔한산주(漢山州：지금의 한강)〕가 있고, 기타 속리악(俗離岳)〔삼년산군(三年山郡：지금의 보은)〕, 추심(推心)〔대가야군：지금의 고령)〕, 상조음거서(上助音居西)〔서림군(西林郡：지금의 서천)〕, 오서악(烏西岳)〔결기군(結已郡：지금의 홍성군)〕, 북형산성(北兄山城)〔대성군(大城郡：지금의 청도)〕, 청해진(靑海鎭)〔조음도(助音島：지금의 완도)〕 등이 있다.

소사로는 상악(霜岳)〔고성군(高城郡：강원도 고성)〕, 설악(雪岳)〔수성군(䢘城郡：지금의 간성)〕, 화악(花岳)〔근평군(斤平郡：가평)〕, 겸악(紺岳)〔칠중성(七重城：연천)〕, 부아악(負兒岳)〔북한산주(北漢山州)〕, 월내악(月奈岳)〔월내군(月奈郡：영암군 월출산)〕, 무진악(武珍岳)〔무진주(武珍州：광주)〕, 서다산(西多山)〔백해군(伯海郡) 난지가현(難知可縣：지금의 전북 장수)〕, 월형산(月兄山)〔내토군(奈吐郡) 사열이현(沙熱伊縣：제천군 청풍면)〕, 도서성(道西城)〔만노군(萬弩郡：지금의 진천)〕, 동로악(冬老岳)〔진례군(進禮郡) 단천현(丹川縣：지금의 무주군)〕, 죽지(竹旨)〔급벌산군(及伐山郡：지금의 영주군)〕, 웅지(熊只)〔굴자군(屈自郡) 웅지현(熊只縣：지금의 창원군)〕, 악발(岳髮)〔발악(髮岳)〕이니 우진야군(于珍也郡：지금의 울진)〕, 우화(于火)〔생서량군(生西良郡) 우화현(于火縣：경주 부근)〕, 삼기(三岐)〔대성군(大城郡：경주 부근)〕, 훼황(卉黃)〔모량(牟梁：경주 부근)〕, 고허(高墟)〔사량(沙梁：경주 부근)〕, 가아악(嘉阿岳)〔三年山郡：지금의 보은)〕, 파지곡원악(波只谷原岳)〔아지현(阿支縣)〕, 비약악(非藥岳)〔퇴화군(退火郡)〕, 가림성(加林城)〔가림현(加林縣)인데 일본(一本)에는 영암산(靈巖山), 우풍산(虞風山)이 들어 있고 가림성은 없음〕, 가량악(加良岳)〔청주(菁州：지금의 진주)〕, 서술(西述)〔모량(牟梁：경주 서악)〕이다.

사성문제(四城門祭)는 첫째 대정문(大井門), 둘째 토산량문(吐山良門), 셋째 습비문(習比門), 넷째 왕후제문(王后梯門)에서 지낸다. 부정제(部庭祭)는 양부(梁部)에서 지낸다. 사천상제(四川上祭)는 첫째 견수(犬首), 둘째 문열림(文熱林), 셋째 청연(靑淵), 넷째 박수(樸樹)에서 지낸다. 문열림에서 일월제(日月祭)를 지내고, 영묘사(靈廟寺) 남쪽에서 오성제(五星祭)를 지내고, 혜수(惠樹)에서 기우제(祈雨祭)를 지낸다. 사대도제(四大道祭)는 동에는 고리(古里), 남에는 첨병수(簷幷樹), 서에는 저수(渚樹), 북에는 활병기(活倂岐)에서 지낸다. 압구제(壓丘祭)와 벽기제(辟氣祭)가 있는데 혹은 특별한 제도에 인하거나 혹은 홍수나 가뭄 때문에 행하던 것이다.

고구려·백제의 제례(祭禮)는 명확하지 않다. 다만 고기(古記) 및 중국 사서(史書)에 기재되어 있는 것을 상고하여 기록할 뿐이다.
  후한서(後漢書)에 이르기를 "고구려는 귀신(鬼神)·사직(社稷)·영성(零星:靈星)을 제사하기를 좋아한다. 10월에 하늘에 제사하는 대회가 있는데 회의 명칭은 동맹(東盟)이라 한다. 그 나라 동쪽에 큰 굴이 있어 부르기를 수신(隧神)이라 하는데 역시 10월에 맞아들여 제사한다" 하였다.
  또 북사(北史)에는 "고구려는 항상 10월에 (신을) 맞이하여 제사지냈다. 음사(淫祠:民俗神堂)가 많다. 두 신묘(神廟)가 있는데 하나는 부여신(扶餘神)으로 나무를 새겨 부인상(婦人像)을 만들었고, 하나는 고등신(高登神)으로 시조라 하고 부여신의 아들이라 한다. 아울러 관서를 설치하고 사람을 보내어 수호한다. 대개 하백(河伯)의 딸과 주몽(朱蒙)이라고 한다" 하였다.
  또 양서(梁書)에는 "고구려는 거처하는 왼편에 큰 집을 세우고 귀신에 제사지낸다. 겨울이면 영성(零星)과 사직(社稷)에 제사지낸다" 하였다.
  또 당서(唐書)에는 "고구려의 풍속에는 음사(淫祠)가 많다. 영성(靈星)과 일(日:太陽神), 기자가한(箕子可汗) 등의 신에 제사지낸다. 그 나라 동쪽에 큰 굴이 있는데, 이름을 신수(神隧)라고 하고 매년 10월이면 왕 이하가 다 제사지낸다" 하였다.
  또 고기(古記)에는 "동명왕(東明王) 14년 가을 8월, 왕의 어머니 유화(柳花)가 동부여(東扶餘)에서 죽으니, 그 왕 금와(金蛙)가 태후(太后)의 예로 장사지내고 드디어 신묘(神廟)를 세웠다. 태조왕(太祖王) 69년 겨울 10월, 부여에 거둥하여 태후묘에 제사지냈다. 신대왕(新大王) 4년 가을 9월, 졸본(卒本)에 가서 시조묘에 제사지냈다. 고국천왕(故國川王) 원년 가을 9월, 동천왕(東川王) 2년 봄 2월, 중천왕(中川王) 13년 가을 9월, 고국원왕(故國原王) 2년 봄 2월, 안장왕(安臧王) 3년 여름 4월, 평원왕(平原王) 2년 봄 2월, 건무왕(建武王) 2년 여름 4월에 모두 위와 같이 제사를 행하였다. 고국양왕(故國壤王) 9년 봄 3월에 국사(國社)를 세웠다" 하였고 또 "고구려는 항상 3월 3일에 낙랑(樂浪)의 벌에 모여 사냥하고 돼지·사슴을 잡아 하늘과 산천에 제사지낸다" 하였다.
  책부원구(册府元龜)에 이르기를 "백제는 매년 봄 사중월(四仲月:봄 2월, 여름 5월, 가을 8월, 겨울 11월)에 왕이 하늘 및 오제(五帝)의 신께 제사지내고, 그 시조 구태묘(仇台廟)를 나라 동쪽에 세우고 4계절로 제사지낸다" 하였다[해동고기(海

東古記)를 살펴보면 혹은 시조동명(始祖東明)이라 하고 혹은 시조우태(始祖優台)라 하였으며, 북사(北史) 및 수서(隋書)에는 모두 "동명의 후손에 우태(優台)가 있어 나라를 대방(帶方)에 세웠다" 하였는데, 여기에는 "시조를 구태(仇台)라 하였다. 그러나 동명이 시조라는 사적(事迹)이 명백하니 그 나머지는 믿을 수 없다].

또 고기(古記)에는 "온조왕(溫祚王) 20년 봄 2월, 단을 쌓아 천지(天地)에 제사지냈다"고 하였다. 38년 겨울 10월과 다루왕(多婁王) 2년 봄 2월, 고이왕(古尒王) 5년 봄 정월, 10월 봄 정월, 14년 봄 정월, 근초고왕(近肖古王) 2년 봄 정월, 아신왕(阿莘王) 2년 봄 정월, 전지왕(腆支王) 2년 봄 정월, 모대왕(牟大王 : 東城王) 11년 겨울 10월에 모두 위와 같이 제사를 수행하였다. 다루왕 2년 봄 정월, 시조 동명묘에 배알하였다. 책계왕(責稽王) 2년 봄 정월, 분서왕(汾西王) 2년 봄 정월, 계왕(契王) 2년 여름 4월, 아신왕 2년 봄 정월, 전지왕 2년 봄 정월에 모두 위와 같이 수행하였다.

악(樂)

신라의 음악(音樂)은 3죽(三竹)·3현(三絃)과 박판(拍板)·대고(大鼓)·가무(歌舞) 등이다. 무(舞 : 춤)는 두 사람이 추게 마련인데, 뿔이 돋친 두건을 쓰고 큰 소매가 달린 자색 공복(公服)을 입고, 붉은 가죽에 도금(鍍金)으로 장식한 허리띠를 두르고 검은 가죽신을 신는다. 3현은 첫째 현금(玄琴), 둘째 가야금(加耶琴), 셋째 비파(琵琶 : 이상은 絃樂), 3죽(三竹)은 첫째 대금(大笒), 둘째 중금(中笒), 셋째 소금(小笒 : 이상은 管樂)이다. 현금(玄琴)은 중국 악부(樂部)의 금(琴)을 본떠 만든 것이다. 금조(琴操)를 살펴보면 "복희씨(伏犧氏)가 금을 만들어 그로써 몸을 닦고 본성(本性)을 다스려 그 천진(天眞)을 되찾게 하였다" 하였고, 또 "금 길이의 3자 6치 6푼은 366일을 본뜨고, 너비의 6치는 육합(六合 : 천지와 사방)을 본뜨고, 문(文 : 뮤)의 상(上)은 지(池 : 지(池)는 물이니 고르다는 뜻임)라 하고, 하(下)는 빈(濱 : 복종한다는 뜻)이라 하고, 앞은 넓고 뒤가 좁은 것은 존비(尊卑)를 본뜨고, 위는 둥글고 아래는 모난 것은 천지의 형상을 본뜨고, 5현은 금(金)·목(木)·수(水)·화(火)·토(土)의 오행(五行)을 본떴다. 큰 줄은 임금이 되고 작은 줄은 신하가 되는데, (周나라의) 문왕(文

王)·무왕(武王)이 각각 줄 하나씩을 더하였다"고 하였다. 또 풍속통(風俗通)에 이르기를 금의 길이가 4자 5치인 것은 사시(四時)와 오행(五行)을 본받은 것이요, 7현은 북두칠성(北斗七星)을 본받은 것이라 하였다.

현금을 제작함에 있어, 신라고기(古記)에서 "처음에 진인(晉人)이 칠현금(七絃琴)을 고구려에 보내왔는데, 고구려 사람들은 그것이 악기인 줄은 알았으나 그 성음(聲音)이라든가 타는 법을 알지 못하므로 국내 사람으로서 능히 그 음률을 식별하고 탈 수 있는 자를 구하여 상을 후히 주기로 했다. 이때 제 2상(相)인 왕산악(王山岳)이 그 본래 모양은 그대로 두고 그 제도만을 고쳐 만들어, 100여 곡을 지어서 연주하였다. 그때 현학(玄鶴)이 와서 춤을 추었다고 해서 현학금(玄鶴琴)이라 하였는데, 그 뒤 단지 현금이라고 하였다"고 했다. 신라 사람인 사찬 공영(恭永)의 아들 옥보고(玉寶高)가 지리산(地理山 : 智異山) 운상원(雲上院)에 들어가 50년 동안 거문고를 배운 뒤 스스로 신조(新調) 30곡을 지어 이 곡을 속명득(續命得)에게 전수하고 속명득은 귀금선생(貴金先生)에게 전수하였다. 귀금선생 역시 지리산에 들어가 나오지 아니하니, 신라 왕은 금도(琴道)가 끊어질까 염려하여 이찬 윤흥(允興)에게 당부하여 어떤 방법으로든지 그 음률을 전수받으라 하고, 드디어 남원(南原 : 京) 고을 공사(公事)를 위촉하였다.

윤흥은 관(官)에 부임하여 총명한 소년 두 사람을 뽑으니 안장(安長)과 청장(淸長)이었다. 그들로 하여금 산중으로 가서 배우게 하였다. 귀금선생은 그들을 가르치면서도 그 미묘한 법은 전수하지 아니하므로 윤흥은 자기 아내와 함께 나아가 아뢰기를 "우리 임금이 나를 남원에 보낸 것은 다름 아니라 선생의 기술을 전수받고자 함입니다. 이제 3년이 지났으나 선생은 숨기고 전수치 아니하니 나는 복명(復命)할 길이 없습니다" 하였다. 윤흥은 술을 받들고 그 아내는 잔을 들고 무릎으로 기어가서 예를 올리는 등 정성을 다하였다. 그런 뒤 그가 숨겼던 표풍(飄風) 등 3곡을 전수받게 되었다. 안장은 그 아들 극상(克相)·극종(克宗)에게 전하고, 극종은 또 새로이 7곡을 지었다. 극종의 뒤에는 거문고로 직업을 삼은 자가 한둘이 아니었으며, 지은 음곡이 2조(調)가 있으니 하나는 평조(平調)요, 또 하나는 우조(羽調)이다. 모두 187곡이었으나 그 남은 음곡으로 유전되어 기록할 수 있는 것은 몇 안 되고 나머지는 다 흩어져 갖추어 기재할 수가 없다.

옥보고가 지은 30곡은 상원곡(上院曲) 1, 중원곡(中院曲) 1, 하원곡(下院曲) 1, 남해곡(南海曲) 2, 의암곡(倚嵒曲) 1, 노인곡(老人曲) 7, 죽암곡(竹庵曲) 2, 현합곡(玄合曲) 1, 춘조곡(春朝曲) 2, 추석곡(秋夕曲) 1, 오사식곡(吾沙息曲) 1, 원앙곡(鴛鴦曲) 1, 원호곡(遠岵曲) 6, 비목곡(比目曲) 1, 입실상곡(入實相曲) 1, 유곡청성곡(幽谷淸聲曲) 1, 강천성곡(降天聲曲) 1인데, 극종(克宗)이 지은 7곡은 지금 없어졌다.

가야금은 역시 중국 악부의 쟁(箏 : 가야금과 비슷하다)을 본떠 만들었다. 풍속통(風俗通)에서 "쟁은 진(秦)나라의 성악이다" 하였고, 석명(釋名)에 "쟁은 줄고르는 소리가 높아서 덩글덩글하다. 병주(幷州)·양주(梁州) 2주에서 보이는 쟁의 형상은 비파와 같다" 하였다. 부현(傅玄 : 晉의 문인)은 "위가 둥근 것은 하늘을 본뜨고, 아래가 고른 것은 땅을 본뜨고, 가운데가 빈 것은 육합(六合 : 우주)을 맞추고 줄 기둥은 12월을 준하였으니 이야말로 어질고 지혜로운 악기다" 하였고, 완우(阮瑀 : 魏의 문인)는 "쟁의 길이가 6자이니 음율수(音律數)에 응하고, 12현은 사시(四時)를 본뜨고, 기둥의 높이 3치는 천(天)·지(地)·인(人) 3재(三才)를 본떴다"고 하였다.

가야금은 쟁과 제도는 조금 다르나 대개는 비슷하다. 신라고기에는 이렇게 적혀 있다. 가야국(대 가야)의 가실왕(嘉實王)이 당(唐)의 악기를 보고 만들었는데, 왕은 이르기를 "여러 나라 방언이 각각 다르니 성음(聲音)을 어찌 단일화할 수 있겠느냐" 하고, 드디어 성열현(省熱縣) 사람인 악사(樂師) 우륵(于勒)을 시켜 12곡을 짓게 하였다. 그 뒤 우륵은 그 나라[加耶國]가 장차 어지러워질 것을 알고, 악기(가야금)를 들고 신라에 가서 진흥왕에게 의탁하기를 청하였다. 왕은 이를 받아들여 국원(國原 : 지금 충주)에 편히 살게 하고, 이에 대내마 주지(注知)와 계고(階古), 대사 만덕(萬德)을 보내어 그 업을 전수받게 하였다. 세 사람이 11곡을 전수받고 서로 이르기를 "이는(11곡) 번거롭고 또 음탕하여 정아(正雅)의 악이 될 수 없다" 하고, 드디어 요약하여 5곡을 만들었다. 우륵은 처음 이를 듣고 성을 냈다가 다섯 가지 음곡을 듣고서야 눈물을 흘리며 탄식하는 말이 "즐거우면서도 방탕하지 않고 애련하면서도 슬프지 아니하니 정악이라 이를 만하다. 그대들은 왕의 앞에 가서 연주하라" 하였다. 왕이 듣고 크게 기뻐하자, 간신(諫臣)이 아뢰기를 "멸망당한 가야국의 음악이니 취할 것이 못됩니다" 하였다. 왕은 말하기를 "가야왕이 음란하여 자멸한 것이지 음악이 무슨 죄냐. 대개 성인이 음악을 제정함에 있어 인정을 따라 조절하게 한 것이며, 나라의 흥망이 음조로 말미암은 것은 아니다" 하고 드디어 시행하여 대악(大樂)으로 삼게 하였다. 가야금에 2조(二調)가 있으니 하나는 하림조(河臨調), 다른 하나는 눈죽조(嫩竹調)로서 모두 185곡이다.

우륵이 지은 12곡은, 1은 하가라도(下加羅都), 2는 상가라도(上加羅都), 3은 보기(寶伎), 4는 달기(達己), 5는 사물(思勿), 6은 물혜(勿慧), 7은 하기물(下奇物), 8은 사자기(師子伎), 9는 거열(居烈), 10은 사팔혜(沙八兮), 11은 이혁(爾赦), 12는 상기물(上奇物)이었다. 이문(泥文)이 지은 것은 3곡이다. 1은 오(烏), 2는 서(鼠), 3은 순(鶉)이다[赦字는 미상이다].

비파(琵琶)는 풍속통(風俗通)에서 "근대 악가(樂家)가 지은 것인데 어디서 기원했는지는 알 수 없다. 길이 3자 5치는 천·지·인 및 오행을 본뜨고 4현(絃)은 4시를 본뜬 것이다" 하였다. 석명(釋名)에는 "비파는 본시 오랑캐들이 말 위에서 타는 것으로, 손을 밀어 앞으로 미는 것은 비(琵)라 하고, 손을 뒤로 당기는 것은 파(琶)라 하였는데 이것이 그대로 이름이 되었다" 하였다. 향비파(鄕琵琶)는 당의 제도와 대개는 같고 조금 다를 뿐이다. 역시 신라에서 비롯되었으나 다만 어느 사람이 만든 것인지는 알 수 없다. 그 음이 3조가 있으니 1은 궁조(宮調), 2는 칠현조(七賢調), 3은 봉황조(鳳凰調)이며 모두 212곡이다.

삼죽(三竹 : 관악기)은 역시 당적(唐笛)을 모방하여 만든 것이다. 풍속통(風俗通)에 "적(笛)은 한 무제(武帝) 때 구중(丘仲)이 만든 것이다" 하였다. 그러나 송옥(宋玉)의 적부(笛賦)를 보면, 송옥은 한(漢) 이전 사람이니 아마도 이 말이 잘못된 듯하다. 마융(馬融)은 "근대의 쌍적(雙笛)은 강(羌 : 西戎)에서 시작된 것이다" 하고, 또 "적(笛)이란 것은 척(滌)으로서 씻는다는 뜻으로 간사하고 더러운 것을 씻어 버리고 아름답고 바른대로 듣게 한다는 것이니, 길이는 1자이고 구멍은 47개이다"라고 하였다.

향삼죽(鄕三竹)은 신라 때부터 시작되었으나, 어떤 사람이 만든 것인지는 알 수 없다. 고기(古記)에 이르기를 신문왕(神文王) 때에 동해 가운데 문득 하나의 작은 산이 나타났는데 형상은 거북 머리 같고 그 위에 한 그루 대나무가 있었다. 그런데, 낮에는 둘로 나뉘고 밤이면 도로 합하여 하나가 되었다. 왕이 그것을 베어 오게 하여 적(笛)을 만들고 이름을 만파식(萬波息)이라 하였다는 것이다. 비록 이런 전설은 있으나 괴이하여 믿을 수 없다. 3죽적(三竹笛)에는 7조(七調)가 있으니 1은 평조(平調), 2는 황종조(黃鍾調), 3은 이아조(二雅調), 4는 월조(越調), 5는 반섭조(般涉調), 6은 출조(出調), 7은 준조(俊調)이다. 대금(大笒)은 324곡, 중금(中笒)은 245곡, 소금(小笒)은 298곡이 있다.

회악(會樂) 및 신열악(辛熱樂)은 유리왕(儒理王) 때에 지은 것이다. 돌아악(突阿樂)은 탈해왕(脫解王) 때에 지은 것이요, 지아악(枝兒樂)은 파사왕(婆娑王) 때에 지은 것이다. 사내악(思內樂 : 또는 시뇌(詩惱)라고도 함)은 내해왕(奈解王) 때에 지은 것이요, 가무(笳舞 : 奈密王)는 내물왕(奈勿王) 때에 지은 것이다. 우식악(憂息樂)은 눌지왕(訥祇王) 때에 지은 것이다. 대악(碓樂)은 자비왕(慈悲王) 때에 백결선생(百結先生)이 지은 것이요, 간인(竿引)은 지대로왕(智大路王 : 智證王) 때의 사람 천상욱개자(川上郁皆子)가 지은 것이다. 미지악(美知樂)은 법흥왕(法興王) 때에 지은 것이고, 도령가(徒領歌)는 진흥왕(眞興王) 때에 지은 것이다. 날현인(捺絃引)은 진평왕(眞平王) 때의 사람인 담수(淡水)가 지은 것이요, 사내기물악(思內奇物樂)은 원랑도(原郞徒 : 화랑도)가 지은 것이다. 내지(內知)는 일상군(日上郡)의 음악이요, 백실(白實)은 압량군(押梁郡 : 경산)의 음악이며, 덕사내(德思內)는 하서군(河西郡)의 음악이요, 석남사내(石南思內)는 도동벌군(道同伐郡)의 악이고, 사중(祀中)은 북외군(北隈郡)의 음악이다.

이는 모두 시골 사람들이 음악을 좋아하는 까닭에 만들어진 것인데 성악기(聲樂器)의 수효와 가무(歌舞)의 모습은 후세에 전해지지 않았다. 다만 고기(古記)에 이르기를 "정명왕(政明王 : 神文王) 9년에 왕이 신촌(新村)에 거둥하여 잔치를 베풀고 음악을 연주케 하였는데, 가무(笳舞)에는 감(監) 6명, 가척(笳尺) 2명, 무척(舞尺) 1명이며, 하신열무(下辛熱舞)에는 감 4명, 금척(琴尺) 1명, 무척 2명, 가척 3명이며, 사내무(思內舞)에는 감 3명, 금척 1명, 무척 2명, 가척 2명이며, 한기무(韓岐舞)에는 감 3명, 금척 1명, 무척 2명, 상신열무(上辛熱舞)에는 감 3명, 금척 1명, 무척 2명, 가척 2명이며, 소경무(小京舞)에는 감 3명, 금척 1명, 무척 1명, 가척 3명, 미지무(美知舞)에는 감 4명, 금척 1명, 무척 2명이었다. 애장왕(哀莊王) 8년에 음악을 연주하면서 비로소 사내금(思內琴)을 연주하는데, 무척 4명은 푸른 옷, 금척 1명은 붉은 옷, 가척 5명은 채색 옷에 수놓은 부채를 들고 금루대(金縷帶)를 띠었다. 다음으로 대금무(碓琴舞)를 연주했을 때에는 무척은 붉은 옷, 금척은 푸른 옷을 입었다" 하였다. (문헌이) 이와 같을 따름이었으니 상세히 말할 수는 없다. 신라 시대에 악공은 다 척(尺)이라 하였다. 최치원(崔致遠)의 시(詩)에 향악잡영(鄕樂雜詠) 5수가 있으므로 지금 이에 기록한다.

금환(金丸 : 금색의 공으로 하는 곡예)
몸 돌리고 팔 휘둘러 금환(金丸)을 돌리니
달 구르듯 별 뜬 듯 황홀도 하네.
좋은 친구 있다 한들 이보다 나으랴.
한바다 거친 파도 이제사 종식되리.

월전(月顚 : 假面, 歌劇)
어깨 솟고 목 줄고 (곱추모양) 다리꼭지 우뚝하다. (假髮을 얹은 모양)
팔 걷어붙인 선비들 술 걸고 싸우누나.
노랫소리 듣고서 사람마다 웃어 대니
밤새 펄럭이는 깃발 새벽 들어 분주하도다.

대면(大面 : 疫神을 쫓아내는 驅儺禮)
금빛 같은 얼굴지닌 바로 그 사람
채찍을 손에 쥐고 귀신 부리네.
거름새 장단에 춤 출 적엔
봉황이 너훌너훌 날아드는 듯.

속독(束毒 : 가면극)
더벅머리 남빛 얼굴 괴상한 인간들이
떼 지어 뜰에 와서 난새춤 시늉하네.
북소리 두둥둥 바람은 살랑살랑

남에 닫다 북에 뛰다 두서 없이 노니누나.

산예(狻猊 : 獅子劇)
유사(流沙)라 만리길을 건너오자니
헐어진 털가죽에 먼지 끼었네.
머리 꼬리 흔드는, 인덕(仁德)에 길들인 갖가지 놀이
뭇 짐승 재주쯤이야, 어이 같으리.

고구려의 음악은, 통전(通典)에 이르기를 "악공은 새깃으로 꾸민 자색 비단 모자, 노란 큰 소매 달린 두루마기, 자색 비단 띠, 큰 통바지, 붉은 가죽신, 5색의 검정끈을 사용한다. 춤추는 자 4명은 머리가닥을 뒤로 틀고, 연지를 이마에 바르고, 금당(金璫)으로 머리를 꾸미는데, 2명은 노랑저고리에 붉고 누런 바지를 입고, 2명은 붉고 누런 저고리 바지를 입되 그 소매가 한없이 길고, 검정 가죽신을 신고 쌍쌍으로 서서 춤을 춘다. 악기는 탄쟁(彈箏) 하나, 국쟁(搊箏) 하나, 와공후(臥箜篌) 하나, 수공후(竪箜篌) 하나, 비파 하나, 오현(五絃) 하나, 의취적(義觜笛) 하나, 생(笙) 하나, 횡적(橫笛) 하나, 소(簫) 하나, 소필률(小篳篥) 하나 대필률(大篳篥) 하나, 도피필률(桃皮篳篥) 하나, 요고(腰鼓) 하나, 재고(齋鼓) 하나, 담고(擔鼓) 하나, 패(唄 : 貝) 하나를 사용한다. 당(唐)나라 무태후(武太后) 때까지도 25곡이 있었는데 지금은 오직 한 곡만 능숙할 뿐이며, 의복 역시 차츰 쇠잔해져 본래의 모양을 상실하였다" 하였다〔중국에 도입된 고구려악을 말함〕. 책부원구(册府元龜)에는 "고구려 음악에는 오현금(五絃琴)·쟁(箏)·필률(篳篥)·횡취(橫吹)·소(簫)·고(鼓) 등속이 있는데, 갈대를 불어 곡조를 맞춘다" 하였다.

백제의 음악은 통전(通典)에 이르기를 "백제의 음악은 당(唐) 중종(中宗)대에 공인(工人)들이 죽어 없어졌다가, 개원(開元) 시기에 기왕범(岐王範)이 대상경(大常卿)이 되자, 다시 아뢰어서 백제 음악을 두게 되었으나 이 까닭으로 음곡(音曲)이 많이 빠졌다. 춤추는 자는 두 명인데 큰 소매 달린 붉은 치마저고리, 장보관(章甫冠)에 가죽신을 사용하였다. 현재 보존된 음악은 쟁(箏)·적(笛)·도피필률(桃皮篳篥)·공후 등인데, 악기류들은 대개 중국과 같다" 하였다. 북사(北史)에는 "고각(鼓角)·공후(箜篌)·쟁(箏)·우(竽)·지(篪)·적(笛)의 악(樂)이 있다" 하였다.

三國史記 卷 第三十二
雜志 第一 祭祀 樂

祭祀

按新羅宗廟之制 第二代南解王三年春 始立始祖赫居世廟 四時祭之 以親妹阿老主祭 第二十二代智證王 於始祖誕降之地奈乙 創立神宮以享之 至第三十六代惠恭王 始定五廟 以味鄒王爲金姓始祖 以太宗大王·文武大王平百濟·高句麗有大功德 竝爲世世不毁之宗 兼親廟二爲五廟 至第三十七代宣德王 立社稷壇 又見於祀典 皆境內山川 而不及天地者 蓋以王制曰 天子七廟 諸侯五廟 二昭二穆與太祖之廟而五 又曰 天子祭天地天下名山大川 諸侯祭社稷 名山大川之在其地者 是故 不敢越禮而行之者歟 然其壇堂之高下·壇門之內外·次位之尊卑·陳設登降之節 尊爵·邊豆·牲牢·冊祝之禮 不可得而推也 但粗記其大略云爾.

一年六祭五廟 謂正月二日·五日·五月五日·七月上旬·八月一日·十五日 十二月寅日 新城北門祭八楷(褚) 豊年用大牢 凶年用小牢 立春後亥日 明活城南熊殺谷祭先農 立夏後亥日 新城北門祭中農 立秋後亥日 蒜園祭後農 立春後丑日 犬首谷門祭風伯 立夏後申日 卓渚祭雨師 立秋後辰日 本彼遊村祭靈星 (檢諸禮典 只祭先農 無中農 後農) 三山五岳已下名山大川 分爲大中小祀.

大祀 三山 一奈歷(習比部) 二骨火(切也火郡) 三穴禮(大城郡).

中祀 五岳 東吐含山(大城郡) 南地理山(菁州) 西雞龍山(熊川州) 北太伯山(奈巳郡) 中父岳(一云公山 押督郡) 四鎭 東溫沫懃(牙谷停) 南海恥也里(一云悉帝 推火郡) 西加耶岬岳(馬尸山郡) 北熊谷岳(比烈忽郡) 四海 東阿等邊(一云斤烏兄 恐作只 地理志斤烏支(迎日縣)非是耶 只興支通音故也) 邊 退火郡) 南兄邊(居柒山郡) 西未陵邊(屎山郡) 北非禮山(悉直郡) 四瀆 東吐只河(一云槧浦 退火郡) 南黃山河(歃良州) 西熊川河(熊川州) 北漢山河(漢山州) 俗離岳(三年山郡) 推心(大加耶郡) 上助音居西(西林郡) 烏西岳(結巳郡) 北兄山城(大城郡) 淸海鎭(助音島).

小祀 霜岳(高城郡) 雪岳(𣵠城郡) 花岳(斤平郡) 鉗岳(七重城) 負兒岳(北漢山州) 月奈岳(月奈郡) 武珍岳(武珍州) 西多山(伯海郡 難知可縣) 月見山(奈吐郡 沙熱伊縣) 道西城(萬弩郡) 冬老岳(進禮郡 丹川縣) 竹旨(及伐山郡) 熊只(屈自郡 熊只縣) 岳髮(一云髮岳 于珍也郡) 于火(生西良郡 于火縣) 三岐(大城郡) 卉黃(牟梁) 高墟(沙梁) 嘉阿岳(三年山郡) 波只谷原岳(阿支縣) 非藥岳(退火郡) 加林城(加林縣 一本有靈岩山虞風山 無加林城) 加良岳(菁州) 西述(牟梁).

四城門祭 一大井門 二吐山良門 三習比門 四王后悌門 部庭祭 梁部 四川上祭 一犬首 二文熱林 三靑淵 四樸樹 文熱林行日月祭 靈廟寺南行五星祭 惠樹行祈雨祭 四大道祭 東古里 南簷幷樹 西渚樹 北活幷岐 壓丘祭·辟氣祭 上件或因別制 或因水旱 而行之者也.

高句麗·百濟 祀禮不明 但考古記及中國史書所載者 以記云爾.

後漢書云 高句麗好祠鬼神·社稷·零星 以十月祭天 大會名曰東盟 其國東有大穴 號襚(襚 魏志作隧)神 亦以十月迎而祭之.

北史云 高句麗常以十月祭天 多淫祠 有神廟二所 一曰夫餘神 刻木作婦人像 二曰高登神 云是 始祖夫餘神之子 並置官司 遣人守護 蓋河伯女·朱蒙云.

梁書云 高句麗於所居之左 立大屋祭鬼神 冬(冬 當作又) 祠零星·社稷.

唐書云 高句麗俗多淫祠 祀靈星·及日·箕子可汗等神 國左有大穴曰神隧 每十月王皆自祭 古記云 東明王十四年秋八月 王母柳花薨於東扶餘 其王金蛙以太后禮葬之 遂立神廟 太祖王六十九年冬十月 幸扶餘祀太后廟 新大王四年秋九月 如卒本祀始祖廟 故國川王元年秋九月 東川王二年春二月 中川王十三年秋九月 故國原王二年春二月 安臧王三年夏四月 平原王二年春二月 建武王二年夏四月 並如上行 故國壤王九年春三月 立國社 又云 高句麗常以三月三日 會獵樂浪之丘 獲猪鹿 祭天及山川.

册府元龜云 百濟 每以四仲之月 王祭天及五帝之神 立其始祖仇台廟於國城 歲四祠之 (按海東古記 或云始祖東明 或云始祖優台 北史及隋書皆云 東明之後有仇台 立國於帶方 此云始祖仇台 然東明爲始祖 事迹明白 其餘不可信也.) 古記云 溫祚王二十年春二月 設壇祠天地 三十八年冬十月 多婁王二年春二月 古尒王五年春正月 十年春正月 十四年春正月 近肖古王二年春正月 阿莘王二年春正月 腆支王二年春正月 牟大王十一年冬十月 並如上行 多婁王二年春正月 謁

始祖東明廟 責稽王二年春正月 汾西王二年春正月 契王二年夏四月 阿莘王二年春正月 腆支王二年春正月 竝如上行.

樂

新羅樂 三竹·三絃·拍板 大鼓·歌舞 舞二人 放角幞頭 紫大袖 公襴紅鞓 鍍金銙腰帶 烏皮靴 三絃 一玄琴 二加耶琴 三琵琶 三竹 一大芩 二中芩 三小芩.

玄琴 象中國樂部琴而爲之 按琴操曰 伏犧作琴以修身理性 反其天眞也 又曰 琴長三尺六寸六分 象三百六十六日 廣六寸 象六合 文上曰池(池者水也 言其平) 下曰濱(濱者服也) 前廣後狹 象尊卑也 上圓下方 法天地也 五絃象五行 大絃爲君 小絃爲臣 文王·武王加二絃 又風俗通曰 琴長四尺五寸者 法四時五行 七絃法七星 玄琴之作也 新羅古記云 初晉人以七絃琴送高句麗 麗人雖知其爲樂器 而不知其聲音及鼓之之法 購國人能識其音而鼓之者 厚賞 時第二相王山岳存其本樣 頗改易其法制而造之 兼製一百餘曲以奏之 於時玄鶴來舞 遂名玄鶴琴 後但云玄琴 羅人沙湌恭永子玉寶高 入地理山雲上院 學琴五十年 自製新調三十曲 傳之續命得 得傳之貴金先生 先生亦入地理山不出 羅王恐琴道斷絕 謂伊湌允興方便傳得其音 遂委南原公事 允興到官 簡聰明少年二人 曰安長·清長 使詣山中傳學 先生敎之 而其隱微不以傳 允興與婦偕進曰 吾王遣我南原者 無他 欲傳先生之技 于今三年矣 先生有所秘而不傳 吾無以復命 允興捧酒 其婦執盞膝行 致禮盡誠 然後傳其所秘飄風等三曲 安長傳其子克相·克宗 克宗制七曲 克宗之後 以琴自業者非一二 所製音曲有二調 一平調 一羽調 共一百八十七曲 其餘聲遺曲 流傳可記者無幾 餘悉散逸 不得具載.

玉寶高所製三十曲 上院曲一 中院曲一 下院曲一 南海曲二 倚嵒曲一 老人曲七 竹庵曲二 玄合曲一 春朝曲一 秋夕曲一 五沙息曲一 鴛鴦曲一 遠岾曲六 比目曲一 入實相曲一 幽谷清聲曲一 降天聲曲一 克宗所製七曲 今亡.

加耶琴 亦法中國樂部箏而爲之 風俗通曰 箏秦聲也 釋名曰 箏施絃高 箏箏然 幷梁二州箏形如瑟 傅玄曰 上圓 象天 下平 象地 中空 准六合絃柱 擬十二月 斯乃仁智之器 阮瑀曰 箏長六尺 以應律數 絃有十二 象四時 柱高三守 象三才 加耶琴雖與箏制度小異 而大槪似之 羅古記云 加耶國嘉實王見唐之樂器而造之 王以謂諸國方言各異聲音 豈可一哉 乃命樂師省熱縣人于勒造十二曲 後于勒以其國將亂 攜樂器投新羅眞興王 王受之安置國原 乃遣大奈麻注知·階古 大舍萬

德傳其業 三人旣傳十一曲 相謂曰 此繁且淫 不可以爲雅正 遂約爲五曲 于勒始聞焉而怒 及聽其五種之音 流淚歎曰 樂而不流 哀而不悲 可謂正也爾 其奏之王前 王聞之大悅 諫臣獻議 加耶亡國之音 不足取也 王曰 加耶王淫亂自滅 樂何罪乎 蓋聖人制樂 緣人情以爲樽節 國之理亂不由音調 遂行之以爲大樂 加耶琴有二調 一河臨調 二嫩竹調 共一百八十五曲.

于勒所製十二曲 一曰下加羅都 二曰上加羅都 三曰寶伎 四曰達已 五曰思勿 六曰勿慧 七曰下奇物 八曰師子伎 九曰居烈 十曰沙八兮 十一曰爾赦 十二曰上奇物 泥文所製三曲 一曰烏 二曰鼠 三曰鶉(赦字未詳).

琵琶 風俗通曰 近代樂家所作 不知所起 長三尺五寸 法天·地·人與五行 四絃象四時也 釋名曰 琵琶本胡中馬上所鼓 推手前曰琵 引手却曰琶 因以爲名 鄕琵琶與唐制度大同而少異 亦始於新羅 但不知何人所造 其音有三調 一宮調 二七賢調 三鳳皇調 共二百一十二曲.

三竹 亦模倣唐笛而爲之者也 風俗通曰 笛漢武帝時丘仲所作也 又按宋玉有笛賦 玉在漢前 恐此說非也 馬融云 近代雙笛從羌起 又笛滌也 所以滌邪·穢而納之於雅正也 長一尺 四十七孔 鄕三竹 此亦起於新羅 不知何人所作 古記云 神女(女 當作文 見遺事)王時 東海中忽有一小山 形如龜頭 其上有一竿竹 晝分爲二 夜合爲一 王使斫之作笛 名萬波息 雖有此說 怪不可信 三竹笛有七調 一平調 二黃鐘調 三二雅調 四越調 五般涉調 六出調 七俊調 大䈶三百二十四曲 中䈶二百四十五曲 小䈶二百九十八曲.

會樂及辛熱樂 儒理王時作也 突阿樂 脫解王時作也 枝兒樂 婆娑王時作也 思內(一作詩惱)樂 奈解王時作也 笳舞 奈密王時作也 憂息樂 訥祇王時作也 碓樂 慈悲王時人百結先生作也 竿引 智大路王時人川上郁皆子作也 美知樂 法興王時作也 徒領歌 眞興王時作也 捺絃引 眞平王時人淡水作也 思內奇物樂 原郎徒作也 內知 日上郡樂也 白實 押梁郡樂也 德思內 河西郡樂也 石南思內 道同伐郡樂也 祀中 北隈郡樂也 此皆鄕人喜樂之所由作也 而聲器之數 歌舞之容 不傳於後世 但古記云 政明王九年 幸新村 設酺奏樂 笳舞 監六人 笳尺二人 舞尺一人 下辛熱舞 監四人 琴尺一人 舞尺二人 歌尺三人 思內舞 監三人 琴尺一人 舞尺二人 歌尺二人 韓岐舞 監三人 琴尺一人 舞尺二人 上辛熱舞 監三人 琴尺一人 舞尺二人 歌尺二人 小京舞 監三人 琴尺一人 舞尺一人 歌尺三人 美知舞 監四人 琴尺一人 舞尺二人 哀莊王八年 奏樂 始奏思內琴 舞尺四人靑衣 琴尺一人

赤衣 歌尺五人彩衣 繡扇竝金縷帶 次奏碓琴舞 舞尺赤衣 琴尺靑衣 如此而已 則不可言其詳也 羅時樂工皆謂之尺 崔致遠詩 有鄕樂雜詠五首 今錄于此 金丸 廻身掉臂弄金丸 月轉星浮滿眼看 縱有宜僚那勝此 定知鯨海息波瀾 月顚 肩高 項縮髮崔嵬 攘臂群儒鬪酒盃 聽得歌聲人盡笑 夜頭旗幟曉頭催 大面 黃金面色 是其人 手抱珠鞭役鬼神 疾步徐趨呈雅舞 宛如丹鳳舞堯春 束毒 蓬頭藍面異人 間 押隊來庭學舞鸞 打鼓冬冬風瑟瑟 南奔北躍也無端 狻猊 遠涉流沙萬里來 毛 衣破盡着塵埃 搖頭掉尾馴仁德 椎(椎 當作雄)氣寧同百獸才.

　高句麗樂 通典云 樂工人紫羅帽 飾以鳥羽 黃大袖 紫羅帶 大口袴 赤皮鞾 五色 絁繩 舞者四人 椎䯻於後 以絳抹額 飾以金璫 二人黃裙襦 黃袴 二人赤黃裙 襦袴 極長其袖 烏皮鞾 雙雙倂立而舞 樂用彈箏一 搊箏一 臥箜篌一 豎箜篌一 琵 琶一 五絃一 義觜笛一 笙一 橫笛一 簫一 小篳篥一 大篳篥一 桃皮篳篥一 腰鼓 一 齋鼓一 擔鼓一 唄一 大唐武太后時尙二十五曲 今唯能習一曲 衣服亦寖衰敗 失其本風 册府元龜云 樂有五絃琴 箏·篳篥·橫吹·簫·鼓之屬 吹蘆以和曲.

　百濟樂 通典云 百濟樂 中宗之代工人死散 開元中岐王範爲太常卿 復奏置之 是以音伎多闕 舞者二人 紫大袖 裙襦 章甫冠 皮服 樂之存者 箏·笛·桃皮篳篥· 箜篌 樂器之屬多同於內地 北史云 有鼓角·箜篌·箏·竽·篪·笛之樂.

삼국사기 권 제33

잡지(雜志) 제2

복색(服色), 거기(車騎), 기용(器用), 옥사(屋舍)

복색(服色)

신라 초기의 의복 제도는 복색(服色)에 대한 고증이 없다. 제23대 법흥왕(法興王)에 이르러 비로소 6부 사람의 복색에 대하여 높고 낮은 제도를 정하였으나 동이(東夷)의 풍속을 벗어나지 못하였다. 진덕왕(眞德王) 재위 2년에 김춘추(金春秋)가 당에 들어가 당의 제도를 승습하겠다고 청하자, 당태종(唐太宗)은 이를 허락하고 동시에 의대(衣帶)를 내려 주므로 드디어 돌아와서 우리 풍속을 중국 풍속으로 바꾸어 시행하였다. 문무왕(文武王) 재위 4년에는 부인(婦人)의 의복을 고쳤다. 이때부터 의관(衣冠)이 중국과 같게 되었다.

우리 태조(太祖 : 高麗王建)께서 천명을 받은 후에도 모든 국가의 법도는 거의 신라의 옛 제도를 인습하였으므로, 지금 조정의 사녀(士女)들이 입는 의복은 대개 김춘추가 청해온 유제(遺制)일 것이다. 신(臣 : 金富軾)이 세 번 사명(使命)을 받들고 중국에 갔었는데, 우리 사행(使行)의 의관이 송인(宋人)의 것과 다름이 없었다. 일찍이 조정에 들어가 일찌감치 자신전(紫宸殿) 문에 섰느라니 한 합문원(閤門員 : 왕명으로 사신 접대 등을 맡은 관원)이 와서 묻기를 "누가 고려국 사신이냐" 하므로 "바로 나다" 대답하였더니 웃고 갔다.

또 송의 사신 유규(劉逵), 오식(吳拭)이 예방차 우리 나라에 와서 사관(使館)에 묵는 동안, 연회 때에 우리 옷차림을 한 창녀(倡女 : 女樂工)를 보고서 불러 뜰에 오르게 한 뒤 그 넓은 소매달린 상의(上衣)와 색실띠와 큰 치마를 가리키며 감탄하는 말이 "이것이 다 3대(三代 : 중국 고대의 하·은·주) 시대의 의복인데 아직도 이곳에서 행하고 있는 줄은 몰랐다" 하였다. 이로 미루어 지금 부인의 예복은 역시 당(唐)의 옛것임을 알 수 있다. 신라의 연대가 워낙 멀고 문헌마저 없어졌으니 그 제도는 낱낱이 헤아릴 수 없고 다만 볼 수 있는 그것만 기록하여 둔다.

법흥왕(法興王) 때의 제도는 태대각간(太大角干 : 대각간 위의 최고 직위)에서 대아찬(大阿湌 : 5등급)까지는 자의(紫衣 : 보라색옷), 아찬(阿湌 : 6등급)에서 급찬(級湌 : 9등급)까지는 비의(緋衣 : 붉은색옷)에 아홀(牙笏)을 가졌다. 대내마(大奈麻 : 10등급)와 내마(奈麻 : 11등급)는 청의(靑衣), 대사(大舍 : 12등급)에서 선저지(先沮知 : 17등급)까지는 황의(黃衣)를 입었다.

이찬(伊湌 : 2등급)과 잡찬(迊湌 : 3등급)은 금관(錦冠 : 비단모자), 파진찬(波珍湌 : 4등급)과 대아찬은 금하(衿荷 : 色帶) 비관(緋冠 : 붉은모자), 상당대내마(上堂大奈麻)와 적위대사(赤位大舍)는 조영(組纓 : 실로 짠 갓끈)이었다.

흥덕왕(興德王)은 즉위 9년에 교서를 내리기를 "사람은 위아래가 있고 지위는 높고 낮음이 있으므로, 명칭과 법식이 같지 않고 의복도 역시 다르다. 인심은 차츰 각박해지고, 백성은 사치와 호화를 일삼고 다른 나라의 진기한 물건만을 숭상하고 진박한 토산물을 싫어하며, 예절이 찬란하게 되고 풍속은 퇴폐한 지경에 이르렀다. 감히 옛법을 따라 밝게 명을 내리노니 고의로 범할 경우에는 엄정한 국법을 시행하겠노라" 하였다.

진골(眞骨)의 대등(大等)은 복두(幞頭 : 두건)에 대하여 무엇이든 마음대로 사용하게 되어 있으나, 겉옷과 소매 짧은 배자와 바지에는 계수(罽繡)·금라(錦羅)를 금하고, 허리띠는 연문백옥(研文白玉)을 금하고, 화(靴)는 자색 가죽을 금하고, 화대(靴帶)는 은문백옥(隱文白玉)을 금하고, 버선은 능(綾) 이하를 사용하고, 신(履)은 가죽, 실, 삼을 임의로 사용하고, 포목은 26승(升 : 날) 이하를 사용한다.

진골의 여자는 겉옷은 계수·금라를 금하고, 속옷·반소매 배자·버선·신은 아울러 계수라(罽繡羅)를 금하고, 목도리는 털로 짜거나 계수(罽繡)를 놓더라도 금은사(金銀絲)와 공작미(孔雀尾)나 비취모(翡翠毛 : 비취새의 깃털)를 금하고, 빗은 슬슬전(瑟瑟鈿)과 대모(玳瑁 : 거북 등껍질)를 금하고, 비녀는 각루(刻鏤 :

$^{아로새긴}_{것}$) 및 구슬 박힌 것을 금하고, 관(冠)은 슬슬전을 금하고, 포목은 28승 이하를 사용하고, 9색(九色)은 자황색(赭黃色)을 금한다.

6두품(六頭品)은, 복두($^{두}_{건}$)는 세라(繐羅)·시견포(絁絹布)를 쓰고, 겉옷은 면주(綿紬)와 주포(紬布)를 쓰고, 속옷은 무늬가 작은 능(綾)과 시견포(絁絹布)를 쓰고, 바지는 시견면(絁絹綿)과 주포(紬布)를 쓰고, 띠는 오서(烏犀)와 유철동(鍮鐵銅)을 쓰고, 버선은 시면(絁綿)·주포(紬布)를 쓰고, 화(靴)는 검은 고라니의 주름진 무늬의 자색 가죽을 금하고, 화대(靴帶)는 검은 물소 뿔과 놋·철·동을 쓰고, 신은 다만 가죽과 삼을 쓰고, 베는 18승(升) 이하를 쓴다.

6두품 여자는 겉옷은 중소문릉(中小文綾)·시견(絁絹)을 쓰고, 속옷은 계수금(罽繡錦)·야초라(野草羅)를 금하고, 반팔 배자는 계수라(罽繡羅)·세라(繐羅)를 금한다. 바지는 계수(罽繡)·금라(錦羅)·세라·금니(金泥 : $^{금}_{박}$)를 금하고, 목도리는 계수·금라·금은니(金銀泥)를 금하며, 배자와 잠방이와 짧은 옷은 모두 계수·금라·포방라(布紡羅)·야초라·금은니를 금한다. 또 겉치마는 계수·금라·세라·야초라·금은니협힐(金銀泥纐纈 : $^{금가루}_{무늬}$)을 금하고, 옷고름은 계수를 금하며, 속치마는 계수·금라·야초라를 금하고, 띠는 금은사·공작미·비취모로 짠 것을 금한다. 버선목은 계라(罽羅)·세라를 금하고, 버선은 계수·금라·세라·야초라를 금하며, 신은 계수·금라·세라를 금한다. 빗은 슬슬전(瑟瑟鈿)을 금하고, 비녀는 순금(純金)에 은(銀)으로 아로새기는 것과 구슬을 꿴 것을 금하며, 관(冠)은 세라·사견(紗絹)을 쓰고, 베는 25승(升) 이하를 쓰고, 색깔은 자황(赭黃)·자자분금설홍(紫紫粉金屑紅)을 금한다.

5두품(五頭品)은, 복두는 나시(羅絁)·견포(絹布)를 쓰고, 겉옷은 다만 베를 쓰며, 속옷과 반팔 배자는 소문릉·시견포를 쓰고, 바지는 면주포(綿紬布)를 쓰는데, 허리띠는 다만 철(鐵)을 쓰고, 버선은 다만 면주(綿紬)·포를 쓴다. 가죽신은 검은 사슴의 주름진 무늬가 있는 자색 가죽을 금하고, 화대(靴帶)는 다만 놋·철·동을 쓰고, 신은 가죽과 삼을 쓰고, 베는 15승(升) 이하를 쓴다.

5두품 여자는 겉옷은 무늬 없는 독직(獨織)을 쓰며, 속옷은 작은 무늬의 비단을 쓰고, 반팔 배자는 계수금·야초라·세라를 금하고, 바지는 계수·금라·세라·야초라·금니를 금한다. 목도리는 능견(綾絹) 이하를 쓰고, 배자와 잠방이는 계수금·야초라·포방라·금은니협힐을 금하며, 짧은 옷은 계수금·야초라·포방라·세라·금은니협힐을 금하고, 겉치마는 계수금·야초라·세라·금은니협힐을 금한다. 옷고름은 계수·금라를 금하고, 속치마는 계수금·야초라·금은니협힐을 금하며, 띠는 금은사·공작미·비취모로써 짠 것을 금하고, 버선목은 계수·금라·세라를 금한다. 버선은 계수·금라·세라·야초라를 금하고, 신은 가죽 이하를 쓰며, 빗은 소대모(素玳瑁) 이하를 쓰고, 비녀는 백은(白銀) 이하를 쓴다. 관(冠)은 없고, 베는 20승(升) 이하를 쓰고, 색깔은 자황(赭黃)·자자분황설홍비(紫紫紛黃屑紅緋)를 금한다.

4두품(四頭品)은, 복두는 사시(紗絁) 견포를 쓰며, 겉옷과 바지는 베를 쓰고, 속옷과 반팔 배자는 시견면(絁絹綿)·주포를 쓰고, 허리띠는 철과 동을 쓴다. 가죽신은 검은 사슴의 주름진 무늬가 있는 자색 가죽을 금하고, 가죽신끈은 철, 동을 쓰며, 신은 쇠가죽과 삼 이하를 쓰고, 베는 13승(升) 이하를 쓴다.

4두품 여자는 겉옷은 면주(綿紬) 이하를 쓰고, 속옷은 작은 무늬 비단 이하를 쓰며, 반팔 배자와 바지는 작은 무늬 비단·시견 이하를 쓴다. 목도리와 짧은 옷은 견(絹) 이하를 쓰고, 배자와 잠방이는 능 이하를 쓰며, 겉치마는 시견 이하를 쓴다. 허리띠는 치마와 같고, 옷고름은 월라(越羅)를 쓰고, 속치마는 없고, 띠는 수조(繡組) 및 야초라·승천라(乘天羅)·월라(越羅)를 금하고, 다만 면주(綿紬) 이하를 쓰며, 버선목은 작은 무늬 비단 이하를 쓴다. 버선은 작은 무늬 비단·시면·주포를 쓰고, 신은 가죽 이하를 쓰며, 빗은 소아(素牙)·각목(角木)을 쓰고, 비녀는 아로새기거나 구슬로 꿴 것과 순금(純金)을 금한다. 관(冠)은 없고, 베는 18승(升) 이하를 쓰며, 색깔은 자황(赭黃)·자자분황설비홍멸자(紫紫紛黃屑緋紅滅紫)를 금한다.

평인(平人)의 복두는 견포를 쓰고, 겉옷과 바지는 베를 쓰며, 속옷은 견포를 쓴다. 띠는 동철(銅鐵)을 쓰고, 가죽신은 오경추문(烏麖皺文)·자피(紫皮)를 금하며, 가죽띠는 철과 동을 쓴다. 신은 삼 이하를 쓰고, 베는 12승(升) 이하를 쓴다.

평인 여자는 겉옷은 면주포를 쓰고, 속옷은 시견면·주포를 쓴다. 바지는 시(絁) 이하를 쓰며, 겉치마는 견(絹) 이하를 쓰고, 옷고름은 능 이하를 쓰고, 띠는 능견 이하를 쓴다. 버선목은 무늬 없는 것을 쓰며, 버선은 시면주

(絁綿紬) 이하를 쓴다. 빗은 소아각(素牙角) 이하를 쓴다. 비녀는 유석(鍮石) 이하를 쓰고, 베는 15승 이하를 쓰며, 색깔은 4두품(四頭品) 여자와 같다.

고구려·백제의 의복 제도는 상고할 수 없으므로, 다만 중국 역대 사서(史書)에 보이는 것만을 적는다.

고구려의 복제(服制)는 북사(北史)에서 말하기를 "고구려 사람은 모두 머리에 절풍(折風:㈜)을 썼는데 모양이 고깔과 같다. 사인(士人)은 두 개의 새깃(鳥羽)을 더 꽂으며, 귀한 사람은 그 관(冠)을 소골(蘇骨)이라 말하는데, 자줏빛 비단을 많이 써서 이를 만들고, 금과 은으로 장식한다. 의복은 큰소매 적삼과 통넓은 바지를 입고, 흰 가죽띠를 띠며, 노란 가죽신을 신고, 부인은 치마저고리에 선(襈)을 더한다" 하였다.

신당서(新唐書)에서 말하기를 "고구려 왕은 5색의 채색옷을 입고 흰 비단으로 만든 관(冠)을 만들어 쓰며, 가죽띠는 모두 금테두리를 하고, 대신(大臣)은 푸른 비단으로 관을 만들어 쓰고, 다음 사람은 붉은 비단으로 관을 만들어 쓰는데 양쪽에 새 깃을 꽂고 금은을 섞어 가장자리를 꾸미고, 적삼은 소매가 크고 바지는 통이 넓으며, 흰 가죽띠에 누런 가죽신을 신고, 서민은 거친 베옷에 고깔을, 여자는 머리에 수건을 썼다"고 하였다.

또 책부원구(冊府元龜)에서 말하기를 "고구려는 그 공식 모임에서는 모두 금수(錦繡)와 금은(金銀)으로 저마다 꾸미고, 대가(大加)와 주부(主簿)는 모두 건책(巾幘)을 쓴다. 이는 관책(冠幘)과 같으나 뒤쪽이 없고, 소가(小加)는 절풍(折風)을 쓰는데 그 모양은 고깔과 같다" 하였다.

북사(北史)에서 말하기를 "백제의 의복은 고구려와 대략 같으며, 조회와 배례와 제사 같은 때는 그 관(冠)의 양쪽 가에 깃을 더 꽂고, 전쟁 때에는 그렇게 하지 않는다. 내솔(奈率:16관등의 6위) 이상의 관은 은화(銀花)로써 장식하고, 장덕(將德:7품)은 자색 띠를 띠며, 시덕(施德:8품)은 검은 띠를 두른다. 고덕(固德:9품)은 붉은 띠를, 계덕(季德:10품)은 푸른 띠를, 대덕(對德:11품)과 문독(文督:12품)은 모두 노란 띠를, 무독(武督:13품)에서 극우(剋虞:16품)에 이르기까지는 모두 흰 띠를 두른다" 하였다.

수서(隋書)에서 말하기를 "백제는 좌평(佐平)으로부터 장덕(將德:7품)에 이르기까지 자줏빛 띠를, 시덕(施德)은 검은 띠를, 고덕(固德)은 붉은 띠를, 계덕(季德)은 푸른 띠를, 대덕(對德) 이하는 모두 누런 띠를 두르고, 문독(文督)에서 극우(剋虞)에 이르기까지는 모두 흰 띠이다. 관(冠)의 제도는 거의 같았으나, 오직 내솔(奈率) 이상은 은화(銀花)로써 장식하였다"고 하였다.

당서(唐書)에서 말하기를 "백제의 임금은 큰소매 자줏빛 도포에 푸른 비단 바지를 입고, 검은 비단에 금화로 장식한 관을 쓰고 흰 가죽띠를 두르고, 검은 가죽신을 신고, 관인(官人)은 모두 붉은 옷을 입고 은화(銀花)로 관(冠)을 장식하며, 서민은 붉은 옷과 자주색 옷을 입을 수 없다"고 하였다.

통전(通典)에서 말하기를 "백제는 그 의복이 남자는 대략 고구려와 같으며, 부인의 옷은 도포와 흡사하여 소매가 좀 컸다"고 하였다.

거기(車騎) – 신라

진골(眞骨)의 수레 재목(材木)는 자단(紫檀)·침향(沉香: 둘 다 유향림목(有香林木))을 쓰지 못하고, 대모(玳瑁: 거북 등껍질)를 붙일 수 없으며, 또한 금은옥(金銀玉)으로써 장식하지 못한다. 수레에 까는 요는 능견 이하를 썼는데 두 겹에 불과하고, 자리는 전금(鈿錦)·이색릉(二色綾) 이하를 쓰고, 가장자리는 금(錦) 이하를 쓴다. 전후(前後)의 휘장은 소문능사시(小文綾妙絁) 이하를 썼는데, 색깔은 심청벽(深靑碧)·자자분(紫紫粉)으로 하고, 낙망(絡網: 絲繩)은 시미(絲麻)를 쓰는데, 색깔은 홍비·취벽(紅緋翠碧)으로 하고, 겉단장은 또한 견포(絹布)를 쓰고, 색깔은 홍비·청표(紅緋靑縹)로써 한다. 소굴레와 말고삐는 시견포(絁絹布)를 쓰고, 고리는 금은유석(金銀鍮石)을 금하며, 보요(步搖: 걸을 때 소리나는 장식)도 또한 금은유석(金銀鍮石)을 금하였다.

6두품은, 요는 시견(絁絹) 이하를 쓰고, 자리는 시견포를 쓰고, 가장자리는 없다. 앞뒤 휘장은 만약 진골(眞骨) 이상의 귀인(貴人)을 수행할 때는 치지 않고, 다만 자기만 갈 때면 죽렴(竹簾: 대발) 또는 왕골자리 같은 것을 쓰고, 가장자리는 시견(絁絹) 이하를 두른다. 낙망(絡網)은 베를 썼는데 색깔은 붉은색·푸른색으로 하고, 소굴레와 말고삐는 베를 쓰고, 고리는 유동철(鍮銅鐵)을 썼다.

5두품은, 요는 전(氈) 또는 베를 쓰고, 앞뒤 휘장은 대발이나 왕골자리를 쓰고, 가장자리는 가죽이나 베를 두른다. 소굴레는 없고, 말고삐는 삼을 쓰고, 고리는 목철(木鐵)을 썼다.

진골의 안장은 자단·침향 사용을 금하고, 안장언치는 계수·금라를 금하며, 안장자리는 계수라를 금하고, 장니(障泥 : 말구의 흙받이)는 다만 마유(麻油)를 써서 염색한다. 재갈과 등자는 금유석(金鍮石)과 도금(鍍金) 철옥(綴玉)의 사용을 금하고 가슴걸이와 고들개는 실끈으로 짠 것과 자줏빛 끈을 금하였다.

진골 여자의 말안장은 보배 장식을 금하고, 안장언치와 안장자리는 계라를 금하며, 척잡(脊雜 : 또는 체척(體脊))은 계수라를 금하며, 재갈과 등자는 과금(裹金) 철옥(綴玉)을 금하고, 가슴걸이와 말고들개는 금은 실로 섞어 땋은 끈을 금하였다.

6두품은 말안장은 자단·침향과 황양(黃楊)·괴자(槐柘 : 산뽕나무) 및 금은·철옥(綴玉)을 금하고, 안장언치는 가죽을 쓰며, 안장자리는 면주(綿紬)·시포(絁布)·가죽을 쓰고, 장니는 마유(麻油)로 염색한다. 재갈과 등자는 금은(金銀)·유석(鍮石)과 도금은(鍍金銀)·철옥(綴玉)을 금하고, 가슴걸이와 고들개는 가죽과 삼을 썼다.

6두품 여자의 말안장은 자단·침향 및 과금(裹金)·철옥(綴玉)을 금하고, 안장언치와 안장자리는 계수·금라·세라를 금하고, 체척(替(?)脊)은 능시견(綾絁絹)을 쓰고, 재갈과 등자는 금은·유석 및 도금은(鍍金銀)·철옥(綴玉)을 금하였다. 흙받이는 가죽을 쓰고, 가슴걸이와 고들개는 실로 짠 것을 쓰지 아니하였다.

5두품은, 말안장은 자단·침향·황양·괴자를 금하고, 또한 금은·철옥의 사용을 금하며, 안장언치는 가죽을 쓰고, 말다래는 마유를 써서 염색한다. 재갈과 등자는 금은·유석을 금하고, 또한 금은으로 칠하거나 새기지 못하며, 가슴걸이와 고들개는 마(麻)를 썼다.

5두품 여자의 말안장은 자단·침향을 금하고 또한 금은옥(金銀玉)으로 꾸미는 것을 금하며, 안장언치와 안장자리는 계수금·능라·호피(虎皮)를 금하고, 재갈과 등자는 금은·유석을 금한다. 또한 금은으로 장식하는 것을 금하고, 흙받이는 가죽을 쓰며, 가슴걸이와 고들개는 실끈으로 짠 것과 자자분(紫紫粉)으로 광채나게 두른 실끈을 금하였다.

4두품에서 백성에 이르기까지는 말안장은 자단·침향·황양·괴자 사용을 금하고, 또한 금·은·옥으로 장식하는 것을 금하며, 안장언치는 소나 말가죽을 쓰고, 안장 요는 가죽을 쓴다. 흙받이는 버드나무나 대를 쓰며, 재갈은 쇠를 쓰고, 등자는 나무와 쇠를 쓰고, 가슴걸이와 고들개는 쇠힘줄이나 삼 같은 것으로 잡아매게 하였다.

　4두품 여자로부터 백성의 여자에 이르기까지는 말안장은 자단·침향·황양·괴목을 금하고, 또한 금·은·옥으로 장식하는 것을 금하며, 안장언치와 안장자리는 계수·금라·세라능(繐羅綾)·호피를 금하고, 재갈과 등자는 금은·유석을 금한다. 또한 금·은으로 장식하는 것을 금하고, 흙받이는 가죽을 쓰며 가슴걸이와 고들개는 실끈으로 짠 것과 자자분(紫紫粉)으로 광채나게 두른 실끈을 금하였다.

기용(器用)

　진골은 금은(金銀) 및 도금(鍍金)의 사용을 금하였다.
　6두품(六頭品)과 5두품(五頭品)은 금은 및 도금은(鍍金銀)을 금하고, 또한 호피(虎皮)·구수(氍毹: 무늬 있는 모직물)·답등(毾㲪: 털자리)을 쓰지 못하였다.
　4두품에서 백성에 이르기까지는 금은·유석·주리(朱裏)·평문물(平文物)을 금하고, 또한 털을 댄 담요, 모포(毛布)나 호피(虎皮), 중국 담요 등을 금하였다.

옥사(屋舍: 가옥)

　진골의 방은 집의 길이와 너비가 24자를 넘을 수 없고, 당와(唐瓦: 중국기와)를 덮지 못하며, 비첨(飛簷: 높은 처마)을 베풀지 못하고, 현어(懸魚: 처마끝에 매다는 물고기 모양)를 조각하지 못한다. 금은·유석·오채(五彩)로써 꾸미지 못하고, 계단의 돌을 반반하게 갈지 못하며, 삼중(三重) 계단을 설치하지 못하고, 담장에는 들보와 기둥을 세우지 못한다. 석회를 칠하지 못하며, 염연(簾緣: 발)에 금계수(錦罽繡)·야초라를 금하고, 병풍에 수놓는 것을 금하며, 상(床)을 대모·침향으로 장식하지 못하였다.
　6두품의 방은 길이와 너비가 21자를 넘지 못하고, 당와를 덮지 못한다. 비첨·중복(重栿: 겹들도)·공아(栱牙: 기둥머리의 장식목)·현어를 만들지 못하고, 금은·유석·백랍·오채로써 꾸미지 못하며, 건계(巾階) 및 이중계(二重階)를 설치하지 못한다. 계석(階石)을 반반하게 갈지 못하고, 원장(垣墻)은 8자를 넘지 못하며, 또 양동(梁棟)을 세우지 못하고, 석회를 칠하지 못한다. 염연(簾緣)은 계수릉(罽繡綾)을 금하고, 병풍에 수를 금하며, 상(床)을 대모·자단·침향·황양(黃楊)으로 꾸미지 못하고, 또 비단자리를 금한다. 중문(重門) 및 사방문(四方門)을 설치하지 못하고, 마굿간에는 말 다섯 마리를 둘 수 있게 하였다.

5두품의 방은 길이와 너비가 18자를 넘지 못하고 산유목(山楡木)을 쓰지 못하며, 당와를 덮지 못한다. 수두(獸頭)를 설치하지 못하고, 비첨·중복·화두아(花斗牙)·현어를 만들지 못하며, 금은·유석·동랍·오채로써 꾸미지 못한다. 계석을 깔지 못하고, 원장은 7자를 넘지 못하며, 들보를 걸지 못한다. 석회를 칠하지 못하고, 염연(簾緣)에 금계릉(錦罽綾)·견시(絹絁)를 금하며, 대문과 사방문을 만들지 못하고, 마굿간은 말 세 마리를 둘 수 있게 하였다.

4두품에서 백성에 이르기까지는 집의 길이와 너비가 15자를 넘지 못하고, 산유목을 쓰지 못하며, 조정(藻井 : 水草를 그린 天井)을 만들지 못하고, 당와를 덮지 못한다. 수두(獸頭)·비첨·공아·현어를 설치하지 못하고, 금은·유석·동랍으로써 꾸미지 못하며, 섬돌은 산석(山石)을 쓰지 못하고, 담장은 6자를 넘지 못한다. 또한 들보를 걸지 못하고, 석회를 칠하지 못하며, 대문과 사방문을 만들지 못하고, 마굿간은 말 두 마리를 둘 수 있게 하였다.

그밖에 진촌주(眞村主)는 5품(五品)과 같고, 차촌주(次村主)는 4품(四品)과 같았다.

三國史記 卷 第三十三

雜志 第二 色服 車騎 器用 屋舍

色服
新羅之初 衣服之制 不可考色 至第二十三葉法興王 始定六部人服色 尊卑之制 猶是夷俗 至眞德在位二年 金春秋入唐 請襲唐儀 玄(當作太)宗皇帝詔可之

兼賜衣帶 遂還來施行 以夷易華 文武王在位四年 又革婦人之服 自此已後 衣冠同於中國.

我太祖受命 凡國家法度 多因羅舊 則至今朝廷士女之衣裳 蓋亦春秋請來之遺制歟 臣三奉使上國 一行衣冠與宋人無異 嘗入朝尙早 立紫宸殿門 一閤門員來問 何者是高麗人使 應曰 我是 則笑而去 又宋使臣劉逵·吳拭 來聘在館 宴次見鄕粧倡女 召來上陛 指濶袖衣·色絲帶·大裙 嘆曰 此皆三代之服 不擬(擬 當作疑)尙行於此 知今之婦人禮服 蓋亦唐之舊歟 新羅年代綿遠 文史缺落 其制不可僂數 但粗記其可見云爾 法興王制 自太大角干至大阿湌紫衣 阿湌至級飡緋衣竝牙笏 大奈麻·奈麻靑衣 大舍至先沮知黃衣.

伊湌迊湌錦冠 波珍湌 大阿湌衿荷緋冠 上堂大奈麻·赤位大舍組纓.

興德王卽位九年 太和八年 下敎曰 人有上下 位有尊卑 名例不同 衣服亦異 俗漸澆薄 民競奢華 只尙異物之珍奇 却嫌土産之鄙野 禮數失於逼僭 風俗至於陵夷 敢率舊章 以申明命 苟或故犯 國有常刑.

眞骨大等 幞頭任意 表衣·半臂袴竝禁罽繡錦羅 腰帶禁硏文白玉 靴禁紫皮 靴帶禁隱文白玉 襪任用綾已下 履任用皮絲麻 布用二十六升已下.

眞骨女 表衣禁罽繡錦羅 內衣·半臂·袴·襪·履竝禁罽繡羅 裱禁罽及繡用金銀絲孔雀尾翡翠毛者 梳禁瑟瑟鈿玳瑁 釵禁刻鏤及綴珠 冠禁瑟瑟鈿 布用二十八升已下 九色禁赭黃.

六頭品 幞頭用繐羅絁絹布 表衣只用綿紬紬布 內衣只用小文綾絁絹布 袴只用絁絹綿紬布 帶只用烏犀鍮鐵銅 襪只用絁綿紬布 靴禁烏麚皺文紫皮 靴帶用烏犀鍮鐵銅 履只用皮麻 布用十八升已下.

六頭品女 表衣只用中小文綾絁絹 內衣禁罽繡錦野草羅 半臂禁罽繡羅繐羅 袴禁罽繡錦羅繐羅金泥 裱禁罽繡錦羅金銀泥 褙·襠·短衣竝禁罽繡錦羅布紡羅野草羅金銀泥 表裳禁罽繡錦羅繐羅野草羅金銀泥纐纈 䙽襻禁罽繡 內裳禁罽繡錦羅野草羅 帶禁以金銀絲孔雀尾翡翠毛爲組 襪袎禁罽羅繐羅 襪禁罽繡錦羅繐羅野草羅 履錦罽繡錦羅繐羅 梳禁瑟瑟鈿 釵禁純金以銀刻鏤及綴珠 冠用繐羅紗絹 布用二十五升已下 色禁赭黃紫紫粉金屑紅.

五頭品 幞頭用羅絁絹布 表衣只用布 內衣·半臂只用小文綾絁絹布 袴只用綿紬布 腰帶只用鐵 襪只用綿紬 靴禁烏麚皺文紫皮 靴帶只用鍮鐵銅 履用皮麻 布用十五升已下.

五頭品女 表衣只用無文獨織 內衣只用小文綾 半臂禁罽繡錦野草羅𦁈羅 袴禁罽繡錦羅𦁈羅野草羅金泥　裱用綾絹已下　褙・襠禁罽繡綿野草羅布紕羅金銀泥䋇䌥 短衣禁罽繡錦野草羅布紕羅𦁈羅金銀泥䋇䌥 表裳禁罽繡錦野草羅𦁈羅金銀泥䋇䌥 䙅襻禁罽繡錦羅 內裳禁罽繡錦野草羅金銀泥䋇䌥 帶禁以金銀絲孔雀尾翡翠毛爲組 襪袎禁罽繡錦羅𦁈羅 襪罽繡錦羅𦁈羅野草羅 履但用皮已下 梳用素玳瑁已下 釵用白銀已下 無冠 布用二十升已下 色禁赭黃紫紫粉黃屑紅緋。

四頭品 幞頭只用紗𥿄絹布 表衣・袴只用布 內衣・半臂只用絁絹綿紬布 腰帶只用鐵銅 靴禁烏麖皺文紫皮 靴帶只用鐵銅 履用牛皮麻已下 布用十三升已下。

四頭品女 表衣只用綿紬已下 內衣只用小文綾已下 半臂・袴只用小文綾𥿄絹已下 裱短衣只用絹已下 褙・襠只用綾已下 表裳只用𥿄絹已下 䙅與裳同 襻用越羅 無內裳 帶禁繡組及野草羅乘天羅越羅 只用綿紬已下 襪袎只用小文綾已下 襪只用小文綾細綿紬布 履用皮已下 梳用素牙角木 釵禁刻鏤綴珠及純金 無冠 布用十八升 色禁赭黃紫紫粉黃屑緋紅滅紫。

平人 幞頭只用絹布 表衣・袴只用布 內衣只用絹布 帶只用銅鐵 靴禁烏麖皺文紫皮 靴帶只用鐵銅 履用麻已下 布用十二升已下。

平人女 表衣只用綿紬布 內衣只用𥿄絹綿紬布 袴用𥿄已下 表裳用絹已下 襻只用綾已下 帶只用綾絹已下 襪袎用無文 襪用𥿄綿紬已下 梳用素牙角已下 釵用鍮石已下 布用十五升已下 色與四頭品女同。

高句麗・百濟衣服之制 不可得而考 今但記見於中國歷代史書者。

北史云 高麗人皆頭着折風 形如弁 士人加挿二鳥羽 貴者其冠曰蘇骨 多用紫羅爲之 飾以金銀 服大袖衫 大口袴 素皮帶 黃革履 婦人裙襦加襈。

新唐書云 高句麗王服五采 以白羅製冠 革帶皆金釦 大臣靑羅冠 次絳羅 珥兩鳥羽 金銀雜釦 衫筩褎 袴大口 白韋帶 黃革履 庶人衣褐 戴弁 女子首巾幗。

冊府元龜云 高句麗 其公會皆錦繡 金銀以自飾 大加主簿皆着幘 如冠幘而無後 其小加着折風 形如弁。

北史云 百濟衣服與高麗略同 若朝拜祭祀 其冠兩廂加翅 戎事則不 奈率已下 (下 當作上) 冠飾銀花 將德紫帶 施德皂帶 固德赤帶 季德青帶 對德・文督皆黃帶 自武督至剋虞皆白帶。

隋書云 百濟自佐平至將德 服紫帶 施德皂帶 固德赤帶 季德青帶 對德以下皆黃帶 自文督至剋虞皆白帶 冠制並同 唯奈率以上飾以銀花。

唐書云 百濟其王服大袖紫袍 靑錦袴 烏羅冠 金花爲飾 素皮帶 烏革履 官人盡緋爲衣 銀花飾冠 庶人不得衣緋紫.

通典云 百濟其衣服男子 略同於高麗 婦人衣似袍而袖微大.

車 騎(新羅)

眞骨 車材不用紫檀沈香 不得帖玳瑁 亦不敢飾以金銀玉 褥子用綾絹已下 不過二重 坐子用鈿錦二色綾已下 緣用錦已下 前後幰用小文綾紗絁已下 色以深靑碧紫紫粉 絡網用絲麻 色以紅緋翠碧 粧表且用絹布 色以紅緋靑縹 牛勒及鞦用絁絹布 環禁金銀鍮石 步搖亦禁金銀鍮石.

六頭品 褥者用絁絹已下 坐子用絁絹布 無緣 前後幰若隨眞骨已上貴人行則不設 但自行則用竹簾若莞席 緣以絁絹已下 絡網用布 色以赤靑 牛勒及鞦用布 環用鍮銅鐵.

五頭品 褥子只用氈若布 前後幰只用竹簾莞席 緣以皮布 無勒 鞦用麻 環用木鐵.

眞骨 鞍橋禁紫檀沈香 鞍韉禁罽繡錦羅 鞍坐子禁罽繡羅 障泥但用麻油染 銜鐙禁金鍮石鍍金綴玉 鞦鞅禁組及紫絛.

眞骨女 鞍橋禁寶鈿 鮫韉鞍坐子禁罽羅 脊雜(一云 韂脊)禁罽繡羅 銜鐙禁裹金綴玉 鞦鞅禁雜金銀絲組.

六頭品 鞍橋禁紫檀沈香黃楊槐柘及金綴玉 鞍韉用皮 鞍坐子用綿紬絁布皮 障泥用麻油染 銜鐙禁金銀鍮石及鍍金銀綴玉 鞦鞅用皮麻.

六頭品女 鞍橋禁紫檀沈香及裹金綴玉 鞍韉鞍坐子禁罽繡錦羅繐羅 替脊用綾絁絹 銜鐙禁金銀鍮石及鍍金銀綴玉 障泥用皮 鞦鞅不用組.

五頭品 鞍橋禁紫檀沈香黃楊槐柘 亦不得用金銀綴玉 鞍韉用皮 障泥用麻油染 銜鐙禁金銀鍮石 又不得鍍鏤金銀 鞦鞅用麻.

五頭品女 鞍橋禁紫檀沈香 又禁飾以金銀玉 鞍韉鞍坐子禁罽繡錦綾羅虎皮 銜鐙禁金銀鍮石 又禁飾以金銀 障泥用皮 鞦鞅禁組及紫紫粉暈絛 四頭品至百姓鞍橋禁紫檀沈香黃楊槐柘 又禁飾以金銀玉 鞍韉用牛馬皮 鞍褥用皮 障泥用楊竹 銜用鐵 鐙用木鐵 鞦鞅用筋若麻爲絞. 四頭品女至百姓 鞍橋禁紫檀沈香黃楊槐柘 又禁飾金銀玉 鞍韉鞍坐子禁罽繡錦羅繐羅綾虎皮 銜鐙禁金銀鍮石 又禁飾金銀 障泥但用皮 鞦鞅禁組及紫紫粉暈絛

器用

眞骨 禁金銀及鍍金.

六頭 五頭品 禁金銀及鍍金銀 又不用虎皮毬㲪㲪.

四頭品至百姓 禁金銀鍮石朱裏平文物 又禁毬㲪㲪虎皮大唐毯等.

屋舍

眞骨 室長廣不得過二十四尺 不覆唐瓦 不施飛簷 不雕懸魚 不飾以金銀鍮石五彩 不磨階石 不置三重階 垣墻不施梁棟 不塗石灰 簾緣禁錦罽繡野草羅 屛風禁繡 床不飾玳瑁沈香.

六頭品 室長廣不過二十一尺 不覆唐瓦 不施飛簷重栿栱牙縣魚 不飾以金銀鍮石白鑞五彩 不置巾(巾 恐作中)階及二重階 階石不磨 垣墻不過八尺 又不施梁棟 不塗石灰 簾緣禁罽繡綾 屛風禁繡 床不得飾玳瑁紫檀沈香黃楊 又禁錦薦 不置重門及四方門 廐容五馬.

五頭品 室長廣不過十八尺 不用山楡木 不覆唐瓦 不置獸頭 不施飛簷重栿花斗牙懸魚 不以金銀鍮石銅鑞五彩爲飾 不磨階石 垣墻不過七尺 不架以梁 不塗石灰 簾緣禁錦罽綾絹絁 不作大門四方門 廐容三馬.

四頭品至百姓 室長廣不過十五尺 不用山楡木 不施藻井 不覆唐瓦 不置獸頭 飛簷栱牙懸魚 不以金銀鍮石銅鑞爲飾 階砌不用山石 垣墻不過六尺 又不架梁 不塗石灰 不作大門四方門 廐容二馬.

外眞村主與五品同 次村主與四品同.

삼국사기 권 제34

잡지(雜志) 제3

지리(地理) 1

지리(地理) 1

　신라(新羅)의 강계(疆界:경계)에 대하여는 옛 전기(傳記)들이 똑같지 않다.
　두우(杜佑)의 통전(通典)에는 "그 선조는 본래 진한(辰韓)의 종족(種族)이요 그 나라는 백제·고구려 양국의 동남에 있다. 동녘으로는 큰 바다에 닿았다" 하였고, 유후(劉昫)의 당서(唐書)에는 "동쪽 남쪽이 다 큰 바다로 한계되었다" 하였고, 송기(宋祁)의 신서(新書)에는 "동남은 일본이요, 서(西)는 백제요, 북은 고구려요, 남녘 끝은 바다이다" 하였고, 가탐(賈眈)의 사이술(四夷述)에는 "진한(辰韓)은 마한(馬韓)의 동에 있다. 그 동은 바다와 맞닿고 북은 예(濊)와 더불어 연접하였다" 하였다. 신라 최치원(崔致遠)은 "마한은 곧 고구려, 변한(卞韓)은 곧 백제, 진한은 곧 신라이다"라고 하였다. 이러한 제가(諸家)의 말들은 근사하다 이를 수 있으나 이를테면 신구당서(新舊唐書)에 모두 "변한의 후예가 낙랑(樂浪) 땅에 있다" 한 것과, 신서(新書)에 또 "동으로는 장인(長人)의 나라와 서로 상거(相距)하여 있는데, 장인은 키가 세 길(丈)이나 되는 사람으로 어금니가 톱날 같고 갈고리 손톱을 지녀 사람을 잡아먹는다. (그래서) 신라에서는 항상 노사(弩士:쇠뇌궁사) 수천 명을 주둔시켜 지킨다" 하였는데, 이것은 모두 전설이요 실화가 아니다. 양한지(兩漢志:前後漢書)를 보면 "낙랑군은 낙양(洛陽)과 동북 5,000리 거리에 있다" 하였고, 주(注)에는 "(낙랑군이) 유주(幽州)에 속하였으니 지난날의 조선국(朝鮮國)이다" 하였다. 그렇다면 계림(鷄林:신라)의 지경과 동떨어진 것 같다. 또 서로 전하기를 "동해의 절도(絶島)에 대인(大人)의 나라가 있다" 하였으나 아무도 발견한 자가 없는데 어찌 노사가 지키는 일이 있겠는가. 이제 상고해 보건대 신라 시조 혁거세는 전한(前漢)의 오봉(五鳳) 원년인 갑자년(BC 57)에 개국하였는데, 왕도(王都)의 길이가 3,075보, 너비가 3,018보이며 35리(里)에 6부(六部)가 있었다. 국호(國號)는 서야벌(徐耶伐), 혹은 사라(斯羅), 혹은 사로(斯盧), 혹은 신라라 하였다. 탈해왕(脫解王) 9년에 시림(始林)에서 계괴(鷄怪:김알지 설화)가 있어 이름을 계림으로 고치고 그것으로 국호를 삼았다가 기림왕(基臨王) 10년(307)에 다시 신라로 이름하였다. 처음 혁거세(赫居世) 21년에 궁성을 신축하고 이름을 금성(金城)이라 하였고, 파사왕(婆娑王) 22년에 금성의 동남에 성을 쌓고 이름을 월성(月城:半月城)이라 하였다. 혹은 재성(在城)이라고도 하였는데 주위가 1,023보였다. 신월성(新月城) 북쪽에 만월성(滿月城:金城)이 있어 주위가 1,838보, 또 신월성 동쪽에 명활성(明活城)이 있으며 주위가 1,906보, 또 신월성 남쪽에 남산성(南山城)이 있으니 주위는 2,804보였다. 시조(始祖) 이래로 금성에 거처하였으며 후세에 와서는 두 월성(月城)에 주로 거처하였다.

이때부터 고구려·백제와 지계(地界)가 견아(犬牙)같이 얼키어 혹은 서로 화친하고 혹은 서로 침략하더니, 뒤에 당(唐)과 더불어 두 나라를 멸망시키고, 그 토지를 합쳐 드디어 9주(九州)를 설치하였다. 그 9주는 본국의 경계 내에 3주를 두고, 왕성(王城) 동북쪽(서북의오기) 당은포(唐恩浦:화성군)로 가는 길이 있는 곳은 상주(尙州:사벌주(沙伐州)), 왕성 남쪽은 양주(良州:揷良州), 서쪽은 강주(康州:菁州)라 하고, 옛 백제국 경계에 3주를 두고, 백제 고성(故城:부여) 북쪽 웅진구(熊津口)는 웅주(熊州), 다음 서남쪽은 전주(全州:완산주), 다음 남쪽은 무주(武州:무진주)라 하였다. 고구려 남계(南界)에 3주를 두고, 서쪽으로 첫째는 한주(漢州:한산주), 다음 동은 삭주(朔州:音若州), 또 다음 동쪽은 명주(溟州:河西州)라 하였다. 9주에 매인 군과 현은 무려 450개소였다〔방언(方言)에 이른바 향부곡(鄕部曲) 등 잡소(雜所)는 모두 기록치 아니한다〕. 신라 지리의 확장이 이로써 극에 달하더니 그 쇠퇴기에 이르러 정치는 거칠어지고 백성은 이반되고 강토는 날로 줄어들었다. 말왕(末王) 김부(金傅:경순왕)가 나라를 들어 우리 태조(고려태조)께 귀순하므로 그 나라를 경주(慶州)로 삼았다.

상주(尙州)는 첨해왕(沾解王) 때에 사벌국(沙伐國)을 탈취하여 주(州)로 삼았다. 법흥왕(法興王) 11년 처음으로 군주(軍主)를 두고 상주(上州)로 하였다. 진흥왕(眞興王) 18년에 주(州)를 폐기하였다가 신문왕(神文王) 7년에 다시 설치하고 주위 1,109보의 성을 쌓았다. 경덕왕(景德王) 16년에 이름을 상주로 고쳤는데 지금까지 그대로 인습한다. 3현(縣)을 거느렸다. 청효현(靑驍縣)은 본래 석리화현(昔里火縣)인데 경덕왕 때 고친 이름이다. 지금의 청리현(靑里縣)이다. 다인현(多仁縣)은 본래 달사현(達巳縣)〔다사(多已)라고도 함〕인데 경덕왕 때 고친 이름이다. 지금까지 그대로 인습한다. 화창현(化昌縣)은 본래 지내미지현(知乃彌知縣)인데 경덕왕 때 고친 이름이다. 지금은 그 위치가 자상치 않다.

예천군(醴泉郡)은 본래 수주군(水酒郡)으로 경덕왕 때 고친 이름이다. 지금은 보주(甫州)로서 4현을 거느렸다. 영안현(永安縣)은 본래 하지현(下枝縣)이었다가 경덕왕 때 고친 이름이다. 지금의 풍산현(豊山縣)이다. 안인현(安仁縣)은 본래 난산현(蘭山縣)이었으나 경덕왕 때 고친 이름이다. 지금은 자상치 않다. 가유현(嘉猷縣)은 본래 근품현(近品縣 : 또는 건품현(巾品縣))인데 경덕왕 때 고친 이름이다. 지금의 산양현(山陽縣)이다. 은정현(殷正縣)은 본래 적아현(赤牙縣)으로 경덕왕 때 고친 이름이다. 지금의 은풍현(殷豐縣)이다.

고창군(古昌郡)은 본래 고타야군(古陁耶郡)이었다가 경덕왕 때 고친 이름이요 지금의 안동부(安東府)다. 3현을 거느렸다. 직녕현(直寧縣)은 본래 일직현(一直縣)으로 경덕왕 때 고친 이름이다. 지금은 옛 이름을 회복하였다. 일계현(日谿縣)은 본래 열혜현(熱兮縣 : 또는 이혜(泥兮))이었는데 경덕왕 때 고친 이름이다. 지금은 자상치 않다. 고구현(高丘縣)은 본래 구화현(仇火縣 : 또는 고근현(高近縣))인데 경덕왕 때 고친 이름이다. 지금은 의성부(義城府)에 합속되었다.

문소군(聞韶郡)은 본래 소문국(召文國)인데 경덕왕 때 고친 이름이다. 지금의 의성부(義城府)다. 4현을 거느렸다. 진보현(眞寶縣)은 본래 칠파화현(漆巴火縣)인데 경덕왕 때 고친 이름이다. 지금의 보성(甫城)이다. 비옥현(比屋縣)은 본래 아화옥현(阿火屋縣 : 또는 병옥(幷屋))인데 경덕왕 때 고친 이름이다. 지금까지 인습한다. 안현현(安賢縣)은 본래 아시혜현(阿尸兮縣 : 또는 아을혜(阿乙兮))인데 경덕왕 때 고친 이름이다. 지금의 안정현(安定縣)이다. 단밀현(單密縣)

은 본래 무동미지(武冬彌知 : 또는 갈동미지(曷冬彌知))를 경덕왕이 고친 이름인데 지금까지 인습한다.

숭선군(嵩善郡)은 본래 일선군(一善郡)인데 진평왕(眞平王) 36년에 일선주(一善州)를 만들고 군주(軍主)를 두었다가 신문왕(神文王) 7년에 주(州)를 철폐하였다. 경덕왕 때 고친 이름이다. 지금의 선주(善州)이다. 3현(縣)을 거느렸다. 효령현(孝靈縣)은 본래 모혜현(芼兮縣)인데 경덕왕 때 고친 이름이다. 지금까지 인습한다. 이동혜현(尒同兮縣)은 지금은 자상치 않다. 군위현(軍威縣)은 본래 노동멱현(奴同覓縣 : 또는 여두멱(如豆覓))인데 경덕왕 때 고친 이름이다. 지금까지 인습한다.

개녕군(開寧郡)은 옛 감문(甘文)이란 소국(小國)이다. 진흥왕(眞興王) 18년에 군주를 두고 청주(青州)를 만들었다. 진평왕 때 주(州)를 폐기하였다가 문무왕(文武王) 원년에 감문군을 설치하였다. 경덕왕 때 고친 이름인데 지금까지 인습한다. 4현(縣)을 거느렸다. 어모현(禦侮縣)은 본래 금물현(今勿縣 : 또는 음달(陰達))인데 경덕왕 때 고친 이름이다. 지금까지 인습한다. 금산현(金山縣)은 경덕왕 때 주와 현을 고칠 적의 이름인데 지금까지 인습한다. 지례현(知禮縣)은 본래 지품천현(知品川縣)인데 경덕왕 때 고친 이름이다. 지금까지 인습한다. 무풍현(茂豐縣)은 본래 무산현(茂山縣)인데 경덕왕이 고친 이름이다. 지금까지 인습한다.

영동군(永同郡)은 본래 길동군(吉同郡)인데 경덕왕 때 고친 이름이다. 지금까지 인습한다. 2현(縣)을 거느렸다. 양산현(陽山縣)은 본래 조비천현(助比川縣)인데 경덕왕 때 고친 이름이다. 지금까지 인습한다. 황간현(黃澗縣)은 본래 소라현(召羅縣)인데 경덕왕 때 고친 이름이다. 지금까지 인습한다.

관성군(管城郡)은 본래 고시산군(古尸山郡)인데 경덕왕 때 고친 이름이다. 지금까지도 인습한다. 2현(縣)을 거느렸다. 이산현(利山縣)은 본래 소리산현(所利山縣)인데 경덕왕 때 고친 이름이다. 지금까지 인습한다. 현진현(縣眞縣)은 본래 아동호현(阿冬號縣)인데 경덕왕 때 고친 이름이다. 지금의 안읍현(安邑縣)이다.

삼년군(三年郡)은 본래 삼년산군(三年山郡)인데 경덕왕 때 고친 이름이다. 지금의 보령군(保齡郡)이다. 2현(縣)을 거느렸다. 청천현(淸川縣)은 본래 살매현(薩買縣)인데 경덕왕 때 고친 이름이다. 지금까지 인습한다.

고녕군(古寧郡)은 본래 고녕가야국(古寧加耶國)인데 신라가 탈취하여 고동람군(古冬攬郡 : 또는 고릉현(古陵縣))을 만들었다. 경덕왕 때 고친 이름이다. 지금의 함녕군(咸寧郡)이다. 3현(縣)을 거느렸다. 가선현(嘉善縣)은 본래 가해현(加害縣)인데 경덕왕 때 고친 이름이다. 지금의 가은현(加恩縣)이다. 관산현(冠山縣)은 본래 관현(冠縣)〔관문현(冠文縣)이라고도 함〕인데 경덕왕 때 고친 이름이다. 지금의 문경현(聞慶縣)이다. 호계현(虎溪縣)은 본래 호측현(虎側縣)인데 경덕왕 때 고친 이름이다. 지금도 인습한다.

화녕군(化寧郡)은 본래 답달비군(答達匕郡 : 또는 답달(畓達))인데 경덕왕 때 고친 이름이다. 지금까지 인습한다. 1현(縣)을 거느렸다. 도안현(道安縣)은 본래 도량현(刀良縣)인데 경덕왕 때 고친 이름이다. 지금의 중모현(中牟縣)이다.

양주(良州)는 문무왕(文武王) 5년에 상주(上州)·하주(下州)의 땅을 분할하여 삽량주(歃良州)를 설치하였다. 신문왕 7년에 성을 쌓았는데 주위가 1,260보였다. 경덕왕 때 양주(良州)라 개명(改名)하였다. 지금의 양주(梁州)이다. 1현(縣)을 거느렸다. 헌양현(巘陽縣)은 본래 거지화현(居知火縣)인데 경덕왕 때 고친 이름이다. 지금까지 인습한다.

김해소경(金海小京)은 옛 금관국(金官國 : 가락국(伽洛國) 또는 가야국(伽耶國))이다. 시조 수로왕(首露王)으로부터 10대손 구해왕(仇亥王)에 이르러, 신라 법흥왕 19년에 백성을 거느리고 와서 항복하므로 그 땅으로써 금관군(金官郡)을 만들었다. 문무왕 20년에 소경(小京)을 만들었고 경덕왕 때 김해경(金海京)으로 개명하였다. 지금의 금주(金州)이다.

의안군(義安郡)은 본래 굴자군(屈自郡)인데 경덕왕 때 고친 이름이다. 지금도 인습한다. 3현(縣)을 거느렸다. 칠제현(漆隄縣)은 본래 칠토현(漆吐縣)이었다가 경덕왕 때 고친 이름이다. 지금의 칠원현(漆園縣)이다. 합포현(合浦縣)은 본래 골포현(骨浦縣)인데 경덕왕 때 고친 이름이다. 지금도 인습한다. 웅신현(熊神縣)은 본래 웅지현(熊只縣)인데 경덕왕 때 고친 이름이다. 지금까지 인습한다.

밀성군(密城郡)은 본래 추화군(推火郡)인데 경덕왕 때 고친 이름이다. 지금까지 인습한다. 5현(縣)을 거느렸다. 상약현(尙藥縣)은 본래 서화현(西火

縣)인데 경덕왕 때 고친 이름이다. 지금의 영산현(靈山縣)이다. 밀진현(密津縣)은 본래 추포현(推浦縣 : 또는 죽산(竹山))이라고도 함)인데 경덕왕 때 고친 이름이다. 지금은 자상치 않다. 오구산현(烏丘山縣)은 본래 오야산현(烏也山縣 : 구도(仇道) 또는 오례산(烏禮山))인데 경덕왕 때 고친 이름이다. 지금은 청도군(淸道郡)에 합속되었다. 형산현(荊山縣)은 본래 경산현(驚山縣)인데 경덕왕 때 고친 이름이다. 지금은 청도군에 합속되었다. 소산현(蘇山縣)은 본래 솔이산현(率已山縣)을 경덕왕이 개명하였는데 지금은 청도군에 합속되었다.

화왕군(火王郡)은 본래 비자화군(比自火郡 : 또는 비사벌(比斯伐))인데 진흥왕 16년에 주를 설치하고 이름을 하주(下州)라 하였다가 26년에 주를 철폐하였다. 경덕왕 때 고친 이름이다. 지금의 창녕군(昌寧郡)이다. 1현(縣)을 거느렸다. 현효현(玄驍縣)은 본래 추량화현(推良火縣 : 또는 삼량화(三良火))인데 경덕왕 때 고친 이름이다. 지금의 현풍현(玄豐縣)이다.

수창군(壽昌郡)〔수(壽)는 가(嘉)라고도 함〕은 본래 위화군(喟火郡)인데 경덕왕 때 고친 이름이다. 지금의 수성군(壽城郡)이다. 4현(縣)을 거느렸다. 대구현(大丘縣)은 본래 달구화현(達句火縣)인데 경덕왕 때 고친 이름이다. 지금까지 인습한다. 팔리현(八里縣)은 본래 팔거리현(八居里縣 : 북치장리(北耻長里) 또는 인리(仁里))인데 경덕왕 때 고친 이름이다. 지금의 팔거현(八居縣)이다. 하빈현(河濱縣)은 본래 다사지현(多斯只縣)〔답지(畓只)라고도 함〕인데 경덕왕 때 고친 이름이다. 지금도 인습한다. 화원현(花園縣)은 본래 설화현(舌火縣)인데 경덕왕 때 고친 이름이다. 지금까지 인습한다.

장산군(獐山郡)은 지마왕(祇摩王) 때 압량(押梁 : 또는 압독(押督)) 소국(小國)을 탈취하여 군을 설치하고, 경덕왕이 개명하였는데 지금의 장산군(章山郡)이다. 3현을 거느렸다. 해안현(解顔縣)은 본래 치성화현(雉省火縣 : 또는 미리(美里))인데, 경덕왕이 개명하여 지금 그대로 부른다. 여량현(餘粮縣)은 본래 마진량현(麻珍良縣 : 또는 마미량(麻彌良))인데 경덕왕이 개명하였다. 지금의 구사부곡(仇史部曲)이다. 자인현(慈仁縣)은 본래 노사화현(奴斯火縣)을 경덕왕이 개명하였는데 지금 그대로 부른다.

임고군(臨皐郡)은 본래 절야화군(切也火郡)인데 경덕왕 때 고친 이름이다. 지금의 영주(永州)다. 5현을 거느렸다. 장진현(長鎭縣)은 지금의 죽장이부곡(竹長伊部曲)이다. 임천현(臨川縣)은 조분왕(助賁王) 때 골화(骨火)

라는 작은 나라를 쳐 빼앗아 현을 설치한 것인데 경덕왕 때 고친 이름이다. 지금은 영주(永州)에 합속되었다. 도동현(道同縣)은 본래 도동화현(刀冬火縣)인데 경덕왕 때 고친 이름이다. 지금까지 인습한다. 지금은 영주(永州)에 합하였다. 신녕현(新寧縣)은 본래 사정화현(史丁火縣)인데 경덕왕이 개명하여 지금까지 인습한다. 민백현(䎍白縣)은 본래 매열차현(買熱次縣)인데 경덕왕 때 고친 이름이다. 지금은 신녕현(新寧縣)에 합속되었다.

　동래군(東萊郡)은 본래 거칠산군(居漆山郡)인데 경덕왕 때 고친 이름이다. 지금까지 인습한다. 2현을 거느렸다. 동평현(東平縣)은 본래 대증현(大甑縣)인데 경덕왕 때 고친 이름이다. 지금까지 인습한다. 기장현(機張縣)은 본래 갑화량곡현(甲火良谷縣)인데 경덕왕 때 고친 이름이다. 지금도 인습한다.

　동안군(東安郡)은 본래 생서량군(生西良郡)인데 경덕왕 때 고친 이름이다. 지금은 경주(慶州)에 합속되었다. 1현을 거느렸다. 우풍현(虞風縣)은 본래 우화현(于火縣)인데 경덕왕 때 고친 이름이다. 지금은 울주(蔚州)에 소속되었다.

　임관군(臨關郡)은 본래 모화군(毛火郡 : 또는 문화(蚊化))으로 성덕왕(聖德王) 때 성을 쌓아 왜적(倭賊)의 통로를 차단한 곳이다. 경덕왕 때 고친 이름이다. 지금은 경주에 소속되었다. 2현을 거느렸다. 동진현(東津縣)은 본래 율포천(栗浦縣)인데 경덕왕 때 고친 이름이다. 지금은 울주(蔚州)에 소속되었다. 하곡현(河曲縣 : 또는 하서(河西))은 파사왕(婆娑王) 때 굴아화촌(屈阿火村)을 빼앗아 현을 설치한 것인데 경덕왕 때 고친 이름이다. 지금의 울주(蔚州)이다.

　의창군(義昌郡)은 본래 퇴화군(退火郡)인데 경덕왕 때 고친 이름이다. 지금의 흥해군(興海郡)이다. 6현을 거느렸다. 안강현(安康縣)은 본래 비화현(比火縣)인데 경덕왕 때 고친 이름이다. 지금까지 인습한다. 기립현(鬐立縣)은 본래 지답현(只畓縣)인데 경덕왕 때 고친 이름이다. 지금의 장기현(長鬐縣)이다. 신광현(神光縣)은 본래 동잉음현(東仍音縣)인데 경덕왕 때 고친 이름이다. 지금도 인습한다. 임정현(臨汀縣)은 본래 근오지현(斤烏支縣)인데 경덕왕 때 고친 이름이다. 지금의 영일현(迎日縣)이다. 기계현(杞溪縣)은 본래 모혜현(芼兮縣 : 또는 화계(化鷄))인데 경덕왕 때 고친 이름이다. 지금까지 인습한다. 음즙화현(音汁火縣)은 파사왕 때 음즙벌국(音汁伐國)을 빼앗아 현을 설치한 것인데 지금은 안강현(安康縣)에 합속되었다.
　대성군(大城郡)은 본래 구도성(仇刀城)이다. 경내의 솔이산성(率伊山城), 가산현(茄山縣:또는 경산성(驚山城)), 오도산성(烏刀山城) 등 세 성과 함께 지금은 청도군(淸道郡)에 합속되었다. 약장현(約章縣)은 본래 악지현(惡支縣)인데 경덕왕 때 고친 이름이다. 지금은 경주(慶州)에 합속되었다. 동기정(東畿停)은 본래 모지정(毛只停)인데 경덕왕 때 고친 이름이다. 지금은 경주에 합속되었다.
　상성군(商城郡)은 본래 서형산군(西兄山郡)인데 경덕왕 때 고친 이름이다. 지금은 경주에 합속되었다. 5개 현을 거느렸다. 남기정(南畿停)은 본래 도품혜정(道品兮停)인데 경덕왕 때 고친 이름이다. 지금은 경주에 합속되었다. 중기정(中畿停)은 본래 근내정(根乃停)인데 경덕왕 때 고친 이름이다. 지금은 경주에 합속되었다. 서기정(西畿停)은 본래 두량미지정(豆良彌知停)인데 경덕왕 때 고친 이름이다. 지금은 경주에 합속되었다. 북기정(北畿停)은 본래 우곡정(雨谷停)인데 경덕왕 때 고친 이름이다. 지금은 경주에 합속되었다. 막야정(莫耶停)은 본래 관아량지정(官阿良支停:또는 북아량(北阿良))인데 경덕왕 때 고친 이름이다. 지금은 경주에 합속되었다.

　강주(康州)는 신문왕(神文王) 5년에 거타주(居陁州)를 나누어 청주(菁州)를 설치한 땅인데 경덕왕 때 고친 이름이다. 지금은 진주(晉州)라 부른다. 2현을 거느렸다. 가수현(嘉壽縣)은 본래 가주화현(加主火縣)인데 경덕왕 때 고친 이름이다. 지금까지 인습한다. 굴촌현(屈村縣)은 지금 미상이다.
　남해군(南海郡)은 신문왕 초에 전야산군(轉也山郡)을 설치하였는데 해중(海中)의 섬이다. 이를 경덕왕이 개명하였는데 그대로 인습한다. 2현을 거느렸다. 난포현(蘭浦縣)은 본래 내포현(內浦縣)인데 경덕왕이 개명하여 지금 그대로 인습한다. 평산현(平山縣)은 본래 평서산현(平西山縣:또는 서평(西平))인데 경덕왕 때 고친 이름이다. 지금도 인습한다.
　하동군(河東郡)은 본래 한다사군(韓多沙郡)인데 경덕왕 때 고친 이름이다. 지금까지 인습한다. 3현을 거느렸다. 성량현(省良縣)은 지금의 금량부곡(金良部曲)이다. 악양현(嶽陽縣)은 본래 소다사현(小多沙縣)인데 경덕왕 때 고친 이름이다. 지금도 인습한다. 하읍현(河邑縣)은 본래 포촌현(浦村

縣)인데 경덕왕 때 고친 이름이다. 지금은 미상이다.

고성군(固城郡)은 본래 고자군(古自郡)인데 경덕왕 때 고친 이름이다. 지금까지 인습한다. 3현을 거느렸다. 문화량현(蚊火良縣)은 지금은 미상이다. 사수현(泗水縣)은 본래 사물현(史勿縣)인데 경덕왕 때 고친 이름이다. 지금은 사주(泗州)이다. 상선현(尙善縣)은 본래 일선현(一善縣)인데 경덕왕 때 고친 이름이다. 지금은 영선현(永善縣)이다.

함안군(咸安郡)은 법흥왕(法興王)이 대군을 일으켜 아시량국(阿尸良國 : 또는 아나가야(阿那加耶))을 없애고 그 땅을 군으로 만들었는데 경덕왕 때 고친 이름이다. 지금까지 인습한다. 2현을 거느렸다. 현무현(玄武縣)은 본래 소삼현(召彡縣)인데 경덕왕 때 고친 이름이다. 지금의 소삼부곡(召彡部曲)이다. 의녕현(宜寧縣)은 본래 장함현(獐含縣)인데 경덕왕 때 고친 이름이다. 지금까지 인습한다.

거제군(巨濟郡)은 문무왕(文武王) 초기에 설치했던 상군(裳郡)으로 바다 가운데 섬인데 경덕왕 때 고친 이름이다. 지금까지 인습한다. 3현을 거느렸다. 아주현(鵝洲縣)은 본래 거로현(巨老縣)인데 경덕왕 때 고친 이름이다. 지금도 인습한다. 명진현(溟珍縣)은 본래 매진이현(買珍伊縣)인데 경덕왕 때 고친 이름이다. 지금도 인습한다. 남수현(南垂縣)은 본래 송변현(松邊縣)인데 경덕왕 때 고친 이름이다. 지금 옛 이름을 회복하였다.

궐성군(闕城郡)은 본래 궐지군(闕支郡)인데 경덕왕 때 고친 이름이다. 지금의 강성현(江城縣)이다. 2현을 거느렸다. 단읍현(丹邑縣)은 본래 적촌현(赤村縣)인데 경덕왕 때 고친 이름이다. 지금의 단계현(丹溪縣)이다. 산음현(山陰縣)은 본래 지품천현(知品川縣)인데 경덕왕 때 고친 이름이다. 지금까지 인습한다.

천령군(天嶺郡)은 본래 속함군(速含郡)인데 경덕왕 때 고친 이름이다. 지금은 함양군(咸陽郡)이다. 2현을 거느렸다. 운봉현(雲峯縣)은 본래 모산현(母山縣 : 아영성(阿英城) 또는 아막성(阿莫城))인데 경덕왕 때 고친 이름이다. 지금까지 인습한다. 이안현(利安縣)은 본래 마리현(馬利縣)인데 경덕왕 때 고친 이름이다. 지금까지 인습한다.

거창군(居昌郡)은 본래 거열군(居烈郡 : 또는 거타(居陁))인데 경덕왕 때 고친 이름이다. 지금까지 인습한다. 2현을 거느렸다. 여선현(餘善縣)은 본래 남내현

(南內縣)인데 경덕왕 때 고친 이름이다. 지금은 감음현(感陰縣)이다. 함음현(咸陰縣)은 본래 가소현(加召縣)인데 경덕왕 때 고친 이름이다. 지금은 옛 이름을 회복하였다.

고령군(高靈郡)은 본래 대가야국(大加耶國)이다. 시조(始祖) 이진아시왕(伊珍阿豉王 : 또는 내진주지(內珍朱智))으로부터 도설지왕(道設智王)까지 무릇 16세(世) 520년의 역사를 가졌다. 진흥왕(眞興王)이 침범하여 없애고 그 땅을 대가야군(大加耶郡)으로 만들었는데 경덕왕 때 고친 이름이다. 지금까지 인습한다. 2현을 거느렸다. 야로현(冶爐縣)은 본래 적화현(赤火縣)인데 경덕왕 때 고친 이름이다. 지금까지 인습한다. 신복현(新復縣)은 본래 가시혜현(加尸兮縣)인데 경덕왕 때 고친 이름이다. 지금은 자상치 않다.

강양군(江陽郡)은 본래 대량주군(大良州郡)〔양(良)은 야(耶)로도 되었음〕인데 경덕왕 때 고친 이름이다. 지금의 합주(陜州)이다. 3현을 거느렸다. 삼기현(三岐縣)은 본래 삼지현(三支縣 : 또는 마장(麻杖))인데 경덕왕 때 고친 이름이다. 지금도 인습한다. 팔계현(八谿縣)은 본래 초팔혜현(草八兮縣)인데 경덕왕 때 고친 이름이다. 지금은 초계현(草谿縣)이다. 의상현(宜桑縣)은 본래 신이현(辛尒縣 : 주오촌(朱烏村) 또는 천주현(泉州縣))인데 경덕왕 때 고친 이름이다. 지금의 신번현(新繁縣)이다.

성산군(星山郡)은 본래 일리군(一利郡 : 또는 이산군(里山郡))인데 경덕왕 때 고친 이름이다. 지금의 가리현(加利縣)이다. 4현을 거느렸다. 수동현(壽同縣)은 본래 사동화현(斯同火縣)인데 경덕왕 때 고친 이름이다. 지금은 자상치 않다. 계자현(谿子縣)은 본래 대목현(大木縣)인데 경덕왕 때 이름을 고쳤다. 지금은 약목현(若木縣)이다. 신안현(新安縣)은 본래 본피현(本彼縣)인데 경덕왕 때 고친 이름이다. 지금의 경산부(京山府)이다. 도산현(都山縣)은 본래 적산현(狄山縣)인데 경덕왕 때 고친 이름이다. 지금은 자상치 않다.

三國史記 卷 第三十四

雜志 第三 地理一

新羅彊界 古傳記不同 杜佑通典云 其先本辰韓種 其國左百濟高麗二國東南 東濱大海 劉煦(煦 當作昫)唐書云 東南俱限大海 宋祁新書云 東南日本 西百濟 北高麗 南濱海 賈耽四夷述曰 辰韓在馬韓東 東抵海 北與濊接 新羅崔致遠曰 馬韓則高麗 卞韓則百濟 辰韓則新羅也 此諸說可謂近似焉 若新舊唐書皆云 卞 韓苗裔在樂浪之地 新書又云 東距長人 長人者人長三丈 鋸牙鉤爪 搏人以食 新 羅常屯弩士數千守之 此皆傳聞懸說 非實錄也 按兩漢志 樂浪郡距洛陽東北五千 里 注曰 屬幽州 故朝鮮國也 則似與雞林地分隔絶 又相傳 東海絶島上有大人國 而人無見者 豈有弩士守之者 今按新羅始祖赫居世 前漢五鳳元年甲子 開國 王 都長三千七十五步 廣三千一十八步 三十五里 六部 國號曰徐耶伐 或云斯羅 或 云斯盧 或云新羅 脫解王九年 始林有雞怪 更名雞林 因以爲國號 基臨王十年 復號新羅 初赫居世二十一年 築宮城 號金城 婆娑王二十二年 於金城東南築城 號月城 或號在城 周一千二十三步 新月城北有滿月城 周一千八百三十八步 又 新月城東有明活城 周一千九百六步 又新月城南有南山城 周二千八百四步 始祖 已來處金城 至後世多處兩月城 始與高句麗百濟地錯犬牙 或相和親 或相寇 鈔 後與大唐侵滅二邦 平其土地 遂置九州 本國界內置三州 王城東北當唐恩浦 路曰尙州 王城南曰良州 西曰康州 於故百濟國界置三州 百濟故城北熊津口曰熊 州 次西南曰全州 次南曰武州 於故高句麗南界置二州 從西第一曰漢州 次東曰 朔州 又次東曰溟州 九州所管郡縣無慮四百五十(方言所謂鄕部曲等雜所 不復具 錄) 新羅地理之廣袤 斯爲極矣 及其衰也 政荒民散 疆土日蹙 末王金傅以國歸 我太祖 以其國爲慶州.

尙州 沾解王時取沙伐國爲州 法興王十一(二)年 梁晉通六年 初置軍主爲上州 眞興王十八年 州廢 神文王七年 唐垂拱三年 復置 築城周一千一百九步 景德王 十六年 改名尙州 今因之 領縣三 靑驍縣 本昔(昔 勝覽作音 恐皆靑之訛)里火 縣 景德王改名 今靑理縣 多仁縣 本達已縣(或云 多已) 景德王改名 今因之 化 昌縣 本知乃彌知縣 景德王改名 今未詳.

醴泉郡 本水酒郡 景德王改名 今甫州 領縣四 永安縣 本下枝縣 景德王改名 今豊山縣 安仁縣 本蘭山縣 景德王改名 今未詳 嘉猷縣 本近(一作巾)品縣 景 德王改名 今山陽縣 殷正縣 本赤牙縣 景德王改名 今殷豊縣.

古昌郡 本古陀耶郡 景德王改名 今安東府 領縣三 直寧縣 本一直縣 景德王 改名 今復故 日谿縣 本熱兮縣(或云 泥兮) 景德王改名 今未詳 高丘縣 本仇火

縣(或云 高近) 景德王改名 今合屬義城府.

　聞韶郡 本召文國 景德王改名 今義城府 領縣四 眞寶縣 本漆巴火縣 景德王改名 今甫城 比屋縣 本阿火屋縣(一云 幷屋) 景德王改名 今因之 安賢縣 本阿尸兮縣(一云 阿乙兮) 景德王改名 今安定縣 單密縣 本武冬彌知(一云 曷(曷 勝覽作曷)冬彌知) 景德王改名 今因之.

　嵩善郡 本一善郡 眞平王三十六年 爲一善州 置軍主 神文王七年 州廢 景德王改名 今善州 領縣三 孝靈縣 本芼兮縣 景德王改名 今因之 尒同兮縣 今未詳 軍威縣 本奴同汩縣(一云 如豆汩) 景德王改名 今因之.

　開寧郡 古甘文小國也 眞興王十八年 梁(梁 當作陳據年表)永定元年 置軍主 爲靑州 眞平王時 州廢 文武王元年 置甘文郡 景德王改名 今因之 領縣四 禦侮縣 本今勿縣(一云 陰達) 景德王改名 今因之 金山縣 景德王改州縣名 及今竝因之 知禮縣 本知品川縣 景德王改名 今因之 茂豐縣 本茂山縣 景德王改名 今因之.

　永同郡 本吉同郡 景德王改名 今因之 領縣二 陽山縣 本助比川縣 景德王改名 今因之 黃澗縣 本召羅縣 景德王改名 今因之.

　管城郡 本古尸山郡 景德王改名 今因之 領縣二 利山縣 本所利山縣 景德王改名 今因之 縣眞(縣眞麗志及勝監作安貞)縣 本阿冬號(兮)縣 景德王改名 今安邑縣.

　三年郡 本三年山郡 景德王改名 今保齡郡 領縣二 淸川縣 本薩買縣 景德王改名 今因之 耆山縣 本屈縣 景德王改名 今靑山縣.

　古寧郡 本古寧加耶國 新羅取之 爲古冬攬郡(一云 古陵縣) 景德王改名 今咸寧郡 領縣三 嘉善縣 本加害縣 景德王改名 今加恩縣 冠山縣 本冠縣(一云 冠文縣) 景德王改名 今聞慶縣 虎溪縣 本虎側縣 景德王改名 今因之.

　化寧郡 本荅達匕郡(一云 畓達) 景德王改名 今因之 領縣一 道安縣 本刀良縣 景德王改名 今中牟縣.

　良州 文武王五年 麟德二年 割上州·下州地 置歃良州 神文王七年 築城 周一千二百六十步 景德王改名良州 今梁州 領縣一 巘陽縣 本居知火縣 景德王改名 今因之.

　金海小京 古金官國(一云 伽落國 一云 伽耶) 自始祖首露王 至十世仇亥(亥 恐是充之訛 一作仇衝故也)王 以梁中大通四年 新羅法興王十九年 率百姓來降

以其地爲金官郡 文武王二十年 永隆元年 爲小京 景德王改名金海京 今金州.

義安郡 本屈自郡 景德王改名 今因之 領縣三 漆隄縣 本漆吐縣 景德王改名 今漆園縣 合浦縣 本骨浦縣 景德王改名 今因之 熊神縣 本熊只縣 景德王改名 今因之.

密城郡 本推火郡 景德王改名 今因之 領縣五 尙藥縣 本西火縣 景德王改名 今靈山縣 密津縣 本推浦縣(一云 竹山) 景德王改名 今未詳 烏丘山縣 本烏也山縣(一云 仇道 一云 烏禮山) 景德王改名 今合屬淸道郡 荊山縣 本驚山縣 景德王改名 今合屬淸道郡 蘇山縣 本率已山縣 景德王改名 今合屬淸道郡.

火王郡 本比自火郡(一云比斯伐) 眞興王十六年 置州名下州 二十六年 州廢 景德王改名 今昌寧郡 領縣一 玄驍縣 本推良火縣(一云三良火) 景德王改名 今玄豐縣.

壽昌郡(壽一作嘉) 本喟火郡 景德王改名 今壽城郡 領縣四 大丘縣 本達句火縣 景德王改名 今因之 八里縣 本八居里縣(一云北恥長里一云仁里) 景德王改名 今八居縣 河濱縣 本多斯只縣(一云沓只) 景德王改名 今因之 花園縣 本舌火縣 景德王改名 今因之.

獐山郡 祇味王時 伐取押梁(一作督)小國 置郡 景德王改名 今章山郡 領縣三 解顔縣 本雉省火縣(一云美里) 景德王改名 今因之 餘粮縣 本麻珍(一作彌)良縣 景德王改名 今仇史部曲 慈仁縣 本奴斯火縣 景德王改名 今因之.

臨皐郡 本切也火郡 景德王改名 今永州 領縣五 長鎭縣 今竹長伊部曲 臨川縣 助賁王時 伐得骨火小國 置縣 景德王改名 今合屬永州 道同縣 本刀冬火縣 景德王改名 今合屬永州 新寧縣 本史丁火縣 景德王改名 今因之 睸白縣 本買熱次縣 景德王改名 今合屬新寧縣.

東萊郡 本居漆山郡 景德王改名 今因之 領縣二 東平縣 本大甑縣 景德王改名 今因之 機張縣 本甲火良谷縣 景德王改名 今因之.

東安郡 本生西良郡 景德王改名 今合屬慶州 領縣一 虞風縣 本于火縣 景德王改名 今合屬蔚州.

臨關郡 本毛火(一作蚊化)郡 聖德王築城 以遮日本賊路 景德王改名 今合屬慶州 領縣二 東津縣 本栗浦縣 景德王改名 今合屬蔚州 河曲(一作西)縣 婆娑王時 取屈阿火村置縣 景德王改名 今蔚州.

義昌郡 本退火郡 景德王改名 今興海郡 領縣六 安康縣 本比火縣 景德王改

名 今因之 鬐立縣 本只沓縣 景德王改名 今長鬐縣 神光縣 本東仍音縣 景德王改名 今因之 臨汀縣 本斤烏支縣 景德王改名 今迎日縣 杞溪縣 本芼兮縣(一云化雞) 景德王改名 今因之 音汁火縣 婆娑王時 取音汁伐國置縣 今合屬安康縣.

大城郡 本仇刀城境內 率伊山城·茄山縣(一云 驚山城)·烏刀山城等三城 今合屬淸道郡 約章縣 本惡支縣 景德王改名 今合屬慶州 東畿停 本毛只停 景德王改名 今合屬慶州.

商城郡 本西兄山郡 景德王改名 今合屬慶州 南畿停 本道品兮停 景德王改名 今合屬慶州 中畿停 本根乃停 景德王改名 今合屬慶州 西畿停 本豆良彌知停 景德王改名 今合屬慶州 北畿停 本雨谷停 景德王改名 今合屬慶州 莫耶停 本官阿良支停(一云北阿良) 景德王改名 今合屬慶州.

康州 神文王五年 唐垂拱元年 分居陁州置菁州 景德王改名 今晉州 領縣二 嘉壽縣 本加主火縣 景德王改名 今因之 屈村縣 今未詳.

南海郡 神文王初置轉也山郡 海中島也 景德王改名 今因之 領縣二 蘭浦縣 本內浦縣 景德王改名 今因之 平山縣 本平西山縣(一云西平) 景德王改名 今因之.

河東郡 本韓多沙郡 景德王改名 今因之 領縣三 省良縣 今金良部曲 嶽陽縣 本小多沙縣 景德王改名 今因之 河邑縣 本浦村縣 景德王改名 今未詳.

固城郡 本古自郡 景德王改名 今因之 領縣三 蚊火良縣 今未詳 泗水縣 本史勿縣 景德王改名 今泗州 尙善縣 本一善縣 景德王改名 今永善縣.

咸安郡 法興王以大兵滅阿尸良國(一云阿那加耶) 以其地爲郡 景德王改名 今因之 領縣二 玄武縣 本召彡縣 景德王改名 今召彡部曲 宜寧縣 本獐含縣 景德王改名 今因之.

巨濟郡 文武王初置裳郡 海中島也 景德王改名 今因之 領縣三 鵝洲縣 本巨老縣 景德王改名 今因之 溟珍縣 本買珍伊縣 景德王改名 今因之 南垂縣 本松邊縣 景德王改名 今復故.

闕城郡 本闕支郡 景德王改名 今江城縣 領縣二 丹邑縣 本赤村縣 景德王改名 今丹溪縣 山陰縣 本知品川縣 景德王改名 今因之.

天嶺郡 本速含郡 景德王改名 今咸陽郡 領縣二 雲峯縣 本母山縣(或云阿英城 或云阿莫城) 景德王改名 今因之 利安縣 本馬利縣 景德王改名 今因之.

居昌郡 本居烈郡(或云居陁) 景德王改名 今因之 領縣二 餘善縣 本南內縣

景德王改名 今感陰縣 咸陰縣 本加召縣 景德王改名 今復故.

　高靈郡 本大加耶國 自始祖伊珍阿豉王(一云內珍朱智) 至道設智王 凡十六世 五百二十年 眞興大王侵滅之 以其地爲大加耶郡 景德王改名 今因之 領縣二 冶爐縣 本赤火縣 景德王改名 今因之 新復縣 本加尸兮縣 景德王改名 今未詳.

　江陽郡 本大良(一作耶)州郡 景德王改名 今陜州 領縣三 三岐縣 本三支縣(一云麻杖) 景德王改名 今因之 八谿縣 本草八兮縣 景德王改名

　今草谿縣 宜桑縣 本辛尒縣(一云朱烏村 一云泉州縣) 景德王改名 今新繁縣.

　星山郡 本一利郡(一云里山郡) 景德王改名 今加利縣 領縣四 壽同縣 本斯同火縣 景德王改名 今未詳 谿子縣 本大木縣 景德王改名 今若木縣 新安縣 本本彼縣 景德王改名 今京山府 都山縣 本狄山縣 景德王改名 今未詳.

삼국사기 권 제35

잡지(雜志) 제4

지리(地理) 2

지리(地理) 2

한주(漢州)는 본래 고구려 한산군(漢山郡)인데 신라가 빼앗았다. 경덕왕 때 고치어 한주(漢州)로 만들었다. 지금의 광주(廣州)다. 2현을 거느렸다. 황무현(黃武縣)은 본래 고구려 남천현(南川縣)인데 신라가 합병하였다. 진흥왕 때 주(州)로 만들고 군주(軍州)를 두었다. 경덕왕 때 고친 이름이다. 지금의 이천현(利川縣)이다. 거서현(巨黍縣)은 본래 고구려 구성현(駒城縣)인데 경덕왕 때 고친 이름이다. 지금의 용구현(龍駒縣)이다.

중원경(中原京)은 본래 고구려 국원성(國原城)인데 신라가 평정하였다. 진흥왕 때 소경(小京)을 설치하고 문무왕 때 성을 쌓았는데 주위가 2,592보였다. 경덕왕 때 고치어 중원경(中原京)으로 만들었다. 지금의 충주(忠州)이다.

괴양군(槐壤郡)은 본래 고구려 잉근내군(仍斤內郡)인데 경덕왕이 고친 이름이다. 지금의 괴주(槐州)이다.

소천군(泝川郡 : 또는 기천(沂川))은 본래 고구려 술천군(述川郡)인데 경덕왕이 고친 이름이다. 지금의 천녕군(川寧郡)이다. 2현을 거느렸다. 황효현(黃驍縣)은 본래 고구려 골내근현(骨乃斤縣)인데 경덕왕 때 고친 이름이다. 지금의 황려현(黃驪縣)이다. 빈양현(濱陽縣)은 본래 고구려 양근현(楊根縣)인데 경덕왕 때 고친 이름이다. 지금은 옛 이름을 회복하였다.

흑양군(黑壤郡 : 또는 황양군(黃壤郡)) 본래 고구려 금물노군(今勿奴郡)인데 경덕왕 때 고친 이름이다. 지금의 진주(鎭州)로 2현을 거느렸다. 도서현(都西縣)은 본래 고구려 도서현(道西縣)인데 경덕왕 때 고친 이름이다. 지금의 도안현(道安縣)이다. 음성현(陰城縣)은 본래 고구려 잉홀현(仍忽縣)인데 경덕왕 때 고친 이름이다. 지금까지 인습한다.

개산군(介山郡)은 본래 고구려 개차산군(皆次山郡)인데 경덕왕 때 고친 이름이다. 지금의 죽주(竹州)로 1현을 거느렸다. 음죽현(陰竹縣)은 본래 고구려 노음죽현(奴音竹縣)인데 경덕왕 때 고친 이름이다. 지금까지 인습한다.

백성군(白城郡)은 본래 고구려 내혜홀(奈兮忽)인데 경덕왕 때 고친 이름이다. 지금의 안성군(安城郡)으로 2현을 거느렸다. 적성현(赤城縣)은 본래 고구려 사복홀(沙伏忽)인데 경덕왕 때 고친 이름이다. 지금은 양성현(陽城縣)이다. 사산현(蛇山縣)은 본래 고구려의 현으로 경덕왕 때도 인습하였다. 지금의 직산현(稷山縣)이다.

수성군(水城郡)은 본래 고구려 매홀군(買忽郡)인데 경덕왕 때 고친 이름이다. 지금의 수주(水州)다.

당은군(唐恩郡)은 본래 고구려 당성군(唐城郡)인데 경덕왕 때 고친 이름이다. 지금은 옛 이름을 회복하였다. 2현을 거느렸다. 거성현(車城縣)은 본래 고구려 상홀현(上忽縣 : 또는 거홀(車忽))인데 경덕왕 때 고친 이름이다. 지금의 용성현(龍城縣)이다. 진위현(振威縣)은 본래 고구려 부산현(釜山縣)인데 경덕왕 때 고친 이름이다. 지금까지 인습한다.

율진군(栗津郡)은 본래 고구려 율목군(栗木郡)인데 경덕왕 때 고친 이름이다. 지금의 과주(菓州 : 지금의 시흥군 일대)로 3현을 거느렸다. 곡양현(穀壤縣)은 본래 고구려 잉벌노현(仍伐奴縣)인데 경덕왕 때 고친 이름이다. 지금의 금주(黔州)이다. 공암현(孔巖縣)은 본래 고구려의 제차파의현(齊次巴衣縣)인데 경덕왕이 고쳐 그대로 불렀다. 소성현(邵城縣)은 본래 고구려 매소홀현(買召忽縣)인데 경덕왕 때 고친 이름이다. 지금의 인주(仁州 : 경원매소(慶原買召) 또는 미추(彌鄒))이다.

장구군(獐口郡)은 본래 고구려 장항구현(獐項口縣)인데 경덕왕 때 고친 이름이다. 지금의 안산현(安山縣)이다.

장제군(長堤郡)은 본래 고구려 주부토군(主夫吐郡)인데 경덕왕 때 고친 이름이다. 지금의 수주(樹州)로 4현을 거느렸다. 수성현(戍城縣)은 본래 고구려 수이홀(首尒忽)인데 경덕왕 때 고친 이름이다. 지금의 수안현(守安縣)이다. 김포현(金浦縣)은 본래 고구려 금포현(黔浦縣)인데 경덕왕 때 고친 이름이다. 지금까지 인습한다. 동성현(童城縣)은 본래 고구려 동자홀현(童子忽縣)[동산현(幢山縣)이라고도 함]인데 경덕왕 때 고친 이름이다. 지금까지 인습한다. 분진현(分津縣)은 본래 고구려 호유압현(乎唯押縣)인데 경덕왕 때 고친 이름이다. 지금의 통진현(通津縣)이다.

한양군(漢陽郡)은 본래 고구려 북한산군(北漢山郡 : 또는 평양(平壤))인데 진흥왕(眞興王)이 주를 만들고 군주(軍主)를 두었었다. 경덕왕 때 고친 이름이다. 지금의 양주(楊州) 구허(舊墟)다. 2현을 거느렸다. 황양현(荒壤縣)은 본래 고구려 골의노현(骨衣奴縣)인데 경덕왕 때 고친 이름이다. 지금의 풍양현(豐壤縣)이다. 우왕현(遇王縣)은 본래 고구려 개백현(皆伯縣)인데 경덕왕 때 고친 이름이다. 지금의 행주(幸州)이다.

내소군(來蘇郡)은 본래 고구려 매성현(買省縣)인데 경덕왕 때 고친 이름이다. 지금은 현주(見州)로 2현을 거느렸다. 중성현(重城縣)은 본래 고구려 칠중현(七重縣)인데 경덕왕 때 고친 이름이다. 지금은 적성현(積城縣)이다. 파평현(波平縣)은 본래 고구려 파해평리현(波害平吏縣)인데 경덕왕 때 고친 이름이다. 지금까지 인습한다.

교하군(交河郡)은 본래 고구려 천정구현(泉井口縣)인데 경덕왕 때 고친 이름이다. 지금도 인습한다. 2현을 거느렸다. 봉성현(峯城縣)은 본래 고구려 술이홀현(述尒忽縣)인데 경덕왕 때 고친 이름이다. 지금까지 인습한다. 고봉현(高烽縣)은 본래 고구려 달을성현(達乙省縣)인데 경덕왕 때 고친 이름이다. 지금까지 인습한다.

견성군(堅城郡)은 본래 고구려 마홀군(馬忽郡)인데 경덕왕 때 고친 이름이다. 지금의 포주(抱州)로 2현을 거느렸다. 사천현(沙川縣)은 본래 고구려 내을매현(內乙買縣)인데 경덕왕 때 고친 이름이다. 지금도 인습한다. 동음현(洞陰縣)은 본래 고구려 양골현(梁骨縣)인데 경덕왕 때 고친 이름이다. 지금도 인습한다.

철성군(鐵城郡)은 본래 고구려 철원군(鐵圓郡)인데 경덕왕 때 고친 이름이다. 지금의 동주(東州)로 2현을 거느렸다. 당량현(幢梁縣)은 본래 고구려 승량현(僧梁縣)인데 경덕왕 때 고친 이름이다. 지금의 승령현(僧嶺縣)이다. 공성현(功成縣)은 본래 고구려 공목달현(功木達縣)인데 경덕왕 때 고친 이름이다. 지금의 장주(獐州)이다.

부평군(富平郡)은 본래 고구려 부여군(夫如郡)인데 경덕왕 때 고친 이름이다. 지금의 금화현(金化縣)으로 1현을 거느렸다. 광평현(廣平縣)은 본래 고구려 부양현(斧壤縣)인데 경덕왕 때 고친 이름이다. 지금의 평강현(平康縣)이다.

토산군(兎山郡)은 본래 고구려 오사함달현(烏斯含達縣)인데 경덕왕 때 고친 이름이다. 지금까지 인습한다. 3현을 거느렸다. 안협현(安峽縣)은 본래 고구려 아진압현(阿珍押縣)인데 경덕왕 때 고친 이름이다. 지금도 인습한다. 삭읍현(朔邑縣)은 본래 고구려 소읍두현(所邑豆縣)인데 경덕왕 때 고친 이름이다. 지금의 삭녕현(朔寧縣)이다. 이천현(伊川縣)은 본래 고구려 이진매현(伊珍買縣)인데 경덕왕 때 고친 이름이다. 지금까지 인습한다.

우봉군(牛峰郡)은 본래 고구려 우잠군(牛岑郡)인데 경덕왕 때 고친 이름이다. 지금까지 인습하며 3현을 거느렸다. 임강현(臨江縣)은 본래 고구려 장항현(獐項縣)인데 경덕왕 때 고친 이름이다. 지금도 인습한다. 장단현(長湍縣)은 본래 고구려 장천성현(長淺城縣)인데 경덕왕 때 고친 이름이다. 지금까지 인습한다. 임단현(臨端縣)은 본래 고구려 마전천현(麻田淺縣)으로 경덕왕 때 고친 이름이다. 지금의 마전현(麻田縣)이다.

송악군(松岳郡)은 본래 고구려 부소갑(扶蘇岬)이다. 효소왕(孝昭王) 3년에 성을 쌓고 경덕왕 때에도 인습하였는데 우리 태조(太祖)가 개국하고 왕기(王畿)를 만들었다. 2현을 거느렸다. 여비현(如羆縣)은 본래 고구려 약두치현(若豆恥縣)인데 경덕왕 때 고친 이름이다. 지금의 송림현(松林縣)이다. 제4대 광종(光宗)이 불일사(佛日寺)를 그 땅에 창건하고 그 현을 경내 동북쪽에 옮겼다. 강음현(江陰縣)은 본래 고구려 굴압현(屈押縣)인데 경덕왕 때 고친 이름이다. 지금까지 인습한다.

개성군(開城郡)은 본래 고구려 동비홀(冬比忽)인데 경덕왕 때 고친 이름이다. 지금의 개성부(開城府)로 2현을 거느렸다. 덕수현(德水縣)은 본래 고구려 덕물현(德勿縣)인데 경덕왕 때 고친 이름이다. 지금까지 인습한다. 제

11대 문종(文宗)이 흥왕사(興王寺)를 그 땅에 창건하고 그 현을 경내 남으로 옮기었다. 임진현(臨津縣)은 본래 고구려의 진임성(津臨城)을 경덕왕 때 고쳐 지금도 그대로 부른다.

해구군(海口郡)은 본래 고구려 혈구군(穴口郡)인데 해중(海中)에 있다. 경덕왕 때 고친 이름이다. 지금의 강화현(江華縣)으로 3현을 거느렸다. 강음현(江陰縣)은 본래 고구려 동음내현(冬音奈縣)인데 경덕왕 때 고친 이름이다. 혈구도(穴口島) 안에 있다. 지금의 하음현(河陰縣)이다. 교동현(喬桐縣)은 본래 고구려 고목근현(高木根縣)인데 바다에 있는 섬이다. 경덕왕 때 고친 이름이다. 지금까지 인습한다. 수진현(守鎭縣)은 본래 고구려 수지현(首知縣)인데 경덕왕 때 고친 이름이다. 지금의 진강현(鎭江縣)이다.

영풍군(永豐郡)은 본래 고구려 대곡군(大谷郡)인데 경덕왕 때 고친 이름이다. 지금의 평주(平州)로 2현을 거느렸다. 단계현(檀溪縣)은 본래 고구려 수곡성현(水谷城縣)인데 경덕왕 때 고친 이름이다. 지금은 협계현(俠溪縣)이다. 진서현(鎭瑞縣)은 본래 고구려 십곡성현(十谷城縣)인데 경덕왕 때 고친 이름이다. 지금의 곡주(谷州)다.

해고군(海皐郡)은 본래 동삼홀군(冬彡忽郡 : 또는 동음홀군(冬音忽郡))인데 경덕왕 때 고친 이름이다. 지금의 염주(鹽州)로 1현을 거느렸다. 구택현(雊澤縣)은 본래 고구려 도랍현(刀臘縣)인데 경덕왕 때 고친 이름이다. 지금의 백주(白州)다.

폭지군(瀑池郡)은 본래 고구려 내미홀군(內米忽郡)인데 경덕왕 때 고친 이름이다. 지금의 해주(海州)다.

중반군(重盤郡)은 본래 고구려 식성군(息成郡)인데 경덕왕 때 고친 이름이다. 지금의 안주(安州)다.

서암군(栖嵓郡)은 본래 고구려 휴암군(鵂嵓郡)인데 경덕왕 때 고친 이름이다. 지금의 봉주(鳳州)다.

오관군(五關郡)은 본래 고구려 오곡군(五谷郡)인데 경덕왕 때 고친 이름이다. 지금의 동주(洞州)다. 1현을 거느렸다. 장새현(獐塞縣)은 본래 고구려 현인데 경덕왕 때도 인습하였다. 지금의 수안군(遂安郡)이다.

취성군(取城郡)은 본래 고구려 동홀(冬忽)인데 헌덕왕(憲德王) 때 이름을 고쳤다. 지금의 황주(黃州)로 3현을 거느렸다. 토산현(土山縣)은 본래 고구려 식달(息達)인데 헌덕왕 때 이름을 고쳤다. 지금도 인습한다. 당옥현(唐

獄縣)은 본래 고구려 가화압(加火押)인데 헌덕왕 때 현을 설치하고 이름을 고쳤다. 지금의 중화현(中和縣)이다. 송현현(松峴縣)은 본래 고구려 부사파의현(夫斯波衣縣)인데 헌덕왕 때 이름을 고쳤다. 지금은 중화현(中和縣)에 소속되었다.

삭주(朔州)는 가탐(賈耽)의 고금군국지(古今郡國志)에 "고구려 동남과 예(濊)의 서에 있는 옛날 맥(貊)의 땅이다" 하였으니 대개 지금 신라 북쪽이 삭주이다. 선덕왕(善德王) 6년, 당(唐) 정관(貞觀) 11년에 우수주(牛首州)를 만들고 군주(軍主)를 두었다〔일설(一說)은 문무왕 13년, 당(唐) 함형(咸亨) 4년에 수약주(首若州)를 설치했다 함〕. 경덕왕 때 이름을 고치어 삭주라 하였는데 지금의 춘주(春州)로 3현을 거느렸다. 녹효현(綠驍縣)은 본래 고구려 벌력천현(伐力川縣)인데 경덕왕이 고친 이름이다. 지금의 홍천현(洪川縣)이다. 황천현(潢川縣)은 본래 고구려 횡천현(橫川縣)인데 경덕왕 때 고친 이름이다. 지금은 옛 이름을 회복하였다. 지평현(砥平縣)은 본래 고구려 지현현(砥峴縣)인데 경덕왕 때 고친 이름이다. 지금까지 인습한다.

북원경(北原京)은 본래 고구려 평원군(平原郡)인데 문무왕은 북원소경(北原小京)을 설치하고 신문왕(神文王) 5년에 성을 쌓았다. 성의 주위는 1,031 보였다. 경덕왕 때도 인습하였다. 지금의 원주(原州)다.

내제군(奈隄郡)은 본래 고구려 내토군(奈吐郡)인데 경덕왕 때 이름을 고쳤다. 지금의 식주(湜州)로 2현을 거느렸다. 청풍현(淸風縣)은 고구려 사열이현(沙熱伊縣)인데 경덕왕 때 이름을 고쳤다. 지금도 인습한다. 적산현(赤山縣)은 본래 고구려 현으로 경덕왕 때도 인습하였다. 지금의 단산현(丹山縣)이다.

내령군(奈靈郡)은 본래 백제 내이군(奈已郡)인데 파사왕 때 탈취하였다. 경덕왕 때 이름을 고쳤다. 지금의 강주(剛州)로 2현을 거느렸다. 선곡현(善谷縣)은 본래 고구려 매곡현(買谷縣)인데 경덕왕 때 이름을 고쳤다. 지금은 미상이다. 옥마현(玉馬縣)은 본래 고구려 고사마현(古斯馬縣)인데 경덕왕 때 고친 이름이다. 지금의 봉화현(奉化縣)이다.

급산군(岌山郡)은 본래 고구려 급벌산군(及伐山郡)인데 경덕왕 때 이름을 고쳤다. 지금의 흥주(興州)로 1현을 거느렸다. 인풍현(鄰豊縣)은 본래 고구려 이벌지현(伊伐支縣)인데 경덕왕 때 고친 이름이다. 지금은 미상이다.

가평군(嘉平郡)은 본래 고구려 근평군(斤平郡)인데 경덕왕 때 고친 이름이다. 지금까지 인습한다. 1현을 거느렸다. 준수현(浚水縣)은 본래 고구려 심천현(深川縣)인데 경덕왕 때 고친 이름이다. 지금의 조종현(朝宗縣)이다.

양록군(楊麓郡)은 본래 고구려 탑구군(榻口郡)인데 경덕왕 때 이름을 고쳤다. 지금의 양구현(陽溝縣)이다. 3현을 거느렸다. 희제현(狶蹄縣)은 본래 고구려 저족현(猪足縣)인데 경덕왕 때 고친 이름이다. 지금의 인제현(麟蹄縣)이다. 치도현(馳道縣)은 본래 고구려 옥기현(玉岐縣)인데 경덕왕 때 고친 이름이다. 지금의 서화현(瑞禾縣)이다. 삼령현(三嶺縣)은 본래 고구려 삼현현(三峴縣)인데 경덕왕 때 고친 이름이다. 지금의 방산현(方山縣)이다.

낭천군(狼川郡)은 본래 고구려 생천군(狌川郡)인데 경덕왕 때 고친 이름이다. 지금도 인습한다.

대양군(大楊郡)은 본래 고구려 대양관군(大楊管郡)인데 경덕왕 때 이름을 고쳤다. 지금의 장양군(長楊郡)으로 2현을 거느렸다. 수천현(藪川縣)은 본래 고구려 수성천현(藪狌川縣)인데 경덕왕 때 이름을 고쳤다. 지금의 화천현(和川縣)이다. 문등현(文登縣)은 본래 고구려 문현현(文峴縣)인데 경덕왕 때 고친 이름이다. 지금도 인습한다.

익성군(益城郡)은 본래 고구려 모성군(母城郡)인데 경덕왕 때 이름을 고쳤다. 지금의 금성군(金城郡)이다.

기성군(岐城郡)은 본래 고구려 동사홀군(冬斯忽郡)인데 경덕왕 때 고친 이름이다. 지금까지 인습한다. 1현을 거느렸다. 통구현(通溝縣)은 본래 고구려 수입현(水入縣)인데 경덕왕 때 고친 이름이다. 지금까지 인습한다.

연성군(連城郡)은 본래 고구려 각연성군(各連城郡 : 또는 객연성군(客連城郡))인데 경덕왕 때 고친 이름이다. 지금의 교주(交州)로 3현을 거느렸다. 단송현(丹松縣)은 본래 고구려 적목진(赤木鎭)인데 경덕왕 때 고친 이름이다. 지금의 남곡현(嵐谷縣)이다. 질운현(軼雲縣)은 본래 고구려 관술현(管述縣)인데 경덕왕 때 고친 이름이다. 지금은 미상이다. 희령현(狶嶺縣)은 본래 고구려 저수현현(猪守峴縣)인데 경덕왕 때 고친 이름이다. 지금은 미상이다.

삭정군(朔庭郡)은 본래 고구려 비열홀군(比列忽郡)인데 진흥왕 17년에 비열주(比列州)로 만들어 군주(軍主)를 두었고 효소왕 때 성을 쌓았다. 주위는 1,180보였다. 경덕왕 때 이름을 고쳤다. 지금의 등주(登州)로 5현을 거느렸다. 서곡현(瑞谷縣)은 본래 고구려의 경곡현(逕谷縣)인데 경덕왕 때 고친 이름이다. 지금도 인습한다. 난산현(蘭山縣)은 본래 고구려 석달현(昔達縣)인데 경덕왕 때 고친 이름이다. 지금은 미상이다. 상음현(霜陰縣)은 본래 고구려 살한현(薩寒縣)인데 경덕왕 때 고친 이름이다. 지금도 인습한다. 청산현(菁山縣)은 본래 고구려 가지달현(加支達縣)인데 경덕왕 때 고쳤다. 지금의 문산현(汶山縣)이다. 익계현(翊谿縣)은 본래 고구려 익곡현(翼谷縣)인데 경덕왕 때 고친 이름이다. 지금까지 인습한다.

정천군(井泉郡)은 본래 고구려 천정군(泉井郡)인데 문무왕 21년에 탈취하였다. 경덕왕 때 이름을 고치고 탄항관문(炭項關門)을 쌓았다. 지금의 용주(湧州)로 3현을 거느렸다. 산산현(蒜山縣)은 본래 고구려 매시달현(買尸達縣)인데 경덕왕 때 고친 이름이다. 지금은 미상이다. 송산현(松山縣)은 본래 고구려 부사달현(夫斯達縣)인데 경덕왕 때 고친 이름이다. 지금은 미상이다. 유거현(幽居縣)은 본래 고구려 동허현(東墟縣)인데 경덕왕 때 고친 이름이다. 지금은 미상이다.

명주(溟州)는 본래 고구려 하서량(河西良 : 또는 하슬라(何瑟羅))인데 뒤에 신라에 소속되었다. 가탐(賈耽)이 고금군국지(古今郡國志)에 "지금 신라 북쪽 경계에 있는 명주(溟州)는 대개 예(濊)의 고국(古國)일 것이다. 전사(前史)에 부여를 예의 땅이라 한 것은 잘못된 것일 것이다" 하였다. 선덕왕 때 소경(小京)을 만들고 사신(仕臣)을 두었다. 태종왕(太宗王) 5년, 당(唐) 현경(顯慶) 3년에 하슬라의 땅이 말갈과 연접되었다 하여 경(京)을 고쳐 주(州)로 만들고 군주를 두어 지키게 하였다. 경덕왕 16년에 명주로 고쳤다. 지금까지 인습함과 동시에 4현을 거느렸다. 정선현(旌善縣)은 본래 고구려 잉가현(仍賈縣)을 경덕왕이 개명하였는데 지금 그대로 부르고, 색제현(楝隄縣 : 또는 동제현(棟隄縣))은 본래 고구려 속토현(束吐縣)인데 경덕왕 때 고친 이름이다. 지금은 미상이다. 지산현(支山縣)은 본래 고구려 현으로 경덕왕 때도 인습하였다. 지금의 연곡현(連谷縣)이다. 동산현(洞山縣)은 본래 고구려 혈산현(穴山縣)인데 경덕왕 때 고친 이름이다. 지금까지 인습한다.

곡성군(曲城郡)은 본래 고구려 굴화군(屈火郡)인데 경덕왕 때 고친 이름이다. 지금 임하군(臨河郡)으로 1현을 거느렸다. 연무현(緣武縣 : $^{櫞武}_{縣}$)이라고도 함)은 본래 고구려 이화혜현(伊火兮縣)인데 경덕왕 때 고친 이름이다. 지금의 안덕현(安德縣)이다.

야성군(野城郡)은 본래 고구려 야시홀군(也尸忽郡)인데 경덕왕 때 이름을 고쳤다. 지금의 영덕군(盈德郡)으로 2현을 거느렸다. 진안현(眞安縣)은 본래 고구려 조람현(助攬縣)인데 경덕왕 때 고친 이름이다. 지금의 보성부(甫城府)다. 적선현(積善縣)은 본래 고구려 청이현(靑已縣)인데 경덕왕 때 고친 이름이다. 지금의 청부현(靑鳧縣)이다.

유린군(有鄰郡)은 본래 고구려 우시군(于尸郡)인데 경덕왕 때 고친 이름이다. 지금의 예주(禮州)로 1현을 거느렸다. 해아현(海阿縣)은 본래 고구려 아혜현(阿兮縣)인데 경덕왕 때 고친 이름이다. 지금의 청하현(淸河縣)이다.

울진군(蔚珍郡)은 본래 고구려 우진야현(于珍也縣)으로 경덕왕 때 고친 이름이다. 지금까지 인습한다. 1현을 거느렸다. 해곡현(海曲縣 : $^{또는 해서현}_{(海西縣)}$)은 본래 고구려 파차현(波且縣)으로 경덕왕 때 고친 이름이다. 지금은 미상이다.

내성군(奈城郡)은 본래 고구려 내생군(奈生郡)으로 경덕왕 때 고친 이름이다. 지금의 영월군(寧越郡)으로 3현을 거느렸다. 자춘현(子春縣)은 본래 고구려 을아단현(乙阿旦縣)으로 경덕왕 때 고친 이름이다. 지금의 영춘현(永春縣)이다. 백오현(白烏縣)은 본래 고구려 욱오현(郁烏縣)으로 경덕왕 때 고친 이름이다. 지금의 평창현(平昌縣)이다. 주천현(酒泉縣)은 본래 고구려 주연현(酒淵縣)으로 경덕왕 때 고친 이름이다. 지금까지 인습한다.

삼척군(三陟郡)은 본래 실직국(悉直國)으로 파사왕 때에 와서 항복하였다. 지증왕(智證王) 6년, 양(梁) 천감(天監) 4년에 주(州)를 만들고 이사부(異斯夫)로 군주를 삼았다. 경덕왕 때 고친 이름으로 지금까지 인습한다. 4현을 거느렸다. 죽령현(竹嶺縣)은 본래 고구려 죽현현(竹峴縣)으로 경덕왕 때 고친 이름이다. 지금은 미상이다. 만경현(滿卿縣 : $^{또는 만향현}_{(滿鄕縣)}$)은 본래 고구려 만약현(滿若縣)으로 경덕왕 때 고친 이름인데 지금은 미상이다. 우계현(羽谿縣)은 본래 고구려 우곡현(羽谷縣)으로 경덕왕 때 고친 이름이다. 지금까지 인습한다. 해리현(海利縣)은 본래 고구려 파리현(波利縣)으로 경덕왕 때 고친 이름이다. 지금은 미상이다.

수성군(守城郡)은 본래 고구려 수성군(䢘城郡)으로 경덕왕 때 고친 이름이다. 지금의 간성현(杆城縣)으로 2현을 거느렸다. 동산현(童山縣)은 본래 고구려 승산현(僧山縣)으로 경덕왕 때 고친 이름이다. 지금의 열산현(烈山縣)이다. 익령현(翼嶺縣)은 본래 고구려 익현현(翼峴縣)인데 경덕왕 때 고친 이름이다. 지금까지 인습한다.

고성군(高城郡)은 본래 고구려 달홀(達忽)이다. 진흥왕 29년에 주(州)로 만들고 군주(軍主)를 두었다. 경덕왕 때 고친 이름으로 지금까지 인습한다. 2현을 거느렸다. 환가현(豢猳縣)은 본래 고구려 저수혈현(猪迂穴縣)으로 경덕왕 때 고친 이름이다. 지금도 인습한다. 편험현(偏險縣)은 본래 고구려 평진현현(平珍峴縣)인데 경덕왕 때 고친 이름이다. 지금의 운암현(雲巖縣)이다.

금양군(金壤郡)은 본래 고구려 휴양군(休壤郡)으로 경덕왕 때 이름을 고쳤다. 지금도 인습한다. 5현을 거느렸다. 습계현(習谿縣)은 본래 고구려 습비곡현(習比谷縣)인데 경덕왕 때 고친 이름이다. 지금의 흡곡현(歙谷縣)이다. 제상현(隄上縣)은 본래 고구려 토상현(吐上縣)으로 경덕왕 때 고친 이름이다. 지금의 벽산현(碧山縣)이다. 임도현(臨道縣)은 본래 고구려 도림현(道臨縣)인데 경덕왕 때 고친 이름이다. 지금까지 인습한다. 파천현(派川縣)은 본래 고구려 개연현(改淵縣)으로 경덕왕 때 고친 이름이다. 지금까지 인습한다. 학포현(鶴浦縣)은 본래 고구려 곡포현(鵠浦縣)인데 경덕왕 때 고친 이름이다. 지금까지 인습한다.

三國史記 卷 第三十五

雜志 第四 地理二

漢州 本高句麗漢山郡 新羅取之 景德王改爲漢州 今廣州 領縣二 黃武縣 本高句麗南川縣 新羅幷之 眞興王爲州置郡主 景德王改名 今利川縣 巨黍縣 本高句麗駒城縣 景德王改名 今龍駒縣
中原京 本高句麗國原城 新羅平之 眞興王置小京 文武王時築城 周二千五百

九十二步 景德王改爲中原京 今忠州.

　槐壞郡 本高句麗仍斤內郡 景德王改名 今槐州.

　泝(一作沂)川郡 本高句麗述川郡 景德王改名 今川寧郡 領縣二 黃驍縣 本高句麗骨乃斤縣 景德王改名 今黃驪縣 濱陽縣 本高句麗楊根縣 景德王改名 今復故.

　黑壤郡(一云黃壤郡) 本高句麗今勿奴郡 景德王改名 今鎭州 領縣二 都西縣 本高句麗道西縣 景德王改名 今道安縣 陰城縣 本高句麗仍忽縣 景德王改名 今因之.

　介山郡 本高句麗皆次山郡 景德王改名 今竹州 領縣一 陰竹縣 本高句麗奴音竹縣 景德王改名 今因之.

　白城郡 本高句麗奈兮忽 景德王改名 今安城郡 領縣二 赤城縣 本高句麗沙伏忽 景德王改名 今陽城縣 蛇山縣 本高句麗(麗 下恐有蛇山(見勝覽))縣 景德王因之 今稷山縣.

　水城郡 本高句麗買忽郡 景德王改名 今水州.

　唐恩郡 本高句麗唐城郡 景德王改名 今復故 領縣二 車城縣 本高句麗上(一作車)忽縣 景德王改名 今龍城現 振威縣 本高句麗釜山縣 景德王改名 今因之.

　栗津郡 今高句麗栗木郡 景德王改名 今菓州 領縣三 穀壤縣 本高句麗仍伐奴縣 景德王改名 今黔州 孔巖縣 本高句麗齊次巴衣縣 景德王改名 今因之 邵城縣 本高句麗買召忽縣 景德王改名 今仁州(一云慶原買召一作彌鄒).

　獐口郡 本高句麗獐項口縣 景德王改名 今安山縣.

　長堤郡 本高句麗主夫吐郡 景德王改名 今樹州 領縣四 戍城縣 本高句麗首尒忽 景德王改名 今守安縣 金浦縣 本高句麗黔浦縣 景德王改名 今因之 童城縣 本高句麗童子忽(一云幢山縣)縣 景德王改名 今因之 分津縣 本高句麗平唯(乎唯 當作平淮(見勝覽))押縣 景德王改名 今通津縣.

　漢陽郡 本高句麗北漢山郡(一云平壤) 眞興王爲州置軍主 景德王改名 今楊州舊墟 領縣二 荒壤縣 本高句麗骨衣奴縣 景德王改名今豐壤縣 遇王縣 本高句麗改伯縣 景德王改名 今幸州.

　來蘇郡 本高句麗買省縣 景德王改名 今見州 領縣二 重城縣 本高句麗七重縣 景德王改名 今積城縣 波平縣 本高句麗波害平史縣 景德王改名 今因之.

　交河郡 本高句麗泉井口縣 景德王改名 今因之 領縣二 峯城縣 本高句麗述

夲忽縣 景德王改名 今因之 高烽縣 本高句麗達乙省縣 景德王改名 今因之.

堅城郡 本高句麗馬忽郡 景德王改名 今抱州 領縣二 沙川縣 本高句麗內乙買縣 景德王改名 今因之 洞陰縣 本高句麗梁骨縣 景德王改名 今因之.

鐵城郡 本高句麗鐵圓郡 景德王改名 今東州 領縣二 㠉梁縣 本高句麗僧梁縣 景德王改名 今僧嶺縣 功成縣 本高句麗功木達縣 景德王改名 今獐州.

富平郡 本高句麗夫如郡 景德王改名 今金化縣 領縣一 廣平縣 本高句麗斧壤縣 景德王改名 今平康縣.

兎山郡 本高句麗烏斯含達縣 景德王改名 今因之 領縣三 安峽縣 本高句麗阿珍押縣 景德王改名 今因之 朔邑縣 本高句麗所邑豆縣 景德王改名 今朔寧縣 伊川縣 本高句麗伊珍買縣 景德王改名 今因之.

牛峯郡 本高句麗牛岑郡 景德王改名 今因之 領縣三 臨江縣 本高句麗獐項縣 景德王改名 今因之 長湍縣 本高句麗長淺城縣 景德王改名 今因 臨端縣 本高句麗麻田淺縣 景德王改名 今麻田縣.

松岳郡 本高句麗扶蘇岬(岬下恐有'新羅改松嶽郡'四字(見麗史地理志)) 孝昭王三年 築城 景德王因之 我太祖開國爲王畿 領縣二 如羆縣 本高句麗若豆恥(若豆恥一作若只頭恥(見後))縣 景德王改名 今松林縣 第四葉光宗創置佛日寺於其地 移其縣於東北 江陰縣 本高句麗屈押縣 景德王改名 今因之.

開城郡 本高句麗冬比忽 景德王改名 今開城府 領縣二 德水縣 本高句麗德勿縣 景德王改名 今因之 第十一葉文宗代創置興王寺於其地 移其縣於南 臨津縣 本高句麗津臨城 景德王改名 今因之.

海口郡 本高句麗穴口郡 在海中 景德王改名 今江華縣 領縣三 江陰縣 本高句麗冬音奈縣 景德王改名 在穴口島內 今河陰縣 喬桐縣 本高句麗高木根縣 海島也 景德王改名 今因之 守鎭縣 本高句麗首知縣 景德王改名 今鎭江縣.

永豐郡 本高句麗大谷郡 景德王改名 今平州 領縣二 檀溪縣 本高句麗水谷城縣 景德王改名 今俠溪縣 鎭瑞縣 本高句麗十谷城縣 景德王改名 今谷州.

海皐郡 本高句麗冬彡(一作音)忽郡 景德王改名 今鹽州 領縣一 雊澤縣 本高句麗刀臘縣 景德王改名 今白州.

瀑池郡 本高句麗內米忽郡 景德王改名 今海州.

重盤郡 本高句麗息成郡 景德王改名 今安州.

栖嵒郡 本高句麗鵂嵒郡 景德王改名 今鳳州.

五關郡 本高句麗五谷郡 景德王改名 今洞州 領縣一 獐塞縣 本高句麗縣 景德王因之 今遂安郡.

取城郡 本高句麗冬忽 憲德王改名 今黃州 領縣三 土山縣 本高句麗息達 憲德王改名 今因之 唐嶽縣 本高句麗加火押 憲德王置縣改名 今中和縣 松峴縣 本高句麗夫斯波衣縣 憲德王改名 今屬中和縣.

朔州 賈耽古今郡國志云 句麗之東南 濊之西 古貊地 蓋今新羅北朔州 善德王六年 唐貞觀十一年 爲牛首州置軍主(一云 文武王十三年 唐咸亨四年 置首若州) 景德王改爲朔州 今春州 領縣三 綠驍縣 本高句麗伐力川縣 景德王改名 今洪川縣 潢川縣 本高句麗橫川縣 景德王改名 今復故 砥平懸 本高句麗砥峴縣 景德王改明 今因之.

北原京 本高句麗平原郡 文武王置北原小京 神文王五年 築城 周一千三十一步 景德王因之 今原州.

奈堤郡 本高句麗奈吐郡 景德王改名 今堤(湜 當作堤(見麗志及勝覽))州 領縣二 淸風縣 本高句麗沙熱伊縣 景德王改名 今因之 赤山縣 本高丘麗縣 景德王因之 今丹山縣.

奈靈郡 本百濟(百濟 當作高句麗)奈已郡 婆娑王取之 景德王改名 今剛州 領縣二 善谷縣 本高句麗買谷縣 景德王改名 今未詳 玉馬縣 本高句麗古斯馬縣 景德王改名 今奉化縣.

岌山郡 本高句麗及伐山郡 景德王改名 今興州 領縣一 隣豐縣 本高句麗伊伐支縣 景德王改名 今未詳.

嘉平郡 本高句麗斤平郡 景德王改名 今因之 領縣一 浚水縣 本高句麗深川縣 景德王改名 今朝宗縣.

楊麓郡 本高句麗楊口郡 景德王改名 今陽溝縣 領縣三 狶蹄縣 本高句麗猪足縣 景德玉改名 今麟蹄縣 馳道縣 本高句麗玉岐縣 景德王改名 今瑞禾縣 三嶺縣 本高句麗三峴縣 景德王改名 今方山縣.

狼川郡 本高句麗狌川郡 景德王改名 今因之.

大楊 本高句麗大楊菅郡 景德王改名 今長楊郡 領縣二 藪川縣 本高句麗藪狌川縣 景德王改名 今和川縣 文登縣 本高句麗文峴縣 景德王改名 今因之.

益城郡 本高句麗母城郡 景德王改名 今金城郡.

岐城郡 本高句麗冬斯忽郡 景德王改名 今因之 領縣一 通溝縣 本高句麗水入

縣 景德王改名 今因之.

連城郡 本高句麗各(一作客)連城郡 景德王改名 今文州 領縣三 丹松縣 本高句麗赤木鎭 景德王改名 今嵐谷縣 軼雲縣 本高句麗管述縣 景德王改名 今未詳 狶嶺縣 本高句麗猪守峴縣 景德王改名 今未詳.

朔庭郡 本高句麗比列忽郡 眞興王十七年 梁太平元年 爲比列主置軍主 孝昭王時築城 周一千一百八十步 景德王改名 今登州 領縣五 瑞谷縣 本高句麗原谷縣 景德王改名 今因之 蘭山縣 本高句麗昔達縣 景德王改名 今未詳 霜陰縣 本高句麗薩寒縣 景德王改名 今因之 菁山縣 本高句麗加支達縣 景德王改名 今汶山縣 翊谿縣 本高句麗翼谷縣 景德王改名 今因之.

井泉郡 本高句麗泉井郡 文武王二十一年 取之 景德王改名 築炭項關門 今湧州 領縣三 蒜山縣 本高句麗買尸達縣 景德王改名 今未詳 松山縣 本高句麗夫斯達縣 景德王改名 今未詳 幽居縣 本高句麗東墟縣 景德王改名 今未詳. 溟州 本高句麗河西良(一作何瑟羅) 後屬新羅 賈耽古今郡國志云 今新羅北界溟州 蓋濊之古國 前史以扶餘爲濊地 蓋誤 善德王時爲小京置仕臣 太宗王五年 唐顯慶三年 以何瑟羅地連靺鞨 罷京爲州置軍主以鎭之 景德王十六年 改爲溟州 今因之 領縣四 旌善縣 本高句麗仍買縣 景德王改名 今因之 㨾(一作棟)隄縣 本高句麗束吐縣 景德王改名 今未詳 支山縣 本高句麗縣 景德王因之 今連谷縣 洞山縣 本高句麗穴山縣 景德王改名 今因之.

曲城郡 本高句麗屈火郡 景德王改名 今臨河郡 領縣一 緣(一作椽)武縣 本高句麗伊火兮縣 景德王改名 今安德縣.

野城郡 本高句麗也尸忽郡 景德王改名 今盈德郡 領縣二 眞安縣 本高句麗助欖縣景德王改名 今甫城府 積善縣 本高句麗靑已縣 景德王改名 今靑鳧縣.

有隣郡 本高句麗于尸郡 景德王改名 今禮州 領縣一 海阿縣 本高句麗阿兮縣 景德王改名 今淸河縣.

蔚珍郡 本高句麗于珍也縣 景德王改名 今因之 領縣一 海曲(一作西)縣 本高句麗波且縣 景德王改名 今未詳.

奈城郡 本高句麗奈生郡 景德王改名 今寧越郡 領縣三 子春縣 本高句麗乙阿旦縣 景德王改名 今永春縣 白烏縣 本高句麗郁烏縣 景德王改名 今平昌縣 酒泉縣 本高句麗酒淵縣 景德王改名 今因之.

三陟郡 本悉直國 婆娑王世來降 智證王六年 梁天監四年 爲州 以異斯夫爲軍

主 景德王改名 今因之 領縣四 竹嶺縣 本高句麗竹峴縣 景德王改名 今未詳 滿卿(一作鄕)縣 本高句麗滿若縣 景德王改名 今未詳 羽谿縣 本高句麗羽谷縣 景德王改名 今因之 海利縣 本高句麗波利縣 景德王改名 今未詳.

守城郡 本高句麗䢾城郡 景德王改名 今杆城縣 領縣二 童山縣 本高句麗僧山縣 景德王改名 今烈山縣 翼嶺縣 本高句麗翼峴縣 景德王改名 今因之.

高城郡 本高句麗達忽 眞興王二十九年 爲州置軍州 景德王改名 今因之 領縣二 豢豭縣 本高句麗猪迋穴縣 景德王改名 今因之 偏險縣 本高句麗平珍峴縣 景德王改名 今雲巖縣.

金壤郡 本高句麗休壤郡 景德王改名 今因之 領縣五 習谿縣 本高句麗習比谷縣 景德王改名 今歙谷縣 隄上縣 本高句麗吐上縣 景德王改名 今碧山縣 臨道縣 本高句麗道臨縣 景德王改名 今因之 派川縣 本高句麗改淵縣 景德王改名 今因之 鶴浦縣 本高句麗鵠浦縣 景德王改名 今因之.

삼국사기 권 제36

잡지(雜志) 제5

지리(地理) 3

지리(地理) 3

웅주(熊州)는 본래 백제의 구도(舊都)인데, 당고종(高宗)이 소정방(蘇定方)을 시켜 평정하고 웅진도독부(熊津都督府)를 설치하였다. 신라 문무왕이 그 땅을 빼앗아 차지하였고, 신문왕(神文王) 때 웅천주(熊川州)로 고쳐 도독(都督)을 두었다. 경덕왕 16년에 이름을 웅주(熊州)로 고쳤다. 지금의 공주(公州)로 2현을 거느렸다. 이산현(尼山縣)은 본래 백제 열야산현(熱也山縣)인데 경덕왕 때 고친 이름이다. 지금까지 인습한다. 청음현(淸音縣)은 본래 백제 벌음지현(伐音支縣)인데 경덕왕 때 고친 이름이다. 지금의 신풍현(新豐縣)이다.

서원경(西原京)은 신문왕 5년에 처음으로 서원소경(西原小京)을 설치하였고, 경덕왕 때 서원경으로 이름을 고쳤다. 지금의 청주(淸州)이다.
대록군(大麓郡)은 본래 백제 대목악군(大木岳郡)으로 경덕왕 때 고친 이름이다. 지금의 목주(木州 : 지금의 천안시 목천면)이다. 2현을 거느렸다. 순치현(馴雉縣)은 본래 백제의 감매현(甘買縣)인데 경덕왕 때 고친 이름이다. 지금의 풍세현(豐歲縣 : 지금의 천안시 풍세면)이다. 금지현(金池縣)은 본래 백제 구지현(仇知縣)인데 경덕왕 때 고친 이름이다. 지금의 전의현(全義縣 : 지금의 연기군 전의면)이다.
가림군(嘉林郡 : 지금의 부여군 임천면)은 본래 백제 가림군(加林郡)인데 경덕왕 때 가(加)를 가(嘉)로 고쳤다. 지금도 인습한다. 2현을 거느렸다. 마산현(馬山

縣)은 본래 백제의 현이다. 경덕왕 때 주(州)·군(郡)의 명칭을 고쳐 지금까지 인습한다. 한산현(翰山縣)은 본래 백제 대산현(大山縣)인데 경덕왕 때 고친 이름이다. 지금의 홍산현(鴻山縣 : 지금의 부여군 홍산면)이다.

서림군(西林郡 : 지금의 서천군)은 본래 백제 설림군(舌林郡)인데 경덕왕 때 고친 이름이다. 지금까지 인습한다. 2현을 거느렸다. 남포현(藍浦縣 : 지금의 보령시 남포면)은 본래 백제 사포현(寺浦縣)인데 경덕왕 때 고친 이름이다. 지금까지 인습한다. 비인현(庇仁縣 : 지금의 서천군 비인면)은 본래 백제 비중현(比衆縣)인데 경덕왕 때 고친 이름이다. 지금도 인습한다.

이산군(伊山郡 : 지금의 예산군)은 본래 백제 마시산군(馬尸山郡)인데 경덕왕 때 고친 이름이다. 지금까지 인습한다. 2현을 거느렸다. 목우현(目牛縣)은 본래 백제 우견현(牛見縣)인데 경덕왕 때 고친 이름이다. 지금은 미상이다. 금무현(今武縣)은 본래 백제 금물현(今勿縣)인데 경덕왕 때 고친 이름이다. 지금의 덕풍현(德豐縣 : 지금의 예산군 고덕면)이다.

혜성군(槥城郡 : 지금의 당진군 면천면)은 본래 백제 혜군(槥郡)인데 경덕왕 때 고친 이름이다. 지금까지 인습한다. 3현을 거느렸다. 당진현(唐津縣 : 지금의 당진읍)은 본래 백제 벌수지현(伐首只縣)으로 경덕왕 때 고친 이름이다. 지금까지 인습한다. 여읍현(餘邑縣)은 본래 백제 여촌현(餘村縣)인데 경덕왕 때 고친 이름이다. 지금의 여미현(餘美縣 : 지금의 서산시 해미면)이다. 신평현(新平縣 : 지금의 당진군 신평면)은 본래 백제 사평현(沙平縣)인데 경덕왕 때 고친 이름이다. 지금까지 인습한다.

부여군(扶餘郡)은 본래 백제 소부리군(所夫里郡)인데 당나라 장군 소정방이 김유신(金庾信)과 함께 평정하였다. 문무왕 12년에 총관(摠管)을 두었다. 경덕왕 때 이름을 고쳐 지금까지 인습한다. 2현을 거느렸다. 석산현(石山縣)은 본래 백제 진악산현(珍惡山縣)인데 경덕왕 때 고친 이름이다. 지금의 석성현(石城縣 : 지금의 부여군 석성면)이다. 열성현(悅城縣)은 본래 백제 열기현(悅己縣)인데 경덕왕 때 이름을 고쳤다. 지금의 정산현(定山縣 : 지금의 청양군 정산면)이다.

임성군(任城郡)은 본래 백제 임존성(任存城)인데 경덕왕 때 이름을 고쳤다. 지금의 대흥군(大興郡 : 지금의 예산군 대흥면)이다. 2현을 거느렸다. 청정현(靑正縣)은 본래 백제 고량부리현(古良夫里縣)인데 경덕왕 때 고친 이름이다. 지금의 청양현(靑陽縣 : 지금의 청양군 청양읍)이다. 고산현(孤山縣)은 본래 백제 오산현(烏山縣)인데 경덕왕 때 고친 이름이다. 지금의 예산현(禮山縣 : 지금의 예산읍)이다.

황산군(黃山郡)은 본래 백제 황등야산군(黃等也山郡)인데 경덕왕 때 고친 이름이다. 지금의 연산현(連山縣:지금의 논산시 연산면)이다. 2현을 거느렸다. 진령현(鎭嶺縣)은 본래 백제 진현현(眞峴縣)[진(眞)을 정(貞)이라고도 함]인데 경덕왕 때 고친 이름이다. 지금의 진잠현(鎭岑縣:지금의 대전시)이다. 진동현(珍同縣:지금의 금산군 진산면)은 본래 백제의 현인데 경덕왕 때 주·군의 명칭을 고쳐 지금까지 인습한다.

비풍군(比豐郡)은 본래 백제 우술군(雨述郡)인데 경덕왕 때 고친 이름이다. 지금의 회덕군(懷德郡:지금의 대전시 동구)이다. 2현을 거느렸다. 유성현(儒城縣:지금의 대전시 유성구)은 본래 백제 노사지현(奴斯只縣)인데 경덕왕 때 고친 이름이다. 지금도 인습한다. 적조현(赤鳥縣)은 본래 백제 소비포현(所比浦縣)인데 경덕왕 때 고친 이름이다. 지금의 덕진현(德津縣)이다.

결성군(潔城郡:지금의 홍성군 결성면)은 본래 백제 결기군(結己郡)인데 경덕왕 때 고친 이름이다. 지금까지 인습한다. 2현을 거느렸다. 신읍현(新邑縣)은 본래 백제 신촌현(新村縣)인데 경덕왕 때 고친 이름이다. 지금의 보령현(保寧縣:지금의 보령시 대천동)이다. 신량현(新良縣)은 본래 백제 사시량현(沙尸良縣)인데 경덕왕 때 고친 이름이다. 지금의 여양현(黎陽縣:지금의 홍성군)이다.

연산군(燕山郡:지금의 연기군)은 본래 백제 일모산군(一牟山郡)인데 경덕왕 때 고친 이름이다. 지금까지 인습한다. 2현을 거느렸다. 연기현(燕岐縣:지금의 연기군 남면)은 본래 백제 두잉지현(豆仍只縣)인데 경덕왕 때 고친 이름이다. 지금도 인습한다. 매곡현(昧谷縣)은 본래 백제 미곡현(未谷縣)인데 경덕왕 때 고친 이름이다. 지금의 회인현(懷仁縣:지금의 보은군 회북면)이다.

부성군(富城郡:지금의 서산시)은 본래 백제 기군(基郡)인데 경덕왕 때 고친 이름이다. 지금까지 인습한다. 2현을 거느렸다. 소태현(蘇泰縣:지금의 태안군 태안면)은 본래 백제 성대호현(省大號縣)인데 경덕왕 때 고친 이름이다. 지금도 인습한다. 지육현(地育縣)은 본래 백제 지륙현(知六縣)인데 경덕왕 때 고친 이름이다. 지금의 북곡현(北谷縣:지금의 서산시 지곡면)이다.

탕정군(湯井郡)은 본래 백제군이다. 문무왕 11년(671), 당(唐) 함형(咸亨) 2년에 주(州)를 만들고 총관(摠管)을 두었다가 21년에 주를 폐하고 군(郡)을 삼았다. 경덕왕 때도 인습하였다. 지금의 온수군(溫水郡:지금의 아산시 온천동)이다. 2현을 거느렸다. 음봉현(陰峯縣:또는 음잠(陰岑))은 본래 백제 아술현(牙述縣)인데 경덕왕 때 고친 이름이다. 지금의 아주(牙州 : 지금의 아산시 음봉면)이다. 기량현(祁梁縣)은 본래 백제 굴직현(屈直縣)인데 경덕왕 때 고친 이름이다. 지금의 신창현(新昌縣 : 지금의 아산시 신창면)이다.

전주(全州)는 본래 백제 완산(完山)이다. 진흥왕 16년에 주로 만들고 26년에 주를 폐하였다가 신문왕 5년에 다시 완산주(完山州)를 설치하였다. 경덕왕 16년에 명칭을 고쳐 지금까지 인습한다. 3현을 거느렸다. 두성현(杜城縣)은 본래 백제 두이현(豆伊縣)인데 경덕왕 때 고친 이름이다. 지금의 이성현(伊城縣 : 지금의 완주군 이서면)이다. 금구현(金溝縣 : 지금의 김제시 금구면)은 본래 백제 구지지산현(仇知只山縣)인데 경덕왕 때 고친 이름이다. 지금도 인습한다. 고산현(高山縣 : 지금의 완주군 고산면)은 본래 백제현인데 경덕왕 때 주·군의 이름을 고쳐 지금까지 인습한다.

남원소경(南原小京)은 본래 백제 고룡군(古龍郡)인데 신라에 합병되었다. 신문왕 5년에 처음으로 소경을 설치하고 경덕왕 16년에 남원소경을 설치하였다. 지금의 남원부(南原府 : 지금의 남원시)이다.
대산군(大山郡)은 본래 백제 대시산군(大尸山郡)인데 경덕왕 때 고친 이름이다. 지금의 태산군(泰山郡 : 지금의 정읍시 고부면)인데 3현을 거느렸다. 정읍현(井邑縣 : 지금의 정읍시)은 본래 백제 정촌(井村)인데 경덕왕 때 고친 이름이다. 지금까지 인습한다. 빈성현(斌城縣)은 본래 백제 빈굴혈(賓屈縣)인데 경덕왕 때 고친 이름이다. 지금의 인의현(仁義縣 : 지금의 정읍시 태인면)이다. 야서현(野西縣)은 본래 백제 야서이현(也西伊縣)인데 경덕왕 때 고친 이름이다. 지금의 거야현(巨野縣 : 지금의 김제시)이다.
고부군(古阜郡)은 본래 백제 고사부리군(古沙夫里郡)인데 경덕왕 때 고친 이름이다. 지금까지 인습한다. 3현을 거느렸다. 부녕현(扶寧縣 : 지금의 부안읍)은 본래 백제 계화현(皆火縣)인데 경덕왕 때 고친 이름이다. 지금도 인습한다. 희안현(喜安縣)은 본래 백제 흔량매현(欣良買縣)인데 경덕왕 때 고친 이름이다. 지금의 보안현(保安縣 : 지금의 부안군 보안면)이다. 상질현(尙質縣 : 지금의 고창군 흥덕면)은 본래 백제 상칠현(上漆縣)인데 경덕왕 때 고친 이름이다. 지금까지 인습한다.
진례군(進禮郡 : 지금의 금산군)은 본래 백제 진잉을군(進仍乙郡)인데 경덕왕 때 고친 이름이다. 지금까지 인습한다. 3현을 거느렸다. 이성현(伊城縣)은 본래 백제 두시이현(豆尸伊縣)인데 경덕왕 때 고친 이름이다. 지금의 부리현(富利縣 : 지금의 금산군 부리면)이다. 청거현(淸渠縣 : 지금의 진안군 용담면)은 본래 백제 물거현(勿居縣)이었는데 경덕왕이 개명(改名)하여 지금도 그대로이다. 단천현(丹川縣)은 본래 백제 적천현(赤川縣)인데 경덕왕 때 고친 이름이다. 지금의 주계현(朱溪縣 : 지금의 무주군 적상면)이다.

덕은군(德殷郡)은 본래 백제 덕근군(德近郡)인데 경덕왕 때 고친 이름이다. 지금의 덕은군(德恩郡 : 지금의 논산시 은진면)인데 3현을 거느렸다. 시진현(市津縣 : 지금의 논산시 은진면 인근)은 본래 백제 가지내현(加知奈縣)인데 경덕왕 때 고친 이름이다. 지금까지 인습한다. 여량현(礪良縣 : 지금의 익산시 여산면)은 본래 백제 지량초현(只良肖縣)인데 경덕왕 때 고친 이름이다. 지금도 인습한다. 운제현(雲梯縣 : 지금의 완주군 운주면)은 본래 백제의 지벌지현(只伐只縣)인데 경덕왕 때 고친 이름이다. 지금까지 인습한다.

임피군(臨陂郡 : 지금의 군산시 임피면)은 본래 백제 시산군(屎山郡)인데 경덕왕 때 고친 이름이다. 지금까지 인습한다. 3현을 거느렸다. 함열현(咸悅縣 : 지금의 익산시 함열면)은 본래 백제 감물아현(甘勿阿縣)인데 경덕왕 때 고친 이름이다. 지금까지 인습한다. 옥구현(沃溝縣 : 지금의 군산시 옥구읍)은 본래 백제 마서량현(馬西良縣)인데 경덕왕 때 고친 이름이다. 지금까지 인습한다. 회미현(澮尾縣 : 지금의 군산시 회현면)은 본래 백제 부부리현(夫夫里縣)인데 경덕왕 때 고친 이름이다. 지금까지 인습한다.

김제군(金堤郡)은 본래 백제 벽골현(碧骨縣)인데 경덕왕 때 고친 이름이다. 지금까지 인습한다. 4현을 거느렸다. 만경현(萬頃縣 : 지금의 김제시 만경면)은 본래 백제 두내산현(豆乃山縣)인데 경덕왕 때 고친 이름이다. 지금까지 인습한다. 평고현(平皐縣 : 지금의 완주군 지역 내)은 본래 백제 수동산현(首冬山縣)인데 경덕왕 때 고친 이름이다. 지금까지 인습한다. 이성현(利城縣 : 지금의 김제시 성내)은 본래 백제 내리아현(乃利阿縣)인데 경덕왕 때 고친 이름이다. 지금도 인습한다. 무읍현(武邑縣)은 본래 백제 무근촌현(武斤村縣)인데 경덕왕 때 고친 이름이다. 지금의 부윤현(富潤縣 : 지금의 김제시 만경읍 인근)이다.

순화군(淳化郡 : 또는 정화(淳化))은 본래 백제 도실군(道實郡)인데 경덕왕 때에 고친 이름이다. 지금의 순창현(淳邑縣)이다. 2현을 거느렸다. 적성현(磧城

縣 : 지금의 순창군)은 본래 백제 역평현(礫坪縣 : 지금의 순창군 적성면)인데 경덕왕 때 고친 이름이다. 지금까지 인습한다. 구고현(九皋縣 : 지금의 임실군 청웅면)은 본래 백제 돌평현(堗坪縣)인데 경덕왕 때 고친 이름이다. 지금까지 인습한다.

금마군(金馬郡 : 지금의 익산시)은 본래 백제의 금마저군(金馬渚郡)인데 경덕왕 때 고친 이름이다. 지금까지 인습한다. 3현을 거느렸다. 옥야현(沃野縣 : 지금의 익산군 지역 내)은 본래 백제 소력지현(所力只縣)인데 경덕왕 때 고친 이름이다. 지금까지 인습한다. 야산현(野山縣)은 본래 백제 알야산현(閼也山縣)인데 경덕왕 때 고친 이름이다. 지금의 낭산현(朗山縣 : 지금의 익산시 낭산면)이다. 우주현(紆洲縣)은 본래 백제 우소저현(于召渚縣)인데 경덕왕 때 고친 이름이다. 지금의 우주(紆洲 : 지금의 완주군 지역 내)다.

벽계군(壁谿郡)은 본래 백제의 백이군(伯伊郡 : 또는 백해(伯海))인데 경덕왕 때 고친 이름이다. 지금의 장계현(長溪縣 : 지금의 장수군 계남면)으로 2현을 거느렸다. 진안현(鎭安縣 : 지금의 진안군 용담면)은 본래 백제 난진아현(難珍阿縣)인데 경덕왕 때 고친 이름이다. 지금까지 인습한다. 고택현(高澤縣)은 본래 백제 우평현(雨坪縣)인데 경덕왕 때 고친 이름이다. 지금의 장수현(長水縣 : 지금의 장수군 장수읍)이다.

임실군(任實郡)은 본래 백제 군으로 경덕왕 때 주·군의 명칭을 고쳐 지금까지 인습한다. 2현을 거느렸다. 마령현(馬靈縣 : 지금의 진안군 마령면)은 본래 백제 마돌현(馬突縣)인데 경덕왕 때 고친 이름이다. 지금까지 인습한다. 청웅현(靑雄縣 : 지금의 남원시 북쪽)은 본래 백제 거사물현(居斯勿縣)인데 경덕왕 때 고친 이름이다. 지금의 거녕현(巨寧縣)이다.

무주(武州 : 지금의 光州市)는 본래 백제 땅이다. 신문왕(神文王) 6년에 무진주(武珍州)를 만들고 경덕왕 때 무주(武州)로 고쳤다. 지금의 광주(光州)이다. 3현을 거느렸다. 현웅현(玄雄縣)은 본래 백제 미동부리현(未冬夫里縣)인데 경덕왕 때 고친 이름이다. 지금의 남평군(南平郡 : 지금의 나주시 남평면)이다. 용산현(龍山縣 : 지금의 나주시 북쪽)은 본래 백제 복룡현(伏龍縣)인데 경덕왕 때 고친 이름이다. 지금은 옛 명칭을 회복하였다. 기양현(祁陽縣)은 본래 백제 굴지현(屈支縣)인데 경덕왕 때 고친 이름이다. 지금의 창평현(昌平縣 : 지금의 담양군 창평면)이다.

분령군(分嶺郡)은 본래 백제 분차군(分嵯郡)인데 경덕왕 때 고친 이름이다. 지금의 낙안군(樂安郡 : 지금의 순천시 승주읍 낙안면)인데 4현을 거느렸다. 충렬현(忠烈縣)

은 본래 백제 조조례현(助助禮縣)인데 경덕왕 때 고친 이름이다. 지금의 남양현(南陽縣 : 지금의 고흥군 남양면)이다. 조양현(兆陽縣 : 지금의 보성군 성내)은 본래 백제 동로현(冬老縣)인데 경덕왕 때 고친 이름이다. 지금까지 인습한다. 강원현(薑原縣)은 본래 두힐현(豆肹縣)인데 경덕왕 때 고친 이름이다. 지금의 두원현(荳原縣 : 지금의 고흥군 두원면)이다. 백주현(栢舟縣)은 본래 백제 비사현(比史縣)인데 경덕왕 때 고친 이름이다. 지금의 태강현(泰江縣 : 지금의 고흥군 성내)이다.

보성군(寶城郡)은 본래 백제 복홀군(伏忽郡)인데 경덕왕 때 고친 이름이다. 지금까지 인습한다. 4현을 거느렸다. 대로현(代勞縣)은 본래 백제 마사량현(馬斯良縣)인데 경덕왕 때 고친 이름이다. 지금의 회녕현(會寧縣 : 지금의 장흥군 성내)이다. 계수현(季水縣)은 본래 백제 계천현(季川縣)인데 경덕왕 때 고친 이름이다. 지금의 장택현(長澤縣 : 지금의 장흥군 장평면)이다. 오아현(烏兒縣)은 본래 백제 오차현(烏次縣)인데 경덕왕 때 고친 이름이다. 지금의 정안현(定安縣 : 지금의 장흥군 성내)이다. 마읍현(馬邑縣)은 본래 백제 고마미지현(古馬旀知縣)인데 경덕왕 때 이름이다. 지금의 수녕현(遂寧縣 : 지금의 장흥군)이다.

추성군(秋成郡)은 본래 백제 추자혜군(秋子兮郡)인데 경덕왕 때 고친 이름이다. 지금의 담양군(潭陽郡)이다. 2현을 거느렸다. 옥과현(玉菓縣 : 지금의 곡성군 옥과면)은 본래 백제 과지현(菓支縣)인데 경덕왕 때 고친 이름이다. 지금도 인습한다. 윤원현(栗原縣)은 본래 백제 율지현(栗支縣)인데 경덕왕 때 고친 이름이다. 지금의 원율현(原栗縣 : 지금의 담양군 성내)이다.

영암군(靈巖郡)은 본래 백제 월내군(月奈郡)인데 경덕왕 때 고친 이름이다. 지금까지 인습한다.

반남군(潘南郡 : 지금의 나주시 반남면 일원)은 본래 백제 반내부리현(半奈夫里縣)인데 경덕왕 때 고친 이름이다. 지금까지 인습한다. 2현을 거느렸다. 야로현(野老縣)은 본래 백제 아로곡현(阿老谷縣)인데 경덕왕 때 고친 이름이다. 지금의 안로현(安老縣 : 지금의 나주시 노안면)이다. 곤미현(昆湄縣 : 지금의 영암군 미암면)은 본래 백제 고미현(古彌縣)인데 경덕왕 때 고친 이름이다. 지금까지 인습한다.

갑성군(岬城郡)은 본래 백제 고시이현(古尸伊縣)인데 경덕왕 때 고친 이름이다. 지금의 장성군(長城郡)인데 2현을 거느렸다. 진원현(珍原縣 : 지금의 장성군 진원면)은 본래 백제 구사진혜현(丘斯珍兮縣)인데 경덕왕 때 고친 이름이다. 지금까지 인습한다. 삼계현(森溪縣 : 지금의 영광군 성내)은 본래 백제 소비혜현(所非

兮縣)인데 경덕왕 때 고친 이름이다. 지금도 인습한다.

무령군(武靈郡)은 본래 백제 무시이군(武尸伊郡)인데 경덕왕 때 고친 이름이다. 지금의 영광군(靈光郡)으로 세 현을 거느렸다. 장사현(長沙縣 : 지금의 고창군 성내)은 본래 백제 상로현(上老縣)인데 경덕왕 때 고친 이름이다. 지금도 인습한다. 고창현(高敞縣 : 지금의 고창군)은 본래 백제 모량부리현(毛良夫里縣)인데 경덕왕 때 고친 이름이다. 지금까지 인습한다. 무송현(茂松縣 : 지금의 고창군 무장면)은 본래 백제 송미지현(松彌知縣)인데 경덕왕 때 고친 이름이다. 지금까지 인습한다.

승평군(昇平郡 : 또는 승주(昇州), 지금의 순천시 승주읍)은 본래 백제 감평군(欿平郡)인데 경덕왕 때 고친 이름이다. 지금까지 인습한다. 3현을 거느렸다. 해읍현(海邑縣)은 본래 백제 원촌현(猿村縣)인데 경덕왕 때 고친 이름이다. 지금의 여수현(麗水縣 : 지금의 여수시)이다. 희양현(晞陽縣)은 본래 백제 마로현(馬老縣)인데 경덕왕 때 고친 이름이다. 지금의 광양현(光陽縣 : 지금의 광양시 광양읍)이다. 노산현(廬山縣 : 지금의 여천군 돌산면)은 본래 백제 돌산현(突山縣)인데 경덕왕 때 고친 이름이다. 지금은 옛 명칭을 회복하였다.

곡성군(谷城郡)은 본래 백제 욕내군(欲乃郡)인데 경덕왕 때 고친 이름이다. 지금까지 인습한다. 3현을 거느렸다. 부유현(富有縣 : 지금의 순천시 승주읍 성내)은 본래 백제 둔지현(遁支縣)인데 경덕왕 때 고친 이름이다. 지금도 인습한다. 구례현(求禮縣 : 지금의 구례읍)은 본래 백제 구차례현(仇次禮縣)인데 경덕왕 때 고친 이름이다. 지금까지 인습한다. 동복현(同福縣 : 지금의 화순군 동복면)은 본래 백제 두부지현(豆夫只縣)인데 경덕왕 때 고친 이름이다. 지금까지 인습한다.

능성군(陵城郡 : 지금의 화순군 능주면)은 본래 백제 이릉부리군(尒陵夫里郡)인데 경덕왕 때 고친 이름이다. 지금까지 인습한다. 2현을 거느렸다. 부리현(富里縣)은 본래 백제 파부리군(波夫里郡)인데 경덕왕 때 고친 이름이다. 지금의 복성현(福城縣 : 지금의 보성군 복내면)이다. 여미현(汝湄縣)은 본래 백제 잉리아현(仍利阿縣)인데 경덕왕 때 고친 이름이다. 지금의 화순현(和順縣 : 지금의 화순읍)이다.

금산군(錦山郡)은 본래 백제의 발라군(發羅郡)인데 경덕왕 때 고친 이름이다. 지금의 나주목(羅州牧 : 지금의 나주시)으로 3현을 거느렸다. 회진현(會津縣 : 지금의 나주시 서쪽)은 본래 백제 두힐현(豆肹縣)인데 경덕왕 때 고친 이름이다. 지금도 인습한다. 철야현(鐵冶縣 : 지금의 나주시 남평면)은 본래 백제 실어산현(實於山縣)인데 경덕왕 때 고친 이름이다. 지금까지 인습한다. 여황현(艅艎縣 : 지금의 나주시 성내)은 본래 백제 수천현(水川縣)인데 경덕왕 때 고친 이름이다. 지금까지 인습한다.

양무군(陽武郡)은 본래 백제 도무군(道武郡)인데 경덕왕 때 고친 이름이다. 지금의 도강군(道康郡 : 지금의 강진군)인데 4현을 거느렸다. 고안현(固安縣 : 또는 同安)은 본래 백제 고서이현(古西伊縣)인데 경덕왕 때 고친 이름이다. 지금의 죽산현(竹山縣 : 지금의 해남군 성내)이다. 탐진현(耽津縣 : 지금의 강진군 강진읍)은 본래 백제 동음현(冬音縣)인데 경덕왕 때 고친 이름이다. 지금까지 인습한다. 침명현(浸溟縣)은 본래 백제 새금현(塞琴縣)인데 경덕왕 때 고친 이름이다. 지금의 해남현(海南縣 : 지금의 해남읍)이다. 황원현(黃原縣 : 지금의 남해군 황산면)은 본래 백제 황술현(黃述縣)인데 경덕왕 때 고친 이름이다. 지금까지 인습한다.

무안군(務安郡)은 본래 백제 물아혜군(勿阿兮郡)인데 경덕왕 때 고친 이름이다. 지금도 인습한다. 4현을 거느렸다. 함풍현(咸豐縣 : 지금의 함평읍)은 본래 백제 굴내현(屈乃縣)인데 경덕왕 때 고친 이름이다. 지금까지 인습한다. 다기현(多岐縣)은 본래 백제 다지현(多只縣)인데 경덕왕 때 고친 이름이다. 지금의 모평현(牟平縣 : 지금의 함평군 성내)이다. 해제현(海際縣 : 지금의 무안군 해제면)은 본래 백제 도제현(道際縣)인데 경덕왕 때 고친 이름이다. 지금까지 인습한다. 진도현(珍島縣 : 지금의 진도군)은 본래 백제 인진도군(因珍島郡)인데 경덕왕 때 고친 이름이다. 지금까지 인습한다.

뇌산군(牢山郡)은 본래 백제 도산현(徒山縣)인데 경덕왕 때 고친 이름이다. 지금의 가흥현(嘉興縣 : 지금의 진도군 성내)인데 1현을 거느렸다. 첨탐현(瞻耽縣)은 본래 백제 매구리현(買仇里縣)인데 경덕왕 때 고친 이름이다. 지금의 임회현(臨淮縣 : 지금의 진도군 임회면)이다.

압해군(壓海郡 : 지금의 나주시)은 본래 백제 아차산현(阿次山縣)인데 경덕왕 때 고친 이름이다. 지금까지 인습한다. 3현을 거느렸다. 갈도현(碣島縣)은 본래 백제 아로현(阿老縣)인데 경덕왕 때 고친 이름이다. 지금의 육창현(六昌縣 : 지금의 영광군 성내)이다. 염해현(鹽海縣)은 본래 백제 고록지현(古祿只縣)인데 경덕왕 때 고친 이름이다. 지금의 임치현(臨淄縣 : 지금의 영광군 지역 내)이다. 안파현(安波縣)은 본래 백제 거지산현(居知山縣 : 또는 굴지산(屈知山))인데 경덕왕 때 고친 이름이다. 지금의 장산현(長山縣 : 지금의 무안군 장산면 장산도)이다.

三國史記 卷 第三十六

雜志 第五 地理 三

熊州 本百濟舊都 唐高宗遣蘇定方平之 置熊津都督府 羅文武王取其地有之 神文王改爲熊川州 置都督 景德王十六年 改名熊州 今公州 領縣二 尼山縣 本百濟熱也山縣 景德王改名 今因之 淸音縣 本百濟伐音支縣 景德王改名 今新豐縣.

西原京 神文王五年 初置西原小京 景德王改名西原京 今淸州.
大麓郡 本百濟大木岳郡 景德王改名 今木州 領縣二 馴雉縣 本百濟甘買縣 景德王改名 今豐歲縣 金池縣 本百濟仇知縣 景德王改名 今全義縣.
嘉林郡 本百濟加林郡 景德王改加爲嘉 今因之 領縣二 馬山縣 本百濟縣 景德王改州郡名 及今竝因之 翰山縣 本百濟大山縣 景德王改名 今鴻山縣.
西林郡 本百濟舌林郡 景德王改名 今因之 領縣二 藍浦縣 本百濟寺浦縣 景德王改名 今因之 庇仁縣 本百濟比衆縣 景德王改名 今因之.
伊山郡 本百濟馬尸山郡 景德王改名 今因之 領縣二 目牛縣 本百濟牛見縣 景德王改名 今未詳 今武縣 本百濟今勿縣 景德王改名 今德豐縣.
槥城郡 本百濟槥郡 景德王改名 今因之 領縣三 唐津縣 本百濟伐首只縣 景德王改名 今因之 餘邑縣 本百濟餘村縣 景德王改名 今餘美縣 新平縣 本百濟沙平縣 景德王改名 今因之.
扶餘郡 本百濟所夫里郡 唐將蘇定方與庾信平之 文武王十二年 置摠管 景德王改名 今因之 領縣二 石山縣 本百濟珍惡山縣 景德王改名 今石城縣 悅城縣 本百濟悅己縣 景德王改名 今定山縣.
任城郡 本百濟任存城 景德王改名 今大興郡 領縣二 靑正縣 本百濟古良夫里縣 景德王改名 今靑陽縣 孤山縣 本百濟烏山縣 景德王改名 今禮山縣.
黃山郡 本百濟黃等也山郡 景德王改名 今連山縣 領縣二 鎭嶺縣 本百濟眞峴縣(眞一作貞) 景德王改名 今鎭岑縣 珍同縣 本百濟縣 景德王改州郡名 及今倂因之.
比豐郡 本百濟雨述郡 景德王改名 今懷德郡 領縣二 儒城縣 本百濟奴斯只縣

景德王改名 今因之 赤鳥縣 本百濟所比浦縣 景德王改名 今德津縣.

潔城郡 本百濟結己郡 景德王改名 今因之 領縣二 新邑縣 本百濟新村縣 景德王改名 今保寧縣 新良縣 本百濟沙尸良縣 景德王改名 今黎陽縣.

燕山郡 本百濟一牟山郡 景德王改名 今因之 領縣二 燕岐縣 本百濟豆仍只縣 景德王改名 今因之 昧谷縣 本百濟未谷縣 景德王改名 今懷仁縣.

富城郡 本百濟基郡 景德王改名 今因之 領縣二 蘇泰縣 本百濟省大號(號 當作兮(見勝覽))縣 景德王改名 今因之 地育縣 本百濟知六縣 景德王改名 今北谷縣.

湯井郡 本百濟郡 文武王十一年 唐咸亨二年 爲州置摠管 咸亨十二年 廢州爲郡 景德王因之 今溫水郡 領縣二 陰峯(一云陰岑)縣 本百濟牙述縣 景德王改名 今牙州 祁梁縣 本百濟屈直縣 景德王改名 今新昌縣.

全州 本百濟完山 眞興王十六年 爲州 二十六年 州廢 神文王五年 復置完山州 景德王十六年 改名 今因之 領縣三 杜城縣 本百濟豆伊縣 景德王改名 今伊城縣 金溝縣 本百濟仇知只山縣 景德王改名 今因之 高山縣 本百濟縣 景德王改州郡名 及今因之.

南原小京 本百濟古龍郡 新羅幷之 新文王五年 初置小京 景德王十六年 置南原小京 今南原府.

大山郡 本百濟大尸山郡 景德王改名 今泰山郡 領縣三 井邑縣 本百濟井村景德王改名 今因之 斌城縣 本百濟賓屈縣 景德王改名 今仁義縣 野西縣 本百濟也西伊縣 景德王改名 今巨野縣.

古阜郡 本百濟古沙(眇 當作沙(見勝覽))夫里郡 景德王改名 今因之 領縣三 扶寧縣 本百濟皆火縣 景德王改名 今因之 喜安縣 本百濟欣良買縣 景德王改名 今保安縣 尙質縣 本百濟上漆縣 景德王改名 今因之.

進禮郡 本百濟進仍乙郡 景德王改名 今因之 領縣三 伊城縣 本百濟豆尸伊縣 景德王改名 今富利縣 清渠縣 本百濟勿居縣 景德王改名 今因之 丹川縣 本百濟赤川縣 景德王改名 今朱溪縣.

德殷郡 本百濟德近郡 景德王改名 今德恩郡 領縣三 市津縣 本百濟加知奈縣 景德王改名 今因之 礪良縣 本百濟只良肖縣 景德王改名 今因之 雲梯縣 本百濟只伐只縣 景德王改名 今因之.

臨陂郡 本百濟屎山郡 景德王改名 今因之 領縣三 咸悅縣 本百濟甘勿阿縣 景德王改名 今因之 沃溝縣 本百濟馬西良縣 景德王改名 今因之 澮尾縣 本百濟夫夫里縣 景德王改名 今因之.

金堤郡 本百濟碧骨縣 景德王改名 今因之 領縣四 萬頃縣 本百濟豆乃山縣 景德王改名 今因之 平皐縣 本百濟首冬山縣 景德王改名 今因之 利城縣 本百濟乃利阿縣 景德王改名 今因之 武邑縣 本百濟武斤村縣 景德王改名 今富潤縣.

淳化郡(淳一作渟) 本百濟道實郡 景德王改名 今淳昌縣 領縣二 磧城縣 本百濟礫坪縣 景德王改名 今因之 九皐縣 本百濟堗坪縣 景德王改名 今因之.

金馬郡 本百濟金馬渚郡 景德王改名 今因之 領縣三 沃野縣 本百濟所力只縣 景德王改名 今因之 野山縣 本百濟閼也山縣 景德王改名 今朗山縣 紆洲縣 本百濟于召渚縣 景德王改名 今紆州.

壁谿郡 本百濟伯伊(一作海)郡 景德王改名 今長溪縣 領縣二 鎭安縣 本百濟難珍阿縣 景德王改名 今因之 高澤縣 本百濟雨坪縣 景德王改名 今長水縣.

任實郡 本百濟郡 景德王改州郡名 及今並因之 領縣二 馬靈縣 本百濟馬突縣 景德王改名 今因之 靑雄縣 本百濟居斯勿縣 景德王改名 今巨寧縣.

武州 本百濟地 神文王六年 爲武珍州 景德王改爲武州 今光州 領縣三 玄雄縣 本百濟未冬夫里縣 景德王改名 今南平郡 龍山縣 本百濟伏龍縣 景德王改名 今復故 祁陽縣 本百濟屈支縣 景德王改名 今昌平縣.

分嶺郡 本百濟分嵯郡 景德王改名 今樂安都 領縣四 忠烈縣 本百濟助助禮縣 景德王改名 今南陽縣 兆陽縣 本百濟冬老縣 景德王改名 今因之 薑原縣 本百濟豆肹縣 景德王改名 今荳原縣 栢舟縣 本百濟比史縣 景德王改名 今泰江縣.

寶城郡 本百濟伏忽郡 景德王改名 今因之 領縣四 代勞縣 本百濟馬斯良縣 景德王改名 今會寧縣 季水縣 本百濟季川縣 景德王改名 今長澤縣 烏兒縣 本百濟烏次縣 景德王改名 今定安縣 馬邑縣 本百濟古馬旀知縣 景德王改名 今遂寧縣.

秋成郡 本百濟秋子兮郡 景德王改名 今潭陽郡 領縣二 玉菓縣 本百濟菓支縣 景德王改名 今因之 栗原縣 本百濟栗支縣 景德王改名 今原栗縣.

靈巖郡 本百濟月柰郡 景德王改名 今因之.

潘南郡 本百濟半柰夫里縣 景德王改名 今因之 領縣二 野老縣 本百濟阿老谷縣 景德王改名 今安老縣 昆湄縣 本百濟古彌縣 景德王改名 今因之.

岬城郡 本百濟古尸伊縣 景德王改名 今長城郡 領縣二 珍原縣 本百濟丘斯珍兮縣 景德王改名 今因之 森溪縣 本百濟所非兮縣 景德王改名 今因之.

武靈郡 本百濟武尸伊郡 景德王改名 今靈光縣 領縣三 長沙縣 本百濟上老縣 景德王改名 今因之 高敞縣 本百濟毛良夫里縣 景德王改名 今因之 茂松縣 本百濟松彌知縣 景德王改名 今因之.

昇平郡 本百濟欲(欿 據麗史地理及勝覽)平郡 景德王改名 今因之(一云昇州) 領縣三 海邑縣 本百濟猿村縣 景德王改名 今麗水縣 晞陽縣 本百濟馬老縣 景德王改名 今光陽縣 蘆山縣 本百濟突山縣 景德王改名 今復故.

谷城郡 本百濟欲乃郡 景德王改名 今因之 領縣三 富有縣 本百濟遁支縣 景德王改名 今因之 求禮縣 本百濟仇次禮縣 景德王改名 今因之 同福縣 本百濟豆夫只縣 景德王改名 今因之.

陵城郡 本百濟尒陵夫里郡 景德王改名 今因之 領縣二 富里縣 本百濟波夫里郡 景德王改名 今福城縣 汝湄縣 本百濟仍利阿縣 景德王改名 今和順縣.

錦山郡 本百濟發羅縣 景德王改名 今羅州牧 領縣三 會津縣 本百濟豆肹縣 景德王改名 今因之 鐵冶縣 本百濟實於山縣 景德王改名 今因之 艅艎縣 本百濟水川縣 景德王改名 今因之.

陽武郡 本百濟道武郡 景德王改名 今道康郡 領縣四 固(一作同)安縣 本百濟古西伊縣 景德王改名 今竹山縣 耽津縣 本百濟冬音縣 景德王改名 今因之 浸溟縣 本百濟塞琴縣 景德王改名 今海南縣 黃原縣 本百濟黃述縣 景德王改名 今因之.

務安郡 本百濟勿阿兮郡 景德王改名 今因之 領縣四 咸豐縣 本百濟屈乃縣 景德王改名 今因之 多岐縣 本百濟多只縣 景德王改名 今牟平縣 海際縣 本百濟道際縣 景德王改名 今因之 珍島縣 本百濟因珍島郡 景德王改名 今因之.

牢山郡 本百濟徒山縣 景德王改名 今嘉興縣 領縣一 瞻耽縣 本百濟買仇里縣 景德王改名 今臨淮縣.

壓海郡 本百濟阿次山縣 景德王改名 今因之 領縣三 碣島縣 本百濟阿老縣 景德王改名 今六昌縣 鹽海縣 本百濟古祿只縣 景德王改名 今臨淄縣 安波縣 本百濟居知山縣(居一作屈) 景德王改名 今長山縣.

삼국사기 권 제37

잡지(雜志) 제6

지리(地理) 4   고구려(高句麗), 백제(百濟)

고구려(高句麗)

통전(通典)을 살펴보면 "주몽이 한(漢) 건소(建昭) 2년(BC 37)에 북부여(北扶餘)에서 동남쪽으로 길을 떠나 보술수(普述水 : 지금의 혼강(渾江) 지류)를 건너 흘승골성(紇升骨城 : 升乾骨城)에 이르러 자리를 잡고 국호를 구려(句麗)라 하고 성씨를 고(高)라 하였다" 하였고, 고기(古記)에 "주몽(朱蒙)이 부여(扶餘)에서 피난하여 졸본(卒本)에 왔다"고 하였으니 흘승골성이나 졸본은 한 곳인 것 같다.

한서지(漢書志)에 "요동군(遼東郡)은 낙양(洛陽)에서 3,600리의 거리인데, 속현(屬縣)으로 무려(無廬)가 있다" 하였다. (무려는) 곧 주례(周禮)에서 말하는 북진(北鎭) 의무여산(醫巫閭山)이다.

(후에) 대요(大遼)가 그 아래에 의주(醫州)를 설치하였다. 현도군(玄菟郡)은 낙양에서 동북쪽으로 4,000리의 거리인데, 속현으로 3현이 있다. 고구려(高句麗)도 그 하나로 되어 있으니, 이른바 주몽이 도읍했던 흘승골성과 졸본이라는 곳은 대개 한(漢) 현도군의 경계요, 대요국(大遼國) 동경(東京 : 지금의 遼陽)의 서쪽일 것이다. 한지(漢志)의 이른바 현도의 속현(屬縣)인 고구려가 바로 이것인가. 옛날 대요가 망하지 않았을 때에 요제(遼帝)가 연경(燕京 : 北京)에 있었으므로, 우리 나라 사신들이 동경(東京)을 거쳐 요수(遼水)를 건너고 하루이틀 만에 의주에 도착하여 연계(燕薊)로 향하였기 때문

에 그렇다는 것을 안다.

주몽이 흘승골성에 도읍을 건설한 때로부터 40년 후인 유류왕(孺留王 : 琉璃王) 22년에 도읍을 국내성(國內城 : 위나암성(尉那巖城) 혹은 불이성(不而城), 지금의 通溝)으로 옮기었다.

한서(漢書)에 이르기를 "낙랑군 소속으로 불이(不而)가 있다" 하였고 또 "당 총장(總章) 2년(669)에 영국공(英國公) 이적(李勣)이 칙서(勅書)를 받들어, 고구려의 여러 성에 도독부(都督府) 및 주(州)·현(縣)을 설치하였다"고 하였다. 그 목록(目錄)에 "압록(鴨淥〔綠〕) 이북에서 이미 항복한 성(城)이 11개인데 국내성도 그 중의 하나이다. 평양(平壤)에서 이 성(城)까지 오자면 17개 역(驛)을 거친다" 하였으니, 국내성(國內城)도 역시 북조(北朝 : 遼) 경내에 있는 것이지만 어느 곳인지 알 수 없다.

국내성에 도읍하여 425년을 지내고, 장수왕(長壽王) 15년에 평양(平壤 : 지금의 평양시 대성산 일대)으로 도읍을 옮겨 156년을 지내고, 평원왕(平原王) 28년에 도읍을 장안성(長安城 : 지금의 평양시로, 대성산에서 이곳으로 옮겼다. 평양성)으로 옮겨 83년을 지내고, 보장왕(寶臧王) 27년에 멸망하였다〔옛사람의 기록이 시조 주몽왕으로부터 보장왕에 이르기까지 지낸 햇수가 이와 같이 분명하고 자상하다. 그런데 어떤 이는 말하기를 "고국원왕 13년에 평양 동황성(東黃城 : 本黃城(丸都)의 동쪽, 지금의 江界 지역)으로 옮겼다. 성은 지금 서경(西京)의 동쪽 목멱산중(木覓山中)에 있다" 하였으니 정말 그런지 어떤지 알 수 없다〕.

평양성(平壤城)은 지금의 서경(西京)인 것 같고, 패수(浿水)는 바로 대동강(大同江)이다. 왜냐하면 당서(唐書)에 "평양성은 한의 낙랑군이다. 산 형세를 따라 구부러지고 돌아서 성을 쌓았고, 남쪽으로 패수와 닿아 있다" 하였고, 또 지(志 : 地理志)에 "(산동성) 등주(登州)에서 동북쪽으로 가서 남쪽으로 바다를 끼고 패강(浿江)의 어귀 초도(椒島)를 지나면, 바로 신라의 서북이 된다" 하였다. 또 수 양제(陽帝)의 동정(東征 : 고구려 원정) 조서(詔書)에 "창해(滄海)의 도군(道軍)이 주로(舟艫) 1,000리에 높은 돛은 번개같이 가고, 큰 배는 구름가듯 하여 패강(浿江)을 지나 평양에 도착한다" 하였으니, 이로써 보면 지금의 대동강이 패수임이 분명하고, 서경 역시 평양이란 것도 미루어 알 수 있다.

당서(唐書)에 "평양성을 장안(長安)이라고도 한다" 하였고, 고기(古記)에는 "평양에서 장안으로 옮겼다" 하였으니 두 성의 동이(同異), 원근(遠

近)은 알 수 없으나 고구려가 처음에 중국의 북쪽에 있다가 차츰 동쪽 패수 곁으로 옮겼을 것이다. 발해(渤海) 사람 무예(武藝 : 발해 제2대 왕 武王)가 말하기를 "옛날 고구려가 강성할 때 군사 30만으로 당과 서로 대항하였다" 하였으니 지역이 크고 군사도 강했다고 할 만하다. 말기에 이르러 임금이나 신하가 혼미하고 포학하여 도(道)를 잃었으므로 당(唐)이 두 번째 군사를 출동하고 신라는 원조하여 이를 평정하였던 것이다. 그 땅이 대부분 발해·말갈로 들어가고 신라 역시 그 남쪽을 차지하여 한(漢)·삭(朔)·명(溟) 3주(三州) 및 군(郡)·현(縣)을 설치하여 (신라) 9주(九州)의 제(制)를 갖추었다.

한산주(漢山州 : 신라시대의 주. 지금의 廣州)
국원성(國原城 : 미을성(未乙省) 또는 탁장성(託長城)이라고도 함. 지금의 충주)
남천현(南川縣 : 남매(南買)라고도 함. 지금의 이천시)
구성(駒城 : 멸오(滅烏)라고도 함. 지금의 용인시 구성면)
잉근내군(仍斤內郡 : 지금의 괴산군)
술천군(述川郡 : 성지매(省知買)라고도 함. 지금의 여주시)
골내근현(骨乃斤縣 : 지금의 여주읍)
양근현(楊根縣 : 거사참(去斯斬)이라고도 함. 지금의 양평군)
금물내군(今勿內郡 : 만노(萬弩)라고도 함. 지금의 진천군)
도서현(道西縣 : 도분(都盆)이라고도 함. 지금의 괴산군 도안면)
잉홀(仍忽 : 지금의 음성군 지역 내)
개차산군(皆次山郡 : 지금의 안성시 일죽면)
노음죽현(奴音竹縣 : 지금의 음성군)
내혜홀(奈兮忽 : 지금의 안성시)
사복홀(沙伏忽 : 지금의 안성시 양성면)
사산현(蛇山縣 : 지금의 천안시 직산면)
매홀(買忽 : 수성(水城)이라고도 함. 지금의 수원시)
당성군(唐城郡 : 지금의 화성군 남양면 지역 내)
상홀(上忽 : 차홀(車忽)이라고도 함. 지금의 화성군 지역 내)
부산현(釜山縣 : 송촌활달(松村活達)이라고도 함. 지금의 송탄시)
율목군(栗木郡 : 동사힐(冬斯盻)이라고도 함. 지금의 시흥군 지역 내)

잉벌노현(仍伐奴縣 : 지금의 서울 관악구 봉천·신림동)
제차파의현(齊次巴衣縣 : 지금의 김포시 양촌면)
매소홀현(買召忽縣 : 미추홀(彌鄒忽)이라고도 함. 지금의 인천)
장항구현(獐項口縣 : 고사야홀차(古斯也忽次)라고도 함. 지금의 시흥시 광석동)
주부토군(主夫吐郡 : 지금의 부천시)
수이홀(首尒忽 : 지금의 김포시)
검포현(黔浦縣 : 지금의 김포시)
동자홀현(童子忽縣 : 구사파의(仇斯波衣)라고도 함. 지금의 김포시 통진읍)
평회압현(平淮押縣 : 별사파의(別史波衣)라고도 함, 회(淮)는 유(唯)라고도 함. 지금의 김포시 월곶면)
북한산군(北漢山郡 : 평양(平壤)이라고도 함. 지금의 서울 세검동 지역 내)
골의내현(骨衣內縣 : 지금의 양주군 진접면)
왕봉현(王逢縣 : 계백(階伯)이라고도 함. 한씨(漢氏)의 미녀(美女)가 안장왕(安臧王)과 만난 땅임. 그러므로 왕봉(王逢)이라 이름했음. 지금의 고양시 신평동)
매성군(買省郡 : 마홀(馬忽)이라고도 함. 지금의 양주시)
칠중현(七重縣 : 난은별(難隱別)이라고도 함. 지금의 파주시 적성면)
파해평사현(波害平史縣 : 액(額)이라고도 함. 지금의 파주시 파평면)
천정구현(泉井口縣 : 이을매괸(於乙買串)이리고도 함. 지금의 파주시 교하면)
술이홀현(述尒忽縣 : 수니홀(首泥忽)이라고도 함. 지금의 파주시 주내면)
달을성현(達乙省縣 : 한씨(漢氏) 미녀(美女)가 높은 산 위에서 봉화(烽火)를 올려 안장왕(安臧王)을 맞은 곳이기 때문에 뒤에 고봉(高烽)이라 하였음)
비성군(臂城郡 : 마홀(馬忽)이라고도 함. 지금의 고양시 사리현동)
내을매(內乙買 : 내이미(內尒米)라고도 함. 지금의 양주군 지역 내)
철원군(鐵圓郡 : 모을동비(毛乙冬非)라고도 함. 지금의 철원군)
양골현(梁骨縣 : 지금의 포천군 영중면)
승량현(僧梁縣 : 비물(非勿)이라고도 함. 지금의 연천읍)
공목달(功木達 : 웅섬산(熊閃山)이라고도 함. 지금의 연천군 연천읍)
부여군(夫如郡 : 지금의 김화군)
어사내현(於斯內縣 : 부양(斧壤)이라고도 함. 지금의 평강군)
오사함달(烏斯含達 : 지금의 연백군 은천면)

아진압현(阿珍押縣: 궁악(窮嶽)이라고도 함. 지금의 이천군 안협면)
소읍두현(所邑豆縣: 지금의 연천군)
이진매현(伊珍買縣: 지금의 이천군 이천읍)
우잠군(牛岑郡: 우령(牛嶺) 또는 수지의(首知衣)라고도 함. 지금의 황해도 금천군)
장항현(獐項縣: 고사야홀차(古斯也忽次)라고도 함. 지금의 장단군)
장천성현(長淺城縣: 야야(耶耶) 또는 야아(夜牙)라고도 함. 지금의 포천시 군내면)
마전천현(麻田淺縣: 이사파홀(泥沙波忽)이라고도 함. 지금의 연천군 미산면)
부소갑(扶蘇岬: 지금의 개성시)
약지두치현(若只頭恥縣: 삭두(朔頭) 또는 의두(衣頭)라고도 함. 지금의 장풍군)
굴어압(屈於押: 홍서(紅西)라고 함. 지금의 금천군 구 서북면)
동비홀(冬比忽: 지금의 개풍군 구 서면)
덕물현(德勿縣: 지금의 개풍군 구 봉동면)
진임성현(津臨城縣: 오아홀(烏阿忽)이라고도 함. 지금의 파주시 문산읍)
혈구군(穴口郡: 갑비고차(甲比古次)라고도 함. 지금의 강화군)
동음내현(冬音奈縣: 휴음(休陰)이라고도 함. 지금의 강화군 하점면)
고목근현(高木根縣: 달을참(達乙斬)이라고도 함. 지금의 강화군 교동면)
수지현(首知縣: 신지(新知)라고도 함. 지금의 강화군 남쪽)
대곡군(大谷郡: 다지홀(多知忽)이라고도 함. 지금의 평산군)
수곡성현(水谷城縣: 매단홀(買旦忽)이라고도 함. 지금의 신계군 신계면)
십곡현(十谷縣: 덕돈홀(德頓忽)이라고도 함. 지금의 곡산군)
동음홀(冬音忽: 고염성(鼓鹽城)이라고도 함. 지금의 연안군)
도랍현(刀臘縣: 치악성(雉嶽城)이라고도 함. 지금의 은천군)
오곡군(五谷郡: 우차탄홀(于次呑忽)이라고도 함. 지금의 서흥군)
내미홀(內米忽: 지성(池城) 또는 장지(長池)라고도 함. 지금의 해주시)
한성군(漢城郡: 한홀(漢忽) 또는 식성(息城) 또는 내홀(乃忽)이라고도 함. 지금의 재령군)
휴류성(鵂鶹城: 조파의(租波衣) 또는 휴암군(鵂巖郡)이라고도 함. 지금의 봉산군)
장새현(獐塞縣: 고소어(古所於)라고도 함. 지금의 수안군)
동홀(冬忽: 우동어홀(于冬於忽)이라고도 함. 지금의 황주군)
금달(今達: 신달(薪達) 또는 식달(息達)이라고도 함. 지금의 평양시 남단)

구을현(仇乙峴 : 굴천(屈遷)이라고도 함. 풍주(豊州). 지금의 송화군)
궐구(闕口 : 지금의 신천군)
율구(栗口 : 율천(栗川)이라고도 함. 지금의 은률군)
장연(長淵 : 지금의 장연군)
마경이(麻耕伊 : 지금의 송화군)
양악(楊岳 : 지금의 안악군)
판마곶(板麻串 : 지금의 송화군 일원)
웅한이(熊閑伊 : 지금의 송화군 일원)
옹천(甕遷 : 지금의 옹진군)
부진이(付珍伊 : 지금의 옹진군 강령)
곡도(鵠島 : 지금의 옹진군 백령면)
승산(升山 : 지금의 신천군)
가화압(加火押 : 지금의 평양시 남쪽)
부사파의현(夫斯波衣縣 : 구사현(仇史峴)이라고도 함. 지금의 평양시 남쪽)

우수주(牛首州 : 수(首)는 두(頭)라고도 쓰고, 수차약(首次若) 또는 오근내(烏根乃)라고도 함)
벌력천현(伐力川縣 : 지금의 홍천읍)
횡천현(橫川縣 : 어사매(於斯買)라고도 함. 지금의 횡성군 횡성면)
지현현(砥峴縣 : 지금의 양평군 지제면)
평원군(平原郡 : 북원(北原). 지금의 원주시)
내토군(奈吐郡 : 대제(大提)라고도 함. 지금의 제천시)
사열이현(沙熱伊縣 : 지금의 제천시 청풍면)
적산현(赤山縣 : 지금의 단양읍)
근평군(斤平郡 : 병평(並平)이라고도 함. 지금의 가평군)
심천현(深川縣 : 복사매(伏斯買)라고도 함. 지금의 가평군 하면)
양구군(楊口郡 : 요은홀차(要隱忽次)라고도 함. 지금의 양구군)
저족현(猪足縣 : 오사회(烏斯廻)라고도 함. 지금의 인제군 인제면)
옥기현(玉岐縣 : 개차정(皆次丁)이라고도 함. 지금의 인제군 서화면)
삼현현(三峴縣 : 밀파혜(密波兮)라고도 함. 지금의 양구군 방산면)

성천군(狌川郡 : 야시매(也尸買)라고도 함. 지금의 화천군)
대양관군(大楊菅郡 : 마근압(馬斤押)이라고도 함. 지금의 회양군)
매곡현(買谷縣 : 지금의 영천시)
고사마현(古斯馬縣 : 지금의 봉화군 봉화면)
급벌산군(及伐山郡 : 지금의 영주시 순흥면)
이벌지현(伊伐支縣 : 자벌지(自伐支)라고도 함)
수성천현(藪狌川縣 : 수천(藪川)이라고도 함. 지금의 회양군 동쪽)
문현현(文峴縣 : 근시파현(斤尸波縣)이라고도 함. 지금의 회양군 동쪽)
모성군(母城郡 : 야차홀(也次忽)이라고도 함. 지금의 김화군 김성면)
동사홀(冬斯忽 : 지금의 김화군 김성면 동쪽)
수입현(水入縣 : 매이현(買伊縣)이라고도 함. 지금의 김화군 김성면 북쪽)
객연군(客連郡 : 객(客)은 각(各)으로도 쓰고 가혜아(加兮牙)라고도 함. 지금의 회양군)
적목현(赤木縣 : 사비근을(沙非斤乙)이라고도 함. 지금의 회양군 구 남곡면)
관술현(管述縣)
저란현현(猪蘭峴縣 : 오생파의(烏生波衣) 또는 저수(猪守)라고도 함)
천성군(淺城郡 : 비열홀(比烈忽)이라고도 함. 지금의 안변군)
경곡현(䥫谷縣 : 수을탄(首乙呑)이라고도 함. 지금의 안변군 구 서곡면)
청달현(菁達縣 : 석달(昔達)이라고도 함)
살한현(薩寒縣 : 지금의 안변군 동쪽)
가지달현(加支達縣 : 지금의 안변군 남쪽)
어지탄(於支呑 : 익곡(翼谷)이라고도 함. 지금의 안변군)
매시달(賈尸達)
천정군(泉井郡 : 어을매(於乙買)라고도 함. 지금의 문천시)
부사달현(夫斯達縣)
동허현(東墟縣 : 가지근(加知斤)이라고도 함. 지금의 문천시 구 부내면)
내생군(奈生郡 : 지금의 영월군)
을아차현(乙阿且縣 : 지금의 단양군 영춘면)
우오현(于烏縣 : 욱오(郁烏)라고도 함. 지금의 평창군 평창읍)
주연현(酒淵縣 : 지금의 영월군 주천면)

하슬라주(河瑟羅州 : 하서량(河西良) 또는 하서(河西)라고도 함. 지금의 강릉시)
내매현(乃買縣 : 지금의 정선군 정선읍)
동토현(東吐縣)
지산현(支山縣 : 지금의 강릉시 연곡면)
혈산현(穴山縣 : 지금의 양양군 남쪽)
수성군(䢘城郡 : 가아홀(加阿忽)이라고도 함. 지금의 고성군 간성면)
승산현(僧山縣 : 소물달(所勿達)이라고도 함. 지금의 고성군 간성면)
익현현(翼峴縣 : 이문현(伊文縣)이라고도 함. 지금의 양양군)
달홀(達忽 : 지금의 고성군)
저수혈현(猪迁穴縣 : 오사압(烏斯押)이라고도 함. 지금의 고성군)
평진현현(平珍峴縣 : 평진파의(平珍波衣)라고도 함. 지금의 통천군)
도림현(道臨縣 : 조을포(助乙浦)라고도 함. 지금의 통천군)
휴양군(休壤郡 : 금뇌(金惱)라고도 함. 지금의 통천군)
습비곡(習比谷 : 곡(谷)은 탄(呑)으로도 되어 있음. 지금의 통천군 구 흡곡면)
토상현(吐上縣 : 지금의 통천군)
기연현(岐淵縣)
곡포현(鵠浦縣 : 고의포(古衣浦)라고도 함. 지금의 안변군)
죽현현(竹峴縣 : 내생어(奈生於)라고도 함)
만약현(滿若縣 : 만혜(沔兮)라고도 함)
파리현(波利縣)
우진야군(于珍也郡 : 지금의 울진군)
파차현(波且縣 : 파풍(波豊)이라고도 함)
야시홀군(也尸忽郡 : 지금의 영덕군)
조람군(助攬郡 : 재람(才攬)이라고도 함. 지금의 청송군 진보면)
청사현(靑巳縣 : 지금의 청송군 청송읍)
굴화현(屈火縣 : 지금의 안동시 임하면)
이화혜현(伊火兮縣 : 지금의 청송군 안덕면)
우시군(于尸郡 : 지금의 영덕군 영해면)
아혜현(阿兮縣 : 지금의 포항시 청하면)

실직군(悉直郡 : 사직(史直)이라고도 함. 지금의 삼척시)
우곡현(羽谷縣 : 지금의 강릉시 옥계면)

　이상이 고구려의 주·군·현인데 모두 164개소이다. 그에 대한 신라의 고친 이름 및 이름은 신라지(新羅志)에 보인다.

백제(百濟)

　후한서에 "삼한(三韓)은 무릇 78국인데 백제가 그 중 한 나라이다" 하였고, 북사(北史)에는 "백제는 동으로 신라에 그치고, 서남으로 큰 바다에 한계하고, 북으로 한강(漢江)과 임하였다. 그 도읍은 거발성(居拔城)이라고도 하고 또 고마성(固麻城)이라고도 한다. 그 밖에도 다섯의 방성(方城)이 있다" 하였고, 통전(通典)에 "백제는 남으로 신라와 접하고, 북으로 고구려에 닿았고, 서로는 큰 바다와 닿아 있다" 하였고, 구당서에는 "백제는 부여(扶餘)의 별종(別種)이다. 그 동북쪽은 신라요, 서쪽으로 바다를 건너면 월주(越州 : 중국남방)요, 남으로 바다를 건너면 왜국(倭國)이요, 북은 고구려이다. 그 왕이 거처하는 곳에는 동·서의 두 성이 있다" 하였고, 신당서에 "백제의 서계(西界)는 월주요, 남으로는 왜국이 바다 건너에 있고, 북으로 고구려이다" 하였다. 옛 전기(典記)를 살펴보면 동명왕(東明王)의 셋째아들 온조(溫祚)가 전한(前漢) 홍가(鴻嘉) 3년인 계묘년(癸卯年)에 졸본부여(卒本扶餘)에서 위례성(慰禮城 : 서울세검동)으로 와서 도읍을 정하고 왕이라 일컬어 389년을 지냈다. 제13대 근초고왕(近肖古王)에 이르러 고구려의 남평양(南平壤 : 지금의 서울)을 탈취하여 한성(漢城)에 도읍하고 105년을 지낸 뒤 제22대 문주왕(文周王)에 이르러 웅천(熊川 : 지금의 공주)으로 도읍을 옮겨 63년을 지냈다. 제26대 성왕(聖王)에 이르러 소부리(所夫里 : 부여)로 도읍을 옮기고 국호를 남부여(南扶餘)라 하였으며, (그후) 제31대 의자왕(義慈王)에 이르기까지 122년을 지내니, 의자왕 재위(在位) 20년(唐 현경(顯慶) 5년)에 이르러 신라 김유신(金庾信)이 당(唐) 소정방(蘇定方)과 함께 쳐서 평정하였다.

　(백제는) 예전에 5부(五部)가 있어 37군(郡) 200성(城) 76만 호(戶)를 나누어 관할하였는데, 당이 그 땅에 웅진(熊津)·마한(馬韓)·동명(東明) 등

의 5도독부를 설치하고, 이어 그 수령으로 도독부(都督府) 자사(刺史)를 삼 았다. 그 뒤 얼마 안되어 신라가 그 땅을 다 합병하여 웅주(熊州)·전주(全 州)·무주(武州)의 3주 및 여러 군·현을 설치하고 고구려의 남쪽 경계 및 신 라의 옛땅을 합하여 9주를 만들었다.

웅천주(熊川州 : 또는 웅진(熊津). 후에 熊州. 지금의 공주)
열야산현(熱也山縣 : 지금의 논산시 노성면)
벌음지현(伐音支縣 : 지금의 공주시 지역 내)
서원(西原 : 비성(臂城) 또는 낭자곡(娘子谷)이라고도 함. 지금의 청주시)
대목악군(大木岳郡 : 지금의 천안시 목천면)
기매현(其買縣 : 임천(林川)이라고도 함. 지금의 천안시 풍세면)
구지현(仇知縣 : 지금의 연기군 전의면)
가림군(加林郡 : 지금의 부여군 임천면)
마산현(馬山縣 : 지금의 보령시 남포면)
대산현(大山縣 : 지금의 부여군 홍산면)
설림군(舌林郡 : 지금의 서천군)
사포현(寺浦縣 : 지금의 보령시 남포면)
비중현(比衆縣 : 지금의 서천군 비인면)
마시산군(馬尸山郡 : 지금의 예산군 덕산면)
우견현(牛見縣)
금물현(今勿縣 : 지금의 예산군 고덕면)
구군(構郡 : 지금의 당진군 면천면)
벌수지현(伐首只縣 : 지금의 당진읍)
여촌현(餘村縣 : 지금의 서산시 해미면)
사평현(沙平縣 : 지금의 당진군 신평면)
소부리군(所夫里郡 : 사비(泗沘)라고도 함. 지금의 부여군)
진악산현(珍惡山縣 : 지금의 부여군 석성면)
열기현(悅己縣 : 두릉윤성(豆陵尹城) 또는 두관성(豆串城) 또는 윤성(尹城)이라고도 함. 지금의 청양군 정산면)
임존성(任存城 : 지금의 예산군 대흥면)

고량부리현(古良夫里縣 : 지금의 청양읍)
오산현(烏山縣 : 지금의 예산읍)
황등야산군(黃等也山郡 : 지금의 논산시 연산면)
진현현(眞峴縣 : 정현(貞峴)이라고도 함. 지금의 대전시)
진동현(珍洞縣 : 지금의 금산군 진산면)
우술군(雨述郡 : 지금의 대전시 동구)
노사지현(奴斯只縣 : 지금의 대전시 유성구)
소비포현(所比浦縣 : 지금의 대전시 동구)
결기군(結己郡 : 지금의 홍성군 결성면)
신촌현(新村縣 : 지금의 보령시 대천동)
사시량현(沙尸良縣 : 지금의 홍성군)
일모산군(一牟山郡 : 지금의 연기군)
두잉지현(豆仍只縣 : 지금의 연기군 남면)
미곡현(未谷縣 : 지금의 보은군 회북면)
기군(基郡 : 지금의 서산시)
성대혜현(省大兮縣 : 지금의 태안군 태안읍)
지륙현(知六縣 : 지금의 서산시 지곡면)
탕정군(湯井郡 : 지금의 아산시 온천동)
아술현(牙述縣 : 지금의 아산시 음봉면)
굴지현(屈旨縣 : 굴직(屈直)이라고도 함. 아산시 신창면)

  완산(完山 : 비사벌(比斯伐) 또는 비자화(比自火). 지금의 전주)
두이현(豆伊縣 : 왕무(往武)라고도 함. 완주군 이서면)
구지산현(仇智山縣 : 지금의 김제시 금구면)
고산현(高山縣 : 지금의 완주군 고산면)
남원(南原 : 고룡군(古龍郡)이라고도 함. 지금의 남원시)
대시산군(大尸山郡 : 지금의 정읍시 고부면)
정촌현(井村縣 : 지금의 정읍시)
빈굴현(賓屈縣 : 지금의 정읍시 태인면)
야서이현(也西伊縣 : 지금의 김제시)

고사부리군(古沙夫里郡 : 지금의 정읍시 고부면)
개화현(皆火縣 : 지금의 부안군 부안읍)
흔량매현(欣良買縣 : 지금의 부안군 보안면)
상칠현(上漆縣 : 지금의 고창군 흥덕면)
진내군(進乃郡 : 진잉을(進仍乙)이라고도 함. 지금의 금산군)
두시이현(豆尸伊縣 : 부시이(富尸伊)라고도 함. 지금의 금산군 부리면)
물거현(勿居縣 : 지금의 진안군 용담면)
적천현(赤川縣 : 지금의 무주군 적상면)
덕근군(德近郡 : 지금의 논산시 은진면)
가지내현(加知奈縣 : 가을내(加乙乃)라고도 함. 지금의 논산군 은진면)
지량초현(只良肖縣 : 지금의 익산시 여산면)
공벌공현(共伐共縣 : 지금의 완주군 운주면)
시산군(屎山郡 : 흔문(忻文)이라고도 함. 지금의 군산시 임피면)
감물아현(甘勿阿縣 : 지금의 익산시 함열면)
마서량현(馬西良縣 : 지금의 군산시 옥구읍)
부부리현(夫夫里縣 : 지금의 군산시 회현면)
벽골군(碧骨郡 : 지금의 김제시)
두내산현(豆乃山縣 : 지금의 김제시 만경읍)
수동산현(首冬山縣 : 지금의 완주군)
내리아현(乃利阿縣 : 지금의 김제시 성내)
무근현(武斤縣 : 지금의 김제시 만경읍)
도실군(道實郡 : 지금의 순창군)
시평현(尸坪縣 : 지금의 순창군 적성면)
돌평현(堗坪縣 : 지금의 임실군 청웅면)
금마저군(金馬渚郡 : 지금의 익산시)
소력지현(所力只縣 : 지금의 익산시 성내)
알야산현(閼也山縣 : 지금의 익산시 낭산면)
우소저현(于召渚縣 : 지금의 완주군)
백해군(伯海郡 : 백이(伯伊)라고도 함. 지금의 장수군 계남면)
난진아현(難珍阿縣 : 지금의 진안군 용담면)

우평현(雨坪縣 : 지금의 장수군 장수읍)
임실군(任實郡 : 지금의 임실군 임실읍)
마돌현(馬突縣 : 마진(馬珍)이라고도 함. 지금의 진안군 마령면)
거사물현(居斯勿縣 : 지금의 남원시 북쪽)

　무진주(武珍州 : 또는 노지(奴只). 지금의 광주시)
미동부리현(未冬夫里縣 : 지금의 나주시 남평면)
복룡현(伏龍縣 : 지금의 나주시 북쪽)
굴지현(屈支縣 : 지금의 담양군 창평면)
분차군(分嵯郡 : 부사(夫沙)라고도 함. 지금의 순천시 승주읍 낙안면)
조조례현(助助禮縣 : 지금의 고흥군 남양면)
동로현(冬老縣 : 지금의 보성군 성내)
두힐현(豆肹縣 : 지금의 고흥군 두원면)
비사현(比沙縣 : 지금의 고흥군 성내)
복홀군(伏忽郡 : 지금의 보성군)
마사량현(馬斯良縣 : 지금의 장흥군 성내)
계천현(季川縣 : 지금의 장흥군 장평면)
오차현(烏次縣 : 지금의 장흥군 성내)
고마며지현(古馬旀知縣 : 지금의 장흥군 장흥읍)
추자혜군(秋子兮郡 : 지금의 담양군)
과지현(菓支縣 : 과혜(菓兮)라고도 함. 지금의 곡성군 옥과면)
율지현(栗支縣 : 지금의 담양군 성내)
월내군(月奈郡 : 지금의 영암군)
반내부리현(半奈夫里縣 : 지금의 나주시 반남면)
아로곡현(阿老谷縣 : 지금의 나주시 노안면)
고미현(古彌縣 : 지금의 영암군 미암면)
고시이현(古尸伊縣 : 지금의 장성군)
구사진혜현(丘斯珍兮縣 : 지금의 장성군 진원면)
소비혜현(所非兮縣 : 지금의 영광군 성내)
무시이군(武尸伊郡 : 지금의 영광군)

상로현(上老縣 : 지금의 고창군 성내)
모량부리현(毛良夫里縣 : 지금의 고창군 고창읍)
송미지현(松彌知縣 : 지금의 고창군 무장면)
함평군(欱平郡 : 무평(武平)이라고도 함. 지금의 순천시 승주읍)
원촌현(猿村縣 : 지금의 여수시)
마로현(馬老縣 : 지금의 광양시 광양읍)
돌산현(突山縣 : 지금의 여수시 돌산읍)
욕내현(欲乃縣 : 지금의 곡성군)
둔지현(遁支縣 : 지금의 승주읍 성내)
구차례현(仇次禮縣 : 지금의 구례군 구례읍)
두부지현(豆夫支縣 : 지금의 화순군 동복면)
이릉부리군(尒陵夫里郡 : 죽수부리(竹樹夫里) 또는 인부리(仁夫里)라고도 함. 지금의 화순군 능주면)
파부리군(波夫里郡 : 지금의 보성군 복내면)
잉리아현(仍利阿縣 : 해빈(海濱)이라고도 함. 지금의 화순군 화순읍)
발라군(發羅郡 : 지금의 나주시)
두힐현(豆肹縣 : 지금의 나주시 서쪽)
실어산현(實於山縣 : 지금의 나주시 남평읍)
수천현(水川縣 : 수입이(水入伊)라고도 함. 지금의 나주시 성내)
도무군(道武郡 : 지금의 강진군)
고서이현(古西伊縣 : 지금의 해남군 성내)
동음현(冬音縣 : 지금의 강진군 강진읍)
새금현(塞琴縣 : 착빈(捉濱)이라고도 함. 지금의 해남군 해남읍)
황술현(黃述縣 : 지금의 해남군 황산면)
물아혜군(勿阿兮郡 : 지금의 무안군)
굴내현(屈乃縣 : 지금의 함평읍 함평읍)
다지현(多只縣 : 지금의 함평군 성내)
도제현(道際縣 : 음해(陰海)라고도 함. 지금의 무안군 해제면)
인진도군(因珍島郡 : 해도(海島)임. 지금의 진도군)
도산현(徒山縣 : 해도(海島)임, 원산(猿山)이라고도 함. 지금의 진도군 성내)

매구리현(買仇里縣 : 해도(海島)임. 지금의 진도군 임회면)
아차산군(阿次山郡 : 지금의 나주시)
갈초현(葛草縣 : 아로(阿老) 또는 곡야(谷野)라고도 함. 지금의 영광군 성내)
고록지현(古祿只縣 : 개요(開要)라고도 함. 지금의 영광군 성내)
거지산현(居知山縣 : 안릉(安陵)이라고도 함. 지금의 신안군 장산면 장산도)
내이군(奈己郡).

이상은 백제의 군·현으로 모두 147개 이다. 그에 대한 신라의 고친 이름 즉 지금의 이름은 신라지(新羅志)에 보인다.

삼국의 지명 가운데 이름만 있고 위치가 미상인 곳
조준향(調駿鄕), 신학촌(神鶴村), 상란촌(翔鸞村), 대선궁(對仙宮), 봉정촌(鳳庭村), 비룡촌(飛龍村), 사룡향(飼龍鄕), 접선향(接仙鄕), 경인향(敬仁鄕), 호례향(好禮鄕), 적선향(積善鄕), 수의향(守義鄕), 단금향(斷金鄕), 해풍향(海豐鄕), 북명향(北溟鄕), 여금성(麗金城), 접령향(接靈鄕), 하청향(河淸鄕), 강녕향(江寧鄕), 함녕향(咸寧鄕), 순치향(馴雉鄕), 건절향(建節鄕), 구민향(救民鄕), 철산향(鐵山鄕), 김천향(金川鄕), 목인향(睦仁鄕), 영지향(靈池鄕), 영안향(永安鄕), 무안향(武安鄕), 부평향(富平鄕), 곡성향(穀成鄕), 밀운향(密雲鄕), 의록향(宜祿鄕), 이인향(利人鄕), 상인향(賞仁鄕), 봉덕향(封德鄕), 귀덕향(歸德鄕), 영풍향(永豐鄕), 율공향(律功鄕), 용교향(龍橋鄕), 임천향(臨川鄕), 해주성(海洲成), 강릉향(江陵鄕), 철구향(鐵求鄕), 강남향(江南鄕), 하동향(河東鄕), 격란향(激瀾鄕), 노균성(露均成), 영수성(永壽成), 보검성(寶劍成), 악양성(岳陽成), 만수성(萬壽成), 탁금성(濯錦成), 하곡성(河曲成), 악남성(岳南成), 퇴반성(推畔成), 진금성(進錦成), 간수성(澗水成), 방해성(傍海成), 만년향(萬年鄕), 음인향(飮仁鄕), 통로향(通路鄕), 회신향(懷信鄕), 강서향(江西鄕), 이상향(利上鄕), 포충향(抱忠鄕), 연가향(連嘉鄕), 천로향(天露鄕), 한녕성(漢寧成), 회창궁(會昌宮), 요선궁(邀仙宮), 북해통(北海通), 염지통(鹽池通), 동해통(東海通), 해남통(海南通), 북요통(北傜通), 말강성(末康成), 순기성(腎氣成), 봉천성(奉天成), 안정성(安定成), 내원성(萊遠成), 내진성(萊津成), 건문역

(乾門驛), 곤문역(坤門驛), 감문역(坎門驛), 간문역(艮門驛), 태문역(兌門驛), 대호성(大岵城), 대산군(岱山郡), 고미현(枯彌縣), 북외군(北隈郡), 비뇌성(非惱城), 표천현(瓢川縣), 고이도(皐夷島), 천주(泉州), 냉정현(冷井縣), 위례성(慰禮城), 비지국(比只國), 남신현(南新縣), 요거성(腰車城), 사도성(沙道城), 골화국(骨火國), 마두책(馬頭柵), 괴곡성(槐谷城), 장봉진(長峯鎭), 독산성(獨山城), 활개성(活開城), 모로성(芼老城), 광석성(廣石城), 좌라성(坐羅城), 호명성(狐鳴城), 도야성(刀耶城), 호산성(狐山城), 임해진(臨海鎭), 장령진(長嶺鎭), 우산성(牛山城), 급리미성(汲里彌城), 실진성(實珍城), 덕골성(德骨城), 대림성(大林城), 벌음성(伐音城), 주산성(株山城), 다벌국(多伐國), 근암성(近嵒城), 근노성(斬弩城), 가잠성(椵岑城), 당항성(黨項城), 석토성(石吐城), 부산성(富山城), 아차성(阿且城), 무라성(武羅城), 이산성(耳山城), 감물성(甘勿城), 동잠성(同岑城), 골평성(骨平城 : 골쟁(骨爭)이라고도 함), 달함성(達咸城), 서곡성(西谷城), 물벌성(勿伐城), 소타성(小陁城), 외석성(畏石城), 천산성(泉山城), 옹잠성(雍岑城), 독모성(獨母城), 무곡성(武谷城), 서단성(西單城), 미후성(獼猴城), 앵잠성(櫻岑城), 기잠성(岐岑城), 기현성(旗懸成), 과책성(宼柵城), 와산성(蛙山城), 습수(濕水), 용마(龍馬), 저악(猪岳), 병산(甁山), 직붕(直朋), 달벌(達伐), 내산(萊山), 목출도(木出島), 구양(狗壤), 낭산(狼山), 총산(叢山), 안북하(安北河), 박작성(泊灼城), 개마국(蓋馬國), 구다국(句茶國), 화려성(華麗城), 조나국(藻那國), 혁현진(赫炫鎭), 단로성(檀盧城), 가시성(加尸城), 석성(石城), 수구성(水口城), 비창성(卑倉城), 개모성(蓋牟城), 사비성(沙卑城), 우산성(牛山城), 도살성(道薩城), 백암성(白嵒城), 건안성(建安城), 창암성(蒼嵒城), 욕이성(辱夷城), 송양국(松讓國), 행인국(荇人國), 횡산(橫山), 백수산(白水山), 가섭원(迦葉原), 동모하(東牟河), 우발수(優渤水), 엄사수(淹㴲水 : 개사수(蓋斯水)라고도 함), 비류수(沸流水), 살수(薩水), 모둔곡(毛屯谷), 골령(鶻嶺), 용산(龍山), 골천(鶻川), 양곡(涼谷), 기산(箕山), 장옥택(長屋澤), 역산(易山), 여진(礪津), 위중림(尉中林), 오골(烏骨), 사물택(沙勿澤), 귀단수(貴湍水), 안지(安地), 살하수(薩賀水), 모천(矛川), 마령(馬嶺), 학반령(鶴盤嶺), 마읍산(馬邑山), 왕골령(王骨嶺), 두곡(豆谷), 골구천(骨句川), 이물

림(理勿林), 거회곡(車廻谷), 갈사수(曷思水), 연나부(椽那部), 북명산(北溟山), 민중원(閔中原), 모본(慕本), 계산(罽山), 왜산(倭山), 잠지락(蠶支落), 평유원(平儒原), 구산뢰(狗山瀨), 좌원(坐原), 질산(質山), 고국곡(故國谷), 좌물촌(左勿村), 고국원(故國原), 배령(裴嶺), 주통촌(酒桶村), 거곡(巨谷), 청목곡(靑木谷), 두눌하(杜訥河), 시원(柴原), 기구(箕丘), 중천(中川), 해곡(海谷), 서천(西川), 곡림(鵠林), 오천(烏川), 수실촌(水室村), 사수촌(思收村), 봉산(烽山), 후산(候山), 미천(美川), 단웅곡(斷熊谷), 마수산(馬首山), 장성(長城), 마미산(磨米山), 은산(銀山), 후황(後黃), 영류산(嬰留山), 소수림(小獸林), 독산(禿山), 무려나(武厲邏), 대부현(大斧峴), 마수성(馬首城), 병산책(甁山柵), 보술수(普述水), 봉현(烽峴), 독산책(禿山柵), 구천책(狗川柵), 주양성(走壤城), 석두성(石頭城), 고목성(高木城), 원산성(圓山城), 금현성(錦峴城), 대두산성(大豆山城), 우곡성(牛谷城), 횡악(橫岳), 견아성(犬牙城), 적현성(赤峴城), 사도성(沙道城), 덕안성(德安城), 한천(寒泉), 부산(釜山), 석천(石泉), 구원(狗原), 팔압성(八押城), 관미성(關彌城), 석현성(石峴城), 쌍현성(雙峴城), 사구성(沙口城), 두곡(斗谷), 이산성(耳山城), 우명곡(牛鳴谷), 사정성(沙井城), 마포촌(馬浦村), 장령성(長嶺城), 가불성(加弗城), 위천(葦川), 호산(狐山), 혈성(穴城), 독산성(獨山城), 금현성(金峴城), 각산성(角山城), 송산성(松山城), 적암성(赤嵒城), 생초원(生草原), 마천성(馬川城), 침현(沈峴), 진도성(眞都城), 고울부(高鬱府), 갈령(葛嶺), 지라성(支羅城: 주류성(周留城)이라고도 함) 대산책(大山柵), 욱리아(郁里阿(河)), 숭산(崇山), 장토야(張吐野), 절영산(絕影山), 청진(淸津), 유봉도(遺鳳島), 대거(大岠), 견롱(汧隴), 부서도(鳧栖島), 봉택(鳳澤), 용구(龍丘), 연성원(連城原), 부운도(浮雲島), 천마산(天馬山), 해빈도(海濱島), 학중도(壑中島), 옥새(玉塞), 연봉(連峯), 총림(叢林), 승천도(升天島), 승황도(乘黃島), 팔준산(八駿山), 절군산(絕群山), 구린도(求麟島), 부도도(負圖島), 토경산(吐景山), 하정도(河精島), 유기산(遊氣山), 평원(平原), 대택(大澤), 기린택(麒麟澤), 섭경산(躡景山), 금혈(金穴), 난지(蘭池), 서극산(西極山), 포양구(浦陽丘), 철가산(鐵伽山), 도림(桃林), 석력산(石礫山), 서린원(瑞驎苑), 녹원(麓苑), 사원(沙苑), 풍달군(風達郡), 왈상군(曰上郡).

당(唐) 총장(總章) 2년 2월에 전사공겸태자태사(前司空兼太子太師) 영국공(英國公) 이적(李勣) 등이 고종(高宗)에게 아뢰기를 "칙명을 받들어 고구려 제성(諸城)에 도독부(都督府) 및 주군(州郡)을 설치하는 안건은 마땅히 남생(男生 : 唐에 투항한 淵蓋蘇文의 맏아들)과 함께 상의하여 주문(奏聞)하라는 칙명을 받았습니다. 안건을 앞에서와 같습니다" 하였다. 칙명이 내리기를 "주청(奏請)에 의하여 그 주군은 응당 (중국에) 예속되어야 하니 요동도안무사(遼東道安撫使) 겸 우상(右相) 유인궤(劉仁軌)에게 위촉하라" 하였다. 드디어 적당히 분할하여 모두 안동도호부(安東都護府)에 예속시켰다.

압록강(鴨綠江) 이북에 아직 항복하지 않은 성이 11개소이다.
북부여성주(北扶餘城州)는 본래 조리비서(助利非西). 절성(節城)은 본래 무자홀(蕪子忽). 풍부성(豐夫城)은 본래 초파홀(肖巴忽). 신성주(新城州)는 본래 구차홀(仇次忽 : 또는 돈성(敦城)).
도성(桃城)은 본래 파시홀(波尸忽). 대두산성(大豆山城)은 본래 비달홀(非達忽). 요동성주(遼東城州)는 본래 오열홀(烏列忽 : 지금의 요동(遼東)). 옥성주(屋城州). 백석성(白石城). 다벌악주(多伐嶽州). 안시성(安市城)은 예전의 안촌홀(安寸忽 : 환도성(丸都城))이다.

압록강 이북에 이미 항복한 성(城)은 11개 성이다.
양암성(椋嵒城). 목저성(木底城). 수구성(藪口城). 남소성(南蘇城). 감물주성(甘勿主城)은 본래 감물이홀(甘勿伊忽). 능전곡성(夌田谷城). 심악성(心岳城)은 본래 거시압(居尸押), 국내주(國內州 : 불내(不耐) 또는 위나암성(尉那岩城)). 설부루성(屑夫婁城)은 본래 초리파리홀(肖利巴利忽). 후악성(朽岳城)은 본래 골시압(骨尸押). 자목성(樅木城)이다.

압록강 이북에 버리고 도망한 성이 7성이다.
연성(鈆城)은 본래 내물홀(乃勿忽). 면악성(面岳城). 아악성(牙岳城)은 본래 개시압홀(皆尸押忽). 취악성(鷲岳城)은 본래 감미홀(甘彌忽). 적리성(積利城)은 본래 적리홀(赤里忽). 목은성(木銀城)은 본래 소시홀(召尸忽).

이산성(犁山城)은 본래 가시달홀(加尸達忽)이다.

압록강(鴨綠江) 이북을 쳐서 얻은 성은 3개 성이다.
혈성(穴城)은 본래 갑홀(甲忽), 은성(銀城)은 본래 절홀(折忽), 사성(似城)은 본래 사홀(史忽)이다.

도독부(都督府)는 13현을 거느렸다.
우이현(嵎夷縣), 신구현(神丘縣), 윤성현(尹城縣)은 본래 열기(悅己: 지금의 청양군 정산면), 인덕현(麟德縣)은 본래 고량부리(古良夫里), 산곤현(散昆縣)은 본래 신촌(新村: 지금의 보령시 대천동 지역 내), 안원현(安遠縣)은 본래 구시파지(仇尸波知), 빈문현(賓汶縣)은 본래 비물(比勿), 귀화현(歸化縣) 본래 마사량(麻斯良), 매라현(邁羅縣), 감개현(甘蓋縣)은 본래 고막부리(古莫夫里), 내서현(奈西縣)은 본래 내서혜(奈西兮), 득안현(得安縣)은 본래 덕근지(德近支: 지금의 논산시 은진면), 용산현(龍山縣)은 본래 고마산(古麻山)이다.

동명주(東明州)는 4현(四縣)을 거느렸다.
웅진현(熊津縣)은 본래 웅진촌(熊津村: 지금의 공주), 노신현(鹵辛縣)은 본래 아로곡(阿老谷), 구지현(久遲縣) 본래 구지(仇知), 부림현(富林縣)은 본래 벌음촌(伐音村: 지금의 공주시 신풍면)이다.

지심주(支潯州)는 9현을 거느렸다. 기문현(己汶縣)은 본래 금물(今勿: 지금의 예산군 덕산면), 지심현(支潯縣)은 본래 지삼촌(只彡村: 지금의 예산군 대흥면), 마진현(馬津縣)은 본래 고산(孤山: 지금의 예산군 지역 내), 자래현(子來縣)은 본래 부수지(夫首只), 해례현(解禮縣)은 본래 계리이(皆利伊), 고노현(古魯縣)은 본래 고마지(古麻只), 평이현(平夷縣)은 본래 지류(知留), 산호현(珊瑚縣)은 본래 사호살(沙好薩), 융화현(隆化縣)은 본래 거사물(居斯勿)이다.

노산주(魯山州)는 6현(六縣)을 거느렸다.
노산현(魯山縣)은 본래 감물아(甘勿阿: 지금의 익산시 함열면), 당산현(唐山縣)은 본래 구지지산(仇知只山), 순지현(淳遲縣)은 본래 두시(豆尸: 지금의 금산군 부리면), 지모현

(支车縣)은 본래 지마마지(只馬馬知). 오잠현(烏蠶縣)은 본래 마지사(馬知沙). 아착현(阿錯縣)은 본래 원촌(源村)이다.

고사주(古四州)는 본래 고사부리(古沙夫里)로 5현(五縣)을 거느렸다.
평왜현(平倭縣)은 본래 고사부촌(古沙夫村 : 지금의 군산시 임파면). 대산현(帶山縣)은 본래 대시산(大尸山 : 지금의 정읍시 태인면). 벽성현(辟城縣)은 본래 벽골(辟骨 : 지금의 김제시). 좌찬현(佐贊縣)은 본래 상두(上杜). 순모현(淳牟縣)은 본래 두내지(豆奈只)다.

사반주(沙泮州)는 본래 호시이성(號尸伊城)으로 4현(四縣)을 거느렸다.
모지현(牟支縣)은 본래 호시이촌(號尸伊村). 무할현(無割縣)은 본래 모량부리(毛良夫里 : 지금의 고창군 고창읍). 좌노현(佐魯縣)은 본래 상로(上老 : 지금의 고창군). 다지현(多支縣)은 본래 부지(夫只)다.

대방주(帶方州)는 본래 죽군성(竹軍城)으로 6현을 거느렸다.
지류현(至留縣)은 본래 지류(知留 : 지금의 함평읍). 군나현(軍那縣)은 본래 굴내(屈奈). 도산현(徒山縣)은 본래 추산(抽山). 반나현(半那縣)은 본래 반내부리(半奈夫里 : 지금의 나주시 반남면). 죽군현(竹軍縣)은 본래 두힐(豆肹 : 지금의 고흥군 두원면). 포현현(布賢縣)은 본래 파로미(巴老彌 : 지금의 나주시)다.

분차주(分嵯州)는 본래 파지성(波知城)으로 4현을 거느렸다.
귀단현(貴旦縣)은 본래 구사진혜(仇斯珍兮 : 지금의 장성읍). 수원현(首原縣)은 본래 매성평(買省坪). 고서현(皐西縣)은 본래 추자혜(秋子兮 : 지금의 담양읍). 군지현(軍支縣)이다.

가탐(賈耽)의 고금군국지(古今郡國志)에 "발해국(渤海國)은 남해(南海)·압록(鴨綠)·부여(扶餘)·책성(柵城) 등 사부(四府)를 가졌는데 모두 고구려의 옛 땅이다. 신라 천정군(泉井郡 : 지금의 咸南 德源郡)에서 책성부(柵城府 : 지금의 琿春)까지로 모두 39역(驛)을 지나간다" 하였다.

三國史記 卷 第三十七

雜志 第六 地理 四 高句麗 百濟

高句麗

按通典云 朱蒙以漢建昭二年 自北扶餘東南行 渡普述水 至紇升骨城居焉 號曰句麗 以高爲氏 古記云 朱蒙自扶餘逃難至卒本 則紇升骨城 卒本似一處也 漢書志云 遼東郡 距洛陽三千六百里 屬縣有無慮 則周禮北鎭醫巫閭山也 大遼於其下置醫州 玄菟郡 距洛陽東北四千里 所屬三縣 高句麗是其一焉 則所謂朱蒙所都紇升骨城·卒本者 蓋漢玄菟郡之界 大遼國東京之西 漢志所謂玄菟屬縣高句麗是歟 昔大遼未亡時 遼帝在燕京 則吾人朝聘者 過東京涉遼水 一兩日行至醫州 以向燕薊 故知其然也 自朱蒙立都紇升骨城 歷四十年 孺留王二十二年 移都國內城(或云尉那巖城 或云不而城) 按漢書 樂浪郡屬縣有不而 又總章二年 英國公李勣奉勅 以高句麗諸城置都督府及州縣 目錄云 鴨淥以北已降城十一 其一國內城 從平壤至此十七驛 則此城亦在北朝境內 但不知其何所耳 都國內 歷四百二十五年 長壽王十五年 移都平壤 歷一百五十六年 平原王二十八年 移都長安城 歷八十三年 寶臧王二十七年而滅(古人記錄 自始祖朱蒙王(王 當作至)寶臧王歷年 丁寧纖悉若此 而或云 故國原王十三年 移居平壤東黃城 城在今西京東木覓山中 不可知其然否.) 平壤城似今西京 而浿水則大同江是也 何以知之 唐書云 平壤城漢樂浪郡也 隨山屈繚爲郛 南涯浿水 又志云 登州東北海行 南傍海壖 過浿江口椒島 得新羅西北 又隋煬帝東征詔曰 滄海道軍 舟艫千里 高帆電逝 巨艦雲飛 橫絶浿江 遙造平壤 以此言之 今大同江爲浿水明矣 則西京之爲平壤 亦可知矣 唐書云 平壤城亦謂長安 而古記云 自平壤移長安 則二城同異遠近則不可知矣 高句麗始居中國北地 則漸東遷于浿水之側 渤海人武藝曰 昔高麗盛時 士三十萬 抗唐爲敵 則可謂地勝而兵强 至于季末 君臣昏虐失道 大唐再出師 新羅授助討平之 其地多入渤海·靺鞨 新羅亦得其南境 以置漢·朔·溟三州及其郡縣 以備九州焉.

漢山州 國原城(一云未乙省 一云託長城) 南川縣(一云 南買) 駒城(一云 滅烏) 仍斤內郡 述川郡(一云省知買) 骨乃斤縣 楊根縣(一云去斯斬) 今勿內郡(一云萬弩) 道西縣(一云都盆) 仍忽 皆次山郡 奴音竹縣 奈兮忽 沙伏忽 蛇山

縣 買忽(一云水城) 唐城郡 上忽(一云車忽) 釜山縣(一云松村活達) 栗木郡(一云冬斯肸) 仍伐奴縣 齊次巴衣縣買召忽縣(一云彌鄒忽) 獐項口縣(一云古斯也忽次) 主夫吐郡 首尒忽 黔浦縣 童子忽縣(一云仇斯波衣) 平淮押縣(一云別史波衣 淮一作唯) 北漢山郡(一云平壤) 骨衣內縣 王逢縣(一云皆伯 漢氏美女迎 安臧王之地 故名王迎) 買省郡(一云馬忽) 七重縣(一云難隱別) 波害平史縣(一云額) 泉井口縣(一云於乙買串) 述尒忽縣(一云首泥忽) 達乙省縣(漢氏美女 於高山頭 點烽火迎安臧王之處 故後名高烽) 臂城郡(一云馬忽) 內乙買(一云內尒米) 鐵圓郡(一云毛乙冬非) 梁骨縣 僧梁縣(一云非勿) 功木達(一云熊閃山) 夫如郡 於斯內縣(一云斧壤) 烏斯含達 阿珍押縣(一云窮嶽) 所邑豆縣 伊珍買縣 牛岑郡(一云牛嶺一云首知衣) 獐項縣(一云古斯也忽次) 長淺城縣(一云耶耶一云夜牙) 麻田淺縣(一云泥 沙波忽) 扶蘇岬 若只頭恥(若只頭恥 一作若豆恥) 縣(一云朔頭 一云衣頭) 屈於押(一云紅西) 冬比忽 德勿縣 津臨城縣(一云烏阿忽) 穴口郡(一云甲比古次) 冬音奈縣(一云休陰) 高木根縣(一云達 乙斬) 首知縣(一云新知) 大谷郡(一云多知忽) 水谷城縣(一云買旦忽) 十谷縣(一云德頓忽) 冬音忽(一云鼓鹽城) 刀臘縣(一云雉嶽城) 五谷郡(一云于次呑忽) 內米忽(一云池城一云長池) 漢城郡(一云漢忽 一云息城 一云乃忽) 鵂鶹城(一云組波衣一云鵂巖郡) 獐塞縣(一云古所於) 冬忽(一云于冬於忽) 今達(一云薪達一云息達) 仇乙峴(一云屈遷) 今豊州 闕口 今儒州 栗口(一云栗川) 今殷栗縣 長淵 今因之 麻耕伊 今青松縣 楊嶽 今安嶽郡 板麻串 今嘉禾縣 熊閑伊 今水寧縣 甕遷 今甕津縣 付珍伊 今永康縣 鵠島 今白嶺鎭 升山 今信州 加火押 夫斯波衣縣(一云仇史峴)

牛首州(首一作頭 一云首次若 一云烏根乃) 伐力川縣 橫川縣(一云於斯買) 砥峴縣 平原郡(北原) 奈吐郡(一云大堤) 沙熱伊縣 赤山縣 斤平郡(一云竝平) 深川縣(一云伏斯買) 楊口郡(一云要隱忽次) 猪足縣(一云烏斯廻) 玉妓縣(一云皆次丁) 參峴縣(一云密波兮) 狌川郡(一云也尸買) 大楊菅郡(一云馬斤押) 買谷縣 古斯馬縣 及伐山郡 伊伐支縣(一云自伐支) 藪狌川縣(一云藪川) 文峴縣(一云斤尸波兮) 母城郡(一云也次忽) 冬斯忽 水入縣(一云買伊) 客連郡(客一作各一云加兮牙) 赤木縣(一云沙非斤乙) 管述縣 猪蘭峴縣(一云烏生波衣 一云猪守) 淺城郡(一云比烈忽) 虒谷縣(一云首乙呑) 菁達縣(一云昔達) 薩寒縣 加支達縣 於支呑(一云翼谷) 買尸達 泉井郡(一云於乙買) 夫斯達縣 東墟縣(一

云加知斤) 奈生郡 乙阿旦縣 于烏縣(一云郁烏) 酒淵縣

何瑟羅州(一云河西浪一云河西) 乃買縣 東吐縣 支山縣 穴山縣 迍城郡(一云加阿忽) 僧山縣(一云所勿達) 翼峴縣(一云伊文縣) 達忽 猪迚穴縣(一云烏斯押) 平珍峴縣(一云平珍波衣) 道臨縣(一云助乙浦) 休壤郡(一云金惱) 習比谷(一作呑) 吐上縣 岐淵縣 鵠浦縣(一云古衣浦) 竹峴縣(一云奈生於) 滿若縣(一云沕兮) 波利縣 于珍也郡 波且縣(一云波豐) 也尸忽郡 助攬郡(一云才攬) 青巳縣 屈火縣 伊火兮縣 于尸郡 阿兮縣 悉直郡(一云史直) 羽谷縣.

右高句麗州郡縣 共一百六十四 其新羅改名及今名見新羅志.

百濟

後漢書云 三韓凡七十八國 百濟是其一國焉 北史云 百濟東極新羅 西南俱限大海 北際漢江 其都曰居拔城 又云固麻城 其外更有五方城 通典云 百濟南接新羅 北高句麗 西限大海 舊唐書云 百濟扶餘之別種 東北新羅 西渡海至越州 南渡海至倭 北高麗 其王所居有東西兩城 新唐書云 百濟西界越州 南倭 皆踰海北高麗 按古典記 東明王第三子溫祚 以前漢鴻嘉三年癸卯 自卒本扶餘至慰禮城 立都稱王 歷三百八十九年 至十三世近肖古王 取高句麗南平壤 都漢城 歷一百五年 至二十二世文周王 移都熊川 歷六十三年 至二十六世聖王 移都所夫里 國號南扶餘 至三十一世義慈王 歷年一百二十二 至唐顯慶五年 是義慈王在位二十年 新羅庾信與唐蘇定方討平之 舊有五部 分統三十七郡 二百城 七十六萬戶 唐以其地 分置熊津・馬韓・東明等五都督府 仍以其酋長爲都督府刺史 未幾 新羅盡幷其地 置熊・全・武三州及諸郡縣 與高句麗南境及新羅舊地爲九州.

熊川州(一云熊津) 熱也山縣 伐音支縣 西原(一云臂城一云(娘)子谷) 大木岳郡 其(其 新羅志作甘) 買縣(一云林川) 仇知縣 加林郡 馬山縣 大山縣 舌林郡 寺浦縣 比衆縣 馬尸山郡 牛見縣 今勿縣 構郡 伐首只縣 餘村縣 沙平縣 所夫里郡(一云泗沘) 珍惡山縣 悅已縣(一云豆陵尹城 一云豆串城 一云尹城) 任存城 古良夫里縣 烏山縣 黃等也山郡 眞峴縣(一云貞峴) 珍洞縣 雨述郡 奴斯只縣 所比浦縣 結已郡 新村縣 沙尸良縣 一牟山郡 豆仍只縣 未谷縣 基郡 省大兮縣 知六縣 湯井郡 牙述縣 屈旨縣(一云屈直)

完山(一云比斯伐 一云比自火) 豆伊縣(一云往武) 仇智山縣 高山縣 南原(一云古龍郡) 大尸山郡 井村縣 賓屈縣 也西伊縣 古沙夫里郡 皆火縣 欣良買縣

上漆縣 進乃郡(一云進仍乙) 豆尸伊縣(一云富尸伊) 勿居縣 赤川縣 德近郡 加知奈縣(一云加乙乃) 只良肖縣 共伐共縣 屎山郡(一云忻文) 甘勿阿縣 馬西良縣 夫夫里縣 碧骨郡 豆乃山縣 首冬山縣 乃利阿縣 武斤縣 道實郡 尸坪縣 埃坪縣 金馬渚郡 所力只縣 闕也山縣 于召渚縣 伯海郡(一云伯伊) 難珍阿縣 雨坪縣 任實郡 馬突縣(一云馬珍) 居斯勿縣 武珍州(一云奴只) 未冬夫里縣 伏龍縣 屈支縣 分嵯郡(一云夫沙) 助助禮縣 冬老縣 豆肹縣 比沙縣 伏忽郡 馬斯良縣 季川縣 烏次縣 古馬㫆知縣 秋子兮郡 菓支縣(一云菓兮) 栗支縣 月奈郡 半奈夫里縣 阿老谷縣 古彌縣 古尸伊縣 丘斯珍兮縣 所非兮縣 武尸伊郡 上老縣 毛良夫里縣 松彌支縣 欿平郡(一云武平) 猿村縣 馬老縣 突山縣 欲乃縣 遁支縣 仇次禮縣 豆夫支縣 尒陵夫里郡(一云竹樹夫里 一云仁夫里) 波夫里郡 仍利阿縣(一云海濱) 發羅郡 豆肹縣 實於山縣 水川縣(一云水入伊) 道武郡 古西伊縣 冬音縣 塞琴縣(一云捉濱) 黃述縣 勿阿兮郡 屈乃縣 多只縣 道際縣(一云陰海) 因珍島郡(海島也) 徒山縣(海島也 或云猿山) 買仇里縣(海島也) 阿次山郡 葛草縣(一云阿老 一云 谷野) 古祿只縣(一云開要) 居知山縣(一云安陵) 奈已郡.
右百濟州郡縣共一百四十七 其新羅改名及今名見新羅志.

三國有名未詳地分
調駿鄉, 神鶴村, 翔鸞村, 對仙宮, 鳳庭村, 飛龍村, 飼龍鄉, 接仙鄉, 敬仁鄉, 好禮鄉, 積善鄉, 守義鄉, 斷金鄉, 海豐鄉, 北溟鄉, 麗金城, 接靈鄉, 河清鄉, 江寧鄉, 咸寧鄉, 馴雉鄉, 建節鄉, 救民鄉, 鐵山鄉, 金川鄉, 睦仁鄉, 靈池鄉, 永安鄉, 武安鄉, 富平鄉, 穀成鄉, 密雲鄉, 宜祿鄉, 利人鄉, 賞仁鄉, 封德鄉, 歸德鄉, 永豐鄉, 律功鄉, 龍橋鄉, 臨川鄉, 海洲成, 江陵鄉, 鐵求鄉, 江南鄉, 河東鄉, 激瀾鄉, 露均成, 永壽成, 實劍成, 岳陽成, 萬壽成, 濯錦成, 河曲成, 岳南成, 推畔成, 進錦成, 澗水成, 傍海成, 萬年鄉, 飲仁鄉, 通路鄉, 懷信鄉, 江西鄉, 利上鄉, 抱忠鄉, 連嘉鄉, 天露鄉, 漢寧成, 會昌宮, 邀仙宮, 北海通, 鹽池通, 東海通, 海南通, 北傜通, 末康成, 腎氣成, 奉天成, 安定成, 萊遠成, 萊津成, 乾門驛, 坤門驛, 坎門驛, 艮門驛, 兌門驛, 大岾城, 岱山郡, 枯彌縣, 北隈郡, 非惱鄉, 瓢川縣, 皐夷島, 泉州, 冷井縣, 慰禮城, 比只國, 南新縣, 腰車城, 沙道城, 骨火國, 馬頭柵, 槐谷城, 長峯鎮, 獨山城, 活開城, 芼老城, 廣石城, 坐羅城, 狐鳴城, 刀耶城, 狐山城, 臨海鎮, 長嶺鎮, 牛山城,汲里彌城, 實珍城, 德骨城, 大林城, 伐音城, 株山城, 多伐國, 近品城, 㮚腎城, 椴岑城, 黨項城, 石吐城, 富山城, 阿且城, 武羅城, 耳山城, 甘勿城, 同岑城, 骨平城(一云骨爭), 達咸城, 西谷城, 勿伐城, 小陁城, 畏石城, 泉山城, 雍岑城, 獨母城, 武谷城, 西單城, 攌猴城, 櫻岑城, 岐岑城, 旗懸成, 宂柵城, 蛙山城, 濕水, 龍馬, 猪岳, 瓶山, 直朋, 達伐, 萊山, 木出島, 狗壤, 大丘, 沙峴, 熊谷, 風島, 斧峴, 狼山, 叢山, 安北河, 泊灼城, 蓋馬國, 句荼國, 華麗城, 藻那國, 赫炫鎭, 檀廬城, 加尸城, 石城, 水口城, 卑奢城, 蓋牟城, 沙卑城, 牛山城, 道薩城, 白嵒城, 建安城, 蒼嵒城, 辱夷城, 松讓國, 荇人國, 橫山, 白水山, 迦葉原, 東牟河, 優渤水, 淹淲水(或云蓋斯水), 沸流水, 薩水, 毛屯谷, 鶻嶺, 龍山, 鶻川, 涼谷, 箕山, 長屋澤, 易山, 礪津, 尉中林, 烏骨, 沙勿澤, 貴湍水, 安地, 薩賀水, 矛川, 馬嶺, 鶴盤嶺, 馬邑山, 王骨嶺, 豆谷, 骨句川, 理勿林, 車廻谷, 曷思水, 橡耶(耶 當作那)部, 北溟山, 閔中原, 慕本, 闟山, 倭山, 蠶支落, 平儒原, 狗山瀨, 坐原, 質山, 故國谷, 左勿村, 故國原, 裵嶺, 酒桶村, 巨谷, 靑木谷, 杜訥河, 柴原, 箕丘, 中川, 海谷, 西川, 鵠林, 烏川, 水室村, 思收村, 烽山, 候山, 美川, 斷熊谷, 馬首山, 長城, 磨米山, 銀山, 後黃, 㷀留山, 小獸林, 禿山, 武厲邏, 大斧峴, 馬首城, 瓶山柵, 普述水, 烽峴, 禿山柵, 狗川柵, 走壤城, 石頭城, 高木城, 圓山城, 錦峴城, 大豆山城, 牛谷城, 橫岳, 犬牙城, 赤峴城, 沙道城, 德安城, 寒泉, 釜山, 石泉, 狗原, 八押城, 關彌城, 石峴城, 雙峴城, 沙口城, 斗谷, 耳山城, 牛鳴谷, 沙井城, 馬浦村, 長嶺城, 加弗城, 葦川, 狐山, 穴城, 獨山城, 金峴城, 角山城, 松山城, 赤嵒城, 生草原, 馬川城, 沈峴, 眞都城, 高鬱府, 葛嶺, 支羅城(一云周留城), 大山柵, 郁里河(阿 當作河), 崇山, 張吐野, 絶影山, 淸津, 遺鳳島, 大陛, 汧隴, 鳧栖島, 鳳澤, 龍丘, 連城原, 浮雲島, 天馬山, 海濱島, 塹中島, 玉塞, 連峯, 叢林, 升天島, 乘黃島, 八駿山, 絶群山, 求麟島, 負圖島, 吐景山, 河精島, 遊氣山, 平原, 大澤, 麒麟澤(澤 當作驛), 躑景山, 金穴, 蘭池, 西極山, 浦陽丘, 鐵伽山, 桃林, 石磔山, 瑞驥苑, 麓苑, 沙苑, 風達郡, 日上郡.

總章二年二月 前司空兼太子太師英國公李勣等奏稱 奉勅高麗諸城堪置都督府及州郡者 宜共男生商量准擬奏聞 件狀如前 勅依奏 其州郡應須隸屬 宜委遼東道安撫使兼右相劉仁軌 遂便穩分割 仍摠隸安東都護府.

鴨淥水以北未降十一城

北扶餘城州 本助利非西 節城 本蕪子忽 豐夫城 本肖巴忽 新城州 本仇次忽 (或云敦城) 桃城 本波尸忽 大豆山城 本非達忽 遼東城州 本烏列忽 屋城州 白石城 多伐嶽州 安市城 舊安寸忽(或云丸都城).

鴨淥水以北已降城十一

椋嵒城 木底城 藪口城 南蘇城 甘勿主城 本甘勿伊忽 夌(夌 恐作麥)田谷城 心岳城 本居尸押 國內州(一云不耐 或云尉那嵒城)屑夫婁城 本肖利巴利忽 朽岳城 本骨尸押 櫟木城.

鴨淥以北逃城七

鈆城 本乃勿忽 面岳城 牙岳城 本皆尸押忽 鷲岳城 本甘彌忽 積利城 本赤里忽 木銀城 本召尸忽 犁山城 本加尸達忽.

鴨淥以北打得城三

穴城 本甲忽 銀城 本折忽 似城 本史忽

都督府一十三縣

嵎夷縣 神丘縣 尹城縣 本悅己 麟德縣 本古良夫里 散昆縣 本新村 安遠縣 本仇尸波知 賓汶縣 本比勿 歸化縣 本麻斯良 邁羅縣 甘蓋縣 本古莫夫里 奈西縣 本奈西兮 得安縣 本德近支 龍山縣 本古麻山.

東明州四縣

熊津縣 本熊津村 鹵辛縣 本阿老谷 久遲縣 本仇知 富林縣 本伐音村.

支潯州九縣

己汶縣 本今勿 支潯縣 本只彡村 馬津縣 本孤山 子來縣 本夫首只 解禮縣 本皆利伊 古魯縣 本古麻只 平夷縣 本知留 珊瑚縣 本沙好薩 隆化縣 本居斯勿.

魯山州六縣

魯山縣 本甘勿阿 唐山縣 本仇知只山 淳遲縣 本豆尸 支车縣 本只馬馬知 烏蠶縣 本馬知沙 阿錯縣 本源村.

古四州 本古沙夫里五縣
平倭縣 本古沙夫村 帶山縣 本大尸山 辟城縣 本辟骨 佐贊縣 本上杜 淳牟縣 本豆奈只.

沙泮州 本號尸伊城四縣
牟支縣 本號尸伊村 無割縣 本毛良夫里 佐魯縣 本上老 多支縣 本夫只

帶方州 本竹軍城六縣
至留縣 本知留 軍那縣 本屈奈 徒山縣 本抽山 半那縣 本半奈夫里 竹軍縣 本豆肹 布賢縣 本巴老彌.

分嵯州 本波知城四縣
貴旦縣 本仇斯珍兮 首原縣 本買省坪 皐西縣 本秋子兮 軍支縣
賈耽古今郡國志云 渤海國南海 鴨淥 扶餘 柵城四府 幷是高句麗舊地也 自新羅泉井郡至柵城府 凡三十九驛.

삼국사기 권 제38

잡지(雜志) 제7

직관(職官) 상(上)

직관(職官) 상(上)

신라의 벼슬 이름은 때에 따라 바뀌어서 그 이름과 말이 동일하지 않고 당(唐)과 동방의 것이 서로 섞였다. 이른바 시중(侍中)·낭중(郞中) 등은 모두 당의 관명(官名)으로 그 뜻을 추측할 수 있겠으나 이벌찬(伊伐湌)·이찬(伊湌) 등은 모두 방언으로 그 말 자체의 뜻을 알 수 없다. 당초 시설(施設)할 때에는 반드시 직(職)에는 맡는 바가 있었고 위(位)에는 정원(定員)이 있어 높고 낮음을 분별하여 인재(人才)의 대소를 대우하였던 것이다. 세대가 오래 됨에 따라 문헌과 기록이 전혀 없어 상세히 고증(考證)할 길이 없다. 제2대 남해왕(南解王)이 국사를 대신에게 위임하고 그를 대보(大輔)라 하였고, 제3대 유리왕(儒理王)이 17등의 직위를 설치하였다. 이후부터 그 명목이 사뭇 많았다. 그 상고할 수 있는 것만을 뽑아 책에 기록하여 둔다.

대보(大輔) 남해왕 7년에 탈해(脫解)를 임명함으로써 시작되었다. 유리왕 9년에 17등(等 : 官品)의 위(位)를 설치하였다. 1. 이벌찬(伊伐湌 : 혹은 이벌간(伊伐干)·간벌찬(干伐湌)·각간(角干)·각찬(角粲)·서발한(舒發翰)·서불한(舒弗邯)), 2. 이척찬(伊尺湌 : 이찬(伊湌)), 3. 잡찬(迊湌 : 혹은 잡판(迊判)·소판(蘇判)), 4. 파진찬(波珍湌 : 혹은 해간(海干)·파미간(破彌干)), 5. 대아찬(大阿湌)이다. 이벌찬에서 여기까지는 오직 진골(眞骨)만이 받게 되고 다른 신분은 받지 못한다. 6. 아찬(阿湌 : 혹은 아척간(阿尺干)·아찬(阿粲))은 중아찬(重阿湌)에서 사중아찬(四重阿湌)까지 있다. 7. 일길찬(一吉湌 : 혹은 을길간(乙吉干)), 8. 사찬(沙湌 : 혹은 살찬(薩湌)·사돌간(沙咄干)), 9. 급벌찬(級

伐湌: 혹은 급찬(級湌)·급복간(及伏干)), 10. 대내마(大奈麻: 혹은 대내말(大奈末))는 중내마(重奈麻)에서 구중내마(九重奈麻)까지 있다. 11. 내마(奈麻: 혹은 내말(奈末))는 중내마(重奈麻)에서 칠중내마(七重奈麻)까지 있다. 12. 대사(大舍: 혹은 한사(韓舍)), 13. 사지(舍知: 혹은 소사(小舍)), 14. 길사(吉士: 혹은 계지(稽知)·길차(吉次)), 15. 대오(大烏: 혹은 대오지(大烏知)), 16. 소오(小烏: 혹은 소오지(小烏知)), 17. 조위(造位: 혹은 선저지(先沮知)).

상대등(上大等: 혹은 상신(上臣)) 법흥왕 18년에 처음 설치하였다.

대각간(大角干: 혹은 대서발한(大舒發翰)) 태종왕(太宗王) 7년에 백제를 없애고 공을 따질 때 대장군(大將軍) 김유신에게 이 직위를 제수하였다. 앞에 말한 17위의 위에 마련된 것이요, 상위(常位)는 아니다.

태대각간(太大角干: 혹은 태대서발한(太大舒發翰)) 문무왕 8년에 고구려를 없애고 유수(留守) 김유신에게 이 직위를 제수하였다. 원훈(元勳)에 대한 상이다. 앞에 말한 17위 및 대각간의 위에 이 자리를 마련하여 특수 우대(優待)의 예를 표시한 것이다.

집사성(執事省) 본명칭이 품주(稟主: 혹은 조주(祖主))인데 진덕왕 5년에 집사부(執事部)로 고치고, 흥덕왕 4년에 또 고쳐 성(省)으로 하였다. 중시(中侍: 장관)는 1명인데 진덕왕 5년에 두었고, 경덕왕 6년에 시중(侍中)으로 고쳤다. 관등은 대아찬에서 이찬까지 하게 된다. 전대등(典大等: 차관)이 2명인데 진흥왕 26년에 두었고, 경덕왕 6년에 시랑(侍郞)으로 고쳤다. 내마에서 아찬까지 하게 된다. 대사는 2명인데 진평왕 11년에 두었고, 경덕왕 18년에 낭중(郞中)으로 고쳤다[진흥왕 5년에 고쳤다고도 함]. 사지에서 내마까지 하게 된다. 사지가 2명인데 신문왕 5년에 두었고, 경덕왕 18년에 원외랑(員外郞)으로 고쳤다가 혜공왕 12년에 다시 사지로 하였다. 사지에서 대사까지 하게 된다. 사(史)가 14명인데 문무왕 11년에 6명을 추가하였고, 경덕왕이 낭(郞)으로 고쳤는데 혜공왕이 다시 사로 일컬었다. 선저지(先沮知)에서 대사까지 하게 된다.

병부(兵部: 軍部) 영(令: 장관)이 1명인데 법흥왕 3년에 처음으로 두기 시작하여 진흥왕(眞興王) 5년에 1명을 추가하고, 태종왕 6년에 또 1명을 추가하였다. 관등은 대아찬에서 태대각간의 지위까지 하게 되며 또 재상(宰相)·사신(私臣: 內省長官의 칭호)을 겸임할 수 있다. 대감(大監: 차관)은 2명으로, 진평왕 45년에 처음으로 두었고, 태종왕 15년에 1명을 추가하였다. 경덕왕이 시랑(侍

郞)이라 고쳤고, 혜공왕이 다시 대감(大監 : 참
판)이라 칭하였다. 내마(奈麻 :
11
등)에서 아찬(阿湌 : 6
등)까지 하게 된다. 제감(弟監)은 2명으로, 진평왕 11년
에 처음으로 두었다. 태종왕 5년에 대사(大舍)라 고치고, 경덕왕이 또 낭중
(郞中)이라 고쳤다가 혜공왕이 다시 대사라 칭하였다. 관등은 사지(舍知 :
13
등)에서 내마까지 하게 된다. 노사지(弩舍知)는 1명으로, 문무왕 12년에 처
음으로 두었다. 경덕왕이 사병(司兵)이라 고쳤다가 혜공왕이 다시 노사지라
칭하였다. 사지에서 대사까지 하게 된다. 사는 12명이었는데 문무왕 11년에
2명을 추가하고, 12년에 3명을 추가하였다. 관등은 선저지(先沮知 : 17
등)에서
대사까지 하게 된다. 노당(弩幢)은 1명으로 문무왕 11년에 처음으로 두었으
며, 경덕왕이 소사병(小司兵)이라 고쳤다가 혜공왕이 복구시켰다. 지위는
사와 동등하다.

　　조부(調府 : 공물·
부역 담당)　　진평왕 6년에 설치하였다. 경덕왕 때 대부(大府)라
고쳤는데 혜공왕이 전대로 복구시켰다. 영(令)은 2명인데 진덕왕 5년에 두
었으며, 금하(衿荷)에서 태대각간의 지위까지 하게 된다. 경(卿)은 2명이
다. 문무왕 15년에 1명을 추가하였다. 관등은 병부의 대감과 동등하다. 대
사가 2명, 진덕왕 때 두었는데, 경덕왕이 주부(主簿)라 고쳤고, 혜공왕이
다시 대사라 칭하였다. 사지에서 내마까지 하게 된다. 사지가 1명으로 신문
왕 5년에 두었다. 경덕왕이 사고(司庫)라고 고쳤으나 혜공왕이 다시 사지라
칭하였다. 사지에서 대사까지 하게 된다. 사는 8명, 효소왕 4년에 2명을 추
가하였다. 지위는 병부의 사와 동등하다.

　　경성주작전(京城周作典 : 성곽 수
리 담당)　　경덕왕이 수성부(修城府)라 고쳤는데
혜공왕이 전대로 복구시켰다. 영이 5명으로 성덕왕 31년에 두었으며, 지위
는 대아찬에서 대각간까지 하게 된다. 경(卿)이 6명으로, 성덕왕 32년에 두
었고 지위는 집사·시랑과 동등하다. 대사는 6명인데 경덕왕이 주부라 고쳤
으나 혜공왕이 다시 대사라 칭하였다. 사지에서 대내마까지 하게 된다. 사지
는 1명인데 경덕왕이 사공(司功)이라 고쳤는데, 혜공왕이 다시 사지라 칭하
였다. 사지에서 대사까지 하게 된다. 사는 2명으로, 지위는 조부의 사와 동
등하다.

　　사천왕사성전(四天王寺成典)　　경덕왕이 감사천왕사부(監四天王寺府)라
고쳤는데 혜공왕이 다시 복구시켰다. 금하신(衿荷臣 : 4 또는
5등)은 1명으로, 경덕

왕이 감령(監令)이라 고쳤으나, 혜공왕이 다시 금하신이라 칭하고 애장왕이 또 영으로 고쳤다. 대아찬에서 각간의 지위까지 하게 된다. 상당(上堂)은 1명으로, 경덕왕이 경이라 고쳤는데 혜공왕이 다시 상당이라 칭하고, 애장왕이 또 경이라 고쳤다. 내마에서 아찬까지 하게 된다. 적위(赤位)는 1명으로, 경덕왕이 감(監)이라 고쳤으나 혜공왕이 다시 적위라 칭하였다. 청위(青位)는 2명으로 경덕왕이 주부라 고쳤는데 혜공왕이 다시 청위라 칭하고 애장왕이 대사(大舍)로 고쳤다. 성(省)은 1명으로, 사지에서 내마까지 하게 된다. 사는 2명이다.

봉성사성전(奉聖寺成典) 경덕왕이 수영봉성사사원(修營奉聖寺使院)이라 고쳤는데 뒤에 복구되었다. 금하신은 1명으로, 경덕왕이 검교사(檢校使)라 고쳤으나 혜공왕이 다시 금하신이라 칭하고 애장왕이 영(令)을 내려 고쳤다. 상당은 1명으로, 경덕왕이 부사라 고쳤는데 뒤에 다시 상당이라 칭하였다. 적위는 1명으로, 경덕왕이 판관(判官)이라 고쳤는데 뒤에 다시 적위라 칭하였다. 청위는 1명으로, 경덕왕이 녹사(錄事)라 고쳤는데 뒤에 다시 청위라 칭하였다. 사는 2명으로, 경덕왕이 전(典)이라 고쳤는데 뒤에 다시 사라 칭하였다.

감은사성전(感恩寺成典) 경덕왕이 수영감은사사원(修營感恩寺使院)이라 고쳤는데 뒤에 복구되었다. 금하신은 1명으로, 경덕왕이 검교사(檢校使)라 고쳤는데 혜공왕이 다시 금하신이라 칭하고 애장왕이 또 영이라고 고쳤다. 상당은 1명으로, 경덕왕이 부사(副使)라고 고쳤는데 혜공왕이 다시 상당이라 칭하고, 애장왕이 또 경(卿)으로 고쳤다〔또는 경(卿)을 줄이고 적위(赤位)를 두었다고도 함〕. 적위는 1명으로, 경덕왕이 판관(判官)이라 고쳤는데 혜공왕이 다시 적위라 칭하였다. 청위는 1명으로, 경덕왕이 녹사(錄事)라 고쳤는데 혜공왕이 다시 청위라 칭하였다. 사는 2명으로, 경덕왕이 전(典)이라 고쳤으나 뒤에 다시 사라 칭하였다.

봉덕사성전(奉德寺成典) 경덕왕 18년에 수영봉덕사사원(修營奉德寺使院)이라 고쳤다가 뒤에 다시 복구되었다. 금하신은 1명으로, 경덕왕이 검교사라 고쳤는데 혜공왕이 다시 금하신이라 칭하였고, 애장왕이 또 경이라 고쳤다. 상당은 1명으로, 경덕왕이 부사(副使)라 고쳤는데 혜공왕이 다시 복구하여 상당이라 칭했으며, 애장왕이 또 경이라 고쳤다. 적위는 1명으로, 경덕왕이 판관(判官)이라 고쳤으나 혜공왕이 다시 복구하여 적위라 칭하였다. 청위는 2명으로, 경덕왕이 녹사라 고쳤는데 혜공왕이 다시 복구하여 청위라 칭하였다. 사는 6명이었다가 뒤에 4명으로 줄으며, 경덕왕이 전(典)이라 고쳤는데 혜공왕이 다시 사라 칭하였다.

봉은사성전(奉恩寺成典) 금하신은 1명으로, 혜공왕이 처음으로 두었고 애장왕이 영으로 고쳤다. 부사는 1명으로, 혜공왕이 처음으로 두었고 얼마 안되어 상당이라 고쳤는데, 애장왕이 또 경으로 고쳤다. 대사는 2명, 사도 2명이다.

영묘사성전(靈廟寺成典) 경덕왕 18년에 수영영묘사사원(修營靈廟寺使院)으로 고쳤으나 뒤에 복구되었다. 상당은 1명으로, 경덕왕이 판관(判官)으로 고쳤는데 뒤에 다시 상당이라 칭하였다. 청위는 1명으로, 경덕왕이 녹사라 고치고 뒤에 또 고쳐 대사라 하였다. 사는 2명이다.

영흥사성전(永興寺成典) 신문왕 4년에 처음 두었다. 경덕왕 18년에 감영흥사관(監永興寺舘)이라 고쳤다. 대내마는 1명으로, 경덕왕이 감으로 고쳤다. 사는 3명이다.

창부(倉部)〔재정 담당 관서〕 옛적에는 창부(倉部)의 사무를 품주(稟主)에서 겸무하였는데, 진덕왕 5년에 나누어 사(司)를 두었다. 영은 2명으로, 대아찬에서 대가간의 지위까지 하게 된다. 경은 2명으로, 진덕왕 5년에 두었으며, 문무왕 15년에 1명을 추가하였다. 경덕왕이 시랑(侍郞)이라 고쳤는데 혜공왕이 다시 경이라 칭하였다. 지위는 병부의 대감과 동등하다. 대사는 2명으로, 진덕왕이 두었는데 경덕왕이 낭중(郞中)이라 고쳤으나 혜공왕이 다시 대사라 칭하였다. 지위는 병부의 대사와 동등하다. 조사지(租舍知)는 1명으로, 효소왕 8년에 두었으며, 경덕왕이 사창(司倉)이라 고쳤는데 혜공왕이 다시 복구시켰다. 지위는 노사지와 동등하다. 사는 8명으로, 진덕왕이 두었으며 문무왕 11년에 3명을 추가하고, 12년에 7명, 효소왕 8년에 1명, 경덕왕 11년에 3명, 혜공왕이 8명을 추가하였다.

예부(禮部)〔교육·외교·의례 담당 관서〕 영(令)은 2명으로, 진평왕 8년에 두었다. 지위는 병부의 영과 동등하다. 경은 2명으로, 진덕왕 2년〔5년이라고도 함〕에 두었으며, 문무왕 15년에 1명을 추가하였다. 지위는 조부(調府)의 경과 동등하다. 대사는 2명으로, 진덕왕 5년에 두었으며, 경덕왕이 주부(主簿)라 고쳤는데 뒤에 다시 대사라 칭하였다. 지위는 조부의 대사와 동등하다. 사지는 1명으로, 경덕왕이 사례(司禮)로 고쳤으나 뒤에 다시 사지라 칭하였다. 지위는 조부의 사지와 동등하다. 사는 8명으로, 진덕왕 5년에 3명을 추가하였다. 지위는 조부의 사와 동등하다.

승부(乘府: 궁중의 수레 및 의위 담당 관서) 경덕왕이 사어부(司馭府)로 고쳤는데 혜공왕이 복구시켰다. 영은 2명으로, 진평왕 6년에 두었으며, 대아찬에서 각간의 지위까지 하게 된다. 경은 2명으로, 문무왕 15년에 1명을 추가하였으며, 지위는 조부의 경과 동등하다. 대사는 2명으로, 경덕왕이 주부로 고쳤는데 뒤에 다시 대사라 칭하였다. 지위는 병부의 대사와 동등하다. 사지는 1명으로, 경덕왕이 사목(司牧)이라 고쳤는데 뒤에 다시 사지라 칭하였다. 지위는 조부의 사지와 동등하다. 사는 9명인데 문무왕 11년에 3명을 추가하였다. 지위는 조부의 사와 동등하다.

사정부(司正府: 刑律과 彈劾 담당 관서) 태종왕 6년에 두었다. 경덕왕이 숙정대(肅正臺)라 고쳤으나 혜공왕이 복구시켰다. 영은 1명으로, 대아찬에서 각간의 지위까지 하게 된다. 경은 2명으로, 진흥왕 5년에 두었으며 문무왕 15년에 1명을 추가하였다. 지위는 승부(乘部)의 경과 동등하다. 좌(佐)는 2명으로, 효성왕 원년에 대왕(大王)의 휘(諱)에 저촉된다 하여 무릇 승(丞)은 모두 좌(佐)라 칭하였다. 경덕왕이 이를 평사(評事)로 고쳤으나 뒤에 다시 좌라 칭하였다. 내마에서 대내마의 지위까지 하게 된다. 대사는 2명으로, 사지에서 내마의 지위까지 하게 된다. 사는 10명으로, 문무왕 11년에 5명을 추가하였다.

예작부(例作府: 혹은 예작전(例作典). 건축물 신축·수리 담당 관서) 경덕왕이 수례부(修例府)로 고쳤는데 혜공왕이 복구시켰다. 영은 1명으로, 신문왕 6년에 두었다. 대아찬으로부터 각간의 지위까지 하게 된다. 경은 2명으로, 신문왕이 두었으며, 지위는 사정(司正)의 경과 동등하다. 대사는 4명으로, 애장왕 6년에 이를 2명으로 줄였으며, 경덕왕이 주부로 고쳤으나 뒤에 다시 대사라 칭하였다. 지위는 병부의 대사와 동등하다. 사지는 2명으로, 경덕왕이 사례(司例)로 고쳤는데 뒤에 다시 사지라 칭하였다. 지위는 노사지와 동등하다. 사는 8명이다.

선부(船府) 예전에는 병부의 대감·제감(弟監)으로 선박(船舶)의 사무를 관장케 하였는데 문무왕 18년에 따로 (선부를) 서리하였다. 경덕왕이 이제부(利濟府)로 고쳤는데 혜공왕이 복구시켰다. 영은 1명으로, 대아찬으로부터 각간의 지위까지 하게 된다. 경은 2명으로, 문무왕 3년에 두었으며, 신문왕 8년에 1명을 추가하였다. 지위는 조부의 경과 동등하다. 대사는 2명으로, 경덕왕이 주부로 고쳤으나 혜공왕이 다시 대사라 칭하였다. 지위는 조부의 대사와 동등하다. 사지는 1명으로, 경덕왕이 사주(司舟)로 고쳤는데, 혜공왕이 다시 사지라 칭하였다. 지위는 조부의 사지와 동등하다. 사는 8명으로, 신문왕 원년에 2명을 추가하였고, 애장왕 6년에 2명을 줄였다.

영객부(領客府)　　본래 왜전(倭典)이었으나 진평왕 43년에 영객전(領客典)으로 고쳤다〔뒤에 따로 왜전(倭典)을 두었음〕. 경덕왕이 또 사빈부(司賓府)로 고쳤으나 혜공왕이 복구시켰다. 영은 2명으로, 진덕왕 5년에 두었으며, 대아찬으로부터 각간의 지위까지 하게 된다. 경은 2명으로, 문무왕 15년에 1명을 추가하였다. 지위는 조부의 경과 동등하다. 대사는 2명으로, 경덕왕이 주부로 고쳤으나, 혜공왕이 다시 대사라 칭하였다. 지위는 조부의 대사와 동등하다. 사지는 1명으로, 경덕왕이 사의(司儀)로 고쳤는데 혜공왕이 다시 사지라 칭하였다. 조부의 사지와 동등하다. 사는 8명이다.

위화부(位和府 : 官吏의 등위 관계 업무 담당 관서)　　진평왕 3년에 처음으로 두었으며, 경덕왕이 사위부(司位府)로 고쳤는데 혜공왕이 복구시켰다. 금하신은 2명으로, 신문왕 2년에 설치하여 5년에 1명을 추가하였으며, 애장왕이 영으로 고쳤다. 이찬에서 대각간의 지위까지 하게 된다. 상당은 2명으로, 신문왕이 두었는데 성덕왕 2년에 1명을 추가하였으며, 애장왕이 경으로 고쳤다. 급찬에서 아찬까지 하게 된다. 대사는 2명으로, 경덕왕이 주부로 고쳤는데, 뒤에 다시 대사라 칭하였다. 지위는 조부의 대사와 동등하다. 사는 8명이다.

좌리방부(左理方府 : 律令 제정 담당 관서)　　진덕왕 5년에 두었으며, 효소왕 원년에 대왕의 이름자(理洪)을 피하여 의방부(議方府)로 고쳤다. 영은 2명으로, 급찬에서 잡찬까지 하게 된다. 경은 2명으로, 진덕왕이 두었고 문무왕 18년에 1명을 추가하였다. 지위는 다른 경과 동등하다. 좌는 2명으로, 진덕왕이 두었으며, 경덕왕이 평사(評事)로 고쳤는데 혜공왕이 다시 좌라 칭하였다. 지위는 사정(司正)의 좌와 동등하다. 대사는 2명으로, 지위는 병부의 대사와 동등하다. 사는 15명이었으나, 원성왕(元聖王) 13년에 5명을 줄였다.

우리방부(右理方府)　　문무왕 7년에 두었다. 영 2명, 경 2명, 좌 2명,

대사 2명, 사 10명이다.

상사서(賞賜署 : 상혹 담당 관서) 창부(倉部)에 속하였다. 성덕왕이 사훈감(司勳監)으로 고쳤는데 혜공왕이 복구시켰다. 대정(大正)은 1명으로, 진평왕 46년에 두었으며, 경덕왕이 정(正)으로 고쳤으나 뒤에 다시 대정이라 칭하였다. 급찬에서 아찬까지 하게 된다. 좌는 1명으로, 대내마에서 급찬까지 하게 된다. 대사는 2명으로, 진덕왕 5년에 두었으며, 경덕왕이 주서(主書)로 고쳤는데 혜공왕이 다시 대사라 칭하였다. 사지에서 내마까지 하게 된다. 사는 6명으로, 문무왕 20년에 2명을 추가하고 애장왕 6년에 2명을 줄였다.

대도서(大道署 : 사전(寺典) 혹은 내도감 (內道監), 사원 관장 부서) 예부에 속하였다. 대정은 1명으로, 진평왕 46년에 정으로 고쳤는데 뒤에 대정이라 칭하였다. 급찬에서 아찬까지 하게 된다[혹은 대정(大正) 밑에 대사(大舍) 2명이 있다고 함]. 주서(主書)는 2명으로, 경덕왕이 주사(主事)로 고쳤다. 사지에서 내마까지 하게 된다. 사는 8명이다.

전읍서(典邑署 : 도시 행정 관장) 경덕왕이 전경부(典京府)로 고쳤는데, 혜공왕이 복구시켰다. 경은 2명이다[본래 감(監) 6명을 두어 육부(六部)를 나눠 맡겼다가 원성왕(元聖王) 6년에 2명을 승격시켜 경(卿)을 삼았음], 내마에서 사찬까지 하게 된다. 감은 4명으로, 내마에서 대내마까지 하게 된다. 대사읍(大司邑)은 6명으로, 사지에서 내마까지 하게 된다. 중사읍(中司邑)은 6명으로, 사지에서 대사까지 하게 된다. 소사읍(小司邑)은 9명으로, 지위는 노사지와 동등하다. 사 16명, 목척(木尺)이 70명이다.

영창궁성전(永昌宮成典) 문무왕 17년에 두었다. 상당(上堂)이 1명으로, 경덕왕이 두고서 또 경으로 고쳤는데, 혜공왕이 다시 상당이라 칭하였다. 애장왕 6년에 또 경으로 고쳤다. 급찬에서 아찬까지 하게 된다. 대사는 2명으로, 경덕왕이 주부로 고쳤으나 혜공왕이 다시 대사라 칭하였다. 사지에서 내마까지 하게 된다. 사는 4명이다.

국학(國學 : 대학) 예부에 속하였다. 신문왕 2년에 두었다. 경덕왕이 대학감(大學監)이라 고쳤는데 혜공왕이 복구시켰다. 경은 1명으로, 경덕왕이 사업(司業)으로 고쳤으나 혜공왕이 다시 경이라 칭하였다. 지위는 다른 경과 동등하다. 박사(博士)[약간명으로 수효는 일정치 않음]·조교(助敎)가 있고 대사가 2명으로, 진덕왕 5년에 두었다. 경덕왕이 주부로 고쳤는데 혜공왕이 다시 대사라 칭하였다. 사지에서 내마까지 하게 된다. 사는 2명으로, 혜공왕 원년에 2명을 추가하였다. 교수(敎授)하는 법은 주역(周易)·상서(尙書)·모시(毛詩)·예기(禮記)·춘추좌씨전(春秋左氏傳)·문선(文選)으로 나누어 학업(學業)을 닦게 하였다. 박사(博士)나 조교(助敎) 1명이, 혹은 예기·주역·논어(論語)·효경(孝經)을 가르치고, 혹은 춘추좌전(春秋左傳)·모시·논어·효경을, 혹은 상서·논어·효경·문선으로 가르친다. 여러 학생의 독서에는 삼품출신(三品出身)의 법이 있으니, 춘추좌씨전이나 예기나 문선을 읽어 그 뜻을 잘 통하고, 논어·효경에도 밝은 자를 상(上)으로 하고, 곡례(曲禮)·논어·효경을 읽은 자를 중(中)으로 하며, 곡례·효경을 읽은 자를 하(下)로 하는데, 만일 5경(經)·3사(史)와 제자백가(諸子百家)의 서(書)를 능히 통하는 자가 있으면 초탁(超擢 : 등급을 넘어)하여 등용한다. 혹은 산학박사(算學博士)나 조교 1명을 명하여 철경(綴經)·삼개(三開) 9장(章)·6장(章)을 교수케 하기도 한다. 모든 학생의 등위(等位)는 대사(大舍)로부터 무위(無位)에 이르기까지 하며, 나이는 15세에서 30세까지 모두 학업에 종사케 한다. 9년을 기한으로 하는데, 만일 질박노둔(質朴魯鈍)하여 학업이 부진한 자는 퇴학(退學)을 시키며, 만일 재주와 기국(器局)이 성취할 만하면서도 미숙한 자는 9년을 넘어도 재학(在學)케 한다. 등위가 대내마나 내마에 이른 다음 내보낸다.

음성서(音聲署 : 음악 담당 관서)　　예부에 속하였다. 경덕왕이 대악감(大樂監)으로 고쳤으나 혜공왕이 복구시켰다. 장(長)은 2명으로, 신문왕 7년에 경으로 고쳤으며, 경덕왕이 또 사악(司樂)이라 고쳤는데 혜공왕이 다시 경이라 칭하였다. 지위는 다른 경과 동등하다. 대사는 2명으로, 진덕왕 5년에 두었으며, 경덕왕이 주부로 고쳤으나 뒤에 다시 대사라 칭하였다. 사지에서 내마까지 하게 된다. 사는 4명이다.

대일임전(大日任典 : 서울 담당 관서)　　태종왕 4년에 두었으며 경덕왕이 전경부(典京府)와 합쳤다. 대도사(大都司)는 6명으로, 경덕왕이 대전의(大典儀)로 고쳤는데 후에 복구되었다. 사지에서 내마까지가 하게 된다. 소도사(小都司)는 2명으로, 경덕왕이 소전의(小典儀)로 고쳤으나 뒤에 복구되었다. 사지에서 대사까지 하게 된다. 도사대사(都事大舍)는 2명으로, 경덕왕이 대전사(大典事)로 고쳤는데 뒤에 복구되었다. 사지에서 내마까지 하게 된다. 도사사지(都事舍知)는 4명으로, 경덕왕이 중전사(中典事)로 고쳤으나 뒤에 복구되었다. 사지에서 대사까지 하게 된다. 도알사지(都謁舍知)는 8명으로, 경덕왕이 전알(典謁)로 고쳤는데 뒤에 복구되었다. 사지에서 대사까지 하게 된다. 도인사지(都引舍知)는 1명으로, 경덕왕이 전인(典引)으로 고쳤으나 뒤에 복구되었다. 지위는 노사지와 동등하다. 당(幢)은 6명으로, 경덕왕이 소전사(小典事)로 고쳤는데 뒤에 복구되었다. 지위는 조부의 사와 동등하다. 도사계지(都事稽知)는 6명, 도알계지(都謁稽知)는 6명, 도인계지(都引稽知 : 도인당(都引幢) 혹은 소전인(小典引))는 5명, 비벌수(比伐首)는 10명이다.

공장부(工匠府) 경덕왕이 전사서(典祀署)로 고쳤다가 뒤에 복구하였다. 감(監)은 1명으로, 신문왕 2년에 두었다. 대내마에서 급찬까지가 하게 된다. 주서(主書 : 주사(主事) 혹은 대사(大舍))는 2명이며 진덕왕 5년에 두었다. 사지에서 내마까지 하게 된다. 사는 4명이다.

채전(彩典) 경덕왕이 전채서(典彩署)로 고쳤는데 뒤에 복구되었다. 감은 1명으로, 신문왕 2년에 두었다. 내마에서 대내마까지 하게 된다. 주서는 2명으로, 진덕왕 5년에 두었다. 사지에서 내마까지가 하게 된다. 사는 3명이다[4명이라고도 함].

좌사록관(左司祿舘) 문무왕 17년에 두었다. 감이 1명으로, 내마에서 대내마까지 하게 된다. 주서(主書 : 혹은 주사(主事))는 2명으로, 사지에서 내마까지 하게 된다. 사는 4명이다.

우사록관(右司祿舘) 문무왕 21년에 두었다. 감이 1명이고 주서가 2명, 사가 4명이다.

전사서(典祀署) 예부에 속하였다. 성덕왕 12년에 두었다. 감은 1명으로, 내마에서 대내마까지 하게 된다. 대사는 2명으로, 진덕왕 5년에 두었다. 사지에서 내마까지 하게 된다. 사는 4명이다.

신궁(新宮) 성덕왕 16년에 두었다. 경덕왕이 전설관(典設舘)으로 고쳤는데 뒤에 복구되었다. 감은 1명으로, 지위는 전사서의 감과 동등하다. 주서(主書)는 2명으로, 지위는 전사서(典祀署)의 대사와 동등하다. 사는 3명이다.

동시전(東市典 : 시장을 관장) 지증왕(智證王) 9년에 두었다. 감은 2명으로, 내마에서 대내마까지 하게 된다. 대사는 2명으로, 경덕왕이 주사라 고쳤는데 뒤에 대사라 칭하였다. 사지에서 내마까지 하게 된다. 서생(書生)은 2명으로, 경덕왕이 사직(司直)으로 고쳤다가 뒤에 다시 서생이라 칭하였다. 지위는 조부의 사와 동등하다. 사는 4명이다.

서시전(西市典) 효소왕 4년에 두었다. 감이 2명이다. 대사가 2명이다. 경덕왕이 주사로 고쳤으나 뒤에 다시 대사라 칭하였다. 서생(書生)이 2명으로, 경덕왕이 사직(司直)으로 고쳤으나 뒤에 다시 서생이라 칭하였다. 사는 4명이다.

남시전(南市典) 효소왕 4년에 두었다. 감이 2명, 대사가 2명으로, 경덕왕이 주사로 고쳤다가 뒤에 다시 대사라 칭하였다. 서생은 2명으로, 경덕왕 때 사직으로 고쳤다가 뒤에 다시 서생이라 칭하였다. 사는 4명이다.

사범서(司範署) 예부(禮部)에 속하였다. 대사(혹은 주서(主書))는 2명으로, 경덕왕이 주사로 고쳤으나 뒤에 다시 대사라 칭하였다. 지위는 조부의 사지와 동등하다. 사는 4명이다.

경도역(京都驛) 경덕왕이 도정역(都亭驛)으로 고쳤는데 뒤에 복구되었다. 대사가 2명이다. 사지에서 내마까지 하게 된다. 사가 2명이다.

누각전(漏刻典) 성덕왕 17년에 처음 두었다. 박사 6명, 사 1명이다.

6부소감전(六部小監典 : 혹은 6부감전(六部監典)) 양부(梁部)·사량부(沙梁部)에 감랑(監郞)을 각각 1명, 대내마를 각각 1명, 대사 각각 2명, 사지 각각 1명을 두었고, 양부에 사가 6명, 사량부에 사가 5명을 두었다. 본피부(本彼部)에 감랑이 1명, 감대사(監大舍)가 1명, 사지가 1명, 감당(監幢)이 5명, 사가 1명이다. 모량부(牟梁部)에 감신(監臣)이 1명, 대사가 1명, 사지가 1명, 감당이 5명, 사는 1명이다. 한지부(漢祇部), 습비부(習比部)에 감신(監臣)이 각각 1명, 대사가 각각 1명, 사지가 각각 1명, 감당이 각각 3명, 사가 각각 1명이다.

식척전(食尺典) 대사가 6명, 사가 6명이다.

직도전(直徒典) 대사가 6명, 사지가 8명, 사는 26명이다.

고관가전(古官(宮)家典) 당(幢 : 혹은 계지(稽知))이 4명, 구척(鉤尺 : 農具 관리) 6명, 수주(水主 : 堤池 관리) 6명, 화주(禾主 : 禾穀 관리) 15명이다.

三國史記 券 第三十八

雜志 第七 職官 上

　新羅官號 因時沿革 不同其名言 唐夷相雜 其曰侍中一郎中等者 皆唐官名 其義若可考 曰伊伐湌一伊湌等者 皆夷言 不知所以言之之意 當初之施設 必也職有常守 位有定員 所以辦其尊卑 待其人才之大小 世久文記缺落 不可得覈考而周詳 觀其第二南解王 以國事委任大臣 謂之大輔 第三儒理王設位十七等 自是之後 其名目繁多 今探其可考者 以著于篇 大輔 南解王七年 以脫解爲之 儒理王九年置十七等 一曰伊伐湌(或云伊罰干 或云于伐湌 或云角干 或云角粲 或云舒發翰 或云舒弗邯) 二曰伊尺湌(或云伊湌) 三曰迊湌(或云迊判 或云蘇判) 四曰波珍湌(或云海干 或云破彌干) 五曰大阿湌 從此至伊伐湌 唯眞骨受之 他宗則否 六曰阿湌(或云阿尺干 或云阿粲) 自重阿湌至四重阿湌 七曰一吉湌(或云乙吉干) 八曰沙湌(或云薩湌 或云沙咄干) 九曰級伐湌(或云級湌 或云及伐干) 十曰大奈麻(或云大奈末) 自重奈麻至九重奈麻 十一曰奈麻(或云奈末) 自重奈麻至七重奈麻 十二曰大舍(或云韓舍) 十三曰舍知(或云小舍) 十四曰吉士(或云稽知 或云吉次) 十五曰大烏(或云大烏知) 十六曰小烏(或云小烏知) 十七曰造位(或云先沮知).

　上大等(或云上臣) 法興王十八年始置.

　大角干(或云大舒發翰) 太宗王七年 滅百濟論功 授大將軍金庾信大角干 於前十七位之上加之 非常位也.

　太大角干(或云太大舒發翰) 文武王八年 滅高句麗 授留守金庾信以太大角干 賞其元謀也 於前十七位及大角干之上加此位 以示殊尤之禮.

　執事省 本名稟主(或云祖主) 眞德王五年改爲執事部 興德王四年又改爲省 中侍一人 眞德王五年置 景德王六年改爲侍中 位自大阿湌至伊湌爲之 典大等二人 眞興王二十六年置 景德王六年改爲侍郎 位自奈麻至阿湌爲之 大舍二人 眞平王十一年置 景德王十八年改爲郎中(一云眞德王五年改) 位自舍知至奈麻爲之 舍知二人 神文王五年置 景德王十八年改爲員外郎 惠恭王十二年復稱舍知 位自舍知至大舍爲之 史十四人 文武王十一年加六人 景德王改爲郎 惠恭王復稱史 位自先沮知至大舍爲之.

　兵部 令一人 法興王三年始置 眞興王五年加一人 太宗王六年又加一人 位自

大阿湌至太大角干爲之 又得兼宰相一私臣 大監二人 眞平王四十五年初置 太宗王十五年加一人 景德王改爲侍郎 惠恭王復稱大監 位自奈麻至阿湌爲之 弟監二人 眞平王一一年置 太宗王五年改爲大舍 景德王改爲郎中 惠恭王復稱大舍 位自舍知至奈麻爲之 弩舍知一人 文武王一二年始置 景德王改爲司兵 惠恭王復稱弩舍知 位自舍知至大舍爲之 史十二人 文武王十一年加二人 十二年加三人 位自先沮知至大舍爲之 弩幢一人 文武王十一年置 景德王改爲小司兵 惠恭王復故 位與史同.

調府 眞平王六年置 景德王改爲大府 惠恭王復故 令二人 眞德王五年置 位自衿荷至太大角干爲之 卿二人 文武王十五年加一人 位與兵部大監同 大舍二人 眞德王置 景德王改爲主簿 惠恭王復稱大舍 位自舍知至奈麻爲之 舍知一人 神文王五年置 景德王改爲司庫 惠恭王復稱舍知 位自舍知至大舍爲之 史八人 孝昭王四年加二人 位與兵部史同.

京城周作典 景德王改爲修城府 惠恭王復故 令五人 聖德王三十一年置 位自大阿湌至大角干爲之 卿六人 聖德王三十二年置 位與執事侍郎同 大舍六人 景德王改爲主簿 惠恭王復稱大舍 位自舍知至大奈麻爲之 舍知一人 景德王改爲司功 惠恭王復稱舍知 位自舍知至大舍爲之 史八人 位與調府史同.

四天王寺成典 景德王改爲監四天王寺府 惠恭王復故 衿荷臣一人 景德王改爲監令 惠恭王復稱衿荷臣 哀莊王又改爲令 位自大阿湌至角干爲之 上堂一人 景德王改爲卿 惠恭王復稱上堂 哀莊王又改爲卿 位自奈麻至阿湌爲之 赤位一人 景德王改爲監 惠恭王復稱赤位 靑位二人 景德王改爲主簿 惠恭王復稱靑位 哀莊王改爲大舍 省一人 位自舍知至奈麻爲之 史二人.

奉聖寺成典 景德王改爲修營奉聖寺使院 後復故 衿荷臣一人 景德王改爲檢校使 惠恭王復稱衿荷臣 哀莊王改爲令 上堂一人 景德王改爲副使 後復稱上堂 赤位一人 景德王改爲判官 後復稱赤位 靑位一人 景德王改爲錄事 後復稱靑位 史二人 景德王改爲典 後復稱史.

感恩寺成典 景德王改爲修營感恩寺使院 後復故 衿荷臣一人 景德王改爲檢校使 惠恭王復稱衿荷臣 哀莊王改爲令 上堂一人 景德王改爲副使 惠恭王復稱上堂 哀莊王改爲卿(一云省卿置赤位) 赤位一人 景德王改爲判官 後復稱赤位 靑位一人 景德王改爲錄使 後復稱靑位 史二人 景德王改爲典 後復稱史.

奉德寺成典 景德王十八年改爲修營奉德寺使院 後復故 衿荷臣一人 景德王改

爲檢校使 惠恭王復稱衿荷臣 哀莊王又改爲卿 上堂一人 景德王改爲副使 惠恭
王復稱上堂 哀莊王又改爲卿 赤位 人 景德王改爲判官 惠恭王復稱赤位 靑位
二人 景德王改爲錄使 惠恭王復稱靑位 史六人 後省四人 景德王改爲典 惠恭王
復稱史.

奉恩寺成典 衿荷臣一人 惠恭王始置 哀莊王改爲令 副使一人 惠恭王始置 尋
改爲上堂 哀莊王又改爲卿 大舍二人 史二人.

靈廟寺成典 景德王十八年改爲修營靈廟寺使院 後復故 上堂一人 景德王改爲
判官 後復稱上堂 靑位一人 景德王改爲錄事 後又改爲大舍 史二人.

永興寺成典 神文王四年始置 景德王十八年改爲監永興寺館 大奈麻一人 景德
王改爲監 史三人.

倉部 昔者倉部之事兼於稟主 至眞德王五年分置此司 令二人 位自大阿湌至大
角干爲之 卿二人 眞德王五年置 文武王十五年加一人 景德王改爲侍郎 惠恭王
復稱卿 位與兵部大監同 大舍二人 眞德王置 景德王改爲郎中 惠恭王復稱大舍
位與兵部大舍同 租舍知一人 孝昭王八年置 景德王改爲司倉 惠恭王復故 位與
弩舍知同 史八人 眞德王置 文武王十一年加三人 十二年加七人 孝昭王八年加
一人 景德王十一年加三人 惠恭王加八人.

禮部 令二人 眞平王八年置 位與兵部令同 卿二人 眞德王二年(一云五年)置
文武王十五年加一人 位與調府卿同 大舍二人 眞德王五年置 景德王改爲主簿
後復稱大舍 位與調部大舍同 舍知一人 景德王改爲司禮 後復稱舍知 位與調府
舍知同 史八人 眞德王五年加三人 位與調府史同.

乘府 景德王改爲司駅府 惠恭王復故 令二人 眞平王六年置 位自大阿湌至角
干爲之 卿二人 文武王十五年加一人 位與調府卿同 大舍二人 景德王改爲主簿
後復稱大舍 位與兵部大舍同 舍知一人 景德王改爲司牧 後復稱舍知 位與調府
舍知同 史九人 文武王十一年加三人 位與調府史同.

司正府 太宗王六年置 景德王改爲肅正臺 惠恭王復故 令一人 位自大阿湌至
角干爲之 卿二人 眞興王五年置 文武王十五年加一人 位與乘府卿同 佐二人 孝
成王元年 爲犯大王諱 凡丞改稱佐 景德王改爲評事 後復稱佐 位自奈麻至大奈
麻爲之 大舍二人 位自舍知至奈麻爲之 史十人 文武王十一年加五人.

例作府(一云例作典) 景德王改爲修例府 惠恭王復故 令一人 神文王六年置
位自大阿湌至角干爲之 卿二人 神文王置 位與司正卿同 大舍四人 哀莊王六年

省二人 景德王改爲主簿 後復稱大舍 位與兵部大舍同 舍知二人 景德王改爲司例 後復稱舍知 位與弩舍知同 史八人.

船府 舊以兵部大監─弟監 掌舟楫之事 文武王十八年別置 景德王改爲利濟府 惠恭王復故 令一人 位自大阿湌至角干爲之 卿二人 文武王三年置 神文王八年加一人 位與調府卿同 大舍二人 景德王改爲主簿 惠恭王復稱大舍 位與調府大舍同 舍知一人 景德王改爲司舟 惠恭王復稱舍知 位與調府舍知同 史八人 神文王元年加二人 哀莊王六年省二人.

領客府 本名倭典 眞平王四十三年改爲領客典(後又別置倭典) 景德王又改爲司賓府 惠恭王復故 令二人 眞德王五年置 位自大阿湌至角干爲之 卿二人 文武王十五年加一人 位與調府卿同 大舍二人 景德王改爲主簿 惠恭王復稱大舍 位與調府大舍同 舍知一人 景德王改爲司儀 惠恭王復稱舍知 位與調府舍知同 史八人.

位和府 眞平王三年始置 景德王改爲司位府 惠恭王復故 衿荷臣二人 神文王二年始置 五年加一人 哀莊王六年改爲令 位自伊湌至大角干爲之 上堂二人 神文王置 聖德王二年加一人 哀莊王改爲卿 位自級湌至阿湌爲之 大舍二人 景德王改爲主簿 後復稱大舍 位與調府大舍同 史八人.

左理方府 眞德王五年置 孝昭王元年 避大王諱 改爲議方府 令二人 位自級湌至迊湌爲之 卿二人 眞德王置 文武王十八年加一人 位與他卿同 佐二人 眞德王置 景德王改爲評事 惠恭王復稱佐 位與司正佐同 大舍二人 位與兵部大舍同 史十五人 元聖王十三年省五人.

右理方府 文武王七年置 令二人 卿二人 佐二人 大舍二人 史十人.

賞賜署 屬倉部 景德王改爲司勳監 惠恭王復故 大正一人 眞平王四十六年置 景德王改爲正 後復稱大正 位自級湌至阿湌爲之 佐一人 位自大奈麻至級湌爲之 大舍二人 眞德王五年置 景德王改爲主書 惠恭王復稱大舍 位自舍知至奈麻爲之 史六人 文武王二十年加二人 哀莊王六年省二人.

大道署(或云寺典 或云內道監) 屬禮部 大正一人 眞平王四十六年置 景德王改爲正 後復稱大正 位自級湌至阿湌爲之(一云大正下有大舍二人) 主書二人 景德王改爲主事 位自舍知至奈麻爲之 史八人.

典邑署 景德王改爲典京府 惠恭王復故 卿二人(本置監六人 分領六部元聖王六年升二人爲卿) 位自奈麻至沙湌爲之 監四人 位自奈麻至大奈麻爲之 大司邑

六人 位自舍知至奈麻爲之 中司邑六人 位自舍知至大舍爲之 小司邑九人 位與弩舍知同 史十六人 木尺七十人.

永昌宮成典 文武王十七年置 上堂一人 景德王置 又改爲卿 惠恭王復稱上堂 哀莊王六年又改爲卿 位自級湌至阿湌爲之 大舍二人 景德王改爲主簿 惠恭王復稱大舍 位自舍知至奈麻爲之 史四人.

國學 屬禮部 神文王二年置 景德王改爲大學監 惠恭王復故 卿一人 景德王改爲司業 惠恭王復稱卿 位與他卿同 博士(若干人 數不定) 助敎(若干人 數不定) 大舍二人 眞德王五年置 景德王改爲主簿 惠恭王復稱大舍 位自舍知至奈麻爲之 史二人 惠恭王元年加二人 敎授之法以周易·尙書·毛詩·禮記·春秋左氏傳 文選 分而爲之業 博士若助敎一人 或以禮記·周易·論語·孝經 或以春秋左傳·毛詩·論語·孝經 或以尙書·論語·孝經·文選敎授之 諸生讀書 以三品出身 讀春秋左氏傳 若禮記 若文選 而能通其義 兼明論語·孝經者爲上 讀曲禮·論語·孝經者爲中 讀曲禮·孝經者爲下 若能兼通五經·三史·諸子百家書者 超擢用之 或差算學博士若助敎一人 以綴經三開九章六章敎授之 凡學生 位自大舍已下至無位 年自十五至三十皆充之 限九年 若朴魯不化者罷之 若才器可成而未熟者 雖踰九年許在學 位至大奈麻·奈麻 以後出學.

音聲署 屬禮部 景德王改爲大樂監 惠恭王復故 長二人 神文王七年改爲卿 景德王又改爲司樂 惠恭王復稱卿 位與他卿同 大舍二人 眞德王五年置 景德王改爲主簿 後復稱大舍 位自舍知至奈麻爲之 史四人.

大日任典 太宗王四年置 景德王合典京府 大都司六人 景德王改爲大典儀 後復故 位自舍知至奈麻爲之 小都司二人 景德王改爲小典儀 後復故 位自舍知至大舍爲之 都事大舍二人 景德王改爲大典事 後復故 位自舍知至奈麻爲之 都事舍知四人 景德王改爲中典事 後復故 位自舍知至大舍爲之 都謁舍知八人 景德王改爲典謁 後復故 位自舍知至大舍爲之 都引舍知一 景德王改爲典引 後復故 位與弩舍知同 幢六人 景德王改爲小典事 後復故 位與調府史同 都事稽知六人 都謁稽知六人 都引稽知六人(或云都引幢 或云少典引) 比伐首十人.

工匠府 景德王改爲典祀署 後復故 監一人 神文王二年置 位自大奈麻至級湌爲之 主書二人(或云主事 或云大舍) 眞德王五年置 位自舍知至奈麻爲之 史四人.

彩典 景德王改爲典彩署 後復故 監一人 神文王二年置 位自奈麻至大奈麻爲

之 主書二人 眞德王五年置 位自舍知至奈麻爲之 史三人(一云四人).

左司祿館 文武王十七年置 監一人 位自奈麻至大奈麻爲之 主書二人(或云 主事) 位自舍知至奈麻爲之 史四人.

右司祿館 文武王二十一年置 監一人 主書二人 史四人.

典祀署 屬禮部 聖德王十二年置 監一人 位自奈麻至大奈麻爲之 大舍二人 眞德王五年置 位自舍知至奈麻爲之 史四人.

新宮 聖德王十六年置 景德王改爲典設館 後復故 監一人 位與典祀署監同 主書二人 位與典祀署大舍同 史三人.

東市典 智證王九年置 監二人 位自奈麻至大奈麻爲之 大舍二人 景德王改爲主事 後復稱大舍 位自舍知至奈麻爲之 書生二人 景德王改爲司直 後復稱書生 位與調府史同 史四人.

西市典 孝昭王四年置 監二人 大舍二人 景德王改爲主事 後復稱大舍 書生二人 景德王改爲司直 後復稱書生 史四人.

南市典 亦孝昭王四年置 監二人 大舍二人 景德王改爲主事 後復稱大舍 書生二人 景德王改爲司直 後復稱書生 史四人.

司範書 屬禮部 大舍二人(或云主書) 景德王改爲主事 後復稱大舍 位與調府舍知同 史四人.

京都驛 景德王改爲都亭驛 後復故 大舍二人 位自舍知至奈麻爲之 史二人.

漏刻典 聖德王十七年始置 博士六人 史一人.

六部少監典(一云六部監典) 梁部-沙梁部 監郎各一人 大奈麻各一人 大舍各二人 舍知各一人 梁部史六人 沙梁部史五人 本彼部 監郎一人 監大舍一人 舍知一人 監幢五人 史一人 牟梁部 監臣一人 大舍一人 舍知一人 監幢五人 史一人 漢祇部-習比部 監臣各一人 大舍各一人 舍知各一人 監幢各三人 史各一人.

食尺典 大舍六人 史六人.

直徒典 大舍六人 舍知八人 史二十六人.

古宮家典 幢(一云稽知)四人 鉤尺六人 水主六人 禾主十五人.

삼국사기 권 제39

잡지(雜志) 제8

직관(職官) 중(中)

직관(職官) 중(中)

　내성(內省)〈궁내부와 같은 관아〉　경덕왕 18년에 전중성(殿中省)으로 고쳤는데 뒤에 다시 원래로 복구되었다. 사신(私臣: 長官)은 1명으로, 진평왕 7년에 삼궁(三宮)에 각기 사신을 두어 대궁(大宮)에는 화문(和文: 사람 이름) 대아찬(大阿湌), 양궁(梁宮)에는 수힐부(首肹夫) 아찬, 사량궁(沙梁宮)에는 노지(弩知) 이찬이 있었다. 44년에 이르러 사신 한 사람으로 3궁(三宮)을 겸장(兼掌)케 하였다. 지위는 금하(衿荷)에서 태대각간까지 하는데, 오직 그를 감당할 만한 인물이어야만 제수했고 또한 연한(年限)도 없었다. 경덕왕이 또 전중령(殿中令)으로 고쳤다가 뒤에 다시 사신이라 칭하였다. 경은 2명으로, 내마에서 아찬까지 하게 된다. 감은 2명으로 내마에서 사찬까지 하게 된다. 대사 1명, 사지 1명이다.

　　내사정전(內司正典)〈궁내 관리들을 규찰〉　경덕왕 5년에 두었다. 18년에 건평성(建平省)으로 고쳤는데 뒤에 복구되었다. 의결(議決) 1명, 정찰(貞察) 2명, 사 4명이다.

　　전대사전(典大舍典)　전대사(典大舍) 1명, 전옹(典翁) 1명, 사 4명이다.

　　상대사전(上大舍典)　상대사(上大舍) 1명, 상옹(上翁) 1명이다.

　　흑개감(黑鎧監)　경덕왕이 위무감(衛武監)으로 고쳤는데 뒤에 복구되었다. 대사 1명, 사 4명이다.

본피궁(本彼宮)　신문왕 원년에 두었다. 우(虞)가 1명, 사모(私母) 1명, 공옹(工翁) 2명, 전옹(典翁) 1명, 사 2명이다.

인도전(引道典 : 儀式의 인도)　경덕왕이 예성전(禮成典)으로 고쳤는데 뒤에 복구되었다. 상인도(上引道) 2명, 하위인도(下位引道) 3명, 관인도(官引道) 4명이다.

촌도전(村徒典)　문무왕 10년에 두었다. 간(干) 1명, 궁옹(宮翁) 1명, 대척(大尺) 1명, 사 2명이다.

고역전(尻驛典)　간옹(看翁) 1명, 궁옹(宮翁) 1명이다.

평진음전(平珍音典)　경덕왕 때 소궁(掃宮)으로 고쳤는데 뒤에 복구되었다. 간옹 1명, 연옹(筵翁) 1명, 전옹 2명이다.

연사전(煙舍典)　성덕왕 17년에 두었다. 간옹(看翁) 1명이다.

상문사(詳文師 : 한림 원장)　성덕왕 13년에 통문박사(通文博士)로 고치고 경덕왕이 또 한림(翰林)으로 고쳤다. 뒤에 학사(學士)를 두었다.

소내학생(所內學生)　성덕왕 20년에 두었다.

천문박사(天文博士)　뒤에 사천박사(司天博士)로 고쳤다.

의학(醫學)　효소왕 원년에 처음으로 두었다. 학생(學生)들을 가르쳤는데 본초경(本草經)·갑을경(甲乙經)·소문경(素問經)·침경(針經)·맥경(脈經)·명당경(明堂經)·난경(難經)을 교육 과정(課程)으로 하였다. 박사(博士)가 2명이다.

공봉승사(供奉乘師)　기록이 빠졌음.

율령전(律令典 : 율령 교수)　박사가 6명이다.

수궁전(藪宮典)　대사 2명, 사 2명이다.

청연궁전(靑淵宮典)　경덕왕이 조추정(造秋亭)이라 고쳤는데 뒤에 복구되었다. 대사 2명, 사 2명, 궁옹 1명이다.

부천궁전(夫泉宮典)　대사 2명, 사 2명, 궁옹 1명이다.

차열음궁전(且熱音宮典)　대사(大舍) 2명, 사 4명, 궁옹 1명이다.

좌산전(坐山典)　대사 2명, 사 3명, 궁옹 1명이다.

병촌궁전(屛村宮典)　경덕왕이 현룡정(玄龍亭)으로 고쳤는데 뒤에 복구되었다. 대사 2명, 사 2명, 궁옹 1명이다.

북토지궁전(北吐只宮典)   대사 2명, 사 2명이다.
홍현궁진(弘峴宮典)〔이하 오궁(五宮)은 공동으로 고내궁(古奈宮)이라 힘〕
대사 2명, 사 2명이다.
갈천궁전(葛川宮典)   대사 2명, 사 2명이다.
선평궁전(善坪宮典)   대사 2명, 사 2명이다.
이동궁전(伊同宮典)   대사 2명, 사 2명이다.
평립궁전(平立宮典)   대사 2명, 사 2명이다.
명활전(明活典)   경휘왕(景暉王) 2년에 두었다. 대사 1명, 간옹(看翁) 1명이다.
원곡양전(源谷羊典)   흥덕왕 4년에 두었다. 대사 1명, 간옹 1명이다.
염곡전(染谷典)   간옹 1명이다.
벽전(壁典)   간옹 1명, 하전(下典) 1명이다.
자원전(莿園典)   간옹 1명, 하전 2명이다.
두탄탄전(豆呑炭典)   간옹 1명이다.
소년감전(少年監典)   경덕왕이 균천성(鈞天省)으로 고쳤는데 뒤에 복구되었다. 대사 2명, 사 2명이다.
회궁전(會宮典)   경덕왕이 북사설(北司設)로 고쳤는데 뒤에 복구되었다. 궁옹 1명 조사지(助舍知) 4명이다.
상신모전(上新謀典)   대사 1명, 사 2명이다.
하신모전(下新謀典)   대사 1명, 사 2명이다.
좌신모전(左新謀典)   대사 1명, 사 2명이다.
우신모전(右新謀典)   대사 1명, 사 2명이다.
조전(租典)   대사 1명, 사 1명이다.
신원전(新園典)   대사 1명, 사 1명이다.
빙고전(氷庫典)   대사 1명, 사 1명이다.
백천목숙전(白川苜蓿典)   대사 1명, 사 1명이다.
한지목숙전(漢祇苜蓿典)   대사 1명, 사 1명이다.
문천목숙전(蚊川苜蓿典)   대사 1명, 사 1명이다.
본피목숙전(木彼苜蓿典)   대사 1명, 사 1명이다.
능색전(陵色典)   대사 1명, 사 1명이다.

예궁전(穢宮典)   경덕왕이 진각성(珍閣省)으로 고쳤는데 뒤에 복구되었다. 치성(稚省) 10명, 궁옹 1명, 조사지 4명, 종사지(從舍知) 2명이다.

조하방(朝霞房 : 비단 짜는 곳)   모(母)가 23명이다.

염궁(染宮)   모(母) 11명이다.

소전(疏典)   모(母) 6명이다.

홍전(紅典)   모(母) 6명이다.

소방전(蘇芳典)   모(母) 6명이다.

찬염전(攢染典)   모(母) 6명이다.

표전(漂典)   모(母) 10명이다.

왜전(倭典)   이하 14부서의 관원 수는 기록에서 빠졌다.

금전(錦典)   경덕왕이 직금방(織錦房)으로 고쳤는데 뒤에 복구되었다.

철유전(鐵鍮典 : 철기·유기 제조)   경덕왕이 축야방(築冶房)으로 고쳤는데 뒤에 복구되었다.

시전(寺典)

칠전(漆典)   경덕왕이 식기방(飾器房)으로 고쳤는데 뒤에 복구되었다.

모전(毛典 : 모직물 제조)   경덕왕이 취취방(聚毳房)으로 고쳤는데 뒤에 복구되었다.

피전(皮典 : 피혁품 제고)   경덕왕이 포인방(鞄人房)으로 고쳤는데 뒤에 복구되었다.

추전(鞦典)

피타전(皮打典 : 갖바치방)   경덕왕이 운공방(韗工房)으로 고쳤는데 뒤에 복구되었다.

마전(磨典 : 목기 제조)   경덕왕이 재인방(梓人房)으로 고쳤는데 뒤에 복구되었다.

탑전(鞈典)

화전(靴典 : 신발 제조)

타전(打典)

마리전(麻履典 : 짚신 제조)

어룡성(御龍省 : 왕의 거동 담당관)   사신(私臣) 1명이다. 애장왕 2년에 두었다. 어백랑(御伯郎) 2명이다. 경덕왕 9년에 봉어(奉御)로 고치고 선덕왕 원년에 또 경(卿)으로 고쳤다가 바로 감(監)으로 고쳤다. 치성(稚省)이 14명이다.

세택(洗宅)　경덕왕이 중사성(中事省)으로 고쳤는데 뒤에 복구되었다. 대사 8명, 종사지(從舍知) 2명이다.

숭문대(崇文臺)　낭(郎) 2명, 사 4명, 종사지 2명이다.

악전(嶽〔獄〕典)　대사 2명, 사 4명, 종사지 2명이다.

감전(監典)　대사 2명, 사지 2명, 사 4명, 도관(都官) 4명, 종사지 2명이다. 악자(樂子)는 일정한 수효가 없다.

늠전(廩典: 녹봉 담당관)　경덕왕이 천록사(天祿司)로 고쳤는데 뒤에 복구시켰다. 대사 2명, 사지 2명, 사 8명, 늠옹(廩翁) 4명, 종사지 2명이다.

춘전(春典)　사지 2명, 사 8명이다.

제전(祭典)　사지 2명, 사 6명이다.

약전(藥典: 약방)　경덕왕이 보명사(保命司)로 고쳤는데 뒤에 복구되었다. 사지 2명, 사 6명, 종사지 2명이다.

공봉의사(供奉醫師)　일정한 수효가 없다.

공봉복사(供奉卜師)　일정한 수효가 없다.

마전(麻典: 의류 제조하는 곳)　경덕왕 18년에 직방국(織紡局)으로 고쳤는데 뒤에 복구되었다. 간(干) 1명, 사 8명, 종사지 4명이다.

폭전(曝典)　속현(屬縣)이 3이다.

육전(肉典: 음식 만드는 곳)　경덕왕이 상선국(尙膳局)으로 고쳤는데 뒤에 복구되었다. 간(干) 2명이다.

재전(滓典)　간(干) 1명, 사 4명이다.

아니전(阿尼典)　모(母) 6명이다.

기전(綺典)　경덕왕이 별금방(別錦房)으로 고쳤는데 뒤에 복구되었다. 모 8명이다.

석전(席典)　경덕왕이 봉좌국(奉座局)으로 고쳤는데 뒤에 복구되었다. 간 1명, 사 2명이다.

궤개전(机槪典)　경덕왕이 궤반국(机盤局)으로 고쳤는데 뒤에 복구되었다. 간 1명, 사 6명이다.

양전(楊典: 죽기(竹器) 만드는 곳)　경덕왕이 사비국(司篚局)으로 고쳤는데 뒤에 복구되었다. 간 1명, 사 6명이다.

와기전(瓦器典 : 도기 만드는 곳)　　경덕왕이 도등국(陶登局)으로 고쳤는데 뒤에 복구되었다. 간 1명, 사 6명이다.
　　감부대전(監夫大典)　　대사 2명, 사 2명, 종사지 2명이다.
　　대부전(大傅典)　　대사 2명, 사 2명, 종사지 2명이다.
　　행군전(行軍典)　　대사 2명, 사 4명 종사지 2명이다.
　　영창전(永昌典)　　대사 2명, 사 2명이다.
　　고창전(古昌典)　　대사 2명, 사 4명이다.
　　번감(番監)　　대사 2명, 사 2명이다.
　　원당전(願堂典)　　대사 2명, 종사지 2명이다.
　　물장전(物藏典 : 물품 소장 하는 곳)　　대사 4명, 사 2명이다.
　　북상전(北廂典)　　대사 2명, 사 4명이다.
　　남하소궁(南下所宮)　　경덕왕이 잡공사(雜工司)로 고쳤는데 뒤에 복구되었다. 옹(翁) 1명, 조(助) 4명이다.
　　남도원궁(南桃園宮)　　옹 1명이다.
　　북원궁(北園宮)　　옹 1명이다.
　　신청연궁(新靑淵宮)　　옹 1명이다.
　　침방(針房)　　여자 16명이다.
　　동궁관(東宮官 : 태자 궁)
　　동궁아(東宮衙)　　경덕왕 11년에 두었다. 상대사(上大舍) 1명, 차대사(次大舍) 1명이다.
　　어룡성(御龍省)　　대사 2명, 치성(稚省) 6명이다.
　　세택(洗宅)　　대사 4명, 종사지 2명이다.
　　급장전(給帳典)　　전(典) 4명, 치(稚)가 4명이다.
　　월지전(月池典)　　기록이 빠졌다.
　　승방전(僧房典)　　대사 2명, 종사지 2명이다.
　　포전(庖典)　　대사 2명, 사 2명, 종사지 2명이다.
　　월지악전(月池嶽典)　　대사 2명, 수주(水主) 1명이다.
　　용왕전(龍王典 : 용왕의 제사 담당하는 곳)　　대사 2명, 사 2명이다.

三國史記 卷 第三十九

雜志 第八 職官 中

內省 景德王十八年改爲殿中省 後復故 私臣一人 眞平王七年三宮各置私臣 大宮和文大阿湌 梁宮首肹夫阿湌 沙梁宮弩知伊湌 至四十四年 以一員兼掌三宮 位自衿荷至太大角于 惟其人則授之 亦無年限 景德王又改爲殿中令 後復稱私臣 卿二人 位自奈麻至阿湌爲之 監二人 位自奈麻至沙湌爲之 大舍一人 舍知一人.

內司正典 景德王五年置 十八年改爲建平省 後復故 議決一人 貞察二人 史四人.

典大舍典 典大舍一人 典翁一人 史四人.

上大舍典 上大舍一人 上翁一人.

黑鎧監 景德王改爲衛武監 後復故 大舍一人 史四人.

本彼宮 神文王元年置 虞一人 私母一人 工翁二人 典翁一人 史二人.

引道典 景德王改爲禮成典 後復故 上引道二人 ◇(◇ 恐是下)位引道三人 官引道四人.

村徒典 文武王十年置 于(于 恐是干〈見後例〉)一人 宮翁一人 大尺一人 史二人.

尻驛典 看翁一人 宮翁一人.

平珍音典 景德王改爲掃宮 後復故 看翁一人 筵翁一人 典翁二人.

煙舍典 聖德王十七年置 看翁一人.

詳文師 聖德王十三年改爲通文博士 景德王又改爲翰林 後置學士.

所內學生 聖德王二十年置.

天文博士 後改爲司天博士.

醫學 孝昭王元年初置 教授學生以本草經-甲乙經-素問經-針經-脈經-明堂經-難經爲之業 博士二人.

供奉乘師 (闕).

律令典 博士六人.

藪宮典 大舍二人 史二人.

靑淵宮典 景德王改爲造秋亭 後復故 大舍二人 史二人 宮翁一人.

夫泉宮典 大舍二人 史二人 宮翁一人.

且熱音宮典 大舍二人 史四人 宮翁一人.

坐山典 大舍二人 史三人 宮翁一人.

屛村宮典 景德王改爲玄龍亭 後復故 大舍二人 史二人 宮翁一人.
北吐只宮典 大舍二人 史二人.
弘峴宮(已下五宮 通謂之古奈宮)典 大舍二人 史二人.
葛川宮典 大舍二人 史二人.
善坪宮典 大舍二人 史二人.
伊同宮典 大舍二人 史二人.
平立宮典 大舍二人 史二人.
明活典 景暉王二年置 大舍一人 看翁一人.
源谷羊典 興德王四年置 大舍一人 看翁一人.
染谷典 看翁一人.
壁典 看翁一人 下典四人.
莿園典 看翁一人 下典二人.
豆呑炭典 看翁一人.
小年監典 景德王改爲鈞天省 後復故 大舍二人 史二人.
會宮典 景德王改爲北司設 後復故 宮翁一人 助舍知四人.
上新謀典 大舍一人 史二人.
下新謀典 大舍一人 史二人.
左新謀典 大舍一人 史二人.
右新謀典 大舍一人 史二人.
租典 大舍一人 史一人.
新園典 大舍一人 史一人.
氷庫典 大舍一人 史一人.
白川苜蓿典 大舍一人 史一人.
漢祇苜蓿典 大舍一人 史一人.
蚊川苜蓿典 大舍一人 史一人.
本彼苜蓿典 大舍一人 史一人.
陵色典 大舍一人 史一人.
穢宮典 景德王改爲珍閣省 後復故 稚省十人 宮翁一人 助舍知四人 從舍知二人.
朝霞房 母二十三人.
染宮 母十一人.

疏典 母六人.

紅典 母六人.

蘇芳典 母六人.

攢染典 母六人.

漂典 母十人.

倭典 已下十四官員數闕.

錦典 景德王改爲織錦房 後復故.

鐵鍮典 景德王改爲築冶房 後復故.

寺典

漆典 景德王改爲飾器房 後復故.

手典 景德王改爲聚毳房 後復故.

皮典 景德王改爲鞄人房 後復故.

鞦典

皮打典 景德王改爲鞾工房 後復故.

磨典 景德王改爲梓人房 後復故.

鞜典

靴典

打典

麻履典

御龍省 私臣一人 哀莊王二年置 御伯郎二人 景德王九年改爲奉御 宣德王元年又改爲卿 尋改爲監 稚省十四人.

洗宅 景德王改爲中事省 後復故 大舍八人 從舍知二人.

崇文臺 郎二人 史四人 從舍知二人.

嶽典 大舍二人 史四人 從舍知二人.

監典 大舍二人 舍知二人 史四人 都官四人 從舍知二人 樂子無定數.

廩典 景德王改爲天祿司 後復故 大舍二人 舍知二人 史八人 廩翁四人 從舍知二人.

春(春 恐是舂之訛)典 舍知二人 史八人.

祭典 舍知二人 史六人.

藥典 景德王改爲保命司 後復故 舍知二人 史六人 從舍知二人.

供奉醫師 無定數.
供奉卜師 無定數.
麻典 景德王十八年改爲織紡局 後復故 干一人 史八人 從舍知四人.
曝典 屬縣三.
肉典 景德王改爲尙膳局 後復故 干二人.
滓典 干一人 史四人.
阿尼典 母六人.
綺典 景德王改爲別錦房 後復故 母八人.
席典 景德王改爲奉座局 後復故 干一人 史二人.
机槩典 景德王改爲机盤局 後復故 干一人 史六人.
楊典 景德王改爲司篚局 後復故 干一人 史六人.
瓦器典 景德王改爲陶登局 後復故 干一人 史六人.
監夫大典 大舍二人 史二人 從舍知二人.
大傅典 大舍二人 史四人 從舍知二人.
行軍典 大舍二人 史四人 從舍知二人.
永昌典 大舍二人 史二人.
古昌典 大舍二人 史四人.
番監 大舍二人 史二人.
願堂典 大舍二人 從舍知二人.
物藏典 大舍四人 史二人.
北廂典 大舍二人 史四人.
南下所宮 景德王改爲雜工司 後復故 翁一人 助四人.
南桃園宮 翁一人.
北園宮 翁一人.
新靑淵宮 翁一人.
針房 女子十六人.
東宮官
東宮衙 景德王十一年置 上大舍一人 次大舍一人.
御龍省 大舍二人 稚省六人.
洗宅 大舍四人 從舍知二人.

給帳典 (一云◇典) 典四人 稚四人.
月池典 (闕).
僧房典 大舍二人 從舍知二人.
庖典 大舍二人 史二人 從舍知二人.
月池嶽典 大舍二人 水主一人.
龍王典 大舍二人 史二人.

삼국사기 권 제40

잡지(雜誌) 제9

직관(職官) 하(下) 무관(武官), 외관(外官)

무관(武官)

시위부(侍衞府)   3도(三徒 : ³부대)가 있는데, 진덕왕 5년에 설치하였다. 장군은 6명으로, 신문왕 원년에 감(監)을 없애고 장군을 두었다. 지위는 급찬(級湌)에서 아찬(阿湌)까지 하게 된다. 대감(大監)은 6명으로, 지위는 내마(奈麻)에서 아찬까지 하게 된다. 대두(隊頭)는 15명으로, 사지(舍知)에서 사찬(沙湌)까지 하게 된다. 항(項)은 36명으로 사지에서 대내마(大奈麻)까지 하게 된다. 졸(卒)은 117명으로, 선저지(先沮知)에서 대사(大舍)까지 하게 된다.

제군관(諸軍官)   장군은 36명으로 장대당(掌大幢 : 서울 주변의 군영)에 4명, 귀당(貴幢)에 4명, 한산정(漢山停 : 신라인은 영(營)을 정(停)이라 칭함. 지금의 금주(衿州))에 3명, 완산정(完山停 : 지금의 전주)에 3명, 하서정(河西停 : 지금의 강릉)에 2명, 우수정(牛首停 : 지금의 춘천)에 2명이다. 지위는 진골(眞骨) 상당(上堂)에서 상신(上臣)까지 하게 되며, 녹금당(綠衿幢)에 2명, 자금당(紫衿幢)에 2명, 백금당(白衿幢)에 2명, 비금당(緋衿幢)에 2명, 황금당(黃衿幢)에 2명, 흑금당(黑衿幢)에 2명, 벽금당(碧衿幢)에 2명, 적금당(赤衿幢)에 2명, 청금당(靑衿幢)에 2명이다. 지위는 진골(眞骨) 급찬(級湌)으로부터 각간(角干)까지 하게 된다(36명의 장군). 경덕왕 때에 와서 웅천주정(熊川州停)에 3명을 추가하여 두었다(39명의 장군).

대관대감(大官大監)   진흥왕(眞興王) 10년에 두었다. 장대당에 5명, 귀당에 5명, 한산정에 4명, 하서정에 4명, 우수정(牛首停)에 4명, 완산정에 4

명인데 여기에는 금(衿)이 없고 녹금당에 4명, 자금당에 4명, 백금당에 4명, 비금당에 4명, 황금당에 4명, 흑금당에 4명, 벽금당에 4명, 적금당에 4명, 청금당에 4명으로 모두 62명인데 금(衿)을 착용한다. 진골인 경우에는 지위가 사지에서 아찬까지 하게 되고, 차품(次品)은 내마에서 사중아찬(四重阿湌)까지 하게 된다.

대대감(隊大監) 마병(馬兵)을 거느리는 자는 계금당(罽衿幢)에 1명, 음리화정(音里火停 : 지금의 상주시 청리면)에 1명, 고량부리정(古良夫里停 : 지금의 청양군 청양읍)에 1명, 거사물정(居斯勿停 : 지금의 임실군 청웅면)에 1명, 삼량화정(參良火停 : 지금의 달성군 현풍면)에 1명, 소삼정(召參停 : 지금의 함안군 죽남면)에 1명, 미다부리정(未多夫里停 : 지금의 나주시 남평면)에 1명, 남천정(南川停 : 지금의 이천군 읍내면)에 1명, 골내근정(骨乃斤停 : 지금의 여주군 주내면)에 1명, 벌력천정(伐力川停 : 지금의 홍천군 홍천읍)에 1명, 이화혜정(伊火兮停)에 1명, 녹금당(신라민)에 3명, 자금당(신라민)에 3명, 백금당(백제민)에 3명, 황금당(고구려민)에 3명, 흑금당(말갈민)에 3명, 벽금당에 3명, 적금당에 3명, 청금당(백제잔민)에 3명, 청주서(菁州誓 : 지금의 진주)에 1명, 한산주서(漢山州誓)에 1명, 완산주서(完山州誓)에 1명이다. 보병(步兵)을 거느리는 자는 대당(大幢)에 3명, 한산정에 3명, 귀당에 2명, 우수정에 2명, 완산정에 2명, 벽금당에 2명, 녹금당에 2명, 백금당에 2명, 황금당에 2명, 흑금당에 2명, 자금당에 2명, 적금당에 2명, 청금당에 2명, 비금당에 4명으로 모두 70명인데 아울러 금(衿)을 착용한다. 지위는 내마에서 아찬까지 하게 된다.

제감(弟監) 진흥왕 23년에 두었다. 영대당(領大幢)에 5명, 귀당에 5명, 한산정에 4명, 우수정에 4명, 하서정에 4명, 완산정에 4명은 금이 없고, 벽금당에 4명, 녹금당에 4명, 백금당에 4명, 비금당에 4명, 황금당에 4명, 흑금당에 4명, 자금당에 4명, 적금당에 4명, 청금당에 4명, 계금당(罽衿幢)에 1명으로 모두 63명이다. 지위는 사지에서 대내마까지 하게 된다.

감사지(監舍知) 모두 19명인데, 법흥왕(法興王) 10년에 두었다. 대당(大幢)에 1명, 상주정(上州停)에 1명, 한산정에 1명, 우수정에 1명, 하서정(河西停)에 1명, 완산정에 1명, 벽금당에 1명, 녹금당에 1명, 백금당에 1명, 비금당(緋衿幢)에 1명, 황금당에 1명, 흑금당에 1명, 자금당에 1명, 적금당에 1명, 청금당에 1명, 계금당에 1명, 백금무당(白衿武幢)에 1명, 적금무당(赤衿武幢)에 1명, 황금무당(黃衿武幢)에 1명으로 금(衿)이 없다. 지위는 사지에서 대사까지 하게 된다.

소감(少監)　　진흥왕 23년에 두었다. 대당에 15명, 귀당에 15명, 한산정에 15명, 하서정에 12명, 우수정에 13명, 완산정에 13명, 벽금당에 13명, 녹금당에 13명, 백금당에 13명, 비금당에 13명, 황금당에 13명, 흑금당에 13명, 자금당에 13명, 적금당에 13명, 청금당에 13명이요, 기병(騎兵)을 거느리는 자는 음리화정(音里火停)에 2명, 고량부리정(古良夫里停)에 2명, 거사물정(巨斯勿停)에 2명, 삼량화정(參良火停)에 2명, 소삼정(召參停)에 2명, 미다부리정(未多夫里停)에 2명, 남천정(南川停)에 2명, 골내근정(骨乃斤停)에 2명, 벌력천정(伐力川停)에 2명, 이화혜정(伊火兮停)에 2명, 비금당에 3명, 벽금당에 6명, 녹금당에 6명, 백금당에 6명, 황금당에 6명, 흑금당에 6명, 자금당에 6명, 적금당에 6명, 청금당에 6명, 계금당에 1명, 청주서에 3명, 한산주서에 3명, 완산주서에 3명이요, 보병을 거느리는 자는 대당에 6명, 한산정에 6명, 귀당에 4명, 우수정에 4명, 완산정에 4명, 벽금당에 4명, 녹금당에 4명, 백금당에 4명, 황금당에 4명, 흑금당에 4명, 자금당에 4명, 적금당에 4명, 청금당에 4명, 비금당에 8명, 청주서에 9명, 한산주서에 9명, 완산주서에 9명으로 모두 372명이다. 그 중 6정(六停)만은 금이 없고 나머지는 다 금을 착용한다. 지위는 대사 이하까지 하게 된다.

화척(火尺)　　대당에 15명, 귀당에 10명, 한산정에 10명, 우수정에 10명, 하서정에 10명, 완산정에 10명, 녹금당에 10명, 비금당에 10명, 자금당에 10명, 백금당에 13명, 황금당에 13명, 흑금당에 13명, 벽금당에 13명, 적금당에 13명, 청금당에 13명은 대관(大官)에 소속되고, 계금당에 7명, 음리화정에 2명, 고량부리정에 2명, 거사물정에 2명, 삼량화정에 2명, 소삼정에 2명, 미다부리정에 2명, 남천정에 2명, 골내근정에 2명, 벌력천정에 2명, 이화혜정에 2명, 벽금당에 6명, 녹금당에 6명, 백금당에 6명, 황금당에 6명, 흑금당에 6명, 자금당에 6명, 적금당에 6명, 청금당에 6명, 청주서에 2명, 한산주서에 2명, 완산주서에 2명은 기병을 거느리고, 대당에 6명, 한산정에 6명, 귀당에 4명, 우수정에 4명, 완산정에 4명, 벽금당에 4명, 녹금당에 4명, 백금당에 4명, 황금당에 4명, 흑금당에 4명, 자금당에 4명, 적금당에 4명, 청금당에 4명, 비금당에 8명, 백금무당(白衿武幢)에 8명, 적금무당(赤衿武幢)에 8명, 황금무당에 8명은 보병(步兵)을 거느리는데 모두 342명이다. 지위는 소감과 동등하다.

군사당주(軍師幢主)　　법흥왕 11년에 두었다. 왕도(王都)의 1명은 금이 없고 대당에 1명, 상주정에 1명, 한산정에 1명, 우수정에 1명, 하서정에 1명, 완산정에 1명, 벽금당에 1명, 녹금당에 1명, 지금당에 1명, 백금당에 1명, 황금당에 1명, 흑금당에 1명, 자금당에 1명, 적금당에 1명, 청금당에 1명, 백금무당에 1명, 적금무당에 1명은 금을 착용한다. 모두 19명이다. 지위로는 내마에서 일길찬까지 하게 된다.

대장척당주(大匠尺幢主)　　대당에 1명, 상주정에 1명, 한산정에 1명, 우수정에 1명, 하서정에 1명, 완산정에 1명, 벽금당에 1명, 녹금당에 1명, 비금당에 1명, 백금당에 1명, 황금당에 1명, 흑금당에 1명, 자금당에 1명, 적금당에 1명, 청금당에 1명, 모두 15명인데 금이 없다. 지위는 군사당주와 동등하다.

보기당주(步騎幢主)　　왕도(王都)의 1명은 금이 없고, 대당에 6명, 한산주에 6명, 귀당에 4명, 우수주에 4명, 완산주에 4명, 벽금당에 4명, 녹금당에 4명, 백금당에 4명, 황금당에 4명, 흑금당에 4명, 자금당에 4명, 적금당에 4명, 청금당에 4명, 백금무당에 2명, 적금무당에 2명, 황금무당에 1명으로 모두 63명이다. 지위는 내마에서 사찬(沙湌)까지 하게 된다.

삼천당주(三千幢主)　　음리화정에 6명, 고량부리정에 6명, 거사물정에 6명, 삼량화정에 6명, 소삼정에 6명, 미다부리정에 6명, 남천정에 6명, 골내근정에 6명, 벌력천정에 6명, 이벌혜정에 6명으로 모두 60명인데 금을 착용한다. 사지에서 사찬까지 하게 된다.

착금기당주(著衿騎幢主)　　벽금당에 18명, 녹금당에 18명, 백금당에 18명, 황금당에 18명, 흑금당에 18명, 자금당에 18명, 적금당에 18명, 청금당에 18명, 계금에 6명, 청주(菁州)에 6명, 완산주에 6명, 한산주에 6명, 하서주에 4명, 우수정에 3명, 사천당에 3명으로 모두 178명이다. 지위는 삼천당주와 동등하다.

비금당주(緋衿幢主)　　40명이다. 사벌주에 3명, 삽량주에 3명, 청주(菁州)에 3명, 한산주에 2명, 우수주에 6명, 하서주에 6명, 웅천주에 5명, 완산주에 4명, 무진주에 8명으로 모두 40명인데 금을 착용한다. 사지에서 사찬까지 하게 된다.

사자금당주(師子衿幢主)　　왕도에 3명, 사벌주에 3명, 삽량주에 3명, 청주에 3명, 한산주에 3명, 우수주에 3명, 하서주에 3명, 웅천주에 3명, 완산주에 3명, 무진주에 3명으로 모두 30명이다. 사지에서 일길찬까지 하게 된다.

법당주(法幢主)　　백관당주(百官幢主) 30명, 경여갑당주(京餘甲幢主) 15명, 소경여갑당주(小京餘甲幢主) 16명, 외여갑당주(外餘甲幢主) 52명, 노당주(弩幢主) 15명, 운제당주(雲梯幢主) 6명, 충당주(衝幢主) 12명, 석투당주(石投幢主) 12명으로 모두 158명이다. 금이 없다.

흑의장창말보당주(黑衣長槍末步幢主)　　대당(大幢)에 30명, 귀당(貴幢)에 22명, 한산에 28명, 우수에 20명, 완산에 20명, 자금에 20명, 황금에 20명, 흑금에 20명, 벽금에 20명, 적금에 20명, 청금에 20명, 녹금에 24명으로 모두 264명이다. 사지에서 급찬까지 하게 된다.

삼무당주(三武幢主)　　백금무당(白衿武幢)에 16명, 적금무당(赤衿武幢)에 16명, 황금무당(黃衿武幢)에 16명으로 모두 48명이다. 지위는 말보당주(末步幢主)와 등등하다.

만보당주(萬步幢主)　　경오종당주(京五種幢主) 15명, 절말당주(節末幢主) 4명, 구주만보당주(九州萬步幢主) 18명으로, 모두 37명인데 금이 없다. 사지에서 대내마까지 하게 된다.

군사감(軍師監)　　왕도에 2명은 금이 없고 대당에 2명, 상주정에 2명, 한산정에 2명, 우수정에 2명, 하서정에 2명, 완산정에 2명, 벽금당에 2명, 녹금당에 2명, 비금당에 2명, 백금당에 2명, 황금당에 2명, 흑금당에 2명, 자금당에 2명, 적금당에 2명, 청금당에 2명은 금을 착용하는데 모두 32명이다. 사지에서 내마까지 하게 된다.

대장대감(大匠大監)　　대당에 1명, 상주정에 1명, 한산정에 1명, 우수정에 1명, 하서정에 1명, 완산정에 1명, 벽금당에 1명, 녹금당에 1명, 비금당에 1명, 백금당에 1명, 황금당에 1명, 흑금당에 1명, 자금당에 1명, 적금당에 1명, 청금당에 1명으로 모두 15명인데 금이 없다. 지위는 사지에서 대내마까지 하게 된다.

보기감(步騎監)　　63명이다. 왕도에 1명, 대당에 6명, 한산에 6명, 귀당에 4명, 우수에 4명, 완산에 4명, 벽금당에 4명, 녹금당에 4명, 백금당에 4

명, 황금당에 4명, 흑금당에 4명, 자금당에 4명, 적금당에 4명, 청금당에 4명, 백금무당에 2명, 적금무당에 2명, 황금무당에 2명으로, 모두 63명인데 금을 착용한다. 지위는 군사감과 동등하다.

삼천감(三千監)　　음리화정에 6명, 고량부리정에 6명, 거사물정에 6명, 삼량화정에 6명, 소삼정에 6명, 미다부리정에 6명, 남천정에 6명, 골내근정에 6명, 벌력천정에 6명, 이화혜정에 6명으로, 모두 60명이다. 사지에서 대내마까지 하게 된다.

사자금당감(師子衿幢監)　　30명으로, 지위는 당에서 내마까지 하게 된다.

법당감(法幢監)　　백관당(百官幢)에 30명, 경여갑당(京餘甲幢)에 15명, 외여갑당(外餘甲幢)에 68명, 석투당(石投幢)에 12명, 충당(衝幢)에 12명, 노당(弩幢)에 45명, 운제당(雲梯幢)에 12명으로 모두 194명인데 금이 없다. 지위는 사지에서 내마까지 하게 된다.

비금감(緋衿監)　　48명이다. 영당(領幢) 40명, 영마병(領馬兵) 8명이다.

착금감(著衿監)　　벽금당에 18명, 녹금당에 18명, 백금당에 18명, 황금당에 18명, 흑금당에 18명, 자금당에 18명, 적금당에 18명, 청금당에 18명, 계금에 6명, 청주에 6명, 한산에 6명, 완산에 6명, 하서에 3명, 우수에 3명, 사천당에 3명으로 모두 175명이다. 지위로는 당(幢)에서 내마까지 하게 된다.

개지극당감(皆知戟幢監)　　4명인데 모두 왕도에 있다. 지위로는 사지에서 내마까지 하게 된다.

법당두상(法幢頭上)　　192명이다. 여갑당(餘甲幢)에 45명, 외법당(外法幢)에 102명, 노당(弩幢)에 45명이다.

법당화척(法幢火尺)　　군사당(軍師幢)에 30명, 사자금당에 20명, 경여갑당에 15명, 외여갑당에 102명, 노당에 45명, 운제당에 11명, 충당에 18명, 석투당(石投幢)에 18명으로, 모두 259명이다.

법당벽주(法幢辟主)　　여갑당에 45명, 외법당에 306명, 노당에 135명으로 모두 486명이다.

삼천졸(三千卒)　　모두 150명이다. 지위는 대내마 이하가 하게 된다.

군호(軍號) 23개이다. ①은 육정(六停), ②는 구서당(九誓幢), ③은 십당(十幢), ④는 오주서(五州誓), ⑤는 삼무당(三武幢), ⑥은 계금당(罽衿幢), ⑦은 급당(急幢), ⑧은 사천당(四千幢), ⑨는 경오종당(京五種幢), ⑩은 이절말당(二節末幢), ⑪은 만보당(萬步幢), ⑫는 대장척당(大匠尺幢), ⑬은 군사당(軍師幢), ⑭는 중당(仲幢), ⑮는 백관당(百官幢), ⑯은 사설당(四設幢), ⑰은 개지극당(皆知戟幢), ⑱은 39여갑당(三十九餘甲幢), ⑲는 구칠당(仇七幢), ⑳은 이계(二罽), ㉑은 이궁(二弓), ㉒는 삼변수(三邊守), ㉓은 신삼천당(新三千幢)이다.

육정(六停) ①은 대당(大幢:서울주민)인데 진흥왕 5년에 처음 두었다. 금색은 자백색(紫白色)이다. ②는 상주정(上州停:상주)인데 진흥왕 13년에 두었고, 문무왕 13년에 와서 귀당으로 고쳤다. 금색(衿色)은 청적색이다. ③은 한산정인데 본래는 신주정(新州停)이었다. 진흥왕 29년에 신주정을 없애고 남천정(南川停:이천)을 두었으며, 진평왕 26년에 남천정을 없애고 다시 한산정을 두었다. 금색은 황청색이다. ④는 우수정(춘천)인데 본래 (먼저 둔 것은) 비열홀정(比烈忽停:안변)이다. 문무왕 13년에 비열홀정을 없애고 우수정을 두었다. 금색은 녹백색이다. ⑤는 하서정(강릉)인데 본래 (먼저 둔 것은) 실직정(悉直停:삼척)이다. 태종왕 5년에 실직정을 없애고 하서정을 두었다. 금색은 녹백색이다. ⑥은 완산정(창녕)인데 본래 하주정(下州停)이디. 신문왕 5년에 하주정(下州停)을 없애고 완산정을 두었다. 금색은 백자색이다.

구서당(九誓幢) ①은 녹금서당(綠衿誓幢:신라민)이다. 진평왕 5년에 설치하고 다만 서당이라고만 하였다가 35년에 녹금서당으로 고쳤다. 금색은 녹자색이다. ②는 자금서당(紫衿誓幢:신라민)이다. 진평왕 47년에 처음 낭당(郎幢)을 두었다가 문무왕 17년에 자금서당으로 고쳤다. 금색은 자록색이다. ③은 백금서당(白衿誓幢:백제민)이다. 문무왕 12년에 백제의 백성으로 당(幢)을 만들었다. 금색은 백청색이다. ④는 비금서당(緋衿誓幢:신라민)이다. 문무왕 12년에 처음 장창당(長槍幢)을 두었다가, 효소왕 2년에 비금서당으로 고쳤다. ⑤는 황금서당(黃衿誓幢)이다. 신문왕 3년에 고구려 백성으로 당을 만들었다. 금색은 황적색이다. ⑥은 흑금서당(黑衿誓幢:말갈인, 실상은 동예민)이다. 신문왕 3년에 말갈국(靺鞨:동예의 잘못) 백성으로 당을 만들었다. 금색은 흑적색이다. ⑦은 벽금서당(碧衿誓幢)이다. 신문왕 6년에 보덕성(報德城) 백성으로 당을 만들었다. 금색은 벽황색이다. ⑧은 적금서당(赤衿誓幢)이다. 신문왕 6년에 또 보덕성(報德城) 백성으로 당을 만들었다. 금색은 적흑색이다. ⑨는 청금서당(青衿誓幢)이다. 신문왕 7년에 백제의 잔민(殘民)으로 당을 만들었다. 금색은 청백색이다.

십정(十停 : 혹은 삼천당(三千幢))　　①은 음리화정, ②는 고량부리정, ③은 거사물정인데 (이상은) 금색이 모두 청색, ④는 삼량화정, ⑤는 소삼정, ⑥은 미다부리정이니 (이상은) 금색이 모두 흑색, ⑦은 남천정, ⑧은 골내근정으로 (이상은) 금색이 황색이다. ⑨는 벌력천정, ⑩은 이화혜정이니 (이상은) 금색이 녹색이다. 모두 진흥왕 5년에 두었다.

오주서(五州誓 : 5州의 부대)　　①청주서, ②완산주서, ③한산주서는 금색이 자록색이며, ④우수주서, ⑤하서주서는 금색이 녹자색이다. 모두 문무왕 12년에 두었다.

삼무당(三武幢)　　①백금무당은 문무왕 15년에 두었다. ②적금무장은 신문왕 7년에 두었다. ③황금무당은 9년에 두었다.

계금당(罽衿幢)　　태종왕 원년에 두었다. 금색은 계색(罽色)이다.

급당(急幢)　　진평왕 27년에 두었다. 금색은 황록색이다.

사천당(四千幢)　　진평왕 13년에 두었다. 금색은 황흑색이다.

경오종당(京五種幢)　　금색이 ①은 청록색, ②는 적자색, ③은 황백색, ④는 백흑색, ⑤는 흑청색(黑青色)이다.

이절말당(二節末幢)　　금색이 ①은 녹자색(綠紫色), ②는 자록색(紫綠色)이다.

만보당(萬步幢)　　구주(九州)에 각각 금색이 두 가지이다. 사벌주는 청황색·청자색, 삽량주(歃良州)는 적청색·적백색, 청주는 적황색·적록색, 한산주는 황흑색·황록색, 우수주는 흑녹색·흑백색, 웅천주는 황자색·황청색, 하서주는 청흑색·청적색, 무진주는 백적색·백황색이다.

대장척당(大匠尺幢)　　금이 없다.

군사당(軍師幢)　　진평왕 26년에 처음 두었다. 금색은 백색이다.

중당(仲幢)　　문무왕 11년에 처음 두었다. 금색이 백색이다.

백관당(百官幢)　　금이 없다.

사설당(四設幢)　　①노당(弩幢), ②운제당(雲梯幢), ③충당(衝幢), ④

석투당(石投幢)이다. 금이 없다.

개지극당(皆知戟幢)　신문왕 10년에 처음 두었다. 금색은 흑·적백색이다.

39여갑당(三十九餘甲幢)　금이 없다〔경여갑, 소경여갑, 외여갑 등을 이름인데 그 수효는 미상이다〕.

구칠당(仇七幢)　문무왕 16년에 처음 설치하였는데 금색은 백색이다.

이계당(二罽幢 : 혹은 外罽)　①은 한산주계당(漢山州罽幢)으로, 문무왕 17년에 설치하였고, ②는 우수주계당(牛首州罽幢)으로 문무왕 12년에 설치하였는데 금색은 모두 계(罽)다.

이궁(二弓 : 또는 외궁 (外弓))　①은 한산주궁척(漢山州弓尺)으로 진덕왕 6년에 설치하였고, ②는 하서주궁척(河西州弓尺)으로 진평왕 20년에 설치하였는데, 금은 없다.

삼변수당(三邊守幢 : 혹은 변수 (邊守))　신문왕 10년에 두었다. ①은 한산변(漢山邊), ②는 우수변(牛首邊), ③은 하서변(河西邊)인데 금이 없다.

신삼천당(新三千幢 : 혹은 외삼천 (外三千))　①은 우수주삼천당(牛首州三千幢), ②는 내토군삼천당(奈吐郡三千幢)이라 하는데, 문무왕 12년에 두고, ③의 내생군삼천당(奈生郡三千幢)은 같은 왕 16년에 두었다. 금색은 미상이다.

금(衿)은 대개 서전(書傳)에 이르기를 휘직(徽織)이라 했다. 시경(詩經 : 小雅)에 '직문조장(織文鳥章)'이라 했는데, 그 주석(注釋)에 '직(織)은 휘직(徽織 : 수를 아름답게 놓아 짜는 것)이요, 조장(鳥章)은 새나 새매의 문체이니 장수(將帥) 이하의 옷에 모두 착용한다'하였다. 사기(史記)·한서(漢書)에는 기치(旗幟)라고 일렀다. 치(幟)와 직(織)은 글자는 다르나 음(音)은 같다. 주례(周禮) 사상조(司常條)의, 이른바 9기(旗)에 그린 여러 가지 물상(物象)은 휘직(徽織)으로서 서로 구별하게 하는 것이다. 나라에 있어서는 조정의 지위를 표시하고 군(軍)에 있어서는 또 그 제도를 본떠 만들어 입혀 사사(死事 : 國事)에 대비하였다. 신라 사람들이 휘직(徽織)에 청(靑)·적(赤) 등의 색으로써 구별한 것은 그 형상이 반월(半月)을 본뜨고, 계(罽)도 또한 옷 위에 붙였다. 그 장단(長短)의 제도는 미상이다.

대장군화(大將軍花 : 갓대 장식)는 3개〔三副〕인데, 길이가 9치(九寸), 너비가 3치 3푼(三寸三分)이다.

상장군화(上將軍花)는 4개[四副]이며 길이가 9치 5푼이다.

하장군화(下將軍花)는 5개[五副]이며 길이가 1자이다.

대감화(大監花)는 큰 호랑이의 뺨가죽으로 길이가 9치, 너비가 2치 5푼이다. 방울은 황금(黃金)으로 둘레가 1자 2치이다.

제감화(弟監花)는 곰의 뺨가죽으로 길이가 8치 5푼이다. 방울은 백은(白銀)으로 둘레가 9치이다.

소감화(少監花)는 수리꼬리, 방울은 백동(白銅)이며 둘레는 6치이다.

대척화(大尺花)는 소감(少監)과 동등하고 방울은 철(鐵)인데 둘레는 2치이다.

군사당주화(軍師幢主花)는 큰 호랑이 꼬리인데, 길이가 1자 8치이다.

군사감화(軍師監花)는 곰의 가슴가죽인데, 길이가 8치 5푼이다.

대장척당주화(大匠尺幢主花)는 곰의 앞다리가죽인데 길이가 7치이다[호랑이 이마가죽으로 길이가 8치 5푼이라고도 함]. 방울은 황금인데 둘레는 9치이다.

삼천당주화(三千幢主花)는 큰 호랑이 꼬리인데 길이가 1자 8치이다.

삼천감화(三千監花)는 수리꼬리이다.

제착금당주화(諸著衿幢主花)는 큰 호랑이 꼬리인데 길이가 1자 8치 5푼이다. 화(花)라는 것은 맹수(猛獸)의 가죽이나 수리의 깃으로 만들어 깃대 위에 다는 것으로, 이른바 표미(豹尾)와 같은 것이다. 요즘 사람들은 면창(面槍)이라고 한다. 장군화(將軍花)는 물명(物名)을 말하지 아니하고, 그 수효도 혹은 많고 혹은 적어 그 뜻을 자세히 알 수 없다. 방울[鈴]은 길을 떠날 때 마상(馬上)에 달고 가는 것인데 혹은 탁(鐸)이라고도 한다.

정관(政官)〔혹은 정법전(政法典)〕 처음에 대사 1명, 사 2명으로 한 관사(官司)를 삼았는데 원성왕(元聖王) 원년에 와서 처음으로 승관(僧官)을 두게 되었다. 승려 가운데 재행(才行)이 있는 자를 뽑아서 충당하였다. 까닭이 있으면 바꾸고 일정한 연한(年限)은 없다.

국통(國統)〔혹은 사주(寺主), 전국의 승려를 통솔.〕 1명으로, 진흥왕 12년에 고구려 승려 혜량법사(惠亮法師)로 사주(寺主)를 삼았다. 도유나랑(都唯那娘) 1명, 아니(阿尼) 대도유나(大都唯那) 1명으로, 진흥왕이 처음에 보량법사(寶良法師)를 임명하고 진덕왕 원년에 1명을 추가하였다. 대서성(大書省)은 1명으로, 진흥왕이 안장법사(安臧法師)를 임명하고 진덕왕 원년에 1명을 추가하였다. 소년서성(少年書省)은 2명으로, 원성왕(元聖王) 3년에 혜영(惠英), 범여(梵如) 두 법사(法師)로 임명하였다.

주통(州統 : 1州의 승려 통솔) 9명이다. 군통(郡統 : 1郡의 승려 통솔)은 81명이다.

외관(外官)

도독(都督)   9명이다. 지증왕(智證王) 6년에 이사부(異斯夫)로 실직주(悉直州) 군주(軍主)를 삼았는데, 문무왕 원년에 총관(摠管)으로 고쳤고, 원성왕(元聖王) 원년에 도독이라 칭하였다. 지위는 급찬에서 이찬까지 하게 된다.

사신(仕臣 : 혹은 사대등(仕大等))   5명이다. 진흥왕 25년에 처음으로 두었다. 지위는 급찬에서 파진찬(波珍湌)까지 하게 된다.

주조(州助 : 혹은 주보(州輔))   9명이다. 지위는 내마에서 중아찬(重阿湌)까지 하게 된다.

군대수(郡大守)   115명이다. 지위는 사지에서 중아찬까지 하게 된다.

장사(長史 : 혹은 사마(司馬))   9명이다. 지위는 사지에서 대내마까지 하게 된다.

시대사(仕大舍 : 혹은 소윤(少尹))   5명이다. 지위는 사지에서 대내마까지 하게 된다.

외사정(外司正)   133명이다. 문무왕 13년에 두었다. 지위는 미상이다.

소수(少守 : 혹은 제수(制守))   85명이다. 지위는 당(幢)에서 대내마까지 하게 된다.

현령(縣令)   201명이다. 지위는 선저지에서 사찬까지 하게 된다.

패강진전(浿江鎭典)   미상이다.

두상대감(頭上大監 : 鎭의 장관)   1명이다. 선덕왕 3년에 처음으로 두었다. 대곡성두상(大谷城頭上)은 지위가 급찬에서 사중아찬까지 하게 된다.

대감(大監)   7명이다. 지위는 대수(大守)와 동등하다.

두상제감(頭上弟監)   1명이다. 지위는 사지에서 대내마까지 하게 된다.

제감(弟監)   1명이다. 지위는 당에서 내마까지 하게 된다.

보감(步監)   1명이다. 지위는 현령과 동등하다.

소감(少監)   6명이다. 지위는 선저지에서 대사까지 하게 된다.

외위(外位)   문무왕 14년에, 6도(六徒)의 진골을 5경(五京)과 9주(九

州)에 출거(出居)시키고 관명(官名)을 별칭(別稱)하였다. 그 위차(位次)는 서울의 위차(位次)를 본받았다. 악간(嶽干)은 일길찬에 준하고, 술간(述干)은 사찬에 준하고, 고간(高干)은 급찬에 준하고, 귀간(貴干)은 대내마에 준하고, 선간(選干: 혹은 찬간(撰干))은 내마에 준하고, 상간(上干)은 대사에 준하고, 간(干)은 사지(舍知)에 준하고, 일벌(一伐)은 길차(吉次)에 준하고, 피왈(彼曰)은 소오(小烏)에 준하고, 아척(阿尺)은 선저지에 준하였다.

고구려인 관등(官等) 신문왕 6년에 고구려인에게 내관(內官)을 제수하는데 본국의 관품(官品)을 헤아려 제수하였다. 일길찬은 본국(고구려)의 주부(主簿)에게, 사찬은 본국의 대상(大相)에게, 급찬은 본국의 위두대형(位頭大兄)과 종대상(從大相)에게, 내마는 본국의 소상(小相)과 적상(狄相)에게, 대사는 본국의 소형(小兄)에게, 사지는 본국의 제형(諸兄)에게, 길차(吉次)는 본국의 선인(先人)에게, 오지(烏知)는 본국의 조위(皂位)에게 주었다.

백제인 관등(官等) 문무왕 13년에 백제에서 온 사람에게 내외의 관직을 제수하는데, 그 위차(位次)는 본국의 관직을 준하였다. 내관의 대내마는 본국의 달솔에게, 내마는 본국의 은솔(恩率)에게, 대사는 본국의 덕솔(德率)에게, 사지는 본국의 한솔(扞率)에게, 당은 본국의 내솔(奈率)에게, 대오는 본국의 장덕(將德)에게 주었으며, 외관의 귀간(貴干)은 본국의 달솔에게, 선간(選干)은 본국의 은솔에게, 상간(上干)은 본국의 덕솔에게, 간(干)은 본국의 한솔(扞率)에게, 일벌(一伐)은 본국의 내솔(奈率)에게, 일척(一尺)은 본국의 장덕(將德)에게 주었다.

그 관직명(官職名)이 잡전기(雜傳記)에 보이나 그 관직을 설치한 시초 및 지위의 고하(高下)가 자상치 않은 것은 아래에 기록한다.

갈문왕(葛文王)·검교(檢校)·상서(尙書)·좌복야(左僕射)·상주국(上柱國)·지원봉성사(知元鳳省事)·흥문감경(興文監卿)·태자시서학사(太子侍書學士)·원봉성대소(元鳳省待詔)·기실랑(記室郎)·서서랑(瑞書郎)·공자묘당대사(孔子廟堂大舍)·녹사(錄事)·참군(參軍)·우위장군(右衛將軍)·공덕사(功德司)·

절도사(節度使)·안무제군사(安撫諸軍事)·주도령(州都令)·좌(佐)·승(丞)·상사인(上舍人)·하사인(下舍人)·중사성(中事省)·남변제일(南邊第一)이다.

고구려(高句麗)·백제(百濟)의 관직은 연대(年代)가 오래되고 문적(文跡)이 없어졌기 때문에 자세히 알 수가 없다. 지금 다만 고기(古記) 및 중국 사서(史書)에 나타난 것만을 기록한다.

수서(隋書)에 이르기를 "고구려의 관직은 태대형(太大兄)·대형(大兄)·소형(小兄)·대로(對盧)·의사사(意俟奢)·오졸(烏拙)·태대사자(太大使者)·대사자(大使者)·소사자(小使者)·욕사(褥奢)·예속(翳屬)·선인(仙人)으로 모두 12관등이 있고, 또 내평(內評)·외평(外評), 5부(五部)의 욕살(褥薩)이 있다" 하였다.

신당서(新唐書)에는 "고구려의 관직은 무릇 12계급이 있다. 대대로(大對盧) 혹은 토졸(吐捽), 울절(鬱析)로서 도부(圖簿)를 맡은 자, 태대사자(太大使者), 조의두대형(皁衣頭大兄)이니, 이른바 조의(皁衣)라는 것은 선인(仙人)이다. 국정(國政)을 맡고 있으며 3년 만에 한 번 바뀌나 직무를 잘 수행하면 바꾸지 않는다. 무릇 교대하는 날에 있어 복종하지 않으면 서로 공격하므로, 왕은 문을 닫고 지키다가 승자(勝者)의 말을 듣고 행하게 된다. 대사자(大使者)·대형(大兄)·상위사자(上位使者)·제형(諸兄)·소사자(小使者)·과절(過節)·선인(先人)·고추대가(古鄒大加)라 하는데, 고추대가는 막리지(莫離支)·대막리지(大莫離支)·중리소형(中裏小兄)·중리대형(中裏大兄)이라는 것이 있다" 하였다.

책부원구(册府元龜)에는 "고구려는 후한시대(後漢時代)에 그 나라에 관직을 설치하였다. 상가(相加) 대로(對盧)·패자(沛者)·고추대가(古鄒大加)〔고구려의 외빈(外賓)을 맡은 관(官)으로 대홍로(大鴻臚)와 같은 것임〕·주부(主簿)·우태(優台 혹은 우태(于台))·사자(使者)·조의(皁衣)·선인(先人)이 있다 하였고, 일설에는 대관(大官)으로 대대로(大對盧)가 있고, 다음으로 태대형(太大兄)·대형(大兄)·소형(小兄)·의사사(意俟奢)·오졸(烏拙)·태대사자(太大使者)·소사자(小使者)·욕사(褥奢)·예속(翳屬)·선인(先人)과 또 욕살(褥薩)까지 모두 13등급이다. 또 내평(內評)·외평(外評)이 있어 내외(內外)의 사무를 분장(分掌)한다" 하였다. 이상은 중국 역대 사서(史書)에 보이는 것이다.

또 본국고기(本國古記)에는 "좌보(左輔)·우보(右輔)·대주부(大主簿)·국상(國相)·구사자(九使者)·중외대부(中畏大夫)가 있다" 하였다.

광평성(廣評省 : 최고의 행정부)의 광치내(匡治奈 : 지금의 侍中)·서사(徐事 : 지금의 侍中)·외서(外書 : 지금의 員外郞)·병부(兵部)·대룡부(大龍部 : 謂倉部)·수춘부(壽春部 : 지금의 禮部)·봉빈부(奉賓部 : 지금의 禮賓省)·의형대(義刑臺 : 지금의 刑部)·납화부(納貨部 : 지금의 大府寺)·조위부(調位府 : 지금의 三司)·내봉성(內奉省 : 지금의 都省)·금서성(禁書省 : 지금의 祕書省)·남상단(南廂壇 : 지금의 將作監)·수단(水壇 : 지금의 水部)·원봉성(元鳳省 : 지금의 翰林院)·비룡성(飛龍省 : 지금의 大僕寺)·물장성(物藏省 : 지금의 少府監)·사대(史臺 : 여러 외국어 학습을 맡음)·식화부(植貨府 : 果樹심는 일을 맡음)·장선부(障繕府 : 城隍堂修理를 맡음)·주도성(珠淘省 : 器物造成을 맡음)·정광(正匡)·원보(元輔)·대상(大相)·원윤(元尹)·좌윤(佐尹)·정조(正朝)·보윤(甫尹)·군윤(軍尹)·중윤(中尹). 이상은 궁예(弓裔)가 만든 관직 명칭이다.

북사(北史)에 말하기를 "백제의 관등은 16품이 있다. 좌평(佐平) 5명은 1품, 달솔 30명은 2품, 은솔은 3품, 덕솔은 4품, 한솔은 5품, 내솔은 6품, 장덕은 7품, 시덕(施德)은 8품, 고덕(固德)은 9품, 계덕(季德)은 10품, 대덕(對德)은 11품, 문독(文督)은 12품, 무독(武督)은 13품, 좌군(佐軍)은 14품, 진무(振武)는 15품, 극우(剋虞)는 16품이다. 은솔(恩率) 이하는 관(官)의 정원(定員)이 없다. 각각 부사(部司)가 있어 여러 사무를 분장(分掌)한다고 했다.

내관(內官 : 宮內部)으로 전내부(前內部)·곡내부(穀內部)·내경부(內原部)·외경부(外原部)·마부(馬部)·도부(刀部)·공덕부(功德部)·약부(藥部)·목부(木部)·법부(法部)·후궁부(後宮部)가 있고, 외관(外官 : 中央行政府)으로 사군부(司軍部)·사도부(司徒部)·사공부(司空部)·사구부(司寇部)·점구부(點口部)·외사부(外舍部)·주부(綢部)·일관부(日官部)·시부(市部)가 있다. 장리(長吏)는 3년에 한 번씩 교대한다. 수도(首都) 안에는 방(方)이 있어 5부(五部)로 나누어 상부(上部)·전부(前部)·중부(中部)·하부(下部)·후부(後部)라 하며, 부(部)마다 5항(五巷)이 있어 사(士)와 서민이 살고 있다. 각 부(部)에서는 군사 500명을 거느리고, 오방(五方 : 위 주)에는 각기 방령(方領) 1명이 있는데 달솔이 하게 되고, 방좌(方佐)가 차석이다. 방(方)에는 10군(郡)이 있고, 군(郡)에는 장수 3명이 있는데 덕솔이 하게 된다. 군사 1,100명 이하 700명 이상을 거느린다" 하였다.

또 수서(隋書)에 말하기를 "백제의 관(官)은 16품이 있다. 장(長)은 좌평, 다음은 대솔, 다음은 은솔, 다음은 덕솔, 다음은 한솔, 다음은 내솔, 다음은 장덕, 다음은 시덕, 다음은 고덕, 다음은 계덕, 다음은 대덕, 다음은 문독, 다음은 무독, 다음은 좌군, 다음은 진무, 다음은 극우(剋虞)이다. 5방(五方)에 각각 방령(方領) 2명이 있고 방좌(方佐)가 차석이다. 방에는 10군(郡)이 있고, 군(郡)에는 장수가 있다" 하였다.

또 당서(唐書)에는 말하기를 "백제가 설치한 내관으로 내신좌평(內臣佐平)이 있어 선납(宣納: 왕명의 출납)의 사무를 맡고, 내두좌평(內頭佐平)은 창고에 수장(收藏)하는 일을 맡고, 내법좌평(內法佐平)은 예의(禮儀)에 관한 일을 맡고, 위사좌평(衛舍佐平)은 숙위병(宿衛兵)의 일을 맡고, 조정좌평(朝廷佐平)은 형옥(刑獄)의 일을 맡고, 병관좌평(兵官佐平)은 외병마(外兵馬)의 일을 맡았다" 하였다. 이상은 중국 역대 사서에 보이는 것이다.

본국고기(本國古記)에 말하기를 "좌보(左輔)·우보(右輔)·좌장(左將)·상좌평(上佐平)·북문두(北門頭) 등이 있다" 하였다.

三國史記 卷四十

雜志 第九 職官 下

武官

侍衛府 有三徒 眞德王五年置 將軍六人 神文王元年罷監置將軍位自級湌至阿湌爲之 大監六人 位自奈麻至阿湌爲之 隊頭十五人 位自舍知至沙湌爲之 項三十六人 位自舍知至大奈麻爲之 卒百十七人 位自先沮知至大舍爲之.

諸軍官 將軍共三十六人 掌大幢四人 貴幢四人 漢山停(羅人謂營爲停)三人 完山停三人 河西停二人 牛首停二人 位自眞骨上堂至上臣爲之 綠衿幢二人 紫衿幢二人 白衿幢二人 緋衿幢二人 黃衿幢二人 黑衿幢二人 碧衿幢二人 赤衿幢二人 靑衿幢二人 位自眞骨級湌至角干爲之 至景德王時 熊川州停加置三人.

大官大監 眞興王十年置 掌大幢五人 貴幢五人 漢山停四人 牛首停四人 河西停四人 完山停四人 無衿 綠衿幢四人 紫衿幢四人 白衿幢四人 緋衿幢四人 黃

衿幢四人 黑衿幢四人 碧衿幢四人 赤衿幢四人 青衿幢四人 共六十二人 着衿 眞骨(眞骨二字 恐是衍文)位自舍知至阿湌爲之 次品自奈麻至四重阿湌爲之.

隊大監 領馬兵 罽衿一人 音里火停一人 古良夫里停一人 居斯勿停一人 參良火停一人 召參停一人 未多夫里停一人 南川停一人 骨乃斤停一人 伐力川停一人 伊火兮停一人 綠衿幢三人 紫衿幢三人 白衿幢三人 黃衿幢三人 黑衿幢三人 碧衿幢三人 赤衿幢三人 青衿幢三人 菁州誓一人 漢山州誓一人 完山州誓一人 領步兵 大幢三人 漢山停三人 貴幢二人 牛首停二人 完山停二人 碧衿幢二人 綠衿幢二人 白衿幢二人 黃衿幢二人 黑衿幢二人 紫衿幢二人 赤衿幢二人 青衿幢二人 緋衿幢四人 共七十人 竝著衿 位自奈麻至阿湌爲之.

弟監 眞興王二十三年置 領大幢五人 貴幢五人 漢山停四人 牛首停四人 河西停四人 完山停四人 無衿 碧衿幢四人 綠衿幢四人 白衿幢四人 緋衿幢四人 黃衿幢四人 黑衿幢四人 紫衿幢四人 赤衿幢四人 青衿幢四人 罽衿幢一人 共六十三人 位自舍知至大奈麻爲之.

監舍知 共十九人 法興王十年置 大幢一人 上州停一人 漢山停一人 牛首停一人 河西停一人 完山停一人 碧衿幢一人 綠衿幢一人 白衿幢一人 緋衿幢一人 黃衿幢一人 黑衿幢一人 紫衿幢一人 赤衿幢一人 青衿幢一人 罽衿幢一人 白衿武幢一人 赤衿武幢一人 黃衿武幢一人 無衿 位自舍知至大舍爲之.

少監 眞興王二十三年置 大幢十五人 貴幢十五人 漢山停十五人 河西停十二人 牛首停十三人 完山停十三人 碧衿幢十三人 綠衿幢十三人 白衿幢十三人 緋衿幢十三人 黃衿幢十三人 黑衿幢十三人 紫衿幢十三人 赤衿幢十三人 青衿幢十三人 領騎兵 音里火停二人 古良夫里停二人 居斯勿停二人 參良火停二人 召參停二人 未多夫里停二人 南川停二人 骨乃斤停二人 伐力川停二人 伊火兮停二人 緋衿幢三人 碧衿幢六人 綠衿幢六人 白衿幢六人 黃衿幢六人 黑衿幢六人 紫衿幢六人 赤衿幢六人 青衿幢六人 罽衿幢一人 菁州誓三人 漢山州誓三人 完山州誓三人 領步兵 大幢六人 漢山停六人 貴幢四人 牛首停四人 完山停四人 碧衿幢四人 綠衿幢四人 白衿幢四人 黃衿幢四人 黑衿幢四人 紫衿幢四人 赤衿幢四人 青衿幢四人 緋衿幢八人 菁州誓九人 漢山州誓九人 完山州誓九人 共三百七十二人 六停無衿 此外皆著衿 位自大舍已下爲之.

火尺 大幢十五人 貴幢十八人 漢山停十八人 牛首停十八人 河西停十八人 完山停十八人 綠衿幢十人 緋衿幢十人 紫衿幢十人 白衿幢十三人 黃衿幢十三人 黑衿幢十三

人 碧衿幢十三人 赤衿幢十三人 青衿幢十三人 屬大官 闕衿七人 音里火停二人 古良夫里停二人 居斯勿停二人 參良火停二人 召參停二人 未多夫里停二人 南川停二人 骨乃斤停二人 伐力川停二人 伊火兮停二人 碧衿幢六人 綠衿幢六人 白衿幢六人 黃衿幢六人 黑衿幢六人 紫衿幢六人 赤衿幢六人 青衿幢六人 菁州誓二人 漢山州誓二人 完山州誓二人 領騎兵 大幢六人 漢山停六人 貴幢四人 牛首停四人 完山停四人 碧衿幢四人 綠衿幢四人 白衿幢四人 黃衿幢四人 黑衿幢四人 紫衿幢四人 赤衿幢四人 青衿幢四人 緋衿幢八人 白衿武幢八人 赤衿武幢八人 黃衿武幢八人 領步兵 共三百四十二人 位與少監同.

軍師幢主 法興王十一年置 王都一人 無衿 大幢一人 上州停一人 漢山停一人 牛首停一人 河西停一人 完山停一人 碧衿幢一人 綠衿幢一人 緋衿幢一人 白衿幢一人 黃衿幢一人 黑衿幢一人 紫衿幢一人 赤衿幢一人 青衿幢一人 白衿武幢一人 赤衿武幢一人 黃衿武幢一人 共十九人 著衿 位自奈麻至一吉湌爲之 六 (六 衍文).

大匠尺幢主 大幢一人 上州停一人 漢山停一人 牛首停一人 河西停一人 完山停一人 碧衿幢一人 綠衿幢一人 緋衿幢一人 白衿幢一人 黃衿幢一人 黑衿幢一人 紫衿幢一人 赤衿幢一人 青衿幢一人 共十五人 無衿 位與軍師幢主同.

步騎幢主 王都一人 無衿 大幢六人 漢山六人 貴幢四人 牛首州四人 完山州四人 碧衿幢四人 綠衿幢四人 白衿幢四人 黃衿幢四人 黑衿幢四人 紫衿幢四人 赤衿幢四人 青衿幢四人 白衿武幢二人 赤衿武幢二人 黃衿武幢一(二)人 共六十三人 位自奈麻至沙湌爲之.

三千幢主 音里火停六人 古良夫里停六人 居斯勿停六人 參良火停六人 召參停六人 未多夫里停六人 南川停六人 骨乃斤停六人 伐力川停六人 伊伐兮停六人 共六十人 著衿 位自舍知至沙湌爲之.

著衿騎幢主 碧衿幢十八人 綠衿幢十八人 白衿幢十八人 黃衿幢十八人 黑衿幢十八人 紫衿幢十八人 赤衿幢十八人 青衿幢十八人 闕衿六人 菁州六人 完山州六人 漢山州六人 河西州四人 牛首幢三人 四千幢三人 共一百七十八人 位與三千幢主同.

緋衿幢主四十人 沙伐州三人 歃良州三人 菁州三人 漢山州二人 牛首州六人 河西州六人 熊川州五人 完山州四人 武珍州八人 共四十人 著衿 位自舍知至沙湌爲之.

師子衿幢主 王都三人 沙伐州三人 歃良州三人 菁州三人 漢山州三人 牛首州三人 河西州三人 熊川州三人 完山州三人 武珍州三人 共三十人 著衿 位自舍知至一吉湌爲之.

法幢主 百官幢主三十人 京餘甲幢主十五人 小京餘甲幢主十六人 外餘甲幢主五十二人 弩幢主十五人 雲梯幢主六人 衝幢主十二人 石投幢主十二人 共一百五十八人 無衿.

黑衣長槍末步幢主 大幢三十人 貴幢二十二人 漢山二十八人 牛首二十人 完山二十人 紫衿二十人 黃衿二十人 黑衿二十人 碧衿二十人 赤衿二十人 青衿二十人 綠衿二十四人 共二百六十四人 位自舍知至級湌爲之.

三武幢主 白衿武幢十六人 赤衿武幢十六人 黃衿武幢十六人 共四十八人 位與末步幢主同.

萬步幢主 京五種幢主十五人 節末幢主四人 九州萬步幢主十八人 共三十七人 無衿 位自舍知至大奈麻爲之.

軍師監 王都二人 無衿 大幢二人 上州停二人 漢山停二人 牛首停二人 河西停二人 完山停二人 碧衿幢二人 綠衿幢二人 緋衿幢二人 白衿幢二人 黃衿幢二人 黑衿幢二人 紫衿幢二人 赤衿幢二人 青衿幢二人 共三十二人 著衿 位自舍知至奈麻爲之.

大匠大監 大幢一人 上州停一人 漢山停一人 牛首停一人 河西停一人 完山停一人 碧衿幢一人 綠衿幢一人 緋衿幢一人 白衿幢一人 黃衿幢一人 黑衿幢一人 紫衿幢一人 赤衿幢一人 青衿幢一人 共十五人 無衿 位自舍知至大奈麻爲之.

步騎監六十三人 王都一人 大幢六人 漢山六人 貴幢四人 牛首四人 完山四人 碧衿幢四人 綠衿幢四人 白衿幢四人 黃衿幢四人 黑衿幢四人 紫衿幢四人 赤衿幢四人 青衿幢四人 白衿武幢二人 赤衿武幢二人 黃衿武幢二人 著衿 共六十三人 位與軍師監同.

三千監 音里火停六人 古良夫里停六人 居斯勿停六人 參良火停六人 召參停六人 未多夫里停六人 南川停六人 骨乃斤停六人 伐力川停六人 伊火兮停六人 共六十人 著衿 位自舍知至大奈麻爲之.

師子衿幢監三十人 位自幢至奈麻爲之.

法幢監 百官幢三十人 京餘甲幢十五人 外餘甲幢六十八人 石投幢十二人 衝幢十二人 弩幢四十五人 雲梯幢十二人 共一百九十四人 無衿 位自舍知至奈麻

爲之.

　緋衿監四十八人　領幢四十人　領馬兵八人.

　著衿監　碧衿幢十八人　綠衿幢十八人　白衿幢十八人　黃衿幢十八人　黑衿幢十八人　紫衿幢十八人　赤衿幢十八人　靑衿幢十八人　罽衿六人　菁州六人　漢山六人　完山六人　河西三人　牛首幢三人　四子(子 恐作千)幢三人　共一百七十五人　位自幢至奈麻爲之.

　皆知戟幢監四人　竝王都　位自舍知至奈麻爲之.

　法幢頭上百九十二人　餘甲幢四十五人　外法幢百二人　弩幢四十五人.

　法幢火尺　君師幢三十人　師子衿幢二十人　京餘甲幢十五人　外餘甲幢百二人　弩幢四十五人　雲梯幢十一人　衝幢十八人　石投幢十八人　共二百五十九人．

　法幢辟主　餘甲幢四十五人　外法幢三百六人　弩幢百三十五人　共四百八十六人.

　三千卒百五十人　位自大奈麻已下爲之.

　凡君號二十三　一曰六停　二曰九誓幢　三曰十幢　四曰五州誓　五曰三武幢　六曰罽衿幢　七曰急幢　八曰四千幢　九曰京五種幢　十曰二節末幢　十一曰萬步幢　十二曰大匠尺幢　十三曰軍師幢　十四曰仲幢　十五曰百官幢　十六曰四設幢　十七曰皆知戟幢　十八曰三十九餘甲幢　十九曰仇七幢　二十曰二罽　二十一曰二弓　二十二曰三邊守　二十三曰新三千幢．

　六停　一曰大幢　眞興王五年始置　衿色紫白　二曰上州停　眞興王十三年置　至文武王十三年改爲貴幢　衿色靑赤　三曰漢山停　本新州停　眞興王二十九年罷新州停置南川停　眞平王二十六年罷南川停置漢山停　衿色黃靑　四曰牛首停　本比烈忽停　文武王十三年罷比烈忽停置牛首停　衿色綠白　五曰河西停　本悉直停　太宗王五年罷悉直停置河西停　衿色綠白　六曰完山停　本下州停　新文王五年罷下州停置完山停　衿色白紫.

　九誓幢　一曰綠衿誓幢　眞平王五年始置　但名誓幢　三十五年改爲綠衿誓幢　衿色綠紫　二曰紫衿誓幢　眞平王四十七年始置郎幢　文武王十七年改爲紫衿誓幢　衿色紫綠　三曰白衿誓幢　文武王十二年以百濟民爲幢　衿色白靑　四曰緋衿誓幢　文武王十二年始置長槍幢　孝昭王二年改爲緋衿誓幢　五曰黃衿誓幢　神文王三年以高句麗民爲幢　衿色黃赤　六曰黑衿誓幢　神文王三年以靺鞨國民爲幢　衿色黑赤　七曰碧衿誓幢　神文王六年以報德城民爲幢　衿色碧黃　八曰赤衿誓幢　神文王六年

又以報德城民爲幢 衿色赤黑 九曰靑衿誓幢 神文王七年以百濟殘民爲幢 衿色靑白.

十停(或云三千幢) 一曰音里火停 二曰古良夫里停 三曰居斯勿停 衿色靑 四曰參良火停 五曰召參停 六曰未多夫里停 衿色黑 七曰南川停 八曰骨乃斤停 衿色黃 九曰伐力川停 十曰伊火兮停 衿色綠 幷眞興王五年置.

五州誓 一曰菁州誓 二曰完山州誓 三曰漢山州誓 衿色紫綠 四曰牛首州誓 五曰河西州誓 衿色綠紫 竝文武王十二年置.

三武幢 一曰白衿武幢 文武王十五年置 二曰赤衿武幢 神文王七年置 三曰黃衿武幢 九年置.

罽衿幢 太宗王元年置 衿色罽.

急幢 眞平王二十七年置 衿色黃綠.

四千幢 眞平王十三年置 衿色黃黑.

京五種幢 衿色 一靑綠 二赤紫 三黃白 四白黑 五黑靑.

二節末幢 衿色 一綠紫 二紫綠.

萬步幢 九州各二衿色 沙伐州靑黃·靑紫 歃良州赤靑·赤白 菁州赤黃·赤綠 漢山州黃黑·黃綠 牛首州黑綠·黑白 熊川州黃紫·黃靑 河西州靑黑·靑赤 武珍州白赤·白黃.

大匠尺幢 無衿.

軍師幢 眞平王二十六年始置 衿色白.

仲幢 文武王十一年始置 衿色白.

百官幢 無衿.

四設幢 一曰弩幢 二曰雲梯幢 三曰衝幢 四曰石投幢 無衿.

皆知戟幢 神文王十年始置 衿色黑紫白.

三十九餘甲幢 無衿 (謂京餘甲·小京餘甲·外餘甲等也 其數未祥) 仇七幢 文武王十六年始置 衿色白.

二罽幢(或云外罽) 一曰漢山州罽幢 太宗王十七年置 二曰牛首州罽幢 文武王十二年置 衿色皆罽.

二弓(一云外弓) 一曰漢山州弓尺 眞德王六年置 二曰河西州弓尺 眞平王二十年置 無衿.

三邊守幢(一云邊守) 神文王十年置 一曰漢山邊 二曰牛首邊 三曰河西邊 無

衿.

　新三千幢(一云外三千)　一曰牛首州三千幢　二曰奈吐郡三千幢　文武王十二年置　三曰奈生郡三千幢　十六年置　衿色未詳.

　衿　蓋書傳所謂徽織　詩云　織文鳥章　箋云　織　徽織也　鳥章　鳥隼之文章　將帥以下衣皆著焉　史記漢書謂之旗幟　幟與織字異音同　周禮司常九旗所畵異物者　徽織所以相別　在國以表朝位　在軍又象其制而爲之　被之以備死事　羅人徽織以靑赤等色爲別者　其形象半月　罽赤著於衣上　其長短之制　未詳.

　大將軍花三副　長九寸　廣三寸三分　上將軍花四副　長九寸五分　下將軍花五副　長一尺　大監花大虎頰皮　長九寸　廣二寸五分　鈴黃金　圓一尺二寸　弟監花熊頰皮　長八寸五分　鈴白銀　圓九寸　少監花鷲尾　鈴白銅　圓六寸　大尺花與少監同　鈴鐵　圓二寸　軍師幢主花大虎尾　長一尺八寸　軍師監花熊胸皮　長八寸五分　大匠尺幢主花熊臂皮　長七寸(一云中虎額皮　長八寸五分)　鈴黃金　圓九寸　三千幢主花大虎尾　長一尺八寸　三千監花鷲鳥尾　諸著衿幢主花大虎尾　長一尺八寸五分　花以猛獸皮若鷲鳥羽作之　置杠上　若所謂豹尾者　今人謂之面槍　將軍花　不言物名　其數或多或少　其義未詳　鈴行路置馱馬上　或云鐸.

　政官(或云政法典)　始以大舍一人　史二人爲司　至元聖王元年　初置僧官　簡僧中有才行者充之　有故則遞　無定年限.

　國統一人(一云寺主)　眞興王十二年　以高句麗惠亮法師爲寺主　都唯那娘一人　阿尼　大都唯那一人　眞興王始以寶良法師爲之　眞德王元年加一人　大書省一人　眞興王以安臧法師爲之　眞德王元年加一人　少年書省二人　元聖王三年以惠英·梵如二法師爲之.

　州統九人　郡統十八人.

　外官　都督九人　智證王六年　以異斯夫爲悉直州軍主　文武王元年改爲摠官　元聖王元年稱都督　位自級湌至伊湌爲之　仕臣(或云仕大等)　五人　眞興王二十五年始置　位自級湌至波珍湌爲之　州助(或云州輔)九人　位自奈麻至重阿湌爲之　郡大守百十五人　位自舍知至重阿湌爲之　長史(或云司馬)九人　位自舍知至大奈麻爲之　仕大舍(或云少尹)五人　位自舍知至大奈麻爲之　外司正百三十三人　文武王十三年置　位未詳　少守(或云制守)八十五人　位自幢至大奈麻爲之　縣令二百一人　位自先沮知至沙湌爲之.

　浿江鎭典

頭上大監一人 宣德王三年始置 大谷城頭上 位自級湌至四重阿湌爲之 大監七人 位與大守同 頭上弟監一人 位自舍知至大奈麻爲之 弟監一人 位自幢至奈麻爲之 步監一人 位與縣令同 少監六人 位自先沮知至大舍爲之.

外位 文武王十四年 以六徒眞骨出居於五京九州 別稱官名 其位視京位 嶽干視一吉湌 述干視沙湌 高干視級湌 貴干視大奈麻 選干(一作撰干)視奈麻 上干視大舍 干視舍知 一伐視吉次 彼日視小烏 阿尺視先沮知.

高句麗人位 神文王六年以高句麗人授京官 量本國官品授之 一吉湌本主簿 沙湌本大相 級湌本位頭大兄·從大相 奈麻本小相·狄相 大舍本小兄 舍知本諸兄 吉次本先人 烏知本皁位.

百濟人位 文武王十三年以百濟來人授內外官 其位次視在本國官銜 京官 大奈麻本達率 奈麻本恩率 大舍本德率 舍知本扞率 幢本奈率 大烏本將德 外官 貴干本達率 選干本恩率 上干本德率 干本扞率 一伐本奈率 一尺本將德.

其官銜見於雜傳記 而未祥其設官之始及位之高下者 書之於後 葛文王 檢校尙書 左僕射 上柱國 知元鳳省事 興文監卿 太子侍書學士 元鳳省待詔 記室郞 瑞書郞 孔子廟堂大舍 錄事 參軍 右衛將軍 功德司 節都使 安撫諸軍事 州都令佐 丞 上舍人 下舍人 中事省 南邊第一.

高句麗·百濟職官 年代久遠 文墨晦昧 是故不得詳悉 今但以其著於古記及中國史書者 爲之志.

隋書云 高句麗官有太大兄 次大兄 次小兄 次對盧 次意侯奢 次烏拙 次太大使者 次大使者 次小使者 次褥奢 次翳屬 次仙人 凡十二等 復有內評 外評 五部褥薩.

新唐書云 高句麗官凡十二級 曰大對盧 或曰吐捽 曰鬱折 主圖簿者 曰太大使者 曰皁衣頭大兄 所謂皁衣者仙人也 秉國政三歲一易 善職則否 凡代日 有不服則相攻 王爲閉宮守 勝者聽爲之 曰大使者 曰大兄 曰上位使者 曰諸兄 曰小使者 曰過節 曰仙人 曰古鄒大加 又云 莫離支 大莫離支 中裏小兄 中裏大兄.

册府元龜云 高句麗 後漢時其國置官 有相加 對盧 沛者 古鄒大加(高鄒大加高句麗掌賓客之官 如大鴻臚也) 主簿 優(一作于)台 使者 皁衣 先人 一說大官有大對盧 次有太大兄 大兄 小兄 意侯奢 烏捽 太大使者 小使者 褥奢 翳屬 仙人 幷褥薩 凡十三等 復有內評 外評 分掌內外事焉.

右見中國歷代史

左輔 右輔 大主薄 國相 九使者 中畏大夫.

右見本國古記

廣評省匡治奈(今侍中) 徐事(今侍郎) 外書(今員外郎) 兵部 大龍部(謂倉部) 壽春部(今禮部) 奉賓部(今禮賓省) 義刑臺(今刑部) 納貨部(今大府寺) 調位府(今三司) 內奉省(今都省) 禁書省(今秘書省) 南廂壇(今將作監) 水壇(今水部) 元鳳省(今翰林院) 飛龍省(今大僕寺) 物藏省(今少府監) 史臺(掌習諸譯語) 植貨府(掌栽植菓樹) 障繕府(掌修理城隍) 珠淘省(掌造成器物) 正匡·元輔 大相 元尹 佐尹 正朝 甫尹 軍尹 中尹.

右弓裔所制官號

北史云 百濟官有十六品 佐平五人一品 達率三十人二品 恩率三品 德率四品 扞率五品 奈率六品 將德七品 施德八品 固德九品 季德十品 對德十一品 文督十二品 武督十三品 佐軍十四品 振武十五品 剋虞十六品 自恩率以下 官無常員 各有部司 分掌衆務 內官 有前內部 穀內部 內原部 外原部 馬部 刀部 功德部 藥部 木部 法部 後宮部 外官 有司軍部 司徒部 司空部 司寇部 點口部 (客(北史本文 點口部下有客部)部) 外舍部 綢部 日官部 市部 長吏三年一交代 都下有方 各(各 同本文作分)爲五部 曰上部 前部 中部 下部 後部 部有五巷 士庶居焉 部統兵五百人 五方各有方鎭(鎭 同本文作領)一人 以達率爲之 方佐貳之 方有十郡 郡有將三人 以德率爲之 統兵一千一百人以下七百人以上.

隋書云 百濟官有十六品 長曰左平 次大率 次恩率 次德率 次扞率 次奈率 次將德 次施德 次固德 次季德 次對德 次文督 次武督 次佐軍 次振武 次剋虞 五方各有方領二人 方佐貳之 方有十郡 郡有將.

唐書云 百濟所置內(內 唐書本文無)官 曰(曰 同本文作有)內臣佐平掌宣納事 內頭佐平掌庫藏事 內法佐平掌禮儀事 衛士佐平掌宿衛兵事 朝廷佐平掌刑獄事 兵官佐平掌外兵馬事.

右見中國歷代史.

左輔 右輔 左將 上佐平 北門頭.

右見本國古記.

삼국사기 권 제41

열전(列傳) 제1

김유신(金庾信) 상(上)

김유신(金庾信) 상

　김유신(金庾信)은 신라 서울 사람이다. 그의 12대 할아버지 수로왕(首露王)은 어떤 사람인지 알 수 없다. 후한(後漢) 건무(建武) 18년 임인년(42 : 신라 유리왕 19년)에 구봉(龜峰)에 올라 가락(駕洛)의 구촌(九村)을 바라보고 드디어 그 땅으로 가서 나라를 세우고 국호를 가야(加耶)라 하였다. 뒤에 금관국(金官國)으로 고쳤다. 그 자손이 서로 계승하여 9세손 구해(仇亥 : 또는 구차휴(仇次休))에 이르렀다. 유신에게는 증조가 된다. 신라인들이 중국 고대의 소호김천씨(少昊金天氏)의 후손이라 자칭하기 때문에 성을 김씨라 하였다 한다. 유신의 비문에도 역시 "헌원(軒轅)의 후예 소호씨의 자손이라 하였으니 남가야(南加耶) 시조 수로도 신라와 성이 같았던 모양이다.
　조부 무력(武力)은 신주도행군총관(新州道行軍摠官)이 되어 일찍이 군사를 이끌고 가서 백제왕 및 그 장수 네 명을 잡고 군사 1만여 명의 목을 베었으며, 아버지 서현(舒玄)은 벼슬이 소판(蘇判) 대량주도독안무대량주제군사(大梁州都督安撫大梁州諸軍事)에 이르렀다.
　유신의 비문에 보면 "아버지는 소판 김소연(金逍衍)이다" 하였다. 혹 이름을 고쳤든가 아니면 '소연'은 그 자(字)일지 모른다. 그래서 둘을 함께 적어 둔다.
　처음에 서현이 길에서 갈문왕 입종(立宗)의 아들인 숙흘종(肅訖宗)의 딸

만명(萬明)을 보고 마음이 기뻐져서 눈짓으로 유혹하니 중매를 기다릴 것 없이 야합하게 되었다. 서현이 만노군(萬弩郡) 대수(大守 : 태수)가 되어 (만명과) 함께 떠나려고 하자, 숙흘종이 비로소 자기 딸이 서현과 야합한 것을 알고 미워하여 (딸을) 딴 집에 가두고 사람을 시켜 지키게 하였다. 갑자기 그 집 문간에 벼락이 떨어져 지키는 자가 놀라 정신이 없는 틈에 만명은 구멍으로 나와 드디어 서현과 함께 만노군으로 달아났다. 경진일(庚辰日) 밤 서현의 꿈에 형혹(熒惑 : 화성)과 진(鎭 : 토성) 두 별이 자기에게 떨어지고, 만명 역시 신축일(辛丑日) 밤 꿈에 한 동자가 금갑(金甲)을 입고 구름을 타고 방 안으로 들어오는 것을 보았다. 이윽고 태기가 있어 20개월 만에 유신을 낳았다. 바로 진평왕(眞平王) 건복(建福) 12년, 수(隋) 문제(文帝) 개황(開皇) 15년 을묘년(595)이다. 서현이 그 아들의 이름을 지으려 할 적에 부인에게 이르기를 내가 경진일 밤에 좋은 꿈을 꾸고 이 아이를 얻었으니 마땅히 경진으로 이름을 정할 것이지만, 예경(禮經)에 "일월로 이름을 하지 못한다" 하였으니 지금 경자(庚字)가 유자(庾字)와 서로 비슷하고 진(辰)은 신(信)과 음이 서로 근사할 뿐 아니라 옛날 현인도 유신으로 이름을 지은 일이 있으니 어찌 명명(命名)할 수 없으리오" 하고 드디어 유신이라 이름을 지었다〔만노군(萬弩郡)은 지금의 진주(鎭州 : 진천)이다. 처음 유신의 태(胎)를 고산(高山)에 묻음으로 해서 이 산을 지금까지 태령산(胎靈山)이라 이른다〕.

공의 나이 15세에 화랑이 되니 그때 사람들이 기꺼이 복종하여 칭호를 용화향도(龍華香徒)라 하였다. 진평왕 건복 28년 신미년(611)에 공의 나이 17세였다. 공은 고구려·백제·말갈이 국토를 침략하는 것을 보고 비분 강개하여 구적(寇賊)을 평정하고야 말겠다는 뜻을 품었다. (그리하여) 홀로 떠나 중악산(中嶽山 : 신라 5악 중의 하나) 석굴(石窟) 속에 들어가 목욕 재계(沐浴齋戒)하고 하느님께 아뢰어 맹세하기를 "무도한 적국(敵國)이 범이나 이리 떼처럼 우리 나라를 침략하여 조금도 편안한 날이 없습니다. 저는 한낱 미약한 신하로 재주와 힘을 헤아릴 겨를 없이 화란(禍亂)을 없애기로 뜻을 두었으니, 오직 상천(上天)은 하강하시와 저에게 능력을 빌려 주옵소서" 하였다. 나흘째 되는 날에 문득 한 노인이 갈의(褐衣)을 입고 와서 말하기를 "이곳은 독사와 맹수가 많아서 무서운 땅인데 귀한 소년이 여기 홀로 있는 것은 무슨 까닭인가?"라고 물었다. 대답하기를 "어른께서는 어디서 오셨으며, 존명(尊名)을 들려 주실 수 있겠습니까?" 하였다. 노인은 "나는 일정한 거처가 없고 인연 따라 오가는데 이름은 난승(難僧)이라 한다" 하였다. 공은 그 말을 듣고 보통 사람이 아님을 짐작하자, 두 번 절하며 나아가 아뢰기를 "저는 신라 사람입니다. 나라의 원수를 볼 적마다 마음이 쓰라리고 머리가 아파집니다. 그러므로 여기 와서 누구라도 만나는 이가 있기를 바랐던 것입니다. 엎드려 빌건대 어른께서는 저의 정성을 가엾게 여기시어 방문(方文)과 술수(術手)를 가르쳐 주십시오" 라고 하였다. 노인이 묵묵히 말이 없으므로 공은 눈물을 뿌리며 간청하기를 예닐곱 번에 이르렀다. 노인은 드디어 말하기를 "나이도 어린 그대가 삼국을 합병할 뜻을 두니 또한 장한 일이 아닌가" 하고 이에 비법을 전수하며 이르기를 "조심하여 함부로 전하지 말라. 만약 불의(不義)한 일에 사용한다면 도리어 앙화를 받을 것이다"라 하고 말이 끝나자 곧 떠났다. 2리쯤 가서는 쫓아가 바라봐도 보이지 않고 오직 산 위에 5색의 구름만 찬란하게 빛났다.

건복(建福) 29년(612), 이웃 적병이 점점 육박해 오므로 공은 더욱 비장한 마음을 가다듬으며 홀로 보검을 이끌고 열박산(咽薄山) 깊은 골짜기 속으로 들어갔다. 향을 피우며 하느님께 아뢰기를 중악산에 있을 적과 같이 하였다. 말로 맹세하고 기도하였더니 하늘에서 광채를 드리워 보검에 영기가 내렸다. 사흘 밤을 허(虛)·각(角) 두 별의 빛깔이 칼로 환히 내려 비추니 칼이 저절로 움직일 듯하였다.

건복(建福) 46년 기축년(629) 가을 8월에 왕이 이찬 임영리(任永里), 파진찬 용춘(龍春)·백룡(白龍), 소판(蘇判) 대인(大因), 서현 등을 시켜 군사를 거느리고 가서 고구려 낭비성(娘臂城)을 공격케 하였다. 고구려 군사의 역습으로 우리 편이 불리하게 되어 죽은 자가 매우 많았다. 이에 따라 군사들의 심리가 한풀 꺾이어 다시 전투할 생각이 없었다. 유신은 그때 중당당주(中幢幢主)로 있었는데, 부친 앞에 나아가 투구를 벗고 아뢰기를 "우리 군사가 패하였습니다. 평생을 충효로써 기약한 저로서는 전쟁에 이르러 용감하지 않을 수 없습니다. 대개 듣건대 '옷깃을 들추면 갖옷[皮衣]이 발라지고 벼리 줄을 당기면 그물이 펼쳐진다' 하였으니 저는 벼리 줄이나 옷깃 구실을 하렵니다" 하고 말에 올라 칼을 뽑아 들었다. 구덩이를 뛰어넘어 적진을 들락날락하면서 (적의) 장군을 베어 그 머리를 들고 돌아왔다. 우리 군사가 이를 보고 승세를 예감하고 들이쳐 적군 5,000여 명을 베어 죽이고 1,000명을 생포하였다. 성 안은 벌벌 떨어 감히 대항하지 못하고 모두 나와 항복하였다.

선덕왕(善德王) 11년에 백제가 대량주(大梁州)를 함락하였을 때, 춘추공(春秋公)의 딸 고타소랑(古陁炤娘)이 남편 품석(品釋)을 따라 죽었다. 김춘추(金春秋)는 이를 분하게 여겨 고구려에 군사를 요청하여 백제에 대한 원한을 갚으려고 왕에게 아뢰니 왕은 이를 허락하였다. 춘추는 떠날 적에 유신에게 이르기를 "나는 공과 함께 한몸으로 나라의 고굉(股肱 : 임금이 가장 믿는 신하)이 되었는데, 지금 내가 만약 거기 가서 해를 당한다면 공은 그대로 있겠소?" 하자 유신은 "공이 만일 가서 곧 돌아오지 못한다면 나의 말굽이 반드시 고구려·백제 두 임금의 집 뜰을 짓밟고 말 것이오. 진실로 그와 같이 못한다면 장차 무슨 면목으로 이 나라 사람들을 본단 말이오" 라고 대답하였다.

춘추는 감격하고 기쁜 나머지 유신과 더불어 서로 손가락을 깨물어 그 피를 내어 맹세하기를 "내가 헤아려 60일이면 돌아올 작정이니 만약 그 날짜가 지나도 오지 않거든 다시 만날 날이 없는 것으로 아시오" 하고 드디어 서로 작별하였다. 그 뒤 유신은 압량주(押梁州 : 지금의 경북 경산) 군주(軍主)가 되었다.

춘추는 사간(沙干) 훈신(訓信)과 함께 사절로 고구려를 향해 길을 떠나 대매현(代買縣 : 신라 영토 위치 미상)에 도착하니 그 고을 사람이 사간(沙干) 두사지(豆斯支)가 청포(靑布) 300보(步)를 선사하였다. (고구려의) 경내(境內)에 들어서니 고구려 왕이 태대대로(太大對盧 : 재상) 개금(蓋金 : 연개소문)을 보내어 사관을 마련하고 잔치를 베풀어 후한 대접을 해 주었다. 어떤 자가 고구려 왕에게 고하기를 "신라의 사자는 보통 사람이 아닙니다. 지금 여기 온 것은 우리의 형세를 정찰하려 온 것이니 왕은 미리 작정하여 후환(後患)이 없도록 하십시오"라고 하였다. 왕은 일부러 춘추에게 대답하기를 어려운 질문을 하여 욕을 보일 작정으로 말하였다. "마목현(麻木峴)과 죽령(竹嶺)은 본디 우리 땅이다. 만일 나에게 돌려주지 않는다면 그대는 돌아가지 못할 것이다" 하였다.

춘추가 대답하기를 "국가의 토지를 신자(臣子)가 마음대로 할 수 있겠소. 신은 감히 명령을 듣지 못하겠소" 하였다. 왕은 노하여 옥에 가두고 죽이려고 하다가 죽이지는 않았다. 춘추는 가지고 간 청포 300보를 왕의 총신 선도해(先道解)에게 남몰래 선사하였다. 도해는 술상을 차려 가지고 와서 서로 마시다가 술이 얼큰해지자 춘추에게 농담조로 하는 말이 "그대도 일찍이 거북과 토끼의 이야기를 들었소? 옛날 동해 용왕의 딸이 심장병을 앓고 있는데 의사가 말하기를 토끼의 간을 구해서 약에 넣어 먹으면 나을 수 있다고 하였소. 그러나 바다 속에 토끼가 없으니 어쩌겠소. 한 거북이 용왕에게 아뢰기를 "제가 구해 오겠습니다" 하고 드디어 육지로 올라갔소. 토끼를 보고 말하기를 "바닷속에 섬 하나가 있는데, 샘물도 맑고 돌도 하얗고 숲도 무성하고 좋은 과일도 많으며 덥거나 춥지도 않고 매나 독수리 같은 것도 없다. 네가 만약 거기에 간다면 아무 걱정 없이 편히 살 것이다" 하며 살살 꾀었지. 드디어 토끼를 등에 업고 헤엄쳐 2, 3리쯤 가다가 거북이 토끼한테 이르기를 "지금 용왕의 딸이 병이 들어 토끼의 간으로 약을 해야 하기 때문에 수고를 마다 않고 그대를 업고 가는 것이오" 하였소. 토끼가 대답하기를 "나는 신명(神明)의 후손이라 능히 오장을 꺼내어 물에 깨끗이 씻은 다음 도로 집어넣을 수 있다오. 요새 속이 좀 불편하여 간을 꺼내어 씻어서 잠깐 바위 틈에 두고 당신의 달콤한 말을 듣는 바람에 깜박 잊고 바로 왔다. 간이 지금 거기 있으니 어찌 돌아가서 간을 가져오지 않을 수 있겠소. 그리한다면 당신은 구하는 것을 얻게 되고, 나는 간이 없어도 살 수 있으니 양편이 다 좋지 않겠소?"라고 하였소. 거북은 그 말만 믿고 돌아가 겨우 언덕에 오르니 토끼는 곧 풀 속으로 깡충깡충 뛰어들어가며 하는 말이 "어리석은 놈은 너다. 간이 없이 사는 것이 어디 있겠느냐?"고 하였소. 거북은 기가 막혀 묵묵히 물러갔소"라고 하였다.

　춘추는 그 말을 듣자, 그 뜻을 알아차리고 왕에게 글월을 올리기를 이령(二嶺: 麻木峴과 竹嶺)은 본디 대국의 땅이온즉 신이 본국에 돌아가는 즉시로 우리 왕께 청하여 돌려보내 드리도록 하겠소. 저를 믿지 않으신다면 저 해〔日〕를 두고 맹세하겠소" 라고 하니 왕은 기뻐하였다.

　춘추가 고구려에 들어간 지 60일이 지났으나 돌아오지 않으니, 유신은 국내의 용사 3,000명을 뽑아 놓고 말하기를 "듣건대 위태함을 보면 목숨을 걸고, 어려움에 다다르면 몸을 돌아보지 않는 것이 열사(烈士)의 의지(意志)라 한다. 무릇 한 사람이 죽기로 나서면 백 사람을 당하고, 백 사람이 죽기로 나서면 천 사람을 당하고, 천 사람이 죽기로 나서면 만 사람을 당하는 것이니 그런다면 천하를 횡행(橫行)할 수 있다. 지금 나라의 어진 재상이 타국에서 구속을 당하고 있는데, 무서워만 하고 어려움을 무릅쓰지 않는다면 되겠느냐?" 하였다. 이에 대한 군사들의 대답이 "비록 만 번 죽고 한 번 살아 나오는 속이라도 감히 장군의 명령을 따르지 아니하오리까?" 하므로 드디어 왕께 청하여 떠날 날을 정하였다.

이때 고구려 첩자(諜者)인 부도(浮屠 : 중) 덕창(德昌)이 사람을 시켜 그들의 왕에게 이 일을 고하였다. 왕은 앞서 춘추의 맹세하는 말을 들었고 또 첩자의 말(신라가 고구려를 친다는 말)을 들은 터이라 감히 더 이상 억류하지 않고 후한 예로써 대우하여 돌려보냈다. 춘추가 고구려의 국경을 벗어나게 되자, 전송하는 자에게 이르기를 "나는 백제에 대한 숙원을 풀려고 일부러 와서 군사를 청한 것인데 대왕이 허락지 않고 오히려 토지를 내놓으라고 하니 이것은 신하가 마음대로 할 바 아니오. 먼저 대왕에게 편지를 올린 것은 죽음을 면키 위하여 한 일이오" 라고 하였다〔이는 본기(本記) 진평왕 12년(실은 선덕왕(善德王) 11년조)에 씌어 있는 것과 같은 일인데 좀 다르다. 모두 고기(古記)가 전하는 바이므로 함께 적어 둔다〕.

이때 유신을 압량주 군주(軍主)로 제수하고 (선덕왕) 13년에 소판(蘇判)으로 삼았다. 그해 가을 9월에 왕은 특명으로 상장군(上將軍)을 삼는 동시에 그로 하여금 군사를 거느리고 백제의 가혜성(加兮城)·성열성(省熱城)·동화성(同火城) 등 7성을 치게 하여 크게 이겼다. 이로써 가혜진(加兮津 : 나룻길)을 개척하였다.

(유신이) 을사년(645 : 선덕왕 14년) 정월에 돌아와 미처 왕을 뵈옵지도 못하였는데, 봉인(封人 : 국경 지역 관리)으로부터 백제의 대군이 쳐들어와 우리 매리포성(買利浦城 : 거창)을 공격한다는 급보가 있으므로, 왕은 또 유신에게 상주(上州 : 尙州) 장군을 제수하여 가서 막게 하였다.

유신은 명령을 듣자, 처자도 보지 않고 바로 떠나 백제군을 들이쳐 쫓아 버리고 2,000명의 머리를 베었다. 3월에 돌아와 왕궁에 복명하였으나, 미처 집에 들리기도 전에 또 백제병이 그 나라 경계선에 주둔하여 장차 대병력이 우리를 침략할 것 같다는 급보가 있었다. 왕은 또 유신에게 청하기를 "공은 수고를 꺼리지 말고 빨리 가서 그놈들이 오기 전에 방비하시오" 하였다. 유신은 또 집에 들르지 못하고 무기를 수선하고 군사를 훈련시켜 서(西)로 향해 떠났다. 그때 그 집안 사람들이 다 문 밖에 나와 떠나는 행차를 기다렸다. 그러나 유신은 돌아보지도 않고 바로 가다가 50보쯤 지나서 말을 멈추고 자기 집에 가 장수(漿水 : 좁쌀 미음)를 가져오라 하여 마시며 "우리 집 물이 아직도 예전 맛이 있다"고 하였다. 이에 군중들은 모두 말하기를 "대장군도 이러한데 우리가 어찌 골육(骨肉)을 이별하는 것을 한으로 삼겠는가?"라고 하였다. 국경에 당도하니 백제 사람들이 우리의 병력 포진(布陣)을 바라보고서 감히 다가오지 못하고 이내 물러갔다. 대왕은 이 소식을 듣고 매우 기뻐하여 (유신에게) 벼슬과 상을 추가하였다.

16년 정미년(647)은 바로 선덕왕 말년이요, 진덕왕(眞德王) 원년이다. 대신 비담(毗曇)과 염종(廉宗)이 '여주(女主)가 정치를 잘하지 못한다' 하여 군사를 일으켜 폐하려 하였다. 그리하여 왕은 안에서 막고, 비담 등은 명활성(明活城)에 주둔하고, 왕사(王師)는 월성(月城)에 군영을 두어 치고 지키고 하기를 열흘간 계속하였으나 풀리지 않았다. 어느날 한밤중에 큰 별이 월성에 떨어지자 비담 등이 병사들에게 말하기를 "내가 들으니 별이 떨어진 그 아래는 반드시 피를 흘리는 일이 있다고 한다. 이는 아마 여왕이 패할 징조이다" 하였다. 병졸들이 떠들어대는 소리가 땅을 뒤흔들었다. 왕은 이를 듣고 벌벌 떨며 어찌할 바를 몰랐다.

유신이 왕을 뵙고 아뢰기를 "길과 흉은 정해 있는 것이 아니라 사람이 하기에 달린 것입니다. 그러므로 옛날 은(殷)나라 주(紂 : 은나라 말기의 暴主)는 적작(赤雀 : 봉황)이 모임으로써 망하였고, 노(魯)나라는 기린(麒麟)을 얻음으로써 쇠잔하였고, 은나라 고종(高宗)은 꿩이 욺으로써 흥왕하였고, 정공(鄭公)은 용(龍)의 싸움으로써 창성하였습니다. 이와 같이 덕(德)이 요사(妖邪)를 이긴다는 것을 알고 있으니, 별의 이변(異變)이 있다 해서 두려워할 것은 없습니다. 청컨대 왕은 근심치 마시옵소서" 하였다. 그리고 이내 허수아비를 만들어 그 속에 불씨를 넣어서 풍연(風鳶)에 실어 날리어 하늘에 올라가는 듯이 하였다. 그리고 이튿날 사람을 시켜 길가에 말을 퍼뜨리기를 "어젯밤에 떨어진 별이 도로 올라갔다" 하여 적군으로 하여금 의심이 생기게 하였다.

또 백마를 잡아 별이 떨어진 곳에 제사를 지내며 비는 말이 "천도(天道)는 양(陽)이 굳세고 음(陰)이 부드러우며, 인도(人道)는 임금이 높고 신하는 낮습니다. 진실로 이 도리가 바뀐다면 곧 큰 난리가 나는 것입니다. 지금 비담 등이 신하로서 임금을 도모하고 아래에서 윗자리를 침범하니 이야말로 난신적자(亂臣賊子)는 사람이나 신명(神明)이 다 같이 미워하는 바요, 천지에 용납되지 못하는 바입니다. 지금 하늘이 이 일에는 무심한 듯하올뿐더러, 오히려 별의 변괴를 왕성(王城)에 보여주시니 이 점에 대하여 신의 의혹이 풀리지 않는 바입니다. 오직 하늘의 위엄으로 백성의 염원을 따라 선(善)을 좋아하시고 악(惡)을 싫어하시어 신령의 부끄러움이 없게 하소서" 라고 하였다. 그리고 모든 장병들을 독려하여 들이치니 비담 등이 패하여 달아나므로 쫓아가 베어 죽이고 구족(九族)을 멸하였다.

(그해) 겨울 10월에 백제 군사가 들어와 무산(茂山)·감물(甘勿)·동잠(桐岑) 등 세 성을 포위하였다. 왕은 유신에게 보기병 1만 명을 거느리고 가서 막게 하였다. 그리하여 고전(苦戰)한 나머지 기운이 빠지자, 유신은 비녕자(丕寧子)에게 이르기를 "오늘의 사태는 급박하다. 그대가 아니면 누가 능히 군사들의 마음을 격동시키겠는가?" 하였다.

비녕자는 절하며 "어찌 감히 명령을 아니 따르겠습니까?" 하고 드디어 적진으로 달려들자, 아들 거진(擧眞)과 종 합절(合節)이 뒤따랐다. 비녕자가 검극(劍戟) 속에 충돌하여 힘껏 싸우다 죽으니, 군사들은 이를 바라보고 감동하여 다투어 나아가 적병을 크게 무찌르고 3,000여 명의 머리를 베었다.

진덕왕 대화(大和) 원년 무신년(648), 춘추가 고구려에서 청병(請兵)을 얻지 못하자, 드디어 당에 들어가 군사를 지원해 달라고 하였다. 당 태종(太宗)은 말하기를 "듣자니 그대 나라에 유신이 있다는데 그 인품이 어떠한가?" 하므로 춘추는 대답하기를 "유신이 비록 약간의 재주와 지혜가 있다 하나, 만약 상국(上國)의 위력을 빙자하지 않는다면 어찌 쉽사리 이웃 나라의 침략을 제거한다 하오리까?" 하였다. 제(帝)는 "진실로 군자의 나라다" 하고 이에 조서를 내려 장군 소정방(蘇定方)으로 하여금 군사 20만을 이끌고 가서 백제를 치게 하였다. 그때 유신은 압량주 군주가 되어 군의 사무에는 뜻이 없는 듯이 술과 풍악으로 일삼으며 달포를 보냈다.

그러자 고을 백성들은 유신을 하나의 용렬한 장수로 여기고 조롱하며 말하기를 "군사들은 오래도록 포근히 쉬었기 때문에 힘이 남아 싸울 수 있는데, 장군이 저 모양이니 어찌하느냐?"고 하였다. 유신은 이를 듣고서 백성을 부릴 때가 됐다 생각하고, 왕께 아뢰기를 "지금 민심을 살펴보니 넉넉히 일을 할 수 있습니다. 청컨대 백제를 쳐서 대량주(大梁州)의 싸움을 보상케 하여 주시옵소서" 하였다. 왕은 "작은 병력으로써 큰 병력을 대한다면 그 위태로움을 어찌하겠소?" 하였다. 유신은 대답하기를 "전쟁의 승패는 병력의 다소에 있는 것이 아니오라 민심의 여하에 달렸사옵니다. 그러므로 옛날 주(紂)는 억조의 백성을 지녔으나 그 백성들이 각각 분리되었기 때문에 주(周)나라 10명의 현신(賢臣)이 함께 뭉친 것만도 못하지 않았습니까? 지금 우리는 한마음 한뜻으로 사생을 같이 할 수 있으니 저 백제쯤은 두려울 것 없습니다" 하였다. 왕이 허락하였다.

드디어 주병(州兵: 押梁州 군사) 군사를 뽑아 훈련시킨 다음 적진으로 달려가 대량성(大梁城: 陜川) 밖에 당도하였다. 백제가 저항하므로 거짓 패하여 이기지 못하는 척하고 옥문곡(玉門谷)으로 물러나왔다. 백제는 이를 업신여기고 많은 군사를 거느리고 쫓아왔다. 그러자 이쪽의 복병이 그들의 앞뒤를 공격하여 크게 무너뜨리면서 백제의 장군 8명을 생포하고 1,000명을 베었다. 그리고 사람을 시켜 백제의 대장에게 말하기를 "우리 군주 품석(品釋)과 그 아내 김씨의 유해가 네 나라 옥중(獄中)에 묻혀 있다. 지금 너희 비장(裨將) 8명이 나에게 붙잡혀 살려 달라고 애걸복걸하므로, 나는 여우나 범이 죽을 때는 반드시 머리를 예전 살던 곳으로 향한다는 뜻을 이해하여 차마 죽이지 못하니, 지금 너희가 죽은 그 두 사람의 유해를 보내어 산 여덟 사람과 바꾸는 것이 어떠한가?" 하였다.

백제 좌평 중상(仲常: 또는 충상(忠常))이 왕께 아뢰기를 "신라 사람의 해골을 여기 둔다 해서 별다른 이익이 없으니 보내도록 하시옵소서. 만약 신라가 신용을 지키지 않고 우리 여덟 사람을 돌려보내 주지 않는다면 잘못은 저편에 있고 정직한 것은 우리에게 있으니 무슨 걱정이 있겠습니까" 하고 이내 품석 부처(夫妻)의 유해를 파내어 독에 넣어 보냈다.

유신은 말하기를 "잎새 하나 떨어져서 무성한 숲이 손실될 것 없고 티끌 하나 모였대서 태산이 더할 바 없다" 하고 8명을 살려서 돌려 보낼 것을 허락하였다. 드디어 승세를 몰아 백제의 경내에 들어가 악성(嶽城) 등 12여 성을 빼앗고, 적군 2만여 명을 베고 9,000명을 생포하였다. 그 공으로 유신은 이찬으로 승진하여 상주행군대총관(上州行軍大摠管)이 되었다. 유신은 다시 적의 경내에 들어가 진례(進禮) 등 9성을 무찔러 적군 9,000여 명을 베고 600명을 생포하였다.

춘추가 당(唐)에 들어가 군사 20만을 청하여 얻기로 하고 당에서 돌아와 유신을 보고 이르기를 "죽음과 삶은 운명이오. 살아 와서 다시 공과 서로 만나게 되었으니 얼마나 다행이오" 라고 하였다. 유신은 대답하기를 "하신(下臣)이 나라의 위령(威靈)에 의지하여 두 번을 백제와 크게 싸워 20성을 빼앗고, 3만여 명을 베었으며 또 품석공 및 그 부인의 유골을 향리(鄕里)에 돌아오게 하였으니, 이는 천행(天幸)으로 이루어진 일일 뿐 내가 무슨 힘이 되었겠소" 라고 하였다.

三國史記 卷 第四十一

列傳 第一 金庾信 上

金庾信 王京人也 十二世祖首露 不知何許人也 以後漢建武十八年壬寅登龜峰 望駕洛九村 遂至其地開國 號曰加耶 後改爲金官國 其子孫相承 至九世孫仇亥〔亥 恐是充宁之訛 (見譯註)〕 或云仇次休 於庾信爲曾祖 羅人自謂少昊金天氏之後 故姓金 庾信碑亦云 軒轅之裔 少昊之胤 則南加耶始祖首露與新羅同姓也 祖武力爲新州道行軍摠管 嘗領兵獲百濟王及其將四人 斬首一萬餘級 父舒玄 官至蘇判 大梁州都督安撫大梁州諸軍事 按庾信碑云 考蘇判金逍衍〔逍衍 與舒玄音相似兩書之耳〕 不知舒玄或更名耶 或逍衍是字耶 疑故兩存之 初舒玄路見葛文王立宗之子肅訖宗之女萬明 心悅而目挑之 不待媒妁而合 舒玄爲萬弩郡太守 將與俱行 肅訖宗始知女子與玄野合 疾之囚於別第 使人守之 忽雷震屋門 守者驚亂 萬明從竇而出 遂與舒玄赴萬弩郡 舒玄庚辰之夜夢 熒或〔或 當作惑〕鎭二星降於己 萬明亦以辛丑之夜夢 見童子衣金甲乘雲入堂中 尋而有娠 二十月而生庾信 是眞平王建福十二年 隋文帝開皇十五年乙卯也 及欲定名 謂夫人曰 吾以庚辰夜吉夢得此兒 宜以爲名 然禮不以日月爲名 今庚與庾字相似 辰與信聲相近 況古之賢人有名庾信 蓋以命之 遂名庾信焉(萬弩郡今之鎭州 初以庾信胎藏之高山 至今謂之胎靈山) 公年十五歲爲花郞 時人洽然服從 號龍華香徒 眞平王建福

二十八年辛未 公年十七歲 見高句麗百濟靺鞨 侵軼國疆 慷慨有平寇賊之志 獨行入中嶽石崛 齊〔齊 當作齋〕戒告天盟誓曰 敵國無道 爲豺虎以擾我封場 略無寧歲 僕是一介微臣 不量材力 志淸禍亂 惟天降監 假手於我 居四日 忽有一老人 被褐而來 曰此處多毒蟲‧猛獸 可畏之地 貴少年爰來獨處 何也 答曰 長者從何許來 尊名可得聞乎 老人曰 吾無所住 行止隨緣 名則難勝也 公聞之 知非常人 再拜進曰 僕新羅人也 見國之讎 痛心疾首 故來此 冀有所遇耳 伏乞長者憫我精誠 授之方術 老人默然無言 公涕淚懇請不倦 至于六七 老人乃言曰 子幼而有幷三國之心 不亦壯乎 乃授以秘法曰 愼勿妄傳 若用之不義 反受其殃 言訖而辭行二里許 追而望之 不見 唯山上有光 爛然若五色焉 建福二十九年 鄰賊轉迫公愈激壯心 獨携寶劍 入咽薄山深壑之中 燒香告天 祈祝若在中嶽 誓辭仍禱 天官垂光 降靈於寶劍 三日夜 虛角二星光芒赫然下垂 劍若動搖然 建福四十六年己丑秋八月 王遣伊湌任永里‧波珍湌龍春‧白龍‧蘇判大因‧舒玄等 率兵攻高句麗娘臂城 麗人出兵逆擊之 吾人失利 死者衆多 衆心折衄 無復鬪心 庾信時爲中幢幢主 進於父前 脫冑而告曰 我兵敗北 吾平生以忠孝自期 臨戰不可不勇 蓋聞振領而裘正 提綱而網張 吾其爲綱領乎 迺跨馬拔劍 跳坑出入賊陣 斬將軍 提其首而來 我軍見之 乘勝奮擊 斬殺五千餘級 生擒一千人 城中兇懼無敢抗 皆出降 善德大王十一年壬寅 百濟敗大梁州 春秋公女子古陀炤娘從夫品釋死焉 春秋恨之 欲請高句麗兵以報百濟之怨 王許之 將行 謂庾信曰 吾與公同體 爲國股肱 今我若入彼見害 則公其無心乎 庾信曰 公若往而不還 則僕之馬跡必踐於麗濟兩王之庭 苟不如此 將何面目以見國人乎 春秋感悅 與公互噬手指 歃血以盟曰 吾計日六旬乃還 若過此不來 則無再見之期矣 遂相別後 庾信爲押梁州軍主 春秋與訓信沙干 聘高句麗 行至代買縣 縣人豆斯支沙干 贈靑布三百步 旣入彼境 麗王遣太大對盧蓋金館之 燕饗有加 或告麗王曰 新羅使者非庸人也 今來殆欲觀我形勢也 王其圖之 俾無後患 王欲橫問因其難對而辱之 謂曰 麻木峴與竹嶺本我國地 若不我還 則不得歸 春秋答曰 國家土地 非臣子所專 臣不敢聞命 王怒囚之 欲戮未果 春秋以靑布三百步 密贈王之寵臣先道解 道解以饌具來相飮 酒酣戲語曰 子亦嘗聞龜兎之說乎 昔東海龍女病心 醫言 得兎肝合藥則可療也 然海中無兎 不柰之何 有一龜白龍王言 吾能得之 遂登陸見兎 言海中有一島 淸泉白石 茂林佳菓 寒暑不能到 鷹隼不能侵 爾若得之 可以安居無患 因負兎背上 游行二三里許 龜顧謂兎曰 今龍女被病 須兎肝爲藥 故不憚勞 負爾來耳 兎曰 噫

吾神明之後 能出五藏 洗而納之 日者小覺心煩 遂出肝心洗之 暫置巖石之底 聞爾甘言徑來 肝尙在彼 何不廻歸取肝 則汝得所求 吾雖無肝尙活 豈不兩相宜哉 龜信之而還 纔上岸 兎脫ㅏ草中 謂龜曰 愚哉汝也 豈有無肝而生者乎 龜憫默而退 春秋聞其言 喩其意 移書於王曰 二嶺本大國地分 臣歸國 請吾王還之 謂予不信 有如皦日 王迺悅焉 春秋入高句麗 過六旬未還 庾信揀得國內勇士三千人 相語曰 吾聞見危致命 臨難忘身者 烈士之志也 夫一人致死當百人 百人致死當千人 千人致死當萬人 則可以橫行天下 今國之賢相被他國之拘執 其可畏不犯難乎 於是衆人曰 雖出萬死一生之中 敢不從將軍之令乎 遂請王以定行期 時高句麗諜者浮屠德昌使告於王 王前聞春秋盟辭 又聞諜者之言 不敢復留 厚禮而歸之 及出境謂送者曰 吾欲釋憾於百濟 故來請師 大王不許之 而反求土地 此非臣所得專 嚮與大王書者 圖逭死耳 (此與本言〔言 當作書〕眞平王十二年〔眞平王十二年 亦當作善德王十一年(見本紀)〕所書 一事而小異 以皆古記所傳 故兩存之) 庾信爲押梁州軍主 十三年爲蘇判 秋九月 王命爲上將軍 使領兵伐百濟加兮城·省熱城·同火城等七城 大克之 因開加兮之津 乙丑〔丑 當作巳〕正月歸 未見王 封人急報百濟大軍來攻我買利浦城 王又拜庾信爲上州將軍令拒之 庾信聞命卽駕 不見妻子 逆擊百濟軍走之 斬首二千級 三月 還命王宮 未歸家 又急告百濟兵出屯于其國界 將大擧兵侵我 王復告庾信曰 請公不憚勞遄行 及其未至備之 庾信又不入家 練軍繕兵向西行 于時其家人皆出門外待來 庾信過門 不顧而行 至五十步許駐馬 令取漿水於宅 啜之曰 吾家之水尙有舊味 於是軍衆皆云 大將軍猶如此 我輩豈以離別骨肉爲恨乎 及至疆場 百濟人望我兵衛 不敢迫乃退 大王聞之甚喜 加爵賞 十六年丁未 是善德王末年 眞德王元年也 大臣毗曇·廉宗謂女主不能善理 擧兵欲廢之 王自內禦 毗曇等屯於明活城 王師營於月城 攻守十日不解 丙夜大星落於月城 毗曇等謂士卒曰 吾聞落星之下必有流血 此殆女主敗績之兆也 士卒呼吼 聲振地 大王聞之 恐懼失次 庾信見王曰 吉凶無常 惟人所召 故紂以赤雀亡 魯以獲麟衰 高宗以雉雊興 鄭公以龍鬪昌 故知德勝於妖 則星辰變異不足畏也 請王勿憂 乃造偶人 抱火載於風鳶而颺之 若上天然 翌日 使人傳言於路曰 昨夜落星還上 使賊軍疑焉 又刑白馬祭於落星之地 祝曰 天道則陽剛而陰柔 人道則君尊而臣卑 苟或易之 卽爲大亂 今毗曇等以臣而謀君 自下而犯上 此所謂亂臣賊子 人神所同疾 天地所不容 今天若無意於此 而反見星怪於王城 此臣之所疑惑而不喩者也 惟天之威 從人之欲 善善惡惡 無作神羞 於是督諸

將卒奮擊之 毗曇等敗走 追斬之 夷九族 冬十月 百濟兵來圍茂山・甘勿・桐岑等三城 王遣庾信率步騎 一萬据之 苦戰氣竭 庾信謂丕寧子曰 今日之事急矣 非子誰能激衆心乎 丕寧子拜曰 敢不惟命之從 遂赴敵 子擧眞及家奴合節隨之 突劍戟力戰死之 軍士望之感勵爭進 大敗賊兵 斬首三千餘級 眞德王大和元年戊申春秋以不得請於高句麗 遂入唐乞師 太宗皇帝曰 聞爾國庾信之名 其爲人也如何 對曰 庾信雖少有才智 若不籍天威 豈易除鄰患 帝曰 誠君子之國也 乃詔許 勅將軍蘇定方以師二十萬徂征百濟 時庾信爲押梁州軍主 若無意於軍事 飮酒作樂 屢經旬月 州人以庾信爲庸將 譏謗之曰 衆人安居日久 力有餘 可以一戰 而將軍慵惰如之何 庾信聞之 知民可用 告大王曰 今觀民心 可以有事 請伐百濟以報大梁州之役 王曰 以小觸大 危將奈何 對曰 兵之勝否不在大小 顧其人心何如耳 故紂有億兆人 離心離德 不如周家十亂 同心同德 今吾人一意 可與同死生 彼百濟者不足畏也 王乃許之 遂簡練州兵赴敵 至大梁城外 百濟逆拒之 佯北不勝 至玉門谷 百濟輕之 大率衆來 伏發擊其前後 大敗之 獲百濟將軍八人 斬獲一千級 於是使告百濟將軍曰 我軍主品釋及其妻金氏之骨埋於爾國獄中 今爾裨將八人見捉於我 匍匐請命 我以狐豹首丘山之意 未忍殺之 今爾送死二人之骨 易生八人可乎 百濟仲常(一作忠常)佐平言於王曰 羅人骸骨留之無益 可以送之 若羅人失信 不還我八人 則曲在彼 直在我 何患之有 乃掘品釋夫妻之骨 櫝而送之 庾信曰 一葉落 茂林無所損 一塵集 大山無所增 許八人生還 遂乘勝入百濟之境 攻拔嶽城等十二城 斬首二萬餘級 生獲九千人 論功 增秩伊飡 爲上州行軍大摠管 又入賊境 屠進禮等九城 斬首九千餘級 虜得六百人 春秋入唐 請得兵二十萬來見庾信曰 死生有命 故得生還 復與公相見 何幸如焉 庾信對曰 下臣仗國威靈再與百濟大戰 拔城二十 斬獲三萬餘人 又使品釋公及其夫人之骨得反鄕里 此皆天幸所致也 吾何力焉.

삼국사기 권 제42

열전(列傳) 제2

김유신(金庾信) 중(中)

김유신(金庾信) 중

 2년 가을 8월, 백제 장군 은상(殷相)이 와서 석토성(石吐城) 등 7성을 공격하자, 왕은 김유신 및 죽지(竹旨)·진춘(陳春)·천존(天存) 등의 장군을 시켜 나아가 막게 하였다. 그래서 3군으로 나누어 5도(五道)를 만들어 공격하였으나 서로 이기고 지고 하여 열흘이 지나도록 해결이 나지 않고, 죽은 시체가 들에 가득하고 피가 흘러 절굿공이가 뜰 지경이었다. 이에 신라군은 도살성(道薩城, 지금의 천안) 아래 주둔하여 말을 쉬게 하고 군사를 먹여 재거(再擧)를 도모하였다. 이때 물새가 동으로 날아와서 김유신의 군막을 지나가니 장병들이 보고서 불길하게 여겼다.
 김유신은 "이를 괴이하게 여길 것 없다" 하고 군사에게 이르기를 "오늘 반드시 백제인이 정탐하러 올 것이니 너희들은 짐짓 모르는 척하고 누구냐고 묻지도 말라" 하였다. 또 부대에 널리 알려 말하기를 "성벽을 굳게 지키고 움직이지 말라. 명일, 구원군이 온 다음 결전한다" 하였다. 백제의 첩자가 듣고 돌아가 은상(殷相)에게 보고하니, 은상 등은 신라의 병력 증강에 의구심이 없지 않았다. 이에 김유신 등은 일시에 들이쳐 크게 이기고, 장군 달솔 정중(正仲)과 병졸 100여 명을 생포하고, 좌평 은상, 달솔 자견(自堅) 등 10명과 군사 8,980명을 베었으며, 말 1만 필, 투구와 갑옷 1,800벌을 얻고 그 밖의 노획한 다른 기계도 이와 비슷하였다. 그리고 돌아올 때는 길에서 백제의 좌평 정복(正福)이 군졸 1,000명과 함께 와서 항복하는 것을 보고 그들을 모두 놓아 주어 갈 곳으로 가게 하였다. 경성(京城 : 慶州)에 당도하니 대왕이 문에 나와 위로하고, 매우 후대하였다.

영휘(永徽 : 당 고종 연호) 5년(654)에 진덕왕이 죽자 아들이 없으므로 김유신은 재상으로 있는 이찬 알천(閼川)과 상의하여 이찬 김춘추를 맞아들여 왕위에 나아가게 하였다. 이가 바로 태종대왕(太宗大王)이다.

영휘 6년 을묘년(655) 가을 9월, 김유신이 백제로 들어가 도비천성(刀比川城 : 영동군 비봉산성)을 공격하여 이겼다. 이때 백제는 군신이 사치하고 방자하고 음탕하고 안일하여 국사를 돌보지 않으므로 백성이 원망하고 신명(神明)이 노하여 재앙과 변괴가 자주 나타났다.

유신이 왕께 고하기를 "백제가 무도하여 그 죄악이 걸주(桀紂)보다 더하니 이때야말로 천명을 순종하고 백성을 불쌍히 여기고 죄있는 자를 토벌할 가장 적절한 시기입니다" 하였다. 이에 앞서 급찬 조미압(租未押)이 부산현령(夫山縣令)의 신분으로 백제에 사로잡혀 가서 좌평 임자(任子)의 집 종이 되었다. 그 뒤 그가 정성껏 일을 보살펴 한 번도 게으름을 부린 적이 없으므로 주인은 어여삐 여겨 의심치 아니하고 출입의 자유를 주므로 이틈에 도망해 돌아왔다. 김유신에게 백제의 사정을 알리니 김유신은 조미압이 충성스럽고 정직한, 쓸모 있는 인물임을 짐작하고 드디어 말하기를 "내 들으니 임자가 백제의 일을 전담하는 처지라 하는데 (내가) 그와 의사를 통하고 싶으나 아직 못하고 있다. 그대는 나를 위하여 다시 가서 말해 주겠는가" 하였다. 조미압은 대답하기를 "공이 저를 불초로 여기지 아니하시니, 시키신다면 비록 죽어도 후회가 없겠습니다" 하였다. (조미압이) 드디어 다시 백제로 들어가 임자에게 말하기를 "저의 생각에 이미 국민이 된 이상 마땅히 국속(國俗)을 알아야 하겠기에 수십일 동안 구경다니느라 돌아오지 못하였던 것이오나, 견마(犬馬)가 주인 그리는 정성을 억제할 수 없어 지금 왔습니다" 하니 임자는 이 말을 믿고 책망하지 않았다.

조미압이 틈을 타서 아뢰기를 "전번에는 죄를 주실까 두려워서 감히 바로 말씀드리지 못하였으나 실상인즉 신라에 갔다 왔습니다. 그런데 김유신이 저에게 부탁하여 주인님께 말씀을 드려 달라고 하였습니다. 그의 말이 '나라의 흥망은 미리 알 수 없는 것이니, 만약 그대의 나라가 망할 경우에는 그대가 우리의 나라에 의탁하고, 우리나라가 망하면 내가 그대의 나라에 의탁하도록 하자'고 하였습니다." 임자는 듣고 아무런 말이 없었다. 조미압은 황공하여 물러가 수개월 동안 대죄(待罪)하고 있었다. 두어 달이 지난 어느 날 임자가 불러들여 묻기를 "네 전번에 김유신의 말이 어떻더라고 말하였느냐" 하니 조미압은 황공스럽게 대답하며 전과 같이 말하였다. 임자는 말하기를 "너가 전한 뜻을 나는 벌써 다 짐작하였다. 돌아가서 알려 주는 것도 무방하다"고 하였다. 조미압은 드디어 돌아와서 일러 주고 겸하여 안팎의 사정을 자세히 설명하니, 그래서 더욱 (백제를) 병탄(倂吞)할 생각을 깊이 하였다.

태종대왕 7년 경신년(660) 여름 6월, 왕이 태자 법민(法敏)과 함께 장차 백제를 정벌하고자 크게 군사를 일으켜 남천(南川 : 지금의 利川)에 이르러 진영을 설치하였다.

이때 당에 들어가 군사를 요청한 파진찬 김인문(金仁問)이 당의 대장군 소정방·유백영(劉伯英)과 함께 군사 13만을 거느리고 바다를 건너 덕물도(德物島 : 덕적도)에 도착하여 먼저 수행원 문천(文泉)을 시켜 왕에게 알리게 하였다. 왕은 태자와 장군 유신·진주(眞珠)·천존(天存) 등을 시켜 큰 배 100척에다 병사를 싣고 가서 만나게 하였다. 태자가 장군 소정방을 만나자, 정방은 태자에게 이르기를 "나는 바다로 가고 태자는 육지로 가서 7월 10일에 백제의 서울 사비성(泗沘城)에서 만나기로 합시다" 하였다.

태자가 돌아와 왕께 고하니, 왕은 장병들을 거느리고 사라정(沙羅停 : 괴산 부근)에 들어섰다. 소정방과 김인문 등은 연해를 따라 기벌포(伎伐浦 : 長項)에 들어 왔으나 해안이 진흙땅이 되어 나아갈 수 없으므로 버들자리를 펴고 군사를 나오게 하였다. 당과 신라는 합동하여 백제를 쳐 없앴다. 이 전쟁에서 유신의 공이 매우 컸다. 당 황제는 이 소식을 듣고 사신을 보내어 칭찬하였다. 소정방이 유신·인문·양도(良圖), 세 사람에게 이르기를 "내가 자유로 일을 처리하라는 황제의 명령을 받았으니 지금 얻은 백제의 땅을 공들의 식읍(食邑)으로 만들어 주어 그 공을 보답하면 어떻겠소" 하였다. 유신은 대답하기를 "대장군이 천병(天兵)을 거느리고 와서 우리 임금의 소망을 이루게 하고 소국의 원수를 없애 주시니 우리 임금 및 일국의 신민이 기뻐 춤을 추기도 바쁜데, 우리들만이 주시는 것을 받아 스스로 이익을 도모한다면 의리는 어찌하란 말이오" 하고 드디어 받지 않았다.

당나라 사람들이 백제를 멸한 뒤 사비의 언덕에 진영을 만들고 은밀히 신라 침공을 음모하고 있음을 알게 되었다. 왕이 여러 신하들을 불러 계책을 물었다. 다미공(多美公)이 나와 아뢰기를 "우리 백성을 거짓 백제 사람으로 만들어 그 의복을 입히고 도둑질을 하려는 것처럼 만들면 당군이 공격할 것이니 그때를 타 더불어 싸우면 뜻대로 될 수 있을 것입니다" 하였다. 유신도 "그 말이 그럴듯하니 따르시옵소서" 라고 하였다. 왕은 말하기를 "당나라 군사가 우리를 위하여 적을 없애 주었는데 오히려 맞붙어 싸운다면 하늘이 우리를 도와 주겠소?" 하자, 유신은 "개가 제 주인을 무서워하지만 주인이 제 다리를 밟으면 무는 법입니다. 어찌 어려움을 당하여 자기 목숨을 구원하지 않을 수 있겠습니까? 대왕께서 허락하여 주시옵소서" 하고 청하였다. 당나라 사람들이 우리가 준비하고 있음을 정탐하여 알고, 백제 왕 및 신료(臣僚) 93명, 군사 2만 명을 사로잡아 9월 3일에 사비(泗沘)에서 배를 띄워 돌아가고 낭장(郎將) 유인원(劉仁願) 등을 머물러 지키게 하였다.
　정방이 본국으로 돌아가 포로를 바치니 당제는 위로하여 말하기를 "어찌 이 기회를 타 신라마저 치지 않았소?" 하고 물었다. 정방은 답하기를 "신라는 그 임금이 어질어 백성을 사랑하고 그 신하가 충성으로 나라를 섬기며, 아래 사람은 웃사람 섬기기를 부모같이 하고 있으니 비록 작은 나라지만 도모할 수 없었습니다" 하였다.
　용삭(龍削 : 당 고종 연호) 원년(元年 : 신라 문무왕 원년) 봄에 왕은 백제의 잔당이 아직 남아 있으니 없애버리지 않을 수 없다고 여겨 이찬 품일(品日), 소판 문왕(文汪), 대아찬 양도 등으로 장군을 삼아 가서 치게 하였으나 이기지 못하였다. 또 이찬 흠순(欽純 : 혹은 흠춘(欽春)), 진흠(眞欽)·천존(天存)·소판 죽지(竹旨) 등을 보내어 병력을 추가하였다. 그런데 고구려·말갈이 신라의 정예(精銳) 부대가 모두 백제에 있고 내부가 비었으니 공격할 수 있다 여기고 수륙(水陸) 양면으로 함께 쳐들어 와 북한산성을 포위하여, 고구려는 그 서쪽에 진을 치고, 말갈은 동쪽에 진을 치고 열흘 동안 공격하였다. 성중이 매우 두려워하던 터에 갑자기 큰별이 적의 진영에 떨어지고 또 번개치고 비가 뿌리므로 적들이 놀라 포위를 풀고 달아났다.
　처음에 유신은 적이 성을 포위하였다는 말을 듣고 "병력이 모자랄 바에는 신의 도움에 의지할 수밖에 없다"고 하여 불사(佛寺)로 나아가 단을 베풀고

기도를 드렸다. 마침 천변(天變)이 있었으니 모두 지성의 감천이라고 말하였다.

유신이 일찍이 8월 15일 밤에 자제(子弟)를 데리고 대문 밖에 서 있는데 문득 서쪽에서 오는 사람이 있었다. 유신은 그자가 고구려의 첩자임을 알고 불러 앞으로 오라 하여 심문하기를 "네 나라에 무슨 일이 있느냐?"고 하자 그자가 머리를 수그리고 감히 대답하지 못하였다. 유신은 "무서울 것 없다. 다만 사실대로 말만 하라" 하였으나 그래도 말하지 않았다. 유신은 이르기를 "우리 나라 임금께서 위로 천의(天意)를 어기지 않으시고 아래로 인심을 잃지 않으시어 백성이 기뻐하여 모두 그 생업에 충실하고 있다. 지금 너는 잘 보고 가서 네 나라 사람에게 알리라" 하고 드디어 대접해 보냈다. 고구려 사람들은 그 말을 듣고서 "신라는 비록 작은 나라이긴 하지만 유신이 재상으로 있으니 경솔히 할 수 없다"고 하였다.

문무왕(文武王) 원년 6월, 당 고종이 장군 소정방 등을 보내어 고구려를 쳤다. 이때 당에 들어가 숙위(宿衛)로 있던 김인문이 명령을 받고 와서 군사 행동의 시기를 알리고 겸하여 "군사를 내어 함께 만나 치도록 하라"는 유시를 전달하였다. 문무왕은 유신·인문·문훈(文訓) 등을 인솔하고 대병을 일으켜 고구려로 향하여 남천주(南川州)에 머물고, 진수(鎭守)하던 당나라 장수 유인원도 부하병을 거느리고 사비에서 배를 타고 혜포(鞋浦)에 와서 상륙(上陸)하여 역시 남천주에 진영을 만들었다.

이때 유사(有司)가 보고하기를 "백제의 잔적(殘賊)이 옹산성(甕山城 : 지금의 대전시 회덕 계족산성)에 진을 치고 우리의 앞길을 가로막고 있으니 곧장 나갈 수 없다"고 하므로, 유신은 군사를 몰고 나아가 성을 포위하고 사람을 시켜 성 아래 가서 적장에게 말하기를 "네 나라가 불공하여 대국의 토벌을 불러들였으니 명령에 순종하는 자는 상을 줄 것이고 명령에 순종하지 않는 자는 죽일 것이다. 지금 너희들이 홀로 외로운 성을 지키는 것은 어찌하려는 거냐. 마침내 너희 피로 땅을 바르고 말 것이니 나와서 항복하는 것만 같지 못하다. 그리하면 목숨이 보존될 뿐만 아니라 부귀(富貴)도 기대할 수 있을 것이다" 하였다.

적이 소리를 높여 외치기를 "비록 하잘것 없는 작은 성이지만 무기와 식량이 다 풍족하고 군사도 의기롭고 용감하다. 차라리 싸워 죽을지언정 맹세코 항복은 아니할 것이다" 하였다. 유신은 웃으며 "궁지에 빠지면 새짐승도 오히려 제몸 구할 줄을 안다던데 바로 이를 두고 한 말이로구나" 하고 이내 기를 휘두르며 북을 울려 들이쳤다. 왕은 높은 데 올라 싸우는 군사들을 바라보며 눈물어린 말로 격려하니, 군사들이 모두 분격 돌진하여 칼날도 겁내지 아니하였다.

9월 27일에 성(城:웅산성)이 함락되었다. 적장을 죽인 다음 백성들은 풀어주었다. 공을 따져 장병들에게 상을 주었다. 유인원도 역시 신라 장수들에게 등급을 정하여 견(絹)을 나누어 주었다. 군사들을 대접하고 말을 먹인 다음 (고구려 방면의) 당군과 합세하려 하였다. 대왕은 이보다 앞서 태감(太監) 문천(文泉)을 보내어 소장군(蘇將軍:定方)께 편지를 전하였는데, 문천이 이때 돌아와서 복명(復命)하고 소정방의 말을 전하기를 "나는 황제의 명령을 받고 만리길을 떠나 바다를 건너 적을 토벌하려고 해안에 배를 매고 있는 지도 벌써 한 달이 넘었소. 그런데 왕의 군사는 오지 않고 식량도 뒷받침이 없으니 위태함이 매우 심하오. 왕은 아무쪼록 도모하여 주시오" 하였다.

대왕은 여러 신하에게 "어찌하면 좋으냐"고 물으니 모두 말하기를 "적의 경내에 깊이 들어가 양식을 운송한다는 것은 있을 수 없는 일이오" 하므로 왕은 근심하며 한탄만 하였다. 유신은 나와 아뢰기를 "신이 지나치게 은혜를 입었사옵고 중한 소임을 욕되게 하였으니 국가의 일이라면 죽어도 회피하지 않겠습니다. 오늘은 노신(老臣)의 절개를 다할 날이오니 마땅히 적국으로 향하여 소장군의 뜻을 맞추어 드리겠습니다" 하자 왕은 자리를 옮겨 앞으로 나아가 그의 손을 잡고 눈물을 흘리며 "공 같은 어진 보필을 얻었으니 근심할 게 없소. 만약 이번 전쟁에도 전과 같이 기대에 어긋남이 없다면 공의 공덕을 어느 날인들 잊을 수 있겠소"라고 말하였다. 유신은 명령을 받고 현고잠(懸鼓岑)의 산사(山寺)에 이르러 목욕 재계한 다음 영실(靈室)로 나아가 문을 닫고 홀로 앉아 향을 피웠다. 이처럼 여러 날 밤을 지샌 뒤에 밖으로 나와 혼자서 기뻐하며 "나는 이번 거사에 죽지 않는다"고 하였다.

길을 떠나려 할 적에 왕은 손수 편지를 써서 유신에게 주었다. "국경을 벗어난 다음에는 상벌을 공의 마음대로 처리하라"고 하였다. 12월 10일에 유신은 부장군(副將軍) 인문·진복(眞服)·양도(良圖) 등 9명의 장군과 함께 군사를 거느리고 군량을 싣고 고구려의 경계로 들어섰다. 임술년(662:문무왕2년)

정월 23일, 칠중하(七重河)에 당도하였는데 사람들이 모두 벌벌 떨며 감히 먼저 배에 오르지 못하였다. 유신은 "제군이 죽기를 꺼린다면 무엇하러 여기에 왔는가?"라고 말하고, 드디어 먼저 배에 올라 건너가니 여러 장병이 서로 뒤를 따라 강을 건너 고구려의 경내로 들어섰다. 그러나 고구려의 군사들이 대로(大路)의 길목을 지킬까 염려되어 마침내는 험로로 길을 잡아 산양(蒜壤)에 이르렀다.

유신이 장병들에게 이르기를 "고구려·백제 양국이 우리 강토를 침범하고 우리 인민을 해치고 혹은 장정을 사로잡아 베어 죽이기도 하고, 혹은 어린아이를 포로로 잡아다 종으로 부린 지 이미 오래였으니, 얼마나 원통한 일이냐. 내 지금 죽음을 무서워하지 않고 어려운 일에도 달려드는 것은, 대국의 힘을 빌려 두 성(城: 國都)을 없애고 나라의 원한을 씻으려는 것이다. 마음으로 맹세하고 하늘에 고하여 신명의 음조(陰助)를 약속하였으나 군중의 심리가 어떠한지 알지 못하므로 이와 같이 말하는 것이다. 적을 가볍게 여기고 용기 있는 자는 반드시 성공하고 돌아갈 것이나, 만약 적을 무서워만 한다면 어찌 사로잡힘을 면할 수 있으랴. 마땅히 동심 협력하여 하나가 백을 당하도록 하기를 여러분에게 바라는 바다"라고 하였다.

여러 장병이 모두 "장군의 명령을 받들겠습니다. 감히 구차스럽게 살 마음을 두겠습니까?" 하므로 이에 북을 치며 길을 떠나 평양으로 향하였다. 두 중에서 적병을 만나 반격하여 이기니 얻은 군복과 무기가 매우 많았다.

장새(獐塞 : 지금의 遂安)의 험한 길에 당도하자, 때마침 일기는 몹시 차고 인마는 지칠 대로 지쳐 왕왕이 쓰러지므로 유신은 팔을 걷고 채찍을 들어 말을 휘몰아 나가니 여러 사람들이 이것을 보고 힘껏 달리어 땀을 흘리며 감히 춥단 말을 못하였다. 드디어 험한 곳을 벗어나니 평양과 멀지 않은 거리였다. 유신은 "당나라 군사가 식량이 떨어져 군색한 처지이니 마땅히 먼저 알려야 한다" 하고 보기감(步騎監) 열기(裂起)를 불러 말하기를 "내가 젊어서부터 너와 상종하였기 때문에 너의 기개(氣槪)를 짐작한다. 지금 소장군에게 소식을 전달하고자 하나 마땅한 사람이 없으니 네가 갈 수 있겠느냐"고 하였다.

열기는 "제가 비록 불초하오나 중군(中軍)의 직책에 있는 몸이요, 하물며 장군의 명령을 받음에 있어 설사 죽는다 해도 삶과 다를 바 없습니다"라고 대답하고 드디어 장사(壯士) 구근(仇近) 등 15명과 함께 평양으로 갔다. 그는 소장군을 보고 말하기를 "유신이 군사를 거느리고 군량을 수송하여 이미 가까운 곳에 도착하였소" 하니 정방이 기뻐하여 편지를 주어 감사를 표하였다.

유신 등이 양오(楊隩)에 당도하여 한 노인을 만나 적국의 소식을 물으니 일일이 알려주었다. 그래서 노인에게 포백(布帛)을 선사하였으나 사양하여 받지 않고 갔다. 유신은 양오에다 진영을 만들고 한어(漢語)를 아는 인문과 양도 및 그 아들 군승(軍勝) 등을 당의 진영에 보내어 왕의 뜻을 전달하고 군량을 주었다. 정방은 식량도 다 되고 군사도 지쳐 힘껏 싸우지 못하다가 양식을 얻게 되자, 바로 당으로 돌아가고, 양도(良圖)도 군사 800명을 이끌고 배에 올라 해상로를 통해 본국으로 돌아왔다.

이때 고구려는 군사를 잠복시켰다가 우리 군사가 돌아가는 길목을 치려 하므로, 유신은 북과 북채를 많은 소(牛)의 허리나 꼬리에 매달아 소리가 나게 하였다. 또 시초(柴草)를 쌓아놓고 불을 살라 연기가 끊이지 않게 한 다음, 한밤중에 몰래 떠나 표하(瓢河 : 임진강)에 당도하여서는 급히 물을 건너 언덕에 올라 군사를 쉬게 하였다. 고구려 사람들이 알고 뒤쫓아오자 유신은 1만여 개의 쇠뇌를 한꺼번에 쏘게 하였다. 고구려군이 후퇴하므로 여러 당(幢 : 陣營)의 장병을 격려하여 나누어 들이쳐 무너뜨리고 장군 한 명을 사로잡고 군사 1만여 명을 베었다. 왕이 이 소식을 듣고 사자를 보내어 위로하였고 돌아오자 등급을 정하여 봉읍(封邑)과 작위를 내렸다.

용삭 3년 계해년(663 : 문무왕 3년), 백제의 여러 성이 비밀히 부흥을 도모하여 그 거수(渠帥 : 大將)가 두솔성(豆率城 : 周留城)에 웅거하고 왜국에 군사를 청하여 지원을 삼으려고 하였다. 왕은 친히 유신·인문·천존·죽지 등 장군을 거느리고 7월 17일에 토벌 길을 떠나 웅진주(熊津州)에 머물어 진수관(鎭守官) 유인원의 군사와 함세하여 8월 13일에 두솔성에 당도하였다. 백제병이 왜병과 함께 진에서 나오므로 우리 군사가 힘껏 싸워 크게 무너뜨리자, 백제병·왜병이 다 항복하였다.

왕이 왜병한테 이르기를 "우리가 네 나라와 더불어 바다를 가로놓고 경계가 되어 일찍이 틈을 낸 적이 없고 다만 화친을 맺어 왕래가 서로 통하였는데, 무슨 까닭으로 오늘날 백제와 더불어 악을 함께 하며 우리 나라를 노리느냐. 지금 너희 군졸이 나의 손아귀에 있으나 차마 죽이지 못하니, 너희는 돌아가서 네 왕께 알려라. 그리고 너희들은 갈 데로 가거라" 하였다. 그리고 군사를 나누어 여러 성을 쳐 항복받았다. 오직 임존성(任存城)만은 지세가 험하고 성이 굳건하고 또 군량마저 풍족한 까닭으로 한 달 동안 공격하였으나 무너뜨리지 못하였다. 따라서 우리 군사도 너무 피곤해져 그만 철병키로 하였다. 왕은 말하기를 "지금 성 하나만 무너지지 않았을 뿐 나머지 여러 성은 다 항복하였으니 공이 없다 할 수 없다" 하고 군사를 정돈하여 돌아왔다. 겨울 11월 20일, 서울에 당도하여 유신에게 밭 500결(結)을 하사하고 그 나머지 장병에게도 등급을 정하여 상을 주었다.

三國史記 卷 第四十二

列傳 第二 金庾信 中

二年秋八月 百濟將軍殷相來攻石吐等七城 王命庾信 及竹旨-陳春-天存等將軍出禦之 分三軍爲五道擊之 互相勝負 經旬不解 至於僵屍滿野 流血浮杵 於是屯於道薩城下 歇馬餉士 以圖再擧 時有水鳥東飛 過庾信之幕 將士見之以爲不祥 庾信曰 此不足怪也 謂衆曰 今日必有百濟人來諜 汝等佯不知勿敢誰何 又使徇于軍中曰 堅壁不動 待明日援軍至 然後決戰 諜者聞之 歸報殷相 殷相等謂有加兵 不能不疑懼 於是庾信等一時奮擊 大克之 生獲將軍達率正仲 士卒一百人 斬佐平殷相·達率自堅等十人 及卒八千九百八十人 獲馬一萬匹 鎧一千八百領 其他器械稱是 及歸 還路見百濟佐平正福與卒一千人來降 皆放之 任其所往 至京城 大王迎門 勞慰優厚 永徽五年 眞德大王薨 無嗣 庾信與宰相閼川伊湌謀 迎春秋伊湌卽位 是爲太宗大王 永徽六年乙卯秋九月 庾信入百濟 攻刀比川城克之 是時百濟君臣奢泰淫逸 不恤國事 民怨神怒 災怪屢見 庾信告於王曰 百濟無道 其罪過於桀紂 此誠順天弔民伐罪之秋也 先是租未押級湌爲夫山縣令 被虜於百濟 爲佐平任子之家奴 從事勤恪 曾無懈慢 任子憐之不疑 縱其出入 乃逃歸以百濟之事告庾信 庾信知租未押忠正而可用 乃語曰 吾聞任子專百濟之事 思有以與謀而未由 子其爲我再歸言之 答曰 公不以僕爲不肖而指使之 雖死無悔 遂

復入於百濟 告任子曰 奴自以謂 既爲國民 宜知國俗 是以出遊累旬不返 不勝犬馬戀主之誠 故此來耳 任子信之不責 租未押伺間報曰 前者畏罪不敢直言 其實往新羅還來 庾信諭我 來告於君曰 邦國興亡 不可先知 若君國亡 則君依於我國 我國亡 則吾依於君國 任子聞之 嘿然無言 租未押惶懼而退 待罪數月 任子喚而問之曰 汝前說庾信之言若何 租未押驚恐而對 如前所言 任子曰 爾所傳 我已悉知 可歸告之 遂來說 兼及中外之事 丁寧詳悉 於是愈急幷呑之謀 太宗大王七年庚申夏六月 大王與太子法敏將伐百濟 大發兵 至南川而營 時入唐請師波珍湌金仁問與唐大將軍蘇定方·劉伯英 領兵十三萬 過海到德物島 先遣從者文泉來告 王命太子與將軍庾信·眞珠·天存等 以大船一百艘 載兵士會之 太子見將軍蘇定方 定方謂太子曰 吾由海路 太子登陸行 以七月十日會于百濟王都泗沘之城 太子來告 大王率將士 行至沙羅之停 將軍蘇定方·金仁問等沿海入依〔依 當作技〕伐浦 海岸泥寧陷不可行 乃布柳席以出師 唐羅合擊百濟滅之 此役也 庾信之功爲多 於是唐皇帝聞之 遣使褒嘉之 將軍定方謂庾信·仁問·良圖三人曰 吾受命以便宜從事 今以所得百濟之地分 錫公等爲食邑 以酬厥功如何 庾信對曰 大將軍以天兵來副寡君之望 雪小國之讐 寡君及一國臣民喜抃之不暇 而吾等獨受賜以自利 其如義何 遂不受 唐人旣滅百濟 營於泗沘之丘 陰謀侵新羅 我王知之 召群群臣問策 多美公進曰 令我民詐爲百濟之人 服其服 若欲爲賊者 唐人必擊之 因與之戰 可以得志矣 庾信曰 斯言可取 請從之 王曰 唐軍爲我滅敵 而反與之戰 天其祐我耶 庾信曰 犬畏其主 而主踏其脚則咬之 豈可遇難而不自救乎 請大王許之 唐人諜知我有備 虜百濟王及臣寮九十三人 卒二萬人 以九月三日 自泗沘船而歸 留浪將劉仁願等鎭守之 定方旣獻俘 天子慰藉之曰 何不因而伐新羅 定方曰 新羅其君仁而愛民 其臣忠以事國 下之人事其上如父兄 雖小不可謀也 龍朔元年春 王謂百濟餘燼尙在 不可不滅 以伊湌品日·蘇判文王·大阿湌良圖等爲將軍 往伐之 不克 又遣伊湌欽純(一作欽春)·眞欽·天存·蘇判竹旨等濟師 高句麗靺鞨謂 新羅銳兵皆在百濟 內虛可擣 發兵水陸竝進 圍北漢山城 高句麗營其西 靺鞨屯其東 攻擊浹旬 城中危懼 忽有大星落於賊營 又雷雨震擊 賊等疑駭 解圍而遁 初庾信聞賊圍城曰 人力旣竭 陰助可資 詣佛寺設壇祈禱 會有天變 皆謂至誠所感也 庾信嘗以中秋夜 領子弟立大門外 忽有人從西來 庾信知高句麗諜者 呼使之前曰 而國有底事乎 其人俯而不敢對 庾信曰 無畏也 但以實告 又不言 庾信告之曰 吾國王上不違天意 下不失人心 百姓欣然 皆樂其業 今爾見之 往告

而國人 遂慰迯之 麗人聞之曰 新羅雖小國 庾信爲相 不可輕也 六月 唐高宗皇帝遣將軍蘇定方等 征高句麗 入唐宿衛金仁問 受命來告兵期 兼諭出兵會伐 於是文武大王率庾信·仁問·文訓等 發大兵向高句麗 行次南川州 鎭守劉仁願以所領兵 自泗沘泛船 至鞋浦下陸 亦營於南川州 時有司報 前路有百濟殘賊 屯聚瓮山城 遮路不可直前 於是庾信以兵進而圍城 使人近城下 與賊將語曰 而國不虔 致大國之討 順命者賞 不順命者戮 今汝等獨守孤城 欲何爲乎 終必塗地 不如出降 非獨存命 富貴可期也 賊高聲唱曰 雖叢爾小城 兵食俱足 士卒義勇 寧爲死戰 誓不生降 庾信笑曰 窮鳥困獸 猶知自救 此之謂也 乃揮旗鳴鼓攻之 大王登高見戰士 涙語激勵之 士皆奮突 鋒刃不顧 九月二十七日 城陷 捉賊將戮之 放其民 論功賞賚將士 劉仁願亦分絹有差 於是饗士秣馬 欲往會唐兵 大王前遣太監文泉 移書蘇將軍 至是復命 遂傳定方之言曰 我受命 萬里涉滄海而討賊 艤舟海岸 旣踰月矣 大王軍士不至 粮道不繼 其危殆甚矣 王其圖之 大王問羣臣 如之何而可 皆言深入敵境輸粮 勢不得達矣 大王患之咨嗟 庾信前對曰 臣過叨恩遇 忝辱重寄 國家之事 雖死不避 今日是老臣盡節之日也 當向敵國 以副蘇將軍之意 大王前席 執其手下涙曰 得公賢弼 可以無憂 若今玆之役 罔愆于素 則公之功德 曷日可忘 庾信旣受命 至懸鼓岑之岫寺齋戒 卽靈室閉戶 獨坐焚香 累日夜而後出 私自喜曰 吾今之行 得不死矣 將行 王以手書告庾信 出疆之後 賞罰專之可也 十二月十日 與副將軍仁問·眞服·良圖等九將軍 率兵載粮 入高句麗之界 壬戌正月二十三日 至七重河 人皆恐懼 不敢先登 庾信曰 諸君若怕死 豈合來此 遂先自上船而濟 諸將卒相隨渡河 入高句麗之境 慮麗人要於大路 遂自險險以行 至於蒜壤 庾信與諸將士曰 麗濟二國 侵凌我疆場 賊害我人民 或虜丁壯以斬戮之 或俘幼少以奴使之者久矣 其可不痛乎 吾今所以不畏死赴難者 欲藉大國之力 滅二城 以雪國讐 誓心告天 以期陰助 而未知衆心如何 故言及之 若輕敵者 必成功而歸 若畏敵 則豈免其禽〔禽與擒通〕獲乎 宜同心協力 無不以一當百 是所望於諸公者也 諸將卒皆曰 願奉將軍之命 不敢有偸生之心 乃鼓行向平壤 路逢賊兵 逆擊克之 所得甲兵甚多 至獐塞之險 會天寒烈 人馬疲憊 往往僵仆 庾信露肩執鞭 策馬以前驅 衆人見之 努力奔走 出汗不敢言寒 遂過險 距平壤不遠 庾信曰 唐軍乏食窘迫 宜先報之 乃喚步騎監裂起曰 吾少與爾遊 知爾志節 今欲致意於蘇將軍 而難其人 汝可行否 裂起曰 吾雖不肖 濫中軍職 況辱將軍使令 雖死之日 猶生之年 遂與壯士仇近等十五人詣平壤 見蘇將軍曰 庾信等領兵致資粮 已達近境

定方喜以書謝之 庾信等行抵楊隩 見一老人問之 具悉敵國消息 賜之布帛 辭不受而去 庾信營楊隩 遣解漢語者仁問·良圖及子軍勝等 達唐營 以王旨餽軍糧 定方以食盡兵疲 不能力戰 及得粮 便廻唐 良圖以兵八百人泛海還國 時麗人伏兵欲要擊我軍於歸路 庾信以皷及桴繫群牛腰尾 使揮擊有聲 又積柴草燃之 使煙火不絕 夜牛潛行至瓢河 急渡岸休兵 麗人知之來追 庾信使萬弩俱發 麗軍且退 率勵諸幢將士分發 拒擊敗之 生禽將軍一人 斬首一萬餘級 王聞之 遣使勞之 及至賞賜封邑爵位有差 龍朔三年癸亥 百濟諸城潛圖興復 其渠師據豆率城 乞師於倭爲援助 大王親率庾信·仁問·天存·竹旨等將軍 以七月十七日征討 次熊津州 與鎭守劉仁願合兵 八月十三日 至于豆率城 百濟人與倭人出陣 我軍力戰大敗之 百濟與倭人皆降 大王謂倭人曰 惟我與爾國隔海分彊 未嘗交搆 但結好講和 聘問交通 何故今日與百濟同惡 以謀我國 今爾軍卒在我掌握之中 不忍殺之 爾其歸告爾王 任其所之 分兵擊諸城降之 唯任存城 地險城固 而又粮多 是以攻之三旬 不能下 士卒疲因肬兵 大王曰 今雖一城未下 而諸餘城保皆降 不可謂無功 乃振旅而還 冬十一月二十日 至京 賜庾信田五百結 其餘將卒賞賜有差

삼국사기 권 제43

열전(列傳) 제3

김유신(金庾信) 하(下)

김유신(金庾信) 하

　인덕(麟德) 원년(문무왕4년)인 갑자년(664) 봄 3월, 백제의 남은 군사들이 또 사비성에 모여 배반하니 웅주도독(熊州都督)이 휘하 군사를 풀어 여러 날을 공격하였으나 안개 때문에 사람과 물건을 분별치 못하였다. 이러므로 능히 싸울 수 없어 백산(伯山)을 시켜 유신에게 알리니 유신은 가만히 꾀를 일러주어 이기게 하였다. 문무왕 5년에 당 고종은 사신 양동벽(梁冬碧)·임지고(任智高) 등을 보내어 예방케 하고 겸하여 유신에게 봉상정경평양군개국공(奉常正卿平壤郡開國公)을 제수하고 식읍(食邑) 2,000호를 하사하였다. 6년에 당제는 칙지를 내려 유신의 아들 대아찬(大阿湌) 삼광(三光)을 불러들여 좌무위익부중랑장(左武衛翊府中郎將)으로 삼고 이어 숙위(宿衛)케 하였다.
　총장(摠章) 원년 무진년(668: 문무왕8년)에 당 고종은 영국공(英國公) 이적(李勣)을 시켜 군사를 일으켜 고구려를 치면서 우리에게도 군사를 징발하게 하였다. 문무왕(文武王)은 군사를 일으켜 부름에 응하기 위해 드디어 흠순(欽純)·인문(仁問)을 명하여 장군으로 삼았다. 흠순은 왕께 아뢰기를 "만약 유신과 동행하지 않으면 후회가 있을까 염려되옵니다" 하였다. 왕은 말하기를 "공들 세 신하는 나라의 보배요. 만약 모두 적의 땅으로 갔다가 혹시 예측하지 못할 일이 생겨 돌아오지 못한다면 어찌하란 말이오. 그러므로 유신을 머물러 나라를 지키게 하면 은연중 장성(長城)과 같아 끝내 근심이 없을 것이오" 하였다. 흠순은 유신의 아우요, 인문은 유신의 사위인 까닭으로 높이 섬기는 처지인지라 감히 반항하지는 못하였다. 이때 유신에게 와서 말하기를 "우리 둘이 아무 재간이 없는데 지금 대왕을 따라 예측하지 못할 위태로운 땅으로 가게 되었으니 어찌하오리까. 지시하여 주시기를 원하옵니다" 하였다. 유신의 대답이 "무릇 장수가 된 자는 나라의 간성(干城)이요 임금의 조아(爪牙)가 되어 시석(矢石) 사이에서 승부를 결단하는 것이므로, 반드시 위로는 천도(天道)를 얻고 아래로는 지리(地理)를 얻으며 중간으로는 인심을 얻은 연후라야 성공할 수 있는 것이다. 지금 우리나라는 충신으로써 존재하고 백제는 오만으로써 망하고 고구려는 교만으로써 위태한 지경이 되었다. 지금 만약 우리의 정직으로써 굽은 저들을 친다면 뜻대로 될 것인데, 하물며 대국의 밝으신 천자의 위력을 빌림에 있어서랴. 어서 가서 노력하여 네 맡은 일을 그르침이 없도록 하라"고 하였다. 두 사람은 절하며 "그 말씀을 받들어 실행하여 실수가 되지 않도록 하오리다" 말하였다.

문무왕은 영공(英公:이적)과 함께 평양을 격파한 다음 남한주(南漢州:한산주)를 돌아와서 여러 신하들에게 이르기를 "옛날 백제의 명농왕(明穠王:백제聖王)이 고리산(古利山:옥천)에 와서 우리 나라를 침범하였는데, 유신의 조부 각간 무력(武力)이 장수가 되어 들이쳐서 이김과 동시에 그 왕 및 재상 네 명과 병졸을 사로잡아 적을 막았다. 또 그 부친 서현(舒玄)은 양주(良州:梁山) 총관(摠管)이 되어, 자주 백제와 싸워 그 예기를 꺾어 국경을 침범하지 못하게 하였으므로 변방 백성이 농상(農桑)의 직업에 편안하였고 군신은 밤낮의 근심이 없게 하였다. 지금 유신이 부조의 업을 이어받아 사직(社稷)의 신하가 되어 밖을 나가면 장수요, 안에 들면 재상의 공적이 거룩하다. 만약 공의 일문(一門)에 의지하지 못했더라면 나라의 흥망을 알 수 없었을 것이다. 그에게 직위와 상을 어떻게 주어야 하겠느냐?"고 하였다.

여러 신하들이 "진실로 대왕의 생각하심과 같다" 하여 드디어 태대서발한(太大舒發翰)의 직을 제수하고 500호의 식읍을 봉하였다. 또 수레와 궤장을 하사함과 동시에 대전에 오를 적에 몸을 굽히지 말도록 하였다. 그리고 여러 무관들에게도 각각 한 계급씩 지위를 올려주었다. 이 해에 당제(唐帝:고종)는 이적의 공을 표창하고, 사신을 우리 나라에 보내어 군사를 내어 싸움(평양전)을 도와준 데 대하여 위로를 베풀었다. 또 금백(金帛)를 보내 주고 유신에게 조서(詔書)를 내려 칭찬함과 동시에 (당나라에) 들어와 입조하라는 유시까지 있었으나 가지 못하였다〔그 조서는 그 집에 전해오다가 5대손에 와서 유실되었다〕.

함형(咸亨: 원문 咸寧은 오기) 4년 계유년(673)은 문무대왕 13년인데, 봄에 요성(妖星)이 나타나고 지진마저 일어나 왕은 크게 걱정하였다. 유신은 나아가 아뢰기를 "지금의 이변(異變)은 그 액(厄)이 노신(老臣)에게 있을 뿐이요, 국가의 재앙은 아니오니 청컨대 대왕께서는 근심을 마시옵소서" 하였다. 대왕은 "만약 그렇다면 나의 가장 근심되는 것이오"라고 말하고 유사(有司)를 시켜 기도하게 하였다.

여름 6월에 어떤 사람이 본즉 군복을 입고 무기를 든 수십 명이, 유신의 집에서 울고 나오더니 이윽고 보이지 않았다는 소문이 있었다. 유신이 소문을 듣고 말하기를 "이것은 반드시 나를 두호해 주던 신병(神兵)일 것이다. 나의 복이 다함을 보고 떠난 것이니 나는 죽을 것이다" 하였다. 그 뒤 10여 일 지나서 병으로 눕게 되자, 왕은 친히 왕림하여 위문하였다. 유신이 말하기를 "신은 팔다리의 힘을 다하여 원수(元首: 王)를 받드는 것만이 소원이오나, 견마(犬馬)의 병이 이 지경에 이르렀으니 오늘 이후에는 다시 용안(龍顔)을 뵈옵지 못하겠습니다"고 말하였다.

왕은 울며 "나에게 경(卿)이 있는 것은 마치 고기에 물이 있는 것 같은데 만약 피치 못할 일이 생긴다면 이 백성을 어찌하며 이 나라를 어찌한단 말이오" 라고 말하였다. 유신은 "신같이 불초한 것이 어찌 국가에 이익을 드렸겠사옵니까. 다행한 것은 밝으신 주상께서 쓰시며 의심치 않고, 맡기며 변함이 없었기 때문에 왕의 밝으심에 의지하여 하찮은 공을 이루어 삼한(三韓)이 한집이 되고 백성은 두 마음이 없게 되었으니, 비록 태평까지는 이르지 못하였으나 겨우 소강(小康)이라고는 할 수 있습니다. 신은 예로부터 대위를 계승하는 임금이 처음은 잘하지 않는 이 없지만 끝까지 마치는 일이 적어서 누대의 공적을 하루아침에 무너뜨리게 됨을 볼 때 매우 통탄스러웠습니다. 원하건대 전하께서는 성공이 쉽지 않다는 것을 아시므로 수성(守成)도 어렵다는 것을 염려하시어 소인(小人)을 멀리하시고 군자(君子)를 친근히 하시며, 조정은 위에서 평화롭고 백성은 아래에서 안정하여 재앙과 난리가 일어나지 않고 국가의 기업(基業)이 무궁하게만 된다면 신은 죽어도 유감이 없겠사옵니다" 하였다.

왕은 울면서 이 말을 받아들였다. 그해 가을 7월 1일, 유신이 사제(私第)의 내실(內室)에서 죽으니 나이 79세였다. 왕은 부음(訃音)을 듣고 애통해 하며 채백(彩帛) 1,000필과 벼 2,000섬을 부조하여 상사(喪事)에 쓰게 하였다. 그리고 군악 고취수(鼓吹手) 100명을 주어 금산 벌에 나가 장사지내게 하고, 유사(有司)를 시켜 비(碑)를 세워 공명(功名)을 기록하게 하고, 또 거기서 거주할 민가를 정하여 묘소를 지키게 하였다. 그의 아내 지소부인(智炤夫人)은 태종왕의 셋째 딸이다. 아들 5형제를 낳았으니 장남은 이찬 삼광(三光)이요, 다음은 소판 원술(元述)이요, 다음은 해간(海干) 원정(元貞)이요, 다음은 대아찬 장이(長耳)요, 다음 원망(元望)도 대아찬이다. 딸이 4명이며 또 서자인 아찬 군승(軍勝)은 그 어머니의 성씨를 모른다. 뒤에 지소부인은 머리를 깎고 베옷 입고 비구니(比丘尼)가 되었다.

이에 대왕은 여러 신하들에게 이르기를 "지금 중외(中外)가 평안하여 군신이 베개를 높이 베고 근심없이 지내는 것은 바로 태대각간(太大角干:유신)의 공이다. 부인도 그의 어진 아내로서 서로 깨우쳐 가며 내조한 공이 컸으므로 나는 그 덕택을 보답코자 하면서 하루도 마음에 잊은 적이 없다. 남성(南城)에서 거두는 벼 1,000섬을 해마다 내리도록 하라" 하였다. 뒤에 흥덕왕(興德王)이 공(公)을 봉하여 흥무대왕(興武大王)이라 하였다.

처음 법민왕(法敏王:문무왕)이 고구려의 반도(叛徒)을 받아들이고 또 백제의 옛땅을 점령하여 차지하니, 당 고종이 크게 노하여 군사를 보내어 토벌케 하였다. 그리하여 당군은 말갈병과 함께 석문(石門)의 들에 진영을 만들고, 왕은 장군 의복(義福)·춘장(春長) 등을 보내어 방어케 하였는데, 대방(帶方)의 들에 군영을 설치하였다.

이때 장창당(長槍幢:長槍部隊)만은 유독 영을 따로 설치하고 있다가, 당병(唐兵) 3,000여 명을 붙들어 대장군의 진영으로 보냈다. 이에 여러 당(幢:군영)에서 일제히 말하기를 "장창영(長槍營)이 따로 있다가 공을 이루었으니 반드시 후한 상을 얻을 것이다. 우리가 모여 있는 것은 한갓 수고로울 뿐이다" 하고 드디어 각각 군사를 갈라 분산하였다. 당병 및 말갈병들이 그들이 진을 치기도 전에 공격하여 크게 무너뜨렸다. 장군 효천(曉川)과 의문(義文) 등이 죽었다.

유신의 아들 원술이 비장(裨將)이 되어 역시 전사하려 하니, 그의 보좌 담릉(淡凌)이 만류하며 이르기를 "대장부는 죽는 것이 어려운 것이 아니요, 죽음을 택하는 것이 어려운 일이니, 만일 죽어 이루어짐이 없을 바에는 살아서 훗날에 공을 도모함 같지 못합니다" 하였다. 원술의 대답이 "남아는 구차히 살려고 아니한다. 장차 무슨 면목으로 우리 부친을 뵙겠는가?" 하고 바로 말에 채찍을 가하여 달려가려 하였으나, 담릉은 말고삐를 잡고 놓지 아니하므로 드디어 죽지 못하였다. 상장군(上將軍 : 義編·春長 등)을 따라 무이령(蕪荑嶺 : 지금의 김천)을 벗어나니 당병이 뒤를 추격하였다.

거열주(居烈州 : 지금의 거창) 대감(大監) 일길간 아진함(阿珍含)이 상장군에게 말하기를 "공(公) 등은 힘을 다하여 속히 떠나도록 하라. 내 나이는 벌써 70이니 앞으로 산다 한들 얼마나 살겠는가. 지금이야말로 바로 내가 죽을 날(日)이다" 하고 문득 창을 비껴들고 진중으로 돌입하여 전사하였는데, 그 아들 역시 뒤따라 죽었다.

대장군 등이 남모르게 조용히 서울(慶州)로 들어왔다. 왕이 소식을 듣고 유신에게 묻기를 "군사가 이같이 무너졌으니 어찌 하오" 하자 유신은 아뢰기를 "당나라 사람들의 꾀는 측량할 수 없으니 장병들을 시켜 긴요한 곳을 지키게 해야 합니다. 다만 원술이 왕의 명령을 욕되게 하였을 뿐 아니라 가훈마저 저버렸으니 베어야 옳습니다" 하였다. 왕이 말하기를 "원술은 비장인데 그에게만 중한 형벌을 내릴 수는 없소" 하고 용서하였다.

원술은 부끄럽고 두려워서 감히 아버지를 뵙지 못하고 전원에 숨어 있다가 아버지가 세상을 떠난 뒤에 어머니를 뵙기를 원하였다. 그 어머니가 말하기를 "부인은 삼종(三從)의 의(義)가 있는데 지금 과부가 되었으니 마땅히 자식을 따를 것이나, 원술 같은 자는 이미 아비에게 자식 노릇을 하지 못하였으니 내가 어찌 그 어미가 될 수 있겠느냐" 하면서 만나 주지 않았다. 원술은 통곡하고 몸부림치며 차마 떠나지 못하였다. 부인이 끝내 만나 주지 않으므로 원술은 탄식하며 "담릉 때문에 신세를 그르쳐 이 지경에 이르렀다" 하고 태백산으로 들어갔다.

을해년(675) 문무왕 15년에 당병이 와서 매소천성(買蘇川城 : 楊州)을 공격하였다. 원술은 그 소식을 듣고 예전의 부끄러움을 씻으려 힘껏 싸워 공을 세우고 상까지 받았다. 그러나 부모에게 용납되지 못한 것을 한스럽게 여기어 벼슬하지 않은 채 세상을 마쳤다.

적손(嫡孫) 윤중(允中)은 성덕왕 대에 벼슬하여 대아찬이 되었고 자주 왕의 은고(恩顧)를 받으니 왕의 친척들이 자못 시기하였다.

때마침 8월 보름날이었다. 왕은 월성(月城) 봉우리에 올라 멀리 바라보며 시종관과 함께 술을 놓고 즐기다가 윤중을 불러 오라고 명령하였다. 이때 간하는 자가 있어 말하기를 "지금 종실이나 척속에 좋은 사람이 없는 것도 아닌데 유독 멀고 생소한 신하를 부르십니까? 또 이것이 어찌 이른바 친(親)한 이를 친히 한다는 것이오리까?" 하였다. 왕은 말하기를 "지금 내가 그대들과 함께 평안 무사하게 지내는 것은 윤중의 조부 덕분이다. 만약 그대의 말과 같이 하여 잊어버린다면 선(善)한 이를 선(善)히 하여 그 자손에까지 미친다는 의(義)에서 벗어나는 일이다" 하였다. 드디어 윤중에게 가까운 자리에 앉게 하고 그 조부의 평생 일을 이야기하였다. 해가 저물어 윤중이 물러갈 것을 고하자 절영산마(絶影山馬) 한 필을 하사하니 여러 신하들은 실망할 따름이었다.

개원(開元: 당 현종의 연호) 21년 계유년(733: 성덕왕 32년)에 당나라에서 사신을 보내어 교서로 유시하기를 "말갈·발해가 겉으로는 번방(蕃邦)이라 칭하면서 속으로 교활성을 품고 있으므로 지금 군사를 내어 죄를 묻고자 하니, 그대도 군사를 일으켜 서로 지원이 되어야 한다. 듣건대 옛장수 김유신의 손자 윤중이 있다고 하니 모름지기 이 사람을 승차하여 장수를 삼도록 하라" 하고 윤중에게 약간의 금백를 하사하였다. 이에 왕은 윤중의 아우 윤문(允文) 등 네 장군을 시켜 군사를 거느리고 가서 당병과 만나 발해를 치게 하였다.

윤중의 서손 암(巖)이 천성이 총명하고 민첩하여 방술(方術) 익히기를 좋아하였다. 젊어서 이찬이 되어 당에 들어가 숙위(宿衛)로 있으면서 간혹 스승께 나아가 음양가(陰陽家)의 법을 배워 하나를 들으면 세 가지를 미루어 알았다. 그리하여 서서 둔갑하는 법을 스스로 저술하여 스승에게 바쳤다. 스승은 말 없이 보고서 "그대의 명견달식(明見達識)이 이에 이르를 것은 생각지 못했다. 이제부터는 감히 제자로써 대접하지 않겠다"고 하였다. 혜공왕 때 본국으로 돌아와 사천대박사(司天大博士)가 되고, 양(良)·강(康)·한(漢) 3주의 태수를 지냈으며, 다시 집사시랑(執事侍郞), 패강진두상(浿江鎭頭上)이 되었다. 이르는 곳마다 마음을 다하여 백성을 돌보고 공무의 여가에 육진(六陣)의 병법(兵法)을 가르치니 사람들이 모두 편하게 여겼다. 일찍이 황충(蝗蟲)이 일어 패강의 경계까지 이르도록 우글우글 들을 덮으니 백성이 근심하고 두려워하였다. 이때 암이 산마루에 올라 향을 피우며 하늘에 빌자 문득 비바람이 크게 일며 황충이 다 죽어 버렸다.

14년에 김암은 왕명을 받들고 일본국을 예방하였다. 그때 일본국 국왕이 그의 현명함을 듣고 억지로 머물러 있게 하다가 당의 사신 고학림(高鶴林)이 와서 암을 보고 매우 기뻐하므로, 왜인들은 암이 대국까지 알려져 있는 인물임을 인정하고서 감히 더 만류하지 못하자 이내 돌아왔다.

여름 4월에 회오리바람이 불어 유신의 묘소로부터 시조대왕의 능소에 이르기까지 티끌과 안개가 자욱하여 사람을 분별치 못하였다. 능소를 지키는 사람이 듣자니 그 속에서 울며 한탄하는 소리가 나는 듯하였다. 혜공왕(惠恭王)은 이를 듣고 두려워하여 대신을 보내어 제사를 올려 사과하고, 취선사(鷲仙寺)에 밭(田) 30결을 바쳐 명복을 빌게 하였다. 이 절은 유신이 고구려·백제를 평정하고 세운 것이다. 유신의 현손(玄孫)으로 신라 집사랑(執事郞)인 장청(長淸)이 유신의 행록(行錄) 10권을 지어 세상에 내놓았으나, 잘못 만들어 넣은 말이 많으므로 일부 깎아 버리고 쓸 수 있는 것만을 취하여 전(傳)을 만들었다.

사신(史臣)은 논한다.

당의 이강(李絳)은 헌종께 아뢰기를 "간사하고 말재주 있는 자를 멀리하고 충성스럽고 바른 자를 진출시키며, 대신과 말할 적에는 공경과 진실로 하고 소인을 참여시키지 말 것이며, 어진이와 사귈 적에는 친히 하되 예를 지키며, 불초한 자가 깊이 끼어들지 못하도록 하시옵소서" 하였다. 이말이야말로 성실한 말인 동시에 실로 임금이 되는 필요한 도리이다. 그러므로 서경(書經)에 "어진이를 맡기면 바꾸지 말고, 간사한 자를 버리는 데 있어서는 의심치 말라" 하였다. 신라 왕이 유신을 대우하는 것을 보면 친근하여 간격이 없고, 위임하여 의심치 않으며, 그 계교를 시행하고 그 말하는 바를 들어서 쓰지 않는다고 원망하지 않게 하였으니, 실로 저 주역(周易) 몽(蒙) 괘의 육오동몽(六五童蒙)의 길한 것을 체득하였다 할 만하다. 그러므로 유신이 그 뜻한 바를 펼 수 있게 되어 대국과 협의하여 삼국을 합쳐 한나라를 만들고 능히 공명(功名)으로써 일생을 끝마쳤다. 비록 을지문덕(乙支文德)의 지략과 장보고(張保皐)의 의용(義勇)이 있었어도 중국의 서적이 아니었다면 다 사라지고 소문조차 없었을 것이다. 유신 같은 이는 세상 사람들이 칭송하여 지금까지 잊혀지지 않았으며, 사대부(士大夫)가 알고 있다는 것은 그렇다 할지라도 추동목수(蒭童牧豎 : 꼴 베는 아이와 목동)까지도 아는 것을 보면 그의 사람됨에 반드시 남보다 다른 점이 있기 때문이다.

三國史記 卷 第四十三

列傳 第三 金庾信 下

麟德元年甲子三〔甲子三 據本紀補闕〕月 百濟餘衆又聚泗沘城 反叛 熊州都督發所管兵士 攻之累日 霧塞不辨人物 是故不能戰 使伯山來告之 庾信授之陰謀以克之 麟德二年 高宗遣使梁冬碧·任智高等 來聘 兼册庾信奉常正卿平壤郡開國公食邑二千戶 乾封元年 皇帝勅召 庾信長子大阿湌三光 爲左武衛翊府中郎將 仍令宿衛 摠章元年戊辰 唐高宗皇帝遣英國公李勣 興師伐高句麗 遂徵兵於我 文武大王欲出兵應之 遂命欽純·仁問爲將軍 欽純告王曰 若不與庾信同行 恐有後悔 王曰 公等三臣國之寶也 若摠向敵場 儻有不虞之事 而不得歸 則其如國何 故欲留庾信守國 則隱然若長城 終無憂矣 欽純 庾信之弟 仁問 庾信之外甥 故尊事之 不敢抗 至是告庾信曰 吾等不材 今從大王就不測之地 爲之柰何 願有所指誨 答曰 夫爲將者 作國之干城 君之爪牙 決勝否於矢石之間 必上得天道 下得地理 中得人心 然後可得成功 今我國以忠信而存 百濟以傲慢而亡 高句麗以驕滿而殆 今若以我之直 擊彼之曲 可以得志 況憑大國明天子之威稜哉 往矣 勉焉 無墮乃事 二公拜曰 奉以周旋 不敢失墮 文武大王旣與英公破平壤 還到南漢州 謂群臣曰 昔者百濟明禮王在古利山 謀侵我國 庾信之祖武力角干爲將逆擊之 乘勝俘其王及宰相四人與士卒 以折其衝 又其父舒玄爲良州摠管 屢與百濟戰 挫其銳 使不得犯境 故邊民安農桑之業 君臣茂宵旰之憂 今庾信承祖考之業 爲社稷之臣 出將入相 功績茂焉 若不倚賴公之一門 國之興亡未可知也 其於職賞宜如何也 群臣曰 誠如王旨 於是授太大舒發翰之職 食邑五百戶 仍賜輿杖 上殿不趨 其諸寮佐各賜位一級 摠章元年 唐皇帝旣策英公之功 遂遣使宣慰 濟師助戰

兼賜金帛 亦授詔書於庾信 以褒獎之 且諭入朝而不果行 其詔書傳於家 至五世孫失焉 咸寧〔寧 當作亨〕四年癸酉 是文武大王十三年春 妖星見 地震 大王憂之 庾信進曰 今之變異 厄在老臣 非國家之災也 王請勿憂 大王曰 若此則寡人所甚憂也 命有司祈禳之 夏六月 人或見戎服持兵器數十人 自庾信宅泣而去 俄而不見 庾信聞之曰 此必陰兵護我者 見我福盡 是以去 吾其死矣 後旬有餘日寢疾 大王親臨慰問 庾信曰 臣願竭股肱之力 以奉元首 而犬馬之疾至此 今日之後 不復再見龍顏矣 大王泣曰 寡人之有卿 如魚有水 若有不可諱 其如人民何 其如社稷何 庾信對曰 臣愚不肖豈能有益於國家 所幸者 明上用之不疑 任之勿貳 故得攀附王明 成尺寸功 三韓爲一家 百姓無二心 雖未至太平 亦可謂小康 臣觀自古繼體之君 靡不有初 鮮克有終 累世功績 一朝墮廢 甚可痛也 伏願殿下知成功之不易 念守成之亦難 疏遠小人 親近君子 使朝廷和於上 民物安於下 禍亂不作 基業無窮 則臣死且無憾 王泣而受之 至秋七月一日 薨于私第之正寢 享年七十有九 大王聞訃震慟 贈賻彩帛一千匹 租二千石 以供喪事 給軍樂鼓吹一百人 出葬于金山原 命有司立碑 以紀功名 又定入民戶以守墓焉 妻智炤夫人 太宗大王第三女也 生子五人 長曰三光伊飡 次曰述蘇判 次元貞海干 次長耳大阿飡 次元望大阿飡 女子四人 又庶子軍勝阿飡 失其母姓氏 後智炤夫人落髮 衣褐爲比丘尼 時大王謂夫人曰 今中外平安 君臣高枕而無憂者 是太大角干之賜也 惟夫人宜其室家 儆誡相成 陰功茂焉 寡人欲報之德 未嘗一日忘于心 其餽南城租每年一千石 後興德大王封公爲興武大王 初法敏王納高句麗叛衆 又據百濟故地有之 唐高宗大怒 遣師來討 唐軍與靺鞨營於石門之野 王遣將軍義福・春長等禦之 營於帶方之野 時長槍幢獨別營 遇唐兵三千餘人 捉送大將軍之營 於是諸幢共言 長槍營獨處成功 必得厚賞 吾等不宜屯聚・徒自勞耳 遂各別兵分散 唐兵與靺鞨乘其未陣擊之 吾人大敗 將軍曉川・義文等死之 庾信子元述爲裨將 亦欲戰死 其佐淡凌止之曰 大丈夫非死之難 處死之爲難也 若死而無成 不若生而圖後效 答曰 男兒不苟生 將何面目以見吾父乎 便欲策馬而走 淡凌攬轡不放 遂不能死 隨上將軍出蕪荑嶺 唐兵追及之 居烈州大監阿珍含一吉干謂上將軍曰 公等努力速去 吾年已七十 能得幾時活也 此時是吾死日也 便橫戟突陣而死 其子亦隨而死 大將軍等微行入京 大王聞之 問庾信曰 軍敗如此奈何 對曰 唐人之謀不可測也 宜使將卒各守要害 但元述不惟辱王命 而亦負家訓 可斬也 大王曰 元述裨將 不可獨施重刑 乃赦之 元述慙懼 不敢見父 隱遁於田園 至父薨後 求見母氏 母氏

曰 婦人有三從之義 今旣寡矣 宜從於子 若元述者 旣不得爲子於先君 吾焉得爲其母乎 遂不見之 元述慟哭擗踊而不能去 夫人終不見焉 元述嘆曰 爲淡凌所誤 至於此極 乃入太伯山 至乙亥年 唐兵來攻買蘇川城 元述聞之 欲死之以雪前恥 遂力戰有功賞 以不容於父母 憤恨不仕 以終其身 嫡孫允中仕聖德大王 爲大阿飡 屢承恩顧 王之親屬頗嫉妬之 時屬仲秋之望 王登月城岑頭眺望 乃與侍從官置酒以娛 命喚允中 有諫者曰 今宗室戚里豈無好人 而獨召疏遠之臣 豈所謂親親者乎 王曰 今寡人與卿等安平無事者 允中祖之德也 若如公言忘棄之 則非善善及子孫之義也 遂賜允中密坐 言及其祖平生 日晚告退 賜絕影山馬一匹 群臣覿望而已 開元二十一年 大唐遣使教諭曰 靺鞨渤海 外稱藩翰 內懷狡猾 今欲出兵問罪 卿亦發兵相爲掎角 聞有舊將金庾信孫允中 須差此人爲將 仍賜允中金帛若干 於是大王命允中弟允文等四將軍 率兵會唐兵 伐渤海 允中庶孫巖 性聰敏 好習方術 少壯爲伊飡 入唐宿衛 間就師 學陰陽家法 聞一隅 則反之以三隅 自述遁甲立成之法 呈於其師 師憮然曰 不圖吾子之明達 至於此也 從是而後 不敢以弟子待之 大曆中 還國 爲司天大博士 歷良康漢三州太守 復爲執事侍郞·浿江鎭頭上 所至盡心撫字 三務之餘 敎之以六陣兵法 人皆便之 嘗有蝗蟲 自西入浿江之界 蠢然蔽野 百姓憂懼 巖登山頂 焚香祈天 忽風雨大作 蝗蟲盡死 大曆十四年己未 受命聘日本國 其國王知其賢 欲勒留之 會大唐使臣高鶴林來 相見甚懽 倭人認巖爲大國所知 故不敢留 乃還 夏四月 旋風坌起 自庾信墓至始祖大王之陵 塵霧暗冥 不辨人物 守陵人聞 其中若有哭泣悲嘆之聲 惠恭大王聞之恐懼 遣大臣致祭謝過 仍於鷲仙寺納田三十結 以資冥福 是寺庾信平麗濟二國 所營立也 庾信玄孫 新羅執事郞長淸作行錄十卷 行於世 頗多釀辭 故刪落之 取其可書者爲之傳

論曰 唐李絳對憲宗曰 遠邪佞·進忠直 與大臣言 敬而信 無使小人參焉 與賢者遊 親而禮 無使不肖預焉 誠哉斯言也 實爲君之要道也 故書曰 任賢勿貳 去邪勿疑 觀夫新羅之待庾信也 親近而無間 委任而不貳 謀行言聽 不使怨乎不以 可謂得六五童蒙之吉 故庾信得以行其志 與上國協謀 合三土爲一家 能以功各終焉 雖有乙支文德之智略 張保皐之義勇 微中國之書 則泯滅而無聞 若庾信則鄕人稱頌之 至今不亡 士大夫知之可也 至於芻童牧豎亦能知之 則其爲人也 必有以異於人矣

삼국사기 권 제44

열전(列傳) 제4

을지문덕(乙支文德), 거칠부(居柒夫), 거도(居道), 이사부(異斯夫), 김인문(金仁問), 김양(金陽), 흑치상지(黑齒常之), 장보고(張保皐), 정년(鄭年), 사다함(斯多含)

을지문덕(乙支文德)

고구려 을지문덕(乙支文德)은 그 세계(世系)가 자세하지 않다. 자질이 침착하고 굳세며 지략이 있고 겸하여 글짓는 법도 알았다. 수(隋) 개황(開皇: 大業의 잘못) 연간(영양왕 23년)에 수(隋) 양제(煬帝)가 조서를 내려 고구려를 정벌키로 하였으니 좌익위대장군(左翊衛大將軍) 우문술(宇文述)은 부여도(扶餘道)로 나오고, 우익위대장군(右翊衛大將軍) 우중문(于仲文)은 낙랑도(樂浪道)로 나와서 9군(九軍)과 함께 압록수(鴨綠水)에 당도하였다. 문덕은 왕명을 받들고 그들의 진영에 나아가 거짓 항복하였으니 실은 그들의 허실을 관찰코자 함이었다. 우문술과 우중문은 먼저, 만약 고구려 왕이나 문덕이 오거든 잡아 두라는 밀지(密旨)를 받은 바 있었다. 중문 등이 장차 억류해 둘 생각이었는데 상서우승(尙書右丞) 유사룡(劉士龍)이 위무사(慰撫使)가 되어 와서 굳이 말리므로 드디어 문덕을 돌려보냈다. 그러나 중문 등은 이를 깊이 후회하여 사람을 시켜 문덕을 꾀기를, 의논할 일이 있으니 다시 와주었으면 좋겠다고 하였다. 문덕은 뒤를 돌아보지 않고 압록강을 건너 본국으로 돌아왔다.

우문술과 우중문은 문덕을 놓치고 마음이 편치 않았다. 우문술은 군량이다 떨어져 가므로 돌아가려 하였다. 이때 우중문은 "정예(精銳) 부대를 시켜 문덕을 쫓으면 성공할 수 있다"고 하였다. 우문술이 말리자 중문은 노하여 말하기를 "장군이 10만 병력을 가지고 조그마한 적조차 부수지 못한다면 무슨 낯으로 황제를 뵙겠소" 하였다. 우문술 등은 마지못해 압록강을 건너 쫓아갔다. 을지문덕은 수의 군사가 주린 기색이 있음을 보고 피곤하게 할 셈으로 싸우면서 일부러 패하는 척하였다. 그리하여 우문술 등은 하루 동안 일곱 번 싸워 모두 이기게 되었다. 이같이 빨리 이긴 것을 믿고 또 여러 의논에 떠밀려 드디어 동으로 나아가 살수(薩水)를 건너 평양성(平壤城)과 30리 떨어져 있는 산까지 와서 진영을 설치하였다. 을지문덕은 우중문에게 시를 지어 보냈다.

신책(神策)은 천문을 궁구(窮究)하였고
묘산(妙算)은 지리(地理)를 궁리하였네.
싸움을 이기어 공이 높으니
만족을 느끼고 그쳐 주소서.

이에 우중문이 답장을 보내어 효유하였다. 을지문덕이 또 사자를 보내어 거짓 항복하고 우문술에게 청하기를 "만약 군사를 돌이키면 당장 왕을 모시고 행재소(行在所 : 隋主의 臨時居所)에 가서 인사올리겠습니다" 하였다. 우문술은 군사가 피곤하여 다시 싸울 수도 없다고 보고, 또 평양성이 험하고 굳어서 당장 함락시키기는 어려우므로 드디어 그 말을 기회삼아 돌아가면서 방진(方陣)을 만들어 행군하였다. 을지문덕이 군사를 내어 사면으로 공격하였다. 우문술은 한편으로 싸우면서 한편으로 행군하여 살수에 이르렀다. 군사가 절반쯤 건넜는데 을지문덕이 군사를 내쳐 그 후군을 맹격하더니 우둔위장군(右屯衛將軍) 신세웅(辛世雄)을 죽였다. 그러자 제군(諸軍)이 모두 무너져 걷잡을 수 없었다. 9군(九軍) 장병들이 달아나 하루 낮 하루 밤 사이에 압록수에 당도하였다. 무릇 450리를 걸은 셈이다. 처음 요수(遼水)를 건널 적에 9군은 30만 5,000명이었는데 요동성(遼東城)으로 되돌아왔을 때는 고작 2,700명이었다.

사신은 논한다.

양제의 요동 싸움에 군사를 일으킨 그 성대함은 전고(前古)에 없었던 일이나, 고구려는 한 편방(偏方)의 소국으로 감히 항거하여 스스로를 보호했을 뿐 아니라 상대의 군사까지 거의 다 없앴으니 이것은 을지문덕 한 사람의 힘이다. 전(傳)에 이르기를 "군자(君子)가 있지 않으면 나라 구실을 하겠느냐" 하였으니 진실한 말이다.

거칠부(居柒夫)

신라 거칠부(居柒夫 : 혹은 황종(荒宗))는 성이 김씨(金氏)요 내물왕(奈勿王)의 5세손이다. 할아버지는 각간 잉숙(仍宿)이요, 아버지는 이찬 물력(勿力)이다. 거칠부는 젊어서부터 세속에 얽매이지 않는 원대한 뜻이 있어 머리를 깎고 승려가 되어 사방을 유람하였다. 문득 고구려를 엿보려고 그 지경에 들어갔다가 법사(法師) 혜량(惠亮)이 법당을 열고 경을 설명한다는 말을 듣고 드디어 나아가 불경에 대한 강론을 들었다.

하루는 혜량이 묻기를 "사미(沙彌)는 어디서 왔느냐" 하니 거칠부는 "저는 신라 사람입니다" 라고 대답하였다. 그날 저녁에 법사가 불러들여 손을 잡고 가만히 말하기를 "내가 사람을 많이 겪었다. 네 얼굴을 보니 단정코 범상치가 않다. 아마두 딴 생각이 있는 것이 아니냐"고 하니, 거칠부는 대답하기를 "저는 변방에서 태어나 도리(道理)를 들어 보지 못했으므로 스님의 덕망을 듣고 와서 문하에 엎드린 것입니다. 원컨대 스님은 거절 마시고 어두운 소견을 깨우쳐 주시옵소서" 하였다. 스님이 말하기를 "노승이 불민하지만 그대를 능히 알아보겠다. 나라는 비록 작으나 그렇다고 사람을 알아보는 자가 없다고 여겨서는 안된다. 그대가 잡힐까 염려되기 때문에 일러 주는 것이니 빨리 돌아가는 것이 좋겠다"고 하였다.

거칠부가 떠나려고 하자, 스님은 또 말하기를 "너의 상이 제비 턱에 매 눈이라, 장차 반드시 장수가 될 것이니, 만약 군사를 거느리고 여기 오게 되거든 행여 나에게 해는 끼치지 말라"고 하였다. 거칠부는 "만약 스님 말씀과 같이 된다면, 어떻게 스님과 즐거움을 함께 않겠습니까. 저 해를 두고 맹세하겠습니다"라고 대답하고 드디어 본국으로 돌아왔다. 그는 본디대로 돌아와 벼슬을 하여 대아찬에 이르렀다.

진흥왕 6년 을축년(554)에 조정의 명령을 받들어 여러 문사들을 모아 국사를 편수(編修)하고 관직이 파진찬으로 올라갔다. 12년 신미년(560)에 왕은 거칠부 및 대각찬(大角湌) 구진(仇珍), 각찬(角湌) 비태(比台), 잡찬(迊湌) 탐지(耽知)·비서(非西), 파진찬(波珍湌) 노부(奴夫)·서력부(西力夫), 대아찬(大阿湌) 비차부(比次夫), 아찬(阿湌) 미진부(未珍夫) 등 8명의 장군을 시켜 백제와 함께 고구려를 침범케 하였다. 그리하여 백제 군사는 먼저 평양을 격파하고, 거칠부 등은 승세를 타고 죽령(竹嶺) 이북 고현(高峴 : 鐵嶺) 이내의 10개 군(郡)을 빼앗았다.

　이 때 법사 혜량(惠亮)은 문도를 거느리고 노상에 나와 있었다. 거칠부는 말에서 내려 군례로써 읍하고 앞에 나아가 말하기를 "지난해 유학하던 날에 법사의 은혜를 입어 목숨을 보전하였는데, 지금 뜻밖에 만나 뵈오니 무엇으로 보답할지 알지 못하겠나이다" 하였다. 혜량이 대답하기를 "지금 우리 나라(고구려) 정치가 혼란하여 멸망할 날이 머지않으니 귀국(신라)으로 데려가 주기를 원합니다" 라고 하였다. 이에 거칠부는 수레에 같이 타고 돌아와 왕에게 뵈니 왕은 그를 승통(僧統)으로 삼고 비로소 백좌강회(百座講會)와 팔관법회(八關法會)를 열었다.

　진지왕(眞智王) 원년에 거칠부는 상대등(上大等)이 되어 군국(軍國)의 사무를 자임(自任)하다가 늙어서 집에서 죽었다. 나이는 78세였다.

거도(居道)

　신라 거도(居道)는 그의 족성(族性)이 실전(失傳)되어 어느 곳 사람인지 알 수 없다. 탈해이사금(脫解尼師今) 대에 벼슬하여 간(干)이 되었다. 그때에 우시산국(于尸山國 : 지금 울산)과 거칠산국(居柒山國 : 지금 東萊)이 이웃 경계에 있어 자못 나라의 근심거리가 되었다. 거도는 변관(邊官)이 되어 몰래 (이웃 두 나라를) 병탄(幷呑)할 뜻을 품고, 해마다 한 번씩 장토(張吐 : 지금의 月城郡 甘浦面인 듯) 들에 말 떼를 모아 놓고 병사(兵士)들을 시켜 타고 달려 즐겨 놀게 하니, 한때 사람들은 그를 보고 '마숙(馬叔)'이라 칭하였다. 양국 사람들이 눈으로 익히 본 일이라서 신라에서 보통 있는 일이라 여기고 괴이하게 여기지 않았다. 이에 거도는 병마(兵馬)를 일으켜 불의에 공격하여 두 나라를 없앴다.

이사부(異斯夫)

 신라 이사부(異斯夫 : 혹은 태종(苔宗))의 성은 김씨요 내물왕(奈勿王)의 4세손이다. 지도로왕(智度路王 : 智證王) 때에 연변(沿邊)의 관장(官長)이 되어 거도(居道)의 권모(權謀)를 본떠 말놀이로써 가야(加耶 : 혹은 가라(加羅))를 속여 빼앗았다. (智證王) 13년 임진년(512)에 아슬라주(阿瑟羅州) 군주(軍主)가 되어 우산국(于山國 : 지금의 울릉도)을 병합하려 했는데, 그 나라 사람들이 미련하고 사나워 위력으로 항복받기는 어려우니 꾀로 항복받을 수밖에 없다고 여겼다. 이에 나무를 깎아 사자(獅子)의 형상을 만들어 전선(戰船)에 싣고 그 나라의 해안으로 접근해 가서 거짓 말하기를 "너희가 만약 항복하지 않는다면 이 맹수를 놓아 너희를 밟아 죽이게 하리라" 하였다. 그 나라 사람들이 겁내어 바로 항복하였다.
 태보(太寶 : 梁簡文帝) 원년, 즉 진흥왕(眞興王) 11년 경오년(550)에 백제가 고구려 도살성(道薩城 : 지금의 천안)을 빼앗자, 고구려는 백제의 금현성(金峴城 : 지금의 전의 금성산)을 함락시켰다. 왕은 양국의 군사가 피곤한 틈을 타서 이사부를 시켜 군사를 내어 치게 하여 두 성을 빼앗아 증축하고 군사를 머물러 지키게 하였다. 이때에 고구려는 군사를 보내어 금현성을 공격하다가 이기지 못하고 돌아가니, 이사부는 추격하여 크게 승리하였다.

김인문(金仁問)

 신라 김인문(金仁問)의 자(字)는 인수(仁壽)이니 태종대왕(太宗大王)의 둘째아들이다. 어려서 학문 길에 나아가 유가(儒家) 서적을 많이 읽고 겸하여 장(莊)·노(老)·부도(浮屠 : 佛)의 학설에 통하고, 또 예서(隸書)·사(射)·어(御)·향악(鄕樂)을 잘하여 예술과 예행(藝行)에 익숙했고 식견과 도량이 넓어 세상 사람들이 추대하였다. 영휘(永徽 : 당 고종 연호) 2년, 즉 진덕왕 5년 신해년(651)에 김인문은 23세의 나이로 왕명을 받아 당에 들어가 숙위(宿衛)하였다. 당 고종(高宗)은 그가 바다를 건너 내조(來朝)한 충성이 가상하다고 여겨 좌령군위장군(左領軍衛將軍)을 특별히 제수하고, (영휘) 4년에 조서를 내려 귀국 근친(覲親)할 것을 허락하여 본국에 돌아오니 태종대왕이 압독주

(押督州 : 지금의 경산군) 총관(摠管)을 제수하였다. 이에 그가 장산성(獐山城)을 쌓아 방비를 튼튼하게 다지니, 태종은 그 공을 기록하고 식읍 300호를 내렸다.

이때 신라는 번번이 백제의 침공을 받았으므로, 왕은 당병(唐兵)의 원조를 얻어 그 수치를 씻고자 숙위하러 가는 김인문을 통해 군사를 청하려 하였다.

때마침 (당) 고종은 소정방(蘇定方)을 신구도대총관(神丘道大摠管)으로 삼아 군사를 거느리고 백제를 치게 하면서, 김인문을 불러 (백제의) 도로(道路)의 험이(險易)와 거취(去就)의 편의를 물었다. 인문은 응대하기를 더욱 자상히 하므로 황제는 기뻐하여 신구도부대총관(神丘道副大摠管)을 제수하여 종군하게 하였다. 김인문은 드디어 소정방과 더불어 바다를 건너 덕물도(德物島 : 지금의 덕적도)에 도착하였다.

왕은 태자(太子 : 법민)에게 명하여 장군 유신(庾信)·진주(眞珠)·천존(天存) 등과 함께 큰 배 100척에 군사를 싣고 가서 (당군을) 맞아들이게 하여 웅진구(熊津口 : 금강 하구)에 이르렀다. 이때 강가에 백제 군사들이 주둔하고 있으므로 싸워 깨뜨리고 승세를 타서 그 도성에 들어가 멸하였다. 그리고 소정방은 의자왕(義慈王) 및 태자 효(孝), 왕자 태(泰) 등을 사로잡아 이끌고 당으로 돌아갔다.

대왕은 김인문의 공로를 가상히 여겨 파진찬(波珍湌)을 제수하고 또 각간(角干)을 추가하였다. 이윽고 김인문은 당으로 다시 들어가 전과 같이 숙위하였다. 문무왕 원년(용삭 원년)에 당 고종은 김인문을 불러 이르기를 "내가 백제를 없애어 너희 나라의 근심을 제거하였는데, 지금 고구려는 지리의 험고함을 믿고 예맥(濊貊)과 함께 악한 짓을 자행하여 사대(事大)의 예를 어기고 선린(善隣)의 의(義)를 저버렸다. 나는 군사를 보내어 치고자 한다. 그대가 돌아가 그대의 국왕에게 고하여 군사를 일으켜 함께 토벌하여 망해 가는 오랑캐를 섬멸케 하라" 하였다. 인문은 바로 귀국하여 당제의 명을 전달하니 왕은 김인문 및 김유신 등으로 하여금 군사를 훈련시켜 대기케 하였다.

당제는 형국공(邢國公) 소정방에게 명하여 요동도행군대총관(遼東道行軍大摠管)으로 삼고 6군(六軍)으로써 만 리를 달리게 하였다. 패강에서 고구려병을 만나 쳐부수고 드디어 평양성을 포위하였으나, 고구려 군사가 굳게 지키는 까닭에 능히 이기지 못하고 병마의 사상도 많으려니와 군량마저 계속되지 못하였다. 김인문은 웅진의 유진장(留鎭將) 유인원(劉仁願)과 함께 군사를 거느리고 쌀 4,000섬과 벼 2만여 가마를 싣고 평양으로 달려오니 당나라 군사들은 다시 밥을 먹게 되었다. 그러나 큰눈이 내려서 포위를 풀고 돌아갔다. 신라군이 돌아가려 하는데, 고구려가 도중에서 요격할 것을 모의하므로, 인문은 유신과 더불어 속임수를 써서 밤에 몰래 도망하였다. 고구려 사람들은 이튿날에야 이를 깨닫고 추격하였다. 김인문 등은 되돌아서서 공격하여 크게 무너뜨림과 동시에 1만여 명을 베고 5,000여 명을 사로잡아 돌아왔다.

인문은 또 당에 들어갔다. 건봉(乾封: 당 고종의 연호) 원년(문무왕 6년 병인년(666)) 당제를 시종하여 태산(泰山: 산동성)에 올라 봉선(封禪: 천제에 제사드림)을 마치고, (인문에게) 우효위대장군(右驍衛大將軍)를 제수하고 식읍 400호를 더 주었다.

총장(摠章) 원년(문무왕 8년)에 당 고종은 영국공(英國公) 이적(李勣)을 보내어 군사를 거느리고 고구려를 치게 하고, 또 김인문을 시켜 우리에게도 군사를 징발하라고 하였다. 문무왕은 김인문과 더불어 군사 20만을 거느리고 북한산성에 이르렀다. 왕은 그곳에 머물고, 먼저 김인문 등을 파견하여 군사를 거느리고 당병과 만나 평양을 쳐서 한 달 남짓하여 고구려 보장왕(寶臧王)을 사로잡았다. 김인문은 고구려 왕을 영국공 앞에 꿇리고 그 죄를 물었다. 왕이 두 번 절하니 영공은 답례하였다. (영공은) 곧 왕과 남산(男産)·남건(男建)·남생(男生) 등을 데리고 본국(唐)으로 돌아갔다.

문무왕은 김인문의 영략(英略)과 용공(勇功)이 범상한 무리와 다르다 하여 고(故) 대탁각간(大琢角干) 박뉴(朴紐)의 식읍 500호를 내렸다. 당 고종도 김인문이 누차 전쟁에 대한 공이 있다는 말을 듣고 제서(制書)로 이르기를 "조아(爪牙)의 양장(良將)이요 문무(文武)의 영재(英才)이다. 봉작(封爵)을 제정함에 아름다운 명을 내림이 마땅하다" 하였다. 그리고 작위를 추가함과 동시에 2,000호의 식읍을 더 주었다. 이후부터 (당의) 궁중에 시위(侍衛)하여 여러 해를 지냈다.

상원(上元: 당 고종의 연호) 원년(문무왕 14년 갑술년(674))에 문무왕이 고구려의 반중(叛衆)을 받아들이고 또 백제의 옛 땅을 차지하니, 당제는 크게 노하여 유인궤(劉仁軌)로 계림도대총관(鷄林道大摠管)을 삼아 군사를 일으켜 토벌케 하고, 조서를 내려 왕의 관작을 박탈하였다. 이때 김인문은 우효위원외대장군임해군공(右驍

衛員外大將軍臨海郡公)이 되어 당경(唐京 : 長安)에 있으므로, 당제는 그를 세워 왕을 만들고 본국에 돌아가 그 형(문무왕)을 대신하게 함과 동시에 계림주대도독개부의동삼사(雞林州大都督開府儀同三司)를 책봉하였다. 인문은 간곡히 사양하였으나 허락을 받지 못하여 드디어 길을 떠났다. 그 즈음 왕이 사신을 보내어 조공을 바치고 또 사죄하니, 당제는 용서하고 왕의 관작을 복구시켰다. 이렇게 되자 김인문도 중도에서 되돌아가 역시 전직에 복귀하였다.

조로(調露 : 당 고종의 연호) 원년(문무왕 19년 기묘년(679))에 진군대장군행우무위위대장군(鎭軍大將軍行右武威衛大將軍)에 전임(轉任)되고, 재초(載初 : 당 武后의 연호) 원년(신문왕 10년 경인년(690))에 보국대장군상주국 임해군개국공좌우림군장군(輔國大將軍上柱國臨海郡開國公左羽林軍將軍)으로 제수되었다.

연재(延載 : 당 중종의 연호) 원년(효소왕 3년 갑오년(694)) 4월 29일, 병으로 당나라 땅에서 죽으니, 나이는 66세였다. 부음(訃音)을 듣고, 제(帝)는 놀람과 슬픔이 겹치어 수의(襚衣)를 주고 관등을 더하였다. 그리고 조산대부행사례시대의서령(朝散大夫行司禮寺大醫署令) 육원경(陸元景)과 판관조산랑직사례사(判官朝散郎直司禮寺) 등에게 명하여 영구를 호송하게 하였다. 효소왕(孝昭王)은 태대각간(太大角干)을 추증하고 소속 관원에게 명하여 연재 2년 10월 27일 경서(京西)의 벌에 장사지냈다. 김인문이 일곱 번을 당(唐)에 들어가 그 조정에서 숙위하였는데 숙위한 날짜를 계산하면 자그마치 22년이었다. 같은 시기에 해찬(海湌) 양도(良圖)가 역시 여섯 번 당에 들어간 일이 있었다. 그는 서경(西京)에서 죽었는데, 그의 행적 시말은 실전(失傳)되었다.

김양(金陽)

신라 김양(金陽)의 자(字)는 위흔(魏昕)이니 태종왕(太宗王)의 9세손이다. 증조부(曾祖父)는 이찬 주원(周元)이요, 할아버지는 소판 종기(宗基), 아버지는 파진찬 정여(貞茹)인데 모두 벼슬로 대를 이어 장상(將相)이 되었다. 김양이 태어나면서부터 영걸(英傑)하여 태화(太和 : 당 고종의 연호) 2년, 흥덕왕 3년(무신년(828))에 고성군(固城郡 : 지금의 고성) 태수(太守)가 되고, 곧 중원(中原 : 지금의 충주) 대윤(大尹)에 제수되었다가 무주(武州 : 지금의 광주) 도독(都督)으로 전임되었는데,

가는 곳마다 정치 잘한다는 칭찬이 따랐다.

개성(開城 : 당 문종의 연호) 원년(희강왕 원년 병진년(836))에 흥덕왕이 죽자, 적자(嫡子)가 없으므로 왕의 사촌동생 균정(均貞)과, 사촌동생 헌정(憲貞 : 균정의 형)의 아들 제륭(梯隆)이 서로 경쟁하여 왕위를 이어받으려고 하였다. 김양이 균정의 아들 아찬 우징(祐徵), 균정의 매부 예징(禮徵)과 함께 균정을 받들어 왕으로 삼고, 적판궁(積板宮)에 들어가 족병(族兵 : 私兵)으로써 숙위하게 하였다. 제륭의 일당 김명(金明)·이홍(利弘) 등이 와서 포위하므로, 김양은 군사를 궁문에 배치하여 막으면서 "새 임금이 여기 계시는데 너희들이 어찌 감히 이와 같이 반역하느냐" 하고 드디어 활을 당기어 수십 명을 쏘아 죽였다. 제륭의 부하 훤백(萱伯)이 김양을 쏘아 다리를 맞히니 균정은 "저들은 많고 우리는 적어 막아 낼 수 없는 형편이니 공은 짐짓 후퇴하여 다음 계획을 도모토록 하오" 하였다. 김양은 이에 포위망을 헤치고 나와 한기(韓歧 : 혹은 한기(漢祇), 북천 柏栗寺 인근) 저자에 이르렀고, 균정은 난병(亂兵)들에 의해 죽었다. 김양이 하늘을 꾸짖어 울부짖으며 해를 두고 맹세하고 산야(山野)에 숨어 때가 오기를 기다렸다.

희강왕(僖康王) 2년(정사년(837)) 8월에 전 시중(侍中) 우징(균정의 아들)이 잔병을 수습하여 청해진(淸海鎭)에 들어가 대사(大使) 궁복(弓福 : 장보고)과 결탁하고 불구대천(不俱戴天)의 원수를 갚으려 하였다. 김양은 그 소식을 듣고 모사(謀士)와 병졸을 모집하여 민애왕(閔哀王) 원년(무오년 (838)) 2월에 해중(海中)으로 들어가 우징을 만나보고 거사(擧事)할 것을 모의하였다. 그리하여 3월에 5,000명의 강병(强兵)을 이끌고 무주(武州 : 지금의 광주)를 습격하여 그 성 아래로 달려드니, 고을 사람들이 모두 항복하였다. 다시 내쳐 남원에 이르러 신라병과 싸워 이겼다. 그러나 우징은 병졸이 오랫동안 수고한 피로 때문에 우선 청해진(淸海鎭)으로 돌아가 군사를 휴양하도록 하고 말을 잘 먹였다.

그 해 겨울 혜성(彗星)이 서방에 나타났는데, 광채나는 꼬리가 동방으로 향하자 많은 사람들이 축하하며 "이는 묵은 것을 청소하고 새것을 선포하며 원수를 갚고 부끄러움을 씻을 상서(祥瑞)"라고 하였다. 김양은 평동장군(平東將軍)이라 칭하고 12월에 다시 출동하였는데, 김양순(金亮詢)이 무주(鵡州) 군사를 이끌고 원조하러 왔고, 우징은 또 날랜 장수 염장(閻長)·장변(張弁)·정년(鄭年)·낙금(駱金)·장건영(張建榮)·이순행(李順行) 등 6명을 시켜 군사를 통솔케 하니, 군의 기세가 매우 왕성하였다. 그래서 북을 두들기며 무주(武州)의 철야현(鐵冶縣 : 지금의 나주) 북쪽에 이르니, 신라 대감(大監) 김민주(金敏周)가 군사를 거느리고 항거하므로, 장군 낙금(駱金)·이순행(李順行)이 마병(馬兵) 3,000명으로써 그 군중에 돌입하여 죽이고 상처를 입히곤 하여 거의 다 무찔렀다.

민애왕 2년 정월 19일에 군사들이 대구(大丘)에 도착하자, 왕이 군사로써 항거하므로 들이쳐서 왕군을 무너뜨렸다. 사로잡고 죽이기를 헤아릴 수 없이 하였다. 이때 왕은 허둥지둥 도망하여 행궁(行宮)으로 들어갔는데 병졸들이 왕을 찾아 내어 살해하였다. 김양은 좌우 장군에게 명하여 기사(騎士)를 거느리고 순을 돌며 말하기를 "본디 원수를 갚기 위함이었는데 지금 괴수가 죽었으니 모든 의관(衣冠 : 상류층) 사녀(士女)와 백성들은 각기 생업으로 돌아가고 망동하지 말라" 하고 드디어 왕성을 수복하니 인심이 모두 가라앉았다.

김양이 흰백(憎隆의 부하)을 불러 이르기를 "개는 으레 제 주인이 아니면 짖는 법이다. 너는 네 주인을 위하여 나를 쏘았으니 의사(義士)라 아니할 수 없다. 나는 관계하지 않을 터이니 너는 안심하고 두려워하지 말라" 하였다. 여러 사람이 듣고 말하기를 "흰백에게도 이와 같이 하는데 그 나머지야 무슨 걱정이냐" 하고 감탄하지 않는 자가 없었다.

4월에 궁중을 청소하고 시중 우징을 맞아 즉위케 하니, 이가 바로 신무왕(神武王)이다. 그해 7월 23일 왕이 죽고 태자가 왕위를 계승하니 이가 문성왕(文聖王)이다. 김양에게 공을 추록하여 소판겸창부령(蘇判兼倉部令)을 제수하고 시중겸병부령(侍中兼兵部令)으로 전임시켰다. 당(唐)을 예방하니, 당도 김양에게 검교위위경(檢校衛尉卿)을 제수하였다.

대중(大中 : 당 선종의 연호) 11년(문성왕 19년 정축년(857)) 8월 13일, 김양은 사제(私第)에서 죽었다. 나이는 50세였다. 부음을 아뢰자 대왕은 애통해하여 서발한(舒發翰 : 태각간)을 추증하고 그에 대한 증부(贈賻), 장의(葬儀)는 김유신(金庾信)의 구례에 따랐다. 그해 12월 8일, 태종대왕의 능에 배장(陪葬)하였다.

사촌형 흔(昕)의 자는 태(泰)요, 아버지는 장여(璋如)인데 벼슬이 시중(侍中) 파진찬(波珍湌)에 이르렀다. 흔은 어려서부터 총명하여 학문을 좋아하였다. 장경(長慶 : 당 목종의 연호) 2년(헌덕왕 14년 임인년(822))에 헌덕왕(憲德王)이 사람을 당에 들여보내려는데 적임자가 얼른 나오지 않았다. 누가 김흔을 추천하는데 "태종(太宗 : ^{무열}_왕)의 후예로 정신이 명랑하고 도량이 깊으니 발탁할 만하다" 하므로 드디어 당에 들여보내어 숙위케 하였다. 1년 남짓하여 김흔이 본국에 돌아갈 것을 청하자, 당제는 조서를 내려 금자광록대부시태상경(金紫光祿大夫試太傷卿)을 제수하였다. 귀국하자 국왕은 왕명을 욕되게 아니하였다 하여 남원(南原 : ^小_京) 태수(太守)로 제수하였다. 그뒤 여러 번 전임되어 강주(康州 : ^{지금의}_{진주}) 대도독(大都督)이 되었다가 이윽고 이찬 겸 상국(相國)을 더하였다.

　개성(開城 : ^{당 문종의}_{연호}) 기미년(839 : ^{神武王}_{원년}) 윤정월에 대장군이 되어 군사 10만명을 거느리고 대구(大丘)에서 청해진(靑海鎭) 군사를 방어하다 패하였다. 자신이 전쟁에 패하였고 또 전사하지도 못한 것을 부끄럽게 여겨 다시 벼슬하지 않고 소백산(小白山)에 들어가 베옷 입고 나물 밥 먹으며 승려들과 함께 지냈다. 대중(大中) 3년(^{문성왕 3년}_{기묘년(859)}) 8월 27일, 병으로 산재(山齋)에서 죽으니, 나이는 47세였다. 그해 9월 10일, 내령군(奈靈郡 : ^{지금의}_{영주})의 남쪽 언덕에 장사지냈다. 아들이 없어 부인이 상사(喪事)를 주관하였는데, 장사지낸 후 비구니(比丘尼)가 되었다.

흑치상지(黑齒常之)

　백제 서부(西部) 사람으로, 키는 일곱 자가 넘고 날래고 굳세며 지모가 있었다. 백제의 달솔로 풍달군(風達郡) 장수를 겸직하였는데 그 직은 당의 자사(刺史)와 같다고 한다. 소정방이 백제를 평정하니 상지는 소속 부하를 데리고 항복하였다. 그런데 소정방이 늙은 왕을 가두고 군사를 풀어 놓아 크게 약탈하자 상지는 두려워서 좌우의 관장(官長) 10여 명과 빠져나가 도망한 사람들을 규합하여, 임존산(任存山 : ^{지금의}_{예산})에 의거하고 굳게 지키니, 열흘이 안 가서 돌아오는 자가 3만 명이었다.

　소정방은 군사를 동원하여 공격하였으나 이기지 못하니, 드디어 흑치상지 등은 200여 성(城)을 회복하였다. 당(唐) 용삭(龍朔) 연간(661~663)에 고종이 사자를 시켜 초유(招諭)하므로, 이에 상지는 유인궤(劉仁軌)에게 나아가 항복하였다. 그는 당에 들어가 좌령군원외장군양주자사(左領軍員外將軍 洋州刺史)가 되어 여러 차례 정벌에 종군하여 공을 쌓아 관작을 제수받고 특별히 상도 받았다. 오랜 뒤에 연연도대총관(燕然道大摠管)이 되어 이다조(李多祚) 등과 함께 돌궐(突厥)을 쳐부수었다. 좌감문위중랑장(左監門衛中郎將) 보벽(寶璧)이 끝까지 적을 쫓아 공을 차지하고자 하여 "상지와 함께 치라"는 조명(詔命)에도 불구하고 단독으로 나아가다가 적에게 패하여 전군이 함몰을 당하였다. 보벽은 사형에 처해지고, 상지는 연좌되어 공이 없어졌다. 이 즈음에 주흥(周興) 등이 "상지가 응양장군(鷹揚將軍) 조회절(趙悽節)과 함께 반역하였다"고 무고(誣告)하여, 잡아 조옥(詔獄 : 중죄인을 다스리는 옥사)에 가두어 스스로 목을 매어 죽게 하였다. 상지는 부하를 거느리는 데 은혜가 있었다. 자기의 애마(愛馬)가 군사로부터 채찍을 맞자, 누가 그에게 벌을 내리자 하니 상지는 "어찌 사마(私馬)를 위하여 관병을 매질할 수 있느냐?" 하였으며, 전후에 상받은 것은 부하에게 모두 나눠 주고 남겨 둔 재산이라곤 없었다. 그가 죽게 되자, 사람들이 모두 그 억울함을 슬퍼하였다.

장보고(張保皐)

장보고(張保皐 : 혹은 궁복(弓福))와 정년(鄭年 : 年을 連이라고도 함)은 모두 신라 사람인데, 다만 그 출생지와 부조(父祖)는 알 수 없다. 두 사람 다 전투를 잘하였는데, 정년은 또 바닷속으로 들어가 50리를 헤엄쳐 가도 숨이 막히지 않았다. 그 날래고 굳셈에 있어서는 장보고가 미치지 못할 정도였다. 그러나 정년은 장보고를 형이라 불렀다. 장보고는 나이로, 정년은 기예로 항상 맞서서 서로 지려고 하지 않았다. 두 사람이 당(唐)나라에 들어가 무령군(武寧軍) 소장(小將)이 되어 말을 달리고 창을 쓰자 능히 당적할 자가 없었다. 그 뒤 장보고가 본국에 돌아와 흥덕왕(興德王)을 뵙고 아뢰기를 "중국을 돌아보니 우리 백성들을 노예로 삼고 있습니다. 그러하니 청해(淸海)를 지켜 적으로 하여금 사람을 약탈하여 서쪽으로 데려가지 못하도록 해야 합니다" 하였다.

청해는 신라 해로(海路)의 요지로 지금은 완도(莞島)라 이른다. 왕은 장보고에게 1만 명의 군사를 주어 청해진을 설치케 하였다. 그 후로 해상에서 우리 백성을 사가는 자가 없어졌다. 장보고는 이와 같이 귀하게 되고, 정년은 당에서 직을 버리고 기한(飢寒)의 몸으로 사수(泗水 : 淮水 지류)의 연빙현(漣氷縣)에 머물게 되었다. 어느 날 정년은 수장(戍將) 풍원규(馮元規)에게 말하기를 "나는 본국으로 돌아가 장보고에게 걸식(乞食 : 얻어먹음)하려 한다"고 하였다. 원규는 "그대와 보고와는 사이가 어떠한가? 어찌하여 가서 그 손에 죽으려 하는가?" 하였다. 정년은 "굶어서 죽는 것이 싸워서 즐거이 죽는 것만 같지 못하며, 더욱이 고향에서 죽는 것이 아닌가" 하고 드디어 떠나 보고에게로 갔다.

장보고는 더불어 술을 마시며 극히 즐거워했다. 그 술자리가 끝나기 전에 마침 "왕(閔哀王)이 시해를 당하고 나라가 어지러운데 임금이 없다"는 소식이 들어왔다. 장보고는 군사 5,000명을 정년에게 주며 정년의 손을 잡고 울면서 이르기를 "그대가 아니면 능히 화란(禍亂)을 평정할 사람이 없다" 하였다. 정년은 국도(國都)에 들어가 배반한 자를 베어 죽이고 왕(우징 즉 신문왕)을 세웠다. 왕은 장보고를 불러 재상을 삼고 정년으로 대신 청해를 지키게 하였다〔이는 신라전기(新羅傳記)와 사뭇 다르나 두목(杜牧 : 당의 문인)이 지은 전기이기 때문에 양설을 다 남겨둔다〕.

사신(史臣)은 논한다.

두목(杜牧)이 말한 바에 의하면 "천보(天寶 : 당 현종의 연호) 연간(年間 : 742~755) 안록산(安祿山)의 난리에 삭방절도사(朔方節度使) 안사순(安思順)이 녹산의 사촌동생이 되는 까닭으로 사형에 처하고 곽분양(郭汾陽 : 子儀)으로 대신하라"는 조서가 내렸다. 그 뒤 열흘이 지나서 다시 이임회(李臨淮)에게 조서가 내려 "병부(兵符)를 가지고 삭방의 군사 절반을 나누어 동으로 향하여 조(趙), 위(魏) 지방으로 나가라" 하였다. 안사순 때에 곽분양과 이임회는 함께 아문도장(牙門都將 : 본진의 장수)으로 있었는데, 두 사람이 좋게 지내지 못하여 비록 한솥밥을 먹으면서도 늘 노려보며 한 마디 말도 하지 않았다. 곽분양이 안사순을 대신하게 되자, 이임회는 도망가려 하면서도 결정을 짓지 못하였다. 이때 이임회는 "곽분양의 군사 절반을 갈라 동으로 나가 토벌하라"는 조서를 받게 되었다. 이임회는 들어가 곽분양에게 간청하기를 "한 번 죽는 것쯤은 진실로 달게 받겠으니 처자나 살려 주기 바라오" 하였다. 분양은 아래로 내려와 이임회의 손을 잡고 당상으로 올라 마주 앉으며 말하였다. "나라가 어지럽고 임금은 파천(播遷)하였는데 공이 아니면 동으로 토벌 갈 만한 사람이 없소. 어찌 사사로이 원망을 품을 시기이겠소" 라고 하였다.

이별에 임하여 손을 잡고 눈물지으며 서로 충의(忠義)로써 권면하여 마침내 큰 도둑(안록산)을 평정하였으니 실로 두 공(公)의 힘이었다. 그 마음이 배반치 않을 것을 알고, 그 자격이 일을 맡길 만한 것을 안 연후라야 마음을 의심치 않고 군사도 나눠 주게 된 것이다. 평생 분통이 쌓인 처지이니 상대방 마음을 알기가 어려울 것이요, 불평을 가지고 대하면 반드시 상대의 단점만 보게 되는 것이니, 그 재능을 바로 알기는 더욱 어려운 일이다. 그렇다면 장보고의 이 일은 곽분양과 동등하게 어진 처사라 하겠다.

정년이 장보고에게 의탁하러 갈 적에 말하기를 "저는 귀하고 나는 천하니 내가 머리를 숙이면 전의 분한(忿恨)으로 나를 죽이지는 않을 것이다"라고 하였다. 장보고가 과연 죽이지 않은 것은 사람의 인정이요, 이임회가 곽분양에게 죽여 달라고 청한 것도 역시 사람의 상정이다. 그런데 장보고가 정년을 임명한 것은 자기의 권한에 속하는 일이요, 정년이 또 굶주리는 처지라 감동되기 쉬운 처지였다. 또한 곽분양과 이임회는 평생에 대립된 입장이요, 이임회의 임명은 천자로부터 나왔으니 장보고와 비해 보면 곽분양이 우월하다 하겠다. 이는 바로 성현(聖賢)들의 지의성패(遲疑成敗)를 결정하는 중대한 순간이다. 그것은 다름아니라 인의(仁義)의 마음이 잡정(雜情)과 병립하기 때문이니, 잡정이 많으면 인의가 소멸되고, 인의가 많으면 잡정이 사라진다. 이 두 사람은 인의의 마음이 많고 다시 밝음을 바탕삼았기 때문에 마침내 성공한 것이다. 세상에서는 주공(周公)과 소공(召公)을 백대(百代)의 사표(師表)라 하지만, 주공이 어린 성왕을 끼고 도니 소공이 의심하였다. 주공의 성(聖)과 소공의 현(賢)으로써 젊어서는 문왕(文王)을 섬기고 늙어서는 무왕(武王)을 도와 천하를 평정하였으나 주공의 마음을 소공도 알지 못하였다. 진실로 인의의 마음을 지니고도 밝음을 바탕삼지 않으면 소공도 그렇거늘 하물며 그 이하이랴.

옛말에 "나라에 한 사람만 있어도 그 나라가 멸망하지 않는다"고 하였다. 무릇 망한 나라라서 사람이 없는 것은 아니다. 그 망할 때에 어진 사람이 등용되지 못했기 때문이다. 진실로 등용된다면 한 사람으로 족하다는 것이다. 송기(宋祁)의 말에 "악독한 원험을 가지고도 서로 꺼리지 않으며, 나라의 우환을 먼저 생각한 것은, 진(晉)에 기해(祁奚)가 있고, 당에 곽분양과 장보고가 있다 하였으니 그 누가 동이(東夷)에 사람이 없다 할 것인가?" 하였다.

사다함(斯多含)

　신라 사다함(斯多含)은 진골(眞骨) 계통으로 내물왕(奈勿王)의 7세손이요, 아버지는 급찬(級湌) 구리지(仇梨知)이다. 본래 높은 가문의 귀한 자손으로서 그는 의표가 청수하고 지기(志氣)가 방정(方正)하였다. 한때 사람들이 받들어 화랑이 되어 달라고 청하니 사다함은 마지못해 응하였다. 그래서 그 무리가 무려 1,000명인데 그들의 환심을 모두 얻었다. 진흥왕이 이찬(伊湌) 이사부(異斯夫)를 시켜 가라국(加羅國: 혹은 가야(加耶))을 습격하기로 하였을 때, 사다함은 15, 6세의 나이로 종군하기를 청원하였다. 왕은 그가 어리다 하여 허락치 않았다. 그러나 청하기를 여러 번 한 끝에 그 뜻이 굳음을 알고, 드디어 명하여 귀당비장(貴幢裨將)으로 삼았는데, 그 낭도(郎徒)로서 따르는 자가 많았다. 국경에 당도하자, 사다함은 원수(元帥)에게 청하여 부하 군사를 거느리고 먼저 전단량(旃檀梁: 성문(城門)의 이름. 가라국 말에 門을 梁이라 한다)으로 들어갔다. 그 나라 사람들은 불의에 신라 군사가 쳐들어오므로 놀라 막지 못하므로, 대군은 승세를 타서 드디어 그 나라를 멸하였다.

　군사가 승전하고 돌아오자, 왕은 공(功)을 책정(策定)하여 가라 인구 300명을 사다함에게 주었다. 사다함은 받고 나서 도로 모두 놓아 보내고 한 명도 남겨 두지 않았다. 또 전지(田地)를 하사하니 굳이 사양하므로 왕은 강경히 받으라고 했다. 그러자 겨우 알천(閼川: 경주 북쪽)의 불모지(不毛地)를 청하여 받는 데 그쳤다. 사다함이 처음 무관랑(武官郎)과 생사(生死)를 같이 하는 친구가 되기로 언약하였는데, 무관이 병들어 죽자, 울며 매우 슬퍼하다가 7일 만에 그 역시 죽었다. 그때 나이가 17세였다.

三國史記 卷 第四十四

列傳 第四　乙支文德　居柒夫　居道　異斯夫　金仁問　金陽　黑齒常之　張保皐　鄭年　斯多含

乙支文德　未詳其世系 資沈鷙有智數 兼解屬文 隋開皇〔開皇 當作大業〕中 煬

帝下詔征高句麗 於是左翊衛大將軍宇文述 出扶餘道 右翊衛大將軍于仲文 出樂浪道 與九軍至鴨淥水 文德受王命 詣其營詐降 實欲觀其虛實 述與仲文先奉密旨 若遇王及文德來則執之 仲文等將留之 尙書右丞劉士龍爲慰撫使 固止之 遂聽文德歸 深悔之 遣人紿文德曰 更欲有議 可復來 文德不顧 遂濟鴨淥而歸 述與仲文旣失文德 內不自安 述以粮盡欲還 仲文謂以精銳追文德 可以有功 述止之 仲文怒曰 將軍仗十萬兵 不能破小賊 何顏以見帝 述等不得已而從之 度鴨淥水追之 文德見隋軍士有饑色 欲疲之 每戰輒北 述等一日之中七戰皆捷 旣恃驟勝 又逼群議遂進東濟薩水 去平壤城三十里 因山爲營 文德遺仲文詩曰 神策究天文 妙算窮地理 戰勝功旣高 知足願云止 仲文答書諭之 文德又遣使詐降 請於述曰 若旋師者 當奉王朝行在所 述見士卒疲弊不可復戰 又平壤城險固 難以猝拔 遂因其詐而還 爲方陣而行 文德出軍 四面鈔擊之 述等且戰且行至薩水 軍半濟 文德進軍擊其後軍 殺右屯衛將軍辛世雄 於是 諸軍俱潰不可禁止 九軍將士奔還 一日一夜至鴨淥水 行四百五十里 初度遼 九軍三十萬五千人 及還至遼東城 唯二千七百人

論曰 煬帝遼東之役 出師之盛 前古未之有也 高句麗一偏方小國 而能拒之 不唯自保而已 滅其軍幾盡者 文德一人之力也 傳曰 不有君子 其能國乎 信哉

居柒夫(或云荒宗) 姓金氏 奈勿王五世孫 祖仍宿角干 父勿力伊湌 居柒夫少跅弛有遠志 祝髮爲僧 遊觀四方 便欲覘高句麗 入其境聞 法師惠亮開堂設經 遂詣聽講經 一日惠問曰 沙彌從何來 對曰 某新羅人也 其夕法師招來相見 握手密言曰 吾閱人多矣 見汝容貌 定非常流 其殆有異心乎 答曰 某生於偏方 未聞道理 聞師之德譽 來伏下風 願師不拒 以卒發蒙 師曰 老僧不敏 亦能識子 此國雖小 不可謂無知人者 恐子見執 故密告之 宜疾其歸 居柒夫欲還 師又語曰 相汝鷰頷鷹視 將來必爲將帥 若以兵行 無貽我害 居柒夫曰 若如師言 所不與師同好者 有如皦日 遂還國 返本從仕職 至大阿湌 眞興大王六年乙丑 承朝旨 集諸文士 修撰國史 加官波珍湌・十二年辛未 王命居柒夫 及仇珍大角湌・比台角湌・耽知迊湌・非西迊湌・奴夫波珍湌・西力夫波珍湌・比次夫大阿湌・未珍夫阿湌等 八將軍 與百濟侵高句麗 百濟人先攻破平壤 居柒夫等乘勝取 竹嶺以外高峴以內十郡 至是 惠亮法師領其徒出路上 居柒夫下馬 以軍禮揖拜 進曰 昔遊學之日 蒙法師之恩 得保性命 今邂逅相遇 不知何以爲報 對曰 今我國政亂 滅亡無日 願致之

貴域 於是居柒夫同載以歸 見之於王 王以爲僧統 始置百座講會及八關之法 眞智王元年丙申 居柒夫爲上大等 以軍國事務自任 至老終於家 享年七十八

居道 失其族姓 不知何所人也 仕脫解尼師今爲干 時 于尸山國・居柒山國介居鄰境 頗爲國患 居道爲邊官 潛懷幷呑之志 每年一度集群馬於張吐之野 使兵士騎之 馳走以爲戱樂 時人稱爲馬叔 兩國人習見 以爲新羅常事 不以爲怪 於是起兵馬 擊其不意 以滅二國

異斯夫(或云苔宗) 姓金氏 奈勿王四世孫 智度路王時 爲沿邊官 襲居道權謀 以馬戱誤加耶(或云加羅)國取之 至十三年壬辰 爲阿瑟羅州軍主 謀幷于山國 謂其國人愚悍 難以威降 可以計服 乃多造木偶師子 分載戰舡 抵其國海岸 詐告曰 汝若不服 則放此猛獸踏殺之 其人恐懼則降 眞興王在位十一年 大寶元年 百濟拔高句麗道薩城 高句麗陷百濟金峴城 王乘兩國兵疲 命異斯夫出兵 擊之取二城 增築留甲士戍之 時高句麗遣兵來攻金峴城 不克而還 異斯夫追擊之大勝

金仁問 字仁壽 太宗大王第二子也 幼而就學 多讀儒家之書 兼涉莊老浮屠之說 又善隷書射御鄕樂 行藝純熟 識量宏弘 時人推許 永徽二年 仁問年二十三歲 受主〔主 當作王〕命入大唐宿衛 高宗謂涉海來朝 忠誠可尙 特授左領軍衛將軍 四年 詔許歸國覲省 太宗大王授以押督州摠管 於是築獐山城以設險 太宗錄其功 授食邑三百戶 新羅屢爲百濟所侵 願得唐兵爲援助 以雪羞恥 擬論宿衛 仁問乞師 會 高宗以蘇定方爲神丘道大摠管 率師討百濟 帝徵仁問 問道路險易・去就便宜 仁問應對尤詳 帝悅 制授神丘道副大摠管 勅赴軍中 遂與定方濟海 到德物島 主〔主 當作王〕命太子與將軍庾信・眞珠・天存等 以巨艦一百艘載兵迎 延之至熊津口 賊瀕江屯兵 戰破之 乘勝入其都城滅之 定方俘王義慈及太子孝・王子泰等廻唐 大王嘉尙仁問功業 授波珍湌 又加角干 尋 入唐宿衛如前 龍朔元年 高宗召謂曰 朕旣滅百濟 除爾國患 今高句麗負固 與濊貊同惡 違事大之禮 棄善鄰之義 朕欲遣兵致討 爾歸告國王 出師同伐 以殲垂亡之虜 仁問便歸國 以致帝命 國王使仁問與庾信等練兵以待 皇帝命邢國公蘇定方爲遼東道行軍大摠管 以六軍長驅萬里 迂麗人於浿江擊破之 遂圍平壤 麗人固守 故不能克 士馬多死傷 糧道不繼 仁問與留鎭劉仁願 率兵兼輸米四千石 租二萬餘斛赴之 唐人得食 以

大雪解圍還 羅人將歸 高句麗謀要擊於半途 仁問與庾信詭謀夜遁 麗人翌日覺而
追之 仁問等廻擊大敗之 斬首一萬餘級 獲人五千餘口而歸 仁問又入唐 以乾封
元年 扈駕登封泰山 加授右驍衛大將軍 食邑四百戶 摠章元年戊辰 高宗皇帝遣
英國公李勣 帥師伐高句麗 又遣仁問徵兵於我 文武大王與仁問出兵二十萬 行至
北漢山城 王住此 先遣仁問等 領兵會唐兵擊平壤 月餘 執王臧 仁問使主〔主 當
作王〕跪於英公前 數其罪 王再拜 英公禮答之 卽以王及男產・男建・男生等還 文
武大王以仁問英略勇功特異常倫 賜故大琢〔琢 恐衍文〕角干朴紐食邑五百戶 高
宗亦聞仁問屢有戰功 制曰 爪牙良將 文武英材 制爵疏封 尤宜嘉命 仍加爵秩
食邑二千戶 自後侍衛宮禁 多歷年所 上元元年 文武王 納高句麗叛衆 又據百濟
故地 唐皇帝大怒 以劉仁軌爲雞林道大摠管 發兵來討 詔削王官爵 時仁問爲右
驍衛員外大將軍臨海郡公 在京師 立以爲王 令歸國以代其兄 仍策爲雞林州大都
督開府儀同三司 仁問懇辭 不得命 遂上道 會 王遣使入貢 且謝罪 皇帝赦之 復
王官爵 仁問中路而還 亦復前衔 調露元年 轉鎭軍大將軍行右武威衛大將軍 載
初元年 授輔國大將軍上柱國臨海郡開國公左羽林軍將軍 延載元年四月二十九日
寢疾薨於帝都 享年六十六 訃聞 上震悼 贈秩加等 命朝散大夫行司禮寺大醫署
令陸元景 判官朝散郎直司禮寺某等 押送靈柩 孝昭大王追贈太大角干 命有司
以延載二年十月二十七日 窆于京西原 仁問七入唐 在朝宿衛 計月日凡二十二年
時亦有良圖海湌 六入唐 死于西京 失其行事始末

金陽 字魏昕 太宗大王九世孫也 曾祖周元伊湌 祖宗基蘇判 考貞茹波珍湌 皆
以世家爲將相 陽生而英傑 太和二年 興德王三年 爲固城郡大武〔武 當作守〕 尋
拜中原大尹 俄轉武州都督 所臨有政譽 開成元年丙辰 興德王薨 無嫡嗣 王之堂
弟均貞 堂弟之子悌隆 爭嗣位 陽與均貞之子阿湌祐徵・均貞妹壻禮徵 奉均貞爲
王 入積板宮 以族兵宿衛 悌隆之黨金明・利弘等來圍 陽陳兵宮門以拒之 曰 新
君在此 爾等何敢兇逆如此 遂引弓射殺十數人 悌隆下裴萱伯射陽中股 均貞曰
彼衆我寡 勢不可遏 公其佯退以爲後圖 陽於是突圍而出 至韓岐(一作漢祇)市
均貞沒於亂兵 陽號泣旻天 誓心白日 潛藏山野 以俟時來 至開成二年八月 前侍
中祐徵收殘兵入淸海鎭 結大使弓福 謀報不同天之讐 陽聞之 募集謀士兵卒 以
三年二月 入海 見祐徵與謀擧事 三月 以勁卒五千人襲武州至城下 州人悉降 進
次南原 迎新羅兵與戰克之 祐徵以士卒久勞 且歸海鎭 養兵秣馬 冬 彗星見西方

芒角指東 衆賀曰 此除舊布新・報冤雪恥之祥也 陽號爲平東將軍 十二月 再出
金亮詢以鶡洲軍來 祐徵又遣驍勇閻長・張弁・鄭年・駱金・張建榮・李順行 六將統
兵 軍容甚盛 鼓行至武州鐵冶縣北州〔州 趙炳舜本作川〕 新羅大監金敏周以兵逆
之 將軍駱金・李順行 以馬兵三千突入彼軍 殺傷殆盡 四年正月十九日 軍至大丘
王以兵迎拒 逆擊之 王軍敗北 生擒斬獲 莫之能計 時王顚沛逃入離宮 兵士尋害
之 陽於是命左右將軍 領騎士 徇曰 本爲報讐 今渠魁就戮 衣冠士女百姓 宜各
安居勿妄動 遂收復王城 人民案堵 陽召萱伯曰 犬各吠非其主 爾以其主射我 義
士也 我勿校 爾安無恐 衆聞之曰 萱伯如此 其他何憂 無不感悅 四月 淸宮 奉
迎侍中祐徵卽位 是爲神武王 至七月二十三日 大王薨 太子嗣位 是爲文聖王 追
錄功 授蘇判兼倉部令 轉侍中兼兵部令 唐聘問 兼授公檢校衛尉卿 大中十一年
八月十三日 薨于私第 享年五十 訃聞 大王哀慟 追贈舒發翰 其贈賻殮葬 一依
金庾信舊例 以其年十二月八日 陪葬于太宗大王之陵 從父兄昕 字泰 父璋如仕
至侍中波珍湌 昕幼而聰悟 好學問 長慶二年 憲德王將遣人入唐 難其人 或薦昕
太宗之裔 精神朗秀 器宇深沈 可以當選 遂令入朝宿衛 歲餘請還 皇帝詔授金紫
光祿大夫試太常卿 及歸 國王以不辱命 擢授南原太守 累遷至康州大都督 尋加
伊湌兼相國 開成己未閏正月 爲大將軍 領軍十萬 禦淸海兵於大丘 敗績 自以敗
軍又不能死綏 不復仕宦 入小白山 葛衣蔬食 與浮圖遊 至大中三年八月二十七
日感疾 終於山齋 享年四十七歲 以其年九月十日 葬於柰靈郡之南原 無嗣子 夫
人主喪事 後爲比丘尼

黑齒常之 百濟西部人 長七尺餘 驍毅有謀略 爲百濟達率 兼風達郡將 猶唐刺
史云 蘇定方平百濟 常之以所部降 而定方囚老王 縱兵大掠 常之懼 與左右酋長
十餘人遯去 嘯合逋亡 依任存山自固 不旬日歸者三萬 定方勒兵攻之 不克 遂復
二百餘城 龍朔中 高宗遣使招諭 乃詣劉仁軌降 入唐爲左領軍員外將軍佯〔佯 唐
書作洋〕州刺史 累從征伐 積功授爵 賞殊等 久之爲燕然道大摠管 與李多祚等擊
突厥破之 左監門衛中郞將寶璧欲窮追邀功 詔與常之共討 寶璧獨進 爲虜所覆
擧軍沒 寶璧下吏誅 常之坐無功 會 周興等誣其與鷹揚將軍趙懷節叛 捕繫詔獄
投繯死 常之御下有恩 所乘馬爲士所箠 或請罪之 答曰 何遽以私馬鞭官兵乎 前
後賞賜分麾下無留貲 及死 人皆哀其枉

張保皐(羅紀作弓福) 鄭年(年或作連) 皆新羅人 但不知鄕邑父祖 皆善鬪戰 年復能沒海底行 五十里不噎 角其勇壯 保皐差不及也 年以兄呼保皐 保皐以齒 年以藝 常齟齬不相下 二人如唐 爲武寧軍小將 騎而用槍 無能敵者 後保皐還國 謁大王曰 遍中國以吾人爲奴婢 願得鎭淸海 使賊不得掠人西去 淸海新羅海路之要 今謂之莞島 大王與保皐萬人 此後海上無鬻鄕人者 保皐旣貴 年去職饑寒 在泗之漣氷〔氷 當作水〕縣 一日 言於戍將馮元規曰 我欲東歸乞食於張保皐 元規曰 若與保皐所負如何 奈何去取死其手 年曰 饑寒死 不如兵死快 況死故鄕耶 遂去謁保皐 飮之極歡 飮未卒 聞王弑國亂無主 保皐分兵五千人與年 持年手泣曰 非子不能平禍難 年入國誅叛者立王 王召保皐爲相 以年代守淸海(此與新羅傳記頗異 以杜牧立傳故 兩存之)

論曰 杜牧言 天寶安祿山亂 朔方節度使安思順 以祿山從弟賜死 詔郭汾陽代之 後句日復詔李臨淮 持節分朔方半兵 東出趙魏 當思順時 汾陽·臨淮 俱爲牙門都將 二人不相能 雖同盤飮食 常睇相視 不交一言 及汾陽代思順 臨淮欲亡去 計未決 詔臨淮 分汾陽半兵東討 臨淮入請曰 一死固甘 乞免妻子 汾陽趨下 持手上堂 偶坐曰 今國亂主遷 非公不能東伐 豈懷私忿時耶 及別 執手泣涕 相勉以忠義 訖平巨盜 實二公之力 知其心不叛 知其材可任 然後心不疑 兵可分 平生積憤 知其心難也 忿必見短 知其材益難也 此保皐與汾陽之賢等耳 年投保皐 必曰 彼貴我賤 我降下之 不宜以舊忿殺我 保皐果不殺 人之常情也 臨淮請死於汾陽 亦人之常情也 保皐任年事 出於己 年且饑寒 易爲感動 汾陽·臨淮平生抗立 臨淮之命出於天子 權〔權 文苑英華作欋〕於保皐 汾陽爲優 此乃聖賢遲疑成敗之際也 彼無他也 仁義之心與雜情竝植 雜情勝則仁義滅 仁義勝則雜情消 彼二人仁義之心旣勝 復資之以明 故卒成功 世稱周召爲百代之師 周公擁孺子 而召公疑之 以周公之聖·召公之賢 少事文王 老佐武王 能平天下 周公之心 召公且不知之 苟有仁義之心 不資以明 雖召公尙爾 況其下哉 語曰 國有一人 其國不亡 夫亡國非無人也 丁其亡時 賢人不用 苟能用之 一人足矣 宋祁曰 嗟乎不以怨毒相甚 而先國家之憂 晉有祁奚 唐有汾陽 保皐 孰謂夷無人哉

斯多含 系出眞骨 奈密王七世孫也 父仇梨知級湌 本高門華冑 風標淸秀 志氣方正 時人請奉爲花郎 不得已爲之 其徒無慮一千人 盡得其歡心 眞興王命伊湌異斯夫襲加羅(一作加耶)國 時斯多含年十五六 請從軍 王以幼少不許 其請勤而志確 遂命爲貴幢裨將 其徒從之者亦衆 及抵其國界 請於元帥 領麾下兵 先入

旃檀梁(旃 檀梁城門名 加羅語謂門爲梁云) 其國人不意兵猝至 驚動不能禦 大兵乘之 遂滅其國 洎師還 王策功賜加羅人口三百 受已皆放 無一留者 又賜田 固辭 王强之 請賜閼川不毛之地而已 含始與武官郎約爲死友 武官病卒 哭之慟甚 七日亦卒 時年十七歲

삼국사기 권 제45

열전(列傳) 제5

을파소(乙巴素), 김후직(金后稷), 녹진(祿眞), 밀우(密友), 유유(紐由), 명림답부(明臨答夫), 석우로(昔于老), 박제상(朴堤上), 귀산(貴山), 온달(溫達)

을파소(乙巴素)

을파소(乙巴素)는 고구려 사람이다. 국천왕(國川王: 故國川王) 때에 패자(沛者) 어비류(於卑留)와 평자(評者) 좌가려(左可慮) 등이 다 외척의 신분으로 권세를 차지하여 불의(不義)를 자행하니, 국민이 원망하고 분히 여기므로 왕은 노하여 그자들을 베려고 하였다. 마침내 좌가려 등이 반역을 도모하니, 왕은 (그 일당을) 혹은 베고 혹은 귀양보냈다. 그리고 영(令)을 내리기를 "요즈음 벼슬이 은총(恩寵)으로써 제수되고 위(位)가 덕으로써 승진된 것이 아니어서 그 해독이 백성에게 파급되고 우리 왕가를 동요케 하였으니, 이는 과인의 밝지 못한 탓이다. 지금 너희 4부(四部: 행정구역으로 동서남북)는 각기 아래에 있는 현량(賢良)을 천거하라" 하였다. 이에 4부(四部)는 모두 동부(東部)의 안류(晏留)를 천거하였다. 왕은 안류를 불러들여 국정을 위임하였다. 안류는 왕께 아뢰기를 "미신(微臣)은 용렬하여 진실로 대정(大政)에 참여할 수 없사옵고 서압록곡(西鴨淥谷) 좌물촌(左勿村)에 사는 을파소란 사람은 유리왕(琉璃王)의 대신 을소(乙素)의 손자로서 성품이 굳세고 지모가 깊으나 세상이 써 주지 아니하므로 농사에 힘써 살아가고 있습니다. 대왕께서 나라를 다스리고자 하신다면 이 사람이 아니고서는 아니되옵니다" 하였다. 왕은 사신을 보내어 겸손한 언사와 중한 예로써 맞아들여 중외대부(中畏大夫)를 제수하고 벼슬을 얹어 우태(于台)를 삼으며 이르기를 "내가 선왕의 업(業)을 계승하여 백성의 위에 처해 있으나, 덕이 박하고 재능이 부족하여 다스릴 줄을 모르오. 선생은 재주를 감추고 밝음을 숨긴 채 초야에 묻힌 지가 오래인데, 지금 나를 버리지 않고 선뜻 와 주시니 유독 나의 다행만 아니라 사직과 민생의 복이오. 차분히 가르침을 받으려 하니 공은 마음을 다해 주기 바라오" 하였다. 을파소는 몸을 나라에 허락할 생각이었으나, 받은 그 직책이 능히 일을 해 나가기에 부족하다 여겨 이내 대답하기를 "노둔한 신(臣)으로서는 존엄한 명령을 감당하지 못하겠사오니 원컨대 대왕은 현량(賢良)을 뽑아 고관을 제수하여 대업을 완수하시옵소서" 하였다.

왕은 그 뜻을 짐작하고 드디어 국상(國相)을 삼아 정사를 위임하였다. 이에 조정의 신하들과 국척(國戚)들이 을파소가 새 사람으로서 구신(舊臣)을 이간한다 하여 미워하였다. 왕은 교서를 내리기를 "귀천을 막론하고 국상을 따르지 않는 자는 족(族)을 멸한다"고 하였다. 을파소는 물러나와 사람들에게 말하기를 "때를 못 만나면 숨어 살고, 때를 만나면 (나아가) 벼슬하는 것은 선비의 당연한 일이다. 지금 주상이 나를 후하게 대접하시니 어찌 다시 지난날의 은거 생활을 고집하겠는가" 하였다. 그리고 지성으로 나라를 받들어 정교(政敎)를 밝히고 상벌을 신중히 하니, 백성들이 평안하고 내외가 무사하였다.

왕은 안류에게 이르기를 "만약 그대의 말이 없었다면 내가 어찌 을파소를 얻어 함께 다스릴 수 있었겠소. 지금 모든 일이 잘된 것은 그대의 공이오" 하고 그를 승진시켜 대사자(大使者)로 삼았다. 산상왕(山上王) 7년(계미년(203)) 가을 8월에 을파소가 죽으니 나라 사람들이 울며 애통해하였다.

김후직(金后稷)

김후직(金后稷)은 신라 지증왕(智證王)의 증손이다. 진평왕(眞平王)을 섬겨 이찬(伊湌)이 되었다가 병부령(兵部令)으로 전임되었다. 진평왕이 몹시 사냥을 좋아하니 후직은 간하기를 "옛적의 왕은 반드시 하루 동안에도 만가지 정사(政事)를 심사 숙고하며, 좌우에 바른 선비들을 두어 곧은 말을 받아들이고 부지런히 힘써 감히 편한 생활을 하지 않음으로써 정사가 아름다워지고 국가가 보전되는 것이옵니다. 지금 전하는 날마다 광부(狂夫)·엽사(獵士)와 더불어 매나 개를 놓아 토끼나 꿩을 좇고 산으로 들로 달리기를 그칠 줄 모르니 저 노자(老子)에 "말달리기나 사냥은 사람의 마음을 발광케 할 뿐이다" 하였고, 서경(書經)에 "안에서 여색에 빠지거나 밖에 나가 사냥에 빠지거나 이 가운데 한 가지만이라도 있으면 망하지 않는 자 없다"고 하였습니다. 이로써 본다면 내적으로 마음을 방탕하게 하는 것은 외적으로는 나라를 망치게 하는 것이오니 조심하지 아니할 수 없습니다. 전하는 유념하시옵소서" 하였다.

왕이 받아들이지 않으므로 또 간절히 간하였으나 끝내 받아들이는 것을 보지 못하였다. 그 뒤 후직은 병들어 죽게 되자 그 아들 3형제에게 이르기를 "나는 신하로서 임금의 잘못을 바로잡지 못하였다. 대왕이 오락만을 일삼아 패망하는 지경에 이를까 두렵다. 이것이 나의 근심이니 비록 죽어서라도 임금을 깨우칠 수 있는 길을 생각하지 않을 수 없다. 내가 죽거든 아무쪼록 내 뼈를 대왕이 사냥 다니는 길가에 묻어 달라"고 하였다. 아들들이 모두 그 말을 따랐다.

어느 날 왕이 출행하느라니 도중에 멀리서 "가지 마시라"고 하는 소리가 들려오는 것 같았다. 왕이 돌아보며 "어디서 들려오는 소리냐"고 물었다. 종자(從者)가 "저곳에 후직의 무덤이 있습니다" 하고 후직이 죽을 때 남긴 유언을 아뢰었다. 왕은 그 말을 듣고 눈물을 흘리며 "그대의 충간(忠諫)은 죽어서도 잊지 아니하니, 나에 대한 사랑이 그토록 깊구나. 만약 끝내 고치지 못한다면 유명(幽明)의 사이에 무슨 낯으로 대하겠는가" 하고 드디어 종신토록 다시는 사냥을 하지 않았다.

녹진(祿眞)

신라 녹진(祿眞)은 성(姓)이나 자(字)가 모두 자세하지 않다. 아버지는 일길찬(一吉湌) 수봉(秀奉)이다. 녹진은 23세에 비로소 벼슬하여 내외의 관직을 역임하였다. 헌덕왕(憲德王) 10년 무술년(818)에 집사시랑(執事侍郎)이 되었다. (헌덕왕) 14년에 국왕은 아들이 없으므로, 동복아우 수종(秀宗)을 태자로 삼아 월지궁(月池宮)으로 들여보냈다. 그때 각간 충공(忠恭)이 상대등의 신분으로 정사당(政事堂)에 앉아 내외의 관원을 고사(考査)하였는데 공사(公事)에서 퇴근하여 병이 났다. 의관(醫官)을 불러 진맥하니 "병이 심장에 있으니 용치탕(龍齒湯)을 복용해야 한다" 하였다. 드디어 충공은 3주일 휴가원을 내고 문을 닫은 채 빈객을 만나지 않았다. 이 때 녹진이 나아가 뵈옵기를 청하니 문지기가 거절하였다. 녹진은 말하기를 "하관(下官)이 상공께서 병환으로 객을 사절하는 것을 모르는 것도 아니나, 한 말씀을 좌우(左右:相公)에게 올려 답답하신 심려를 풀어드리려고 여기 온 것이니 뵙기 전에는 물러갈 수 없다" 하였다. 문지기가 두세 번 사뢰어 마침내 뵙게 하였다.

　녹진은 나아가 충공에게 여쭙기를 "듣건대 보체(寶體)가 불편하시다니 아마도 (相公께서) 아침 일찍 출근하고 저녁 느지막이 퇴근함으로써 풍로(風露)에 촉상(觸傷)하여 영위(榮衛:血氣)의 화(和)함을 상하고, 지체(支體)의 편안함을 잃었기 때문이 아닙니까" 하자, 그는 "그것은 아니고 다만 혼미하여 정신이 개운치 않을 뿐이다" 하였다. 녹진은 "그렇다면 공의 병은 약석(藥石)도 침구(鍼灸)도 필요치 않고 지언고론(至言高論:지극한 말과 높은 담론)으로써 당장에 깨칠 수 있는 것이니 공은 들으시겠습니까?" 하고 물었다. 그러자 충공은 "그대가 나를 멀리 아니하고 이렇게 찾아 주시니 원컨대 옥음(玉音)을 들려 주어 나의 가슴 속을 씻어 주기 바라노라" 하였다.

　녹진이 말하였다.

　"목수가 집을 지을 적에 재목이 큰 것은 보와 기둥을 만들고, 작은 것은 서까래를 만들며 휘어진 것, 꼿꼿한 것을 각기 제자리에 들어 맞춘 연후에 큰 집이 이루어지는 것입니다. 옛날 어진 재상이 정사를 하는 것도 어찌 이와 다르겠습니까. 재주가 많은 자는 높은 지위에 두고, 적은 자는 가벼운 소임을 제수하면, 안으로 육관(六官)·백집사(百執事)와 밖으로 방백(方伯)·연솔(連率)·군수(郡守)·현령(縣令)에 이르기까지 조정에는 빠진 직위가 없고, 그 직위에는 무자격자가 없으며, 위아래가 안정되고 어진이와 불초한 자가 구분된 연후에 왕정(王政)이 이루어지는 것입니다.

　그런데 지금은 그렇지 아니합니다. 사(私)를 따르고 공(公)을 없애며, 사람을 위하여 관직을 택하며, 자기가 사랑하는 자라면 비록 무자격자라도 하늘 끝까지 밀어올리고, 미워하는 자라면 비록 유능한 자라도 구렁텅이에 빠뜨리며, 취사(取捨)에 그 마음이 흐리고 시비에 그 뜻이 어지럽게 되면, 국사만 혼탁해질 뿐 아니라 그 일을 하는 그 자신도 역시 숨이 가빠서 병이 들 것입니다. 만약 관직에 있으면서 청백하고, 일에 다다르면 공근(恭勤)하고, 뇌물 거래를 막고, 지저분한 청탁을 멀리하고, 올리고 낮추는 것을 오직 그 사람의 밝고 어둠으로써 하고, 주고 빼앗음은 사랑과 미움으로써 아니하며, 저울대와 같이 경중을 숨길 수 없이 하고, 먹줄과 같이 곡직(曲直)을 속이지 말아야 할 것이오. 이와 같이 하면 날마다 형정(刑政)이 엄숙하고 국가가 화평할 것이니, 비록 공손홍(公孫弘)과 같이 문을 열어 놓고, 조참(曹參)과 같이 술을 내면서 친구들과 더불어 환담하며 즐겨도 좋을 것이오. 어찌 반드시 복약(服藥)에만 마음쓰고 부질없이 시일을 허비하고 사무를 폐해야 되겠습니까?"

각간은 이에 의관(醫官)을 사절하여 돌려 보내고 수레를 재촉하여 왕궁으로 출근하니 왕은 말하기를, "경이 날짜를 정하고 약을 자신다고 들었는데 어떻게 내조(來朝)하였는가?" 하였다. 대답하기를 "신이 녹진의 말을 들으니 그 말이 약석(藥石)과 같았습니다. 어찌 용치탕을 마시는 정도에 그칠 정도이겠습니까" 하며 왕을 위하여 일일이 진술하였다. 왕은 "내가 임금이 되고 그대가 재상이 되었는데, 이와 같이 직언하는 사람이 있으니 얼마나 기쁜 일이오. 태자로 하여금 모르게 해서는 안될 일이니 마땅히 월지궁으로 가서 알려야 하오" 하였다. 태자가 그 말을 듣고 들어와 축하하며 "일찍이 들으니 임금이 밝으면 신하가 곧다 하옵니다. 이 역시 국가의 아름다운 일이 아니겠습니까" 하였다.

그 뒤에 웅천주도독(熊川州都督) 헌창(憲昌)이 반역하여 왕은 군사를 일으켜 토벌하였는데, 녹진이 그 일에 종사하여 공이 있었다. 왕은 대아찬의 직위를 제수하였으나 녹진은 사양하고 받지 아니하였다.

밀우(密友)·유유(紐由)

밀우(密友)와 유유(紐由)는 모두 고구려 사람이다. 동천왕(東川王) 20년(병인년(246))에 위(魏)의 유주자사(幽州刺史) 관구검(毌丘儉)이 군사를 거느리고 침범하여 환도성(丸都城 : 滿浦鎭 對岸의 通溝)을 함락시키니 왕은 달아났다. 위장(魏將)

왕기(王頎)가 왕의 뒤를 쫓으니, 왕은 남옥저(南沃沮)로 달아나기 위해 죽령(竹嶺: 함흥 서북쪽)에 이르니, 군사는 거의 다 흩어져 달아났다. 오직 동부(東部) 사람 밀우가 홀로 곁에 남아 있어 왕께 고하기를 "지금 쫓아오는 군사가 매우 급박하여 벗어날 수 없는 형편이옵니다. 신이 죽음을 결단하고 방어하겠사오니 왕께서는 어서 도망하셔야 하옵니다" 하고 드디어 결사대를 모집하여 함께 적진에 달려가 힘껏 싸웠다.

왕은 겨우 빠져나가 산곡을 의지하고 흩어진 군사를 모아 자신을 방위하면서 이르기를 "만일 밀우를 데려오는 자가 있다면 후히 상을 주겠다" 하였다. 하부(下部: 西部의 별칭) 사람 유옥구(劉屋句)가 앞에 나서서 "신이 가 보겠습니다" 하고 드디어 전지(戰地)에 뛰어들어 밀우가 땅에 쓰러진 것을 발견하였다. 밀우를 등에 업고 돌아오므로 왕은 밀우를 자기 무릎 위에 눕혀 놓으니 한참 후에 소생하였다.

왕은 샛길로 이리저리 헤매어 남옥저에 당도했으나 위군(魏軍)은 추격을 중지하지 않았다. 왕은 기세도 꺾이고 꾀도 궁하여 어찌 할 바를 몰랐다. 동부 사람 유유가 나아가 아뢰기를 "형세가 매우 급박하니 그저 죽을 수는 없습니다. 신에게 꾀가 하나 있으니 청컨대 음식을 가지고 가서 위군을 대접하는 척하고 틈을 타서 저놈의 장수를 찔러 죽이겠습니다. 만약 신의 꾀가 성공한다면 왕은 공격하여 승부를 결단하시옵소서" 라고 하자, 왕은 이를 허락하였다.

유유는 위나라 군중(軍中)으로 들어가 거짓 항복하며 말하기를 "제 임금이 대국에 죄를 지어 바닷가로 도망와서 몸둘 곳이 없어졌소. 그래서 진영 앞에 나와 항복을 청하고 법관(法官)의 처분만을 기다릴 생각입니다. 우선 소신(小臣)을 보내어 하찮은 물건이나마 전달하여 종자(從者)들의 찬거리나 하시라는 것이오" 하였다. 위장(魏將)이 듣고 항복을 받으려고 할 때에 유유는 미리 식기 속에 감추어 가지고 간 칼을 뽑아 위장의 가슴을 찌르고 함께 죽었다. 위군은 드디어 어지러워졌다. 왕은 군사를 세 갈래로 나누어 급히 공격하였다. 위군은 허둥지둥, 진도 치지 못하고 드디어 낙랑으로부터 후퇴하였다.

나라를 회복하고 나서 왕이 공을 따질 때 밀우·유유를 제일로 삼았다. 그리하여 밀우에게 거곡(巨谷)·청목곡(靑木谷)을, 옥구(屋句)에게 압록강(鴨淥

江)의 두눌하원(杜訥河原)을 주어 식읍을 삼게 하고, 유유를 추증하여 구사자(九使者)를 삼고, 또 그 아들 다우(多優)로서 대사자(大使者)를 삼았다.

명림답부(明臨答夫)

명림답부는 고구려 사람이다. 신대왕(新大王: 재위 165~179) 때에 국상(國相)이 되었다. 한(漢)나라의 현도군(玄菟郡) 태수(太守) 경림(耿臨)이 대군(大軍)을 일으켜 우리를 공격하려 하였다. 왕은 여러 신하에게 "싸움과 방어 두 가지 중에 어느 것이 편하오" 하고 물었다. 중론(衆論)이 "한병(漢兵)이 많은 병력을 믿고 우리를 가볍게 여기니 만약 출전하지 않는다면 저들은 우리가 겁낸다고 여겨 자주 올 것이요, 또 우리 나라는 산이 험하고 길이 좁으니 이는 이른바 한 사람이 관문을 지키고 있으면 만 명도 당해 낼 수 없다는 것이옵니다. 한병이 비록 많다 하지만 우리를 어찌 하지 못할 것입니다. 청컨대 군사를 내어 막기를 청하옵니다" 하였다.

그러나 명림답부의 말은 "그렇지 않습니다. 한나라는 나라가 크고 백성도 많은데 지금 강병을 거느리고 멀리 와서 싸우려 하니 그 서슬을 당해 낼 수 없습니다. 그리고 또 병력이 많은 자는 싸워야 하고 병력이 적은 자는 지켜야 하는 것이 병가(兵家)의 상도(常道)입니다. 지금 한인(漢人)이 천 리 밖에서 군량을 운반하고 있으니 지구전은 못할 것입니다. 만약 우리가 참호를 깊이 파고 성곽을 높이 쌓아 청야(淸野: 들판을 비움)하여 기다리면 저들은 반드시 열흘 내지 한 달이 못 되어 주리고 피곤하여 돌아가게 될 것입니다. 그때 우리가 날랜 군사로써 추격하면 뜻을 이루게 될 것이옵니다" 하였다.

왕은 그렇다고 여겨 성문을 닫고 굳게 지키니, 한인들이 공격하였으나 이기지 못하고 군사들도 굶주렸다. 군사를 끌고 돌아가기 시작하자, 답부는 수천의 기병을 거느리고 추격하여 좌원(坐原)에서 싸워 한군을 크게 격파하고 한 필의 말도 돌려보내지 아니하였다. 왕은 크게 기뻐하여 명림답부에게 좌원 및 질산(質山)을 주어 식읍으로 삼게 하였다.

(신대왕) 15년 가을 9월에 답부가 죽으니, 나이는 113세였다. 왕이 친히 임어(臨御)하여 슬퍼하며, 7일 동안 조회를 파하고, 질산에 예장(禮葬)하였다. 그리고 묘지기 20호를 두었다.

석우로(昔于老)

　석우로는 신라 내해이사금(奈解尼師今)의 아들이다(각간 수로(水老)의 아들이라고도 함). 조분왕(助賁王) 2년(신해년(231)) 7월에 이찬(伊湌)으로 대장군(大將軍)이 되어 감문국(甘文國 : 지금의 금릉군)을 토벌하여 깨뜨리고 그 땅을 군현으로 만들었다. 4년 7월에 왜인이 내침하니 석우로는 사도(沙道 : 지금의 영일)에서 요격하여 싸웠는데, 바람을 따라 불을 놓아 적의 전함을 불태워 버리니 적이 거의 다 물에 빠져 죽었다. 15년 정월에 승진하여 서불야(舒弗耶 : 야(耶)는 한(邯)의 잘못)가 되고 병마사(兵馬事)를 겸직하였다. 16년에 고구려가 북변을 침범하자, 출격하였으나 이기지 못하고 후퇴하여 마두책(馬頭柵)을 확보하였다. 그날 밤에 군사들이 추위 고생하므로 석우로는 친히 다니며 위문하고 손수 불을 피워 따뜻하게 해 주니, 군사들의 마음이 감격하여 솜을 두르고 있는 것 같았다. 첨해왕(沾解王 : 재위 247~261) 재위시에 사량벌국(沙梁伐國 : 지금의 상주)은 전에 우리 속국이었는데 갑자기 배반하여 백제에 귀의하니, 석우로는 군사를 거느리고 토벌하여 멸했다.

　(첨해왕) 7년 계유년(253)에 왜국의 사신 갈나고(葛那古)가 와서 사관(使館)에 머물고 있을 때 우로가 그 접대자가 되었다. 사객(使客)과 농담하면서 "조만간에 네 임금을 염노(鹽奴 : 소금 만드는 자)로 삼고 네 왕비를 취사부(炊事婦)로 삼겠다" 하였다. 왜왕이 이 말을 전해 듣고 노하여 장군 우도주군(于道朱君)을 보내어 우리를 치므로, 왕은 유촌(柚村)으로 나가 있게 되었다. 석우로는 "지금의 환란은 내가 말조심하지 않은 까닭이니, 내가 당해야 한다" 하고 드디어 왜군에 당도하여 말하기를 "전일의 말은 농담인데 군사를 일으켜 이 지경에 이를 줄이야 생각인들 했겠느냐" 하였다. 왜인이 대답도 않고 석우로를 잡더니 나무를 쌓고 그 위에 올려놓아 불태워 죽이고 떠났다.

　석우로의 아들이 어려서 걷지 못하므로 다른 사람이 안아서 말에 태우고 돌아왔는데, 뒤에 그가 흘해이사금(訖解尼師今)이 되었다. 미추왕(未鄒王) 대에 왜국의 대신이 예방하였다. 석우로의 아내가 국왕께 청하여 사사로이 왜국 사신을 대접하다가 사신이 만취 상태가 되자, 장사(壯士)를 시켜 뜰 아래로 끌어내리고 불태워 죽여 전일의 원수를 갚았다. 왜인은 분하게 여겨 금성을 공격하였으나 이기지 못하고 돌아갔다.

　사신(史臣)은 논한다.

석우로가 당시 대신이 되어 군국사(軍國事)를 장악하고 싸우면 반드시 이기거나 비록 이기지 못하여도 패하지는 아니하였으니, 그 꾀가 반드시 남보다 뛰어난 것이 있다고 본다. 그러나 말 한 마디 잘못 함으로써 스스로 죽음을 취했고, 또 양국으로 하여금 싸움을 하게 하였다. 그 아내가 원수를 갚았지만 역시 변칙적이요 정도(正道)는 아니다. 만약 그렇지만 않았다면 그 공업은 역시 기록될 만하다.

박제상(朴堤上)

박제상(朴堤上 : 혹은 모말(毛末))은 시조 혁거세의 후예요, 파사이사금(婆娑尼師今)의 5세손이다. 조부(祖父)는 갈문왕 아도(阿道)요 아버지는 파진찬 물품(勿品)이다. 박제상은 벼슬하여 삽량주(歃良州 : 지금의 梁山)의 간(干 : 舎知에 해당하는 하급관)이 되었다. 이보다 앞서 실성왕(實聖王) 원년(임인년(402))에 왜국과 화친을 맺는데 왜왕이 내물왕(奈勿王)의 아들 미사흔(未斯欣)을 볼모로 삼기를 요청하였다. 왕은 일찍이 내물왕이 자기를 고구려에 볼모로 보낸 것을 원망하여, 그 아들에게 유감을 풀어 볼 생각이었으므로 거절하지 않고 볼모로 보냈다. 또 11년에 고구려 역시 미사흔의 형 복호(卜好)를 볼모로 삼으려고 하므로 왕이 또 보냈다.

눌지왕(訥祇王)이 즉위하자, 말 잘하는 사람을 보내어 그들 볼모를 데려오기로 하였다. 수주촌간(水酒村干) 벌보말(伐寶靺), 일리촌간(一利村干) 구리내(仇里迺), 이이촌간(利伊村干) 파로(波老) 세 사람이 어질고 지혜 있다는 소문을 듣고 불러 묻기를 "내 아우 두 사람이 고구려·왜국 두 나라에 볼모가 되어 여러 해가 지나도록 돌아오지 못하고 있다. 형제의 정(情)인지라 그리운 생각을 억제할 수 없다. 살아 돌아오기를 원하는데 어찌하면 좋겠는가?" 하였다. 세 사람이 모두 아뢰기를 "신 등이 들으니 삽량주간(歃良州干) 박제상이 용감하고 꾀가 있다 하옵니다. 그 사람이면 전하의 근심을 풀어드릴 수 있을 것입니다" 하였다.

이에 박제상을 불러 앞으로 나오게 하고 (앞의) 세 사람의 말을 들려주며 떠나기를 청하였다. 박제상은 대답하기를 "신이 비록 어리석고 불초하오나 어찌 명을 받들지 않겠습니까?" 하였다. 드디어 예방하는 의식을 갖추고 고구려로 들어가 왕에게 말하기를 "신은 듣건대 이웃 나라를 사귀는 도는 성신(誠信)일 따름이요, 볼모를 교환하는 따위는 오패(五霸)에도 없는 것이니 진실로 말세의 일입니다. 지금 우리 임금의 애제(愛弟)가 이 나라에 머문 지 거의 10년이 되어, 우리 임금이 척령재원(鶺鴒在原 : 兄弟間 急難이 있을 때 서로 구원하지 않을 수 없음)의 뜻으로서 늘 그리워하고 있사오니, 만약 대왕께서 은혜롭게 돌려보내 주신다면 대왕은 소 아홉 마리에서 터럭 하나 빠진 격으로 손해될 것 없고, 저희 임금은 대왕에게 받은 은덕이 헤아릴 수 없을 정도로 클 것이니, 대왕은 고려하여 보소서" 하였다. 왕은 "그렇소" 하고 함께 돌아갈 것을 허락하였다.

박제상이 본국에 돌아오자, 왕은 기뻐하며 위로하는 말이 "나는 두 아우를 생각하기를 두 팔같이 여기는데 지금 단지 한 팔만 얻었으니 어찌 하오" 하였다. 박제상은 아뢰기를 "신이 비록 노둔하오나 이미 몸을 나라에 바친 이상 끝내 명령을 욕되게 않겠사옵니다. 그런데 고구려는 대국인 데다가 왕 역시 어진 인군이어서 신의 말 한 마디로 깨우쳤습니다만, 왜인 같은 것은 말로써 깨우칠 수가 없으니 마땅히 그럴 듯한 꾀를 써야 왕자를 돌아오게 할 수 있을 것입니다. 신이 왜국에 가면 그자들에게 나라를 배반하고 왔다고 짐짓 말하겠습니다" 하였다. 박제상은 죽음으로써 맹세하고 나서, 처자도 만나 보지 않은 채 속포(粟浦 : 율포(栗浦)의 잘못. 지금의 울산)에 당도하여 배를 타고 왜국으로 향하였다. 그 아내가 듣고 포구까지 달려나와 배를 바라보고 통곡하며 "잘 다녀오시오" 하였다. 박제상은 돌아보며 이르기를 "나는 왕명을 받들고 적국에 들어가니 그대는 다시 만나 볼 생각은 아예 마시오" 하였다.

바로 왜국으로 들어가서 배반하고 온 것같이 하니, 왜왕이 의심하였다. 그런데 이에 앞서 백제 사람이 왜국에 들어와서 "신라가 고구려와 함께 왕의 나라를 침범하려고 꾀한다"고 참소하였다. 왜는 드디어 군사를 보내어 신라 국경 밖을 순회정찰케 하였다. 마침 고구려가 와서 왜의 순라병을 모두 잡아 죽이니, 왜왕은 백제 사람의 말을 사실로 믿었다. 또 "신라왕이 미사흔의 가족과 박제상의 가족을 가두어 놓았다"는 말을 들었으니 박제상을 실제 배반자로 여겼다.

이에 왜왕은 군사를 내어 신라를 습격하려 하면서 박제상과 미사흔을 데려다 장군을 삼고 겸하여 길을 안내케 하였다. 일행이 해중(海中)의 산도(山島)에 당도하였다. 여러 왜장이 밀의하기를 "신라를 멸한 뒤에 박제상과 미사흔의 처자를 잡아 가지고 돌아가자" 하였다. 박제상은 그 사실을 알고 미사흔과 배를 타고 놀면서 물고기나 오리를 잡는 것처럼 하자, 왜왕이 이들을 보고서 딴 마음이 없다고 여겨 기뻐하였다.

이에 박제상은 미사흔에게 "몰래 본국으로 돌아가라"고 권하니 미사흔은 "나는 장군을 아비같이 받드는데 어찌 혼자만 돌아갈 수 있겠소" 하였다. 박제상은 말하기를 "만약 두 사람이 함께 떠난다면 계획이 이루어지지 못할까 염려된다"고 하니, 미사흔은 박제상의 목을 안고 울며 하직하고 떠났다.

박제상은 혼자 방 안에서 일부러 늦게까지 자다가 일어났다. 미사흔으로 하여금 멀리 가게 하려는 뜻에서였다. 여러 사람이 "장군이 어찌 늦게 일어나는가?"고 묻자 대답하기를 "어제 배를 타서 그런지 피곤하여 일찍 일어날 수 없었다"고 하였다. 박제상이 밖으로 나오자, 왜인들은 미사흔이 도망간 것을 알고 드디어 박제상을 결박하였다. 배를 저어 쫓아갔으나 마침 안개가 자욱하고 어두워 미처 나갈 수 없었다. 박제상을 왜왕 처소로 돌려보내니, 왜왕은 그를 목도(木島)로 귀양보냈다가 얼마 안되어 사람을 시켜 장작불을 피워 전신(全身)을 태운 다음에 베었다.

대왕(訥祗王)은 그 소식을 듣고 애통해하여 대아찬을 추증하고 그 가족에게 후히 상을 내렸다. 그리고 미사흔으로 하여금 박제상의 둘째딸을 데려다 아내를 삼아서 그 은혜를 보답케 하였다. 처음 미사흔이 돌아올 적에 6부에 명하여 멀리 나가 맞게 하였는데, 만나자 서로 손을 잡고 울었다. 형제들이 모여 술을 마시며 실컷 즐기었으며, 왕은 스스로 지어 노래하고 춤추며 그 뜻을 나타냈다. 지금 향악(鄕樂)의 '우식곡(憂息曲)'이 바로 그것이다.

귀산(貴山)

귀산은 신라 사량부(沙梁部) 사람인데, 아버지는 아간(阿干) 무은(武殷)이다. 귀산이 젊어서 부락 사람 추항(箒項)과 어울려 벗이 되었다. 이 두 사람이 서로 말하기를 "우리들이 사군자(士君子)와 더불어 놀아야 하겠으며, 먼저 마음을 바르게 해야 하고, 몸을 닦지 아니하면 욕을 자초하는 결과를 면치 못할 것이다. 어진이의 곁에서 도를 들어야 하지 않겠는가" 하였다. 이때 원광법사(圓光法師)가 수(隋)나라에 들어가 유학하고 돌아와 가실사(加

悉寺)에 거처하며 사람들의 존경을 받고 있었다. 귀산 등은 그 문하에 들어가 옷자락을 걷어잡고 아뢰기를 "몽매한 속인이 아무런 지식이 없으니 원컨대 한 말씀을 내려 주시어 종신의 훈계를 삼도록 해주십시오" 하였다. 법사(法師)는 말하기를 "불계(佛戒)에는 보살계(菩薩戒)가 있는데 그 종류가 열 가지이다. 그대들이 남의 신하와 자식이 되었으니 능히 감당하지 못할 것이다. 지금 세속의 오계(五戒)가 있으니, 첫째는 임금을 섬기기를 충성으로써 하고(事君以忠), 둘째는 어버이를 섬기기를 효도로써 하고(事親以孝), 셋째는 벗을 사귀기를 신의로써 하고(交友以信), 넷째는 싸움에 임해서는 후퇴함이 없고(臨戰無退), 다섯째는 산 것을 죽일 때는 가려서 한다(殺生有擇)는 것이다. 그대들은 경솔히 말고 실행하라" 하였다.

귀산 등은 "다른 것은 명령대로 하겠으나 유독 산 것을 죽일 때는 가려서 하라는 것은 잘 알지 못하겠습니다" 하였다. 법사가 말하기를 "여섯 재일(齋日)과 봄·여름에는 살생치 않는다는 것이니 이는 때를 가리는 것이요, 기르고 부리는 것은 죽이지 않는 것이니 말·소·닭·개를 말한 것이요, 미물(微物)을 죽이지 않는 것이니 그 고기가 한 입에도 차지 않는다는 것이다. 이것들(家畜과 微物을 죽이지 않는 것)은 물건을 택하는 것이다. 이와 같이 하여 다만 소용되는 것에 많이 죽이지 않을 것이니 이는 세속의 선계(善戒)라 할 수 있다"고 하였다.

귀산 등은 "지금부터 받들어 실행하여 조금도 어기는 일이 없도록 하겠습니다" 하였다.

진평왕(眞平王) 건복(建福 : 진평왕 연호) 19년 임술년(602) 가을 8월, 백제가 대군을 동원하여 아막성(阿莫城 : 막(莫)을 모(暮)로도 씀)을 포위하니, 왕은 장군 파진간(波珍干) 건품(乾品)·무리굴(武梨屈)·이리벌(伊梨伐)과 급간(級干) 무은(武殷)·비리야(比梨耶) 등을 시켜 군사를 거느리고 막게 하였는데, 귀산·추항도 모두 소감(少監)의 직으로 출전하였다. 이 싸움에 백제가 패하여 천산(泉山)의 늪으로 후퇴해 복병하며 기다리고 있었다. 우리 군사가 진격하다가 기력이 피곤해져 지친 몸을 이끌고 되돌아오기 시작하였다. 그때 무은이 후군장(後軍將)이 되어 군의 맨꼬리에 섰는데, 복병이 갑자기 나와 갈고리로 (무은을) 떨어뜨렸다. 이때 귀산이 큰소리로 외치기를 "일찍이 스승에게 듣기를 용사는 싸움터에서 물러서지 않는다고 하였다. 어찌 감히 달아날까

보냐" 하고 적 수십 명을 무찌르고, 자기 말에 자기 아버지(를)를 태워 보낸 다음, 추항과 함께 창을 휘두르며 힘껏 싸우자, 모든 군사들이 보고 용기를 내어 몰아쳤다. 적의 시체가 들에 가득하고 한 필의 말 한 채의 수레도 돌아간 것이 없었다.

귀산 등은 온몸에 칼을 맞아 중도에서 죽었다. 왕은 여러 신하들과 함께 아나(阿那)의 벌에 나가 시체 앞에서 통곡하고 예를 갖추어 장례를 치르는 동시에 귀산에게 내마(奈麻), 추항에게 대사(大舍)의 위(位)를 추증하였다.

온달(溫達)

온달은 고구려 평강(원)왕(平岡(原)王 : 재위 559~590) 때 사람이다. 얼굴은 웃음 나게 못났으나 마음씨는 고왔다. 집이 매우 가난하여 늘 밥을 빌어 모친을 봉양하고, 해진 적삼에 헐어빠진 신발로 시정(市井) 사이를 왕래하니 사람들이 지목하여 '바보 온달'이라 하였다. 평강왕의 어린 딸아기가 울기를 자주 하니, 왕은 농담으로 "네가 늘상 울어서 내 귀를 시끄럽게 하니 자라난 다음에도 반드시 사대부(士大夫)의 아내 노릇은 못할 것이다. 바보 온달에게 시집보내야 마땅하겠다" 하며 마냥 그렇게 말하였다.

공주의 나이 16세가 되어 상부(上部 : 동부)의 고씨(高氏)에게 출가시키려고 하자 공주가 아뢰었다. "대왕께서는 늘상 말씀하시기를 '너는 반드시 온달의 아내가 될 것이다' 하였는데 이제 와서 무슨 까닭으로 말씀을 바꾸십니까? 필부도 식언(食言)하지 않는데 하물며 지존(至尊)이시옵니다. 그러므로 왕 된 이는 농담이 없다 하였습니다. 지금 대왕의 명령은 그릇된 것이니 소녀는 감히 받들지 못하겠습니다" 하였다. 왕은 노하여 "네가 나의 명령에 복종하지 않으면 당연코 내 딸이 될 수 없다. 같이 살아서 무엇하느냐. 너 갈 데로 가라"고 하였다.

이에 공주는 값진 패물 수십 개를 팔목에 차고 궁중을 나와 혼자 가다가 길에서 한 사람을 만나 온달의 집을 물었다. 바로 그 집에 당도하여 앞 못보는 늙은 어머니를 보고 앞에 가까이 가서 절하며 그 아들의 행방을 물었다. 노모(老母)는 대답하기를 "우리 아들이 가난하고 또 배운 것이 없어 귀인과 가까이할 자격이 못되는데, 지금 그대의 몸냄새를 맡아 보니 향취가 심상치 않고 그대의 손목을 잡아보니 부드럽기가 솜과 같소. 반드시 천하의 귀인일 터인데 누구의 꾐에 빠져 여기까지 왔소? 우리 아들은 주림을 참지 못하여 산으로 느티나무 껍질을 벗기러 가서 오래도록 돌아오지 아니하는구려" 하였다.

공주는 밖으로 나가 산 아래에 당도하였다. 온달이 느티나무 껍질을 등에 지고 오는 것을 보고, 그에게 전후 사정을 말하였다. 온달은 성을 내며 "이는 어린 여자의 행동이 아니다. 사람이 아니라 반드시 여우나 귀신일 것이니 나를 박해하지 말라" 하고 뒤도 돌아보지 않는 채 바로 가 버렸다.

공주는 홀로 돌아와 그 집 사립문 밖에서 자고, 다음날 아침 다시 집 안으로 들어가 모자(母子)에게 자세히 말을 하였다. 온달은 의아해할 뿐 결정을 못하고, 그 모친은 "우리 아들이 지극히 천하여 귀인의 배필이 될 수 없고, 우리 집이 지극히 가난하여 귀인이 살 곳이 못 되오" 하였다. 공주는 대답하기를 "옛 사람의 말에 한 말 곡식도 방아 찧을 수 있고, 한 자의 베도 재봉할 수 있다고 하였는데, 어찌 반드시 부귀해야만 같이 살 수 있겠습니까" 하고, 지니고 온 패물을 팔아 전택(田宅)·노비(奴婢)·우마(牛馬)·기물(器物)을 사들여 살림이 두루 갖추어졌다.

처음 말을 사들일 적에 공주는 온달에게 "아무쪼록 장사꾼의 말은 사지 말고, 국마(國馬)가 병들고 여위어서 버리는 것만을 가려서 사 오시오"라고 부탁하였다. 온달은 그 말대로 하였다. 공주는 말을 착실히 사육하였다. 말은 날로 살찌고 건강해졌다.

고구려에서는 항상 봄 3월 3일에 낙랑 벌에 모여 사냥하고, 그날 잡은 산돼지·사슴으로 하늘 및 산천신에 제사를 지냈다. 그 날이 되면 왕이 사냥을 나오고 여러 신하들과 5부의 병정들이 다 따르게 된다. 이에 온달도 자기가 기른 말을 타고 따라갔는데 그의 말이 항상 다른 말보다 앞서고 잡은 짐승도 많았다. 온달만큼 하는 자가 없었으므로, 왕은 온달을 가까이 오라 하여 성명을 묻고 놀라며 또 이상하게 여겼다.

때마침 후주(後周)의 무제(武帝)가 군사를 출동시켜 요동(遼東)을 치니 왕은 군사를 이끌고 배산(拜山) 들로 나가 맞아 싸우는데, 온달이 선봉이 되어 날랜 모습으로 적군 수십 명을 베자, 모든 군사의 사기가 올라 크게 이겼다. 공을 논할 적에 온달이 제일이라 하지 않는 자가 없으므로 왕은 감탄하며 "그대는 내 사위다" 하고 예를 갖추어 맞아들임과 동시에 벼슬을 내려 대형(大兄)으로 삼았다. 이로 말미암아 은총과 영화가 더욱 거룩하고 위엄과 권세가 날로 성하였다.

양강왕(陽岡王 : 영양왕(嬰陽王)의 잘못인 듯)이 즉위하자 온달이 아뢰기를 "신라가 우리 한북(漢北)의 땅을 빼앗아 저들의 군현을 만들었으니, 백성들이 원통히 여겨 늘 조국을 잊지 못하고 있습니다. 원컨대 대왕은 저에게 어리석다 마시고 군사를 내주시면 한번 걸음에 반드시 우리 땅을 되찾겠습니다" 하니 왕은 이를 허락하였다.

온달은 출전할 때에 맹세하기를 "계립현(鷄立峴 : 鳥嶺)과 죽령(竹嶺)의 서편 땅을 되찾지 못한다면 돌아오지 않겠다" 하고 드디어 길을 떠나 신라군과 아단성(阿旦城 : 지금의 廣壯津 북쪽 峨嵯山) 아래서 싸우다가 날아온 화살에 맞아 죽었다. 그를 장사하려 하는데 관이 움직이지 않으므로 공주가 와서 관을 어루만지며 "죽고 삶이 결정났으니 아! 돌아갑시다" 하니 드디어 관이 들려서 장사를 지냈다. 이를 듣고 대왕은 애통해하였다.

三國史記 卷 第四十五

列傳 第五 乙巴素 金后稷 祿眞 密友─紐由 明臨荅夫 昔于老 朴堤上 貴山 溫達

乙巴素 高句麗人也 國川王時 沛者於昇留·評者左可慮等 皆以外戚擅權 多行不義 國人怨憤 王怒欲誅之 左可慮等謀反 王誅竄之 遂下令曰 近者 官以寵授位非德進 毒流百姓 動我王家 此寡人不明所致也 今汝四部 各擧賢良在下者 於是四部共擧東部晏留 王徵之 委以國政 晏留言於王曰 微臣庸愚 固不足以參大政 西鴨淥谷左勿村乙巴素者 琉璃王大臣乙素之孫也 性質剛毅 智慮淵深 不見用於世 力田自給 大王若欲理國 非此人則不可 王遣使以卑辭重禮聘之 拜中畏大夫 加爵爲于台 謂曰 孤叨承先業 處臣民之上 德薄材短 未濟於理 先生藏用晦明 窮處草澤者久矣 今不我棄 幡然而來 非獨孤之喜幸 社稷生民之福也 請安承教 公其盡心 巴素意雖許國 謂所受職不足以濟事 乃對曰 臣之駑蹇 不敢當嚴令

願大王選賢良 授高官 以成大業 王知其意 乃除爲國相 令知政事 於是朝臣國戚
謂巴素以新間舊 疾之 王有敎曰 無貴賤 苟不從國相者 族之 巴素退而告人曰
不逢時則隱 逢時則仕 士之常也 今上待我以厚意 其可復念舊隱乎 乃以至誠奉
國 明政敎 愼賞罰 人民以安 內外無事 王謂晏留曰 若無子之一言 孤不能得巴
素以共理 今庶績之凝 子之功也 遂拜爲大使者 至山上王七年秋八月 巴素卒 國
人哭之慟

　金后稷 智證王之曾孫 事眞平大王爲伊湌 轉兵部令 大王頗好田獵 后稷諫曰
古之王者 必一日萬機 深思遠慮 左右正士 容受直諫 孶孶矻矻 不敢逸豫 然後德
政醇美 國家可保 今殿下日與狂夫獵士 放鷹犬逐雉兎 奔馳山野 不能自止 老子
曰 馳騁田獵 令人心狂 書曰 內作色荒 外作禽荒 有一于此 未或不亡 由是觀之
內則蕩心 外則亡國 不可不省也 殿下其念之 王不從 又切諫 不見聽 後后稷疾
病將死 謂其三子曰 吾爲人臣 不能匡救君惡 恐大王遊娛不已 以至於亡敗 是吾
所憂也 雖死 必思有以悟君 須瘞吾骨於大王遊畋之路側 子等皆從之 他日王出
行 半路有遠聲 若曰莫去 王顧問聲何從來 從者告云 彼后稷伊湌之墓也 遂陳后
稷臨死之言 大王潸然流涕曰 夫子忠諫 死而不忘 其愛我也深矣 若終不改 其何
顔於幽明之間耶 遂終身不復獵

　祿眞 姓與字未詳 父秀奉一吉湌 祿眞二十三歲始仕 屢經內外官 至憲德大王
十年戊戌 爲執事侍郎 十四年 國王無嗣子 以母弟秀宗爲儲貳 入月池宮 時忠恭
角干爲上大等 坐政事堂 注擬內外官 退公感疾 召國醫診脈 曰病在心臟 須服龍
齒湯 遂告暇三七日 杜門不見賓客 於是祿眞造而請見 門者拒焉 祿眞曰 下官非
不知相公移疾謝客 須獻一言於左右 以開鬱悒之慮 故此來耳 若不見則不敢退也
門者再三復之 於是引見 祿眞進曰 伏聞寶體不調 得非早朝晚罷・蒙犯風露・
以傷榮衛之和・失支體之安乎 曰未至是也 但昏昏嘿嘿 精神不快耳 祿眞曰 然
則公之病 不須藥石 不須針砭 可以至言高論 一攻而破之也 公將聞之乎 曰吾子
不我遐遺 惠然光臨 願聽玉音 洗我胸臆 祿眞曰 彼梓人之爲室也 材大者爲梁柱
小者爲椽榱 偃者・植者 各安所施 然後大廈成焉 古者賢宰相之爲政也 又何異
焉 古者賢宰相之爲政也 又何異焉 才巨者置之高位 小者授之薄任 內則六官・百
執事 外則方伯・連率・郡守・縣令 朝無闕位 位無非人 上下定矣 賢不肖分矣 然

後王政成焉 今則不然 徇私而滅公 爲人而擇官 愛之則雖不材擬送於雲霄憎之則雖有能 圖陷於溝壑 取捨混其心 是非亂其志 則不獨國事溷濁 而爲之者亦勞且病矣 若其當官淸白 蒞事恪恭 杜貨賂之門 遠請託之累 黜陟只以幽明 予奪不以愛憎 如衡焉不可枉以輕重 如繩焉不可欺以曲直 如是則刑政允穆 國家和平 雖曰開孫弘之閣 置曹參之酒 與朋友故舊 談笑自樂可也 又何必區區於服餌之間 徒自費日廢事爲哉 角干於是謝遣醫官 命駕朝王室 王曰 謂卿尅日服藥 何以來朝 答曰 臣聞祿眞之言 同於藥石 豈止飮龍齒湯而已哉 因爲王一一陳之 王曰 寡人爲君 卿爲相 而有人直言如此 何喜如焉 不可使儲君不知 宜往月池宮 儲君聞之 入賀曰 嘗聞君明則臣直 此亦國家之美事也 後熊川州都督憲昌反叛 王擧兵討之 祿眞從事有功 王授位大阿湌 辭不受

密友·紐由者 竝高句麗人也 東川王二十年 魏幽州刺史毌丘儉 將兵來侵 陷丸都城 王出奔 將軍王頎追之 王欲奔南沃沮 至于竹嶺 軍士奔散殆盡 唯東部密友獨在側 謂王曰 今追兵甚迫 勢不可脫 臣請決死而禦之 王可遁矣 遂募死士 與之赴敵力戰 王僅得脫而去 依山谷 聚散卒自衛 謂曰 若有能取密友者 厚賞之 下部劉屋句前對曰 臣試往焉 遂於戰地 見密友伏地 乃負而至 王枕之以股 久而乃蘇 王間行轉輾 至南沃沮 魏軍追不止 王計窮勢屈 不知所爲 東部人紐由進曰 勢甚危迫 不可徒死 臣有愚計 請以飮食往犒魏軍 因伺隙刺殺彼將 若臣計得成 則王可奮擊決勝 王曰諾 紐由入魏軍詐降 曰 寡君獲罪於大國 逃至海濱 措躬無地矣 將以請降於陳前 歸死司寇 先遣小臣 致不腆之物 爲從者羞 魏將聞之 將受其降 紐由隱刀食器 進前拔刀 刺魏將胸 與之俱死 魏軍遂亂 王分軍爲三道急擊之 魏軍擾亂不能陳 遂自樂浪而退 王復國論功 以密友·紐由爲第一 賜密友巨谷·靑木谷 賜屋句鴨淥·杜訥河原以爲食邑 追贈紐由爲九使者 又以其子多優爲大使者

明臨荅夫 高句麗人也 新大王時 爲國相 漢玄菟郡太守耿臨 發大兵欲攻我 王問群臣戰守孰便 衆議曰 漢兵恃衆輕我 若不出戰 彼以我爲怯數來 且我國山險而路隘 此所謂一夫當關 萬夫莫當者也 漢兵雖衆 無如我何 請出師禦之 荅夫曰 不然 漢國大民衆 今以强兵遠鬪 其鋒不可當 而又兵衆者宜戰 兵少者宜守 兵家之常也 今漢人千里轉糧 不能持久 若我深溝高壘 淸野以待之 彼必不過旬月

饑困而歸 我以勁卒迫之 可以得志 王然之 嬰城固守 漢人攻之不克 士卒饑餓引還 苔夫帥師數千騎追之 戰於坐原 漢軍大敗 匹馬不反 王大悅 賜苔夫坐原及質山爲食邑 十五年秋九月卒 年百十三歲 王自臨慟 罷朝七日 以禮葬於質山 置守墓二十家

昔于老 奈解尼師今之子(或云角于水老之子也) 助賁王二年七月 以伊湌爲大將軍 出討甘文國破之 以其地爲郡縣 四年七月 倭人來侵 于老逆戰於沙道 乘風縱火 焚賊戰艦 賊溺死且盡 十五年正月 進爲舒弗耶〔耶 當作邯〕兼知兵馬事 十六年 高句麗侵北邊 出擊之不克 退保馬頭柵 至夜士卒寒苦 于老躬行勞問 手燒薪樵暖熱之 群心感喜如夾纊 沾解王在位 沙梁伐國舊屬我 忽背而歸百濟 于老將兵往討滅之 七年癸酉 倭國使臣葛那古在館 于老主之 與客戲言 早晚以汝王爲鹽奴 王妃爲爨婦 倭王聞之怒 遣將軍于道朱君討我 大王出居于柚村 于老曰 今玆之患 由吾言之不愼 我其當之 遂抵倭軍 謂曰 前日之言戲之耳 豈意興師至於此耶 倭人不答 執之積柴置其上 燒殺之乃去 于老子幼弱不能步 人抱以騎而歸 後爲訖解尼師今 味鄒王時 倭國大臣來聘 于老妻請於國王 私饗倭使臣 及其泥醉 使壯士曳下庭焚之 以報前怨倭人忿 來攻金城 不克引歸
　論曰 于老爲當時大臣 掌軍國事 戰必克 雖不克 亦不敗 則其謀策必有過人者 然以一言之悖 以自取死 又令兩國交兵 其妻能報怨 亦變而非正也 若不爾者 其功業亦可錄也

朴堤上(或云毛末) 始祖赫居世之後 婆娑尼師今五世孫 祖阿道葛文王 父勿品波珍湌 堤上仕爲歃良州干 先是實聖王元年壬寅 與倭國講和 倭王請以奈勿王之子未斯欣爲質 王嘗恨奈勿王使己質於高句麗 思有以釋憾於其子 故不拒而遣之 又十一年壬子 高句麗亦欲得未斯欣之兄卜好爲質 大王又遣之 及訥祇王卽位 思得辯士往迎之 聞水酒村干伐寶靺・一利村干仇里迺・利伊村干波老三人有賢智 召問曰 吾弟二人質於倭麗二國 多年不還 兄弟之故 思念不能自止 願使生還 若之何而可 三人同對曰 臣等聞歃良州干堤上剛勇而有謀 可得以解殿下之憂 於是徵堤上使前 告三臣之言而請行 堤上對曰 臣雖愚不肖 敢不唯命祗承 遂以聘禮入高句麗 語王曰 臣聞交鄰國之道誠信而已 若交質子 則不及五霸 誠末世之事也 今寡君之愛弟在此 殆將十年 寡君以鶺鴒在原之意 永懷不已 若大王惠然歸之

則若九牛之落一毛 無所損也 而寡君之德大王也 不可量也 王其念之 王曰諾 許與同歸 及歸國 大王喜慰曰 我念二弟如左右臂 今只得一臂奈何 堤上報曰 臣雖奴才旣以身許國 終不辱命 然高句麗大國 王亦賢君 是故臣得以一言悟之 若倭人不可以口舌諭 當以詐謀 可使王子歸來 臣適彼 則請以背國論 使彼聞之 乃以死自誓 不見妻子 抵栗浦汎舟向倭 其妻聞之 奔至浦口 望舟大哭曰 好歸來 堤上回顧曰 我將命入敵國 爾莫作再見期 遂徑入倭國 若叛來者 倭王疑之 百濟人前入倭 讒言新羅與高句麗謀侵王國 倭遂遣兵邏戍新羅境外 會高句麗來侵 幷擒殺倭邏人 倭王乃以百濟人言爲實 又聞羅王囚未斯欣·堤上之家人 謂堤上實叛者 於是出師將襲新羅 兼差堤上與未斯欣爲將 兼使之鄕導 行至海中山島 倭諸將密議 滅新羅後 執堤上·未斯欣妻孥以還 堤上知之 與未斯欣乘舟遊 若捉魚鴨者 倭人見之 以謂無心喜焉 於是堤上勸未斯欣潛歸本國 未斯欣曰 僕奉將軍如父 豈可獨歸 堤上曰 若二人俱發 則恐謀不成 未斯欣抱堤上項 泣辭而歸 堤上獨眠室內晏起 欲使未斯欣遠行 諸人問將軍何起之晚 答曰 前日行舟勞困 不得夙興 及出知未斯欣之逃 遂縛堤上 行舡追之 適煙霧晦冥 望不及焉 歸堤上於王所 則流於木島 未幾 使人以薪火燒爛支體 然後斬之 大王聞之哀慟 追贈大阿湌 厚賜其家 使未斯欣娶其堤上之第二女爲妻 以報之 初未斯欣之來也 命六部遠迎之 及見握手相泣 會兄弟置酒極娛 王自作歌舞 以宣其意 今鄕樂憂息曲是也

貴山 沙梁部人也 父武殷阿干 貴山少與部人箒項爲友 二人相謂曰 我等期與士君子遊 而不先正心修身 則恐不免於招辱 蓋聞道於賢者之側乎 時圓光法師入隋遊學 還居加悉寺 爲時人所尊禮 貴山等詣門 摳衣進告曰 俗士顓蒙 無所知識 願賜一言 以爲終身之誡 法師曰 佛戒有菩薩戒 其別有十 若等爲人臣子 恐不能堪 今有世俗五戒 一曰事君以忠 二曰事親以孝 三曰交友以信 四曰臨戰無退 五曰殺生有擇 若等行之無忽 貴山等曰 他則旣受命矣 所謂殺生有擇 獨未曉也 師曰 六齋日春夏月不殺 是擇時也 不殺使畜 謂馬牛鷄犬 不殺細物 謂肉不足一臠 是擇物也 如此唯其所用 不求多殺 此可謂世俗之善戒也 貴山等曰 自今已後奉以周旋 不敢失墜 眞平王建福十九年壬戌秋八月 百濟大發兵 來圍阿莫(一作暮)城 王使將軍波珍干乾品·武梨屈伊梨伐·級干武殷·比梨耶等 領兵拒之·貴山·箒項幷以少監赴焉 百濟敗 退於泉山之澤 伏兵以待之 我軍進擊 力困引還 時武殷爲殿 立於軍尾 伏猝出 鉤而下之 貴山大言曰 吾嘗聞之師 曰士當軍無退

豈敢奔北乎 擊殺賊數十人 以己馬出父 與箒項揮戈力鬪 諸軍見之奮擊 橫尸滿野 匹馬隻輪無反者 貴山等金瘡滿身 半路而卒 王與群臣迎於阿那之野 臨尸痛哭 以禮殯葬 追賜位貴山奈麻 箒項大舍

溫達 高句麗平岡王時人也 容貌龍鍾可笑 中心則睟(睟 恐作曄)然 家甚貧 常乞食以養母 破衫弊履 往來於市井間 時人目之爲愚溫達 平岡王少女兒好啼 王戲曰 汝常啼聒我耳 長必不得爲士大夫妻 當歸之愚溫達 王每言之 及女年二八 欲下嫁於上部高氏 公主對曰 大王常語 汝必爲溫達之婦 今何故改前言乎 匹夫猶不欲食言 況至尊乎 故曰王者無戲言 今大王之命謬矣 妾不敢祗承 王怒曰 汝不從我敎 則固不得爲吾女也 安用同居 宜從汝所適矣 於是公主以寶釧數十枚繫肘後 出宮獨行 路遇一人 問溫達之家 乃行至其家 見盲老母 近前拜問其子所在 老母對曰 吾子貧且陋 非貴人之所可近 今聞子之臭 芬馥異常 接子之手 柔滑如綿 必天下之貴人也 因誰之佾以至於此乎 惟我息不忍饑 取楡皮於山林 久而未還 公主出行 至山下 見溫達負楡皮而來 公主與之言懷 溫達悖然曰 此非幼女子所宜行 必非人也 狐鬼也 勿迫我也 遂行不顧 公主獨歸 宿柴門下 明朝更入 與母子備言之 溫達依違未決 其母曰 吾息至陋 不足爲貴人匹 吾家至窶 固不宜貴人居 公主對曰 古人言 一斗粟猶可舂 一尺布猶可縫 則苟爲同心 何必富貴然後可共乎 乃賣金釧 買得田宅奴婢牛馬器物 資用完具 初買馬 公主語溫達曰 愼勿買市人馬 須擇國馬病瘦而見放者 而後換之 溫達如其言 公主養飼甚勤 馬日肥且壯 高句麗常以春三月三日 會獵樂浪之丘 以所獲猪鹿祭天及山川神 至其日王出獵 群臣及五部兵士皆從 於是溫達以所養之馬隨行 其馳騁常在前 所獲亦多他無若者 王召來問姓名 驚且異之 時後周武帝出師伐遼東 王領軍逆戰於拜山之野 溫達爲先鋒 疾鬪斬數十餘級 諸軍乘勝奮擊大克 及論功 無不以溫達爲第一 王嘉歎之曰 是吾女壻也 備禮迎之 賜爵爲大兄 由此寵榮尤渥 威權日盛 及陽岡王(嬰陽王)卽位 溫達奏曰 惟新羅割我漢北之地爲郡縣 百姓痛恨 未嘗忘父母之國 願大王不以愚不肖 授之以兵 一往必還吾地 王許焉 臨行誓曰 鷄立峴·竹嶺已西不歸於我 則不返也 遂行 與羅軍戰於阿旦城之下 爲流矢所中 路(路 趙炳舜本作)而死 欲葬 柩不肯動 公主來撫棺曰 死生決矣 於乎歸矣 遂擧而窆 大王聞之悲慟

삼국사기 권 제46

열전(列傳) 제6

강수(强首), 최치원(崔致遠), 설총(薛聰)

강수(强首)

강수는 신라 중원경(中原京 : 지금의 충주) 사량(沙梁 : 6부의 하나) 사람이요, 아버지는 내마(奈麻) 석체(昔諦)다. 그 어머니가 꿈에 뿔이 돋친 사람을 보고 태기가 있어 낳았는데 머리 뒤에 우뚝한 뼈가 있었다. 석체가 아이를 데리고 당시의 이른바 현자(賢者)를 찾아가서 "이 아이 두개골이 이와 같으니 어쩐 일이오" 하고 물었다. 그의 대답이 "나는 듣건대 복희씨(伏羲氏)는 호형(虎形), 여와씨(女媧氏 : 복희씨의 누이)는 사신(蛇身), 신농씨(神農氏)는 우두(牛頭), 고요(皐陶 : 순임금의 어진 신하)는 마구(馬口)라 하였소. 성현(聖賢)도 우리와 똑같은 사람이지만, 그 상이 역시 비범한 데가 있는 모양이오. 또 아이의 머리에 검은 사마귀가 있으니, 상법(相法)에 얼굴의 사마귀는 좋은 것이 없고, 머리에는 나쁜 사마귀가 없다고 하였은즉, 이 아이는 반드시 기물(奇物)일 것이오" 하였다. 석체는 돌아와 그 아내에게 말하기를 "이 아들은 비상한 아이니 양육을 잘 하면 장래에 국사(國士)가 될 것이오" 하였다.

장성하면서 절로 글을 읽을 줄 알아 의리(義理)에 정통하니, 그 아버지는 그의 뜻을 살피고자 하여 묻기를 "너는 불(佛)을 배우려느냐, 유(儒)를 배우려느냐" 하였다. 대답하기를 "제가 들으니 불은 세상 밖에 있을 수 있는 교(敎)라 하옵니다. 저는 인간이온데 불을 배워서 어디다 쓰오리까. 유자(儒者)의 도를 배우렵니다" 하였다. 그 아버지는 "네 좋을 대로 하라"고 하므로 드디어 스승에게 나아가 효경(孝經)·곡례(曲禮)·이아(爾雅) 문선(文選)을 읽었다. 그런데 스승에게서 들은 바는 비록 천근(淺近)하나 해독하는 바는 더욱 고원(高遠)하여 한 시대의 호걸이 되었다.

드디어 벼슬길에 나아가 여러 관직을 역임하고 이름난 사람이 되었다. 강수가 일찍이 부곡(釜谷)에 사는 대장장이의 딸과 야합(野合)하여 정분이 자못 돈독하였다. 나이 20세가 되자 부모가 골 안의 여자 중에서 용모와 행실을 겸비한 여자를 가려 아내로 삼아 주려고 하는데, 강수는 사양하며 두 번 장가 들 수 없다고 하였다. 아버지는 노하여 "네 이름은 이 나라 사람이 모르는 이가 없는데 보잘것없는 집안의 여자와 짝이 되면 부끄러운 일 아니냐" 하였다. 강수가 두 번 절하며 말하기를 "가난하고 천한 것은 수치가 아니요, 도(道)를 배우고도 실행하지 못하는 것이 진실로 수치이옵니다. 일찍이 들으니 옛 사람의 말에 '조강지처(糟糠之妻 : 구차하고 천할 때부터 같이 고생해 온 아내)는 내쫓지 못하고 빈천(貧賤)할 때 사귄 친구는 잊을 수 없다' 하였사오니 그 여자가 아무리 천할망정 차마 버릴 수 없습니다" 하였다.

태종왕(太宗王)이 즉위하자 당의 사신이 와서 조서(詔書)를 전달하였는데, 그 조서 가운데 해독하기 어려운 곳이 있어 왕이 강수를 불러 물었다. 왕의 앞에 나와 그 글월을 한 번 보고 막힘 없이 해석하였다. 왕은 매우 기뻐하여 늦게 서로 만난 것을 한탄하며 그의 성명을 물었다. 아뢰기를 "신은 본시 임나가량(任那加良 : 大加耶, 지금의 고령) 사람으로 이름은 우두(牛頭)라 하옵니다" 하였다. 왕은 "그대의 두골을 보니 강수 선생(强首先生)이라 칭함이 좋겠다" 하고 그로 하여금 당제의 조서에 회사(回謝)하는 표문(表文)을 짓게 하였다. 문장도 묘하고 뜻도 극진하니 왕은 더욱 기특하게 여겨 이름을 부르지 않고 임생(任生)이라 말할 따름이었다.

강수는 일찍이 살림에 뜻을 두지 않아 집안이 가난하였지만, 그러나 조금도 걱정하는 빛이 없었다. 왕은 관원에게 명하여 해마다 신성(新城)의 조(租) 100섬을 주게 하였다. 문무왕(文武王)은 말하기를 "강수가 문장으로 자임(自任)하여 능히 편지글로 중국 및 고구려·백제에 의사를 전달하였기 때문에 화친도 맺었고 공도 이루게 되었다. 그리고 우리 선왕께서 당에 청병하여 고구려·백제를 평정하게 된 것도 비록 무(武)의 공이기는 하지만 문장의 도움도 아니받았다 할 수 없으니 강수의 공을 어찌 소홀히 할 수 있으랴"

하고, 사찬(沙湌)의 위를 제수함과 동시에 녹봉을 올려 해마다 조(租) 200섬을 받게 하였다.

신문왕(神文王: 재위 681~692) 때에 이르러 죽으니 장사지낼 때 관(官)에서 부의(賻儀)를 공급하였는데 의물(衣物) 필단(匹段)이 더욱 많았다. 집안 사람들이 이를 사사로이 쓰지 않고 모두 불사(佛事)에 시주하였다. 그 아내가 먹을 것이 없어 향리(鄕里)로 돌아가려 하자, 대신들이 이 소식을 듣고 왕께 청하여 조(租) 100섬을 주니 그 아내는 사양하며 "저는 천한 계집으로 이미 남편과 함께 의식(衣食)하며 나라의 은혜를 많이 받았습니다. 지금은 홀몸이니 어찌 감히 후사(厚賜)를 욕되게 하오리까" 하고 드디어 받지 않고 (향리로) 돌아갔다.

신라고기(新羅古記)에 "문장으로는 강수·제문(帝文)·수진(守眞)·양도(良圖)·풍훈(風訓)·골번(骨番)을 칭하였는데, 제문 이하는 사적이 빠져 전(傳)을 짓지 못하였다.

최치원(崔致遠)

신라 최치원의 자는 고운(孤雲: 혹은 해운(海雲))이요, 서울 사량부(沙梁部) 사람인데, 사전(史傳)이 없어져 그의 계통은 알 수 없다. 최치원은 어려서부터 총민하여 학문을 좋아하였다. 나이 12세 때 장사꾼들이 왕래하는 배편을 따라 당에 들어가 유학하려 할 때, 그 아버지가 이르기를 "10년 이내에 과거하지 못하면 내 아들이 아니다. 가서 힘쓰라"고 하였다. 최치원은 당에 가서 스승을 따라 학문에 진력하였다. 그리하여 건부(乾符: 당 僖宗의 연호) 원년, 갑오년(874: 景文王 14년)에 예부시랑 배찬(裵瓚)의 고시(考試) 아래 단번에 급제하여 선주(宣州) 표수현위(漂水縣尉)에 등용되고 성적이 좋아서 다시 승무랑시어사내공봉(承務郞侍御史內供奉)이 되고 자금어대(紫金魚袋)를 받았다.

그때 황소(黃巢)의 반란이 있어, 고변(高騈)이 제도행영병마도통(諸道行營兵馬都統)으로 토벌하게 되었는데, 최치원을 자벽(自辟: 추천)하여 종사관(從事官)으로 삼아 서기(書記)의 소임을 맡겼다. 그 때의 표장(表狀)·서계(書啓)가 지금까지 전해진다. 나이 28세에 본국으로 돌아가 부모를 뵈려는 뜻을 두자, 당 희종(僖宗)이 이를 알고, 당 사신 자격으로 조서를 가지고 예방 형식을 취해 본국에 내빙케 하였다. 이에 머물러 헌강왕 11년에 시독겸 한림학사 수병부시랑지서서감(侍讀兼翰林學士守兵部侍郞知瑞書監)이 되었다.

최치원은 자기가 중국에 유학하여 소득이 많았고, 이제 고국에 돌아왔으니 장차 자기의 포부를 펴 보겠다 하였다. 그러나 말세의 인심이라 시기가 많고 능히 용납되지 못하므로, 외직으로 나가 대산군(大山郡) 태수(太守)가 되었다. 진성왕 7년에 납정절사병부시랑(納旌節使兵部侍郞) 김처회(金處誨)가 당으로 건너가다가 바다에 빠져 죽었으므로, 곧 혜성군(槥城郡) 태수 김준(金峻)을 승차하여 고주사(告奏使)로 임명하였다. 그때 최치원은 부성군(富城郡 : 지금의 서산군) 태수로 있다가 왕의 부름으로 당나라에 가는 하정사(賀正使)가 되었다. 하지만 근년에 흉년이 들어 도둑이 성한 까닭에 길이 막혀 떠나지 못하였다. 그 뒤 최치원이 사명을 받들고 당나라에 갔으나, 어느 해 어느 달에 갔는지 알 수 없다.

그러므로 그 문집에 상대사시중장(上大師侍中狀 : 大師侍中에게 올리는 글)이 있었으니 그 내용은 다음과 같다.

들건대 동해(東海) 밖에 세 나라가 있으니 그 이름은 마한(馬韓)·변한(卞韓)·진한(辰韓)으로, 마한은 즉 고구려, 변한은 즉 백제, 진한은 즉 신라입니다. 고구려·백제의 전성 시대에는 강병 백만을 보유하여, 남으로 오월(吳越)을 침범하고 북으로(중국 북쪽) 유(幽)·연(燕)·제(齊)·노(魯)를 흔들어 중국의 큰 두통거리가 되었습니다. 수황제(隋皇帝)의 멸망도 요동(遼東)의 정벌에서 기인되었던 것입니다. 정관(貞觀) 연간에 우리 당태종 황제가 친히 6군(六軍)을 거느리고 바다를 건너 하늘이 주는 벌을 대행하니, 고구려가 위엄을 두려워하여 화친을 청하므로, 문황제(文皇帝 : 太宗)는 항복을 받고 환궁하였습니다. 이 사이에 우리 무열대왕(武烈大王)이 견마(犬馬)의 정성을 다하여 한쪽의 난(難)을 조정(助定)하고자 당에 들어가 조알(朝謁)하는 일도 이로부터 비롯되었습니다. 그 뒤 고구려·백제가 전과 같이 계속하여 악을 저지르므로 무열왕이 조회하고 길을 인도하겠다고 자청하였더니, 고종황제(高宗皇帝) 현경(顯慶) 5년(660)에 이르러 (드디어) 소정방에게 명하여 10도의 강병과 전선 1만 척을 거느리고 와서 백제를 여지없이 깨뜨리고 그 땅에다 부여도독부(扶餘都督府 : 웅진도독부)를 설치하고 (백제의) 유민(遺民)들을 불러들여 한(漢)의 관리를 배치하였는데, 서로간에 생활이 맞지 아니하여 자주 위반되므로, 드디어 그 백성을 하남(河南) 지방으로 옮겼던 것입니다. 그리고 또 총장(總章) 원년(고구려 보장왕 27년, 무진년(668))에 영공(英公) 이적(李勣)을 시켜 고구려를 격파하고 안동도독부(安東都督府)를 설치하였으며, 의봉(儀鳳) 3년(무인년(678))에 그 백성을 하남(河南) 농우(隴右)로 옮겼습니다. 고구려의 잔민들이 떼로 모여 북으로 태백산(太白山 : 백두산) 아래에 의거하여 국호를 발해(渤海)라 하고, 개원(開元) 20년(渤海 武王 14년, 임신년(732))에 중국을 원망하여 군사를 거느리고 등주(登州 : 산동성)를 엄습하여 자사(刺史) 위준(韋俊)을 죽였습니다. 이에 명 황제(현종)가 크게 노하여 내사(內史) 고품(高品)·하행성(何行成)과 태복경(太僕卿) 김사란(金思蘭)을 시켜 군사를 거느리고 바다를 건너 토벌케 하였습니다. 그리고 우리 왕 김모(金某 : 聖德王)에게는 정대위지절충녕해군사계림주대도독(正大尉持節充寧海軍事鷄林州大都督)을 삼았는데, 겨울은 깊고 눈은 많이 쌓여 번한(蕃漢) 양군이 추위와 괴로움이 너무도 심하므로, 칙명으로 회군하였습니다. 지금까지 300여 년에 일방(一方)이 무사하고 창해(滄海 : 東海)가 잠잠한 것은 바로 우리 무열대왕의 공입니다. 지금 저(致遠)는 유문(儒門)의 말학(末學)이요 해외의 범부(凡夫)로써 외람되게 표장(表章)을 받들고 귀국에 내조하니, 모든 정성을 토로하는 것이 예(禮)에 합당하다고 생각합니다.

살펴보건대 원화(元和) 12년(憲德王 9년, 정유년(817))에 본국의 왕자 김장렴(金張廉)이 풍랑에 밀려 명주(明州 : 浙江省 寧波縣)에 상륙하였는데, 절동(浙東)의 어떤 관원이 보내주어 서울(唐京)로 들어갔고, 중화(中和) 2년(憲康王 8년, 임인년(882))에 입조사(入朝使) 김직량(金直諒)이 반신(叛臣 : 黃巢)의 장난으로 도로가 불통이 되어 드디어 초주(楚州 : 江蘇省 淮安縣)에 상륙하여 돌고 돌아 양주(揚州 : 지금의 강소성 揚州市)에 당도하여 어가(御駕)가 촉(蜀 : 지금의 泗川省) 땅으로 갔음을 알게 되었습니다. 고태위(高太尉)가 도두(都頭) 장검(張儉)을 시켜 호송하여 서천(西川 : 지금의 사천성 서부)에 당도하게 되었던 것입니다. 이전의 사례가 분명하오니 엎드려 바라건대 대사시중(大師侍中)은 은혜를 베풀어 수륙을 통행하는 권첩(券牒 : 通行證)을 주어, 소재지 관청에 명하여 선박과 식사(食事) 및 멀리 가는 여마(驪馬)의 사료를 공급케 함과 아울러 군장(軍將)을 시켜 호송하여 어전에 당도케 하여 주시옵소서.

여기에 이른바 대사시중(大師侍中)이라는 이의 성명은 알 수 없다. 최치원이 서쪽으로 당을 섬길 때나, 동으로 고국에 돌아온 때나 모두 난세를 만나 나가는 길이 평탄치 못하고, 움직이면 허물만 생기므로 불우한 신세를 슬퍼한 나머지 다시 벼슬살이할 생각을 버렸다. 방랑 생활로 들어가 혹은 산림(山林), 혹은 강해(江海)에 집을 지어 송죽(松竹)을 심고 서사(書史)에 파묻혀 풍월을 노래하였다. 이를테면 경주(慶州)의 남산(南山), 강주(剛州 : 지금의 영주군)의 빙산(氷山), 합주(陜州)의 청량사(淸凉寺), 지리산(智異山)의 쌍계사(雙溪寺), 합포현(合浦縣 : 지금의 창원)의 별서(別墅)가 모두 그가 노닐던 곳이요, 최후에는 집안 권속을 대동하고 가야산 해인사로 들어가 은거하였는데, 동복형 승려 현준(賢俊) 및 정현사(定玄師)와 함께 도우(道友)를 맺고 자유로운 생활로 일생을 마쳤다.

처음 서쪽으로 유학했을 때 강동(江東)의 시인 나은(羅隱)과 서로 알게 되었다. 은이 재주를 믿고 스스로 높게 굴며 경솔히 남을 인정하지 아니하였는데, 최치원에게만은 가시(歌詩) 5축(軸)을 보여 주었고, 또 동년(同年)인 고운(顧雲)과 좋은 벗으로 지냈다. 고운이 최치원을 송별한 시가 있다. 그 대략은 이러하다.

  내 들으니 바다에 금자라 셋이 있어
  그 자라 머리에 높은 산이 얹혀 있네.
  산 위에 주궁(珠宮)·패궐(貝闕)·황금전(黃金殿)이 있고
  산 아래 천리 만리의 큰 파도가 있다.
  그 곁 한 점(點)의 새파란 계림(鷄林)에
  자라산 정기타고 기특한 사람이 났네.
  열두 살에 배를 타고 바다를 건너와
  그 문장이 중국을 감동시켰네.
  열여덟에 사원(詞苑 : 科擧場)을 횡행하여
  한 화살 쏘아 금문책(金門策 : 과녁) 깨쳤다네.

신당서(新唐書) 예문지(藝文志)에 "최치원 사륙집(四六集) 1권, 계원필

경(桂苑畢耕) 20권이 있다" 하였고 그 주(注)에 "최치원은 고구려 사람이다. 빈공과(賓貢料 : 외국인이 보는 과거)에 급제하여 고병(高騈)의 종사관(從事官)이 되었다" 하였다. 그 이름이 이와 같이 중국에 소문났다. 또 문집 30권이 세상에 전해진다.

처음 우리 태조(太祖 : 高麗太祖 王建)가 흥기(興起)할 적에, 최치원은 벌써 비상한 인물임을 짐작함과 동시에 반드시 천명을 받아 나라를 세울 것을 알고 그러한 뜻의 글을 보내왔는데, 그 속에 '계림은 누런 잎이요, 곡령은 푸른 솔이다(鷄林黃葉 鵠嶺靑松)'의 구절이 있었다. 후에 그의 문인들이 개국 초기에 조정에 들어와 벼슬이 대관에 오른 자가 하나둘이 아니었다.

고려 현종(顯宗)이 왕위에 있을 때에, 최치원이 태조의 대업을 은밀히 협찬하였으니, 그의 공을 잊을 수 없다 하여 교서를 내려 내사령(內史令)을 추증하고, 14년, 태평(太平) 2년 임술년 5월(태평 3년 癸亥 2월의 잘못)에 문창후(文昌侯)의 시호를 내렸다.

설총(薛聰)

신라 설총의 자는 총지(聰智)인데 조부는 내마(奈麻) 담날(談捺)이요, 아버지는 원효(元曉)이다. 원효는 처음에 상문(桑門 : 승려)이 되어 불서(佛書)에 해박하더니 이윽고 본색(本色)으로 돌아와서 호를 소성거사(小性居士)라 하였다. 설총은 천성이 밝고 명민하여 태어나면서부터 도(道)를 깨달았다. 우리말(이두(吏讀))로 구경(九經)을 읽게 만들어 후생을 가르쳤으므로 지금까지 학자들이 종주(宗主)로 삼고 있다. 또 글짓기에 능하였으나 세상에 남아 있는 것은 없다. 다만 지금 남쪽 지방에 더러 설총이 지은 비명(碑銘)이 있으나 문자가 결락(缺落)되어 읽을 수 없으므로 그것이 어떻게 된 것인지 알 수조차 없다.

신문왕(神文王 : 재위 681~692)이 여름 5월에 높고 밝은 방에 앉아 설총을 돌아보며 이르기를 "오늘 비도 처음으로 개고 바람도 선선하오. 비록 좋은 음식과 애절한 음곡(音曲)이 있더라도 고명한 담론과 재미있는 이야기로 우울한 가슴을 푸는 것만 같지 못하오. 그대는 반드시 특이한 이야기도 들었을 터이니 나를 위하여 말해 주지 않겠소?" 하였다.

설총은 "그렇게 하겠습니다. 신은 듣건대 옛날 화왕(花王:牧丹)이 처음으로 들어왔을 적에 향기로운 동산에 자리잡고 푸른 장막으로 둘러싸여 봄철(三春)을 만나 곱게 피자, 백화(百花)를 앞지르고 홀로 빼어나니 이에 원근을 막론하고 고운 족속들이 모두 달려와 문안하는데 오직 뒤질까 근심 않는 자가 없었습니다. 그런데 갑자기 한 미인이 붉은 얼굴에 옥같은 이, 깨끗한 옷으로 몸을 단장하고 아장아장 아름답게 앞으로 걸어나와 아뢰기를 '첩은 눈처럼 흰 모래밭을 밟고, 거울처럼 맑은 바다를 대하고, 봄비로 목욕하여 때를 씻고, 맑은 바람을 맞아 스스로 만족을 느끼는데 이름은 장미(薔薇)이옵니다. 왕의 어지신 덕을 듣고 향기로운 장막 속에서 하룻밤을 모시려고 하오니 왕은 저를 받아들이시렵니까' 하였습니다. 또 한 장부(丈夫)가 베옷을 걸치고 가죽띠에 백립을 쓰고 지팡이 짚은 채 어기적어기적 걸어 나와 허리굽혀 아뢰기를 '저는 도성 밖의 한길 가에 살고 있는데 아래로는 아득한 들경치를 내려다보고 위로는 우뚝한 산색에 의지하고 있사옵니다. 이름은 백두옹(白頭翁:할미꽃)이라 합니다. 좌우의 봉공(奉供)이 넉넉하여 고량진의 배를 채우고 다주(茶酒)로 정신을 맑게 하고 있을지라도, 상자[巾衍] 속에는 기운을 보충하는 좋은 약과 독을 제거하는 악석(惡石:극약)도 있어야 합니다. 옛말에 비록 실[生絲]과 삼베가 있더라도 왕골이나 띠풀도 버리지 말라는 말도 있사옵니다. 모든 군자는 물건이 결핍될 때를 생각하여 대비하지 않는 것이 없사오니, 왕께서도 역시 그렇게 하실 의향이 있사옵니까?'라고 하였습니다. 어떤 이가 아뢰기를 '이 둘 중에 어느 것을 취하고 어느 것을 버리렵니까' 하니, 화왕(花王)은 '장부의 말도 조리는 있으나 미인은 얻기 어려우니 장차 어찌한단 말이오?' 하니, 장부는 나아가 아뢰기를 '저는 왕이 총명하여 사리를 아는 것으로 알고 왔더니 지금 보니 생각과는 다릅니다. 무릇 임금된 이는, 간사하고 아첨하는 자를 가까이하고, 바르고 곧은 자를 멀리하지 않는 이가 드뭅니다. 그러므로 맹가(孟軻:맹자)는 불우한 처지로 일생을 마쳤고, 풍당(馮唐)은 머리가 하얗게 되도록 미관 말직을 면치 못하였습니다. 예부터 이러하온데 전들 어찌하오리까' 라고 하자, 화왕은 '내가 잘못하였다. 내가 잘못하였다' 하였습니다" 하였다 합니다.

이에 왕(神文王)은 심각한 표정을 지으며 "그대의 우화(寓話)에 진실로 깊은 뜻이 있으니 글월을 만들어 왕자의 훈계를 삼게 하시오" 하고 드디어 설총을 고관으로 발탁하였다. 세상에서 전하기를 일본국(日本國) 진인(眞人)이 신라 사신(使臣) 설판관(薛判官:仲業)에게 준 시서(詩序)에 "일찍이 원효거사가 지은 금강삼매론(金剛三昧論)을 읽고서 그분을 뵙지 못한 것을 깊이 한이 되었는데, 듣자니 신라국 사신 설(薛:仲業)은 바로 거사의 자손이라고 하니 비록 그 조상을 뵙지 못하였지만, 그 자손을 만난 것이 기뻐서 시를 지어 증정한다" 하였다. 그 시는 지금까지 보존되어 있으나 다만 그 자손의 이름을 알 수 없다.

우리 (고려) 현종대왕(顯宗大王) 재위 13년, 천희(天禧) 5년(乾興 원년의 잘못) 신유(辛酉: 壬戌의 잘못)설을 홍유후(弘儒侯)로 추증하였다. 어떤 이가 말하기를 "설총이 일찍이 당에 들어가 유학하였다"고 하였는데 과연 그러했는지 알 수 없다.

최승우(崔承祐)는 용기(龍紀: 당 소종의 연호) 2년(진성여왕 4년, 경술년(890))에 당에 들어가 경복(景福) 2년(계축년(893))에 시랑(侍郎) 양섭(楊涉)의 고시하(考試下)에 급제하고, 사륙집 5권을 저술하여 호본집(餬本集)이라 하고, 자서(自序)를 붙였다. 뒤에 견훤(甄萱)을 위하여 격서(檄書)를 지어 우리 태조에게 보냈다.

최언위(崔彦撝)는 18세에 당에 들어가 유학(遊學)하였는데, 예부시랑(禮部侍郎) 설정규(薛廷珪)의 고시하(考試下)에 급제하고, 42세에 환국하여 집사시랑(執事侍郎) 서서원학사(瑞書院學士)가 되었고, 우리 태조가 개국하자 조정에 들어와서 한림원대학사평장사(翰林院大學士平章事)에 이르렀으며, 죽은 후에는 문영공(文英公)이란 시호를 내렸다.

김대문(金大問)은 본래 신라의 귀족으로 성덕왕 3년(704)에 한산주도독(漢山州都督)이 되었다. 전기(傳記) 약간 권을 지었는데 그 중 고승전(高僧傳)·화랑세기(花郎世記)·악본(樂本)·한산기(漢山記)는 아직도 보존되고 있다.

박인범(朴仁範)·원걸(元傑)·거인(巨仁)·김운경(金雲卿), 김수훈(金垂訓) 등은 비록 근소한 문자가 전해지고 있으나, 사(史)에 행적이 빠져 전(傳)을 지을 길이 없다.

三國史記 卷 第四十六

列傳 第六 强首 崔致遠 薛聰

强首 中原京沙梁人也 父昔諦奈麻 其母夢見人有角 而妊身 乃生 頭後有高骨 昔諦以兒就當時所謂賢者 問曰 此兒頭骨如此何也 答曰 吾聞之伏羲虎形 女媧蛇身 神農牛頭 皐陶馬口 則聖賢同類 而其相亦有不凡者 又觀兒首有黶子 於相法面黶無好 頭黶無惡 則此必奇物乎 父還謂其妻曰 爾子非常兒也 好養育之 當作將來之 國士也 及壯自知讀書 通曉義理 父欲觀其志 問曰 爾學佛乎 學儒乎 對曰 愚聞之佛世外敎也 愚人間人 安用學佛爲 願學儒者之道 父曰 從爾所好 遂就師讀孝經·曲禮·爾雅·文選 所聞雖淺近 而所得愈高遠 魁然爲一時之傑 遂入仕 歷官爲時聞人 强首常〔常 當作嘗〕與釜谷冶家之女野合 情好頗篤 及年二十歲 父母媒邑中之女有容行者 將妻之 强首辭不可以再娶 父怒曰 爾有時名 國人無不知 而以微者爲偶 不亦可恥乎 强首再拜曰 貧且賤 非所羞也 學道而不行之 誠所羞也 嘗聞古人之言 曰糟糠之妻不下堂 貧賤之交不可忘 則賤妾所不忍棄者也 及太宗大王卽位 唐使者至傳詔書 其中有難讀處 王召問之 在王前一見說釋無疑滯 王驚喜 恨相見之晩 問其姓名 對曰 臣本任那加良人 名字〔字 趙炳舜本作牛〕頭 王曰 見卿頭骨 可稱强首先生 使製廻謝唐皇帝詔書表 文工而意盡 王益奇之 不稱名 言任生而已 强首未嘗謀生 家貧怡如也 王命有司 歲賜新城租一百石 文武王曰 强首文章自任 能以書翰致意於中國及麗濟二邦 故能結好成功 我先王請兵於唐 以平麗濟者 雖曰武功 亦由文章之助焉 則强首之功豈可忽也 授位沙湌 增俸歲租二百石 至神文大王時卒 葬事官供其贈 贈衣物匹段尤多 家人無所私 皆歸之佛事 其妻乏於食 欲還鄕里 大臣聞之 請王賜租百石 妻辭曰 妾賤者也 衣食從夫 受國恩多矣 今旣獨矣 豈敢再辱厚賜乎 遂不受而歸 新羅古記曰 文章則强首·帝文·守眞·良圖·風訓·骨番 帝文已下事逸 不得立傳

崔致遠 字孤雲(或云海雲) 王京沙梁部人也 史傳泯滅 不知其世系 致遠少精敏好學 至年十二 將隨海舶入唐求學 其父謂曰 十年不第 卽非吾子也 行矣勉之 致遠至唐 追師學問無怠 乾符元年甲午 禮部侍郞裵瓚下一擧及第 調授宣州溧水縣尉 考績爲承務郞侍御史內供 奉 賜紫金魚袋 時黃巢叛 高駢爲諸道行營兵馬

都統以討之 辟致遠爲從事 以委書記之任 其表狀書啓傳之至今 及年二十八歲 有歸寧之志 僖宗知之 光啓元年 使將詔來聘 留爲侍讀兼翰林學士守兵部侍郞知瑞書監〔趙炳舜本監下有事字〕 致遠自以西學多所得 及來將行己志 而衰季多疑忌. 不能容 出爲大山郡太守 唐昭宗景福二年 納旌節使兵部侍郞金處誨沒於海 卽差橻城郡太守金峻爲告奏使 時致遠爲富城郡太守 祇召爲賀正使 以比歲饑荒 因之盜賊交午 道梗不果行 其後致遠亦嘗奉使如唐 但不知其歲月耳 故其文集有上大師侍中狀云 伏聞東海之外 有三國 其名馬韓·卞韓·辰韓 馬韓則高麗 卞韓則百濟 辰韓則新羅也 高麗·百濟全盛之時 强兵百萬 南侵吳越 北撓幽燕齊魯 爲中國巨蠹 隋皇失馭 由於征遼 貞觀中我唐太宗皇帝親統六軍渡海 恭行天罰 高麗畏威請和 文皇受降廻蹕 此際我武烈大王 請以犬馬之誠 助定一方之難 入唐朝謁 自此而始 後以高麗百濟踵前造惡 武烈七〔七 當作王〕朝請爲鄕導 至高宗皇帝顯慶五年 勅蘇定方 統十道强兵 樓舡萬隻 大破百濟 乃於其地 置扶餘都督府 招緝遺氓 莅以漢官 以臭味不同 屢聞離叛 遂徙其人於河南 摠章元年命英公徐〔徐 當作李〕勣 破高句麗 置安東都督府 至儀鳳三年 徙其人於河南隴右 高句麗殘孽類聚 北依太白山下 國號爲渤海 開元二十年 怨恨天朝 將兵掩襲登州 殺刺史韋俊 於是明皇帝大怒 命內史高品·何行成·太僕卿金思蘭 發兵過海攻討 仍就加我王金某爲正大尉持節充寧海軍事雞林州大都督 以冬深雪厚 蕃漢苦寒 勅命廻軍 至今三百餘年 一方無事滄海晏然 此乃我武烈大王之功也 今某儒門末學 海外凡材 謬奉表章 來朝樂土 凡有誠懇 禮合披陳 伏見 元和十二年 本國王子金張廉 風飄至明州下岸 浙東某官發送入京 中和二年 入朝使金直諒爲叛臣作亂 道路不通 遂於楚州下岸 邐迤至揚州 得知聖駕幸蜀 高太尉差都頭張儉 監押送至西川 已前事例分明 伏乞 大師侍中俯降台恩 特賜水陸券牒 令所在供給舟舡熟食 及長行驢馬草料 幷差軍將 監送至駕前 此所謂大師侍中姓名亦不可知也 致遠自西事大唐 東歸故國 皆遭亂世 屯邅蹇連 動輒得咎 自傷不遇 無復仕進意 逍遙自放 山林之下 江海之濱 營臺榭植松竹 枕藉書史 嘯詠風月 若慶州南山 剛州氷山 陜州淸涼寺 智異山雙溪寺 合浦縣別墅 此皆遊焉之所 最後帶家隱伽耶山海印寺 與母兄浮圖賢俊 及定玄師 結爲道友 棲遲偃仰 以終老焉 始西遊時 與江東詩人羅隱相知 隱負才自高 不輕許可人 示致遠所製歌詩五軸 又與同年顧雲友善 將歸 顧雲以詩送別 略曰

我聞海上三金鼇 金鼇頭戴山高高山之上兮

珠宮貝闕黃金殿 山之下兮千里萬里之洪濤
傍邊一點雞林碧 鼇山孕秀生奇特
十二乘船渡海來 文章感動中華國
十八橫行戰詞苑 一箭射破金門策

新唐書藝文志云 崔致遠四六集一卷 桂苑筆耕二十卷 注云 崔致遠高麗人 賓貢及第爲高騈從事 其名聞上國如此 又有文集三十卷 行於世 初 我太祖作興 致遠知非常人 必受命開國 因致書問 有雞林黃葉 鵠嶺靑松之句 其門人等至國初來朝 仕至達官者非一 顯宗在位 爲致遠密贊祖業 功不可忘 下敎贈內史令 至十四歲太平二〔二 當作三〕年壬戌五月〔壬戌五月 當作癸亥二月(據麗史)〕贈諡文昌侯

薛聰 字聰智 祖談捺奈麻 父元曉 初爲桑門 掩該佛書 旣而返本 自號小性居士 聰 性明銳 生知道待(待 趙炳舜本作術) 以方言讀九經 訓導後生 至今學者宗之 又能屬文 而世無傳者 但今南地或有聰所製碑銘 文字缺落不可讀 竟不知其何如也 神文大王 以仲夏之月 處高明之室 顧謂聰曰 今日宿雨初歇 薰風微涼 雖有珍饌哀音 不如高談善謔以舒伊鬱 吾子必有異聞 蓋爲我陳之 聰曰 唯臣聞昔花王之始來也 植之以香園 護之以翠幕 當三春而發艶 凌百花而獨出 於是自邇及遐 艶艶之靈 夭夭之英 無不奔走上謁 唯恐不及 忽有一佳人 朱顔玉齒 鮮粧靚服 伶俜而來 綽約而前 曰妾履雪白之沙汀 對鏡淸之海 而沐春雨以去垢 快淸風而自適 其名曰薔薇 聞王之令德 期薦枕於香帷 王其容我乎 又有一丈夫 布衣韋帶 戴自持杖 龍鍾而步 傴僂而來 曰 僕在京城之外 居大道之旁 下臨蒼茫之野景 上倚嵯峨之山色 其名曰白頭翁 竊謂 左右供給雖足膏粱以充腸・茶酒以淸神 巾衍儲藏 須有良藥以補氣 惡石以蠲毒 故曰 雖有絲麻 無棄管蒯 凡百君子 無不代匱 不識王亦有意乎 或曰 二者之來 何取何捨 花王曰 丈夫之言 亦有道理 而佳人難得 將如之何 丈夫進而言曰 吾謂王聰明識理義 故來焉耳 今則非也 凡爲君者 鮮不親近邪佞 疏遠正直 是以孟軻不遇以終身 馮唐郞潛而皓首 自古如此 吾其奈何 花王曰 吾過矣吾過矣 於是王愁然作色曰 子之寓言誠有深志 請書之以謂王者之戒〔謂 趙炳舞本作爲〕 遂擢聰以高秩 世傳 日本國眞人贈新羅使薛判官詩序云 嘗覽元曉居士所著金剛三昧論 深恨不見其人 聞新羅國使薛 卽是居士之抱孫 雖不見其祖 而喜遇其孫 乃作詩贈之 其詩至今存焉 但不知其子

孫名字耳 至我顯宗在位十三歲 天禧五年辛酉〔天禧五年辛酉 當作乾興元年壬戌〕追贈爲弘儒侯 或云 薛聰嘗入唐學 未知然不 崔承祐以唐昭宗龍紀二年入唐 至景福二年 侍郎楊涉下及第 有四六五卷 自序爲餬本集 後爲甄萱作檄書 移我太祖 崔彦撝 年十八入唐遊學 禮部侍郎薛廷珪下及第 四十二還國 爲執事侍郎瑞書院學士 及太祖開國 入朝 仕至翰林院大學士平章事 卒諡文英 金大問 本新羅貴門子弟 聖德王三年爲漢山州都督 作傳記若干卷 其高僧傳·花郞世記·樂本漢山記猶存 朴仁範·元傑·巨仁·金雲卿·金垂訓輩 雖僅有文字傳者 而史失行事 不得立傳

삼국사기 권 제47

열전(列傳) 제7

해론(奚論), 소나(素那), 취도(驟徒), 눌최(訥催), 설계두(薛罽頭), 김영윤(金令胤), 관창(官昌), 김흠운(金歆運), 열기(裂起), 비녕자(丕寧子), 죽죽(竹竹), 필부(匹夫), 계백(堦伯)

해론(奚論)

해론(奚論)은 신라 모량부(牟梁部:경주) 사람이다. 그 아버지 찬덕(讚德)은 용감한 뜻과 영특한 절개가 있어 이름이 한때 높았다.

건복(建福:진평왕연호) 27년 경오년(610)에 진평대왕(眞平大王)은 찬덕을 뽑아 가잠성(椵岑城:거창군) 현령(縣令)을 삼았다. 이듬해 겨울 10월에 백제가 크게 군사를 일으켜 가잠성을 공격하여 100일이 넘었다. 진평왕이 장수를 명하여 상주(上州:尙州)·하주(下州:昌寧)·신주(新州:廣州)의 군사로써 지원케 하였는데, 그 장수가 백제군과 싸워 이기지 못하고 군사를 이끌고 돌아왔다. 찬덕이 분하게 여기며 군사들에게 이르기를 "3주(三州) 군의 장수로서 적의 강함을 보고 나서지 아니하며, 성(城)이 위태하여도 구원치 않으니, 이는 의(義)가 아니다. 의가 없이 사는 것은 의로써 죽는 것만 같지 못하다" 하고, 이에 격앙 분발하여 혹은 싸우고 혹은 지켜 양식이 떨어지고 식수가 고갈되는 지경에 이르러서도 오히려 시체를 뜯어먹고 오줌을 마셔 가며 힘껏 싸웠다. 이듬해 봄 정월에 이르러, 사람들은 지칠 대로 지치고 성도 무너질 지경에 놓여 형세가 다시 회복될 수 없게 되었다. 찬덕은 하늘을 우러러 크게 외치며 "우리 임금이 나에게 한 성을 맡겼는데, 잘 보존치 못하고 적에게 빼앗기게 되었다. 죽어서라도 큰 악귀가 되어 백제 사람을 다 물어 죽이고 이 성을 회복하련다" 하고, 드디어 팔을 걷고 눈을 부릅뜨며 달려가 괴수(槐樹)에 부딪쳐 죽으니, 이에 성이 함락되고 군사도 다 항복하였다.

해론(奚論 : 찬덕의 아들)의 나이는 이때 20여 세였는데, 아버지의 공으로 인하여 대내마(大奈麻)가 되었다. 건복 35년 무인년(618)에 왕이 해론을 불러 금산(金山 : 지금의 금릉군) 당주(幢主)를 삼고, 한산주군도독(漢山州郡都督) 변품(邊品)과 함께 군사를 일으켜 가잠성을 습격케 하여 빼앗았다.

백제에서 이 소식을 듣고 군사를 거느리고 오니, 해론 등이 반격하여 싸우게 되었다. 해론은 여러 장수에게 이르기를 "지난날, 우리 아버지가 여기서 운명(殞命)하였는데, 나 역시 백제 사람과 여기서 싸우게 되었으니 오늘이 나의 죽는 날이다" 하고, 드디어 단도를 들고 적진으로 달려들어 여러 사람을 죽이고 자신도 죽었다.

왕이 듣고 눈물을 흘리며 그 가족들에게 보내준 것이 매우 후하였다. 당시 사람으로 슬퍼하지 않는 이가 없었으며, 그를 위해 장가(長歌)를 지어 조상하였다.

소나(素那)

소나(素那 : 혹은 김천(金川))는 신라 백성군(白城郡 : 지금의 안성군) 타산(陀山 : 지금의 청원군 직산면) 사람이다. 그 아버지 심나(沈那 : 혹은 황천(煌川))는 힘이 남보다 뛰어나고 또한 몸이 날랬다. 타산의 경계가 백제와 서로 얽키어 상호간의 침략이 없는 달이 없었는데, 심나가 출전하면 닥치는 곳마다 무너지지 않는 적진이 없었다. 인평(仁平 : 선덕여왕 연호) 연간(年間 : 634~647)에 백성군(白城郡)에서 군사를 내어 백제의 변읍을 침범하자, 백제는 정병을 내어 급히 공격하였다. 우리 군사가 어지럽게 후퇴하므로, 심나는 홀로 서서 칼을 뽑아 들고 성난 눈으로 크게 꾸짖으며 수십 명을 베어 죽이니, 적이 두려워하여 감히 대들지 못하고 드디어 군사를 이끌고 달아났다. 백제 사람들이 심나를 가리켜 '신라의 비장(飛將)'이라 하고 서로 이르기를 "심나가 살아 있는 동안 백성(白城)에 가까이하지 말라"고 하였다.

소나가 웅걸하고 호방하여 제 아버지의 기풍이 있었다. 백제가 멸망한 뒤에 한주도독(漢州都督) 도유공(都儒公)이 대왕에게 청하여 소나를 아달성(阿達城 : 지금의 이천군 안협면)으로 옮기어 북변(北邊)을 방어케 하였다.

상원(上元 : 당 고종의 연호) 2년(文武王 15년) 을해년(675) 봄에 아달성 태수 급찬 한선(漢宣)이 백성에게 이르기를 "아무 날 일제히 나와 삼(麻)을 심으라. 명령을 어겨서는 안 된다" 하니 말갈(靺鞨)의 첩자가 듣고 돌아가 그 추장(酋長)에게 고하였다. 그날이 되어 백성들이 모두 성을 나와 밭에 있는데, 말갈의 비밀 군대가 갑자기 성 안으로 들어와 온 성을 약탈하니, 남아 있는 노약자(老弱者)들이 어찌할 바를 몰랐다.

소나는 칼을 꼬나쥐고 적들을 향하여 크게 외치며 "네놈들, 신라에 심나의 아들 소나가 있는 줄을 모르느냐. 진실로 죽기를 무서워 않고 싸울 자가 있다면 썩 나서라" 하고 드디어 분노하여 적진으로 돌진하였다. 적이 감히 가까이 오지는 못하고 다만 멀리서 소나를 향하여 활을 쏘았다. 소나도 마주 쏘았는데, 날아오는 화살이 벌떼와 같았다. 진시(辰時 : 오전 8~10시)에서 유시(酉時 : 오후 5~7시)까지 싸우는 동안 소나는 온몸에 화살이 꽂혀 고슴도치처럼 된 끝에 쓰러져 죽었다.

소나의 아내는 가림군(加林郡 : 지금의 부여군 임천면) 양가(良家)의 여자인데, 처음에 소나는 아달성이 적국과 이웃해 있기 때문에 혼자 부임하고, 그 아내는 본가에 머물러 있게 하였다. 그 고을 사람들이 소나의 죽음을 듣고 조상하자, 그 아내가 울며 대답하기를 "내 남편이 늘 말하기를 '장부가 싸우다 죽는 것은 당연한 일이다. 어찌 병상에 누워서 집안 사람의 간호 아래 죽는단 말이냐' 하였습니다. 평시의 말이 이러하였으니 지금 이 죽음은 그의 뜻과 같이 되었습니다" 하였다.

왕은 이 말을 듣고 눈물로 옷깃을 적셨다. "부자(父子)가 국사(國事)에 용감하였으니 대대로 충의(忠義)를 이었다 할 만하다" 하고 잡찬(迊湌)의 관(官)을 추증하였다.

취도(驟徒)

취도는 신라 사량부(沙梁部) 사람이요, 내마(奈麻) 취복(聚福)의 아들이다. 그의 성은 사(史)에 전하지 않는다. 형제가 3명인데 맏이는 부과(夫果), 둘째는 취도, 셋째는 핍실(逼實)이다. 취도가 일찍이 출가(出家)하여 이름을 도옥(道玉)이라 하고 실제사(實際寺)에서 머물렀다. 태종대왕(太宗大王) 때에 백제가 와서 조천성(助川城 : 지금의 영동군 양산면)을 치니 왕이 군사를 일으켜 출전하였으나 결말을 짓지 못하였다. 이에 도옥은 자기 친구들에게 말하기를 "내가 들으니 승려 된 자는 첫째 술업(術業)에 정통하여 자기의 본성을 회복시키는 것이요, 다음은 도용(道用)을 일으켜 남을 유익하게 하는 것이다. 우리는 겉으로만 승려와 같을 따름이요, 한 가지도 취할 만한 선행(善行)이 없으니 차라리 종군하여 몸을 바쳐 나라에 보답하는 것이 낫다" 하였다. 법의(法衣)를 벗고 군복을 입었다. 이름을 취도라 고쳤는데, 그 뜻은 달리고 달려 한 무리가 되자는 것이다. 이에 병부에 나아가 삼천당(三千幢)에 소속되기를 요청하였으며, 드디어 군대를 따라 적지로 달려갔다. 깃발과 북소리가 서로 어우러지자, 창검을 쥐고 적진에 돌진하여 힘껏 싸워 적 여러 명을 죽이고 자신도 죽었다.

그 뒤 함형(咸亨 : 당 고종의 연호) 2년(文武王 11년) 신미년(671) 문무대왕이 군사를 일으켜 백제 변두리의 벼를 밟아 없애게 하여 마침내 백제 사람들과 웅진 남쪽에서 싸우게 되었다. 이때 부과(夫果)는 당주(幢主)로서 전사하였는데, 제일 크게 공을 세웠다. 문명(文明 : 당 예종의 연호) 원년(神文王 4년) 갑신년(684)에 고구려 잔적이 보덕성(報德城)에 의거하여 반란을 일으키므로, 왕이 장수를 시켜 토벌케 하였는데, 이때 핍실을 귀당제감(貴幢弟監)으로 삼았다.

핍실이 떠날 적에 그 부인에게 이르기를 "내 형 두 분이 이미 국사에 몸을 바치어 이름이 썩지 않게 되었소. 내 비록 불초하지만 어찌 죽음을 두려워하여 구차하게 살겠소. 오늘 그대와 생이별(生離別)하지만 이것이 마침내 사별이 될 터이니 슬퍼하지 말고 잘 있으시오" 하였다. 급기야 적과 대진하게 되자 홀로 나가 공격해 수십 명을 베어 죽이고 자신도 죽었다. 대왕이 듣고 눈물을 흘리며 탄식하기를 "취도가 죽을 곳을 알고 형제들의 마음을 격려하였고, 부과와 핍실도 정의에 용감하여 그 몸을 돌아보지 않았으니 얼마나 장한 일이냐" 하고 모두 사찬(沙湌)의 관(官)을 추증하였다.

눌최(訥催)

눌최는 사량부(沙梁部) 사람이니 대내마(大奈麻) 도비(都非)의 아들이다. 진평왕 건복 41년 갑신년(624) 겨울 10월에 백제가 대군을 일으켜 내침하였는데, 군사를 나누어 속함(速含)·앵잠(櫻岑)·기잠(岐岑)·봉잠(烽岑)·기현(旗縣)·용책(冗柵) 등 6성을 포위 공격하니, 왕은 상주(上州)·하주(下州)·귀당(貴幢)·법당(法幢)·서당(誓幢) 5군(五軍)을 보내어 구원케 하였다. 5군이 싸움터에 도착하여 백제의 병진(兵陣)을 보니, 너무나 당당하여 그 예봉을 당할 수 없으므로 주저하며 나가지 못하였다. 어떤 이가 의견을 내기를 "대왕이 5군을 여러 장군에게 위임하였으니 국가 존망이 이 한 싸움에 달려 있다. 병가(兵家)의 말에 '해볼 만하면 나가고 어려울 것 같으면 물러나야 한다' 하였소. 지금 강적이 앞에 있는데, 좋은 꾀를 쓰지 않고 곧장 나가다가 만약 여의치 아니하면 후회 막급일 것이오" 하였다. 장령들이 다 그렇다고 여겼지만, 이미 명령을 받아 군사를 낸 이상 그냥 돌아갈 수는 없었다. 먼젓번에 국가에서 노진(奴珍) 등 6성을 쌓으려고 하였으나 겨를이 없었는데, 마침내 그 땅에 성을 쌓고 돌아왔다.

이에 그 성들에 대한 백제의 공격이 더욱 급박하니 속함·기잠·용책 등 3성은 이미 없어졌거나 항복하였다. 눌최가 나머지 3성을 굳게 지켰는데, 5군이 구원해 주지도 않고 돌아갔다는 소식을 듣고, 강개(慷慨)하여 눈물을 흘리며 군사들에게 이르기를 "따뜻한 봄 화창한 날씨에는 모든 초목이 다 빛나지만, 세한(歲寒:겨울)이 되면 유독 송백(松栢)만이 맨 뒤에 시드는 법이다. 지금 외로운 성이 지원은 없고 날이 갈수록 위태해지니, 이야말로 지사(志士) 의부(義夫)와 의기남아가 이름을 날릴 때이다. 그대들은 장차 어찌하려는가" 하였다. 군사들이 눈물을 뿌리며 "어찌 죽음을 아끼오리까. 명령에 따르겠습니다" 하였다.

성이 함락될 무렵, 군사들은 거의 다 죽어 없어지고 몇 사람 남지 않았지만 모두 죽음을 결단하고 싸울 뿐 구차히 모면할 생각은 없었다. 눌최가 데리고 있는 종(奴) 한 명이 힘이 센 데다가 활을 잘 쏘았다. 누군가가 말하기를 "소인(小人)으로서 남다른 재주가 있으면 해가 되는 일이 많다. 이 종을 마땅히 멀리하라" 하였지만 눌최는 듣지 않았다. 이어서 성이 함락되고 적이 들이닥치자 종은 활을 들고 눌최 앞에서 활을 쏘는데, 하나도 헛나가지 않으므로 적이 두려워하여 앞으로 나오지 못하였다. 적 한 놈이 갑자기 뒤로 와서 도끼로 눌최를 쳐서 땅에 넘어뜨리니, 종은 돌아서서 적과 싸우다 함께 죽었다. 왕이 듣고 애통해하며 눌최에게 급찬의 직을 추증하였다.

설계두(薛罽頭)

설계두(薛罽頭 : 혹은 설계두(薛罽頭)라고도 함)는 신라 명문의 자손이다. 일찍이 친한 친구 네 사람과 함께 모여 술을 마시면서 각기 자기 뜻을 말하였다. 설계두는 "신라에서는 사람을 쓰는 데 골품(骨品)을 따지기 때문에, 그 족속이 아니면 아무리 큰 재주와 뛰어난 공이 있다 해도 그 한계를 넘을 수 없다네. 나는 서쪽으로 떠나 중국에 들어가려네. 그곳에서 세상에 없는 지략을 떨치고 비상한 공업(功業)을 세워 스스로 영광의 길에 나아가 고관복(高官服 : 잠신(簪紳)) 검패(劍佩)를 갖추고 천자의 곁에 출입하였으면 족하겠네" 하였다.

무덕(武德 : 당 고조의 연호) 4년(眞平王 43년) 신사년(621) 설계두는 비밀히 배를 타고 당으로 들어갔다. 이때 당나라 태종(太宗)은 친히 고구려를 정벌하려 하므로 설계두는 자청하여 좌무위과의(左武衛果毅)가 되었다. 그리하여 요동(遼東)에 이르러 고구려군과 주필산(駐蹕山) 아래에서 싸움이 붙자, 깊숙이 적지에 들어가 맹렬히 싸우다 죽으니 그 공이 일등이었다.

태종은 "어떤 사람이냐"고 물었다. 좌우가 아뢰기를 "신라 사람 설계두라고 합니다" 하였다. 태종은 눈물을 흘리며 "우리 나라 사람도 죽음을 무서워하여 주저하기만 할 뿐 나서지 못하는데 외국인으로서 나를 위하여 죽었으니 무엇으로써 그 공을 보답하랴" 하였다. 그리고 종자(從者)에게 물어 그의 평생 소원을 듣고 나서, 어의(御衣)를 벗어 덮어주고 대장군의 직을 제수함과 동시에 예에 의하여 장사지내게 하였다.

김영윤(金令胤)

김영윤은 신라 사량부(沙梁部) 사람으로, 급찬(級湌) 반굴(盤屈)의 아들이다. 할아버지는 각간(角干) 흠춘(欽春 : 혹은 흠순(欽純))인데, 진평왕(眞平王) 때에 화랑(花郞)으로 인정이 깊고 신의가 두터워 매우 인심을 얻었다. 장년이 되어서는 문무대왕(文武大王)이 등용하여 재상을 삼으니 충성으로써 임금을 섬기고 너그러움으로써 백성에게 임하여, 나라 사람들이 어진 재상이라고 칭하였다. (앞서) 태종대왕(太宗大王) 7년 경신년(660)에 당 고종(高宗)이 대장군 소정방(蘇定方)을 시켜 백제를 칠 때, 흠춘(欽春)이 왕명을 받고 장군 김유신(金庾信)과 함께 정병 5만 명을 거느리고 호응하였다. 가을 7월에 황산(黃山: 지금의 논산시 연산면)의 벌에 이르러 백제 장군 계백(堦伯)을 만나 싸우다가 불리하게 되자, 흠춘은 아들 반굴(盤屈)을 불러 이르기를 "신하가 되면 충성이 제일이요, 아들이 되면 효도가 제일이다. 위태로움을 보고 목숨을 바치는 것은 충성과 효도를 다 오롯하게 하는 길이다" 하였다. 반굴은 "그렇게 하겠습니다" 하고 이어 적진에 들어가 힘껏 싸우다가 죽었다.

영윤은 대대로 이름난 집안에서 성장하여 명예와 절개 있는 인물로 자부하였다. 신문왕(神文王) 때에 고구려 잔당 실복(悉伏)이 보덕성(報德城)에 의거하여 반역하자, 왕이 토벌하라는 명령을 내리고 영윤을 황금서당보기감(黃衿誓幢步騎監)으로 삼았다. (영윤이) 떠날 무렵에 사람들에게 말하기를 "내가 이번에 가는 일로 해서 집안이나 친구들에게 나쁜 이름으로 남지 않게 하겠다" 하였다.

실복을 보게 되자, 가잠성(椵岑城) 남쪽 7리 지점에 진을 치고 대기하였다. 누군가 아뢰기를 "지금 이 흉한 무리들을 비교하자면, 제비가 천막 위에 집을 짓고 물고기가 가마솥 안에서 노는 것과 같소이다. 만번 죽을 각오로 나와 싸우더라도 하루의 목숨밖에 되지 않소. 옛말에 궁한 도둑에게는 핍박을 가하지 말라 하였으니 우선 길을 비켜 주고, 극히 피곤할 때를 기다렸다가 공격하면 칼날에 피를 바르지 않고도 사로잡을 수 있을 것이오" 하였다.

모든 장수들이 그 말을 받아들여 잠시 후퇴하기로 하였는데 유독 영윤이 수긍하지 않고 싸우려고 하였다. 종자(從者)가 아뢰기를 "지금 여러 장수들이 어찌 다 구차히 살려고만 하고 죽기를 꺼리는 무리만이겠습니까. 앞서 한 말을 그럴듯이 여긴 것은 장차 그 틈을 기다렸다가 편의를 얻자는 것이옵니다. 그런데 상공은 곧장 나아가려고만 하시니 불가하지 않습니까?" 하였다.

영윤이 말하기를 "싸움터에 나와서 용기가 없는 것은 예경(禮經)에서 경계하는 바요, 나아감이 있고 물러감이 없는 것은 군졸의 본분이다. 장부가 일에 임하여 스스로 결단할 것이지 어찌 반드시 중론만 따라야 하느냐" 하고 드디어 적진으로 내달아 싸우다가 죽었다. 왕이 듣고 애통해하며 눈물을 흘렸다. "그 아비에 그 아들이다. 그의 의열(義烈)은 가상할 만하다" 하고 관작을 추증하며 상을 후히 주었다.

관창(官昌)

관창(官昌 : 혹은 관장(官狀))은 신라 장군 품일(品日)의 아들이다. 의표가 아름답고 우아하며 젊어서 화랑이 되어 남과 더불어 교제를 잘하였다.

나이 16세에 벌써 말을 타고 활을 당기니 대감(大監) 모(某)씨가 태종대왕(太宗大王)께 천거하였다. 현경(顯慶 : 당 고종의 연호) 5년(태종무열왕 7년) 경신년(660)에 왕이 군사를 일으켜 당 장군과 함께 백제를 침공할 때 관창을 부장(副將)으로 삼았다. 황산(黃山) 들에 당도하여 양 군사가 서로 대치하였을 때, 아버지 품일이 이르기를 "네가 비록 나이는 어리지만 지기(志氣)가 있으니 오늘은 바로 공명을 세워 부귀를 얻는 날이다. 용맹이 없어서야 되겠느냐?" 하였다. 관창은 "그렇습니다" 하고 곧 말에 올라 창을 비껴들고 적진에 돌입하여 여러 명을 죽였다. 그러나 저쪽은 많고 이쪽은 적어 적에게 사로잡히게 되어 백제 원수(元帥) 계백(堦伯)의 앞에 산 채로 끌려갔다.

계백은 갑옷을 벗기게 했으나, 그의 젊고 또 용기 있음을 사랑하여 차마 가해하지 못하고 탄식하여 "신라에는 기특한 인물이 많다. 소년도 오히려 이같거늘 하물며 장사(壯士)임에랴" 하고 살려서 돌려 보낼 것을 허락하였다.

관창은 "앞서 내가 적진 중에 들어가서 능히 장수를 베고 기(旗)를 꺾지 못하였으니 깊이 한이 되는 일이오. 두 번째 들어가면 반드시 성공하고 말겠소" 하고 손으로 우물물을 움켜 마신 다음 다시 적진에 돌입하여 맹렬히 치니 계백은 그를 사로잡아 머리를 베어 말안장에 매달아 돌려보냈다.

품일(品日)은 그 머리를 쳐들고 옷소매로 피를 씻으며 "내 아들의 면목(面目)이 마치 살아 있는 것 같다. 능히 나라일로 죽었으니 후회가 없을 것이다" 하였다. 3군(三軍)이 이를 보고 강개히 여기어 의기를 굳게 세우고 북을 두들기며 진격하니 백제가 크게 패하였다. 대왕은 (관창에게) 급찬(級湌)의 직위를 추증하는 한편, 예로써 장사지내고, 그 집에 당견(唐絹)

30필, 20승 포(布) 30필, 곡식 100섬을 보냈다.

김흠운(金歆運)

신라 김흠운은 내물왕(奈勿王)의 8세손이다. 아버지는 잡찬(迊湌) 달복(達福)이다. 흠운이 젊어서 화랑 문노(文努)의 문하에 있을 때 때마침 낭도(郎徒)들이 "아무개는 전사하여 이름이 지금까지 남아 있다"는 말을 하게 되면, 흠운은 개연(慨然)히 눈물을 흘리며 (스스로) 격려하여 그를 흠모하는 기색을 나타냈다. 동문(同門)인 승려 전밀(轉密)이 (이를 보고) "이 사람은 만약 적과 싸우게 되면 반드시 돌아오지 않을 것이다" 하였다.

영휘(永徽: 당 고종의 연호) 6년(태종무열왕 2년) 을묘년(655)에 태종대왕이 백제와 고구려가 함께 변방을 침범하는 것을 분히 여겨 쳐부술 것을 계획하였다. 그래서 군사를 출동하게 되자, 흠운을 낭당대감(郎幢大監)으로 삼았다. 그러자 흠운은 집에서 자지도 않고 바람에 빗질하고(風梳) 비에 목욕하면서(雨沐) 군사들과 감고(甘苦)를 같이하였다. 백제 땅에 당도하여 양산(陽山: 지금의 영동군 양산면) 아래 진을 치고 조천성(助川城: 양산면 비봉산성)을 진공(進攻)하려 하는데, 백제 군사들이 밤을 틈타 급히 달려와서 새벽녘에 성을 타고 넘어 들어오니, 우리 군사들이 크게 놀라 넘어지고 자빠지고 걷잡을 수 없었다. 적이 (우리의) 혼란을 틈타 급히 공격하니 날아오는 화살이 비 오듯 하였다.

흠운이 말에 앉아 창을 비껴쥐고 적을 기다리고 있을 때, 대사(大舍) 전지(詮知)가 말하기를 "지금 적이 어두운 밤중에 몰려와 지척을 분별치 못하니 공이 비록 죽는다 해도 알 사람이 아무도 없을 것입니다. 더구나 공은 신라의 귀골이요 대왕의 사위로서 만약 적의 손에 죽는다면 백제 사람의 자랑이요 우리의 수치입니다" 하였다.

흠운은 "대장부가 이미 몸을 나라에 바친 이상 사람들이 알거나 모르거나 매한가지다. 어찌 감히 명예만을 구한단 말인가" 하고 굳이 서서 움직이지 않았다. 종자가 말고삐를 쥐고 돌아갈 것을 권하자, 흠운은 칼을 뽑아 뿌리치며 적과 격투를 벌여 두어 명을 죽이고 자신도 죽었다. 이때 대감(大監) 예파(穢破)와 소감(少監) 적득(狄得)도 함께 전사하였다.

보기당주(步騎幢主) 보용나(寶用那)가 흠운의 죽음을 듣고 말하기를 "그는 지체도 높고 권세도 당당한 사람이라 모두 애석히 여기는 처지이지만 오히려 절개를 지켜 죽었다. 하물며 이 보용나는 살아도 유익할 것 없고 죽어도 손해될 거 없지 않느냐" 하고 드디어 적진으로 달려가 두서너 사람을 죽이고 자신도 죽었다. 왕이 이를 듣고 애통히 여겨 흠운과 예파에게 일길찬(一吉湌)의 관(官)을, 보용나와 적득에게는 대내마(大奈麻)의 위(位)를 추증하였다. 한때 사람들이 듣고 양산가(陽山歌)를 지어 슬퍼하였다.

사신(史臣)은 논한다.

신라 사람들은 사람의 속을 알 수 없음을 근심하여, 끼리끼리 모여 놀게 하고 거기서 행동을 관찰한 다음에 뽑아 쓰려고 하였다. 그리하여 얼굴이 아름다운 남자를 데려다 곱게 장식하여 이름을 화랑(花郞)이라 하여 떠받들게 하니, 도중(徒衆)이 구름처럼 모여들었다. 혹은 도의로써 연마하고(理性陶冶), 혹은 노래와 음악으로써 즐기며(情緖陶冶) 산수를 찾아 유람하고 먼 곳이라도 가지 않는 곳이 없었다. 이렇게 해서 그 사람의 사(邪)하고 정직함을 가려내어 조정에 천거하였다. 그러므로 김대문(金大問)이 "현좌 충신(賢佐忠臣)도, 양장 용졸(良將勇卒)도 여기서 나왔다"고 말한 것이 바로 이것이다. 3대(代)의 화랑이 무려 200여 명이나 되는데, 그들의 꽃다운 이름과 아름다운 행실은 그들의 전기(傳記)에서 보는 것처럼 자세하다. 흠운 같은 사람도 역시 화랑의 무리로서 나라일에 목숨을 바쳤으니 이름을 욕되게 아니한 사람이라 할 만하다.

열기(裂起)

신라 열기는 사(史)에 그 족성(族姓)이 없다. 문무왕(文武王) 원년(661)에 당제(唐帝)가 고구려를 토벌하기 위해 소정방(蘇定方)을 보내어 평양성(平壤城)을 포위하였다. 함자도총관(含資道摠管) 유덕민(劉德敏)이 국왕에게 어지(御旨)를 전달하여 군수 물자를 평양(平壤)으로 보내라고 하자, 왕은 대각간(大角干) 김유신(金庾信)을 시켜 쌀 4,000섬, 벼 2만 2,250섬을 수송하게 하였다. 그런데 장새(獐塞: 지금의 황해도 遂安)에 당도하자 눈보라가 몹시 치는지라 인마가 많이 얼어 죽으니, 고구려 사람들이 우리 군사가 피곤함을 알고 마주 요격하려 하였다. 당의 진영까지는 3만여 보의 거리였는데 전진할 수도 없고 편지를 보내려고 해도 갈 사람이 마땅치 않았다. 이때 열기가 보기감(步騎監) 보행(輔行:副使)으로서 앞에 나와 말하기를 "제가 비록 둔하고 재주는 없으나 가는 사람의 수효를 채우겠습니다" 하였다. 그래서 군사 구근(仇近) 등 15명과 함께 칼과 활을 지니고 말을 달려가니 고구려 사람이 바라보고 선뜻 막지 못하였다. 그는 이틀 만에 소장군(蘇將軍)에게 명령을 전달하였다. 당나라 사람들이 보고 기뻐하여 답장을 써 주었다. 열기는 또 이틀 만에 돌아왔다. 유신은 그 용맹을 가상히 여겨 급찬(級飡)의 지위를 주고, 군사를 돌렸다.

유신이 왕에게 아뢰기를 "열기와 구근은 천하의 용사입니다. 신이 미처 아뢰올 겨를이 없어 편의에 따라 급찬의 지위만 허여하고 공로를 보답하지 못하였으니, 사찬(沙飡)의 지위를 추가해 주시기 바라옵니다" 하였다. 왕이 "사찬 벼슬은 너무 과하지 않소?" 하고 말하자, 유신은 두 번 절하며 아뢰기를 "벼슬이란 공기(公器)로서 공 있는 자에게 주게 마련인데 어찌 과하다 하오리까" 하므로 왕은 허락하였다. 뒤에 유신의 아들 삼광(三光)이 정권을 잡자, 열기가 나아가 군수의 직을 요구하였으나 삼광은 허락하지 않았다.

열기가 기원사(祇園寺)의 승려 순경(順憬)에게 가서 하는 말이 "나의 공이 큰데 군수를 청하여 못 얻었으니 삼광은 제 아버지가 죽음으로 해서 나를 잊은 것인가?"라고 하였다. 순경이 삼광을 달래어 마침내 삼년산군(三年山郡:지금의 보은군) 태수(太守)를 제수하였다.

구근(仇近)은 원정공(元貞公:김유신의 셋째아들)을 따라 서원술성(西原述城:지금의 청주시 상당산성)을 쌓았는데 원정공이 남의 말을 듣고 (구근이) 일에 게으르다 하여 매를 때렸다. 구근이 말하기를 "내가 일찍이 열기와 더불어 상상치 못할 위험한 곳에 들어가 대각간(大角干)의 명령을 욕되게 아니하였고 대각간도 나를 무능하다고 여기지 않아서 국사(國士)로 대우했는데, 지금 뜬말을 가지고 (내게) 죄를 주니 평생의 욕(辱)이 이보다 더할 수 없다" 하였다. 원정(元貞)이 이 말을 듣고 종신토록 부끄러워하고 후회하였다.

비녕자(丕寧子)

신라 비녕자는 어느 고을 사람이며 성이 무엇인지 알 수 없다. 진덕왕(眞

德王) 원년 정미년(647)에 백제가 대군을 거느리고 와서 무산(茂山)·감물(甘勿)·동잠(桐岑) 등 성들을 공격하였다. 김유신(金庾信)이 보기병 1만 명을 인솔하여 막았는데, 백제 병사들이 몹시 날래어 고전(苦戰) 속에서 이기지 못하니, 군사들은 기력이 다 빠졌다.

   유신은 비녕자가 깊이 들어가 힘껏 싸울 뜻이 있음을 알고 불러 말하기를 "세한(歲寒 : 겨울)이 닥친 연후라야 송백(松栢)이 맨 뒤에 시드는 것을 아오. 오늘의 사정이 급박한데 그대가 아니면 누가 능히 기운을 가다듬고 기계(奇計)를 내어 여러 사람의 마음을 격동시키겠는가" 하고 함께 술을 마시며 은근한 뜻을 비치니, 비녕자는 두 번 절하고 이르기를 "지금 많은 사람들 가운데 특별히 나에게 이 일을 부탁하니 지기(知己)라 할 것이오, 마땅히 죽음으로써 보답하겠습니다" 하고 나와 종〔奴〕 합절(合節)에게 이르기를 "내가 오늘 위로 국가(國家)를 위하고, 아래로 지기(知己)를 위하여 죽을 것이니, 내 아들 거진(擧眞)이 비록 나이는 어리나 슬기로운 뜻이 있으므로 반드시 나와 더불어 함께 죽으려 할 것이다. 만약 부자(父子)가 다 죽는다면 집사람들은 장차 누구를 의지할 것인가. 너는 아무쪼록 거진과 함께 나의 해골을 거둬 가지고 돌아가서 마님 마음을 위로해 드려라." 그 말을 끝내더니 창을 비껴들고 말에 채찍질하며 적진으로 돌진하여 두어 명을 쳐죽이고 자신도 죽었다.

   거진이 이를 바라보고 쫓아가려 하므로 합절이 간청하여 말하기를 "대인께서 합절에게 아랑(阿郎 : 결집)과 함께 집으로 돌아가 마님을 안위해 드리라 말씀하셨습니다. 지금 아들로서 아버지의 명령과 어머니의 사랑을 저버린다면 어찌 효도라 이르겠습니까" 하고 말고삐를 잡고 놓지 아니하였다. 거진이 말하기를 "아버지의 죽음을 보고 구차히 목숨을 보존한다면 어찌 효자라 하겠는가" 하고, 곧 칼로 합절의 팔을 치고 적진으로 달려 싸우다 죽었다. 합절은 "사천(私天 : 上典)이 죽었는데 아니죽고 어찌하랴" 하고 역시 싸우다 죽었다. 군사들은 세 사람의 죽음을 보고 감격하여 다투어 나아가 적병을 크게 무너뜨리고 3,000여 명을 베었다. 김유신은 세 사람의 시체를 거두어 자기 옷을 벗어 덮어 주고 매우 슬피 울었다. 왕이 이를 듣고 눈물을 흘리며 예로써 반지산(反知山)에 합장(合葬)하고 그의 처자와 구족(九族 : 3從兄弟에 이르는 친족)에게 더욱 후히 상을 내렸다.

죽죽(竹竹)

　죽죽(竹竹)은 대야주(大耶州:<small>합천</small>) 사람이다. 아버지 학열(郝熱)은 찬간(撰干:<small>혹은 選干, 外位로 奈麻에 준함</small>)의 벼슬을 지냈는데, 선덕왕(善德王) 때에는 사지(舍知)가 되어 대야성(大耶城) 도독(都督) 김품석(金品釋)의 당하(幢下)에 보좌로 있었다. 선덕왕 11년 임인년(642) 가을 8월에 백제 장군 윤충(允忠)이 군사를 거느리고 와서 그 성을 공격하였다. 이에 앞서 도독 김품석이 막객(幕客)으로 있는 사지(舍知) 검일(黔日)의 아내 얼굴이 아름다운 것을 보고 빼앗자, 검일이 한을 품고 있었는데, 이때에 (적에게) 내응(內應)하여 창고에 불을 질렀다. 이 때문에 성중이 흉흉해져 능히 고수(固守)치 못할 형편이었다. 품석을 보좌하는 아찬(阿湌) 서천(西川:<small>혹은 사찬 지지나 (沙湌 祇之那)</small>)이 성에 올라 윤충에게 말하기를 "만약 장군이 우리를 죽이지 않는다면 자원하여 성을 들어 항복하겠소" 하였다. 윤충은 "만약 그와 같이 한다면 공과 더불어 즐거움을 같이 하지 않는 경우, 저 해[日]가 굽어볼 것이오"라고 대답하였다. 서천이 품석과 여러 장병에게 권하여 성을 나가려고 하자, 죽죽이 만류하여 말하기를 "백제는 반복(反覆)하는 나라이므로 믿을 수 없고, 윤충의 말은 달콤하니 반드시 우리를 꾀는 것이오. 만일 성을 나가면 반드시 적에게 사로잡히고 말 것이니, 차라리 땅에 엎디어 목숨을 구하기보다는 맹렬히 싸우다 죽는 것이 낫지 않겠소" 하였다. 그러나 품석이 듣지 않고 성문을 열자, 군사들이 먼저 나갔다. 백제 쪽에서는 복병(伏兵)을 일으켜 이들을 모두 죽였다. 품석이 나가려 하다가 군사들이 죽었단 말을 듣고 먼저 처자를 죽이고 자결하였다.

　죽죽이 남은 군사를 수습하여 성문을 닫고 항거하는데, 사지(舍知) 용석(龍石)이 죽죽에게 말하기를 "지금 병세(兵勢)가 이러하니 반드시 온전치 못할 것이오. 항복하여 다음 계획을 세우는 것만 같지 못하오" 하였다. 죽죽의 대답이 "그대 말이 당연하오. 하지만 내 아버지가 나를 죽죽(竹竹)으로 이름 지은 것은 나로 하여금 추운 겨울에도 시들지 말고 남에게 꺾임을 당할지언정 남에게 굴복해서는 안된다는 뜻에서였소. 어찌 죽음을 두려워하여 항복한단 말이오" 하고 드디어 힘껏 싸워 성이 함락되자 용석과 함께 죽었다. 왕이 듣고 애상히 여겨 죽죽에게 급찬(級湌)을, 용석에게 대내마(大奈麻)를 추증하고, 그 처자에게 상을 내린 다음 왕도(王都)로 옮겨 살게 하였다.

필부(匹夫)

필부는 사량부(沙梁部) 사람으로 아버지는 아찬(阿飡) 존대(尊臺)이다. 백제·고구려·말갈이 서로서로 친밀해져 순치(脣齒)처럼 되어 침략을 모의하므로, 태종대왕(太宗大王)이 능히 자질이 충용(忠勇)하고 방어의 책임을 감당할 만한 인물을 구하여 필부(匹夫)를 칠중성(七重城 : 지금의 파주시 적성면) 아래의 현령(縣令)으로 삼았다.

이듬해 경신년(660 : 태종왕 7년) 가을 7월, 왕이 당나라 군사와 함께 백제를 멸하자, 고구려가 우리를 미워하여 그해 겨울 10월에 군사를 거느리고 와서 칠중성을 포위하였다. 필부는 (성을) 지키면서 싸우기를 20여 일이나 하였다. 적장은, 우리 군사가 성심을 다하여 싸우는 것을 보고 쉽게 빼앗을 수 없다고 여겨 군사를 이끌고 돌아가려 하였다. 이때 역신(逆臣) 대내마 비삽(比歃)이 몰래 사람을 보내어 적에게 이르기를 "성안은 식량도 떨어지고 힘도 다 되었으니 만약 공격한다면 반드시 항복하고 말 것이다" 하여, 적과 다시 싸우게 되었다. 필부가 이 사실을 알고, 칼을 빼어 비삽의 머리를 베어 성 밖으로 던지고 나서 군사에게 말하기를 "충신·의사는 죽어도 굴복하지 않는 법이다. 힘써 노력하라. 성의 존망이 이 한 판의 싸움에 달렸다" 하였다. 그리고 주먹을 불끈 쥐고 한번 외치니, 병든 자도 다 일어나 앞을 다투어 (성 위로) 올라갔다. 그러나 사기가 워낙 피폐하여 사상자가 반을 넘었다. 적이 바람결을 이용하여 불을 놓고 성으로 달려드니, 필부는 상간(上干) 본숙(本宿)·모지(謀支)·미제(美齊) 등과 함께 적을 향해 마주 활을 쏘았다. 화살은 비 오듯 하고 필부의 사지와 몸은 화살에 뚫리어 피가 발목까지 흘러내리더니 이내 쓰러져 죽었다. 왕이 듣고 통곡하며 급찬 벼슬을 추증하였다.

계백(堦伯)

계백(堦伯)은 백제인이다. 벼슬하여 달솔(達率)이 되었다. 현경(顯慶 : 당 고종의 연호) 5년(義慈王 20년) 경신년(660)에 당 고종(高宗)이 소정방(蘇定方)을 신구도대총관(神丘道大摠管)으로 삼아 군사를 인솔하고 바다를 건너 신라와 함께 백제를 치게 하였다. 이에 계백이 장군이 되어 결사대 5,000명을 뽑아 항거하며 말하기를 "일국(一國)의 병력으로 당나라와 신라의 대병(大兵)과 맞붙게 되었으니, 나라의 존망을 알 수가 없다. 내 처자가 적의 노비가 될지도 모르는 일이니, 살아서 욕을 보는 것보다는 차라리 속히 죽는 편이 낫다" 하고 드디어 처자를 다 죽인 다음 황산 들에 당도하여 세 곳에 진영을 설치하였다. 신라병을 맞아 싸우려 할 적에 군중에게 맹세하기를 "옛날에 월왕(越王) 구천(句踐)은 5,000명으로써 오(吳)나라의 70만 대군을 쳐부수었다. 오늘은 각기 분발하여 승부를 결단하여 국은(國恩)에 보답하자" 하였다. 드디어 무찔러 싸우니 한 명이 1000명의 적을 당해 내는 격이라, 신라병이 마침내 퇴각하였다. 이와 같이 진퇴(進退)하기를 4회에 걸쳐 했으나 힘이 꺾여 드디어 전사하였다.

三國史記 卷 第四十七

列傳 第七 奚論 素那 驟徒 訥催 薛罽頭 金令胤 官昌 金歆運 裂起 丕寧子 竹竹 匹夫 階伯

奚論 车梁人也 其父讚德有勇志英節 名高一時 建福二十七年庚午 眞平大王 選爲椵岑城縣令 明年辛未冬十月 百濟大發兵來 攻椵岑城一百餘日 眞平王命將 以上州·下州·新州之兵救之 遂往與百濟人戰 不克引還 讚德憤恨之 謂士卒曰 三州軍帥見敵强不進 城危不救 是無義也 與其無義而生 不若有義而死 乃激昂 奮勵 且戰且守 以至糧盡水竭 而猶食屍飮尿 力戰不怠 至春正月 人旣疲 城將 破 勢不可復完 乃仰天大呼曰 吾王委我以一城 而不能全 爲敵所敗 願死爲大 厲 喫盡百濟人 以復此城 遂攘臂瞋目 走觸槐樹而死 於是城陷 軍士皆降 奚論 年二十餘歲 以父功爲大奈麻 至建福三十五年戊寅 王命奚論爲金山幢主 與漢山 州都督邊品興師 襲椵岑城取之 百濟聞之 擧兵來 奚論等逆之 兵旣相交 奚論謂 諸將曰 昔吾父殞身於此 我今亦與百濟人戰於此 是我死日也 遂以短兵赴敵 殺 數人而死 王聞之爲流涕 贈䘏其家甚厚 時人無不哀悼 爲作長歌 弔之

素那(或云金川)　白城郡蛇山人也　其父沈那(或云煌川)　膂力過人　身輕且捷　蛇山境與百濟相錯　故互相寇擊無虛月　沈那每出戰　所向無堅陣　仁平中　白城郡出兵　往抄百濟邊邑　百濟出精兵急擊之　我士卒亂退　沈那獨立拔劍　怒目大叱　斬殺數十餘人　賊懼不敢當　遂引兵而走　百濟人指沈那曰　新羅飛將　因相謂曰　沈那尙生　莫近白城　素那雄豪　有父風　百濟滅後　漢州都督都儒公請大王　遷素那於阿達城　俾禦北鄙　上元二年乙亥春　阿達城太守級湌漢宣敎民　以某日齊出種麻　不得違令　靺鞨諜者認之　歸告其酋長　至其日　百姓皆出城在田　靺鞨潛師　猝入城　剽掠一城　老幼狼狽　不知所爲　素那奮刀向賊　大呼曰　爾等知新羅有沈那之子素那乎　固不畏死以圖生　欲鬪者曷不來耶　遂憤怒突賊　賊不敢迫　但向射之　素那亦射　飛矢如蜂　自辰至酉　素那身矢如猬　遂倒而死　素那妻　加林郡良家女子　初　素那以阿達城鄰敵國　獨行　留其妻而在家　郡人聞素那死弔之　其妻哭而對曰　吾夫常曰　丈夫固當兵死　豈可臥牀席死家人之手乎　其平昔之言如此　今死如其志也　大王聞之　涕泣沾襟曰　父子勇於國事　可謂世濟忠義矣　贈官迊湌

驟徒　沙梁人　奈麻聚福之子　史失其姓　兄弟三人　長夫果　仲驟徒　季逼實　驟徒嘗出家　名道玉　居實際寺　太宗大王時　百濟來伐助川城　大王興師出戰　未決　於是道玉語其徒曰　吾聞爲僧者　上則精術業以復性　次則起道用以益他　我形似桑門而已　無一善可取　不如從軍殺身以報國　脫法衣著戎服　改名曰驟徒　意謂馳驟而爲徒也　乃詣兵部　請屬三千幢　遂隨軍赴敵場　及旗鼓相當　持槍劍突陣　力鬪殺賊數人而死　後咸亨二年辛未　文武大王發兵　使踐百濟邊地之禾　遂與百濟人戰於熊津之南　時夫果以幢主戰死　論功第一　文明元年甲申　高句麗殘賊據報德城而叛　神文大王命將討之　以逼實爲貴幢弟監　臨行　謂其婦曰　吾二兄旣死於王事　名垂不朽　吾雖不肖　何得畏死而苟存乎　今日與爾生離　終是死別也　好住無傷　及對陣獨出奮擊　斬殺數十人而死　大王聞之　流涕嘆曰　驟徒知死所　而激昆弟之心　夫果‧逼實　亦能勇於義　不顧其身　不其壯歟　皆追贈官沙湌

訥催　沙梁人　大奈麻都非之子也　眞平王建福四十一年甲申冬十月　百濟大擧來侵　分兵圍攻速含‧櫻岑‧岐岑‧烽岑‧旗懸‧冗〔冗　當作穴〕柵等六城　王命上州‧下州‧貴幢‧法幢‧誓幢五軍　往救之　旣到　見百濟兵陣堂堂鋒不可當　盤桓不進　或立議曰　大王以五軍委之諸將　國之存亡在此一役　兵家之言曰　見可而進　知難而退

今强敵在前 不以好謀而直進 萬一有不如意 則悔不可追 將佐皆以爲然 而業已 受命出師 不得徒還 先是國家欲築奴珍等六城而未遑 遂於其地築畢而歸 於是百 濟侵攻愈急 速含·岐岑·冗柵三城〔冗 當作穴〕或滅或降 訥催以三城固守 及聞 五軍不救而還 慷慨流涕 謂士卒曰 陽春和氣 草木皆華 至於歲寒 獨松栢後彫 今孤城無援 日益阽危 此誠志士義夫盡節揚名之秋 汝等將若之何 士卒揮涙曰 不敢惜死 唯命是從 及城將潰 軍士死亡無幾人 皆殊死戰 無苟免之心 訥催有一 奴 強力善射 或嘗語曰 小人而有異才 鮮不爲害此奴 宜遠之 訥催不聽 至是城 陷賊入 奴張弓挾矢 在訥催前 射不虛發 賊懼不能前 有一賊出後 以斧擊訥催 乃仆 奴反與鬪俱死 王聞之悲慟 追贈訥催職級湌

薛(一本作辥) (註之辥字 恐是薛之訛) 罽頭 亦新羅衣冠子孫也 嘗與親友四人 同會燕飲 各言其志 罽頭曰 新羅用人 論骨品 苟非其族 雖有鴻才傑功 不能踰越 我願西遊中華國 奮不世之略 立非常之功 自致榮路 備簪紳劍佩 出入天子之側 足矣 武德四年辛巳 潛隨海舶入唐 會 太宗文皇帝親征高句麗 自薦爲左武衞果 毅 至遼東 與麗人戰駐蹕山下 深入疾鬪而死 功一等 皇帝問是何許人 左右奏新 羅人薛罽頭也 皇帝泫然曰 吾人尙畏死 顧望不前 而外國人爲吾死事 何以報其 功乎 問從者 聞其平生之願 脫御衣覆之 授職爲大將軍 以禮葬之

金令胤 沙梁人 級湌盤屈之子 祖欽春(或云欽純)角干 眞平王時爲花郞 仁深 信厚 能得衆心 及壯 文武大王陟爲冢宰 事上以忠 臨民以恕 國人翕然稱爲賢相 太宗大王七年庚申 唐高宗命大將軍蘇定方伐百濟 欽春受王命 與將軍庾信等 率 精兵五萬 以應之 秋七月 至黃山之原 值百濟將軍堦伯 戰不利 欽春召子盤屈曰 爲臣莫若忠 爲子莫若孝 見危致命 忠孝兩全 盤屈曰 唯 乃入賊陣 力戰死 令胤 生長世家 以名節自許 神文大王時 高句麗殘賊悉伏 以報德城叛 王命討之 以令 胤爲黃衿誓幢步騎監 將行 謂人曰 吾此行也 不使宗族朋友聞其惡聲 及見悉伏 出椵岑城南七里 結陣以待之 或告曰 今此凶黨 譬如鷰巢幕上 魚戲鼎中 出萬死 以爭 一日之命耳 語曰 窮寇勿迫 宜左次以待疲極而擊之 可不血刃而擒也 諸將 然其言 暫退 獨令胤不肯之而欲戰 從者告曰 今諸將豈盡偸生之人 惜死之輩哉 而以向者之言爲然者 將俟其隙而 得其便者也 而子獨直前 其不可乎 令胤曰 臨 陣無勇 禮經之所譏〔譏 趙炳舜本作誡〕有進無退 士卒之常分 丈夫臨事自決 何必從衆 遂赴敵陣 格鬪而死 王聞之悽慟流涕曰 無是父無是子 其義烈可嘉者

也 追贈爵賞尤厚

　官昌(一云官狀) 新羅將軍品日之子 儀表都雅 小而爲花郞 善與人交 年十六 能騎馬彎弓 大監某薦之太宗大王 至唐顯慶五年庚申 王出師 與唐將軍侵百濟 以官昌爲副將 至黃山之野 兩兵相對 父品日謂曰 爾雖幼年有志氣 今日是立功名 取富貴之時 其可無勇乎 官昌曰 唯 卽上馬橫槍 直擣敵陣 馳殺數人 而彼衆我寡 爲賊所虜 生致百濟元帥堦伯前 堦伯俾脫冑 愛其少且勇 不忍加害 乃嘆曰 新羅多奇士 少年尙如此 況壯士乎 乃許生還 官昌曰 向吾入賊中 不能斬將搴旗 深所恨也 再入必能成功 以手掬井水 飮訖 再突賊陣疾鬪 堦伯擒斬首 繫馬鞍送之 品日執其首 袖拭血曰 吾兒面目如生 能死於王事 無所悔矣 三軍見之 慷慨有立志 鼓噪進擊 百濟大敗 大王贈位級湌 以禮葬之 賻其家唐絹三千匹 二十升布三十匹 穀一百石

　金歆運 奈密王八世孫也 父達福迊湌 歆運少遊花郞文努之門 時徒衆言及某戰死 留名至今 歆運慨然流涕 有激勵思齊之貌 同門僧轉密曰 此人若赴敵 必不還也 永徽六年 太宗大王憤百濟與高句麗梗邊 謀伐之 及出師 以歆運爲郞幢大監 於是不宿於家 風梳雨沐 與士卒同甘苦 抵百濟之地 營陽山下 欲進攻助川城 百濟人乘夜疾驅 黎明緣壘而入 我軍驚駭 顚沛不能定 賊因亂急擊 飛矢雨集 歆運橫馬握槊待敵 大舍詮知說曰 今賊起暗中 咫尺不相辨 公雖死 人無識者 況公新羅之貴骨 大王之半子 若死賊人手 則百濟所誇詫 而吾人之所深羞者矣 歆運曰 大丈夫旣以身許國 人知之與不如一也 豈可求名乎 强立不動 從者握轡勸還 歆運拔劍揮之 與賊鬪 殺數人而死 於是大監穢破 少監狄得相與戰死 步騎幢主寶用那聞歆運死曰 彼骨貴而勢榮 人所愛惜 而猶守節以死 況寶用那生而無益 死而無損乎 遂赴敵 殺三數人而死 大王聞之傷慟 贈歆運・穢破位一吉湌 寶用那・狄得位大奈麻 時人聞之 作陽山歌以傷之

　論曰 羅人患無以知人 欲使類聚群遊 以觀其行義 然後擧用之 遂取美貌男子粧飾之 名花郞以奉之 徒衆雲集 或相磨以道義 或相悅以歌樂 遊娛山水 無遠不至 因此知其邪正 擇而薦之於朝 故大問曰 賢佐忠臣 從此而秀 良將勇卒 由是而生者 此也 三代花郞 無慮二百餘人 而芳名美事 具如傳記 若歆運者 亦郞徒也 能致命於王事 可謂不辱其名者也

裂起 史失族姓 文武王元年 唐皇帝遣蘇定方討高句麗 圍平壤城 含資道摠管劉德敏傳宣國王 送軍資平壤 王命大角干金庾信 輸米四千石 租二萬二千二百五十石 到獐塞 風雪沍寒 人馬多凍死 麗人知兵疲 欲要擊之 距唐營三萬餘步 而不能前 欲移書而難其人 時裂起以步騎監輔行 進而言曰 某雖駑蹇 願備行人之數 遂與軍師仇近等十五人 持弓劍走馬 麗人望之 不能遮閼 凡兩日致命於蘇將軍 唐人聞之 喜慰廻書 裂起又兩日廻 庾信嘉其勇 與級飡位 及軍還 庾信告王曰 裂起·仇近 天下之勇士也 臣以便宜許位級飡 而未副功勞 願加位沙飡 王曰 沙飡之秩不亦過乎 庾信再拜曰 爵祿公器 所以酬功 何謂過乎 王允之 後庾信之子三光執政 裂起就求郡守 不許 裂起與祇園寺僧順憬曰 我之功大 請郡不得 三光殆以父死而忘我乎 順憬說三光 三光授以三年山郡太守 仇近從元貞公 築西原述城 元貞公聞人言 謂怠於事 杖之 仇近曰 僕嘗與裂起入不測之地 不辱大角干之命 大角干不以僕爲無能 待以國士 今以浮言罪之 平生之辱無大此焉 元貞聞之 終身羞悔

丕寧子 不知鄕邑族姓 眞德王元年丁未 百濟以大兵來攻茂山·甘勿·桐岑等城 庾信率步騎一萬拒之 百濟兵甚銳 苦戰不能克 士氣索而力憊 庾信知丕寧子 有力戰深入之志 召謂曰 歲寒然後知松栢之後彫 今日之事急矣 非子誰能奮勵出奇以激衆心乎 因與之飮酒 以示殷勤 丕寧子再拜云 今於稠人廣衆之中 獨以事屬我 可謂知己矣 固當以死報之 出謂奴合節曰 吾今日上爲國家 下爲知己死之 吾子擧眞雖幼年有壯志 必欲與之俱死 若父子幷命 則家人其將疇依 汝其與擧眞好收吾骸骨歸 以慰母心 言畢 卽鞭馬橫槊 突賊陣 格殺數人而死 擧眞望之欲去 合節請曰 大人有言 令合節與阿郎還家 安慰夫人 今子負父命·棄母慈 可謂孝乎 執馬轡不放 擧眞曰 見父死而苟存 豈所謂孝子乎 卽以劍擊折合節臂 奔入敵中戰死 合節曰 私天崩矣 不死何爲 亦交鋒而死 軍士見三人之死 感激爭進 所向挫鋒陷陣 大敗賊兵 斬首三千餘級 庾信收三屍 脫衣覆之 哭甚哀 大王聞之涕淚 以禮合葬於反知山 恩賞妻子九族尤渥

竹竹 大耶州人也 父郝熱爲撰干 善德王時爲舍知 佐大耶城都督金品釋幢下 王十一年壬寅秋八月 百濟將軍允忠領兵來攻其城 先是 都督品釋見幕客舍知黔日之妻有色 奪之 黔日恨之 至是 爲內應 燒其倉庫 故城中兇懼 恐不能固守 品

釋之佐阿湌西川(一云 沔(沔 恐是沙之訛)湌祇之那)登城 謂允忠曰 若將軍不殺我 願以城降 允忠曰 若如是 所不與公同好者 有如白日 西川勸 品釋及諸將士 欲出城 竹竹止之曰 百濟反覆之國 不可信也 而允忠之言甘 必誘我也 若出城 必爲賊之所虜 與其竄伏而求生 不若虎鬪而至死 品釋不聽 開門 士卒先出 百濟發伏兵盡殺之 品釋將出 聞將士死 先殺妻子而自刎 竹竹收殘卒 閉城門自拒 舍知龍石謂竹竹曰 今兵勢如此 必不得全 不若生降以圖後效 答曰 君言當矣 而吾父名我以竹竹者 使我歲寒不凋 可折而不可屈 豈可畏死而生降乎 遂力戰 至城陷 與龍石同死 王聞之哀傷 贈竹竹以級湌 龍石以大奈麻 賞其妻子 遷之王都

匹夫 沙梁人也 父尊臺阿湌 太宗大王以百濟高句麗靺鞨轉相親比爲脣齒 同謀侵奪 求忠勇材 堪綏禦者 以匹夫爲七重城下縣令 其明年庚申秋七月 王與唐師滅百濟 於是高句麗疾我 以冬十月 發兵來圍七重城 匹夫守且戰二十餘日 賊將見我士卒 盡誠鬪不內顧 謂不可猝拔 便欲引還 逆臣大奈麻比歃 密遣人告賊 以城內食盡力窮 若攻之必降 賊遂復戰 匹夫知之 拔劍斬比歃首 投之城外 乃告軍士曰 忠臣義士 死且不屈 勉哉努力 城之存亡 在此一戰 乃奮拳一呼 病者皆起 爭先登 而士氣疲乏 死傷過半 賊乘風縱火 攻城突入 匹夫與上干本宿·謨支·美齊等 向賊對射 飛矢如雨 支體穿破 血流至踵 乃仆而死 大王聞之 哭甚痛 追贈級湌

堦伯 百濟人 仕爲達率 唐顯慶五年庚申 高宗以蘇定方爲神丘道大摠管 率師濟海 與新羅伐百濟 堦伯爲將軍 簡死士五千人 拒之曰 以一國之人 當唐羅之大兵 國之存亡 未可知也 恐吾妻孥沒爲奴婢 與其生辱 不如死快 遂盡殺之 至黃山之野 設三營 遇新羅兵將戰 誓衆曰 昔句踐以五千人破吳七十萬衆 今之日宜各奮勵決勝 以報國恩 遂鏖戰無不以一當千 羅兵乃却 如是進退至四合 力屈以死

삼국사기 권 제48

열전(列傳) 제8

향덕(向德), 성각(聖覺), 실혜(實兮), 물계자(勿稽子), 백결선생(百結先生), 검군(劍君), 김생(金生), 솔거(率居), 효녀지은(孝女知恩), 설씨녀(薛氏女), 도미(都彌)

향덕(向德)

향덕은 신라의 웅천주(熊川州: 지금의 공주) 판적향(板積鄕) 사람이다. 아버지의 이름은 선(善)이요 자(字)는 반길(潘吉)인데, 천성이 온순하고 선량하여 온 고을이 그 행실을 추앙하였다. 어머니의 이름은 전해지지 않는다. 향덕 또한 효도와 공순함으로 당시에 칭찬을 받았다.

천보(天寶: 당 현종의 연호) 14년(신라 景德王 14년) 을미년(755)에 흉년이 들어 백성이 굶주리고 유행병마저 겹쳤다. (향덕의) 부모도 주리고 병든 데다 어머니는 종기까지 나서 모두 죽게 되었다. 향덕은 밤낮으로 입은 옷을 벗지 아니하고 정성을 다하여 돌보았으나 봉양할 길이 없었다. (향덕은) 자기 넓적다리 살을 베어 먹이기도 하고, 또 어머니의 종기를 입으로 빨아서 (어머니의 병을) 낫게 하였다. 그리하여 향사(鄕司: 지방 관청)에서는 주(州)에 보고하고 주에서는 왕에게 보고하였다. 왕은 명을 내려 벼 300가마, 집 한 채, 식구 수에 따라 전(田) 얼마씩을 주게 하고, 관원을 시켜 비석을 세워 사적을 기록하여 표본으로 삼게 하였다. 지금까지 사람들이 그곳을 효가(孝家)라고 부른다.

성각(聖覺)

성각은 신라 청주(菁州: 지금의 진주) 사람인데 사(史)에 그 씨족이 전하지 않는다. 성각은 세상의 명예나 벼슬을 즐겨하지 않고 스스로 거사(居士)라 하며 일리현(一利縣: 지금의 성주군 가천면) 법정사(法定寺)에 의지하여 지냈다. 뒤에 집으로 돌아가 어머니를 봉양하였는데, 어머니가 늙고 병들어 나물밥조차 먹기 어려우므로 자기 다리의 살을 베어 먹였고, 사후에는 지성껏 불공(佛供)을 드리고 명복을 빌었다. 대신으로 있는 각간(角干) 경신(敬信), 이찬(伊湌) 주원(周元) 등이 국왕에게 아뢰니, 왕은 웅천주 향덕(向德)의 고사(故事)에 의거하여 가까운 고을의 벼 300섬을 상으로 주었다.

사신(史臣)은 논한다.

송기(宋祁)의 당서(唐書)에 "착하도다. 한유(韓愈)의 논(論)이여. 그가 말하기를 부모가 병들면 약을 달여 쓰는 것을 효(孝)라 하지만, 자기의 신체를 베어 먹인다는 말은 아직 듣지 못했다고 하였다. 그것이 진실로 의(義)에 손상되지 않는다면 성현이 모든 사람보다 앞서 하였을 것이다. 더구나 그로 인하여 불행히 죽게 된다면 훼상멸절(毁傷滅絕)의 죄를 범하게 되는 것이니, 어찌 그 집에 정문(旌門)을 세워 특이하다고 표창할 수 있으랴." 비록 그렇기는 하나, 고루한 시골 사람이 학술과 예의의 바탕이 있지도 않은데, 능히 제 몸을 버리고 어버이를 생각한다는 것은 성심에서 우러난 것이니 역시 칭찬할 만하다. 그러므로 열거하는 것이며 향덕 같은 자도 역시 기록하여 전할 만하다.

실혜(實兮)

실혜는 신라 사람으로 대사(大舍) 순덕(純德)의 아들이다. 성품이 강직하여 옳지 않은 일에 굴복하지 않았다. 진평왕(眞平王) 때에 상사인(上舍人: 近侍職의 上位)이 되었는데, 그때 하사인(下舍人) 진제(珍堤)가 사람됨이 아첨하기를 좋아하여 왕의 눈에 들었다. 비록 실혜의 동료이긴 하지만 일에 임하여서는 서로 시비(是非)가 달랐다. 실혜는 바른 길을 지키며 구차하지 아니하니, 진제가 이를 질투하여 자주 왕께 참소하기를 "실혜는 지혜가 없고 담기(膽

氣)만 많으며 희로(喜怒)에 급하여, 비록 대왕의 말씀이라도 제뜻에 맞지 아니하면 분해서 견디지 못하는 처지이니, 만약 버릇을 고쳐 놓지 않으면 장차 난을 일으킬 염려가 있습니다. 그러하오니 우선 내쫓았다가 그가 굴복한 뒤에 다시 등용하는 것도 늦지 않을 듯하옵니다" 라고 하였다. 왕은 이를 받아들여 냉림(冷林)으로 좌천시켰다.

누군가가 실혜에게 이르기를 "그대는 조부 때부터 충성공정(忠誠公正)으로 세상에 알려졌는데, 지금 아첨하는 자의 참소를 입어 멀리 저 죽령 밖의 궁벽한 땅으로 귀양을 가게 되었으니 원통하지 않은가. 어찌 바른 말로 변명하지 않는가" 라고 하였다. 실혜는 대답하기를 "옛날 굴원(屈原)이 고직(孤直)하여 초(楚)나라의 배척을 받았고, 이사(李斯)가 충성을 다하였건만 진(秦)나라에서 극형을 당했소. 그러므로 아첨하는 신하가 임금을 유혹하면 충사(忠士)가 배척당하는 것은 옛적에도 그러했는데 무엇이 슬프겠는가" 하고 드디어 말없이 떠나면서 장가(長歌)를 지어 의사(意思)를 표시했다.

물계자(勿稽子)

신라 물계자(勿稽子)는 내해이사금(奈解尼師今) 때의 사람이다. 집안은 대대로 미미하지만 사람됨이 범상치 않아 젊어서부터 웅혼한 뜻이 있었다. 때마침 포상(浦上)의 8국(八國 : 骨浦·柒浦·古史浦 등 8국)이 공모하여 아라국(阿羅國 : 加羅國)을 치니, 아라국 사신이 와서 구원을 청하므로 이사금의 왕손 내음(捺音)을 시켜 가까운 군 및 6부의 군사를 거느리고 가서 구원케 하여 드디어 8국의 군사들을 무너뜨렸다. 이 전역(戰役)에서 물계자가 큰 공을 세웠으나 왕손에게 미움을 받고 있는 처지여서 그 공이 기록되지 못하였다. 누군가가 물계자에게 말하기를 "그대의 공이 이만저만 큰 것이 아닌데 기록됨을 보지 못하니 원망스럽지 않은가" 라고 하였다. 물계자는 "공을 자랑하고 명예를 구하는 것은 지사(志士)로서 할 바가 아니다. 다만 마음을 가다듬어 뒷날을 기다릴 따름이다" 하였다.

그 뒤 3년에 골포(骨浦 : 지금의 창원시)·칠포(柒浦 : 지금의 사천시)·고사포(古史浦 : 지금의 경남 고성군) 3국 사람들이 와서 갈화성(竭火城)을 공격하니 왕이 군사를 거느리고 구원을 나가 3국의 군사를 크게 무너뜨렸다.

물계자는 수십 명의 적을 베었으나 논공할 때에 또 소득이 없었다. 이때 그 아내에게 말하기를 "일찍이 들으니 신하된 도리는 위태함을 보면 목숨을 바치고 어려움을 당하면 몸을 돌보지 않는다고 하였소. 지난날 포상(浦上)·갈화(竭火)의 싸움은 위태하고 또 어려웠다 할 수 있소. 그런데도 능히 목숨을 내놓고 몸을 돌보지 않은 일로써도 여러 사람들에게 알리지 못하였으니, 장차 무슨 면목으로 장터나 조정에 나간단 말이오" 하고 드디어 머리를 풀어 헤치고 거문고를 든 채 사체산(師彘山)으로 들어가 돌아오지 아니하였다.

백결선생(百結先生)

신라 백결선생(百結先生)은 어떠한 (내력의) 인물인지 알 수 없다. 낭산(狼山 : 지금의 경주 낭산) 아래에서 사는데 집이 몹시 가난하였다. 옷 군데나 꿰매어 마치 메추라기를 달아 놓은 것 같은 옷을 입었다. 그래서 그때 사람들이 동리(東里)의 백결선생(百結先生)이라고 불렀다. 일찍이 영계기(榮啓期 : 중국 古代에 거문고에 뛰어난 사람)의 사람됨을 사모하여 거문고를 가지고 다니면서 무릇 희로비환(喜怒悲歡)과 불만스런 심사를 모두 거문고로 풀어 버렸다.

세모(歲暮)가 되자, 이웃집에서 곡식 방아를 찧으니 그 아내가 방아소리를 듣고 말하기를 "남은 다 곡식이 있어 방아를 찧는데 우리는 없으니 어떻게 겨울을 난단 말이오" 하였다. 선생은 하늘을 우러러 탄식하며 "무릇 죽고 사는 것은 명(命)에 있고, 부귀는 하늘에 매인 것이오. 오게 되면 막을 수도 없고 간다 해도 쫓아갈 수 없는데 그대는 왜 슬퍼하오. 내가 그대를 위하여 방아 소리를 내어 위안해 주겠소" 하고 거문고를 퉁기어 방아소리를 내니, 세상이 그 곡조를 전하여 이름을 대악(碓樂)이라 하였다.

검군(劍君)

신라 검군(劍君)은 대사(大舍) 구문(仇文)의 아들로서 사량궁(沙梁宮) 사인(舍人)이 되었다. 진평왕 건복(建福) 44년 정해년(627) 가을 8월에 서리가 내려 모든 곡물이 죽으니 이듬해 봄·여름에 크게 기근(饑饉)이 들었다.

백성들은 자식을 팔아서 먹는 형편이었다. 이 때문에 궁중의 여러 사인(舍人)들이 공모하여 창예창(唱翳倉) 곡식을 도둑질하여 나누는데, 유독 검군이 받지 않으므로 여러 사인이 말하기를 "여러 사람이 모두 받는데 그대만 유독 받지 않으니 어쩐 까닭이오. 적어서 그런다면 더 주겠소" 하였다. 검군은 웃으며 "나는 근랑(近郎)의 무리로 이름이 적히고, 풍월(風月)의 문정(門庭)에서 행실을 닦았소. 진실로 의(義)에 맞지 않는 것이라면 비록 천금의 이익이라도 마음을 움직이지 아니하오" 라고 하였다. 이때 이찬(伊湌) 대일(大日)의 아들이 화랑이 되어 이름을 근랑(近郎)이라 하였기 때문에 그렇게 말한 것이다.

검군이 외출하여 근랑의 집을 찾아갔다. 사인(舍人)들이 비밀히 의논하기를 "이 사람을 죽이지 않으면 반드시 탄로가 나고 만다" 하여 드디어 검군을 불렀다. 검군은 그들이 자기를 죽이려 하는 것을 알고 근랑에게 하직하며 "오늘 이후에는 다시 못 보겠습니다" 하였다. 근랑이 그 이유를 물었으나 검군이 말하지 아니하므로 재삼 물으니 대강 그 이유를 말하였다.

근랑은 "그렇다면 왜 관사(官司)에 말하지 않았는가?" 하자, 검군은 "자기의 죽음을 두려워하여 여러 사람으로 하여금 죄를 받게 하는 것은 인정상 차마 못할 일입니다" 하였다. 또 근랑은 "그렇다면 어찌 달아나지도 않는가?" 하자, 검군은 "저쪽이 굽고 나는 곧은데 도리어 달아난다면 장부가 아니지 않습니까?" 하고 드디어 사인들에게로 갔다.

여러 사인들이 술을 마련하여 치사하고 사죄하면서 몰래 약을 섞어 먹였다. 검군은 알면서도 억지로 마시고 죽었다. 군자(君子)가 말하기를 "검군은 죽지 않아야 할 데에 죽었다. 이야말로 태산(泰山) 같은 무게를 홍모(鴻毛)처럼 가볍게 여겼다고 하겠다" 하였다.

김생(金生)

신라 김생은 부모가 한미(寒微)하여 그 세계(世系)를 알 수 없다. 경운(景雲: 당 예종의 연호) 2년(성덕왕 10년) 신해년(711)에 태어났다. 어려서부터 글씨에 능하여 평생 다른 기예(技藝)를 공부하지 않고 나이 80이 넘도록 붓대를 놓지 아니하였다. 예서(隷書)·행서(行書)·초서(草書)가 다 신의 경지에 도달하였다. 지금도 왕왕 진적(眞蹟)을 볼 수 있어 학자들이 전하며 보배로 여긴다. 숭녕(崇寧 : 宋 휘종의 연호) 연간(年間 : 1102~1106. 고려 숙종 때)에 학사(學士) 홍관(洪灌)이 진봉사(進奉使)를 따라 송(宋)에 들어가서 변경(汴京 : 北宋의 수도 하남성 開封)에 묵고 있었다. 그 때 한림대조(翰林待詔) 양구(楊球)·이혁(李革) 두 사람이 황제의 칙서를 받들고 사관(舍館)으로 와서 그림 족자(簇子)를 썼다. 홍관이 김생의 행초(行草) 한 권을 보여주니, 두 사람이 크게 놀라며 "뜻밖에 오늘 왕우군(王右軍 : 王羲之)의 수서(手書)를 보았다" 하였다. 홍관은 "그게 아니라 이것은 바로 신라 사람 김생의 글씨요"라고 하였다. 두 사람은 웃으며 "천하에 왕우군이 아니면서 어찌 이같은 묘필(妙筆)이 있단 말이오" 하며 홍관이 여러 차례 "그렇지 않다"고 말하였으나 끝내 믿지 아니하였다.

또 요극일(姚克一)이란 이가 있었는데, 벼슬은 시중 겸 시서학사(侍書學士)를 지내고 필력이 장하여 구양솔경(歐陽率更 : 唐의 명필 歐陽詢)의 필법을 습득하였다. 비록 김생을 따르지는 못하였지만 역시 기품(奇品)이었다.

솔거(率居)

솔거는 신라 사람이다. 보잘것없는 집안에서 출생하여 그 족계(族系)는 알려지지 않았으나, 타고난 재질로 그림을 잘 그렸다. 일찍이 황룡사(黃龍寺) 벽에 노송(老松)을 그렸는데, 나무 둥치 껍질이 거칠게 주름지고 가지와 잎이 꾸불꾸불 서리었으므로, 까마귀·솔개·제비·참새 들이 바라보고 날아들다가 부딪쳐서 미끄러져 떨어지곤 하였다. 해가 묵어 퇴색하자, 한 승려가 단청(丹靑)으로 개칠하였더니, 그 뒤부터는 새들이 다시 날아들지 않았다. 또 경주(慶州) 분황사(芬皇寺)의 관음보살(觀音菩薩), 진주(晉州) 단속사(斷俗寺)의 유마상(維摩像)이 다 그의 필적이다. 세상에서는 이를 신화(神畵)라 일컬었다.

효녀(孝女) 지은(知恩)

효녀 지은은 신라 한기부(韓歧部 : 慶州)의 백성인 연권(連權)의 딸이었다. 천성이 효도에 지극하여 어려서 아버지를 여의고 홀로 그 어머니를 봉양하였다. 나이 32세가 되었으나 시집을 가지 않고, 조석으로 (어머니를) 보살피며 좌우를 떠나지 아니하였다. 봉양할 것이 없으면 품팔이도 하고 혹 나가서 밥을 빌어다 봉양하기를 오래하니, 피곤함을 견딜 수가 없었다.

부잣집을 찾아가 종으로 팔리기를 자원하여 쌀 10여 섬을 받았다. 종일토록 그 집에서 일하고, 저녁이면 밥을 지어 가지고 와서 어머니를 봉양하였는데 그렇게 하기를 3, 4일을 지냈다.

그 어머니가 딸에게 말하기를 "지난날에는 밥을 먹어도 달았는데 요즘 밥은 좋으나 맛이 전만 못하고 마치 칼로 가슴을 에는 것 같으니 이것이 무슨 심사냐" 하였다. 딸이 사실을 말하였다. 그 어머니는 "나 때문에 네가 종이 되었으니 내가 빨리 죽는 것만 못하다" 하고 이내 소리를 놓아 크게 울었다. 딸도 따라 울어 그 슬픔이 길가는 나그네를 감동케 하였다.

그때 효종랑(孝宗郞)이 외출하였다가 이를 보고 돌아가 부모님께 청하여 곡식 100섬과 의복 등속을 실어 보내주고, 또 (그를) 종으로 산 주인에게 몸값을 갚아주고 양민(良民)이 되게 해 주었다. 낭도(郞徒) 수천 명이 각기 곡식 한 섬씩을 보내 오자, 대왕(大王: 定康王)이 듣고 벼 500섬과 집 한 채를 하사하고 부역을 없애 주었다. 또 곡식이 많아서 도둑질해 가는 자가 있을까 염려하여 소속 관원에게 명하여 병사를 보내어 번갈아 지켜 주게 하였다.

그 마을에 푯말은 세워 효양방(孝養坊)이라 하였고, 표문(表文)을 당왕실(唐王室)에 올려 미행(美行)을 드러내기도 하였다. 효종랑은 당시 제3 재상 서발한(舒發翰: 角干) 인경(仁慶)의 아들인데, 어릴 적 이름은 화달(化達)이었다. 왕은 그가 나이는 비록 어리나 노성(老成)한 점이 있다 하여, 왕의 친형 헌강왕(憲康王)의 딸을 아내로 삼게 하였다.

설씨녀(薛氏女)

설씨녀는 신라 율리(栗里) 민가의 여자이다. 비록 외롭고 한미(寒微)한 집안에서 태어났으나, 용모가 단정하고 마음과 행실이 의젓하여 보는 사람마다 부러워하지 않는 자가 없었으나 감히 범하지는 못하였다.

진평왕(眞平王) 때 그 아버지가 늙은 나이로서 군에 편입되어 정곡(正谷)이란 곳에 수자리(국경수비) 살러 가게 되자, 설씨녀는 늙고 병든 그 아버지를 차마 멀리 떠나보낼 수도 없고 또 여자의 신분이라 모시고 따라 갈 수도 없어 그저 답답히 여기기만 하였다.

사량부(沙梁部)에 사는 소년 가실(嘉實)은 비록 집안은 가난하였지만 마음가짐은 올곧은 남자였다. 일찍이 설씨의 아름다움을 좋아하였으나 감히 말은 못하였다. 설씨가 늙은 아버지의 종군 때문에 근심한다는 말을 듣고 드디어 찾아가 설씨녀에게 청하기를 "내가 비록 용렬하지만 항상 의기있는 사람이라 자처해 왔소. 못난 이 몸으로 귀댁 아버님의 출역을 대신하고 싶소"라고 하므로 설씨녀는 대단히 기뻐하며 들어가 아버지에게 말씀드렸다. 아버지가 가실을 들어오라고 하여 말하기를 "듣건대 그대가 이 늙은이의 역사를 대행하겠다 하니 기쁘고 송구한 마음 견딜 수 없네. 동시에 보답할 것을 생각해야겠는데, 만약 그대가 나의 어린 딸을 어리석고 고루하다고 하여 버리지 않는다면 아내로 삼아 그대를 받들게 하고 싶네" 하였다.

가실은 두 번 절하며 "감히 바랄 수 없으나 그것이 저의 소원입니다" 하고 바로 물러나와 혼기(婚期)를 청하니 설씨녀는 "혼인은 사람의 대륜(大倫)이니 창졸간에 할 수는 없소. 첩(妾)이 이미 마음으로써 허락한 이상 죽어도 변함없을 것이니, 낭군이 수자리에 나갔다가 교대하고 돌아온 뒤에 택일하여 성례하더라도 늦지 않소" 하였다. 그러고는 거울을 반으로 쪼갠 다음 각기 한 조각씩 지니며 "이것이 신표이니 후일에 마땅히 합칠 것이오" 하였다.

가실에게 말 한 마리가 있었는데 이때 설씨에게 이르기를 "이 말은 천하에 없는 양마(良馬)이니 뒤에 반드시 쓰게 될 것입니다. 지금 제가 떠나면 기를 사람이 없으니 여기 두고 길러 뒤에 쓰도록 해주십시오" 하고 작별하였다.

마침 나라에 사고가 발생하여 수자리를 교대하지 않으므로 가실은 6년 동안 눌러앉은 채 돌아오지 않았다. 아버지가 딸에게 이르기를 "처음에 3년을 기약했는데 지금 기한이 넘었으니 다른 집으로 시집가는 것이 옳겠다"고 하였다. 설씨녀는 "그때 아버지를 편안케 하기 위해 굳이 가실과 언약한 것이고, 가실은 이를 믿고 여러 해를 종군하여 기한(飢寒)과 노고를 견디고 있습니다. 적의 경계 가까이에서 손에 무기를 놓지 못하며, 호구(虎口) 앞에서 이제나저제나 씹힐까 걱정하고 있는 처지인데, 저희가 신의를 버리고 식언을 한다면 어찌 인정이라 하오리까" 하고 "끝내 아버지의 명을 따르지 못하겠으니 두번 다시 말씀하지 마십시오" 하였다.

　늙은 아버지가 그 딸이 장성한 몸으로 남편이 없다 하여 강제로 출가시킬 요량으로 몰래 마을 사람과 약혼하고 날짜까지 정하여 그 상대자를 데려왔다. 설씨녀는 굳게 항거하며 비밀히 도망가려 하다가 차마 못 가고 마구간에 들러 가실이 남겨둔 말을 보고 탄식하며 눈물을 흘렸다.

　이때 마침 가실이 교대하여 돌아왔다. 얼굴이 바짝 마르고 의복이 남루하여 집안 사람이 몰라보고 딴 사람이라고 하였다. 가실이 바로 앞에 나서면서 쪼개진 거울 조각을 던져 주자, 설씨녀는 이를 받아 들고 흐느꼈다. 아버지와 집안 사람들도 매우 기뻐하였다. 마침내 다른 날에 서로 결합하기로 언약하여 마침내 서로 만나 일생을 해로(偕老)하게 되었다.

도미(都彌)

　도미는 백제 사람이다. 비록 오두막집의 소민(小民)이지만 자못 의리를 알고, 그 아내 역시 아름답고 또 절행(節行)이 있어, 그때 사람들의 칭찬이 자자하였다. 개루왕(蓋婁王)이 듣고 도미를 불러 말하기를 "무릇 부인의 덕은 정결을 앞세우나, 만일 사람이 없는 은밀한 곳에서 그럴 듯한 말로 꾀면 마음이 움직이지 않는 여자가 드물 것이다" 하니, 도미가 아뢰기를 "사람의 정(情)은 측량하기 어려우나, 신의 아내 같은 사람은 비록 죽어도 변함 없을 것입니다" 하였다.

　왕은 시험을 해 보려고 도미에게 일부러 어떤 일을 보게 하고 한 근신으로 하여금 왕의 의복과 거마(車馬)로 가장하고 밤에 그 집에 가게 했는데 먼저 사람을 시켜 왕의 행차를 알리게 했다. 그리고 짐짓 왕이 도미처에게 이르기를 "나는 오랫동안 너의 아름다움을 들었다. 도미와 내기를 한 끝에 너를 차지하게 되었으니 내일 너를 맞아들여 궁인을 삼겠다. 지금부터 너는 나의 소유이다" 하고 드디어 난행을 하려 드니, 도미의 아내가 이르기를 "국왕께서는 망령된 말을 하지 않는 법인데 제가 감히 순종하지 않겠습니까. 대왕께서 먼저 방에 들어가 계시오면, 제가 옷을 갈아입고 들어가겠습니다" 하고 물러나와 한 계집종을 잘 꾸며 들여보냈다.

왕은 뒤에 속임을 당한 줄 알고 크게 노하여, 도미에게 일부러 죄를 씌어 두 눈을 빼버리고 사람을 시켜 끌어내어 작은 배에 태워 물 위에 띄워보냈다. 그리고 도미의 아내를 끌어다가 강제로 상관하려 하니 그는 "지금 남편을 잃고 독신이 되어 혼자 살아갈 길이 막막한데 하물며 왕을 모시게 되었으니 어찌 감히 명령을 어기오리까. 지금 월경으로 온 몸이 더러우니 다음날 목욕재계하고 오겠습니다"라고 하므로 왕은 믿고 허락하였다. 부인은 그길로 도망하여 강가에 당도하였으나 건너가지는 못하고 하늘을 우러러 울부짖으며 통곡하였다. 그때 갑자기 한 조각배가 물결을 따라 앞으로 다가왔다. 그는 그 배를 타고 천성도(泉城島)에 이르러 남편을 만났다.

남편은 아직 죽지 않고 풀뿌리를 캐먹고 있으므로 드디어 배를 함께 타고 고구려 산산(蒜山) 아래에 당도하였다. 고구려 사람들이 불쌍히 여기며 의식(衣食)을 대주어 구차한 생활 속에서나마 객지에서 일생을 마쳤다.

三國史記 卷 第四十八

列傳 第八 向德 聖覺 實兮 勿稽子 百結先生 劍君 金生 率居 孝女知恩薛氏女 都彌

向德 熊川州板積鄕人也 父名善 字潘吉 天資溫良 鄕里推其行 母則矢其名 向德亦以孝順爲時所稱 天寶十四年乙未 年荒民饑 加之以疫癘 父母飢且病 母又發疾 皆濱於死 向德日夜不解衣 盡誠安慰 而無以爲養 乃刲髀肉以食之 又吮母癰 皆致之平安 鄕司報之州 州報於王 王下敎 賜租三百斛 宅一區 口分田若干 命有司 立石紀事 以標之 至今人號其地云孝家

聖覺 菁州人 史矢其氏族 不樂世間名官 自號爲居士 依止一利縣法定寺 後歸家養母 以老病難於蔬食 割股肉以食之 及死 至誠爲佛事資薦 大臣角干敬信·伊飡周元等 聞之國王 以熊川州向德故事 賞近縣租三百石

論曰 宋祁唐書云 善乎韓愈之論也 曰父母疾烹藥餌 以是爲孝 未聞毀支體者也 苟不傷義 則聖賢先衆而爲之 是不幸因而且死 則毀傷滅絶之罪有歸矣 安可

旌其門以表異之 雖然委巷之陋 非有學術禮義之資 能忘身以及其親 出於誠心 亦足稱者 故列焉 則若向德者 亦可書者乎

實兮 大舍純德之子也 性剛直 不可屈以非義 眞平王時爲上舍人 時下舍人珍堤 其爲人便佞 爲王所嬖 雖與實兮同寮 臨事互相是非 實兮守正不苟且 珍堤嫉恨 屢讒於王曰 實兮無智慧多膽氣 急於喜怒 雖大王之言 非其意則憤不能已 若不懲艾 其將爲亂 蓋黜退之 待其屈服而後用之 非晚也 王然之 謫官冷林 或謂實兮曰 君自祖考以忠誠公材聞於時 今爲佞臣之讒毁 遠官於竹嶺之外 荒僻之地 不亦痛乎 何不直言自辨 實兮答曰 昔屈原孤直爲楚擯黜 李斯盡忠爲秦極刑 故知佞臣惑主 忠士被斥 古亦然也 何足悲乎 遂不言而往 作長歌見意

勿稽子 奈解尼師今時人也 家世平微 爲人倜儻 少有壯志 時八浦上國同謀伐阿羅國 阿羅使來請救 尼師今使王孫㮈音率近郡及六部軍往救 遂敗八國兵 是役也 勿稽子有大功 以見憎於王孫 故不記其功 或謂勿稽子曰 子之功莫大而不見錄 怨乎 曰 何怨之有 或曰 蓋聞之於王 勿稽子曰 矜功求名 志士所不爲也 但當勵志以待後時而已 後三年骨浦・柒浦・古史浦三國人 來攻竭火城 王率兵出救 大敗三國之師 勿稽子斬獲數十餘級 及其論功 又無所得 乃語其婦曰 嘗聞爲臣之道 見危則致命 臨難則忘身 前日浦上・竭火之役 可謂危且難矣 而不能以致命忘身聞於人 將何面目以出市朝乎 遂被髮携琴 入師彘山不反

百結先生 不知何許人 居狼山下 家極貧 衣百結若懸鶉 時人號爲東里百結先生 嘗慕榮啓期之爲人 以琴自隨 凡喜怒悲歡不平之事 皆以琴宣之 歲將暮 鄰里春粟 其妻聞杵聲曰 人皆有粟春之 我獨無焉 何以卒歲 先生仰天嘆曰 夫死生有命 富貴在天 其來也不可拒 其往也不可追 汝何傷乎 吾爲汝作杵聲以慰之 乃鼓琴作杵聲 世傳之名爲碓樂

劍君 仇文大舍之子 爲沙梁宮舍人 建福四十四年丁亥秋八月 隕霜殺諸穀 明年春夏大飢 民賣子而食 於時宮中諸舍人同謀 盜唱翳倉穀分之 劍君獨不受 諸舍人曰 衆人皆受 君獨却之 何也 若嫌小 請更加之 劍君笑曰 僕編名於近郎之徒 修行於風月之庭 苟非其義 雖千金之利 不動心焉 時大日伊湌之子爲花郞 號

近郎 故云爾 劍君出至近郎之門 舍人等密議 不殺此人 心有漏言 遂召之 劍君知其謀殺 辭近郎曰 今日之後 不復相見 郎問之 劍君不言 再三問之 乃略言其由 郎曰 胡不言於有司 劍君曰 畏己死 使衆人入罪 情所不忍也 然則蓋逃乎 曰彼曲我直 而反自逃 非丈夫也 遂往 諸舍人置酒謝之 密以藥置食 劍君知而强食乃死 君子曰 劍君死非其所 可謂輕泰山於鴻毛者也

金生 父母微 不知其世系 生於景雲二年 自幼能書 平生不攻他藝 年踰八十 猶操筆不休 隸書·行草皆入神 至今往往有眞蹟 學者傳寶之 崇寧中 學士洪灌隨進奉使入宋 館於汴京 時翰林待詔楊球·李革奉帝勅至館 書圖簇 洪灌以金生行草一卷示之 二人大駭曰 不圖今日得見王右軍手書 洪灌曰 非是 此乃新羅人金生所書也 二人笑曰 天下除右軍 焉有妙筆如此哉 洪灌屢言之 終不信 又有姚克一者 仕至侍中兼侍書學士 筆力遒勁 得歐陽率更法 雖不及生 亦奇品也

率居 新羅人 所出微 故不記其族系 生而善畫 嘗於皇龍寺壁畫老松 體幹鱗皴 枝葉盤屈 烏鳶燕雀 往往望之飛入 及到蹭蹬而落 歲久色暗 寺僧以丹青補之 烏雀不復至 又慶州芬皇寺觀音菩薩 晉州斷俗寺維摩像 皆其筆蹟 世傳爲神畫

孝女知恩 韓歧部百姓連權女子也 性至孝 少喪父 獨養其母 年三十二 猶不從人 定省不離左右 而無以爲養 或傭作或行乞 得食以飼之 日久不勝困憊 就富家請賣身爲婢 得米十餘石 窮日行役於其家 暮則作食歸養之 如是三四日 其母謂女子曰 向食麤而甘 今則食雖好 味不如昔 而肝心若以刀刃刺之者 是何意耶 女子以實告之 母曰 以我故使爾爲婢 不如死之速也 乃放聲大哭 女子亦哭 哀感行路 時孝宗郎出遊見之 歸請父母 輸家粟百石及衣物予之 又償買主以從良 郎徒幾千人各出粟一石爲贈 大王聞之 亦賜租五百石·家一區 復除征役〔征 趙炳舜本作?〕 以粟多恐有剽竊者 命所司差兵番守 標榜其里 曰孝養坊 仍奉表歸美於唐室 孝宗時第三宰相舒發翰仁慶子 少名化達 王謂雖當幼齒便見老成 卽以其兄憲康王之女妻之

薛氏女 栗里民家女子也 雖寒門單族 而顔色端正 志行修整 見者無不歆艶 而

不敢犯 眞平王時 其父年老 番當防秋於正谷 女以父衰病不忍遠別 又恨女身不得侍[侍 趙炳舜本作代]行 徒自愁悶 沙梁部少年嘉實 雖貧且窶 而其養志貞男子也 嘗悅美薛氏 而不敢言 聞薛氏憂父老而從軍 遂請薛氏[請 趙炳舜本作詣]曰 僕雖一懦夫 而嘗以志氣自許 願以不肖之身 代嚴君之役 薛氏甚喜 入告於父 父引見曰 聞公欲代老人之行 不勝喜懼 思所以報之 若公不以愚陋見棄 願薦幼女子 以奉箕箒 嘉實再拜曰 非敢望也 是所願焉 於是嘉實退而請期 薛氏曰 婚姻人之大倫 不可以倉猝 妾旣以心許 有死無易 願君赴防 交代而歸 然後卜日成禮未晚也 乃取鏡分半 各執一片 云此所以爲信 後日當合之 嘉實有一馬 謂薛氏曰 此天下良馬 後必有用 今我徒行 無人爲養 請留之以爲用耳 遂辭而行 會國有故 不使人交代 淹六年未還 父謂女曰 始以三年爲期 今旣踰矣 可歸于他族矣 薛氏曰 向以安親故 强與嘉實約 嘉實信之 故從軍累年 飢寒辛苦 況迫賊境 手不釋兵 如近虎口 恒恐見咥 而棄信食言豈人情乎 終不敢從父之命 請無復言 其父老且耄 以其女壯而無伉儷 欲强嫁之 潛約婚於里人 旣定日引其人 薛氏固拒 密圖遁去而未果 至廐見嘉實所留馬 太息流淚 於是嘉實代來 形骸枯槁 衣裳藍縷 室人不知 謂爲別人 嘉實直前 以破鏡投之 薛氏得之呼泣 父及室人失喜 遂約異日相會 與之偕老

都彌 百濟人也 雖編戶小民 而頗知義理 其妻美麗 亦有節行 爲時人所稱 蓋妻王聞之 召都彌與語曰 凡婦人之德 雖以貞潔爲先 若在幽昏無人之處 誘之以巧言 則能不動心者鮮矣乎 對曰 人之情不可測也 而若臣之妻者 雖死無貳者也 王欲試之 留都彌以事 使一近臣 假王衣服馬從 夜抵其家 使人先報王來 謂其婦曰 我久聞爾好 與都彌博得之 來日入爾爲宮人 自此後爾身吾所有也 遂將亂之 婦曰 國王無妄語 吾敢不順 請大王先入室 吾更衣乃進 退而雜飾一婢子薦之 王後知見欺 大怒 誣都彌以罪 矐其兩眸子 使人牽出之 置小船泛之河上 遂引其婦强欲淫之 婦曰 今良人已失 單獨一身 不能自持 況爲王御 豈敢相違 今以月經渾身汙穢 請俟他日薰浴而後來 王信而許之 婦便逃至江口 不能渡 呼天慟哭 忽見孤舟隨波而至 乘至泉城島 遇其夫未死 掘草根以喫 遂與同舟 至高句麗蒜山之下 麗人哀之 丐以衣食 遂苟活 終於羈旅

삼국사기 권 제49

열전(列傳) 제9

창조리(倉助利), 개소문(蓋蘇文)

창조리(倉助利)

　창조리는 고구려 사람이다. 봉상왕(烽上王 : $^{재위}_{292~300}$) 때에 국상(國相)이 되었다. 그때 모용외(慕容廆 : $^{鮮卑族의}_{추장}$)가 변방의 한 걱정거리가 되어 있으므로 왕은 여러 신하에게 이르기를 "모용씨가 병력이 강하여 자주 우리 경내를 침범하니 어찌하오" 하였다. 창조리가 대답하기를 "북부대형(北部大兄 : $^{관}_{직}$) 고노자(高奴子)가 어질고 용감하니 대왕께서 도둑을 막고 백성을 편케 하시려면 고노자를 쓰셔야 할 것입니다" 하므로 왕은 그로써 신성(新城 : $^{奉}_{天}$) 태수(太守)를 삼으니 모용외가 다시 오지 아니하였다.
　9년($^{경신년}_{(300)}$) 가을 8월에 왕이 국내의 남자로 나이 15세 이상된 자를 징발하여 궁실을 수리하자, 백성들은 식량이 부족하고 역사(役事)에 시달려서 도망가는 자가 많았다. 창조리는 간하기를 "천재(天災)가 거듭되고 농사가 잘 안 되어 백성들이 살 곳을 잃고, 장정들은 사방으로 유리되며 노유(老幼)는 구렁텅이에 묻히게 되었습니다. 이야말로 하늘을 두려워하고 백성을 걱정하여 공구수성(恐懼修省)할 때이온데 대왕께서는 이런 생각은 아니하시고 기아에 허덕이는 사람들을 몰아다가 토목의 역사에 지치게 하시니 백성의 부모된 뜻에 매우 어긋나는 일이옵니다. 하물며 이웃에 강경한 적이 있으니 만약 우리의 피폐를 틈타서 쳐들어온다면 사직과 민생을 어찌하시겠습니까. 원컨대 대왕께서는 깊이 생각하시기 바라옵니다" 하였다.

그러자 왕은 성을 내며 "임금이란 백성들이 우러러보는 바인데 궁실이 웅장하고 화려하지 않으면 위엄과 무게를 보여 줄 수 없지 않소. 지금 국상(國相)은 아마 나를 비방하여 백성들의 추앙을 구하려는 모양이구려" 하였다. 창조리가 다시 아뢰기를 "임금이 백성을 돌보지 아니하면 인(仁)이 아니요, 신하가 임금께 간하지 아니하면 충(忠)이 아니옵니다. 신이 이미 국상의 자리에 있는 이상 감히 말씀드리지 않을 수 없습니다. 어찌 함부로 추앙을 구하오리까" 하였다. 왕은 웃으면서 말하기를 "국상은 백성을 위해 죽으려는가. 다시 말하지 않기를 바라오" 하였다. 창조리는 왕이 고치지 않을 것을 알고 물러가 여러 신하들과 더불어 왕을 폐하니, 왕이 죽음을 면치 못할 것을 알고 스스로 목매어 죽었다.

개소문(蓋蘇文)

개소문(蓋蘇文 : 혹은 개금(蓋金))의 성은 연(淵)이다. 자기 몸이 물 속에서 나왔다고 말하며 뭇사람을 현혹시켰다. 의표가 웅장하고 의기가 호일(豪逸)하였다. 그 아버지 동부(東部 : 혹은 서부(西部)) 대인(大人) 대대로(大對盧)가 죽으니, 개소문이 당연히 뒤를 계승할 처지인데, 국민이 그의 성질이 잔인하고 횡포함을 미워하여 세우지 아니하였다. 개소문은 머리를 조아리며 뭇사람들에게 사과하고 우선 직무나 대행케 해달라고 요청하면서 "만약 옳지 못한 처사가 있을 때는 비록 내쫓더라도 후회가 없겠다"고 하였다. 여러 사람이 애긍(哀矜)히 여겨 드디어 사위(嗣位)를 계승하도록 하였다.

그러나 여전히 흉잔부도(凶殘不道)하므로 여러 대인들이 왕(榮留王)과 밀의하여 베어 죽이려 하였는데, 기밀이 누설되었다. 개소문은 (자기) 부하병을 소집하여 마치 사열식을 거행할 것처럼 함과 동시에, 성남(城南)에 술과 찬을 성대히 마련하고 여러 대신을 초청하여 식을 관람해 달라고 하였다. 손님들이 오는 대로 모두 잡아 죽이니 무릇 100여 명에 달하였다. 그 길로 궁중으로 달려가 왕을 시해하여 여러 동강을 내어 구렁텅이에 버리고, 왕제(王弟)의 아들 장(臧 : 보장왕(寶藏王))을 왕으로 세우고 자신은 스스로 막리지(莫離支)가 되었다(그 벼슬은 당나라의 병부상서겸중서령(兵部尙書兼中書令)의 직과 같다).

이에 원근을 호령하고 국사를 전제하여 위엄이 놀라웠다. 몸에 다섯 자루의 칼을 차고 있어 좌우가 감히 쳐다보지도 못하며, 매양 말에 오르내릴 적에는 항상 귀인이나 무장을 땅에 엎드리게 하여 발판으로 삼았다. 출행할 때는 반드시 대오를 지어 앞잡이가 길게 외치면 사람들이 모두 달아나는데 구렁텅이라도 피하지 않았다. 나라 사람들이 무척 괴롭게 여겼다. 당나라 태종(太宗)이 개소문이 임금을 죽이고 국사를 전제한다는 말을 듣고 토벌하려 하자, 장손무기(長孫無忌)가 아뢰기를 "개소문은 자기 죄가 크다는 것을 알므로, 대국의 토벌이 무서워서 그에 대한 수비를 마련하고 있습니다. 폐하께서 좀더 참고 계시면 저놈이 자연 안심하고 더욱 그 악을 내부릴 것입니다. 그때 가서 쳐도 늦지 않습니다" 하므로 태종은 그 말을 따랐다.

개소문이 왕께 고하기를 "듣건대 중국에서는 삼교(三敎)가 병행한다 하는데 우리 나라엔 도교가 아직까지 빠져 있으니, 당에 사신을 보내어 구해 오도록 하였으면 좋겠습니다" 하였다. 왕이 표문을 올려 요청한 결과 당은 도사 숙달(叔達) 등 8명을 보내면서 아울러 도덕경(道德經)을 선사하였다. 이에 부도사(浮屠寺)를 빼앗아 당에서 온 사람들을 머물게 하였다.

마침 그때 신라 사신이 당에 들어가 아뢰기를 "백제가 우리의 40여 성을 빼앗고 다시 고구려와 군사를 합세하여 중국에 들어오는 길마저 끊으려 하므로, 소국(小國)이 마지못해 출병하게 되었으니 구원이 있기를 엎디어 바라옵니다" 하였다. 태종은 사농승상(司農丞相) 이현장(里玄獎)을 시켜 칙서를 (고구려) 왕에게 전달케 하였는데 거기에 말하기를 "신라는 우리의 맹방으로서 조공을 한 번도 궐한 적이 없으니 그대는 백제와 함께 싸움을 거두시오. 만약 다시 (신라를) 공격한다면 내년에 군사를 일으켜 그대 나라를 토벌할 것이오" 하였다.

현장이 국경에 들어올 때 개소문은 이미 군사를 거느리고 신라를 공격하러 갔는데 왕이 불러들여 이내 돌아왔다. 현장이 칙서를 선포하자, 개소문은 "옛날 수나라 군사가 우리를 침략할 적에 신라가 틈을 타서 우리 500리 성읍을 탈취하였소. 이로부터 원한과 틈이 생겨 이미 오래되었으니 우리 땅을 돌려주지 않는다면 싸움은 그칠 날이 없을 것이오" 하였다. 현장은 "지난 일을 지금 말해서 무엇하오. 지금 요동은 본래 중국의 군현(郡縣)이었으나 중국도 말하지 않거늘, 고구려만이 어찌 옛 땅을 반드시 찾으려 한단 말이오" 했으나 개소문은 듣지 않았다.

현장이 돌아가 사실대로 말하였다. 태종은 말하기를 "개소문이 그 임금을 죽이고, 그 대신을 해치고, 그 백성을 못살게 하고, 이제 또 나의 명령을 어기니 토벌하지 않을 수 없다" 하였다. 사신 장엄(蔣儼)을 보내어 다시 한번 설유(說諭)하였으나 개소문은 끝내 조서를 받들지 아니하고 군사로써 사자를 위협하였다. 사자가 굽히지 않으니 그만 굴 속에 가두어 버렸다.

이에 태종은 대군을 일으켜 친히 정벌에 나섰다. 이 사적은 고구려 본기(高句麗本記)에 기재되어 있다.

개소문은 건봉(乾封: 당 고종의 연호) 원년(보장왕 25년) 병인년(666)에 죽었다. 아들 남생(男生)은 자가 원덕(元德)이다. 나이 9세에 아버지 직임(職任)으로 하여 선인(先人: 직명)이 되었다가 중리소형(中裏小兄)으로 영전하니, 그 직은 당의 알자(謁者)와 같은 것이었다. 또 중리대형(中裏大兄)이 되어 국정을 보살피자, 모든 사령(辭令: 관리 임명 등)은 남생이 주관하였다. 이어서 중리위두대형(中裏位頭大兄)에 승진되고 오랜 뒤에 막리지가 되어 삼군대장군(三軍大將軍)을 겸임하였다가, (소문이 죽은 후) 또 대막리지(大莫離支)를 추가하였다. 지방에 나가 여러 부(部)를 안찰(按察)하고 아우 남건(男建)·남산(男産)에게 국사를 보살피게 하였다. 그때 누군가 (남건과 남산에게) 말하기를 "남생이 그대들의 지위가 자기와 핍근(逼近)해진 것을 싫어하여 장차 제거하려 한다"고 하였다. 두 아우가 믿지 않으니, 또 남생에게 말하기를 "두 아우 건(建)과 산(産)이 장차 그대를 받아들이지 않을 것이다" 하였다. 남생이 첩자를 시켜 가보게 하였더니 남건이 그를 잡아 두었다. 그리고 곧 왕의 명령인 것처럼 거짓 꾸며 (남생을) 소환하니, 남생이 두려워 감히 들어가지 못하였다. 남건이 그(남생)의 아들 헌충(獻忠)을 죽이니, 남생은 달아나 국내성(國內城: 지금의 通溝)을 점령하고, 그곳 군중을 인솔하여 거란(契丹)·말갈(靺鞨)의 군사와 함께 당(唐)에 항부(降附)함과 동시에, 아들 헌성(獻誠)을 보내어 호소케 하였다. 고종은 헌성에게 우무위장군(右武衛將軍)을 제수하고, 수레·말·비단·보도(寶刀) 등속을 주어 돌아가서 보고하도록 하였다. 그리고 설필하력(契苾何力)에게 명하여 군사를 거느리고 가서 구원케 하였다. 남생은 드디어 (화를) 모면하고 평양도행군대총관 겸지절안무대사(平壤道行軍大摠管兼持節安撫大使)의 직에 제수되자, 가물(哥勿)·남소(南蘇)·창암(倉巖) 등 성을 쳐서 항복케 하였다.

황제는 또 서대사인(西臺舍人) 이건역(李虔繹)을 시켜 남생의 군중(軍中)에 가서 위로케 하고, 포대(袍帶)와 금구(金釦) 일곱 가지를 주었다. 이듬해에 남생을 불러 입조케 하고, 요동대도독현도군공(遼東大都督玄菟郡公)으로 천직(遷職)시키고, 집을 주어 경사(京師)에 살게 하였다. 그리고 군중(軍中)으로 돌아갈 것을 명하고 이적(李勣)과 함께 평양을 공격하여 왕을 사로잡으니, 황제는 남생의 아들 헌성을 보내어 요수(遼水)에 가서 위로케 하고 상을 내렸다. 그가 돌아오자 우위대장군변국공(右衛大將軍卞國公)으로 승진되었는데, 나이 46세에 죽었다. 남생은 순후(純厚)하고 예절이 있으며, 상주응대(上奏應對)하는 데 민첩하고 말을 잘했으며 사예(射藝) 역시 잘하였다. 그가 처음 당(唐)에 왔을 때 부질(斧鑕 : 도끼)에 엎디어 대죄(待罪)하니 세상이 이를 칭찬하였다.

헌성(獻誠)은 천수(天授 : 당 무후의 연호) 연간(690~691)에 우위대장군(右衛大將軍)으로 우림위(羽林衛)를 겸직하였다. 무후(武后)가 일찍이 금폐(金幣)를 내걸고 문무관 중에서 활 잘쏘는 자 5명을 뽑아 맞힌 자에게 주기로 하였다. 내사(內史) 장광보(張光輔)가 먼저 양보하여 헌성이 제일이 되었는데, 헌성이 뒤에 우왕령위대장군(右王鈴衛大將軍) 설토마지(薛吐摩支)에게 양보하고, 설토마지는 또 헌성에게 양보하였다. 이윽고 헌성이 아뢰기를 "폐하께서 활 잘쏘는 자를 뽑았사오나 대부분 중국인이 아니므로, 신은 당관(唐官)들이 사예(射藝)로 인하여 수치로 여길까 저어하오니 파하는 것이 좋겠습니다" 하자, 후(后)는 이를 아름답게 받아들였다. 내준신(來俊臣)이 일찍이 재물을 청구하였으나 헌성이 대답하지 아니하자, 준신은 헌성이 반역을 도모한다고 무고하여 목을 매어 죽게 하였다. 무후는 뒤에야 (헌성이) 원통하게 죽은 것을 알고, 우우림위대장군(右羽林衛大將軍)을 추증하고 예로써 다시 장례지내게 하였다.

사신(史臣)은 논한다.

송(宋)의 신종(神宗)이 왕개보(王介甫 : 王安石)와 일을 의논하면서 말하기를 "당 태종이 고구려를 쳤는데 무엇 때문에 이기지 못하였소?" 하니, 개보의 답이 "개소문은 비상한 인물입니다" 하였다. 그렇다면 개소문은 역시 재사(才士)인데 능히 바른 도로써 나라를 받들지 못하고 잔인(殘忍)과 포학을 자행하여 (마침내) 대역(大逆)에까지 이르렀다. 춘추(春秋)에 "임금이 시해되었는데 적을 토벌치 않는 것은 그 나라에 사람이 없음이다"라고 하였다. 개소문이 제몸을 온전히 보전하여 집에서 죽었으니 요행히 면한 것이라 하겠다. 남생·헌성이 비록 당실(唐室)에는 알려졌지만 본국으로 보면 반역자가 됨을 면치 못할 것이다.

三國史記 卷 第四十九

列傳 第九 倉助利 蓋蘇文

倉助利 高句麗人也 烽上王時爲國相 時慕容廆爲邊患 王謂群臣曰 慕容氏兵强 屢犯我疆場 爲之奈何 倉助利對曰 北部大兄高奴子賢且勇 大王若欲禦寇安民 非高奴子無可用者 王以爲新城太守 慕容廆不復來 九年秋八月 王發國內丁男年十五已上 修理宮室 民乏於食 困於役 因之以流亡 倉助利諫曰 天災荐至 年穀不登 黎民失所 壯者流離四方 老幼轉乎溝壑 此誠畏天憂民 恐懼修省之時也 大王曾是不思 驅飢餓之人 困木石之役 甚乖爲民父母之意 而況比鄰有强梗之敵 若乘吾弊以來 其如社稷生民何 願大王熟計之 王慍曰 君者百姓之所瞻望也 宮室不壯麗 無以示威重 今相國蓋欲謗寡人 以干百姓之譽也 助利曰 君不恤民 非仁也 臣不諫君 非忠也 臣旣承乏國相 不敢不言 豈敢干譽乎 王笑曰 國相欲爲百姓死耶 冀無後[後 恐作復]言 助利知王之不悛 退與群臣謀廢之 王知不免 自縊

蓋蘇文(或云蓋金) 姓泉氏 自云生水中 以惑衆 儀表雄偉 意氣豪逸 其父東部(或云西部)大人大對盧死 蓋蘇文當嗣 而國人以性忍暴惡之 不得立 蘇文頓首謝衆 請攝職 如有不可 雖廢無悔 衆哀之 遂許嗣位 而凶殘不道 諸大人與王密議欲誅 事洩 蘇文悉集部兵 若將校閱者 幷盛陳酒饌於城南 召諸大臣臨視 賓至盡殺之 凡百餘人 馳入宮弑王 斷爲數段 棄之溝中 立王弟之子臧爲王 自爲莫離支 其官如唐兵部尙書兼中書令職也 於是號令遠近 專制國事 甚有威嚴 身佩五刀 左右莫敢仰視 每上下馬 常令貴人武將伏地而履之 出行必布隊伍 前導者長呼 則人皆奔迸 不避坑谷 國人甚苦之 唐太宗聞 蓋蘇文弑君而專國 欲伐之 長

孫無忌曰 蘇文自知罪大 畏大國之討 設其守備 陛下姑爲之隱忍 彼得以自安 愈肆其惡 然後取之 未晚也 帝從之 蘇文告王曰 聞中國三教並行 而國家道教尙缺 請遣使於唐求之 王遂表請 唐遣道士叔達等八人 兼賜道德經 於是取浮屠寺館之會 新羅入唐 告百濟攻取我四十餘城 復與高句麗連兵 謀絶入朝之路 小國不得已出師 伏乞天兵救援 於是太宗命司農丞相里玄奬 賫璽書勑王曰 新羅委質國家 朝貢不闕 爾與百濟宜各戢兵 若更攻之 明年發兵討爾國矣 初玄奬入境 蘇文已將兵擊新羅 王使召之乃還 玄奬宣勑 蘇文曰 往者隋人侵我 新羅乘釁 奪我城邑五百里 自此怨隙已久 若非還我侵地 兵不能已 玄奬曰 旣往之事 焉可追論 今遼東本皆中國郡縣 中國尙不言 句麗豈得必求故地 蘇文不從 玄奬還具言之 太宗曰 蓋蘇文弑其君 賊其大臣 殘虐其民 今又違我詔命 不可以不討 又遣使蔣儼諭旨 蘇文竟不奉詔 乃以兵脅使者 不屈 遂囚之窟室中 於是太宗大擧兵親征之 事具句麗本紀 蘇文至乾封元年死 子男生字元德 九歲以父任爲先人 遷中裏小兄 猶唐謁者也 又爲中裏大兄 知國政 凡辭令皆男生主之 進中裏位頭大兄 久之 爲莫離支 兼三軍大將軍 加大莫離支 出按諸部 而弟男建·男産 知國事 或曰 男生惡君等逼己 將除之 建·産未之信 又有謂男生將不納君 男生遣諜往 男建捕得 卽矯王命 召之 男生懼不敢入 男建殺其子獻忠 男生走保國內城 率其衆與契丹靺鞨兵附唐 遣子獻誠訴之 高宗拜獻誠右武衛將軍 賜乘輿馬瑞錦寶刀 使還報 詔契苾何力率兵援之 男生乃免 授平壤道行軍大摠官 兼持節安撫大使 擧哥勿·南蘇·倉巖等城以降 帝又命西臺舍人李虔繹就軍慰勞 賜袍帶金釦七事 明年召入朝 遷遼東大都督玄菟郡公 賜第京師 因詔還軍 與李勣攻平壤 入禽王 帝詔遣子卽遼水勞賜還 進右衛大將軍卞國公 年四十六卒 男生純厚有禮 奏對敏辯 善射藝 其初至 伏斧鑕待罪 世以此稱焉 獻誠天援中以右衛大將軍 兼羽林衛 武后嘗出金幣於文武官 內擇善射者五人 中者以賜之 內史張光輔先讓獻誠爲第一 獻誠後讓右王鈐衛大將軍薛吐摩支 摩支又讓獻誠 旣而獻誠奏曰 陛下擇善射者 然多非華人 臣恐唐官以射爲恥 不如罷之 后嘉納 來俊臣嘗求貨 獻誠不答 乃誣其謀叛 縊殺之 后後知其冤 贈右羽林衛大將軍 以禮改葬

論曰 宋神宗與王介甫論事曰 太宗伐高句麗 何以不克 介甫曰 蓋蘇文非常人也 然則蘇文亦才士也 而不能以直道奉國 殘暴自肆 以至大逆 春秋君弑賊不討 謂之國無人 而蘇文保腰領以死於家 可謂幸而免者 男生·獻誠 雖有聞於唐室 而以本國言之 未免爲叛人者矣

삼국사기 권 제50

열전(列傳) 제10

궁예(弓裔), 견훤(甄萱)

궁예(弓裔)

궁예(弓裔)는 신라 사람인데 성은 김씨(金氏)다. 아버지는 헌안왕(憲安王) 의정(誼靖)이요, 어머니는 헌안왕의 빈(嬪)인데 그 성명은 전하지 않는다. 어떤 이는 경문왕(景文王) 응렴(膺廉)의 아들이며, 5월 5일에 외가에서 출생하였다고 한다. 그 때 그 지붕에서 하얀 빛깔이 마치 무지개와도 같이 하늘 위로 펼치니, 일관(日官)이 아뢰기를 "이 아이가 중오일(重午日: 5월 5일 단오)에 태어났고, 나면서부터 이(齒)가 있는 데다 또 이상한 빛깔이 있었으니 장차 국가에 이롭지 못할까 염려되옵니다. 기르지 않는 것이 좋겠습니다" 하였다. 왕은 중사(中使: 궁중의 使者)를 시켜 그 집에 가서 죽여 버리게 하였다.

사자는 강보에서 빼앗아 다락(누마루) 아래로 던졌는데, 마침 유모가 몰래 받다가 잘못되어 손으로 대질러 그만 아기의 한쪽 눈이 멀게 되었다. 그 길로 안고 도망하여 고초를 겪어 가면서 양육하였다. 나이 10세가 되자 유희를 일삼아 그치지 아니하니 그 유모가 말하기를 "너는 나서부터 나라의 버림을 받았으나, 나는 차마 그러지 못하여 몰래 길러 오늘까지 이르렀는데 너의 광태(狂態)가 이러하니 반드시 남이 알고 말 것이다. 너나 나나 모두 화를 면치 못할 것이니 어찌 하겠는가" 하였다.

궁예는 울면서 "만약 그렇다면 나는 이 길로 떠나서 어머니의 근심이 없도록 하겠습니다" 하고, 바로 세달사(世達寺)로 가니 지금의 흥교사(興教寺 : 개풍군 풍덕)이다. 머리를 깎고 승려가 되어 선종(善宗)이라 자호(自號)하였다.

장성하여 승가의 계율에 구애되지 않고 기상이 활달하며 담기(膽氣)가 있었다. 일찍이 재(齋) 올리는 데 참여하러 가는데 까마귀가 무엇을 물어다가 그의 바리때 속에 떨어뜨렸다. 주워 보니 아첨(牙籤 : 상아로 만든 점치는 가지)이었다. 거기에 왕(王)이란 글자가 씌어 있었다. 그래서 감추고 발설하지 아니하였으나 자못 자부심이 생겼다.

신라가 말세가 되어 정치가 거칠어지고 민심이 흩어지자 왕성 밖의 주·현이 절반은 배반하고 원근(遠近)에서 도적들이 벌떼처럼 일어나 개미처럼 모여들었다. 선종은 이 틈을 타서 군중을 모집하면 뜻대로 될 수 있다 여기고, 진성여왕(眞聖女王) 5년 대순(大順 : 당 소종의 연호) 2년 신해년(891)에 죽주(竹州)의 적괴(賊魁) 기훤(箕萱)에게 의탁하였다. 그런데 기훤은 오만 무례하였다. 궁예(弓裔 : 선종)는 답답하여 몸을 안정치 못하고 몰래 기훤의 부하 원회(元會)·신훤(申煊) 등과 언약을 맺어 친구가 되었다.

경복(景福 : 당 소종의 연호) 원년 임자년(892 : 진성여왕 6년)에 북원(北原 : 지금의 원주)의 도적 양길(梁吉)에게 의탁하니, 양길이 잘 대우하여 일을 맡겼다. 드디어 군사를 나누어 주며 동으로 보내어 땅을 빼앗게 하였다. 궁예는 치악산(雉岳山) 석남사(石南寺)에 머물면서 주천(酒泉 : 지금의 원성군)·내성(奈城 : 지금의 영월)·울오(鬱烏)·어진(御珍) 등 현을 습격하여 모두 항복받았다.

건녕(乾寧 : 당 소종의 연호) 원년 갑인년(894 : 진성여왕 8년)에는 명주(溟州 : 지금의 강릉)로 들어가는데, 군사 3,500명을 나누어 14대(隊)를 만들고 김대검(金大黔)·모흔(毛昕)·장귀평(長貴平)·장일(張一) 등을 사상(舍上 : 부장)으로 삼았다. 병졸들과 함께 달고 쓴맛과 노고를 같이하며 주고 빼앗음에 있어서도 공(公)을 주로 하고 사(私)를 버리니, 이로써 뭇사람이 마음으로 사랑하고 무서워하여 장군으로 추대하였다. 이에 저족(猪足 : 지금의 인제)·생천(牲川 : 지금의 화천)·부약(夫若 : 지금의 김화군)·금성(金城 : 지금의 김화군 금성)·철원(鐵圓 : 철원) 등의 성을 쳐부수니 군의 위엄이 매우 엄하여 패서(浿西 : 예성강 이북 지역)의 도적들도 와서 항복하는 자가 많았다.

선종이 스스로 생각하기를, 따르는 민중이 많으니 나라를 세우고 임금 노릇을 할 수 있다 하여 비로소 내외 관직을 설치하였다(이때 국호를 '고려'라 하였다). 우리 태조(太祖 : 왕건)가 송악(松嶽 : 지금의 개성)으로부터 와서 의탁하자, 바로 철원군 태수를 제수하였다. (건녕) 3년 병진년(896 : 진성여왕)에 승령(僧嶺 : 연천군)·임강(臨江 : 장단) 두 현을 공격하여 빼앗았다. (건녕) 4년 정사년(897 : 신라 효공왕 원년)에 인물현(仁物縣 : 개풍군 풍덕)이 항복하였다.

선종은 '송악군이 한북(漢北)의 명군(名郡)으로 산수(山水)가 기이하고 수려하다' 하여 드디어 도읍으로 정하고, 공암(孔巖 : 김포 양천)·검포(黔浦 : 김포 검단)·혈구(穴口 : 지금의 강화군) 등 성을 쳐 부쉈다. 이때에 양길이 북원(北原 : 원주)에 있으면서 국원(國原 : 충주) 등 30여 성을 빼앗아 차지하였는데, 궁예의 땅이 넓고 백성이 많다는 말을 듣고 크게 성내어 30여 개 성의 날랜 군사로써 습격하려 하므로, 궁예는 비밀리에 미리 알고 먼저 공격하여 크게 무너뜨렸다.

광화(光化 : 당 소종의 연호) 원년 무오년(898 : 신라 효공왕 2년) 봄 2월에 송악성을 수축하고 우리 태조로 정기대감(精騎大監)을 삼아 양주(楊州)·견주(見州 : 지금의 파주 적성·파평면)를 쳤다. 겨울 11월에 비로소 팔관회(八關會)를 마련하였다.

(광화) 3년 경신년(900 : 효공왕 4년)에 또 태조를 시켜 광주(廣州)·충주(忠州)·당성(唐城 : 화성군 남양)·청주(靑州 : 혹은 청川, 지금의 청원군)·괴양(槐壤 : 괴산군) 등을 쳐서 모두 평정하였다. 그 공으로써 태조에게 아찬의 직을 제수하였다.

천복(天復 : 당 소종의 연호) 원년 신유년(901 : 효공왕 5년)에 선종은 자칭 왕이라 하고 다른 사람들에게 이르기를 "지난날 신라가 당에 청병하여 고구려를 파하였기 때문에 평양의 옛두읍이 쑥대밭이 되었으니, 내가 반드시 그 원수를 갚고 말겠다" 하였다. 대개 자기가 출생하여 (나라의) 버림을 받았기 때문에 이런 말이 나오게 된 것이다. 일찍이 남행(南行)하여 흥주(興州 : 지금의 영주군 순흥면) 부석사(浮石寺)에 이르러 벽에 그린 신라 왕의 화상을 보고 칼을 빼어 쳤다. 그 칼자국이 아직 남아 있다.

천우(天祐 : 당 애제의 연호) 원년 갑자년(904 : 효공왕 8년)에 국호를 마진(摩震), 연호를 무태(武泰)라 하였다. 비로소 광평성(廣評省 : 執事省과 같은 最高行政府)을 설치하고 관원을 갖추어 광치내(匡治奈 : 지금 시중(侍中))·서사(徐事 : 지금 시랑(侍郞))·외서(外書 : 지금 원외랑(員外郞))를 설치하고, 또 병부·대룡부(大龍部 : 지금 창부(倉部))·수춘부(壽春部 : 지금 예부)·봉빈부(奉賓部 : 지금 예빈성(禮賓省))·의형대(義刑臺 : 지금 형부(刑部))·납화사(納貨寺 : 지금 대부(大府寺))·조위부(調位府 : 지금 삼사(三司))·내봉성(內奉省 : 지금 도성(都省))·금서성(禁書省 : 지금 비서성(秘書省))·남상단(南廂壇 : 지금 장작감(將作監))·수단(水壇 : 지금 수부(水部))·원봉성(元鳳省 : 지금 한림원(翰林院))·비룡성(飛龍省 : 지금 천복시(天僕寺))·물장성(物藏省 : 지금 소부감(少府監))을 설치하였다. 또 사대(史

臺 : 여러 譯語를
  맡아 익히는 곳) · 식화부(植貨府 : 과수의 재배
  를 맡은 곳) · 장선부(障繕府 : 城隍의 수리
  를 맡은 곳) · 주도성(珠淘
省 : 器物의 造成
  을 맡은 곳)을 설치하였다. 또 정광(正匡) · 원보(元輔) · 대상(大相) · 원윤(元
尹) · 좌윤(佐尹) · 정조(正朝) · 보윤(甫尹) · 군윤(軍尹) · 중윤(中尹) 등의 품직
을 마련하였다. 가을 7월에 청주(靑州)의 민가 1,000호를 옮겨 철원성(鐵圓
城)에 입주케 하고 서울을 삼았으며, 상주(尙州) 등 30여 주현을 쳐서 빼앗
았다. 공주(公州) 장군 홍기(弘奇)가 와서 항복하였다.

 천우 2년 을축년(905 : 효공왕
9년)에 새로 만든 서울(철원성)에 들어가 궁궐과
누대(樓臺)를 지어 더할 수 없는 사치를 하였다. 무태(武泰 : 연
호)를 고쳐 성
책(聖冊) 원년이라 하고 패서(浿西)에 13진을 분리 설치하였다. 평양 성주
(城主)인 장군 검용(黔用)이 항복하였다. 증성(甑城 : 平南 江西
郡 甑山)의 적의적(赤衣
賊) · 황의적(黃衣賊) · 명귀(明貴) 등이 와서 항복하였다. 선종이 스스로 강성
함을 믿어 모두 집어삼키려는 뜻을 가지고 나라 사람들로 하여금 신라를 멸
도(滅都)라 부르게 하면서 무릇 신라에서 오는 자는 다 베어 죽였다.

 건화(乾化 : 후량 태조의
  연호) 원년 신미년(911 : 효공왕
15년)에 성책(聖冊) 연호를 고쳐 수
덕만세(水德萬歲) 원년이라 하고, 국호를 또 고쳐 태봉(泰封)이라 하였다.
태조를 보내어 군사를 거느리고 금성(錦城) 등지를 치게 하여 금성을 나주
(羅州)라 개칭하고 공을 따져 태조로 대아찬 장군을 삼았다. 선종은 자칭 미
륵불이라 하고 머리에 금관을 썼으며 몸에 방포(方袍 : 僧
服)를 입었다. 맏아들
은 청광보살(靑光菩薩)이라 하고, 막내아들은 신광보살(神光菩薩)이라 하였
다. 외출할 적에는 반드시 백마를 타고 채색 비단으로 말갈기와 꼬리를 장식
하였으며, 동남(童男) · 동녀(童女)를 시켜 깃발, 일산과 향화(香花)를 받들
고 앞에서 인도케 하였다. 또 비구 200여 명을 시켜 범패(梵唄)를 부르며
뒤를 따르게 하였다. 또 자신은 경문(經文) 20여 권을 저술하였는데 그 말
이 모두 요망스럽고 신빙성이 없는 것들이었다. 때로는 단정히 앉아 불설을
강론하기도 하니, 승려 석총(釋聰)이 말하기를 "모두 사설괴담(邪說怪談)으
로 훈계가 될 수 없다" 하였다. 궁예가 듣고 성을 내며 철퇴로 쳐 죽였다.

 (건화) 3년 계유년(913 : 신덕왕
2년)에 태조를 파진찬 시중을 삼았다.

 (건화) 4년 갑술년(914 : 신덕왕
3년)에 수덕만세(연
호)를 고쳐 정개(政開) 원년이
라 하고 태조를 백선장군(百船將軍)으로 삼았다. 정명(貞明 : 후량 말제의
  연호) 원년
을해년(915 : 신덕왕
4년)에는 부인 강씨(康氏)가, 궁예가 비법(非法)을 많이 행한

다 하여 정색을 하고 간하니, 궁예는 미워하여 "네가 다른 사람과 간통을 하니 웬일이냐" 하였다. 강씨는 "어찌 그런 일이 있을 수 있사오리까" 하자 왕은 "내가 신통술을 써서 보았다" 하고 이글거리는 불에 철봉을 달구어 음부를 찔러 죽였다. 그리고 그가 낳은 두 아이마저 없애 버렸다. 그 뒤로는 더욱 의심이 많고 성을 잘 내어, 모든 보좌관과 장수 및 관리로부터 아래로 평민에 이르기까지 죄없이 죽임을 당하는 자가 자주 있으니 부양(斧壤 : $^{平}_{康}$)과 철원의 백성들이 그 해독을 견디지 못하였다.

이에 앞서 장사꾼 왕창근(王昌瑾)이 당나라에서 들어와 철원 시전에 우거(寓居)하였다. 정명 4년 무인년(918 : $^{신라}_{경명왕\ 2년}$)에 이르러 시중에 기골이 장대하고 생김새가 준수한, 귀밑머리가 하얀 사람이 하나 나타났는데, 옛날의 의관을 착용하고 왼손에 사발을, 오른손에 고경(古鏡 : $^{거}_{울}$)을 들고 있었다. 그가 왕창근에게 이르기를 "내 거울을 사겠는가" 하므로 왕창근은 곧 쌀을 주고 바꾸었다. 그 사람은 그 쌀을 거리의 빌어먹는 아이들에게 나누어 준 다음 어디로 갔는지 알 수 없었다. 왕창근은 그 거울을 벽 위에 걸어 놓았다. 그런데 해가 거울에 비치자 작은 글씨가 보였다.

읽어보니 고시(古詩) 같았다. 그 내용은 대략 이러했다.

　　상제(上帝)가 아들을 진마(辰馬 : $^{辰韓}_{馬韓}$) 땅에 내려보내어
　　먼저 닭을 잡고 다음에 오리를 쳤다.
　　사년(巳年) 중에 두 용이 보여
　　하나는 청목(靑木) 속에 몸을 감추고
　　하나는 흑금(黑金)의 동(東)에 형체를 나타내도다.

왕창근은 처음에 글월이 적혀 있는 줄 몰랐다가 이것을 보고 나서는 보통 일이 아니라 여겨, 이를 드디어 왕(궁예)에게 보고하였다. 왕은 관리를 시켜 왕창근과 함께 거울 임자를 찾도록 하였으나 끝내 찾을 수 없었다. 다만 발삽사(勃颯寺)의 법당에 있는 진성소상(鎭星塑像)이 그 사람과 같다는 것을 알게 되었다.

왕은 이상함을 탄식하다가, 문인 송함홍(宋含弘)·백탁(白卓)·허원(許原) 등을 시켜 풀어 보게 하였다. 송함홍 등은 서로 이르기를 "상제(上帝)가 아

들을 진마에 내려보냈다는 것은 진한·마한을 이름이요, 두 용이 보여 하나는 청목에 숨고 하나는 흑금에 나타났다는 것은, 청목은 송(松)이니 송악군 사람으로 용으로 이름지은 이의 손자인, 현재 파진찬 시중(王建)을 가리키는 것이 아닌가 싶고, 흑금은 철이니 지금 도읍한 철원을 지칭한 것이오. 그러니 주상이 처음 여기서 일어났다가 마침내 여기서 멸망한다는 증험이요, 먼저 닭을 잡고 뒤에 오리를 친다는 것은 파진찬 시중(王建)이 먼저 계림을 얻고 뒤에 압록을 차지한다는 뜻"이라 하였다. 송함홍 등은 또 서로 이르기를 "지금 주상이 이처럼 횡포한데 우리가 만약 사실대로 말한다면 우리들이 죽임을 당할 뿐 아니라 파진찬도 또한 반드시 해를 입을 것이다" 하고 이들은 말을 (적당히) 꾸며 궁예에게 고하였다. 왕은 갈수록 흉학(凶虐)을 부리어 신하들이 벌벌 떨고 어찌할 바를 몰랐다.

　그해(태봉국 개국 5년) 여름 6월에 장군 홍유(洪儒)·배현경(裵玄慶)·신숭겸(申崇謙)·복지겸(卜知謙)〔네 사람 모두 어릴 때 이름은 홍술(弘述)·백옥(白玉)·삼능산(三能山)·복사귀(卜沙貴)이다〕 등 네 사람이 비밀히 모의한 다음, 밤에 태조의 사제(私第)로 찾아가서 말하기를 "방금 주상이 형벌을 남용하여 아내와 자식을 죽이고 신하들을 베니 백성이 도탄에 빠져 헤어날 길이 없소. 예로부터 어두운 자를 버리고 밝은 이를 세우는 것은 천하의 대의이니 청컨대 공은 탕왕(湯王)·무왕(武王)의 일을 실행하오" 하였다.

　태조는 낯빛을 달리하며 거절하였다. "나는 이제껏 충성과 순결을 앞세워 왔는데 이제 와서 비록 주상이 포학하다 하지만 감히 두 마음을 낼 수는 없소. 무릇 신하로서 임금을 바꾸는 것을 혁명(革命)이라 이르는데, 실로 덕이 부족한 내가 감히 은주(殷周)의 일을 본받는단 말이오?" 하였다. 여러 장수들이 말하기를 "기회는 두 번 오지 않는 것이므로 만나기는 어렵고 놓치기는 쉽습니다. 하늘이 주는 것을 받지 않으면 도리어 벌을 받는 법이오. 지금 정사가 문란하고 나라가 위태로워 백성은 모두 그 임금 보기를 원수같이 하고 있습니다. 지금 덕망으로는 공보다 나은 사람이 없습니다. 더군다나 왕창근이 얻은 경문(鏡文)이 저와 같은데 어찌 조용히 엎디어 독부(獨夫)의 손에 죽는단 말입니까?" 하였다.

　부인 유씨(柳氏)가 여러 장수의 의견을 듣고, 이내 태조에게 이르기를 "인(仁)으로써 불의(不仁)을 치는 것은 예로부터 그러합니다. 지금 여러 사람의 의견을 들으니 여자인 저로서도 분심이 일어나는데 하물며 대장부이겠습니까. 지금 민심이 갑자기 변하는 것은 천명이 정해졌기 때문입니다" 하고 손수 갑옷을 꺼내어 태조에게 올리었다.

여러 장수들은 태조를 호위하고 문을 나와 앞잡이를 시켜 외치기를 "왕공(王公)이 이미 정의의 깃발을 들었다" 하였다. 이에 앞뒤로 달려와 따르는 자가 얼마인지 알 수 없고, 또 먼저 궁성문에 당도하여 북을 두들기며 기다리는 자도 1만여 명이었다. 궁예가 이 사실을 듣고 어찌할 바를 몰라 평민 의복을 입고 산으로 도망갔다가 곧 부양(斧壤 : 지금의 평강)의 백성에게 살해당하였다. 궁예는 당(唐) 대순(大順) 2년 신해년(891 : 진성여왕 5년)에 일어나 주량(朱梁) 정명(貞明) 4년 무인년(918 : 신라 경명왕 2년)까지 갔으니 무릇 28년 만에 멸한 것이다.

견훤(甄萱)

견훤(甄萱)은 신라 상주(尙州) 가은현(加恩縣 : 지금의 문경시 가은읍) 사람이다. 본성은 이씨(李氏)였는데 뒤에 견으로 성을 바꿨다. 아버지 아자개(阿慈介)는 농사로 생활하다가 뒤에 일어나 장군이 되었다. 처음 훤이 나서 강보 속에 있을 때 아버지가 들에 나가 밭을 갈고 어머니가 밥을 갖다 주면서 견훤을 숲속에 내려놓았는데 범이 와서 젖을 주었다. 고을에서는 이 말을 듣고 이상히 여겼다. (견훤은) 장성하자 체모(體貌)가 웅장하고 지기(志氣)가 활달하고 비범하였다. 종군하여 왕경(王京)에 들어왔다가, 수병(戍兵)이 되어 남해로 가서 방어하는데 창을 베개삼아 적을 기다리곤 하였다. 그 용기는 언제나 병졸을 위하여 앞장섰으므로 그 공로로 해서 비장(裨將)이 되었다.

당 소종 경복(景福) 원년은 신라 진성왕(眞聖王) 6년인데, 아첨하는 소인들이 왕의 곁을 둘러싸고 정권을 농락하니, 기강은 문란해지고 흉년마저 겹쳐 백성들은 유리되고 도적들이 벌떼처럼 들고 일어났다.

이에 견훤이 은근히 반란할 뜻을 품고 무리를 모아 서울 서남의 주·현을 공격하니, 가는 곳마다 호응하여 불과 한 달 동안에 군사가 5,000여 명에 이르렀다. 드디어 무진주(武珍州 : 光州 일대)를 습격하고 자칭 왕이라 하였으나 감히 공공연히 왕이라고는 못하였다. 관직을 신라서남도통지휘 병마제치지절도독

전무공등주군사행전주자사 겸 어사중승상주국한남군개국공(新羅西南都統指揮兵馬制置持節都督全武公等州軍事行全州刺史兼御使中丞上柱國漢南郡開國公)이라 하고 식읍 2,000호를 가지고 있었다.

이때 북원(北原 : ^원_주)의 적(賊) 양길(梁吉)이 강성해지자 궁예(弓裔)가 스스로 찾아가서 그 부하가 되었다. 견훤이 이 소식을 듣고 멀리 있는 양길에게 비장(裨將)의 직을 제수하였다. 견훤이 서순(西巡)하여 완산주(完山州 : ^全_州)에 이르자 주민(州民)들이 환영하였다. 견훤은 인심을 얻은 것을 기뻐하며 좌우에 이르기를 "내가 삼국의 근원을 미루어 살펴보니, 마한(馬韓)이 먼저 일어나고 뒤에 혁세(赫世 : ^{혁거}_세)가 발흥하였으며, 이어서 진(辰)·변(卞)이 일어났다. 백제(百濟)는 금마산(金馬山)에서 개국하여 600여 년이 지났는데, 당 고종(高宗)이 신라의 청으로 장군 소정방(蘇定方)을 보내어 해군 13만이 바다를 건너오게 하고, 신라 김유신(金庾信)은 황산을 거쳐 사비(泗沘)에 이르러 당병과 합세하여 백제를 쳐 없앴다. 지금 어찌 내가 과감히 완산에 도읍해서 의자왕(義慈王)의 숙분(宿憤)을 풀어 주지 않을 수 있겠느냐" 하였다. 드디어 견훤은 후백제왕(後百濟王)이라 자칭하고 관부(官府)를 설치하여 직책을 나누어 주었다. 때는 당 광호(光化) 3년이요, 신라 효공왕(孝恭王) 4년이었다.

사신을 오월(吳越)에 보내어 입조(入朝)하니 오월 왕이 답례함과 동시에 검교대보(檢校大保)의 직을 추가 제수하고 다른 직(職)은 전과 같이 하였다.

천복 원년 신유년(901 : ^{신라}_{효공왕 5년})에 견훤이 대야성(大耶城 : ^{지금의}_{합천})을 공격하였으나 이기지 못하였다. 개평(開平 : ^{후량 태조의}_{연호}) 4년 경오년(910 : ^{효공왕}_{14년})에 견훤은, 금성(錦城 : ^나_주)이 궁예에게 항복한 것을 분하게 여겨 보기병(步騎兵) 3,000으로써 포위 공격하면서 열흘이 넘도록 풀지 않았다. 건화(乾化 : ^{후량 태조의}_{연호}) 2년 (^{신덕왕}_{원년})에 견훤이 궁예와 덕진포(德津浦)에서 싸웠다.

정명(貞明 : ^{후량 말제의}_{연호}) 4년 무인년(918 : ^{신라}_{경명왕 2년})에 철원경(鐵圓京)의 민심이 급변하여 우리 태조(太祖 : ^왕_건)를 추대하여 즉위케 하였다. 견훤이 이 말을 듣고 그해 가을 8월 일길찬(一吉湌) 민극(閔郤)을 파견하여 하례를 드리고서, 공작선(孔雀扇)과 지리산(地理異山)의 죽전(竹箭)을 바쳤다. 또 오월(吳越)에 사신을 보내어 양마(良馬)를 바치니, 오월왕도 사신을 보내어 이에 답례하고 중대부(中大夫)의 벼슬을 더 제수하였는데, 그 밖의 벼슬은 전과 같았다.

　정명 6년(경명왕 4년) 견훤은 군사를 일으켜 보기(步騎) 1만 명을 거느리고 신라의 대야성(大耶城)을 쳐서 함락시키고, 군사를 진례성(進禮城 : 지금의 청도)으로 옮겼다. 신라 왕이 아찬(阿湌) 김율(金律)을 파견하여 태조에게 구원을 청하므로, 태조는 곧 군사를 보냈다. 견훤은 이 말을 듣고 군사를 이끌고 후퇴하였다. 이어 견훤은 우리 태조와 겉으로는 서로 부드럽게 하는 체하면서도 속으로는 상극이 되었다.

　동광(同光 : 후당 장종의 연호) 2년 갑신년(924 : 신라 경애왕 원년) 가을 7월, 견훤은 아들 수미강(須彌强)을 파견하여 대야성(大耶城)·문소성(聞韶城 : 지금의 의성군)의 군사를 이끌고 조물성(曹物城)을 공격하였으나, 조물성 성중 사람들이 태조를 위하여 굳게 수비하고 또 싸우므로 수미강은 이기지 못하고 돌아갔다. 그해 8월, 견훤은 사자를 파견하여 태조에게 총마(驄馬)를 바쳤다.

　(동광) 3년 겨울 10월, 견훤은 기병 3,000명을 거느리고 조물성으로 쳐들어갔다. 태조도 또한 정병을 거느리고 나와서 서로 격전을 벌였는데, 견훤의 군사가 심히 날래어 서로 승부를 결하지 못하였다. 태조는 일시 권도(權道)로 화친하여 그 군사들을 피로하게 만들고자 글을 보내어 화친할 것을 청하고, 당제(堂弟) 왕신(王信)을 인질로 보내니, 견훤도 외생(外甥) 진호(眞虎)를 교질(交質)로 보내왔다.

　12월에 견훤은 군사를 일으켜 신라의 거창(居昌) 등 20여 성(城)을 공취하였다. 그리고 견훤은 사신을 후당(後唐)으로 파견하여 번병(藩屛)이 될 것을 자원하니, 후당 장종(莊宗)은 그에게 검교대위겸시중판백제군사(檢校大尉兼侍中判百濟軍事)를 제수하고, 전례에 의하여 지절도독전무공등주군사 행 전주자사해동사면도통지휘 병마제치등사백제왕(持節都督全武公等州軍事 行全州刺史海東四面都統指揮兵馬制置等事百濟王)을 책수(策授)하면서 식읍 2,500호를 주었다.

　(동광) 4년에 진호(眞虎)가 갑자기 죽었는데, 견훤은 이 말을 듣고 태조가 고의로 죽인 것으로 의심하고, 곧 고려의 인질 왕신(王信)을 옥중에 가두고 또 사람을 시켜 연전에 보낸 총마(驄馬)를 돌려달라고 하니 태조는 웃으며 돌려주었다.

　천성(天成 : 후당 명종의 연호) 2년 정해년(927 : 경애왕 4년) 가을 9월, 견훤이 근품성(近品

城(지금의 문경시 산양면)을 공취(攻取)하여 불태우고 군사를 휘몰아 신라 고울부(高鬱府 : 지금의 영천시)를 습격하여 빼앗은 다음, 신라 서울의 근교를 육박하니 신라 왕은 태조에게 구원을 청하였다. 겨울 10월, 태조는 장차 군사를 내어 원조하려 하는 터에 견훤이 갑자기 신라 왕도로 쳐들어갔다. 그때 왕은 비빈(妃嬪)과 함께 포석정(鮑石亭)으로 놀이를 나가 주연을 베풀고 즐기는 중이었다. 적이 갑자기 쳐들어오니 왕은 당황하여 어찌할 바를 모르다가 부인과 더불어 성남(城南)의 별궁으로 돌아가고, 여러 시종과 신료 및 궁녀, 영관(伶官 : 악사)들은 모두 난병(亂兵) 속에 함몰되었다.

　견훤은 군사를 놓아 크게 약탈하고 사람을 시켜 왕을 잡아다 자기 앞에서 죽이게 한 다음, 그 길로 궁중으로 들어가 거처하며 강제로 왕비를 끌어다 간음하였다. 왕의 족제(族弟) 김부(金傅)를 내세워 위를 계승케 하고 왕의 아우 효렴(孝廉), 재상 영경(英景)을 사로잡았다. 또 국고(國庫)에 있는 재화(財貨)와 진보(珍寶) 및 병장(兵仗), 자녀와 백공(百工) 중의 기술자를 탈취하여 돌아갔다.

　태조는 정병 5,000명을 거느리고 견훤을 공산(公山 : 달성군 팔공산) 아래에서 대기하고 있다가 크게 싸웠다. 태조의 장수 김락(金樂), 신숭겸(申崇謙)은 죽고 여러 군사가 패하니 태조는 겨우 몸만 빠져 나갔다.

　견훤은 승세를 몰아 대목군(大木郡 : 지금의 若木)을 취득하였다. 거란(契丹)의 사신 사고(裟姑)·마돌(麻咄) 등 35명이 예방하니, 견훤은 장군 최견(崔堅)을 시켜 마돌 일행을 반송(伴送)케 하였는데, 배를 타고 북으로 가다가 풍랑을 만나 당의 등주(登州 : 산동성 봉래현)에 표착하여 모두 잡혀 죽었다.

　이때 신라의 군신들은 국운이 쇠퇴하여 다시 흥기하기 어렵다 하고 우리 태조를 끌어들여 화친을 맺고 후원이 되어 주도록 하였다. 그러자, 견훤은 스스로 나라를 빼앗을 마음이 있어 태조가 선수를 쓸까 염려하였다. 이 까닭에 군사를 끌고 왕도에 들어가 발악한 것이다. 경순왕(敬順王) 원년 12월에 태조께 서신을 보내어 이렇게 말하였다.

"전번에 (신라) 국상(國相) 김웅렴(金雄廉) 등이 장차 족하(足下)를 서울로 불러들이게 하였으니 이는 마치 작은 자라(고려)가 큰 자라(신라) 소리에 응하고, 종달새(고려·신라)가 새매(후백제)의 날개를 헤치는 격으로,

반드시 백성은 도탄에 빠지고, 종사(宗社)는 폐허가 될 것이오. 나는 먼저 '조생(祖生 : 晉의 맹장)의 채찍'을 잡고 홀로 '한신(韓信)의 도끼'를 휘두르며, 밝은 해를 들어 백관에게 맹세하고 의풍(義風)으로써 6부(六部)를 호유하였소. 뜻밖에 간신은 도망가고 국군(國君)이 참변을 당하였으므로 마침내 경명왕(景明王)의 표제(表弟 : 外從弟)요, 헌강왕(憲康王)의 외손(外孫 : 金傅)되는 이를 받들어 존위에 나아가게 하여 위태한 나라를 다시 일으켰소. 임금을 잃고 새 임금을 둔 것이 이에 있다 하겠거늘, 족하는 충고(忠告)를 살피지 못하고 한갖 유언(流言)만을 들어 백 가지 꾀로 노리고 다방면으로 침략하였소. 그러나 아직까지 나의 말머리를 보지 못하고 나의 쇠털(牛毛) 하나도 뽑지 못하였소. 초겨울에 도두(都頭) 색상(索湘 : 고려 장수)이 성산(星山)의 진영 아래에서 손을 묶이고, 한 달 안에 좌장(左將) 김락(金樂)이 미리사(美理寺 : 달성군) 앞에서 해골만 남게 되고, 그밖에 죽은 자도 많거니와 사로잡힌 자도 적지 않소. 강약이 이와 같으니 승패도 가히 알 것이오. 소기의 목적은 평양(平壤)의 누(樓)에 활을 걸어 놓고 말에게 패강(浿江 : 대동)의 물을 마시게 하는 것이오.

그런데 전월 7일에 오월국(吳越國) 사신 반상서(班尙書)가 와서 전달하는 왕의 조서에 '그대가 고려와 오랫동안 서로 즐거움을 통하고 함께 이웃의 맹세를 맺더니, 요새 두 곳의 질자(質子)가 다 죽으므로 해서 그로 말미암아 드디어 화친의 구호(舊好)를 상실하고 서로 강토를 침범하여 싸움을 그치지 않는다기에, 지금 사신을 보내어 경(卿)의 본도(本道 : 上)로 가게 하고 또 고려로 글월을 보냈으니 각기 서로 친하여 길이 아름답게 하오' 하였소. 나는 존왕(尊王)의 의(義)를 두터이하고 사대(事大)의 정을 깊이 하였으므로 조유(詔諭)를 듣고 곧 공경히 받들려고 하나 항상 족하가 전쟁을 그만두려 하면서도 못하고 곤(困)하면서도 오히려 싸우려고 함을 내가 염려하여 지금 조서를 등사(謄寫)하여 보내노니 청컨대 마음을 두어 자세히 살피시오. 또 토끼와 날랜 개가 서로 지칠 대로 지치면 그 역시 비웃음거리만 될 것이요, 큰 조개와 황새가 서로 버티면 역시 웃음거리가 될 것이니 버티지 말고 회개하여 스스로 후회를 끼치지 마시오."

(천성) 3년(경순왕 2년) 정월에 태조가 답하였다.

"오월국 통화사(通和使) 반상서가 전한 조서 한 통을 받들고 겸하여 족하(足下)로부터 보내준 장서(長書)를 받았소. 화려한 수레를 타고 온 사신이 칙서를 전하고 겸하여 편지의 좋은 말씨가 교회(敎誨)를 주었소. 지검(芝檢)을 받드니 비록 감격은 더하나 귀서(貴書)를 펴보니 혐의를 가지지 않을 수 없소. 지금 돌아가는 사절편에 부탁하여 문득 내 심중을 피력하고자 하였소. 나는 우러러 하늘이 빌려 주심을 받들고 아래로 백성의 추대에 못이기어 장수(將帥)의 권한을 가지고 경륜(經綸)의 제회(際會)에 참여하게 되었던 것이오. 앞서 삼한(三韓)의 액운과 구토(九土 : 九州)의 흉년으로 많은 백성들이 거의 다 황산적(黃山賊)에 소속되고, 농토는 모두 적토(赤土)가 되지 아니한 데가 없었소. 여기서 혹시라도 난리의 경보를 막고 나라의 재앙을 구할 수 있을 듯하여 드디어 이웃끼리 좋아하여 화친을 맺었더니, 과연 수천 리에 농업이 편안하고 7, 8년을 사졸(士卒)들이 한가히 잠을 잤소. 그런데 해는 유년(酉年)이요, 때는 10월에 갑자기 일이 생겨 싸움을 하는 지경에 이르렀소. 족하가 처음에는 적을 가벼이 여겨 곧장 나서기를 당랑(螳螂)이 수레바퀴에 항거하듯 하더니 마침내 어려움을 알고 선뜻 물러서서 모기가 태산을 진 것같이 생각하였소. 손을 모아 사과하고 하늘을 두고 맹세하기를, 오늘 이후로는 긴 세상을 평화롭게 지낼 것이며, 혹시라도 맹세가 변한다면 신이 벌을 줄 것이라고 하였소. 나 역시 지과(止戈 : 창을 멈춤. 곧 전쟁을 그만둠)의 무(武)를 숭상하며 불살(不殺)의 인(仁)을 기약하고 드디어 몇 겹의 포위를 해제하여 피곤한 군사를 휴식케 하며, 자식을 볼모잡힐 것도 사양치 않고 다만 백성을 편안케 하려고만 하였소. 이야말로 나는 남쪽 사람에 큰 덕을 보여준 것이오.

그런데 의외로 삽혈(歃血 : 맹세할 때 동물피를 입술에 바르는 의식)이 마르기도 전에 흉악이 다시 발작하여 봉채(蜂蠆 : 毒虫)의 독이 민생에게 침해하고 낭호(狼虎 : 이리와 범)의 광(狂)이 근교에까지 발악하여 서울이 흔들리고 왕궁이 놀라게 되었소. 의(義)를 지켜 주(周)를 존중하기를 오패(五霸)의 제환공(齋桓公)·진문공(晉文公)과 같이 하는 자가 누구 있겠소. 기회를 틈타 한(漢)을 도모하는 간사한 왕망(王莽)과 동탁(董卓)을 볼 뿐이오. 그리하여 군왕의 지존으로서 굽히어 족하에게 자식이라고 하는 등 존비(尊卑)의 차서를 잃게 되고, 위아래가 걱정을 같이하여 이르기를 원보(元輔)의 충순(忠純)이 있지 않으면 어찌 사직을 다시 안정시킬 수 있으랴 하였소. 나의 마음은 사특함이 없고, 뜻은 왕실(王

室 : 신라)을 높이는 데 간절하여 장차 조정을 구하고 위태한 나라를 붙잡게 하려는 것이었소. 족하는 털끝 같은 작은 이익만 보고 천지 같은 후한 은혜를 잊어, 군주를 죽이고 궁궐을 불태우고 재상으로 젓을 담그고 사민(士民)을 베어 없애며, 미녀를 데려다 같은 차에 태우고 진보(珍寶)를 빼앗아 가득 싣고 갔으니, 대악(大惡)은 걸주(桀紂)보다 더하고, 불인(不仁)은 경효(獍梟 : 맹수와 맹금류)보다 심하였소.

나는 하늘이 무너진 듯(景哀王의 崩御) 원망이 극에 달하고, 각일(却日 : 新羅를 위하는)의 정성이 극진하여 매가 참새를 쫓는 힘을 다하기로 맹세하고, 견마(犬馬)의 수고를 펴보기로 맹세하고, 두 번째 싸움을 하는 동안 두 해가 지났소. 육지에서는 우레와 같이 달리고 번개같이 치며, 수전(水戰)에서는 범이 뛰듯 용이 날듯 움직이면 반드시 성공하고, 시작하면 헛되이 발(發)하는 것이 없었소. 윤빈(尹邠 : 후백제 장수)을 해안에서 쫓고 나니 (버리고 간) 무기와 갑옷이 산처럼 쌓였고, 추조(鄒造 : 후백제 장수)를 성변(城邊)에서 사로잡을 적엔 적의 시체가 들을 덮었소. 연산군(燕山郡) 주변에서는 군영 앞에서 길환(吉奐 : 후백제 장수)을 베었고, 마리성(馬利城 : 거창군 마리면) 주변에서는 깃대 아래 수오(隨晤 : 후백제 장수)를 죽였소. 임존성(任存城 : 지금의 예산군 대흥면)을 빼앗던 날에 형적(邢積) 등 수백 명이 몸을 버렸고, 청천(淸川 : 지금의 괴산군 청천면)을 부수던 때에는 직심(直心 : 후백제 장수) 등 4, 5명이 목을 바쳤소. 동수(桐藪 : 지금의 달성군 상화사 민간)에서는 깃대만 바라보고도 무너져 흩어졌고, 경산(京山)에서는 구슬을 입에 물고 항복하였소. 강주(康州 : 지금의 진주)는 남에서 항복해 오고, 나부(羅府)는 서(西)로부터 이속(移屬)되었소. 공격이 이와 같으니, 수복(收復)하는 날이 어찌 멀다 하리오. 반드시 지수(泜水)의 영중(營中)에서 장이(張耳)는 천 가지 한을 씻을 것이며, 오강(烏江) 안상(岸上)에서는 한왕(漢王)이 일첩(一捷)의 공을 이룰 것이오. 마침내 풍파가 가라앉고 나라가 길이 청평(淸平)할 것이오. 하늘이 돕는데 운명이 어디로 돌아가겠소. 하물며 오월왕 전하는 덕이 흡족하여 먼 곳까지 포용하고, 인(仁)은 깊어 작은 나라를 사랑하여 특히 단금(丹禁 : 궁)의 조서를 내려 청구(靑丘 : 동방)의 난리를 그치도록 효유하였소. 이미 가르침을 받은 이상 어찌 감히 따르지 아니하겠소. 만약 족하가 책명을 받들어 싸움을 중지한다면 상국의 어진 은혜에 보답할 뿐 아니라 해동(海東)의 끊어진 계통을 잇게 할 수 있을 것이며, 능히 허물이 있음에도 이를 고치지 못한다면 후회막급일 것이오.”

여름 5월에 견훤이 군사를 몰래 보내어 강주(康州 : 지금의 진주)를 습격하여 300여 명을 죽이자, 장군 유문(有文)이 (견훤에게) 항복하였다. 8월에 견훤이 장군 관흔(官昕)에게 명하여 많은 사람을 거느리고 양산(陽山 : 지금의 영동군 양산면)에 성을 쌓았다. 태조가 명지성(命旨城)의 장군 왕충(王忠)에게 명하여 이를 치게 하니, 물러가 대야성(大耶城 : 지금의 합천)을 보전하였다. 겨울 11월에 견훤이 강병을 선발하여 부곡성(缶谷城 : 지금의 군위군 의흥면)을 쳐서 빼앗고, 성을 지키던 군사 1,000여 명을 죽이니 장군 양지(楊志)·명식(明式) 등이 항복하였다.

(천성) 4년 가을 7월에 견훤이 무장한 군사 5,000명으로 고려 의성부(義城府 : 지금의 의성군)를 공격하여 성주(城主)인 장군 홍술(洪述)을 전사케 하였다. 태조가 통곡하며 “내가 좌우의 손을 잃었다”고 하였다. 12월에 견훤이 대군을 일으켜 고창군(古昌郡 : 지금의 안동시) 병산(甁山) 아래 주둔하였으나, 태조와 싸워 이기지 못하고 전사한 자가 8,000여 명이었다. 이튿날 견훤은 잔병을 모아 순주성(順州城 : 지금의 안동시 풍산읍)을 습격하여 깨뜨리니 장군 원봉이 막아낼 수 없어 성을 버리고 밤에 도망하였다. 견훤은 백성들을 사로잡아 전주(全州)로 옮기었다. 태조는 원봉(元逢)이 전에 공이 있다 하여 용서하고 순주(順州)를 고쳐 하지현(下枝縣)이라 하였다.

장흥(長興 : 후당 명종의 연호) 3년 임진년(932 : 경순왕 6년)에 견훤의 신하 공직(龔直)이 날래고 지략이 있었다. 공직이 태조를 찾아와 항복하니 견훤은 공직의 아들 둘, 딸 하나를 잡아다 불로 지져 다리 힘줄을 끊었다. 가을 9월에 견훤이 일길찬 상귀(相貴)를 보내어 병선을 거느리고 고려 예성강(禮成江)에 들어가 사흘을 묵으면서 염(鹽 : 연안)·백(白 : 백천)·정(貞 : 풍덕) 3주의 배 100척을 빼앗아 불태우게 하고, 저산도(猪山島)의 목마(牧馬) 300필을 잡아가지고 갔다.

청태(淸泰 : 후당 폐제의 연호) 원년 갑오년(934 : 경순왕 8년) 봄 정월에 견훤이, 태조가 운주(運州 : 홍성군)에 주둔하였다는 말을 듣더니 무장 군사 5,000명을 뽑아 들이닥쳤다. 장군 검필(黔弼)이 그들이 미처 진을 치기도 전에 굳센 기병(騎兵) 수천 명으로 돌격하여 3,000여 명을 베어 죽이니, 웅진(熊津) 이북의 30여 성이 이 소문을 듣고 스스로 항복하였다. 견훤의 휘하인 술사(術士) 종훈(宗訓)과 의원(醫員) 훈겸(訓謙), 용장(勇將) 상달(尙達)·최필(崔弼) 등이 태조에게 항복하였다.

  견훤은 아내가 많아서 아들 10여 명을 두었다. 넷째 아들 금강(金剛)이 키가 크고 지혜가 많으므로 특별히 사랑하여 자리를 물려주려고 하자, 그의 형들인 신검(神劍)·양검(良劍)·용검(龍劍) 등이 짐작하고 근심 속에 번민하였다. 때마침 양검은 강주도독(康州都督), 용검은 무주도독(武州都督)이 되고, 유독 신검만이 견훤의 곁에 있었다. 이찬 능환(能奐)이 사람을 강주·무주 2주에 보내어 양검 등과 함께 음모하였다. 청태 2년 을미년(935 : 고려 태조 18년) 봄 3월에 파진찬 신덕(新德)·영순(英順) 등이 신검을 권하여 견훤을 금산사(金山寺 : 지금의 김제시 금산면 모악산)에 가두게 하고, 사람을 시켜 금강을 죽였다. 신검이 대왕이라 자칭하는 동시에 경내(境內)에 대사령을 내렸다.

  그 교서는 이러하다.

  "여의(如意 : 漢高祖의 넷째아들)가 총애를 특별히 입었으나 혜제(惠帝)가 임금이 되었고, 건성(建成 : 당 고조의 아들. 세민(태종)을 죽이려다 오리혀 죽임을 당함)이 외람되게 태자 자리에 있었지만, 태종(太宗)이 일어나 즉위하였다. 천명은 바뀌지 않고 신기(神器 : 임금 자리)는 갈 곳이 정해져 있다. 삼가 생각컨대 대왕 훤은 신무(神武)가 무리 중에서 뛰어나고, 영모(英謀)가 고금에 으뜸이다. 말세에 태어나 경륜을 자신의 임무로 삼아 삼한(三韓)을 경략하고, 백제 옛나라를 재건하였다. 도탄(塗炭)을 맑게 하여 백성들이 편안하고 (왕의 위세가) 풍뢰(風雷)와 같이 고무(鼓舞)하여 원근(遠近)이 준마 달리듯 하였다. 그리하여 공업(功業)이 중흥(中興)에 가까웠는데, 지려(智慮)가 문득 한번 잘못되어 어린 아들(金剛)이 사랑을 독차지하고, 간신이 권세를 농락하여 대군(大君 : 견훤)을 진혜(晉惠 : 晉惠帝 司馬衷)의 혼암(昏暗)으로 인도하고, 자부(慈父)를 헌공(獻公 : 춘추시대의 晉 헌공)의 미혹으로 빠뜨렸다. 그리하여 보위(寶位)를 완동(頑童 : 억세고 사나운 아이)에게 내려주려고 하였다. 다행한 것은 상제(上帝)가 법칙을 내리고 군자가 허물을 고쳐, 나 원자(元子)로 하여금 한 나라의 군장(君長)이 되게 하였으나, 돌이켜볼 때 제왕 자격이 아닌데 어찌 임금이 될 지혜가 있으랴. 조심스럽고 떨리어 얼음을 밟는 듯 못가에 임한 듯하다. 불차(不次 : 순서를 넘는 것)의 은혜를 넓혀 유신(維新)의 정책을 보이는 것이 당연하므로 경내에 대사령을 내림이 가하다. 청태(淸泰) 2년 을미년(935) 10월 17일 새벽 이전에 한하여 이미 발각되지 않은 것과 결정되지 않은 사형 이하의 죄는 모두 용서하여 면제한다. 소속 관원은 시행하도록 하라."

　견훤이 금산사에 있은 지 석 달 만인 6월에 막내아들 능예(能乂), 딸 쇠복(衰福)과 애첩 고비(姑比) 등을 데리고 금성(錦城 : 나주)으로 도망해 와서 사람을 보내어 태조께 뵙기를 청하였다. 태조는 기뻐하여 장군 유금필(庾黔弼)·만세(萬歲) 등을 보내어 수로(水路)로 가서 위로하게 하고 그를 안내하도록 하였다. 그들이 고려에 당도하자 후한 예로 대우하였는데, 태조는 자기보다 견훤이 나이 10년 위라 하여 높여 상보(尙父)를 삼고, 남궁(南宮)에 거처하게 하니 지위가 백관의 위에 있게 되었다. 그리고 양주(楊州)를 주어 식읍을 삼게 하고, 금백(金帛) 번욕(蕃縟)과 남녀노비 각각 40명과 내구마(內廐馬) 10필을 주었다.

　견훤의 사위인 장군 영규(英規)가 비밀히 그 아내에게 말하기를 "대왕이 40여 년을 근로(勤勞)하여 공업(功業)을 이루었는데, 집안 싸움의 화(禍) 때문에 하루아침에 땅을 잃어버리고 고려에 항복하여 몸을 의탁하고 있소. 무릇 정절이 있는 여자는 두 지아비를 섬기지 아니하고 충신은 두 임금을 섬기지 아니하거늘, 만약 자기 임금을 버리고 반역(叛逆)의 아들을 섬긴다면 무슨 낯을 들고 천하의 의사(義士)를 대하겠소? 하물며 고려 왕공은 인후근검하여 민심을 얻었다 하니, 아마도 하늘이 세상을 위하여 낸 것이리라. 반드시 삼한(三韓)의 주인이 될 것이니, 우리 임금께 글월을 올리어 위안하고 겸하여 왕공께 은근한 뜻을 보여 어찌 장래의 복을 도모하지 않을 수 있겠는가" 하였다. 그 아내도 "당신 말씀이 바로 나의 뜻이오" 하였다.

　천복(天福 : 후진 고조의 연호) 원년 병인년(936 : 고려 태조 19년) 2월에 영규가 사람을 보내어 뜻을 전달하고, 드디어 태조께 아뢰기를 "만약 정의의 깃발을 드신다면 청컨대 내응하여 왕사(王師)를 맞이하겠습니다" 하였다. 태조는 크게 기뻐하여 그 사신에게 후히 물건을 주어 보내고 겸하여 영규에게 치사하기를 "만약 은혜를 입어 한데 뭉치고 도중에 장애조차 없다면, 먼저 장군을 만난 뒤에 내실에 들어가 부인께 절하고, 공(公)을 형으로 섬기며 공의 부인을 누님으로 받들 것이며, 반드시 끝까지 후히 보답할 것이니 천지신명(天地神明)이 모두 이 맹세를 들었을 것이오" 하였다.

　여름 6월, 견훤이 태조에게 아뢰기를 "노신(老臣)이 전하께 몸을 의탁하고 있는 것은 전하의 위력에 힘입어서 역자(逆子)를 베자는 것이오니, 바라건대 대왕께서 신병(神兵)을 빌려주시어 그 난적을 주멸케 해 주시면 신은 죽어도 유감이 없겠습니다" 하였다. 태조는 쾌히 응낙하고 먼저 태자 무(武), 장군 술희(述希)를 보내어 보기병 1만을 거느리고 천안부(天安府)로 달려가게 하였다.

가을 9월, 태조가 3군을 거느리고 천안으로 가서 군사를 합쳐 일선(一善: 善山)에 주둔하자, 신검이 군사를 이끌고 마주 와서 갑오일(甲午日)에 일리천(一利川)을 사이에 두고 대항하는 진세를 벌였다. 태조는 상보(尙父) 견훤과 함께 군을 시찰한 다음 대상(大相) 견권(堅權)·술희(述希)·김산(金山)과 장군 용길(龍吉)·기언(奇彦) 등으로 하여금 보기병 3만 명을 거느리고 좌익이 되게 하고, 대상 김철(金鐵)·홍유(洪儒)·수향(守鄕)과 장군 왕순(王順)·준량(俊良) 등으로 하여금 보기병 3만을 거느리고 우익이 되게 하고, 대광(大匡) 순식(順式)과 대상 긍준(兢俊)·왕겸(王謙)·왕예(王乂)·검필(黔弼)과 장군 정순(貞順)·종희(宗熙) 등으로 하여금 철갑 기병 2만, 보병 3,000명 및 흑수(黑水)·철리(鐵利) 제도(諸道)의 기병 9,500명을 거느리고 중군이 되게 하고, 대장군 공훤(公萱)과 장군 왕함윤(王含允)으로 하여금 군사 1만 5,000명을 거느리고 선봉이 되게 하여 북을 치며 행군(行軍)하게 하니, 후백제 장군 효봉(孝奉)·덕술(德述)·명길(明吉) 등이, 이편의 군세가 크고 질서가 정연함을 바라보더니 갑옷을 벗어 던지고 진영 앞에 와서 항복하였다. 태조가 위로해 주며 후백제 대장이 있는 곳을 물으니 효봉 등은 "원수(元帥) 신검이 중군(中軍)에 있습니다" 하고 답하였다. 태조는 장군 공훤을 시켜 곧장 중군으로 쳐들어가게 하고, 한 군단이 함께 나가서 좌우로 치게 하니 후백제군은 무너져 패하였다.

신검(神劒)이 두 아우와 장군 부달(富達)·소달(小達)·능환(能奐) 등 40여 명과 함께 항복하니, 태조는 항복을 받고 능환을 제외한 나머지는 다 위로해 줌과 동시에 처자를 데리고 서울로 와서 살 것을 허락하였다. 능환에게 묻기를 "맨 처음에 양검 등과 밀모하고서 대왕을 가두고 그 아들을 세운 것은 네놈의 꾀이다. 신하된 도리가 이러해야 마땅하겠느냐" 하였다. 능환은 고개를 숙이고 말을 못하므로, 드디어 베어 죽이게 하였다. 신검의 참위(僭位)는 남의 협박에서 비롯된 것이요, 그의 본심이 아니며 또 항복하고 살려 달라 하므로 특별히 용서하여 죽이지 않았다〔또는 삼형제가 다 참형되었다고도 함]. 견훤은 우울한 나머지 등창이 난 지 며칠 만에 황산(黃山 : 지금의 논산시 연산면) 불사(佛舍)에서 죽었다.

  태조의 군령이 엄정하여 군사들이 조금도 어그러짐이 없으므로 주·현이 안도하고 노유(老幼)가 모두 만세를 불렀다. 이에 장사(將士)들을 위문하고 그 재능에 따라 소임을 맡겼다. 백성들도 제각기 그 하는 일에 마침내 안정을 찾았다.

  신검의 죄는 앞에 말한 바와 같으니 드디어 그에게 관위(官位)를 주고, 그 두 아우는 능환과 죄가 같으므로 드디어 진주로 유배시켰다가 곧 죽였다. 그리고 영규에게 이르기를 "전왕(훤)이 나라를 잃어버린 뒤 그 신자(臣子)로서 한 사람도 위로해 주는 자가 없었는데, 유독 그대 내외가 천 리 밖에서 소식을 전하여 성의를 보였고, 아울러 나에게 찬의를 표하였으니 그 의리는 잊을 수 없다" 하고, 좌승(左丞)의 직책을 내리면서 밭 1,000경(頃)을 주었다. 또 역마 35필을 빌려 주어 가족을 맞아들이게 하고, 두 아들에게도 관직을 주었다. 견훤은 당(唐) 경복(景福) 원년(892 : 신라 진성여왕 6년)에 일어나 진(晉 : 후진) 천복(天福) 원년(936 : 고려 태조 19년)에 이르니, 모두 45년 만에 멸하였다.

  사신(史臣)은 논한다.

  신라는 운이 다하여 도(道)가 망하니, 하늘이 돕는 바 없고 백성이 의탁할 곳 없게 되었다. 이에 여러 도적들이 틈을 타서 고슴도치 가시처럼 일어났는데, 그 중에서도 심했던 자가 궁예·견훤 두 사람이었다. 궁예는 본디 신라 왕자로서 도리어 조국을 원수처럼 여기고 조국을 없애버리려고 도모하여 선조의 화상까지 베었으니 너무도 어질지 못하였다. 견훤은 신라의 백성으로 신라의 녹을 먹으면서도 흉한 마음을 품고 나라의 위태로움을 기회삼아 도읍을 침략하고 군신을 살륙하기를 마치 새잡듯 풀베듯 하였으니 실로 천하의 원악대흉(元惡大凶)이라 하겠다. 그리하여 궁예는 그 신하에게 버림을 받았고, 견훤은 그 아들에게 재앙의 씨를 뿌렸으니 모두 자신이 저지른 것이라 누구를 원망하랴. 비록 항우(項羽)와 이밀(李密)의 웅재(雄才)로도 한(漢)·당(唐)의 발흥을 대적하지 못했거늘 하물며 궁예·견훤 같은 흉악으로 어찌 우리 태조에게 항거할 수 있으랴. 다만 태조를 위하여 백성을 몰아다 준 셈이 되고 말았을 뿐이다.

三國史記 卷 第五十

列傳 第十 弓裔 甄萱

　　弓裔　新羅人　姓金氏　考第四十七憲安王誼靖　母憲安王嬪御　失其姓名　或云四十八景文王膺廉之子　以五月五日生於外家　其時屋上有素光　若長虹　上屬天　日官奏曰　此兒以重午日生　生而有齒　且光焰異常　恐將來不利於國家　宜勿養之　王勅中使　抵其家殺之　使者取於襁褓中　投之樓下　乳婢竊捧之　誤以手觸　眇其一目　抱而逃竄　劬勞養育　年十餘歲　遊戲不止　其婢告之曰　子之生也　見棄於國　予不忍　竊養以至今日　而子之狂如此　必爲人所知　則予與子俱不免　爲之奈何　弓裔泣曰　若然則吾逝矣　無爲母憂　便去世達寺　今之興敎寺是也　祝髮爲僧　自號善宗　及壯不拘檢僧律　軒軒有膽氣　嘗赴齋　行次有烏鳥銜物　落所持鉢中　視之　牙籤書王字　則秘而不言　頗自負　見新羅衰季　政荒民散　王畿外州縣叛附相半　遠近群盜蜂起蟻聚　善宗謂乘亂聚衆　可以得志　以眞聖王卽位五年大順二年辛亥　投竹州賊魁箕萱　箕萱侮慢不禮　善宗鬱悒不自安　潛結箕萱麾下元會・申煊等爲友　景福元年壬子　投北原賊梁吉　吉善遇之　委任以事　遂分兵　使東略地　於是出宿雉岳山石南寺　行襲酒泉・奈城・鬱烏・御珍等縣　皆降之　乾寧元年　入溟州　有衆三千五百人　分爲十四隊　金大黔・毛昕・長貴平・張一等爲舍上(舍上謂部長也)　與士卒同甘苦勞逸　至於予奪　公而不私　是以衆心畏愛　推爲將軍　於是擊破猪足・牲川・夫若・金城・鐵圓等城　軍聲甚盛　浿西賊寇來降者衆多　善宗自以爲衆大　可以開國稱君　始設內外官職　我太祖自松岳郡來投　便授鐵圓郡太守　三年丙辰　攻取僧嶺・臨江兩縣　四年丁巳　仁物縣降　善宗謂松岳郡漢北名郡　山水奇秀　遂定以爲都　擊破孔巖・黔浦・穴口等城　時梁吉猶在北原　取國原等三十餘城有之　聞善宗地廣民衆大怒　欲以三十餘城勁兵襲之　善宗潛認　先擊大敗之　光化元年戊午春二月　葺松岳城　以我太祖爲精騎大監　伐楊州・見州　冬十一月　始作八關會　三年庚申　又命太祖伐廣州・忠州・唐城・靑州(或云靑川)・槐壤等皆平之　以功授太祖阿湌之職　天復元年辛酉　善宗自稱王　謂人曰　往者新羅請兵於唐　以破高句麗　故平壤舊都鞠爲茂草　吾必報其讐　蓋怨生時見棄　故有此言　嘗南巡至興州浮石寺　見壁畵新羅王像　發劍擊之　其刃迹猶在　天祐元年甲子　立國號爲摩震　年號爲武泰　始置廣評省備員　匡治奈(今侍中)　徐事(今侍郞)　外書(今員外郞)　又置兵部　大龍部(謂倉

部) 壽春部(今禮部) 奉賓部(今禮賓省) 義刑臺(今刑部) 納貨府(今大府寺) 調位府(今三司) 內奉省(今都省) 禁書省(今秘書省) 南廂壇(今將作監) 水壇(今水部) 元鳳省(今翰林院) 飛龍省(今天〔天 恐作太〕僕寺) 物藏省(今少府監) 又置史臺(掌習諸譯語) 植貨府(掌栽植菓樹) 障繕府(掌修理城隍) 珠淘省(掌造物成器) 又設正匡·元輔·大相·元尹·佐尹·正朝·甫尹·軍尹·中尹等品職 秋七月 移靑州人戶一千 入鐵圓城爲京 伐取尙州等三十餘州縣 公州將軍弘奇來降 天祐二年乙丑 入新京 修葺觀闕樓臺 窮奢極侈 改武泰爲聖册元年 分定浿西十三鎭 平壤城主將軍黔用降 甑城赤衣黃衣賊明貴等歸服 善宗以强盛自矜 意欲幷呑 令國人呼新羅爲滅都 凡自新羅來者 盡誅殺之 朱梁乾化元年辛未 改聖册爲水德萬歲元年 改國號爲泰封 遣太祖率兵伐錦城等 以錦城爲羅州 論功以太祖爲大阿湌將軍 善宗自稱彌勒佛 頭戴金幘 身被方袍 以長子爲靑光菩薩 季子爲神光菩薩 出則常騎白馬 以綵飾其鬃尾 使童男童女奉幡蓋香花前導 又命比丘二百餘人梵唄隨後 又自述經二十餘卷 其言妖妄 皆不經之事 時或正坐說經 僧釋聰謂曰 皆邪說怪談 不可以訓 善宗聞之怒 鐵〔趙炳舜 本鐵上有以字〕椎打殺之 三年癸酉 以太祖爲波珍湌侍中 四年甲戌 改水德萬歲爲政開元年 以太祖爲百船將軍 貞明元年 夫人康氏 以王多行非法 正色諫之 王惡之曰 汝與他人奸何耶 康氏曰 安有此事 王曰我以神通觀之 以烈火熱鐵杵 撞其陰殺之 及其兩兒 爾後多疑急怒 諸寮佐將吏 下至平民 無辜受戮者 頻頻有之 斧壤鐵圓之人 不勝其毒焉 先是有商客王昌瑾 自唐來 寓鐵圓市廛 至貞明四年戊寅 於市中見一人 狀貌魁偉 鬢髮盡白 着古衣冠 左手持甆椀 右手持古鏡 謂昌瑾曰 能買我鏡乎 昌瑾卽以米換之 其人以米俵街巷乞兒 而後不知去處 昌瑾懸其鏡於壁上 日映鏡面 有細字書 讀之若古詩 其略曰 上帝降子於辰馬 先操雞後搏鴨 於巳年中二龍見 一則藏身靑木中 一則顯形黑金東 昌瑾初不知有文 及見之謂非常 遂告于王 王命有司 與昌瑾物色求其鏡主 不見 唯於勃颯寺佛堂有鎭星塑像 如其人焉 王嘆異久之 命文人宋含弘·白卓·許原等解之 含弘等相謂曰 上帝降子於辰馬者 謂辰韓馬韓也 二龍見 一藏身靑木 一顯形黑金者 靑木松也 松岳郡人以龍爲名者之孫 今波珍湌侍中之謂歟 黑金鐵也 今所都鐵圓之謂也 今主上初興於此 終滅於此之驗也 先操雞後搏鴨者 波珍湌侍中先得雞林 後收鴨綠之意也 宋含弘等相謂曰 今主上虐亂如此 吾輩若以實言 不獨吾輩爲葅醢 波珍湌亦必遭害 迺飾辭告之 王凶虐自肆 臣寮震懼 不知所措 夏六月 將軍弘述·白玉·三能山·卜沙貴 此洪

儒·裴玄慶·申崇謙·卜知謙之少名也 四人密謀 夜詣太祖私第 言曰 今主上淫刑
以逞 殺妻戮子 誅夷臣寮 蒼生塗炭 不自聊生 自古廢昏立明 天下之大義也 請
公行湯武之事 太祖作色拒之曰 吾以忠純自許 今雖暴辭〔辭 趙炳舜本作亂〕 不
敢有二心 夫以臣替君 斯謂革命 予實否德 敢效殷周之事乎 諸將曰 時乎不再來
難遭而易失 天與不取 反受其咎 今政亂國危 民皆疾視其上如仇讐 今之德望未
有居公之右者 況王昌瑾所得鏡文如彼 豈可雌伏取死獨夫之手乎 夫人柳氏聞諸
將之議 迺謂太祖曰 以仁伐不仁 自古而然 今聞衆議 妾猶發憤 況大丈夫乎 今
群心忽變 天命有歸矣 手提甲領進太祖 諸將扶衛 太祖出門 令前唱曰 王公已擧
義旗 於是前後奔走 來隨者不知其幾人 又有先至宮城門 鼓噪以待者 亦一萬餘
人 王聞之 不知所圖 迺微服逃入山林 尋爲斧壤民所害 弓裔起自唐大順二年 至
朱梁貞明四年 凡二十八年而滅

甄萱 尙州加恩縣人也 本姓李 後以甄爲氏 父阿慈介 以農自活 後起家爲將軍
初萱生孺褓時 父耕于野 母餉之 以兒置于林下 虎來乳之 鄕黨聞者異焉 及壯
體貌雄奇 志氣倜儻不凡 從軍入王京 赴西南海防戍 枕戈待敵 其勇氣恒爲士卒
先 以勞爲裨將 唐昭宗景福元年 是新羅眞聖王在位六年 嬖竪在側 竊弄政柄 綱
紀紊弛 加之以饑饉 百姓流移 群盜蜂起 於是萱竊有覦心 嘯聚徒侶 行擊京西南
州縣 所至響應 旬月之間 衆至五千人 遂襲武珍州自王 猶不敢公然稱王 自署爲
新羅西面都統指揮兵馬制置持節都督全武公等州軍事行全州刺史兼御史中丞上柱
國漢南郡開國公食邑二千戶 是時 北原賊良吉〔良吉 卽梁吉也〕雄强 弓裔自投爲
麾下 萱聞之 遙授良吉職爲裨將 萱西巡至完山州 州民迎勞 萱喜得人心 謂左右
曰 吾原三國之始 馬韓先起 後赫世勃興 故辰卞從之而興 於是 百濟開國金馬山
六白餘年 摠章中 唐高宗以新羅之請 遣將軍蘇定方 以船兵十三萬越海 新羅金
庾信卷土 歷黃山 至泗沘 與唐兵合 攻百濟滅之 今予敢不立都於完山 以雪義慈
宿憤乎 遂自稱後百濟王 設官分職 是唐光化三年 新羅孝恭王四年也 遣使朝吳
越 吳越王報聘 仍加檢校大保 餘如故 天復元年 萱攻大耶城不下 開平四年 萱
怒錦城投于弓裔 以步騎三千圍攻之 經旬不解 乾化二年 萱與弓裔戰于德津浦
貞明四年戊寅 鐵圓京衆心忽變 推戴我太祖卽位 萱聞之 秋八月 遣一吉湌閔
郃稱賀 遂獻孔雀扇及地理山竹箭 又遣使入吳越進馬 吳越王報聘 加授中大夫
餘如故 六年 萱率步騎一萬攻陷大耶城 移軍於進禮城 新羅王遣阿湌金律求援於

太祖 太祖出師 萱聞之引退 萱與我太祖陽和而陰剋 同光二年秋七月 遣子須彌强 發大耶聞韶二城卒 攻曹物城 城人爲 太祖固守且戰 須彌强失利而歸 八月遣使獻驄馬於太祖 三年冬十月 萱率三千騎至曹物城 太祖亦以精兵來 與之确 時萱兵銳甚 未決勝否 太祖欲權和以老其師 移書乞和 以堂弟王信爲質 萱亦以外甥眞虎交質 十二月 攻取居昌等二十餘城 遣使入後唐稱藩 唐策授檢校大尉兼侍中判百濟軍事 依前持節都督全武公等州軍事行全州刺史海東四面都統指揮兵馬制置等事百濟王食邑二千五百戶 四年眞虎暴卒 萱聞之疑故殺 卽囚王信獄中 又使人請還 前年所送驄馬 太祖笑還之 天成二年秋九月 萱攻取近品〔品 當作品 本紀作嚴故也〕城燒之 進襲新羅高鬱府 逼新羅郊圻 新羅王求救於太祖 冬十月 太祖將出師援助 萱猝入新羅王都 時王與夫人嬪御出遊鮑石亭 置酒娛樂 賊至 狼狽不知所爲 與夫人歸城南離宮 諸侍從臣寮及宮女伶官 皆陷沒於亂兵 萱縱兵大掠 使人捉王 至前狀之 便入居宮中 强引夫人亂之 以王族弟金傅嗣立 然後虜王弟孝廉・宰相英景 又取國帑珍寶・兵仗・子女・百工之巧者 自隨以歸 太祖以精騎五千 要萱於公山下大戰 太祖將金樂・崇謙死之 諸軍敗北 太祖僅以身免 萱乘勝取大木郡 契丹使裟姑麻咄等三十五人來聘 萱差將軍崔堅 伴送麻咄等 航海北行遇風至唐登州 悉被戮死 時新羅君臣以衰季 難以復興 謀引我太祖結好爲援 甄萱自有盜國心 恐太祖先之 是故 引兵入王都作惡 故十二月日奇書太祖曰 昨者國相金雄廉等 將召足下入京 有同鼈應黿聲 是欲鷃披隼翼 必使生靈塗炭 宗社丘墟 僕是用先着祖鞭 獨揮韓鉞 誓百寮如皦日 諭六部以義風 不意奸臣遁逃 邦君薨變 遂奉景明王之表弟 獻康王之外孫 勸卽尊位 再造危邦 喪君有君 於是乎在 足下勿詳忠告 徒聽流言 百計窺覦 多方侵擾 尙不能見僕馬首・拔僕牛毛 冬初都頭索湘束手於星山陣下 月內 左將金樂曝骸於美理寺前 殺獲居多 追擒不少 强嬴若此 勝敗可知 所期者 掛弓於平壤之樓 飮馬於浿江之水 然以前月七日 吳越國使班尙書至 傳王詔旨 知卿與高麗久通歡好 共契鄰盟 比因質子之兩亡 遂失和親之舊好 互侵疆境 不戢干戈 今專發使臣 赴卿本道 又移文高麗 宜各相親比 永孚于休 僕義篤尊王 情深事大 及聞詔諭 卽欲祗承 恒慮足下欲罷不能 困而猶鬪 今錄詔書寄呈 請留心詳悉 且魏獹迭憊 終必貽譏 蚌鷸相持 亦爲所笑 宜迷復之爲戒 無後悔之自貽 三年正月 太祖答曰 伏奉吳越國通和使班尙書所傳詔書一道 兼蒙足下辱示長書敍事者 伏以華軺膚使 爰致制書 尺素好音 兼承敎誨 捧芝檢而雖增感激 開華牋而難遣嫌疑 今託廻軒 輒敷危衽〔衽 遺事與通鑑

作祖〕 僕仰承天假 俯迫人推 過叨將帥之權 獲赴經綸之會 頃以三韓厄會 九土凶荒 黔黎多屬於黃巾 田野無非於赤土 庶幾弭風塵之警 有以救邦國之災 爰自善鄰 於焉結好 果見數千里農桑樂業 七八年士卒閑眠 及至酉年 維時陽月 忽焉生事 至於交兵 足下始輕敵以直前 若螳蜋之拒轍 終知難而勇退 如蚊子之負山 拱手陳辭 指天作誓 今日之後 永世歡和 苟或渝盟 神其殛矣 僕亦尙止戈之武 期不殺之仁 遂解重圍 以休疲卒 不辭質子 但欲安民 此則我有大德於南人也 豈謂歇血未乾 兇威復作 蜂蠆之毒 侵害於生民 狼虎之狂 爲梗於畿甸 金城窘忽 黃屋震驚 仗義尊周 誰似桓文之霸 乘間謀漢 唯看莽卓之奸 致使王之至尊 枉稱子於足下 尊卑失序 上下同憂 以爲非有元輔之忠純 豈得再安於社稷 以僕心無匿惡志切尊王 將援置於朝廷 使扶危於邦國 足下見毫釐之小利 忘天地之厚恩 斬戮君王 焚燒宮闕 葅醢卿士 虔劉士民 姬姜則取以同車 珍寶則奪之梱載 元惡浮於桀紂 不仁甚於獍梟 僕怨極崩天 誠深却〔却 有仰字義〕日 誓效鷹鸇之逐 以申犬馬之勤 再擧干戈 兩更槐柳 陸擊則雷馳電擊 水攻則虎搏龍騰 動必成功 擧無虛發 逐尹邠〔邠 遺事作卿〕於海岸 積甲如山 擒鄒造於城邊 伏尸蔽野 燕山郡畔 斬吉奐於軍前 馬利城邊 戮隨晤於纛下 拔任存之日 邢積等數百人捐軀 破淸川之時 直心等四五輩授首 桐藪望旗而潰散 京山銜璧以投降 康州則自南而來 羅府則自西移屬 侵攻若此 收復寧遙 必期泜水營中 雪張耳千般之恨 烏江岸上成漢王一捷之功 意息風波 永淸寰海 天之所助 命欲何歸 況承吳越王殿下 德洽包荒 仁深字小 特出綸於丹禁 諭戢難於靑丘 旣奉訓謀 敢不尊奉 若足下祗承睿旨 悉戢凶機 不惟副上國之仁恩 抑可紹海東之絶緖 若不過而能改 其如悔不可追 夏五月 萱潛師襲康州 殺三百餘人 將軍有文生降 秋八月 萱命將軍官昕 領衆築陽山 太祖命旨城將軍王忠擊之 退保大耶城 冬十一月 萱選勁卒攻拔缶谷城 殺守卒一千餘人 將軍楊志・明式等生降 四年秋七月 萱以甲兵五千人攻義城府 城主將軍洪術戰死 太祖哭之慟曰 吾失左右手矣 萱大擧兵 次古昌郡甁山之下 與太祖戰不克 死者八千餘人 翌日 萱聚殘兵襲破順州城 將軍元逢 不能禦 棄城夜遁 萱虜百姓 移入全州 太祖以元逢前有功 宥之 改順州 號下枝縣 長興三年 甄萱臣龔直 勇而有智略 來降太祖 萱收龔直二子一女 烙斷股筋 秋九月 萱遣一吉湌相貴 以船兵入高麗禮成江 留三日 取鹽・白・貞三州船一百艘焚之 捉猪山島收馬三百匹而歸 淸泰元年春正月 萱聞太祖屯運州 遂簡甲士五千至 將軍黔弼及其未陣 以勁騎數千突擊之 斬獲三千餘級 熊津以北三千餘城 聞風自降 萱麾下術士

宗訓 醫者訓謙 勇將尙達·崔弼等降於太祖 甄萱多娶妻 有子十餘人 第四子金剛 身長而多智 萱特愛之 意欲傳其位 其兄神劍·良劍·龍劍等 知之憂悶 時 良劍爲 康州都督 龍劍爲武州都督 獨神劍在側 伊飡能奐使人往康·武二州 與良劍等陰 謀 至淸泰二年春三月 與波珍飡新德·英順等勸神劍 幽萱於金山佛宇 遣人殺金 剛 神劍自稱大王 大赦境內 其敎書曰 如意特愛龍愛 惠帝得以爲君 建成濫處元 良 太宗作而卽位 天命不易 神器有歸 恭惟大王 神武超倫 英謀冠古 生丁衰季 自任經綸 徇地三韓 復邦百濟 廓淸塗炭 而黎元安集 鼓舞風雷 而邇遐駿奔 功 業幾於重興 智慮忽其一失 幼子鍾愛 姦臣弄權 導大君於晉惠之昏 陷慈父於獻 公之惑 擬以大寶授之頑童 所幸者上帝降衷 君子改過 命我元子 尹玆一邦 顧非 震長之才 豈有臨君之智 兢兢慄慄 若蹈氷淵 宜推不次之恩 以示維新之政 可大 赦境內 限淸泰二年十月十七日昧爽以前 已發覺·未發覺·已結正·未結正·大辟已 下罪 咸赦除之 主者施行 萱在金山三朔 六月 與季男能乂 女子衷〔衷 麗史與通 鑑作哀〕福 嬖妾姑比等 逃奔錦城 遣人請見於太祖 太祖喜遣將軍黔弼·萬歲等 由水路勞來之 及至 待以厚禮 以萱十年之長 尊爲尙父 授舘以南宮 位在百官之 上 賜楊州爲食邑 兼賜金帛蕃褥 奴婢各四十口 內廐馬十匹 甄萱壻將軍英規密 語其妻曰 大王勤勞四十餘年 功業垂成 一旦以家人之禍失地 投於高麗 夫貞女 不事二夫 忠臣不思二主 若捨己君以事逆子 則何顏以見天下之義士乎 況聞高麗 王公仁厚勤儉 以得民心 殆天啓也 必爲三韓之主 蓋致書以安慰我王 兼殷勤於 王公 以圖將來之福乎 其妻曰 子之言是吾意也 於是 天福元年二月 遣人致意 遂告太祖曰 若擧義旗 請爲內應 以迎王師 太祖大喜 厚賜其使者而遣之 兼謝英 規曰 若蒙恩一合 無道路之梗 則先致謁於將軍 然後升堂拜夫人 兄事而姊尊之 必終有以厚報之 天地鬼神皆聞此言 夏六月 萱告曰 老臣所以投身於殿下者 願 仗殿下威稜 以誅逆子耳 伏望 大王借以神兵 殲其賊亂 則臣雖死無憾 太祖從之 先遣太子武·將軍術希 領步騎一萬 趣天安府 秋九月 太祖率三軍至天安 合兵進 次一善 神劍以兵逆之 甲午 隔一利川相對布陣 太祖與尙父萱觀兵 以大相堅權· 述希·金山·將軍龍吉·奇彥等 領步騎三萬爲左翼 大相金鐵·洪儒·守鄕〔鄕 麗史 作卿〕·將軍王〔王 麗史作三〕順·俊良等 領步騎三萬爲右翼 大匡順式·大相兢俊· 王謙·王乂·黔弼·將軍貞順·宗熙 以鐵騎二萬 步卒三千 及黑水·鐵利諸道勁騎 九千五百爲中軍 大將軍公萱·將軍王含允以兵一萬五千爲先鋒 鼓行而進 百濟將 軍孝奉·德述·明吉等 望兵勢大而整 棄甲降於陣前 太祖勞慰之 問百濟將帥所在

孝奉等曰 元帥神劍在中軍 太祖命將軍公萱直擣中軍 一〔一 麗史作三〕軍齊進挾擊 百濟軍潰北 神劍與二弟及將軍富達・小達・能奐等四十餘人生降 太祖受降 除能奐 餘皆慰勞之 許令與妻孥上京 問能奐曰 始與良劍等密謀 囚大王 立其子者 汝之謀也 爲臣之義當如是乎 能奐俛首不能言 遂命誅之 以神劍僭位爲人所脅 非其本心 又且歸命乞罪 特原其死(一云三兄弟皆伏誅) 甄萱憂懣發疽 數日卒於黃山佛舍 太祖軍令嚴明 士卒不犯秋毫 故州縣案堵 老幼皆呼萬歲 於是存問將士 量材任用 小民各安其所業 謂神劍之罪如前所言 乃賜官位 其二弟與能奐罪同 遂流於眞州 尋殺之 謂英規 前王失國後 其臣子無一人慰籍者 獨卿夫妻千里嗣音 以致誠意 兼歸美於寡人 其義不可忘 仍許職左丞 賜田一千頃 許借驛馬三十五匹 以迎家人 賜其二子以官 甄萱起唐景福元年 至晉天福元年 共四十五年而滅

論曰 新羅數窮道喪 天無所助 民無所歸 於是群盜投隙而作 若蝟毛然 其劇者弓裔・甄萱二人而已 弓裔本新羅王子 而反以宗國爲讐 圖夷滅之 至斬先祖之畫像 其爲不仁甚矣 甄萱起自新羅之民 食新羅之祿 而包藏禍心 幸國之危 侵軼都邑 虔劉君臣 若禽獮而草薙之 實天下之元惡大憝 故弓裔見棄於其臣 甄萱產禍於其子 皆自取之也 又誰咎也 雖項羽・李密之雄才 不能敵漢唐之興 而況裔・萱之凶人 豈可與我太祖相抗歟 但爲之敺民者也

參考 寶文閣修校文林郞禮賓丞同正	臣	金永溫
參考 西林場判官儒林郞尙衣直長同正	臣	崔祐甫
參考 文林郞國學學諭禮賓丞同正	臣	李黃中
參考 儒林郞前國學學正臣	臣	朴東桂(桂趙炳舜本作柱)
參考 儒林郞金吾衞錄事參軍事	臣	徐安貞
參考 文林郞守宮署令兼直史館	臣	許洪材
參考 將仕郞分司司宰注簿	臣	李溫文
參考 文林郞試掌治署令兼寶文閣校勘	臣	崔山甫
編修 輸忠定難靖國贊化同德功臣開府儀同三司檢校太保門下侍中判尙書事兼吏禮部事集賢殿太學士監修國史上柱國致仕	臣	金富軾

同管句內侍寶文閣校勘將仕郞尙食直長同正　臣　金　忠　孝
管句右丞宣尙書工部侍郎翰林侍講學士知制誥　臣　鄭　襲　明
府使嘉善大夫兼管內勸農防禦使　臣　金　居　斗
權知經歷前奉正大夫三司左咨議　臣　崔　得　回
嘉靖大夫慶尙道都觀察黜陟使兼
監倉安集轉輸勸農管學事提調刑獄兵馬公事知中樞院事　臣　閣　開

발 문

《삼국사기(三國史記)》인본(印本)으로 계림(鷄林 : 경주)에 있던 것은 세월이 오래되어 모두 없어지고, 세간에는 사본이 행하고 있는데, 안렴사 심공(沈公) 효생(孝生)이 한 책을 얻어서 전부사(前府使) 진공(陳公) 의귀(義貴)와 함께 간행할 것을 꾀하였다. 계유년(1393 : 조선 태조 2년) 7월에 부(府 : 경주부)에 공문을 보내어 8월에 비로소 판각(板刻)에 착수하였다. 그런데 얼마 아니하여 이공(二公)이 갈려가고, 내가 그해 10월에 부사(府使)로 부임하여 관찰사 민상공(개)(閔相公(開))의 명을 받들고, 그 뜻을 이어 힘써 시행하여 일을 쉬지 않게 하였다. 그리하여 갑술년(1394) 여름 4월에 이르러 완성을 보게 되었다. 아아, 일을 잘 지휘하여 성공에 이른 것은 오직 삼공(三公 : 沈·陳·閔)에게 힘입은 바이니, 내가 무슨 힘이 있었으리요. 다만 책 끝에 일의 처음과 끝을 갖추느라 적어 둘 뿐이다.

부사 가선대부 김거두 발

三國史印本之在雞林者 歲久而泯 世以寫本行 按廉使沈公孝生得一本 與前府使陳公義貴圖所以刊行 於癸酉七月 下牒于府 八月始鋟諸梓 未幾二公見代 余以其年冬十月至府 承觀察使閔相公之命 因繼其志 乃助之施令 工不斷手 至甲戌夏四月告成 嗚呼指揮能事 以至於成 惟三公是賴 余何力之有焉 但具事之終始 書于卷末耳 府使嘉善大夫金居斗跋.

찾아보기

《ㄱ》

가라국(加羅國) 57, 777
가리촌(加利村) 29
가림군(加[嘉]林郡) 637
가림성(加[嘉]林城) 168, 495, 496, 523
가무(笳舞) 586
가배(嘉俳) 35
가불성(加弗城) 497
가실(嘉實) 844
가실왕(嘉實王) 584
가야(加耶) 728
가야금(加耶琴) 95, 582, 584
가언충(賈言忠) 432, 531
가은현(加恩縣) 863
가잠성(椵岑城) 507, 817, 823
가평군(嘉平郡) 628
가혜성(加兮城) 733
가혜진(加兮津) 733
각가(覺伽) 126
각산성(角山城) 507
각연성군(各連城郡) 628
간인(竿引) 586
간주리(干朱里) 379
갈로(葛盧) 363
갈사왕(曷思王) 303
갈석(碣石) 389
갈화성(竭火城) 839

감문국(甘文國) 58, 610
감문주(甘文州) 96
감물(甘勿) 516
감사지(監舍知) 706
감은사(感恩寺) 216, 256
감은사성전(感恩寺成典) 680
감평군(欿平郡) 644
갑성군(岬城郡) 643
강세(康世) 65
강수(强首) 169, 804, 805
강심(江深) 144, 164
강양군(江陽郡) 616
강왕(康王) 367
강위(强偉) 426
강주(康州) 614, 870
강주성(江注盛) 376
강행본(江[姜]行本) 409
강훤(康萱) 58
개금(盖金) 731
개녕군(開寧郡) 610
개로왕(蓋鹵王) 479, 491
개루왕(蓋婁王) 450, 451, 461, 845
개마국(蓋馬國) 304
개모성(蓋牟城) 413
개산군(介山郡) 623
개성군(開城郡) 625
개소문(蓋蘇文) 399, 406, 408, 419, 430, 851 → 연개소문(淵蓋蘇文)
개운(蓋塤) 218
개원(愷元) 144, 189
개주(蓋州) 410, 417
개지극당(皆知戟幢) 713
개지극당감(皆知戟幢監) 710
개차산군(皆次山郡) 623
거기(車騎)—신라 599
거도(居道) 766
거란(契丹) 360
거련(巨連) 80, 362, 493
거발성(居拔城) 658
거열군(居烈郡) 615
거인(巨仁) 262
거제군(居濟郡) 615
거진(擧眞) 118, 735, 828
거창군(居昌郡) 615
거칠부(居柒夫) 95, 98, 765
거칠산국(居漆山國) 766
거칠산군(居漆山郡) 613
거타주(居陁州) 614
건무(建武) 397
건무왕(建武王) 406, 581
건안성(建安城) 410, 415
건운(乾運) 213, 214
건품(乾品) 507
걸숙(乞淑) 64

검군(劍君) 840
검모(黔牟) 233
검모잠(劍牟岑) 148, 434
검일(黔日) 126, 829
검필(黔弼) 870
견성군(堅城郡) 624
견아성(犬牙城) 494
견훤(甄萱) 262, 270, 271,
　272, 273, 275, 276, 277,
　812, 863, 870, 872
결기군(結己郡) 639
결성군(潔城郡) 639
경(慶) 80
경기(耿夔) 314
경덕왕(景德王) 209
경도역(京都驛) 687
경림(耿臨) 326
경명왕(景明王) 272
경문왕(景文王) 255, 260, 857
경사(慶司) 479
경성주작전(京城周作典) 679
경순왕(敬順王) 276, 279, 866
경신(敬信) 224, 838
경애왕(景哀王) 275
경오종당(京五種幢) 712
경응(慶膺) 251
경주(慶州) 278, 608
경휘(景徽) 237, 272
계강(繼康) 270, 272
계고(階古) 95, 584
계금당(罽衿幢) 712
계기(啓其) 39
계림(鷄林) 37, 608
계림대도독부(鷄林大都督府)

141
계립현(鷄立峴) 798
계명(季明) 506
계민(啓民) 388
계백(堦伯) 124, 521, 823,
　824, 830
계수(罽須) 328, 331
계아태후(桂娥太后) 276
계오부인(繼烏夫人) 224
계왕(契王) 466, 582
계원(繼元) 53, 54
계원필경(桂苑筆耕) 809
계홍(啓弘) 252
계화부인(桂花夫人) 228, 229
고간(高侃) 167, 168, 431, 434
고관가전(古官(宮)家典) 687
고구(高仇) 364
고구려(高句麗) 288, 443, 531,
　650
고구려의 복제(服制) 598
고구려의 음악 588
고구려인 관등(官等) 716
고구려현(高句麗縣) 296
고국양왕(故國壤王) 359, 360,
　581
고국원왕(故國原王) 356, 358,
　581
고국천왕(故國川王) 327, 330,
　581
고국천원(故國川原) 330
고기(古記) 733
고녕가야국(古寧加耶國) 611
고녕군(古寧郡) 611
고노자(高奴子) 346, 850

고대인성(古大人城) 409
고등신(高登神) 581
고령군(高靈郡) 616
고로(高老) 375, 496
고룡군(古龍郡) 640
고마미지(古馬彌知) 520
고마성(固麻城) 658
고목성(高木城) 448, 496
고문(高文) 427
고변(高騈) 806
고복장(高福章) 316, 317, 319
고부군(古阜郡) 640
고사부리(古沙夫里) 447, 640,
　668
고사주(古四州) 668
고성군(固城郡) 615, 631
고성성(古省城) 168
고소부리군(古所夫里郡) 39
고승(高勝) 388
고승전(高僧傳) 812
고시산군(古尸山郡) 610
고시이현(古尸伊縣) 643
고신감(古神感) 426
고신씨(高辛氏) 525
고야촌(高耶村) 29
고연무(高延武) 148
고연수(高延壽) 413, 414, 418
고우루(高優婁) 339
고운(顧雲) 809
고울부(高鬱府) 866
고이만년(古尒萬年) 484
고이왕(古尒王) 461, 464, 582
고익(高翼) 362
고자군(古自郡) 615

찾아보기　885

고장왕(高臧王) 115
고정의(高正義) 413
고조(高祖) 397, 398
고종(高宗) 431, 523, 667, 823
고주리(高朱利) 307
고창(高昌) 399
고창군(古昌郡) 609
고타군(古陁郡) 59
고타소랑(古陁炤娘) 731
고타야군(古陁耶郡) 609
고학림(高鶴林) 759
고허성(高墟城) 102
고허촌(高墟村) 29
고혜진(高惠眞) 413, 418
고흘(高紇) 379
고흥(高興) 467
곡사정(斛斯政) 396
곡성군(曲城郡) 629
곡성군(谷城郡) 644
곤우(昆優) 448
곤지(昆支) 491, 493, 496
골정(骨正) 56, 58, 59
공산(公山) 866
공손도(公孫度) 326, 331, 443
공손연(公孫淵) 340
공작지(孔雀趾) 254, 255
공장부(工匠府) 686
공직(龔直) 870
공찬(供湌)
공훤(公萱) 873
곽대봉(郭待封) 431
곽영(郭榮) 395
관구검(毌丘儉) 340, 462, 788
관나부인(貫那夫人) 343

관미령(關彌嶺) 474
관미성(關彌城) 360, 475
관방(關防) 474
관성군(管城郡) 610
관장(官長) 187
관창(官昌) 125, 824
관흔(官昕) 870
광개토왕(廣開土王) 360, 362
광겸(光謙) 62
광명부인(光明夫人) 61
광무제(光武帝) 307
광의왕태후(光懿王太后) 257
광평성(廣評省) 859
광화부인(光和夫人) 255
괴곡성(槐谷城) 62, 463
괴양군(槐壤郡) 622
괴유(怪由) 302, 303
교체(郊禘) 334, 339
교하군(交河郡) 624
구근(仇近) 748
구다국왕(句多國王) 304
구덕(丘德) 237
구도(仇道) 54, 55, 61, 73, 452
구도성(仇刀城) 614
구려(句麗) 650
구리내(仇里迺) 792
구리지(仇梨知) 777
구문(仇文) 840
구벌(九伐) 390
구벌성(仇伐城) 82
구부(丘夫) 358
구서당(九誓幢) 711
구수왕(仇首王) 460, 461, 465
구수혜(仇須兮) 54, 55

구양성(狗壤城) 37, 449, 452
구원(狗原) 475
구율(求律) 146
구이신왕(久尒辛王) 477, 478
구주(九州) 608, 652
구진천(仇珍川) 148
구추(仇鄒) 55
구칠(仇柒) 100
구칠당(仇七幢) 713
구태(仇台) 443
구태묘(仇台廟) 581
구파해(仇頗解) 447
구해(仇亥) 728
구행엄(丘行淹) 409
구회(口會) 453
국강왕(國岡王) 467
국내성(國內城) 342, 356, 651, 853
국량(國良) 55
국상(國相) 326
국양왕(國襄王) 340
국원(國原) 96
국원성(國原城) 622
국지모(國知牟) 395, 507
국학(國學) 186, 216, 256, 259, 510, 684
군사감(軍師監) 709
군사당(軍師幢) 712
군사당주(軍師幢主) 708
군승(軍勝) 748, 756
군호(軍號) 711
굴자군(屈自郡) 611
굴화군(屈火郡) 629
궁(宮) 313

궁복(弓福) 238, 251
궁예(弓裔) 262, 263, 270, 271, 272, 857, 864
궐성군(闕城郡) 615
궐지군(闕支郡) 615
귀금선생(貴金先生) 583
귀단수(貴湍水) 429
귀산(貴山) 101, 507, 794
귀숭경(歸崇敬) 215
귀승부인(貴勝夫人) 232
귀우미힐(貴于未肹)
균정(均貞) 230, 233, 771
극상(克相) 583
극우(克虞) 463
극정(極正) 238
극종(克宗) 60, 583
근개루(近蓋婁) 483, 484
근구수왕(近仇首王) 467, 468, 474
근종(近宗) 43
근초고왕(近肖古王) 466, 467, 468, 582, 658
근평군(斤平郡) 628
금강(金剛) 871
금강사(金剛寺) 373
금강삼매론(金剛三昧論) 812
금관국(金官國) 36, 40, 611, 728
금관소경(金官小京) 173
금돌성(今突城) 124
금련(金連) 521
금마군(金馬郡) 186, 642
금마저군(金馬渚郡) 642
금물노군(今勿奴郡) 623

금산군(錦山郡) 644
금산사(金山寺) 871
금서철계(金書鐵契) 525
금성(金城) 30, 608
금양군(金壤郡) 631
금와(金蛙) 286, 581
금현(錦峴) 446
금현성(金峴城) 95, 379, 499, 767
급당(急幢) 712
급리(急利) 64
급벌산군(及伐山郡) 627
급벌찬(級伐湌) 35, 677
급산군(岌山郡) 627
급찬(級湌)
기군(基郡) 639
기루왕(己婁王) 448, 449, 450
기림왕(基臨王) 608
기림이사금(基臨尼師今) 63
기벌포(伎伐浦) 125, 743
기성군(岐城郡) 628
기왕범(岐王範) 588
기용(器用) 601
기우제(祈雨祭) 580
기자(箕子) 388
기자가한(箕子可汗) 581
기잠(歧岑) 508
기현(旗懸) 508
기훤(箕萱) 858
길동군(吉同郡) 610
길문(吉門) 38
길사(吉士) 35, 678
길선(吉宣) 54, 451
길원(吉元) 39

김강(金剛) 123
김계명(金啓明) 253
김구해(金仇亥) 94
김균정(金均貞) 239
김근질(金釿質) 195
김기(金耆) 212
김능유(金能儒) 238
김단갈단(金端竭丹) 198
김대문(金大問) 32, 77, 812, 826
김둔산(金遁山) 146
김락(金樂) 866
김률(金律) 273
김명(金明) 239
김무력(金武力) 96
김무훈(金武勳) 194
김문영(金文穎) 125
김문울(金文蔚) 271
김민주(金敏周) 240, 772
김법민(金法敏) 517, 524
김보가(金寶嘉) 165
김부(金傅) 608, 866
김부의(金富儀) 212
김불(金㘽) 278
김사란(金思蘭) 196
김사양(金思讓) 191
김사인(金思仁) 210, 211
김사종(金嗣宗) 195
김생(金生) 841
김성(金成) 271
김소연(金蕭衍) 728
김수충(金守忠) 192
김순(金純) 128, 216
김순원(金順元) 208

김숭빈(金崇斌) 232
김안(金安) 254
김양(金陽) 770
김양상(金良相) 216
김양순(金亮詢) 771
김언(金言) 227
김여(金茹) 252
김영윤(金令胤) 822
김우징(金祐徵) 237 →우징(祐徵)
김운경(金雲卿) 251
김원전(金元全) 225
김원태(金元泰) 191
김원현(金元玄) 208
김유돈(金儒敦) 166
김유신(金庾信) 124, 139, 140, 141, 142, 163, 169, 398, 516, 519, 525, 658, 728, 741, 753, 823, 826, 828, 864
김육진(金陸珍) 232
김윤(金胤) 257
김율(金律) 865
김은거(金隱居) 215
김의종(金義琮) 239
김의충(金義忠) 198, 209
김인(金因) 258
김인문(金仁問) 122, 123, 124, 140, 145, 189, 432, 743, 745, 767
김인일(金仁壹) 194
김장렴(金張廉) 808
김정(金正) 256
김정종(金貞宗) 192

김제군(金堤郡) 641
김준(金峻) 807
김준옹(金俊邕) 231
김지량(金志良) 195
김지정(金志貞) 217
김직량(金直諒) 808
김진평(金眞平) 508
김창남(金昌南) 232
김처회(金處誨) 262, 807
김춘추(金春秋) 115, 119, 406, 428, 518, 523, 594, 731
김충공(金忠恭) 234
김충신(金忠信) 240
김충신(金忠臣) 195
김포질(金抱質) 199
김표석(金標石) 214, 216
김품석(金品釋) 829
김풍후(金楓厚) 192
김해소경(金海小京) 611
김헌장(金憲章) 233
김헌창(金憲昌) 231
김헌충(金獻忠) 231
김후직(金后稷) 785
김흠(金欽) 523
김흠순(金欽純) 166
김흠운(金欽〔歆〕運) 186, 825

《ㄴ》
나갈(羅渴) 462
나노(奈老) 38
나운(羅雲) 373
나은(羅隱) 809
낙금(駱金) 772
낙랑(樂浪) 64, 307, 444, 607

낙랑공왕(樂浪公王) 358
낙랑공주(樂浪公主) 278
낙랑국(樂浪國) 306
낙랑군(樂浪郡) 349
낙랑도(樂浪道) 763
난승(難僧) 730
날현인(捺絃引) 586
남건(男建) 430, 769, 853
→천남건(泉男建)
남모(南毛) 97
남무(男武) 327, 331
남부여(南扶餘) 498, 658
남산(男產) 430, 769, 853
→천남산(泉男產)
남산성(南山城) 101, 608
남생(男生) 430, 667, 769, 853
남소(南蘇) 358
남시전(南市典) 687
남신현(南新縣) 39, 55
남옥저(南沃沮) 447
남원성(南原城) 188
남원소경(南原小京) 186, 640
남천(南川) 743
남천주(南川州) 97
남한주(南漢州) 754
남해군(南海郡) 614
남해왕(南解王) 578, 677
남해차차웅(南海次次雄) 32
낭비성(娘臂城) 102, 398, 730
낭자곡성(娘子谷城) 37, 449
낭천군(狼川郡) 628
내령군(奈靈郡) 627
내례부인(內禮夫人) 53, 56
내마(奈麻) 35, 678

내물왕(奈勿王) 76, 77, 586,
　　765, 767, 777, 792, 825
　　→내물이사금(奈勿尼師今)
내물이사금(奈勿尼師今) 73
　　→내물왕(奈勿王)
내미홀군(內米忽郡) 626
내생군(奈生郡) 630
내성(內省) 694
내성군(奈城郡) 630
내소군(來蘇郡) 624
내솔(奈率) 463
내숙(乃宿) 81, 82
내을(奈乙) 82
내음(奈音) 62, 839
내이군(奈已郡) 627
내제군(奈隄郡) 627
내준신(來俊臣) 854
내지(內知) 586
내토군(奈吐郡) 627
내해왕(奈解王) 58, 64, 586
　　→내해이사금(奈解尼師今)
내해이사금(奈解尼師今) 56
　　→내해왕(奈解王)
내혜홀(奈兮忽) 623
내호아(來護兒) 392, 397
노리부(努里夫) 99
노산주(魯山州) 668
노자도덕경(老子道德經) 208
노종(奴宗) 94
녹진(祿眞) 235, 786
뇌산군(牢山郡) 645
뇌음신(惱音信) 128, 430
누각전(漏刻典) 687
눈죽조(嫩竹調) 585

눌지마립간(訥祇麻立干) 77
　　→눌지왕(訥祇王)
눌지왕(訥祇王) 79, 92, 792
　　→눌지마립간(訥祇麻立干)
눌최(訥催) 821
늑로현(勒弩縣) 508
능문(能文) 275
능성군(陵城郡) 644
능안(能晏) 146

《ㄷ》
다루(多婁) 446
다루왕(多婁王) 448, 449, 582
다물 289
다물군(多勿郡) 289
다미공(多美公) 744
다벌국(多伐國) 40
다사군(多沙郡) 63
다우(多優) 342
다파나국(多婆那國) 36
단속사(斷俗寺) 214, 842
단웅곡(斷熊谷) 357
달가(達賈) 314, 345
달고(達姑) 274
달벌성(達伐城) 60
달복(達福) 825
달사(達巳) 499
달솔(達率) 463
달홀(達忽) 631
달홀주(達忽州) 97
담날(談捺) 810
담덕(談德) 360, 475, 476
담릉(淡凌) 757
담수(淡水) 586

담암사(曇嚴寺) 31
담육(曇育) 101
답달비군(答達匕郡) 611
당성군(唐城郡) 623
당성진(唐城鎭) 238
당원(幢元) 189
당은군(唐恩郡) 623
당항성(黨項城) 115, 516
대가야국(大加耶國) 616
대각간(大角干) 146, 678
대곡(大谷) 63
대곡군(大谷郡) 626
대관대감(大官大監) 705
대관사(大官寺) 129
대구화상(大矩和尙) 261
대금(大琴) 586
대금무(碓琴舞) 587
대내마(大奈麻) 35, 678
대당(大幢) 139
대대감(隊大監) 706
대덕(對德) 463
대도서(大道署) 684
대두산성(大豆山城) 446, 491
대두성(大豆城) 492
대량성(大梁城) 736
대량주(大梁州) 731
대량주군(大良州郡) 616
대록군(大麓郡) 637
대릉(大陵) 62
대마도(對馬島) 76
대목군(大木郡) 866
대목악군(大木岳郡) 637
대무신왕(大武神王) 301, 307,
　　308

찾아보기　889

대문(大文)
대방(帶方) 64, 464, 582
대방군(帶方郡) 349
대방주(帶方州) 668
대보(大輔) 677
대사(大祀) 579
대사(大舍) 35, 678
대산(大山) 523
대산군(大山郡) 79, 640
대서지(大西知) 75
대선(大宣) 44
대성군(大城郡) 614
대성진(大城鎭) 517
대세(大世) 100
대소(帶素) 287, 292, 294, 301
대수촌(大樹村) 29
대시산군(大尸山郡) 640
대실씨(大室氏) 305
대아찬(大阿湌) 677
대악(碓樂) 840
대야성(大耶城) 270, 515, 864
대야주(大耶州) 97
대양(大讓) 195
대양관군(大楊管郡) 628
대양군(大楊郡) 628
대양왕(大陽王) 406
대오(大烏) 35, 678
대왕석(大王石) 174
대왕포(大王浦) 509
대일임전(大日任典) 685
대장대감(大匠大監) 709
대장척당(大匠尺幢) 712
대장척당주(大匠尺幢主) 708
대정(大正) 210

대조대왕(大祖大王) 313, 319, 320, 325
대증산성(大甑山城) 42
대창(大昌) 97
대행성(大行城) 433
덕근군(德近郡) 641
덕만(德曼) 113, 516
덕무(德武) 435
덕물도(德物島) 141, 519, 743, 768
덕복전(德福傳) 170
덕사내(德思內) 586
덕솔(德率) 463
덕안(德安) 521
덕은군(德殷郡) 641
덕종(德宗) 218
덕지(德智) 80, 373, 494
덕진포(德津浦) 864
덕창(德昌) 733
도감(刀龕) 358
도곤성(都坤城) 474
도교(道教) 406
도덕경(道德經) 406
도도(都刀) 96
도독(都督) 715
도독부(都督府) 668
도동음율(徒冬音律) 140
도두(都頭) 314
도령가(徒領歌) 586
도림(道琳) 483
도무군(道武郡) 645
도미(都彌) 845
도비(都非) 821
도비천성(刀比川城) 742

도산현(徒山縣) 645
도살성(道薩城) 95, 379, 499, 741, 767
도솔가(兜率歌) 34
도실군(道實郡) 641
도압성(都押城) 360
도양사(道讓寺) 518
도유공(都儒公) 819
도종(道宗) 414, 417, 418
도증(道證) 189
도침(道琛) 522
독고경운(獨孤卿雲) 431
독산(獨山) 75, 518
독산성(獨山城) 378, 498, 510
독산성(禿山城) 362
독서삼품과(讀書三品科) 226
돌궐(突厥) 379
돌아악(突阿樂) 586
동래군(東萊郡) 613
동륜(銅輪) 97
동맹(東盟) 581
동명(東明) 30, 521
동명성왕(東明聖王) 286, 289 →동명왕(東明王)
동명왕(東明王) 301, 444, 464, 658 →동명성왕(東明聖王)
동명주(東明州) 668
동보량(董寶亮) 125
동부여(東扶餘) 286
동비홀(冬比忽) 625
동사홀군(冬斯忽郡) 628
동삼홀군(冬彡忽郡) 626
동성왕(東城王) 493, 496

동소(東所) 508
동시전(東市典) 686
동안군(東安郡) 613
동옥저(東沃沮) 31
동잠(桐岑) 516, 518
동잠성(桐岑城) 102
동천왕(東川王) 339, 342, 581
동홀(冬忽) 626
동화성(同火城) 733
동황성(東黃城) 358, 651
두눌하원(杜訥河原) 341, 789
두량윤성(豆良尹城) 128
두로(杜魯) 308
두사지(豆斯支) 731
두상(杜爽) 524
두솔성(豆率城) 748
두의적(竇義積) 431
두지(豆知) 474
득래(得來) 342
득훈(得訓) 44
등흔(登欣) 90

《ㅁ》
마라난타(摩羅難陀) 469
마려(馬黎) 442
마로(麻盧) 302
마리(摩離) 288, 296
마문거(馬文擧) 411
마수산(馬首山) 448
마시산군(馬尸山郡) 638
마야부인(摩耶夫人) 99, 113
마융(馬融) 585
마제(摩帝) 41
마진(摩震) 271, 859

마천성(馬川城) 509
마한(馬韓) 315, 444, 446, 521, 607, 807, 864
마한왕(馬韓王) 30
마홀군(馬忽郡) 624
마후라(摩睺羅) 277
막고해(莫古解) 468
막근(莫勤) 319
막덕(莫德) 319
막리지(莫離支) 430
만(曼) 261
만덕(萬德) 95, 584
만명(萬明) 729
만보당(萬步幢) 712
만보당주(萬步幢主) 709
만월부인(滿月夫人) 214
만월성(滿月城) 608
만종(萬宗) 214
만파식(萬波息) 586
만호부인(萬呼夫人) 99
말갈(靺鞨) 56, 444, 447, 450, 474
말구(末仇) 63, 73
망덕사(望德寺) 186, 228, 234
매리포성(買利浦城) 733
매성현(買省縣) 624
매소천성(買蘇川城) 757
매홀군(買忽郡) 623
맹광(孟光) 363
맹소(孟召) 37
명농(明穠) 497
명농왕(明穠王) 754
명덕대왕(明德大王) 225
명롱(明襛) 96

명림답부(明臨答夫) 320, 326, 327
명림어수(明臨於漱) 339, 343
명림홀도(明臨笏覩) 343
명선(明宣) 39
명원부인(命元夫人) 64
명주(溟州) 629
명활성(明活城) 76, 80, 608, 734
모대(牟大) 82, 493, 495
모대왕(牟大王) 582
모둔곡(毛屯谷) 288
모량부(牟梁部) 817
모례(毛禮) 92
모로성(芼老城) 80
모벌군성(毛伐郡城) 194
모본왕(慕本王) 308, 313
모본원(慕本原) 308
모산성(母山城) 55, 81, 508
모성군(母城郡) 628
모시박사(毛詩博士) 498
모여니(慕輿埿) 357
모용각(慕容恪) 358
모용귀(慕容歸) 361
모용농(慕容農) 360
모용보(慕容寶) 362
모용성(慕容盛) 361
모용외(慕容廆) 346, 350, 850
모용인(慕容仁) 350
모용패(慕容霸) 357
모용평(慕容評) 358
모용한(慕容翰) 350, 357
모용황(慕容皝) 356, 358
모용희(慕容熙) 361

모척(毛尺) 126
모화군(毛火郡) 613
목도루(穆度婁) 316
목멱산(木覓山) 358
목저성(木底城) 361
목출도(木出島) 38
목협만지(木劦滿致) 484
무(舞) 582
무곡성(武谷城)
무골(武骨) 288
무관(武官) 705
무녕왕(武寧王) 496, 497
무덕(武德) 94
무덕왕(武德王) 140
무독(武督) 463
무려라(武厲邏) 395
무력(武力) 94
무령군(武靈郡) 644
무선(武仙) 173
무시이군(武尸伊郡) 644
무안군(務安郡) 645
무열왕(武烈王) 279, 807
무왕(武王) 506, 515
무은(武殷) 507, 794
무제(武帝) 797
무주(武州) 642
무진주(武珍州) 494, 642, 662, 863
무태(武泰) 271, 859
무휼(無恤) 35, 294, 301
묵거(默居) 288
묵호자(墨胡子) 92
문독(文督) 463
문량(文良) 191

문림(文林) 193
문명부인(文明夫人) 122
문명왕후(文明王后) 138
문명태후(文明太后) 364
문목부인(文穆夫人) 239
문무대왕(文武大王) 225, 578
문무왕(文武王) 138, 184, 594, 637, 745, 753, 805 → 법민(法敏) → 법민왕(法敏王)
문사(文思) 521
문성왕(文聖王) 251, 772
문소국(聞韶國) 609
문영(文穎) 189
문왕(文汪) 119
문의왕비(文懿王妃) 257, 258
문자명왕(文咨明王) 373, 376
문정태후(文貞太后) 123
문주(文周) 484
문주왕(文周王) 491, 492, 658
문천(文泉) 746
문충(文忠) 123
문황제(文皇帝) 478
문훈(文訓) 140
문흥대왕(文興大王) 123
문희(文姬) 138
물계자(勿稽子) 839
물력(勿力) 765
물아혜군(勿阿兮郡) 645
물품(勿品) 792
미사품(未斯品) 76
미사흔(未斯欣) 76, 77, 78, 79, 81, 792
미유(彌儒) 316, 319
미지무(美知舞) 586

미지악(美知樂) 586
미질부(彌秩夫) 81
미천왕(美川王) 347, 350, 356
미추왕(味鄒王) 73, 76, 578 → 미추이사금(味鄒尼師今)
미추이사금(味鄒尼師今) 61 → 미추왕(味鄒王)
미추홀(彌鄒忽) 443
미힐(美肹) 190
민공(敏恭) 259
민극(閔郃) 864
민애왕(閔哀王) 240
민중왕(閔中王) 307, 308
민중원(閔中原) 307
밀성군(密城郡) 611
밀우(密友) 341, 788

《ㅂ》
박거물(朴居勿) 525
박경한(朴京漢) 146
박도유(朴都儒) 166
박아도(朴阿道) 43
박유(朴裕) 192
박작성(泊灼城) 426
박제상(朴堤上) 77, 792
반굴(盤屈) 125, 822, 823
반남군(潘南郡) 643
반내부리현(半奈夫里縣) 643
반룡사(盤龍寺) 428
발기(發岐) 330
발라군(發羅郡) 644
발삽사(勃颯寺) 861
발착수(渤錯水) 418
발휘(發暉) 54

방동선(龐同善) 431
방효공(龐孝公) 519
방효태(龐孝泰) 430
배구(裵矩) 388
배령(裵嶺) 332
배청(裵淸) 507
배행방(裵行方) 426
배현경(裵玄慶) 862
백가(苩加) 493, 495
백강(白江) 520
백결선생(百結先生) 586, 840
백고(伯固) 325, 327
백관당(百官幢) 712
백기(苩奇) 508
백랑성(白狼城) 363
백석사(白石寺) 519
백선장군(百船將軍) 860
백성군(白城郡) 623, 818
백실(白實) 586
백암성(白巖城) 378, 412, 415
백어(伯魚) 227
백영(白永) 236
백이군(伯伊郡) 642
백정(白淨) 99
백제(百濟) 443, 531, 658, 864
백제의 음악 588
백제의 의복제도 598
백제인 관등(官等) 716
백좌강회(百座講會) 766
백탁(白卓) 861
벌보말(伐寶靺) 792
벌지(伐智) 80
벌휴왕(伐休王) 56 → 벌휴이
　사금(伐休尼師今)

벌휴이사금(伐休尼師今) 54,
　58 → 벌휴왕(伐休王)
범문(梵文) 236
법당감(法幢監) 710
법당두상(法幢頭上) 710
법당벽주(法幢辟主) 710
법당주(法幢主) 709
법당화척(法幢火尺) 710
법민(法敏) 120, 123, 138, 743
　→ 문무왕(文武王) → 법민
　왕(法敏王)
법민왕(法敏王) 756 → 문무
　왕(文武王) → 법민(法敏)
법선(法宣) 225
법안(法安) 147, 148
법왕(法王) 506
법지(法知) 95
법흥왕(法興王) 92, 586, 594,
　595
벽계군(碧谿郡) 642
벽골군(碧骨郡) 253
벽골제(碧骨堤) 227
벽골지(碧骨池) 65
벽골현(碧骨縣) 641
벽기제(辟氣祭) 580
벽화(碧花) 83
변품(邊品) 102, 508, 818
변한(卞韓) 607, 807
병부(兵部) 678
병산책(甁山柵) 448
보과(寶菓) 464
보기감(步騎監) 709
보기당주(步騎幢主) 708
보덕(普德) 428

보덕성(報德城) 820
보덕왕(報德王) 170, 184
보도부인(保刀夫人) 92
보반부인(保反夫人) 77
보벽(寶壁) 774
보성군(寶城郡) 643
보술수(普述水) 650
보연(寶延) 377
보용나(寶用那) 825
보원(寶元) 435
보장왕(寶臧王) 406, 425, 651,
　769
보제(保齊) 40
보희(寶姬) 138
복남(福南) 430
복신(福信) 141, 162, 508,
　509, 522
복암성(覆巖城) 37
복지겸(卜知謙) 862
복호(卜好) 76, 77, 792
복홀군(伏忽郡) 643
본득(本得) 146
본피부(本彼部) 34
봉덕사성전(奉德寺成典) 680
봉발(封撥) 363
봉산성(烽山城) 58, 60, 61,
　462, 463
봉상왕(烽上王) 345
봉성사성전(奉聖寺成典) 680
봉은사(奉恩寺) 228
봉은사성전(奉恩寺成典) 681
봉잠(烽岑) 508
부(傅) 276
부견(苻堅) 74, 359

찾아보기　893

부곡성(缶谷城) 55
부과(夫果) 157, 820
부복애(傅伏愛) 417
부분노(扶芬奴) 289, 291
부산성(富山城) 141
부석사(浮石寺) 171, 859
부성군(富城郡) 639
부소갑(扶蘇岬) 625
부아악(負兒嶽) 442
부여(扶餘) 443
부여경(扶餘慶) 365
부여군(扶餘郡) 625, 638
부여도(扶餘道) 763
부여도독부(扶餘都督府) 808
부여륭(扶餘隆) 143, 524
부여성(扶餘城) 399, 432
부여신(扶餘神) 581
부여장(扶餘璋) 510
부여충승(扶餘忠勝) 524
부여풍(扶餘豊) 522, 524
부위염(扶尉猒) 289
부정씨(負鼎氏) 302
부정제(部庭祭) 580
부진(符秦) 74
부평군(富平郡) 625
부현(斧峴) 74
부현성(斧峴城) 447
북부여(北扶餘) 295, 442, 650
북연(北燕) 361
북옥저(北沃沮) 289
북원경(北原京) 627
북풍(北豊) 364
북한산군(北漢山郡) 624
북한산성(北漢山城) 128, 388, 430, 450
북한산주(北漢山州) 101
분령군(分嶺郡) 642
분서왕(汾西王) 464, 465, 466, 582
분차군(分嵯郡) 642
분차주(分嵯州) 668
분황사(芬皇寺) 842
불내성(不耐城) 342
비금감(緋衿監) 710
비금당주(緋衿幢主) 708
비녕자(丕寧子) 118, 735, 827
비담(毗曇) 117, 734
비라성(副羅城) 82
비류(沸流) 442
비류국(沸流國) 289
비류수(沸流水) 288, 302
비류왕(比流王) 465, 466
비류왕(沸流王) 443
비미호(卑彌乎) 54
비사성(卑奢城) 397
비열성(比列城) 81
비열홀(比列忽) 64
비열홀군(比列忽部) 628
비열홀주(比列忽州) 96
비유왕(毗有王) 478, 479, 491
비자화군(比自火郡) 612
비지(比智) 82
비지국(比只國) 40
비처왕(毗處王) 93
비타(毗陁) 494
비파(琵琶) 585
비풍군(比豊郡) 639
빈공과(賓貢科) 810

《ㅅ》
사걸(沙乞) 102, 508
사공(思恭) 196
사구성(沙口城) 478
사기(斯紀) 467
사내금(思內琴) 587
사내기물악(思內奇物樂) 586
사내무(思內舞) 586
사내악(思內樂) 586
사다함(斯多含) 777
사대도제(四大道祭) 580
사도(沙道) 59
사도부인(思道夫人) 94, 98
사도성(沙道城) 54, 63, 452, 460
사독(四瀆) 579
사라(斯羅) 91, 608
사량부(沙梁部) 34, 806
사로(斯盧) 91, 608
사륙집(四六集) 809
사릉(蛇陵) 31
사릉원(蛇陵園) 33
사마(斯摩) 496
사마의(司馬懿) 340
사마창군(司馬稱軍) 149
사물현(史勿縣) 78
사반주(沙泮州) 668
사벌국(沙伐國) 609
사벌주(沙伐州) 187, 262
사범서(司範署) 687
사부구(師夫仇) 431
사비(斯卑) 498
사비(泗沘) 498
사비성(泗沘城) 126

사비하(泗沘河) 518
사설당(四設幢) 712
사성문제(四城門祭) 580
사성부인(史省夫人) 38, 41
사소부인(四炤夫人) 217
사수(蛇水) 430
사약사(沙若思) 493
4연나(四椽那) 328
사오(沙烏) 497
사유(斯由) 349, 356, 466, 467
사인(思仁) 196, 208
사자금당감(師子衿幢監) 710
사자금당주(師子衿幢主) 709
사정(沙井) 523
사정부(司正府) 210, 682
사정성(沙井城) 494
사중(祀中) 586
사지(舍知) 678
사직단(社稷壇) 578
사진(四鎭) 579
사찬(沙湌) 35, 677
사천당(四千幢) 712
사천상제(四川上祭) 580
사천왕사(四天王寺) 172
사천왕사성전(四天王寺成典) 679
사탁상여(沙吒相如) 524
사해(四海) 579
사현성(沙峴城) 57, 452
삭정군(朔庭郡) 628
삭주(朔州) 627
산박사(算博士) 193
산상왕(山上王) 330, 334
산양(蒜壤) 747

살수(薩水) 494
삼광(三光) 143, 753
삼근(三斤) 491
삼근왕(三斤王) 492
삼년군(三年郡) 610
삼년산군(三年山郡) 96, 610
삼년산성(三年山城) 80
삼대목(三代目) 261
삼맥종(三麥宗) 94
삼무당(三武幢) 712
삼무당주(三武幢主) 709
삼변수당(三邊守幢) 713
삼산(三山) 579
39여갑당(三十九餘甲幢) 713
3주(三州) 652
삼죽(三竹) 582, 585
삼죽적(三竹笛) 586
삼직(三直) 79
삼척군(三陟郡) 630
삼천감(三千監) 710
삼천당주(三千幢主) 708
삼천졸(三千卒) 710
삼한(三韓) 658
삼한고기(三韓古記) 495
삼현(三絃) 582
삽량성(歃良城) 80
삽량주(歃良州) 611, 792
상군(裳郡) 615
상대(上代) 279
상대등(上大等) 678
상루(尙婁) 344, 346
상리현장(相里玄獎) 407
상부(相夫) 345
상사서(賞賜署) 684

상성군(商城郡) 614
상수(尙須) 305
상신열무(上辛熱舞) 586
상영(常永) 520
상주(尙州) 609
생서량군(生西良郡) 613
생천군(狌川郡) 628
서곡성(西谷城) 509
서나벌(徐那伐) 29
서림군(西林郡) 638
서부대인(西部大人) 399
서시전(西市典) 687
서안평(西安平) 340
서안평현(西安平縣) 318, 349
서암군(棲嵒郡) 626
서야벌(徐耶伐) 608
서원경(西原京) 188, 236, 637
서원소경(西原小京) 186, 637
서원술성(西原述城) 827
서천(西川) 829
서천왕(西川王) 344, 345, 347
서한왕(西韓王) 31
서현(舒玄) 728
서형산군(西兄山郡) 614
서형산성(西兄山城) 169, 232
석남사(石南寺) 858
석남사내(石南思內) 586
석남오(石南烏) 228
석두성(石頭城) 388, 389, 507
석등보(昔登保) 76
석률(席律) 395, 507
석문성(石門城) 453
석체(昔諦) 804
석총(釋聰) 860

찾아보기 895

석탈해(昔脫解) 33
석토성(石吐城) 516, 741
석현(石峴) 475
선강대왕(宣康大王) 240
선극(宣極) 146
선농제(先農祭) 579
선덕왕(善德王) 113, 217, 224, 279, 578
선도해(先道解) 732
선부(船府) 682
선부서(船府署) 99
선성대왕(宣聖大王) 272
선의태후(宣懿太后) 240
선종(宣宗) 194, 858
선충(宣忠) 44
선혜부인(善兮夫人) 81
설계두(薛罽頭) 822
설림군(舌林郡) 638
설만철(薛萬徹) 426
설부(薛夫) 57
설세웅(薛世雄) 393
설수진(薛秀眞) 170
설씨녀(薛氏女) 843
설유(薛儒) 314
설인귀(薛仁貴) 157, 171, 415, 431
설인선(薛因宣) 525
설조유(薛鳥儒) 148
설지(薛支) 55
설총(薛聰) 810
설토마지(薛吐摩支) 854
설필하력(契苾何力) 429, 430, 431, 853
설하수(薛賀水) 433

성각(聖覺) 838
성골(聖骨) 122
성덕대왕(成德大王) 241
　→성덕왕(成德王)
성덕왕(聖德王) 190, 207
　→성덕대왕(成德大王)
성목태후(聖穆太后) 229
성산군(星山郡) 616
성열성(省熱城) 733
성왕(聖王) 497, 506, 658
성조황고(聖祖皇姑) 113
성책(聖冊) 860
성충(成忠) 518
세달사(世達寺) 858
세속의 오계(五戒) 795
세신갈문왕(世神葛文王) 59
세한(勢漢) 61
소감(少監) 707
소경무(小京舞) 586
소금(小琴) 586
소나(素那) 171, 818
소년감전(少年監典) 210
소덕왕후(炤德王后) 195, 207
소도성(蘇道成) 366
소모(素牟) 445
소문국(召文國) 55, 609
소벌공(蘇伐公) 29
소부리(所夫里) 658
소부리군(所夫里郡) 638
소부리주(所夫里州) 167
소사(小祀) 579
소사(小舍) 35
소사업(蕭嗣業) 429
소서노(召西奴) 443

소성왕(昭聖王) 228
소수림왕(小獸林王) 358, 359
소안(邵安) 481
소오(小烏) 35, 678
소우(蕭友) 348
소정방(蘇定方) 124, 140, 429, 430, 519, 637, 658, 735, 745, 768, 773, 807, 823, 826, 830, 864
소지마립간(炤知麻立干) 81
소천군(㳂川郡) 622
소호김천씨(小昊金天氏) 525, 728
속명득(續命得) 583
속함(速含) 508
속함군(速含郡) 615
손대음(孫代音) 412
손부(孫副) 495
손수(孫漱) 364
손이랑(孫貳朗) 425
손인사(孫仁師) 141, 163, 523, 524
솔거(率居) 842
송산성(松山城) 388, 389, 507
송술성(松述城) 99
송악군(松岳郡) 270, 273, 625
송양(松讓) 289, 290, 301
송옥구(松屋句) 304
송함홍(宋含弘) 861
송황(宋晃) 358
수곡성(水谷城) 373, 467, 468, 476, 496
수덕개(首德皆) 184
수덕만세(水德萬歲) 271, 860

수로왕(首露王) 40, 728
수류(首留) 61
수미강(須彌强) 865
수봉(秀奉) 786
수성(遂成) 315, 318, 319
수성군(守城郡) 631
수성군(水城郡) 623
수성군(㺚城郡) 631
수세(藪世) 150
수승(守勝) 118
수승(秀昇) 230
수신(壽神) 236
수을부(首乙夫) 100
수종(秀宗) 234, 237, 786
수주군(水酒郡) 609
수창군(壽昌郡) 612
수품(水品) 114
숙달(叔達) 406, 852
숙신(肅愼) 315, 344
숙흘종(肅訖宗) 728
순경(順憬) 827
순덕(純德) 838
순도(順道) 359
순선(順宣) 41, 63
순성태후(順成太后) 239
순식(順式) 274
순원(順元) 193
순정(順貞) 37, 209
순지(順知) 186
순화군(淳化郡) 641
술명(述明) 55
술천군(述川郡) 622
술천성(述川城) 447
숭빈(崇斌) 227

숭선군(嵩善郡) 610
습보(習寶) 90
습비부(習比部) 35
승경(承慶) 194, 207
승만(勝曼) 118
승부(乘府) 682
승영(昇英) 272
승평군(昇平郡) 644
시득(施得) 172
시미지진(施彌知鎭) 235
시산군(屎山郡) 641
시위부(侍衛府) 705
시이곡정(始飴谷停) 139
시제(矢堤) 78
시조대왕(始祖大王) 225
시중(侍中) 210
시호법(諡號法) 92
식성군(息成郡) 626
식척전(食尺典) 687
신검(神劒) 871
신광보살(神光菩薩) 860
신궁(新宮) 686
신권(申權) 41
신대왕(新大王) 325, 327, 581
신덕왕(神德王) 272
신라 초기의 의복 제도 594
신라(新羅) 64, 91
신라의 음악(音樂) 582
신라지(新羅志) 658
신목왕후(神穆王后) 189
신무왕(神武王) 241, 772
신문왕(神文王) 184, 189, 190, 637, 806, 810, 823
신보왕후(新寶王后) 217

신삼천당(新三千幢) 713
신성(新城) 344, 395, 431, 525
신성(神城) 431
신성도(新城道) 425
신세웅(辛世雄) 393, 394, 764
신숭겸(申崇謙) 862, 866
신열악(辛熱樂) 586
신영대왕(神英大王) 225
신월성(新月城) 608
신유(神猷) 215
신정(信貞) 191
신집(新集) 388
신충(信忠) 212
신혜법사(信惠法師) 147
신흥대왕(神興大王) 276
실복(悉伏) 823
실성(實聖) 75, 77, 360
실성왕(實聖王) 77, 79 → 실성이사금(實聖尼師今)
실성이사금(實聖尼師今) 75 → 실성왕(實聖王)
실죽(實竹) 82
실직(悉直) 75, 79
실직곡국(悉直谷國) 40
실직국(悉直國) 630
실직성(悉直城) 80
실직주(悉直州) 91
실혜(實兮) 838
심광(沈光) 396
심나(沈那) 818
심숙안(沈叔安) 398
십정(十停) 712
십제(十濟) 443
쌍계사(雙溪寺) 809

쌍현성(雙峴城) 476, 497

《ㅇ》
아달라이사금(阿達羅尼師今) 53
아달성(阿達城) 819
아라국(阿羅國) 839
아란불(阿蘭弗) 286
아로(阿老) 578
아루부인(阿婁夫人) 32
아막성(阿莫城) 101, 506, 795
아미혜부인(阿彌兮夫人) 58
아불화도가(阿佛和度加) 357
아슬라주(阿瑟羅州) 767
아시량국(阿尸良國) 615
아시촌(阿尸村) 92
아신왕(阿莘王) 475, 582
아음부(阿音夫) 59
아이부인(阿尒夫人) 468
아자개(阿玆蓋〔慈介〕) 273, 863
아진포구(阿珍浦口) 36
아진함(阿珍含) 757
아차산현(阿次山縣) 645
아차성(阿且城) 485
아찬(阿湌) 35, 677
아효부인(阿孝夫人) 36
악본(樂本) 812
악성(嶽城) 736
안고(安固) 428
안동도독부(安東都督府) 808
안동도호부(安東都護府) 434, 525, 667

안동진무대사(安東鎮撫大使) 171
안락왕(安樂王) 364
안류(晏留) 328, 784
안륙(安陸) 431
안순(安舜) 434
안승(安勝) 148, 170, 434
안시성(安市城) 413, 416, 434
안양사(安養寺) 128
안원왕(安原王) 377, 378
안장(安長) 583
안장왕(安臧王) 376, 377, 581
안제(安帝) 477
안홍법사(安弘法師) 98
알영 30
알영부인(閼英夫人) 32
알지(閼智) 37, 61, 75
알천(閼川) 33, 114, 399, 510, 742, 777
암(巖) 758
압구제(壓丘祭) 580
압독(押督) 40
압록수(鴨綠水) 393
압록책(鴨綠柵) 433
압해군(壓海郡) 645
애공사(哀公寺) 98
애노(哀奴) 262
애례부인(愛禮夫人) 41
애장왕(哀莊王) 229
앵잠(櫻岑) 508
야성군(野城郡) 630
야시홀군(也尸忽郡) 630
약로(藥盧) 343, 344
양(諒) 387

양강왕(陽岡王) 798
양검(良劒) 871
양계응(楊季膺) 208
양구(楊球) 842
양근현(楊根縣) 226
양길(梁吉) 262, 270, 858, 864
양도(良圖) 126, 148, 748, 770
양동벽(梁冬碧) 753
양량(楊諒) 388
양록군(楊麓郡) 628
양무군(陽武郡) 645
양부(良夫) 60, 61
양산가(陽山歌) 826
양산촌(楊山村) 29
양상(良相) 214, 217
양성(陽成) 379
양수(良首) 123
양신(陽神) 316
양열(梁悅) 229
양원왕(陽原王) 378, 379
양의신(楊義臣) 395
양제(煬帝) 389, 391, 396
양종(亮宗) 232
양주(良州) 611
양질(良質) 62
양현감(楊玄感) 396
어룡성사신(御龍城私臣) 232
어비류(於卑留) 328, 784
어주효경(御註孝經) 209
어지류(菸支留) 316, 325
억렴(億廉) 279
언승(彥昇) 232, 242
엄사수(淹㴲水) 288
엄우(嚴尤) 295

여노(如孥) 350
여신(餘信) 477, 478
여인국(女人國) 36
여진(如津) 296
연(演) 521
연(璉) 483
연개소문(淵蓋蘇文) 117
→ 개소문(蓋蘇文)
연권(連權) 842
연나부(掾那部) 303
연모(燕謨) 498
연무(延武) 173
연문진(燕文進) 507
연불(然弗) 334, 340, 342
연산군(燕山郡) 639
연성군(連城郡) 628
연신(燕信) 365, 492
연우(延優) 330
연인(然人) 326
연정토(淵淨土) 144
연제부인(延帝夫人) 90
연진(連珍) 58, 461
연충(連忠) 58
연타발(延陀勃) 443
연회(燕會) 498
열기(裂起) 747, 826
열박산(咽薄山) 730
열반경의(涅槃經義) 498
염립덕(閻立德) 410
염상(廉相) 212
염장(閻長) 252
염종(廉宗) 734
영객부(領客府) 101, 683
영경사(永敬寺) 99, 129

영공(永恭) 234
영규(英規) 872
영동군(永同郡) 610
영류왕(榮留王) 397
영명신궁(永明新宮) 210
영묘사(靈廟寺) 114, 140
영묘사성전(靈廟寺成典) 681
영성제(靈星祭) 579
영암군(靈巖郡) 643
영양왕(嬰陽王) 387, 397
영창궁(永昌宮) 212
영창궁성전(永昌宮成典) 684
영충(令忠) 235
영태후(靈太后) 376
영풍군(永豊郡) 626
영화부인(寧花夫人) 256
영흥사성전(永興寺成典) 681
예(濊) 607
예겸(乂謙) 258
예궁전(穢宮典) 210
예맥(濊貊) 314, 315
예부(禮部) 681
예실불(芮悉弗) 373
예왕(濊王) 33
예원(禮元) 157
예작부(例作府) 682
예징(禮徵) 251, 771
예천군(醴泉郡) 609
예파(穢破) 825
오간(烏干) 442
오곡군(五谷郡) 626
오골성(烏骨城) 416
오관군(五關郡) 626
5두품 말안장 600

5두품 여자의 말안장 600
5두품의 방 602
오묘(五廟) 230, 578
5부(五部) 658
오사함달현(烏斯含達縣) 625
오성제(五星祭) 580
오악(五岳) 579
오이(烏伊) 288, 289, 296
오주서(五州誓) 712
오함(烏含) 81
오함사(烏含寺) 517
옥권(玉權) 41
옥모부인(玉帽夫人) 58
옥문곡(玉門谷) 510, 736
옥보고(玉寶高) 583
옥사(屋舍) 601
온군해(溫君解) 120
온달(溫達) 796
온사문(溫沙門) 429
온조(溫祚) 31, 290, 442, 658
온조왕((溫祚王) 442, 448, 582
옹산성(甕山城) 745
와산성(蛙山城) 37, 449
완도(莞島) 238, 774
완산(完山) 640, 660
완산주(完山州) 96, 186, 640
완산주도독(完山州都督) 233
완산주서(完山州誓)
완우(阮瑀) 584
왕기(王頎) 341, 789
왕대도(王大度) 410
왕망(王莽) 295
왕맹(王猛) 358

찾아보기 899

왕문도(王文度) 141, 521
왕백구(王白駒) 364
왕변나(王辯那) 505
왕산악(王山岳) 583
왕세의(王世儀) 102
왕세적(王世績) 387
왕신(王信) 865
왕인공(王仁恭) 394
왕재성(王在城) 508
왕준(王遵) 462
왕창근(王昌瑾) 861
왕충(王忠) 277, 870
왕파리(王波利) 426
왕함윤(王含允) 873
왕효린(王孝隣) 507
왕흥사(王興寺) 506, 509, 519
왕흥사잠성(王興寺岑城) 126
왜국(倭國) 658
외관(外官) 715
요(嶢) 263, 270
요거성(腰車城) 57, 119, 452, 516
요광(姚光) 315, 318
요극일(姚克一) 525, 842
요동(遼東) 359, 822
요동군(遼東郡) 395, 650
요동도행군대총관(遼東道行軍大總管) 409
요동성(遼東城) 392, 417, 764
요수(遼水) 391, 395, 396
요주(遼州) 417
욕내군(欲乃郡) 644
욕돌역(褥突驛)
욕이성(辱夷城) 433

용검(龍劒) 871
용석(龍石) 115, 829
용성왕(龍城王) 363
용수(龍樹) 102, 114
용원(龍元) 186
용책(冗柵) 508
용춘(龍春) 122
용화향도(龍華香徒) 729
우거(優居) 326
우곡성(牛谷城) 447, 449
우두(牛頭) 805
우두군(牛頭郡) 78
우두산성(牛頭山城) 445
우두성(牛頭城) 493
우두주(牛頭州) 57, 64,
우두주총관(牛頭州摠管) 189
우두진(牛頭鎭) 461
우로(于老) 57, 58, 59, 60, 64
우륵(于勒) 95, 584
우리방부(右理方府) 683
우명산성(牛鳴山城) 389
우문개(宇文愷) 391
우문술(宇文述) 393, 394, 395, 763
우문주(宇文周) 505
우발수(優渤水) 286
우복(優福) 465
우봉군(牛峰郡) 625
우사록관(右司祿舘) 686
우사제(雨師祭) 579
우산국(于山國) 91, 767
우산성(牛山城) 83, 373, 378, 498
우소(于召) 510

우소(于素) 328
우수(于漱) 344
우수주(牛首州) 655
우술군(雨述郡) 639
우술성(雨述城) 139
우시군(于尸郡) 630
우시산국(于尸山國) 766
우식곡(憂息曲) 794
우식악(憂息樂) 586
우연(祐連) 262
우영(優永) 373, 496
우오(羽烏) 38
우위거(憂位居) 339
우잠군(牛岑郡) 625
우조(羽調) 583
우중문(于仲文) 393, 763
우진달(牛進達) 414, 425, 426
우진야현(于珍也縣) 630
우징(祐徵) 241, 771 →김우징(金祐徵)
우태(于台) 443
우태(優台) 443, 582
욱리하(郁里河) 484
욱보(郁甫) 61
운제부인(雲帝夫人) 32, 34
울릉도(鬱陵島) 91
울진군(蔚珍郡) 630
웅령(熊嶺) 164
웅선(雄宣) 43, 44
웅원(雄元) 233
웅주(熊州) 637
웅진(熊津) 491, 521
웅진교(熊津橋) 494
웅진도독부(熊津都督府) 637

웅진성(熊津城) 126, 509
웅진주(熊津州) 748
웅천(熊川) 658
웅천성(熊川城) 379, 504
웅천주(熊川州) 637, 659
웅현성(熊峴城) 99
웅현정(熊峴停) 139
원(元) 387
원광(圓光) 101
원광법사(圓光法師) 100, 794
원기(元器) 144
원랑도(原郞徒) 586
원만경(元萬頃) 432
원망(元望) 756
원문(元文) 191
원봉(元逢) 274, 870
원산(圓山) 446
원산성(圓山城) 497
원산향(圓山鄕) 55
원선(元宣) 189
원성왕(元聖王) 224
원술(元述) 756
원정(元貞) 756
원종(元宗) 262
원종(原宗) 92
원화(源花) 97
원효(元曉) 810
원훈(元訓) 190
월내군(月奈郡) 643
월명부인(月明夫人) 118
월성(月城) 36, 62, 608
월유택(月遊宅) 241
월주(越州) 658
위구태(尉仇台) 315

위나암(尉那巖) 292
위나암성(尉那巖城) 304
위덕왕(威德王) 504, 506
위두(衛頭) 74
위례성(慰禮城) 444, 445, 658
위만(衛滿) 531
위문(魏文) 192
위문승(衛文昇) 391, 393
위요(魏曜) 209
위원(魏元) 195
위응(魏膺) 275
위준(韋俊) 808
위지해(尉遲楷) 344
위진(魏珍) 256, 258
위징(魏徵) 418
위충(韋冲) 387
위홍(魏弘) 258, 261
위화군(喟火郡) 612
위화부(位和府) 99, 683
위흔(魏昕) 253
유기(留記) 388
유덕민(劉德敏) 139, 162, 826
유돈(儒敦) 139
유렴(裕廉) 273
유례이사금(儒禮尼師今) 62
유류(孺留) 443
유류왕(孺留王) 651
유리(類利) 289, 290
유리명왕(琉璃明王) 290, 296
유리왕(琉璃王) 38, 64, 301
유리왕(儒理王) 677 → 유리이사금(儒理尼師今)
유리왕자(琉璃王子) 313
유리이사금(儒理尼師今) 34

→ 유리왕(儒理王)
유린군(有鄰郡) 630
유무(劉茂) 462
유문(有文) 870
유문소(庾文素) 102
유백영(劉伯英) 124, 429, 519
유사룡(劉士龍) 393, 763
유옥구(劉屋句) 341, 789
유유(紐由) 341, 788
유인궤(劉仁軌) 141, 143, 145, 432, 522, 524, 667, 773
유인원(劉仁願) 126, 143, 145, 163, 521, 744, 769
유정(惟正) 209
유주(幽州) 607
유혈(劉絜) 363
유화(柳花) 286, 581
6두품 말안장 600
6두품 여자의 말안장 600
6두품의 방 601
육부(六部) 29, 37
육부소감전(六部小監典) 687
6사(六師) 390
육원경(陸元景) 770
육정(六停) 711
윤량(允良) 39
윤분(允芬) 238
윤성(尹城) 523
윤용왕후(允容王后) 240
윤종(允宗) 57
윤중(允中) 758
윤충(允忠) 115, 196, 515, 829
윤흥(允興) 257, 583
율목군(栗木郡) 623

율진군(栗津郡) 623
융(隆) 126, 521
은상(殷相) 120, 516, 741
은솔(恩率) 463
을두지(乙豆智) 303, 304
을불(乙弗) 346, 347
을소(乙素) 328, 784
을음(乙音) 314, 444, 447
을제(乙祭) 113
을지문덕(乙支文德) 393, 763
을파소(乙巴素) 328, 333, 784
음성서(音聲署) 685
음우(陰友) 343, 344
음집벌국(音汁伐國) 40
응렴(膺廉) 254, 255, 857
의공대왕(懿恭大王) 256
의명부인(懿明夫人) 258
의명왕태후(義明王太后) 270
의문(義文) 756
의박사(醫博士) 193
의상(義相) 171, 173
의성왕후(義成王后) 272
의안군(義安郡) 611
의안법사(義安法師) 170
의영(義英) 227
의자(義慈) 509
의자왕(義慈王) 115, 126, 515, 658, 768, 864
의정(誼靖) 254, 857
의종(義琮) 251
의주(醫州) 650
의직(義直) 119, 516, 519
의창군(義昌郡) 613
의충(義忠) 207

이거사(移車寺) 199
이건역(李虔繹) 854
이계당(二罽幢) 713
이군구(李君球) 429
이굴가(李窟哥) 428
이궁(二弓) 713
이근행(李謹行) 160, 168, 434
이다조(李多祚) 774
이도유(李道裕) 427
이등(伊登) 92
이련(伊連) 359
이례성(爾禮城) 126
이릉부리군(尒陵夫里郡) 644
이리부인(伊利夫人) 75
이매(伊買) 56
이묘(二廟) 230
이문진(李文眞) 388
이물림(利勿林) 302
이발(李拔) 361
이벌찬(涉伐湌) 35, 677
이병(李邴) 212
이불란사(伊弗蘭寺) 359
이사부(異斯夫) 91, 94, 96, 767, 777
이산군(伊山郡) 638
이서고국(伊西古國) 63
이세적(李世勣) 409, 410, 412, 417, 425, 426
이순(李純) 214
이순행(李順行) 772
이안상(李安上) 367
이오(李敖) 362
이유(李儒) 278
이음(利音) 57, 452

이적(李勣) 144, 164, 431, 651, 667, 753, 769, 808, 854
이절말당(二節末幢) 712
이정(李靖) 418
이차돈(異次頓) 93
이척찬(伊尺湌) 35, 677
이칠(伊柒) 61
이하(泥河) 80
이합시(離合詩) 432
이해안(李海岸) 425, 426
이혁(李革) 842
이현장(里玄獎) 116, 516, 852
이홍(利弘) 241
이홍(理洪) 188
익성군(益城郡) 628
익성대왕(翌成大王) 239
익종(翊宗) 60, 462
익종(翌宗) 42
인경(仁慶) 843
인물현(仁物縣) 859
인우(因友) 497
인품(仁品) 191, 193
인흥(蘭興) 258
일길찬(一吉湌) 35, 677
일례부(一禮部) 62
일리군(一利郡) 616
일모산군(一牟山郡) 639
일본(日本) 150
일선군(一善郡) 610
일성이사금(逸聖尼師今) 42, 53
일원(日原) 144
일월제(日月祭) 580

임고군(臨皐郡) 612
임관군(臨關郡) 613
임권(林權) 42
임나가량(任那加良) 805
임류각(臨流閣) 494
임무(任武) 426
임삭궁(臨朔宮) 389
임성군(任城郡) 638
임실군(任實郡) 642
임아상(任雅相) 429
임유관(臨渝關) 387
임윤(琳潤) 157, 161, 167
임자(任子) 742
임존산(任存山) 773
임존성(任存城) 164, 522, 524, 638, 749
임지고(任智高) 753
임피군(臨陂郡) 641
임해전(臨海殿) 215, 254, 257, 260, 277
잇금〔齒理〕 34
잉근내군(仍斤內郡) 622
잉숙(仍宿) 765

《ㅈ》
자견(自堅) 741
자비 마립간(慈悲麻立干) 79
　→ 자비왕(慈悲王)
자비왕(慈悲王) 81, 586
　→ 자비마립간(慈悲麻立干)
자옥(子玉) 226
자의왕후(慈儀王后) 138, 184
자장법사(慈藏法師) 114
잡찬(迊湌) 35, 677

장(璋) 506
장검(張儉) 408
장광보(張光輔) 854
장구군(獐口郡) 623
장군예(張君乂) 411
장근(張瑾) 393
장덕(將德) 463
장량(張亮) 409
장령성(長嶺城) 496
장령진(長嶺鎭) 53
장륙불상(丈六佛像) 97
장문수(張文收) 122
장보고(張保皐) 774
장봉성(長峯城) 63
장봉진(長峯鎭) 83
장산군(獐山郡) 612
장산성(獐山城) 57, 123, 460, 768
장새(獐塞) 747, 826
장세(長世) 39
장손무기(長孫無忌) 407, 414, 852
장손사(長孫師) 398
장수왕(長壽王) 362, 366, 484, 651
장안성(長安城) 379, 381
장의사(莊義寺) 124
장이(長耳) 756
장제군(長堤郡) 624
장창당(長槍幢) 756
장청(長淸) 759
장통(張統) 350
장항구현(獐項口縣) 623
장화부인(章和夫人) 237

장훤(長萱) 60
장흔(長昕) 63, 64
재사(再思) 288
재증걸루(再曾桀婁) 484
쟁(箏) 584
적과적(赤袴賊) 263
적득(狄得) 825
적리성(積利城) 426
적목성(赤木城) 171
적암성(赤嵓城) 507
적현성(赤峴城) 460, 475
전담(全譚) 295
전사서(典祀署) 192, 686
전야산군(轉也山郡) 188, 614
전읍서(典邑署) 684
전주(全州) 640
전지(腆支) 476
전지왕(腆支王) 477, 478, 582
절야화군(切也火郡) 612
점량부(漸梁部) 34
정(政) 257
정강왕(定康王) 260
정개(政開) 272, 860
정계부인(貞繼夫人) 251
정관(政官) 714
정교(貞嬌) 236
정년(鄭年) 774
정명(政明) 143, 184
정명진(程名振) 123, 410, 429
정목왕후(定穆王后) 237
정무(正武) 126
정문표(鄭文表) 515
정복(正福) 742
정사당(政事堂) 43

정여(貞茹) 770
정연(鄭年) 240
정종(貞宗) 196, 207, 208
정준(程駿) 365
정중(正仲) 741
정천군(井泉郡) 629
정천도(鄭天璹) 409
정토(淨土) 144
정현사(定玄師) 809
정화부인(貞和夫人) 272
정화태후(貞和太后) 272
제감(弟監) 706
제공(悌恭) 227
제군관(諸軍官) 705
제륭(悌隆) 239, 771
제우(齊于) 484
제일(諸逸) 190
조다(助多) 373
조명부인(照明夫人) 254
조물성(曹物城) 865
조미걸취(祖彌桀取) 484
조미압(租未押) 742
조복(助服) 139
조부(調府) 679
조분왕(助賁王) 56, 59, 61, 62
　→조분이사금(助賁尼師今)
조분이사금(助賁尼師今) 58, 63 →조분왕(助賁王)
조불(祖弗) 348
조생부인(鳥生夫人) 90
조선국(朝鮮國) 608
조선군왕(朝鮮郡王) 435
조선왕(朝鮮王) 434
조위(造位) 35

조주(助州) 145
조천성(助川城) 820, 825
조효재(趙孝才) 393
존대(尊臺) 830
졸본(卒本) 290
졸본부여(卒本扶餘) 288, 442, 658
졸본천(卒本川) 288
종기(宗基) 226, 770
종묘(宗廟) 578
종정(宗貞) 129
좌가려(左可慮) 328, 784
좌군(佐軍) 463
좌리방부(左理方府) 683
좌물촌(左勿村) 328
좌사록관(左司祿館) 172, 686
좌우의방부(左右議方府) 189
좌우이방부(左右理方府) 172
좌평(佐平) 463
주근(周勤) 447
주라후(周羅睺) 388
주력공(主力公) 209
주령(朱玲) 95
주류성(周留城) 162, 163, 522, 523
주몽(朱蒙) 286, 288, 290, 442, 650
주법상(周法尙) 392
주부토군(主夫吐郡) 624
주원(周元) 216, 224, 234, 770, 838
주자사(朱子奢) 102, 398, 508
주장성(晝長城) 168
주진(朱珍) 498

주통(州統) 715
주통촌(酒桶村) 334, 339
주필(柱弼) 236
주필산(駐蹕山) 415, 418, 822
주흥(周興) 774
죽군성(竹軍城) 668
죽령(竹嶺) 789, 798
죽장릉(竹長陵) 63
죽죽(竹竹) 115, 829
죽지(竹旨) 120, 122, 128, 516, 741, 744
준옹(俊邕) 228
준정(俊貞) 97
준흥(俊興) 260, 270
중공(仲恭) 231
중금(中琴) 586
중농제(中農祭) 579
중당(仲幢) 712
중대(中代) 279
중반군(重盤郡) 626
중사(中祀) 579
중상(仲常) 736
중원경(中原京) 622
중천왕(中川王) 342, 344
중희(重熙) 229
지경(智鏡) 144, 150
지대로(智大路) 90
지대로왕(智大路王) 586
지도로왕(智度路王) 767
지도부인(知道夫人) 98
지라성(支羅城) 523
지량(智良) 63
지렴(志廉) 196
지리(地理) 607, 622, 637, 650

지마왕(祇摩王) 53
지마이사금(祇摩尼師今) 41
지명(智明) 100
지벌포(伎伐浦) 518
지소례왕(支所禮王) 42, 53
지소부인(智炤夫人) 756
지수신(遲受信) 141, 524
지심주(支潯州) 668
지아악(枝兒樂) 586
지은(知恩) 842
지조(智照) 123
지증마립간(智證麻立干) 90
지증왕(智證王) 578, 785
지진내례부인(只珍內禮夫人) 55
지충(志忠) 498
직관(職官) 677, 694
직도전(直徒典) 687
직선(直宣) 61, 463
진가모(眞嘉謨) 360, 474
진고도(眞高道) 468
진골 여자의 말안장 600
진골(眞骨) 122, 599, 677
진골의 방 601
진골의 안장 600
진과(眞果) 453
진교부인(眞矯夫人) 241
진남(眞男) 492
진대덕(陳大德) 399
진덕왕(眞德王) 118, 279, 594
진량(眞亮) 253
진례군(進禮郡) 640
진로(眞老) 492, 493
진무(振武) 463

진무(眞武) 475
진물(眞勿) 462
진복(眞福) 142, 184
진사왕(辰斯王) 474, 475
진성왕(眞聖王) 261, 863
진순(陳純) 172
진왕(眞汪) 167
진원(眞元) 234
진의(眞義) 466
진잉을군(進仍乙郡) 640
진정(眞淨) 466
진제(珍堤) 838
진지왕(眞智王) 98
진춘(陳春) 120, 516, 741
진충(眞忠) 56, 462
진충(陳忠) 318
진평대왕(眞平大王) 817 → 진평왕(眞平王)
진평왕(眞平王) 99, 104, 586, 785 → 진평대왕(眞平大王)
진한(辰韓) 29, 446, 607, 807
진해장군(鎭海將軍) 251
진현성(眞峴城) 523
진호(眞虎) 275, 865
진흠(眞欽) 128, 141, 744
진흥왕(眞興王) 94, 584, 586, 766
집사랑(執事郎) 213
집사성(執事省) 678
집사원외랑(執事員外郎) 213
집항세(計恒世) 144

《ㅊ》

차대왕(次大王) 319, 320

착금감(著衿監) 710
착금기당주(著衿騎幢主) 708
찬덕(讚德) 507, 817
창(昌) 504
창도(蒼島) 158
창부(倉部) 681
창원(槍原) 294
창조리(倉助利) 346, 348, 850
채동(蔡彤) 308
채전(彩典) 686
채풍(蔡諷) 315
책계왕(責稽王) 464, 466, 582
책성(柵城) 314
천남건(泉男建) 431, 433, 434 → 남건(男建)
천남산(泉男產) 433 → 남산(男產)
천령군(天嶺郡) 615
천명부인(天明夫人) 122
천복(天福) 126
천상욱개자(川上郁皆子) 586
천왕사(天王寺) 518
천정구현(泉井口縣) 624
천정군(泉井郡) 629
천존(天存) 120, 128, 172, 516, 741, 744
천효(天曉) 122
철관성(鐵關城) 171
철부(哲夫) 94
철성군(鐵城郡) 624
철원군(鐵圓郡) 624
철원성(鐵圓城) 860
철천(哲川) 139
첨해왕(沾解王) 61 → 첨해이

사금(沾解尼師今)
첨해이사금(沾解尼師今) 59
 → 첨해왕(沾解王)
첩례(碟禮) 477
청광보살(靑光菩薩) 860
청량사(淸涼寺) 809
청명(淸明) 229
청목령(靑木嶺) 467, 474, 479
청장(淸長) 583
청주(菁州) 614
청해진(淸海鎭) 240, 253, 773
청해진대사(淸海鎭大使) 238, 240
체신(體信) 217
체원(體元) 189
초고왕(肖古王) 451, 460, 461
초문사(肖門寺) 359
초팔국(草八國) 40
총명(聰明) 236
최견(崔堅) 866
최리(崔理) 306
최비(崔毖) 349
최승왕경(最勝王經) 191
최승우(崔承祐) 812
최언위(崔彦撝) 812
최웅(崔雄) 235
최치원(崔致遠) 258, 260, 263, 587, 607, 806
최홍승(崔弘昇) 393
추모(鄒牟) 442
추발소(鄒勃素) 305
추성군(秋成郡) 643
추안(鄒安) 326
추자혜군(秋子兮郡) 643

추항(箒項) 101, 507, 794
춘부(春賦) 97
춘장(春長) 172
춘추(春秋) 122
충공(忠恭) 787
충분(忠芬) 229
충지(忠志) 524
충훤(忠萱) 57, 461
취도(驟徒) 819
취복(驟福) 819
취성군(取城郡) 626
치양(雉壤) 467
치양성(雉壤城) 83, 373, 494
치희(雉姬) 290
칠중성(七重城) 164, 399, 830
칠중하(七重河) 445, 747
칠현금(七絃琴) 583
침류왕(枕流王) 468, 474, 475
침현(沈峴) 518

《ㅌ》
타산성(朶山城) 35
타추간(陀鄒干) 40
탄현(炭峴) 495, 520
탈해왕(脫解王) 61, 586, 608
탈해이사금(脫解尼師今) 36, 766
탐라국(耽羅國) 172, 230, 491
탐모라국(耽牟羅國) 505
탐하리(耽下里) 40
탑구군(榻口郡) 628
탕정군(湯井郡) 639
탕정성(湯井城) 447
태(泰) 521

태대각간(太大角干) 146, 678
태령산(胎靈山) 729
태백산(太白山) 286
태봉(泰封) 271, 860
태조(太祖) 273, 275, 276, 277, 278, 279, 594, 858, 864, 866, 870, 872, 873
 → 태조왕(太祖王)
태조왕(太祖王) 259, 581
 → 태조(太祖)
태종(太宗) 398, 418, 425, 427, 508, 510, 515, 735, 770, 822 → 태종대왕(太宗大王)
태종대왕(太宗大王) 225, 578, 742, 767 → 태종(太宗)
태종무열왕(太宗武烈王) 122
토산군(兎山郡) 625
토함산(吐含山) 33, 74, 77
통문박사(通文博士) 192
통전진(通定鎭) 395
퇴화군(退火郡) 613

《ㅍ》
파가(波伽) 139
파로(波老) 792
파사왕(婆娑王) 586, 608
 → 파사이사금(婆娑尼師今)
파사이사금(婆娑尼師今) 38, 792 → 파사왕(婆娑王)
파지성(波知城) 668
파진찬(波珍湌) 677
팔곤성(八坤城) 474
팔관법회(八關法會) 766

팔관연회(八關筵會) 97
팔관회(八關會) 859
팔륜누거(八輪樓車) 396
팔수부인(八須夫人) 477
패강(浿江) 430
패수(浿水) 651
평강(원)왕(平岡(原)王) 796
평성(平成) 377, 378, 498
평양(平壤) 342, 415
평양도행군대총관(平壤道行軍大摠管) 409
평양성(平壤城) 342, 430, 651, 826
평양주(平壤州) 76
평원군(平原郡) 627
평원왕(平原王) 379, 381, 387, 581, 651
평조(平調) 583
포도부인(包道夫人) 239
포석정(鮑石亭) 276, 866
포질(抱質) 207
폭지군(瀑池郡) 626
품석(品釋) 115, 515, 731, 736
품일(品日) 124, 824
풍군(馮君) 363
풍도(風島) 65, 77
풍백제(風伯祭) 579
풍사귀(馮士貴) 519
풍원규(馮元規) 774
풍홍(馮弘) 363
풍환(馮煥) 315
필부(匹夫) 830
핍실(逼實) 186, 820

《ㅎ》
하구려후(下句麗侯) 295
하남 위례성(河南慰禮城) 443
하대(下代) 279
하동군(河東郡) 614
하림조(河臨調) 585
하미후(下彌猴) 515
하백(河伯) 286
하서량(河西良) 629
하슬라(何瑟羅) 75
하슬라주(何瑟羅州) 91
하신열무(下辛熱舞) 586
하요(夏瑤) 334
하주(何稠) 391
학경(郝景) 359
학반령(鶴盤嶺) 295
학열(郝熱) 829
학처준(郝處俊) 431, 432
한기무(韓岐舞) 586
한다사군(韓多沙郡) 614
한림(漢林) 143
한산(漢山) 445, 469
한산군(漢山郡) 622
한산기(漢山記) 812
한산성(漢山城) 476
한산주(漢山州) 168, 652
한산주도독(漢山州都督) 193
한성(漢城) 365, 445, 658
한솔(扞率) 463
한수(韓壽) 357
한양군(漢陽郡) 624
한주(漢州) 622
한지부(漢祇部) 35
한질허(邯帙許) 119

함안군(咸安郡) 615
합절(合節) 735, 828
해고군(海皐郡) 626
해구(解丘) 477, 478
해구(解仇) 465, 491
해구군(海口郡) 626
해동불법(海東佛法) 359
해동증자(海東曾子) 515
해두국(海頭國) 303
해론(奚論) 102, 508, 817
해루(解婁) 447
해명(解明) 293, 496
해모수(解慕漱) 286
해부루(解夫婁) 286, 443
해색주(解色朱) 307
해수(解須) 477, 478, 506
해우(解憂) 307, 308
해인사(海印寺) 230
해충(解忠) 477
행인국(荇人國) 289
향가(鄕歌) 261
향덕(向德) 211, 837
향비파(鄕琵琶) 585
향삼죽(鄕三竹) 585
향악잡영(鄕樂雜詠) 587
허루(許婁) 38, 41
허루왕(許婁王) 34
허원(許原) 861
헌강왕(憲康王) 258, 843
헌덕왕(憲德王) 232, 237, 772, 786
헌목태후(憲穆太后) 241
헌성(獻誠) 431, 853, 854
헌안왕(憲安王) 254, 857

헌영(憲英) 209
헌정(憲貞) 234
헌창(憲昌) 233, 788
헌충(獻忠) 853
혁거세(赫居世) 29, 578, 608
혁거세거서간(赫居世居西干) 29
현금(玄琴) 582
현도(玄菟) 314
현도군(奈菟郡) 349, 650
현성대왕(玄聖大王) 225
현조(顯祖) 364, 365, 481
현종(玄宗) 207, 209
현종(顯宗) 810
현준(賢俊) 809
현학금(玄鶴琴) 583
혈구군(穴口郡) 626
혈구진(穴口鎭) 252
혈성원(穴城原) 77
협보(陜父) 288, 292
형도(邢璹) 207
형원항(荊元恒) 393
혜강대왕(惠康大王) 241
혜공왕(惠恭王) 214, 279, 578, 759
혜군(槥郡) 638
혜량(惠亮) 765, 766
혜성군(槥城郡) 638
혜성대왕(惠成大王) 261
혜왕(惠王) 506
혜충대왕(惠忠大王) 229
혜충태자(惠忠太子) 228
호공(瓠公) 30, 36
호동(好童) 305

호로하(瓠瀘河) 163, 434
호본집(餬本集) 812
호산성(狐山城) 82, 366
호시이성(號尸伊城) 668
홍관(洪灌) 842
홍권(弘權) 62
홍기(弘奇) 860
홍술(洪述) 274, 870
홍유(洪儒) 862
홍제(鴻濟) 97
화녕군(化寧郡) 611
화랑(花郎) 97, 98
화랑세기(花郎世記) 812
화려성(華麗城) 315
화양(華壤) 389
화왕군(火王郡) 612
화척(火尺) 707
화희(禾姬) 290
환권(桓權) 399
환도(丸都) 317, 334
환도산(丸都山) 342
환도성(丸都城) 332, 356, 358, 379, 788
활개성(活開城) 80
황등야산군(黃等也山郡) 639
황룡국왕(黃龍國王) 293
황룡사(皇龍寺) 95, 97, 169, 215, 260, 261, 842
황룡사탑(皇龍寺塔) 117, 258
황산(黃山) 61
황산군(黃山郡) 639
황산진(黃山津) 38
황소(黃巢) 806
황지(黃知) 236

회소곡(會蘇曲) 35
회악(會樂) 586
회원진(懷遠鎭) 396, 410
횡산(橫山) 429
효(孝) 521
효공왕(孝恭王) 270
효문제(孝文帝) 373
효성왕(孝成王) 207, 209
효소왕(孝昭王) 188, 190, 770
효종(孝宗) 271, 276
효천(曉川) 756
후경(候景) 499
후농제(後農祭) 579
후백제(後百濟) 262
후백제왕(後百濟王) 864
후직(后稷) 99
훈신(訓臣) 731
훈해(訓解) 477
훤견(萱堅) 57
휴례부인(休禮夫人) 73
휴암군(鵂嵒郡) 626
휴양군(休壤郡) 631
흉노(匈奴) 295
흑양군(黑壤郡) 623
흑의장창말보당주(黑衣長槍末步幢主) 709
흑치상지(黑齒常之) 524, 773
흔(昕) 772
흔연(昕連) 42
흘승골성(紇升骨城) 650
흘우(屹于) 448
흘해왕(訖解王) 73 → 흘해이사금(訖解尼師今)
흘해이사금(訖解尼師今) 64

→ 흘해왕(訖解王)　　홍덕왕(興德王) 237, 595, 756　　흥평대왕(興平大王) 225
흠돌(欽突) 184　　홍륜사(興輪寺) 157, 255　　희강왕(僖康王) 239
흠순(欽順) 125, 141, 148, 744　　홍무대왕(興武大王) 756　　희강왕자(僖康王子) 255
흠춘(欽春) 124, 822　　홍선(興宣) 53, 451　　힐리가한(肹利可汗) 398
홍광(興光) 190　　홍수(興首) 520
홍교사(興敎寺) 858　　홍안(興安) 373, 376, 498

옮긴이 신호열(辛鎬烈)

전남 함평에서 태어나다. 호는 우전(雨田). 겸산 이병수의 문하에서 사서오경·제자백가 등 한학을 배웠고, 진암 이병헌, 위당 정인보, 산강 변영만 등과 교유했다. 대통령비서실에서 한문서를 담당했다. 중국 아주시단 한국지도위원, 동방고서국역간행회 번역위원, 한국독립운동사 편찬위원, 민족문화추진회 번역위원 및 국역연수원 교수 등을 지냈다. 옮긴책에 《동문선》《완당집》《하서집》《퇴계집》《연암집》《대동야승》《한중시사》 등이 있다.

World Book 7
三國史記
삼국사기
김부식 지음/신호열 옮김

1판 1쇄 발행/1976. 12. 1
2판 1쇄 발행/2007. 7. 20
2판 7쇄 발행/2022. 2. 1
발행인 고정일
발행처 동서문화사
창업 1956. 12. 12. 등록 16-3799
서울 중구 마른내로 144(쌍림동)
☎ 546-0331~3 Fax. 545-0331
www.dongsuhbook.com

＊

이 책은 저작권법(5015호) 부칙 제4조 회복저작물 이용권에 의해 중판발행합니다.
이 책의 한국어 문장권 의장권 편집권은 저작권법에 의해 보호받으므로
무단전재 무단복제 무단표절 할 수 없습니다.
이 책의 법적문제는「하재홍법률사무소 jhha@naralaw.net」에서 전담합니다.

＊

사업자등록번호 211-87-75330
ISBN 978-89-497-0402-9 04080
ISBN 978-89-497-0382-4 (세트)

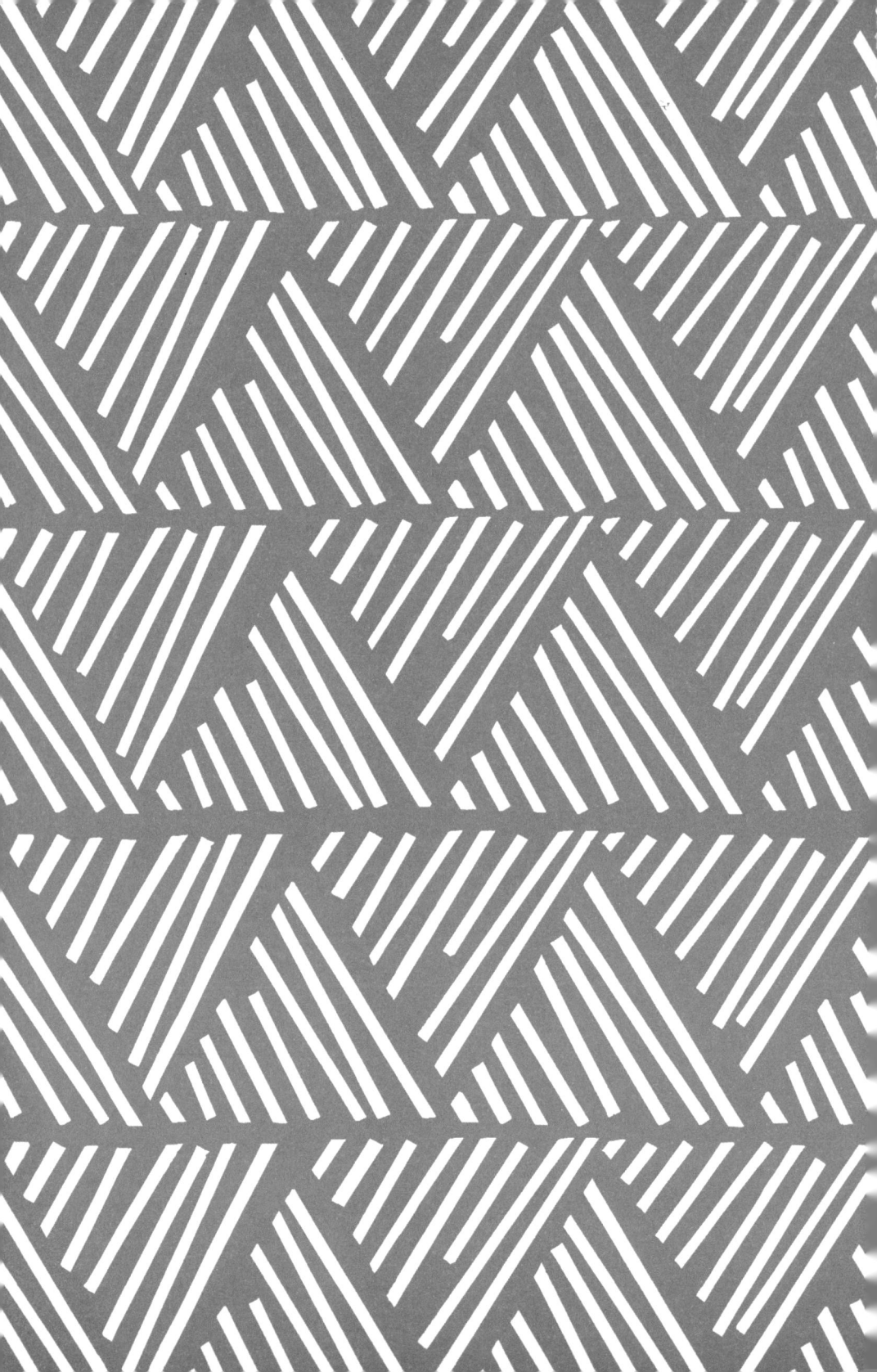